上海市级专志

交通银行上海市分行志

上海市地方志编纂委员会 编

上海社会科学院出版社

清光绪三十四年十月十八日（1908 年 11 月 11 日）起，交通银行上海分行在黄浦滩扬子路 A 字第七号洋房（今中山东一路 13 号）开市

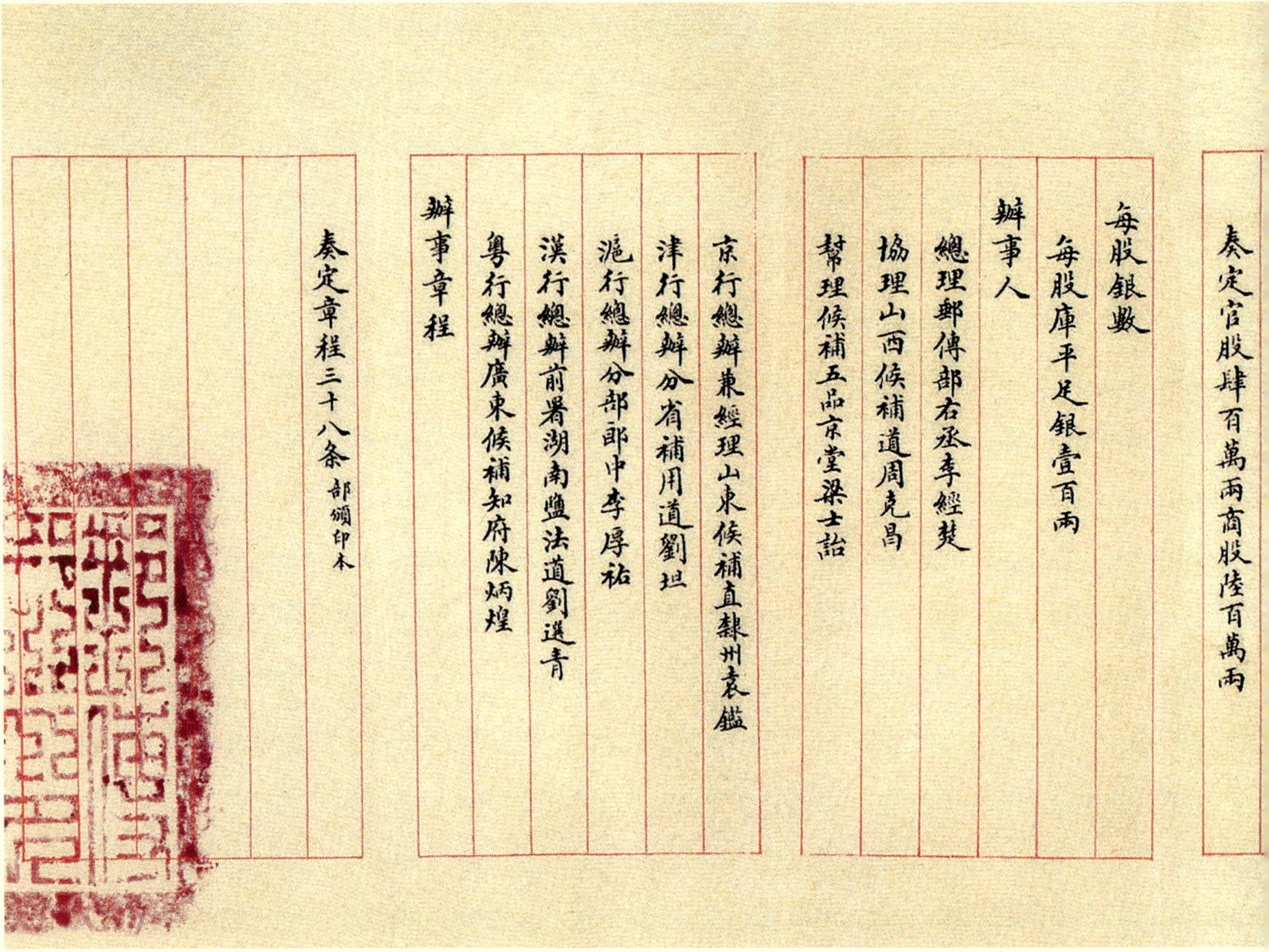
奏定官股肆百萬兩商股陸百萬兩

每股銀數

每股庫平足銀壹百兩

辦事人

總理郵傳部右丞李經楚

協理山西候補道周克昌

幫理候補五品京堂梁士詒

京行總辦兼經理山東候補直隸州袁鑑

津行總辦分省補用道劉坦

滬行總辦分部郎中李厚祐

漢行總辦前署湖南鹽法道劉選青

粵行總辦廣東候補知府陳炳煌

辦事章程

奏定章程三十八条 部頒印本

清光绪三十四年（1908 年），邮传部为交通银行总行及上海、天津、汉口、广东四分行呈请注册的札件

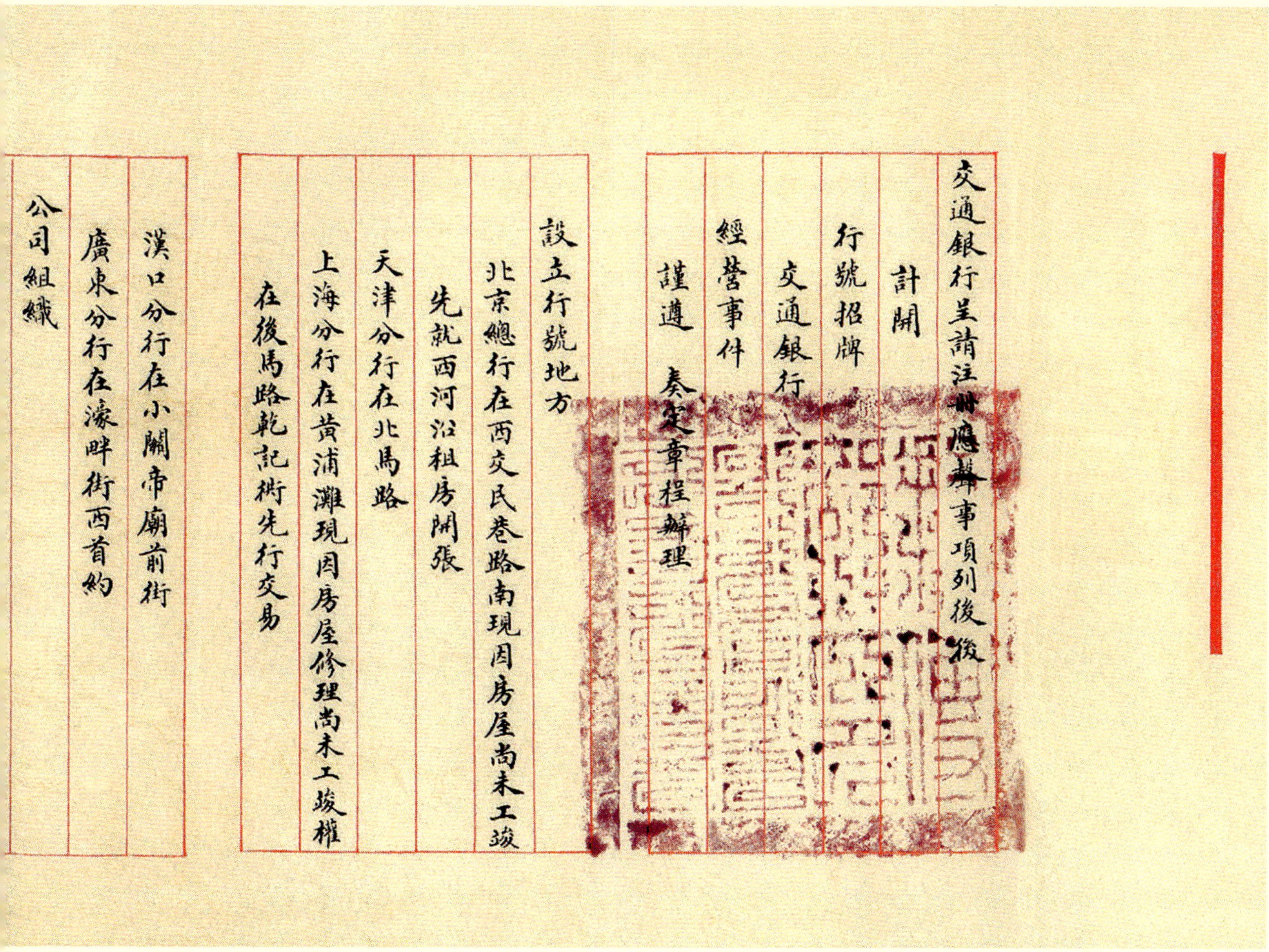

交通銀行呈請注冊應辦事項列後後

計開

行號招牌

交通銀行

經營事件

謹遵 奏定章程辦理

設立行號地方

北京總行在西交民巷路南現因房屋尚未工竣

先就西河沿租房開張

天津分行在北馬路

上海分行在黃浦灘現因房屋修理尚未工竣權

在後馬路乾記衖先行交易

漢口分行在小關帝廟前街

廣東分行在濠畔街西首約

公司組織

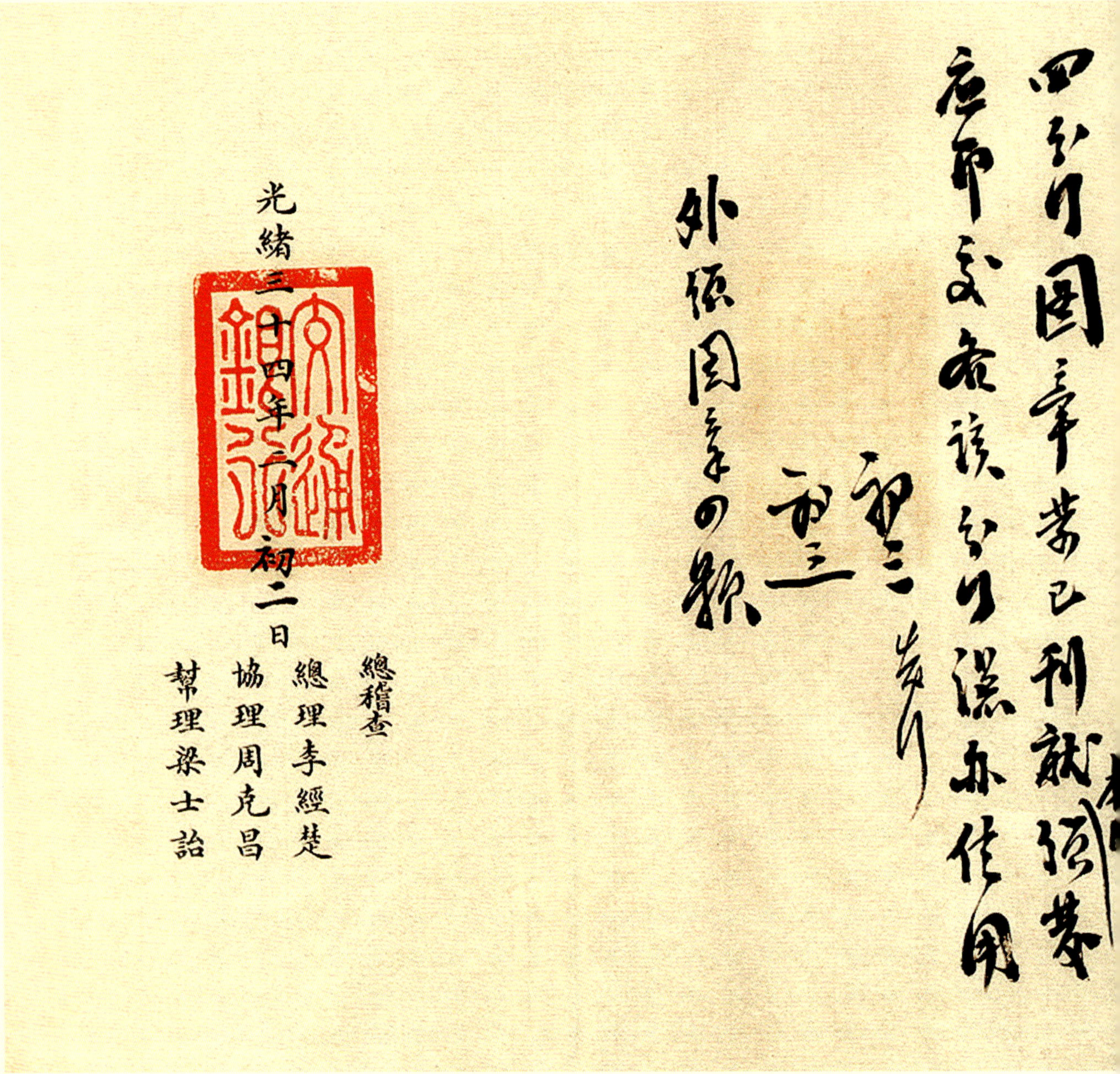
光緒三十四年二月初二日

總稽查

總理李經楚

協理周克昌

幫理梁士詒

清光绪三十四年二月初二日（1908年3月4日），邮传部颁发交通银行上海、天津、汉口、广东四家分行公章的札件

交通銀行總管理處

為呈請事案查交通銀行天津上海漢口各分行均

奉

憲札分別派定總辦各在案其廣東分行亦奉

憲札添設所有各分行往來文牘必須蓋用圖章以昭

鄭重擬請援照總行

部頒銅章成案

頒給天津交通銀行上海交通銀行漢口交通銀行

廣東交通銀行銅章四顆由總管理處祇領轉交各

該分行總辦賫回俾資信守相應呈請仰祈

憲鑒俯賜頒發施行須至呈者

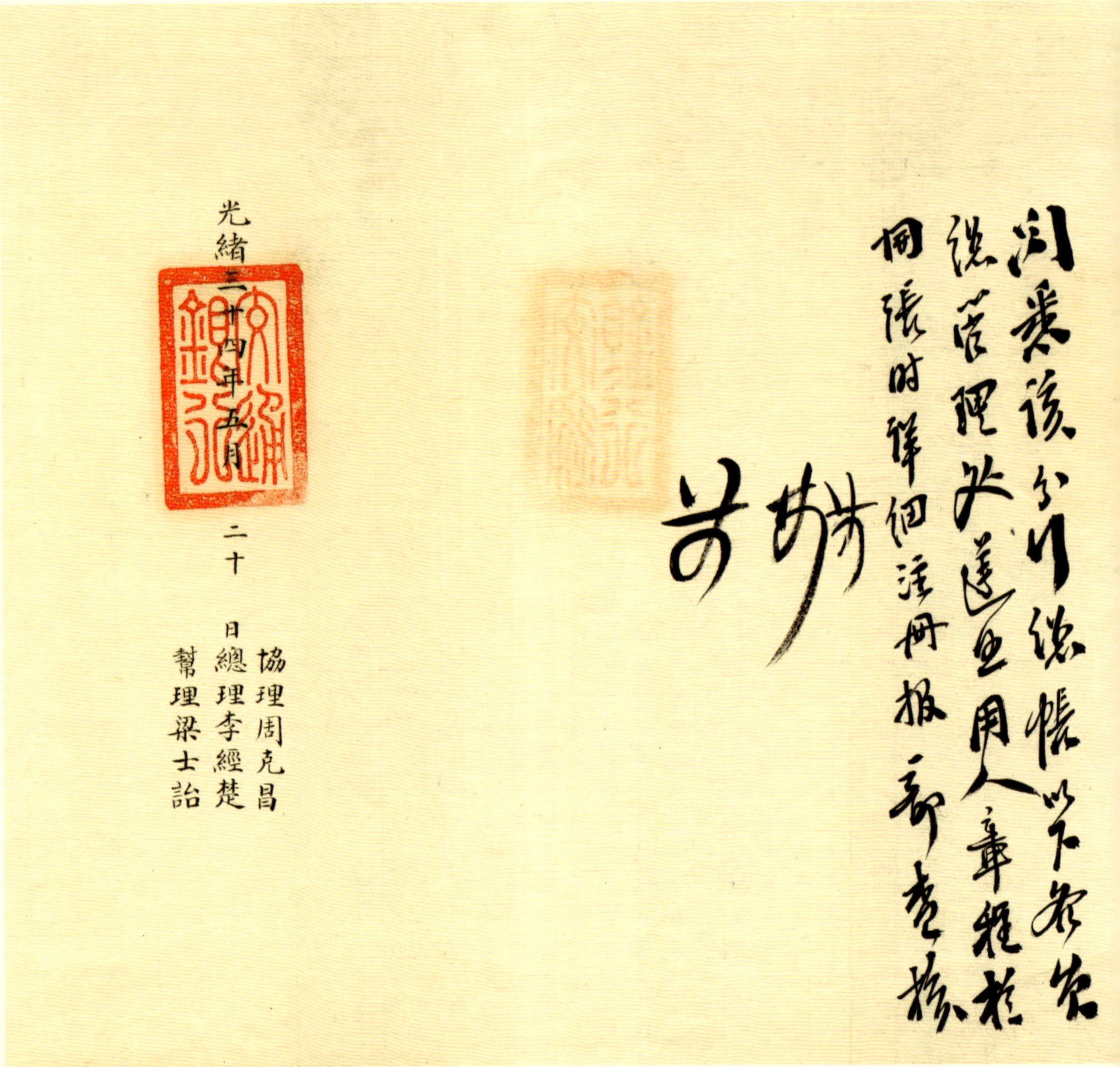

光緒三十四年五月二十日

協理周克昌

總理李經楚

幫理梁士詒

清光绪三十四年五月二十日（1908 年 6 月 18 日），邮传部有关奏派交通银行上海分行总办，延订经理、副理人选及租定营业地址的札件

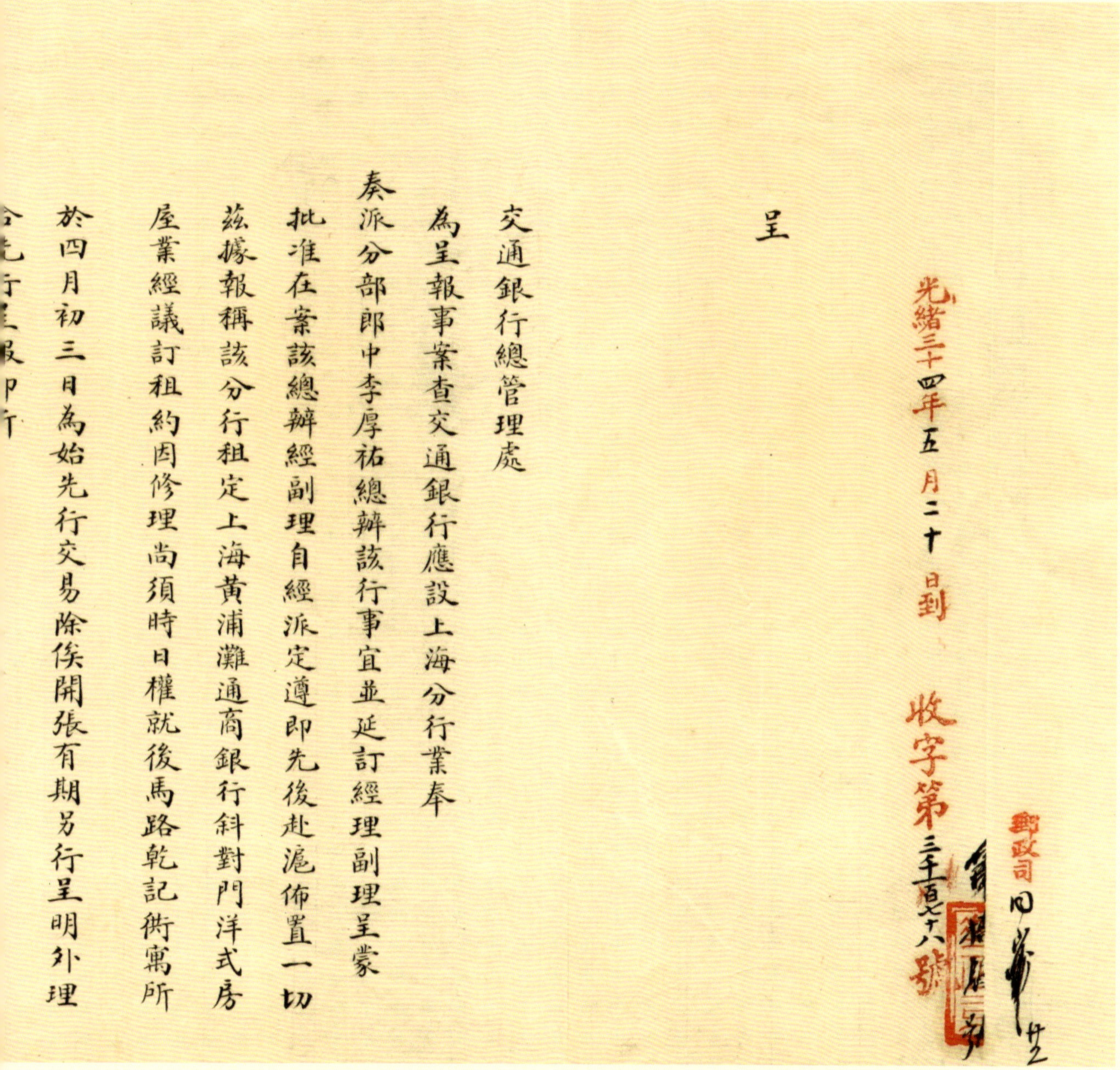
光緒三十四年五月二十日到

收字第三千五百七十八號

郵政司

呈

交通銀行總管理處

為呈報事案查交通銀行應設上海分行業奉

奏派分部郎中李厚祐總辦該行事宜並延訂經理副理呈蒙

批准在案該總辦經副理自經派定遵即先後赴滬佈置一切

茲據報稱該分行租定上海黃浦灘通商銀行斜對門洋式房

屋業經議訂租約因修理尚須時日權就後馬路乾記衖寓所

於四月初三日為始先行交易除俟開張有期另行呈明外理

合先行呈報

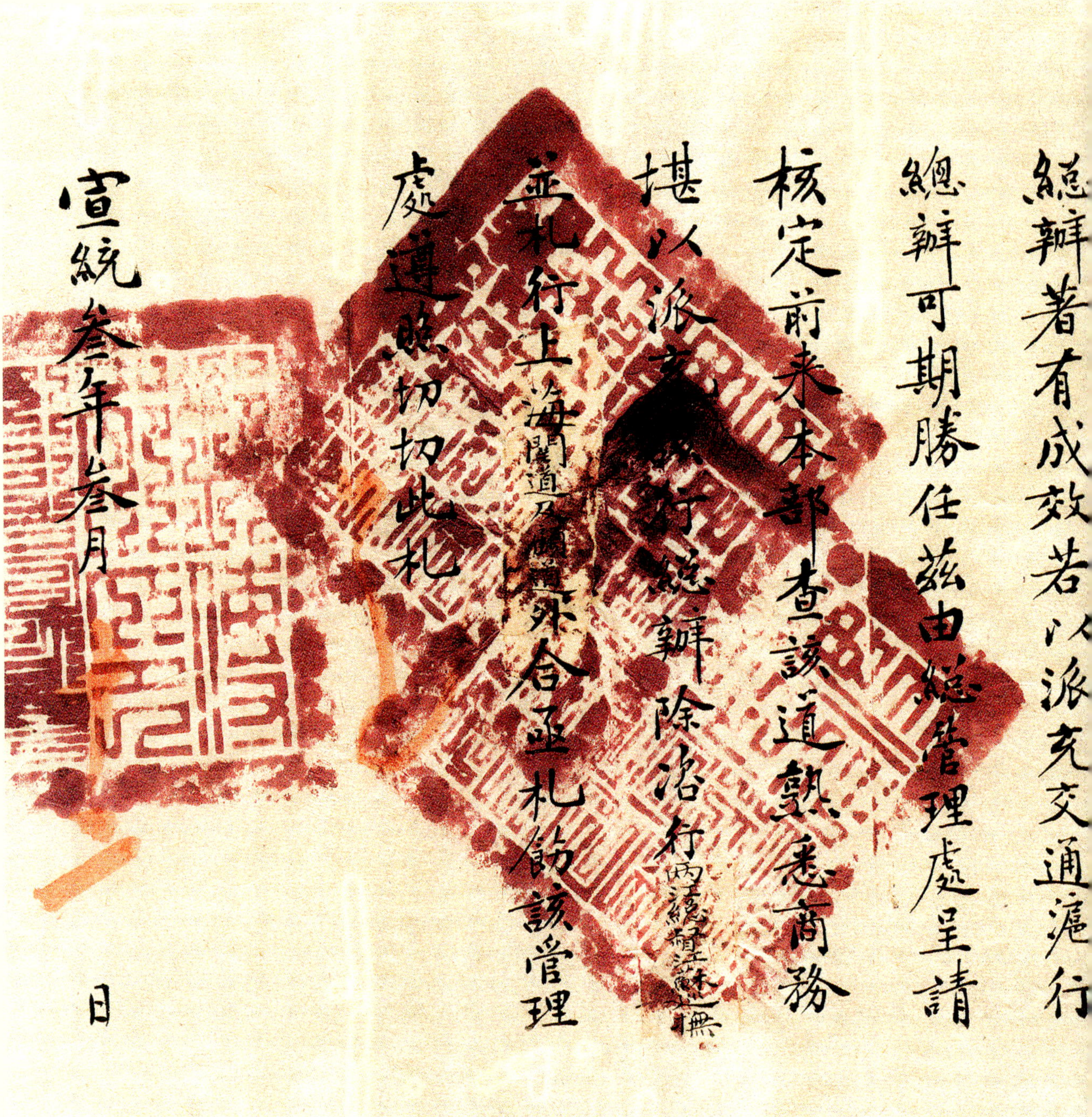

總辦著有成效若以派充交通滬行
總辦可期勝任茲由總管理處呈請
核定前來本部查該道熟悉商務
堪以派充該行總辦除咨行兩江總督江蘇巡撫
並札行上海關道及滬道外合亟札飭該管理
處遵照切切此札
宣統叁年叁月 日

清宣统三年三月（1911 年 4 月），邮传部关于遴选交通银行上海分行总办人选的札件

札交通總管理處

郵傳部爲札行事交通銀行奏定
章程內開總行分行均宜派總辦一人
由總管理處遴選呈部核定等因查
上海交通分行係最繁重之地自應遴
派妥員總辦以期周密查有四川候
補道顧溶以曾充廣東官銀號駐滬

建行初期，交通银行上海分行使用的存放钱款、账册的木制柜箱和铁算盘

民国 3 年（1914 年），交通银行发行的印有上海地名的伍圆券、拾圆券

1. 民国 8 年（1919 年）12 月，交通银行上海分行承购上海外滩 14 号（今中山东一路 14 号）德华银行为行址。翌年 2 月 25 日，迁入营业
2. 民国 20 年（1931 年）12 月，交通银行董事会议定的行徽

1

2

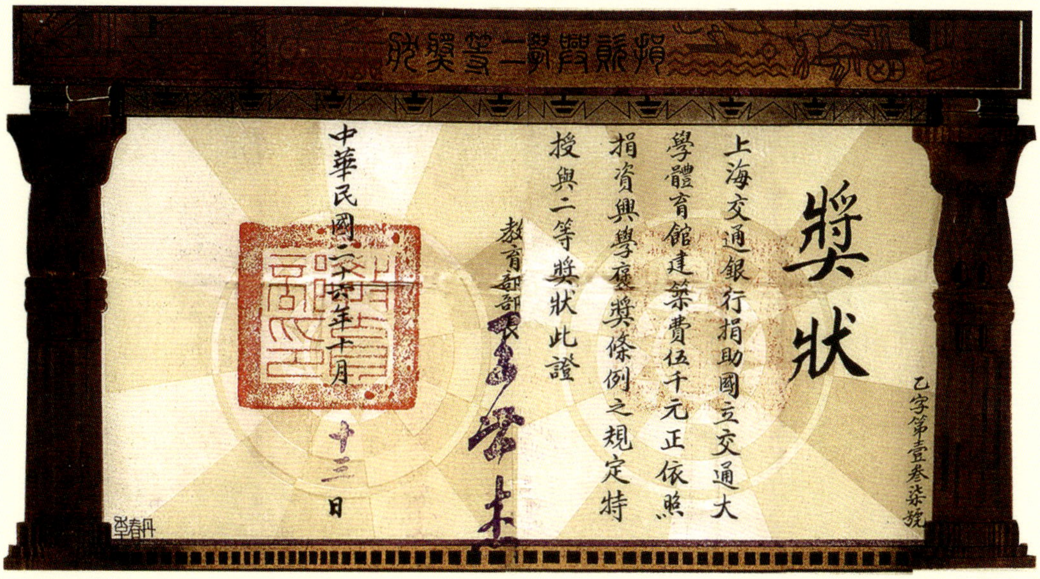

1. 20 世纪三四十年代交通银行上海分行办理业务用的铜制的叫号牌
2. 民国 26 年（1937 年）10 月 13 日，教育部向交通银行上海分行颁发赞助交通大学建造体育馆的奖状

1
2

1949 年 11 月 1 日，交通银行上海分行在外滩 14 号（1947 年，交通银行在原址重建）复业

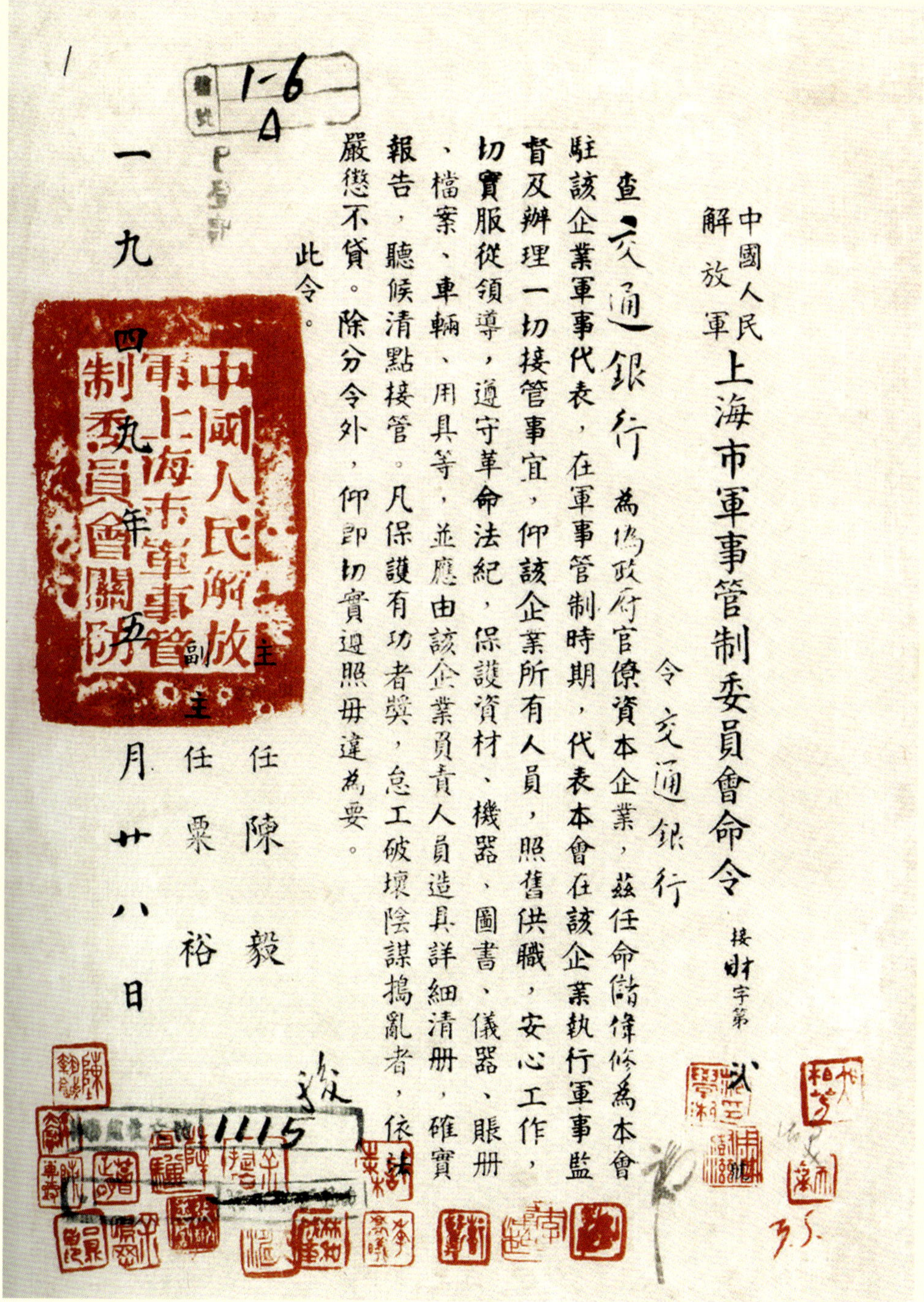
中國人民解放軍上海市軍事管制委員會命令

接財字第弍號

令交通銀行

查交通銀行為偽政府官僚資本企業，茲任命儲偉修為本會駐該企業軍事代表，在軍事管制時期，代表本會在該企業執行軍事監督及辦理一切接管事宜，仰該企業所有人員，照舊供職，安心工作，切實服從領導，遵守革命法紀，保護資材、機器、圖書、儀器、賬冊、檔案、車輛、用具等，並應由該企業負責人員造具詳細清冊，確實報告，聽候清點接管。凡保護有功者獎，怠工破壞陰謀搗亂者，依法嚴懲不貸。除分令外，仰即切實遵照毋違為要。

此令。

主任 陳毅

副主任 粟裕

一九四九年五月廿八日

1949 年 5 月 28 日，中国人民解放军上海市军事管制委员会关于接收交通银行的命令

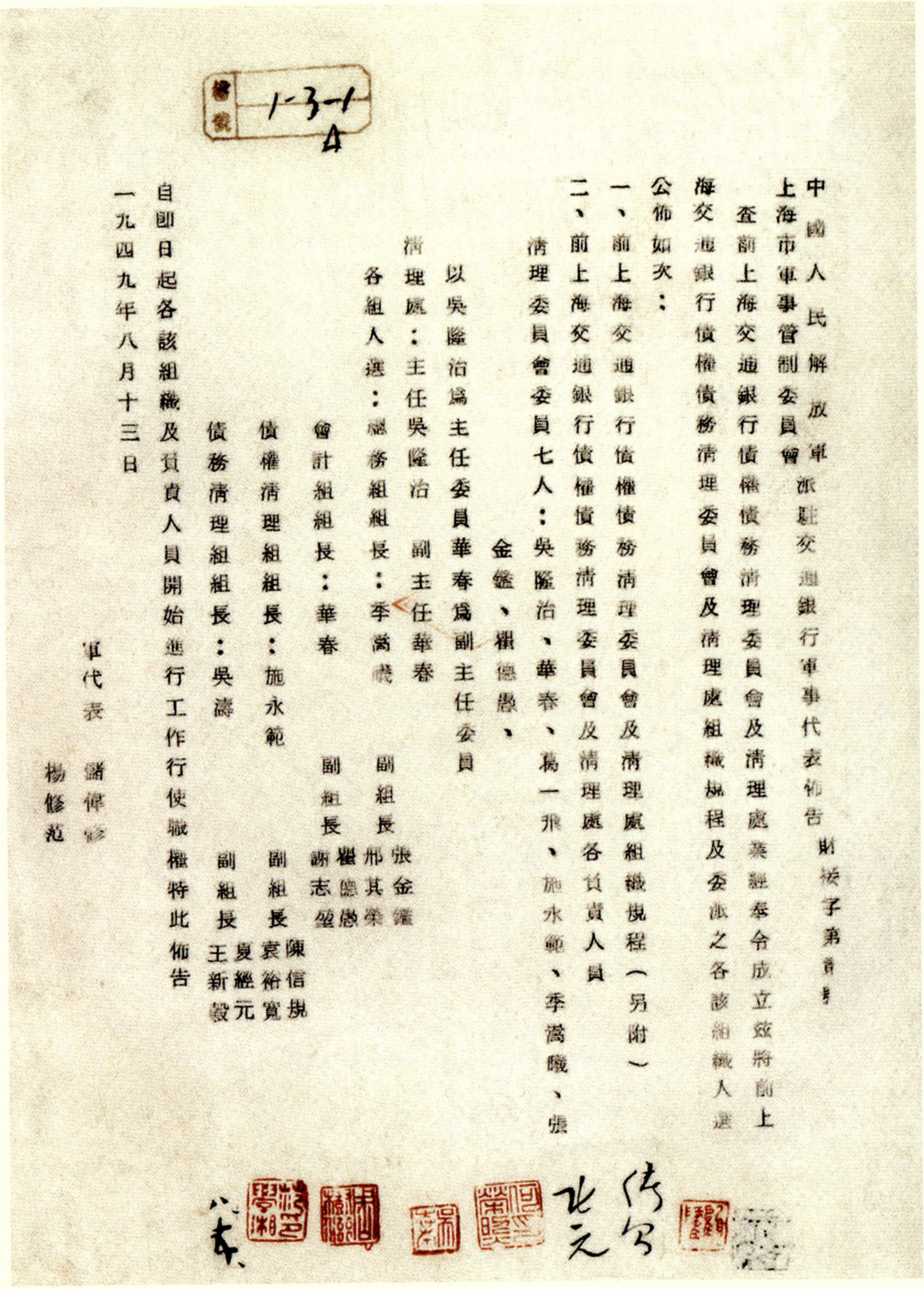

中國人民解放軍上海市軍事管制委員會派駐交通銀行軍事代表佈告　財祕字第　號

查前上海交通銀行債權債務清理委員會及清理處業經奉令成立茲將前上海交通銀行債權債務清理委員會及清理處組織規程及委派之各該組織人選公佈如次：

一、前上海交通銀行債權債務清理委員會及清理處組織規程（另附）

二、前上海交通銀行債權債務清理委員會及清理處各負責人員

清理委員會委員七人：吳隆治、華春、馮一飛、施永範、季高巘、張金鑑、瞿德懋、

以吳隆治為主任委員華春為副主任委員

清理處：主任吳隆治　副主任華春

各組人選：總務組組長：季高巘　副組長　張金鑑　邢其榮

會計組組長：華春　副組長　瞿德懋　謝志堃

債權清理組組長：施永範　副組長　陳信規　袁裕寬

債務清理組組長：吳濤　副組長　夏經元　王新毅

自即日起各該組織及負責人員開始進行工作行使職權特此佈告

一九四九年八月十三日

軍代表　儲偉修　楊修范

1949 年 8 月 13 日，中国人民解放军上海市军事管制委员会发布派驻交通银行军事代表的布告

華東軍政委員會財政部

任命通知書

財人字第00151號

茲任命葛一飛爲交通銀行華東分行營業部经理

特此通知

部長 陳國棟

一九五二年九月十五日

華東軍政委員會財政部印

1952 年 9 月 15 日，华东军政委员会财政部部长陈国栋签发的葛一飞任交通银行华东分行营业部经理任命书

上海市人民政府

任命通知書

市人字第1968號

茲任命葛一飛爲交通銀行上海分行經理

特此通知

市長 陳毅

一九五三年七月十七日

上海市人民委員會

任命通知書

滬會人字第0099號

茲任命葛一飛爲中國人民建設銀行上海市分行行長兼交通銀行上海分行經理

特此通知

市長 陳毅

一九五五年四月十九日

1. 1953 年 7 月 17 日，上海市市长陈毅签发的葛一飞任交通银行上海分行经理任命书
2. 1955 年 4 月 19 日，上海市市长陈毅签发的葛一飞任中国人民建设银行上海市分行行长兼交通银行上海分行经理任命书

1

2

1. 1987 年 4 月 10 日，中共上海市委书记芮杏文（左五）、中国人民银行副行长刘鸿儒（左四）出席交通银行总管理处由京迁沪暨上海分行开业典礼
2. 1987 年 4 月 10 日，交通银行董事长兼总经理李祥瑞（左二）在沪宣布：交通银行由京迁沪暨上海分行开业

1
2

1. 1991 年 2 月 19 日，交通银行总经理戴相龙（右三）出席上海分行举办的中外金融界人士联谊晚会
2. 1994 年 4 月 1 日，交通银行行长王明权（后排右三）、副行长乔伟（后排右二）视察上海分行

1
2

1. 1999 年 12 月 30 日，交通银行董事长殷介炎（左二）视察上海分行
2. 2002 年 12 月 31 日，上海市副市长蒋以任（前排左二）在交通银行副行长刘育长（前排右一）陪同下视察上海分行

1

2

1. 2003年5月1日，交通银行行长方诚国（左三）视察上海分行
2. 2009年5月21日，中纪委副书记黄树贤（前排右一）视察交通银行上海市分行营业网点

1
2

1. 2010 年 3 月 17 日，中国人民银行副行长苏宁（前排右二）在交通银行副行长钱文挥（前排右一）陪同下视察上海市分行世博营业网点
2. 2010 年 4 月 1 日，中国银监会副主席蒋定之（前排左二）在交通银行副行长王滨（前排右一）陪同下视察上海市分行世博营业网点

1

2

1. 2010 年 12 月 31 日，上海市副市长屠光绍（前排右二）在交通银行行长牛锡明（前排右一）陪同下视察上海市分行
2. 2012 年 11 月 24 日，上海市政协主席冯国勤（前排右一）视察第十届上海理财博览会交通银行上海市分行展台

1
2

1. 2013 年 5 月 13 日，上海市市长杨雄（前排左三）视察首届中国（上海）国际技术进出口交易会交通银行上海市分行展台
2. 2013 年 12 月 31 日，交通银行行长彭纯（前排左三）视察上海市分行

1

2

17

中國人民銀行上海市分行（批复）

沪银金管⑻5041号

同意你行于一九八六年十月
二十五日起先行试营业的批复

交通银行上海分行：

交银筹办⑻字第0031号文收悉，遵照总行领导的指示，同意你行于一九八六年十月二十五日起先行试营业，不登报，不宣传，特此批复。

中国人民银行上海市分行
一九八六年十月十五日

抄报：中国人民银行总行、市人民政府。

抄送：上海市工商行政管理局、各专业银行分行、市保险公司、上海投资信托公司、爱建金融信托投资公司。

1986年10月15日，中国人民银行上海市分行批复交通银行上海分行试营业的文件

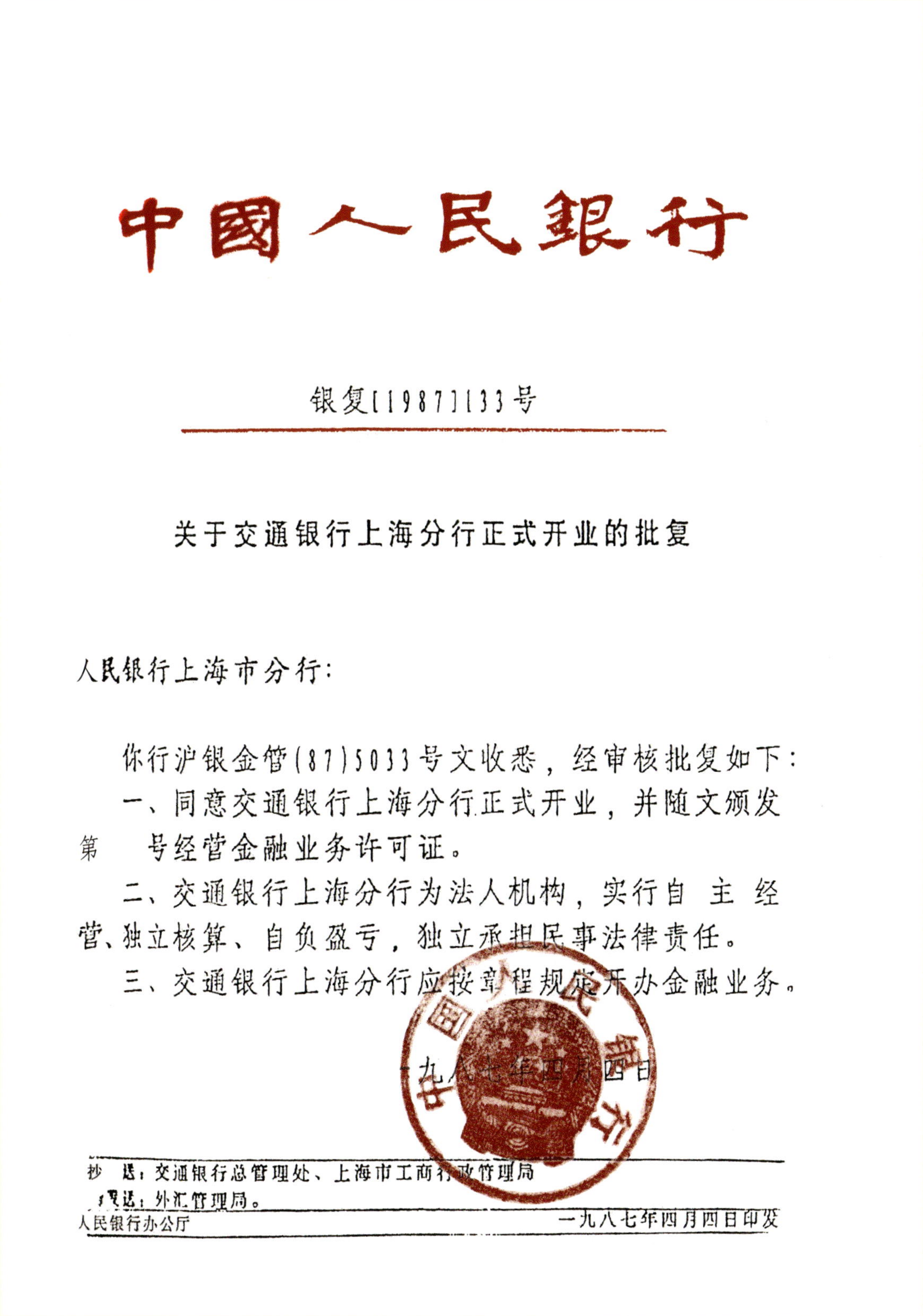

中國人民銀行

银复[1987]133号

关于交通银行上海分行正式开业的批复

人民银行上海市分行：

你行沪银金管(87)5033号文收悉，经审核批复如下：

一、同意交通银行上海分行正式开业，并随文颁发第　号经营金融业务许可证。

二、交通银行上海分行为法人机构，实行自主经营、独立核算、自负盈亏，独立承担民事法律责任。

三、交通银行上海分行应按章程规定开办金融业务。

一九八七年四月四日

抄　送：交通银行总管理处、上海市工商行政管理局

报送：外汇管理局。

人民银行办公厅　　　　一九八七年四月四日印发

1987年4月4日，中国人民银行批准交通银行上海分行正式开业的文件

1986 年 10 月 25 日，交通银行上海分行在江西中路 200 号试营业

1. 1987 年 5 月 14 日，由交通银行上海分行发起组织的上海经济区资金市场成立大会，在江西中路 200 号召开
2. 1987 年 8 月 27 日，交通银行上海分行举行向单位发行股票新闻发布会

1
2

1. 1988 年 4 月 1 日，交通银行上海分行在江西中路 200 号 7 楼会场召开首届股东会议
2. 1988 年 9 月 22 日，交通银行上海分行召开上海海通证券公司成立大会

1
2

1. 1989 年 3 月 30 日，交通银行上海分行在沪召开承销发行第三期上海真空电子器件股份有限公司股票新闻发布会
2. 1990 年 3 月 1 日，交通银行上海分行在杭州召开第六次管理委员会会议

1
2

1. 1990 年 5 月 17 日，李祥瑞（后排左三）、戴相龙（后排左一）率交通银行开发浦东工作调研小组拜会上海市浦东开发办公室副主任沙麟（后排左二），提出交通银行支持浦东开发开放 8 项金融服务举措
2. 1992 年 4 月 2 日，交通银行董事长李祥瑞（左二）、总经理戴相龙（左一）率总管理处处以上干部到浦东分行现场办公，并宣布交通银行支持浦东开发开放 10 项举措

1

2

1998 年 10 月 21 日，交通银行上海分行启用位于中山南路 99 号新大楼

20 世纪 80 年代，交通银行上海分行集中信贷资金支持南浦大桥建设、上海汽车制造业生产

1. 20 世纪 90 年代初，交通银行上海浦东分行向上海信谊药业有限公司发放贷款，支持企业建设
2. 20 世纪 90 年代初，交通银行上海浦东分行参加由 40 余家金融机构组成的银团，支持东方明珠广播电视塔建设

1

2

20世纪90年代初，交通银行上海分行为杨浦大桥、浦东世纪大道建设提供信贷资金

1. 1988 年 4 月 4 日，交通银行上海分行和上海实业有限公司联合举行对上海久事公司贷款签字仪式
2. 1989 年 5 月 15 日，交通银行上海分行与上海石油化工总厂举行 30 万吨乙烯项目贷款合同签字仪式

1

2

1. 1995 年 8 月 18 日，在上海大厦举行由交通银行上海分行牵头银团支持上海益昌镀锡板有限公司电镀锡工程项目贷款签字仪式
2. 1996 年 7 月 25 日，交通银行上海分行参加在北京京城大厦举行的“中信公司伊朗德黑兰地铁项目”银团贷款协议签字仪式

1

2

1. 1997 年 3 月 12 日，交通银行总行、上海分行与宝山钢铁（集团）公司举行 5000 万美元流动资金贷款签字仪式
2. 1999 年 6 月 15 日，交通银行上海分行与上海交通大学举行银校合作协议签字仪式

1

2

1. 1999 年 6 月 3 日，交通银行上海分行与中国工商银行上海分行举行融资协议签字仪式
2. 1999 年 8 月 24 日，交通银行上海分行与花旗银行上海分行举行人民币同业借款合同签字仪式

1

2

1. 2000 年 11 月 30 日，交通银行上海分行与美国友邦保险有限公司上海分公司举行合作协议签字仪式
2. 2003 年 3 月 17 日，交通银行上海分行与上海中远三林置业集团有限公司签订银企合作协议

1
2

1. 2005 年 9 月 15 日，交通银行上海分行与上海移动通信有限公司举行“手机钱包”联合推广暨银企合作协议签约仪式
2. 2007 年 3 月 29 日，交通银行上海分行与中航第一集团国际租赁有限责任公司签署银企合作协议

1
2

1. 2010年9月25日，交通银行上海市分行作为上海通用汽车有限公司90亿元流动资金银团贷款行之一，参加贷款协议签约仪式
2. 2011年5月27日，交通银行上海市分行作为上海国际旅游度假区暨上海迪士尼项目共同委托安排行及总牵头行之一，参加该项目银团贷款框架协议签约仪式

1
2

1. 2013 年 4 月 25 日，交通银行上海市分行与青浦区人民政府联合举行“支持实体经济，促进区域发展”全面战略合作签约仪式
2. 2014 年 10 月 29 日，交通银行上海市分行与上海华谊（集团）公司签署全面战略合作协议

1
2

1. 1995 年 12 月 25 日，为支持上海杨树浦电厂改造工程，交通银行上海分行向上海市电力公司提供 3.5 亿元贷款
2. 1996 年 9 月 18 日，交通银行总行、上海分行联合向延安路高架（东段）建设提供 3.5 亿元贷款

1
2

1. 1997 年 3 月 31 日，交通银行上海分行与上海市城投总公司举行地铁二号线工程 6 亿元贷款签约仪式
2. 1998 年 5 月 26 日，为支持延安路高架（中段）工程，交通银行总行、上海分行联合向上海市城投总公司提供 10 亿元贷款

1

2

1. 1998 年 8 月 8 日，交通银行上海分行与久事公司举行银企合作协议暨交通明珠线项目贷款签字仪式
2. 1998年12月22日，交通银行上海分行在总行支持下，与中远（上海）置业公司举行银企合作暨“两湾一宅”旧区改造首期贷款 15 亿元签字仪式

1

2

1. 2006 年 6 月 19 日，交通银行上海分行参加上海银行界小企业融资服务洽谈会，与 5 家小企业签订银企合作协议
2. 2008 年 4 月 2 日，交通银行上海分行参加上海银行界小企业金融服务洽谈会，与 45 家小企业达成合作意向

1
2

1. 2009 年 8 月 27 日，交通银行上海市分行在上海市再担保有限公司成立揭牌仪式上，与该公司签署总金额为 65 亿元的合作协议，支持中小企业发展
2. 2012 年 7 月 16 日，交通银行上海市分行在上海市“携手转型 合作共赢”——服务中小企业融资产品推介会上，推出服务中小企业“展业通”系列组合专属产品

1
2

1. 2013 年 8 月 29—30 日，交通银行上海市分行参加“第七届上海中小微企业金融洽谈会”，并向中小微企业提供系列融资产品和金融服务
2. 2014 年 8 月 28 日，交通银行上海市分行参加“第八届上海中小微企业金融洽谈会”，与交银国信公司一起向中小微企业提供经营周转资金

1
2

1. 2009年10月13日，交通银行上海市分行举行迎世博200天授旗仪式
2. 2010年1月27日，为全力保障世博金融服务，实现“业务零差错、服务零投诉、安全零事故、问题零容忍”目标，交通银行上海市分行举行“奔向世博　拼搏100”——世博服务、世博安保责任签约仪式

1
2

1. 2010 年 5 月 1 日—10 月 31 日上海世博会开园期间，交通银行上海市分行在世博园区内设置 7 家外币兑换点，向外籍人士提供 18 种个人外币现钞兑换、ATM 机接受外卡取现，以及美元、欧元、日元、英镑、加拿大元、澳元、瑞士法郎等多种个人外币旅行支票兑付业务
2. 2010 年上海世博会开园期间，交通银行上海市分行在世博园区内设立商户 POS 维检中心，做到商户回访率 100%；对园区商户和持卡人 POS 机具的各类求助维护，在 15 分钟内应急响应到场，响应率达到 100%

1
2

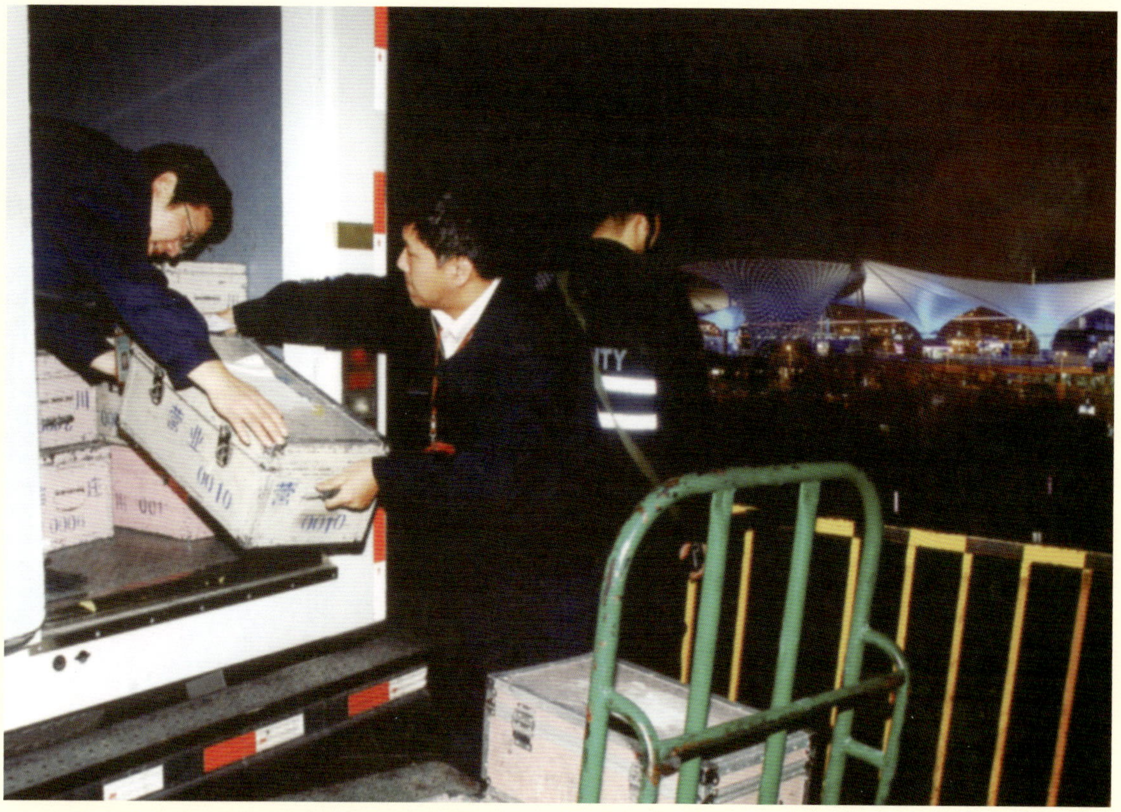

1. 2010 年上海世博会开园期间，世博园区白天实行交通管制。交通银行上海市分行现金储运中心员工坚持每天夜间运送库箱，做好世博金融服务基础性保障工作
2. 2010 年 10 月 31 日晚，交通银行上海市分行举行世博营业网点闭门仪式，员工们欢庆圆满完成世博金融服务重任

1

2

1. 1990年11月9日，交通银行上海分行向上海市中小幼教师奖励基金会捐赠65万元，设立“交行专项基金”
2. 1997年3月26日，交通银行上海分行向上海市教育发展基金会捐赠100万元

1
2

1. 2006 年 12 月 22 日，交通银行上海分行与上海交通大学举行银校合作签约、奖教奖学金捐赠仪式
2. 2010 年 6 月 1 日，交通银行上海市分行组织甘肃省天祝县深沟交行希望小学、湖南省伏口镇希望小学两地小学生共 16 名代表来沪参观上海世博会，让孩子们度过一个难忘的“世博儿童节”

1

2

1. 1990 年 5 月 8 日，交通银行上海分行举行思想政治工作会议
2. 2001 年 6 月 25 日，交通银行上海分行举办纪念建党 80 周年暨“创先争优”表彰大会

1
2

1. 2007 年 3 月 5 日，交通银行上海分行举行中国共产党交通银行上海分行代表会议
2. 2010 年 11 月 2 日，交通银行上海市分行举行世博先锋队入党宣誓仪式

1

2

1. 2011 年 7 月 1 日，交通银行上海市分行举行庆祝党的生日、共创交行辉煌——“一先两优”表彰大会
2. 2013 年 12 月 18 日，交通银行上海市分行举办领导班子述职述廉会

1

2

1. 2014年4月22日，交通银行上海市分行举办“认真学习党章 严格遵守党章”辅导会
2. 2014年5月6日，中共交通银行上海市分行党委召开中心组（扩大）学习会

1
2

1. 为提升全行服务水平，助力员工全面发展，交通银行上海市分行从 1990 年起，每年制订全员培训计划，分批次对各层级员工开展各类培训
2. 2002 年 9 月，交通银行上海分行对新行员开展入行培训

1

2

1. 2007 年 9 月 1 日，交通银行上海分行与复旦大学联合举办“交通银行中高层管理者工商管理研修班”
2. 2011 年 5 月 13 日，交通银行上海市分行举行“2011 年第一期二级支行行长培训班开学典礼”

1

2

1. 2014年5月4日，交通银行上海市分行举行“分行党校成立暨基层营业机构主要负责人后备开班仪式”
2. 2014年7月18日，交通银行上海市分行组织C层级人员开展“关于犯罪心理学和预防职务犯罪培训讲座”

1
2

20 世纪 80 年代交通银行上海分行重新开业初期，组织员工开展业务练兵活动

1. 1992 年 11 月 8 日，交通银行上海分行举办全辖系统首届“希望杯”业务技能比赛
2. 2012 年 9 月 21 日，交通银行上海市分行组织员工开展点钞比赛

1
2

1. 2013 年 9 月 8 日，交通银行上海市分行举办“交行杯”业务技能综合能力竞赛——营运管理综合知识竞赛（团体赛）
2. 2014 年 8 月 31 日，交通银行上海市分行举办“保风控 促转型 提服务”——2014 年度“交行杯”业务技能综合能力竞赛

1
2

1. 1995 年 5 月 26 日，交通银行上海分行为青年员工举办集体婚礼
2. 1996 年 11 月 6 日，交通银行上海分行举行文明单位揭牌暨共建精神文明签约仪式

1. 1998年7月3日，交通银行上海分行办公室与小东门街道东门居委举办精神文明共建签约仪式
2. 2010年春节前夕，交通银行上海市分行慰问离退休老同志

1

2

1. 2012 年 2 月 3 日，交通银行上海市分行举办历任行长春节团拜会
2. 2014 年 1 月 26 日，交通银行上海市分行在“2014 年工作会议”上表彰先进集体和个人

1
2

1. 2001 年 7 月 21 日，交通银行上海分行举办庆祝中国共产党成立 80 周年歌咏大赛
2. 2003 年春季，交通银行上海市分行组织员工开展健身跑活动

1

2

2011 年 10 月 29 日，交通银行上海市分行举办主题为“健康 · 快乐 · 和谐”的职工运动会。图为员工们开展广播操比赛、操舞表演场景

1. 2011 年 10 月 29 日，交通银行上海市分行举办主题为“健康 · 快乐 · 和谐”的职工运动会。图为乒乓球选手进行混合双打比赛场景
2. 2013 年 10 月 26 日，交通银行上海市分行举办主题为“健康关爱　团结奋进”的职工运动会。图为运动员们跳长绳比赛场景

1

2

1. 2013 年 10 月 26 日，交通银行上海市分行举办主题为“健康关爱 团结奋进”的职工运动会。图为运动员们进行拔河比赛场景
2. 2014 年 11 月 15 日，交通银行上海市分行举办“交行好声音”大赛

1
2

上海市地方志编纂委员会

主任委员　周慧琳

副主任委员　翁铁慧　李逸平　朱咏雷　宗　明

委　　员　（以姓氏笔画为序）

于福林　上官剑　马正文　王　平　王　华　王　岚　王旭杰
方世忠　白廷辉　朱　民　朱勤皓　邬惊雷　刘　健　严爱云
李　谦　李余涛　李国华　杨　莉　肖跃华　吴金城　吴海君
余旭峰　沈山州　沈立新　张　全　张小松　张国坤　陆方舟
陈　臻　陈宇剑　陈德荣　金鹏辉　周　强　周夕根　郑健麟
房剑森　赵永峰　胡广杰　钟晓咏　姜冬冬　洪民荣　姚　凯
姚　海　秦昕强　袁　泉　袁　鹰　桂晓燕　顾　军　徐　枫
徐　建　徐　炯　徐　彬　徐未晚　高奕奕　高融昆　唐伟斌
黄德华　曹吉珍　曹扶生　盖博华　董建华　解　冬　缪　京
薛　侃

办公室主任　洪民荣

副　主　任　生键红　姜复生

上海市地方志编纂委员会

（2007 年 8 月—2018 年 6 月）

主任委员　殷一璀（2007 年 8 月—2014 年 11 月）
徐　麟（2014 年 11 月—2015 年 9 月）
董云虎（2015 年 9 月—2018 年 6 月）

副主任委员　（2007 年 8 月—2011 年 8 月）
王仲伟　杨定华　姜　樑　李逸平　林　克

副主任委员　（2011 年 8 月—2014 年 11 月）
屠光绍　杨振武　洪　浩　姚海同　蒋卓庆　林　克

办公室主任　李　丽（2008 年 7 月—2010 年 10 月）
刘　建（2010 年 10 月—2014 年 2 月）

副　主　任　沙似鹏（1997 年 12 月—2007 年 9 月）
朱敏彦（2001 年 1 月—2012 年 5 月）
沈锦生（2007 年 7 月—2009 年 2 月）
莫建备（2009 年 9 月—2013 年 11 月）
王依群（2016 年 8 月—2020 年 3 月）

《上海市级专志 · 交通银行上海市分行志》
编纂委员会

（2019 年 10 月—　）

主　　　任　徐　斌

常务副主任　李　利

副　主　任　赵彩虹　陈伟芳　宋　滨

编　　　委　（以姓氏笔画为序）

干晔敏　马　俊　王亚南　王成宝　王珏虹　尹志刚　叶晓宏
田耕宇　乐自强　刘　军　刘　军　安海云　许慧珺　严　肃
杨　捷　连蔚文　吴　宇　何乃隽　应　敏　沈　雁　张　波
陆　斌　陆燕丽　陈勇刚　陈　德　陈毅君　邵　俊　苗俊华
欧阳琦　罗日军　罗　晓　周　玲　孟志芳　赵建平　胡　坚
柳春燕　俞　嵘　施立群　姜　炜　钱国钦　凌海强　唐　捷
黄　进　黄海波　鹿海荣　彭悦箐　董怡蓓　程　华　鲁　联
曾文伟　蔡　钺　潘　蓓　戴　威

主　　　编　徐　斌

执 行 主 编　吴景平

常务副主编　李　利

总　　　纂　孟志芳

《上海市级专志 · 交通银行上海市分行志》
编纂室

主　任　孟志芳

编　辑　（以姓氏笔画为序）

张公浩　贲苏飞　桂诗义　魏雯赟

《上海市级专志·交通银行上海市分行志》编纂委员会

（2015 年 6 月—2019 年 10 月）

主　　任　郑志扬

常务副主任　樊　燊

副 主 任　（以分行任职时间为序）

林　骅　赵彩虹　陈伟芳　陈　隃

编　　委　（以姓氏笔画为序）

马　俊　王亚南　王成宝　王珏虹　尹志刚　厉　静　田耕宇

乐自强　朱奕辰　刘　军　刘　军　安海云　严　俊　苏海明

李　樱　杨　捷　何乃隽　邹滨津　应　敏　沈卫东　沈　萍

沈　雁　宋　滨　张　立　张建平　陆　斌　陆燕丽　陈　德

邵　俊　欧阳琦　罗日军　罗　晓　孟志芳　胡　坚　柳春燕

须　超　俞　嵘　姜　炜　贺瑞康　袁　翔　钱国钦　凌海强

唐　捷　黄海波　戚慧康　崔翔鹏　彭悦箐　葛颂文　董怡蓓

程　华　鲁　联　曾文伟　蔡　钺　谭　红

主　　编　郑志扬

执行主编　吴景平

常务副主编　樊　燊

总　　纂　孟志芳

《上海市级专志·交通银行上海市分行志》编纂室

顾　问　严孝修

主　任　孟志芳

副主任　何成钢

编　辑　（以姓氏笔画为序）

张公浩　张瑞龙　贲苏飞　桂诗义　蔡幼华　魏雯赟

《上海市级专志·交通银行上海市分行志》编纂委员会

（2014 年 1 月—2015 年 6 月）

《上海市级专志·交通银行上海市分行志》编纂室

《上海市级专志·交通银行上海市分行志》
内部评审专家

（以姓氏笔画为序）

万家禄　马长林　王成康　王军伟　王孝俭　王宗培　王建新　宁　波
邢建榕　过文瀚　刘玉芬　刘　平　江宗兰　严晓幸　杜恂诚　李安定
励敏捷　吴一逸　吴晓萍　吴福生　邹滨津　张　伟　张燕民　范申娟
罗日军　金礼方　钟　进　贺瑞康　黄　煦　潘　康　薛理勇

《上海市级专志·交通银行上海市分行志》
主要撰稿人员

（以姓氏笔画为序）

于　芳　马振波　马　琳　王一清　王亚南　王旭峰　王　梅　王　蕾
仇　斌　卞晓静　方　迪　方　彦　邓　松　卢　青　叶清宇　叶微漪
申艳广　宁汝晟　成昱瑛　朱　璟　华　卉　刘　军　刘诗扬　刘晶晶
刘蜀曦　刘　巍　闫　斌　孙毓斐　严晓幸　严　毅　苏　莉　苏　悦
李光宗　李怡倩　李　晴　李瑞萍　李鹏飞　杨文越　杨伟明　连蔚文
吴佳炜　吴佳菁　吴祝华　吴培龙　吴福生　何小龙　何　隽　应　敏
汪晓光　沈　湧　宋省池　宋晓茜　张　一　张公浩　张　波　张瑞龙
张　颐　陆　江　陆纪燕　陆玫琳　陆继良　陈　玮　陈晓彦　陈辉年
林　芝　金晓燕　周　刚　周诚栋　孟志芳　孟洁莹　赵丽珉　赵　茜
赵新亚　贲苏飞　钟海雷　钟涵怡　俞凌雁　施春光　施　漾　施禛禛
施　磊　秦曙光　桂诗义　贾骏浩　钱继恩　徐　昂　殷东明　殷　皓
凌　涛　凌　霄　高作楠　高　峻　高　歌　唐　剑　陶应荣　梅　芳
曹伟洁　龚丽煜　龚晓婧　龚　龑　梁珍梅　葛庆喜　蒋　敏　辜　雅
傅晓云　鲁小明　蔡荣麟　颜美杰　潘　弘　潘　晓　戴启东　戴建荣
魏雯赟

《上海市级专志·交通银行上海市分行志》评议专家

组　长　王孝俭

成　员　（以姓氏笔画为序）

丁惠义　方永星　叶天蔚　朱洁士　孙程明　杜恂诚　李安定　肖立伟　金礼方　赵　秋

《上海市级专志·交通银行上海市分行志》审定专家

组　长　邢建榕

成　员　（以姓氏笔画为序）

马长林　马　强　王世豪　汪志星　林　文　倪鹤婷　高冰冰　裴百岑

《上海市级专志·交通银行上海市分行志》验收单位和人员

验收单位　上海市地方志办公室

验收人员　洪民荣　过文瀚　王继杰　黄晓明　黄文雷

业务编辑　赵明明　肖春燕

序　一

《上海市级专志・交通银行上海市分行志》(以下简称《交通银行上海市分行志》)编纂工作七易寒暑，数易其稿，如今终于问世了。这是一部承载上海市分行自创立以来发展变化的专业著作，是一部汇集全行55家承编单位力量，凝聚编纂团队心血、智慧的鸿篇巨制，是上海市分行精神文明建设的又一项重要成果，是值得全行庆贺的一件大事。

按照上海市地方志编纂委员会部署，上海市分行于2014年1月启动第二轮修志，并将时间断限确定为清光绪三十四年(1908年)至2014年。目的是见证历史，以史鉴今，更好地服务"长三角龙头银行"战略，努力开创交通银行百余年民族金融品牌更加美好的未来。

作为一部史实性的志书，《交通银行上海市分行志》全景透视了上海市分行成立以来的创业史、奋斗史、发展史和深厚文化的传承史。全志既记述了晚清及民国时期上海分行受制于旧时代官方干预，频遭困顿和磨难的历史，也记述了上海分行为发展实业，大力扶持民族工商业及热心社会公益事业的劳绩；还记述了1949年5月上海解放后，上海分行积极参与中华人民共和国经济建设，集中力量试办长期贷款、清理公股股权、办理基建拨款、进行财务监督与管理的历程，以及1958年因国内金融体制的变化，业务并入中国人民银行上海市分行和在上海分行基础上建立起来的中国人民建设银行上海市分行的经历；重点是记述了20世纪80年代中国金融体制改革拉开帷幕后，上海分行担负起再次创业及交通银行金融改革"试验田"重任，以敢为人先、勇立潮头的开拓精神，积极探索商业银行综合性、市场化经营管理模式，服务经济社会、民生建设的演进轨迹，以及进入21世纪后，不断深化机制改革，强化人力资源、风险控制、信息科技、金融服务建设，着力构建"先进的银行制度、先进的经营理念、先进的内部管理、先进的服务手段、先进的人力资源和先进的企业文化""六个先进"现代商业银行制度体系，促进各项业务蓬勃发展的光辉历程，彰显了全行上下同心同德、团结拼搏、创新发展、无私奉献的壮举，为上海市分行扎实推进长三角一体化战略、上海自贸区新片区建设，实现高质量发展，提供了丰富的养料和强大的精神动力。

《交通银行上海市分行志》体例规范，内容丰富，资料翔实，纵横交错，自成一体，是记载上海市分行业务、机构、人员等方面的资料宝库，堪称上海市分行的“百科全书”。通览全志，定会开卷有益。

盛世修志，垂鉴未来；志载盛世，泽惠千秋。回溯上海市分行创立以来的沧桑巨变，展示上海市分行干部员工艰苦创业、创新发展、锐意进取的精神风貌，对上海市分行进一步坚定以人为本核心理念，进一步调动全员工作积极性，进一步促进各项业务高质量发展，具有非同寻常的意义，也必将产生深远的文化影响，成为上海市分行继往开来的一份特殊力量。让我们站在新时代的起点上，发挥《交通银行上海市分行志》“存史、育人、资政”的功能，秉承金融报国的初心，深植交通银行百余年发展改革创新的精神，怀抱历代交行人革故鼎新的锐气，凝聚奋斗伟力，共创交行新时代。

徐　斌
2020 年 11 月

序　二

盛世修志，志载盛世。在学习、贯彻中共十九大五中全会精神，迎接建党100周年，以及交通银行创立113周年之际，《上海市级专志·交通银行上海市分行志》定稿付梓，这是上海市分行发展史上的大事、盛事，意义深重弥远。

交通银行始建于1908年(清光绪三十四年)，是近代中国最早的股份制商业银行，最早在海外开设分支机构、最早的发钞行之一，在中国金融史上占有重要地位。

1908年5月2日，上海分行在后马路乾记弄试营业，是交通银行最早设立的四家分行之一。中国近代金融史上的重要人物李云书、钱新之、盛竹书、胡祖同、秦润卿、金国宝等先后在上海分行担任过重要职务。1909年(清宣统元年)起，上海分行开始参与交通银行第一版银两票、银元票和小银元票发行，并长期发行印有"上海"的地名券。1915年(民国4年)，联合上海相关银行，组织银行公栈，开展栈单押款业务。1919年，率先在交通银行系统中设立外汇科，开展外汇业务。1930年，设立储蓄部，推动储蓄事业发展。

上海解放初期，上海分行积极参加公私合营企业公股清理业务、财务监管业务，率先办理国家基本建设投资拨款业务，积极探索与计划经济体制相适应的管理体制，在华东地区的投资、建设中发挥了重要作用。

在半个世纪的历程中，上海分行几度俯仰，数次转型，曾历困境，更有辉煌，其变迁沉浮是近代中国经济社会沧桑巨变的一个缩影。

1986年7月24日，国务院批准重新组建交通银行。10月25日，上海分行对外试营业。1987年4月1日，正式对外营业。建行之初，承担管辖分行职责，曾辖管浙江、江苏等12家城市分行。2004年起，交通银行按行政区域设立分支机构，建立省分行制，由此，江浙地区机构划归所在省分行管理，形成上海市分行现有基本架构。作为总行所在地分行，上海市分行是交通银行系统内历史悠久、业务规模大、产品多、服务佳的省直分行之一，秉承百来年积淀的优良传统不断进取，见证着交通银行的发展和上海金融的变迁。

重新组建30载，几度风雨历春秋。交通银行重新组建以来，上海市分行历经创业初的筚路蓝缕，开拓时的砥砺深耕，转型期的改革创新——从业人员从开业之初的不到200人，到2014年年末拥有5 000多人的优秀干部员工队伍；服务网点从1家起步，到遍布全市各区的130余家；经营领域从基本的存放汇业务，到全表资产负债经营、跨境跨市场运作，资产总规模逾5 000亿元、年创利近百亿元，成为交通银行系统内效益第一大行和上海市场零售门店服务最优银行。

30多年来，上海市分行始终勇做交通银行发展的先行者、探路者和领跑者——独创大面额存单业务，培育沪上外汇明星品牌"外汇宝"，率先推出人民币跨境贸易结算等。2010年，交通银行成为上海世博会商业银行全球合作伙伴，作为举办地窗口行，上海市分行为盛会提供的金融服务获得中外来宾交口称赞。2013年，交通银行上海自贸试验区分行开业，成为首批在自贸区内获准设立分行的商业银行之一。

上海市分行30多年来所取得的成就，离不开各级政府和监管部门的大力支持和指导，离不开交通银行总行党委、行长室的正确领导，更离不开全体干部员工的辛勤努力。如实记载这样一段波澜壮阔的历史，具有十分深刻的历史意义和现实意义。修志者们深具匠心、持心揖志，从卷帙浩繁的史料中采撷最重要的篇章，从亲历者的口述中填补散佚遗失的段落。2014年以来，历经7年时间，经反复研讨，征文考献，几易其稿，终成此著。

30载斗转星移，时代前进的步伐从未停歇。在"十四五"新的征程上，上海市分行正不忘初心、牢记使命，以习近平新时代中国特色社会主义思想为指引，以全面从严治党为主线，以更好实现人民利益、服务经济社会建设为目标，埋头实干、砥砺前行，力争以改革创新新作为、党的建设新成效，创造出无愧于历史、无愧于交行的新业绩，交出组织满意、群众认可的新答卷。上海市分行愿承重如东海巨轮，航速如浦江轻舟，同心共创千秋业，任重道远向未来。

值此志书问世之际，我怀着十分激动和喜悦的心情，谨以为序。

郑志扬

2020年10月

凡　例

一、本志编纂以马克思列宁主义、毛泽东思想、邓小平理论、“三个代表”重要思想、科学发展观、习近平新时代中国特色社会主义思想为指导，遵循实事求是原则，力求全面、真实、准确地记述交通银行上海市分行历史发展进程，发挥志书存史、育人、资政的作用。

二、本志记述时限，上限始于1908年，下限为2014年年末。上海市分行副行级以上干部任免、人物简介根据实际情况，适当延伸至2019年年末。

三、本志采用述、记、志、传、表、图、录等体裁记述，文字力求准确、朴实、严谨、简明、流畅。

四、本志由图照、序、凡例、目录、总述、大事记、正文、专记、附录和索引组成。正文共12篇，下设章、节、目、子目，横排门类，纵写史实。

五、本志纪年，中华人民共和国成立前一般使用历史纪年；中华人民共和国成立后采用公元纪年。

六、本志记载的干部任免职情况，1908年至1958年以历史资料为依据，1987年起以交通银行总行、上海（市）分行发文为准，经历记载截至上海（市）分行任职时间止。

七、交通银行上海市分行历史上曾数次更名，本志根据记述需要，一般简称为上海分行，或上海市分行，按其时实际称谓。

八、本志行文遵循《〈上海市志（1978—2010）〉编纂行文规范》。

九、本志资料来源于交通银行上海市分行档案中心档案，《交通银行史》《交通银行史料（1907—2001）》，上海市档案馆档案、报纸、图书、杂志、专著、文章、回忆录、访谈记录等，经考证核实后载入，一般不注明出处。

目　　录

序一 …… 徐　斌　1
序二 …… 郑志扬　1
凡例 …… 1
总述 …… 1
大事记 …… 13

第一篇　治理架构 …… 57
概述 …… 58
第一章　股东大会 …… 59
第一节　股东和股本结构 …… 59
第二节　主要会议 …… 62
第三节　股息和红利 …… 63
第四节　股东返利 …… 64
第五节　股东归属总行 …… 64
第二章　管理委员会 …… 66
第一节　主要职责 …… 66
第二节　历次会议和历届委员 …… 66
第三章　高级管理层 …… 71
第一节　人员组成 …… 71
第二节　任用管理 …… 77
第三节　会议制度 …… 78
第四章　咨询委员会 …… 80
第一节　主要职责 …… 80
第二节　人员组成 …… 80
第三节　主要会议 …… 82

第二篇　组织机构 …… 85
概述 …… 86
第一章　分行沿革 …… 87
第一节　机构沿革 …… 87
第二节　行址变迁 …… 89
第二章　管理机构 …… 91
第一节　议事协调机构 …… 91
第二节　职能部门 …… 93
一、办公室 …… 93
二、人力资源部 …… 96
三、预算财务部 …… 98
四、资产负债管理部 …… 99
五、公司业务部 …… 102
六、个人金融业务部 …… 103
七、银行卡业务部 …… 108
八、国际业务部 …… 110
九、金融机构部 …… 114
十、资产托管部 …… 115
十一、零售信贷业务部 …… 116
十二、资产保全部 …… 116
十三、资产管理部 …… 117
十四、营运管理部 …… 117
十五、授信管理部 …… 121
十六、零售信贷管理部 …… 123
十七、风险管理部 …… 124
十八、审计监督部 …… 125
十九、法律合规部 …… 127
二十、信息技术部 …… 128

二十一、电子银行部 …………………… 130
二十二、监察室 …………………… 131
二十三、保卫部 …………………… 132
二十四、工会办公室 …………………… 133
二十五、行政部 …………………… 134
二十六、发展研究部 …………………… 136
二十七、员工培育发展管理中心 …………………… 137
二十八、业务处理中心 …………………… 139
二十九、风险监督中心 …………………… 140
三十、现金储运中心 …………………… 141
三十一、网点管理办公室 …………………… 142
第三章　所属机构 …………………… 148
第一节　市内支行 …………………… 148
第二节　辖属机构 …………………… 153
第三节　附属机构 …………………… 157
一、保险业务部 …………………… 157
二、上海海通证券有限公司 ……… 159
三、上海申通房地产有限公司 …… 160
四、上海沪通实业公司 …………… 161
五、上海富利贸易有限公司 ……… 161

第三篇　业务经营 …………………… 163
概述 …………………… 164
第一章　货币发行 …………………… 165
第一节　钞券订印 …………………… 165
第二节　准备金制度 …………………… 167
第三节　同业领券 …………………… 167
第四节　打击伪钞 …………………… 168
第五节　两次停兑 …………………… 168
一、第一次停兑风潮 …………………… 168
二、第二次停兑风潮 …………………… 169
第二章　公股清理和管理 …………………… 171
第一节　公股清理 …………………… 171
第二节　财务监督 …………………… 172
第三章　基本建设拨款 …………………… 174
第一节　分级拨款 …………………… 174
第二节　监督检查 …………………… 175
第四章　公司金融 …………………… 177
第一节　业务发展 …………………… 177
一、概况 …………………… 177
二、营销队伍 …………………… 181
三、品牌推广 …………………… 182
第二节　对公存款 …………………… 185
一、概况 …………………… 185
二、活期类存款 …………………… 188
三、定期类存款 …………………… 188
四、保证金存款 …………………… 190
五、其他存款 …………………… 191
第三节　对公贷款 …………………… 193
一、概况 …………………… 193
二、流动资金贷款 …………………… 195
三、固定资产贷款 …………………… 199
四、并购贷款 …………………… 202
第四节　投行业务 …………………… 203
一、股权投资 …………………… 203
二、证券代理 …………………… 204
三、债券承销 …………………… 205
四、财务咨询 …………………… 206
第五节　委托贷款 …………………… 207
第六节　国内担保 …………………… 208
一、国内融资性担保 …………………… 208
二、国内非融资性担保 …………………… 209
第七节　票据业务 …………………… 210
第五章　同业业务 …………………… 212
第一节　概况 …………………… 212
第二节　银证合作 …………………… 213
第三节　银保合作 …………………… 215
第四节　银银合作 …………………… 217
第五节　金融要素市场合作 …………………… 219
一、上海期货交易所平台 …………………… 219
二、上海黄金交易所平台 …………………… 219
三、中国金融期货交易所平台 …… 220
四、中国证券登记结算有限公司上海分公司平台 …………………… 220
第六节　集团财务公司合作 …………………… 221
第六章　金融市场 …………………… 222

第一节 货币市场 …………………… 222
一、同业拆借 …………………… 222
二、存放同业 …………………… 223
三、债券回购 …………………… 223
第二节 债券投资 …………………… 224
一、国债投资 …………………… 224
二、金融债券投资 …………………… 224
第三节 信贷资产转让 …………………… 225
第七章 国际金融 …………………… 226
第一节 外币存款 …………………… 226
第二节 国际支付结算 …………………… 227
一、信用证和托收 …………………… 227
二、境外汇款 …………………… 229
三、外币票据 …………………… 230
四、跨境人民币业务 …………………… 231
五、离岸银行业务 …………………… 233
第三节 外汇交易 …………………… 235
一、对私外汇交易 …………………… 235
二、对公外汇交易 …………………… 240
第四节 涉外担保 …………………… 244
第五节 外汇信贷 …………………… 245
一、外汇贷款 …………………… 245
二、国际贸易融资 …………………… 247
第八章 个人金融 …………………… 249
第一节 业务发展 …………………… 249
一、概况 …………………… 249
二、营销宣传 …………………… 251
三、营销队伍 …………………… 252
四、客户管理 …………………… 253
第二节 储蓄存款 …………………… 258
一、概况 …………………… 258
二、主要产品 …………………… 260
第三节 个人贷款 …………………… 263
一、概况 …………………… 263
二、主要产品 …………………… 265
第四节 银行卡业务 …………………… 268
一、借记卡 …………………… 268
二、信用卡 …………………… 273
三、收单业务 …………………… 276
第五节 代理业务 …………………… 279
一、保险代理 …………………… 279
二、国债代理 …………………… 280
三、基金代理 …………………… 283
四、贵金属代理 …………………… 285
第六节 代收付业务 …………………… 287
一、代收付公用事业费 …………………… 287
二、代发工资 …………………… 288
三、代发企业年金 …………………… 290
四、代发社保养老金 …………………… 290
第九章 小企业金融 …………………… 292
第一节 业务品牌 …………………… 292
一、展业通梯级贷款 …………………… 292
二、展业通快车 …………………… 292
三、小企业法人账户透支 …………………… 293
四、税收贷 …………………… 293
五、展业 e 贷 …………………… 293
六、e 贷卡 …………………… 293
七、展业通扩权 …………………… 294
八、展业通—创业一站通 …………………… 294
九、投贷通 …………………… 294
十、优贷通 …………………… 294
第二节 专营机构 …………………… 295
第三节 业务合作 …………………… 295
一、与政府、企业合作 …………………… 295
二、与科技园区合作 …………………… 296
三、与交易市场合作 …………………… 297
第十章 资产管理业务 …………………… 298
第一节 概况 …………………… 298
一、个人理财 …………………… 298
二、对公理财 …………………… 299
第二节 代销总行理财产品 …………………… 300
一、个人理财产品 …………………… 300
二、对公理财产品 …………………… 302
第三节 自行设计理财产品 …………………… 304
一、制度建设 …………………… 304
二、产品设计 …………………… 305
三、募集资金运作和投资管理 …………………… 305
四、特色理财项目 …………………… 306

第十一章　资产托管业务 …………………… 308
第一节　概况 …………………………………… 308
第二节　基金券商类产品托管 ……… 309
第三节　保险类产品托管 ………… 311
第四节　信托类产品托管 ………… 312
第五节　养老金类托管业务 ……… 312
第六节　其他类产品托管 ………… 313
第十二章　电子银行 ………………………… 315
第一节　概况 …………………………………… 315
第二节　自助银行 ……………………… 316
第三节　电话银行 ……………………… 318
第四节　网上银行 ……………………… 319
一、企业网上银行 ……………………… 319
二、个人网上银行 ……………………… 320
第五节　手机银行 ……………………… 321
第十三章　其他业务 ………………………… 323
第一节　仓库 …………………………………… 323
第二节　电台 …………………………………… 323
第三节　保管箱 ……………………………… 324

第四篇　运行管理 …………………………… 327
概述 …………………………………………………… 328
第一章　资产负债管理 ……………………… 329
第一节　资产负债比例管理 ……… 329
第二节　准备金管理 ………………… 330
一、法定存款准备金 …………………… 330
二、外币存款准备金 …………………… 331
第三节　资金头寸管理 …………… 331
第四节　业务计划与考核 ………… 332
第五节　定价 …………………………………… 333
一、定价策略 ……………………………… 333
二、实时监控 ……………………………… 336
三、定价管理系统应用 ……………… 337
四、FTP 体系 ……………………………… 337
第二章　财务管理 …………………………… 338
第一节　预算与考核 ………………… 338
一、预算管理 ……………………………… 338
二、经营绩效考核 ……………………… 339
第二节　财务审批和成本控制管理 …… 341
一、财务授权审批管理 ……………… 341
二、财务报销管理 ……………………… 342
三、管理会计成本分摊 ……………… 342
第三节　报表管理 ……………………… 343
第四节　会计核算管理 …………… 344
第三章　营运管理 …………………………… 345
第一节　营运基础管理 …………… 345
一、营运目标管理与考核 ………… 345
二、营运人员管理与人才培养 …… 346
三、业务技能考核和比赛 ………… 348
四、核心系统 ……………………………… 349
第二节　支付结算服务 …………… 350
一、支付结算方式 ……………………… 350
二、主要支付结算系统 ……………… 352
三、主要支付结算业务 ……………… 353
第三节　营运质量监督 …………… 359
一、制度执行与检查 ………………… 359
二、示范行管理 ………………………… 360
三、银企对账单管理 ………………… 360
四、会计风险报告 ……………………… 361
五、凭证影像管理 ……………………… 362
六、监督与预警 ………………………… 363
第四节　现金储运服务 …………… 364
一、制度建设 ……………………………… 364
二、库房 ……………………………………… 365
三、现金集中清分 ……………………… 366
四、配款 ……………………………………… 366
五、运送 ……………………………………… 367

第五篇　风险管控 …………………………… 369
概述 …………………………………………………… 370
第一章　全面风险监管 ……………………… 371
第一节　风险管理机制 …………… 371
一、专门委员会 ………………………… 371
二、日常管理 ……………………………… 374
第二节　信用风险管理 …………… 376
一、识别与监测 ………………………… 376
二、计量与分类 ………………………… 377

三、控制与化解 …………………… 379
四、系统与工具应用 ……………… 386
第三节 操作风险管理 ……………… 387
一、管理工具 ……………………… 387
二、业务连续性管理 ……………… 388
第四节 法律合规风险管理 ………… 389
一、管理机构 ……………………… 389
二、制度管理 ……………………… 389
三、合规管理 ……………………… 390
四、法律事务管理 ………………… 393
五、反洗钱管理 …………………… 397
第二章 公司授信业务风险管理 ……… 400
第一节 基础管理 …………………… 400
一、信贷指引 ……………………… 400
二、风险监控 ……………………… 401
三、重点行业风险管理 …………… 402
四、信贷队伍建设 ………………… 403
第二节 风险评级 …………………… 404
一、信用评级 ……………………… 404
二、世行项目评级 ………………… 405
三、内部评级 ……………………… 405
第三节 信贷管理系统 ……………… 407
第三章 小企业和个贷风险监管 ……… 408
第一节 风险监控 …………………… 408
一、小企业风险监控 ……………… 408
二、个贷风险监控 ………………… 409
第二节 风险计量 …………………… 410
一、小企业风险计量 ……………… 410
二、个贷风险计量 ………………… 411
第三节 系统建设与应用 …………… 412
一、小企业信贷管理系统 ………… 412
二、小企业贷后监控系统 ………… 412
三、个贷贷后监控系统 …………… 412
第四章 资产保全管理 ……………… 413
第一节 资产清理处置 ……………… 413
一、不良资产清理 ………………… 413
二、不良资产处置 ………………… 414
三、已核销资产管理 ……………… 416
四、管理系统与应用 ……………… 416
第二节 公司信贷资产保全 ………… 416
一、问题类公司客户管理 ………… 416
二、监察名单客户风险化解 ……… 417
第三节 个贷资产保全 ……………… 418
一、个贷不良资产清收 …………… 418
二、逾期个贷集中催收 …………… 418
第四节 非信贷资产保全 …………… 419
一、股权投资处置 ………………… 419
二、抵债资产处置 ………………… 419
三、非业务性挂账处置 …………… 420
第五章 内部审计 …………………… 422
第一节 审计机制 …………………… 422
第二节 审计模式 …………………… 422
一、审计内容 ……………………… 422
二、审计程序 ……………………… 423
第三节 审计方式 …………………… 424
一、现场审计 ……………………… 424
二、非现场审计 …………………… 425
三、常规审计 ……………………… 425
四、专项审计 ……………………… 425
五、后续审计 ……………………… 426
六、经济责任审计 ………………… 426
七、持续审计 ……………………… 427
第四节 评价内容 …………………… 427
第五节 质量控制 …………………… 427

第六篇 信息科技 …………………… 429
概述 ………………………………… 430
第一章 设施与环境 ………………… 431
第一节 基础设施 …………………… 431
一、机房建设 ……………………… 431
二、网络通信 ……………………… 432
三、主机与服务器 ………………… 433
第二节 系统环境 …………………… 434
一、网络系统 ……………………… 434
二、系统软件平台 ………………… 434
第二章 信息化系统 ………………… 435
第一节 核心业务系统 ……………… 435
一、对公和储蓄业务系统 ………… 435

二、综合业务系统 …………………… 435
三、数据大集中 …………………… 436
四、其他系统 …………………… 436
第二节 特色业务系统 …………………… 437
一、外汇买卖 …………………… 437
二、证券期货 …………………… 438
三、海关业务 …………………… 438
四、企业网银 …………………… 438
五、其他 …………………… 438
第三节 信息管理系统 …………………… 440
一、信贷管理系统 …………………… 440
二、人力资源管理系统 …………………… 440
三、绩效考核管理系统 …………………… 441
四、其他信息管理系统 …………………… 441
第三章 信息安全 …………………… 443
第一节 组织管理 …………………… 443
一、管理机构 …………………… 443
二、制度管理 …………………… 443
三、技术防护 …………………… 444
第二节 灾难备份 …………………… 444
第三节 系统维护与监控 …………………… 445

第七篇 人力资源 …………………… 447
概述 …………………… 448
第一章 人事管理 …………………… 449
第一节 行员结构 …………………… 449
第二节 用工制度 …………………… 451
一、劳动合同制 …………………… 451
二、劳务派遣制 …………………… 452
第三节 招聘录用 …………………… 453
第四节 职称评聘 …………………… 454
一、职称评审沿革 …………………… 454
二、高级职称评审 …………………… 455
第五节 劳动关系处理 …………………… 455
一、提前退休、合同解除规定 …… 455
二、内部退养 …………………… 456
第六节 职位管理 …………………… 457
第七节 人事档案管理 …………………… 457
第八节 人事管理信息系统及应用 …… 458
第九节 出国(境)管理 …………………… 458
一、因私出国(境) …………………… 458
二、因公出国(境) …………………… 459
第十节 离退休人员管理 …………………… 460
一、离退休行员管理中心 …………………… 460
二、主要工作 …………………… 462
第二章 干部管理 …………………… 464
第一节 选拔任用 …………………… 464
一、保荐、任命、聘任 …………………… 464
二、行政序列招聘和竞聘 …………………… 464
三、专业序列竞聘 …………………… 465
四、干部退位制度 …………………… 466
第二节 履职考核 …………………… 467
第三节 干部交流 …………………… 468
第四节 后备队伍 …………………… 469
一、后备人才管理 …………………… 469
二、锻炼制助理培养 …………………… 470
三、管理培训生 …………………… 471
第五节 监督管理 …………………… 472
一、选拔任用监督 …………………… 472
二、离岗离沪报告 …………………… 473
三、个人重大事项报告 …………………… 473
四、企业/社会团体兼(任)职 …… 474
第三章 人力资源管理改革 …………………… 475
第一节 “三定”与编制管理 …………………… 475
第二节 行员制度改革 …………………… 475
第三节 人力资源管理改革项目 …… 477
第四章 薪酬 绩效 福利 …………………… 479
第一节 薪酬 …………………… 479
第二节 绩效考评 …………………… 483
一、目标管理考评 …………………… 483
二、综合考核 …………………… 483
三、绩效管理考核 …………………… 484
第三节 员工福利 …………………… 484
一、住房补贴 …………………… 485
二、补充医疗保险 …………………… 485
三、企业年金制度 …………………… 486
第五章 教育培训 …………………… 487

第一节 培训规划 …………………… 487
第二节 制度建设 …………………… 487
第三节 资源开发 …………………… 488
一、培训项目 …………………… 488
二、师资队伍 …………………… 490
三、培训教材 …………………… 490
四、培训系统 …………………… 490

第八篇 综合事务 …………………… 493
概述 …………………… 494
第一章 办公管理 …………………… 495
第一节 公文管理 …………………… 495
第二节 突发事件管理 …………………… 495
第三节 宣传报道 …………………… 496
第四节 品牌宣传 …………………… 497
第五节 保密管理 …………………… 497
第六节 档案管理 …………………… 498
第二章 安全保卫 …………………… 499
第一节 安保队伍 …………………… 499
一、押运 …………………… 499
二、保安 …………………… 500
三、消防 …………………… 500
第二节 安保设施 …………………… 500
第三节 安保教育 …………………… 501
一、培训与考试 …………………… 501
二、教育宣传 …………………… 502
三、预案演练 …………………… 502
第四节 安保检查 …………………… 502
一、重要活动保障 …………………… 502
二、案件堵截 …………………… 503
第五节 专项活动 …………………… 504
一、创建“安全单位” …………………… 504
二、安全评估 …………………… 504
第三章 后勤保障 …………………… 506
第一节 物业管理 …………………… 506
一、办公大楼管理 …………………… 506
二、营业网点管理 …………………… 506
第二节 车辆管理 …………………… 507
一、公务用车 …………………… 507
二、上下班通勤车 …………………… 508
第三节 物资采购 …………………… 508
一、制度建设 …………………… 508
二、集中采购 …………………… 509
第四节 实物管理 …………………… 510
一、制度建设 …………………… 510
二、固定资产 …………………… 511
三、资产管理系统 …………………… 511
第五节 其他保障 …………………… 511
一、医疗保健 …………………… 511
二、餐饮膳食 …………………… 512
三、会务接待 …………………… 512
第六节 银行建筑 …………………… 513
一、外滩14号大楼 …………………… 513
二、中山南路99号交银大厦 …………………… 513
三、江西中路200号大楼 …………………… 514
第四章 网点建设 …………………… 515
第一节 概况 …………………… 515
第二节 建设流程 …………………… 516
第三节 网点改造 …………………… 517

第九篇 党群工作 …………………… 519
概述 …………………… 520
第一章 中国共产党组织 …………………… 521
第一节 组织架构 …………………… 521
一、党委(党组) …………………… 521
二、纪委(纪检组) …………………… 524
三、工作部门 …………………… 525
四、基层党组织 …………………… 528
第二节 党的建设 …………………… 531
一、思想建设 …………………… 531
二、组织建设 …………………… 534
三、作风建设 …………………… 538
四、反腐倡廉建设 …………………… 541
第三节 纪检监察 …………………… 543
一、监督检查 …………………… 543
二、执法审理 …………………… 545
第二章 工会组织 …………………… 549

第一节　沿革 …………………………… 549
第二节　职工代表大会 ………………… 550
第三节　主要工作 ……………………… 552
一、民主管理 ………………………… 552
二、劳动竞赛 ………………………… 552
三、凝聚力工程 ……………………… 556
第三章　共青团组织 …………………… 560
第一节　沿革 …………………………… 560
第二节　团员代表大会 ………………… 561
第三节　团建活动 ……………………… 562
一、组织建设 ………………………… 562
二、制度建设 ………………………… 563
三、团的活动 ………………………… 563

第十篇　企业文化 ……………………… 567
概述 …………………………………… 568
第一章　核心理念 ……………………… 569
第一节　经营理念 ……………………… 569
第二节　服务理念 ……………………… 570
第三节　教育活动 ……………………… 572
第二章　社会责任 ……………………… 574
第一节　公益责任 ……………………… 574
一、赈灾 ……………………………… 574
二、定点扶贫 ………………………… 575
三、助残 ……………………………… 575
四、助学助教 ………………………… 576
五、慈善赞助 ………………………… 577
六、大学生实习基地 ………………… 578
第二节　经济责任 ……………………… 579
一、维护金融业稳定 ………………… 579
二、服务自贸区建设 ………………… 580
三、支持小微企业 …………………… 580
四、服务“三农” …………………… 581
五、改善民生 ………………………… 581
第三节　环境责任 ……………………… 582
一、绿色信贷 ………………………… 582
二、绿色营运 ………………………… 582
第三章　社会服务 ……………………… 584
第一节　服务规范 ……………………… 584
一、硬件设施规范 …………………… 584
二、员工着装规范 …………………… 584
三、员工服务规范 …………………… 585
第二节　服务品牌 ……………………… 586
一、“百佳”“千佳”及“五星级”示范单位评选 ………………………… 586
二、“敬老服务示范网点”及“敬老服务标兵”评选 ………………… 588
三、服务明星评选 …………………… 588
第三节　服务管理 ……………………… 589
一、考核 ……………………………… 589
二、客户投诉管理 …………………… 591
第四节　金融消费者权益保护 ………… 592
一、工作机制 ………………………… 592
二、公众教育 ………………………… 593
三、特殊消费者权益保护 …………… 594
第五节　服务竞赛 ……………………… 594
第四章　文体活动 ……………………… 596
第一节　文娱活动 ……………………… 596
第二节　体育赛事 ……………………… 597
第五章　文化传播 ……………………… 599
第一节　《交行人》报 ………………… 599
第二节　《动态信息》 ………………… 600
第三节　《交银上海新视点》 ………… 600
第四节　《调研与探索》 ……………… 601
第六章　研究成果 ……………………… 602
第一节　战略研究 ……………………… 602
第二节　业务研究 ……………………… 602
一、专题业务研究 …………………… 602
二、创新业务研究 …………………… 603
三、传统业务研究 …………………… 603
第三节　行业和区域研究 ……………… 603
一、行业研究 ………………………… 603
二、区域业务研究 …………………… 604
第四节　管理制度改革研究 …………… 605
第五节　其他研究 ……………………… 605
一、总行课题研究 …………………… 605
二、金融学会课题研究 ……………… 606

三、地方重大专项课题研究 …… 606

第十一篇 经营单位 …… 609
概述 …… 610
第一章 上海解放前市内营业机构 …… 611
第一节 清末时期营业机构 …… 611
第二节 民国时期营业机构 …… 611
第二章 上海解放后市内营业机构 …… 613
第一节 分行营业部(第一支行) …… 613
一、机构沿革 …… 613
二、业务经营 …… 614
第二节 闵行支行 …… 619
一、机构沿革 …… 619
二、业务经营 …… 621
第三节 宝山支行 …… 624
一、机构沿革 …… 624
二、业务经营 …… 624
第四节 市西支行 …… 629
一、机构沿革 …… 629
二、业务经营 …… 629
第五节 杨浦支行 …… 635
一、机构沿革 …… 635
二、业务经营 …… 635
第六节 长宁支行 …… 640
一、机构沿革 …… 640
二、业务经营 …… 642
第七节 虹口支行 …… 646
一、机构沿革 …… 646
二、业务经营 …… 646
第八节 浦东分行 …… 651
一、机构沿革 …… 651
二、业务经营 …… 653
第九节 徐汇支行 …… 659
一、机构沿革 …… 659
二、业务经营 …… 660
第十节 闸北支行 …… 664
一、机构沿革 …… 664
二、业务经营 …… 665
第十一节 黄浦支行 …… 668
一、机构沿革 …… 668
二、业务经营 …… 669
第十二节 新区支行 …… 672
一、机构沿革 …… 672
二、业务经营 …… 673
第十三节 松江支行 …… 678
一、机构沿革 …… 678
二、业务经营 …… 679
第十四节 嘉定支行 …… 682
一、机构沿革 …… 682
二、业务经营 …… 683
第十五节 奉贤支行 …… 685
一、机构沿革 …… 685
二、业务经营 …… 686
第十六节 青浦支行 …… 689
一、机构沿革 …… 689
二、业务经营 …… 690
第十七节 临港新城支行 …… 692
一、机构沿革 …… 692
二、业务经营 …… 693
第十八节 金山支行 …… 695
一、机构沿革 …… 695
二、业务经营 …… 696
第十九节 崇明支行 …… 697
一、机构沿革 …… 697
二、业务经营 …… 697
第二十节 大客户一部 …… 698
一、机构沿革 …… 698
二、业务经营 …… 699
第二十一节 大客户二部 …… 706
一、机构沿革 …… 706
二、业务经营 …… 707
第二十二节 大客户三部 …… 709
一、机构沿革 …… 709
二、业务经营 …… 709
第二十三节 大客户四部 …… 710
一、机构沿革 …… 710
二、业务经营 …… 710

第二十四节　自贸试验区分行(大客户五部) …… 713
一、机构沿革 …… 713
二、业务经营 …… 715

第十二篇　人物 …… 719
概述 …… 720
第一章　人物传略 …… 721
李厚祐 …… 721
施肇曾 …… 721
赵庆华 …… 721
陶　湘 …… 722
钱永铭 …… 722
盛炳纪 …… 723
胡祖同 …… 723
唐尔恒 …… 723
秦祖泽 …… 724
李道南 …… 724
金国宝 …… 725
第二章　人物简介 …… 726
第一节　正行级 …… 726
葛一飞 …… 726
潘其昌 …… 726
刘育长 …… 726
许家生 …… 727
金大建 …… 727
钱文挥 …… 727
康定选 …… 727
吕本献 …… 728
郑志扬 …… 728
徐　斌 …… 728
第二节　副行级 …… 728
严孝修(家陇) …… 728
诸　清 …… 728
方连奎 …… 729
陈宗俊 …… 729
李惠珍 …… 729
陈如奇 …… 729
钱龙宝 …… 729
杨煦春 …… 729
杨孟华 …… 730
王锡炯 …… 730
张贵荣 …… 730
姚金华 …… 730
方建华 …… 730
孙小妹 …… 730
孙根深 …… 731
郑良玉 …… 731
阮　红 …… 731
陈荷兰 …… 731
周　晓 …… 731
林　骅 …… 731
乐晨科 …… 731
陈必钧 …… 732
赵彩虹 …… 732
陈伟芳 …… 732
陈　隃 …… 732
樊　燊 …… 732
杜江龙 …… 732
张　辉 …… 732
张常胜 …… 733
秦新祥 …… 733
孙培基 …… 733
李　利 …… 733
宋　滨 …… 733
谭　红 …… 733
第三章　人物表 …… 734
第一节　先进人物 …… 734
一、劳动模范 …… 734
二、五一劳动奖章获得者 …… 734
三、其他 …… 735
第二节　离休干部 …… 737
第三节　国务院特殊津贴获得者 …… 738
第四节　高级职称人员 …… 738
一、高级经济师 …… 738
二、高级工程师 …… 739
三、高级会计师 …… 739
四、高级政工师 …… 740

五、主任记者 …………………… 740
六、副研究员 …………………… 740

专记…………………………………… 741
一、服务浦东开发大业 …………… 743
二、服务上海世博会 ……………… 747

附录…………………………………… 751
一、重要批文 ……………………… 753
二、业务报表 ……………………… 756
1. 民国元年(1912 年)—12 年(1923 年)业务报表 ………… 756
2. 沪京津汉四行存款增长比较表 ………………… 763
3. 民国 13 年(1924 年)营业状况表 ………………… 763
三、员工名册 ……………………… 767
1. 民国 29 年(1940 年)1 月交通银行上海分行同仁录 ………… 767
2. 民国 35 年(1946 年)12 月交通银行上海分行同仁录 ………… 768
3. 1987 年 6 月交通银行上海分行员工名单 ………………… 771
4. 2014 年 12 月交通银行上海市分行行员名单 ……………… 773
5. 截至 2014 年 12 月交通银行上海市分行离退休人员名册 ……… 797

索引…………………………………… 800
主题词索引 ………………………… 800
人名索引 …………………………… 801
表格索引 …………………………… 802

编后记 ……………………………… 811

CONTENTS

Foreword 1 ······ 1

Foreword 2 ······ 1

Notes ······ 1

Overview ······ 1

Chronicle of Events ······ 13

Part 1 Governance Structure ······ 57

Summary ······ 58

Chapter 1 General Meeting of Shareholders ······ 59

Section 1 Shareholders and Capital Stock Structure ······ 59

Section 2 Major Meetings ······ 62

Section 3 Dividends ······ 63

Section 4 Shareholders' Rebate ······ 64

Section 5 Transferring shareholders to the Head Office ······ 64

Chapter 2 Management Committee ······ 66

Section 1 Major Responsibilities ······ 66

Section 2 Previous Meetings and Committee Members ······ 66

Chapter 3 Senior Management ······ 71

Section 1 Composition of Personnel ······ 71

Section 2 Appointment ······ 77

Section 3 Meeting System ······ 78

Chapter 4 Advisory Committee ······ 80

Section 1 Major Responsibilities ······ 80

Section 2 Composition of Personnel ······ 80

Section 3 Major Meetings ······ 82

Part 2 Institutional Framework ······ 85

Summary ······ 86

Chapter 1 Branch Evolution ······ 87

Section 1 Institutional Evolution ······ 87
Section 2 Address Change ······ 89
Chapter 2 Management Institutions ······ 91
Section 1 Office of Coordination ······ 91
Section 2 Functional Departments ······ 93
Chapter 3 Other Institutions ······ 148
Section 1 Local Sub-Branches ······ 148
Section 2 Administered Institutions ······ 153
Section 3 Affiliated Institutions ······ 157

Part 3 Business Operation ······ 163
Summary ······ 164
Chapter 1 Currency Issuance ······ 165
Section 1 Banknote Printing ······ 165
Section 2 Reserve System ······ 167
Section 3 Interbank Currency Requisition ······ 167
Section 4 Fight against Counterfeit Currency ······ 168
Section 5 Two Suspension of Exchange ······ 168
Chapter 2 Government Share Management ······ 171
Section 1 Government Share Clearing ······ 171
Section 2 Financial Supervision ······ 172
Chapter 3 Basic Construction Funding ······ 174
Section 1 Graded Funding ······ 174
Section 2 Supervision and Inspection ······ 175
Chapter 4 Corporate Finance ······ 177
Section 1 Business Development ······ 177
Section 2 Corporate Deposit ······ 185
Section 3 Corporate Loans ······ 193
Section 4 Investment Banking Business ······ 203
Section 5 Entrusted Loans ······ 207
Section 6 Domestic Guarantee ······ 208
Section 7 Bill Business ······ 210
Chapter 5 Interbank Business ······ 212
Section 1 Development Profile ······ 212
Section 2 Cooperation with Securities Companies ······ 213
Section 3 Cooperation with Insurance Companies ······ 215

Section 4 Cooperation with Banks ······ 217
Section 5 Cooperation with Financial Factor Markets ······ 219
Section 6 Cooperation with Enterprise Group Finance Companies ······ 221
Chapter 6 Financial Markets ······ 222
Section 1 Monetary Market ······ 222
Section 2 Bond Investment ······ 224
Section 3 Transfer of Credit Assets ······ 225
Chapter 7 International Finance ······ 226
Section 1 Foreign Currency Deposit ······ 226
Section 2 International Payment and Settlement ······ 227
Section 3 Foreign Exchange Transaction ······ 235
Section 4 Foreign Guarantee ······ 244
Section 5 Foreign Exchange Credit ······ 245
Chapter 8 Personal Finance ······ 249
Section 1 Business Development ······ 249
Section 2 Savings Deposit ······ 258
Section 3 Personal Loan ······ 263
Section 4 Bank Card Business ······ 268
Section 5 Agency Business ······ 279
Section 6 Collection and Payment Agent ······ 287
Chapter 9 Small Enterprise Finance ······ 292
Section 1 Business Brand ······ 292
Section 2 Specialized Institutions ······ 295
Section 3 Business Cooperation ······ 295
Chapter 10 Asset Management Business ······ 298
Section 1 Development Profile ······ 298
Section 2 Sales of Financial Products of Headquarters ······ 300
Section 3 Independently Designed Financial Products ······ 304
Chapter 11 Asset Custody Business ······ 308
Section 1 Development Profile ······ 308
Section 2 Custody for Fund and Security Firms ······ 309
Section 3 Custody for Insurance Funds ······ 311
Section 4 Custody for Trust Funds ······ 312
Section 5 Custody for Pension ······ 312
Section 6 Custody for Other Products ······ 313
Chapter 12 E-Banking ······ 315

Section 1 Development Profile …… 315
Section 2 Self-service Banking …… 316
Section 3 Telephone Banking …… 318
Section 4 Online Banking …… 319
Section 5 Mobile Banking …… 321
Chapter 13 Other Business …… 323
Section 1 Warehouse …… 323
Section 2 Radio Station …… 323
Section 3 Safe Deposit Box …… 324

Part 4 Business Management …… 327
Summary …… 328
Chapter 1 Asset and Liability Management …… 329
Section 1 Asset and Liability Ratio Management …… 329
Section 2 Reserve Management …… 330
Section 3 Fund Position Management …… 331
Section 4 Business Plan and Assessment …… 332
Section 5 Pricing …… 333
Chapter 2 Financial Management …… 338
Section 1 Budget and Assessment …… 338
Section 2 Finance and Cost Management …… 341
Section 3 Statements Management …… 343
Section 4 Accounting Management …… 344
Chapter 3 Operation Management …… 345
Section 1 General Management …… 345
Section 2 Payment and Settlement Service …… 350
Section 3 Operation Quality Supervision …… 359
Section 4 Services for Cash Storage and Transportation …… 364

Part 5 Risk Management …… 369
Summary …… 370
Chapter 1 Comprehensive Risk Supervision …… 371
Section 1 Risk Management Mechanism …… 371
Section 2 Credit Risk Management …… 376
Section 3 Operational Risk Management …… 387
Section 4 Compliance Risk Management …… 389

Chapter 2 Corporate Credit Risk Supervision ······ 400
Section 1 General Management ······ 400
Section 2 Risk Rating ······ 404
Section 3 Credit Management Information System (CMIS) ······ 407
Chapter 3 Small Enterprise and Personal Credit Risk Supervision ······ 408
Section 1 Risk Monitoring ······ 408
Section 2 Risk Measurement ······ 410
Section 3 System Construction and Application ······ 412
Chapter 4 Asset Preservation Management ······ 413
Section 1 Liquidation and Disposal of Assets ······ 413
Section 2 Corporate Credit Asset Preservation ······ 416
Section 3 Personal Loan Asset Preservation ······ 418
Section 4 Non-Credit Asset Preservation ······ 419
Chapter 5 Internal Auditing ······ 422
Section 1 Mechanism ······ 422
Section 2 Auditing Mode ······ 422
Section 3 Auditing Methodology ······ 424
Section 4 Evaluation ······ 427
Section 5 Quality Control ······ 427

Part 6 Information Technology ······ 429
Summary ······ 430
Chapter 1 Facilities and Environment ······ 431
Section 1 Infrastructure ······ 431
Section 2 System Environment ······ 434
Chapter 2 Information System ······ 435
Section 1 Core Business System ······ 435
Section 2 Featured Business System ······ 437
Section 3 Information Management System ······ 440
Chapter 3 Information Security ······ 443
Section 1 Organization Management ······ 443
Section 2 Disaster Recovery ······ 444
Section 3 System Maintenance and Monitoring ······ 445

Part 7 Human Resources ······ 447
Summary ······ 448

Chapter 1 HR Management ······ 449
Section 1 Personnel Structure ······ 449
Section 2 Policies and Regulations of Employment ······ 451
Section 3 Recruitment ······ 453
Section 4 Professional Title Conferment ······ 454
Section 5 Labor Relationship Management ······ 455
Section 6 Position Management ······ 457
Section 7 Personnel Files Management ······ 457
Section 8 Personnel Management Information System and Application ······ 458
Section 9 Exit Management ······ 458
Section 10 Retirees Management ······ 460
Chapter 2 Cadre Management ······ 464
Section 1 Selection and Appointment ······ 464
Section 2 Performance Assessment ······ 467
Section 3 Cadre Exchange ······ 468
Section 4 Talent Pool ······ 469
Section 5 Supervision and Management ······ 472
Chapter 3 HR Management Reform ······ 475
Section 1 Personnel Quota ······ 475
Section 2 Staff System Reform ······ 475
Section 3 Project of HR Management Reform ······ 477
Chapter 4 Remuneration, Performance and Benefits ······ 479
Section 1 Remuneration ······ 479
Section 2 Performance Evaluation ······ 483
Section 3 Benefits ······ 484
Chapter 5 Education and Training ······ 487
Section 1 Training Plan ······ 487
Section 2 System Construction ······ 487
Section 3 Resource Development ······ 488

Part 8 Comprehensive Affairs ······ 493
Summary ······ 494
Chapter 1 Office Management ······ 495
Section 1 Document Management ······ 495
Section 2 Emergency Management ······ 495
Section 3 Publicity and Report ······ 496

Section 4 Brand Promotion …… 497
Section 5 Confidentiality Management …… 497
Section 6 Files Management …… 498
Chapter 2 Security …… 499
Section 1 Security Team …… 499
Section 2 Security Facilities …… 500
Section 3 Security Education …… 501
Section 4 Security Inspection …… 502
Section 5 Special Activities …… 504
Chapter 3 Logistics Support …… 506
Section 1 Property Management …… 506
Section 2 Vehicle Management …… 507
Section 3 Materials Purchase …… 508
Section 4 Physical Asset Management …… 510
Section 5 Other Support …… 511
Section 6 Bank Premises …… 513
Chapter 4 Network Construction …… 515
Section 1 Development Profile …… 515
Section 2 Construction Process …… 516
Section 3 Sub-Branch Renovation …… 517

Part 9 Party-Masses Work …… 519
Summary …… 520
Chapter 1 Organizations of CPC …… 521
Section 1 Organizational Structure …… 521
Section 2 Party Building …… 531
Section 3 Discipline Inspection and Supervision …… 543
Chapter 2 Organization of Labor Union …… 549
Section 1 History …… 549
Section 2 Staff Representatives Assembly …… 550
Section 3 Major work …… 552
Chapter 3 Organization of Youth League …… 560
Section 1 History …… 560
Section 2 Representatives Assembly …… 561
Section 3 League Construction Activities …… 562

Part 10 Corporate Culture …… 567
Summary …… 568
Chapter 1 Core Philosophy …… 569
Section 1 Operation Philosophy …… 569
Section 2 Service Philosophy …… 570
Section 3 Education Activities …… 572
Chapter 2 Social Responsibilities …… 574
Section 1 Public Interest Responsibility …… 574
Section 2 Economic Responsibilities …… 579
Section 3 Environmental Responsibilities …… 582
Chapter 3 Social Services …… 584
Section 1 Service Regulations …… 584
Section 2 Service Brand …… 586
Section 3 Service Management …… 589
Section 4 Consumer Protection …… 592
Section 5 Service Competition …… 594
Chapter 4 Recreational and Sports Activities …… 596
Section 1 Cultural and Recreational Activities …… 596
Section 2 Athletic Contest …… 597
Chapter 5 Culture Communication …… 599
Section 1 People of Bocom Newspaper …… 599
Section 2 Dynamic Information …… 600
Section 3 New Viewpoint of Bocom, Shanghai Branch …… 600
Section 4 Investigation and Exploration Magazine …… 601
Chapter 6 Research …… 602
Section 1 Strategic Research …… 602
Section 2 Business Research …… 602
Section 3 Industry and Region Research …… 603
Section 4 Research on Management System Reform …… 605
Section 5 Other Researches …… 605

Part 11 Operating Units …… 609
Summary …… 610
Chapter 1 Operations before Liberation …… 611
Section 1 Operations of Late Qing Dynasty …… 611
Section 2 Operations during Minguo Period …… 611

Chapter 2 Operations after Liberation ………… 613
Section 1 Banking Dept. (First Sub-Branch) ………… 613
Section 2 Minhang Sub-Branch ………… 619
Section 3 Baoshan Sub-Branch ………… 624
Section 4 Shixi Sub-Branch ………… 629
Section 5 Yangpu Sub-Branch ………… 635
Section 6 Changning Sub-Branch ………… 640
Section 7 Hongkou Sub-Branch ………… 646
Section 8 Pudong Branch ………… 651
Section 9 Xuhui Sub-Branch ………… 659
Section 10 Zhabei Sub-Branch ………… 664
Section 11 Huangpu Sub-Branch ………… 668
Section 12 Xinqu Branch ………… 672
Section 13 Songjiang Sub-Branch ………… 678
Section 14 Jiading Sub-Branch ………… 682
Section 15 Fengxian Sub-Branch ………… 685
Section 16 Qingpu Sub-Branch ………… 689
Section 17 Lingang New City Sub-Branch ………… 692
Section 18 Jinshan Sub-Branch ………… 695
Section 19 Chongming Sub-Branch ………… 697
Section 20 Department NO. 1 of Major Clients ………… 698
Section 21 Department NO. 2 of Major Clients ………… 706
Section 22 Department NO. 3 of Major Clients ………… 709
Section 23 Department NO. 4 of Major Clients ………… 710
Section 24 Free Trade Zone Branch (Department NO. 5 of Major Clients) ………… 713

Part 12 People ………… 719
Summary ………… 720
Chapter 1 Brief Biography ………… 721
Chapter 2 Profile ………… 726
Section 1 President-Level ………… 726
Section 2 Vice-President-Level ………… 728
Chapter 3 Directory ………… 734
Section 1 Outstanding Figures ………… 734
Section 2 Retired Cadres ………… 737
Section 3 Recipients of the State Council Special Allowance ………… 738

Section 4 People of Senior Titles …… 738

Special Events …… 741

Support for Pudong Development and Opening-Up …… 743

Financial Services for Expo 2010, Shanghai …… 747

Appendixes …… 751

Important Approvals …… 753

Business Reports …… 756

Personnel Roll …… 767

Indexes …… 800

Afterword …… 811

总　述

交通银行上海分行于清光绪三十四年四月初三日(1908年5月2日)在上海后马路乾记弄开业,是交通银行最早设立的四家分行之一。民国22年(1933年)7月,交通银行总管理处改组为总行,同时撤销上海分行。民国26年(1937年)8月,抗战全面爆发。9月,总行改组为总管理处,同时成立上海一等分行。民国30年(1941年)12月,日本发动太平洋战争,占领上海租界,上海分行被勒令停业。民国31年(1942年)9月,被日伪改组为交通银行总行。民国34年(1945年)8月抗战胜利后,上海分行重新设立。1949年5月,上海解放。中国人民解放军上海市军事管制委员会派驻军代表接管上海交通银行。11月,经清理、整编,上海分行复业。1958年7月,国务院批准交通银行总管理处划归中国人民银行管理。11月,上海分行建制撤销。1986年7月,国务院决定重新组建交通银行。是年10月,上海分行再度开业。截至2014年年末,上海市分行已发展成为一家拥有5 123名行员,135家营业网点,资产总额达到5 163.29亿元的现代化商业银行。

一

清光绪三十四年四月(1908年5月)上海分行成立初期,主要负责人由邮传部奏派。清宣统三年九月(1911年10月)后,改由交通银行呈准邮传部派任。进入民国后,主要负责人及高级管理人员由总管理处派任。下属机构按交通银行统一规定设立、调整,经理、副理之下设业务经营、财会、文书等职能部门,并根据经营、管理实际需求,扩大或缩减内设机构。民国8年(1919年),为发展外汇业务,在交通银行系统内率先设立外汇科;民国10年(1921年),设立国外业务股,主掌外汇等国外业务。

清宣统元年(1909年),上海分行开始参与交通银行第一版银两票、银元票和小银元票发行,并多次发行印有"上海"字样的地名券。民国初期,参与发行国币券,钞券发行量与交通银行系统内汉行大体相等。民国5年(1916年)袁世凯帝制失败后,国库财政告急。5月12日,北洋政府国务院令财政部、交通部转饬中交两行暂停兑付现银。由于事先没有充分准备,库存现银亦感不足,上海分行奉令停兑,但始终与各界人士为钞券恢复兑现奔走,直至民国6年(1917年)4月对所发兑换券照常开兑止。民国10年(1921年),交通银行再次发生挤兑风潮,上海分行再度受到牵累,所发钞券信誉严重受挫。从民国11年(1922年)起,上海分行开始独立发行,并遵循准备公开、严格现金与保证比例的定制,以备兑现。11月,交通银行在上海设立第二区发行总库筹备处,并在沪属各行附设发行分库,专司兑换券与准备金之收发保管暨发行账务,上海、江苏、南京、浦口、安徽等地名券之发行事宜均归其统辖。由此,上海分行发行业务逐渐得以稳固。民国20年(1931年)1月,上海第二区发行总库筹备处正式改为沪区发行总库,统辖周边发行分库,成为整个交通银行系统钞券发行的中枢。

上海分行于清宣统三年(1911年)起对无锡坐庄进行管辖,开始构成辖属营业网络雏形。民国

6年(1917年)4月,辖有宁行、无锡、扬州、苏州、徐州、镇江、清江浦、杭州、宁波等行处,形成多层级营业网络。民国10年(1921年),在交通银行裁减全行部分营业机构之后,仍辖有杭州、苏州、无锡、常熟及南通等5家支行。随着两次停兑风潮平息,上海分行先后取得一等分行和区域行重要地位,业已形成的多层级营业网络得以进一步巩固。

晚清时期,上海分行大力发展业务,招得的大宗存款主要源自邮传部掌管的铁路款项,之后又有轮船、邮电等交通事业公款出入,官款在存款来源中始终占有很大比重。民国初年(1912年),上海分行在交通银行正式获得代理国库特权后,奉命经理北洋政府公债及交通部全部官款出入,相关业务得到扩展。民国6年(1917年),经理北洋政府财政部所管各项收入及应发各项费用,存款业务得以稳定增长。南京国民政府时期,依托交通银行先后两次改组、股本大幅增加、银行信誉恢复,上海分行公私存款进一步增长。为拓展金融实力,民国19年(1930年),设立储蓄部,所属各支行、办事处亦陆续成立相应储蓄支部。同时将储蓄会计与营业会计分开,建立储蓄业务独立账目且予以公开,并专门设置检查储蓄账目委员会。此举,创国家银行开办储蓄之先声,同时使储蓄获得有别于其他业务种类的独立地位,起到推动储蓄发展的先导作用。为进一步推进储蓄事业,从便利存户入手,自民国21年(1932年)开始添设特种活期储蓄存款一种,明确凡在各处储蓄支部开出的支票,可在外滩储蓄分部代付。截至民国22年(1933年)7月建制撤销之际,上海分行储蓄存户达2.88万余户,存款达1 000余万元,居交通银行各分行之首。

上海分行高度重视放款核心业务,针对不同类别的放款,按照期限、保障条件、对象和用途加以区分。晚清时期,房地产押款占全部放款的1/3左右,股票押款次之,对于一般工商业户,通常择期限较短且确实有抵押品者酌量贷放。民国时期,工业放款通常占全部放款比重的10%~20%。第一次世界大战后,加快对工商界放款,向求新造船厂、大生纱厂、振华纱厂、振裕丝厂、龙章纸厂等工业企业发放厂基押款,每笔放款多在5万两至10万两之间,最高为20万两。民国20年(1931年)7月,交通银行聘请钱业界知名人士秦润卿出任上海分行经理,利用其阅历、人望和关系拓展业务,私营工商业放款取得显著增长。在增加放款金额的同时,对放款方式做出相应的改变,除单纯货物押放外,还开展营运放款,并派遣驻厂人员,监管押品和查核账目,确保放款的安全性和盈利性。

仓库业务是上海分行一项重要业务。民国4年(1915年),上海分行与6家在沪银行共同组织银行公栈,针对湖丝、干茧、棉花、棉纱、匹头、杂粮等货物做栈单押款。民国13年(1924年)3月,因苏州河畔大火,银行公栈被延并被迫停业,上海分行租用其他堆栈存放押款物资。民国23年(1934年)1月,交通银行在苏州河畔设立上海仓库,参照上海市银行业仓库营业规则,制定相应的仓库规则与记账办法办理各项仓储业务。民国25年(1936年),交通银行又在公共租界南苏州路租用堆栈一处,称为上海仓库第一分仓。民国26年(1937年)9月,上海一等分行重新设立后,交通银行将上海仓库及其第一分仓转交上海分行经营管理。此后,仓库一直为上海分行特别附属机构,在押款和其他相关业务上发挥重要作用。

上海分行注重内部管理。民国12年(1923年),经理盛竹书提出成立银行俭德会,从上海分行内部做起,从银行各级人士做起,鼓励银行界节俭之风,得到社会各界有识之士的肯定,对形塑上海华资银行业风气产生积极影响。此外,实行优待行员制度,从拟定年资加俸办法、修改现行薪级章程、制定行员存款优待办法和行员储金办法等方面来密切行员与银行之间的关系。民国16年(1927年)1月,制定甲、乙两种考绩表,切实厘定请加薪级数。上海分行在优待员工、培养员工责任感方面一直走在交通银行全行的前列。

二

民国26年(1937年)8月,淞沪会战爆发。9月21日,交通银行奉国民政府财政部之令将总行改组为总管理处,部分机构移至香港,另外一些机构迁至陪都重庆;成立上海一等分行;上海本埠各行处,划归上海分行管辖。11月,中国军队西撤,上海租界成为日军包围下的"孤岛"。上海分行按照国民政府财政部的指令,坚持营业,积极收兑黄金、打击私运,与私收金类非法行为进行斗争;坚持对一般商业行庄履行指导和扶持的义务,并联合其开展对工商事业急需贴放和抵押放款业务;根据战时商业行庄营运资金紧张情况,会同中央银行、中国银行,主动延长其领券合同期限,积极维持金融市面。此外,为配合国民政府实施金融统制政策,上海分行在业务往来中,不顾自身利益损失,严格实施限制提现提存的规定。参加中外金融业同业公会发起组织的汇划准备检查委员会,并执行国民政府关于禁止汇划贴现的规定,打击金融投机及其破坏势力,加大对商业行庄的监管力度。

"孤岛"时期,上海是法币流通最为频繁的地区,是维持法币汇价关键所在。在上海外汇市场上,上海分行作为交通银行及中国金融业代表之一,与日伪金融势力进行特殊的较量,付出了巨大代价。民国30年(1941年)1月,日伪成立中央储备银行,与重庆国民政府设在上海的金融机构展开的"金融战"发展到武力相加地步,一度使得上海分行及其营业机构无法经营。在国民政府和四联总管理处支持下,上海分行坚持营业,在不得不紧缩存款、汇款业务的同时,缩减和陆续后撤人员,减少库存,把债券及账册移存到安全处所。12月,太平洋战争爆发,日军占领上海租界,上海分行被勒令停业查账封库,并遭接管清理。民国31年(1942年)9月1日,被日伪强制改组为交通银行总行。

民国34年(1945年)抗战胜利后,重庆交通银行总管理处派专员抵沪接收被日伪改组运营的交通银行总行及支行、仓库等。10月1日,上海分行重新开业,处于一等分行地位,统辖上海本埠各支行及江苏、安徽等地分支行处。人员主要由两部分构成,一部分为奉派参加接收敌伪金融机关的人员,另一部分由重庆交通银行抽调总管理处、渝行、秦行、滇行、连行等处精干人员组成。对于原留沪员工进行甄别录用,凡曾担任伪职者,全部解职不予录用。

战后的上海分行高度重视存款业务发展,除把揽存目标放在公私机关和工商界外,还大力拓展储蓄业务,恢复储蓄、信托两股,开发多种学费和教育储蓄品种。作为专门发展实业的银行,上海分行把放款业务重点放在协助上海各厂矿复工上,以增强沪地工业生产。民国35年(1946年),国民党政府发动全面内战,为筹措军费,滥发纸币,导致通货恶性膨胀,法币急剧贬值,而取代法币的金圆券则以更快的速度全面滑向崩溃,整个工商经济无法正常运作,金融市场全面失序。由于不满国民党政权的倒行逆施,上海分行及其辖属分支行处的爱国爱行职工在中共地下党带领下与之开展不同形式的斗争,保护行产,迎接解放。

三

1949年5月27日,上海解放。交通银行及其所属上海分行、外地撤退来沪的分支机构作为官僚资本银行之一,被中国人民解放军上海市军事管制委员会派出的军代表接管。6月12日,在军代表领导下，组成交通银行职工代表会，选出11名委员，成立由上海分行储蓄股办事员葛一飞为主任委员的“上海交通银行职工协助接管委员会”，负责对原有工作人员进行整编，对原有债权债务进行清理。在此基础上，于11月1日复业。之后，按照国家经济建设要求及交通银行部署，不断转变工作职能，积极探索与计划经济体制相匹配的机构设置，自觉服从和服务于国家战略。1951年2月1日，上海分行按照交通银行第一次全国分支行经理会议“调整辖属分行名称，改按大行政区命名”决议，改称为“交通银行华东分行”，成为华东区交通银行管辖行。1952年9月2日，遵照中财委“交通银行以下各级机构改称区分支行办事处”指示，改称为“交通银行华东区行”，接受交通银行及管辖行政区财政部双重领导。1953年2月，华东财政部及交通银行批准华东区行营业部改组为上海分行。6月，交通银行决定撤销大行政区行，由其直接与各省、市分行建立工作关系。鉴于华东地区行署较多，事务纷繁，8月1日后，华东区行仍以区行的名义对下属分支行处进行管理，直至次年完全废除大行政区建制止。

1954年6月，中共中央批准中财委《关于建立基本建设专业银行的请示》，同意在交通银行原有的机构和干部基础上，以不增加编制的原则，建立基本建设专业银行，并定名为“中国人民建设银行”，先一个机构、两个牌子，条件成熟两行再完全分开。9月9日，中央人民政府政务院第224次政务会议通过了《关于设立中国人民建设银行的决定》。9月11日，中央人民政府财政部发出《关于中国人民建设银行定于十月一日正式成立的通知》，明确在中央财政部系统内，设立中国人民建设银行，办理基本建设拨款监督工作。10月1日，上海分行整体转换为中国人民建设银行上海市分行。从此，上海分行成为专门办理国家对公私合营企业进行财务监督的专业银行。1955年4月，按照中央财政部《关于各级交通银行与中国人民建设银行划分机构的通知》精神，上海分行单独成立机构，接受交通银行总管理处和上海市财政局双重领导。1958年，根据国务院“交通银行总管理处划归中国人民银行领导”决定，上海分行于11月10日划归中国人民银行上海市分行领导，建制撤销。

上海解放初期，上海分行积极参加收兑金圆券和外币，打击银元投机活动；举办折实储蓄和代收税款业务，推动货币回笼，促进稳定物价。复业初期，集中力量经办具有规模之工矿以及交通航运事业的存放款业务及代理收付工作；开展扶植工矿交通航运事业；办理经中国人民银行上海分行核实后一定金额以上的放款业务；在各公营企业、私人企业部门设立服务组；办理仓库业务。1950年4月，根据第一届全国金融工作会议明确交通银行为“经营工矿交通事业之长期信用银行”精神，将存、储、汇、仓库及短期贷款业务，连同其下属机构和人员全部移交中国人民银行上海分行，并开始办理以清理投资为中心内容的工作。10月，组建华东区“公私合营企业公股清理委员会”。1951年，把清理公私合营企业公股公产工作扩大到公股股权管理。为做好此项工作，拟定办法，认真落实公股登记、过户、企业财产清估及股息发付等工作，集中国家分散的资财。1953年9月，上海分行经管的公股公产企业共828户，基本完成公股公产清理工作，并将工作重点调整为对公私合营企业财务监督管理，开始全面实施公私合营企业财务、流动资金定额核定、收存专户资金、监督财务收支计划执行情况等调查。1956年，围绕增产节约运动，进一步加强对合营企业财务监督，审核合营企业财务计划和决算报告，改善合营企业经营管理；会同有关部门督促、协助合营企业建立、健全财务制度。1958年，将中央级公私合营企业财务监督移交财政部，专职办理地方国营企业、公私合营企业的财务监督工作。7月，将经管的合营企业股权移交企业自行管理。

1951年1月，第二届全国金融会议明确基本建设投资拨款为交通银行重点工作内容。据此，华东分行在代表国家管理公司合营企业公股股权的同时，在交通银行系统中率先开展基本建设投资拨款试点工作。4月，成立拨款科，专门负责办理拨款业务。会同上海市财政局拟定《上海市地方级基本建设拨款办法》,并于4月16日起在上海向市属公交公司、自来水公司以及吴淞煤气厂等单位试办拨款。至9月末,华东区经办省市地区拨款户数从6月末的27户递升至322户,增加近12倍,为交通银行在全国范围内顺利开展基建拨款进行了试点。1953年,国家进入大规模经济建设阶段,上海分行面临的任务更加繁重,既要及时供应资金,满足工程用款,保证工程建设进度,又要监督资金合理使用,加速资金周转,防止浪费和积压。对此,在增设机构、补充人员的同时,采取重点管理、现场检查、改进拨款方法等措施,确保国家基本建设工作顺利推进。同时在办理基建拨款过程中,制定有关拨款的操作办法,组建按行政区划和建设任务相结合的机构网络,培养一批精于投资拨款业务金融人才,并为日后中国人民建设银行上海市分行接手该项业务奠定坚实基础。1954年10月1日,随着中国人民建设银行上海市分行的成立,上海分行按照指令把基建拨款工作移交该行承办。

四

20世纪80年代,上海分行在中国金融体制改革拉开序幕之际,重新登上历史舞台。作为交通银行重新组建后在内地设立的第一家分行,于1986年10月25日在上海市江西中路200号开始对外试营业,1987年4月1日,正式对外营业。上海分行全称是“交通银行上海分行”,简称为“上海分行”。开业初期,上海分行作为一级法人机构,注册资本6亿元,交通银行总管理处代表中央财政控股2.5亿元,上海市财政局代表地方政府参股2.5亿元,两者合计5亿元,确保国家控股在上海分行股本中占绝对主导地位,其余1亿元,向182家企事业单位定向募集股份。1994年,交通银行实施全行统一法人体制改革,上海分行不再具备独立法人地位。2005年6月23日,根据交通银行组织形式改变为股份有限公司,更名为“交通银行股份有限公司上海分行”,简称“上海分行”。2009年1月,为落实交通银行“以省(市)为界、全省(市)紧密型一体化经营管理”机构管理模式的要求,更名为“交通银行股份有限公司上海市分行”,简称“上海市分行”。

上海分行在组织体制上受交通银行总行垂直领导。1987年5月,上海分行经交通银行常务董事会批准设立管理委员会,在分行范围内行使交通银行董事会授予的各项职权。同时实行管委会领导下的总经理负责制,总经理为法人代表,体现所有权和经营权的分离。上海分行管委会正、副主任及高级管理层(建行初期,由总经理、副总经理、总经理助理、总会计师组成。1994年起,由行长、副行长、行长助理及总稽核组成)由交通银行常务董事会任命。1989年起,高级管理层纳入交通银行干部聘任制范围,由交通银行每年对受聘干部进行考核,对不称职者或解聘或调离现职低聘。1995年6月9日,根据《公司法》有关规定和商业银行规范化管理要求,上海分行管理委员会及辖属各分支行管理委员会分会撤销。是年10月27日,为汲取专家学者的经营和建议,上海分行成立咨询委员会。2008年11月交通银行公开上市后,按照法人治理结构的要求,上海分行不再设立咨询委员会。

上海分行开业初期在机构设置上,坚持按经济区域设立网点,并以市场化原则经营管理。1987年5月起,先后在江浙两省经济发展快、市场活跃度高的城市设立常州、苏州、无锡、宁波、杭州、绍兴、扬州、南通、温州、嘉兴、湖州及泰州等12家分(支)行,构建起以上海经济区为中心,业务辐射江苏南部、浙江东部等城市的机构网络,成为中华人民共和国成立后第一家跨行政区域设置营业机构的银行。其独特的机构布局,加上自助经营、独立核算、多存多贷的企业化管理,一定程度上发挥资金横向融通效力，促进经济的横向联合。之后，随着国家金融体制改革不断深化、交通银行工作转型，所辖的分支机构经过5次调整，或划归交通银行直接管辖，或归属于该机构所在的省直分行管理。2004年后，上海分行不再履行管辖分行的职能。

1988年，为加强对本埠企事业单位的金融服务，上海分行按照集约化经营原则，在各新兴经济开发区、重工业区及繁华商业地区设置营业机构。是年，相继设立闵行、宝山、静安、杨浦等四家办事处，初步构筑起全市范围内的结算营销网络。1990年，围绕浦东开发开放，设立浦东分行，积极参与浦东开发开放建设进程。1995年，抓住上海产业梯度转移至市郊的机遇，及时在松江、嘉定等地区布局设点，拓展业务，支持实体经济发展。进入21世纪后，上海经济结构发生变化，加快远郊地区营业网点建设进程，先后在青浦区、南汇区、金山区、临港新城及崇明县等行政区域设立营业机构，实现营业机构对上海市行政区域的全覆盖。

五

1986年开业初期，上海分行实行存、贷资金自求平衡原则，工作重心放在组织存款上。面对计划经济体制下条块分割，行业垄断的格局，牢记“一流的服务质量、一流的工作效率、一流的银行信誉”办行宗旨，依托中国人民银行“双边开户”政策，引入竞争机制，改革银行长期以来形成的“朝南坐”陋习，变“坐商”为“行商”，登门宣传营销，积极争取客户，建立起“企业可以选择银行，银行可以选择企业”双向选择机制。为更多地吸收存款，在采取以存保贷和以贷揽存等传统做法的同时，借鉴西方商业银行产品模式，最早在国内推出大面额存款证（CD）、短期融资券等业务新品种，大力组织存款；改革信用方式，独家推出企业协定存款业务，创新开发房屋、香港游、彩电、金饰品、“交好运”等一系列有奖储蓄产品，突破同期同额同息传统的利息支付方式，扩大融资渠道和资金来源；拓展外汇业务，开办国际结算、进出口信用证、国外汇兑、托收和外汇存款等业务，吸收存款。在综合经营的思路下，1987年起，上海分行率先在上海银行界开办证券、保险、房地产等业务，并形成综合经营优势，向社会各界提供全方位、多功能的金融服务；发起组织上海经济区资金市场，有效运用资金时间差、地区差和行际差，促进资金横向融通。1988年，在上海地区率先建立以自我调控为主体的资产负债管理制度和以信贷员贷款责任制为核心的信贷管理制度，强化风险管理，提高资产质量。截至1990年年末，上海分行全辖资产总规模为人民币101.53亿元，外币5.93亿美元。人民币存款余额69.13亿元，外汇存款余额2.15亿美元。人民币贷款余额94.04亿元，外币贷款余额3.62亿美元。全行实现盈利3.80亿元。

统一法人体制后，在“办成规范化商业银行”目标指引下，上海分行建立健全资产负债比例管理、辖属分支行分级管理、内部岗位分级授权管理、内部评级制度、综合授信制度等五大管理体系，完善自我约束机制和风险管理和控制体系。构建以资产负债管理委员会、贷款审查委员会、风险资产审查委员会、内部控制委员会、总稽核监督监管工作机制为基础的经营管理架构，整体提升管理水平。为满足市民金融服务需求，相继推出个人通知存款、存本取息存款等储蓄等新品种；开发储蓄卡功能，办理代发工资业务。开展外币信用卡结算、取现业务，发展特约商户。参与国债市场国债回购业务，形成资产多元化经营。20世纪90年代中后期，围绕转变经营观念、业务增长方式两大主题，深耕个人外汇买卖实盘（以下简称“外汇宝”）新品种，不断扩大和延长交易币种、市场范围，交易时间，在同业中率先推出自助交易服务、汇市买卖即时行情报价制度，成为交通银行系统“外汇宝”交易的业务中心和上海地区报价中心。至1998年年末，“外汇宝”业务交易累计高达25亿美元，在全市同业中名列前茅。上海分行借助电子技术发展，首批加入上海市“金卡工程”；率先在国内实现与国际五大信用卡联网；开通本外币储蓄业务、对公业务实时通存通兑；开展金属交易市场无票结算和异地联网结算业务、证券法人清算业务、全国库存商品交易(网络)中心结算业务和海关EDI代收税费业务；提供国内主要要素市场异地清算“准实时”资金汇划业务，成为上海证券交易所异地代理清算行。围绕市场需求，加大金融创新，开发外币一折通、个人外汇1个月定期储蓄等新业务，推进信用卡代扣公用事业费业务发展。截至1999年年末，上海分行本外币资产总规模达620.98亿元。人民币存款余额365.25亿元，外汇存款余额14.07亿美元。人民币贷款余额302.74亿元，外币贷款余额5.33亿美元。利润7.03亿元。

进入21世纪后，上海分行进一步转变经营理念，围绕“市场、品牌、客户”三大核心，建立“三级经营责任人”责任制度，推进以客户为中心全员市场营销；改革经营机构，构建前台营销拓展、一站式服务，后台集中推进、强化控制，压缩层次、精简科室扁平化管理模式。为提升市场竞争力，提高电子化建设水平，推出建立于INTRENET基础上的网上银行，加强对集团客户、要素市场客户服务。成立客户服务中心，加强客户关系管理；在交通银行总行支持下，实行全国联网，承担全国总交行客户服务中心的职能。上线综合业务处理系统，革新业务处理方式，为全行集中处理账户、进行监督和风险控制奠定基础。全面开展太平洋卡“消费通”“外汇宝”、基金代理、保险兼业代理、个人理财等业务，进一步确立私人金融业务在全行业务构成中支柱地位和在新兴零售银行市场中的竞争优势。上海分行大力推进基金托管、财政资金支付结算等业务，提高收益及存款稳定性；与外资银行开展双边和多边合作，拓展境内资产业务联动、区域清算平台连接、全球理财产品共享等新兴业务领域，促进中间业务发展。结合上海经济转型，积极实施中远郊支行和二级支行发展策略，在奉贤、青浦、南汇等地区设立网点，开发新的业务支撑点。改革干部人事制度和劳动用工制度，以助理干部岗位锻炼制和选拔专家型人才两条途径，培养年轻人才，推进干部队伍建设。改革措施落地后，上海分行业务发展全面提速，市场占比扩大，并形成自身业务特色和发展优势，全面推进公司业务、私人业务、国际业务、资产业务等支柱业务协调发展。

2006年，上海分行按照交通银行总行战略转型要求，加快零售业务发展，加强渠道建设，成立网点规划小组，深度促进业务分流，全年新增网点2家，调整网点4家，实现业务分流15家；推进自助银行和电子渠道建设，优化自助机具布局，全年投放各类自助机具155台；集中开展个人网银营销活动，扩大网银产品市场份额和交易规模。为打造一支零售专业队伍，在加强对个人贷款从业人员和理财师任职资格管理的同时，大力培育大堂经理、低柜服务人员和公私业务联动人员，提升专业化、规范化服务水平；设立沃德客户理财中心，灵活运用产品、渠道、价格等营销策略，对不同类别零售客户进行分流，合理地配置和利用零售业务的营销资源、服务资源和人力资源，提高客户分层服务满意度，全年新增高端客户9 640户，平均交叉销售率达到5.22个；开展公私业务联动，重点营销存量客户，撬动双币信用卡、代发工资业务发展，并形成一批优质、稳定的零售客户群体，全年新增双币信用卡18万张，新增代发工资单位964户，外汇储蓄存款突破8.82亿美元。与此同时，上海分行同步推进大额汇款业务发展，带动结售汇业务增长；加大企业年金营销力度，拓展保险代理、银证转账业务、收益权专项计划资产托管业务和保障型团险产品等业务；发展短期融资券、企业年金、盈通账户、发债担保、股权认沽权利担保、企业财务顾问、支票直通车等创新型产品；扩大资产证券化项目、信贷资产回购、国家开发银行合作项目等业务的规模，提速中间业务发展，为传统业务与新兴业务的交叉营销积累经验，促进战略转型初见成效。

2012 年，上海市分行围绕“抓存款、稳利润、控风险”工作方针，进一步坚定“发展业务就是发展客户”的理念，通过开展“走进区县”业务推介、大型集团银企研讨会等专项活动，巩固和发展银证、银企合作关系，批量拓展优质公司客户和中高端个人客户。是年，私人银行客户存量、达标沃德客户增量、达标交银客户增量均列总行系统第一；2013 年，对公有效客户数、净增数，以及达标沃德客户排名总行系统首位，私人银行客户增量数位居系统第二；2014 年，国际业务条线综合排名、对公有效客户增量位居系统第一，客户发展机制得到明显改善。为进一步推动业务转型，上海市分行强化跨市场运作、境内外联动和本外币一体化营销，为重点集团客户提供融资组合服务和蕴通账户现金管理，提高产品转换、系统集成及资金吸纳能力。同时，依托上海金融市场建设，积极发展交易金融、财富管理金融、服务金融和区域特色金融“四个金融”，提速转型步伐，提升跨市场、跨渠道交易能力。在此基础上，巩固业务领域优势，组建资产管理业务专营部门，提升专业化运作能力，丰富产品序列，提高投资收益，突显财富管理特色。作为上海清算所首批人民币利率互换综合清算会员，依托可靠的支付结算和清算服务功能，向银证、银期优质机构客户提供优质服务，不断扩大托管规模，并成功营销 QDLP 托管业务等多项市场首单，提升市场影响力。把握自贸业务先机，优化运作机制，形成营销合力，首批获准开办分账核算单元业务，完成中资企业人民币境外借款、商业保理融资等业务首单，同时以自贸业务推动国际贸易和跨境投融资业务发展。是年，在全面推进业务发展的同时，开展“知晓、承诺、执行”全员风险合规主题教育实践活动，建设全员风险防控体系和长效机制；加强对重点行业、重点领域的管控，持续推进减退加固，做好不良贷款风险缓释、化解和清收工作；严格对重点业务、重点岗位、重点人员的检查和管理，保障安全运营；聚焦案防体系建设，组织开展违规放贷和非法集资案件风险专项排查、案件防控特别行动，切实防范员工失范行为，提升案防水平。

六

1986 年上海分行开业后，坚持服从和服务于国家经济战略，以“三个一流”办行宗旨为指引，发挥信贷杠杆作用，积极支持关乎国计民生的地方经济、重大工程、重点项目及实体经济发展。试营业期间，在资金极为紧张的情况下，择优选择期限短、效益好、还款来源可靠的项目作为支持对象，向 150 余个技改项目提供 1.65 亿元贷款；批准“九四”专项贷款 20 余项，金额达 1 540 万美元、4 037 万元人民币。1987 年，重点支持市场适销、名新优产品，扶植出口创汇、节约能源、扩大运输能力的企业，向 1 400 余家企业累计发放 37 亿元贷款；发放 3.30 亿元贷款，支持企业 445 项技改项目，项目竣工后，增加产值 32.56 亿元、利税 5.34 亿元。支持上海外向型经济发展，发放 756 万美元、1 亿多元人民币贷款，助力“三资”企业发展；贷款 9 亿多元，推动上海外贸公司开展进出口业务；放款 4 000 万美元和 8 000 万元人民币，推进上海利用外资项目；同时，及时对“三资”企业 13 个项目的中方股本金提供贷款。支持上海支柱产业发展，向上海桑塔纳轿车国产化配套工程、上海石油化工总厂 30 万吨乙烯工程、宝钢集团等工程提供贷款。支持市政建设，向上海市“一号工程”——黄浦江大桥(后改名为“南浦大桥”)工程提供 286 万美元和 2.29 亿元人民币贷款。支持上海企业与外地企业开展横向经济联合，发放 4 000 多万元贷款，支持适销对路的企业到外地开辟原材料基地，组建合资、合营企业，为振兴上海经济提供服务和支撑。

20 世纪 90 年代，上海分行积极响应党中央、国务院开发开放浦东的号召，在交通银行总管理处的支持下，成立浦东分行，集聚全行优势资源，倾力投入浦东功能性开发建设进程。先后向杨浦大桥、杨高路立交桥、浦东轴线大道、浦东大道扩建、东昌路拓宽工程、浦东中央公园工程、陆家嘴3座变电站工程、外高桥保税区仓储中心、白莲泾河道改造工程、东方明珠广播电视塔、上海证券大厦、上海时代广场等重大项目提供贷款，支持浦东基础设施建设；按照浦东外向型经济格局的发展趋势，优化贷款结构，合理安排贷款投向，对浦东地区支柱型产业企业集团、大型骨干企业，以及有发展潜力、经济效益好、出口创汇型企业和“三资”企业实施信贷倾斜，增加技改贷款在整个贷款中的比重，推动浦东新区工业结构向高度化、现代化方向发展。

20世纪90年代中后期，上海分行在“双紧”的财政和货币政策指引下，集中资金，积极支持国家重点建设项目和出口创汇产品的生产，积极支持大中型企业扩大生产能力，提高技术水平和产品的市场竞争力。贷款50亿元，重点支持上海延安路高架工程、南北高架工程、地铁2号线、轨道交通明珠线、八万人体育场等城市基础设施建设工程，以及上海规模最大的危棚简屋“两湾一宅”改造工程、杨树浦发电厂技术改造工程；支持汽车工业、钢铁工业、化工工业等支柱产业发展；牵头组织6 300万美元银团贷款，支持上海电气集团大型机电设备出口并带资承包伊朗地铁项目；挤入大型国际银团，参与对中国国际航空公司融资租赁波音747－400飞机贷款行列；全力支持南京路、淮海路等商业网点改造项目。

跨入21世纪，面对经济化全球化，上海加快国际经济、金融、贸易中心建设，以及中国加入世界贸易组织（WTO）带来的机遇与挑战，上海分行积极谋划、发掘公司业务发展方向和目标，正视各类资金“脱媒”现象，加强重点营销，主动出击去寻找、发掘并落实有效益、有发展前景的贷款项目，积极应对市场发展机遇和竞争挑战。加大对化工、微电子、钢铁、汽车等重点工业基地的营销力度，培育高质量的授信客户，促进产业布局与上海产业结构调整的趋势相适应。深度介入上海市城市基础设施、交通设施、开发区等建设项目。在做大、做强资产业务的同时，从存量中盘活部分信贷资金，加大票据贴现比重，发展银行承兑汇票及非融资担保等中间业务，为提升效益作贡献。

2005年后，上海分行进一步贯彻调整信贷客户结构、转变业务增长方式“战略转型”要求，率先在总行系统试点小企业贷款“展业通”业务，推出适应小企业生产经营特点的专项信贷和结算金融服务品牌，分为生产经营一站通、贸易融资一站通、工程建设一站通、结算理财一站通等4个产品系列及13个产品组合，满足小企业在不同发展阶段特定融资需求，促进品牌建设。为进一步提升小企业发展质效，扩大小企业融资渠道，2008年，与上海浦东张江高科技园区及上海住房置业担保公司联合推出“张江企业易贷通”中小企业融资品牌，以“园区推荐、银行融资、第三方担保”方式，创新和突破平台企业准入标准及贷款利率、业务收费费率标准，得到中共上海市委书记俞正声等领导的批示肯定。2009年，与徐汇区政府和漕河泾新兴技术开发区合作推出“漕河泾开发区中小企业信托平台”，凭借企业的信用和信誉发放信托贷款，满足中小企业超短期资金需求，解决其融资“短、急、频”困难，破解企业资金瓶颈问题，降低融资成本。在此基础上，进一步加大对漕河泾新兴技术开发区和徐汇区优质中小企业支持发展力度，推出“携手通”项目，由开发区及徐汇区财政出资5 000万元作为风险补偿金，上海市分行以最高1∶1配比向中小企业提供信用贷款。为更好地服务和支持中小企业发展，加大创新力度，开发供应链融资模式，向上海区域的14万家阿里巴巴网商企业推出“网商易贷通”全新业务平台，为其提供最高100万元的信贷资金支持，拓展“批量化”客户资源，在总行系统建立起“银行＋电子商务＋政府＋担保公司”四方协作发展新模式，开创业务转型发展的新局面。

2008年后，上海市分行以“跑赢大市、争先进位”为目标，紧紧抓住交通银行作为2010年上海世博会唯一的商业银行合作伙伴契机，以金融创新、绿色理念和贴近民生的金融服务，助力推进中国百年来世博梦圆。融资175亿元，支持世博动迁、基础设施、主体场馆建设；联合合作伙伴先后两次为上海世博土控公司筹集低成本资金；为世博会配套工程——虹桥交通枢纽等重点建设项目、上海白龙港污水处理工程、上海青草沙水源地原水工程改造项目输送建设资金，其中上海青草沙水源地原水工程改造项目成为上海市唯一的"2008年中国十佳绿色信贷项目"，为成功举办一届"精彩、难忘"世博会打基础、作铺垫。围绕上海市经济发展热点，创新业务运作模式，抢抓发展机遇，通过发债、融资性对外担保、非信贷投放等方式，满足光明集团、华谊集团、振华重工、申通集团、浦发集团等一批大型国有企业创新发展需求。支持上海国际航运中心建设，专门成立"航运金融"工作团队，加强航运政策研究，强化"航运金融"创新，促进航运项目、产品、业务发展。2011年，联合3家金融机构同时与上海组合港管理委员会办公室、浦东新区航运服务办公室、上海国际航运中心发展促进会签订关于共同推进航运金融建设战略合作框架协议，助力推进航运金融服务发展。发挥跨境贸易人民币结算试点行的先发优势，加强对垄断行业、优势企业营销力度，并以此为切入点，带动内保外贷、人民币贸易融资、国内保理、国内信用证及融资等与本币密切相关的产品线发展。准确把握信贷投向重点，支持上海加快推进以保障性住房为主的大型居住社区和旧区改造项目建设，牵头组建黄浦区露香园二期，静安区"一街五区，南改北建"动迁和旧区改造，闸北区44～50号街坊旧改地块、大悦城二、三期4～5号地块项目银团贷款，发放首笔徐汇区小闸镇旧区改造贷款，全力支持民生工程。贷款支持中环浦东段、轨道交通11、12、13、16号线等城市基础设施建设。2013年，与自贸区企业牵手，"试水"跨境人民币双向资金池等业务，为东方网电子商务有限公司提供跨境人民币借款服务，有效降低企业融资成本。2014年，上海市分行获上海市银行同业公会颁发的"上海银行同业机构贡献奖"，牵头的恒信金融租赁有限公司中期流动资金银团贷款项目获"上海市银行业银团贷款最佳项目奖"。

"宝剑锋从磨砺出，梅花香自苦寒来"。面对商业银行市场化、综合化、国际化必然趋势，身处上海国际金融中心的上海市分行，必将进一步励精图治，以"改革开放排头兵、创新发展先行者"的要求定位自己，在竞争与创新的市场环境中，率先闯出一条转型发展之路，为交通银行打造"上海地区金融旗舰"进一步作出突出贡献。

大事记

清光绪三十四年(1908 年)

二月初二日(3 月 4 日)　交通银行在北京开业。

四月初三日(5 月 2 日)　交通银行上海分行(以下简称“上海分行”)在后马路(今天津路)乾记弄试营业。邮传部奏派分部郎中李云书为上海分行总办。交通银行总管理处(以下简称“总管理处”)选派倪思九为上海分行经理,王光奎为副理。

五月二十日(6 月 18 日)　上海分行在黄浦滩(与通商银行斜对门)正式开张。

十月十一日(11 月 4 日)　上海分行在《申报》刊登广告,宣布于十月十八日(11 月 11 日)迁至黄浦滩扬子路 A 字第七号洋房开市。

是年　交通银行施行押柜银制度,上海分行经理出具押柜银 1 万两,保单银 5 万两;副理出具押柜银 5 000 两,保单银 2.5 万两。

是年　上海分行经理月支薪水银 200 两,副理月支薪水银 150 两。

清宣统元年(1909 年)

十月(11 月)　唐治尧由邮传部派充任上海分行总办。十二月(1910 年 1 月)销差。

是年　交通银行发行第一版银两券、银元券、小银元券,由上海分行向上海商务印书馆订印。

是年　上海分行净余利 7.48 万两。

清宣统二年(1910 年)

十二月(1911 年 1 月)　邮传部札上海分行不再委派总办,改派周承裕为上海分行稽核。

一月(2 月)　总管理处指示上海分行自后务将放款分布于殷实各庄号,以便能收转灵通,且由外而观,容易建立银款丰足的企业形象。

十月初一日(11 月 2 日)　上海分行为皖北水灾招募并经理善款。

清宣统三年(1911 年)

二月(3 月)　交通银行第一个坐庄——无锡坐庄设立,隶属上海分行。民国 2 年(1913 年)3 月,无锡坐庄改为三等分行,简称锡行。4 月 1 日,开业,行址在无锡城内北塘街,仍隶属上海分行。

三月(4 月)　上海分行总办职仍奏部派充,邮传部札派四川候补道顾溶(字晴川)为上海分行总办。

五月廿一日(6 月 17 日)　邮传部饬令上海分行电汇现银 100 万两,以 50 万两接济交通粤行,以 50 万两借清末粤督张鸣岐处备用。

九月十四日(11 月 4 日)　交通银行帮理巢凤冈(字季仙)由邮传部呈准派充暂兼上海分行总办,旋即回津。

是日　上海分行被沪军都督陈其美强行提取现银 20 万两,埠际间汇兑被迫停止,处境极为艰难。

九月十五日(11 月 5 日)　江宁(南京)试办分行(简称"陵行")迁往上海,在上海分行内办事。九月廿二日(11 月 12 日),总管理处电令停办。民国元年(1912 年)8 月 27 日,陵行被裁撤。

九月十九日(11 月 9 日)　清邮传部派充卢鸿昶为上海分行总办。

是年　因辛亥革命爆发,上海分行接受交通银行汉口分行寄存紧要账册等物件。

民国元年(1912 年)

8 月　交通部派施肇曾(字鹿珊)任上海分行经理。

11 月　交通部于上海分行存款内划拨官股股份,官股至此如数收足。

12 月　交通银行呈准交通部,各行总办出缺,不再派人接充。后上海分行经理均由总管理处调派。

是年　上海分行上期存款总计 22.68 万两,其中活期存款 20.43 万两,内部存款 2.25 万两。下期存款总计 131.89 万两,其中活期存款 28.42 万两,内部存款 103.47 万两。

民国 2 年(1913 年)

2 月 28 日　南京下关分行开业,简称浦行,隶属上海分行。

7 月　总管理处委派比利时人史拉克为上海分行副理,所有关于洋行支票、收条、契据等件须由史拉克会同经理或副理签字为凭。

9 月　张思仁(字绍莲)任上海分行经理。

是年　上海分行上期存款总计 216.76 万两,其中定期存款 0.72 万两,活期存款 102.79 万两,内部存款 113.25 万两。下期存款总计 359.06 万两,其中定期存款 6.91 万两,活期存款 198.07 万两,内部存款 154.08 万两。

民国 3 年(1914 年)

是年　上海分行上期存款总计 325.640 2 万两,其中定期存款 5.685 0 万两,活期存款 227.412 3 万两,内部存款 92.542 9 万两。下期存款总计 514.497 7 万两,其中定期存款 15.014 0 万两,活期存款 233.912 7 万两,内部存款 275.569 6 万两。

民国 4 年(1915 年)

1 月　上海分行协同中国银行取消北洋银元行市,代之以镌有袁世凯头像的银元,为在上海地区推行交通银行国币兑换券打下良好基础。

2 月 6 日　张思仁持财政部函与上海东方汇理银行磋商代财政部订借规银 50 万两,由上海分行担保,以 3 个月为期,年息 5 厘。借款于民国 4 年(1915 年)5 月 6 日到期后,财政部无款偿还,上海分行代部还讫借款本息规银 50.609 6 万两。

8 月 1 日　上海分行联合上海中国银行和钱业公会取消以前所开龙银行市，只开新币行市，全国银元市价开始统一。

是年春，上海分行与上海中国银行、上海商业储蓄银行、浙江地方实业银行、浙江兴业银行、盐业银行、中孚银行共同组织银行公栈。

民国 5 年(1916 年)

2 月　交通银行候补董事赵庆华(字燧山)接任上海分行经理一职。

5 月 12 日　北洋政府国务院发布中国银行、交通银行两行停兑令。14 日，上海分行表示服从停兑命令，并决定自是日起，所有交通银行已发行之纸币及应付款项暂时止兑，此外照常营业，大局定后，一律兑付不短丝毫。

5 月 16 日　上海总商会查账上海分行，发现在沪发行纸币总计 148 万元，库存现金及外存产业约为 70 万元，现金准备不足。

民国 6 年(1917 年)

3 月　总管理处定北京、天津、上海、汉口、香港、新加坡各分行为一等分行。

4 月 30 日　上海分行重新开兑营业，持票往兑者不多，当日共兑出银 50 万元，大都为庄家号家之趸数划兑，零星兑取者不多。

是月　上海分行内部调整，原在宁设立之浦口分行改为南京分行，与无锡、扬州、苏州、徐州、镇江、清江浦、杭州、宁波等处各分行均归上海分行管辖。此后，所有分行所发地名钞票，在江苏、浙江两省均不分界域一律行用。

9 月　交通部令上海分行经理赵庆华为驻沪没收德奥小轮办事处处长，令新任天津中国银行监理官陶湘(字兰泉)充任上海分行经理。

是月　鉴于中秋节后银根奇紧，钱庄业因外商银行休假，拆款困难。上海分行会同上海中国银行等 12 家华商银行对钱业进行救济，助其渡过难关。

民国 7 年(1918 年)

2 月　上海分行在常熟、武进、南通设办事处，旋分别改为支行。

7 月 8 日　上海银行公会召开成立大会，上海分行成为最早期会员银行之一。

民国 8 年(1919 年)

11 月　上海分行经理陶湘调京，由副理钱新之兼代。

12 月　上海分行承购上海汉口路外滩 14 号德华银行房屋为行址。

是年　交通银行总盈余 310 多万元。其中，上海分行盈余 40 多万元。

是年　上海分行设立外汇科，初期规模较小。后因业务发展，于民国 10 年(1921 年)直接设立国外业务股，主掌外汇等国外业务。

民国 9 年(1920 年)

2 月 25 日　上海分行迁入汉口路外滩 14 号新屋营业。各界要人、各外国银行大班、各国领事 800 余人莅临。

民国 10 年(1921 年)

3 月　钱新之任上海分行经理。

6 月　财政部向上海分行借款 400 万元。抵押品由经手盐余之外国银行承认担保，从 8 月起还本。

11 月 16 日　交通银行京、津、张三行限制兑理。上海分行、汉行亦感缺现，暂行限制兑理。港行、新行因挤兑相继停业。

是年　上海分行盈余 41.17 万元。

民国 11 年(1922 年)

1 月 16 日　总管理处会同上海分行订立《上海分行发行暂行办法》。停发江苏、南京、浙江及其他地名券。

6 月 18 日　在交通银行第 11 届股东总会上，张謇被推选为总理，上海分行经理钱新之被推选为协理。

9 月　张謇推荐浙江兴业银行总经理盛竹书任上海分行经理。

是年　上海分行盈余约 55 万元。存款余额占全行第一，达到 1 376.43 万元，占全行存款总额的 30.30%。

民国 12 年(1923 年)

5 月　总管理处在上海设立第二区发行总库筹备处(地址在上海汉口路外滩 14 号上海分行内)，并在沪属各行附设发行分库，专司兑换券与准备金之收发保管暨发行账务，上海、江苏、南京、浦口、安徽等地名券之发行事宜均归其统辖。

是年　上海分行与浙江实业、顺康、福康、福源、安裕五家行庄订立领券合同。

民国 13 年(1924 年)

8 月 15 日　第二区发行总库接办上海分行发行事宜。上海分行与第二区发行总库在内部管理上划开，但不对外公开。

是年　上海破获伪造上海分行钞票据点，抄出机器及私造器具等物，聘请外籍律师对伪造者提起诉讼。

民国 14 年(1925 年)

4 月 1 日　南京分行改为一等支行,其所属各行统归上海分行管辖。

是年　上海分行在第四届行务会议上再次提出实行优待行员制度,主张从定期年资加俸办法、修改现行薪级章程、制定行员存款优待办法和行员储金办法等方面,加强与行员关系。

是年　总管理处指定上海分行为交通银行国外汇兑中心,先行接洽办理国外汇兑业务,并招揽相关办事人员。

民国 15 年(1926 年)

1 月　上海分行经理湖北旅沪同乡会所募鄂灾赈款。

3 月　上海分行经办南洋中学校友会捐款。

民国 16 年(1927 年)

2 月 13 日　上海分行经理盛竹书在沪寓所逝世,总管理处委任上海分行副理胡祖同(字孟嘉)为经理。

4 月 12 日　上海分行职工会发表声明,因上海银行业职工总会组织宗旨与当初不同,经多数会员议决,退出上海银行业职工总会。

6 月 26 日　上海分行职工会解散,由行业联合会协议提高职工待遇,年收入行员以 300 元、栈司以 240 元为最低限度,练习生及其他各级行员由各行自定,并为苏、浙、皖三省中国银行、交通银行两行及其他商业银行照办。

民国 17 年(1928 年)

10 月 12 日　总管理处迁入上海汉口路外滩 14 号,与上海分行在同一幢楼办公。

民国 18 年(1929 年)

1 月　上海分行经理胡祖同升任总管理处总经理,经董事会议决,由官股董事唐寿民兼任上海分行经理。

7 月　上海分行借款给大生纱厂 4 500 两,因其不能按期归还,没收其押品。

12 月 9 日　总管理处致上海分行与国货银行签订额度 100 万元、期限 3 年之领钞合同。

民国 19 年(1930 年)

5 月　上海分行设立储蓄部。

6 月　上海分行投资上海电力公司美金 45 万元,后转出 8 万元,仍投资 37 万美元。

民国 20 年(1931 年)

2 月　唐寿民辞上海分行经理。总管理处总经理胡祖同兼任上海分行经理。

3 月　上海分行认购中国钢车公司股份 330 股,每股现银 100 两,共计 3.3 万两。

7 月　秦润卿任上海分行经理,私营工商业放款显著增长。

8 月 25 日　上海分行同仁捐款 1.5 万元赈灾,并通函本外埠各行同仁,广为劝募。

民国 21 年(1932 年)

7 月 4 日　上海分行添设特种活期储蓄存款一种,使用支票,与静安寺路、新北门、提篮桥及界路等处储蓄支部同时办理。

民国 22 年(1933 年)

7 月　总管理处改组为总行,同时撤销上海分行、沪区总库及沪区储蓄分部,改设为业务部、发行部、储蓄信托部。总行除管理外,兼营业务。

民国 26 年(1937 年)

9 月 21 日　总行改组为总管理处,仍分业务、发行、储信三部,事务、稽核两处,并拟移至南京。同时成立上海一等分行,简称沪行,行址设在霞飞路。总管理处将本埠各支行一律划归分行管辖。

是月　庄鹤年(字叔豪)任上海分行经理。

民国 27 年(1938 年)

10 月 12 日　王承祖(字子崧)继任上海分行经理。

民国 28 年(1939 年)

9 月　上海分行遵财政部令办理收兑黄金。

是年　上海分行外汇业务发展较快,外汇、金条买卖等十分活跃,商业汇票为数不少,与国外交易以美国居多。

民国 30 年(1941 年)

1 月 4 日　战区撤退行镇、扬、泰、清、如、通、蚌、徐、新、芜、锡、常、苏、武等行账目,自该日起归并上海分行集中办理,各行收付统转上海分行账。

是日　上海分行因霞飞路原址不敷办公，租用静安寺路 999 号为办公新址。原在迈尔西爱路、环龙路口办公的储蓄信托部，同日迁入新址营业。霞飞路支行留原址营业。

12 月 8 日　日本侵略军占领上海租界，上海分行被勒令关闭、接管及清理。

民国 34 年(1945 年)

8 月 15 日　日本宣布无条件投降。次日，交通银行董事长钱新之、总经理赵棣华派李道南主持沪属行处接收事宜。31 日，李道南被任命为上海分行经理。

9 月 25 日　李道南在上海分行正式任职后，率员赴静安寺路 999 号查封由日伪改组运营的交通银行总行、本埠支行、仓库，部署行屋等一切复业工作。

10 月 1 日　上海分行在静安寺路 999 号重新开业。李道南呈函总管理处，陈报各股主任及留沪旧员甄用名单，共 147 人。

11 月 26 日　上海分行迁回汉口路外滩 14 号原址营业。

12 月 6 日　总管理处通告南行、民行、静行、霞行、苏行、镇行、蚌行、燕行、徐行、浦行(原称新行)分别筹备复业，均归上海分行管辖。

12 月 28 日　上海分行所属静安寺路支行改称静安寺支行，简称静行；所属霞飞路支行改称林森路支行，简称霞行。

民国 35 年(1946 年)

1 月 4 日　上海分行所属南京路支行在南京路 438 号开业。

3 月 18 日　上海分行所属民国路支行在民国路 227 号、静安寺支行在南京西路 1708 号、林森路支行在林森路 889 号同时开业。新设所属虹口支行在靶子路 350 号开业。

是月　政府公布外汇及进出口贸易管理办法，授权中央银行暂时办理管理外汇，并规定指定银行经营外汇。交通银行为指定银行之一，上海分行先行经营外汇交易。

是月　上海分行收回光复路仓库。

8 月 1 日　上海分行管辖的徐州、蚌埠、芜湖及屯处，一并划归南京分行管辖。

11 月 14 日　上海分行所属提篮桥、曹家渡办事处开业。

民国 36 年(1947 年)

3 月 1 日　上海分行管辖之镇行、扬行、泰行、清行、清宝处、扬高处、泰兴处、泰台处、泰溱处、屯处划归南京分行管辖。

8 月 13 日　上海分行与上海煤气股份有限公司签订协议，在全市 8 处办事点代收账款。

民国 37 年(1948 年)

3 月　上海分行账面放款达 1.4 万亿元，其中外汇放款约 5 000 亿元，工矿业放款占 70%；存款数额增加 8 000 余亿元。

10月22日　总管理处规定自11月1日起，国内各经办结汇行英美金之收付，一律由上海分行国外代理行户转账与分行直接开户往来。核定各行所需外汇营运资金数额，由上海分行报收各该行英美金户，一面报付总册。并加嘱梧、汕、厦三行，嗣后对经办结汇及侨汇电讯应直接与上海分行通报，毋庸经由管辖行转达。

1949年

1月14日　总管理处复电上海分行，必要时撤退，国库部分应一并转移南通。

4月底　上海分行中共地下党员陈品梅按照上级指示，将《中国人民解放军布告》(即约法八章)分发给分行中上层留沪人员。

5月28日　中国人民解放军上海市军事管制委员会正、副军代表储伟修、杨修范接管总管理处、上海分行及所属5个支行、2个办事处，以及1949年5月27日之前撤退来沪的行处共22个单位、1 765人。

6月7日　在军代表领导下，由交通银行总管理处各部、处和上海分行及其支行职工推选代表，组成交通银行职工代表会，选出11人和各组工作人员，成立“职工协助接管委员会”，上海分行储蓄股办事员葛一飞任主任委员。

8月27日　中国人民银行华东区行批准上海分行复业计划。

9月30日　交通银行整编工作结束。整编后上海分行留用400人。

11月1日　上海分行与总管理处同时在汉口路外滩14号改组复业，杨修范任经理，杨海泉、潘恒勤、沈孝纯、王彝尊任副理。

1950年

1月10日　上海分行在《解放日报》上刊登《迁移公告》，自1月9日起由汉口路外滩14号迁至九江路36号新址营业。

1951年

2月1日　分行改称为交通银行华东分行，简称华东分行，行址位于上海市九江路36号。

4月16日　交通银行办理基本建设拨款首先从上海开始。华东分行会同上海市财政局拟订《上海市地方级基本建设拨款办法》，开始办理上海市地方级基本建设拨款。

7月1日　华东分行正式开始办理中央级拨款。

8月30日　总管理处同意华东分行设立营业部。

11月5日　华东分行设立拨款、合营企业、技术、人事、秘书、会计、计划、检查、业务九科，同时成立营业部，下设拨款、合营企业、业务、会计、综合五股。

1952年

9月2日　经中央财政经济委员会批准，总管理处以下各级机构自即日起改称区、分、支行和办事处。华东分行改称为交通银行华东区行，简称华东区行；华东分行营业部改设为华东区行营业部。

1953 年

2 月 1 日　经华东财政部及总管理处批准，华东区行营业部改组成立上海分行。7 月 17 日，上海市市长陈毅签发葛一飞任上海分行经理任命书。

1954 年

8 月 1 日　经华东财政局批准，华东区行主办的大区拨款工作仍归上海分行办理。

10 月 1 日　中国人民建设银行上海市分行在上海分行原有机构和干部基础上成立。

1955 年

3 月 19 日　上海市财政局指定上海分行办理全市公私合营企业财务监督工作，负责清理掌握公股股权收益收存专属资金，办理合营企业投资，领导合营企业财务管理工作。

4 月 1 日　财政部通知，自电到之日起，各级交通银行与中国人民建设银行机构应即准备迅速分开，各自单独成立机构进行工作。交通银行总管理处受财政部直接领导，分行受省（市）财政厅（局）和总管理处双重领导，省（市）以下交通银行受当地政府和分行双重领导。

6 月 28 日　中国人民银行上海市分行同意将上海市各合营企业在该行所开立的公积金、企业利润、基本折旧基金和固定资产变价收入、多余流动资金等 4 个专户移转给上海分行专户。

1956 年

6 月 26 日　中共上海市财政局总支批复上海分行成立党支部，彭泽华为支部书记兼统战委员，余华清为副书记兼纪律检查委员，郑培忠为组织委员，王敦济为宣传委员，王延兴为青年兼工会委员。

1958 年

3 月 10 日　上海分行与上海市财政局企业财务处在北京东路 280 号合署办公。

11 月 10 日　上海分行划归中国人民银行上海市分行领导，原有图章上缴，建制撤销。

1986 年

10 月 13 日　中国人民银行行长、党组书记陈慕华主持党组会议，会议明确：交通银行正式开业之前，其上海分行可以试营业。

10 月 15 日　中国人民银行上海市分行批复同意上海分行于 1986 年 10 月 25 日起先行试营

业，不登报，不宣传。

10月20日　中国人民银行上海市分行向上海分行颁发“666”同城票据交换号。

10月22日　上海分行率先在国内发行大面额可转让存款证(CD)。

10月25日　上海分行在江西中路200号开始试营业，是交通银行重新组建后在国内设立的第一家分行，近200家企事业单位前来洽谈业务。

12月31日　上海分行资产总规模为5.83亿元。人民币各项存款余额2.68亿元，人民币各项贷款余额2.52亿元。实现净利188万元。

1987年

1月22日　上海外商投资企业外汇调剂中心迁至上海分行江西中路200号底层大厅办公。

2月12日　上海分行举办“零存整取奖励洗衣机供应券专项储蓄”活动。

2月20日　上海分行证券柜台首次成交一笔企业之间大面额存款证买卖交易，实现上海证券业务由个人间交易向企业间交易转化。

2月23日　中国人民银行下发《关于贯彻国务院〈关于重新组建交通银行的通知〉的通知》，进一步明确交通银行实行股份制、业务不受专业分工限制、经营本外币各种金融业务，与其他专业银行可以交叉开户、统一领导、分级管理，按经济区域设置分支机构、独立核算、自负盈亏、资金自求平衡等原则。

3月27日　经国家外汇管理总局上海分局批准，上海分行成为上海市外商投资企业外汇调剂中心7家成员单位之一。

3月31日　交通银行总管理处由京迁沪暨上海分行正式开业的新闻发布会在北京举行。全国人大常委会副委员长荣毅仁，国务委员兼中国人民银行行长陈慕华，全国政协副主席刘靖基，公安部部长阮崇武，上海市市长江泽民，中国人民银行副行长刘鸿儒、邱晴、周正庆出席发布会。

是日　上海分行办理试营业决算，结平试营业账务。上海分行各类存款5.946亿元，其中大面额存款证(CD)2.2976亿元，各类贷款4.5164亿元，外汇存款758万元，外汇贷款189万元，盈利928万元。

4月1日　上海分行在江西中路200号正式对外营业，中外来宾500余人前来祝贺。

4月4日　中国人民银行批复同意上海分行正式开业。

4月10日　交通银行由京迁沪暨上海分行正式开业招待会在上海展览中心宴会厅举行。全国政协副主席刘靖基、中共上海市委书记芮杏文、国务院上海经济区规划办公室主任汪道涵、中国人民银行副行长刘鸿儒、上海市副市长黄菊参加。

是日　上海分行与日本兴业银行、东京银行签订业务合作协议书。

4月22日　上海分行与上海爱建金融公司和上海市投资信托公司签订证券柜台买卖协作协议。

4月30日　上海分行试营业以来，已同苏、浙、赣等20余家银行建立业务联系，拆借资金7.4亿元，支持生产贷款4.9亿元。

5月2日　上海分行所辖常州支行对外试营业。1988年5月18日，正式开业。1991年2月22日，改称分行。

5月18日　上海分行与美洲银行签订业务合作协议书，上海市副市长叶公琦、交通银行董事长兼总经理李祥瑞出席。

5月24日　经中国人民银行同意，上海分行与上海经济区18家银行共同发起组织的上海经济区资金市场在江西中路200号成立，开展跨地区资金拆借业务。

5月28日　上海分行在江西中路200号3楼会议室召开第一次管理委员会会议。中共交通银行党组书记、董事长兼总经理李祥瑞宣布，征得中共上海市委同意、交通银行常务董事会讨论通过，任命交通银行副总经理潘其昌兼任上海分行总经理，严孝修、鲁家善、诸清任副总经理，方连奎任总经理助理；中共交通银行党组批准，潘其昌任上海分行党组书记(兼)，严孝修、鲁家善、诸清、方连奎任党组成员；交通银行常务董事会决定，顾树桢兼任上海分行管理委员会主任，鲍友德、龚浩成、严孝修、余瑾任副主任，鲁家善、诸清、方连奎任委员。

6月11日　国务委员兼中国人民银行行长陈慕华在中共上海市委书记芮杏文、副市长黄菊陪同下视察总管理处及上海分行营业大厅。

6月18日　交通银行批复同意上海分行向企事业单位发行股票。是年8月30日，上海分行向社会定向发行1亿元单位股票，是中华人民共和国成立以来首次由银行向社会发行股票。1988年3月8日，中国人民银行批复同意上海分行向企事业单位发行人民币1亿元股票。

6月27日　上海分行与上海市冶金工业局签订《关于试行技术改造委托贷款协议书》。

7月1日　上海分行所辖苏州支行对外试营业。1988年5月21日，正式开业。1989年6月21日，改称分行。

7月30日　上海分行在江西中路200号3楼会议室召开第二次管理委员会会议。审议上海分行发行企业股票，支行模式，与市财政、同业工作协调及苏州、无锡等辖属行人事安排等事宜。

7月31日　中国共产主义青年团交通银行上海分行委员会第一次团员代表大会召开，选举产生首届上海分行团委。

8月2日　上海分行承担上海市"一号工程"黄浦江大桥(即南浦大桥)国内外筹资任务，担任该项目筹资建设财务顾问，发放贷款3 000多万元。

8月18日　上海分行工商业存款突破10亿元。

9月7日　上海分行首次发行交通银行金融债券2 000万元。

9月18日　上海分行与上海申贝办公机械公司、施乐有限公司举办合资成立上海施乐复印机有限公司签约仪式。上海市市长江泽民、副市长倪天增，交通银行董事长李祥瑞，美国施乐公司CEO戴维·凯恩斯等出席。

9月24日　上海分行工会第一届委员会成立。

10月5日　上海分行所辖无锡支行对外试营业。1988年11月2日，正式开业。1990年9月8日，改称分行。

10月26日　上海分行所辖宁波支行对外试营业。1989年5月15日，正式开业。1991年2月22日，改称分行。

11月　上海分行设立保险业务部，开始经营保险业务，成为继中国人民保险公司后又一家开办保险业务的银行。

12月12日　上海分行在国内率先代理上海有色金属总公司发行3 000万元短期融资券，3天销售一空，国内外10多家新闻媒体报道。

12月28日　中共交通银行党组批准成立上海分行纪律检查组。

12月31日　上海分行资产总规模达26.64亿元。人民币各项存款余额15.26亿元，其中人民币储蓄存款余额 0.12 亿元。人民币各项贷款余额 16.96 亿元。实现净利 3 789 万元。

1988 年

1 月 6 日　上海分行与久事公司签订贷款 2 000 万美元全面业务合作协议书。

1 月 7 日　上海分行在江西中路 200 号 3 楼会议室召开第三次管理委员会会议。审议上海分行《1987 年工作回顾及 1988 年工作打算》;讨论《1987 年度利润分配方案》;讨论增选管理委员会委员事宜。

1 月 8 日　上海分行代理宝山水泥厂发行 2 600 万元债券。

1 月 10 日　经中国人民银行批准,上海分行率先在同业中开办协定存款、通知存款和大面额存款等新业务。

是月　中共交通银行上海分行机关党委成立。

3 月 15 日　上海分行召开全行员工会议,严孝修作《1987 年工作回顾和 1988 年工作打算》工作报告。

3 月 21 日　上海分行在市内设立首个营业机构——闵行办事处。

4 月 1 日　上海分行召开首次股东会议,180 家股东与会。一年来,分行累计向 1 400 余家单位发放 37.57 亿元贷款。

4 月 4 日　上海分行和(香港)上海实业有限公司联合向上海久事公司贷款 3 000 万美元。

4 月 11 日　上海分行推出“房屋、香港游、彩电、金饰品”定期有奖储蓄。

4 月 18 日　上海分行与上海市公房资产经营公司举行签字仪式。上海市公房资产经营公司将江西中路 200 号大楼作价 2 000 万元入股分行,创公房入股银行之先例。

是月　上海分行开始实行“存贷挂钩、差额控制”的资金管理办法,集中力量做到“四个支持”,即支持出口创汇的外向型企业,支持收购紧缺原材料短缺资金的企业,支持生产名、优、短线产品的企业,支持为地方办实事的企业和项目。

5 月 13 日　上海分行成立贷款审核委员会。

5 月 14 日　上海分行所辖杭州支行对外试营业。1989 年 8 月 10 日,正式开业。1989 年 11 月 1 日,改称分行。

7 月 1 日　上海分行所辖绍兴支行对外试营业。1990 年 1 月 4 日,正式开业。1993 年 11 月 19 日,改称分行。

7 月 6 日　上海分行人民币存款突破 30 亿元,达 30.38 亿元。

7 月 18 日　上海分行召开辖属分支行经理会议,严孝修作《1988 年上半年工作回顾和下半年工作意见》报告,诸清作《关于支持上海发展外向型经济的初步意见》报告。上海分行各部门、办事处及常州、苏州、宁波、杭州、绍兴支行的主要负责人参加。

8 月 7 日　上海分行与宝山钢铁总厂签订合作协议书。

8 月 8 日　上海分行与中国银行、东亚银行、三和银行签署组建中外合资财务公司协议书,议定注册资金 2 000 万美元,四方各出资 25%。1991 年 5 月 13 日,上海国际财务有限公司举行开业典礼,是上海市成立的第一家中外合资财务公司。国务委员、中国人民银行行长李贵鲜,上海市市长黄菊出席。

8 月 15 日　经中国人民银行批准,上海分行出资 1 000 万元,在信贷二部资金市场科基础上成立全资独立核算附属机构——上海海通证券公司。9 月 22 日，上海海通证券公司开业，是中国首批成立的 10 家证券公司之一。

9 月 5 日　上海分行所辖扬州支行对外试营业。1990 年 12 月 3 日，正式开业。1992 年 11 月 19 日，改称分行。

9 月 15 日　世界银行金融发展代表团访问上海分行。

10 月 18 日　上海分行与法国兴业银行签订 1 亿法郎买方信贷协议，用于上海地区“九四”专项。

11 月 11 日　上海分行与上海市投资信托公司联合向日本孙氏企业公司提供土地使用权抵押贷款 1 000 万美元，这是上海市第一次以外商中标的土地使用权作为抵押品发放的外汇抵押贷款。

11 月 24 日　中共中央政治局委员、上海市委书记江泽民，中共上海市委副书记吴邦国视察交通银行，并听取上海分行工作汇报。

12 月 13 日　交通银行常务董事会讨论通过，任命方连奎为上海分行副总经理。

12 月 31 日　上海分行人民币各项存款余额 35.69 亿元，其中人民币储蓄存款余额 0.33 亿元。人民币贷款余额 39.43 亿元。盈利 1.31 亿元。

是年　上海分行与 50 多个国家和地区、80 多家保险公司建立代理业务关系，承保业务 1.3 万笔，承保金额 50 多亿元。

是年　闵行、静安、宝山、杨浦办事处开业。

1989 年

1 月 31 日　上海分行组织苏州、无锡、绍兴、镇江、柳州支行建立辖内保险业务联合共保体，共同承担一些大型项目。

2 月 27 日　上海分行召开工作会议，严孝修作《1988 年工作回顾和 1989 年工作意见》工作报告。

3 月 4 日　上海分行与上海汽车拖拉机公司签订全面合作协议，并议定合作建立上海分行长宁办事处。

3 月 30 日　上海分行召开承销发行第三期上海真空电子器件股份公司股票新闻发布会。

4 月 14 日　上海分行在江西中路 200 号 3 楼会议室召开第四次管理委员会会议。审议上海分行《1988 年工作回顾和 1989 年工作意见》《1988 年度财务决算和经营成果的分配方案》及有关扩大管理委员会成员和人事任免事项。

5 月 3 日　上海分行《动态总汇》发刊，成为面向全行员工的首份内部纸质期刊。

是日　上海分行与上海石油化工总厂举行 3 000 万美元贷款协议签字仪式。

7 月 4 日　上海分行在苏州召开第五次管理委员会会议。审议通过上海分行《1988 年工作回顾和 1989 年工作意见的汇报》《1988 年度财务决算和经营成果的分配方案(上海地区)》；听取《关于上海分行管理委员会的情况通报》，增补入股上海分行 300 万元以上企业及部分辖属行管理委员会分会委员等 10 人为上海分行管理委员会委员；确定上海分行管理委员会常务委员名单；原则通过《交通银行三等分行、支行管理委员会分会职权》。

7 月 11 日　上海分行发行 5 000 万元金融债券。

8 月 15 日　交通银行董事会批准成立上海分行管理委员会常委会，由顾树桢、鲍友德、龚浩成、余瑾、严孝修、鲁家善、诸清、方连奎等8人组成，负责管委会日常工作。

9月16日　上海海通证券公司为上海有色金属公司发行1 000万元企业债券。

11月20日　交通银行常务董事会决定，潘其昌兼任上海分行管理委员会主任。

12月1日　上海分行开办大面额可转让定期存单业务。

12月7日　上海分行与上海外贸纺织品公司等9家进出口公司签订7亿元人民币专项进口贷款协议。

12月31日　上海分行人民币各项存款余额41.51亿元，其中人民币储蓄存款余额0.88亿元。人民币各项贷款余额57.56亿元。盈利2.99亿元。

是年　长宁、大柏树办事处开业。

1990年

1月3日　上海分行开办保管箱租用业务。

1月18日　上海分行储蓄存款超1亿元，达1.012 3亿元。

2月20日　交通银行总经理戴相龙视察上海分行。

3月1日　上海分行在杭州召开第六次管理委员会会议。审议通过上海分行《1989年工作回顾和1990年工作意见》工作报告、《1989年度财务决算和经营成果的分配方案(上海地区)》;通过《关于调整分行管理委员会成员的通报》《内部机构调整及人事任免的报告》《关于交通银行宁波支行管理委员会分会组成成员的报告》。

是月　上海分行召开工作会议，严孝修作《1989年工作回顾和1990年工作意见》工作报告。

3月19日　上海分行人民币存款突破50亿元，达50.14亿元。

是月　上海分行召开工作会议，严孝修作《1989年工作回顾和1990年工作意见》工作报告。

5月8日　总管理处、上海分行共同成立开发浦东工作联合调研小组。

5月26日　全国人大常委会副委员长陈慕华在戴相龙陪同下，视察总管理处及上海分行营业大厅。

7月　上海分行在上海金融系统中率先向外商和台商提供投资代理、金融咨询、信用调查、资信评估、国际商账追收、询价评估等中介服务。

8月4日　上海分行与意大利国民劳动银行签订240万美元买方出口信贷协议书，用于上海助剂厂购买意大利成套设备。是1989年以来，国内银行和意大利银行向意大利国家信贷局提出申请并获批准的首笔贷款。

8月29日　中共交通银行党组任命鲁家善为上海分行党组代书记，李坚平、李惠珍为党组成员;免去潘其昌上海分行党组书记、严孝修党组成员职务。交通银行常务董事会讨论通过，免去潘其昌兼任的上海分行总经理、严孝修副总经理职务;聘任鲁家善为上海分行代总经理，陈宗俊为总会计师(副局级)，李坚平、李惠珍为总经理助理(正处级)。

是日　交通银行常务董事会决定，增补鲁家善为上海分行管理委员会副主任。

是月　经中国人民银行批准，上海分行增加人身险业务(含人寿险)。至此，上海分行保险业务经营范围与中国人民保险公司相同。

9月20日　上海分行推出“交好运”有息有奖定期储蓄。

10月13日　上海分行人民币存款突破60亿元，储蓄存款超2亿元。

11 月 15 日　上海分行与浙江省证券公司联合为上海无线电十四厂发行短期融资券 2 500 万元。

12 月 18 日　交通银行聘任鲁家善兼任浦东分行总经理。

12 月 25 日　浦东分行在浦东新区浦东南路 766 号举行试营业典礼，上海市副市长庄晓天出席。

12 月 31 日　上海分行人民币各项存款余额 44.28 亿元，其中人民币储蓄存款余额 2.66 亿元。人民币各项贷款余额 50.31 亿元。

1991 年

1 月 28 日　上海分行储蓄存款首次突破 3 亿元大关，达 3.02 亿元，比 1990 年年末增长 13.16%。

1 月 30 日　上海市副市长黄菊、交通银行总经理戴相龙会见上海分行及法国里昂信贷银行、德国德累斯顿银行、香港中芝兴财务有限公司、日本第一劝业银行和兴业银行代表，对上海分行牵头组织并担保向上海益昌薄板有限公司贷款 5 000 万美元达成初步意向表示祝贺。2 月 28 日，该项目贷款签字仪式在香港举行。

2 月 13 日　上海分行召开工作会议，鲁家善作《坚持改革，强化管理，改善服务，推进各项业务的稳健发展》工作报告。

3 月 30 日　上海分行在扬州召开第 7 次管理委员会会议。审议通过上海分行《坚持改革，强化管理，改善服务，推进各项业务的稳健发展》工作报告、《1990 年度财务决算和经营成果的分配方案（上海地区）》，以及《关于调整分行领导班子成员的决定》《关于设立上海浦东分行及其总经理、副总经理的报告》《内部机构调整及人事任免的报告》《关于交通银行苏州支行、无锡支行、常州支行、杭州支行、宁波支行改称分行的通报》《关于设立交通银行杭州分行管理委员会分会的报告》等工作事宜。

4 月 22 日　上海分行在上海电视一台演播厅举行“双有集零”储蓄第一次开奖暨文艺晚会。

4 月 26 日　在上海分行保险业务部基础上成立的中国太平洋保险公司上海分公司正式开业，对内仍称上海分行保险业务部，业务统一归口中国太平洋保险公司。上海分行副总经理诸清兼任中国太平洋保险公司副董事长、上海分公司总经理。

5 月　中国人民银行行长李贵鲜视察交通银行，并会见总管理处及上海分行负责人。

7 月 5 日　上海分行与上海航天局签订 3 000 万元专项贷款协议、与上海益昌薄板有限公司签订 12.5 亿元人民币财产险和生产机器损坏险。

是日　上海市因私出入境服务中心在上海分行开立日元现汇账户，由上海分行受理该中心代办赴日留学就读学生的存、汇款业务。

7 月 18 日　浦东分行与上海杜邦农化有限公司签订 2 480 万元人民币贷款合同。

7 月 19 日　戴相龙在上海分行干部会议上，为全体处以上干部作《完善管理体制，为交行稳定、持久的发展打好基础》报告。

7 月 20 日　上海海通证券公司召开成立 3 周年新闻发布会，累计发行证券总量达 6 亿元，并在市内设立 12 家证券业务代理点。

是月　上海分行储蓄存款余额突破 10 亿元大关。

8 月 16 日　中共交通银行党组任命鲁家善为上海分行党组书记，许家生为党组成员。交通银行常务董事会聘任鲁家善为上海分行总经理，许家生、李惠珍为副总经理。

8月17日　上海分行在上海龙柏饭店展开第八次管理委员会会议。审议通过《1991年上半年主要工作回顾及下半年工作打算》工作报告及《关于改变交通银行法人体制的说明》；交通银行总经戴相龙宣布《关于调整和充实上海分行领导班子的决定》；通报交通银行董事会增补周有道为上海分行管理委员会副主任的决定。

9月5日　上海分行与航天局签订总额为3 000万元的专项贷款协议，用于上海航天工业基地研制和生产新型防空战术武器项目。

10月13日　中共上海市财贸工作委员会批复，同意上海分行机关党委改为直属党委。

10月25日　中共交通银行党组任命李惠珍兼任上海分行党组纪检组组长，免去诸清上海分行党组纪检组组长职务。

是月　中共交通银行党组决定，诸清不再担任上海分行党组成员。

11月6日　中共交通银行党组免去方连奎上海分行党组成员职务。交通银行常务董事会解聘方连奎上海分行副总经理职务。

12月10日　中共交通银行党组任命杨煦春为上海分行党组成员。上海分行聘任杨煦春为上海浦东分行常务副总经理。

12月19日　交通银行总经理戴相龙、副总经理潘其昌以及中国人民银行上海市分行行长毛应樑出席上海分行举办的"搞活大中型企业"专题研讨会。宝钢总厂、上钢一厂等近30家国营大中型企业及日本兴业银行的代表参加研讨。

12月25日　浦东分行在上海龙柏饭店召开首次管理委员会会议。

12月28日　上海分行与陆家嘴金融贸易区开发公司举行交通银行金融贸易大厦预约用地协议签字仪式。上海市副市长赵启正，交通银行总经理戴相龙出席。

12月31日　上海分行人民币各项存款余额55.12亿元，其中人民币储蓄存款余额5.55亿元。人民币各项贷款余额64.19亿元。实现利润4.17亿元。

是年　漕河泾、闸北办事处开业。

1992年

1月17日　以上海海通证券公司为主办单位的交通银行系统证券业务网络在上海成立，交通银行董事长李祥瑞出席网络成立大会。

1月22日　上海分行召开工作会议，传达贯彻全国银行分行行长、保险分公司总经理会议和交通银行总管理处召开的全国分(支)行总经理(经理)会议精神。鲁家善作《练内功、打基础、争主动、求发展》工作报告。

2月8日　中国人民银行上海市分行批准上海分行为人民币特种股票一级清算行。

3月28日　上海分行与日本东京银行上海分行签订1 000万美元中长期双边贷款协议，是外资银行在上海提供的首笔期限最长、金额最大的商业贷款。

4月1日　交通银行举行重新组建暨上海分行开业五周年招待会。上海市副市长庄晓天致辞，交通银行董事长李祥瑞、总经理戴相龙及外国驻沪领事、驻沪金融机构、国有大中型企业代表200余人出席。

4月3日　上海分行在无锡召开第九次管理委员会会议。审议通过《练内功、打基础、争主动、求发展》工作报告，以及《1991年度财务决算和经营成果分配方案的说明（上海地区）》《关于交通银行上海浦东分行、扬州支行建立管理委员会分会的报告》。

4月17日　浦东分行正式开业。

5月12日　上海分行与亚东建设开发有限公司签订土地使用权抵押贷款协议，是上海业界首次运用土地使用权抵押发放的人民币贷款。

5月16日　上海分行召开股东大会。审议通过上海分行《练内功、打基础、争主动、求发展》工作报告。

7月25日　交通银行常务董事会聘任陈如奇、钱龙宝为上海分行总经理助理（正处级）。

8月8日　由上海分行投资组建的上海申通房地产有限公司开业。

8月12日　中共交通银行党组任命刘育长为上海分行党组书记，免去鲁家善上海分行党组书记职务。

9月14日　交通银行常务董事会聘任刘育长为上海分行总经理，免去鲁家善上海分行总经理职务。

10月28日　经交通银行批准，在上海海通证券公司基础上成立由交通银行控股50%、注册资本为人民币5亿元的上海海通证券股份有限公司。

11月18日　上海分行柜面储蓄业务启用从日本引进的M－640中型机计算机，逐步实现全行联网和通存通兑。

12月26日　上海分行所辖南通支行对外试营业。1994年3月7日，正式开业。8月25日，改称分行。

12月31日　上海分行人民币各项存款余额77.60亿元，其中人民币储蓄存款余额10.12亿元。人民币各项贷款余额68.60亿元。实现利润4.41亿元。

是日　上海分行成立保密委员会。

1993年

1月6日　上海市副市长刘振元视察上海海通证券公司。

1月28日　上海分行与美国波士顿顾问公司、上海交通大学合资组建的上海波士顿咨询有限公司开业。

2月6日　上海分行召开工作会议，刘育长作《坚持改革，积极进取，为办好社会主义商业银行而努力》工作报告。

3月10日　上海分行成立资产负债管理委员会。

4月28日　上海分行在浙江舟山召开第10次管理委员会会议。审议通过上海分行《坚持改革，积极进取，为办好社会主义商业银行而努力》工作报告，以及《1992年度财务决算和经营成果分配方案的说明（上海地区）》；通报上海分行及辖属分支行领导班子调整情况。

5月1日　中国人民银行上海市分行批复上海分行所辖办事处统一改称支行。

5月11日　上海分行开办定活两便储蓄存款业务。

6月3日　交通银行在新锦江大酒店举行交通银行太平洋信用卡首发式，上海分行同步推出。

10月21日　上海浦东分行和华东师范大学国际金融系、国际金融研究所在贵都大酒店联合召开离岸金融研讨会。上海金融界、理论界专家、学者总共50余人出席会议。

12月1日　上海分行首批ATM自动取款机在江西中路200号等营业场所安装。

12月2日　中共交通银行党组任命陈如奇、钱龙宝为上海分行党组成员；免去许家生上海分行党组成员职务。交通银行聘任陈如奇、钱龙宝为分行副总经理；解聘许家生上海分行副总经理职务；免去诸清上海分行副总经理、陈宗俊总会计师职务。

12月28日　上海分行正式推出个人外汇买卖(实盘)业务。

12月30日　上海分行与上海二纺机股份有限公司举行5 000万元贷款签字仪式。

12月31日　上海分行人民币各项存款余额101.78亿元，其中人民币储蓄存款余额15.34亿元。人民币各项贷款余额87.43亿元。实现利润5.48亿元。

是月　交通银行聘任杨煦春为上海分行副总经理兼浦东分行总经理，专职负责浦东分行工作；鲁家善不再兼任浦东分行总经理。

是年　市南、金桥办事处开业。

1994年

1月7日　经中国人民银行批准同意，上海海通证券有限公司改制为由交通银行控股的有限责任公司，交通银行控股比例为60%。

1月12日　上海分行率先在上海市内金融机构中开办个人通知存款业务。

1月26日　上海分行召开工作会议，刘育长作《抓住机遇，深化改革，在促进上海经济发展中求得自身更大的发展》工作报告。

3月8日　上海分行所辖温州支行对外试营业。1995年1月17日，正式开业。9月11日，改称分行。

3月16日　上海分行召开处以上干部大会，传达总行推行行员制和工资制度改革工作会议精神。4月11日召开全行行员制动员大会。1995年11月24日，举行行员聘用签约仪式。

4月　上海分行向上海市重大实事工程——人民广场综合改建工程提供1 000万元贷款。

5月24—25日　上海分行在浙江萧山召开第11次管理委员会会议。审议通过上海分行《抓住机遇，深化改革，在促进上海经济发展中求得自身更大的发展》工作报告、《1993年度财务决算和经营成果分配方案的说明(上海地区)》；听取上海分行《部分机构和重要人事变更的通报》；传达《交通银行统一法人体制实施办法》和有关说明；决定从1993年股东单位返回上海分行的7.208 2%专项奖励基金中提取一部分，嘉奖上海分行1993年度在册全体员工。

6月10日　上海分行举行股东大会，通报交通银行统一法人体制工作安排。

6月13日　上海分行储蓄存款突破20亿元。

7月1日　上海分行在市内金融机构中率先推出“存本取息定期储蓄”。

7月15日　上海分行外汇丙种存款余额达1.5亿美元，比年初净增5 000万美元。

7月19日　交通银行统一法人体制，“交通银行总管理处”改称为“交通银行总行”，总经理、副总经理改称为行长、副行长；分(支)行总经理(经理)、副总经理(副经理)改称为行长、副行长。

7月20日　浦东分行与上海浦利房地产发展有限公司举行签字仪式，贷款4 000万美元支持建造上海证券大厦。上海市副市长赵启正，上海证券交易所理事长、交通银行董事长李祥瑞，行长王明权，上海分行刘育长、严孝修出席。

7月29日　上海申通房地产有限公司与上海南外滩房地产实业公司举行南外滩C-3地块联

建协议签约仪式。

是月　交通银行聘任杨孟华为上海分行副行长。10月28日，中共交通银行党组任命杨孟华为上海分行党组成员、党组纪检组组长；免去李惠珍上海分行党组纪检组组长职务。

9月27日　上海分行召开太平洋威士(VISA)信用卡发行新闻发布会。

10月8日　上海分行所辖嘉兴支行对外试营业。1995年4月4日，正式开业。1997年12月12日，改称分行。

11月10日　上海分行所辖湖州支行对外试营业。4月28日，正式开业。2001年6月7日，改称分行。

12月16日　上海分行储蓄存款余额突破30亿元。

12月31日　上海分行人民币存款余额134.30亿元，其中储蓄存款余额30.60亿元；贷款余额106.00亿元。外汇存款余额8.50亿美元，贷款余额6.52亿美元。实现利润5.70亿元。

1995年

1月1日　上海分行推出个人外汇1个月定期储蓄新品种。

1月19日　上海分行向市中小学幼儿园教师奖励基金会捐赠65万元设立“交通银行专项基金”。

1月24日　上海分行召开全辖工作会议，刘育长作《进一步加强内部管理，适应比例控制新要求，坚持办好规范化商业银行》工作报告。

3月13日　上海分行所辖杭州、宁波分行升格为总行直属分行。

3月25日　中共交通银行党组免去李惠珍上海分行党组成员职务。交通银行解聘李惠珍上海分行副行长职务。

4月29日　上海分行工会副主席龚伯忠被评为1994年全国优秀工会干部，赴京参加中华全国总工会成立70周年纪念活动，受到党和国家领导人亲切接见并合影留念。

6月9日　中共上海市委副书记陈至立视察上海分行，了解ATM联网“金卡”工程实施情况。

是日　上海分行在上海召开第12次管理委员会会议，根据交通银行第二届董事会第四次常务董事会议决定，撤销上海分行管理委员会及其辖属各分支行管理委员会分会。

6月15日　上海分行推出“外币一折通”业务新品种。

6月19日　浦东分行改为分行领导下统一管理、实行内部指标单独考核的市内分行，并赋予相对大的经营管理权限。

7月3日　上海分行向市百一店东楼改造项目贷款4亿元人民币。

7月17日　交通银行聘任陈如奇兼任上海浦东分行行长，杨煦春不再兼任上海浦东分行行长职务。

7月31日　上海分行在交通银行系统中率先推出太平洋信用卡电话银行。

8月15日　中共上海分行党组决定成立上海浦东分行党组，陈如奇任党组书记。

10月17日　中共交通银行党组任命金大建为上海分行党组成员。交通银行聘任金大建为上海分行副行长。

11月2日　上海分行推出个人定期储蓄存单小额抵押贷款、储蓄卡业务。

11月7日　上海分行第一届咨询委员会正式成立并举行第一次全体会议，严孝修任主任。

12 月 25 日　上海分行向杨树浦发电厂提供 6 年期限的 3.5 亿元技术改造贷款。

12 月 26 日　上海分行向上海纳铁福传动轴有限公司提供 1.4 亿元和 901 万美元贷款。

12 月 31 日　上海分行人民币存款余额 206.20 亿元，其中储蓄存款余额 48.08 亿元；贷款余额 163.10 亿元。外币存款余额 10.50 亿美元，贷款余额 7.30 亿美元。利润总额 9.07 亿元。

是年　松江、嘉定支行开业；设立徐汇支行，同时将漕河泾支行调整为隶属于徐汇支行的二级支行。

1996 年

1 月 30 日　上海分行召开工作会议，刘育长作《坚持稳健经营，推进两个转变，努力做好今年的各项工作》工作报告。

3 月 1 日　上海分行人民币储蓄存款余额突破 50 亿元。

5 月 15 日　交通银行免去杨煦春上海分行副行长职务。16 日，中共交通银行党组免去杨煦春上海分行党组成员职务。

6 月 11 日　上海分行咨询委员会在苏州召开第二次会议，杨煦春当选上海分行咨询委员会副主任。会议就"办成规范化的商业银行"进行咨询讨论。

6 月 18 日　上海分行贷款支持的上海汽车地毯总厂桑塔纳轿车地毯工程项目和上海日用电机厂桑塔纳轿车散热器风扇总成项目被评为 1995 年上海技术改造优秀项目。

7 月 26 日　上海分行组织 6 000 万美元银团贷款，支持上海电气(集团)总公司分包伊朗地铁工程。

9 月 8 日　上海分行附属沪通公司员工孔惠强，多年捐款希望工程，资助湘西贫困青年考上中专，《新民晚报》报道。

9 月 18 日　上海分行联合总行发放 3.5 亿元贷款，支持上海市政重大工程——延安路高架(东段)建设。

10 月 22 日　上海分行推出个人外币定期储蓄存单小额抵押贷款业务。

是月　交通银行聘任王锡炯为上海分行副行长。12 月 26 日，中共交通银行党组任命王锡炯为上海分行党组成员。

11 月　交通银行聘任许家生为上海分行行长，刘育长不再担任上海分行行长职务。12 月 26 日，中共交通银行党组任命许家生为上海分行党组书记，免去刘育长上海分行党组书记职务。

12 月 27 日　上海分行推出个人外汇买卖(实盘)电话交易业务。1997 年 1 月 2 日，个人外汇买卖(实盘)电话交易系统正式对外开通。3 月 3 日，推出个人外汇买卖(实盘)电话交易 18:00—22:30 服务，交易由亚洲外汇市场延伸至纽约和伦敦外汇市场。10 月 20 日起，推出个人外汇买卖电话交易日夜连续服务，即实行 9:00—22:30 不间断服务，电话交易通信线由 20 根增加到 28 根，满足客户及时了解亚洲、纽约和伦敦等国际交易市场汇率信息。

12 月 31 日　中共上海分行党组任命王锡炯为上海浦东分行党组书记，免去陈如奇上海浦东分行党组书记职务。上海分行决定王锡炯兼任上海浦东分行行长，陈如奇不再兼任上海浦东分行行长职务。

是日　上海分行人民币各项存款余额 250.00 亿元，其中储蓄存款余额 63.26 亿元，人民币各项贷款余额 201.70 亿元。全年实现利润 9.5 亿元。

1997 年

1 月 26 日　上海分行召开工作会议，许家生作《抓住机遇，振奋精神，稳中求进，为办成规范化商业银行再创新业》工作报告。

3 月 12 日　上海分行联合总行向宝钢(集团)公司融资 5 000 万美元流动资金贷款，是中资银行首次向宝钢(集团)提供大额外汇流动资金。

3 月 26 日　上海分行向上海市教育发展基金会捐赠 100 万元。上海市政协副主席谢丽娟、交通银行行长王明权、上海分行许家生出席会议。开业 10 年来，上海分行累计捐助社会公益事业达 850 万元。其中捐助上海市中小学、幼儿教师奖励基金会、金融专科学校、区级专项教育基金达 256 万元。

3 月 31 日　上海分行为上海石化股份有限公司提供 3 亿元流动资金贷款额度、联合总行为上海城投总公司地铁 2 号线工程融资 6 亿元。

4 月 1 日　上海分行市内所有储蓄网点实行一周 7 天营业日制度。

4 月 11 日　上海分行与 VISA 国际组织和太平洋 VISA 特约商户的代表中国旅行社联合举行太平洋信用卡千家商户签约仪式。上海分行市内所有 ATM 机和 POS 机与 VISA 国际组织的全球电子授权清算系统联网、市内所有网点和千家特约商户可同时受理太平洋信用卡和境外银行发行的 VISA 信用卡。

6 月 14—15 日　上海分行咨询委员会在无锡培训中心召开第三次会议，围绕分行深化改革、加快发展主题提出咨询建议。

6 月 24 日　上海分行与日本东京三菱银行上海分行全面合作，联手发放 4 500 万元人民币贷款(其中上海分行贷款 4 000 万元人民币)，支持上海旭电子玻璃有限公司扩大生产彩电显像管。

是日　经总行批复同意，泰州支行由县级支行升格为二级分行，隶属关系由扬州分行调整为上海分行。

7 月　交通银行聘任张贵荣为上海分行副行长。10 月 27 日，中共交通银行党组任命张贵荣为上海分行党组成员。

9 月 7 日　上海分行与上海市教育发展基金会联合推出国内首张教师信用卡。

10 月 31 日　交通银行总行批复同意上海分行试办离岸银行业务。

12 月 10 日　上海分行向上海卡博特化工有限公司二期项目发放 9 000 万元人民币和 250 万美元贷款。

12 月 31 日　上海分行人民币各项存款余额 288.94 亿元，其中人民币储蓄存款余额 66.79 亿元。人民币各项贷款余额 234.91 亿元。实现利润 10.06 亿元。

是月　交通银行聘任姚金华为上海分行副行长。1998 年 6 月 10 日，中共交通银行党组任命姚金华为上海分行党组成员。

1998 年

1 月 20 日　交通银行解聘陈如奇上海分行副行长职务。22 日，中共交通银行党组免去陈如奇上海分行党组成员职务。

2月6日　上海分行召开工作会议，许家生作《稳中求进，重在有质，防范风险，提高效益，为实现新一轮改革与发展目标打下坚实的基础》工作报告。

2月13日　上海分行在上海中资金融机构中率先与外资银行开展人民币商业汇票贴现业务，并于美国花旗银行上海分行举行该项业务签约仪式。

3月　交通银行聘任方建华为上海分行副行长、孙小妹为总稽核。

4月1日　上海分行在个人外汇买卖交易业务中实行汇市买卖即时行情报价制度，全面联通全球汇市。电话委托交易也由9:00至22:30延长到次日凌晨2:00，交易时间涵盖东京、香港、伦敦、法兰克福和纽约等国际汇市。

4月15日　上海分行与闽发证券、上海热线联手率先在市内推出“电子网络证券经纪系统”，使股票交易由常规操作升级为在INTERNET网上交易，使操作更简便、快速和安全。

4月27日　交通银行解聘金大建上海分行副行长职务。6月10日，中共交通银行党组免去金大建上海分行党组成员职务。

5月26日　上海分行联合总行向上海城市建设投资开发公司发放10亿元流动资金贷款。

是日　上海分行向中华骨髓库捐款13.73万元，员工参与面达99%。

8月4日　中共交通银行党组任命方建华为上海分行党组成员。

8月7日　上海分行联合总行向上海轨道交通明珠线建设贷款12亿元。

8月18日　上海分行3 000名员工向长江流域抗洪抢险军民捐款63.20万元。

8月24日　上海分行人民币存款突破300亿元，达302.8亿元。

10月21日　上海分行迁至中山南路99号新大楼办公。

12月4日　中共交通银行党委决定成立上海分行党委，委员由许家生、杨孟华、王锡炯、钱龙宝、张贵荣、姚金华、方建华组成。许家生任党委书记、杨孟华任党委副书记。

12月22日　上海分行联合总行贷款15亿元支持上海旧区改造“两湾一宅”工程，并举行首期贷款签约仪式。

12月28日　上海分行首家24小时自助银行在南京东路80号对外试营业。

12月31日　上海分行人民币各项存款余额329.55亿元，其中人民币储蓄存款余额71.96亿元。人民币各项贷款余额274.82亿元。实现经营利润6.03亿元。

是年　第一支行开业。

1999年

1月4日　中共交通银行党委决定成立上海分行纪律检查委员会，张贵荣兼任纪委书记。

是日　上海分行个人外汇买卖业务新增欧元币种，“外汇宝”报价由35种增加至42种。

1月15日　上海分行召开上海浦东分行体制改革动员大会。改制后，保留浦东分行的牌子，变为一个经营性分行，业务授权范围视同支行对待。

2月4日　上海分行召开工作会议，许家生作《同心同德，真抓实干，迎难而上，以改革发展的新业绩稳步迈向二十一世纪》工作报告。

2月14日　总行调整上海分行等部分管辖分行辖属配置，明确自4月1日起，上海分行所辖常州、苏州、无锡、扬州、温州分行升格为总行直属分行，南通、泰州分行改由南京分行管理。

3月28日　上海分行决定王锡炯不再兼任浦东分行行长职务。

6 月 15 日　上海分行与上海交通大学签订银校合作协议，正式成为该校财务顾问，同时向该校提供 1.5 亿元授信额度，支持其下属企业发展，促进高校科技成果的应用、推广及产业化设施建设。

6 月 30 日　上海分行党委宣传部刊发第一期《交行人》，迎接中国共产党诞生 78 周年。

7 月 14 日　中共交通银行党委免去姚金华上海分行党委委员职务。交通银行决定姚金华不再担任上海分行副行长职务。

8 月 5 日　上海分行与华东政法大学签署银校合作协议，成为该校主要的合作银行和财务顾问。上海分行承诺提供 1.5 亿元授信额度，推进该校科技开发成果的应用和普及，并提供融资结算、信息咨询、项目评估等服务，支持其教学设施改造及项目开发。

8 月 24 日　上海分行向美国花旗银行发放为期一年以上的首笔同业借款 5 000 万元人民币，是中国人民银行决定进一步扩大外资银行经营人民币业务范围后，上海银行界提供的第一笔中长期融资。自 1997 年年初中国人民银行批准外资银行开办人民币业务以来，已有 19 家在沪外资银行获准开办人民币业务，上海分行为其中的 7 家提供了人民币业务培训，与 11 家签订了人民币隔夜头寸拆借协议，与 3 家确立了商业汇票转贴现业务合作关系，同时与在沪外资银行备付信用证业务合作也达到一定规模。

9 月 3 日　上海分行与东华大学签署银校合作协议，承诺提供 1 亿元授信额度，成为该校首家全面合作银行和财务顾问。

9 月 27 日　上海分行与上海对外贸易学院签署授信额度为 1 亿元的银校全面合作协议，是继上海交通大学、上海华东政法学院、东华大学之后，又一家与分行建立合作关系的高等学府，自此，上海分行累计提供的授信额度达 5 亿元。

10 月 21 日　上海分行成立风险资产审查委员会。

11 月　交通银行聘任孙根深为上海分行副行长。

12 月 3 日　中共交通银行党委免去王锡炯上海分行党委委员职务。交通银行免去王锡炯上海分行副行长职务。

12 月 30 日　上海分行人民币各项存款余额 365.25 亿元，其中人民币储蓄存款余额 73.99 亿元。人民币贷款余额 302.74 亿元。实现利润 7.03 亿元。

2000 年

2 月 1 日　上海分行召开工作会议，金大建作《全员营销加快发展，励精图治推进改革，以两个文明建设的新业绩迎接第二次创业挑战》工作报告。

是月　交通银行聘任金大建为上海分行行长，许家生不再担任上海分行行长职务。

3 月 7 日　中共交通银行党委任命金大建为上海分行党委书记，许家生不再担任上海分行党委书记职务。

是日　中共交通银行党委任命孙根深为上海分行党委委员、钱龙宝为上海分行纪委书记（兼），张贵荣不再担任上海分行纪委书记职务。

3 月 10 日　上海分行正式向社会推出“外汇宝”网上交易业务，是国内银行界首家在因特网上开办该项业务，也是其时国内少数真正意义上的网上银行业务之一。

3 月 24 日　上海分行外币丙种存款余额突破 10 亿美元。

3月29日　中共交通银行党委决定，张贵荣不再担任上海分行党委委员职务。30日，交通银行决定，张贵荣不再担任上海分行副行长职务。

4月1日　上海分行80多个营业网点宣传推广交通银行客户号，积极配合自是日起在国内金融机构新开立个人存款账户、办理储蓄存款，须出示本人身份证、使用实名制度的实施。

5月15日　上海分行与中国联通上海分公司成功推出手机“移动银行”。通过联通130手机提供的业务有：联机交易功能、账户查询和信息查询功能、转账及代缴费服务功能。

6月3日　上海分行召开第一届职工代表大会。

7月3日　交通银行电子化建设重大项目——综合业务处理系统成功在上海分行6家试点单位、9个营业网点切换运行。

7月13日　上海分行所辖绍兴分行升格为交通银行直属分行。

9月20日　上海分行太平洋卡发卡总量突破100万张。

10月30日　上海分行所有86个营业网点本外币对公业务正式切换至综合业务处理系统，成为总行系统内第一家完成新老系统切换工作的单位。

11月30日　上海分行与美国友邦保险公司上海分公司举行全面合作协议签约仪式，是上海中资银行与外资保险公司首次全面合作。

是月　经中共中央组织部审核，同意上海分行评选为干部人事档案工作目标管理一级单位，并向上海分行颁发了干部人事档案工作目标管理“一级证书”。

12月10日　上海分行外币储蓄系统顺利切换进入2.0零售业务系统。至此，全行对私本外币业务和银行卡业务纳入同一个系统，实行统一管理和运作。系统切换后，本币与外币储蓄存款两个折子合并为一个折子，实现了真正意义上的“本外币一本通”。

12月31日　上海分行人民币存款余额409.92亿元，其中储蓄存款余额77.27亿元；贷款余额345.18亿元，其中个人贷款余额13.20亿元。外汇存款余额16.38亿美元，贷款余额3.93亿美元。实现利润9.05亿元。

是月　交通银行聘任郑良玉、阮红为上海分行副行长。

是月　上海分行在上海市实施纳税人纳税信用等级评定和分类管理评审中，被评为“纳税信用A类等级资格”企业，并获荣誉证书。

2001年

1月2日　中共交通银行党委任命郑良玉、阮红为上海分行党委委员；免去方建华、孙根深上海分行党委委员职务。是月3日，交通银行解聘方建华、孙根深上海分行副行长职务。

1月19日　上海分行召开工作会议，金大建作《完善体制建设，加快人才培养，强化科学管理，推进公司、私人、机构业务全面协调发展》工作报告。

4月20日　上海分行与海通证券公司签署“企业银行合作协议”，是上海分行企业银行系统首次应用于证券业务领域，也是上海分行与该公司“银证转账”业务合作之后的再次战略性业务合作。

4月23日　上海分行与海通证券公司上海业务总部签署银证B股开户合作协议。

7月26日　上海分行分别与太平洋财产保险股份有限公司上海分公司和太平洋寿险股份有限公司签订全面业务合作协议。根据协议，上海分行26家网点与太平洋财产保险股份有限公司建立保险兼业代理关系，39家网点与太平洋寿险股份有限公司建立保险兼业代理关系。

9 月 11 日　国内第一只开放式基金——华安创新基金在上海分行 12 家代销网点首发，共发放预约号 3.6 万张，沪上媒体分别在显要位置进行报道。

11 月　上海分行 3 000 名员工踊跃捐献 7 423 件棉被、毛毯等物品，支援云南、江西两省灾区和贫困地区的同胞。

12 月 28 日　上海分行与工商银行、建设银行、浦东发展银行上海(市)分行联合向国内规模最大的半导体生产企业——中芯国际集成电路制造(上海)有限公司投放 4.8 亿美元贷款，其中分行贷款 7 058 万美元。

12 月 31 日　上海分行人民币存款余额 457.35 亿元，其中储蓄存款余额 102.53 亿元；贷款余额 380.21 亿元，其中个人贷款余额 30.38 亿元。外汇存款余额 15.41 亿美元，贷款余额 2.71 亿美元。实现利润 8.58 亿元。

是年　静安支行迁址并更名为市西支行，原址机构调整为二级支行。

2002 年

2 月 21 日　上海分行向总投资 120 亿元的上海轨道交通 8 号线出具 23 亿元工程项目承诺书。

2 月 28 日　上海分行召开工作会议，金大建作《坚持发展主题，推进质量建设，提升管理水平，加强人才培养，努力提高综合竞争和持续增长能力》工作报告。

3 月 1 日　上海分行设立个人理财中心，对外称“交行理财之窗”。

3 月 11 日　中共交通银行党委免去钱龙宝上海分行党委委员、纪委书记职务。交通银行解聘钱龙宝上海分行副行长职务。

4 月 11 日　上海分行第二届咨询委员会成立并举行第一次全体会议，许家生、方连奎分别任正、副主任。会议通过上海分行《咨询委员会工作规则》。

6 月 1 日　上海分行推出个人住房贷款转按揭业务。

6 月 26 日　上海分行所属闵行支行经两轮竞标，成为闵行区财政管理体制改革业务合作银行，是上海分行首家与区级财政业务全面合作的支行。

7 月 1 日　世界银行“改进交通银行信贷流程”项目在上海分行推广。作为总行第一批推广该项目成果的 11 家单位之一，上海分行前期已成立相关工作小组，并完成培训、测试等工作。

8 月 1 日　上海分行与宝钢地产有限公司签订银企合作协议，向其提供 50 亿元人民币综合授信额度。

8 月 8 日　日本孙氏企业公司以 2 805 万美元中标虹桥开发区 26 号地块建造太阳广场，是中华人民共和国成立以来国有土地使用权首次实行有偿批租，往来资金均通过上海分行进行。

8 月 16 日　上海分行人民币贷款余额首次突破 400 亿元，达 402.13 亿元。

9 月 19 日　上海分行推出多媒体终端代售民航机票新业务，市民可在上海分行营业网点和设在自助银行的多媒体终端上订购国内航空公司所有航班机票。

10 月 22 日　上海分行国际收支网上申报系统通过国家外汇管理局上海市分局验收。

10 月 24 日　上海分行与上海国际集团有限公司举行银企合作签约仪式。作为该集团公司主要结算行，上海分行将进一步为该集团公司及其下属企业提供融资、进出口结算和咨询等金融服务。

10 月 30 日　全国政协副主席李贵鲜、全国人大常委会原副委员长陈慕华、中国人民银行行长戴相龙视察上海分行所属交银大厦支行。

11月11日　上海分行国际部员工吴国宪在上班途中见一女子落入苏州河，报警后纵身跃入河中，救起该女子，并与随后赶来的巡警一起将该女子送上救护车。《解放日报》、东视新闻相继报道此事。

11月27日　中共交通银行党委任命陈荷兰为上海分行党委委员。交通银行聘任陈荷兰为上海分行副行长。

是月　上海分行新成立的离岸业务中心成功办理了一家香港公司从境外汇入的52.34万美元离岸存款。

12月12日　交通银行聘任郑良玉为上海分行高级信贷执行官。

12月31日　上海分行联合上海海关率先开通EDI电子报关和税费支付系统三期工程，实现"一分钟"电子报关及电子支付。

是日　上海分行人民币存款余额524.94亿元，其中储蓄存款余额142.21亿元；贷款余额432.08亿元，其中个人贷款余额48.50亿元。外汇存款余额17.47亿美元，贷款余额3.77亿美元。实现账面税前利润12.27亿元。

是年　青浦支行开业。金桥支行更名为新区支行。奉贤支行升格为分行直属支行。

2003年

1月15日　上海分行与东方航空股份有限公司举行银企合作协议签约仪式。根据协议，上海分行向东航公司提供40亿元授信额度，支持其购置飞机项目及经营周转的资金需求。

1月23日　上海分行召开工作会议，金大建作《一心一意谋发展，聚精会神抓效益，全面加快现代化商业银行建设步伐》工作报告。

3月17日　上海分行与上海中远三林置业有限公司签订银企合作协议，为其北外滩开发项目提供50亿元授信额度。

3月19日　上海分行与紫江(集团)有限公司签订银企合作协议，向该集团提供30亿元人民币的授信额度，支持民营企业发展。

3月21日　上海分行人民币存款余额突破600亿元，达604.75亿元。

3月31日　由上海分行承担中心职能的交通银行"95559"客户服务中心电话销售保险系统正式切换上线，成为沪上首个通过电话代理保险产品，实时扣款、实时出单的一站式银行客户服务中心。2005年8月20日，交通银行"95559"客户服务中心在国内近10多个行业80多家全国性呼叫中心"首届中国最具竞争力品牌企业"调查中，获"2005年度全国呼叫中心服务质量10佳满意品牌"称号。11月9日，在北京举行的2005年中国客户关怀大会暨中国客户关怀标杆企业评选颁奖典礼上，交通银行"95559"客户服务中心获"2005年度中国最佳呼叫中心"称号。2006年9月19日，在2006年(第二届)中国最佳呼叫中心高峰论坛暨2006年中国最佳呼叫中心颁奖典礼上，交通银行"95559"客户服务中心再获"最佳企业自建型呼叫中心"称号，成为中国银行业唯一连续两届获得"最佳呼叫中心"称号的客户服务中心，并被主办方推荐为是年度亚太最佳呼叫中心评选活动候选者。

4月16日　中共交通银行党委任命孙小妹为上海分行党委委员、纪委书记。交通银行解聘孙小妹上海分行总稽核职务。

是月　上海分行推出个人流动资金贷款业务，向符合贷款条件的借款人提供最高额度为500万元的贷款。

6月30日　上海分行人民币贷款余额超500亿元，达500.03亿元。

7月28日　上海分行与上海电视台第一财经频道签署合办每日直播债市点评栏目合作协议，成为继与上海电视台合办“外汇宝”国际汇市点评节目后的第二个固定栏目。

8月11日　上海分行为上海市筹办世博会作准备的黄浦江两岸开发建设正式启动授信10亿元，首次使用额度为3亿元。

8月28日，交通银行总行和上海分行联袂举行太平洋卡中心揭牌仪式暨太平洋贷记卡首发仪式，正式推出太平洋贷记卡。至此，交通银行已形成太平洋借记卡、信用卡、国际卡和贷记卡四大类品种。

10月16日　上海分行成立个人贷款审查小组。2006年4月10日，成立个人贷款审查委员会。

11月14日　上海分行第二届咨询委员会在浙江宁海召开第二次全体会议。围绕“上海新一轮发展与银行机遇”主题，结合新一轮发展特点、产业结构、金融形势和长三角经济一体化等问题展开热烈讨论。

11月20日　上海分行与上海海关积极推动国家“金关工程”，共同签署“报关一点通”银关合作协议。

是月　上海分行正式推出个人房产拍卖按揭贷款业务，满足部分市民在拍卖行成功竞拍房产后向分行申请拍卖房产按揭贷款。

12月31日　上海分行人民币存款余额667.93亿元，其中储蓄存款余额188.69亿元；贷款余额548.77亿元，其中个人贷款余额85.50亿元。外汇存款余额15.65亿美元，贷款余额10.79亿美元。实现核销前账面税前利润14.23亿元。

是年　南汇支行开业。

2004年

2月2日　上海分行召开工作会议，金大建作《观念转变，行动提前，措施接轨，抢先到达交行新一轮发展的起跑线》工作报告。

2月3日　上海分行人民币储蓄存款余额突破200亿元，达200.26亿元。

2月13日　上海分行开始代理上海市首个房产租赁财产信托——“北京大都市街房产租赁收益财产信托计划优先信托权益投资计划”资金收付。

3月18日　上海分行推出个人转贷款加按揭业务。

3月30日　中共交通银行党委免去杨孟华上海分行党委副书记、党委委员职务。交通银行解聘杨孟华上海分行副行长职务。

4月7日　上海分行个贷余额突破100亿元大关，占全行贷款规模16.89%。

5月14日　上海分行人民币贷款余额超600亿元大关，达602.2亿元，增幅为9.75%。

6月30日　上海分行“外汇宝”以79.1万美元的平盘盈利业绩，刷新2003年上半年78.5万美元的历史最高纪录。

7月8日　上海分行召开全行干部大会，传达交通银行董事长蒋超良在上海分行调研时讲话精神，通报农凯贷款事件和金新信托事件的相关情况，并就上海分行当前危机处理的应对工作进行部署。

9月21日　中共交通银行党委任命周晓为上海分行党委副书记。12月9日，交通银行聘任周晓为上海分行副行长。

是日　上海分行所辖嘉兴、湖州分行划归杭州分行管理。

10月21日　上海分行成立风险管理委员会。

10月28日　上海分行召开“交通银行数据大集中3+2系统上线”动员大会，拉开分行数据大集中3+2系统上线准备工作的序幕。

11月11日　上海分行人民币存款突破800亿元大关，余额达800.3亿元，比年初增长132.4亿元。

12月27日　上海分行被评为2004年度上海市贷款企业资信等级评估工作先进集体。

12月31日　上海分行人民币存款余额831.34亿元，其中储蓄存款余额233.89亿元；贷款余额591.29亿元，其中个人贷款余额122.60亿元。外汇存款余额15.47亿美元，贷款余额11.46亿美元。实现账面利润16.90亿元。

2005年

1月14日　上海分行推出“智汇宝”业务。

1月10日　上海分行作为中国银联首批联网开通银行，成功开通太平洋银联卡“环球通”业务。

1月27日　上海分行召开工作会议，金大建作《突出两大主题、推进协调发展，全面提高核心竞争能力》工作报告。

是月　上海分行通过市红十字会向印度洋地震海啸灾区转赠由全行员工捐献的96 692.10元人民币善款；2 822名员工参与总行系统工会发起的“送温暖、献爱心”捐款活动，共捐款90 590元，帮助系统内患有9种大病的特困员工。

2月24日　上海分行正式对外销售首个“得利宝”人民币理财产品。

4月4日　上海分行数据大集中(一期)工程在全市107个营业网点成功上线。

5月26日　上海分行人民币存款余额突破900亿元，达900.59亿元。

6月13日　上海分行首次推出欧元“得利宝”外汇理财产品。

7月12日　中共交通银行党委任命钱文挥兼任上海分行党委书记，免去金大建上海分行党委书记职务。交通银行聘任钱文挥兼任上海分行行长，解聘金大建上海分行行长职务。

7月13日　交通银行聘任陈荷兰为上海分行高级信贷执行官，解聘郑良玉上海分行高级信贷执行官职务。

8月5日　上海分行改名为“交通银行股份有限公司上海分行”，简称“上海分行”。下属支行相应更改名称。

8月20日　上海分行在市内同业中率先推出“滚金理财账户”业务。

12月23日　上海分行人民币存款余额突破1 000亿元，达到1 001.3亿元。

12月31日　上海分行人民币存款余额1 003.78亿元，其中储蓄存款余额286.98亿元；贷款余额679.05亿元，其中个人贷款余额132.10亿元。外币存款余额19.74亿美元，贷款余额10.90亿美元。实现税前账面利润20.89亿元，实现拨备后考核利润19.96亿元。

2006 年

1月8日　上海分行获总行双币信用卡“最佳发卡奖”。

1月19日　交通银行解聘阮红上海分行副行长职务。2月5日，中共交通银行党委免去阮红上海分行党委委员职务。

1月22日　上海分行召开工作会议，钱文挥作《提升核心能力，突破重点业务，加快推进战略转型目标的全面实现》工作报告。

1月27日　上海分行储蓄存款首次突破300亿元大关，达到301.3亿元。

2月　上海分行业务部为上海电气集团股份有限公司发放总行系统内首笔内保外贷业务。

3月5日　交通银行数据大集中(二期)工程在上海分行成功上线，顺利完成大集中一、二期数据合并，网银交易成功开通。

5月18日　上海分行沃德财富服务中心在南京东路80号正式挂牌对外营业。

8月15日　中共交通银行党委任命林骅为上海分行党委委员。交通银行聘任林骅为上海分行副行长。

8月　分行成功办理首笔转让信用证项下第一受益人出口票据福费廷融资业务。

9月1日　中共交通银行党委免去周晓上海分行党委副书记职务。交通银行解聘周晓上海分行副行长职务。

10月17日　上海分行“满金宝”外汇业务正式面世。

11月13日　上海分行成功受理并向境外银行发送了首笔由网上发起的汇款业务。至此，上海分行国际结算网银业务正式投入运用。

11月30日　中共交通银行党委任命康定选为上海分行党委书记，钱文挥不再兼任上海分行党委书记职务。交通银行聘任康定选为上海分行行长，钱文挥不再兼任上海分行行长职务。

12月13日　上海分行成功中标中海发展股份有限公司人民币28.8亿元VL－CC油轮项目银团的牵头行、安排行及代理行。

12月25日　上海分行正式发放首笔国内保理融资业务。

12月26日　上海分行与上海世博土地控股有限公司举行银企合作协议签约仪式，承诺向世博土控公司提供150亿元授信额度，支持世博项目开发。

12月31日　上海分行总资产1 896.09亿元。人民币存款余额1 180.61亿元，其中储蓄存款余额322.02亿元；贷款余额757.50亿元，其中个人贷款余额118.89亿元。外币存款余额17.53亿美元，贷款余额11.64亿美元。实现经营利润24.18亿元，本外币中间业务收入3.97亿元。

是年　临港新城支行开业，同时将南汇支行调整为隶属于临港新城支行的二级支行。

2007 年

2月8日　在南汇惠南镇远东村举行的上海金融系统与经济薄弱村“结对帮扶”签约仪式上，上海分行与惠南镇幸福村签署了“结对帮扶”协议。

2月9日　上海分行召开工作会议，康定选作《争先进位促发展，防范风险保安全，全力以赴推进各项工作迈上新台阶》工作报告。

2月15日　交通银行聘任林骅为上海分行高级信贷执行官，解聘陈荷兰上海分行高级信贷执行官职务。

2月28日　上海分行被中国银联评为“2006年度上海市银行卡商户受理优秀奖”。

是月　交通银行副行长叶迪奇向上海分行颁发“2006年太平洋信用卡发卡量最大行”奖杯。

是月　上海分行在总行系统内率先投产试运行第三方存管业务。

4月4日　上海分行人民币对公存款首次突破1 000亿元，达到1 014.14亿元。

4月11日　上海分行与上海银行牵头组建银团，为正大广场提供25亿元人民币、10年期贷款。

5月15日　国务院副秘书长张平、中国人民银行副行长苏宁到交通银行调研征信系统建设、运用情况，听取行长李军工作汇报，并观看上海分行对公、零售客户经理对企业和个人征信系统操作过程的演示。

5月29日　在上海银监局召开的2007年上海银行界小企业金融服务洽谈总结会上，上海分行获“优秀组织奖”。

6月30日　上海分行资产规模突破2 000亿元，达到2 371.9亿元。

7月　上海分行与国泰君安期货经纪有限公司、良茂期货经纪有限公司开通银期转账业务。至此，上海分行已与13家期货公司正式开通全国集中式银期转账业务。

8月29日　上海分行与上海证券有限责任公司第三方存管业务系统上线试运行，实现与上海证券银证业务合作零的突破。至此，上海分行与总部位于上海的7家创新类资格券商建立了存管合作业务关系。

8月30日　为缓解贷款规模紧张的现状，上海分行与中国邮政储蓄银行以“双买断”方式成功开展了首笔10亿元信贷资产转让业务，有效盘活存量信贷资产。

是月　上海分行为东方航空集团专项开发的银企通项目(一期)成功上线并平稳运行，成为继宝钢财务公司后又一家上线银企通项目的集团财务公司。

10月25日　中共交通银行党委任命乐晨科、陈必钧、赵彩虹为上海分行党委委员。交通银行聘任乐晨科、陈必钧、赵彩虹为上海分行行长助理。

是月　上海分行成为上海世博土地控股有限公司开立专用账户的唯一银行。

11月30日　分行储蓄存款余额达336亿元，较年初增加14亿元，增量位列上海市15家商业银行第一。市场占比由年初的4.22%上升至4.77%。

12月19日　上海分行在册信用卡量突破50万张，成为交通银行系统首家超过此大关的省直分行。

12月31日　上海分行总资产2 562.88亿元。人民币存款余额1 444.50亿元，其中储蓄存款余额393.49亿元；贷款余额908.66亿元，其中个人贷款余额129.23亿元。外币存款余额14.14亿美元，贷款余额11.87亿美元。实现经营利润39.22亿元，本外币中间业务收入5.30亿元。

2008年

1月11日　上海分行与上海航运交易所、交银租赁有限责任公司签署《三方合作协议》，建立战略合作联盟关系，支持中国(上海)航运金融及航运信息市场建设。

1月27日　上海分行召开工作会议，康定选作《坚持争先进位，加快创新发展，开创全面战略转型的新局面》工作报告。

2月12日　上海分行储蓄存款余额突破400亿元，达427.28亿元。

2月15日　上海分行成功竞标全国规模最大的上海市存量年金整体移交的托管项目。该项目由7 000多家企业参加，覆盖110多万员工，累积规模超过170亿元，是参加企业最多、覆盖员工最多、累积规模最大的企业年金基金。

2月25日　上海分行人民币各项存款余额突破2 000亿元，达2 148.87亿元。

3月25日　上海分行被评为“2007年度全国银行同业拆借中心优秀成员”“2007年全国银行本币市场交易成员前100强(第21名)”。

4月　上海分行成功为宝钢集团有限公司提供14亿元“蕴通财富”人民币对公理财产品，是交通银行对公业务品种“蕴通财富”系列项下首只挂钩债权收益权投资资金信托的对公集合理财产品。

5月5日　上海分行成功办理首笔国内信用证项下议付业务(卖方融资)。

5月14日　上海分行在行内开展“爱心救灾”活动，第一次为四川地震灾区募得善款460 903元。19日，再次募得善款886 240.20元。两次募集的1 347 143.20元善款全部捐献给受灾地区。

5月29日　上海分行人民币各项贷款首次突破1 000亿元，达1 007.01亿元。

6月20日　上海分行与财政部驻上海专员办签订公务卡项目服务协议，是上海分行首家发行的上海市中央级预算单位公务卡。

6月2日　上海分行935名中共党员响应中央组织部和总行党委组织部号召，截至是日，已交纳一次性“特殊党费”559 841元。

6月25日　上海分行与上海张江高科技园区和上海市住房置业担保有限公司签署《三方合作协议》，打造张江高科技园区企业易贷通合作平台，帮助园区内科技型小企业解决融资难题。该模式为上海业界的首创。

9月22日　上海分行双币卡在册卡量达到70.06万张，成为总行系统内第一家双币卡在册卡量突破70万张的省直分行。

11月　交通银行公开上市后，按照法人治理结构要求，上海分行不再设立咨询委员会。

是月　中国人民银行上海分行召开“上海市奥运ATM业务表彰暨银行卡受理市场专项推进会”，上海分行获ATM业务管理综合评比优胜奖。

12月8日　上海分行上线中国人民银行支付结算综合业务系统。

12月25日　上海分行为上海城投发行中期票据60亿元，成为国内首例获准为城投类企业发行中期票据进行融资的银行。

12月29日　由上海分行担任主承销商的申能股份有限公司一期20亿元短期融资券成功上市发行。

12月31日　上海分行总资产3 368.90亿元。人民币存款余额1 792.85亿元，其中储蓄存款余额527.16亿元；贷款余额1 081.40亿元，其中个人贷款余额140.98亿元。外币存款余额12.30亿美元，贷款余额11.59亿美元。实现经营利润59.03亿元，本外币中间业务收入9.79亿元。

是月　上海分行“上海市青草沙水源地原水工程项目”在第三届“21世纪亚洲金融年会”绿色信贷项目评选活动中，获“2008中国十佳绿色信贷项目”称号，是总行系统和上海地区唯一获奖项目；上海分行与上海市建设投资总公司、上海世博土地控股有限公司分别签署意向金额为300亿元和150亿元的银企全面合作协议。

2009 年

1 月 14 日　2008 年度，上海分行发行 18 223 张公务卡，名列总行系统第 1 名，并获交通银行“2008 年最佳公务卡发卡奖”。

1 月 18 日　上海分行更名为“交通银行股份有限公司上海市分行”，简称“上海市分行”。

1 月 22 日　上海市分行召开工作会议，康定选作《坚定信心，振奋精神，创新突破，迎难而上，全面开创科学发展争先进位的新局面》工作报告。

是月　上海市分行成为上海市存量房资金监管首批 3 家试点银行之一。

是月　中央电视台《新闻联播》报道上海市分行“张江企业易贷通”创新品牌。

2 月 26 日　上海市分行成立世博领导小组。

是月　上海市分行获交通银行“2008 年度全面风险管理特别贡献奖”“国际业务卓越表现奖”及“国际业务重点项目建设奖”。

3 月 3 日　上海市分行向宝钢集团提供 7.5 亿元贷款支持其收购宁波钢铁有限公司 56.15% 股权，是全国钢铁业首笔并购贷款。

3 月 9 日　在上海市金融服务办公室组织的“上海金融支持区县经济社会发展工作会议暨项目签约仪式”上，上海市分行与上海浦东发展(集团)有限公司签订 300 亿元授信战略合作协议，中共上海市委常委、副市长屠光绍出席会议。

4 月 9 日　在上海市金融党委召开的“迎世博，树形象，满意服务在金融”推进会上，上海市分行以 84.15 分名列上海市 16 家中资银行“窗口服务质量指数测评”第一名。

4 月 24 日　为加强世博金融服务，上海市分行设立上海世博一支行。2010 年 3—4 月，又相继设立上海世博四支行、上海世博支行、上海世博二支行及上海世博三支行。

5 月 21 日　中纪委副书记黄树贤一行到交通银行调研，并视察上海市分行所属交银大厦支行。

6 月 29 日　上海市分行联合总行开展营销，赢得世博会团体门票销售最大一单——上海市对外服务公司 6.4 万张世博会门票订单。

7 月 1 日　上海市分行 108 家营业网点全面发售世博会个人门票，引起各家媒体关注。上海电视台综合新闻栏目在分行联洋支行作新闻现场直播节目。中央电视台也在是日晚上的《新闻联播》节目中报道此事。至 8 月 10 日，上海市分行网点渠道代销世博会个人门票销售突破 10 万张，达 110 735 张。

7 月 6 日　上午 8 时，上海市分行成功完成 6 笔跨境人民币结算业务，累计金额经 300 万元。夺得国内代理行清算跨境人民币结算业务的第一、第二单。

7 月 9 日　上海市分行为上海电气(集团)总公司提供 300 亿元人民币授信支持。

7 月 17 日　日立建机租赁(中国)有限公司一期银团贷款举行签约仪式。该银团由上海市分行牵头，一期贷款为 10 亿元人民币，其中上海市分行份额为 3.5 亿元。

7 月 18 日　由上海市分行为牵头行的上海中心 100 亿元银团贷款签约暨主楼桩基工程竣工仪式上海国际会议中心举行，上海市市长韩正出席签约仪式。

8 月 7 日　上海市分行联合交银国际信托有限公司成功与黄浦区国资总公司签订总额为 5 亿元的用于世博配套建设项目的信托融资项目合同，并投放首笔 2.5 亿元的信托融资。

8 月 27 日　上海市分行与上海市再担保公司在“2009 年金融服务中小企业金融洽谈会”上签

署总金额为65亿元合作协议。

9月3日　上海市分行首只一对多专户理财产品——交银施罗德·交通银行灵活配置资产管理计划产品正式发售。

9月21日　上海市分行成功发行宝钢集团上海浦东钢铁有限公司应收款理财产品，产品规模达28.325亿元

10月13日　上海市分行向对口帮扶村——南汇区惠南镇幸福村赠送176张世博会门票。

10月20日　上海市分行举行世博会倒计时200天服务先锋对授旗仪式。

11月3日　上海市分行参加上海市重点工程建设项目银团贷款签字仪式，与白龙江污水有限公司签订15.45亿元融资合作协议。

11月27日　中共交通银行党委任命陈荷兰为上海市分行党委副书记，免去郑良玉上海市分行党委委员职务。交通银行解聘郑良玉上海市分行副行长职务。

12月31日　上海市分行总资产4 014.75亿元。人民币存款余额2 230.12亿元，其中储蓄存款余额661.60亿元；贷款余额1 532.07亿元，其中个人贷款余额223.82亿元。外币存款余额28.92亿美元，贷款余额16.52亿美元。实现经营利润45.44亿元，本外币中间业务收入12.09亿元。

是月　上海市分行获中国人民银行上海总部“迎世博科技工作竞赛活动”一等奖，并被授予“优秀科技管理奖”。

2010年

1月28日　由上海市分行担任牵头行的“东方渔人码头”一期项目银团贷款签字仪式在复旦皇冠假日酒店举行。上海市分行及农业银行、工商银行、北京银行上海(市)分行共同与上海东方渔人码头投资开发有限公司签署总额为14.85亿元的银团贷款协议。

是月　《解放日报》头版以《交行“漕河泾模式”解民企尴尬》为题，报道上海市分行与徐汇区政府、漕河泾开发区合作推出“漕河泾开发区中小企业信托平台”。《东方网》《新民网》等在第一时间进行了转载。

是月　上海市分行首家跨行资金管理平台客户——上海交运日红国际物流有限公司正式上线，为更好地服务大型集团客户跨银行资金管理提供了技术支撑。

2月6日　上海市分行召开工作会议，吕本献作《坚定信心，振奋精神，克难奋进，全力以赴做好业务发展和世博服务两篇大文章》工作报告。

2月9日　上海市分行私人银行中心在北京西路722号开业。

3月12日　中共交通银行党委任命吕本献为上海市分行党委书记，免去康定选上海市分行党委书记职务。交通银行聘任吕本献为上海市分行行长，解聘康定选上海市分行行长职务。

3月15日　中纪委副书记张毅视察上海市分行所属交银大厦支行。

3月17日　中国人民银行副行长兼上海总部主任苏宁到世博园区检查上海市分行所属世博一支行、二支行金融服务工作。

3月25日　交通银行聘任乐晨科、陈必钧、赵彩虹为上海市分行副行长。

3月29日　上海市副市长屠光绍到世博园区考察上海市分行所属世博支行、世博二支行及自助银亭金融设施。

3月30日　上海市分行成为海通证券股份有限融资融券试点业务首批合作银行。

是月　中央电视台新闻频道专题报道了分行“漕河泾信托平台”，并采访了第一家在上海市分行获得信托平台资金支持的小企业。

4月16日　中国银监会主席刘明康赴世博园区考察上海市分行所属世博二支行。

4月20日　上海市分行在中山南路99号14楼设立上海世博会现场服务指挥中心。

4月21日　上海市分行向上海华谊(集团)公司提供授信总额人民币200亿元。

4月28日　上海市分行成功为上海世博会的组织者、参展者开立本外币账户605个(户)，其中人民币账户320个(户)，外币账户285个(户)。

是月　上海市分行在国家外汇管理局、中国统计学会联合举办的全国2009年度“国际收支统计之星”评比活动中，获“国际收支统计之星”称号，成为上海地区3家获奖银行之一。

是月　《新闻晨报》以《交通银行：世博园区ATM取款请放心》为题，报道了上海市分行为上海世博会提供现金供应保障服务工作。

5月1日　上海世博会正式开馆，上海市分行金融服务在世博园区内全面启动。

5月15日　上海市分行与上海中期期货有限公司联合举办机构投资者股指期货策略研讨会，邀请有关方面专家介绍如何采用程序化交易进行股指期货投资、规避风险、获取稳定收益等议题。

6月　在《证券日报》2010年投行创造价值高峰论坛暨中国区优秀投行评选活动中，由上海市分行担任牵头主承销商及簿记管理人的中国商用飞机有限责任公司2010年度第一期中期票据项目被评为“最佳债券承销项目”。

7月9日　上海市副市长胡延照前往上海世博局参展者服务大厅慰问上海市分行所属世博一支行员工。

7月21日　上海市分行与嘉定区人民政府签订全面战略合作协议，加深银政双方合作，促进分行在更宽领域、更高层次融入嘉定区的经济和社会建设。

7月31日　上海市分行与上海市新闻出版局签署意向授信100亿元合作备忘录。

是月　上海世博会中国政府总代表华君铎前往上海市分行所属世博支行体验服务并在世博日志上亲笔题词。

8月28日　中共中央政治局委员、上海市委书记俞正声参观上海市分行所属世博三支行展示区，听取讲解人员介绍，并观看未来银行影片。

9月　上海市分行与上海市科技创业中心签署战略合作协议。根据协议，上海市分行将上海市科技创业中心作为科技型企业推荐方，优先为其推荐的科技型企业提供全方位、优惠条件的金融服务，全力支持其工作开展。

是月　上海市分行携手交银租赁以售后回租方式为上海申通地铁集团提供长期资金13亿元。

10月22日　上海市分行与长宁区人民政府签订全面合作备忘录，以进一步拓宽双方合作领域，提供金融合作层次。

10月31日　上海世博会闭幕。在上海世博会运营的184天中，上海市分行在世博园区内受理的银行卡交易量累计内卡3 307 629笔，金额130 883.55万元；外卡164 310笔，金额9 159.61万元。共签约小额免签商户40余家，交易量累计331 045笔，金额4 970.4万元。

12月29日　上海市召开世博会总结表彰大会，上海市分行世博办获上海世博工作优秀集体奖。

12月30日　上海市分行参加上海市社会保险基金存放银行资格招标会，获得上海市社保基金存放银行资格。

12月31日　上海市分行总资产4 192.54亿元。人民币存款余额2 578.79亿元,其中储蓄存款余额736.07亿元;贷款余额1 831.26亿元,其中个人贷款余额266.69亿元。外币存款余额15.20亿美元,贷款余额10.59亿美元。实现经营利润58.15亿元,本外币中间业务净收入14.85亿元。

是日　上海市分行成立全面风险管理委员会。

2011年

1月9日　上海市分行获交通银行太平洋信用卡中心颁发的“白金卡最佳贡献奖”“分行直销最佳互助协作奖”。

1月11日　上海市分行独家获得中国银联上海分公司颁发的“2010年度银联卡特别贡献奖”。

1月12日　上海市分行成功获得上海申迪(集团)有限公司迪士尼项目银团主牵头行之一,并获得还款代理行角色。

是日　上海市分行获中华全国总工会授予“全国五一劳动奖状”称号。

1月13日　中共交通银行党委免去孙小妹上海市分行党委委员、纪委书记职务。

1月14日　中国银行业协会在上海举行“中国银行业世博金融服务暨2010年度中国银行业文明规范服务千家示范单位”表彰大会,上海市分行所属交银大厦支行、六里支行、莘庄支行、徐汇支行营业部4家网点获评“2010年度中国银行业文明规范服务千家示范单位”称号。同时4家单位与上海市分行服务办获“2010年上海世博金融服务先进集体”称号,3位员工获“2010年上海世博金融服务先进个人”称号。

1月25日　中共交通银行党委任命林骅兼任上海市分行纪委书记。

1月29日　上海市分行召开工作会议,吕本献作工作报告,提出2011年全行以利润为目标,以负债、新兴业务为重点,与上海经济发展战略、交通银行打造“金融旗舰”、上海市分行“十二五”规划相对接,实现业务、客户、渠道和管理转型的工作目标。

是月　由上海市分行牵头主承销的上海上实(集团)有限公司2011年度第一期中期票据于银行间市场成功发行,总金额15亿元,期限5年。

是月　上海市分行首笔上海浦东发展(集团)有限公司7.5亿元信托计划受益权资产成功入池。

是月　上海市分行发行总行系统首单与上海轨道交通13号线发展有限公司信托计划受益权挂钩的对公理财产品。

是月　上海市分行“世博会POS间直联混用”项目获2010年度上海金融创新三等奖。

2月　上海市分行所属市南支行为统一超商(上海)便利有限公司办理了总行系统首笔典型跨境人民币资本金汇入业务。

3月2日　上海市分行在券商专户理财产品“中金公司江海证券定向理财计划”下开展股指期货业务。

3月23日　上海市分行与上海复星高科技(集团)有限公司签署银企战略合作协议。根据协议,上海市分行将给予该公司人民币150亿元意向性授信额度,向其提供资金结算、现金管理、财务顾问、投资银行、财富管理等一整套、全流程的金融服务。

3月28日　上海市分行成功发行金额为30亿元，期限为5年的金光纸业（中国）投资有限公司2011年度第一期中期票据，成为国内企业债券市场外资企业首单中期票据。

3月31日　上海市分行成为总行系统首家人民币储蓄存款余额超800亿元省直分行，达826亿元。

是月　上海市分行成功营销中国太平洋人寿股份有限公司，为其QDII境外股权投资项目提供托管、结算以及外币购汇等金融服务。该股权并购项目的美元总额等值42.7亿元人民币，系国内保险行业第一单。

4月17日　上海市分行信用卡个人网银缴费特色功能上线，成为总行系统首批上线的分行。

4月29日　上海市分行发放总行系统内首笔小企业扩权贷款5 000万元。

是月　在上海黄金交易所召开的工作会议上，上海市分行黄金代理库被评为“2010年度上海黄金交易所操作无差错仓库”称号，是上海市分行黄金代理库自2008年开办以来连续第三次获此称号。

5月16日　上海市分行资产管理池理财产品累计发行量突破100亿元。

是月　上海市分行成功为普洛斯集团办理人民币外债资金跨境结算业务。该笔业务是是年上海市分行向中国人民银行首笔申报并获批的跨境人民币外债业务。

是月　上海市分行完成交通银行系统首笔蕴通电子供应链商品融资SEMS系统放款操作流程，成功为上海烨源贸易有限公司发放1 800万元为期6个月短期流动资金贷款。

6月3日　上海市分行成功为交通银行级客户——中化国际（控股）股份有限公司发行2011年第一期中期票据，金额7亿元，期限5年。

6月13日　上海市分行与均瑶（集团）有限公司签署银企战略合作协议，向该集团公司提供总额为30亿元意向性授信额度，满足企业融资需求。

6月16日　上海贝尔股份有限公司在上海市分行离岸开立的出口收入存放离岸账户完成首笔收款操作，收款金额2 800多万美元。上海市分行实现了出口收入境外存放账户业务零的突破。

是月　由上海市分行作为主承销商和簿记管理人的上海华谊（集团）公司2011年度第一期40亿元短期融资券上市发行。

是月　上海市分行大客户五部成功营销远东国际租赁有限公司首期12.5亿元人民币外债资金。

是月　上海市分行向上海波音航空改装维修工程有限公司提供首笔2.6亿元授信额度，支持世界500强旗下公司业务发展。

7月5日　上海市分行与上海大学签订银校合作框架协议、银校业务合作子协议以及教学改革和实习基地项目合作协议书。

7月26日　上海市分行与宝山区人民政府签订全面战略合作协议。根据协议，双方将建立常态化信息沟通机制，在区域经济发展、资金结算、中小企业融资、金融产品创新等领域进行广泛而深入的合作。

是月　上海市分行为汤臣集团旗下的汤臣高尔夫（上海）有限公司办理首笔以人民币计价的跨境人民币融资性对外担保业务。

是月　上海市分行获得上海市社保中心养老金代发业务资格。

是月　上海市分行成功办理首笔委托境内外资银行转开融资性对外担保业务及首笔进口汇出款项下人民币海外代付业务。

是月　上海市分行与上海股权托管交易中心、上海股权托管登记中心两家要素市场类客户建立业务合作关系。

是月　上海市分行获中国银联“2009年度全国级‘刷卡无障碍’最佳推动收单机构”称号，系上海地区唯一获此称号的银行。

8月30日　上海市分行与上海张江（集团）有限公司签署银企战略合作协议。根据协议，上海市分行将向该集团公司提供总计等值人民币200亿元授信支持。

是月　上海市分行为中国长城工业上海公司办理了基于国内信用证项下的3个月期买方押汇业务，金额总计人民币980万元。

9月14日　上海市分行中标上海市财政局本级国库现金管理商业银行（第一期）定期存款存放银行。

是月　上海市分行所属市西支行为上海鑫德投资发展有限公司办理首笔跨境人民币转卖业务，实现跨境人民币结算量近7 000万元人民币。

是月　上海市分行上线手机银行“一键缴费”电信账单业务功能，成为总行系统首家推出该项创新服务的分行。

10月28日　上海市分行成功办理上海东兴科技有限公司127万元人民币外债的汇入汇款业务，系中国人民银行《外商直接投资人民币结算业务管理办法》出台后上海市分行办理的首笔外商直接投资跨境人民币业务。

10月31日　上海市分行私人银行客户达3 022户，成为总行系统首家超3 000户的分行。

是月　上海通用汽车有限公司自是月起正式使用上海市分行报关一点通系统，上海市分行成为其关税业务独家合作银行。

11月1日　上海市分行人民币各项贷款突破2 000亿元，达到2 001.69亿元。

11月2日　上海市分行小企业贷款余额突破100亿元，达到101.1亿元，增幅134%。

11月30日　中共交通银行党委任命陈伟芳为上海市分行党委委员。交通银行聘任陈伟芳为上海市分行行长助理。

12月28日　在上海市银行同业公会开展的“2009—2010年度银团贷款评比活动”中，由上海市分行担任牵头行的“远东国际租赁有限公司融资租赁合同项下银团贷款项目”获“优秀项目奖”，“上海市干线公路银团贷款项目”获“优秀世博建设项目奖”。

12月31日　上海市分行总资产4 483.71亿元。人民币存款余额2 926.42亿元，其中储蓄存款余额822.53亿元；贷款余额2 020.34亿元，其中个人贷款余额291.22亿元。外币存款余额18.39亿美元，贷款余额12.41亿美元。实现经营利润69.52亿元、本外币中间业务净收入18.72亿元。

是年　金山支行开业。市南支行更名为黄浦支行。

2012年

1月29日　上海市分行召开工作会议，吕本献作工作报告，提出要做大规模和效益，强化客户基础、产品体系和渠道网络，打造新型业务竞争优势，推动理念、业务、机制和管理“四维”改革，重点抓好“存款、投放、利润、风险、改革和队伍”六大工作。

2月14日　上海市分行成功为上海外高桥（集团）有限公司发行2012年第一期中期票据。该中期票据注册总额度4亿元，由分行独家担任主承销和簿记管理人。

是月　上海市分行被中国人民银行总行授予“全国反洗钱工作先进集体”称号。

是月　上海市分行资产管理池理财产品累计完成产品发行近600只，销量突破1 000亿元。

3月31日　上海市分行人民币各项存款突破3 000亿元，达到3 091.89亿元。

是月　上海市分行成功办理了人民币合格境外机构投资者(RQFII)境内证券投资账户的开立及资金划转总行系统内首单业务。

是月　上海市分行在2012年上海市跨境人民币业务工作会议上，获“2011年度上海市跨境人民币业务推进突出贡献奖”。

4月4日　交通银行“手机模卡”业务新产品率先在上海市分行所属交银大厦支行试点上线。

4月20日　中共中央政治局委员、国务院副总理王岐山到上海市分行江西中路200号营业大厅调研。

4月23日　上海市分行在总行系统中率先推出手机银行账单条码扫描特色业务，成为“e动交行”手机银行在业内首创标志。

是月　上海市分行完成首笔金额2 657万美元的买断式黄金进口付汇业务。

5月23日　上海市分行与工商银行、农业银行、中国银行、建设银行、浦发银行、上海银行、农商银行、中信银行、招商银行、民生银行及汇丰银行等12家银行在沪机构共同签署了总额达6 600亿元“金融支持实体产业经济发展合作备忘录”。根据协议，未来3年上海12家银行预计投入6 600亿元信贷资金，支持上海市高新技术产业化和重点产业发展。

是月　上海市分行成功营销瑞穗实业银行(中国)有限公司发行金融债券主承销业务。

是月　上海市分行所属新区支行成功办理上海市分行首笔NRA账户全额人民币质押授信业务。

是月　上海市分行为上海烟草集团在线销售系统搭建的网上支付二次清算系统上线后，成功将烟草集团零售商的购烟资金清分至烟草南汇分局指定结算账号。

6月23日　中央电视台一套在《新闻联播》栏目头条新闻中，以“科学发展，成就辉煌”为主题，报道了上海市分行跨境人民币贸易助推企业发展的典型案例。

6月27日　《人民日报》在第四版刊发题为《交通银行，创新方式服务实体经济》文章，报道上海市分行对科技型企业服务模式创新的做法。

是月　在中华全国总工会召开的“全国职工教育培训工作”表彰大会上，上海市分行获“全国职工教育培训优秀示范点”称号，并被授予奖牌。

7月9日　上海市分行担任上海市城市建设投资开发总公司2012年第一期短期融资承销商和簿记管理人，发行25亿元，募集资金全部沉淀上海市分行。

7月23日　上海市分行成功中标2012年上海市政府债券自行发行主承销资格，与国家开发银行、浦发银行共同担任本年度上海市自行发行地方政府债联席主承销商，共发行89亿元，期限分别为5年和7年。

是月　上海市分行提交的“e动交行二维码支付创新提案”获交通银行“2012年电子银行产品创新评审一等奖”。

是月　交通银行人民币储蓄存款突破1万亿元。上海市分行以952.59亿元的储蓄余额获总行“龙腾万亿·超越计划”劳动竞赛特别贡献奖第一名。

8月10日　上海市分行再次中标2012年(第二期)上海市社保基金商业银行定期存款项目。

8月23日　上海市分行与徐汇区人民政府签署全面战略合作协议。根据协议，上海市分行将加大力度为徐汇区滨江大道及保障房建设、文化经济发展、旧区改造及中小企业融资提供一揽子金融服务。

8 月 25 日　上海市分行在所属交银大厦支行上线试点远程智能柜员机(ITM)。

9 月 11 日　上海市分行为上海浦东发展(集团)有限公司主承销 25 亿元中期票据，首期 10 亿元成功发行，期限 10 年，成为上海地区发行的首单 10 年期中期票据。

9 月 18 日　上海市分行与上海联华超级市场发展有限公司签署战略合作协议，双方就该公司加盟店 POS 机收单业务开展两级清算合作。

10 月 19 日　中共交通银行党委任命郑志扬为上海市分行党委书记，免去吕本献上海市分行党委书记职务。12 月 25 日，交通银行聘任郑志扬为上海市分行行长，解聘吕本献上海市分行行长职务。

10 月 24 日　交通银行聘任陈荷兰为上海市分行正职级。

12 月 4 日　上海市分行成功中标上海市财政局上海市第四、第五期社会保险基金商业银行定期存款招标项目。

12 月 12 日　上海市分行与松江区人民政府签订战略合作备忘录。根据协议，上海市分行将继续为松江区基础设施、大型社区及配套设施、四大高新技术产业化基地等布局和建设提供重点支持，为广大客户提供全方位、专业化金融服务。

12 月 31 日　上海市分行总资产 4 841.90 亿元。人民币存款余额 3 212.29 亿元，其中储蓄存款余额 934.32 亿元；贷款余额 2 183.05 亿元，其中个人贷款余额 308.17 亿元。外币存款余额 24.88 亿美元，贷款余额 17.53 亿美元。实现经营利润 71.46 亿元，经济利润 30.74 亿元，本外币中间业务净收入 21.16 亿元。

是月　上海市分行与交通银行东京分行合作办理了分行首笔境外借款人无须在贷款银行开户的融资性担保业务。

是年　上海市分行首获总行系统综合考核第一名。

是年　上海市分行共牵头 18 笔银团贷款，签约总金额达 399 亿元，在中资银行中排名第一。

是年　崇明支行开业。

2013 年

1 月 29 日　上海市分行完成总行系统内省直分行第一单委托债权类资产投资，为衣恋时装(上海)有限公司提供委托债权融资 1 亿元，对接资金为上海市分行资产池理财资金。

是月　上海市分行获“2010 年度上海中小企业融资服务杰出合作伙伴”称号。

是月　上海市分行获 2012 年交通银行电子银行业务综合考核第一，系上海市分行首次获得该项称号。

2 月 1 日　上海市分行召开工作会议，郑志扬作题为《打牢基础，深化改革，全面开创转型发展新局面》工作报告。

是月　由上海市分行担任牵头行和代理行的银团向上海露香园路旧城区改建项目发放首笔 1 亿元贷款。

是月　在上海市银行同业公会公布的 2012 年度上海银行同业银团贷款年度排名中，上海市分行以牵头银团贷款 18 笔，以及签约总额 399 亿元的成绩双双排为上海市中资银行第一名。

是月　上海市分行所属黄浦支行为上海酷圣石冰淇淋有限公司、希杰星星(上海)影城有限公司开立单用途商业卡托管账户，成为上海市分行首单单用途商业卡托管业务。

是月　上海市分行成功营销首批期货公司资产管理产品结算业务，成为申银万国期货有限公司资产管理业务第一单产品的合作银行。

是月　上海市分行为中化国际(控股)股份有限公司办理了总行系统首笔跨境人民币项下保票通业务。

3月6日　上海市分行和松江区人民政府举行“支持实体经济，促进区域发展”走进区县业务推介活动，此站为上海市分行首站推介活动。

3月13日　上海市分行所属黄浦支行为上海老庙黄金有限公司办理分行首单黄金租赁业务，填补了上海市分行在黄金业务产品中的空白。

3月30日　上海市分行人民币储蓄存款突破1 000亿元，达到1 027.3亿元。

是月　上海市分行被中共上海市委宣传部命名为“上海市企业文化建设示范基地”。

是月　上海市分行成功营销上海银行、招商银行参与上海期货交易所黄金期货的代理清算业务，实现对上海各类金融要素市场结算代理业务的全覆盖。

4月26日　上海市分行成功为上海浦东发展(集团)有限公司办理37亿元买入返售信托受益权业务。

是月　上海市分行与上海银联电子支付服务公司签订《跨境电子商务外汇支付业务合作协议书》。

5月15日　交通银行聘任陈伟芳为上海市分行副行长。

6月1日　上海市分行首批指纹认证项目在所属16家网点上线。

7月　上海市分行与国家开发银行在中国银监会主导的信贷资产流转业务平台上完成了市场收单试点交易。交易标的资产为上海海博股份有限公司的4 000万元短期流动资金贷款。

8月　上海市分行所属奉贤支行为上海和拓电子有限公司办理上海市分行首笔跨境人民币项下境外放款试点业务。

9月29日　上海市分行所属外高桥保税区支行升格并更名为“交通银行股份有限公司中国(上海)自由贸易试验区分行”。

10月30日　上海市分行所属奉贤支行成功办理挂钩贷款基础利率(LPR)报价的贷款业务，这是自中国人民银行10月25日公布LPR以来上海市分行办理的首笔挂钩该利率的贷款业务。

11月　上海市分行获上海清算所综合清算会员资格，并完成交通银行系统首单人民币远期运费协议(简称“人民币FFA”)代理清算交易。

12月11日　上海市分行通过受让信托受益权的直投业务模式为上海地产(集团)有限公司的旧区改造项目融资25亿元，首笔5亿元成功发放。

12月31日　上海市分行总资产5 239.93亿元。人民币存款余额3 438.06亿元，其中储蓄存款余额1 040.91亿元;贷款余额2 298.85亿元，其中个人贷款余额363.59亿元。外币存款余额32.99亿美元，贷款余额21.67亿美元。实现经营利润77.98亿元，经济利润34.05亿元，本外币中间业务净收入23.73亿元。

是年　上海市分行先后联合松江区、嘉定区、青浦区、长宁区、金山区、奉贤区、宝山区、杨浦区、虹口区、闸北区、静安区、闵行区和崇明县人民政府，分别举办走进区县“支持实体经济，促进区域发展”业务推介活动。

是年　上海市分行在上海市银行同业公会组织的“2013年度上海银行同业年度奖项”活动中，首获上海银行业银团贷款最佳机构奖。

2014 年

1 月 26 日　上海市分行召开工作会议,郑志扬作题为《稳健经营控风险　改革创新促转型》工作报告。

是月　上海市分行获上海市银行同业公会颁发的 2013 年度上海银行同业银团贷款最佳机构奖及最佳项目奖。

2 月　上海市分行在中国银联“2013 年上海地区 ATM 跨行业务竞赛活动”中获“ATM 最佳发展奖”。

是月　上海市分行所属虹口支行办理分行首笔对私境内外联动服务业务,为私人银行客户实现了国内存款和国外保障业务的链接。

3 月　东亚银行正式选择上海市分行为其信贷资产证券化项目托管银行,首期发行规模 10 亿元,期限 5 年。

是月　上海市分行与上海市金融办首批 6 家 QDLP 基金之一的信拓城(上海)海外投资基金合伙企业(有限合伙)正式签署资金保管协议,成功为其开立基金账户,此单业务规模 2 000 万美元,实现中间业务收入 24 万元。

4 月 6 日　中共交通银行党委免去乐晨科上海市分行党委委员职务。24 日,交通银行解聘乐晨科上海市分行副行长职务。

4 月 10 日　上海市分行成为渣打银行国债期货清算代理行。

4 月 14 日　上海市分行完成同业首单自贸区新设外商投资企业外汇登记,实现了银行受理外汇登记、账户开立一条龙服务。

4 月 30 日　上海市分行所属浦东分行成功投放总行系统首单零售公司类资产对接理财业务,该单业务共计 7 100 万元,涉及 5 户小微高新技术企业,是上海市分行支持实体经济,扶持中小企业创新融资试点项目。

是月　上海市分行在国家外汇管理局上海市分局 2013 年度银行执行外汇管理规定情况的考核中,再次获得“外管考核 A 类银行”,系上海市分行连续 4 年获得此评定。

是月　上海市分行所属自贸区分行为奥托昆普管理(上海)有限公司办理资本金意愿结汇业务,成为自国家外汇管理局上海市分局实施《支持中国(上海)自有贸易试验区建设外汇管理实施细则》以来,总行系统首单资本金意愿结汇业务。

5 月 4 日　中共交通银行上海市分行委员会党校成立,郑志扬兼任党校校长。

是日　中共交通银行党委免去陈必钧上海市分行党委委员职务。交通银行解聘陈必钧上海市分行副行长职务。

5 月 6 日　上海市分行所属黄浦支行为上海新世界股份有限公司办理了上海市分行首单黄金租赁套期保值业务。

5 月 27 日　中共交通银行党委任命陈险为上海市分行党委委员。交通银行聘任陈险为上海市分行副行长。

5 月 30 日　上海市分行所属新区支行成功办理总行系统首单自贸区人民币双向资金池跨境汇款。

6 月 20 日,中共交通银行党委任命陈险兼任上海市分行纪委书记,免去林骅上海市分行纪委书记职务。

6月24日　上海市分行成功为申能集团下属上海诚毅投资管理有限公司在自贸区设立的SPV(特殊目的公司)——上海诚毅芯投资有限公司完成首单境外投资业务。

7月1日　上海市分行与海通证券股份有限公司完成上海清算所首单人民币利率互换交易集中清算，名义本金1亿元人民币。

7月28日　上海市分行所属自贸区分行为香江汇发(上海)商业保理有限公司办理首笔自由贸易账户(FTE账户)资金入账和对外支付业务。该笔业务为上海市分行自贸区自由贸易账户内首笔结算业务。

8月1日　中共交通银行党委任命樊燊为上海市分行党委委员。交通银行聘任樊燊为上海市分行行长助理。

8月19日　上海市分行成为汇丰银行黄金国际板代理清算银行，汇丰银行在上海市分行营业部开立FTE自由贸易账户。

8月28日　上海市分行所属自贸区分行为博豪国际贸易有限公司开立了总行系统首个FTN账户。

是月　上海市分行继通过上海自贸区分账核算单元验收后，又通过上海国际黄金交易中心交易结算系统测试，成功获得上海国际黄金交易中心结算银行资格，成为首批为上海黄金交易所自贸区国际板黄金交易提供结算服务的5家银行之一。

是月　上海市分行所属闵行支行协助上海华电闵行能源有限公司成功获得财政部下属中国清洁发展机制基金中心设立的2.8亿元专项基金——清洁发展委托贷款，并成为上海市首笔清洁能源相关基金唯一资金监管银行。

9月18日　上海市分行黄金国际板指定仓库迎来第一个全球性客户——瑞士庞博贵金属(PAMP)公司，并为其办理黄金国际板首单仓储业务。

是月　上海市分行所属自贸区分行为上海市外高桥保税区新发展有限公司办理首笔自由贸易账户(FTE账户)放款和对外支付业务，是上海市分行自贸区自由贸易账户内投放的首笔贷款，标志着上海市分行FT账户授信业务正式启动。

10月29日　上海市分行为上海华谊(集团)公司提供200亿元人民币授信支持。

是日　上海市分行为景域集团提供30亿元人民币意向性授信支持。

11月27日　上海市分行党校举办第一期中青年干部研修班开班仪式。郑志扬以《金融的本质及其时代的变革》为题，给学员们上了第一课。

12月19日　上海市分行获上海银行同业机构贡献奖，牵头的恒信金融租赁有限公司中期流动资金银团贷款项目获上海银行业银团贷款最佳项目奖。

12月31日　上海市分行总资产5 163.29亿元。人民币存款余额3 084.30亿元，其中储蓄存款余额1 048.37亿元；贷款余额2 263.12亿元，其中个人贷款余额407.05亿元。外币存款余额25.07亿美元，贷款余额10.44亿美元。实现经营利润75.49亿元，经济利润44.10亿元，中间业务净收入25.12亿元。

是月　上海市分行在上海市银行同业公会公布的2014年度上海银行同业奖项中，获上海银行同业机构贡献奖，牵头的恒信金融租赁有限公司中期流动资金银团贷款项目获上海银行业银团贷款最佳项目奖。

是月　上海市分行在上海市经信委及上海市中小企业发展领导小组办公室开展的“2014年度上海中小企业融资服务最佳合作伙伴”评选活动中，获“最佳合作伙伴”称号。

第一篇

治理架构

概　述

清光绪三十四年四月(1908 年 5 月),交通银行上海分行在上海后马路(经天津路)乾记弄开业,直隶交通银行总管理处(以下简称“总管理处”)。分行总办由邮传部奏派,专理全行事务。总办之下,设经、副理,由总管理处选派,负责具体业务。

清宣统二年(1910 年),邮传部将委派上海分行总办改为稽核。宣统三年(1911 年),恢复对上海分行奏派总办。

进入民国后,交通部成为交通银行官股之代表,不再向上海分行奏派总办,上海分行经理由交通银行股东会推举决议,由总管理处派任。民国 8 年(1919 年)起,始设襄理一职,协助经、副理工作。

1949 年 5 月上海解放后,上海分行经理、副理由上海市人民政府任命。

1987 年上海分行开业初期,交通银行实行总分行各为法人体制。上海分行内部治理架构由股东大会、管理委员会和高级管理层组成,三者依据法律赋予的权力、责任和利益相互分工,并相互制衡。其中股东大会由全体股东组成,是分行的最高权力机构和最高决策机构;分行管理委员会由总管理处委派人员、分行高级管理层、股东代表等组成,在分行范围内行使交通银行董事会授予的各项职权;分行高级管理层由总管理处任命(后改为聘任),在分行管理委员会领导下负责日常工作,副总经理、总经理助理协助总经理工作。

1994 年交通银行统一法人体制后,上海分行成为一家非法人机构的经营性分行,其管理委员会及其辖属各分支行管理委员会分会于 1995 年 6 月撤销。是年 10 月,为加强与社会各界联系,汲取经济界、金融界专家的经验和建议,规范商业银行经营管理,成立咨询委员会。2008 年 11 月,根据交通银行公开上市后法人治理结构要求,咨询委员会撤销。

治理架构变化后,上海分行在交通银行总行直接领导及高级管理层带领下,积极构建支撑创新发展的组织架构,深度融入和服务国家战略市场,持续增强跨境跨业跨市场综合服务能力,不断提升综合经营管理实力。截至 2014 年年末,上海分行已成长为一家拥有资产规模超过 5 163.29 亿元的国有股份制商业银行。

第一章　股东大会

1987—1993 年，交通银行上海分行作为一级法人，资本和产权形式实行股份制，股本结构为国家控股，地方财政和企事业单位入股，总经理为分行法人代表，体现所有权与经营权相分离。1994 年，交通银行实施统一法人体制改革，将分散在各分支行股份以换股方式集中到总行，至此上海分行不再具有独立法人资格。

第一节　股东和股本结构

1987 年交通银行重新组建初期，总分行实行“独立核算、各为法人”体制。上海分行作为一级法人，核定注册资金 6 亿元，每股人民币 100 元，共计 600 万股。总管理处代表中央财政控股 2.5 亿元，上海市财政局代表地方政府参股 2.5 亿元，两者合计 5 亿元，确保国家控股在分行股本中占绝对主导地位，其余 1 亿元向企业筹集。8 月，上海分行向企事业单位定向招股 100 万股，计人民币 1 亿元，成为中华人民共和国成立以来首家向社会发行股票的银行。上海分行《单位股招股细则》规定：“认购股票资金为本单位有权支配自有资金，单位股股息不高于单位一年定期存款利率，红利由分行管理委员会根据国家有关规定和当年经营情况及盈利水平核定。股票一律记名，可在中国人民银行上海市分行批准的证券交易柜台办理挂失、抵押及在单位之间转让和买卖。”中国石化总

图 1-1-1　1988 年 4 月 18 日，交通银行上海分行与上海市公房资产经营公司签约

公司、上海高桥石油化工公司、上海石油化工总厂等180家企事业单位投资入股,成为上海分行首批股东。

1988年4月,上海市人民政府为支持交通银行发展,成立上海市公房资产经营公司,将江西中路200号大楼折价2 000万元入股上海分行,开创了国有房屋买卖的先例。

1989年8月,总管理处完成股票统一印刷,面额分为人民币1万元、10万元两种。10月,除国家控股外,上海分行共招股373.91万股,其中上海市财政局250万股以其他形式发给股权证明外,其余123.91万股,以面额1 000股1 215张和面额100股241张,与股东持有的股金收据进行兑换。

为合理体现新老股东权益,总管理处规定,从1992年7月1日起,各分行新增股份采取溢价招股办法,扩股的溢价率依据上年年末积累、未分配利润中应留存盈余公积金、房产增值额之和与上年实收资本金比例计算,超过股票面值的溢价部分列入资本公积金。是年,上海分行(上海地区)招股溢价发行率为1∶2。1993年,上海分行(上海地区)企业法人股增加8 800万元,扩股后上海分行资本金总额为7.4亿元。

表1-1-1　1987—1993年交通银行上海分行资本金及股本结构情况表

年份	资本金(万元)	持股比例			股本结构		
		总管理处(%)	市财政局(%)	企业法人股(%)	总管理处(户)	市财政局(户)	企业法人股(户)
1987	60 391	41.397	41.397	17.206	1	1	182
1988	62 391	40.070	40.070	19.860	1	1	181
1989	62 391	40.070	40.070	19.860	1	1	183
1990	62 391	40.070	40.070	19.860	1	1	183
1991	62 391	40.070	40.070	19.860	1	1	184
1992	65 200	38.344	38.344	23.312	1	1	192
1993	74 000	33.784	33.784	32.432	1	1	245

表1-1-2　1987—1993年交通银行上海分行认股100万元以上股东情况表　　单位:万元

序号	股东名称	1987年	1988年	1989年	1990年	1991年	1992年	1993年
1	交通银行总管理处	25 000.00	25 000.00	25 000.00	25 000.00	25 000.00	25 000.00	25 000.00
2	上海市财政局	25 000.00	25 000.00	25 000.00	25 000.00	25 000.00	25 000.00	25 000.00
3	中国石化总公司	3 000.00	3 000.00	3 000.00	3 000.00	3 000.00	3 000.00	3 000.00
4	上海市公房资产经营公司	—	2 000.00	2 000.00	2 000.00	2 000.00	2 000.00	2 000.00
5	上海汽车拖拉机工业联营公司	—	—	—	—	—	1 010.00	1 010.00
6	上海高桥石油化工公司	1 000.00	1 000.00	1 000.00	1 000.00	1 000.00	1 000.00	1 000.00
7	上海石油化工总厂	1 000.00	1 000.00	1 000.00	1 000.00	1 000.00	1 000.00	1 000.00
8	上海久事公司	1 000.00	1 000.00	1 000.00	1 000.00	1 000.00	1 000.00	1 500.00
9	上海宝山钢铁总厂	—	—	—	—	—	1 000.00	1 000.00

〔续表〕

序号	股 东 名 称	1987 年	1988 年	1989 年	1990 年	1991 年	1992 年	1993 年
10	上海国际信托投资公司	—	—	—	—	—	—	1 000.00
11	上海文化发展基金会	—	—	—	—	500.00	500.00	500.00
12	上海华能实业公司	—	—	—	—	—	—	500.00
13	中国人民保险公司上海市分公司	—	—	—	—	—	—	500.00
14	上海市锦江集团联营公司	300.00	300.00	300.00	300.00	300.00	300.00	800.00
15	上海市电力工业局	300.00	300.00	300.00	300.00	300.00	300.00	450.00
16	上海市服装进出口公司	—	—	—	—	—	—	300.00
17	上海电力实业总公司	—	—	—	—	—	—	210.00
18	上海真空电子器件股份有限公司	200.00	200.00	200.00	200.00	200.00	200.00	200.00
19	上海自行车三厂	200.00	200.00	200.00	200.00	200.00	200.00	200.00
20	申能电力开发公司	—	—	—	—	—	200.00	200.00
21	中国华东电力联合公司	—	—	—	—	—	200.00	200.00
22	上海二纺机股份有限公司	—	—	—	—	—	200.00	200.00
23	上海市政工程设计研究院	—	—	—	—	—	—	200.00
24	上海建筑设计研究院	—	—	—	—	—	—	200.00
25	上海市政实业总公司	—	—	—	—	—	—	200.00
26	上海汽轮机厂	—	—	—	—	—	—	200.00
27	五丰行(控股)有限公司	—	—	—	—	—	—	200.00
28	中国航天工业总公司上海航天局	—	—	—	—	—	—	200.00
29	上海第一钢铁厂	—	—	—	—	—	—	150.00
30	华东建筑设计院	100.00	100.00	100.00	100.00	100.00	100.00	200.00
31	上海抽纱品出口联营分公司	—	—	—	—	—	—	102.00
32	上海市内外联合贸易公司	100.00	100.00	100.00	100.00	100.00	100.00	100.00
33	上海新联纺织品进出口分公司	100.00	100.00	100.00	100.00	100.00	100.00	100.00
34	上海轻工业对外经济技术合作公司	100.00	100.00	100.00	100.00	100.00	100.00	100.00
35	华光啤酒厂	100.00	100.00	100.00	—	—	—	—
36	上海卷烟厂	100.00	100.00	100.00	100.00	100.00	100.00	100.00
37	中国铅笔一厂	—	—	—	100.00	100.00	100.00	235.00
38	上海制皂厂	—	—	—	—	—	100.00	100.00
39	上海针织九厂	—	—	—	—	—	100.00	100.00

〔续表〕

序号	股 东 名 称	1987 年	1988 年	1989 年	1990 年	1991 年	1992 年	1993 年
40	上海物资贸易中心	—	—	—	—	—	—	100.00
41	上海市丝绸进出口公司	—	—	—	—	—	—	100.00
42	上海嘉富商贸服务总公司	—	—	—	—	—	—	100.00
43	上海钢铁汽车运输股份有限公司	—	—	—	—	—	—	100.00
44	上海第五钢铁厂	—	—	—	—	—	—	100.00
45	上海沪昌特殊钢股份有限公司	—	—	—	—	—	—	100.00
46	上海虹口投资管理公司	—	—	—	—	—	—	100.00
47	上海市轻工业供销公司	—	—	—	—	—	—	100.00
48	上海市农垦农工商综合商社股份有限公司	—	—	—	—	—	—	100.00
49	上海闵行联合发展有限公司	—	—	—	—	—	—	100.00
50	上海华申纺织印染(集团)公司	—	—	—	—	—	—	100.00
51	中华企业股份有限公司	—	—	—	—	—	—	100.00
52	上海市土地管理局	—	—	—	—	—	—	100.00
53	中房上海房地产开发总公司	—	—	—	—	—	—	100.00
54	上海市服装总公司	—	—	—	—	—	—	100.00
55	上海针织内衣(集团)公司	—	—	—	—	—	—	100.00
56	上海针织公司	—	—	—	—	—	—	100.00
57	上海中煤实业总公司	—	—	—	—	—	—	100.00
58	上海申美饮料食品有限公司	—	—	—	—	—	—	100.00
59	上海市申实进出口公司	—	—	—	—	—	—	100.00
60	上海科苑房产经营开发公司	—	—	—	—	—	—	100.00
61	上海市第一百货商店股份有限公司	—	—	—	—	—	—	100.00
62	上海精品商厦	—	—	—	—	—	—	100.00

第二节　主 要 会 议

1988 年 4 月 1 日，上海分行在沪召开首届股东会议，共有 180 家股东与会。大会听取、审议并通过上海分行总经理潘其昌所作的《关于上海分行 1987 年经营情况、会计决算、股息、红利分配和 1988 年经营方针报告》。交通银行董事长兼总经理李祥瑞、上海市体改办主任贺圣镐、中国人民银行上海市分行代行长龚浩成、上海市财政局局长鲍友德出席会议并讲话。

1992年5月16日，上海分行召开股东会议，向全体股东通报上海分行第九次管委会会议精神；听取、审议并通过《1991年上海分行工作总结和1992年工作打算》；公布1991年度分行股红息分配方案。上海市电力工业局财务处、市物贸中心、中国铅笔一厂等股东代表在会上作了题为《大挖潜力，与交行全面合作》《发展与金融业的联合是组建现代化物资企业集团的新路》《与交行全面合作，发展综合性业务》发言，表达对交通银行的支持。

图1-1-2　1992年5月8日，交通银行上海分行在江西中路200号7楼会场召开股东大会

1994年6月10日，上海分行召开股东会议，通报交通银行统一法人体制工作安排、股权转换；推选上海地区交通银行股东代表。

第三节　股息和红利

1987—1989年，上海分行作为一级法人享受国家3年免交所得税优惠待遇，免交的所得税额70%作为上海分行积累，30%上交总管理处。财务分配按税后利润30%分配给股东。

1989年起，上海分行开始试行财政部"先留后分，先分后税"政策，即先提取利润留成和公积金，然后按股分配，由入股单位按各自财政隶属关系交纳各项税收。

表1-1-3　1987—1988年交通银行上海分行股利分配情况表　　单位：万元

年份	利润	国家股		地方股		企业股		股利分配方案
		股息	红利	股息	红利	股息	红利	
1987	4 085	910.00	267.15	910.00	267.15	58.34	17.13	按税后利润30%，按股分配
1988	13 182	1 535.00	720.23	1 535.00	720.23	722.74	339.11	按税后利润30%，按股分配

表 1-1-4　1989—1993 年交通银行上海分行股利分配情况表　单位：万元

年份	利润	国家股	地方股	企业股	股 利 分 配
1989	29 904	8 028.4	8 028.4	3 979.09	按利润总额的 67%，按股分配
1990	38 714	10 393.58	10 393.58	5 151.47	按利润总额的 67%，按股分配
1991	36 522	10 480.68	10 480.68	5 194.64	按利润总额的 66.2%，按股分配
1992	41 440	11 290.75	11 290.75	6 497.33	按利润总额的 66.2%，按股分配
1993	54 824	14 302.05	14 302.05	9 782.34	按利润总额的 66.2%，按股分配

说明：1991—1993 年分配时，分别按年加上上海分行投资太平洋保险公司上海分公司 3 年收益 1 978 万元、1 645 万元和 2 093 万元。

第四节　股 东 返 利

1989 年，遵照财政部“国家股份所得股红息按规定交纳所得税后的 40%留给（交通银行）总管理处，各分支行地方股的股红息酌留多少给各分支行，由各行与当地有关部门商定”规定，上海分行与上海市有关部门商定，结合上海具体情况，留出 5%返回分行，弥补上海分行 3 项基金不足。

1990 年，上海市财政局在参股的股红息中，结合上海具体情况返回分行 5%，支持上海分行发展。

1991 年、1992 年，上海市财政局和企事业股东单位从上海分行实际情况，从分得股红息中各返 5%给上海分行作为专项基金，增强上海分行发展后劲。

1993 年度，上海分行股红息分配率为 57.208 2%，较 1992 年 45.163 0%增长 12.045 2%。股东单位鉴于上海分行 1989—1993 年历年留利仅为 1.5%、1.71%、1.99%、2.2%及 2.25%，水平较低，同意将 1993 年股红息分配率定为 50%，余下 7.208 2%返回上海分行，主要用于增强上海分行业务发展后劲，并适当解决职工住房长期挂账及职工奖励基金出红字实际困难。

第五节　股东归属总行

1987 年交通银行重新组建初期，从实际出发，实行总分支行各为独立法人体制，以推动经济、金融体制改革，促进国民经济发展及公有股份制全国性综合银行框架形成，实现交通银行快速发展。但是总分支行各为法人，形成了多个利益和管理主体，松散的管理和粗放的发展模式，阻碍了交通银行进一步发展。

1993 年，交通银行开始实行统一法人体制改革，将总分支各为法人实体改为全行单一法人实体体制，各分支行成为非法人分支机构，其债权债务全部由统一后的法人承继。

1994 年 4 月，交通银行印发《统一法人体制实施办法》《折股实施细则》，正式实施统一法人体制。根据总行文件精神，上海分行所有股东一律改为向交通银行投资入股，并按 1993 年 12 月 31 日实收资本和属股东权益的资本公积金、盈余公积金账面余额，全部分类、集中反映在交通银行账面。在此基础上，总行向分行划拨营运资金。为保障全体股东的合法权益，上海分行对股东原持的股东权益（按 1993 年 12 月 31 日有关科目账面余额计算）按 1∶1.602 8 的比例折算成新的交通银行股份；凡溢价扩股时投股上海分行的，在折股时扣除溢价部分，按实际投入金额折算折股。各股东持有的股票向交通银行缴销，并换发统一印制的交通银行股权证。股东按新股份所占比例享受股东权益，所有股份实行同股同权、同股同利。

经过股权改革，交通银行理顺了总分行产权关系，上海分行作为总行下属机构，不再具备独立法人地位，不承担民事责任。

第二章 管理委员会

1987年5月，交通银行常务董事会批准上海分行设立管理委员会，在上海分行范围内行使交通银行董事会授予的各项职权，上海分行实行管委会领导下总经理负责制。1995年6月9日，根据交通银行第二届董事会第四次常务董事会议决定，上海分行管理委员会及其辖属分支行管理委员会撤销。

第一节 主要职责

遵照交通银行总管理处（以下简称"总管理处"）工作部署和各项规定，上海分行管理委员会主要职责是：审定分行权限内业务方针、计划和重要章程；审定分行总经理工作报告；按照交通银行董事会和总管理处有关规定，审查通过年度决算报告和盈利分配方案；根据交通银行发展规划，审议分行下属机构设立和撤销；任免辖属分支行管理委员会分会组成人员和支行经理、副经理；审议其他重要事项。

第二节 历次会议和历届委员

上海分行管理委员会于1987年5月28日成立，至1995年6月9日撤销，其间共召开了12次会议，主要审议《总经理工作报告》《财务决算和经营成果分配报告》等一系列常规性议案及与上海分行改革发展、经营管理相关的其他重大事项。

1987年5月28日，上海分行在江西中路200号3楼会议室召开第一次管理委员会会议。交通银行董事长兼总经理李祥瑞宣布成立上海分行管理委员会，由交通银行常务董事顾树桢任管理委员会主任（兼），上海市财政局局长鲍友德、中国人民银行上海市分行行长龚浩成、交通银行董事余瑾、上海分行严孝修任管理委员会副主任，鲁家善、诸清、方连奎任管理委员会委员；交通银行副董事长、副总经理潘其昌任上海分行总经理（兼），严孝修、鲁家善、诸清为副总经理，方连奎为总经理助理；鲁家善作上海分行试营业总结报告；戴正元介绍上海分行各部处室机构现状和设置原则。

1987年7月30日，上海分行在江西中路200号3楼会议室召开第二次管理委员会会议，审议上海分行发行企业股票事宜，支行设置模式，与地方财政、其他银行协调事宜及苏州、无锡等辖属支行人事安排等事宜。

1988年1月7日，上海分行在江西中路200号3楼会议室召开第三次管理委员会会议，审议上海分行《1987年工作回顾及1988年工作打算》；讨论《1987年度利润分配方案》；讨论增选管理委员会委员事宜。

1989年4月14日，上海分行在江西中路200号3楼会议室召开第四次管理委员会会议，审议上海分行《1988年工作回顾与1989年工作意见》《1988年度财务决算和经营成果的分配方案（上海地区）》及有关扩大管理委员会成员和人事任免事项；增补中国石化总公司、上海市公房资产经营公司、上海石油化工总厂、上海高桥石油化工公司、上海久事公司、上海锦江联营公司企管部、上海市电力工业局代表及其分行所辖各支行的管理委员会主任为分行管理委员会委员；讨论通过宋修高、黄可标、蔡涵刚、姚学钧、张清泉分别为常州支行、无锡支行、苏州支行、杭州支行、绍兴支行经理，周琦为常州支行副经理，刘毓钧、赵新金、马和生为杭州支行副经理，宋鸿宾、姚张清为绍兴支行副经理，赵加宁、沈健为扬州支行副经理等事宜。

1989年7月4日至5日，上海分行在苏州召开第五次管理委员会会议，听取上海分行《管理委员会的情况通报》；同意增补入股上海分行300万元以上单位中国石油化工总公司尹永利、上海市公房资产经营公司王桂基、上海久事公司张葵珠、上海石油化工总厂吴亦新、上海高桥石油化工公司刘钧、上海市锦江联营公司钱学中、上海市电力工业局薛钟甦，以及分行所辖各分支行管理委员会苏州分会主任杨荷生、无锡分会主任华焕林、常州分会主任张东桂等10人为上海分行管理委员会委员；确定顾树桢、鲍友德、龚浩成、严孝修、余瑾、鲁家善、诸清、方连奎等8人为分行管理委员会常务委员，负责管理委员会日常工作；审议、通过分行《1988年工作回顾和1989年工作意见》《1988年度财务决算和经营成果的分配方案（上海地区）》；原则通过《交通银行三等分行、支行管理委员会分会职权》。

1990年3月1日至2日，上海分行在杭州召开第六次管理委员会会议。会议主要内容：审议通过上海分行《1989年工作回顾与1990年工作意见》工作报告。审议通过《1989年度财务决算和经营成果的分配方案（上海地区）》。通过《关于调整分行管理委员会成员的通报》，根据交通银行董事会研究决定，顾树桢、余瑾不再担任上海分行管理委员会主任、副主任职务，由交通银行副董事长兼副总经理潘其昌兼任上海分行管理委员会主任。讨论通过《内部机构调整及人事任免的报告》，同意撤销分行信贷二部，增设储蓄部；建立长宁办事处和大柏树办事处；同意聘任吴建中为宁波支行副经理、李永翠为苏州分行总经理助理。讨论通过《关于交通银行宁波支行管理委员会分会组成成员的报告》，同意宁波支行管理委员会分会由王永明、张行毅、毛绳祖、皮文斗、柴耀祖、孙茂本、车平华、吴建中8名委员组成，王永明任主任，张行毅、毛绳组、皮文斗、柴耀祖任副主任。交通银行总经理戴相龙在会议结束前作即席发言，阐述重新组建交通银行的意义，并就稳健发展综合性银行作重要讲话。

1991年3月30日，上海分行在扬州召开第七次管理委员会会议。会议主要内容：通报《关于调整分行领导班子成员的决定》，同意潘其昌不再兼任上海分行总经理职务，严孝修不再担任副总经理职务；同意聘任鲁家善为分行代总经理，陈宗俊为总会计师，李坚平、李惠珍为总经理助理。审议通过上海分行《坚持改革，强化管理，改善服务，推进各项业务的稳健发展》工作报告。审议通过上海分行《1990年度财务决算和经营成果的分配方案（上海地区）》。同意增补鲁家善为分行管理委员会副主任，绍兴支行管理委员会分会主任俞国行、杭州分行管理委员会分会主任王纪中为分行管理委员会委员。审议通过上海分行《关于设立上海浦东分行及其总经理、副总经理聘任的报告》《内部机构调整及人事任免的报告》《关于交通银行苏州支行、无锡支行、常州支行、杭州支行、宁波支行改称分行的通报》《关于建立交通银行杭州分行管理委员会分会的报告》等事项。

1991年8月17日，上海分行在上海龙柏饭店召开第八次管理委员会会议。会议主要内容：审议通过上海分行《1991年上半年主要工作回顾及下半年工作打算》工作报告。审议通过《关于改变交通银行法人体制的说明》。通报交通银行董事会增补周有道为分行管理委员会副主任决定。戴相龙代表交通银行党组和常务董事会宣布《关于调整和充实上海分行领导班子的决定》，鲁家善任上海分行党组书记、总经理，许家生、李惠珍任党组成员、副总经理。

图 1-2-1　1991 年 8 月 17 日，交通银行总经理戴相龙（中）、副总经理潘其昌（右一）及咨询委员会主任顾树桢（左一）参加交通银行上海分行第八次管理委员会会议

1992 年 4 月 3 日，上海分行在无锡太湖饭店召开第九次管理委员会会议。会议主要内容：审议通过上海分行《练内功，打基础，争主动，求发展》工作报告。审议通过《1991 年度财务决算和经营成果分配方案（上海地区）》。通报上海分行有关机构调整和人事任免事项。同意增补许家生、李惠珍、陈宗俊等 3 人为上海分行管理委员会常务委员；免去方连奎上海分行管理委员会常务委员职务；通报浦东分行领导班子任免决定；调整上海分行管理委员会个别委员及其分会成员。

1993 年 4 月 28 日，上海分行在浙江舟山召开第十次管理委员会会议。会议主要内容：审议通过上海分行《坚持改革，积极进取，为办好社会主义商业银行而努力》工作报告、《1992 年度经营成果分配方案（上海地区）》。通报《调整上海分行领导班子的决定》，刘育长任上海分行党组书记、总经理；免去鲁家善上海分行党组书记、总经理职务。通报《调整上海分行管委会成员的决定》，增补中国人民银行上海市分行行长毛应樑为上海分行管委会副主任，免去龚浩成分行管委会副主任职务。

1994 年 5 月 24—25 日，上海分行在浙江萧山召开第十一次管理委员会会议。会议主要内容：审议通过上海分行《抓住机遇　深化改革　在促进上海经济发展中求得自身更大的发展》工作报告、《1993 年度财务决算和经营成果分配方案（上海地区）》。听取《上海分行部分机构和重要人事变更的通报》，诸清、许家生不再担任上海分行党组成员、副总经理职务；陈宗俊不再担任上海分行总会计师职务；陈如奇、钱龙宝任上海分行副总经理；杨煦春任上海分行副总经理兼任上海浦东分行总经理。传达《交通银行统一法人体制实施办法》和有关说明。根据与会股东一致提议，为肯定和鼓励分行全体员工多年来所取得良好经营成果，会议决定从 1993 年股东单位返回上海分行的 7.208 2%中提取一部分，嘉奖上海分行 1993 年度在册全体员工。

图 1-2-2　1994年5月24—25日，交通银行上海分行在浙江萧山召开第十一次管理委员会会议

1995年6月9日，上海分行在上海召开第十二次管理委员会会议，并按照交通银行第二届董事会第四次常董会"交通银行已于1994年统一了法人体制，根据《公司法》规定和商业银行规范化管理要求，上海分行管理委员会及其分会原有职能已相应消失，其组织形式亦不再存在，决定正式撤销各分支行管理委员会"精神，遂撤销上海分行管理委员会及其分会。

表 1-2-1　1987—1995年交通银行上海分行管理委员会成员任职情况表

主　任		副主任		常务委员		历任委员
姓名	时　间	姓名	时　间	姓名	时　间	
顾树桢（兼）	1987年5月—1989年9月	鲍友德	1987年5月—1995年6月	顾树桢	1989年8月—1989年9月	鲁家善、诸　清、方连奎、尹永利、王桂基、张葵珠、吴亦新、刘　钧、钱学中、薛钟甦、杨荷生、华焕林、张东桂、陈文宪、王永明、俞国行、王纪中、许家生、李惠珍、陈宗俊、祝志福、李志雄、孙中浩、吴经起、章猛进、庄惠春、蒋　进、王良仟、姚留根、陈士鹤、钱人杰
潘其昌（兼）	1989年11月—1995年6月	龚浩成	1987年5月—1992年10月	鲍友德	1989年8月—1995年6月	
—	—	严孝修	1987年5月—1995年6月	龚浩成	1989年8月—1992年10月	
—	—	余　瑾	1987年5月—1989年9月	严孝修	1989年8月—1995年6月	
—	—	鲁家善	1991年3月—1994年6月	余　瑾	1989年8月—1989年9月	
—	—	周有道	1991年4月—1995年6月	鲁家善	1989年8月—1994年6月	

〔续表〕

主任		副主任		常务委员		历任委员
姓名	时间	姓名	时间	姓名	时间	
—	—	毛应樑	1992年5月—1995年6月	诸 清	1989年8月—1993年12月	
—	—	—	—	方连奎	1989年8月—1992年2月	
—	—	—	—	许家生	1992年2月—1993年12月	
—	—	—	—	李惠珍	1992年2月—1995年6月	
—	—	—	—	陈宗俊	1992年2月—1993年12月	

第三章　高级管理层

清光绪三十四年(1908年)交通银行上海分行开业初期,高级管理层由总办及其经理、副理组成。进入民国后,由经理、副理、襄理负责全行经营活动。中华人民共和国成立后,由经理、副经理及襄理组成。1986年分行开业后,由总经理、副总经理、总经理助理及总会计师组成,负责执行交通银行总管理处(以下简称“总管理处”)、上海分行管理委员会决策和授权事项,行使经营管理职能,管理全行事务。1994年交通银行实行统一法人体制后,由行长、副行长、行长助理及总稽核(2003年4月撤销)组成。分行行长负责管理全行工作,对总行负责;分行副行长、行长助理及总稽核承担组织、协调、管理、推进分管工作的责任,对分行行长负责。

第一节　人员组成

清光绪三十四年四月(1908年3月)上海分行开业,邮传部奏派分部郎中李云书为上海分行总办。总办之下设经、副理各1名。经理专理一切业务,副理负责协助经理处理业务。总管理处遴选延定倪思九、王光奎分别为上海分行第一任经理和副理。清宣统元年十月(1909年11月)邮传部派唐治尧任上海分行总办。清宣统元年十二月(1909年11月),邮传部裁撤上海分行总办,改派周承裕为上海分行稽核。清宣统二年(1910年),邮传部续派稽核。清宣统三年(1911年),交通银行调整机构,裁撤稽核。三月(2月),邮传部札派四川候补道顾溶任上海分行总办。九月十四日(11月4日),总管理处呈准邮传部,以总管理处帮理巢凤冈暂兼上海分行总办。九月十九日(11月9日),邮传部派汉口交通银行总办卢鸿昶兼任陵沪两行管理。

民国元年(1912年)12月,交通银行改组,呈准交通部,各行总办出缺,不再向分行派充总办,全行事务由经理负责,分行经理由交通银行股东会推举决议,由总管理处调派。上海分行作为一等分行,得置经副理各一人。民国8年(1920年)11月,上海分行始设襄理1名,协助经副理工作。民国22年(1933年)7月,交通银行进行改组,改总管理处为总行,撤销上海分行、沪区发行总库、沪区储蓄分部建制,改设为业务部、发行部及储蓄信托部。上海分行建制撤销前设有经理1名,副理2名,襄理6名。

民国26年(1937年)8月淞沪会战爆发。9月21日,交通银行总行奉财政部令改组为总管理处。同时成立上海一等分行。总管理处委派原总行业务部经理庄叔豪为上海分行经理,原业务部副理周叔廉、储信部副理谢仞千为上海分行副理,赵叔馨、陈慕唐、武镜珊为上海分行襄理。

民国30年(1941年)12月8日,日本发动太平洋战争,并占领上海租界。租界内的上海分行及中央银行、中国银行、中国农民银行被日军勒令停业,接管清理。民国31年(1942年)9月,上海分行被日伪强行改组为“交通银行总行”。

民国34年(1945年)抗战胜利后,8月31日,总管理处指派香港交通银行经理李道南为上海分行经理;指派总管理处信托部副理潘仲麟、设计处副处长兼代渝行副理李轫哉、秘书王允元,陆廷撰为上海分行副理;指派总管理处稽核处第六课课长任嘉泰,渝行襄理张瑞仲、王九成,秦行襄理王凤楼,滇行汇款股主任唐增墀为上海分行襄理。

1949年5月28日,中国人民解放军上海市军事管制委员会派储伟修、杨修范分别为正、副军代表，接管上海交通银行并成立军代表办公室。接管工作在中共上海市委和上海市军事管制委员会领导下，由财政经济接管委员会金融处具体负责。交通银行所有工作人员照旧供职，服从军代表领导，进行清点接管。7月中旬，交通银行在沪机构清点工作告一段落。11月1日，上海分行复业，杨修范担任经理，杨海泉、潘恒勤、沈孝纯、王彝尊担任副理，孙蕴三、唐增墀、周启鋆、吴志本、张宗祐、杨中兴为襄理。

1986年10月25日，上海分行开始试营业。1987年5月28日，交通银行董事长、总经理李祥瑞宣布，上海分行首届总经理室由潘其昌、严孝修、鲁家善、诸清及方连奎5人组成。由交通银行副董事长、副总经理潘其昌兼任上海分行总经理，严孝修、鲁家善、诸清任副总经理，方连奎任总经理助理。

1994年7月交通银行实施统一法人体制后，上海分行总经理、副总经理改称行长、副行长。行长室由行长刘育长，副行长李惠珍、陈如奇、钱龙宝、杨煦春5人组成。

截至2014年年末，上海市分行行长室成员有：行长郑志扬，副行长陈荷兰、林骅、陈隃、赵彩虹、陈伟芳及行长助理樊燊，共计7人。

表1-3-1　清光绪三十四年—清宣统三年(1908—1911年)交通银行上海分行总办任职情况表

姓　名（字）	职　务	任　职　时　间
李厚祐(云书)	总办	清光绪三十四年四月—清宣统元年十月 (1908年3月—1909年11月)
唐治尧	总办	清宣统元年十月—清宣统元年十二月 (1909年11月—1910年1月)
顾　溶(晴川)	总办	清宣统三年三月—清宣统三年九月 (1911年4月—1911年10月)
巢凤冈(季仙)	总办	清宣统三年九月—清宣统三年九月 (1911年10月—1911年10月)
卢鸿昶	总办	清宣统三年九月—民国元年12月 (1911年10月—1912年12月)

表1-3-2　清宣统元年十二月(1911年11月)交通银行上海分行稽核任职情况表

姓　　名	职　务	任　职　时　间
周承裕	稽核	清宣统元年十二月(1910年1月)

表1-3-3　清光绪三十四年—民国22年(1908—1933年)交通银行上海分行经理、副理、襄理任职情况表

经　理		副　理		襄　理	
姓名(字)	任职时间	姓名(字)	任职时间	姓名(字)	任职时间
倪锡畴(思九)	清光绪三十四年四月—民国元年8月(1908年3月—1912年8月)	王光奎	光绪三十四年四月—民国元年8月(1908年3月—1912年8月)	王承祖(子崧)	民国8年11月—民国10年10月(1919年11月—1920年10月)

〔续表〕

经　理		副　理		襄　理	
姓名(字)	任职时间	姓名(字)	任职时间	姓名(字)	任职时间
施肇曾(鹿珊)	民国元年8月—民国2年9月(1912年8月—1913年9月)	张思仁(绍莲)	民国元年8月—民国2年9月(1912年8月—1913年9月)	潘启章(仲麟)	民国16年11月—民国18年4月(1927年11月—1929年4月)
张思仁(绍莲)	民国2年9月—民国5年1月(1913年9月—1916年1月)	史拉克(比利时人)	民国2年7月—不详(1913年7月—不详)	程光洛(继高)	民国18年8月—民国19年6月(1929年8月—1930年6月)
赵庆华(燧山)	民国5年2月—民国6年9月(1916年2月—1917年9月)	徐　骥(宝琪)	民国2年9月—民国6年9月(1913年9月—1917年9月)	毛　瑞(士鉴)	民国18年8月—民国22年7月(1929年8月—1933年7月)
陶　湘(兰泉)	民国6年9月—民国8年11月(1917年9月—1919年11月)	钱永铭(新之)	民国6年9月—民国8年11月(1917年9月—1919年11月)	武维瑜(镜珊)	民国19年3月—民国22年7月(1930年3月—1933年7月)
钱永铭(新之)	民国8年11月—民国10年3月(1919年11月—1921年3月)(代经理)	王承祖(子崧)	民国10年10月—民国12年2月(1921年10月—1923年2月)	陈　濬(慕唐)	民国19年4月—民国22年7月(1930年4月—1933年7月)
	民国10年3月—民国11年9月(1921年3月—1922年9月)	胡祖同(孟嘉)	民国10年12月—民国16年2月(1921年12月—1927年2月)	金国宝(侣琴)	民国19年8月—民国19年12月(1930年8月—1930年12月)
盛炳纪(竹书)	民国11年9月—民国16年2月(1922年9月—1927年2月)	李锡纯(耆卿)	民国10年12月—不详(1921年12月—不详)	谢家凤(仞千)	民国20年1月—民国22年7月(1931年1月—1933年7月)
胡祖同(孟嘉)	民国16年2月—民国18年1月(1927年2月—1929年1月)	黄啓壎(筱彤)	民国11年8月—民国20年7月(1922年8月—1931年7月)	赵叔馨	民国20年7月—民国22年7月(1931年7月—1933年7月)
唐尔恒(寿民)	民国18年1月—民国20年2月(1929年1月—1931年2月)	袁钟秀(崧藩)	民国12年8月—民国19年12月(1923年8月—1930年12月)	—	—
胡祖同(孟嘉)	民国20年2月—民国20年7月(兼)(1931年2月—1931年7月)	吴兴基(君肇)	民国16年2月—民国17年2月(1927年2月—1928年2月)	—	—

〔续表〕

经理		副理		襄理	
姓名(字)	任职时间	姓名(字)	任职时间	姓名(字)	任职时间
秦祖泽（润卿）	民国20年7月—民国22年7月（1931年7月—1933年7月）	浦拯东（心雅）	民国17年2月—民国18年2月（1928年2月—1929年2月）	—	—
—	—	卫渤（听涛）	民国17年12月—民国20年7月（1928年12月—1931年7月）	—	—
—	—	金国宝（侣琴）	民国19年12月—民国22年7月（1930年12月—1933年7月）	—	—
—	—	梁晨岚（晨岚）	民国20年7月—民国22年7月（1931年7月—1933年7月）	—	—
—	—	张书铭（佩绅）	民国22年7月—民国22年7月（1933年7月—1933年7月）	—	—

表1-3-4　民国26年(1937年)9月交通银行上海分行经副理、襄理任职情况表

经理	副理	襄理
庄鹤年(叔豪)	周愷(叔廉)、谢家风(仞千)	赵叔馨、陈濬(慕唐)、武维瑜(镜珊)

表1-3-5　民国28年(1939年)10月交通银行上海分行经副理、襄理任职情况表

经理	副理	襄理
王承祖(子崧)	周愷(叔廉)、谢家风(仞千)、潘启章(仲麟)、陆廷撰	赵叔馨、陈濬(慕唐)、李恭楷(毓仙)、潘恒勤(志吾)、武维瑜(镜珊)、俞仲葵、周亚伯、袁愈佺

表1-3-6　民国34年(1945年)10月交通银行上海分行经副理、襄理任职情况表

经理	副理	襄理
李道南	潘启章、李韧哉、陆廷撰、王允元	任嘉泰、张瑞仲、王凤楼、唐增墀、恽汝承、王九成

表1-3-7　1949年11月交通银行上海分行经理、副理、襄理任职情况表

经理	副理	襄理
杨修范	杨海泉、潘恒勤、沈孝纯、王彝尊	张宗祐、吴志本、杨中兴、孙蕴三、唐增墀、周启鋆

表 1-3-8　1953 年 7 月交通银行上海分行经理、副理任职情况表

经　理	副　理
葛一飞(女)	黄玉明、陈明栋

表 1-3-9　1987—1994 年交通银行上海分行总经理、副总经理、总经理助理任职情况表

总经理		副总经理		总经理助理	
姓　名	任职时间	姓　名	任职时间	姓　名	任职时间
潘其昌	1987 年 5 月—1990 年 8 月(兼)	严孝修	1987 年 5 月—1990 年 8 月	方连奎	1987 年 5 月—1988 年 12 月
鲁家善	1990 年 8 月—1991 年 8 月(代总经理)	鲁家善	1987 年 5 月—1990 年 8 月	李坚平	1990 年 8 月—1992 年 6 月
鲁家善	1991 年 8 月—1992 年 9 月	诸　清	1987 年 5 月—1993 年 12 月	李惠珍	1990 年 8 月—1991 年 8 月
刘育长	1992 年 9 月—1994 年 7 月	方连奎	1988 年 12 月—1991 年 11 月	陈如奇	1992 年 7 月—1993 年 12 月
—	—	许家生	1991 年 8 月—1993 年 12 月	钱龙宝	1992 年 7 月—1993 年 12 月
—	—	李惠珍	1991 年 8 月—1994 年 7 月	—	—
—	—	陈如奇	1993 年 12 月—1994 年 7 月	—	—
—	—	钱龙宝	1993 年 12 月—1994 年 7 月	—	—
—	—	杨煦春	1993 年 12 月—1994 年 7 月	—	—

表 1-3-10　1994—2018 年交通银行上海(市)分行行长、副行长、行长助理任职情况表

行　长		副行长		行长助理	
姓　名	任职时间	姓　名	任职时间	姓　名	任职时间
刘育长	1994 年 7 月—1996 年 11 月	李惠珍	1994 年 7 月—1995 年 3 月	乐晨科	2007 年 10 月—2010 年 3 月
许家生	1996 年 11 月—2000 年 2 月	陈如奇	1994 年 7 月—1998 年 1 月	陈必钧	2007 年 10 月—2010 年 3 月
金大建	2000 年 2 月—2005 年 7 月	钱龙宝	1994 年 7 月—2002 年 3 月	赵彩虹	2007 年 10 月—2010 年 3 月
钱文挥	2005 年 7 月—2006 年 11 月(兼)	杨煦春	1994 年 7 月—1996 年 5 月	陈伟芳	2011 年 11 月—2013 年 5 月

（续表）

行　长		副　行　长		行长助理	
姓　名	任职时间	姓　名	任职时间	姓　名	任职时间
康定选	2006 年 11 月— 2010 年 3 月	杨孟华	1994 年 10 月— 2004 年 3 月	樊　燊	2014 年 8 月— 2016 年 3 月
吕本猷	2010 年 3 月— 2012 年 12 月	金大建	1995 年 10 月— 1998 年 4 月	—	—
郑志扬	2012 年 12 月— 2018 年 7 月	王锡炯	1996 年 10 月— 1999 年 12 月	—	—
徐　斌	2018 年 7 月—	张贵荣	1997 年 7 月— 2000 年 3 月	—	—
—	—	姚金华	1997 年 12 月— 1999 年 7 月	—	—
—	—	方建华	1998 年 3 月— 2001 年 1 月	—	—
—	—	孙根深	1999 年 11 月— 2001 年 1 月	—	—
—	—	郑良玉	2000 年 12 月— 2009 年 11 月	—	—
—	—	阮　红	2000 年 12 月— 2006 年 1 月	—	—
—	—	陈荷兰	2002 年 11 月— 2012 年 10 月	—	—
—	—		2012 年 10 月— 2015 年 6 月 （分行正职级）	—	—
—	—	周　晓	2004 年 12 月— 2006 年 9 月	—	—
—	—	林　骅	2006 年 8 月— 2016 年 2 月	—	—
—	—	乐晨科	2010 年 3 月— 2014 年 4 月	—	—
—	—	陈必钧	2010 年 3 月— 2014 年 5 月	—	—
—	—	赵彩虹	2010 年 3 月—	—	—
—	—	陈伟芳	2013 年 5 月—	—	—
—	—	陈　隃	2014 年 5 月— 2015 年 5 月	—	—
—	—	杜江龙	2015 年 8 月— 2016 年 3 月	—	—
—	—	张　辉	2015 年 8 月— 2016 年 3 月	—	—

〔续表〕

行　长		副 行 长		行长助理	
姓　名	任职时间	姓　名	任职时间	姓　名	任职时间
—	—	樊　燊	2016 年 3 月—2018 年 4 月	—	—
—	—	张常胜	2016 年 7 月—2017 年 3 月（省分行正职级）	—	—
—	—	秦新祥	2016 年 7 月—2019 年 5 月	—	—
—	—	李　利	2017 年 12 月—	—	—
—	—	宋　滨	2017 年 12 月—	—	—

表 1－3－11　1990—2003 年交通银行上海分行总会计师、总稽核任职情况表

姓　名	职　务	任职时间
陈宗俊	总会计师	1990 年 8 月—1993 年 12 月
孙小妹	总稽核	1998 年 3 月—2003 年 4 月

表 1－3－12　2002—2018 年交通银行上海分行高级信贷执行官任职情况表

姓　名	职　务	任职时间
郑良玉	高级信贷执行官	2002 年 12 月—2005 年 7 月
陈荷兰	高级信贷执行官	2005 年 7 月—2007 年 2 月
林　骅	高级信贷执行官	2007 年 2 月—2016 年 2 月
秦新祥	高级信贷执行官	2016 年 7 月—2019 年 5 月

第二节　任 用 管 理

晚清交通银行成立时，《交通银行奏定章程》对职员任命、权限划分及行员薪金等内容未作出规定。随着分行次第开办，清光绪三十四年（1908 年）、清宣统三年（1911 年），邮传部先后核准《交通银行用人章程》。按照章程规定，分行除总办外，另设经理、副理各 1 名。规定：担任总办者须有财政学知识、出国留学经验及办理银行经验。分行经理、副理均由总管理处遴选延定，并归总管理处节制；经理的委派，须得到股东同意。候选人须熟悉银行业务，且家境必须殷实。经理、副理由总、协理订定合同，并须出具押柜保单银两，其中分行经理的押柜银为 1 万两、保单银 5 万两，副理的押柜银为 5 000 两，保单银为 2.5 万两；分行经理、副理每月薪水分别为银 200 两和 150 两。

进入民国后，分行高级管理层任用沿袭晚清保荐制度，交通部不再向分行派充总办，分行经理由交通银行股东会推举决议，由总管理处调派。

1949 年 5 月上海解放后，分行经理、副理列入任命制管理。

1987 年，根据交通银行总管理处制定的《关于当前人事工作的若干意见》《干部聘任制暂行办法》，分行正副总经理、总经理助理均列入任命制管理。

1989 年起，按照交通银行总管理处《关于干部管理的补充意见》精神，分行正副总经理、总经理助理全部纳入聘任制范围。总管理处负责每年对聘任干部进行考核，未能履行职责或不称职者，给予解聘或调离现职低聘。截至 2014 年年末，分行一直延续干部聘任制度。

第三节 会 议 制 度

1986 年 10 月 25 日分行对外营业后，总经理办公会（1994 年 7 月后改称为行长办公会）、行务会、各专业管理委员会是分行高级管理层履职的主要形式。

分行行长（总经理）办公会议是高级管理层对全行经营管理活动决策的重要议事形式，由分行行长（总经理）召集、主持召开，行长室（总经理室）成员参加，实行行长（总经理）负责制，组织工作由行长（总经理）办公会议秘书负责。主要议题包括：传达学习交通银行总行（总管理处）重要会议精神、工作要求和决策部署，研究贯彻落实意见；研究分行经营管理总体思路、业务发展规划；分析政策环境和经营形势，总结分行各项工作情况，制订阶段工作计划和工作部署；确定各部门（包括专业委员会、专项工作领导小组等议事协调机构）工作任务、计划、资源分配方案等；听取各部门工作情况汇报，提出工作要求；审议以分行或分行主要负责人名义签发的重要报告、文件或讲话；审定经营管理重要制度、办法和实施细则；决定或调整分行年度预算，决定财务、机构资源配置计划等；决定重大资产购置或处置事项；决定重大风险事故处理、资产损失核销事项；研究交通银行总行（总管理处）布置或分行决定的经营管理重大活动实施方案，以及其他重大经营事项；决定各类应急事项处置方案；研究部门提交审议的重大事项。办公会议所议事项由与会者充分讨论、论证后，最终由分行行长（总经理）做出决定。

分行行务会议是分行行长（总经理）组织推进经营管理活动的主要议事形式，由行长（总经理）或委托一名副行长（副总经理）负责召开。参会人员为分行行长室（总经理室）成员，各部门、各单位主要负责人。其主要内容包括：传达交通银行总行（总管理处）、监管部门工作要求，研究具体落实措施；通报交通银行系统内各分行、金融同业经营管理讯息，研究工作对策；讨论分析分行各项经营管理计划，检查计划执行情况；讨论制定各项经营管理工作方案及组织实施办法；听取各部门、各单位工作汇报，商议工作对策等。

分行专业管理委员会是分行高级管理层直接领导下，围绕某项专业工作或专项任务而组建的跨若干工作部门、具有明确工作职能的议事协调机构。专业管理委员会由分行行长（总经理）或分管行长（副总经理）担任组长，相关职能部门为委员。专业管理委员会在统筹、协调、指导和推动各专业条线经营管理活动中发挥重要议事协调作用。

表 1-3-13　1987—2018 年交通银行上海分行高级管理层人数变动情况表

届　别	时　间	人　数
第一届 （1987 年 5 月—1990 年 8 月）	1987 年 12 月	5
	1988 年 12 月	5
	1989 年 12 月	5
	1990 年 8 月	5

〔续表〕

届　别	时　间	人　数
第二届（1990年8月—1992年9月）	1990年8月	6
	1991年12月	5
	1992年9月	7
第三届（1992年9月—1996年11月）	1992年9月	7
	1993年12月	4
	1994年12月	6
	1995年12月	6
	1996年11月	6
第四届（1996年11月—2000年2月）	1996年11月	6
	1997年12月	8
	1998年12月	8
	1999年12月	7
	2000年2月	7
第五届（2000年2月—2005年7月）	2000年2月	7
	2001年12月	6
	2002年12月	6
	2003年12月	5
	2004年12月	5
	2005年7月	5
第六届（2005年7月—2006年11月）	2005年7月	5
	2006年11月	4
第七届（2006年11月—2010年3月）	2006年11月	4
	2007年12月	7
	2008年12月	7
	2009年12月	6
	2010年3月	6
第八届（2010年3月—2012年12月）	2010年3月	6
	2011年12月	7
	2012年12月	7
第九届（2012年12月—　）	2012年12月	7
	2013年12月	7
	2014年12月	7

说明：交通银行上海分行高级管理层界别以每届行长（总经理）任职期限为限。

第四章　咨 询 委 员 会

1995 年 10 月、2002 年 4 月，为汲取专家学者的经验和建议，交通银行上海分行先后成立第一、第二届咨询委员会，并制定工作章程和工作规则。咨询委员会委员通过深入市场调研、开展座谈讨论和广泛联系各界，为全行改革发展献计献策，贡献力量。2008 年 11 月，按照交通银行公开上市后法人治理结构的要求，上海分行不再设立咨询委员会。

第一节　主 要 职 责

上海分行咨询委员会是分行党委（组）和行长室领导下的重要决策咨询机构，主要为分行改革与发展战略或重大业务决策提供具有前瞻性、战略性的咨询意见；发挥与政府有关部门、社会各界之间的沟通作用，争取支持；开展各类咨询活动，沟通情况信息，协助加强辖内业务往来，促进业务发展；加强分行与股东单位的联系，争取双方相互支持，共同发展。

上海分行咨询委员会根据需要召开会议，主要听取分行行长通报全行（辖）经营管理工作情况，提出咨询意见或决策建议；研究咨询委员会工作，增补或调整分行咨询委员会委员等。以小型活动为主，并根据实际需要，采取不同形式，邀请各类不同对象开展活动，发挥咨询委员会的作用。

第二节　人 员 组 成

1995 年 11 月，上海分行第一届咨询委员会委员成立，由总行、社会各界资历较深的老同志、部分交通银行在沪股东（客户）代表及分支行（包括辖属分支行）部分现任和离退休负责人组成。

2002 年 4 月，上海分行第二届咨询委员会在中国加入世界贸易组织（WTO）、上海金融业发展更为迅速、金融机构竞争更趋白热化背景下成立，由上海市经济、金融、科技和法律等领域的一批社会知名人士、资深专家和著名企业家，以及上海分行退居二线的部分老同志组成。

上海分行每届咨询委员会设主任 1 名，副主任 1 名。主任和副主任由分行党委（组）任命。分行办公室、研究开发部分别为第一、第二届咨询委员会日常办事机构。

上海分行第一、第二届咨询委员会委员名单表如下：

表 1 - 4 - 1　1995—2002 年交通银行上海分行第一届咨询委员会委员表

姓　名	职　务	任职单位(职务)
严孝修	主任	交通银行上海分行(原副总经理)
杨煦春	副主任	交通银行上海分行(原副行长)
顾树桢	特邀委员	交通银行咨询委员会(主任)
余　瑾	特邀委员	交通银行咨询委员会(委员)

〔续表〕

姓　　名	职　　务	任职单位(职务)
龚浩成	特邀委员	中国人民银行上海市分行(原行长)
鲍友德	特邀委员	上海国际信托投资有限公司(总经理)
刘红薇	特邀委员	上海市财政局(局长)
薛钟甦	特邀委员	上海市电力工业局(副局长)
鲁又鸣	特邀委员	上海闵行经济技术开发区联合发展有限公司(总经理)
陈祥麟	特邀委员	上海汽车工业总公司(总经理)
吴亦新	特邀委员	上海石油化工总厂(原副厂长)
顾迈先	委员	交通银行苏州分行(副总经理)
宋修高	委员	交通银行常州分行(原总经理)
张清泉	委员	交通银行绍兴支行(原经理)
应健雄	委员	交通银行温州分行(行长)
黄可标	委员	交通银行无锡分行(行长)
朱秋森	委员	交通银行南通分行(行长)
赵加宁	委员	交通银行扬州分行(行长)
肖　芃	委员	交通银行湖州支行(行长)
胡世昌	委员	交通银行嘉兴支行(行长)
严祖健	委员	交通银行上海分行外汇进出口部(原经理)
何桂甫	委员	交通银行上海分行调查研究部(原负责人)
郭惠华	委员	交通银行上海分行长宁支行(行长)
戴仲嘉	委员	交通银行上海分行宝山支行(行长)
陈富锦	委员	交通银行上海分行闵行支行(行长)
孙小妹	委员	交通银行上海分行徐汇支行(行长)
吴晓萍	委员	交通银行上海分行综合计划处(处长)
方建华	委员	交通银行上海分行信贷处(处长)
徐　骏	委员	交通银行上海分行财务会计处(处长)
万家禄	委员	交通银行上海分行业务部(经理)

表 1－4－2　2002—2008 年交通银行上海分行第二届咨询委员会委员表

姓　　名	职　　务	任职单位(职务)
许家生	主任	交通银行上海分行(原行长)
方连奎	副主任	交通银行香港分行(原总经理)
张贵荣	委员	交通银行上海分行(原副行长)

〔续表〕

姓　名	职　务	任职单位(职务)
王锡炯	委员	交通银行上海分行(原副行长)
龚浩成	委员	中国人民银行上海市分行(原行长)
徐　风	委员	中国人民银行上海市分行(副行长)
朱德林	委员	上海市金融学会(秘书长)
何静芝	委员	中国人寿保险公司上海分公司(总经理)
王开国	委员	海通证券股份有限公司(董事长)
吴修艺	委员	上海市人民政府发展研究中心(副主任)
厉无畏	委员	上海市人大常委会(副主任)
周汉民	委员	上海市浦东新区人民政府(副区长)
戴国强	委员	上海财经大学金融学院(院长)
蔡晓虹	委员	上海市信息投资股份有限公司(总经理)
夏志明	委员	上海市财政局国库处(处长)
杨光照	委员	上海市电力集团公司(总会计师)
李惠珍	委员	上海国际信托投资有限公司(总经理)
诸　清	委员	中国太平洋保险(集团)公司(副董事长)
范秉勋	委员	上海三菱电梯有限公司(总裁)
景逸鸣	委员	上海机场(集团)有限公司建设开发公司(总经理)
王德培	委员	上海福卡经济预测研究所(所长)

第三节　主 要 会 议

1995 年 9 月 4 日，上海分行召开咨询委员会筹备会议，邀请部分原分行股东代表、行外有关人员、分行各部门及辖属分支行领导等一起讨论《上海分行咨询委员会章程》。

1995 年 11 月 7 日，上海分行召开第一届咨询委员会成立会议。会上宣布分行咨询委员会主任、委员名单；向特邀咨询委员、咨询委员颁发聘书；通过《上海分行咨询委员会章程》；通报分行工作情况；总行领导莅临会议并讲话。

1996 年 6 月 11 日，上海分行咨询委员会在苏州召开第二次会议。刘育长宣布杨煦春任分行咨询委员会副主任；通报分行全辖 1995 年以来的业务实绩和工作情况；严孝修宣读《关于同意交通银行常州分行、上海浦东分行成立咨询委员会的批复》《上海分行咨询委员会成员调整的通报》。会议提出：加深研究，早做准备参与同业竞争；规范管理，坚持速度、质量、效益协调发展；积极探索，拓宽和深化银企合作领域；密切沟通，共商商业银行发展大计等咨询建议。

1996 年 9 月 11—12 日，上海分行咨询委员会在浙江绍兴召开部分咨询委员座谈会。会议学习总行领导在管辖、直属分行行长座谈会上的总结讲话，分行领导在总行调研上海分行座谈会上的工作汇报，并进行讨论。

1997 年 6 月 14—15 日，上海分行咨询委员会在无锡培训中心召开第三次全体会议。许家生就深化分行改革、加快分行发展作了专题发言；严孝修提出联系股东单位与客户的 3 条咨询合作意见；分行特邀咨询委员作咨询发言。

1999 年 5 月 11 日，上海分行咨询委员会召开全辖咨询委员会会议。会议向与会咨询委员通报了总行调整分行辖属分支行情况、分行全辖业务经营及近期工作计划。

2002 年 4 月 11 日，上海分行第二届咨询委员会正式成立并举行第一次全体会议，通过《上海分行咨询委员会工作规则》；许家生、方连奎分别任分行第二届咨询委员会正、副主任；金大建向各位委员颁发聘书，并作题为《发挥智囊作用，推动专家治行》的发言。

图 1－4－1　2002 年 4 月 11 日，交通银行上海分行成立第二届咨询委员会

2002 年 8 月 7 日，上海分行第二届咨询委员会邀请中国人民银行上海分行政策研究室同志作《上海新一轮发展与银行机遇》报告，并就上海大力推进国际金融中心建设背景下银行加快金融市场、金融机构、金融产品的建设和创新，促进长三角经济一体化等课题进行座谈。

2003 年 11 月 14 日，上海分行召开第二届咨询委员会第二次全体会议，听取金大建作《集贤聚智，共话发展》的报告；咨询委员围绕上海新一轮发展的主要特点、产业结构、金融形势和长三角经济一体化等热点问题展开了深入的讨论，并提出上海正处于一个重要的历史机遇期，其新一轮发展规划的实施，势必从产业、区域、人才等方面对金融机构提出新的要求，建议分行趋利避害、把握机遇、加快发展，正确处理好发展与风险、与资本市场的关系，优化信贷资金投向结构，在保持业务稳定增长的同时，确保充足的流动性。会议增补王锡炯为分行咨询委员会委员。

2008 年 11 月，为适应交通银行公开上市后法人治理结构的要求，上海分行决定不再设立咨询委员会。

第二篇

组织机构

概　述

交通银行上海分行成立于清光绪三十四年四月(1908年5月),是交通银行在国内首批设立的四家分行之一,简称沪行。晚清及北洋政府时期,上海分行开始履行对苏、浙等地行处管辖职能。南京政府时期,上海全国金融中心、工业中心的地位进一步巩固,对外贸易、对内埠际贸易迅速发展,分行抓住时机在市内设立营业机构,完善内设机构,并加强对长江中下游经济较为发达地区的交通银行行处管辖。

民国22年(1933年)及民国30年(1941年),上海分行建制经历了"两度撤销"变迁。

1949年5月上海解放后,随着国家经济建设的发展和国家资本主义经济在过渡时期的需要,上海分行于1950年4月起改建为专业性银行,从事国家专项工作,行使国家财政机关相关职能,并将分行短期业务,所属营业机构及其人员全部划归中国人民银行上海分行,重新设置与专项工作相匹配的内设机构。

1954年9月,鉴于交通银行所担负的公私合营企业财务监督工作和基本建设拨款监督工作十分繁重,加以两项工作并无交集,兼顾实有困难,政务院决定设立中国人民建设银行。10月,在上海分行干部和机构的基础上成立中国人民建设银行上海市分行,归属上海市财政局领导,实行"两块牌子、一个机构"。公私合营基本完成后,随着全国大一统的财政体制建立,上海分行完成国家赋予的历史使命,于1958年11月撤销建制。

1986年7月,国务院作出重新组建交通银行的决定。是年10月,上海分行开始对外试营业。作为独立法人,按照经济区域设置机构,相继在江、浙、沪"两省一市"经济发达地区建立分支机构,形成以上海为中心、业务辐射周边的机构网络,促进横向经济联系和资金流通,支持各地经济发展。作为交通银行首家设立的金融体制改革试点行,上海分行积极创办证券、保险、房地产等综合性业务,努力探索和构建综合性银行经营管理的运作机制,建立资金使用比例控制制度、信贷资产质量监控制度、财务分析预警制度,为新型股份制银行实现审慎经营目标保驾护航。

1994年交通银行实行统一法人体制后,上海分行致力于建设规范化的商业银行,坚持合规经营、促进规范发展。在机构设置上,坚持走内涵式发展道路,在经济增长较快的区域设点布局,向社会各界提供全方位的优质金融服务。

进入21世纪,上海分行围绕"以市场为导向,以客户为中心"指导思想,积极推行中远郊支行和二级支行发展战略,强化网点建设,完善服务职能,开辟业务发展新途径;通过优化业务流程,更新业务运行机制和经营体制,构建起前台营销、后台管理和支撑体系。

2005年后,为适应交通银行股份制改革,贯彻落实"两化一行"战略,进一步加大经营管理创新力度,上海分行不断探索转型发展之路,拓展交易金融范围和规模,规范发展财富管理金融,打造区域特色金融;进一步强化全面风险管控,调整内设机构,加强市内机构网点统一规划、建设和管理力度,有效增强风险预警、控制和处置能力,提高内设机构的市场反应能力,提升机构网点服务功能、服务水平、经营效益和可持续发展能力,形成覆盖全市行政区域、业务辐射全球、服务上海"四个中心"建设的机构网络。

第一章　分行沿革

交通银行创设之始，初设的分行以可通铁路且商业发达之地为主。营业机构不分等次，全部直隶于总管理处。继而试办分行、坐庄、汇兑所、办事处等，嗣又设立支行，分支行开始有等级之别，营业机构有直隶总管理处及分隶分行者。1986 年 10 月交通银行上海分行重新开业后，根据业务发展需要，开设营业机构，逐步形成以分行、支行（办事处）、二级支行（分理处）为经营主体的三级机构；为实现业务又快又好发展，设置内设机构，强化管理，确保各项工作健康发展。

第一节　机构沿革

清光绪三十四年二月初二日（1908 年 3 月 4 日）交通银行在北京开业后，旋在铁路可通达之地设立分行。四月初三日（5 月 2 日），上海分行在上海后马路（今天津路）乾记弄试营业，简称“沪行”，是交通银行首批设立的四家分行之一。五月二十日（6 月 18 日），在黄浦滩（与通商银行斜对门）正式开张。

清宣统三年二月（1911 年 3 月），上海分行开始成为管辖分行，辖有无锡坐庄（亦称坐庄分号）。九月十五日（11 月 5 日），江宁试办分行（简称“陵行”）迁沪，在上海分行内办事。民国 7 年（1918 年）2 月，在常熟、武进、南通设办事处，后相继改为支行。

民国 6 年（1917 年）2 月，总管理处始订《分行、支行、汇兑所暂行章程》。3 月，上海分行被定为一等分行，内设文书股、营业股、会计股、出纳股 4 股。辖有宁行、锡行、扬行。民国 10 年（1921 年）5 月，增设国外业务股。民国 11 年（1922 年）12 月，依据总管理处《分行管理办法》，撤销营业股。民国 19 年（1930 年）5 月，设立储蓄部，所属各支行办事处亦陆续举办。7 月，储蓄部改为沪区储蓄分部，隶上海分行，所属办事处之储蓄部为储蓄支部。民国 20 年（1931 年）1 月，沪区储蓄分部改隶总管理处。

民国 17 年（1928 年）7 月，交通银行在北平的国库股南迁上海，附设于上海分行之内。11 月，总管理处由天津迁至上海汉口路外滩 14 号，与上海分行在同一幢楼办公。

民国 19 年（1930 年）4 月，上海分行在市内开设第一办事处。5 月，设立第二办事处。6 月，设立第三办事处。民国 20 年（1931 年）7 月，设立第四办事处。民国 22 年（1933 年）7 月，总管理处改组为总行，上海分行在建制撤销前在沪辖有 4 个办事处。

民国 26 年（1937 年）8 月淞沪会战爆发后，上海的工商业和金融业濒临大规模战火威胁。9 月，总行改组为总管理处，同时在霞飞路 889～891 号成立上海一等分行。重新设立的上海分行内设文书股、会计股、出纳股、存款股、放款股、内汇股、外汇股、钞券股、储蓄股、信托股及仓库股，管辖本埠各支行。

民国 30 年（1941 年）12 月，日本发动太平洋战争，占领上海租界，上海分行被日军勒令关闭清理。民国 31 年（1942 年）9 月，被日伪强制改建为交通银行总行，所属南京路、民国路、静安寺、霞飞路 4 家支行及光复路仓库直隶之。

民国 34 年（1945 年）8 月抗战胜利后，重庆交通银行派专员抵沪，负责接收沦陷时期的交通银行总行及其本埠4家支行、仓库、行屋等，并将原留沪员工一律作为“复进”人员对待，废除以往年资薪级；对供职伪职者，全部解职不予录用。是月，总管理处重新厘定各分支行管辖范围，上海分行被定为二十个管辖行之一。因外滩行屋尚未修理完工，10月1日，借用静安寺路999号，率先对外营业，并被总管理处定为一等分行，内设文书股、会计股、出纳股、存款股、放款股、汇款股、储蓄股、信托股、仓库股及电台股。统辖上海本埠南京路、静安寺、霞飞路及民国路等4家支行及江苏、安徽等地分支行处。

民国35年(1946年)1月4日，上海分行所属南京路支行开业。3月18日，所属民国路支行、静安寺支行、林森路支行、虹口支行同时开业。至此，在沪形成5家支行格局。截至民国37年(1948年)年末，上海分行在市内设有南京路、静安寺、林森路、民国路、虹口5家支行及曹家渡、提篮桥2家办事分处。辖有苏州、无锡、南通、新浦、武进、常熟、江阴7家支行及闾门办事分处，如皋、丹阳2家办事处。

1949年5月28日，中国人民解放军上海市军事管制委员会军代表接管在沪交通银行及其附属机构。6月7日，在军代表带领下，总管理处和上海分行各部推选代表，选举成立“上海交通银行职工协助接管委员会”，负责在初步审查清点工作完毕后进行重点与账外审查；依据交通银行原有系统机构，自上而下接管除指定缴拨的部分房屋、物质外的一切房屋、生财、车辆、库存现金、卷宗、账册、物质等。8月27日，中国人民银行上海分行批准上海分行复业计划。11月1日，上海分行在上海汉口路外滩14号复业。内设文书、人事、事务、业务、会计、出纳6个科及光复路仓库。

1950年4月，根据全国金融会议确定交通银行为专业银行的精神，上海分行将存、储、汇及短期贷款业务结清移交中国人民银行上海分行；将所辖的南京路、静安寺、林森路、民国路、虹口5家支行及曹家渡、提篮桥2家办事分处改为中国人民银行上海分行附属机构，连同人员一并转移。调整后，上海分行设有秘书、人事、营业、稽核、计划、会计6个科。下辖南京、无锡、苏州、常州、杭州、宁波等6家支行及南通工作组。

1951年2月，奉总管理处“关于分行设于大行政区中国人民银行所在地，为区域管辖行并兼营所在地业务，受总管理处与当地区行双重领导”指示，上海分行改称华东分行，有员工234人。4月，增设拨款科，专门办理基建拨款业务。截至5月末，华东分行设有秘书科、人事科、计划科、合营企业科、拨款科、业务科、会计科及检查科等8个科。辖有南京、苏南、浙江、山东、青岛5家支行，博山、铜官山、淮南3家办事处及71家中国人民银行代理处。8月，华东分行筹设营业部。11月，营业部正式设立，下设拨款、合营企业、业务、会计、综合5股。原由华东分行合营企业科办理的市级合营企业单位，划归营业部办理。

1952年9月，交通银行调整机构建制，华东分行改称华东区行，其营业部改设为华东区行营业部。1953年2月，经华东军政委员会财政部及总管理处批复同意，华东区行营业部改组成立上海分行。围绕基建拨款工作要求，上海分行设立办公室、秘书、计划、合营企业、会计、第一拨款科、第二拨款科7个科及杨树浦办事处。3月，增设第三拨款科。4月，增设人事科。截至是年年末，上海分行有员工401人。

1954年，国家决定在交通银行的基础上成立中国人民建设银行。10月，上海分行机构、干部员工全部划归中国人民建设银行上海市分行，对外保留上海分行名称。1955年4月，与中国人民建设银行上海市分行机构分设。

1956年，根据上海市公私合营企业财务管理需要，上海分行扩充机构。截至是年年末，设有秘书、人事、计划、会计及第一至第七合营企业财务监督11个科，人员总计284人。

1958 年 3 月，上海分行与上海市财政局企业财务处合署办公，办公地址暂设北京东路 280 号。11 月 10 日，划归中国人民银行上海市分行领导，原有图章上缴，建制被撤销。

1986 年 7 月 24 日，国务院作出重新组建交通银行的决定。10 月 25 日，上海分行在江西中路 200 号开始试营业，是交通银行重新组建后在境内设立的第一家分行。1987 年 4 月 1 日，正式开业，作为一级法人机构，上海分行实行管委会领导下的总经理负责制。

1987 年，上海分行探索金融改革，设立信贷二部、保险业务部及房地产业务部，并以此为基础，分别于 1988 年 9 月、1991 年 4 月、1992 年 2 月，相继成立上海海通证券公司、中国太平洋保险公司上海分公司、上海海通房地产公司开展金融混业经营，并形成国内第一个混业形态的现代商业银行雏形。

1987 年起，上海分行改革按行政区域设置机构传统模式，实施按经济区域设置分支机构，相继在江、浙两省建立常熟、苏州、无锡、宁波、杭州、绍兴、扬州、南通、温州、嘉兴、湖州及泰州等 12 家分支行，促进资金横向流动和业务发展。之后，根据国家经济金融环境、金融监管体制变化，交通银行开始实行按行政区域设立省分行制度，截至 2004 年 10 月，原辖属上海分行的江、浙两省 12 家营业机构全部划归其所在省分行管理，上海分行不再履行管辖行职责。

截至 1987 年年末，上海分行内设办公室、人事教育处、综合计划部、稽核室、保卫处、总务处、电脑中心、会计出纳部、信贷一部、信贷二部、外汇信贷部、外汇业务部、房产业务部、保险业务部 14 个部门。全行员工 375 人(不含辖属行人员)。其中分行总经理(兼)1 人，副总经理 3 人，总经理助理 1 人。

1994 年 1 月，按照交通银行“统一法人体制”要求，上海分行配合总行完成原股东投资交通银行、股东权益集中体现在总行等一系列工作后改制为非法人机构。1995 年 6 月，撤销管理委员会及其分会。1995 年 10 月，成立分行咨询委员会。2008 年 11 月，为适应交通银行上市后法人治理结构需要，撤销分行咨询委员会。

2005 年 8 月，根据交通银行组织形式变化，上海分行更名为交通银行股份有限公司上海分行，简称“上海分行”。2009 年 1 月，更名为交通银行股份有限公司上海市分行，简称“上海市分行”。

截至 2014 年年末，上海市分行内设机构有办公室、人力资源部、预算财务部、资产负债部、公司业务部、个人金融部、银行卡业务部、国际业务部、金融机构部、资产托管部、零售信贷业务部、资产保全部、资产管理部、营运管理部、授信管理部、零售信贷管理部、风险管理部、审计部、法律合规部、信息技术部、电子银行部、监察室、保卫部、工会办公室、行政部、发展研究部、员工培育发展中心、业务处理中心、风险监督中心、现金储运中心及网点管理办公室等 31 个部门。下设营业部(第一支行)、闵行支行、宝山支行、市西支行、杨浦支行、长宁支行、虹口支行、浦东分行、徐汇支行、闸北支行、黄浦支行、新区支行、松江支行、嘉定支行、奉贤支行、青浦支行、临港新城支行、金山支行、崇明支行、大客户一部、大客户二部、大客户三部、大客户四部及上海自贸试验区分行(大客户五部)等 24 家经营单位，共计 135 个经营网点。全行员工人数达 5 123 人。

第二节　行址变迁

清光绪三十四年四月初三日(1908 年 5 月 2 日)，上海分行在后马路乾记弄开市。五月二十日(6 月 18 日)，迁入黄浦滩(与通商银行斜对门)正式开市。十月十八日(11 月 11 日)，迁至黄浦滩扬子路 A 字第七号洋房(海关老大楼)开市。

民国 8 年(1919 年)12 月，上海分行出资 120 余万元，购置上海汉口路外滩 14 号德华银行房屋为行址，经数月装修于民国9年(1920年)2月25日迁入营业。开幕之日，徐东海、黎黄陂、岑西林、段祺瑞、靳云鹏、梁士诒、叶恭绰、李纯、莫荣新、王占元、章士钊、熊克武、张载阳、段香岩、朱启钤、齐耀琳、卢永祥、何丰林、王正廷、李述膺、唐绍仪、王辑唐及南北各代表均题赠匾额。余如唐绍仪、浙江督军代表杜粿叔、江苏省省长代表沈韫石、淞沪护军使代表李钟之等各界要人800余人，西宾各银行大班、各国领事亦多莅临。

民国26年(1937年)9月，上海分行重新开业后，行址设在霞飞路889～891号。民国30年(1941年)3月4日，因霞飞路原址不敷使用，迁入静安寺慕尔鸣路999号营业，原址供霞飞路支行营业。

民国34年(1945年)8月，抗战胜利。10月1日，上海分行暂借静安寺路999号对外营业。11月26日，重新迁回汉口路外滩14号。

1949年11月1日，上海分行在汉口路外滩14号重新开业。1950年1月9日，迁至九江路36号。1953年2月，迁至四川中路215号。1958年3月，迁至北京东路280号。

1986年10月25日，上海分行开始在江西中路200号试营业。1990年8月，分行总经理室及主要管理部门暂迁江西中路180号新城饭店办公，原址供经营单位业务经营。1995年8月，分行行长室及主要管理部门迁回江西中路200号办公。

1998年10月，上海分行行长室及主要管理部门迁至上海市中山南路99号新建大楼办公，原址供业务经营。

表2-1-1 清光绪三十四年(1908年)—2014年交通银行上海(市)分行行址变动情况表

时　间	行　址
清光绪三十四年四月初三日(1908年5月2日)	上海后马路(今天津路)乾记弄
清光绪三十四年五月二十日(1908年6月18日)	上海黄浦滩(与通商银行斜对门)
清光绪三十四年十月十八日(1908年11月11日)	上海黄浦滩扬子路A字第七号洋房
民国9年(1920年)2月25日	上海汉口路外滩14号
民国26年(1937年)9月	上海霞飞路889～891号
民国30年(1941年)3月4日	上海静安寺慕尔鸣路999号
民国34年(1945年)10月	上海静安寺路999号
民国34年(1945年)11月	上海汉口路外滩14号
1949年11月	上海市汉口路外滩14号
1950年1月	上海市九江路36号
1953年2月	上海市四川中路215号
1958年3月	上海市北京东路280号
1986年10月25日	上海市江西中路200号
1990年8月	上海市江西中路180号
1995年8月	上海市江西中路200号
1998年10月	上海市中山南路99号

第二章 管 理 机 构

晚清时期，交通银行上海分行业务开始起步，内设机构较为精简。民国时期，内设机构有一定扩充，并成立检查储蓄账目委员会，协助发展储蓄业务。1949 年 5 月 27 日上海解放后，根据专项工作需要，设置内设机构，并组织成立相应的委员会。1986 年重新开业后，按照综合性银行管理模式，设置的业务部门以经营为主，兼具管理职能。1990 年后，根据专业分工要求，开始按条线设置管理机构，把经营、管理两大职能区分开来。进入 21 世纪，进一步强化风险管理职能，逐渐形成职责明确、管理有序、服务高效的经营管理体系。

第一节 议事协调机构

民国 19 年(1930 年)8 月，上海分行实行储蓄会计与营业会计各自独立、账目公开制度，成立检查储蓄账目委员会。

1950 年，上海分行邀集工商行政业务主管机关、财政局、清管局、公安局等有关部门共同组织"公私合营企业公股清理委员会"，研讨整理方法和步骤，确定统一清理公私合营企业公股股权办法、公私合营企业公股登记及股票据等移转办法、股票据移转后主管部门与银行对投资企业关系等。

1988 年 5 月，上海分行成立贷款审核委员会，负责审核有关项目的资金投向、资金结构的合理性及分行承受能力，确保决策的民主化、科学化。1993 年 3 月，借鉴国外商业银行的管理经验，建立

图 2-2-1 2012 年 8 月 30 日，交通银行上海市分行召开全面风险管理委员会会议

起资产负债管理委员会。1994—1999年，先后成立职工教育委员会、“三防一保”工作领导小组、计算机系统安全领导小组、风险资产审查委员会。2000—2010年，相继成立集中采购、行务公开、反洗钱、履职问责等领导小组，以及内部控制、财务审查、绩效考评、零售信贷审查、金融创新(2014年10月，更名为产品创新委员会)等专业管理委员会。

截至2014年年末，上海市分行共有议事协调机构和临时机构31个，其中主要管理委员会15个。各专业管理委员会在分行高级管理层领导下，贯彻总行工作要求，在指导全行业务发展，推进工作创新、把控各类风险中发挥重要议事协调作用。

表2-2-1 2014年年末交通银行上海市分行主要管理委员会(领导小组)机构一览表

序号	机构名称	成员	主办部门
1	贷款审查委员会	主任：林骅 委员：授信部、公司部、国际部、风险部、合规部	授信部
2	全面风险管理委员会	主任委员：郑志扬 副主任委员：林骅 委员：风险部、办公室、人资部、资负部、预财部、公司部、个金部、卡部、国际部、机构部、托管部、零贷部、保全部、营运部、授信部、审计部、合规部、信息部、电银部、监察室、保卫部、行政部	风险部
3	风险资产审查委员会	主任委员：林骅 委员：保全部、预财部、公司部、国际部、零贷部、授信部、风险部、合规部、监察室 列席：审计部	保全部
4	反洗钱领导小组	组长：林骅 成员：合规部、人资部、资负部、营运部、国际部、公司部、个金部、卡部、机构部、托管部、零贷部、授信部、风险部、电银部、信息部、保卫部、监察室	合规部
5	信息科技管理与信息安全保障委员会	主任：郑志扬 副主任：陈伟芳 成员：信息部、办公室、人资部、预财部、公司部、个金部、卡部、国际部、机构部、托管部、营运部、授信部、零管部、风险部、审计部、合规部、电银部、监察室、保卫部、业务中心、监督中心	信息部
6	内部控制委员会	主任委员：陈隃 委员：合规部、办公室、营运部、风险部、审计部、监察室	合规部
7	履职问责领导小组	组长：郑志扬 副组长：陈隃 成员：监察室、人资部、预财部、营运部、审计部、工会	监察室
8	资产负债管理委员会	主任：郑志扬 委员：资负部、预财部、公司部、个金部、卡部、国际部、机构部、托管部、零贷部、保全部、资管部、营运部、授信部、零管部、风险部、审计部、合规部、信息部、发研部	资负部
9	资产管理业务管理委员会	主任委员：郑志扬 副主任委员：赵彩虹 委员：资管部、资负部、公司部、个金部、机构部、托管部、零贷部、营运部、授信部、风险部、合规部	资管部

〔续表〕

序号	机构名称	成　　员	主办部门
10	零售信贷审查委员会	主任：林骅 副主任委员：零管部主要负责人 委员：零管部、资负部、国际部、零贷部、保全部、授信部、零管部、风险部、合规部	零管部
11	非信贷评审委员会	主任：林骅 委员：授信部、资负部、公司部、资管部、风险部、合规部	授信部
12	公司业务推进委员会	主任委员：郑志扬 副主任委员：林骅、陈伟芳 委员：公司部、资负部、国际部、授信部、风险部、大客户一部、大客户四部、长宁支行、杨浦支行、闵行支行、嘉定支行、松江支行	公司部
13	产品创新管理委员会	主任委员：郑志扬 副主任委员：陈伟芳、陈隃、樊燊 委员：信息部、办公室、人资部、资负部、预财部、公司部、个金部、卡部、国际部、机构部、托管部、零贷部、保全部、资管部、营运部、授信部、风险部、合规部、电银部、发研部、工会、团委	信息部
14	绩效考评委员会	主任委员：赵彩虹 副主任委员：人资部、预财部主要负责人 委员：办公室、人资部、资负部、预财部、公司部、个金部、卡部、国际部、机构部、托管部、零贷部、风险部(保全部)、营运部、授信部、合规部、电银部、监察室	预财部
15	财务审查委员会	主任委员：赵彩虹 常设委员：预财部、会计部、办公室、行政部、网点办主要负责人 专职委员：高级专业人员(2名) 非常设委员：分行其他管理部门主要负责人 列席成员：审计部及监察室主要负责人	预财部

第二节　职能部门

一、办公室

晚清时期，上海分行内设总书信、书信等，总书信负责来往信电，下设帮书信、抄写及外文翻译。

民国6年(1917年)，上海分行被总管理处定为一等分行，内设文书股，设主任1人主持事务，有办事员、练习生若干。

民国17年(1928年)，国民政府定都南京，总管理处迁沪并于12月修订《组织规程》，上海分行内设有文书股，设主任1名。

民国26年(1937年)抗战全面爆发后，总管理处于9月21日成立上海一等分行，分行内设文书股。

民国34年(1945年)抗战胜利后，上海分行于10月1日开业。内设文书股，负责公文、书信、档案、一般性事务以及不属于各股负责的事务。

1949年5月27日，上海解放。11月1日，上海分行正式复业，根据精简原则，设有文书课等六课及一仓库。文书课负责办理文书收发、文卷、档案、保管、打字、抄写等工作。1950年4月，总管理处对全行人事机构调整后，上海分行内部设有秘书科等6个科室。1951年2月，上海分行改称为华东分行，对华东地区行使管辖分行权利，保留秘书科设置。1953年2月1日，华东区行营业部改组为上海分行后，内设办公室、秘书科等。1956年，上海分行扩充并调整机构，设置秘书科等11个科室。1958年3月，与上海市财政局合署办公后，保留秘书科机构。

1986年10月，上海分行开始试营业。1987年1月，设立办公室，内设秘书科、调研科。1988年11月，增设文档科。

1990年7月，为缓解浦东开发资金缺口，引进和吸收外资、台资，上海分行设立外商、台商投资咨询服务部，由办公室暂管。1995年6月15日，随着咨询业务发展，外商、台商投资咨询部从办公室划出单列。

1991年6月，办公室增设基层科。1992年10月，增设外事科。1993年7月，调查研究部并入办公室。1996年1月11日，调研部从办公室划出单列。

1994年，上海分行网点机构管理职能由办公室将划至行政处。1997年9月18日，办公室增设基层管理科。1999年3月22日，与党委办公室合署办公。11月，新增督办工作职能，明确要求将会议决议、文件及公文办理、领导交办等事项列为督办内容，由办公室主任全面负责。2001年1月21日，设立督办中心，隶属办公室管理。3月19日，增设信息科。2005年5月26日，调整内设机构，保留督办中心、秘书科、文档科，基层科更名为公关宣传科，撤销外事科和信息科。8月25日，企业文化部所有职能与人员整体并入办公室。28日，党委办公室和党委宣传部合署办公。2007年2月，设立档案中心，隶属办公室管理。是年，分行网点机构管理职能由个人金融部划回办公室。

截至2014年年末，办公室有员工24人，其中正副主任3人。主要职责：负责分行党委、行长室的日常工作；为行领导决策和开展日常事务做好服务协调工作；处理全行事务性工作，包括会议准备、文书拟制、档案管理、文件收发；负责全行印鉴使用管理；负责全行对外宣传工作；负责机要保密、工作督办和信访工作；负责全行企业文化建设工作。

表2-2-2　民国27年(1938年)7月交通银行上海分行文书股负责人情况表

姓　名	职　务	姓　名	职　务
杨蕴纯	主任	林向荣	副主任

表2-2-3　民国35—37年(1936—1938年)交通银行上海分行文书股负责人情况表

姓　名	职　务	姓　名	职　务
林向荣	主任	吴叔豹	副主任

表2-2-4　1949年11月交通银行上海分行文书课负责人情况表

姓　名	职　务	姓　名	职　务
吴志本	襄理兼课长	林向荣	副课长

表 2－2－5　1953 年 2 月交通银行上海分行办公室、秘书科负责人情况表

办公室			
姓名	职务	姓名	职务
谢光弼	主任	—	—
秘书科			
姓名	职务	姓名	职务
崔西光	科长	顾隆高	副科长

表 2－2－6　1987—2014 年交通银行上海(市)分行办公室负责人任职情况表

主任		副主任		主任助理	
姓名	任职时间	姓名	任职时间	姓名	任职时间
李坚平	1988 年 12 月—1990 年 10 月	李坚平	1987 年 6 月—1988 年 12 月	黄煦	2001 年 1 月—2004 年 1 月
刘正民	1990 年 10 月—1993 年 10 月	张中林	1987 年 6 月—1987 年 7 月	蔡幼华	2001 年 3 月—2003 年 4 月
吴福生	1996 年 6 月—2000 年 7 月	张贤伯	1987 年 10 月—1990 年 10 月	王成康	2003 年 1 月—2005 年 11 月
林骅	2002 年 4 月—2003 年 1 月	王士俊	1988 年 4 月—1988 年 11 月	潘如茵	2008 年 6 月—2009 年 11 月
史琦	2004 年 1 月—2012 年 4 月	马会平	1988 年 11 月—1990 年 1 月	沈瑞玉	2009 年 8 月—2011 年 10 月
张立	2012 年 4 月—	刘正民	1990 年 4 月—1990 年 10 月	—	—
—	—	王根山	1990 年 10 月—1991 年 6 月	—	—
—	—	承纪福	1990 年 12 月—1993 年 10 月	—	—
—	—	承纪福	1993 年 10 月—1994 年 11 月(主持工作)	—	—
—	—	金连康	1992 年 5 月—1993 年 10 月	—	—
—	—	钱菊红	1993 年 7 月—1995 年 6 月	—	—
—	—	吴福生	1993 年 12 月—1994 年 11 月	—	—
—	—	吴福生	1994 年 11 月—1996 年 6 月(主持工作)	—	—

〔续表〕

主　任		副 主 任		主任助理	
姓　名	任职时间	姓　名	任职时间	姓　名	任职时间
—	—	张连华	1996年6月—1997年9月	—	—
—	—	景胜海	1998年8月—1999年4月	—	—
—	—	林　骅	2000年10月—2002年4月	—	—
—	—	史　琦	2003年1月—2004年1月（主持工作）	—	—
—	—	蔡幼华	2003年4月—2013年8月	—	—
—	—	王亚南	2005年1月—2009年6月	—	—
—	—	王成康	2005年11月—2012年4月	—	—
—	—	潘如茵	2009年11月—2012年3月	—	—
—	—	张　立	2011年7月—2012年4月（主持工作）	—	—
—	—	沈瑞玉	2011年10月—	—	—
—	—	安海云	2012年4月—2013年4月	—	—
—	—	许慧珺	2013年4月—	—	—

二、人力资源部

1949年11月1日上海分行正式复业后，内设人事课，负责办理人事升迁、调遣、考核、奖惩、教育、组织文娱、福利、生产节约等工作。

1950年4月，交通银行完成人事机构调整后，上海分行内设人事课。1953年2月1日，华东区行营业部改组为上海分行，因管理干部缺乏，未单独设立人事科，由秘书科兼管其事。4月，中央人事部批准增加交通银行干部人数后，上海分行获准单独成立人事科。1958年3月，与上海市财政局合署办公，保留人事科机构。

1987年1月3日，上海分行设立人事教育处（以下简称“人教处”），内设干部科、劳动工资科、教育科及保卫科等4个科室。6月23日，保卫科从人教处划出，独立设置保卫处。1989年3月25日，增设综合科。6月，增设干部科。1990年2月6日，设立培训中心。1992年7月25日，培训中心升格为处级单位，与人教处分设。1994年，根据总行行员制要求，撤销综合科、劳动工资科；以劳动工资科为基础设立人事科，原综合科并入干部科。1999 年 3 月 22 日，与党委组织部合署办公。组织部内设干部科、组织科。2003 年 5 月 19 日，增设人力资源管理科。教育科、人事科分别更名为组织科、劳动工资科。2004 年 9 月 20 日，更名为人力资源部。

截至 2014 年年末，人力资源部有员工 27 人，其中正副总经理 3 人。主要职责：负责拟定上海分行人事劳动制度和计划，组织和指导工作推进、综合平衡、监督检查和协调服务等工作；负责干部培养选拔、员工招聘和劳动关系、职业规划和员工培训等；负责全行人力资源信息管理；负责建立基于岗位分析的薪酬福利体系，加强全员绩效管理；组织管理全行党组织建设、党员发展和各项党务基础工作。

表 2－2－7　1949 年 11 月交通银行上海分行人事课负责人情况表

姓　名	职　务	姓　名	职　务
葛一飞	课长	陈品梅	副课长

表 2－2－8　1953 年 12 月交通银行上海分行人事科负责人情况表

姓　名	职　务	姓　名	职　务
崔西光	科长	—	—

表 2－2－9　1956 年 9 月交通银行上海分行人事科负责人情况表

姓　名	职　务	姓　名	职　务
—	—	余华清	副科长
—	—	郑培忠	副科长

表 2－2－10　1987—2014 年交通银行上海(市)分行人力资源部负责人任职情况表

人事教育处(1987 年 1 月—2004 年 9 月)					
处　长		副　处　长		处 长 助 理	
姓　名	任 职 时 间	姓　名	任 职 时 间	姓　名	任 职 时 间
万家禄	1993 年 4 月— 1995 年 9 月	李惠珍	1987 年 6 月— 1987 年 10 月	乔天虹	1987 年 6 月— 1988 年 8 月
乌维舟	1997 年 9 月— 2000 年 4 月	徐俊康	1987 年 10 月— 1988 年 9 月	乌维舟	1993 年 7 月— 1993 年 12 月
张连华	2001 年 1 月— 2004 年 9 月	乔天虹	1988 年 8 月— 1990 年 12 月	—	—
—	—	诸坤泉	1988 年 12 月— 1992 年 12 月	—	—
—	—	万家禄	1991 年 2 月— 1993 年 4 月	—	—

〔续表〕

人事教育处(1987年1月—2004年9月)					
处长		副处长		处长助理	
姓名	任职时间	姓名	任职时间	姓名	任职时间
—	—	乌维舟	1993年12月—1997年9月	—	—
—	—	张连华	1998年8月—2001年1月	—	—
人力资源部(2004年9月—)					
总经理(高级经理)		副总经理(副高级经理)		总经理助理(高级经理助理)	
姓名	任职时间	姓名	任职时间	姓名	任职时间
张连华	2004年9月—2005年7月	谭红	2005年10月—2008年4月	李利	2006年3月—2006年9月
张燕民	2005年7月—2011年5月	李利	2006年9月—2010年6月	刘军	2009年3月—2009年12月
谭红	2011年5月—	秦孝迪	2006年9月—2012年12月	张立	2009年3月—2009年12月
—	—	刘军	2009年12月—2011年3月	张波	2011年5月—2013年4月
—	—	张立	2009年12月—2011年7月	—	—
—	—	苗俊华	2012年4月—	—	—
—	—	张波	2013年4月—	—	—

三、预算财务部

2005年6月，上海分行加强业务计划和财务预算统一管理，成立预算财务部，撤销综合计划处。原综合计划处内设机构整建制划归预算财务部；原财务会计处财务科并入预算财务部。预算财务部负责分行资产负债、预算、财务、价格、统计管理和人民币资金运作，内设预算科、财务科、资金科、定价科、统计科、报销中心等6个科室。12月，报销中心隶属关系由预算财务部调整为账务中心，预算财务部负责对报销中心财务条线的业务进行管理、指导和检查。

2006年8月，账务中心下属报销中心整建制并入预算财务部。

2007年9月，预算财务部分设为预算财务部和资产负债管理部。原预算财务部负责的资产负债、资金、票据业务、中间业务、预算和绩效管理等职能划至资产负债管理部。

2013年3月，原资产负债管理部负责的预算和绩效、数据管理职责及网点综合化专项工作划转至预算财务部。

截至2014年年末，预算财务部有员工28人，其中正副总经理4人。主要职责：拟定分行财务预算管理办法，编制全行财务预算；组织审核、平衡、报批、下达分行财务与业务预算；根据年度预算方案，定期分析、监测各项预算执行情况，监控全行利润实现情况和财务资源的使用；根据战略发展规划和业务经营目标，拟定全行绩效考核办法；承担考核系统的日常维护、运行和完善工作；根据交通银行总行相关规定，拟定分行财务管理办法，组织财务管理工作，监督检查财务合规性；依据国家财经法规、总行制定的财务管理制度和内部各项规章制度，审核财务交易事项的真实性、合规性和合理性，并进行合法合规的业务处理；维护和完善管理会计系统，组织并实施全行管理会计核算，分析部门、产品和客户的成本效益；承担分行固定资产管理及资本性支出管理，承担全行集中采购制度、授权及信息管理工作；承担全行财务数据信息的组织、领导、监督、协调和管理工作；承担对外财务数据信息的组织编制和审核；承担全行财务审核委员会的日常工作；承担全行税务管理工作；根据总行下达的经济资本计划，对经济资本进行计量、平衡、分配和考核等。

表 2-2-11　2005—2014 年交通银行上海(市)分行预算财务部负责人任职情况表

<table>
<tr><th colspan="2">总经理(高级经理)</th><th colspan="2">副总经理(副高级经理)</th><th colspan="2">总经理助理(高级经理助理)</th></tr>
<tr><th>姓　名</th><th>任职时间</th><th>姓　名</th><th>任职时间</th><th>姓　名</th><th>任职时间</th></tr>
<tr><td rowspan="2">赵彩虹</td><td>2005 年 12 月—
2007 年 9 月</td><td>赵彩虹</td><td>2005 年 7 月—
2005 年 12 月
(主持工作)</td><td>陈　静</td><td>2012 年 4 月—
2014 年 9 月</td></tr>
<tr><td>2007 年 9 月—
2009 年 4 月(兼)</td><td>俞一明</td><td>2005 年 7 月—
2012 年 4 月</td><td>林焕波</td><td>2013 年 3 月—
2013 年 10 月</td></tr>
<tr><td>陆　斌</td><td>2009 年 4 月—</td><td>陈　德</td><td>2005 年 12 月—
2007 年 5 月</td><td>—</td><td>—</td></tr>
<tr><td>—</td><td>—</td><td>惠　宁</td><td>2013 年 3 月—</td><td>—</td><td>—</td></tr>
<tr><td>—</td><td>—</td><td>林焕波</td><td>2013 年 10 月—</td><td>—</td><td>—</td></tr>
<tr><td>—</td><td>—</td><td>陈　静</td><td>2014 年 9 月—</td><td>—</td><td>—</td></tr>
</table>

四、资产负债管理部

1949 年 11 月 1 日，上海分行复业后，内设业务课。负责办理全行存款、代理收付业务并调查、企划、编制、执行业务计划，调剂掌握资金，汇集资料，总结报告以及记载有关营业账表等工作。业务课下设外勤、内勤、派出服务 3 个组。其中外勤组专办调查研究、企划汇集材料及对外洽接业务工作；内勤组专办门市业务、调剂资金、编制计划及一切营业账表之记载工作；服务组专办指定企业部门之代理收付及记账工作。

1950 年 4 月，全国金融会议决定交通银行为专业银行。为贯彻专业使命，上海分行向中国人民银行上海市分行移交短期业务，同时设立计划科。1958 年 3 月，与上海市财政局合署办公，机构调整后保留计划科。

1987 年 9 月 2 日，为贯彻“自主经营、自负盈亏、自求平衡、自我控制”经营方针，上海分行设立综合计划部，负责全行资金平衡统筹工作，内设综合科、计划统计科、资金调度科。1989 年 11 月 3 日，综合科、计划统计科、资金调度科调整为信贷管理科、计划调度科、调查统计科。1990 年 7 月 27 日，综合计划部改称为综合计划处。2005 年 6 月，撤销综合计划处，原综合计划处内设科室整建制归预算财务部管理。

2007 年 9 月，上海分行成立资产负债管理部，原由预算财务部承担的资产负债管理、综合业务（包括资产、负债、中间业务和票据业务）计划管理和调控等职能划归资产负债管理部。部门有员工 15 人，其中总经理 1 人。

2013 年 3 月，为理顺工作职责，加强归口管理，整合相关业务板块，集中资源构筑财富管理平台，推动上海市分行总体业务发展，资产负债管理部增加资产管理业务职责，强化原有的自营资金交易职责，原绩效和预算管理、数据管理及网点综合化专项工作职责划转至预算财务部。

2014 年 4 月，资负部内设金融市场部上海交易分部，主要负责分行自营资金交易业务，相关资管业务职责划至新成立的资管部。

截至 2014 年年末，资产负债部有员工 17 人，其中正副总经理 3 人。主要职责：按照分行资产负债管理业务调控要求，落实全行战略规划和业务转型，衔接总行资产负债管理部，从业务条线上接受其工作指导和调控，承担全行资产负债管理、综合业务（包括资产、负债、中间业务和票据业务）计划管理和适时调控的职能；负责分行资产负债管理工作，定期召开资产负债管理例会；组织编制和分解业务计划，优化资源配置，实现价值增长目标；根据分行定价管理要求，承担全行人民币利率以及服务价格的定价管理；通过对外部产品和内部资金价格的管理，实现业务盈利与风险可控的动态平衡；根据分行资产配置总体要求，在确保流动性和安全性的前提下，在境内外金融市场上稳妥地运作全行的本外币资金，提升资金运作收益率；承担全行金融市场业务市场风险、信用风险和合规风险的日常监控；与本地监管部门联系沟通，掌握本地经济形势与货币信贷执行情况的动态信息，了解市场变化，对分行业务经营管理提出意见；集中、统一和规范全行票据转贴现业务，防范票据转贴现业务风险，组织并推动票据业务持续健康发展。

表 2-2-12　1949 年 11 月交通银行上海分行业务课负责人情况表

姓　名	职　务	姓　名	职　务
张宗祜	襄理兼课长	陈铸青	副课长
—	—	鲍忠祐	副课长
—	—	胡起翔	副课长
—	—	袁道生	副课长

表 2-2-13　1956 年 9 月交通银行上海分行计划科负责人情况表

姓　名	职　务	姓　名	职　务
—	—	严孝修	副科长

表 2-2-14　1956 年 9 月交通银行上海分行计划科负责人情况表

姓　名	职　务	姓　名	职　务
王敦济	科长	陈泰生	副科长
—	—	葛瑞卿	副科长

表 2-2-15　1987—2005 年交通银行上海分行综合计划处负责人任职情况表

综合计划部(1987 年 9 月—1990 年 7 月)					
经　理		副 经 理		经 理 助 理	
姓　名	任 职 时 间	姓　名	任 职 时 间	姓　名	任 职 时 间
李惠珍	1988 年 12 月—1990 年 10 月	李惠珍	1987 年 10 月—1988 年 12 月	—	—
—	—	吴康年	1987 年 10 月—1988 年 10 月	—	—
—	—	方建华	1990 年 1 月—1991 年 9 月	—	—
综合计划处(1990 年 7 月—2005 年 6 月)					
处　长		副 处 长		处 长 助 理	
姓　名	任 职 时 间	姓　名	任 职 时 间	姓　名	任 职 时 间
陈如奇	1992 年 9 月—1994 年 1 月(兼)	方建华	1990 年 1 月—1991 年 9 月	吴晓萍	1991 年 9 月—1992 年 4 月
吴晓萍	1994 年 11 月—2002 年 2 月	陈如奇	1991 年 9 月—1992 年 9 月	梁　睽	1998 年 8 月—1999 年 11 月
张燕民	2002 年 2 月—2005 年 7 月	吴晓萍	1992 年 4 月—1994 年 11 月	罗日军	2001 年 1 月—2002 年 2 月
—	—	程　新	1995 年 6 月—1997 年 1 月	—	—
—	—	徐宏宝	1997 年 9 月—1998 年 8 月	—	—
—	—	章嘉之	1999 年 5 月—1999 年 6 月	—	—
—	—	崔亦赫	2003 年 1 月—2005 年 4 月	—	—
—	—	赵彩虹	2004 年 1 月—2005 年 7 月	—	—

表 2-2-16　2007—2014 年交通银行上海(市)分行资产负债管理部负责人任职情况表

总经理(高级经理)		副总经理(副高级经理)		总经理助理(高级经理助理)	
姓　名	任 职 年 月	姓　名	任 职 年 月	姓　名	任 职 年 月
赵彩虹	2007 年 8 月—2009 年 6 月(兼)	惠　宁	2009 年 11 月—2013 年 3 月	惠　宁	2008 年 6 月—2009 年 11 月
樊　燊	2009 年 6 月—2014 年 8 月	邵　峻	2009 年 11 月—2014 年 6 月	邵　峻	2008 年 6 月—2009 年 11 月
李　利	2014 年 11 月—	胡　坚	2012 年 4 月—2013 年 6 月	汤颖丽	2011 年 5 月—2013 年 10 月

〔续表〕

总经理(高级经理)		副总经理(副高级经理)		总经理助理(高级经理助理)	
姓 名	任职年月	姓 名	任职年月	姓 名	任职年月
—	—	崔翔鹏	2013年4月—	—	—
—	—	汤颖丽	2013年10月—	—	—

表2-2-17　2012年度交通银行上海市分行资产负债管理部获奖情况一览表

获奖单位	获奖名称	授予时间
资负部资金交易分部	全国金融“五一劳动奖状”	2013年5月

五、公司业务部

1997年9月18日，上海分行调整内设机构，合并原调研部和外商、台商投资咨询服务部，设立市场开发部，负责联系市府各委、办、局和企业集团公司，及时掌握产业信息；设计、开发新业务品种；探讨拓展商人银行业务；并继续承担调研部和咨询部的职能，建立支撑主体业务的信息库。市场开发部内设市场信息科、市场营销科、市场策划科和调查研究科等4个科室。根据工作需要，对外仍保留外商、台商投资咨询部的牌子。

1999年7月8日，上海分行撤销市场开发部，设立市场营销部。2000年4月20日，增设市场科、中间业务科、综合管理科。

2005年2月4日，市场营销部更名为公司业务部。2006年3月27日，调整内设机构，市场科更名为市场拓展科，综合管理科更名为业务管理科，新设产品推进科。调整后部门内设机构为市场拓展科、业务管理科和产品推进科。

截至2014年年末，公司业务部有员工31人，其中正副总经理3人。主要职责：通过加强对区域和产业的调研，加强与市府各委办和企业集团公司的联系，确定目标市场和客户，进行市场细分；为分行业务营销提供协调、信息、培训、产品等服务支撑；沟通协调全行各层面公司业务的联动；负责重点区域营销推进。

表2-2-18　1997—2014年交通银行上海(市)分行公司业务部负责人任职情况表

市场开发部(1997年9月—1999年7月)					
经　理		副经理		经理助理	
姓 名	任职时间	姓 名	任职时间	姓 名	任职时间
夏克平	1997年9月— 1999年7月	吴敏霞	1997年9月— 1998年5月	—	—
—	—	董月霞	1999年5月— 1999年7月	—	—

〔续表〕

市场营销部(1999年7月—2005年2月)					
总经理(经理)		副总经理(副经理)		总经理助理(经理助理)	
姓　名	任职时间	姓　名	任职时间	姓　名	任职时间
励敏捷	1999年7月—2000年1月	董月霞	1999年7月—2001年2月	林　骅	1999年7月—2000年10月
夏克平	2000年1月—2001年2月	刘玉宁	2000年3月—2007年4月	—	—
周　怡	2001年2月—2005年7月	胡　翔	2003年1月—2005年7月	—	—
公司业务部(2005年2月—　)					
总经理(高级经理)		副总经理(副高级经理)		总经理助理(高级经理助理)	
姓　名	任职时间	姓　名	任职时间	姓　名	任职时间
周　怡	2005年7月—2007年5月	胡　翔	2005年7月—2005年12月	林蓉晖	2005年2月—2006年9月
陈伟芳	2007年5月—2013年7月(兼)	唐　捷	2005年11月—2013年7月	潘　蓓	2009年3月—2010年10月
唐　捷	2013年7月—	林蓉晖	2006年9月—2009年3月	—	—
—	—	朱奕辰	2009年6月—2014年7月	—	—
—	—	潘　蓓	2010年10月—	—	—
—	—	严　肃	2014年4月—	—	—

六、个人金融业务部

民国19年(1930年)5月,上海分行成立储蓄部,所属行、处陆续成立相应部门。7月,储蓄部改为沪区储蓄分部,仍隶属于上海分行,所属各支行、办事处储蓄部相应改为储蓄支部。储蓄分部下设2个股:第一股负责本部文件、函电起草、译缮及收发,案卷书类、契据整理及保管,主要账表登记及预算决算,所属各支部账表的稽核及资金调拨,本部各项开支及不属其他股的事项;第二股负责本部储蓄存款的收付及储蓄资金的运用,现金及押品的收付保管,有关储蓄补助账表的登记等事项。储蓄分部各股设主任1名,负责本股事务,还设有办事员、助理员、练习生,分掌各类事务。储蓄支部不设股。民国22年(1933年)7月,总管理处改组为总行,同时撤销沪区储蓄分部,改设储蓄信托部,由总行储蓄信托部主管。民国26年(1937年)9月21日,新成立上海一等分行,内设储蓄股、信托股。抗战胜利后,恢复建制不久的上海分行大力发展储蓄业务,并于民国34年(1945年)12月把储信股划分为储蓄、信托两股。

1949年11月上海分行复业后,内设储蓄、信托等股。1950年4月,根据专业化方针,将储蓄股、信托股等人员连同业务、机构一并移转中国人民银行上海分行。

1987年4月1日，上海分行正式对外营业后，由信贷二部储蓄科负责储蓄业务，1989年8月1日，设立储蓄业务部。有副经理1人，内设储蓄、账务、保管箱、综合等4个科室，信贷二部储蓄职能移至储蓄业务部。1990年7月27日，为加强对辖属分支行快速发展储蓄业务管理，上海分行撤销储蓄业务部，增设储蓄处，内设一科、二科，设副处长1人。1996年7月19日，一科、二科分别改称为业务科、管理科，增设综合科。1997年9月21日，储蓄处更名为私人金融业务处（以下简称“私金处”）。12月31日，全行外币储蓄、信用卡业务管理职能划归私金处。1998年9月28日，私金处增设综合科、本币储蓄科、外币储蓄科、信用卡管理科。1999年6月，消费信贷业务管理职能划归私金处。9月21日，增设消费信贷科。

2000年9月，上海分行撤销私金处和信用卡部，设立私人金融业务部（以下简称“私金部”）和银行卡中心，为“两块牌子、一套班子”。私金部下设业务管理科、营销推进科、个人信贷科和综合科。2009年2月16日，个金部与银行卡中心分设。

2000年10月，私金部外币储蓄管理职能移交国际部。2001年12月，增设开放式基金代销系统管理中心。2002年3月，增设个人理财中心，对外称“交行理财之窗”。12月，增设制度管理科。2006年2月，增设发展策划科。8月，更名为个人金融业务部（以下简称“个金部”），行政部网点机构管理职能并入个金部；原私金部打卡、制卡职能及相关人员并入分行账务中心。

2005年6月，私金部增设个人贷款管理中心（以下简称“个贷中心”）。2007年5月，上海分行将个贷中心主要职能划归新设立的零售信贷管理部，信贷放款职能移交风险管理部，不良贷款管理职能移交资产保全部。是年，私金部网点机构管理职能划至办公室。

2010年2月9日，上海市分行设立私人银行服务中心，隶属个金部。2014年5月，撤销私人银行服务中心。2013年8月，上海市分行设立消费者权益保护办公室，隶属个金部。

截至2014年年末，个人金融业务部有员工53人，其中正副总经理4人，总经理助理1人。主要职责：负责研究、制定、实施分行个金业务阶段性和中长期营销战略；为全行个金业务发展提供服务支撑、产品支撑、制度管理支撑；负责对全行个金业务的管理、检查和监督等工作；高度关注、研究和分析全行个金业务的运行和发展，确保个金业务正常、健康发展；负责全行服务质量提升工作。

表2-2-19　民国20年(1931年)7月交通银行沪区储蓄分部负责人情况表

姓　名	职　务	姓　名	职　务
袁钟秀	经理	—	—

表2-2-20　民国27年(1938年)交通银行上海分行储蓄股负责人情况表

姓　名	职　务	姓　名	职　务
胡可型	主任	胡彪同	副主任

表2-2-21　民国34年(1945年)交通银行上海分行储蓄股负责人情况表

姓　名	职　务	姓　名	职　务
秦锡焘	主任	—	—

表 2-2-22　民国 37 年(1948 年)交通银行上海分行储蓄股负责人情况表

姓　名	职　务	姓　名	职　务
卢绳祖	主任	李文泉	副主任

表 2-2-23　1987—2014 年交通银行上海(市)分行个人金融业务部负责人情况表

信贷二部(1987 年 1 月—1990 年 1 月)					
经　理		副 经 理		经 理 助 理	
姓　名	任 职 时 间	姓　名	任 职 时 间	姓　名	任 职 时 间
—	—	施福林	1987 年 6 月—1987 年 10 月	—	—
—	—	周蓓蓓	1987 年 6 月—1990 年 1 月	—	—
—	—	汤仁荣	1987 年 6 月—1988 年 9 月	—	—
—	—	高敏琦	1987 年 10 月—1988 年 9 月	—	—
—	—	郭惠华	1988 年 10 月—1990 年 1 月	—	—
储蓄业务部(1989 年 8 月—1990 年 7 月)					
经　理		副 经 理		经 理 助 理	
姓　名	任 职 时 间	姓　名	任 职 时 间	姓　名	任 职 时 间
—	—	承纪福	1990 年 1 月—1990 年 12 月	—	—
储蓄处(1990 年 7 月—1997 年 9 月)					
处　长		副 处 长		处 长 助 理	
姓　名	任 职 时 间	姓　名	任 职 时 间	姓　名	任 职 时 间
孙小妹	1993 年 4 月—1993 年 12 月	陈如奇	1990 年 12 月—1991 年 9 月	—	—
范申娟	1996 年 6 月—1997 年 9 月	孙小妹	1991 年 9 月—1993 年 4 月	—	—
—	—	范申娟	1993 年 4 月—1996 年 6 月	—	—
—	—	周　怡	1993 年 12 月—1996 年 2 月	—	—
—	—	曾忠学	1996 年 6 月—1997 年 9 月	—	—

〔续表〕

私人金融处(1997年9月—2000年9月)					
处　长		副处长		处长助理	
姓　名	任职时间	姓　名	任职时间	姓　名	任职时间
范申娟	1998年8月—1999年11月	李伟诺	1997年9月—2000年7月	—	—
—	—	曾忠学	1996年6月—1997年9月	—	—
—	—	殷文鹤	1998年8月—2000年9月	—	—
—	—	章嘉之	1999年6月—2000年4月	—	—
—	—	帅　师	2000年4月—2000年9月(主持工作)	—	—

私人金融业务部(银行卡中心)(2000年9月—2006年8月)					
总经理(高级经理)		副总经理(副高级经理)		总经理助理(高级经理助理)	
姓　名	任职时间	姓　名	任职时间	姓　名	任职时间
帅　师	2001年1月—2005年2月	帅　师	2000年9月—2001年1月(主持工作)	刘　颖	2006年3月—2006年9月
田耕宇	2004年2月—2005年2月(代总经理)	赵　珊	2000年9月—2001年1月	—	—
钱陈慧	2005年2月—2006年8月	李朝辉	2000年9月—2002年3月	—	—
—	—	殷文鹤	2000年9月—2002年3月	—	—
—	—	王宗培	2002年2月—2006年3月	—	—
—	—	田耕宇	2002年4月—2004年2月	—	—
—	—	王　昆	2003年4月—2005年11月	—	—
—	—	姜　炜	2004年1月—2006年8月	—	—

个人金融业务部(银行卡中心)(2006年8月—2009年2月)					
总经理(高级经理)		副总经理(副高级经理)		总经理助理(高级经理助理)	
姓　名	任职时间	姓　名	任职时间	姓　名	任职时间
钱陈慧	2006年8月—2011年9月	姜　炜	2006年8月—2009年3月	—	—

〔续表〕

个人金融业务部(银行卡中心)(2006年8月—2009年2月)					
总经理(高级经理)		副总经理(副高级经理)		总经理助理(高级经理助理)	
姓　名	任职时间	姓　名	任职时间	姓　名	任职时间
—	—	贺　波	2006年9月—2007年2月	—	—
—	—	刘　颖	2006年9月—2011年4月	—	—
—	—	葛颂文	2006年9月—2007年5月	—	—
—	—	孙红波	2007年10月—2009年6月	—	—
个人金融业务部(2009年2月—　)					
总经理(高级经理)		副总经理(副高级经理)		总经理助理(高级经理助理)	
姓　名	任职年月	姓　名	任职年月	姓　名	任职年月
钱陈慧	2006年8月—2011年9月	刘　颖	2006年9月—2011年4月	凌瑞桦	2011年4月—2011年10月
李　利	2011年9月—2014年11月	孙红波	2007年10月—2009年6月	王　宇	2011年5月—2011年10月
欧阳琦	2014年12月—	干晔敏	2009年3月—	刘晓枫	2011年9月—
—	—	徐　著	2010年5月—2011年4月	—	—
—	—	凌瑞桦	2011年10月—2014年12月	—	—
—	—	王　宇	2011年10月—	—	—
—	—	黄　栋	2014年12月—	—	—
—	—	戴　威	2014年12月—	—	—

表2-2-24　2001—2004年度交通银行上海分行私人金融业务部获奖情况一览表

获奖单位	获奖名称	授予时间
私人金融业务部	全国金融“五一劳动奖状”	2002年5月
私金部卡中心市场科	2002年度总行级“青年文明号”	2003年12月
私金部市场科	2003年度总行级“青年文明号”	2004年12月
	2004年度总行级“青年文明号”	2005年11月

七、银行卡业务部

1993 年 4 月 21 日，上海分行设立信用卡业务部，是总管理处系统首家设立的信用卡业务一级部门。内设财务会计科、信用控制科及市场发展科等 3 个科室。部门员工 6 人，其中经理 1 人。1994 年 12 月 6 日，增设综合科和发行科。部门员工增至 16 人。1996 年 7 月 19 日，上海“金卡工程”实现联网 POS 跨行、跨地区清算，增设清算科，新增对收单商户拓展和资金清算职能。部门人员增至 30 人。首创上海市场联网 POS 自动清算业务，成为最大收单银行，市场份额排名第一。1997 年 12 月 31 日，信用卡业务管理职能划归私人金融处。

2000 年 9 月 18 日，上海分行撤销信用卡业务部和私人金融处，设立银行卡中心和私人金融业务部，为“两块牌子、一套班子”。银行卡中心下设市场科、信用控制科和会计科等 3 个科室。

2004 年 10 月 25 日交通银行引进汇丰银行作为战略合作伙伴后，成立太平洋信用卡中心，上收了上海分行信用卡业务部分职能。由此银行卡中心主要职能转变为发放借记卡和拓展收单商户。

2009 年 2 月 16 日，上海市分行将银行卡中心与个金部分设，成立银行卡业务部。部门有员工 32 人，其中高级经理 1 人，高级经理助理 2 人。形成对私营销银行卡、对公拓展收单商户“公私兼顾”新格局。

截至 2014 年年末，银行卡业务部有员工 51 人，其中正副总经理 3 人。主要职责：负责制定、实施分行银行卡业务发展战略与规划，承担全行发卡及商户发展任务；管理银行卡业务，对银行卡业务运营情况进行统计分析、建立考核评价体系并组织实施；开展银行卡业务市场调研，配合相关部门组织实施银行卡业务宣传推广和客户营销活动；研究商户客户需求，提出满足商户客户需求的解决方案；管理银行卡从业人员；负责银行卡业务风险管理和商户收单业务风险管理，开展相关催收及司法工作；负责推动商户的收单业务，并进行直接营销拓展并维护。

表 2－2－25　1993—2014 年交通银行上海(市)分行银行卡业务部负责人任职情况表

信用卡业务部(1993 年 6 月—2000 年 9 月)					
总经理(经理)		副总经理(副经理)		总经理助理(经理助理)	
姓　名	任 职 时 间	姓　名	任 职 时 间	姓　名	任 职 时 间
孙小妹	1993 年 4 月— 1995 年 6 月	赵　珊	1995 年 6 月— 1998 年 1 月	—	—
周蓓蓓	1995 年 6 月— 1998 年 1 月		1998 年 1 月— 2000 年 9 月 (主持工作)	—	—
—	—	李朝辉	1997 年 9 月— 2000 年 9 月	—	—
—	—	王　昆	2000 年 2 月— 2000 年 9 月	—	—

〔续表〕

银行卡中心(私人金融业务部)(2000 年 9 月—2006 年 8 月)					
总经理(高级经理)		副总经理(副高级经理)		总经理助理(高级经理助理)	
姓　名	任 职 时 间	姓　名	任 职 时 间	姓　名	任 职 时 间
帅　师	2001 年 1 月— 2005 年 2 月	帅　师	2000 年 9 月— 2001 年 1 月 (主持工作)	贺　波	2005 年 11 月— 2006 年 9 月
田耕宇	2004 年 2 月— 2005 年 2 月 (代总经理)	赵　珊	2000 年 9 月— 2001 年 1 月	刘　颖	2006 年 3 月— 2006 年 9 月
钱陈慧	2005 年 2 月— 2006 年 8 月	李朝辉	2000 年 9 月— 2002 年 3 月	—	—
—	—	殷文鹤	2000 年 9 月— 2002 年 3 月	—	—
—	—	王宗培	2002 年 2 月— 2006 年 3 月	—	—
—	—	田耕宇	2002 年 4 月— 2005 年 2 月	—	—
—	—	王　昆	2003 年 4 月— 2005 年 11 月	—	—
—	—	姜　炜	2004 年 1 月— 2006 年 8 月	—	—

银行卡中心(个人金融业务部)(2006 年 8 月—2009 年 2 月)					
总经理(高级经理)		副总经理(副高级经理)		总经理助理(高级经理助理)	
姓　名	任 职 时 间	姓　名	任 职 时 间	姓　名	任 职 时 间
钱陈慧	2006 年 8 月— 2011 年 9 月	姜　炜	2006 年 8 月— 2009 年 3 月	—	—
—	—	贺　波	2006 年 9 月— 2007 年 2 月	—	—
—	—	刘　颖	2006 年 9 月— 2011 年 4 月	—	—
—	—	葛颂文	2006 年 9 月— 2007 年 5 月	—	—
—	—	孙红波	2007 年 10 月— 2009 年 6 月	—	—

银行卡业务部(2009 年 2 月—　)					
总经理(高级经理)		副总经理(副高级经理)		总经理助理(高级经理助理)	
姓　名	任 职 时 间	姓　名	任 职 时 间	姓　名	任 职 时 间
姜　炜	2009 年 3 月—	施文军	2010 年 5 月—	刘　军	2009 年 3 月— 2010 年 10 月
—	—	刘　军	2010 年 10 月— 2013 年 5 月	康志伟	2009 年 3 月— 2010 年 11 月
—	—	徐　著	2011 年 4 月—	—	—

表 2-2-26　2010—2011 年度交通银行上海市分行银行卡业务部获奖情况一览表

获奖单位	获奖名称	授予时间
银行卡业务部	交通银行先进基层党组织	2011 年 6 月
	全国金融"五一劳动奖状"	2012 年 4 月
	上海金融系统先进基层党组织	2012 年 6 月

八、国际业务部

民国 8 年(1919 年),上海分行设立外汇科。民国 21 年(1932 年)9 月,添设国外业务股。国外业务股负责外币买卖及存放,国际电汇、票汇,进出口押汇,代理国际收解。民国 26 年(1937 年)9 月上海分行复业后,内设外汇股。民国 34 年(1945 年)12 月 15 日,经整顿、复业,调整内部机构,添设外汇股,负责买卖及存放外币、国际电汇、票汇、进出口押汇、代理国际收解等业务。

1987 年 1 月 3 日,上海分行设立外汇业务部,内设存汇科、进口科、出口科和综合科。1988 年 10 月 22 日,外汇业务部分设为外汇进出口部和外汇存汇部。

1991 年 9 月 30 日,上海分行增设外汇业务管理处。

1998 年 1 月,外汇存汇部个人外币储蓄业务管理职能划归私金处;承担外汇信用卡业务发展、经营和市场拓展,负责外币出运业务。外汇业务管理处负责外汇买卖和外币出运的管理工作。1999 年 3 月 1 日,浦东分行外汇业务归并入上海分行,按照市内支行模式进行管理。

2000 年 10 月 16 日,上海分行撤销外汇存汇部、外汇进出口部,设立国际结算中心(对内简称"国际业务部"),与外管处合署办公。

截至 2014 年年末,国际业务部有员工 123 人,其中正副总经理 5 人。主要职责:负责制定并组织实施国际业务的发展规划和规章制度;落实国际业务的日常性管理、监督、检查和辅导工作,确保各项国际业务的合规经营;负责各类贸易和非贸易项下结算业务的后台操作及日常管理,负责本部门的会计核算业务,确保国际结算及外汇资金清算的及时、安全和高效,确保外汇会计核算的正确、及时、真实和完整;负责分配、落实并指导、配合各经营单位完成年度外汇对公结算业务的计划指标;负责完成外汇买卖交易的平盘及资金清算业务,确保外汇资金的安全和赢利。

表 2-2-27　民国 10 年(1911 年)4 月交通银行上海分行国外业务股负责人情况表

姓　名	职　务	姓　名	职　务
—	—	胡祖同	副主任

表 2-2-28　民国 16 年(1927 年)1 月交通银行上海分行国外业务股负责人情况表

姓　名	职　务	姓　名	职　务
—	—	沈光衍	副主任

表 2-2-29　民国 20 年(1931 年)7 月交通银行上海分行外务股负责人情况表

姓　名	职　务	姓　名	职　务
毛　瑞	主任	—	—

表 2-2-30　民国 22 年(1933 年)改组前交通银行上海分行外务股负责人情况表

姓　名	职　务	姓　名	职　务
金国宝	襄理兼主任	—	—

表 2-2-31　民国 27 年(1938 年)交通银行上海分行外汇股负责人情况表

姓　名	职　务	姓　名	职　务
周启鋆	主任	唐瑞华	副主任

表 2-2-32　民国 35 年(1946 年)交通银行上海分行外汇股负责人情况表

姓　名	职　务	姓　名	职　务
周启鋆	主任	张智民	副主任

表 2-2-33　民国 37 年(1948 年)交通银行上海分行外汇股负责人情况表

姓　名	职　务	姓　名	职　务
张智民	主任	吕文蔚	副主任

表 2-2-34　1987—2014 年交通银行上海(市)分行国际业务部负责人任职情况表

外汇业务部(1987 年 1 月—1988 年 10 月)					
经　理		副　经　理		经理助理	
姓　名	任职时间	姓　名	任职时间	姓　名	任职时间
—	—	钱龙宝	1987 年 6 月—1988 年 10 月	—	—
—	—	许家生	1987 年 6 月—1988 年 10 月	—	—
—	—	严祖健	1987 年 6 月—1988 年 10 月	—	—
—	—	邵党娣	1987 年 9 月—1988 年 1 月	—	—

〔续表〕

外汇存汇部(1988年10月—2000年10月)					
总经理(经理)		副总经理(副经理)		总经理助理(经理助理)	
姓　名	任职时间	姓　名	任职时间	姓　名	任职时间
钱龙宝	1988年12月—1991年9月	钱龙宝	1988年10月—1988年12月	戴俊明	1988年10月—1990年8月
王宗培	1994年11月—2001年2月	尹家发	1990年3月—1993年12月	花　蔚	1991年9月—1993年4月
—	—	戴俊明	1990年8月—1991年7月	—	—
—	—	王宗培	1992年7月—1994年11月	—	—
—	—	花　蔚	1993年4月—1993年12月	—	—
—	—	张爱光	1993年12月—2001年2月	—	—
—	—	殷文鹤	1997年9月—1998年8月	—	—

外汇进出口部(1988年10月—2000年10月)					
总经理(经理)		副总经理(副经理)		总经理助理(经理助理)	
姓　名	任职时间	姓　名	任职时间	姓　名	任职时间
许家生	1988年12月—1993年12月	许家生	1988年10月—1988年12月	谢碧云	1988年10月—1990年8月
严祖健	1990年8月—1994年3月	严祖健	1988年10月—1990年8月	任才华	1991年9月—1992年12月
任才华	1995年6月—1998年5月	朱正英	1989年8月—1992年7月	陈汇绮	1992年12月—1993年12月
—	—	谢碧云	1990年8月—1991年7月	—	—
—	—	任才华	1992年12月—1995年6月	—	—
—	—	张樊花	1993年12月—1998年5月	—	—
—	—		1998年5月—2001年2月(主持工作)	—	—
—	—	陆国兴	1993年12月—1997年3月	—	—
—	—	李小敏	1998年5月—2000年6月	—	—

〔续表〕

外汇进出口部(1988 年 10 月—2000 年 10 月)					
总经理(经理)		副总经理(副经理)		总经理助理(经理助理)	
姓　名	任职时间	姓　名	任职时间	姓　名	任职时间
—	—	陈必钧	1998 年 5 月—2001 年 2 月	—	—
—	—	于小瑛	2000 年 2 月—2001 年 2 月	—	—
外汇业务管理处(1991 年 10 月—2000 年 10 月)					
处　长		副处长		处长助理	
姓　名	任职时间	姓　名	任职时间	姓　名	任职时间
钱龙宝	1991 年 9 月—1992 年 11 月(兼)	隋思民	1992 年 11 月—1993 年 12 月	—	—
尹家发	1995 年 6 月—2001 年 2 月	尹家发	1993 年 12 月—1995 年 6 月	—	—
—	—	高　萍	1993 年 12 月—2001 年 2 月	—	—
—	—	谢碧云	1994 年 11 月—1999 年 12 月	—	—
国际业务部(2000 年 10 月—　)					
总经理(高级经理)		副总经理(副高级经理)		总经理助理(高级经理助理)	
姓　名	任职时间	姓　名	任职时间	姓　名	任职时间
励敏捷	2001 年 2 月—2013 年 12 月	王宗培	2001 年 2 月—2002 年 2 月	蔡　红	2005 年 11 月—2006 年 5 月
须　超	2013 年 12 月—	张樊花	2001 年 2 月—2002 年 8 月	魏　伟	2006 年 5 月—2006 年 9 月
—	—	高　萍	2001 年 2 月—2002 年 2 月	杨晓岚	2009 年 12 月—2011 年 10 月
—	—	须　超	2002 年 2 月—2006 年 5 月	—	—
—	—	连蔚文	2006 年 5 月—2013 年 11 月	—	—
—	—		2013 年 11 月—(部门正职级)	—	—
—	—	魏　伟	2006 年 9 月—	—	—
—	—	马　丽	2009 年 12 月—	—	—
—	—	赵　靓	2011 年 8 月—2012 年 4 月	—	—

〔续表〕

国际业务部(2000年10月—)					
总经理(高级经理)		副总经理(副高级经理)		总经理助理(高级经理助理)	
姓　名	任职时间	姓　名	任职时间	姓　名	任职时间
—	—	杨晓岚	2011年10月—	—	—
—	—	史　琦	2012年4月— 2014年4月 (高级经理级)	—	—

九、金融机构部

2000年12月29日，随着机构业务权重在对公业务中逐年提升，上海分行决定将从事机构业务的人员从市场营销部和第一支行分离出来，单独设立机构业务部。机构业务部是总行系统中第一家设立专营金融同业业务的部门，有员工12人，其中正、副总经理2人，总经理助理1人。

2001年4月20日，上海分行设立证券投资基金托管部上海分部(以下简称“托管分部”)，为机构业务部的二级部门，与机构业务部合署办公。

2002年，上海分行加强机构业务专业化经营，把机构业务部原营销团队按行业拆分为证券业务、保险业务、政府业务及综合业务等4个团队和1个托管分部。是年，分行业务部证券清算组划归机构部。

2005年7月21日，机构业务部更名金融机构部。8月，结合金融市场环境变化和同业客户族群扩容实际，调整经营管理架构和职能，设立证券业务科、保险业务科、综合业务科和托管清算科等4个科室。

2007年10月，按照总行代理保险业务实行分渠道管理要求，原由金融机构部集中统一管理的代理保险业务改由金融机构部、个金部分别管理。

2008年4月25日，托管分部从金融机构部划出，单设资产托管部。2014年4月，将承担的聚通资产池业务职责划至资产托管部。

截至2014年年末，金融机构部有员工22人，其中正副总经理4人。主要职责：根据总、分行金融机构业务发展要求，制定并组织实施金融机构业务发展规划和对外市场营销计划；组织管理分行机构业务，推动机构业务良性发展；营销重点机构客户，推介相应产品服务；研究机构业务发展，开拓新兴市场领域。

表2-2-35　2001—2014年交通银行上海(市)分行金融机构部负责人任职情况表

机构业务部(2000年12月—2005年7月)					
总　经　理		副　总　经　理		总　经　理　助　理	
姓　名	任职时间	姓　名	任职时间	姓　名	任职时间
江宗兰	2001年1月— 2005年3月	唐　捷	2001年1月— 2005年7月	钟　进	2001年1月— 2005年7月

（续表）

金融机构部（2005年7月—　）					
总经理		副总经理		总经理助理	
姓名	任职时间	姓名	任职时间	姓名	任职时间
田耕宇	2005年7月—	唐　捷	2005年7月—2005年11月	钟　进	2005年7月—2005年11月
—	—	钟　进	2005年11月—	魏砚君	2009年8月—2011年4月
—	—	沈　怡	2013年10月—	沈　怡	2011年5月—2013年10月
—	—	吴　晋	2014年6月—	—	—

十、资产托管部

2001年4月20日，上海分行设立证券投资基金托管部上海分部，业务受总行基金托管部管理和指导，行政关系隶属于分行机构业务部，与机构业务部合署办公，实行“两块牌子、一套班子”。

2008年4月25日，托管分部从金融机构部中分离出来，单独设立资产托管部。

截至2014年年末，资产托管部有员工60人，其中正副总经理2人。主要职责：根据总行资产托管部和上海市分行业务发展规划，按照有关会计核算准则及总、分行有关规章制度要求，落实各类托管资产、证券交易结算和代理客户的资金清算，以及托管资产的会计核算和交易监管等工作，确保托管资产资金清算、会计核算和交易监管等工作的正常开展。

表2-2-36　2001—2014年交通银行上海（市）分行资产托管部负责人任职情况表

证券投资基金托管部上海分部（2001年4月—2008年4月）					
经理		副经理		经理助理	
姓名	任职时间	姓名	任职时间	姓名	任职时间
唐　捷	2001年4月—2005年12月（兼）	—	—	—	—
田耕宇	2005年12月—2008年4月（兼）	—	—	—	—
资产托管部（2008年4月—　）					
总经理（高级经理）		副总经理（副高级经理）		总经理助理（高级经理助理）	
姓名	任职时间	姓名	任职时间	姓名	任职时间
马　俊	2008年5月—2010年8月	尹雪芬	2013年10月—	尹雪芬	2011年5月—2013年10月
沈　雁	2010年8月—	—	—	—	—

十一、零售信贷业务部

2014年6月24日，上海市分行为完善零售信贷管理体系，理顺零贷业务前中后台管理职能，设立零售信贷业务部(以下简称“零贷部”)。原由零管部承担的零售信贷业务前台营销职能划至零贷部。

截至2014年年末，零售信贷业务部有员工9人，其中正副总经理2人。主要职责：负责制订实施分行零售信贷业务经营发展计划和目标，制定相关考核制度，分解下达、督导完成年度零售信贷业务发展指标；制定落实全行零贷业务营销方案，营销渠道拓展、市场组织推广；负责零贷业务合作机构与合作项目的合作管理、日常监督、业务评价等；负责市场调研和客户分析，承担分行零售信贷产品、渠道和服务相关需求的上报、方案设计、创新研发等职责，组织和实施业务投放后的分析、评价、优化和完善，并承担投诉管理和服务提升等客户关系维护职责；负责分行零售信贷客户经理队伍建设，承担相关人员的绩效考核、技能培训等职责。

表2-2-37　2014年交通银行上海市分行零售信贷业务部负责人任职情况表

总经理		副总经理		总经理助理	
姓名	任职年月	姓名	任职年月	姓名	任职年月
严　俊	2014年6月—	赵雷珏	2014年9月—	赵雷珏	2014年6月—2014年9月

十二、资产保全部

2005年7月21日，上海分行为健全全面风险管理体系，构建风险控制长效机制，整合风险管理板块架构，按风险管理不同侧重面，将风险资产管理处分设为资产保全部和风险监控部，两部门合署办公。资产保全部内设审查审批科、综合管理科和清收保全科，有员工10人，其中高级经理1人(兼)。11月25日，资产保全部与风险监控部单独设立。

2006年2月6日，资产保全部按照风险管理要求，内设审查审批科、综合管理科和清收保全科。2007年5月，按照交通银行战略转型及上海分行业务发展要求，个贷中心不良贷款管理职能移交资产保全部。

截至2014年年末，资产保全部有员工17人，其中总经理1人。主要职责：负责组织、指导全行

表2-2-38　2005—2014年交通银行上海(市)分行资产保全部负责人任职情况表

总经理(高级经理)		副总经理(副高级经理)	
姓名	任职时间	姓名	任职时间
贺瑞康	2005年7月—2005年11月(兼)	余定发	2005年11月—2013年4月
樊　燊	2005年11月—2009年6月	—	—
杨　捷	2009年8月—	—	—

综合运用清收、重组、诉讼、抵债、出售、核销等保全和处置方式，化解和挽救不良资产、提前介入潜在风险资产等工作，直接介入全行大额不良资产保全和处置，应对处理资产安全类重大突发事件，指导全行开展资产安全类突发事件处置工作。

十三、资产管理部

2011 年 4 月，总行批准上海市分行以总行资产管理池分池的名义开展资产管理池业务，由金融市场部统一设置理财产品参数，并审定分池理财资产投资组合的投资范围和比例。上海市分行分池作为总行资产管理池整体业务的一部分，入池及运作模式，风险控制及合规性要求与总行资产管理池保持一致。

2014 年 4 月 16 日，上海市分行设立资产管理部。主要负责分行资产管理业务的牵头管理和日常运营工作。原资产负债管理部承担的相关资产管理业务职责及金融机构部承担的聚通资产池业务职责划至资产管理部。资产管理部内设 5 个岗位序列，其中产品管理岗、营销管理岗、投资交易岗为前台业务岗位，综合及风险管理岗、营运管理岗为中后台岗位。

截至 2014 年年末，资产管理部有员工 15 人，其中总经理 1 人。主要职责：负责牵头统筹管理上海市分行在授权范围内的表内外本外币资产管理业务，草拟资产管理业务发展规划和经营计划；拟定、完善分行资产管理业务各项规定、办法、操作规程及实施细则等；牵头在授权范围内对分行相关业务部门提出的产品设计、开发方案进行整合，上报总行审批；牵头制订资产管理业务产品的发行计划，负责对资产管理业务产品募集资金的运作，在授权范围内对分行资产管理业务各类资产进行投资管理；负责监控分行资产管理业务各类投资组合的投资比例限额、市场和流动性风险限额等指标；在授权范围内对资管部独立发起的，或由第三方合作机构推介的融资客户及项目进行尽职调查，负责分行资产管理业务交易监控；牵头分行资产管理业务突发事件的应急管理。

表 2-2-39　2014 年交通银行上海市分行资产管理部负责人任职情况表

总经理		副总经理	
姓　名	任职时间	姓　名	任职时间
邵　峻	2014 年 6 月—	—	—

十四、营运管理部

晚清，上海分行内设总账、总司账。总司账掌管出入账目，由总管理处直接延请，归经理和副理调度。总司账下设帮账、外司账，其中帮账为总司账的襄助，外司账负责一行出入的外账。帮账和外司账由经理会同总办协商选用。

民国 6 年（1917 年），上海分行作为一等分行，内设会计股、出纳股。会计股负责账簿记载事务，出纳股负责现款及兑换券出入，保存各项抵押品证据等事务。每股设主任 1 名，主持本股事务。每股有办事员、练习生若干。民国 17 年（1928 年）12 月，设有会计股、出纳股，各股设主任 1 名。其中会计股主任由总管理处派人充任，出纳股主任由分行自定。民国 26 年（1937 年）9 月，内设会计、内汇、出纳、钞券等股。民国 34 年(1945 年)12 月 15 日,调整内部机构,改汇款股为内汇股。

1949 年 11 月 1 日,上海分行正式复业,内设会计、出纳等课。会计课设稽核股、会计股,出纳课设内勤股、外勤股。

1958 年 3 月,上海分行与上海市财政局企业财会处合署办公,机构调整后保留会计科。

1987 年 1 月 3 日,上海分行设立会计出纳部,内设会计科、出纳科、综合科 3 个科室。

1990 年 7 月 27 日,上海分行撤销会计出纳部,设立财务会计处,负责全行业务管理。原会计出纳部业务职能分别移交给业务一部、二部。1991 年 9 月,增设综合科。1992 年 9 月,增设财务科。1994 年 9 月,增设结算科。2001 年 9 月,增设制度科。12 月,增设外汇会计管理科和出纳科。2002 年 9 月,撤销外汇会计管理科,其职能并入结算科。

2004 年 11 月 16 日,上海分行设立对公事后监督中心,为财务会计处二级部门,与财务会计处合署办公。2005 年 7 月,对公事后监督中心从会计结算部划出单列,同时更名为风险监督中心。

2005 年 5 月 8 日,上海分行撤销财务会计处,设立会计结算部。原财务会计处财务科职能并入预算财务部。会计结算部下设结算制度科、督导科、参数运营科,保留出纳科和综合科。

2012 年 8 月 1 日,会计结算部更名为营运管理部。

表 2-2-40 民国 20 年(1931 年)7 月交通银行上海分行会计股负责人情况表

姓　名	职　务	姓　名	职　务
谢家凤	襄理兼主任	—	—

表 2-2-41 民国 27 年(1938 年)交通银行上海分行会计股、内汇股、出纳股、钞券股负责人情况表

股　别	姓　名	职　务
会计股	冯振玉	主任
	庄鸿年	副主任
内汇股	张鸿基	主任
出纳股	武维瑜	主任
	高恩爵	副主任
	范学湘	副主任
钞券股	王茂基	主任

表 2-2-42 民国 34 年(1945 年)交通银行上海分行会计股、汇款股、出纳股负责人情况表

股　别	姓　名	职　务
会计股	何平远	副主任
汇款股	陈光霁	副主任
出纳股	杨中兴	主任
	王爵瀛	副主任

表 2-2-43　民国 35 年(1946 年)交通银行上海分行会计股、内汇股负责人情况表

股　别	姓　名	职　务
会计股	林植慧	主任
内汇股	鲍忠佑	主任

表 2-2-44　民国 37 年(1948 年)交通银行上海分行会计股、内汇股、出纳股负责人情况表

股　别	姓　名	职　务
会计股	唐编宏	主任
	林植慧	副主任
	胡家麟	副主任
内汇股	何平远	主任
	鲍忠佑	副主任
	戴鸿年	副主任
出纳股	杨中兴(兼)	主任
	王爵瀛	副主任
	王鉴堂	副主任

表 2-2-45　1949 年 11 月交通银行上海分行会计课、出纳课负责人情况表

课　室	姓　名	职　务
会计课	许纯杰	专员兼课长
	林植慧、袁裕宽	副课长
出纳课	杨中兴	襄理兼课长
	王鉴堂、张奕臣	副课长

表 2-2-46　1953 年 2 月交通银行上海分行会计科负责人情况表

科　室	姓　名	职　务
会计科	华　春	科长
	王敦济	副科长

表 2-2-47　1956 年 9 月交通银行上海分行会计科负责人情况表

科　室	姓　名	职　务
会计科	华　春	科长
	朱一泓	副科长

表 2-2-48　1987—2014 年交通银行上海(市)分行营运管理部负责人任职情况表

会计出纳部(1987 年 1 月—1990 年 7 月)					
经　理		副　经　理		经 理 助 理	
姓　名	任 职 时 间	姓　名	任 职 时 间	姓　名	任 职 时 间
陈宗俊	1988 年 12 月—1990 年 10 月(兼)	胡权裔	1987 年 6 月—1988 年 3 月	—	—
—	—	陈宗俊	1988 年 3 月—1988 年 12 月	—	—
—	—	汤大生	1988 年 3 月—1988 年 9 月	—	—
—	—	王若兰	1988 年 6 月—1991 年 3 月	—	—
财务会计处(1990 年 7 月—2005 年 5 月)					
处　长		副　处　长		处 长 助 理	
姓　名	任 职 时 间	姓　名	任 职 时 间	姓　名	任 职 时 间
陈宗俊	1990 年 10 月—1993 年 7 月(兼)	江宗兰	1993 年 4 月—1997 年 9 月	江宗兰	1992 年 4 月—1993 年 4 月
徐　骏	1993 年 12 月—1996 年 1 月	许耀根	1993 年 12 月—1995 年 6 月	许耀根	1993 年 7 月—1993 年 12 月
江宗兰	1997 年 9 月—2001 年 1 月	朱　健	1995 年 6 月—2002 年 8 月	俞一明	2001 年 3 月—2003 年 1 月
刘月冬	2001 年 1 月—2003 年 1 月	周　怡	1996 年 2 月—2001 年 2 月	—	—
唐　毅	2003 年 1 月—2005 年 7 月	俞一明	2003 年 1 月—2005 年 7 月	—	—
—	—	江明慧	2005 年 4 月—2005 年 7 月	—	—
会计结算部(2005 年 5 月—2012 年 8 月)					
高 级 经 理		副 高 级 经 理		高级经理助理	
姓　名	任 职 时 间	姓　名	任 职 时 间	姓　名	任 职 时 间
唐　毅	2005 年 7 月—2005 年 12 月	江明慧	2005 年 7 月—2006 年 8 月	干晔敏	2005 年 12 月—2006 年 9 月
王海东	2005 年 12 月—2009 年 5 月	干晔敏	2006 年 9 月—2009 年 3 月	何乃隽	2005 年 12 月—2006 年 9 月
李　樱	2009 年 5 月—2012 年 10 月	何乃隽	2006 年 9 月—2010 年 9 月	—	—
—	—	应　敏	2009 年 6 月—2012 年 4 月	—	—
—	—	郑　静	2011 年 5 月—2012 年 4 月	—	—
—	—	朱莹菁	2012 年 4 月—2012 年 8 月	—	—

〔续表〕

营运管理部(2012年8月—)					
总经理(高级经理)		副总经理(副高级经理)		总经理助理(高级经理助理)	
姓　名	任职时间	姓　名	任职时间	姓　名	任职时间
李　樱	2012年10月—	朱莹菁	2012年8月—	林　平	2012年8月— 2014年9月
—	—	林　平	2014年9月—	—	—

表2-2-49　2012年度交通银行上海市分行营运管理部获奖情况一览表

获奖单位	获奖名称	授予时间
营运管理部	上海市"三八红旗集体"	2013年3月

截至2014年年末,营运管理部有员工43人,其中正副总经理3人。主要职责:负责制定和落实分行营运管理和内控管理制度;负责组织全行本外币公司机构业务、零售现金业务的营运管理,维护营运生产系统的参数设置工作;负责组织营运操作风险管理工作,对营运流程设计和实施过程进行评价和考核,组织实施检查辅导及各类风险排查工作,牵头营运条线人员管理和组织开展培训,确保全行营运工作有序开展、安全运行。

十五、授信管理部

1990年7月27日,上海分行设立信贷管理处,内设综合科、管理科和授信科。1996年10月17日,增设风险资产管理科(对外称法律室),授信科更名为长期贷款管理科,管理科更名为短期贷款管理科。1999年7月22日,信贷管理处更名为授信管理处,有员工20人。2001年5月28日,内部机构调整为管理科、审查科和综合科。2005年7月21日,更名为授信管理部。

截至2014年年末,授信管理部有员工32人,其中正副总经理3人。主要职责:负责贯彻执行国家信贷政策,贯彻执行总行信贷政策、制度,完善授信业务办法,制定实施细则并组织实施;研究制订授信工作规划,调查分析授信业务投向,预测发展趋势,对全行各单位进行授信业务政策指导;开展对全行授信业务的审查、审批、贷后监督与检查;优化资源配置,调整信贷结构,控制和防范风险,提高资产质量。

表2-2-50　1990—2014年交通银行上海(市)分行授信管理部负责人任职情况表

信贷管理处(1990年7月—1999年7月)					
处　长		副处长		处长助理	
姓　名	任职时间	姓　名	任职时间	姓　名	任职时间
李惠珍	1990年10月— 1991年9月(兼)	方建华	1991年9月— 1992年12月	姜国庆	1992年4月— 1993年4月

〔续表〕

信贷管理处(1990年7月—1999年7月)					
处　长		副　处　长		处长助理	
姓　名	任职时间	姓　名	任职时间	姓　名	任职时间
方建华	1992年12月—1998年8月	姜国庆	1993年4月—1996年6月	林　骅	1999年3月—1999年7月
—	—	励敏捷	1996年6月—1998年8月	—	—
—	—		1998年8月—1999年7月(主持工作)	—	—
—	—	包力军	1996年6月—1999年7月	—	—
—	—	穆建军	1999年3月—1999年7月	—	—
授信管理处(1999年7月—2005年6月)					
处长(高级经理)		副处长(副高级经理)		处长助理	
姓　名	任职时间	姓　名	任职时间	姓　名	任职时间
励敏捷	1999年7月—2001年2月	穆建军	1999年7月—2005年7月	梁定云	2003年3月—2005年6月
缪惠芬	2001年1月—2003年1月	盛钧国	2001年1月—2003年4月	—	—
林　骅	2003年1月—2005年7月	戚慧康	2003年3月—2005年7月	—	—
授信管理部(2005年6月—　)					
总经理(高级经理)		副总经理(副高级经理)		总经理助理(高级经理助理)	
姓　名	任职时间	姓　名	任职时间	姓　名	任职时间
林　骅	2003年1月—2006年8月	穆建军	2005年7月—2005年12月	谢文军	2013年4月—2014年9月
汪永庆	2007年7月—2012年3月	戚慧康	2005年7月—2007年6月	—	—
苏海明	2014年4月—	孙　健	2005年11月—2009年6月	—	—
—	—	陈　德	2007年5月—2008年4月	—	—
—	—	沈黎鸣	2007年10月—2013年4月	—	—
—	—	苏海明	2009年6月—2012年3月	—	—
—	—		2012年3月—2014年4月(主持工作)	—	—

（续表）

授信管理部（2005年6月一　）					
总经理（高级经理）		副总经理（副高级经理）		总经理助理（高级经理助理）	
姓　名	任职时间	姓　名	任职时间	姓　名	任职时间
—	—	潘如茵	2012年3月—	—	—
—	—	谢文军	2014年9月—	—	—

十六、零售信贷管理部

2005年6月，上海分行进一步加强个人贷款业务统一管理，防范个人贷款操作风险，将私金部个人信贷科改建为个人贷款管理中心（以下简称“个贷中心”），隶属于私金部。该中心内设审查科、管理科、综合科。

2007年7月，上海分行推进小企业、个人信贷业务快速发展，设立零售信贷管理部（以下简称“零管部”），将个贷中心主要职能、授信管理部“展业通”授信审查职能及公司业务部“展业通”客户申请电子渠道移交零管部。

2013年6月，围绕“经营一体化、风控体系化、管理电子化”发展要求，零管部内设零售信贷授信审批中心，主要承担零售信贷业务审查、审批和授信管理等相关职能。

2014年6月24日，原由零管部承担的零贷业务前台营销职能划至零贷部。调整后的零管部承担零贷业务的中后台职能，主要负责零售信贷业务的授信审批与风险管理等工作，同时撤销零售信贷授信审批中心。

截至2014年年末，零售信贷管理部有员工29人，其中正副总经理3人。主要职责：负责制定分行零售信贷政策实施细则、工作规划及执行要点，监督指导业务政策的运行和实施；负责制定风险管理策略，建立和完善全行零售信贷内控及风险管理机制，修订和调整零贷授信授权管理制度及相应管控流程，承担工作监督、检查和指导职责；负责制定涉及零贷业务授信与风险管理的工作目标及考核制度、办法，分解下达、督导完成零贷业务授信与风险管理的考核指标；负责零贷业务授信审查、审批，零贷合作机构或合作项目准入评估、年度审核及授信评审，以及全行零贷业务创新的风

表2－2－51　2007—2014年交通银行上海（市）分行零售信贷管理部负责人任职情况表

总经理（高级经理）		副总经理（副高级经理）		总经理助理（高级经理助理）	
姓　名	任职时间	姓　名	任职时间	姓　名	任职时间
周　怡	2007年5月— 2012年4月	葛颂文	2007年5月— 2012年4月	赵雷珏	2011年4月— 2014年6月
严　俊	2012年4月— 2014年6月	陈　信	2009年3月—	—	—
胡　坚	2014年6月—	胡　坚	2013年6月— 2014年6月 （高级经理级）	—	—
—	—	顾建斌	2013年10月—	—	—

险评估及可行性评价，承担零售信贷审查委员会日常事务管理职责；负责零贷业务全过程的风险监控及应对管理，组织和督导全行开展贷后管理工作，承担全行资产质量管控及分支机构零售信贷管理职责。在分行授信风险管理分管行长领导下开展工作，定期或不定期向交通银行零管部和本行授信风险管理分管行长进行双线报告；负责零售信贷相关业务系统和工具的管理、运用和维护，承担数据统计、业务分析、信息报送等综合管理职责。负责与总行、监管机构以及相关合作单位的联络沟通；负责零贷授信风险岗位专业资质管理，承担相关人员准入考核、业务培训等职责。

十七、风险管理部

1997 年 9 月 18 日，上海分行为深化改革，加快发展，全方位、全过程对全行业务类资产进行风险识别、监控和评价，将风险资产管理科从信贷管理处划出，成立风险资产管理处，内设诉讼管理科、风险资产管理科、综合科 3 个科室。设正、副处长各 1 人。

1999 年 4 月 22 日，上海分行设立法律事务室，负责处理全行日常业务所涉及的法律事宜，与风险资产管理处合署办公。2005 年 4 月 30 日，与风险资产管理处分设，成立法律合规部。7 月 21 日，上海分行整合风险管理板块架构，把风险资产管理处分设为风险监控部和资产保全部，两部门合署办公。风险监控部内设管理信息科、风险检查科和风险监控科。11 月 25 日，风险监控部与资产保全部单设列。12 月 12 日，风险监控部调整内设机构，设立风险监控科和风险检查科。

2006 年 8 月 21 日，上海分行撤销放款中心，其相应职能与人员由授信部整体并入风险监控部。2007 年 5 月 28 日，根据交通银行战略转型和上海分行业务发展需要，原个贷中心信贷放款职能移交风险监控部。2008 年 12 月 16 日，风险监控部更名为风险管理部。

截至 2014 年年末，风险管理部有员工 47 人，其中正副总经理 4 人。主要职责：负责落实全面风险管理的职责，根据总行风险管理基本制度和政策，制定分行实施办法和细则，评估和报告本行整体风险管理状况，组织协调重大风险的专项化解，检查和评估有关部门具体风险管理工作。

表 2-2-52　1997—2014 年交通银行上海(市)分行风险管理部负责人任职情况表

风险资产管理处(1997 年 9 月—2005 年 7 月)					
处　长		副 处 长		处长助理	
姓　名	任职时间	姓　名	任职时间	姓　名	任职时间
方建华	1997 年 9 月—1998 年 8 月(兼)	潘积璐	1997 年 9 月—1998 年 8 月	余定发	2001 年 1 月—2003 年 6 月
贺瑞康	2003 年 3 月—2005 年 7 月	徐宏宝	1998 年 8 月—2000 年 4 月	俞　嵘	2003 年 6 月—2005 年 4 月
黄海波	2007 年 9 月—	沈　潇	2001 年 1 月—2002 年 4 月(主持工作)	—	—
—	—		2002 年 4 月—2003 年 3 月(正处级)	—	—

〔续表〕

风险资产管理处(1997年9月—2005年7月)					
处　长		副　处　长		处长助理	
姓　名	任职时间	姓　名	任职时间	姓　名	任职时间
—	—	贺瑞康	2001年1月—2003年3月	—	—
—	—	滕智力	2003年6月—2005年5月	—	—
—	—	王珏虹	2005年4月—2005年7月	—	—
—	—	俞　嵘	2005年4月—2005年7月	—	—
风险监控部(2005年7月—2008年12月)					
高级经理		副高级经理		高级经理助理	
姓　名	任职时间	姓　名	任职时间	姓　名	任职时间
贺瑞康	2005年7月—2007年9月	曾忠学	2005年11月—2008年12月	—	—
黄海波	2007年9月—2008年12月	崔亦赪	2006年8月—2008年12月	—	—
风险管理部(2008年12月—　)					
总经理(高级经理)		副总经理(副高级经理)		总经理助理(高级经理助理)	
姓　名	任职时间	姓　名	任职时间	姓　名	任职时间
黄海波	2008年12月—	曾忠学	2008年12月—2009年6月	—	—
—	—	崔亦赪	2008年12月—2011年3月	—	—
—	—	林蓉晖	2009年3月—	—	—
—	—	薛建明	2009年11月—2013年10月	—	—
—	—	孙　健	2011年5月—	—	—
—	—	陈春华	2013年4月—	—	—

十八、审计监督部

1950年4月，上海分行设立稽核科。

1987年1月3日，上海分行设立稽核室，主办稽查和审核分行各项业务和财务活动，保障银行业务的经营方针和各项规章制度的贯彻执行。1989年1月9日，稽核室与监察室合署办公。1991年5月，与监察室单设。2002年10月24日，更名为稽核处。2003年6月，总行改革稽核体制，实施分行稽核处负责人由总行派驻制度。2004 年 12 月 29 日，总行成立华东地区稽核部，直接对华东地区各行开展稽核检查，上海分行稽核处撤销。

2010 年 8 月 4 日，根据总行要求，上海市分行设立审计部，接受总行审计部(地区审计部协助)业务指导和分行党委直接领导，负责向总行审计部和分行行长双线报告。审计部负责人纳入总行委派干部管理范围，工作由总行审计部考核(地区审计部协助)。2012 年 1 月，风险管理部负责的信贷、非信贷不良资产责任认定职能及人员移交审计部管理。2014 年 6 月 18 日，更名为审计监督部。

截至 2014 年年末，审计监督部有员工 15 人，正副总经理 2 人。主要职责：负责对分行各单位和各项业务进行审计，督促全行对内部审计、外部检查发现问题实施整改；负责对全行各单位的内部控制进行评估、检查和综合评价；负责对全行各单位负责人实施经济责任审计，对分行信贷、非信贷不良资产实施责任认定，收集、分析、归纳和汇总各类审计信息，将工作开展情况和重要审计情况报告地区审计监督分局，同时向分行行长报告；负责与总行、监管机构以及相关单位的联络沟通。

表 2-2-53　1988—2014 年上海(市)分行审计监督部负责人任职情况表

稽核室(1988 年 3 月—1989 年 1 月)					
主　任		副 主 任		主 任 助 理	
姓　名	任 职 时 间	姓　名	任 职 时 间	姓　名	任 职 时 间
胡权裔	1988 年 12 月— 1989 年 1 月	胡权裔	1988 年 3 月— 1988 年 12 月	—	—
稽核室(监察室)(1989 年 1 月—1991 年 5 月)					
主　任		副 主 任		主 任 助 理	
姓　名	任 职 时 间	姓　名	任 职 时 间	姓　名	任 职 时 间
胡权裔	1988 年 12 月— 1991 年 5 月(兼)	史书元	1989 年 1 月— 1990 年 8 月	—	—
稽核室(1991 年 5 月—2002 年 10 月)					
主　任		副 主 任		主 任 助 理	
姓　名	任 职 时 间	姓　名	任 职 时 间	姓　名	任 职 时 间
胡权裔	1988 年 12 月— 1993 年 9 月	林敏杰	1992 年 12 月— 1993 年 10 月	—	—
王若兰	1995 年 6 月— 1997 年 9 月	王若兰	1993 年 7 月— 1995 年 6 月 (主持工作)	—	—
—	—	应祖民	1996 年 6 月— 2002 年 10 月 (主持工作)	—	—
—	—	龚龙妹	1997 年 9 月— 2002 年 4 月 (主持工作)	—	—
—	—		2002 年 4 月— 2002 年 10 月 (正处级)	—	—

〔续表〕

稽核室(1991年5月—2002年10月)					
主　　任		副　主　任		主 任 助 理	
姓　名	任 职 时 间	姓　名	任 职 时 间	姓　名	任 职 时 间
—	—	罗海娜	1997年9月—2002年3月	—	—
—	—	曹琪琪	1999年5月—2000年5月	—	—
—	—	潘积璐	2000年3月—2001年6月	—	—
—	—	王康丽	2002年2月—2002年10月	—	—
稽核处(2002年10月—2004年12月)					
处　　长		副　处　长		处 长 助 理	
姓　名	任 职 时 间	姓　名	任 职 时 间	姓　名	任 职 时 间
应祖民	2003年6月—2004年12月	应祖民	2002年10月—2003年6月(主持工作)	张国容	2003年10月—2004年12月
—	—	王康丽	2002年10月—2004年12月	—	—
审计(监督)部(2010年8月—　)					
总经理(高级经理)		副总经理(副高级经理)		总经理助理(高级经理助理)	
姓　名	任 职 时 间	姓　名	任 职 时 间	姓　名	任 职 时 间
马　俊	2010年8月—	黄　曙	2011年5月—2013年7月	—	—
—	—	王　寒	2013年3月—	—	—

十九、法律合规部

1990年7月，上海分行设立信贷管理处，内设管理科、授信科及综合科。其中管理科负责全行信贷业务中涉及法律非讼和诉讼事务。

1997年9月，上海分行以信贷管理处管理科为基础，设立风险资产管理处，内设法律事务科。负责对进入“两呆”高风险贷款进行逐笔检查，分析原因，提出转移、化解风险的具体措施；对拟进入诉讼程序的贷款作分析认定，并管理实施诉讼；组织、督导“两呆”贷款的清收；负责呆账贷款核销申报及核销后的贷款追索；指导辖属机构的清收工作。1999年5月12日，在风险资产管理处法律事务科基础上设立法律事务室，负责处理分行日常业务所涉及的法律事宜，与风险资产管理处合署办公。

2005年4月30日，上海分行建立合规管理体系，提高合规管理水平，保障各项业务健康发展，以法律事务室为基础设立法律合规部，内设法律事务科、合规管理科等2个科，有员工11人。2006

年 2 月 28 日，撤销法律事务科，分设为诉讼业务科、非讼业务科。

截至 2014 年年末，法律合规部有员工 12 人，其中总经理 1 人。主要职责：负责分行的法律事务工作，包括合同性文件审查、法律咨询、制定上海市分行格式合同、牵头管理全行诉讼案件及律师聘用、参与风险事件的处理和化解等；对全行业务规章制度进行合规性审查及后评估；牵头全行业务印章管理工作；开展转授权、合规报告、内部交易及关联交易等合规基础管理工作；牵头全行反洗钱工作；及时掌握外部法律法规及监管规定的变动情况并提出相关建议；收集、识别、揭示与经营管理有关的法律合规及洗钱风险；组织开展合规宣传与培训。

表 2-2-54 1999—2014 年交通银行上海(市)分行法律合规部负责人任职情况表

法律事务室(风险资产管理处)(1999 年 4 月—2005 年 4 月)			
主　任		副　主　任	
姓　名	任职时间	姓　名	任职时间
—	—	徐宏宝	1999 年 5 月—2000 年 4 月(兼)
法律合规部(2005 年 4 月—　)			
总经理(高级经理)		副总经理(副高级经理)	
姓　名	任职时间	姓　名	任职时间
王珏虹	2006 年 9 月—2009 年 8 月	王珏虹	2005 年 7 月—2006 年 9 月
俞　嵘	2011 年 3 月—	俞　嵘	2005 年 7 月—2009 年 8 月
—	—		2009 年 8 月—2011 年 3 月(主持工作)

二十、信息技术部

1987 年 1 月 3 日，电脑中心设立，负责全行电脑开发并指导应用，有员工 6 人，其中副主任 1 人。1988 年 4 月 28 日，设立应用一科、应用二科。应用一科下设对公、信贷应用组和设备维修组，应用二科下设储蓄应用组和外汇应用组。1989 年 3 月，增设应用开发科、应用管理科。1990 年 11 月，撤销应用一科、应用二科，增设硬件维修科、软件开发科。

1992 年 7 月 4 日，电脑中心更名为电脑处。1993 年 7 月 26 日，为理顺电脑开发与管理关系，电脑处调整内设机构，撤销原机构建制，设置综合技术科、运行科、设备科、微机科及开发科等 5 个科。1995 年 3 月，增设管理信息科。1996 年 10 月，增设业务应用科、中型机应用科。1999 年 10 月 13 日，增设系统网络科；业务应用科、中型机应用科分别更名为综合业务应用科及对私业务应用科。

2005 年 7 月 20 日，电脑处更名为信息技术部，负责分行信息化的规划、开发、建设、运行、维护、管理和安全工作。

截至 2014 年年末，信息技术部有员工 65 名，其中正副总经理 4 人。主要职责：负责制订分行电子化建设的长期规划、年度计划，制定有关制度、规定、标准，组织、指导软件开发和推广应用工作，指导和管理全行电子化建设的实施；负责全行信息设备的采购、安装、维修、维护服务等管理及技术支持；负责全行信息系统安全保护，采取各项有效措施，确保信息系统的安全。

图 2-2-2　2013 年 12 月 31 日,交通银行上海市分行信息技术部为全行年终决算顺利进行提供技术保障

表 2-2-55　1987—2014 年交通银行上海(市)分行信息技术部负责人任职情况表

电脑中心(1987 年 1 月—1992 年 7 月)					
主　任		副 主 任		主任助理	
姓　名	任职时间	姓　名	任职时间	姓　名	任职时间
—	—	金其佑	1987 年 6 月—1990 年 12 月	—	—
—	—	丁仁中	1990 年 8 月—1992 年 7 月	—	—
电脑处(1992 年 7 月—2005 年 7 月)					
处　长		副 处 长		处长助理	
姓　名	任职时间	姓　名	任职时间	姓　名	任职时间
陈嘉猷	1993 年 4 月—1998 年 8 月	丁仁中	1992 年 7 月—1993 年 12 月	赵卫纲	1998 年 8 月—2001 年 1 月
谢卫国	1998 年 8 月—2005 年 7 月	刘永祥	1994 年 11 月—1997 年 9 月	巩开南	1999 年 5 月—2001 年 2 月
—	—	谢卫国	1995 年 6 月—1998 年 8 月	吴　宇	2005 年 3 月—2005 年 7 月
—	—	邹滨津	1997 年 9 月—2005 年 7 月	蔡勤冰	2005 年 3 月—2005 年 7 月
—	—	崔希俊	1999 年 5 月—2003 年 12 月	—	—
—	—	赵卫纲	2001 年 1 月—2005 年 6 月	—	—

〔续表〕

信息技术部(2005年7月—)					
总经理(高级经理)		副总经理(副高级经理)		总经理助理(高级经理助理)	
姓 名	任职时间	姓 名	任职时间	姓 名	任职时间
谢卫国	2005年7月— 2008年1月	邹滨津	2005年7月— 2008年3月	吴 宇	2005年7月— 2006年9月
邹滨津	2008年3月—	吴 宇	2006年9月— 2014年12月	蔡勤冰	2005年7月— 2006年9月
—	—		2014年12月— (部门正职级)	张 炘	2009年3月— 2011年10月
—	—	张 炘	2011年10月—	何 涛	2009年3月— 2011年10月
—	—	潘 康	2011年10月— 2014年4月	潘 康	2009年3月— 2011年10月
—	—	何 涛	2011年10月— 2014年12月	—	—
—	—	周 刚	2014年12月—	—	—

二十一、电子银行部

2000年5月8日，上海分行成立客户服务中心。主要负责电话银行业务的管理，受理客户业务咨询、账务查询、投诉与建议，个人转账、外汇买卖、账务挂失及新品业务营销，开展与各业务管理处室的工作协调，并向有关职能部门快速反馈市场信息和客户需求。2001年5月21日，设立业务一科、业务二科、制度科和综合科。9月，开始承担总行客户服务中心职能。

2005年7月21日，上海分行设立电子银行部，与客户服务中心实行“两块牌子、一套班子”。电子银行部下设网银业务科、自助银行业务科、制度管理科、综合科及电话银行业务一科、电话银行业务二科等6个科。2006年8月25日，与客户服务中心单设，电子银行部承担客户服务中心业务指导职能。

截至2014年年末，电子银行部有员工53人，其中正副总经理3人。主要职责：按照总行经营管理和业务发展战略，研究和拟订分行电子银行业务的发展战略和发展规划；管理全行电子银行的运营，承担经营分析、成本控制和利润核算等工作，推动全行完成电子银行业务各项经营指标。

表2-2-56 2000—2014年交通银行上海(市)分行电子银行部负责人任职情况表

客户服务中心(2000年5月—2005年7月)					
主 任		副主任		主任助理	
姓 名	任职时间	姓 名	任职时间	姓 名	任职时间
赵 珊	2001年1月— 2005年7月	周红艳	2005年4月— 2005年10月	—	—

〔续表〕

电子银行部(客户服务中心)(2005年7月—2006年8月)					
高级经理(主任)		副高级经理(副主任)		高级经理助理(主任助理)	
姓　名	任职时间	姓　名	任职时间	姓　名	任职时间
赵　珊	2005年7月— 2006年8月(兼)	周红艳	2005年10月— 2006年8月	—	—
电子银行部(2006年月—　)					
总经理(高级经理)		副总经理(副高级经理)		总经理助理(高级经理助理)	
姓　名	任职时间	姓　名	任职时间	姓　名	任职时间
赵　珊	2006年8月— 2012年4月	鲁晓东	2011年10月—	鲁晓东	2009年3月— 2011年10月
葛颂文	2012年4月—	何自冬	2013年4月— 2014年6月	何自冬	2010年4月— 2013年4月
—	—	潘　康	2014年4月—	—	—

表2-2-57　2004—2006年度交通银行上海分行电子银行部获奖情况一览表

获奖单位	获奖名称	授予时间
客户服务中心座席组	2004年度总行级"青年文明号"	2005年11月
客户服务中心	交通银行第二届文明单位	2006年1月
	全国金融"五一劳动奖状"	2006年5月
电子银行部座席组	2005年度总行级"青年文明号"	2006年6月
	2006年度总行级"青年文明号"	2007年6月

二十二、监察室

1989年1月18日，上海分行设立监察室，与稽核室合署办公。1991年5月，与稽核室分设。1995年3月，增设监督检查科、案件管理科。

2014年12月2日，上海市分行成立巡察组。巡察组人员行政关系挂靠监察室，监察室承担巡察组日常行政工作。

表2-2-58　1989—2014年交通银行上海(市)分行监察室负责人情况表

监察室与稽核室合署办公(1989年1月—1991年5月)					
主　任		副主任		主任助理	
姓　名	任职时间	姓　名	任职时间	姓　名	任职时间
胡权裔	1989年1月— 1991年5月(兼)	史书元	1989年1月— 1990年8月	—	—

（续表）

监察室（1991年5月— ）					
主　任		副主任		主任助理	
姓　名	任职时间	姓　名	任职时间	姓　名	任职时间
石永德	1993年4月— 2000年5月	石永德	1990年8月— 1993年4月	朱羽兰	1993年4月— 1993年12月
马祖治	2000年6月— 2001年1月（兼）	朱羽兰	1993年12月— 1995年6月	—	—
李伟诺	2001年1月— 2007年8月	乔天虹	1999年5月— 2005年9月（正处级）	—	—
林雨盛	2007年8月— 2009年6月	王　昆	2014年12月—	—	—
王珏虹	2009年8月—	—	—	—	—

截至2014年年末，监察室有员工8人，其中正副主任2人。主要职责：负责落实分行党风廉政建设和反腐败工作及具体任务；实施对领导干部勤政廉政和执行政策纪律的监督，实施对员工执行法律法规和规章制度的检查；查处和防范经济犯罪案件和违纪违规案件，管理、监测和调查欺诈风险和事件，追究责任人员的责任；受理和处理信访举报和申诉案件，保护党员和员工合法权益。

二十三、保卫部

1987年1月3日，上海分行设立人事教育处，内设保卫科。保卫科承担守护分行金库、保卫江西中路200号大楼安全、维护正常工作秩序等职能。是月，金库武装守护班正式开始运作。

1987年6月，上海分行把保卫科从人事教育处划出，单独设立保卫处。1988年起，委托武装警察部队把守分行及网点金库。

1990年11月，上海分行成立经济民警大队，主要承担运钞车武装押运任务及监控（金库摄像、CK报警）等值班任务。1996年4月，委托启东市华武实业总公司守护分支行金库。1998年9月，与上海市保安服务总公司黄浦区二公司签订安保合同，由该司负责江西中路200号、中山南路99号两幢办公大楼门卫及营业场所安全。10月，将金库守护、押运钞车业务全部外包给上海市保安押运有限公司。2001年8月，增设综合管理科、治安防范科、安全技防科等3个科室。2005年4月，增设现金运送中心；7月，更名为保卫部。2006年8月，分行将原由保卫部负责的业务押运职能及其人员划归现金储运中心管理。2013年3月9日，与上海市保安服务总公司签订合同，由保安公司负责对现金储运中心每天24小时值守。

截至2014年年末，保卫部有员工14人，其中正副总经理2人。主要职责：负责制定分行安全保卫工作规划、制度和管理规定，并督促、指导和检查相关制度与规定的贯彻执行；组织协调做好防控抢劫、盗窃、诈骗、涉枪等案件和安全责任事故的发生，确保员工生命和银行资金安全的各项工作；负责维护全行日常工作稳定，制定应急预案并及时处置突发事件。

表 2－2－59　1987—2014 年交通银行上海(市)分行保卫部负责人任职情况表

保卫处(1987 年 6 月—2005 年 6 月)					
处　长		副　处　长		处长助理	
姓　名	任职时间	姓　名	任职时间	姓　名	任职时间
赵庆生	1990 年 8 月—1997 年 9 月	赵庆生	1987 年 7 月—1990 年 8 月	姚金虎	1993 年 4 月—1993 年 12 月
龚伯忠	1997 年 9 月—1998 年 8 月	姚金虎	1993 年 12 月—2001 年 1 月	—	—
姚金虎	2001 年 1 月—2005 年 7 月	辛继明	1999 年 3 月—2002 年 8 月	—	—
—	—	章　哲	2004 年 1 月—2005 年 7 月	—	—
保卫部(2005 年 6 月—　)					
总经理(高级经理)		副总经理(副高级经理)		总经理助理(高级经理助理)	
姓　名	任职时间	姓　名	任职时间	姓　名	任职时间
姚金虎	2005 年 7 月—2013 年 5 月	章　哲	2005 年 7 月—2006 年 8 月	楼　忠	2012 年 4 月—2013 年 10 月
刘　军	2013 年 5 月—	王丽华	2006 年 9 月—2007 年 10 月	—	—
—	—	曹稺冈	2007 年 10 月—2013 年 10 月	—	—
—	—	楼　忠	2013 年 10 月—	—	—

二十四、工会办公室

1992 年 8 月，中共交通银行党组批准上海分行建立中国金融工作交通银行上海分行委员会(以下简称“系统工会”)，系统工会下设办公室，为常设办事机构。1999 年 3 月，上海分行党委设立群众工作部，承担工会、团委、统战等工作，与系统工会办公室合署办公。2001 年 2 月，群众工作部撤销后，系统工会办公室、团委单独设置。2006 年 8 月，上海分行设立员工工作部。系统工会办公室和团委的人员并入员工工作部。2007 年 9 月 21 日，员工工作部更名为工会办公室。

截至 2014 年年末，工会办公室有员工 5 人，其中办公室副主任 1 人。主要职责：负责传达、贯彻落实分行党委、工会有关文件和会议精神，完成分行党委、工会领导交办的工作；做好员工维权、

表 2－2－60　1992—2014 年交通银行上海(市)分行系统工会办公室负责人任职情况表

主　任		副　主　任	
姓　名	任职时间	姓　名	任职时间
龚伯忠	1992 年 8 月—1997 年 9 月	王亚南	2011 年 5 月—（主持工作）
吴正存	1997 年 9 月—2003 年 11 月	—	—
茅晓佩	2004 年 3 月—2005 年 12 月	—	—
王建新	2005 年 12 月—2007 年 4 月	—	—
茅晓佩	2007 年 9 月—2011 年 5 月	—	—

困难员工生活补助等工作；开展宣传和信息报道工作；举办全行性员工文体娱乐活动；指导基层工会工作开展进行；完善全行员工福利工作。

二十五、行政部

1949年11月1日，上海分行复业后，内设文书科，下设文书、事务二股。事务股负责修建保养及管理分行行屋及设备，采购、请领、印制、保管、收发器具物料书类账表，编制各种费用预算决算，编制开支费用收支表及其传票，编制和发放工资津贴表，分配和管理工友，管理和指挥警卫和消防配备，调配和管理交通工具，拟具和呈核本股主办的函件，办理不属于其他科股的事务。

1987年1月，上海分行设立总务处，内设行政科、财务科。1988年5月，更名为行政处。1989年6月，增设接待科。1990年11月，增设总务科。1992年9月，增设基建科。1996年7月，增设房产管理科。1997年7月，增设综合管理科。1999年6月，房产管理科更名为网点建设科。

1993年3月，上海分行设立沪通实业公司，原由行政处负责的江西中路200号大楼物业、机动车辆管理等职能划归沪通公司。1996年4月19日，设立绍兴培训中心，隶属于行政处。1997年5月，设立无锡培训中心，隶属于行政处。2002年7月16日，上海分行成立集中采购领导小组，办公室设在行政处。

2000年6月，行政处调整内部机构，下设房产管理科、财务科和总务科。2005年7月，改称为行政部。2006年2月28日，增设综合管理科。6月，绍兴培训中心移交绍兴分行管理。9月，无锡培训中心移交交通银行总行管理。

2000年6月22日，上海分行设立后勤服务中心，隶属于行政部，整体接收原沪通公司职能和人员。2006年8月25日，撤销后勤服务中心，其相应职能与人员整体并入行政部；行政部网点机构管理职能划归个人金融业务部，凭证印制和配送职能及相关人员并入账务中心。截至2014年年末，行政部有员工58人，其中正副总经理3人。主要职责：负责处理分行行政事务，提供后勤保障；负责全行财产管理和办公设备、设施改造、更新和添置；负责房产购置和基建管理；协助各部门召开各类会务和日常接待工作；负责全行集中采购管理。

表2-2-61 1949年11月交通银行上海分行事务股负责人情况表

姓名	职务	姓名	职务
陈葆寿	课长	陈嘉生	副课长
—	—	沈时新	副课长

表2-2-62 1987—2014年交通银行上海分行行政部负责人任职情况表

总务处(1987年1月—1988年5月)					
处长		副处长		处长助理	
姓名	任职时间	姓名	任职时间	姓名	任职时间
—	—	赵庆生	1987年6月—1987年7月	—	—
—	—	蒋锡琦	1987年6月—1988年5月	—	—

〔续表〕

行政处(1988年5月—2005年6月)					
处　长		副　处　长		处长助理	
姓　名	任职时间	姓　名	任职时间	姓　名	任职时间
蒋锡琦	1990年8月—1994年3月	姚永南	1988年6月—1990年3月(主持工作)	卫益飞	2003年6月—2005年7月
马照生	1994年11月—1997年9月	蒋锡琦	1988年5月—1990年8月	—	—
王建新	2001年1月—2005年7月	徐琪福	1992年1月—1997年3月	—	—
—	—	马照生	1992年12月—1994年11月	—	—
—	—	王建新	1995年6月—2001年1月	—	—
—	—	张富荣	1997年9月—2003年2月	—	—
—	—	陈志德	1998年10月—2000年5月	—	—
—	—	孔林兴	2002年8月—2005年7月	—	—
—	—	吴正存	2003年11月—2005年7月	—	—

行政部(2005年6月—　)					
总经理(高级经理)		副总经理(副高级经理)		总经理助理(高级经理助理)	
姓　名	任职时间	姓　名	任职时间	姓　名	任职时间
王建新	2005年7月—2005年12月	孔林兴	2005年7月—	卫益飞	2005年7月—2006年9月
辛继明	2005年12月—2012年4月(兼)	吴正存	2005年7月—2006年8月	林　文	2010年4月—2012年8月
刘　军	2012年4月—	樊天勇	2005年12月—2006年8月	—	—
—	—	卫益飞	2006年9月—2009年6月	—	—
—	—	李伯超	2006年9月—2012年12月	—	—
—	—	满家荣	2006年9月—2011年3月	—	—
—	—	刘　军	2011年3月—2012年4月(主持工作)	—	—
—	—	林　文	2012年8月—	—	—

二十六、发展研究部

1991 年 9 月，上海分行设立调查研究部。1993 年 7 月，与办公室合署办公。1996 年 1 月，从办公室划出单列。1997 年 9 月 21 日，调查研究部撤销。

1999 年 7 月 8 日，按照总行调整业务管理体制要求，上海分行设立调研室。2000 年 6 月 15 日，撤销调研室，设立研究开发部。2005 年 7 月 21 日，更名为发展研究部。

图 2-2-3　2010 年 8 月 11 日，交通银行上海市分行开展上海市区域发展研究课题调研

截至 2014 年年末，发展研究部有员工 8 人，其中正副总经理 3 人。主要职责：负责理论与政策研究、体制改革与规划开发；通过对国际、国内经济金融信息的整理和对分行改革与发展所处环境的系统分析，制定符合分行业务发展的规划和方案，为分行决策部门提供前瞻性建议；牵头全行的创新工作。

表 2-2-63　1991—2014 年交通银行上海(市)分行发展研究部负责人任职情况表

调查研究部(1991 年 9 月—1997 年 9 月)					
主任(负责人)		副　主　任		主 任 助 理	
姓　名	任 职 时 间	姓　名	任 职 时 间	姓　名	任 职 时 间
何桂甫	1991 年 9 月—1993 年 7 月	钱菊红	1993 年 7 月—1994 年 11 月(兼)	—	—
夏克平	1996 年 1 月—1997 年 9 月	吴福生	1994 年 11 月—1996 年 1 月(兼)	—	—

〔续表〕

调研室(1999年7月—2000年6月)					
主　任		副　主　任		主任助理	
姓　名	任职时间	姓　名	任职时间	姓　名	任职时间
夏克平	1999年7月—2000年3月(兼)	—	—	—	—
曹安生	2000年3月—2000年5月	—	—	—	—
研究开发部(2000年6月—2005年7月)					
总　经　理		副总经理		总经理助理	
姓　名	任职时间	姓　名	任职时间	姓　名	任职时间
任才华	2000年6月—2003年2月	史　琦	2001年1月—2003年1月	史　琦	2000年6月—2001年1月
罗日军	2005年3月—2005年7月	罗日军	2002年2月—2005年3月	—	—
发展研究部(2005年7月—　)					
总经理(高级经理)		副总经理(副高级经理)		总经理助理(高级经理助理)	
姓　名	任职时间	姓　名	任职时间	姓　名	任职时间
罗日军	2005年7月—2007年3月	胡剑平	2006年9月—2007年10月	胡剑平	2005年11月—2006年9月
吴福生	2007年5月—2009年6月	杨　军	2010年10月—2014年9月	刘蜀曦	2009年3月—2011年10月
孟志芳	2009年6月—	崔亦赪	2011年3月—	苗俊华	2009年3月—2011年2月
—	—	刘蜀曦	2011年10月—	—	—

二十七、员工培育发展管理中心

1990年2月6日，上海分行增设培训中心(科级机构)，隶属于人事教育处。1992年7月25日，培训中心升格为处级单位，借用淞沪路611号南京军区江湾机场后勤场地作为教学场所，对全辖员工进行理论、实务培训。设主任室，下设教务科、教研科。1995年7月，培训中心增设办公室。8月，教研科更名为教研室。1998年5月7日，搬迁至赤峰路89弄1号4至8楼。2005年12月20日，培训中心办公室、教务科分别更名为综合管理科、电化教育科，教研室名称不变。2009年1月1日，更名为员工培育发展管理中心。2014年5月4日，上海市分行党校成立，由分行党委直接领导，与培育中心合署办公。

截至2014年年末，员工培育发展管理中心内设综合室、教研室、电教室。有员工17人，其中正副总经理2人。主要职责：负责制订分行教育培训工作具体计划、组织实施；负责教学设备日常维护和教育培训经费使用管理；负责各类培训项目设计、实施和评估，牵头做好培训课程开发维护，建立和完善主要岗位核心课程体系；组织和实施员工培育发展工作，牵头做好新员工培养推进工作；

图 2-2-4　1992年7月—1998年5月，交通银行上海分行培训中心淞沪路教学场所

负责全行培训培育工作制度建设，指导各单位开展培训培育工作，为全行各类培训、资格考试、员工培育等提供支撑，负责全行专兼职培训师队伍建设管理。

表 2-2-64　1992—2014年交通银行上海(市)分行员工培育发展管理中心负责人任职情况表

培训中心(1992年7月—2009年1月)					
高级经理(主任)		副高级经理(副主任)		高级经理助理(主任助理)	
姓　名	任职时间	姓　名	任职时间	姓　名	任职时间
乌维舟	1997年9月—1998年8月(兼)	刘兴祥	1992年8月—1993年12月	王珏虹	2004年6月—2005年4月
承纪福	1998年8月—2000年5月	张新屏	1993年7月—1993年12月	罗　晓	2004年6月—2005年4月
			1993年12月—1997年9月(主持工作)	—	—
张连华	2003年3月—2005年7月(兼)	丁仁中	1993年12月—1995年6月	—	—
张燕民	2005年7月—2005年11月(兼)	陈仁尧	1994年11月—1995年6月	—	—
林雨盛	2005年11月—2007年8月	张连华	1997年9月—1998年8月(常务副主任)	—	—

〔续表〕

培训中心(1992 年 7 月—2009 年 1 月)					
高级经理(主任)		副高级经理(副主任)		高级经理助理(主任助理)	
姓　名	任职时间	姓　名	任职时间	姓　名	任职时间
史兴祥	2007 年 8 月—2009 年 1 月	金红兵	1997 年 9 月—2003 年 2 月	—	—
—	—	徐　云	2001 年 1 月—2004 年 6 月	—	—
—	—	彭悦箐	2005 年 4 月—2005 年 11 月	—	—
—	—	罗　晓	2005 年 4 月—2009 年 1 月	—	—
员工培育发展管理中心(2009 年 1 月—　)					
总经理(高级经理)		副总经理(副高级经理)		总经理助理(高级经理助理)	
姓　名	任职时间	姓　名	任职时间	姓　名	任职时间
史兴祥	2009 年 1 月—2011 年 3 月	罗　晓	2009 年 1 月—2014 年 4 月	—	—
吴福生	2011 年 3 月—2012 年 12 月	王　昆	2009 年 6 月—2014 年 12 月	—	—
罗　晓	2014 年 4 月—	刘淑萍	2010 年 4 月—2012 年 4 月	—	—
—	—	陈　丹	2014 年 4 月—	—	—

二十八、业务处理中心

2000 年 5 月 8 日，上海分行设立账务中心。主要负责处理会计账务、资金清算和批量业务的操作，办理全行本外币同城交换票据业务，与中国人民银行、境内(外)同业业务往来，以及总行系统内分支行业务往来等。账务中心内设会计科、业务科、运行科、综合科等 4 个科室。有员工 114 名，其中正副主任 2 人，借用工 4 人，劳务派遣制人员 2 人，实习生 29 人。

2001 年 4 月 4 日综合业务系统上线后，业务量出现大幅增长，账务中心将业务科分拆为业务一科、业务二科。其中业务一科负责上海区域内交换提回集中处理，以及账务中心本部外币提回、本外币交换提出业务；业务二科主要负责承办电子汇兑系统(系统内联行)和中国人民银行天地对接系统(系统外联行)日常往来账核算及系统管理工作，以及账务中心本部交换提回转汇业务。

2004 年 11 月 29 日，浦东交银大厦现金库房移交账务中心统一管理。2005 年 4 月 4 日，大集中核心账务系统(一期)上线后，上海分行对组织架构进行再造，将账务中心会计科监督组业务及成员划归后督中心。7 月，增设会计核算科，负责处理银行卡中心移至账务中心的会计核算业务。10 月 27 日，增设业务三科，负责处理私人金融部移至账务中心的银行卡清算业务。12 月 15 日，预算财务部下设的报销中心划归账务中心。

2006年2月16日，国际业务部外币调运业务职能移交账务中心。28日，账务中心增设业务四科，负责处理离行式自助机具所用钞券出库、配款及装箱工作；增设库房业务科，负责总行外币现金调运，分行本外币现金领解、款项集中保管，以及中国人民银行代理发行基金保管库业务。8月25日，账务中心现金管理职能和人员并入现金储运中心，报销中心职能与人员并入预算财务部。行政部凭证印刷、配送职能，私金部打卡、制卡职能及人员并入账务中心。9月28日，外币现金调运业务职能划归现金储运中心。

2012年8月9日，上海市分行调整营运组织架构，账务中心更名为业务处理中心。2013年3月5日，业务处理中心“离行式自助机具账户处理”“上门服务账户处理”“现金调拨相关账户处理”及“分行凭证库房管理”职能划转至现金储运中心。

截至2014年年末，业务处理中心有员工65人，其中正副总经理3人。主要职责：负责分行后台集中会计核算和业务处理操作运行，贯彻落实营运管理制度、政策，开展同城交换、支付系统、电子交换等渠道类业务，以及银行卡业务清算、本外币业务、代理业务的会计核算和各类外挂系统处理，确保全行后台操作安全营运。

表2-2-65 2000—2014年交通银行上海(市)分行业务处理中心负责人任职情况表

账务中心(2000年5月—2012年8月)					
高级经理(主任)		副高级经理(副主任)		高级经理助理(主任助理)	
姓名	任职时间	姓名	任职时间	姓名	任职时间
唐毅	2000年10月—2003年1月	丁琍珺	2000年10月—2001年2月	龚燕萍	2011年4月—2012年8月
江振秀	2003年1月—2004年6月	王海东	2000年10月—2005年2月	—	—
	2004年6月—2005年2月	郑静	2005年7月—2009年6月	—	—
王海东	2005年2月—2005年12月	陈勇	2009年3月—2011年5月	—	—
沈雁	2005年11月—2010年8月	—	—	—	—
尹志刚	2010年8月—2012年8月	—	—	—	—
业务处理中心(2012年8月—)					
总经理(高级经理)		副总经理(副高级经理)		总经理助理(高级经理助理)	
姓名	任职时间	姓名	任职时间	姓名	任职时间
尹志刚	2012年8月—2014年12月	龚燕萍	2013年10月—	龚燕萍	2012年8月—2013年10月
何乃隽	2014年12月—	翟勤	2014年7月—		

二十九、风险监督中心

2004年11月16日，上海分行在杨浦区长阳路1180号设立对公事后监督中心，隶属于财务会计处，内设监督科、综合科等 2 个科室。2005 年 3 月，增设监督一科，撤销监督科。7 月，监督中心更名为风险监督中心并单独设置。10 月 27 日，增设监督二科。2013 年 6 月 22 日，迁至江西中路 200 号 6 楼办公。

截至 2014 年年末，监督中心有员工 67 人，其中正副总经理 2 人。主要职责：负责分行营运风险管理工作，及时上报发现的重大风险；对分行业务处理中心、现金储运中心、营业网点进行现场及非现场检查，负责对风险预警信息核实处理和重点业务监督及质量检查；承担全行会计凭证的扫描补录及银企对账的统计回收工作；配合做好服务规范的录像抽查工作。

表 2-2-66　2004—2014 年交通银行上海(市)分行风险监督中心负责人任职情况表

对公事后监督中心(2004 年 11 月—2005 年 7 月)					
主　任		副 主 任		主 任 助 理	
姓　名	任 职 时 间	姓　名	任 职 时 间	姓　名	任 职 时 间
江振秀	2005 年 2 月—2005 年 7 月	—	—	陈　勇	2005 年 2 月—2005 年 7 月
风险监督中心(2005 年 7 月—　)					
总经理(主任、高级经理)		副总经理(副主任、副高级经理)		总经理助理(主任助理、高级经理助理)	
姓　名	任 职 时 间	姓　名	任 职 时 间	姓　名	任 职 时 间
江振秀	2005 年 7 月—2006 年 8 月	陈　勇	2006 年 9 月—2009 年 3 月	陈　勇	2005 年 7 月—2006 年 9 月
江明慧	2006 年 8 月—2012 年 4 月	阙海萍	2009 年 6 月—	—	—
应　敏	2012 年 4 月—2014 年 12 月	—	—	—	—
尹志刚	2014 年 12 月—	—	—	—	—

三十、现金储运中心

晚清时期，上海分行内设总管库、管库等职位。总管库负责内外库房，下设库司账、管汇票、掌柜房、管纸币、管金银币生银、管铜币和管单据等。

民国 9 年(1920 年)2 月，上海分行迁入汉口路外滩 14 号大楼，金库设在地下室。

1986 年 10 月 25 日，上海分行开始在江西中路 200 号试营业，2 楼现金业务库投入试运行。1987 年 4 月 1 日正式开业后，启用现金业务库，由会计出纳部出纳科负责现金业务管理，保卫科负责守库工作。1988 年 10 月，现金业务库调整至 1 楼。

1990 年 7 月，上海分行撤销会计出纳部，由第二业务部承担现金业务库管理职能。1994 年 1 月，现金业务库改由业务部管理。1998 年 11 月 13 日，现金业务库迁至中山南路 99 号，由第一支行实施管理。

2000 年 5 月，现金业务库划归账务中心综合科管理。2005 年 4 月 27 日，为加强全行现金运送、上门服务和离行式自助设备装清钞业务规范化管理，防范操作风险，保卫处增设现金运送中心，负责分行营业网点早晚现金寄库箱、库房现金运送等,以及营业网点应急领现,同业、中国人民银行两库间现金调拨等现金接送工作。

2006年8月,上海分行设立现金储运中心,原保卫部业务负责押运职能与人员,以及原账户中心现金库房管理职能与人员一起并入现金储运中心。9月6日,在账务中心和会计结算部全程监督下,现金储运中心与账务中心完成现金实物、固定资产、文档资料及重要物品手续交接、清查和验收,以及现金账实分离的移账处理工作。是月,原由账务中心承担的分行外币调运职能划归现金储运中心管理。

2008年6月,现金储运中心开始承担上海黄金交易所实物黄金仓储保管和系统操作工作。2013年3月,上海分行将贵金属库和凭证库业务并入现金储运中心,相关的账务处理工作由业务处理中心同步调入。4月,上海市分行成为总行黄金进口口岸行,由现金储运中心承担总行进口实物黄金仓储保管业务。2014年9月,与上海自贸区建设相配套的上海黄金交易所国际板指定(保税)仓库正式开库运营后,由现金储运中心负责自贸区出入境黄金的报关、仓储保管和系统操作。

截至2014年年末,现金储运中心有员工144人,其中正副总经理3人。主要职责:负责全行各网点现金库箱接送,经营单位上门服务客户款单收送、现金清点及相关账务处理工作,负责全行离行式自助机具日常运行维护、现金清分装箱工作;负责各网点本外币、凭证及贵金属商品的接收、保管、配送、调拨及相关的账务处理等工作;承担总行外币调运中心职能;负责上海黄金交易所指定仓库、上海黄金交易所国际板指定仓库、总行进口黄金口岸行实物黄金仓储业务工作;代理中国人民银行发行库业务,以及人民币发行基金管理、调拨等职责。

表2-2-67　2006—2014年交通银行上海(市)分行现金储运中心负责人任职情况表

总经理(高级经理)		副总经理(副高级经理)		总经理助理(高级经理助理)	
姓　名	任职时间	姓　名	任职时间	姓　名	任职时间
章　哲	2006年8月—2013年4月	翟　勤	2006年9月—2014年7月	陈　峰	2009年3月—2011年10月
安海云	2013年4月—	陈　峰	2011年10月—	—	—
—	—	何勇民	2014年7月—	—	—

表2-2-68　2010年度交通银行上海市分行现金储运中心获奖情况一览表

获奖单位	获奖名称	授予时间
储运中心党支部	上海金融系统先进基层党组织	2011年6月

三十一、网点管理办公室

1986年上海分行重新开业初期,由办公室基层科牵头全行网点规划、选址、报批等工作。1994年,网点机构管理职能划入行政部网点科。2006年8月,由个金部承担全行网点机构管理职能。2007年,网点机构管理职能重新划归办公室。2008年6月,为优化网点战略布局,提高网点资源利用效率,改变网点建设“分散操作、多头管理”局面,更好地促进各项业务发展,上海分行单设网点管理办公室(以下简称“网点办”),负责全行网点建设和管理工作。网点办所属职位挂靠在办公室相应职位架构下,对内属于独立运行的部门,由分行分管副行长兼任该办主任,有员工13人,其中正副主任2人、主任助理1人。2009年,为加强对上海世博会服务,增设世博园区网点建设职能。2010年10月,上海世博会结束后,世博园区网点建设职能被取消。

截至2014年年末,网点管理办公室有员工12人,其中正副主任3人。主要职责:编制分行网点建设规划;组织评估全行网点设立、迁址、关闭、改造等网点建设事宜,办理向总行、上海银监局相关申报手续,负责全行网点证照管理;组织、协调和推进全行网点建设工作,协调经营单位完成新设网点开业的各项工作。

表2-2-69 2008—2014年交通银行上海(市)分行网点管理办公室负责人任职情况表

主任		副主任		主任助理	
姓名	任职时间	姓名	任职时间	姓名	任职时间
郑良玉	2008年6月—2009年6月(兼)	胡剑平	2008年7月—	张德明	2008年6月—2009年11月
张建平	2009年6月—	张德明	2009年11月—	—	—

表2-2-70 1987—2014年交通银行上海(市)分行经营管理部门变更情况表

时间	设立部门	撤并/拆分/合并部门	撤并/拆分/合并后设立部门	名称变更部门
1987年1月	办公室、稽核室、电脑中心、人事教育处、总务处、会计出纳部、信贷一部、信贷二部、外汇业务部	—	—	—
1987年6月	保卫处、房产业务部	—	—	—
1987年9月	综合计划部、外汇信贷部	—	—	—
1987年11月	保险业务部	—	—	—
1987年12月	—	—	—	房产业务部更名为房地产业务部
1988年5月	—	—	—	总务处更名为行政处
1988年10月	信贷三部	拆分:外汇业务部	设立:外汇进出口部、外汇存汇部	—
1989年1月	监察室	—	—	—
1989年8月	储蓄业务部	—	—	—
1990年7月	外商台商投资咨询服务部	撤销:会计出纳部、储蓄部、信贷一部、信贷二部、信贷三部	设立:财务会计处、储蓄处、信贷处、第一营业部、第二营业部	综合计划部更名为综合计划处
1991年3月	—	—	—	第一营业部更名为业务一部,第二营业部更名为业务二部

〔续表〕

时 间	设 立 部 门	撤并/拆分/合并部门	撤并/拆分/合并后设立部门	名称变更部门
1991 年 4 月		撤销：保险业务部	—	—
1991 年 9 月	外汇管理处、调查研究部、思想政治工作办公室	—	—	—
1992 年 7 月	培训中心	—	—	电脑中心更名为电脑处
1992 年 10 月	—	合并：业务一部、业务二部	设立：业务部	—
1992 年 12 月	—	—	—	房地产业务部更名为房地产信贷部
1993 年 4 月	信用卡业务部	—	—	—
1993 年 7 月	—	合并：办公室、调查研究部	设立：办公室	—
1993 年 12 月	营业处	合并：外汇信贷部、业务部	设立：业务部	—
1996 年 1 月	—	拆分：办公室	设立：办公室、调查研究部	—
1997 年 9 月	风险资产管理处	撤销：调查研究部、外商台商投资咨询服务部	设立：市场开发部	储蓄处改称为私人金融处
1998 年 10 月	—	撤销：营业处	—	—
1999 年 3 月			思想政治工作办公室	
1999 年 4 月	法律事务室	—	—	信贷处更名为授信管理处
1999 年 7 月	—	撤销：市场开发部	设立：市场营销部、调研室	—
2000 年 5 月	客户服务中心、账务中心	—	—	—
2000 年 6 月	—	撤销：调研室	设立：研究开发部	—
2000 年 9 月	—	撤销：私人金融处、信用卡业务部	设立：私人金融业务部、银行卡中心	—
2000 年 10 月	—	撤销：外汇进出口部、外汇存汇部	设立：国际结算中心	—
2000 年 12 月	机构业务部	—	—	—
2001 年 4 月	证券投资基金托管部分部	—	—	—
2002 年 10 月		—	—	稽核室更名为稽核处
2002 年 12 月	放款中心	—	—	—
2004 年 9 月	—	—	—	人事教育处更名为人力资源管理部

〔续表〕

时　间	设 立 部 门	撤并/拆分/合并部门	撤并/拆分/合并后设立部门	名称变更部门
2004 年 11 月	对公事后监督中心	—	—	—
2004 年 12 月	—	撤销：稽核处	—	—
2005 年 2 月	—	—	—	市场营销部更名为公司业务部
2005 年 4 月	—	撤销：法律事务室	设立：法律合规部	—
2005 年 5 月	—	撤销：财务会计处	设立：会计结算部	—
2005 年 6 月	个人贷款管理中心、后勤服务中心	撤销：综合计划处	设立：预算财务部	—
2005 年 7 月	电子银行部、企业文化部	拆分：风险资产管理处	设立：风险监控部、资产保全部	电脑处更名为信息技术部,保卫处更名为保卫部,行政处更名为行政部,授信管理处更名为授信管理部,机构业务部更名为金融机构部,研究开发部更名为发展研究部,对公事后监督中心更名为风险监督中心
2005 年 8 月	企业文化部	—	—	—
2006 年 8 月	现金储运中心、员工工作部、客户服务中心	撤销：企业文化部、放款中心、后勤中心	—	私人金融业务部更名为个人金融业务部
2007 年 7 月	零售信贷管理部	撤销：客户服务中心	—	—
2007 年 9 月	资产负债管理部	—	—	员工工作部更名为工会办公室
2008 年 5 月	资产托管部	—	—	—
2008 年 7 月	网点管理办公室	—	—	—
2008 年 12 月	—	—	—	风险监控部更名为风险管理部
2009 年 1 月	—	—	—	培训中心更名为员工培育发展管理中心
2009 年 2 月	—	撤销：银行卡中心	设立：银行卡业务部	—
2010 年 8 月	审计部	—	—	—
2012 年 8 月	—	—	—	会计结算部更名为营运管理部,账务中心更名为业务处理中心
2014 年 4 月	资产管理部	—	—	—
2014 年 6 月	零售信贷业务部	—	—	审计部更名为审计监督部

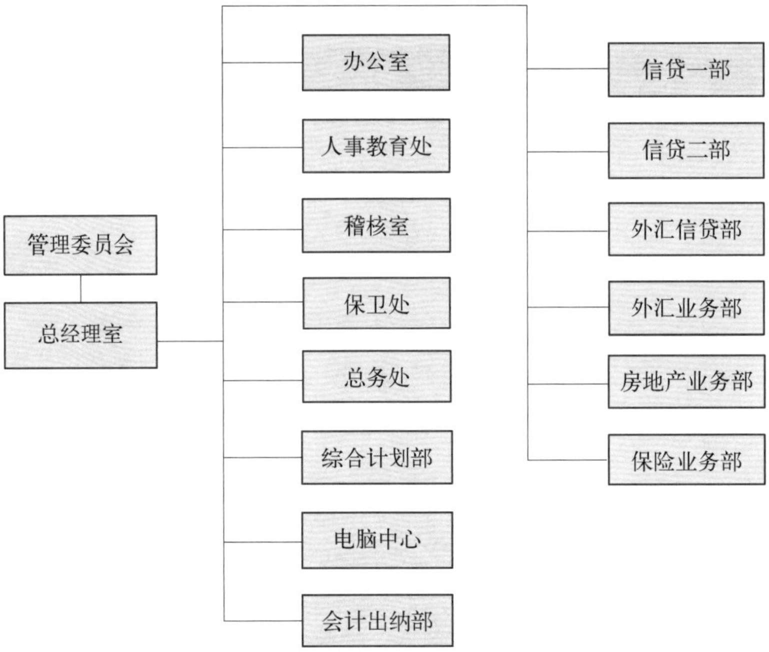

图2-2-5　1987年交通银行上海分行组织架构图

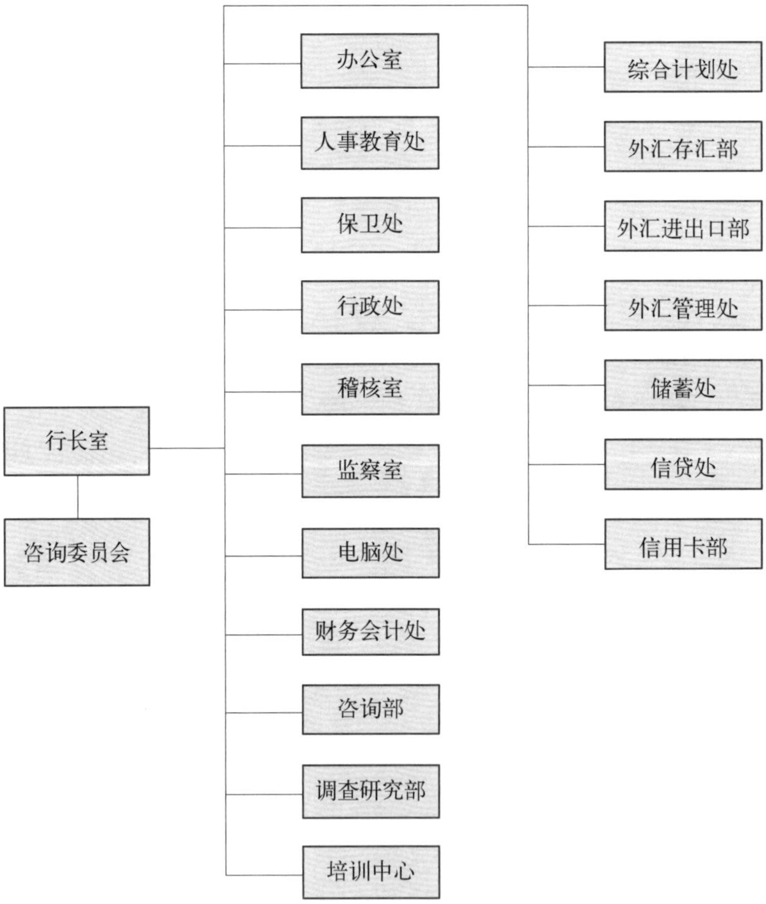

图2-2-6　1994年交通银行上海分行组织架构图

图 2－2－7　2014 年交通银行上海市分行组织架构图

第三章　所属机构

为更好地服务国家经济建设，交通银行上海分行在各个历史阶段，坚持集约化经营原则，合理布局经营机构，履行管辖行职责，拓展商业银行业务。特别是1986年10月开业后，机构设置上，探索按经济区域设立网点，先后在江、浙两省设置了12家分（支）行，形成以上海经济区为中心，业务辐射江苏南部、浙江东部等城市的机构网络；同时按照集约化经营原则，在上海市内建立了135家营业机构，实现对全市行政区域的全覆盖。业务经营上，开办保险、证券、房地产等综合性业务，建立起商业银行基本框架，向社会各界提供全方位、灵活多样的金融服务，支持区域经济发展。

第一节　市内支行

民国19年(1930年)，上海经济进一步兴盛，带动了上海分行业务发展。为应对逐渐繁忙的业务，开始在市内设置4家办事处。

民国26年(1937年)9月，抗战全面爆发后，总管理处重新设立上海一等分行，并将市内南京路、民国路、提篮桥、北站界路及静安寺等5家支行划归上海分行管辖。

民国28年(1939年)7月，因时局不稳，经济下行，上海分行撤销了提篮桥支行、北站界路支行建制。民国30年(1941年)1月，随着业务发展，设立霞飞路支行(后改称林森路支行)，民国35年(1946年)，增设虹口支行及静安曹家渡、虹口提篮桥2家办事处。

截至民国38年(1949年)5月末，上海分行辖有南京路、民国路、静安寺、林森路、虹口等5家支行，静安曹家渡、虹口提篮桥2家办事处及上海仓库1所。

1949年5月上海解放后，上海分行及其管辖的行处及仓库由上海市军事管制委员会接管。11月，复业后，继续从事商业银行业务。1950年4月，根据上级有关决定，将存、储、汇、仓库业务及短期存贷款业务，连同所辖南京路支行、民国路支行、静安寺支行、林森路支行、虹口支行5家支行和静安曹家渡、虹口提篮桥2家办事处及其人员全部移交中国人民银行上海分行，专门从事清理上海解放前金融系统内投资单位的公股股权等工作。

1988年，上海分行网点设置按照“大中小结合，以中小型为主；中心闹市区和经济开发区相结合，以闹市区为主；综合性和单一性相结合，以综合性为主；远期规划和近期建设相结合，以近期建设为主”的原则，先后在上海闵行、宝山、静安、杨浦等行政区域内设置了营业机构，初步在全市范围内建立起结算营销网络。

1990年12月，上海分行响应国务院开发、开放浦东的号召，在浦东新区设立浦东分行，参与浦东开发开放建设。

1995年，上海分行抓住实体经济由中心城市区转至郊区的契机，及时在松江、嘉定地区设立营业机构。

进入21世纪，围绕上海区域经济的结构变化，上海分行在进一步增强和调整中心城区网点设置的同时，加快在远郊区县布局网点。2002年起，先后在青浦区、南汇区、临港新城、金山区、崇明县等设立营业机构。

截至2014年年末，上海市分行在全市设有135个营业网点(分行营业网点内容详见第十一篇“经营单位”第一章“上海解放前市内营业机构”、第二章“上海解放后市内营业机构”)，实现营业机构对上海市行政区域的全覆盖。

表2-3-1　2014年年末交通银行上海市分行营业机构情况表

序号	机构名称	所属机构	设立日期	机构地址
1	分行营业部	营业室	1987年4月1日	江西中路200号、222号
2		北京西路支行	2005年3月18日	北京西路93号
3		南京东路支行	2011年12月19日	南京东路80号
4	第一支行	营业室	1998年10月13日	中山南路99号
5	闵行支行	营业室	1988年1月6日	文井路145号
6		春申支行	1991年12月16日	畹町路99弄178号
7		莘庄支行	1995年3月9日	莘谭路82号
8		鹤庆支行	1998年1月5日	鹤庆路258号
9		七宝支行	2004年5月31日	七莘路2978号
10		南方商城支行	2006年6月1日	沪闵路7876号胜富仁大厦1层
11		虹梅支行	2009年3月16日	虹梅路3208号
12		古美支行	2012年5月22日	漕宝路1495号底层
13	宝山支行	营业室	1988年7月18日	淞滨路146号
14		真华路支行	1989年12月28日	大华二路281～295号
15		共康支行	1990年6月27日	共康路355号
16		三门路支行	1991年2月6日	三门路486～488号
17		长江西路支行	1992年9月24日	长江西路2231～2235号
18		场中路支行	1993年8月24日	新市北路1529号
19		牡丹江路支行	1994年9月20日	牡丹江路1577号底层
20		罗店支行	1997年12月18日	罗店镇罗溪路42号1～2层
21		杨行支行	2008年2月28日	水产路2566号1～2层、2568号1～2层
22		顾村支行	2012年4月5日	顾北路683～685号
23		大场支行	2013年8月22日	纬地路328号1层、338号1层
24	市西支行	营业室	1999年12月15日	江宁路338～350号
25		静安支行	1988年8月3日	北京西路1818号
26		中山北路支行	1990年4月10日	武宁路360号
27		期货大厦支行	1991年9月9日	松林路300号
28		物贸大厦支行	1991年11月23日	中山北路2550号
29		威海路支行	1995年9月7日	威海路323号

〔续表〕

序号	机构名称	所属机构	设立日期	机构地址
30	市西支行	曹杨支行	1996年10月30日	兰溪路168号
31		光新路支行	1997年7月31日	中山北路2000号
32		长寿路支行	2000年1月25日	长寿路818弄2～6号
33		长风支行	2012年4月16日	大渡河路168弄26栋102室
34		铜川路支行	2012年8月15日	铜川路68号113室
35	杨浦支行	营业室	1988年8月3日	长阳路1315号
36		许昌路支行	1990年6月27日	平凉路600号
37		吉浦路支行	1991年12月9日	吉浦路296号
38		开鲁路支行	1993年6月2日	开鲁路311号
39		鞍山路支行	1994年7月25日	本溪路288～290号
40		控江路支行	1995年11月21日	隆昌路767号
41		五角场支行	1996年12月23日	国顺东路1000号
42		同济支行	1998年5月7日	彰武路41号
43	长宁支行	营业室	1989年7月19日	江苏路502弄1号
44		娄山关路支行	1991年8月9日	长宁区娄山关路555号
45		番禺路支行	1993年1月20日	长宁区番禺路279号
46		金沙江路支行	1993年7月2日	金沙江路1678号101、201室
47		顺义路支行	1993年8月19日	顺义路62～68号
48		古北新区支行	1996年12月23日	水城南路42～46号
49		威宁路支行	1999年8月23日	威宁路410号
50		黄金城道支行	2000年7月12日	伊犁南路435～437号
51		虹康支行	2001年12月12日	剑河路577号
52		虹桥支行	2010年7月2日	仙霞路18号
53	虹口支行	营业室	1989年3月23日	四平路263号
54		北外滩支行	1992年3月19日	东大名路879号
55		广灵支行	1993年3月16日	凉城路197～201号
56		四川北路支行	1996年2月7日	四川北路2121号
57		曲阳路支行	1996年11月12日	曲阳路858号
58		武昌路支行	1997年8月6日	四川北路818号
59		凉城支行	1998年10月28日	车站北路616号底层A、2层A
60		中远两湾城支行	2000年1月24日	中潭路100弄6号
61		大连路支行	2012年6月14日	大连路825～829号

〔续表〕

序号	机构名称	所属机构	设 立 日 期	机 构 地 址
62	浦东分行	营业室	1990年12月13日	世纪大道1168号B座
63		六里支行	1992年7月31日	昌里路105号
64		陆家嘴支行	1993年9月17日	浦东南路766号
65		南浦支行	1994年4月22日	昌里东路465号
66		交银大厦支行	1995年1月19日	东园路158号
67		东方路支行	1996年6月20日	浦建路15号
68		浦东海关支行	1996年9月6日	陆家嘴西路153号
69		民生路支行	1998年1月5日	羽山路373号
70		凌兆支行	1999年12月15日	灵岩南路1020号
71		玉兰路支行	2000年7月12日	玉兰路291～299号
72		联洋支行	2001年12月11日	迎春路1123号
73		环龙路支行	2004年1月6日	环龙路55号
74		梅花路支行	2007年6月20日	梅花路943号
75		北蔡支行	2010年3月19日	北中路215号
76		康桥支行	2012年11月29日	沪南路2579号1～2层
77	徐汇支行	营业室	1995年8月30日	衡山路20号
78		漕河泾支行	1990年12月31日	宜山路900号
79		田林支行	1994年3月23日	田林东路588号
80		南丹东路支行	1995年8月28日	南丹东路195～201号
81		宜山路支行	1995年7月11日	宜山路508号
82		天钥桥路支行	1997年7月16日	天钥桥路93号
83		斜土路支行	2001年6月15日	斜土路2426号
84		肇嘉浜路支行	2002年6月4日	肇嘉浜路798号
85		浦江高科技园支行	2012年12月26日	陈行路2388号1幢1层111～116室
86	闸北支行	营业室	1990年12月31日	汉中路188号
87		共和新路支行	1991年5月24日	共和新路2400号
88		虹桥枢纽支行	1993年10月25日	申昆路1500号申虹国际大厦A座DF405室
89		市北工业区支行	1994年12月28日	江场西路532号
90		彭浦新村支行	1997年7月25日	汾西路388号
91		大华支行	2000年8月10日	新沪路1151号
92		芷江路支行	2001年10月8日	芷江西路377号
93		延长路支行	2013年10月23日	延长中路568号底层

〔续表〕

序号	机构名称	所属机构	设立日期	机构地址
94	黄浦支行	营业室	1993 年 9 月 23 日	淮海东路 99 号
95		新昌路支行	1998 年 3 月 2 日	新昌路 465～471 号
96		大桥支行	1994 年 6 月 28 日	大兴街 42 号
97		南京西路支行	1994 年 3 月 29 日	南京西路 388 号
98		西藏南路支行	1989 年 9 月 26 日	西藏南路 1441 号
99		瑞南支行	2001 年 11 月 28 日	斜土路 838 号
100		北京东路支行	2001 年 12 月 11 日	北京东路 668 号
101		陕西南路支行	2008 年 8 月 1 日	肇嘉浜路 182 号
102	新区支行	营业室	1993 年 9 月 24 日	新金桥路 230 号
103		高化支行	1991 年 7 月 15 日	五莲路 249 号
104		川沙支行	1994 年 6 月 20 日	川沙镇新川路 386 号
105		德平路支行	1994 年 9 月 22 日	德平路 96 号
106		金杨路支行	1997 年 7 月 25 日	金杨路 461 号
107		张江支行	2000 年 12 月 19 日	松涛路 560 号
108		金桥湾支行	2000 年 6 月 9 日	长岛路 1131～1143 号
109		巨峰路支行	2009 年 3 月 30 日	巨峰路 275 号
110		祝桥支行	2013 年 3 月 13 日	祝桥镇金亭公路 563～579 号
111	松江支行	营业室	1995 年 1 月 5 日	人民北路 227 号
112		松江工业区支行	1996 年 1 月 23 日	松东路 262～268 号
113		新松江路支行	2001 年 12 月 11 日	新松江路 1188 弄 102 号
114		九亭支行	2010 年 4 月 12 日	沪亭北路 738 号
115		泗泾支行	2012 年 9 月 5 日	鼓浪路 798 号
116		新桥支行	2013 年 12 月 6 日	新桥镇新中街 57～65 号
117	嘉定支行	营业室	1995 年 7 月 6 日	城中路 68 号
118		南翔支行	1996 年 11 月 3 日	南翔镇民主街 291～295 号
119		安亭支行	2001 年 12 月 11 日	安亭镇新源路 818 号
120		丰庄支行	2010 年 3 月 30 日	丰庄北路 399 号 107 室
121		江桥支行	2012 年 11 月 14 日	华江路 860～864 号
122	奉贤支行	营业室	1991 年 12 月 16 日	南桥镇人民中路 200 号
123		化学工业区支行	2003 年 1 月 29 日	目华路 201 号
124		奉浦支行	2009 年 12 月 21 日	环城东路 654～656 号
125	青浦支行	营业室	2002 年 12 月 27 日	公园路 348 号
126		徐泾支行	1998 年 5 月 7 日	徐泾镇京华路 111 号
127		华新支行	2014 年 2 月 21 日	华新镇新府中路 1708 号

〔续表〕

序号	机构名称	所属机构	设 立 日 期	机 构 地 址
128	临港新城支行	营业室	2006 年 11 月 22 日	临港新城新元南路 555 号
129		三林支行	2001 年 9 月 21 日	永泰路 1205 号
130		南汇支行	2003 年 6 月 6 日	惠南镇城东路 300 号
131		周浦支行	2010 年 3 月 15 日	周浦镇康沈路 1559～1569 号
132	金山支行	营业室	2011 年 7 月 6 日	卫清西路 40～70 号(双)
133		朱泾支行	2014 年 12 月 4 日	朱泾镇金龙新村 501 号底层
134	崇明支行	营业室	2012 年 7 月 6 日	城桥镇新崇南路 28 号
135	自贸试验区分行	营业室	1993 年 4 月 13 日	浦东新区外高桥保税区马吉路 2 号

第二节　辖 属 机 构

上海分行作为交通银行首批成立的分行之一，于清宣统三年二月(1911 年 3 月)，开始形成辖属机构组织，交通银行第一个坐庄——无锡坐庄设立后隶属上海分行。九月(10 月)，江宁试办分行，由南京迁移上海，业务并入上海分行。

民国元年(1912 年)5 月，交通银行将原设试办分行、分号及坐庄相继改组分行或汇兑所。

民国 5 年(1916 年)，在经历第一次停兑风潮之后，交通银行推行旨在加强分行独立经营地位的改革，并于民国 6 年(1917 年)，改定营业机关的组织系统，始设支行。2 月，始订《分行、支行、汇兑所暂行章程》，厘定分行、支行、汇兑所之间的等级关系。明确上海分行及京行、津行、汉行、港行、星行 6 行为一等分行。4 月，交通银行重新开兑时，将原在南京设立的浦口分行改为南京一等支行(简称“宁行”)，与无锡、扬州、苏州、徐州、镇江、清江浦、杭州、宁波等行均划归上海分行管辖。

表 2-3-2　民国 5 年(1916 年)交通银行上海分行辖属机构情况表

行　名	设 置 时 间	附　　注
浦口分行	民国 2 年(1913 年)1 月	清宣统三年九月(1911 年 10 月)，江宁试办分行(简称“陵行”)迁沪，业务并入上海分行。民国元年(1912 年)8 月，陵行裁撤。民国 2 年(1913 年)1 月，于下关设浦口分行。2 月 28 日，开业，简称浦行，隶上海分行
扬州分行	民国 2 年(1913 年)1 月	民国 2 年(1913 年)1 月，扬州分行在苏昌街开业，简称扬行，隶上海分行。6 月，移至新城内左卫街
无锡分行	民国 2 年(1913 年)3 月	清宣统三年二月(1911 年 3 月)，无锡坐庄设立，隶上海分行。民国 2 年(1913 年)3 月，改设无锡三等分行。4 月 1 日，开业，简称锡行，隶上海分行
马长汇兑所	民国元年(1912 年)12 月	
镇江汇兑所	民国 2 年(1913 年)6 月	
清江浦汇兑所	民国 3 年(1914 年)6 月	
苏州汇兑所	民国 3 年(1914 年)	
蚌埠汇兑所	民国 3 年(1914 年)	

民国7年(1918年)2月,上海分行在常熟、武进、南通设立办事处,不久分别改为支行。

民国11年(1922年),第二次挤兑风潮过后,总管理处从转变经营理念入手,提倡节省成本,讲究实效,崇尚商业化经营,并推行人事制度和营业方针改革,在给予分支行一定自主权的同时,全行裁减营业机关近20家。精简之后,上海分行仍辖有杭州、苏州、无锡、常熟及南通支行。民国14年(1925年)3月,宁行降为一等支行,重归上海分行管辖。

民国17年(1928年),总管理处调整分支行组织结构,形成全国四大区域分行。上海分行作为四大区域行之一,辖属机构快速扩展,汉行、宁行及相应的附属机构皆归入上海分行管辖。至民国21年(1932年),上海分行辖属的分支行处达61处。

民国22年(1933年)7月,总管理处改组为总行,上海分行改组为总行业务部,建制撤销,原管辖的同城营业机构改由总行直接管辖。

民国26年(1937年)9月,总行改组为总管理处,同时成立上海一等分行,简称"沪行",上海分行重新行使管辖行职能。

民国26年(1937年),抗日战争全面爆发后,总管理处制定非常时期划分区域办法,将全国交通银行划分为沪区、浙区、长江区、苏北区、陇西区、陇东区、青区、津区、粤闽区9个区域,并指定上海分行及浙行、汉行、镇行、郑行、蚌行、青行、津行、港行为各该区域内的集中行。民国27年(1938年)10月31日起,芜湖支行、镇江支行、扬州支行、泰县支行、清江浦支行、南通支行、如皋支行、吴县支行、常熟支行、无锡支行、徐州支行、蚌埠支行、新浦支行、武进支行等行处先后撤退至上海,沪区成为战时接收撤退行处最多区域行。

抗战胜利后,总管理处调整原隶属上海分行管辖的(江苏省内)行处。民国35年(1946年)8月1日,将徐州支行、蚌埠支行、芜湖支行等行处改由南京分行(京行)管辖。12月26日,为节省开支,将业务清淡的如皋支行降为办事处;把常太处、锡溧处、通海处改组为办事处,统归上海分行管辖。

民国36年(1947年)1月,上海分行发展江苏省辖区内金融业务,在短时期内筹设了江阴、溧阳、泰县、如皋、清江、宝应、高邮、东台、海门等9处分支机构。3月1日,总管理处又将上海分行所辖的镇江支行、扬州支行、泰县支行、清江浦支行等行处划归京行管辖。

表2-3-3 民国37年(1948年)年末交通银行上海分行辖属机构(江苏省)情况表

行名	经理	襄理
苏州支行 阊门办事处	贺民牧 主管员:朱宗逖(兼)	—
无锡分行	浦紫东	徐北麟
南通支行	胡耀	吴懿棠
新浦支行	严忠阳	—
武进支行	徐雨公	刘华
常熟支行 如皋办事处 丹阳办事处	祝季昌 主任:刘白哉 主任:许鹏	曹植东
江阴支行	杨蕴闳	—

截至民国37年(1948年)年末，上海分行辖属的机构有苏州支行、无锡支行、南通支行、新浦支行、武进支行、常熟支行、江阴支行等7家支行及其附属机构。

1949年11月1日，总管理处和上海分行经接管和整编后复业。改编后的交通银行实行总、分、支行三级制，上海分行受交通银行总管理处及中国人民银行上海分行双重领导。

1950年，上海分行辖有南京、无锡、苏州、常州、杭州、宁波等6家支行及南通工作组等机构。

1951年，根据国家经济发展要求，总管理处规定，设于大行政区中国人民银行区行所在地分行为区域管辖行并兼营所在地业务，受总管理处及当地中国人民银行区行双重领导。2月1日，上海分行改称为华东分行，撤销宁波、苏州、常州3家支行(宁波、杭州支行合并为浙江支行)，增设徐州、济南支行(分别由苏州、常州两行迁设)。至7月末，华东分行下辖南京、苏南、浙江、山东、青岛等5家支行及博山、铜官山、淮南等3家办事处。11月，为集中力量加强对所属机构领导及专职办理上海市各项具体业务，成立营业部，下设拨款、合营企业、业务、会计、综合5股，把原由合营科办理的市级合营企业单位，一并划归营业部办理，同时调一部分干部至营业部工作。

1952年5月，华东分行在江苏省内辖有南京支行、苏南支行，浙江省内辖有浙江支行，山东省内辖有山东支行、青岛支行，以及附属办事处。是年，在江苏省增设苏北分行，并在苏北区增设淮阴、盐城、南通、泰州等办事处，在苏南区增设苏州、常州、镇江等办事处，在浙江省内增设金华、嘉兴、衢州、温州、宁波等办事处。9月2日，总管理处电令华东分行改称华东区行。1953年2月1日，华东区行所属营业部改组为上海分行，专司负责处理上海本埠业务。是年6月，总管理处撤销大行政区行，加强总管理处领导全国基本建设拨款监督等工作，规定各区行一般应于8月1日停止行文，直接建立总管理处与各省、市分行工作关系。1954年，伴随大区行政单位废除，华东区行撤销。

1987年4月上海分行开业后，根据总管理处授权，开始探索按经济区划设置分支机构的路径，在江、浙两省经济发达城市内先后建立起12个辖属分支行。作为管辖分行，在总管理处授权范围内管理辖内分支行各项业务的经营，主要有五大管理职能：

1. 负责指导辖属行业务计划和考核的职能。建立健全两级计划指标考核体系，对总管理处下达给上海分行的年度、季度业务计划等指标进行分解、下达，并开展检查、监控、考核，确保全辖各项业务计划的达成等。

2. 负责对辖属行业务经营指导管理的职能。对辖属行上报交通银行总管理处审批的业务项目进行审查并提出明确的审查意见后转报总管理处；对辖属行客户信用等级评估的确认、检查，在此基础上制订全辖客户结构调整计划，并组织实施；对开办外汇业务的辖属行，根据上年经营管理等情况提出调整意见，报总管理处审定；对辖属行资产负债管理的日常指导和管理，定期参加辖属行的资产负债管理委员会例会，提出改进经营管理工作的具体措施，并负责对各项指标的复审；对辖属行业务发展和内控制度建设进行指导，每半年进行一次检查、评价，书面报送总管理处，并以此作为聘任、解聘、调配、奖惩辖属分支行负责人的重要依据。

3. 负责对辖属行财务、基建计划管理的职能。对辖属行财务计划审核、调整、监控，分解下达总管理处对管辖分行下达全辖年度指标，并抄报总管理处。对辖属行固定资产投资进行监控，按照总管理处下达的固定资产购建指标督促辖属行做好基建项目立项、概算、决算的审核和上报工作。

4. 负责对辖属行劳动工资计划管理的职能。对总管理处下达的一定工资总额计划额度进行分配，用于辖属行奖励和调剂；审核辖属行申报追加人员和工作计划。

图 2-3-1　1995 年 1 月 24 日,交通银行上海分行召开全辖工作会议

5. 负责对辖属行行使管理考核的职能。根据辖属行发展指标、资产质量指标和盈利性指标进行考核。

1994 年起,交通银行实行“一个法人、两级管理、分级经营、分类授权、分别核算”管理体制,并加强对管辖分行、直属分行直接管理。上海分行在总行授权范围内对辖属分支行实施管理。

1995—2004 年,根据业务发展和监管的需要,总行对上海分行所辖江、浙两省机构进行 5 次调整:

第一次调整:1994 年交通银行实行一个法人体制后,为进一步加强集中统一管理,强化总行和管辖分行的管理职能,1995 年 3 月 13 日,将上海分行所辖的杭州、宁波分行调整和改建为总行直属分行。

第二次调整:1997 年 6 月 24 日,总行为适应行政区划的变化,使交通银行的机构设置更加符合其时经济中心城市经济、金融辐射的需要,将扬州分行下属的泰州支行改为三等分行,划归上海分行管辖。

第三次调整:1999 年 2 月 14 日,总行为适应中国人民银行管理体制的改革,进一步强化集中管理的力度,将上海分行所辖的常州、苏州、无锡、扬州、温州等 5 家分行改为直属分行,由总行直接管理;南通、泰州分行划归南京分行管辖。

第四次调整:2000 年 7 月 13 日,总行为进一步发挥经济中心城市对国民经济的推动作用,将上海分行所辖的绍兴分行改为总行直属分行。

第五次调整:2004 年 9 月 21 日,总行进一步优化机构资源配置、强化金融监管,实现扁平化管理,将上海分行所辖的嘉兴、湖州分行划归杭州分行管理。

经总行 5 次调整,上海分行不再对江、浙两省交通银行机构行使管辖职能。

表 2-3-4　1987—2004 年交通银行上海分行管辖机构情况表

机构名称	试营业时间	正式开业时间	改称分行时间	隶属关系变更时间	开业地址	首任主要负责人
常州分行	1987 年 5 月 2 日	1988 年 5 月 18 日	1991 年 2 月 22 日	1999 年 2 月 14 日	常州市西瀛里 57 号	宋修高
苏州分行	1987 年 7 月 1 日	1988 年 5 月 21 日	1989 年 6 月 21 日	1999 年 2 月 14 日	苏州市十梓街 274 号	蔡涵刚
无锡分行	1987 年 10 月 5 日	1988 年 11 月 2 日	1990 年 9 月 8 日	1999 年 2 月 14 日	无锡市五爱路 30 号	黄可标
宁波分行	1987 年 10 月 26 日	1989 年 5 月 15 日	1991 年 2 月 22 日	1995 年 3 月 13 日	宁波市解放南路 80 号	柴耀祖
杭州分行	1988 年 5 月 14 日	1989 年 8 月 10 日	1989 年 11 月 1 日	1995 年 3 月 13 日	杭州市浣纱路 18 号	姚学钧
绍兴分行	1988 年 7 月 1 日	1990 年 1 月 4 日	1993 年 11 月 19 日	2000 年 7 月 13 日	绍兴市解放北路 163 号	张清泉
扬州分行	1988 年 9 月 5 日	1990 年 12 月 3 日	1992 年 11 月 19 日	1999 年 2 月 14 日	扬州市琼花路	赵加宁
南通分行	1992 年 12 月 26 日	1994 年 3 月 7 日	1994 年 8 月 25 日	1999 年 2 月 14 日	南通市人民中路 27 号	朱秋森
温州分行	1994 年 3 月 8 日	1995 年 1 月 17 日	1995 年 9 月 11 日	1999 年 2 月 14 日	温州市县学前 14 号	应健雄
嘉兴分行	1994 年 10 月 8 日	1995 年 4 月 4 日	1997 年 12 月 12 日	2004 年 9 月 21 日	嘉兴市禾兴北路 497 号	胡世昌
湖州分行	1994 年 11 月 10 日	1995 年 4 月 28 日	2001 年 6 月 7 日	2004 年 9 月 21 日	湖州市红旗路 172 号	肖　芃
泰州分行	—	1990 年 9 月 24 日	1997 年 6 月 24 日	1999 年 2 月 14 日	泰州市青年路 91 号	朱　娅

说明：辖属行试营业时间为实际对外开业时间；正式开业、改称分行、隶属关系调整时间均为总行发文时间。

第三节　附属机构

一、保险业务部

1987 年 4 月，上海分行开始筹办保险业务。11 月，投入 3 000 万元保险资本金在江西中路 200 号 601 室成立保险业务部，是交通银行系统内最早设立的保险业务部。保险业务部在 2 楼营业大厅内设立专柜，经营除人寿险以外的国际、国内各类保险业务。其中，国际保险业务有各类财产险(含进、出口货物运输险)、各类责任险，信用、保证保险，海上石油开发保险；国内保险业务有各类财产险(含货物运输险)、各类责任险及信用、保证保险。

截至 1988 年年末，保险业务部内设出口科、进口科、国内业务科、非水险科及综合科等 5 个科室。有员工 32 人，其中副经理 1 人。开设的国内外保险险种 14 个，有 529 家企业参加了上海分行保险。保险承保额达 51 亿元，保费收入 1 106.25 万元，毛利润 523.57 万元，赔付率为 3.47%，并与 50 多个国

图 2-3-2　1991 年 4 月 26 日，中国太平洋保险公司上海分公司在福州路 431 号吴宫大饭店开业

家和地区的 60 个机构建立保险代理关系。

1989 年 1 月，上海分行组织苏州、无锡、常州、绍兴、镇江、柳州 6 家支行建立辖内共保体，共同承包一些大型项目。该共保体资本金为 6 000 万元。其中上海分行保险部投资 3 000 万元，6 家支行各投资 500 万元。4 月，在上海铁路分局北郊站设立代办点处。

1990 年年初，中国人民银行批准重庆、武汉、南京 3 家交通银行分行代理上海分行保险业务。是年年末，保险业务部从业人员达 71 人，保险资本金从 3 000 万元增至 5 500 万元。承接保险业务 313 414 笔，承保金额 203 亿元，保费收入 5 743.8 万元（其中美元 658.6 万元），盈利 2 884.2 万元，扣除汇率增加等因素实际盈利 2 158.9 万元，创汇折合 455.8 万美元，全年赔款支出 986.1 万元。

1990 年 7 月，总管理处遵照中国人民银行“关于银行业务与非银行金融业务实行分业管理”要求，决定筹建交通银行全资有限公司——中国太平洋保险公司。1991 年 4 月 26 日，由上海分行保险业务部改制组成的中国太平洋保险公司上海分公司在福州路 431 号吴宫大饭店开业，有员工 77 人。上海分行副总经理诸清兼任中国太平洋保险公司副董事长、上海分公司总经理。

图 2-3-3　20 世纪 80 年代末，交通银行上海分行打出办理保险的广告

截至1991年4月末，保险业务部历任经理：邵党娣；历任副经理：邵党娣、米安昌、杨顺根；历任经理助理：杨顺根、叶一奇。

二、上海海通证券有限公司

1986年10月上海分行开业后，开始筹划证券业务经营事宜。1987年1月3日，设立信贷二部，内设资金市场科等。是月20日，资金市场科开始在江西中路200号底楼营业大厅南侧办理证券柜台交易业务。主要办理股票、债券、可转让大面额存单等有价证券买卖及代理发行企业债券等业务。

1988年7月5日，总管理处批准上海分行在信贷二部资金市场科办理证券业务基础上组建上海海通证券公司。8月15日，中国人民银行批准成立上海海通证券公司。该公司注册资本1 000万元，是上海分行全资子公司。实行独立核算、自主经营、自负盈亏，以经营各类证券为主，包括包销、助销、推销和代理发行各类债券、股票等有价证券，买卖和代理买卖各类证券，办理证券的代理投资业务，承办有价证券的还本付息和代保管业务，提供证券业务咨询等，具有独立的经济法人地位。9月22日，上海海通证券公司在江西中路200号正式开业，有员工13人。

1989年，上海海通证券公司为方便广大投资者交易各种证券，先后在杨浦、虹口、南市、静安、长宁及浦东等地区开设7个证券交易网点，采用自营和代理买卖两种方式，经营公司债券、金融债券、公司股票和银行大面额可转让存款证等。截至是年年末，上海海通证券公司下设营业部、发行部及办公室等3个部门，有员工25人。其中副总经理1人、退休回聘人员4人。

1990年5月，上海海通证券公司迁至四川中路480号营业。是年年末，证券业务代理处增至

图2-3-4　1987年1月，交通银行上海分行在证券柜台办理证券交易业务

10个。1992年7月，资本金增至5亿元（含500万美元外汇资本金）。9月，迁至北海宁路30号营业。

1992年10月，为适应证券市场发展的需要，应对同业之间的竞争，总管理处决定将上海海通证券公司由上海分行全额控股改制为由总管理处控股50%、社会其他法人单位入股，注册资本为人民币5亿元的股份有限公司，同时成立海通证券公司改制领导小组。1994年1月7日，上海海通证券公司改制为由交通银行控股（控股比例为60%）、注册资本为10亿元的有限责任公司。

截至1994年1月末，上海海通证券公司历任总经理（经理）：汤仁荣；历任副总经理（副经理）：汤仁荣、姚永南、丁树清、马跃、沈德高。

三、上海申通房地产有限公司

1992年2月，交通银行总管理处批复同意上海分行组建上海海通房地产公司。5月8日，上海海通房地产公司更名为上海申通房地产公司，并通过上海市房产管理局资格审查。8月8日，上海申通房地产公司在浦东南路766号820室开业，注册资金为1 600万元，经营范围包括房地产投资、开发、租赁及建筑装饰。

1993年4月，上海申通房地产公司内设计划财务部、建筑工程部、经营销售部、开发部及办公室。有员工40人，其中在编员工30人、聘用离退休人员9人、借用人员1人。

1994年6月，上海分行批准上海申通房地产公司与上海纺织住宅开发总公司组建上海申通房地产有限责任公司（以下简称“申通公司”），投资总额1.1亿元。其中，上海申通房地产公司出资1亿元，占投资总额90.91%；上海纺织住宅开发总公司出资1 000万元，占投资总额9.09%。申通公司实行董事会领导下的总经理负责制。1998年6月，上海富利贸易公司和上海博达缩微技术有限公司各受让上海纺织住宅开发总公司的500万元股权。

图2-3-5　1994年，由上海申通房地产有限公司出资建造的申通公寓竣工

1994年7月，申通公司召开第一届董事会预备会议，审议通过《上海申通房地产有限责任公司章程》。

1995年3月，申通公司在沪召开第一届董事会。选举董事会董事；通过董事长、总经理人选。是年，经上海市建设委员会评审，申通公司被定为国家房地产开发二级资质企业。

1999年，遵照中国人民银行《关于继续做好交通银行等十一家商业银行与所办经济实体脱钩工作的通知》精神，申通公司成立投资清理公司，制订清理方案，并付诸实施。撤销工程部、开发部、材料设备部。6月，全额退还上海富利贸易公司、上海博达缩微技术有限公司各

500 万元投资款。

2001 年 7 月，申通公司董事会同意上海分行要求收回投资的部分请求，先行归还上海分行 2 000 万元投资，剩余投资款拟作分批归还，此举经会计事务所验资后报工商行政管理局办理减资手续。

2003 年 5 月，申通公司召开董事会议，听取总经理《关于按计划清理注销公司工作进程的报告》，一致同意按照监管机构及投资方要求予以注销。6 月，完成财务清算、财产清点等相关内外事务，并委托上海万隆众天会计事务所进行清算审计。7 月，财务审计结束后，提交税务部门作税务审计及汇算清缴。11 月，清理工作全部结束，上海市工商行政管理局批准撤销申通公司。

截至 2003 年 11 月末，上海申通房地产有限责任公司历任董事长：李惠珍、杨孟华、陈如奇、张贵荣；历任总经理：曹安生、马照生；历任副总经理：孙恩祥、安利康。

四、上海沪通实业公司

1993 年，上海沪通实业公司经黄浦区工商行政管理局批准成立，注册资金为 100 万元，是一个经济独立核算单位，归口主管部门为上海分行工会。

上海沪通实业公司实行董事会领导下的总经理负责制，主要职能是为上海分行提供后勤保障服务，兼办经营实体。设总经理 1 名，副总经理 1 名。内设办公室、财务部、服务部、综合经营部和膳食部。有员工 117 名，其中，原行政处部分员工及市内 9 个支行驾驶员计 69 名，退休回聘人员 24 名。

1998 年 3 月，上海沪通实业公司改制为上海沪通实业有限公司（以下简称“沪通公司”），是一家不以营利为目的的后勤保障服务性公司。注册资金为 547 万元，其中上海分行工会投资 497 万元，上海富利贸易公司投资 50 万元。改制后，沪通公司调整内部机构，撤销服务部，设立物业管理部；撤销综合经营部，设立车辆管理部，增设工程设备部。至是年年末，沪通公司内设办公室、财务部、膳食部、物业管理部、车辆管理部及工程设备部等 6 个部门。

1998 年 10 月起，沪通公司开始负责上海分行中山南路 99 号新大楼物业管理。2000 年 6 月，改革内设机构，办公室和财务部合并为综合管理部，工程设备部和物业管理部合并为物业部。至是年年末，沪通公司设有综合管理部、物业部、膳食部、车辆管理部等 4 个管理部门。

2001 年，沪通公司设立集中采购中心，对车辆维修单位进行公开招标。经评审，最终在 11 家投标单位中选定 5 家为特约定点维修单位。10 月，接手管理上海分行赤峰路招待所。2005 年 6 月 15 日，按照总行《关于加快与自办经济实体脱钩的通知》精神，沪通公司召开股东会议，一致同意公司解散、清算、注销，并登报公告。人员全部转入上海分行后勤服务中心。

截至 2005 年 6 月末，上海沪通实业有限公司历任董事长：陈如奇、杨孟华、张贵荣、王锡炯、李小敏、辛继明；副董事长：王建新；历任总经理：蒋锡琦、樊天勇、李小敏、辛继明；历任副总经理：徐建毅、戴晓波、满家荣、李伯超。

五、上海富利贸易有限公司

1992 年 6 月，上海富利贸易公司（以下简称“富利公司”）经黄浦区工商行政管理局核准设立，是一家独立核算的集体所有制企业，隶属上海分行退管会管理。注册资金 300 万元，其中上海分行行政福利基金出资 50 万元，上海分行工会自有资金投资 40 万元、职工集资 210 万元。10 月 1 日，在浦东新区浦城路55号开业。

1993年2月，富利公司租用上海针织二十厂制造局路574号底楼1 100平方米闲置厂房为营业办公场所。1994年10月，投资开设富利商场(非独立核算单位)，经营家用电器、日用百货、化妆品及金银饰品等，聘用人员20人；投资上海同和印刷厂(非独立核算单位)，安置待业人员21人，其中待业青年11人，富余职工10人。1997年10月，与上海同和印刷厂分别投资90万元、10万元，组建上海行园贸易有限公司。

1998年，根据总行《关于与所办经济实体脱钩有关问题的紧急通知》要求，2月27日，富利公司在江西中路200号515室召开第五次股东会议，一致同意将上海分行、上海分行工会及职工的股权转让给上海分行退管会，并同意富利公司依据《公司法》规定，与上海诚泰物业有限公司组建上海富利贸易有限公司，注册资金为1 300万元，其中，富利公司和上海诚泰物业公司分别出资300万元、1 000万元，注册地址在浦东新区即墨路1号。12月，在江西中路200号召开第七次股东会议，同意上海诚泰物业公司、上海分行退管会全额收回投资1 000万元、300万元，退出股东序列；同意富利公司注册资本由原来1 300万元调减为300万元，其中，富利公司职工持股会出资222万元(占74%)、上海行园贸易有限公司出资48万元(占16%)及上海同和印刷厂出资30万元(占10%)。

1999年9月，富利公司董事会决定，在制造局路574号卢湾商场内开设富利公司驰宇电脑网吧。2005年5月，总行批准上海分行与自办经济实体脱钩整体方案。6月15日，富利公司召开股东会议，决定解散并注销富利公司及下属卢湾商场、上海行园贸易有限公司；同意将上海同和印刷厂改制、转让。6月20日至22日，在《解放日报》连续3天刊登歇业公告。7月，委托上海至新资产评估有限公司对上海富利贸易有限公司资产进行评估。12月16日，向浦东新区工商分局报告，解散并注销工商行政登记。

截至2005年12月末，上海富利贸易有限公司历任总经理：周维堂、李华亭。

第三篇

业务经营

概　　述

1949年5月上海解放前，交通银行上海分行经营的业务包括货币发行、存款、放款、汇兑及仓库等。此外，还多次经理库券公债的发行与还本付息、赈灾款项的汇收。

1949年11月上海分行改组复业后，主要任务是配合上海市恢复、发展经济建设，完成各阶段的特定任务；工作重点是公营工矿、交通、航运事业的贷款和船舶打捞修理贷款，改进旧的业务制度，简化业务手续，配合上海市稳定市场、促进城乡物资交流和协助企业恢复生产。

20世纪50年代初期，上海分行协助中国人民银行上海分行进行放款户调查和财务监督，办理上海市地方级基本建设拨款，迈出交通银行办理基建拨款的第一步。

1986年交通银行重新组建后，上海分行大力开拓各项业务，充分利用总管理处在沪的优势，推进银行业务和非银行业务的同步发展，初步形成了以存放款汇为核心的银行业务和证券、保险、房地产等非银行业务综合经营框架。

进入21世纪，上海分行服从国家宏观调控，加强优质业务资源对接，不断拓展业务领域，把扶持实体经济、助力小微企业、支持绿色环保等作为发展重点，全方位提供金融服务，形成公司金融、个人金融、国际金融、金融市场、小企业金融、资产托管、资产管理、电子银行等综合银行业务体系。

2005年交通银行转型为国际公众持股银行后，上海分行在大力支持重点行业、重点领域、重点企业的基础上，坚持传统业务和创新业务并重的经营方针，稳妥有序推进各项业务进一步发展。

第一章　货币发行

自清宣统元年(1909 年)起,交通银行上海分行开始参与钞券发行。民国之后,所发钞种类和数量进一步增加,尤其是发行的地名券在交通银行占有举足轻重的地位。虽然两次挤兑对上海分行钞券发行造成了一定的影响,但总体而言,上海分行所发的钞券信誉良好,而且此事过后,上海分行及时采取一系列措施,如制定发行暂行办法、严格发行准备和检查制度、打击伪钞、收兑北钞等,勉力维持金融市面。

第一节　钞券订印

清宣统元年(1909 年),上海分行参与了交通银行银两券、银元票和小银元票 3 种纸币兑换券第一版的发行,负责向上海商务印书馆订印,并于是年开始发行。所印的第一版银两券,券面图案镌印双龙旗以及轮路电邮等关于交通银行事业之设备,券面金额分为 1 两、5 两、10 两、50 两等 4 种,共 2 666 两,印明济南地名,由济南行发行。第一版银元券,图案与第一版银两券相同,券面金额分 1 元、5 元、10 元等 3 种,共计 3 770 520 元,分别加盖北京、南京、天津、上海、汉口、营口、张家口、济南、开封、广东等地名,于是年由各该地分行向上海分行领用后发行(其中,营口地名券虽经印制,实未发行)。嗣以发行之第一版券渐多破旧,陆续收回易以新券。第一版小银元券,券面金额分 5 角、10 角、50 角、100 角等 4 种,共 5 603 135 角。鉴于其时交通银行分支行处设置尚不完善,未能大范围推广,加之此种小银元券只有营口一地行使,故流通不久便回收了。

民国 4 年(1915 年)1 月,上海分行协同中国银行取消北洋银元行市,代之以袁世凯头像新币,为在上海地区推行交通银行国币兑换券打下基础。

民国 16 年(1927 年)3 月 16 日,上海分行订印 1 元券 20 万张。4 月 9 日,收到英印沪九版 1 元券第一批 25 万张。6 月 10 日,加印钞券 550 万元尚嫌不足,谋划扩充发行。6 月 26 日,收到沪九版空白钞券共 215 万元,拟加印地名。7 月 12 日,上海分行沪九版钞券用罄。是月,向美国钞票公司分批订印第十版新券,券面及其他纹内印有上海、天津、汉口、山东、奉天等五地区地名。

民国 18 年,上海分行参与跨区域货币发行管理,扩大沪券流通范围。6 月 17 日,第二批添印全版改色大洋券计 1 元券 100 万张,5 元券 190 万张,10 元券 45 万张,共计面额 1 500 万元,其中供自发者 1 325 万元,供同业领用者 175 万元。

民国 26 年(1937 年)11 月 12 日上海沦陷后,开始进入孤岛时期。在兑换华北地名法币(时称"北钞")问题上,上海分行继续维持在所属静安寺支行收兑华北地名法币零星尾数工作,规定每人每次以 10 元为限,调换 1 元券。随着兑换北钞情势日盛,民国 27 年(1938 年)9 月 15 日,上海分行向已移至香港的总管理处发出"沪地自对方(日本)干涉运钞进口,存券日薄,现中外各银行并计仅存 11 000 余万元""(分行)存券数目仅 1 200 万元""尚乞随时指示方针为祷"求急密电。经总管理处与汇丰、麦加利两行接洽,两行均同意待中国银行千万元运齐,即将交通银行前存麦加利银行之 300 万元运送至沪。并与中央银行、中国银行约妥,运沪之法币暂先由中央、中国、交通三家银行按四四二成分派,共同维持市面对于法币之需求,稳定金融。

民国30年(1941年)12月7日太平洋战争爆发后,上海分行被日军勒令关闭,遂停止法币发行。

民国31年(1942年)6月,因通货膨胀加剧,国民政府决定把纸币发行权集中于中央银行,并宣布实行"法币统一办法"。10月,交通银行将已印未发及未完成印刷之各项钞券移交中央银行。

表3-1-1 民国2年(1913年)上期—12年(1923年)下期交通银行上海分行发行情况统计表

期　　别	流通数(元)	本票准备(元)	现金准备(元)	附　　注
民国2年(1913年)上期	51 637 000	—	—	—
下期	56 636 500	—	—	—
民国3年(1914年)上期	60 829 500	—	—	—
下期	123 829 500	—	—	—
民国4年(1915年)上期	162 027 500	—	—	—
下期	258 022 000	—	—	—
民国5年(1916年)上期	190 019 400	—	—	—
下期	204 989 400	—	—	—
民国6年(1917年)上期	—	—	—	—
下期	74 175 323	47 855 362	26 319 961	—
民国7年(1918年)上期	173 644 222	—	24 203 700	—
下期	189 911 953	158 449 953	31 462 000	—
民国8年(1919年)上期	221 790 968	142 500 000	79 290 968	—
下期	336 726 337	201 500 000	135 226 337	—
民国9年(1920年)上期	641 977 238	310 741 538	332 235 700	—
下期	722 207 238	324 541 538	367 665 700	—
民国10年(1921年)上期	1 077 700 438	464 021 538	613 678 900	现款准备内有保证准备金530 000元
下期	561 731 738	247 521 538	314 210 200	现款准备内有保证准备金282 400元
民国11年(1922年)上期	594 815 400	320 020 000	274 795 400	现款准备内有保证准备金222 500元
下期	948 671 600	540 200 000	408 471 600	—
民国12年(1923年)上期	981 761 600	455 000 000	526 761 600	—
下期	1 170 848 400	660 000 000	510 848 400	现款准备内有保证准备金877 970元

表3-1-2 民国13—18年(1924—1929年)交通银行沪区发行分库筹备处一览表

名　　称	成立时间
沪区发行杭县分库筹备处	民国13年(1924年)8月
沪区发行无锡分库筹备处	民国13年(1924年)8月
沪区发行吴县分库筹备处	民国13年(1924年)8月
沪区发行常熟分库筹备处	民国13年(1924年)8月

〔续表〕

名　　称	成立时间
沪区发行湖州分库筹备处	民国13年(1924年)8月
沪区发行南京分库筹备处	民国14年(1925年)4月
沪区发行镇江分库筹备处	民国14年(1925年)4月
沪区发行九江分库筹备处	民国17年(1928年)11月
沪区发行汉口分库筹备处	民国18年(1929年)4月

第二节　准备金制度

交通银行作为发钞行，为将钞券的发行限制在合理的范围内，保证钞券的信用而建立的一种提取准备金制度。

民国11年(1922年)，为力避政潮计，交通银行决定实行发行独立政策。1月，总管理处会同上海分行订立沪行发行暂行办法，以现金准备七成、保证准备三成为标准。11月，交通银行增订分区发行试办章程，实施发行独立，准备公开，四六成准备成为定制。上海分行照章程之要求，规定各分支行领用兑换券时，须交付十足准备金。其中现金至少六成，保证准备至多四成。现金准备以通用银元及银两为准，银两总数不能超过现金准备的1/2，并由总库酌情将银两随时向原缴入行处调换银元。保证准备可以是政府公债库券、短期确实商业票据、上海房地产道契等，但房地产道契不能超过保证准备总额的1/4。同时还规定，准备金及兑换券流通数须经本地银行公会、商会、钱业公会检查。

民国20年1月1日，交通银行沪区发行总库设立后，负责本区现金准备和保证准备中有价证券的点验。同时成立沪区检查发行准备委员会，由委员推举董事、监察人，会同会计师，按月检查沪区发行库准备，并将检查结果登报公告之。

第三节　同业领券

民国时期，一些无货币发行权的银行、钱庄或其他金融机构因业务需要，通过订立契约向交通银行等有钞券发行权的银行缴纳准备金，遵循相约规定，领用兑换券使用的一种间接发行制度。

民国12年(1923年)后，上海分行照交通银行重新订定之同业领券办法，规定同业领券分长期领用和短期领用两种。同业长期领券之准备金，照领用数额缴纳，四六准备制与十足准备制相辅而行。其中：四六制为六成现金不给息，四成为公债，公债中签还本与到期利息均为领券户所有；十足制为用现金十足缴纳，四成给息，六成不给息。民国18年(1929年)7月后，沪区对领券到期时改四六制为十足制，现金部分给年息4厘。民国22年(1933年)7月，息率又逐渐减低，沪区对旧领户给年息2厘8毫，新领户给年息2厘4毫；同业短期领券准备金，先由领用人约定每周领用数额，缴纳时值足值之公债为担保，领券时，以迟期至多7天之本票交付准备。民国17年(1928年)，改以迟期10天之支票缴纳之，另立专户存储。民国18年(1929年)，改订办法：开立专户，预存款项，领券时以迟期支票缴纳准备，起迟期日数及给息多少另定之；以迟期5天同业存条缴纳准备。

民国18年(1929年)1月14日，上海分行与总库就同业领用本行钞券所订立领券合同条款进行商讨,并分别修订与永亨银行领券合同草稿、通易信托公司领用暗记券合同草稿。1 月 22 日,与上海银行、浙江实业银行、中华劝工银行、江苏银行、顺康钱庄所定之领用本钞合同,因准备之条款与“四六成”原则未合,其他条文亦有未尽周密之处,总管理处来函意指分别修改。3 月 25 日,拟就各行庄修订领券合同事,与总库商讨。经总管理处查核合同条文,认为尚属可行,将新华银行领额改为 50 万元,转告上海分行分别接洽签订。5 月,上海分行拟准予上海商业储蓄银行南京分行 100 万元领券,收交钞券及轧算准备在沪办理。是月,准许通易信托公司延长新订领券合同为 3 年,并向江苏银行续发领用暗记券。7 月 15 日,借江苏银行 200 万元领券不敷支配,拟作加印。8 月 12 日,总管理处令上海分行分别与信成钱庄、通易银行和中国农工银行接洽签订领用券合同。12 月 9 日,总管理处又致分行与国货银行签订额度 100 万元、期限 3 年的领钞合同。

民国 18 年(1929 年)6 月 17 日,上海分行第二批添印全版改色大洋券计 1 元券 100 万张,5 元券 190 万张,10 元券 45 万张,共计面额 1 500 万元,均分别加印地名。其中供自发者计面额 1 325 万元,供同业领用者计面额 175 万元。8 月 2 日,根据总管理处决定,同意鲁行借用上海地名辅币券 10 万元。

民国 22 年(1933 年)3 月 10 日,中国币制实施废两改元后,沪券发行快速上升。

第四节　打 击 伪 钞

民国 3 年(1914 年)2 月,沪上发生多起专门伪造上海分行 5 元钞票,向各兑换店、烟摊等兑换现洋事件。上海分行按照银行通例,对持有伪钞要求兑付现洋者,即予以盖戳取消作废,并呈报中外官厅缉查,同时致函上海总商会,提交伪钞样票,请总商会咨照钱业,切勿收此伪钞,以免损失。5 月,向淞沪水陆警察厅报案,称有不法之徒伪造交通银行钞票,江苏省行政公署当即令着手调查,并查获伪造窝点及各种机器、药水、照相机、玻璃板等犯罪证据,捕获部分罪犯。为根绝此事复生及以儆效尤,提请江苏省行政公署发布通缉令。

民国 13 年(1924 年),上海警方破获伪造上海分行钞票据点,抄出机器及私造之器具等物。上海分行聘请外籍律师对伪造者提起诉讼。

民国 16 年(1927 年),上海发现将交通银行汉行地名券涂改为上海地名券者。上海分行鉴于本行发行的 5 元地名券与汉行花样、颜色相同,呈请财政部批准后,在美钞公司订印新式钞票 5 000 万元。新票印刷完毕后,及时收回旧票并予以销毁。

第五节　两 次 停 兑

一、第一次停兑风潮

交通银行以政府历年责垫款项为数甚巨,所存准备过少,不足以应付时下不良局面,于民国 5 年(1916 年)4 月 17 日、21 日、26 日及 5 月 11 日数度函请财政部、交通部拨还,以济急需。其时,政府因无款可资拨还,而中国银行、交通银行所存少数现款又不得不设法保留,乃于 5 月 12 日,由北洋政府国务院令财政部、交通部转饬中、交两行暂时停止兑现付现。上海分行奉到停止兑现付现令后,由于事先未有准备,库存现银亦感不足,是月 14 日,在《申报》刊登“本行奉到国务院本月 12 日上午文电……等因奉此,自应办理,自本日起所有本行已发行之纸币及应付款项暂时止兑,此外照常营业，一俟大局定后，一律兑付，不短丝毫”。上海分行停兑令告示出台后，立即引起市场恐慌。5月27日，苏路股款清理处广告声明，因交通银行停兑，导致向由该行支付之股款不得不暂停支付。南汇士绅以“上海交通银行停兑影响南汇赈款提取使用”为由，请求维持南汇赈款兑现。9月，交通部交通传习所公告称，兹因中交停兑，上海交通银行所经历之京汉公债改由浦口交通银行代理。10月20日，前上海救国储金团正干事于和德发布启示，鉴于交行沪行尚未开兑，前由上海交通银行经理之剩余未清付之救国储金改由上海中国银行经理。

停兑期间，交通银行有尝试复兑的举动。民国6年(1917年)1月8日，与日方签订临时借款(史称“西原借款”)协议。20日，双方正式签订合同。22日，总管理处向北洋政府国务院提交呈文，阐述借款原因。2月1日，该项契约由国务会议通过。收到日金借款500万元后，交通银行鉴于京、津地区发行额仍不断增加，不能解决恢复兑现的矛盾，同时汲取中国银行先行开兑京、津地区失败的教训，便转运至沪，先行用之解决江、浙、沪三地区的兑现。因停兑前上海分行在沪发行之兑换券额仅148余万元，停兑后未增发新钞，此笔贷款足以应付。然在交通银行筹备江、浙、沪三地开兑之际，发生北京国会议员接连提议取消交通银行代理国库特权、交通银行各股东商议由联合会电令上海分行从缓开兑，以示抗议的事件。嗣后，政府被迫作出让步，允许仍照以前颁布的条例办理。民国6年(1917年)4月，交通银行代理国库问题已解决，而上海分行钞票仍未开兑。4月18日，沪总商会特致电北京交通部、财政部及交通银行董事会、总管理处“交通(银行)沪行停兑几及一年，商业受亏不可计算，前月赵行长回沪，面述筹款一到即兑，现闻款已到沪，尚未奉令开兑，群滋疑虑，咸来诘问。伏思借款兑现，原冀回复信用，若再稽延，殊违初意”。翌日，总管理处复电，称上海分行因整理内部，故稍延时日，现电上海分行将开兑日期即日登报宣布。4月21日，上海分行登报广告：“本行准自4月30日(旧历三月初十日)起照常营业，凡上海本行、南京、浦口、无锡、扬州、徐州、杭州等分行发行之上海、江苏及各该处地名之钞票，嗣后在苏、浙两省不分畛域一律行用，无论上海本行或南京、浦口、无锡、扬州、徐州、杭州、苏州、镇江、清江等分行均见票随时照兑现金，不取丝毫贴水。”4月30日，上海分行开兑后，持票往兑者尚不十分拥挤，终日兑出约银50万元，且大都是庄号的趸数划兑，其零星兑取者很少。至此，继津钞开兑后，借助西原借款500万元，交通银行实现了苏、浙、沪三地分行的复兑。

二、第二次停兑风潮

民国6年(1917年)，停兑风潮平息后，交通银行信誉大损，实力骤降，信用低落，业务发展缓慢，和中国银行相比，存款数额急剧下滑，发行数额也不充足。面对军阀间混战，交通银行对北京政府的垫款(为财政部垫付款项10余笔，总额达2 000余万元，导致头寸严重不足)依然有增无减，加之国际列强干涉中国的财政金融活动，以及市面上各种风传不断，致使民国10年(1921年)11月，中、交两行再遭挤兑风潮冲击。此次风潮始于京行，并迅速波及津、沪、汉等地。11月15日，上海英文《字林西报》印发号外，报道“北京中交两行停闭”，再度引发沪上市面恐慌。但上海分行在经历第一次停兑风潮后，吸取教训，业务恢复已有一定基础，实力也有增强，故此次风潮来临之际，未宣布停兑。同时，及时采取处置抵押品、限制汇兑、获得公债、同业借款等多种措施(其时上海分行钞券发行数为897.90万元，现金准备为230.38万元，本票准备为614.52万元，另有保证准备53.00万元)，并向同业押借30万元现银后，成功将挤兑风潮应对过去。11月17日，上海分行提议上海银行公会就中交停兑一事形成决议，通电各埠公会及函钱业公会、商会，“日来京津谣言甚重，其中必有阴谋，沪市今日界甚安，中交两行并无兑现风潮，谨此奉达，乞转示，以安人心”，各家银行一致赞成协力相助度过风潮；与钱业公会对此交换意见，共通信息；各家银行收入外国银行钞票，委托中、交两行汇向外国银行划账；在此紧急时期，自即日起各行派重要职员一人到会，每日午晚在会会餐两次，借以集议一切，以应对风潮。11 月 18 日，沪总商会电告各大城市“沪市安谧，并无挤兑情事。金融界团力甚坚，均有准备”。沪上第二次挤兑风潮就此平息下去。

第二章　公股清理和管理

1949 年 11 月 1 日交通银行上海分行复业后，按照中国人民银行和交通银行总管理处统一部署，承担起对公私合营企业公股的清理和财务监督工作。为管好国有股权，保证国有经济在国民经济中发挥主导作用，上海分行在工作中认真贯彻落实上级的指示精神，注重调查研究和集思广益，注重与各方沟通和交流，注重探索多措并举的工作方法，较为出色地完成了公股清理和财务监督任务。

第一节　公 股 清 理

1950 年 2 月，中国人民银行第一届全国金融会议首次把清理投资列为交通银行 1950 年度的中心工作之一，明确除清结各地交通银行现有资产外，主要的任务是将国家行局的投资整顿出来。4 月起，上海分行先从民国时期交通银行持有股权及金融处移交的投资单位着手，并按投资单位所在区域，指定相关行处与之接洽，初步了解一般情况及试行估价。后根据总管理处指示，暂停对投资单位的估价，把工作重点转到弄清股权比重、董监事及企业现状上。7 月，在第二次沪属行务会议上，上海分行提出整理投资工作的三项要求及具体操作意见：整理股权，要求投资单位按照所订表式及填表说明，列明历次资本成分变动情况。了解董监事及重要职员情况，要求投资单位按照所订表式及填表说明，分表填写上海解放前后董监事及重要职员详细情况，并要求查明董监事现有社会关系能力，对各该投资单位实际所起的作用等。同时要求对公股部分特别是伪金融机构投资部分，按投资比重担任董监事的席数，在表内或另纸补充说明等；了解企业现状并制定工作先后次序。截至 8 月 15 日，上海分行接收清理的 501 户投资企业中，有 107 户清理完毕，完成率为 21.36%。

1950 年 10 月 13 日，政务院财政经济委员会发布《关于同意整理公私合营企业公股的决定》，强调凡公私合营企业公股的清理与股权管理，由中央财政部委托中国人民银行责成交通银行统一办理。11 月起，上海分行遵照交通银行全国分支行经理会议的要求，把清理公私合营企业中的公股列为重点工作内容，并开始实施。通过当地财委邀集有关部门共同组织"公私合营企业公股清理委员会"，以上海分行为主体，吸收工商行政业务主管机关、财政局、清管局、公安局等有关单位，共同研讨进行整理的方法和步骤，确定统一清理公私合营企业公股股权办法、公私合营企业公股登记及股票据等移转办法、股票据移转后主管部门和银行对投资企业关系等。

1951 年 1 月 5 日，政务院《企业中公股公产清理办法》指出交通银行对企业的投资，在计算股权时作公股计算，但其所有权仍属于交通银行；企业中的公股（包括清理后经双方协议转做投资的公产）由中央人民政府财政部委托交通银行统一管理；交通银行负责公私合营企业公股股票的保存、股息红利的收解及财务计划执行状况的检查。2 月，总管理处检查华东分行工作，肯定了华东分行对清理单位所采取的全面统计分析方法。4 月 6 日，华东分行召开包括华东区所属支行及代理拨款之当地中国人民银行参加的行务扩大会议。会议经近 10 天的讨论，统一了与会人员对清理公股股权、投资拨款及双重领导等问题的认识。12 月 29 日，华东分行召开第 31 次行务会议，提出 1952 年的公股清理工作对象是以公股为主的企业单位，工作重点是流动资金管理。将公股清理单位划分为若干类型,制定每一类型管理方法,并找出典型进行深入管理。

1951年11月5日,华东分行营业部成立,具体办理上海市级合营企业公股股权的清理管理、中央委托市级代管在上海市的合营企业单位的清理管理、代管企业中怀疑股份(股权不明确),代理企业单位股权登记、代付股红息、代理保险等业务。截至12月末,华东分行营业部管理的公股清理单位共368户。其中清理管理单位44户,拆户单位44户,一般股权管理单位255户,未完成调查工作的25户。1952年3月至9月,华东分行营业部又接收公股股权户115户,其中上海解放后上海市新投资的16户,属于机关生产性质的4户,汉奸战犯官僚资本及反革命分子的投资95户。6个月期间,华东分行营业部收取股息红利及退股款项共计14.01亿元。

1952年年中,华东分行制订《华东区一九五二年下半年合营企业清管工作计划》,继续推进清理工作。下半年,拆让在企业中的公股代管股股份,共完成161户,收回资金21.4亿元,超过原计划最高指标19%。1953年1月,针对拆让工作中所反映出来的情况,华东区行抽派6名干部,分成3个小组,深入公股比例大、拆让金额多、屡经协商或依靠工商局协助而获拆让的企业进行检查。检查中,加强政策宣传,注意听取资方人士意见,改进工作作风,较好地解决投诉反映的问题。前后半个月时间,共检查拆让企业80户。1月末,此项工作告一段落。

截至1953年9月末,华东区行经管有公股公产的企业共828户,除歇业停顿、外商企业及尚待调查者外,尚有575户企业仍照常经营。对公私合营企业公股公产的清理工作基本结束。

第二节 财务监督

1950年4月,上海分行按照第一届全国金融会议要求,把短期存放款业务移交给中国人民银行上海分行,集中力量办理公私合营企业中的公股公产清理工作。工作中,开始对公私合营企业财务监督管理进行探索。5月,协助上海新光内衣厂制订新的生产计划和财务计划,改革购料制度,严格审核进货价、价款资金和货物周转。至7月,该企业盈余达21亿余元,工人失业问题也有所改善。与此同时,还对上海飞轮制线厂进行财务监管。派员到该厂实习,了解产品生产和企业生产计划编制,组织劳方、资方和新债权团代表各占1/3的生产临时委员会,企业的重大事项皆由该委员会表决通过。经数月努力,帮助上述两家企业建立了一套成本核算制度,财务工作进入正常阶段。

1953年,在基本结束了公私合营企业公股公产的清理工作后,上海分行进入对公私合营企业进行财务监督工作阶段,按照总管理处《公私合营企业财务管理临时试行办法草案(初稿)》精神,加强对公私合营企业资本及公积金、固定资产折旧基金及基本建设、流动资金、财务收支计划及财务报告等方面财务管理。

1955年4月,上海市财政局针对委托上海分行负责管理和监督公私合营企业财务工作,作出5项规定:"1. 财务计划及决策。公私合营企业的财务计划及决策报表迳送交通银行上海分行。2. 缴款。各主管局对所属公私合营企业的预算缴款应参照市财政局布置的预算放款计划编制办法,按季编制季度放款计划送交通银行上海分行,应缴款项由企业迳缴交通银行上海分行。3. 拨款。各主管局对所属公私合营企业的投资拨款,按季编制季度经费计划迳送交通银行上海分行。4. 交通银行上海分行今后可向企业随时解释财务管理及有关问题。5. 凡有关公私合营企业的财务问题,各主管局可与交通银行上海分行联系。"6月28日,中国人民银行上海市分行同意将上海市各合营企业在该行所开立的公积金、企业利润、基本折旧基金和固定资产变价收入、多余流动资金等4个专户,移转给上海分行专户存储。11月1日,总管理处《关于加强合营企业盈余分配和收缴公股等收益的通知》指出，截至是年 9 月末，各行收缴公股、代管股收益 3 386 万余元，占年度收缴估计计划数 4 000 万元的 84.65%，其中上海分行占比 21.1%。

1956 年 3 月 3 日，国务院五办、八办批准财政部制定的《合营企业财务管理的若干规定》，再次强调合营企业的财务工作，由主管业务机关和主管专业公司领导管理，由财政机关授权交通银行进行监督。总管理处迅即向各分支行处转发此文，指示各行迅速与有关部门取得联系，开展工作。是月 21 日，上海分行根据财政部指示，并结合国民经济发展计划，提出 1956 年度合营企业利润为 270 万元(未扣除所得税、企业奖励基金、私股股息)目标，并向各合营企业下达地方公私合营企业是年度收入指标。为更好地贯彻执行对合营企业财务监督工作，8 月 10 日，上海分行通知有关管理机构，按照中央指示，公私合营企业私股定息今后应按季发放。同时，分行随文转发公私合营企业领取定息申请书，为统一有关发放定息账务处理手续作出规定。

1957 年 1 月，上海分行参加总管理处召开的全国分行经理会议，参与讨论《关于公私合营企业财务管理的暂行规定(草案)》执行情况、计算是年合营企业的预算收支指标等问题。

1958 年 7 月 1 日，上海市财政局通知上海市人民委员会所属各局(处)、各区人民委员会、市高级人民法院、中级人民法院、各区人民法院、海运局、港务局、长航局、电业局、中国人民银行分行：自合营企业实行定息后，对代管股再由企业按时发付定息集中存储，不仅增加企业和银行的处理手续，也使这一部分资金不能及时运用，失去了现实意义。经财政部商议、有关主管部门同意，将交通银行经营的合营企业中代管股股权移交企业自行管理。至此，上海分行结束对公私合营企业财务监督工作。

第三章　基本建设拨款

1951年，交通银行上海分行根据总管理处指示，率先开始办理基本建设投资拨款。结合中国基本建设投资管理的实践，从无到有，从粗到细，逐步建立、改进和完善有关规章制度，出色地完成了各项基本建设拨款任务。同时通过监督基本建设投资的使用，有效地增强了投资计划性，保证了专款专用，有力地配合了国家货币管理，为巩固金融稳定作出了贡献。

第一节　分 级 拨 款

1951年2月，交通银行被中国人民银行指定为筹办基本建设投资拨款银行后，将大行政区首府所在地的上海、武汉、重庆、西安、天津5个市分行分别改为华东、中南、西南、西北、华北分行。2月19日至3月10日，总管理处召开第一次拨款会议，确定是年的拨款范围、重点及步骤，制定拨款章程、制度、办法及手续，建立机制培养干部。4月16日，华东分行会同上海市财政局起草了第一个全国性的基建拨款办法——《上海市基本建设拨款办法》，开始在上海市地方级基本建设拨款中试行。涉及的企业包括市属公交公司、自来水厂及吴淞煤气厂等，迈出了交通银行办理基建拨款第一步。华东分行还专门设立拨款科，负责办理拨款业务，并责成该区域内的分支机构由专人办理；尚未设立交通银行分支机构的地区，委托所在地中国人民银行设置基建拨款科（股），代理拨款业务，并派出流动小组前往协助。

华东分行经办的基建拨款分为中央级、大行政区级和省市级等3级。对中央级拨款主要是执行上级行所交办的任务；对大行政区级拨款，各地分支行要组织执行该项工作；省市级拨款则需要该区域交通银行与中国人民银行主动争取布置。1951年7月1日，华东分行开始中央级基建拨款。是月末，交通银行办理的拨款包括属内的计中央级33户，大行政区级8户，省市级55户，共计96户，其中以华东分行经办的37户为最多。至9月末，华东区内拨款户数增加到322户，华东分行更是以办理129户，继续保持领先。

因上海是全国工业及建筑器材主要供应市场，故华东分行承接各地联行委托代理拨付购料款笔数甚多，代理拨付户数达113户。1951年11月5日，华东分行基于华东区行政及业务工作十分繁忙，为此专门成立了分行营业部，具体负责办理上海市属基建投资拨款、承办中央级及大区级在上海市的基建拨款、代理各地联行委托代付在上海市的基建拨款、监督拨款大修理基金等。截至是月25日，分行营业部办理的基建拨款户数达167户，计中央级27户，大区级24户，省市级12户，代理各地联行付款的104户。所做的主要工作是：1. 对发包工程的监督，试定三边合同；2. 简化手续，加强对外服务，实行统付办法，争取由公到私资金；3. 通过验收工作，促进建设单位重视并爱护国家财产；4. 加强核价工作，争取专业公司密切配合。截至12月末，分行营业部办理拨款单位中央级计30户，大区级36户，省市级19户，代理各地联行付款的272户，除陆续结销92户外，尚有265户。

1952年，华东区行营业部实行资金灵活调拨和拨付许可证制，方便了财政调度，减少资金在各银行的积压，提高了拨款工作的效率。截至是年年末，办理各项拨款共计1 648户，其中中央级283

户，大行政区级 124 户，省市级 188 户，代理外埠用款 966 户，其他基本建设(包括合营企业自筹资金等)87 户，较上年年末总户数增加 4.6 倍；各项拨款计划数 43 045 亿元，实际拨款 39 109 亿元。

1953 年是“一五”计划开始的第一年，全国大规模经济建设铺陈展开，基本建设拨款任务更加繁重。自 2 月起，上海分行加强与建设单位和中国人民银行上海分行建立联系，及时供给建设单位基建用款。截至 8 月末，上海分行拨款金额 28 282 亿元，占华东区行总拨款的 29.27%；代理外埠用款 37 057 亿元，占华东区行总任务的 79.74%；经办客户共 1 688 户，占华东区行的 35.40%，其中建设单位 594 户，包公企业结算户 47 户，包公企业贷款户 11 户，代理外埠用款户 1 016 户。

1954 年 3 月，上海市财政局同意华东区行关于“加强与大区个主管部门的联系，改善大区基建拨款的管理工作，拟将原由上海分行接办的大区拨款业务，划归华东区行主办”的报告，并转上海分行办理交接。之后，随着交通银行大区级行政机构被撤销，华东财政局批准自 8 月 1 日起，将华东区行主办的大区拨款工作划归上海分行办理。

“一五”时期，农业、手工业、资本主义工商业的社会主义改造同时进行，交通银行同时承担办理基本建设投资拨款和清理、管理公私合营企业公股工作，实际上已不能适应工作的需要。1954 年 5 月，财政部向政务院建议设立专业银行办理基建拨款获得批准。10 月，随着中国人民建设银行在全国各地的成立，上海分行将基本建设拨款监督工作移交给中国人民建设银行上海市分行接办，成为专职办理国家对公私合营企业进行财务监督的专业银行。

第二节　监督检查

1952 年 5 月，随着整个华东地区基建进度加速，基建户数增加，用款逐日增多，华东分行营业部承担的基建拨款监督任务也随之加重。在监督基建拨款过程中，发现有些单位存在工程设计不周，监督不严，造成返工浪费的问题，因此提出，除交通银行外勤工作人员要及时反映情况外，希望各主管机关贯彻执行“先设计后施工”规定，并加强检查，尤其是要发挥现场专职监工的作用；同时针对各单位采购用款计划编制混乱的现象，建议将采购项目划分为 13 类，提请总管理处研究后通知各联行转至建设单位统一编制。7 月，华东分行举行行务扩大会议，学习拨款新办法；召开主要建设单位座谈会，进行宣传；加强外勤工作，试行匡计头寸，为实施新办法做好准备。是月起，市级拨款实行拨付许可证制，消除了资金在银行的积压。

1952 年 9 月，华东区行营业部加强监督力度，改变仅凭单据付款做法，通过深入现场开展系统性检查，发现重要建设单位连续违反财政纪律，资金、材料积压及浪费的现象，引起主管部门的高度关注，并及时得到纠正。

1953 年 2 月，上海分行根据总管理处指示，设置会计、拨款、计划等科；组织干部学习相关文件，并在计划、会计两科中确定专职干部，办理资金调拨和监督工作；对外拟订了匡计头寸办法。4 月，开始匡计头寸工作，以“重点掌握、一般代匡”为原则，采取“专人负责、层层汇总”办法，由拨款科将 5 天的预匡收支数于前一日送计划科，以供其计算头寸。为准确匡计头寸，不间断地抓好各科原始材料分析、研究、比较工作，同时加强对基建单位的联系和宣传工作，提高建设单位的重视度，配合做好匡计头寸工作。

1953 年，在办理基建拨款的过程中，上海分行发现一些企业积压浪费问题。7 月末，先后深入到有削减项目的上海医药器械制造公司、上海卷烟三厂等 14 个单位进行调查。经调查，了解到上海医药器械制造公司因危险品仓库项目停办，造成前期已支出的设计费、青苗辅助费、合同印花税等费用1 275万元无法收回;上海卷烟三厂因锅炉车间项目下马,损失设计费511万元等。此外调查还发现一些企业存在着因积压或储存材料造成的大材小用的浪费现象。对此,提出《关于按工程进度结算工程价款的意见》,得到华东财委批准,随即在同济大学进行重点实验。截至是年年末,上海分行共有建设单位602户,分属52个主管局。全年财务支出29 975亿元,实际支用28 472亿元。中央级拨款因实行资金灵活调拨办法,平均每月下达资金数为核定限额的69%,节约财政调度31%,平均每月限额结余为资金结余的7.72倍。

1954年1月,上海分行回顾了1953年基本建设拨款办法执行情况,并作《交通银行上海分行拨款办法执行情况检查报告》。检查执行情况,拟订《如何运用拨款依据进行拨款》办法,提出在工作中应当特别注意:拨款限额通知是最根本的依据;分情况处理建设单位自行备料或购置机械设备的拨款、出包建筑安装工程拨付预付款、建筑安装拨付工程款等;同时就如何运用各类已批准的年度计划、工程预算或工程项目预算,批准技术设计的原文抄件和主管部门批准的"开工日期"原文抄件、合同、验工月报等作出提示,为后续工作顺利进行打下基础。5月下旬,组织42名干部,将应按工程进度结算的单位与合同排序,一次推进工作。截至6月末,对已实行按工程进度结算的10个单位的11个项目统计,节约资金达32亿元。

第四章　公 司 金 融

从清光绪三十四年四月(1908 年 5 月)上海分行开业起，交通银行上海分行借助政府和总管理处的支持，拓展轮路邮电四政资金，扩大资金实力。进入民国后，开展商业化改革，扩充存汇业务，并以辅助实业为原则，发展放款事业，支持企业发展。1986 年 10 月重新开业后，把发展公司金融业务作为参与市场竞争、服务国民经济、提升发展质效的重要手段，并按照国家经济发展战略和交通银行改革要求，不断加大理念创新、服务创新、产品创新的力度，集中优势资源重点支持地方经济建设、企业发展等，创出了一条"市场、品牌、客户"发展新路径，壮大了客户群体，全面推进了公司金融业务的发展。

第一节　业 务 发 展

一、概况

1986 年，在新旧体制转换和宏观经济环境趋紧的条件下，上海分行踏上了创业的新征程。各级领导带领业务人员深入市场，走访政府、企业，广泛宣传交通银行重新组建的意义，以及股份制银行金融服务的比较优势，争取发展客户群体。同时，根据自身实力，择优选择一些期限短、经济效益好、还款来源可靠的客户为贷款对象，重点支持市场适销产品、名优新产品、出口创汇产品和节约能源、扩大运输能力的企业。

1988 年，围绕国家实施紧缩银根的政策，上海分行落实总管理处规定的各项自控指标，坚持改革方向，创新服务，把有限的资金投向出口创汇的外向型企业、收购紧缺原辅材料短缺资金的企业、生产名优短线产品的企业及为地方办实事的企业，实现与客户共同发展；开展跨地区融资活动，扩大资金横向流动，充实资金力量，促进资金平衡；开拓业务新品种，在全国率先发行大面额存款证，开辟筹资新渠道；设立账户经理，为企业当好参谋，提供综合金融服务。

1990 年，在国家"从紧的财政政策和从紧的金融政策"方针指引下，上海分行正确处理治理整顿和深化改革的关系，在坚决服从国家宏观调控的前提下，坚持综合性银行的方向，稳妥推进改革发展。通过加强横向经济联合、支持外向型经济发展，支持南浦大桥、杨浦大桥、桑塔纳轿车国产化等基础设施工程和支柱产业建设，逐步形成重点服务对象、业务依托和产业支柱。

1995 年，上海分行全面落实总行全国分支行行长会议精神，严格信贷管理，狠抓全辖资产质量的提高；稳步实施本外币联动、总分行联动、与海外机构业务联动"三个联动"；坚持择优限劣，认真梳理开户企业，选择其中符合国家产业政策、经济效益好、有市场竞争力、与本行业务往来密切的客户作为基本客户发展对象，加大贷款支持力度，促进资产质量与经济效益的提高。

1996 年，按照总行"九五"发展规划的要求，上海分行在信贷投向上，坚持依据"三、二、一"产业结构的调整方针，优先支持上海支柱产业、高新技术产业，具有市场发展前景、经营有特色的现代企业制度试点企业，商业外贸集团公司及外商投资企业的发展；落实一批市政基建、企业技改和科技贷款预选项目，发展一批基本客户，带动盘活一批信贷存量客户。

图 3-4-1　1997 年 12 月 10 日，交通银行上海分行与上海卡博特化工有限公司举行炭黑二期工程贷款签字仪式

1998 年，上海分行贯彻国家增加投资、扩大内需的重大决策，选择优势企业，依托总分行营销与资金联动，投入 35.3 亿元贷款，重点支持上海轨道交通明珠线、浦东世纪大道东段和上海规模最大的危棚简屋改造工程“两湾一宅”项目，以及上海通用别克轿车项目、上海桑塔纳中高级轿车零部件配套项目、振华汽车和浦东巴士车辆更新改造项目等。

2000 年，上海分行紧紧抓住宏观经济环境逐步趋好的有利时机，构建“以客户为中心”的全员市场营销体系，通过推进营销体制改革、经营机构调整和激励机制创新，促进适应市场发展需要的集约化经营新格局、效益来源新增长点的形成。先后与柯达公司、金光纸业（中国）投资有限公司、百事食品（中国有限公司）、巴斯夫化学建材（中国）有限公司、汽巴精细化工（上海）有限公司等公司签订或商议业务合作协议，与证券、保险、基金、期货等新兴市场客户建立业务合作关系，全面对接中小企业发展。

2001 年，上海分行继续围绕“市场、品牌、客户”三大核心，推进公司、私人、机构等支柱业务全面协调发展。重点选择规模适度、具有综合效益和长远发展潜力的项目，支持精品钢材、精细化工、微电子、市政等优势行业相关优质企业的发展，培育和争取包括宝钢集团、中芯国际、赛科石化等企业在内的一批优质客户群体，形成了不同区域的营销重点和经营特色。

2002 年，上海分行面对“入世”第一年经济、金融形势变化的考验，及时更新全行经营理念，调整发展重心。通过进一步完善组织框架、业务流程、人员培训、工作效率、服务质量等机制，建立上海分行信贷政策研究会、业务计划调度会、重大营销项目分支行联合营销小组等制度，加快产品创新和配套措施的落实，有效地促进了资产收益类业务的发展。是年，与深水港、上海文广集团等企业集团签订银企合作协议或授信意向书；与交通银行东莞分行联手营销太仓九龙职业公司、与交通银行南京分行联手为巴斯夫项目提供融资、与交通银行香港分行联手参与以中银集团（香港）为主

图 3－4－2 2001 年 12 月，交通银行上海分行与上海赛科石油化工有限公司举行贷款协议签字仪式

牵头行的太平协和项目(二期)营销。

2003 年，上海分行在提升经营理念同时，围绕基本客户、风险收益、营销合理三大主题，强化渠道整合、营销方案编制、全员绩效管理 3 项重点工作，集中力量营销久事公司等重点客户，争取上海真空电子器件股份公司引进扩大显像管玻壳流水线等重点项目。是年，筛选出重点维护、重点投放、重点培育 3 类客户 90 家；稳步推进长三角各行业务联动，与交通银行南京分行、绍兴分行及各辖属分行进行业务联动项目 11 个，意向贷款金额达 70.94 亿元。

2004 年，上海分行严格遵循宏观调控"区别对待、有保有压"要求，调整发展策略和思路，制定《信贷政策指导意见》《人民币贷款安排实施要求》《个贷业务信贷政策指导意见》等，保持业务发展的连续性和稳定性。是年，加大营销的组织、策划、宣传力度，建立总分行考核拓展、产品开发、营销政策制定等沟通机制；加强总分行联动，成功举办跨国公司与交通银行高层联谊会，并与重要客户决策层建立双方互访机制；结合上海区域特点，呼应总行公司、私金、国际业务集中营销活动，推动各项业务发展。

2005 年，围绕交通银行在香港成功上市后提出的战略转型目标，上海分行把握方向、抓住重点，将贯彻宏观调控要求与调整信贷结构结合起来，结合所属各经营单位发展基础和区域经济实际，制定授信管理"一行一策"和市场营销"一行一品"，坚持在发展中调整，在调整中发展。开展公司业务集中营销系列活动，加强高层营销力度，推进重点产品主题营销活动，进一步密切银企合作，并为短期融资券、企业年金、资产托管等新兴业务的发展打下了客户基础。

2006 年，上海分行持续优化对公业务结构，全面执行总行信贷投向政策，密切关注行业动态和区域经济特征，制定全行信贷业务发展及针对不同类型客户的营销指导意见，明确分类发展目标和具体营销策略；以交通银行成为 2010 年上海世博会全球银行业合作伙伴为契机，强化总分行联动，加强重要客户的集中营销，与世博土控、上海移动等客户签订银企合作协议，取得显著成效；开展小企业信贷业务试点工作，在优化业务流程、完善审批方式、建立营销队伍等方面进行了有益的实践和探索，提升“展业通”品牌影响力。

2007年，上海分行根据国家宏观调控方向，以及行、监管部门出台的各项信贷政策要求，加强对经营单位的政策引导，合理把控贷款投放总量、节奏，贷款客户结构、行业结构、期限结构进一步得到优化。

2008年，上海分行把握市场机遇，深度介入上海世博配套建设、交通设施、公用民生和国家级、市级开发区项目；探索分层分级的客户管理模式，制定差异化服务方案，明确客户经理营销管理职责，有效拓展和维护了拜耳、普洛斯、上海城投、申能、申通等一批优质大客户；丰富对公业务产品种类，全年设计并成功发起蕴通财富人民币对公理财产品14期。在总行大力支持下，成为上海市政府400亿元融资平台的4家银行之一；创新服务方式，有效解决客户差异化融资服务需求，其中由上海分行设计开发的“张江集团收益权投资信托计划”获总行金融服务方案奖一等奖。

2009年，面对全球金融危机复杂多变的经济金融形势，上海市分行紧紧围绕总行“两化一行”战略，抢抓上海“两个中心”建设和2010年上海世博会两大难得的机遇，加大重大项目营销拓展力度，与上海电气等重点客户签订合作协议，提升与轨道交通、虹桥枢纽等重大项目合作紧密度，成功牵头筹组上海中心等银团贷款项目；不断丰富业务品种，成功办理全国钢铁业首笔并购贷款、发行全国城投类中期票据第一单、推出融资租赁项下的国内保理业务、首发挂钩应收款的对公理财产品，为深化银企关系、提升业务综合回报率奠定了扎实基础。

2010年，在市场流动性充足、人民币升值预期强烈的背景下，上海市分行进一步完善对公营销机制，深入挖掘客户需求，着力打造银团业务、债务融资工具、现金管理、信托及理财业务等“四大亮点”，巩固与上海华谊(集团)公司、上海城投(集团)有限公司、上海张江(集团)有限公司等客户的合作地位，提升与中国商用飞机有限责任公司、上海交运集团股份有限公司等客户的合作层级，发展与上海城建(集团)公司、上海国际港务(集团)股份有限公司等集团客户的合作关系；锁定在沪央企、跨国企业总部、本地企业总部等目标客户，建立统筹安排、经营单位分片负责的协调配合机制，实行一户一策，提供支付结算、金融理财、咨询顾问等综合配套服务，并切入企业总部，挖掘相关产业链和下属企业的业务机遇，全方位拓展业务；强化与政府类、科教文卫类客户的合作深度，不断夯实中型客户基础，优化客户结构，提高业务稳定性；创新金融产品，向上海世博会提供优质的金融服务，形成“专人联络，全面支撑”服务格局和总分支行跨条线、跨部门协作联动机制，促进各项业务发展。

2011年，上海市分行结合“二次改革”的启动，着力把握重点业务发展，通过夯实客户基础、深化金融服务，促进了中高端客户扩容；通过协助市政府完成全国首单地方政府债发行工作，密切了与各级政府业务合作；通过大力发展资产池业务，向客户提供多元化融资渠道，巩固了银企双方合作关系；通过强化与总行子公司及海外分行联动，大力拓展跨境业务，担任了上药股份H股上市境内主收款行，为中船集团等客户提供境外低成本融资。同时，通过增量贷款重点支持现代服务业、战略新兴产业、绿色信贷、民生工程等领域，以及加快银团贷款发展步伐，优化了资产结构；通过推出人民币海外代付、人民币转卖等新兴业务，打造了特色品牌和市场地位；通过参与长三角地区非上市企业股权交易OTC市场建设，获得上海股权托管交易中心首批结算银行资格，完成了首单境外母公司以人民币对境内子公司注资业务；通过依托上海资本市场活跃、资金交易量大的优势，加强市场运作，提升了贡献度。

2012年，上海市分行制定公司条线十大专项业务指引，全力夯实客户基础，促进对公业务稳步发展。发展蕴通账户、领汇财富中高端客户等。提升对优质客户的服务能力和市场竞争力，全年债务融资工具累计承销金额位列上海市场第二。大力争取资产池入池客户数量，实现入池资产金额翻番。中标上海建筑玻璃幕墙专项维修资金专户管理银行资格，成功拓展中国中船、中国烟草等一批优质客户。合理把握信贷投向，支持先进制造业、现代服务业、战略性新兴产业发展；搭建多维度营销平台，促进新兴业务发展。探索"跨行业、跨市场、跨地域"营销模式，不断拓展新兴业务发展空间。大力推进金融市场业务，成功营销证券金融公司转融通结算银行资格，托管资产的规模、产品数量及业务收入保持系统领先。大力提升跨境服务能力，海外代付、四方协议等境内外联动业务量大幅提升。国际结算业务市场排名上升至第四位。推出人民币对外币期权组合业务，成功办理人民币融资性对外担保等一批创新业务。大力提升银行卡业务市场份额，是年年末，同业排名列第二。推进 IC 卡发行和受理市场建设，IC 卡交易量排名全市第一。

2013 年，上海市分行进一步坚定"发展业务就是发展客户"理念，不断完善客户发展机制。通过举办 15 场"走进区县"业务推介会，开创与区级政府合作的新局面，并与黄浦、青浦、金山、奉贤、闵行、崇明 6 家区、县政府和松江工业区管委会签订全面战略合作协议，搭建了"银政企"对接平台；提升产品和系统对资金的吸纳能力。通过强化跨市场运作、境内外联动和本外币一体化营销，不断提高产品转换和系统集成能力；持续提高贷款质效。通过优化信贷投向结构，加大对实体经济的支持力度，全面推行授信客户价值管理，出台《公司客户 RAROC 提升三年行动计划》，实行"风险—收益双维度审核"，提高授信资源的使用效率；依托上海金融市场，着力发展交易金融、财富管理金融、服务金融和区域特色金融，提速转型发展步伐，增强跨市场、跨渠道经营能力。

2014 年，上海市分行夯实业务基础，多渠道支持实体经济发展。通过信贷、类信贷等多种方式服务实体经济，重点支持现代服务业、先进制造业等领域。全年完成银团牵头行项目 20 个，获上海同业公会"年度银团贷款最佳项目奖"；加快推动转型，巩固创新业务领域优势。通过组建资管业务专营部门，提升专业化运作能力，丰富产品序列，提高投资效益，凸显了财富管理特色。通过增强支付结算和清算服务功能，成为清算所首批人民币利率互换综合清算会员，深耕了金融要素市场。通过优化运作机制，形成营销合力，全年开立自贸账户 215 户，首批获准开办分账核算单元业务，完成中资企业人民币境外借款、商业保理融资等业务首单，把握了自贸业务先机。通过提升电子银行整体分流率，线上收单商户净增数、净收入均排名总行系统首位，实现银行卡收单业务市场份额排名同业第二，信用卡消费累计市场占比五大行排名第一，保持了优势业务地位。

二、营销队伍

1986 年上海分行重新开业初期，面对缺少基本客户、营业网点和专业营销人员，一切须从零开始的局面。全行干部员工在"三个一流"激励下，不畏艰难，在激烈的市场竞争中，争得了一批存、贷款客户。为加强服务，巩固和发展与重要客户业务往来，1988 年，首次聘任 8 位具有专业资质、熟悉银行业务的营销人员为账户经理，向客户提供产品信息、融资方案、业务咨询、日常结算等一揽子金融服务。

2000 年，上海分行在推进市场营销，加强和完善市场营销的组织体制和运行机制的同时，开始建设营销团队。在浦东、西南、东北、东南地区设置对公业务客户经理；在市场营销部和基层经营单位设置对公业务客户经理。地区对公业务客户经理主要负责：1. 每周研究分析区域经济、重点客户状况及变化趋势为各经营单位提供营销建议。2. 对本区域重点客户进行面对面的营销和服务。

3. 受理和解决本地区经营单位和客户经理提出的营销问题。市场营销部和基层经营单位对公业务客户经理职责：1. 开拓市场，发展和联系重要客户，营销本行产品。2. 建立客户走访制度，了解客户需求，做好服务工作，维护银行与客户的关系；收集客户财务、生产、销售、管理、行业和产品市场等各类动态信息，根据资料，建立客户档案。3. 定期向分支行提供有关数据，撰写客户综合评估报告和风险分析报告。及时反映企业经营过程中发生的重大变动情况，分析原因，提出对策措施。4. 及时报告重要客户突发事件。5. 在分行政策许可的范围内，及时协调解决客户合理的服务要求。客户经理是专业岗位，分为高级客户经理和客户经理。高级客户经理为 4～5 等行员，客户经理为 6～7 等行员；享有等级行员工资、与本职工作相关的培训、阅读相关文件、业务协调等待遇和权利；具备相应的任职资格才能受聘上岗，同时接受分行考评小组年度考核，连续两年考核优秀者，可晋升相应行员等级。

2003 年，围绕提升前台专业化营销水平和管理支撑能力要求，上海分行进一步将客户经理分为高、中、初 3 个等级。高级客户经理为 4～5 等行员，中级客户经理为 6～7 等行员，初级客户经理为 8～9 等行员。同时对客户经理任职条件、能力素质、选拔标准作出详细规定。

2007 年，上海分行加强对公条线客户经理序列人员队伍建设，提高整体素质。开始建立对公客户经理进入和退出机制，进一步规范该岗位准入标准，明确基本受聘条件，加强统一归口管理。

2013 年，上海市分行启动 2013—2015 三年人才发展规划，提出经 3 年努力，重点打造一支占比达到 35％的营销队伍，其中获得两个以上条线认证的综合型营销人员占比达到全行人员的 10％，全面提升市场拓展能力，提高客户服务专业度，为聚焦交通银行“两化一行”战略以及打造上海地区“金融旗舰”目标，持续吸引和培养综合型营销人才和跨市场新兴业务的高端营销人才。

2014 年，根据总行《专家型人才队伍建设方案》精神，上海市分行把对公人才队伍建设作为人才建设工作引领性工程，计划至 2016 年年末，对公条线人才队伍总量较 2014 年增加 30％，客户经理队伍中一级和二级授信资质持有率分别达到 25％和 35％，保持对公客户经理、产品经理和投行人才之间的合理配比关系，建立有效的对公条线人才结构和梯队。是年，成立“蕴通精英荟”对公客户经理俱乐部，首批吸收 48 位成员，聘任 12 名客户经理为对公客户专员，进一步拓宽客户经理的职业发展通道。

三、品牌推广

【品牌简介】

“蕴通财富”是交通银行 2007 年全新打造的公司金融服务品牌，该品牌 LOGO 文字部分由“蕴通”“财富”以及“WIN TO FORTUNE”组成，表明“蕴通财富”是交通银行“财富银行”品牌下的一个子品牌，以助客户财富广蕴为目标，为企业提供个性而专业化的公司金融服务。

【品牌宣传】

2007 年，为配合“蕴通财富”公司金融服务品牌推广，上海分行组织经营单位对公客户经理学习“蕴通财富”品牌内涵，深入了解品牌含义、特点及该品牌下涵盖的产品和服务方案内容，并借助各类媒体渠道，扩大宣传“蕴通财富”品牌，切实提升该品牌在上海市场的知名度。“蕴通财富”作为公司金融服务品牌，涵盖现金管理、贸易融资、企业理财、投资银行等多项服务，向公司客户提供全方位、一揽子的综合金融服务。“蕴通财富”品牌首期推出了“蕴通账户”“蕴通供应链”“蕴通财略”

“蕴通理财”等四大子品牌，以及企业年金、企业网银、离岸银行、赴港IPO综合配套服务、网上税费支付、代理财政支付等多项特色服务解决方案。

2008年起，上海分行利用各种客户营销活动，向企业宣传“蕴通财富”品牌，并对该品牌下的产品进行推介，及时解决客户的服务需求；通过电台、杂志、宣传手册等多种渠道，集中进行“蕴通财富”品牌及旗下重点产品的广告宣传；在各经营网点张贴“蕴通财富”宣传海报，扩大品牌宣传效应。

2011年上半年，上海市分行在上海地区进一步开展公司业务品牌宣传，提升蕴通财富主品牌及旗下九大服务领域子品牌的市场知名度。在新天地、地铁LED、虹桥枢纽站U形贴、浦东机场T2航站楼灯箱、游艇等人流量大的地方投放户外广告；在新闻综合、第一财经冠名电视广告，以一定的集中投放度，宣传“蕴通财富”品牌。是年下半年，深入推进“蕴通财富”品牌及其属下重点产品的宣传，选择在中、高端商务人士经常出入的场所，高端写字楼电梯等户外渠道，对“蕴通财富”品牌麾下的蕴通账户现金管理、投资银行、资产管理等重点公司业务产品进行宣传。在户外广告宣传基础上，上海市分行为进一步凸显公司业务品牌市场推广亮点，与第一财经及中国资金管理网共同举办2011（上海）企业资金管理高峰论坛，并通过该论坛隐形植入“蕴通财富”品牌，为上海市分行积累可拓展的目标储备客户群，以多元渠道增进公司业务持续发展动力。

2012—2014年，上海市分行持续做好蕴通财富公司业务广告宣传，为进一步扩大市场宣传效应奠定基础。

【品牌分类】

蕴通账户　是交通银行现金管理的服务子品牌，集账户管理、现金管理、票据管理于一体，通过组合账户、现金池、票据池等特色功能，为客户提供一站式、高质量、个性化的资金管理服务，协助客户在集团财务管理、流动资金安排、票据集中管理等领域优化流程、提升效率、实现企业价值最大化。

2006年12月27日，上海分行与上海豫园旅游商城股份有限公司签署蕴通账户组合账户及现金池产品上线项目合作协议，成为总行系统首家上线该项目的客户。2007年，成立蕴通账户营销推进工作小组，负责对外营销蕴通账户上线推广工作；成立蕴通账户产品营销服务团队，具体负责产品演示推介、网银安装、产品签约、售后服务等工作。截至是年年末，上海分行签约“蕴通账户”客户达6家。其中，上海嘉德环境能源科技有限公司为总行系统内首家使用票据池的客户。2008年，新增蕴通账户上线客户17家，较2007年增加10家，增幅142.85%，位列总行系统第一。其中，新上线的益海嘉里、国药控股为总行直管集团客户，普洛斯（中国）为世界500强跨国公司。通过蕴通账户，上述3家企业实现了对其下属近100个子账户资金集中管理。2009年，分3批次将企业网银现金管理业务处理平台集团客户迁至蕴通平台，实现由现金管理业务处理平台改为蕴通平台向集团客户提供现金管理服务的转变。是年，成功拓展现代重工（中国）投资有限公司、舍弗勒投资（中国）有限公司、上海电气集团财务有限责任公司、上海申通地铁集团有限公司等60家企业为蕴通账户上线客户，较上年增加43家，增幅达253%，计划完成率为300%，排名总行系统第一；促成震旦（中国）投资有限公司利用虚拟二级账户产品功能，对遍布全国的400多家行销网店开展收款集中化管理；支撑上海交运日红国际物流有限公司利用跨行资金管理平台，实现多银行账户体系的集中管理。

2010年，上海市分行遵循总行现金管理客户分类量化标准，将蕴通账户客户划分为核心、价值、潜力、模板等4类客户。针对不同类别的客户，合理调配业务拓展、产品开发、售后维护等方面资源,并通过差异化的服务,提升客户体验,提高业务效益;发挥总行蕴通账户电子票据池新开发的电子票据查验、自动提示承兑、自动提示收票等产品功能优势,将符合开办条件的优质客户列为拓展目标客户。是年,分行与上海医药集团股份有限公司、上海华谊(集团)公司、拜耳(中国)有限公司、阿克苏诺贝尔管理(上海)有限公司、交银金融租赁有限责任公司等重点客户签约,新增蕴通账户上线客户 48 户,计划完成率为 145%。其中,上海医药集团股份有限公司先行先试联动现金池产品功能,成为该项产品在集团性企业应用中的典型案例。

2011 年,上海市分行以产品创新、服务提升和业务拓展为抓手,加快推进现金管理业务发展。是年,分行蕴通账户上线客户达到 244 户,涉及子账户数 2 228 个。其中,净增达标客户 53 户,计划完成率 126%。上线的重点客户有上海张江(集团)有限公司、大众交通(集团)股份有限公司、法拉利玛莎拉蒂汽车国际贸易(上海)有限公司、衣念(上海)时装贸易有限公司、上海环境集团有限公司等。上线客户现金管理价值量 40 951 万元。

2012 年,上海市分行针对重要集团客户百丽鞋业(上海)有限公司提出的优化现金池特殊服务需求,专题向总行提出为其开发个性化业务功能,满足其要求的申请。截至是年年末,净增蕴通账户达标客户 121 户(折算口径),计划完成率为 142%。上线的重点客户有上海华谊集团财务有限责任公司、上海复星高科技集团财务有限公司等。

2013 年,上海市分行推动"跨行、跨境、跨币种"现金管理建设,现金管理业务项下多个产品被列入公司业务产品"双十工程"。是年,上线光明集团、上海电信实业、大昌行、帝泰发展、恒能集团、吉祥航空、宝钢包装、同济股份等一批重点客户,净增蕴通账户达标客户 164 户,计划完成率 191%。

2014 年,上海市分行上线临港集团、水产集团、上海海关、红星美凯龙等一批重要客户,并为总行预财部、托管部提供专项现金管理服务;与上汽财务、上实财务、中船财务、地产集团、交运集团等客户达成合作意向,助其财务公司在现金管理综合服务、跨行资金管理平台、外币现金池及跨国公司总部外汇资金集中管理等方面实现提升与创新突破。是年,上海市分行净增蕴通账户达标客户 165.5 户,计划完成率为 110.33%。

蕴通供应链 系交通银行供应链金融的服务子品牌。通过与国内大型物流公司、保险公司共同搭建质押监管平台、信用保险平台,围绕产业链中的核心生产商,为销售渠道中的贸易及物流客户提供综合性金融服务方案。依托商业信用和银行信用的结合,创新供应链产品、流程、方案,促进核心厂商扩大经营规模、解决中小贸易企业的融资问题。

2008 年起,上海分行把蕴通供应链营销工作列为是年公司业务发展的重点工作之一,通过提升对大型优质客户的服务能力,塑造交通银行品牌优势。

2009 年,上海市分行结合已有的授信对公客户资源,将对公客户上下游供应链上的小微客户引入小微授信体系,加强对公授信客户和小微授信客户之间的联动,进一步拓展小微客户。

2011 年,上海市分行采用"蕴通供应链"模式批量开展业务,围绕相关行业中的核心企业,与国内大型物流公司开展质押监管合作、与保险公司开展信用保险合作,为其上游的供应商、下游的经销商和终端用户提供融资、结算、风险管理等综合性金融服务供应链项目需同时满足 3 个条件:1. 供业链核心企业与上下游企业存在贸易和结算关系;2. 核心企业和链属企业须在交通银行开户;3. 核心企业应当在供应链链条中为链属融资业务承担相关风险责任或客户推荐责任。是年,与法拉利中国正式签署《法拉利玛莎拉蒂汽车国际贸易(上海)有限公司与交通银行股份有限公司上海市分行汽车销售金融服务网络协议》。根据法拉利中国的经营情况和汽车销售金融服务网络的规模和需求,上海市分行向加入法拉利中国汽车销售金融服务网络的经销商提供总额为 15 亿元的意向性综合授信额度。业务品种包括付款保函、银行承兑汇票、法人账户透支及流动资金贷款等。截至是年年末,“蕴通供应链”服务全行累计签约核心企业 259 户,签约链属企业 3 439 户,签约核心企业和链属企业授信余额 1 136.6 亿元,成为业内领先的电子供应链系统。

2012—2014 年,为充分发挥主办行在产业链网络拓展中的主导作用,上海市分行坚持“一家分行做全国”产业链金融业务经营理念,由主办行同时为核心企业及其在全国的链属企业提供产业链项下贸易金融服务。

蕴通理财　2007 年,交通银行推出“蕴通财富”品牌子品牌“蕴通理财”,借助强大的资金管理能力和广泛的资金运用渠道,协同基金、证券、保险、信托等金融合作伙伴,为企业客户提供权益类、固定收益类、衍生工具类等各项代理投资理财服务,为客户度身定制资金运用配置方案,提供闲置资金使用效率,获得稳健投资回报。

蕴通理财包括开放式和封闭式产品。开放式产品主要包括日增利 ABS 款、生息 365 及生息 365 增强版等产品。其中,日增利 ABS 款是表内理财产品,生息 365 及生息 365 增强版是表外理财产品。封闭式产品主要包括日增利提升系列、日增利定制系列、稳得利标准型和定制型等产品。其中,日增利提升系列、日增利定制系列是表内理财产品,稳得利标准型和定制型是表外理财产品。

蕴通财略　系交通银行投资银行与财务顾问的服务子品牌。交通银行利用在信息、知识、人才、产品、渠道等方面的综合优势,为对公客户提供各项财务顾问(包括财务融资顾问、财务制度顾问、财务重组顾问、投资理财顾问、收购兼并顾问、企业赴港上市顾问、政府财务顾问等)与咨询(包括信息咨询、资信证明、资信调查等)服务。

第二节　对 公 存 款

一、概况

清光绪三十四年(1908 年),上海分行开业初期,经理邮传部所辖铁路、邮政、轮船、电报四政之存款。是年六月二十三日(1909 年 8 月 8 日),邮传部将原存储于上海汇丰银行的款项转存上海分行。

清宣统二年十一月(1910 年 12 月),上海分行为皖北水灾招募并经理善款。

民国元年(1912 年)9 月,陆军部汇洋 2 万元存入上海分行。民国 4 年(1915 年)4 月,上海商业储蓄银行第一届股东会议决,将其 7 万元股本金于开办之前,分存上海分行、中国银行、浙江银行、永丰钱庄。其中在分行存款 2 万元。

表 3-4-1　民国元年—12 年(1912—1923 年)交通银行上海分行存款情况表

时　　间	存款余额(库平两/国币元)	占交通银行比重
民国元年(1912 年)	284 220	—
民国 2 年(1913 年)	2 049 957	—
民国 3 年(1914 年)	2 489 277	6.71%
民国 4 年(1915 年)	4 531 705	8.49%
民国 5 年(1916 年)	2 825 654	7.00%

〔续表〕

时　间	存款余额(库平两/国币元)	占交通银行比重
民国 6 年(1917 年)	1 154 916	2.09%
民国 7 年(1918 年)	5 469 446	8.15%
民国 8 年(1919 年)	6 637 113	7.85%
民国 9 年(1920 年)	8 462 048	11.54%
民国 10 年(1921 年)	7 973 154	13.10%
民国 11 年(1922 年)	13 764 332	30.30%
民国 12 年(1923 年)	11 421 141	25.31%

说明：1. 民国元—5 年(1912—1916 年)货币单位为库平两。
2. 民国 6—12 年(1917—1923 年)货币单位为国币元。

截至民国 26 年(1937 年)年末，上海分行存款计 30 100 万元。民国 27 年(1938 年)下期开始，存款增至 40 900 万元，增幅 35.88%。主要是因为：1. 财政当局应时措施，金融基础巩固，人心转觉镇定，提存因以减少；2. 各地小银行及钱庄存户多有移存；3. 战区之内，工商停顿，游资增加。

民国 30 年(1941 年)12 月 8 日，太平洋战争爆发，日军占领上海租界，勒令关闭租界内未及撤退的上海分行，并遭接管清理，上海分行账目中 9 800 万元存款被日军劫夺。

第二次世界大战后，上海分行存款业务面临 3 层困难：1. 存款主要集中于机关及国营事业，各行局之间的竞争异常激烈；2. 因时局不安，物价飞涨，致使资金流动性加剧，存款稳定性极低；3. 交通银行作为国家特许之发展实业银行，上海各项公共事业应属上海分行专业范围，但外商各公司皆以历史及个人关系原因，与中国银行等保持往来，致使上海分行存款业务发展受到诸多阻碍。民国 35 年(1946 年)，上海分行制订业务计划，争揽机关存款，发展工商存款，促进存款发展。

1986 年上海分行重新开业后，立足于改革、创新，采取多种方式筹集资金。根据存款数量制约贷款规模资金自求平衡的原则，率先在业界开办利率优惠、可转让大面额存款证(CD)业务，成功地吸收了企业单位的自有资金和事业单位的预算外资金，成为上海分行存款重要来源之一。1987 年，代理企业发行短期融资券，争取到资金间歇的停留时间，发挥了“续短为长”效应。1988 年，独家推出企业协定存款业务，在满足企业结算需要的同时，使企业获得较高的利息收入，开辟了企业理财新渠道，稳定了上海分行存款来源。

进入 20 世纪 90 年代后，在金融体制改革深化、银行竞争加剧、证券市场迅速崛起，投资渠道日益多元化的背景下，上海分行参与各类融资活动，大力承揽股份制企业的股票、大中型企业的短期融资券及中长期债券发行，拓宽资金渠道；凭借投资代理、金融咨询、信用调查、资信评估、国际商账追收、询价评估等中介服务的优势，在上海同业中率先向外商台商提供“一条龙”特色服务，争取新的业务增长点，扩大存款来源；加强营销公关，发展外省市来沪企事业单位，开辟新的存款增长点；加速电子化建设进程，优化业务流程，提升服务效率，发展结算存款；发挥账户经理能动作用，做好存款大户资金跟踪调查工作，努力实现资金内循环。

进入 21 世纪，上海分行深化“以客户为中心”体制，推进营销体制改革、经营机构调整和激励机制创新，促进集约化经营新格局的形成，开辟存款等业务发展新通道；坚持“发展业务就是发展客户”的理念，紧紧抓住上海经济发展和结构调整的契机，实施“市场、品牌、客户”战略，大力争取优质

图 3-4-3　1993 年 4 月 20 日，交通银行上海分行召开全辖系统存款工作交流研讨会

客户，并依托科技支撑，加快开发新的金融服务产品，形成具有竞争力的优势业务和优势品牌，为持续扩大存款规模、增加盈利提供源泉；发挥总行所在地分行的综合优势，深度介入上海要素市场建设，密切与要素市场主体的业务关系，大力发展机构存款等业务。牢牢把控制造业和服务业的制高点，拓展存款业务发展的新机遇和新空间；以世博服务为契机，全面提高服务水平，提升品牌形象，做好各参展国和国际组织的本外币账户开立工作，助力业务发展；着力增强跨渠道、跨市场转型发展能力，通过吸收一般性存款，创新存款与财富管理产品转换。通过研究资金运动规律，对接清算结算资金，开拓各类缴费账户、归集账户，以及客户现金流管理平台，同时强化产业链整体拓展，利用电子供应链切入客户贸易结算网络，促进集团、产业链资金的体内循环，以系统集成服务，提高吸纳存款的能力。

截至 2014 年年末，上海市分行实现人民币对公存款 2 035.93 亿元。

表 3-4-2　2000—2014 年交通银行上海(市)分行人民币对公存款情况表

年　　份	存款余额(亿元)
2000	332.65
2001	354.82
2002	382.73
2003	479.24
2004	597.45
2005	716.80
2006	858.60
2007	1 051.01
2008	1 265.69

〔续表〕

年　　份	存款余额(亿元)
2009	1 568.52
2010	1 842.72
2011	2 103.89
2012	2 277.97
2013	2 397.15
2014	2 035.93

二、活期类存款

1986 年上海分行开业初期,对公活期类存款分为活期存款和协定存款。其中活期存款是存款人无须事先通知分行,可随时存取和转让的一种银行存款;协定存款是上海分行与对公客户签订《协定存款合同》,双方商定在对公客户结算账户内保留一定的存款额度,此部分存款以活期利率计付利息,超过定额的存款按协定存款利率计付利息。协定存款的资金来源是企事业单位的闲散资金和机关、团体的各种预算外资金或自有资金。1996 年,增设“协定存款账户余额簿”,每日由计算机自动将结算账户超过定额存款的部分转至协定存款账户,并进行积数累加。结息是日,根据活期、协定存款账户各自形成的积数,分别按活期、协定存款利率计付利息。2005 年,规范协定存款合同编号,统一编号规则,并对综合业务处理系统中的协定存款合同进行清理。截至 2014 年年末,上海市分行人民币单位活期存款达 1 078.55 亿元。

表 3-4-3　2008—2014 年交通银行上海(市)分行人民币单位活期存款情况表

年　　份	年末余额(亿元)
2008	1 009.97
2009	1 133.41
2010	1 046.37
2011	1 186.38
2012	1 244.77
2013	1 259.95
2014	1 078.55

三、定期类存款

1986 年上海分行开业后,开办对公定期类存款业务,与存款单位约定存款期限,将暂时闲置的资金存入上海银行,在存款到期支取时,由上海分行按存入日约定的利率计付利息。该类存款分为单位通知存款、协议存款、大额可转让定期存款等。

【单位通知存款】

1988年，上海分行开办单位通知存款业务，起存金额是人民币1万元。存户一次存入本金，无须约定存款期限，由分行签发存折；存户支取时，须提前7天书面通知分行约定支取日期和金额。提款是日，存户凭存折可一次结清本息或分次取款，上海分行根据中国人民银行公布的利率按实际存期计息，存期分为3个月、6个月、9个月、1年4个档次，不满3个月的按活期计息。

1997年起，上海分行按规定对单位通知存款开始实行按支取日挂牌公告的同期同档次利率计付利息办法。

1999年第二季度起，上海分行遵照中国人民银行要求，将通知存款统一划分为1天通知存款和7天通知存款2个品种。规定单位通知存款的最低起存金额为50万元，最低支取金额10万元；存款人需一次性存入，可一次或分次支取；采用记名存款凭证形式，存款凭证注有"通知存款"字样；通知方式由上海分行与存款人自行约定。

2003年，上海分行制定《单位通知存款会计核算暂行规定》，明确单位通知存款的基本规定、核算规定和利息计算规定等。

截至2014年年末，上海市分行单位通知存款余额达110.64亿元。

表3-4-4　2008—2014年交通银行上海(市)分行单位通知存款情况表

年　　份	年末余额(亿元)
2008	141.53
2009	251.55
2010	244.61
2011	202.00
2012	294.45
2013	232.08
2014	110.64

【单位协议存款】

单位协议存款是上海(市)分行按照中国人民银行规定，针对部分特殊性质的中资资金如保险资金、社保资金、养老保险基金等开办的存款品种，起存金额、期限、利率、结息、付息方式、违约处罚标准等通过签订协议约定的一种存款方式，该存款具有将单位短期资金及时地、有效地转化为长期资金的优点。

2001年，上海分行与中国人寿保险集团公司签订协议存款。2002年，与东方人寿保险公司开展协议存款业务合作。2004年，吸收上海市邮政储汇局协议存款。

2005年1月，上海分行根据中国人民银行《关于商业银行对外资保险公司办理人民币协议存款业务的利率等相关问题的通知》精神，开展协议存款业务，并综合考虑各种定价因素，合理确定利率水平和计结息方式。9月，制定《协议存款管理暂行办法》，确定协议存款的管理模式，明确协议存款参与人的相关管理职能。2007年7月,与长江养老保险股份有限公司签订协议存款。2010年,与保险等金融机构协议存款业务合作,获得200亿元协议存款额度,适度调整分行中长期负债业务比例,匹配分行的资产规模,调整资产负债率。

截至2014年年末,上海市分行协议存款余额达269.67亿元。

表3-4-5　2008—2014年交通银行上海(市)分行单位协议存款情况表

年　　份	年末余额(亿元)
2008	38.78
2009	38.78
2010	162.54
2011	175.04
2012	175.46
2013	210.66
2014	269.67

【定期存款】

大面额存款证　1986年10月,上海分行开办大面额存款证业务,发行对象为工商企业、机关、团体、事业单位等。大面额存款证面额分1万元、5万元、10万元、50万元、100万元5种;存期分1个月、3个月、6个月、9个月4种;到期一次支取本息,过期不计逾期利息;不得提前支取,但可在上海资金市场上转让,向上海分行办理过户手续。

1989年12月,上海分行遵照中国人民银行要求,停止发行大面额可转让存款证。截至是年年末,上海分行已发行大面额可转让存款证达3.79亿元。

大额可转让定期存单　1989年12月,中国人民银行批准上海分行向企业、事业单位发行大额可转让定期存单。存款面额起点为5万元,并以万元为单位计增;存期分1个月、3个月、6个月、9个月及12个月5种;不得提前支取,不分段计息,到期后一次还本付息,不计逾期利息。大额可转让定期存单采用记名和不记名2种方式发行。记名的大额可转让定期存单可在发行的行处办理挂失,并可在经中国人民银行批准许可经营证券交易业务的金融机构以背书方式办理转让。不记名存单采用交付方式转让。

1996年12月,上海分行停止发行大额可转让定期存单。截至是年年末,上海分行发行的单位大额可转让定期存款余额为5.01亿元。

单位定期存款　1987年7月,中国人民银行同意上海分行开办企业单位定期存款业务。存款对象是企业、事业、机关、团体、学校等单位暂时闲置的自有资金。存期为半年、1年、2年、3年4档。截至2014年年末,上海市分行单位定期存款余额达478.28亿元。

四、保证金存款

保证金存款是上海(市)分行在为客户出具有结算功能的信用工具或提供资金融通的时候,要求客户履行相关义务，将一定数量的资金存入上海(市)分行特定账户所形成的存款类别。在客户违约后，上海(市)分行有权直接扣划该账户中的存款，以减少损失。

1996 年 4 月，浦东分行同意在该行开立信用证且资信良好、作风稳健的客户免收部分保证金，单笔免保证金额度一般不得超过信用证金额的 70%，资信特别良好的客户，可以逐步申请更高比例或全部免保。

1999 年 9 月，根据中国人民银行《人民币利率管理规定》第十三条“金融机构经中国人民银行批准收取的保证金，按照单位存款计息、结息”的精神，上海分行按照收取的保证金依性质，分别按活期或定期存款利率计结息，并在“251 保证金”科目下设立“定期保证金”账户核算。

2006 年，上海分行对单位保证金账户开户、保证金存入、保证金转出、保证金锁定或解锁等操作进行规范。

截至 2014 年年末，上海市分行保证金存款余额达 125.75 亿元。

表 3-4-6　2008—2014 年交通银行上海(市)分行保证金存款情况表

年　份	余额(亿元)
2008	43.86
2009	90.92
2010	124.18
2011	192.65
2012	207.94
2013	209.00
2014	125.75

五、其他存款

【财政性存款】

1986 年上海分行开业后，开始组织包括财政性存款在内的各类存款。

1988 年，遵照中国人民银行上海市分行要求，上海分行对单位其他存款进行清理，将属于财政性存款部分，全额划归中国人民银行；增设“财政性定期存款”科目，并按规定从是年 7 月 1 日起，将财政性定期存款业务改为代理中国人民银行业务，同时将过去从财政预算外及机关、团体、事业单位财政性资金中吸收的相关存款，从“单位定期存款”科目划转到“财政性定期存款”科目核算。

1990 年，为进一步贯彻执行中国人民银行清理财政性存款的规定，上海分行配合总管理处做好对财政性存款现状开展的专题调查。

1998 年，上海分行根据中国人民银行“自 3 月 21 日起，财政预算外存款划为金融机构的一般存款”精神，将该存款按同档次法定存款利率计息。

2003 年，上海分行根据中国人民银行《关于国库存款计付利息有关问题的通知》精神，调整部分会计科目及综合业务处理系统。

2008 年，上海分行顺应财政体制改革的需要，抓住市场机会，巩固和发展各类财政专项资金业务，开展各类各级代理财政业务，延伸和扩大银政业务平台的内涵和外延，发展业务链相关的企事业单位，实现负债业务和中间业务的稳步增长；密切跟踪上海财政改革的进程，充分发挥总分行联动协同效应，大力开展地方财政各项业务，进一步扩大市场份额，树立品牌形象；率先与财政厅局开展地方财政国库现金管理工作的研究，推荐交行以国债和结构存款为主的稳健型对公理财产品，为国库资金保值增值提供全面的金融服务。

2009 年 9 月，上海市分行转发上海市财政局、中国人民银行上海分行《关于零余额账户管理有关事项的通知》，要求各前台网点和账务中心严格落实零余额账户的设置和管理。10 月，开展重大专项资金营销工作，做好特设账户开立、资金支付与会计核算管理等工作。12 月，抓住上海市区（县）国库集中支付制度改革的契机，组织开展以区（县）财政和预算单位授权支付零余额账户为重点的营销工作，认真排摸所属区域预算单位情况，建立预算单位清单，争取预算单位开设零余额账户及专用存款账户。

2010 年 5 月，上海市分行加强对各区财政扶持项目的跟踪营销，从源头上获得项目信息，通过产品组合和适当的授信支持，争取财政扶持企业的专户资金和其他业务合作。12 月，借助年末转移支付高发时机，营销社保基金专户、城市住房基金专户、政府采购资金专户、非税收入征收管理专户、土地出让金专户、农村宅基地置换专项资金专户、基建专户、粮食结余资金专户等，争取财政专户监管资格。

2011 年 5 月，上海市分行参加上海市市本级第一期国库现金管理商业银行定期存款项目投标，在 12 家投标商业银行中脱颖而出，位居第三，成功中标，获得 8 亿元国库现金管理 3 年期定期存款。10 月，参加上海市市本级第二期国库现金管理商业银行定期存款项目招标工作，进一步强化与上海市政府、市财政局的战略合作关系。

截至 2014 年年末，上海市分行财政性存款余额达 91.45 亿元人民币。

【社保类存款】

1988 年 11 月，上海分行接中国人民银行上海市分行复函，同意上海分行将退休养老基金按照同档次储蓄存款利率办理，强调对养老基金保险存款不享受长期保值。

1998 年，上海分行根据中国人民银行《关于对养老保险基金活期存款实行优惠利率的通知》精神，从 1 月 1 日起，对存入上海分行的养老保险基金活期存款，按 3 个月整存整取定期存款利率计息（1998 年 1 月 1 日，利率为 2.88%）；对是年 1 月 1 日前存入的活期存款，以是日为界分段计息。

2000 年，经多轮竞标，上海分行成为上海市社保局资金运作两家担保、监管银行之一，负责对券商实施运营监控。

2002 年，上海分行按照中国人民银行要求，从 12 月 1 日起，对市级社会保险经办机构存入的养老保险个人账户基金活期存款，不再执行 3 个月整存整取定期存款利率，改按单位活期存款利率计息。经总行批准后，开办养老保险个人账户基金人民币协议存款，利率水平、存款期限、结息和付息方式、违约处罚标准等由双方协商确定，并在合同中载明，该项存款在存期内不得提前支取。

2005 年 3 月 21 日起，上海分行对全国社保基金各组合银行存款账户按年利率 1.62%进行计息；对社保基金正回购融入的资金，另设“全国社保基金托管专户”存放，并执行 0.99%的年利率。

2010 年，上海市分行主动配合社保主管部门推广社会保险业务发展，把社保业务作为政府市场业务的重要营销内容，努力将其发展成为一项重点业务；抓住人力资源和社会保障部在全国范围内推广金保工程的契机，参与地方金保工程系统建设，全力争取代理银行资格；成立社保金融产品研发团队，开展社保业务市场调研，向财政机构、社保机构、参保单位、参保人群等提供一揽子全方位金融服务方案；建立社保业务营销团队，面向财政、劳动和社会保障、社保基金管理中心等社保业务主管部门，争取社保专户存款及社保资金各项专户的开户；高度重视社保信息系统建设，根据社保资金链上诸多关联单位金融需求，探索与定点医院、定点药店合作模式，将关联单位政府采购和社保类资金账户纳入营销范围，提高社保业务附加值；针对参保大型企业社保资金管理特殊需求，运用现金管理产品和企业年金产品，主动为大型企业提供社保资金统筹管理平台，满足企业对社保资金征缴管理需求；进一步提高社保金融技术含量，加强与社保发卡机构合作，依托科技术力量和优质服务水平，争取社保卡的主要结算银行地位；参与社保资金代理银行招投标活动，从源头上把握业务代理资格。

2012 年，上海市分行按照总行有关规定，在完成社保类优惠利率活期存款的 TT 码调整，确保存款外部定价合规的前提下，自 4 月 1 日起，对部分符合要求的社保类优惠利率活期存款执行 3 个月定期存款 FTP。

截至 2014 年年末，上海市分行社保类存款余额为 11 亿元。

第三节　对 公 贷 款

一、概况

民国时期，上海分行的放款主要有房地产、股票抵押放款及民族企业放款两类。民国 15 年(1926 年)，在放款押款业务方面，除注重存放同业外，择期限较短且有确实抵押品者酌量贷放。

抗战时期，上海分行参与救济钱业放款，放款方式为不动产抵押放款。抗战胜利初期，放款业务主要是协助沪市各厂矿复工。

民国 36 年(1947 年)7 月，上海分行随时局调整放款原则，致函上海市电机丝织工业同业公会，因法币贬值、原料厂丝及人造丝价格上涨，同意以该项原料作贷款抵押，按市值估价，但对于已抵押的原料成品等不得中途升值。

表 3-4-7　民国 38 年(1949 年)3 月末交通银行上海分行放款情况表　　单位：金圆千元

行名(简称)	定期放款	活期放款	存放同业	其他放款	合　计
上海分行(沪行)	809 906	1 750 030	2 000 295	—	4 560 231
南京路支行(南行)	17 000	35 541	—	—	52 541
民国路支行(民行)	20 000	40	—	—	20 040
静安寺支行(静行)	—	2 040	—	1	2 041
林森路支行(霞行)	—	40	—	—	40
虹口支行(虹行)	201 500	40	—	1	201 541
总计	1 048 406	1 787 731	2 000 295	2	4 836 434

1949 年 5 月 27 日上海解放后，上海分行按照国家相关政策，从 1950 年起开始试办长期贷款业务，探索新中国经济建设资金后援的途径，并确定先以华东地区的上海分行作为试点行。上海分行

领受该项任务后，以《苏联专业银行组织及业务》《关于苏联工业银行的一些问题》《长期投资与短期信贷为什么必须严格分开》等文件作为参考资料，学习苏联经验；同时组织员工深入工厂实习，了解相关知识；配合中国人民银行的放款工作，从侧面深入了解各个放款户的情况，澄清在放款问题上的误解，认清经济形势和工商业的发展规律，为开展长期贷款业务进行必要的准备。经过学习、调查，上海分行基本确定重点扶持的行业与放款对象，明确长期贷款的对象必须符合国民经济发展的需要，以地方公营企业，公股比例较大的合营企业及其一些政治健全、经营良好、劳资关系正常，且能逐步实行经济核算的、有关国计民生的私营企业为主。是年9月，对民生实业公司、三北轮埠公司、鼎鑫纱厂、南洋橡胶厂4家单位试行长期贷款，截至1951年3月末，贷款总额达84.04亿元。对4家单位的贷款，上海分行都派稽核或监管人员，除了解情况，按约核贷外，还帮助各家企业建立或健全会计制度、领料制度，促进精简节约、减少浪费。10月，拟定《试办长期贷款暂行办法》《内部处理手续》，规定将符合国家经济建设政策、组织健全、经营正常、能逐步实行经济核算的工矿、交通、公用事业，且有还款能力的列为放款对象；放款方式以质押为限；放款利率以中国人民银行挂牌利率为原则，同时根据企事业单位性质和放款用途、期限等情形，酌予提高或减低。11月5日，华东分行营业部成立后，具体负责办理上海市长期贷款业务，是月末，已承贷的长期贷款达到54亿元。1952年5月，将长期贷款业务移交给中国人民银行上海分行办理。

1986年上海分行开业初期，顺应改革开放的历史潮流，运用国家赋予的职能，以市场为导向，以效益为原则，拓展业务新领域，主动扶植新的经济增长点，稳步推进对公贷款业务发展。在服务对象上，坚持国家产业政策，支持国有大中型企业转换经营机制和产品升级换代。坚持多种经济成分并举，支持地方支柱型、成长型好的新兴产业、强强联合的企业集团、业绩优良的公司及国际著名跨国公司在沪设立的“三资”企业发展；在服务方式上，采取新的举措，支持和确保桑塔纳轿车国产化配套等重点项目、黄浦江大桥（后改名为南浦大桥）等市政项目和“菜篮子”工程建设；在服务内容上，拓展业务新领域，率先开办对“三资”企业中方股本金项目贷款等业务新品种。

进入20世纪90年代，随着专业银行转型为国有商业银行、股份制商业银行崛起，以及外资银行试办人民币业务等一系列金融改革和开放措施出台，金融竞争日益加剧。面对严峻的挑战，上海分行在总行（总管理处）的支持下，发挥自身优势，参与浦东的开发开放，支持浦东轴线大道等基础设施和东方明珠电视塔等重点项目建设；以总分行联动贷款形式，支持延安路高架、轨道交通明珠线等市政重点项目，以及上海规模最大的危棚简屋改造工程“两湾一宅”项目等建设。抓住上海市新一轮产业结构调整，调整信贷结构，集中资金支持地方支柱产业和信息与计算机、现代生物与医药、新材料等新兴产业发展和技术进步；与市、区工商联和浦东新区产业配套办公室等联手，支持中小企业发展。围绕提升金融服务要求进行探索，勇于创新，在业界率先通过国内银团提供出口买方信贷，支持国有企业和企业集团扩大出口并带资承包伊朗地铁项目，推出外汇商品房抵押贷款业务；通过与总行、海外分行和外资银行的联动，大力支持总部设在上海的国内跨地区企业集团或外商在中国的投资企业管理中心，以及总行与教育部等在上海的合作项目；成功开办土地使用权抵押贷款等业务。

跨入21世纪，上海分行落实宏观调控政策，保持信贷稳健增长和均衡投放，深入研究上海经济发展现状和产业变化趋势，从行业、区域、客户3个维度制定系统的信贷投向政策。明确传统优势制造业、现代服务业、新兴战略产业等领域的信贷投向，加大资源能源、消费民生等国家重点支持领域的信贷支持；根据区县经济特点，加大实体经济投入，发展优质商业地产、经营性物业和品牌商贸流通业；拓展优质中小企业客户，提高交叉收益，有效管控风险；加紧对产能过剩行业总量管控和结构调整，推进风险客户的减退加固；从行业、客户、担保方式等角度，制定有效的定价策略，提高贷款议价能力。

截至 2014 年年末，上海市分行人民币对公贷款余额为 1 856.07 亿元。

表 3-4-8　2000—2014 年交通银行上海(市)分行人民币对公贷款情况表

年　份	年末余额(亿元)
2000	331.98
2001	349.83
2002	383.58
2003	463.27
2004	468.69
2005	546.95
2006	638.61
2007	779.43
2008	940.42
2009	1 308.25
2010	1 564.57
2011	1 729.12
2012	1 874.88
2013	1 934.26
2014	1 856.07

二、流动资金贷款

民国 3 年(1914 年)，市场生丝出口锐减，上海丝厂因而濒临停工，上海分行及时提供资金，协助其复业，使得 1 万余劳工得以避免失业。

民国 20 年(1931 年)8 月，上海分行与章华毛绒纺织公司订立以 1 年为期、规元 50 万两的借款合同，以该公司租用之中华码头公司厂基及自有之房屋、机器、五金物件、连同存栈原料与半制品、制成品等担保。

民国 22 年(1933 年)1 月，上海闸北水电公司以公司全部财产为担保，向上海分行、四行储蓄会等 15 家银行、钱庄，请求押解规元 215 万两。其中上海分行承借 30 万两，年息 1 分，每 3 个月付息 1 次，自第二年起开始还本。抗战胜利初期，上海分行放款业务主要是协助沪市各厂矿复工。

民国 34 年(1945 年)12 月，上海分行参加四联总管理处《沪区厂矿复工贷款实施办法》计划。该计划拨借复工贷款 30 亿元，规定各厂矿以原料为抵押品，贷款利息年息 2 分—3 分 6 厘。作为专门发展实业的国家银行，上海分行在该项贷款计划中所占比例较大。

民国 37 年(1948 年)4 月，上海分行与资源委员会通用机器有限公司签订贷款合同，同意其在机械事业贷款项下以质押透支方式贷款国币 81.9 亿元。以 5 个月为期，利率为月息 1 角 3 分，按月结算。

1986 年上海分行重新开业后，开始办理人民币流动资金贷款、贴现及外币贷款、透支和贴现等业务。

1988 年 2 月，上海分行围绕总管理处《流动资金短期贷款办法》，规范企业及实行企业化管理的事业单位申请流动资金贷款条件、贷款期限、贷款利率、贷款的申请和使用的操作等。

1989 年，上海分行制定贷款三查制度实施细则。提出“区别对待，择优扶植”原则，并根据企业信用、流动资金周转速度、经济效益等要素决定贷与不贷、贷多贷少。强调一般不发放信用贷款，主要采取抵押、贴现等借款方式，以减少贷款风险，确保贷款安全。

1991 年 5 月，上海分行为全面提高信贷资金的质量和使用效益，巩固和形成基本客户群体，以客户流动资金周转率、结算资金占用率、贷款利润率、资产负债率、出口产品（商品）率等 12 项指标为基础，进行综合评估打分，并根据综合评估值从高到低，依次把客户分为 A（基本客户，60 分及以上）、B（准基本客户，50～59 分）、C（一般客户，30～49 分）、D（限止客户，30 分以下）4 类，以此作为筛选客户的尺度和标准。8 月，按照中国人民银行、国务院生产办公室《关于进一步加强流动资金贷款管理的通知》精神，加强对流动资金贷款管理，执行“区别对待、扶优限劣”信贷政策，加大信贷结构调整力度，对 28 种被列为市控产、限产日用工业品从紧从严掌握贷款。

1992 年 8 月，上海分行根据《贷款管理通则》精神，要求辖属分支行在执行国家政策和计划的前提下，努力提高信贷资金使用的流动性、安全性、盈利性；促进企业提高经济效益，促进产业、产品、技术结构的调整，支持商品生产和流通的发展。

1993 年 4 月，上海分行开始建立贷款业务和流动资金贷款大户分析制度，进一步加强对贷款业务管理。

1997 年 11 月，上海分行印发《中期流动资金贷款管理暂行规定》。明确中期流动资金贷款对象主要是国有大中型企业，并根据企业申请用途、企业生产经营周期、还款能力及本行资金供应情况确定，最长不超过 3 年。规定中期流动资金贷款要落实可靠有效的担保措施，原则上期限在 2 年以上的贷款不得免担保，按同期同档次固定资产贷款利率标准执行。对国家确定的 512 户国有大中型企业和国务院另有规定的企业，贷款利率不执行上浮。要求辖属行规范中期流动资金贷款的操作程序，超审批权限的，须报上级行审批。

进入 21 世纪后，上海分行应对“入世”挑战，主动变被动式风险资产管理为积极的风险管理，并确定 2001 年为管理年。通过调整信贷客户结构、建立信贷风险客户退出机制、严格信贷流程和总行对分支行流动资金贷款业务授权等制度，加强基础管理，提高信贷资产质量。

2004 年 8 月，上海分行落实银监会《商业银行授信工作尽职指引》要求，围绕流动资金授信客户调查和业务受理、授信分析和评价、授信决策与实施、授信后管理与问题授信管理等 4 个方面，开展授信工作尽职调查，并以此为规范，明确授信工作尽职要求，明确授信工作人员的相关责任。

2010 年 6 月，上海市分行按照总行《流动资金贷款管理实施办法》要求，将流动资金贷款纳入对借款人及其所在集团客户的统一授信管理；对叙做的流动资金贷款依照贷、审、放相分离和分级审批的原则，按《信贷手册》规定的信贷制度和业务流程规范操作，运用内部评级工具测量信用风险，确保流动资金贷款业务合法合规，保证贷款质量和效益；严禁流动资金贷款用于固定资产、股权等投资，以及国家禁止生产、经营的领域和用途；规范流动资金贷款借款人及其条件、贷款期限和利率、借款申请与受理、禁止调查与授信申报、授信审查与审批，贷款合同签订、贷款发放及支付、贷后管理等操作。是月，为强化流动资金贷款的发放和支付管理，制定《流动资金贷款发放与支付实施细则（暂行）》，明确业

图 3-4-4　2001 年 8 月 24 日，交通银行上海分行与米其林回力轮胎公司签署贷款协议

务约定、贷款发放和支付流程、贷后资金监控、外汇流动资金贷款管理、贸易融资管理等要求。

2013 年 12 月，上海市分行转发总行《关于调整流动资金贷款及贸易融资客户 PD 评级准入标准的通知》。指出客户 PD 评级准入标准是流动资金贷款及贸易融资等各类授信品种最低的准入标准，强调所属各经营单位要按照相关信贷政策及各行业信贷投向指引具体要求，根据客户及业务实际情况严格掌握。同时，要求各经营单位通过使用低风险贸易融资产品、落实抵质押担保等增信措施，有效降低授信客户的预期损失率（EL%），其中对 9～10 级客户的流动资金贷款的预期损失率（EL%）不得高于 2%。

2014 年 11 月，上海市分行印发《小微企业流动资金贷款续贷业务管理办法（试行）》，要求各经营单位在实际业务操作时，合理设定小微企业流动资金贷款期限，满足借款人生产经营的正常资金需求，避免由于贷款期限与小微企业生产经营周期不匹配增加小微企业资金压力；各经营单位在执行过程中严格把好客户准入关口，严格操作规程，防止企业隐瞒真实经营与财务状况或者短贷长用、改变贷款用途。加强授信审批、放款等环节的管理，及时办妥抵质押登记手续（如有），降低业务操作风险；各经营单位加大贷后管理力度，加强对客户的实地调查回访，动态关注借款人经营管理、财务及资金流向等状况，及时做好风险评估和风险预警。

截至 2014 年年末，上海市分行人民币流动资金贷款余额为 685.12 亿元。

表 3-4-9　2008—2014 年交通银行上海（市）分行人民币流动资金贷款情况表

年　份	年末余额（亿元）
2008	635.04
2009	717.74

〔续表〕

年　　份	年末余额(亿元)
2010	838.54
2011	682.10
2012	677.51
2013	682.41
2014	685.12

【贸易融资贷款】

1987年，上海分行支持上海外向型经济发展，分别向“三资”企业发放756万美元、1亿元人民币贷款，向各外贸公司累计发放9亿多元贷款，向上海利用外资项目提供4 000万美元和8 000万元人民币贷款，向“三资”企业的13个项目提供中方股本金贷款。1989年12月，《印发打包贷款实施细则》，对贷款对象和使用范围，贷款条件，贷款金额，贷款期限，贷款利率，贷款申请、签约和使用，贷款归还等进行规范。

1992年6月起，上海分行按照总管理处《打包贷款暂行规定》要求，进一步加强对打包贷款的管理，减少贷款风险。1993年，按照宏观调控的要求，严格控制信贷规模，将本外币贷款控制在总管理处核定的规模之内。在资金偏紧的情况下，采取各种措施，支持出口创汇、周期短、效益好的外向型企业、外贸企业。重点支持上海交通运输业的发展，累计投放5 500万美元，用以购买船舶、飞机等。1996年，牵头筹组上海电气(集团)总公司分包伊朗地铁工程6 000万美元银团，贷款份额占72%，支持国内企业首次采用出口买方信贷方式出口大型成套机电产品。1999年，加强与外资银行的合作，多次召开与外资银行业务合作恳谈会，在互惠互利的前提下，拓宽双方合作渠道。全年累计向外资银行融资4.6亿元；向14家外资银行提供13.2亿元的借款额度；以外资银行提供备用信用证为担保向“三资”企业融资，从是年年初的9亿元增加到年末的30亿元。

2003年1月，上海分行向东航提供40亿元授信额度，支持该公司此后3年购置飞机等项目及经营周转的资金需求，同时为东航提供贸易融资、贷款业务等服务。2006年12月，印发《打包贷款业务操作流程》，进一步强调打包贷款业务处理原则、业务流程、业务操作注意事项、业务风险点，进一步完善打包贷款业务操作流程，规范业务操作，防范业务风险。

截至2014年年末，上海市分行人民币贸易融资贷款余额为55.70亿元。

表3-4-10　2008—2014年交通银行上海(市)分行人民币贸易融资贷款情况表

年　　份	年末余额(亿元)
2008	2.81
2009	26.37
2010	46.70
2011	47.35
2012	97.82

〔续表〕

年 份	年末余额(亿元)
2013	99.10
2014	55.70

三、固定资产贷款

1986年10月分行重新开业后，根据中国人民银行《关于贯彻执行国务院〈关于重新组建交通银行的通知〉的通知》精神，开始发放固定资产贷款，贷款规模控制在资本金和各项存款之和的20%以内。1989年12月，在固定资产贷款发放前，做好对借款单位报送的有关申请立项文件和可行性研究报告审查评估，内容包括：项目评估主要依据、企业概况和项目概况、项目总投资评估、市场分析、工艺技术和设备分析、财务效益评估、国民经济效益评估、社会效益评估、不确定性分析评估、总评估(包括问题和建议)、附表、全面评估和简单评估的划分、报审资料的规定等。1992年3月，对固定资产贷款加强管理，贷款发放规模实行"一次亮底和适时调节相结合"办法。要求各经营单位按季编制固定资产贷款回收和发放计划、抓好备选项目的跟踪管理、简化固定资产贷款的发放手续、保持固定资产的流动性。1994年11月，统一和规范辖属行处人民币固定资产贷款业务的操作规程和管理要求，结合实际，加强对贷款对象、期限、金额、利率、计划管理，严格贷款项目的管理程序及有关要求。1996年4月，围绕资金安全性、流动性、效益性的协调统一，制定《固定资产贷款内部管理暂行规定》，进一步加强对贷款对象，贷款计划，贷款前期、中期、后期的综合管理。

2004年6月，上海分行按照审慎经营的原则，全面清理在建项目、拟建项目固定资产贷款承诺情况，加强对贷款风险的预测、防范和化解工作，积极应对因宏观经济波动和资本市场变化产生的风险，并将发现的问题及时报告上海银监局。2007年8月，转发上海市发改委、上海银监局等九委局印发的《关于转发〈关于印发清理和督查新开工项目清理工作情况报告的通知〉的通知》。要求各经营单位掌握政府对固定资产建设项目在项目审核、产业政策、土地审批、环保审批等环节的管理制度，确保固定资产项目贷款的合规性，提高贷款授信业务的效率和质量。2008年4月，制定《固定资产贷款授信操作资格认定办法》，要求通过培训和考试，建立信贷人员资质等级升降机制，提高信贷人员项目评估能力，规范固定资产贷款业务的操作流程，有效把控固定资产贷款业务风险。2009年10月，根据需要，与借款人在合同中约定专门贷款发放账户，通过该账户办理贷款的发放与支付。同时，通过业务约定、贷款发放和支付流程、贷后资金监控、外汇固定资产贷款的管理，进一步规范固定资产贷款的发放和支付管理。是月起，将固定资产贷款纳入借款人及借款人所在集团客户的统一授信额度管理；对叙做固定资产贷款，遵循"先评估，后决策"原则，确保固定资产贷款合法合规，保证贷款的质量与效益；严禁绕开固定资产贷款的授信程序，以流动资金贷款、承兑汇票或其他各种表内外方式向建设项目提供融资或担保。12月，落实总行《小企业固定资产贷款管理暂行办法》要求，加强小企业固定资产贷款管理，进一步规范小企业固定资产贷款对象、范围等要素，做好贷前调查评估，贷时审查、审批，发放与支付，以及贷后管理等工作。

截至2014年年末，上海市分行人民币固定资产贷款余额为1 043.58亿元。

【项目贷款】

民国26年(1937年)10月,上海分行应成渝铁路工程局要求,对成渝铁路借款提用现金予以通融,不加限制,以资便利。

民国35年(1946年)1月,上海分行向上海法学院江湾校舍发放200万元贷款作为修缮费用。

1951年,华东分行支持市政建设重点项目,向上海真如地区曹杨村新建工人住宅区铺设水管工程,以及与市民生活密切相关的闸北水电公司提供长期贷款。

1986年10月,上海分行在试营业期间,贷款1 540万美元和4 037万元人民币,支持上海第一钢铁厂为增加钢材生产能力,从联邦德国引进小方坯连铸机等专项设备。

1988年,上海分行向黄浦江大桥建设项目提供286万美元和22 889万元人民币贷款,支持地方重大基础设施建设。

1991年,浦东分行先后向浦东450米广播电视塔、上钢三厂3.3米中厚板工程、杜邦农化有限公司年产100万吨"农得时"工程项目提供贷款。

1993年,在宏观调控、资金偏紧的情况下,上海分行严格控制信贷规模,采取各种措施,贷款2亿多元,重点支持上海汽车工业、二纺机等高新技术改造项目;新增贷款1亿多元,支持南京路、淮海路等路段商业网点改造项目;为杨浦大桥、成都路高架工程筹措外汇资金,支持市政重大工程和市政基础建设项目。

1994年,上海分行制定《技术改造贷款项目评估实施细则》,强调加强技术改造贷款项目的评估工作,是提高项目评估质量,实现贷款决策的科学化、民主化,促进贷款合理投向和信贷资金安全性、流动性、盈利性的重要保证。规定技术改造贷款项目,必须坚持先评估后决策的原则,未经评估,不得提供贷款,同时进一步规范对企业资信、项目必要性、建设和生产条件、工艺技术、财务效益、不确定性分析及总评估等评估工作。

1995年,上海分行集中本外币资金投入经济效益和社会效益好的重大项目,支持经济发展。贷款支持八万人体育场、浦东变电站等一批重点项目建设;向上海最大的骨干发电企业——杨树浦发电厂技术改造项目提供3.5亿元贷款;为市百一店六合路商厦项目提供4亿元贷款。

1996年6月,上海分行贷款支持的上海汽车地毯总厂桑塔纳轿车地毯工程项目和上海日用电机厂桑塔纳轿车散热器风扇总成项目,被评为"1995年上海技术改造优秀项目"。是年,向日立上菱电化机器有限公司提供贷款近3 000万元,支持其开发国际先进水平的波轮式全自动洗衣机项目。

1997年,上海分行向宝钢生产项目、上海石化改造项目、外高桥保税区仓储中心、浦东大道扩建项目等投放贷款;向上海卡博特化工有限公司二期项目发放9 000万元人民币和250万美元贷款额度,支持该公司从美国引进生产4万吨软、硬质炭黑生产流水线及技术;联合总行向上海地铁2号线、延安路高架(东段)等一批重大市政工程项目提供资金支持;与日本东京三菱银行上海分行合作,联手发放贷款4 500万元(其中上海分行发放贷款4 000万元),共同支持上海旭电子玻璃有限公司扩大生产彩色显像管配套产品项目。

1998年,上海分行携手总行,向"两湾一宅"项目、轨道交通明珠线、上海通用别克轿车项目等提供35.3亿元贷款。

1999年11月,上海分行与上海交运(集团)公司签订全面合作协议,贷款1.6亿元支持该公司增添改进设备发展运输产业。

2000年11月,上海分行召开重点客户及项目贷款投向分析会议,分析备选项目和重点客户情况。2004年,结合上海国际金融中心建设、长三角区域经济一体化的加速推进,加大营销力度,自觉服务于经济发展大局，做好相关的项目建设工作。2007年，围绕交通银行成为2010年上海世博会商业银行全球合作伙伴，抓紧研究、设计、对接世博项目，投入巨资支持世博重大项目建设，为办好一届精彩、难忘的世博会，竭诚提供金融服务。2008年，为白龙港、青草沙等节能减排重点"绿色信贷"项目提供信贷支持，其中青草沙项目成为上海市唯一的"2008年中国十佳绿色信贷项目"。是年，结合上海经济热点，加大对世博项目、市政府重大项目的支持，推动受益于拉动内需政策、抗经济波动能力较强的优势行业和优势企业项目建设。

2010年，上海市分行贷款47.33亿元，支持上海市"民生工程"项目——完成100万套保障性住房建设。

2013年，上海市分行以受让信托受益权的直投业务模式，为上海地产（集团）有限公司普陀区老真北地块旧区改造项目融资25亿元。2014年，做强区域优势产业，支持健康、文化产业、优质房地产项目和经营性物业。

截至2014年年末，上海市分行人民币项目贷款余额为486.48亿元。

表3-4-11　2008—2014年交通银行上海(市)分行人民币项目贷款情况表

年　份	年末余额(亿元)
2008	105.99
2009	169.69
2010	244.97
2011	421.97
2012	438.55
2013	450.89
2014	486.48

【开发贷款】

1987年，上海分行向闵行联合开发公司发放1 000万元开发贷款，支持闵行经济技术开发区建设。

1991年2月，上海分行为支持城市土地开发和商品房建设，促进住宅商品化和城市建设的综合开发，提高土地开发和商品房贷款的社会效益和企业经济效益，制定《城市土地开发和商品房贷款暂行办法》，规范贷款对象和用途、依据和原则、审批和用途、期限和利率、偿还和资金来源、监督和检查等工作。9月，转发总管理处、国家科学技术委员会《关于办理科技开发专项贷款有关事项的通知》，强调科技开发贷款项目必须是科技成果转化为商品的项目，有较好的市场前景和经济效益。明确贷款对象和条件、贷款用途、贷款及贷款项目的管理等标准。

1994年4月，上海分行向市府重大实事工程——人民广场综合改建工程提供1 000万元的贷款额度，用于改扩建港湾式车站。

1997年12月，上海分行分别向上海中西药业有限公司、上海复星高科技（集团）有限公司科技开发项目提供910万元和780万元的科技开发贷款。

2003年3月，上海分行与上海中远三林置业集团有限公司签署银企合作协议，向该集团北外滩开发项目提供50亿元的授信额度，并配套结算、按揭、监管等金融服务。8月，向上海世博会——黄浦江两岸开发建设项目提供10亿元授信。

2005年2月，上海分行向上海中房置业股份有限公司提供4.7亿元开发贷款，期限2年，采用土地以及在建工程作抵押。

2009年5月，上海市分行与其他银行组建银团，共同为长兴岛开发提供150亿元贷款，包括项目融资、资金监管、会计结算、信托、资产证券化等金融服务。

2011—2014年，上海市分行向上海地产(集团)有限公司辖属上海地产馨逸置业有限公司累计发放7.6亿元开发贷款，支持其开发建设铁路上海南站地区公共租赁房项目。

截至2014年年末，上海市分行人民币开发贷款余额为116.40亿元。

表3-4-12　2008—2014年交通银行上海(市)分行人民币开发贷款情况表

年　份	年末余额(亿元)
2008	28.14
2009	61.72
2010	0.91
2011	116.75
2012	120.92
2013	130.61
2014	116.40

四、并购贷款

2008年11月，上海分行转发总行《关于开展企业客户并购项目市场调研及并购贷款业务前期项目储备工作的通知》。要求各经营单位抓住国内推出并购贷款业务的先机，做好企业客户并购项目市场调研及并购贷款业务项目的前期储备工作，重点是做好中央企业及行业龙头企业的整合、并购项目，地方国资委主导的区域内重大整合、并购项目的排摸。

2009年2月，上海市分行转发总行《并购贷款业务管理暂行办法》。强调新推出的并购贷款是一项传统贷款业务与投行业务相结合的创新金融产品，是对原商业银行贷款品种的重大突破。该项业务涉及企业收购兼并活动的各个环节，具有过程复杂、专业性强、技术含量高等特点。要求各经营单位从业务发展及队伍建设的角度出发，认真学习，及时掌握并购贷款业务的基本内容，了解相关操作流程；坚持积极与审慎并重的操作原则，形成并购贷款业务发展的良好开局；及时反馈有价值的营销信息，形成沟通、协作机制。3月，与宝钢集团签署《并购贷款合同》，向其发放用于支付并购交易价款的人民币及外币贷款，正式启动并购贷款业务。

2010年10月，上海市分行向上海陆家嘴(集团)有限公司提供40亿元综合授信额度，其中新增的20亿元并购贷款授信额度，用于认购上海申迪(集团)有限公司新增股权，授信期限5年，单笔业务期限3年。12月，与苏州交通银行联手，向保利(苏州)置业有限公司提供10亿元并购贷款授信额度(2家分行各承担5亿元授信份额)，支持该公司并购苏州保利隆胜置业有限公司。

2012 年 10 月，并购贷款经 3 年多的发展，已逐步成为上海市分行服务优质客户和潜力客户的又一重要产品。为进一步促进和规范全行并购贷款业务的发展，要求各经营单位按照总行新修订的《并购贷款业务管理暂行办法》，加强对并购贷款申请条件、并购方资金实际支付情况、分行授信权限内的并购贷款项目尽职调查，加强对批复项目放款流程、相关部门及经营单位职责分工管理。

第四节　投 行 业 务

一、股权投资

民国 36 年(1947 年)7 月，上海分行向生产农用器械，资本总额为国币 30.75 亿元的中国农业机械股份有限公司投资 1.92 亿元，持有该公司股份 1 920 股，占比 6.24%。

1986 年上海分行重新开业后，按照交通银行章程规定，以自有资金出资于具有法人资格的经济组织，并按出资份额分享盈利和承担风险。投资业务按出资份额及参与经营的程度分为：1. 一般投资。系上海分行出资金额低于投资企业注册资本 15%的，可指派人员兼职担任该企业领导机构内的一定职务，参与该企业重大业务方针的决策。2. 关联公司。系上海分行出资额尚未达到控股份额，投资额占投资企业注册资本 20%的，可派出人员兼职担任该企业领导机构内的一定职务，同时可派出专职人员参与其日常的经营管理。3. 子公司。系上海分行出资金额占投资企业注册资本的 50%，并派出人员兼职或专职人员担任该企业的领导职务及下属管理部门的主要领导职务，有权决定该企业的业务经营、人事调配、财务管理等重大事项。4. 全资附属企业。系上海由分行全额出资经营的企业，其领导机构及各职能部门的领导人和工作人员均由上海分行委派或招聘，并对该企业的业务经营、人事调配、财务管理等方面享有完全的决定权；投资的范围仅限于境内；投资对象是与上海分行建立长期稳定业务往来关系的基本客户，且投资的企业具有一定的业务规模和良好的经济效益。上海分行投资所获得的收益预计一般不低于 3 年期固定资产贷款的利息收入；投资规模和速度：开办第一年用于投资的人民币总金额不得超过当年实收资本的 10%，第二年不得超过是年实收资本金的 20%，第三年及 3 年以后每年投资的金额不得超过是年度实收资本金的 30%。对单个企业的人民币投资不得超过上海分行可投资总额的 5%～8%；投资业务的审批权限：属于一般性投资和关联公司的投资项目由上海分行自行审批。子公司和全资附属企业的投资项目，须上报总管理处审批。

1987 年，上海分行共投资 13 个项目，投资金额 835 元占是年 60 691 万元资本金的 1.4%。其中经营性投资 8 项，金额 454 万元，占总投资 54.3%。是年，盈利项目 4 个，占比 50%；建房投资 3 项，金额 196 万元，占总投资 23.5%；其他投资 2 项，金额 185 万元，占总投资 24.7%。单项投资最高额为 175 万元，最低额是 7.5 万元。

1992 年，为加强投资业务管理，确保资金安全，提高投资经济效益，上海分行制定《投资业务管理暂行办法》，强调对于投资业务要坚持积极稳妥的方针，投资项目的选择要与培育客户相结合，与分行信贷规模相适应，与提高经济效益相联结。同时进一步对投资的计划管理、审批程序、投资项目管理、上市公司股票管理等进行规范。

1994 年，上海分行转发总行《关于全面清理投资项目的通知》，明确投资项目的清理范围、清理时点、清理要求。是年，就落实总行全面清理投资项目的通知精神，进一步要求各部门办理投资业务须严格遵守上海分行《投资业务管理暂行办法》有关规定；根据总行上收投资业务审批权规定，实行信贷管理处预审、上海分行行长批准后报总行审定流程；要求各承办部门做好投资项目日常管理、效益分析等工作。

1996年，上海分行要求各单位遵照总行《投资损失核销暂行办法》精神，加强对投资项目管理。凡经营管理不力、投资效益差，要采取措施，收回或转让原有投资额。

1998年3月，为落实全国金融工作会议“关于在年末前商业银行要与所属信托、证券、保险公司和其他经济实体在人、财、物等方面彻底脱钩，债权债务多的公司，也必须先脱钩再整顿”要求，上海分行对历年投资非银行经济实体情况（人民币和外汇资金），以及投资实体占用上海分行信贷资金情况展开全面调查。调查范围分为由上海分行全额投资、控股、参股、联营、合作等形式参与经营，或主管单位是上海分行或上海分行参与管理的各类非银行经济实体，及其对外再投资实体。调查结果，截至是年6月末，上海分行参股、控股企业为31家，投资金额高达2.21亿元，其中参股上海本地的上市公司17家。9月，成立由上海分行正副行长任正副组长，有关部门负责人为组员的与所办经济实体脱钩工作领导小组。同时要求各辖属分支行及其经营单位立即成立以一把手挂帅的脱钩工作领导小组，提出脱钩工作任务；立即做好调查摸底工作，如实填报所办经济实体情况和对实体投资情况；制定对所办经济实体和对实体投资的清理和脱钩方案。1999年7月，印发《加强投资项目管理的实施意见》，指定分行市场营销部为全行投资项目的管理部门，负责全行投资项目总体情况及其效益的分析检查、设立投资项目的管理台账、全行投资项目的有关报表汇总及上报、承担辖属分行直接管理的投资项目的日常管理工作；确定投资项目的日常管理原则、承办部门的管理职责等。截至2000年6月末，上海分行在与所办31家经济实体脱钩中，除总行批准的上海沪通实业公司、上海博达缩微技术有限公司、上海分行培训中心等3家经济实体暂不脱钩外，18家公司办理了税务工商注销手续并已撤销，6家公司办理了脱钩转让手续，尚需继续落实脱钩清理工作的公司只剩4家。2005年5月，上海分行与自办经济实体脱钩的整体方案经总行批准后，及时对脱钩中人、财、物的处置原则、安排作出决策，成立公司脱钩工作小组，推进脱钩工作；明确相关部门的职责；聘请熟悉公司法的律师，全程参与脱钩工作。截至是年10月末，上海分行与自办经济实体脱钩工作全部结束。

二、证券代理

民国成立后，交通银行代理国库业务，负责经理北京政府发行各项债券。故此上海分行亦经理了部分公债业务。民国11年(1922年)，上海分行向总管理处建议“金库事业，已如强弩之末，有义务而少权利，渐渐放弃。但代理公债，尚属较有利益，应设法保留”。总管理处接收了上海分行建议，并在《交通银行总管理处章程》中规定总管理处增设公债股，主要职掌权限是：1. 掌各项公债、公司债之代理发行及其还本付息；2. 掌国库证券之代理还本付息；3. 掌交通部及所属各机关委托保管之保证金；4. 掌印花税之代理发行；5. 掌本股文件卷宗。民国14年(1925年)1月，总管理处要求津属暨奉、哈两行及所属行将所经付的1914年、1915年公债中签票，径寄上海分行汇送税司，以省手续。

1987年，中国人民银行上海市分行批准上海分行开办证券柜台交易业务。上海分行利用政策支持，及时开展各类证券代理业务。1987年1月至1988年5月，代理发行的各项企业债券、股票3 790万元，企业短期融资券9 600万元。

随着金融体制改革的不断深入，上海分行加快证券交易业务的发展，进一步探索金融商品交易的规范化，提高市场资金的运转效率，为企业扩大融资渠道，发展直接融资提供服务，于 1988 年 9 月成立上海海通证券公司，主要经营买卖和代理各类债券、股票等有价证券 8 种业务。

1990 年，上海海通证券公司完成各类证券发行 5.9 亿元、证券交易 8 亿元、证券兑付 12.62 亿元、代保管证券 1.4 亿元。

1994 年 1 月 7 日，上海分行落实中国人民银行对银行业与证券业分业经营要求，同意将所属全资子公司——上海海通证券公司改制为交通银行控股，其他社会法人参股的海通证券有限公司，并全面开启该公司证券代理业务。

三、债券承销

1986 年上海分行重新开业后，按照中国人民银行批准的经营范围，开展金融债券、短期融资券等承销业务，集聚社会闲散资金，支持经济建设。

【金融债券】

交通银行金融债券发行工作由总管理处统一管理。上海分行结合本地区经济社会发展情况，每年向总管理处申报计划发行数量、资金投向及发放时间。发行数额经总管理处统一平衡后下达上海分行执行；交通银行金融债券只限于个人自愿购买，所筹集的资金用于发放特种贷款。具体用途为：1. 自有流动资金不足 30%的新建扩建企业资金需求；2. 效益好的生产项目收尾资金需要。金融债券不记名、不挂失、不能在社会上流通，但经中国人民银行上海市分行批准，可在市内证券市场办理转让。

【短期融资券】

1987 年 12 月，为帮助企业解决短期流动资金的需要，开辟融资渠道，上海分行代理上海市有色金属总公司发行 2 950 万元短期融资券，发行对象为企事业单位和个人，发行面额为 100 元、1 000 元两种，发行期限为 9 个月，月利率为 5.7%，个人利息收入免缴个人收入调节税。该券可以在证券柜台交易点转让，但不得作为货币流通。期满后，公司委托上海分行一次兑付本息。此举，开辟了企业向社会“借钱”的先例。1994 年 12 月 10 日起，代理发行的企业短期融资券（1 年期以下，含 1 年期）执行先报总行审批，获批后再报中国人民银行上海市分行、证券主管部门审批的流程。

2005 年 6 月，总行印发《短期融资券发行主承销业务管理办法》。分行作为总行首批开展短期融资券等债务工具主承销业务的专业机构，于 12 月成功为上海浦东发展（集团）有限公司发行总行系统内首个短期融资券，发行金额 15 亿元，发行利率 3.21%。

2006 年 2 月，上海分行要求各经营单位重视做好短期融资券营销再动员工作，确保发行审批额度 100 亿元，争取 150 亿元；强调分支行联动，明确职责分工，有序推进短期融资券发行主承销业务的发展。10 月，随着企业短期融资券市场的迅速发展，短期融资券主承销业务的市场和发行人信用风险逐步显现，上海分行按照总行《关于进一步规范短期融资券主承销业务发展的通知》精神，要求各经营单位切实把握好短期融资券进入标准，从源头上防范发行主体信用风险；密切跟踪市场变化，把握市场发展趋势，做好发行定价工作；建立有效的风险预警和应急处置机制，进一步规范该项业务发展。

2008年12月，在短期融资券发行实施注册制背景条件下，上海分行据此规程和要求，成功为上海市城市建设投资开发总公司发行首只5年期中期票据，发行金额30亿元，发行利率3.95%。

经多年发展，上海市分行主承销业务取得一定发展，客户群覆盖了诸多在沪知名央企、国企、优质民营企业和外商独资企业，市场份额和品牌形象均得到提升。2013年，全年完成债务融资工具主承销业务量225.4亿元，区域市场排名第五。2014年上半年，累计完成债务融资工具主承销业务158.5亿元，在上海地区市场占有率近15%，市场排名升至首位。

四、财务咨询

1990年7月，为助推吸引外资发展，服务浦东开发开放和上海振兴战略，上海分行设立外商台商投资咨询服务部，向外商、台商提供包括财务咨询等一揽子金融服务。

1995年9月，上海分行建立辖属分支行金融咨询业务网络，进一步提升服务客户的能力，促进经营集约化、资产多元化、服务功能综合化目标的实现。

2006年4月，上海分行印发《财务顾问咨询机构管理暂行办法》，指出设置财务顾问咨询机构是转型阶段业务发展的补充手段，咨询合作方时下仅限于著名机构。明确财务顾问咨询机构选择范围和归口管理、选择程序、监督和管理等规定。6月，为更好地满足公司及机构类客户业务需要，进一步促进财务顾问与咨询业务发展，印发《公司及机构类客户财务顾问与咨询业务实施细则(暂行)》。明确所提供的财务顾问服务包括财务融资顾问、财务制度顾问、财务重组顾问、投资理财顾问、收购兼并顾问、企业赴港上市顾问、政府财务顾问等七大类；所提供的咨询业务服务包括信息咨询、资信证明、资信调查等3项。同时，对基本规定、业务流程、价格管理、职责分工、内部控制与风险防范等进行了规范。

2010年11月，上海市分行制定《公司、机构类客户财务顾问与咨询业务操作细则(暂行)》。提出开展公司、机构类客户财务顾问与咨询业务，应当遵循"顾问(咨询)＋产品(服务)"的基本原则，即根据公司、机构类客户的特定业务需求，向其提供相关的公务咨询方案与建议，同时联合交通银行子公司或其他合作伙伴为其设计、提供有针对性的产品与服务；通过多种渠道了解和挖掘客户需求，了解客户战略和经营决策的一手信息，使服务更具有前瞻性、针对性与系统性，为客户创造价值；发挥总分支行三级机构分工协作的联动优势，依托总行具体业务框架和产品服务设计等技术支持，及时反馈市场信息，并开展具体服务操作，形成完善的服务体系网络，不断提升服务水平与客户体验。

2012年4月、5月，上海市分行先后转发总行《关于进一步规范开展实质性公司、机构类客户财务顾问与咨询业务的通知》《关于进一步规范公司机构类客户财务顾问与咨询服务的通知》。要求各经营单位进一步加强公司、机构类客户财务顾问与咨询业务的系统化管理，在支行(业务部门)层面落实专人牵头负责，进一步规范协议签署、价格执行、服务标准、档案管理；严格执行监管机构政策及总行相关制度，切实为客户提供实质性、"质价相符"的财务顾问与咨询服务。对于以财务顾问与咨询服务为名乱收费的行为，一经发现，按相关规定严肃处理。同时，进一步明确财务咨询与顾问业务收费标准，进一步规范审批权限、业务开展。

2014年5月，上海市分行印发《关于推动对公财务顾问业务发展及规范收费行为的通知》。要求挖掘和引导对公客户需求，推动对公财务顾问业务发展，进一步提供个性化的服务和产品，提高服务实体经济的质量和水平；严格执行《商业银行服务价格管理办法》规定，实行明码标价、公平议价，做到收费有据可依。8月，按照总行《关于调整部分业务收费规则的通知》精神，规范相关财务顾问收费标准，调整收费费率，检查各经营单位财务顾问费收费执行情况。同时，根据总行印发的《撮合类财务顾问业务操作指引》《兼并收购类财务顾问业务操作指引》《债务融资类财务顾问业务操作指引》《资产管理类财务顾问业务操作指引》《权益融资类财务顾问业务操作指引》等系列文件，制定上海市分行层面操作指引，并结合历年的服务案例整理下发，形成规范、有序、合理的财务咨询与顾问服务业务体系。

第五节　委 托 贷 款

1987年6月，为进行全行业技术改造，上海冶金局在上海分行设立技术改造统筹资金存款专户，负责筹集主管局集中的自筹资金。上海分行向上海冶金局所属企业发放与基金额度相等值的专项委托贷款，贷款可多还多贷，实行余额包干。双方约定贷款范围为经该局批准和安排的技术改造、中外合资、横向经济合作等经济效益较好的项目。

为更好地融通各单位暂时闲散自有资金，将各单位间的借贷关系纳入银行信用体系之中，规范委托贷款业务开办流程，1989年4月10日，上海分行印发《交通银行上海分行委托贷款实施（细则）》，明确委托贷款手续、委托贷款期限、存贷利率、委托贷款利率、银行收费及审批权限等内容。

2001年12月6日，上海分行印发《委托贷款业务管理实施细则》，要求各单位严格遵照细则的规定操作委托贷款业务，做到业务发展与防范风险并举，杜绝任何形式的非定向委贷，慎做涉及个人委贷业务。同时，对2000年4月30日前发放的除财政性、房改基金外的定向委贷进行清理清收。

2005年9月5日，上海分行修订《委托贷款业务实施细则（暂行）》，进一步规范委托贷款业务管理，强化风险防范。

2006年11月23日，上海分行发布《关于进一步加强公司客户委托贷款业务管理的通知》，要求从严把握委托贷款业务准入关，做好委托贷款业务的贷后检查工作。

2012年4月28日，上海市分行印发《公司客户委托贷款业务实施细则（暂行）》，进一步明确公司客户委托贷款业务具体操作步骤。

截至2014年年末，上海市分行单位委托贷款余额达191亿元。

表3-4-13　2008—2014年交通银行上海（市）分行委托贷款年末余额情况表

年　份	年末余额(万元)
2008	470 827.32
2009	857 108.29
2010	1 241 841.32
2011	2 335 498.74
2012	1 887 295.50
2013	2 338 216.42
2014	1 913 839.59

第六节 国内担保

民国4年(1915年)2月,上海分行替财政部向法商东方汇理银行商订达成规银500 000两的借款。3个月到期后,因财政部无款偿还,由上海分行代其还借款本息规银506 095.89两。

1987年,为加强金融服务,搞活经济,促进有计划商品经济发展,上海分行开办人民币担保业务,并根据总管理处《人民币担保业务暂行办法》,明确开展该项业务的对象和范围、申请担保条件、申请人的反担保、收取手续费的标准、申请担保手续、担保合同的订立与履行、担保书效期的展期等操作条件。

1990年2月,上海分行结合自身实际情况,制定《担保业务(人民币)实施细则》,进一步细化操作要求。

1995年11月,为加强本外币担保业务管理,规范担保业务的操作,分行以总行《担保业务管理办法》为指导,要求严格审查担保项目,规范操作程序,规定所有本外币担保业务,须逐笔报上海分行审批。

2003年7月,上海分行制定《担保业务管理实施细则》。规定担保业务必须在上海分行本部办理,即对外出具的担保书必须经分行放款中心审核同意后,方能对外出具担保;担保业务纳入综合授信管理范畴,实行综合授信额度管理。重申担保业务的种类、授信程序、授信审查和授信要求、授信后管理等要求。

2006年,上海分行担保业务发展迅速,上半年开立人民币保函44亿元,比2005年增长5倍。

2010年年初,上海市分行各类保函余额为126.71亿元,全年新增4.63亿元,到期核销17.32亿元。是年年末余额达114.02亿元。

2014年4月,上海市分行落实总行《做好国内非涉外保函业务清理工作》要求,加强国内非涉外保函业务管理,梳理到期保函,有效解决到期未注销保函引发的操作风险,降低分行经济资本占用,提升综合效益。

截至2014年年末,上海市分行各类保函余额为207.21亿元。

一、国内融资性担保

1988年,上海分行集中资金,加大对地方基建项目、企业技改项目支持力度。对项目主办单位提出的“出具贷款意向书或承诺书”请求,按以下工作程序实施:1. 项目立项阶段,先对项目做出初步评估报告,经总管理处批准后,再签署贷款、担保初步意向书;2. 项目正式批准阶段,先对项目做出全面深入细致的项目可行性评估报告,报总管理处审批通过,并在正式签约和对外出具保函前,将已议定的担保契约、保函等草案及其附件和有关资料上报总管理处审核。

1995年,上海分行在总行书面授权的范围内,严格将担保业务审批权限控制在上海分行层面办理;严格控制所承办的担保业务的最高总余额:人民币担保业务不超过分行人民币营运资金的1倍,外汇担保业务不超过分行外汇运营资金的10倍。

1998年8月,上海分行经总行批准,向上海轨道交通明珠线发展有限公司出具上海市轨道交通明珠线(3号线)一期工程项目贷款12亿元、贷款期限不超过7年的有条件项目承诺书。

2002年2月,上海分行转发总行《为上市公司发行可转换债券提供担保的暂行管理办法》。强调此类担保业务审批权集中在总行。要求各经营单位对担保合同(或担保函)的内容初审后报分行风险管理处审核,再由该处出具法律意见后报总行法律部门最后审定。相关担保协议、反担保合同(保证、抵押、质押)等分类文本的拟定,由分行风险管理处报请总行法律部门审定后统一印刷;此类担保业务会计核算办法,视同融资性借款担保的操作,按总行有关文件要求办理;此类担保业务纳入上海分行担保业务管理范畴。

2004 年 1 月,根据监管当局和交通银行总行要求,上海分行加强对融资类担保业务风险管理。要求各经营单位规范操作,严格审查,把好融资类担保业务风险防范的关口;对项目项下的融资类担保,按项目贷款要求进行调查,并上报总行审批;加强融资类担保业务的授信后管理,促进业务健康发展。

2006 年,随着国家企业债券发行市场规模的不断扩大,上海分行开始办理融资性保函业务,并加强对企业长期债券担保业务授信管理。要求各经营单位在受理担保业务时,要制定个性化的管理实施细则;发行人须在上海分行开立专用结算账户,发债募集资金结算须全部通过上海分行办理、接受上海分行监管。投资项目的收入原则上应全部通过上海分行结算;发行人须在分行开立专门的偿债准备金账户,用于到期债券本息的偿还;企业债券发行后,各经营单位要按规定的内容和频率撰写检查报告,报送分行授信部。是年 7 月,为上海医药(集团)有限公司开具为期 10 个月、金额 13.13 亿元的股权认沽权利保函。

2011 年,上海分行加强市场调研,选择符合国家产业政策、区域发展规划及上海市分行信贷投向总体要求,且具有良好投资回报、环境评价达标、能为上海市分行带来较高综合收益的客户(项目)合作。开展营销时,高度关注保监会对保险债权计划项目审批要求的变化,优先争取仅作为托管行的业务。对于需要上海市分行同时作为担保人为项目方(偿债主体)向保险资产管理公司出具融资性保函的业务,上海市分行必须是保险债权计划的托管人,且须满足"综合收益能够覆盖其占用的经济资本成本"基本要求,并按规定的申报流程上报总行审批。上海市分行应指定每笔保险债权计划担保业务的责任部门及第一责任人,负责保险债权计划期间的贷后管理工作,定期评估业务实际收益水平。

二、国内非融资性担保

1986 年上海分行重新开业初期,根据业务需要开展非融资性担保业务,为担保人提供融资业务以外的其他行为担保业务,如履约担保、投标担保等。

1989 年 7 月,上海分行向沪东造船厂承包黄浦江大桥主桥工程提供 25.50 万元工程履约保函。

1991 年 6 月,上海分行为上海市市政工程管理处大修工程总队承包上海市合流污水治理工程开立 37.14 万元工程履约担保。规定在合同执行过程中,如遇该工程总队有违约行为,上海市合流污水治理工程建设公司可按合同规定,从上海分行相关保证金中无条件获取款项,以赔偿由此造成的经济损失;当所提供赔偿达到保证金总额人民币 37.14 万元时,保函亦即自行终止。

2004 年 11 月,根据总行来函要求,上海分行代总行出具了受益人为上海市第七建筑有限公司金额为 1 951 万元履约保函。

2009 年 9 月,上海市分行"开展人民币保函业务自查",对是年 6 月末有余额的人民币保函业务等进行逐户逐笔排查。重点排查内容是:1. 客户准入标准的执行情况;2. 保证金管理情况,重点排查是否存在保证金管理不规范的情况;3. 反担保措施落实情况,重点排查是否存在保证人担保能力不足、抵押率过高等问题;4. 业务背景情况,重点排查开具保函的金额、期限与实际需求是否匹配,客户是否存在套现或资金挪用嫌疑;5. 保函到期后,系统为及时销账情况;6. 其他突出问题。

2010 年 12 月,上海市分行成功营销上海外联发进出口有限公司完成全国第一笔担保支付业务,成为业内首家完整实现一般支付与担保支付在新一代支付系统上应用的银行。

2011 年 3 月,上海市分行为上海通用汽车有限公司开立大额海关税费电子支付保函,用于海关税费电子支付,金额为人民币 4 亿元。

2012 年 12 月,根据总行《进一步加强人民币国内保函业务核销管理》规定,上海市分行在确认担保责任解除后,由授信经营单位向营运部门办理保函核销手续。发生上海市分行履行担保责任的,若申请人在上海市分行存有足额资金,以上述资金向受益人进行代偿后,由分行营运部门办理核销手续;若申请人在上海市分行资金不足以向受益人赔付,由上海市分行履行垫款代偿,同时授信经营单位督促申请人及时偿还;若发生无法偿还款项的,按照贷款核销流程处理。

2014 年,上海近铁国际物流有限公司以"银行担保账户"作业模式向上海外高桥保税物流园区海关递交了上海市分行开具的银行保函,并通过海关核备,使该保函成为上海市分行首单自贸区海关保函以及首单适用"银行担保账户"作业模式的银行保函。

第七节　票 据 业 务

上海(市)分行票据业务是按照一定的方式和要求为票据的设立、转移和偿付而进行的日常营业性业务活动。主要包括票据承兑、贴现等业务。

民国 19 年(1930 年),上海分行在国内最早设计创立承兑汇票,并率先颁行《办理押汇凭信及承兑贴现业务规则》,包括甲种押汇凭信办法、乙种押汇凭信办法、其他未使用甲乙两种凭信汇票承兑与贴现,以及汇票同业买卖、代理买卖业务等。此外,上海分行还接受以仓库货物作担保所发汇票的承兑贴现。如货主有货物存于堆栈仓库尚待出售,可同银行商妥,以栈单作担保,订立"承兑契约",然后向该银行开出汇票,并由上海分行承兑,承兑后的汇票可向任何银行商做贴现。

1991 年 2 月,上海分行要求各经营单位、相关部门在处理商业汇票贴现时,执行文件"凡是出票人在票据上记明'不准转让'之类字样的商业汇票,不得流通转让"等规定,进一步统一做法和规范票据业务的具体处理。

1996 年 6 月,上海分行印发《规范商业汇票贴现的若干规定》。要求对商业汇票贴现范围,审查内容及汇票债务人提供保证人承担保证责任及保证人在汇票或粘单上记载的事项等加强审核,防范风险。

1998 年 3 月,上海分行制定《商业汇票转贴现会计核算暂行规定》。强调商业汇票转贴现基本规定,明确商业汇票的转贴现、转贴现到期收回、转贴现到期未收回等会计核算手续。2005 年 6 月,上海分行票据转贴现业务由分行预算财务部管理。该业务在总行的授权和授信范围内,依据上海分行的经营目标和资金状况,在保证资金安全性和流动性的基础上,开展转贴现业务。2006 年 11 月,印发《票据转贴现业务管理办法》,将票据转贴现分为票据转入转贴现和票据转出转贴现。票据转贴现分为"票据买断"和"票据回购"两种方式。要求办理票据转贴现业务的经营单位须遵循总分行转贴现授信管理规定,签订有效的转贴现合同,通过信贷管理系统(CMIS)和"交通银行核心账户系统"进行操作,并严格按照内控制度和操作流程的规定办理业务,维护银行合法权益。

1998 年 4 月,上海分行加强再贴现业务管理,规定再贴现相关数据统计月报按新格式填报;对办理再贴现的异地银行承兑汇票，须对汇票进行查询证实；在申请办理再贴现时，对经营单位提交金额在500万元(含)以上的大额汇票，须填写大额再贴现票据清单。2001年7月，落实中国人民银行上海市分行"进一步规范发展辖内贴现、再贴现业务"要求，加强再贴现管理，强化限额管理，禁止超限额发放再贴现；严格进行票据真实性和贸易背景的审查；规范再贴现、回购操作手续，规范业务操作。

2003年8月，上海分行制定《商业汇票无追索贴现管理暂行办法(2003版)》。规范对无追索贴现业务的用途、条件和范围，额度审批，申请与审查，发放和回收及授信后管理和监督操作，进一步防控风险。2010年1月，制定《小企业无追索银行承兑汇票及有追索商业承兑汇票贴现业务管理实施办法》。明确贴现办理的条件和适用范围、贴现额度的申请与审批、贴现的发放与收回、贷后监控等操作流程。

2006年4月，上海分行根据将"银行承兑汇票贴现业务纳入同业授信流程管理范围"要求，作出客户经理办理银票贴现业务使用同业授信额度的，可向分行预算财务部查询承兑行是否具有同业授信额度，如额度充裕，则可直接进入信贷管理系统(CMIS)发起放款流程，使用同业额度不占用银票贴现申请人客户授信额度的规定。2012年12月，进一步加强银行承兑汇票业务管理，严格控制银行承兑汇票未付余额规模；加强客户授信审查，严格把控授信准入；审慎核定授信额度，确保合规合理提用；加强业务资料审核，强化授后监控；加强银行承兑汇票保证金管理；加强银行承兑汇票查询、查复等关键环节管控；加强员工管理，不断提高员工票据业务能力和合规意识；严肃查处银行承兑汇票业务中的违法违规行为。

2007年1月，为促进全行票据业务规范发展，切实防范票据业务风险，上海分行在全行范围内全面推广总行《票据业务手册》。成立《票据业务手册》推广落实工作小组；明确推广目标是规范票据业务的操作流程，通过培训和测试对票据业务从业人员上岗资格进行评定，促使票据业务从业人员熟悉并掌握票据业务的政策规定，增强制度意识、合规意识和风险防范意识，有效控制评价业务风险。12月，印发《票据业务从业人员岗位资格管理规定》，对票据业务人员岗位资格管理、应具备的基本条件、培训和测试、上岗认定、尽职承诺书的签订、从业人员名册的建立、履职情况评价等作出规定。

2010年3月，上海市分行实现总行系统内首笔电子银行承兑汇票转贴现交易。11月，实现首单与系统外交易对手电子银行承兑汇票转贴现交易。2013年9月，进行首笔票据资产转让业务。2014年3月，完成系统内首单票据资产直投业务。

2013年起，上海市分行合理调整信贷结构，票据融资规模增速放缓。截至是年8月末，票据融资余额43.16亿元，较年初增加14.07亿元。其中买断式转贴现余额16.89亿元，较年初增加9.3亿元。买入返售票据余额105.14亿元，较年初减少57.42亿元。应收承兑汇票未付余额78.55亿元，较年初减少8.29亿元。在发展票据业务的同时，高度重视日常风险监控，由票据业务的主管部门组织相关业务部门开展票据业务合规性培训及规则检查，安排专人进行票据业务风险定期监控工作，做到多品种、多类型业务预警提示，覆盖票据融资及承兑业务风险点。

第五章　同业业务

1986年10月交通银行上海分行重新开业后，密切关注经济市场发展趋势，依托总行（总管理处）的支持和整体科技实力，积极拓展金融同业业务，提升服务质量，抢抓金融同业业务发展机遇，深度开展银证、银保、银银、银期等业务合作，全面促进了金融同业业务的发展，使其成为上海市分行业务发展的重要组成部分和特色业务。

第一节　概　　况

1986年10月上海分行重新开业后，大力发展金融机构同业合作业务。1987年11月和1988年8月，先后成立保险业务部和上海海通证券公司，开展银保、银证业务。1991年4月，上海分行与新成立的中国太平洋保险公司建立代理保险业务关系。1992年5月，作为上海金属交易所的结算银行，在该所内设立派出柜，开启了与金融要素市场业务合作进程。1996年，分别开通与杭州、郑州交通银行结算通道及异地资金划拨批量实时处理系统，提高了各大期货经纪公司异地间的资金调度和结算速度。

2000年3月，上海分行试办保险公司协议存款业务。12月，为加强同业业务专业化管理，成立机构业务部（2005年7月更名为金融机构部），负责对保险、证券、基金等非银行金融机构业务，中、

图3-5-1　1998年5月13日，交通银行上海分行与太平洋保险公司上海分公司、海通证券公司签订三方业务合作协议

外资银行同业往来等。

2001 年 12 月，上海分行利用总行获得第一批客户交易结算资金主办存管银行业务资格的优势，抓紧与本地区证券营业部联系，并与之签订《证券营业部存管银行业务合作协议》。

2005 年 3 月，上海分行根据中国人民银行放开金融同业存款利率的政策，加强与同业存款客户协商确定同业存款利率，并按照同业存款利率上限管理、超权限上报审批，以及分类指导、适时调整原则，有序开展同业存款利率市场化工作。6 月，相应上调重点合作证券公司的同业存款利率。8 月，相应下调资产托管业务的同业存款利率。

2007 年，总行成为首批开办证券客户经营结算资金第三方存管银行后，上海分行配合总行营销上海地区第三方存管合作证券公司总部，并开展业务培训。是年 8 月，根据第三方存管协议，上海分行向上海银监局进行报备在证券公司设立临时派出柜台，加大拓展第三方存管业务的力度。

2009 年 6 月，根据交通银行战略入股江苏省常熟农村商业银行股份有限公司的合作协议，上海市分行开办“柜面通”业务，成为开通该项业务的通汇分行。是年，开展银银合作第三方存管业务。

截至 2014 年年末，上海市分行同业存款余额达 1 790 亿元。

表 3－5－1　2001—2014 年交通银行上海(市)分行同业存款及市场排名情况表

年　份	年日均余额(亿元)	年末余额(亿元)	年末市场排名(位)
2001	232	—	—
2002	94	—	—
2003	53	—	—
2004	73	56	—
2005	94	97	6
2006	191	498	2
2007	818	834	4
2008	875	1 338	2
2009	977	1 349	3
2010	1 270	1 265	1
2011	1 343	1 166	3
2012	1 345	1 295	3
2013	1 395	1 421	2
2014	1 645	1 790	4

第二节　银 证 合 作

1986 年上海分行重新开业之初，设立信贷二部资金市场科。1988 年 8 月，在资金市场科基础上成立全资子公司——上海海通证券公司，形成上海分行最早的金融同业业务。

1991 年 12 月，上海海通证券公司获得国内首个证券 B 股承销资格，上海分行成为业内第一家 B 股清算银行。

1992 年 2 月，上海分行为花旗银行办理金额为 12.7 万美元首笔 B 股交易清算业务。

1994 年 1 月，上海海通证券公司改制为交通银行控股的全国性证券公司后，上海分行与之开展了银证业务合作。

1997 年 10 月 17 日，上海分行与闽发证券、上海热线签署“INTERNET 网上证券经纪系统”合作协议。投资者利用该系统可获取证券的即时报价，分析行情，并通过互联网委托下单，实现实时交易。

图 3-5-2 1997 年 10 月 17 日，交通银行上海分行与闽发证券、上海热线举行“INTERNET 网上证券经纪系统”协议签字仪式

1998 年 4 月，上海分行与闽发证券、上海热线联手，率先在上海市推出“INTERNET 网上证券经纪系统”，实现股票交易由常规操作升级为在 INTERNET 网上交易，向投资者提供 365 天全天候股票交易、资金查询、股票走势以及最新证券热点新闻等有关资料。7 月，成为上海证券交易所(以下简称“上证所”)资金清算银行后，加紧营销证券法人结算业务，相继与海通证券公司等 17 家法人券商签订《证券交易资金结算协议》。9 月末该项业务开通后，上海分行同业存款快速增长，日均资金余额达 41 亿元。

2000 年 2 月，上海分行正式成为上证所新股申购验资行，进一步稳固在证券发行市场上的地位，促进与券商业务往来和资金沉淀。

2002 年，交通银行成为海通证券有限公司、湘财证券有限公司和泰阳证券公司等证券公司主办存管银行或法人存管银行后，上海分行抓紧营销上述证券公司在上海的证券营业部，签订《证券营业部存管银行业务合作协议》，推进银证双方的业务合作落地。拜访上海地区的申银万国证券股份有限公司、国泰君安证券有限公司、光大证券有限公司、上海证券有限责任公司、东方证券有限公司、上海久联证券信托投资有限责任公司、上海爱建信托投资有限责任公司等 7 家法人券商，全面开启与上述 7 家证券公司上海证券营业部业务合作关系。

2007 年,上海分行依托交通银行具备的第三方存管银行资格优势,加快拓展银证业务,先后与上海本地 9 家法人证券公司建立第三方存管业务合作关系。在坚持对个人和机构投资者开展第三方存管业务操作培训的同时,营销合作券商争取批量移植客户,扩大第三方存管业务的终端客户覆盖面,巩固和提升第三方存管业务市场份额。

截至 2014 年年末,上海市分行第三方存管客户数达 41.86 万户。

第三节　银 保 合 作

1987 年 11 月,上海分行设立分行保险业务部,正式开展保险业务。1988 年,实现保费收入 1 114.3 万元。1989 年,辖属苏州、无锡、常州、扬州、绍兴等 5 家分支行也开始办理保险业务,全行实现保费收入 3 910.5 万元。

1990 年,上海分行保险业务进一步发展,辖内 8 家分支行全部开办保险业务,共保体成员达到 14 家。全年,承保金额达到 202.72 亿元,实现保费收入折人民币 5 743.8 万元。

1991 年 4 月,上海分行保险业务部改制为中国太平洋保险公司上海分公司(以下简称“太保分公司”)后,与太保分公司在对公代理财产险、代理进出口货运险等方面开展全面合作,并为后续扩大银保业务合作范围打下基础。1999 年,与太保分公司续签《全面业务合作协议书》,进一步推进银保合作关系。

2000 年,中国保险监督管理委员会(以下简称“保监会”)出台《保险兼业代理管理暂行办法》,重新规定每个银行网点只能为一家保险公司代理保险业务。上海分行加强与保险公司的合作交流,寻找银保合作结合点,并选择与中国太平洋财产保险有限公司、中国人民财产保险股份有限公司和平安财产保险股份有限公司等 3 家保险公司建立面向未来的保险兼业代理关系,并首次作出对保险兼业代理业务日常管理的制度安排。

2001 年 7 月,上海分行印发《关于规范分行开展保险兼业代理业务的通知》,要求各经营单位面对银保合作的新态势及监管政策的新要求,以积极的姿态应对市场及政策变化,调整和优化分行保险兼业代理网点的资源配置;树立全新的经营思想,大力拓展代理业务,提升银行服务内涵,提高银行信誉和效益。

2003 年,上海分行上线与合作保险公司共同开发银行兼业代理保险业务平台(简称“银保通”)。通过专线连接合作保险公司,将投保人的投保、撤保、查询等指令以及相关信息实时传送给相关的保险公司。保险公司经电子核保程序后将同意承保的指令和相关信息发送至上海分行前置机,由上海分行代办承保手续并现场出具保单和发票给投保人。

2004 年,上海分行开始探索对合作的保险公司规范管理问题。制定保险公司准入备忘录,延伸开展年度评价,逐步形成准入、退出动态管理机制,不断完善评价体系和标准,为总行开展保险代理业务集中管理提供管理经验。

2006 年 9 月,上海分行印发《关于进一步规范分行代理企业财险业务的通知》,提出将根据各家代理财险保险公司的经营情况、风险控制能力、产品特点及对本行的综合贡献度等确定合作范围,并予以动态调整;规定由上海分行统一对外签订代理财险业务合作协议;要求各经营单位从是年 10 月 1 日起,停止与上海分行确定的合作范围之外的财险公司代理关系,调整上海分行代理企业财险业务的结构,实现以产品销售为导向的发展模式向以客户需求为主导的风险管理模式转变。

2008 年起,上海分行正式开启与长城保险经纪公司、江泰保险经纪公司 2 家保险经纪公司代理

图3-5-3　2001年7月26日，交通银行上海分行与中国太平洋财产保险股份有限公司上海分公司、中国太平洋人寿保险股份有限公司上海分公司举行业务合作签字仪式

企业客户保险业务的合作模式。借助2家保险经纪公司的专业服务能力，为客户提供系统性的风险评估，确定保险范围，选择合适的保险产品，降低上海分行信贷业务风险；提供综合服务，促进客户资源的深度开发，提高客户对上海分行综合贡献度；实施跟踪续保，协助客户索赔，维护客户利益。

2010年，上海市分行加强对公代理保险业务发展管理，与太平洋财险上海分公司、平安财险上海分公司、人保财险上海分公司、中国人寿财险上海分公司、太平财险上海分公司、阳光财险上海分公司6家财产保险公司，太平养老上海分公司、人保健康上海分公司2家寿险公司，以及长城保险经纪公司、江泰保险经纪公司2家保险经纪公司签署业务合作协议；重新调整与上述10家保险（经纪）公司合作的经营单位；暂停与中华联合财险上海分公司、安诚财险上海分公司、天安财险上海分公司的业务合作关系，探索有市场、有特色、有创新、有效益的合作模式。

2011年，根据航运、物流、科技园区等新兴产业园区内企业客户呈现的多样化业务需求，上海市分行加强与中国太平洋财产保险股份有限公司、中国平安财产保险股份有限公司、中国人民财产保险股份有限公司、中国人寿财产保险股份有限公司、安信农业保险股份有限公司等重点合作财险公司联动，为中小企业提供贷款项下财产保险、个人无限责任保险以及借款人意外伤害保险等相关保险服务。以各大工程机械设备供应商4S经销店为切入点，为设备采购企业提供按揭项下保险服务；加强与企业年金业务营销联动，加大交叉销售力度，形成互补的产品链，为客户提供包含保险服务在内的产品组合服务；在制定供应链融资方案时，嵌入相应的货运险、企财险（仓储）等险种等；应对信贷投放增速放缓的趋势，加快引入与中小企业信贷挂钩的借款人意外伤害保险、科技型中小企业履约责任保险和航运相关保险等创新型保险产品，引导经营单位深层次开发企业客户保险需求。

2012年下半年起，上海市分行主动应对经济周期性放缓对代理抵质押财产保险业务的影响，加强对公非抵质押保险业务的拓展力度，遴选与具有优势特色产品的太平洋财产、太平财产及太平养老、泰康养老等保险公司为业务合作对象；与太平洋财产保险股份有限公司开展“百日红”联合竞赛活动、与太平养老保险公司开展企业年金和商业团险组合营销竞赛启动会；与交银康联人寿保险有限公司开展交银乐业计划，并且在业务培训、劳动竞赛以及专项资源奖励配置上实施向对公非抵质押保险业务倾斜措施。经上述产品结构调整，优化对公代理保险手续费收入结构，并取得良好成效。截至2013年11月末，对公代理保险手续费收入排名总行系统第一，其中对公非抵质押保险业务手续费收入占比较2012年上升17%。

2014年，上海市分行深入做好保险代理业务结构调整，进一步提高非抵质押保险业务代理比重。通过与交银康联和太平养老2家保险公司开展联合竞赛，加速非抵质押险业务发展。全年非抵质押险占比31.71%，较2013年提升11.05%。同时，尝试与中国人寿财产保险公司建立新型银保合作关系，推动银保业务资源整合，以渠道代理带动中国人寿财产保险公司保费归集户、代发工资业务交叉营销，探索形成渠道、产品、客户多元协同发展格局。截至是年年末，上海市分行与中国太平洋财产保险股份有限公司、中国人民财产保险股份有限公司、中国平安财产保险股份有限公司、太平财产保险有限公司、中国人寿财产保险股份有限公司、安信农业保险股份有限公司、永诚财产保险股份有限公司、紫金财产保险股份有限公司、太平养老保险股份有限公司、中国人寿保险股份有限公司和交银康联人寿保险有限公司等11家保险公司建立了保险兼业代理合作关系。

第四节　银 银 合 作

民国4年(1915年)，上海分行争取上海商业储蓄银行2万元股本存款。

1996年，上海分行和东京交通银行分别贷款3 300万美元、1 000万美元参加期限为8年，宽限期3年的伊朗德黑兰地铁银团项目，上海分行担任该项目银团B段的牵头行。

1997年，中国人民银行批准外资银行试办人民币业务，上海分行抓住该机会，按照互惠互利的原则，率先在上海提出“联手合作、互惠互利、共担风险、共享信息和资源、共同发展”中外资银行合作5项措施，支持汇丰银行、花旗银行、美洲银行、渣打银行、兴业银行、樱花银行、东亚银行、华侨银行上海分行开办人民币业务。其中，拆借给花旗银行上海分行人民币资金业务是国内中资银行向外资银行办理的第一笔拆借业务。

1999年5月，上海分行印发《与外资银行人民币业务合作实施办法》，明确双方业务合作的范围、各合作项目的操作办法和联系方式。是年10月起，先后与可经营人民币业务的19家外资银行签订《业务合作协议》，合作内容涵盖人民币同业借款、生息资产存放、银团及备用信用证担保贷款、国际结算、信息交流及人员培训等，为发展人民币非结算性同业存款业务奠定基础。2005年，根据外资银行不同的负债结构和需求，与东亚银行上海分行、法国巴黎银行上海分行等6家外资银行开展货币互存业务。2006年4月，上海分行制定《与外资银行业务合作暂行管理办法》，提出与外资银行业务合作是上海分行以自身业务资源与在华注册的外资银行开展互为交易对手的业务合作；要求与外资银行开展直接或间接业务合作的部门和经营单位，加强相互间协同配合，提高业务营运效率；明确相关部门职责、业务合作范围及作业流程部门间信息沟通机制、激励与考核机制等内容。

2009年4月，国务院常务会议正式决定上海和广州、深圳、珠海、东莞等城市开展跨境贸易人民币结算试点，开启人民币走向国际化的关键一步。上海市分行抓住契机，营销人民币跨境结算账户。2010年，成功争取到摩根大通、德国中央合作银行香港分行、汇丰香港、汇丰越南、汇丰印度尼西亚、汇丰新加坡、汇丰文莱、汇丰曼谷、汇丰马来西亚、汇丰菲律宾、汇丰澳门、恒生银行、华侨银

图 3-5-4　2000 年 9 月 18 日，交通银行上海分行与中国银行上海分行举行银行卡业务合作签字仪式

行、大华银行、创兴银行、俄罗斯远东、盘谷银行、约旦阿拉伯银行、越南工贸银行等外资银行在上海市分行开立 30 户人民币跨境结算账户，并获得活期同业存款 16.1 亿元。

2011 年，上海市分行借助总分行联合营销优势，抢占人民币跨境贸易结算市场份额，截至是年年末，成功开立人民币跨境清算账户 82 个，沉淀资金总额达 52 亿元，名列同业市场及总行系统前茅。是年，细分银行同业市场，并根据各类银行业务特点和优势，有针对性和选择性地开展产品和项目合作，取得突破性进展；与大连银行上海分行、温州银行上海分行等建立代开证、代开票业务合作关系；与浦发银行、宁波银行就银期代理业务、代理中登清算业务达成合作意向。

2012 年，上海市分行发挥交通银行金融要素市场结算业务全牌照优势，开展多类要素市场代理类业务，成功营销邮储银行、北京银行代理中登清算业务，促成摩根大通银行选择上海市分行作为其代理上海黄金交易所机构交易资金的清算银行。

2013 年，证券、保险行业新政出台后，要素市场新的参与主体不断增加，金融机构形成跨市场、跨业和跨境经营的趋势。上海市分行凭借在上海金融要素市场获得的首批结算银行资格优势，加大对金融要素市场结算代理业务营销力度，成功争取到代理宁波银行中登清算业务，代理上海银行、招商银行上期所黄金期货清算业务，代理汇丰银行、兴业银行中金所银期转账业务等，实现上海市分行在上海各类金融要素市场结算代理业务全覆盖。是年，与 10 家银行建立代理合作业务，累计开立代理结算账户 51 个，直接带来中登公司结算量约 600 亿元，中金所结算增量 1 850 万元。

2014 年，上海市分行持续推进中外资银行代理结算业务发展，通过总分行联动，先后与苏格兰皇家银行、巴克莱银行、马来西亚银行签署上海清算所利率互换代理清算协议；成功拓展上海国际黄金交易中心国际会员汇丰银行、民生银行自贸区分行、兴业银行香港分行在上海市分行开立结算账户；成功营销宁波银行、恒丰银行和南京银行等机构代理中登公司和中金所代理结算业务。

截至 2014 年年末，上海市分行累计代理各类要素市场结算、清算业务的银行达 25 家，累计开立银行类代理结算账户 137 户。

第五节　金融要素市场合作

一、上海期货交易所平台

1992 年 4 月上海金属交易所成立后，上海分行所属中山北路分理处作为其指定的结算银行，从服务方式、服务内容进行了多项改革和创新，相继推出“同城票据小交换”“期货交易专用结算（无票结算）”“异地交易结算”等服务项目，促进银期业务合作发展。

1999 年 5 月，上海期货交易所（以下简称“上期所”）迁至浦东试运行后，呈现出交易日趋活跃、成交量不断上升、同业竞争加剧的格局。上海分行在总行支持下，通过加快期货交易资金汇划速度和扩大异地实时通汇网点，争取和发展客户，截至是年 10 月末，上期所 220 家会员单位中有 115 家在上海分行开立了基本账户，占比 52.27％。

2002 年，上海分行成为总行开展期货客户交易保证金封闭运行试点单位，与相关期货经纪公司签订期货封闭运行管理协议，同时与上海市证管办签订期货保证金封闭运行协助监管协议。在证监委增加期货交易所指定结算银行、市场竞争加剧的情况下，在上海分行开户的会员数达到 92 户，占全部交易所会员数的 43.6％；期货交易存款日均余额为 9.93 亿元，占全部交易存款日均余额的 42.77％。

2003 年，上海分行参与上期所与存管银行联合开发“期货资金管理系统”（BECK）试点，并于 2004 年 4 月率先开发投入运行，提高了资金划转效率。

2006 年 9 月，为提升对期货市场客户的服务质量和效率，规范期货保证金封闭运行和安全存管的业务运作，促进期货市场结算业务的发展，上海分行制定《全国集中式银期转账业务实施细则》，并就职能管理、全国集中式银期转账业务申请及开通处理流程等进行规范。

2013 年，上海市分行与上期所签订战略合作框架协议，合作内容涵盖结算存款、产品业务等方面。

2014 年，围绕总行银期业务合作原则，上海市分行加强内部资源整合，实施对期货公司客户的综合营销；在互惠互利的基础上，巩固和发展与期货公司的业务合作，提高银期业务整体效益；加强内控建设，建立有效的风险隔离机制，强化对各种风险的设别和防范，保障银期业务规范有序开展；根据期货公司情况的变化，动态调整银期业务合作，促进银期业务健康稳定发展。

二、上海黄金交易所平台

2003 年，交通银行成为上海黄金交易所首批金融类会员单位。2008 年，与上海黄金交易所（以下简称“金交所”）签署指定仓库保管协议。上海分行作为现货黄金指定仓库保管业务银行，制定《黄金指定金库业务管理规定实施细则》，对基本要求和原则、人员管理、场地及硬件设施管理、业务操作规定及相关流程、内控管理和检查制度、人员进出库区的审批等作出具体规定。

2010 年，上海市分行配合总行成功搭建金交所自营资金交易清算系统。

2012 年，上海市分行金交所代理机构交易清算系统上线。

2013 年，上海市分行扩大在上海市各类金融要素市场的参与度，提升市场占有率，大力发展账管银行、清算银行，抓住各类法人和金融机构向金交所申请贵金属交易资格的契机，持续营销各类会员机构的代理清算业务以及储备代理法人贵金属交易业务。摩根大通银行作为外资金融类会员选择通过分行代理清算，并开立了保证金专用账户；上海金策事业有限公司作为综合会员资格的机构也在上海市分行开立了保证金账户，并向金交所备案将交通银行作为清算行。

2014年9月，金交所国际板交易正式启动，国际会员62家。上海市分行加强与总行联动，获得金交所国际板首批结算银行资格。同时，交通银行上海自贸试验区分行获得金交所首批A类国际会员资格。上海市分行千吨级金库成为金交所国际板首家，也是唯一指定交割金库。是年，印发《上海自贸区分行参与上海国际黄金交易中心贵金属自营交易业务操作实施细则》，明确总行贵金属业务中心以上海自贸区分行国际会员身份，参与国际中心国际板和上海黄金交易所主板合作的自营交易业务。业务对外交易主体为上海自贸区分行，自营业务交易实际操作为总行贵金属业务中心，交易合约包括AU(T+D)、AU9999、AU9995、AU995、IAU9999、IAU995等。

三、中国金融期货交易所平台

2006年9月，上海分行抓住中国金融期货交易所(以下简称“中金所”)挂牌成立的时机，联合总行全力配合中金所开发结算系统，被列为首家与之进行业务测试的合作银行。系统开发完成后，该所将交通银行技术标准作为其他银行统一接入的标准。是年，率先完成期货保证金存管银行系统(BECK)测试，以及国债期货系统(PSIS)升级工作。中金所在上海分行开立自有资金结算账户，并与上海分行合作开展代发工资业务。

2007年，上海分行印发《金融期货交易所存管银行操作规程的通知》，要求所属期货大厦支行做好对相关会员单位信息与中金所核对工作，确保客户及账户信息的真实性。

2008年，上海分行抓住股指期货推出的契机，参与沪深300指数期货筹备工作，被中金所选为唯一的系统优化项目合作银行，并首批通过该所期货保证金存管银行出入金系统测试。

2010年4月16日，中金所股指期货正式上市交易。作为中金所首批4家结算银行之一，上海分行大力营销期货经纪公司各类银行结算账户，提升在证券期货市场的份额，夯实证券期货业务基础。截至是月末，在中金所批准入会的111家会员中，在上海市分行开立结算资金专户的期货公司共有55家，开立结算担保金账户的共有17家。

2014年，上海市分行与中金所签订战略合作框架协议，涵盖资金存管、业务创新、客户服务和投资者教育、财富管理、人才培育和课题研究等内容。

四、中国证券登记结算有限公司上海分公司平台

2001年9月26日，根据中国证券登记结算有限公司与上海证券交易所、上海证券中央登记结算公司联合公告精神，上海分行自10月1日起，将上海证券中央登记结算公司与各结算参与人之间的资金往来，通过新开立的中国证券登记结算有限公司上海分公司(以下简称“中登上海分公司”)银行账户进行。

2003年1月，上海分行与中登上海分公司、海通证券股份有限公司签订《开放式基金资金结算协议》，提高开放式基金资金结算效率。

2004年12月6日起，上海分行配合中登上海分公司将A股资金结算系统交收时点和开放式基金登记结算系统交收时点由原来的17:00调整到16:00。同时，结算参与人的结算备付金账户资

金出账和入账截止时点也分别提前至14:00和16:00,以确保该公司入账资金及时、准确。

2007年11月,为进一步促进同业资金结算业务发展,上海分行根据实际情况,给予中登上海分公司结算账户50亿元日间透支额度。同时,为加强该项业务管理,防范和化解业务风险,制定《同业机构账户透支业务操作办法(暂行)》《同业机构账户结算透支业务会计操作规程(暂行)》,作为同业机构日间透支业务的管理制度。

2011年,上海市分行首批参加中登上海分公司对PROP系统优化试点工作。

2013年9月17日,作为中登上海分公司的结算银行,上海市分行进一步对PROP系统进行优化改造,上线PROP系统平台入账自动化运作。至此,上海市分行PROP系统平台3个账户的入账、划账和对账业务均实现了系统自动化处理,大幅提升了改造效率。

第六节　集团财务公司合作

2004年,上海分行开展对在沪集团公司总部摸底调研,了解集团公司成立财务公司的计划,并实施有计划的拜访和跟踪,向集团公司推介本行的网银及银企通产品。

2005年,上海分行与在沪的上海汽车集团财务公司、宝钢集团财务公司、锦江集团财务公司、东航集团财务公司、上海电气集团财务公司、上海浦东发展集团财务公司等6家集团财务公司建立业务合作关系。经过2年发展,与上述6家财务公司的业务合作从票据结算、信贷资产转让、债券回购等延伸至资金集中结算平台、投融资创新以及机构理财等业务领域,与中船集团财务公司和申能集团财务公司建立业务合作关系。

2008年,上海分行成功营销包括宝钢集团财务公司在内的多家新股网下配售备案账户,形成此类机构客户证券投资资金的体内循环。

2010年,上海市分行发起设立与中电投财务公司信贷资产挂钩的"蕴通财富10004号——非保本浮动收益理财计划"。该理财计划不超过34.85亿元,面向公司、机构客户发售,理财产品期限不超过4个月。

2012—2013年,上海市分行相继为上海华谊集团财务公司、日立(中国)财务公司、上海浦东发展集团财务公司、中海集团财务公司等申报同业授信额度,进一步加强与企业集团财务公司的业务合作,把客户做深做透。

2013年,上海市分行印发《企业集团财务公司客户管理办法》,要求各经营单位进一步加强企业集团财务公司的管理,以财务公司为突破口,巩固和发展与集团客户的整体业务合作,有效把控集团客户整体风险,促进整体业务收益最大化。

第六章　金融市场

1986年10月交通银行上海分行重新开业以来，围绕交通银行改革和发展目标，积极探索金融创新的路径和发展方向，把握好“先试先行”角色定位。通过拓展并参与金融市场投融资及金融资产业务交易，为全行推广、发展此类业务积累经验，提供服务，并且在实践过程中，不断拓宽业务范围，丰富产品线，为进一步转型发展、服务客户提供了动能。

第一节　货币市场

一、同业拆借

1987年5月24日，上海经济区资金市场在上海分行正式成立，来自上海、江苏、浙江、江西、福建、安徽等五省一市的44家会员行100多位代表出席会议。会议讨论和通过了《上海经济区资金市场章程》；上海分行等19家会员行组成协调委员会；委托上海分行组成场务工作组，负责处理日常事务。10月1日，经上海经济区规划办公室批准备案，正式启用“上海经济区资金市场”印章。是年，上海经济区资金市场办理拆借业务411笔，累计拆借金额82.65亿元。其中金额最小的30万元，最大的5 000万元；期限从最短为1天，最长为100天，平均期限43.83天。

1992年12月，上海分行向浦东发展银行办理同业拆借业务，拆出人民币5 000万元。

1995年12月，全国统一银行同业拆借市场建成后，总行授权上海分行第一批加入同业拆借交易网络。

1998年12月，为落实中国人民银行《关于商业银行授权分行进入分行进入全国一级拆借市场有关问题的通知》精神，总行决定从1999年起授权上海、北京、深圳、南京、武汉、郑州分行首批进入全国一级拆借市场，从事信用拆借、债券回购和现券交易。

2003年9月，上海分行按照《交通银行授权分行人民币资金交易业务操作规程》要求，进一步明确分行综合计划处为人民币资金交易业务的主管部门，负责人民币资金交易业务的操作及内部控制制度的建设，负责按规定程序向总行申请授权额度和对同业机构的授信额度，负责贯彻执行中国人民银行和交通银行总行制定的资金交易业务规章制度；同时对岗位设置，交易员岗位设置要求，授权、授信，资金交易业务操作流程，风险责任，监控和报告等进行进一步规范。

2005年1月，上海分行制定《人民币同业拆借业务管理办法》《人民币债券回购业务管理办法》《票据转贴现业务管理办法》，进一步加强人民币资金业务内控管理，完善人民币资金内控制度。

2007年4月，为进一步做好全行Shibor报价工作，巩固和提升交通银行市场地位和市场形象，总行决定加强全行同业拆借业务的集中交易和管理，上海分行的同业拆借业务集中到总行资金部办理。

2010年1月，总行建立完善与全额内部资金转移定价(FTP)体系向适应的资金管理组织架构，集中统一运作全行非信贷资金提高资金使用效益，将上海市分行资产负债管理部设为总行金融市场部区域交易分部，接受总行金融市场部垂直条线管理，并按照统一资金、统一运作、统一价格、统一核算的原则，由总行金融市场部统一安排资金，在区域市场上进行资金交易。

二、存放同业

1995年7月，根据总行要求，上海分行将1994年1月1日—1995年5月31日外汇资金存放同业明细清单上报总行，所有存放同业的外汇资金已到期结清。

2003年3月，为加强存放同业资金的管理，充分保证资金流动性，上海分行制定《存放他行资金管理办法》，对存放国内同业存款账户的用途、存款限额、资金划拨及账户核对等作出规定，明确分行综合计划处为上海分行同业存款账户的存款监管部门，设专人对各相关行的同业存款账户进行余额监控；分行账务中心为同业存款账户的账务监管部门。

2005年7月，上海分行对存放国有独资商业银行和全国性股份制商业银行、以非清算为目的的存放同业款项实行备案管理。9月，建立包括存放同业业务在内的非信贷资金业务季度分析制度。

2006年6月，遵照总行进一步调整资产负债结构、加强资金集中管理的要求，上海分行在办理新增存放同业业务时事先做好报总行资金部审批工作，严格将月末余额控制在30亿元以内。

2007年1月起，上海银行间同业拆放利率(Shibor)开始运行。上海分行在开展存放同业、同业借款、货币互存三项业务时，与同业机构商定的利率不再固定化，根据不同期限与Shibor挂钩的基础上加减点来确定利率。

2008年6月，上海分行转发总行《存放同业账户管理规定》，并结合实际对存放同业账户的管理工作提出具体要求，包括明确相关部门管理职责，存放同业账户开立、撤销流程及存放同业账户办理资金划转手续。

2012年7月，遵照总行"将人民币非清算类存放同业业务纳入全行同业授信管理"要求，上海市分行对于申请同业授信业务严格按总行同业授信相关规程办理；开展非清算类存放同业业务的交易对手限于总行已批准授予存放同业额度的同业机构；单笔非清算类存放同业业务的业务期限原则上不超过1年；非清算类存放同业业务的利率随市场情况变化调整，合理体现交易对手的风险溢价。

2014年，上海市分行严格执行同业银行结算账户和非结算账户监管要求，规范落实同业银行结算账户开立管理、日常管理、专项管理制度、对存量同业银行结算账户清理要求，认真做好存放同业非结算业务及账户管理等。

三、债券回购

1988年4月21日上海市开放国库券交易市场后，上海分行所设证券柜台交易点开始办理国库券交易中介业务。截至5月末，累计成交业务4 000余笔，其中买入256万元，卖出33万元。

1993年12月，上海证券交易所正式开办国债回购业务，上海分行参加国债交易业务。

1995年2月，针对沪、深两地国债期货交易中出现的异常交易情况，上海分行按照总行紧急通知精神，暂停国债期货自营交易。3月，恢复场内国债回购业务。9月，按照总行《加强国债交易业务管理》要求，坚持将国债交易业务范围控制在国债现券交易和国债回购交易两项；坚持在国债交易中建立完善的内部管理制度，落实岗位责任制，实行有权人审批制度，加强账务核算，实施对国债交易品种、数量及价格的有效管理。

1997 年 6 月，中国人民银行发出通知，决定在全国银行间同业拆借中心开办银行间债券交易业务，标志着全国银行间债券市场正式建立。上海分行根据规定，停止在证券交易所进行证券回购及现券交易，对是年 6 月 6 日以前的回购合同继续执行完毕，之后的证券回购业务在全国统一同业拆借网络办理。

1999 年 4 月，上海分行成为全国统一同业拆借市场交易成员，参与全国银行间同业拆借中心组织的拆借交易和债券交易。是年，经总行批准，债券回购权限调整至 13 亿元，期限 1 年。

2000 年 5 月，总行调整分行等 11 家授权分行债券回购交易限额。上海分行获准债券正回购权限继续维持 12 亿元，逆回购由 13 亿元调整至 26 亿元。

2001 年，上海分行逆回购成交量达 401.13 亿元，在全国银行间同业拆借中心排行第 21 位。

2007 年 9 月，上海分行成立资产负债管理部，由该部承担全行票据交易等计划管理和调控职能。

2010 年 1 月后，总行将上海市分行资产负债管理部设为总行金融市场部区域交易分部，接受总行金融市场部垂直条线管理，并按照统一资金、统一运作、统一价格、统一核算的原则，由总行金融市场部统一安排资金，在区域市场上进行资金交易。

第二节　债券投资

一、国债投资

1986 年 10 月上海分行重新开业后，参与债券投资，主要投资的债券品种有财政债券、国债、其他债券等。

1988 年，上海分行及其辖属苏州、无锡、常州、宁波支行按 1987 年存款实际增加额的 3.24%比例，认购由财政部发行期限为 2 年、年息为 8%的财政债券 5 530 万元。规定财政债券可在银行和其他金融机构之间抵押；可向中国人民银行申请抵押贷款，但贷款期限最长不超过 4 个月。

1998 年，根据中国人民银行规定，上海分行将调低的 5%存款准备金 14.50 亿元认购专项国债。

1999 年起，上海分行进入全国一级拆借市场从事现券交易等业务。

2004 年，交通银行进一步明确总行资金部对全行债券投资与交易业务实行统一授权授信管理。上海分行按照总行的授权授信管理要求及债券交易规则、操作程序进行债券交易，防范业务操作风险。

2010 年后，上海市分行资产负债管理部作为总行金融市场部区域交易分部，接受该部垂直条线管理，并按照统一资金、统一运作、统一价格、统一核算的原则，由总行金融市场部统一安排资金，在区域市场上进行资金交易。

二、金融债券投资

1994 年，上海分行响应国家深化投融资体制改革，保证重点产业和基础设施建设，认真做好资金筹措和调度工作，全年认购国家开发银行金融债券 3.37 亿元。

1995—1998 年，上海分行每年认购政策性金融债的数量分别为 3.97 亿元、4.19 亿元、4.59 亿元、5.56亿元。

1999年,鉴于宏观金融形势逐步改善,政策性银行债券由计划分配改为市场化发行,财政部每月发行记账式国债。据此,上海分行不再将临时富余短期资金上存总行,直接委托总行进入银行间债券市场进行回购交易。

2000年5月,为实现全行资源多元化,总行逐步调整各分行资产结构,上海分行获配总行认购国家开发银行金融债券1亿元、国家开发银行第三期金融债券2亿元。截至是年年末,上海分行债券投资占存款总额的11.25%。

2010年,总行明确上海交易分部在总行金融市场部核定上海市分行债券投资额度内进行交易。至此,上海市分行不再具备包括债券投资、交易的直接权限,停止以上海市分行名义办理该类业务。

第三节 信贷资产转让

2004年6月,上海分行全面启动以不良贷款集中处置为基础的财务重组工作,将一定时点上的全部可疑类贷款以一定的折损率向信达资产管理公司一次性打包出售。

2005年,上海分行遵照总行《同业信贷资产买断业务管理试行办法》等规章,优先选择资信状况良好、与交通银行已建立良好合作关系的国内商业银行、大型企业集团财务公司和外资银行开展同业信贷资产买断交易合作,调整和优化本行的资产结构和客户结构,提高信贷资产流动性。

2007年,上海分行与宝钢集团财务有限责任公司开展同业信贷资产买方买断业务,受让该财务公司持有的原始借款人为宝山钢铁股份有限公司的短期信贷资产,期限不超过半年。

2010年9月,上海市分行向农业银行上海市分行转让上海宝钢金属贸易有限公司部超过5 000万元正常类贷款,贷款期限不超过半年。

2014年,上海市分行贯彻总行《交通银行信贷资产交易业务管理办法》,明确信贷资产交易中各部门职责、业务申报、审批流程、确定终审人以及档案管理等各类事项,进一步规范信贷资产转让业务操作。

第七章　国 际 金 融

民国 8 年(1919 年)起,交通银行上海分行设立外汇科,开启办理国际业务的征程。民国 10 年(1921 年),开始办理进出口押汇等业务。1986 年 10 月上海分行重新对开营业后,围绕交通银行"外向型、国际化"发展战略,积极探索符合市场惯例、具有交通银行自身特点的国际金融业务发展路径。通过大力实施理念与机制、业务与产品的创新,上海分行在激烈的同业市场竞争中,占得了一席之地,有力地推进国际金融业务的发展。

第一节　外 币 存 款

1986 年 10 月上海分行开始试营业,围绕"办成外向型银行"目标,广泛组织单位及个人外币存款,截至 1987 年 4 月 1 日正式开业,已吸收外币存款 1 000 万美元。

1987 年 1 月上海分行外汇业务部设立后,全面推进甲、乙、丙种外币存款和外债专户存款发展工作。

1988 年 2 月,上海分行严格执行外汇存款利率,所吸收的外汇资金除适量的存款备提金存放本地金融机构外,其余资金按规定存放总管理处作统一调度运用。是年起,有计划地推动具备基本条件的所辖支行、办事处经营外汇业务,全面提升包括吸收外币存款在内外汇业务服务水平。截至 1992 年年末,上海分行外汇存款余额达 50 063 万美元,比年初增加 25 255 万美元。其中,在国内自费出国就读语言潮推动下,外币丙种存款余额突破 1 亿美元,达到 10 665 亿美元,比年初增加 4 277 万美元。

1994 年,上海分行自觉接轨国家外汇管理体制改革,将"三资"企业和拥有外汇的个人作为组织外汇存款的重点服务对象,大力发展外汇存款。截至是年年末,上海分行外汇存款余额达 10.2 亿美元,较年初增加 7 974 万美元,增长 8.46%。其中,外币丙种存款余额达 3.2 亿美元,较年初增加 1.3 亿美元,增长 69.67%。

1996 年,上海分行按照"科学规划、实事求是、严格把关、宁缺毋滥"原则,进一步加强营业网点开办外汇业务审批程序和条件、组织机构和人员配备、营业设施和设备、经营范围和内部管理等管理。江、浙两省所辖 9 家分支行有 6 家开办了外汇业务;上海市内 12 家分支行有 11 家开办了包括外汇存款等外汇业务,全辖综合服务功能明显提升。

截至 2000 年年末,上海分行外汇存款继续保持快速增长势头,外汇存款余额达到 16.38 亿美元,比年初增加 2.32 亿美元,增幅达 16.48%。其中,丙种存款余额达 11.25 亿美元,比年初增加 1.61 亿美元,增幅达 16.70%。

2004 年,上海分行受主客观因素影响,外汇存款发展势头受挫,为扭转这一被动局面,提出加强对公、对私外汇存款拓展工作具体措施,强化计划考核措施。

2008 年,上海分行完善外币存款管理机制,制定工作进度目标,促进外币存款业务发展;不断优化客户结构,加大营销力度,扩大外汇存款来源渠道;完善交叉销售机制,加强公私业务联动,提高外汇理财产品的市场竞争能力,促进分行整体业务协调、健康发展。截至 2009 年年末,外币存款余额升至 28.91 亿美元,增加 16.61 亿美元,增幅达 135.04%。

2010—2011 年,市场对人民币升值预期加强,上海市分行外币存款余额一度出现波动。

2014 年,中国人民银行上海总部决定自 6 月 27 日起在上海市放开小额外币存款利率上限。上海市分行按照要求,建立健全外币利率定价授权机制,完善利率和流动性风险管理措施,在签署外币利率定价自律公约,并向中国人民银行上海总部报备外币利率定价管理、监测和风险防控制度后开始执行相关政策。截至是年年末,上海市分行外币存款达 25.06 亿美元,较年初减少 7.93 亿美元,降幅 24.03%。其中个人外币储蓄存款 10.26 亿美元,增加 1.53 亿美元,增幅 17.52%。

表 3-7-1 2006—2014 年交通银行上海(市)分行外币存款情况表

年　份	对公存款(万美元)	个人储蓄存款(万美元)	合计(万美元)
2006	87 033	88 239	175 272
2007	75 407	65 948	141 355
2008	61 403	61 634	123 037
2009	224 195	64 984	289 179
2010	83 991	70 035	154 026
2011	110 470	73 458	183 928
2012	164 841	83 909	248 750
2013	242 567	87 382	329 949
2014	148 085	102 601	250 686

第二节 国际支付结算

一、信用证和托收

1986 年 10 月,上海分行根据中国人民银行赋予交通银行综合性银行、业务范围不受专业分工的限制特殊政策,开办包括信用证及托收在内的外汇进出口结算等业务。1989 年,开立信用证 3.7 亿美元,市场占比 14.34%。

1992 年,上海分行加强外债统一管理,规定以后凡对外融资担保业务(包括开立备用信用证),均通过分行外汇信贷部办理。如确需开立备用信用证的,由外汇信贷部按程序审查上报审批后,通知外汇进出口部办理开证。

1994 年,上海分行所辖浦东分行开立 500 万美元信用证,支持上海证券大厦项目建设。

1995 年,上海分行规范进口开证业务的审查审批工作,实现审单管理统一化、格式化,实行“交通银行开立信用证工作单”制度。

1997 年,上海分行规定严禁办理以融资为主要目的的信用证业务,开立进口项下跟单信用证必须以实际货物进口为基础,收到出口项下来证不得附做对外融资业务。

1998 年,上海分行加强进口信用证业务管理,规定进口开证实行支行行长或部门经理负责制,严格执行报备报批制度;按照国际惯例谨慎处理进口项下拒付;发生涉及金额在 50 万美元以上(含 50 万美元)的进口信用证项下重大纠纷、重大案件以及严重违规越权情况,应及时上报分行外汇管理处;各行、部门在叙做进口开证业务时,应根据总行要求落实付款保证。

2001 年,上海分行对信用证保证金收取、付汇、划转等要点进行规范。

2005 年,针对保税区货物进出信用证运输单据条款以货物收据类单据为主,银行难以掌握其贸易背景真实性和货物所有权的情况,上海分行对各经营单位提出加强进口信用证贸易背景真实性审核与管理的要求。

2006 年,在金升公司信用证垫款事件中,上海分行发现多套相同的进口来单提单号码,表明受益人存在重复使用海运提单交单的欺诈行为。通过分析原因,查找风险隐患,及时制定《关于含货物收据等特殊条款信用证管理办法(暂行)》《进口信用证项下单据审核管理办法(暂行)》,完善《国际业务重大事项报告管理制度》等制度,堵塞漏洞,严防欺诈风险。

2007 年,上海分行将进口信用证业务纳入全行授信管理体系,强调进口信用证业务需有真实贸易背景,严格执行国家外汇管理要求。

2008 年,针对总行推出代理进口信用证业务同业合作产品,上海分行做好上海地区同业客户的营销工作,与多家同业客户签订代理业务协议,明确双方的委托代理关系及相关责任、权利和义务。截至 2014 年年末,上海市分行正式代理同业进口信用证业务同业客户达到 20 家,代理业务量大幅增长。

2011 年,上海市分行要求经营单位在开立大宗商品信用证时提供大宗商品进口开证业务情况说明,确保开证申请人提交的开证申请书格式与其授信方式相匹配及真实有效。

2012 年,上海市分行转发总行《关于防范信用证欺诈风险的通知》。要求各经营单位加强对出口信用证真实性的审核,收到信开的信用证或非加押形式的电开信用证,须通过 SWIFT 加押电文核实真实性后,方可通知客户;加强对出口信用证开立方的身份审核,仔细甄别真正承担第一性付款责任的信用证开立方以及该开立方是银行还是财务公司等非银行机构,务必识别开立方全称,切忌将名称中含有知名银行缩写字母即视为相同的机构等。

2014 年,为降低经济资本占用,提升综合效益,上海市分行要求各经营单位、相关部门及时在 IBP 系统中办理已到期信用证及担保业务的闭卷手续。

表 3-7-2 2005—2014 年交通银行上海(市)分行信用证和托收结算业务量情况表

年　份	金额(万美元)
2005	318 050.2
2006	368 504.7
2007	376 432.4
2008	454 584.7
2009	459 247.9
2010	597 673.2
2011	871 784.2
2012	993 371.4
2013	1 194 744.0
2014	1 248 493.0

表 3-7-3　2009—2014 年交通银行上海市分行代理同业进口信用证业务量情况表

年　份	金额(万美元)
2009	6 001.96
2010	21 934.50
2011	41 902.05
2012	87 397.35
2013	199 584.18
2014	147 799.50

二、境外汇款

1986 年 10 月上海分行开业后，开始办理境外汇款业务。截至 1987 年 4 月末，已与四大洲(除非洲外)的 61 家国外银行建立了代理和合作关系，随着海外代理行的不断增加，汇款业务量迅速增长，促进汇兑收益和资金沉淀。截至 1988 年 12 月末，汇款业务量达到 1 522.12 万美元。

1992 年，上海分行印发《境内外汇入汇款业务处理的有关规定》，统一操作程序，及时向总管理处划收头寸，避免重复付款。

1999 年，针对接连发生的几起由中国银行转汇款业务引发的客户纠纷，上海分行及时制定《对中国银行转汇款业务处理有关事项的规定》，以切实提高本行服务质量，保障客户利益。

2001 年，为进一步规范外汇汇入汇款业务的操作，上海分行明确前后台各自的职责，对国外汇出行要求退汇、国内收款人主动要求退汇等情况作出具体规定。

2003 年，上海分行推出速汇金业务。该汇款业务兼具速度快、费用低等优势，满足客户办理快汇业务的需求。是年，与部分台资银行外汇指定分行(DBU)开展两岸直接通汇业务，并利用速汇金业务，向在沪的昌硕科技(上海)有限公司、达丰(上海)电脑有限公司、达功(上海)电脑有限公司、达人(上海)电脑有限公司、达利(上海)电脑有限公司、英顺达科技有限公司、英源达科技有限公司、英业达科技有限公司等台资企业提供与台湾地区总部间的服务。

2005 年，上海分行推出美元汇款“全额到账”业务，该项汇款具有汇款费用低，中间费用固定、本金全额到账等优点，满足了企业客户支付投资款、归还债务本息、贸易结算、个人支付留学款项等汇划资金，以及收款人全额收到汇款本金的需求。

2006 年，上海分行开通与香港、澳门、东京、首尔、台北分行及离岸中心间对公快速汇款业务，强化海内外行际联动，向汇款人和收款人分别在本行和交通银行境外分行开立账户的公司客户提供高效服务。

2008 年，上海分行推进与汇丰银行合作研发通汇捷业务，上线总行与汇丰集团下属恒生银行(香港)合作开发新系统，进一步扩大分行通汇捷业务受理渠道，丰富上海分行快速汇款业务产品种类。

2010 年，上海市分行开展全球多币种自动兑换国际汇款业务试点工作。此项汇款业务在为客户节约外币账户开立成本，提高跨境汇款效率同时，利用交通银行与德意志银行合作提供具有竞争力的汇率优势，一站式全方位满足了客户向更多国家或地区汇款的需求。

2014年,上海市分行推广摩根大通银行、花旗银行、美国银行、渣打银行4家美元账户行的美元汇款全额到账业务,丰富交行美元汇款产品的服务功能。

表3-7-4　2008—2014年交通银行上海(市)分行境外汇款业务情况表

年　份	汇款业务笔数(笔)	汇款业务金额(万美元)
2008	185 054	2 313 531.00
2009	176 300	2 499 260.90
2010	206 333	2 923 915.10
2011	220 518	2 742 302.30
2012	223 084	4 010 727.70
2013	242 187	5 328 674.10
2014	256 619	5 198 195.20

三、外币票据

1986年10月起,上海分行开办外币光票托收和买入外币票据业务,是继中国银行后第二家开办外币票据业务的银行。

1989年,上海分行与美国费城国民银行和运通银行合作开展快邮业务,助力客户实现节约邮费、快速安全收汇,提高经济效益的目的。1990年,将美国费城国民银行(含纽约费城国民银行)列为外币票据业务托收清算行。

1996年,上海分行制定《关于办理外币票据业务的规定》,对外币票据的托收期限、托收款项转存定期存款期限、贴现范围、横线章、退票处理、规章制度等作出规定。

1998年,为更好地服务客户,上海分行对有关私人提交的外币票据托收期满限制存款问题作补充规定:1. 凡是在美国本土付款的5 000美元(含)以下的美元光票,系由上海分行通过美国运通银行与费城国民银行最终付款快邮服务收汇,托收期满且分行已收妥头寸的,可以遵照客户意愿立即兑付或转存款,不再限制存款期限。2. 凡是在香港地区付款的50 000元港币(含)以下的港币光票,系由上海分行通过交通银行香港分行托收,托收期满且分行已收妥头寸的,可以遵照客户意愿立即兑付或转存款,不再限制存款期限。

2003年,上海分行转发总行《关于谨慎操作票据托收业务,防范票据欺诈的通知》,重申办理票据托收业务要点。

2004年,上海分行印发《关于防范票据托收业务风险,严格收受标准的通知》,加强对全行票据托收业务的操作管理。要求各经营单位、部门:1. 加强票据审核,严把业务受理关。2. 区分不同客户,实行不同的托收方法。3. 实行差异化价格标准。4. 合理计算托收期和解付期。5. 关注大额、可疑票据。

2005年,上海分行上线IBP操作系统,以电子化替代了原来外币票据业务手工操作,提高业务处理效率,以及数据统计准确性和时效性。

2006年,上海分行进一步加强风险防控,强化对全行外币票据托收业务管理,统一操作规程。

2008 年 2 月，美国运通银行与渣打银行合并后，上海分行对其光票托收运营安排作出调整，为确保本行光票托收业务正常开展，从 8 月起，停止使用该行光票托收服务。

2010 年，上海市分行将美国摩根大通银行列为外币票据业务托收清算行。

2012 年，根据总行统一部署，上海市分行开展私人银行客户国际汇款和光票托收业务费率优惠活动。

2014 年，上海市分行进一步规范全行外币光票托收和买入光票业务的管理和操作，要求进一步落实部门职责、基本规定、操作流程。

表 3-7-5　2003—2014 年交通银行上海(市)分行外币票据业务金额情况表

年　份	金额(万美元)
2003	2 261.40
2004	2 858.50
2005	2 677.10
2006	2 879.14
2007	3 300.12
2008	2 421.14
2009	1 558.81
2010	1 529.45
2011	1 508.70
2012	956.72
2013	1 244.22
2014	1 428.09

四、跨境人民币业务

上海市分行是国内同业中最早参与跨境贸易人民币结算项目的银行，是上海仅有的 2 家试点银行之一。2009 年 7 月 6 日上午 8 时，成功完成 6 笔、累计金额近 300 万元跨境贸易人民币结算业务，一举夺得国内同业代理行清算跨境贸易人民币结算业务的第一、第二单。此次办理的跨境人民币业务涵盖进口开证、出口来证、汇入汇款和汇出汇款等结算方式；人民币跨境清算分别尝试港澳清算行和境内代理行两种清算模式；境内客户包含中资企业、外资企业、国有企业及民营企业，交易对手所在地区涉及中国香港和印度尼西亚；境外结算银行包括交通银行海外分行及外资银行。分行向客户提供了所有结算方式项下的多渠道全方位跨境贸易人民币结算服务，同时，作为人民币同业往来账户行，承担了同业往来清算职能。

2010 年，上海市分行跨境人民币结算量为 61.89 亿元，实际收付额为 36.97 亿元，市场占比 8.3%，排名第四；系统内占比 12.71%，排名第四。随着该项业务发展，上海市分行进口开证、出口议付、汇出汇款、汇入汇款等结算业务从单一的货物贸易向服务贸易、资本项下对外直接投资、境外增资等不断延伸，并且带动了人民币融资业务发展，成功办理人民币项下的进口保付加签、“远期信用证+境外融资”等产品组合业务。

2011年，上海市分行跨境人民币业务保持高增长态势，全年实现跨境人民币结算量205.89亿元，较2010年增幅232.67%，市场排名第五。是年，跨境人民币业务范围覆盖货物贸易、服务贸易、收益类及资本项目等国际收支各个大类，成为业内跨境人民币业务品种较多和较为齐全的银行之一；率先推出的人民币海外代付、人民币协议付款、人民币转卖等业务，使分行成为系统内跨境人民币产品创新最丰富的行；将跨境人民币业务尤其是资本项目作为交行创新突破的品牌，奋力争得本地同业市场人民币对外直接投资、人民币外商直接投资、人民币外债、外币放款人民币还款等多个人民币资本项目的首单，确保上海市分行在跨境人民币资本项目业务上的领先地位，助力上海市分行负债业务的发展。是年，累计受理跨境人民币资本项下收支达65亿元，其中资本项下汇入额为61亿元。

2012年，上海市分行加快跨境人民币业务发展，结算量在上海地区69家开办跨境人民币业务的总分行中，排名第五位，市场占比4.64%；资本项下结算量排名第四位；经常项下是年增量排名第四位。

2013年，上海市分行抓住境内企业开展对外直接投资的机遇，大力发展跨境人民币结算与融资、人民币NRA账户、对外担保，以及境外项目人民币贷款等业务；针对外商直接投资，做好跨境人民币结算服务，以境外银行人民币贷款、人民币股东贷款等多种跨境融资的方式满足外商投资企业融资需求。是年，办理跨境人民币业务5 088笔，超过前4年累计笔数；结算量在上海地区88家开办跨境人民币业务的总分行中，排名第七，市场占比5.26%；结算方式涵盖信用证、担保、托收和汇款等；产品种类从国际贸易结算扩大到跨境投融资、代理结算、同业银行账户和境外企业机构账户、投行业务等多个品种；业务范围涵盖货物贸易、服务贸易、红利汇出、其他经常项目，以及人民币对外直接投资、人民币外商直接投资、人民币外债、人民币股权转让等资本项目。上海市分行在推进本行结算业务的同时，分别向同业、境外商业银行和海外分支机构提供大量的跨境人民币清算服务及各类账户服务，成为境内外稳定的跨境人民币清算平台。至是年年末，为境外参加行开立人民币同业账户121个，开立非居民账户83个，人民币国际结算网络进一步扩展。

2014年，上海市分行按照“政策先行、创新跟进、先行先试”发展战略，把握自贸区新型贸易结算等创新新机遇，推出境外借款等投融资创新产品，实现境外借款、跨境双向人民币资金池等业务零的突破。强化跨境人民币贸易服务、投融资服务、账户服务等，促进自贸区人民币跨境使用创新政策的先行先试，全面推动自贸区企业的跨境人民币业务发展。上海市分行发挥交通银行的全球网络布局和多牌照优势，推动总行租赁、信托、保险等子公司及境内外分行与自贸区分行的业务联动，为国内企业和外商投资企业的跨境投资、并购、融资等提供境内外、本外币、离在岸一体化的金融服务方案。截至是年年末，上海市分行跨境人民币结算量在上海地区88家开办跨境人民币业务的总分行中排名第九位，在交通银行系统内排名第三位；为境外参加行开立人民币同业账户108个，开立非居民账户139个。

表3-7-6　2014年交通银行上海市分行跨境人民币结算业务分类统计表

品　　种	业务笔数(笔)	金额(亿美元)
进口开证	236	68.81
进口代收	23	2.91
进口付款(含信用证和代收)	421	139.30

〔续表〕

品　　种	业务笔数(笔)	金额(亿美元)
出口信用证交单	32	0.50
出口托收交单	24	21.34
出口收汇(含信用证和托收)	50	21.84
汇入汇款	4 817	115.24
汇出汇款	1 831	275.40
对外担保	25	20.93
保函通知	2	0.07
出口风险参与	9	21.32
进口汇出款融资	3	1.13
"福费廷"转卖	2	0.40
货物贸易	3 078	271.15
其他经常项目	3 358	36.61
资本项目	1 039	220.30

表 3-7-7　2009—2014 年交通银行上海市分行跨境人民币业务统计表

年　　份	业务笔数(笔)	结算量(亿美元)	增幅(%)
2009	11	0.65	—
2010	365	61.89	924.15
2011	1 700	205.89	232.67
2012	2 985	234.73	14.00
2013	5 088	640.20	172.74
2014	7 475	528.06	−17.52
合计	17 624	1 671.42	—

五、离岸银行业务

1993 年 10 月 21 日，上海分行所属浦东分行、华东师范大学国际金融系、国际金融研究所联合召开离岸金融业务研讨会，围绕建立上海离岸金融市场的意义、主客观条件、目标模式、区位选择、可能遇到的问题、应采取的对策等问题进行了研讨，提出许多有参考价值的对策性建议。

1997 年 3 月 17 日至 18 日，上海分行举行离岸金融业务研讨会，就市场选型和业务开拓，经营机构设置、内部管理及风险防范等问题开展深入讨论。10 月，总行同意上海分行试办离岸银行业务。

图 3-7-1　1997 年 3 月 17 日，交通银行上海分行召开离岸金融业务研讨会

1998 年 1 月，上海分行加强对试办离岸银行业务的风险控制，并将此项业务纳入资产负债比例管理范围。

2002 年 6 月 25 日，总行授权上海分行办理离岸银行业务，并成立交通银行离岸业务中心（以下简称“离岸业务中心”，由上海分行负责代管）。该中心由上海分行账务中心和国际业务部 15 名员工组成，同时兼做分行账务中心和国际业务部业务，配备两张柜员卡，分别在两个系统中处理两本账业务；由上海分行国际业务部副高级经理兼任该中心负责人。2004 年，离岸业务中心推出进口代付业务。在进口信用证等结算方式下，由该中心代境内进口商先行付款给出口商，境内分行督促境内进口商到期按约定的利率和期限偿还本息。是年 12 月，上海银监局批准上海分行办理离岸债券买卖业务。

2006 年 7 月，离岸业务中心为上海一大型海运公司境外子公司办理了首笔内保外贷业务。先由该公司在上海分行存入一笔全额人民币保证金，然后由上海分行开立以离岸业务中心为受益人的融资性保函，为离岸业务中心的贷款提供担保。在此基础上，离岸业务中心向境外子公司发放贷款。

2007 年年初，根据离岸业务与在岸业务账务相分离监管要求，总行将离岸业务中心使用的境内行综合柜员系统切换为境外行 IBS 业务系统，同时将上海分行代管的离岸业务中心整体划归总行管理，上海分行仅保留离岸业务的营销职能；为扩大离岸客户受理面，提高业务处理效率，总行离岸银行部授权境内分行协办当地的离岸银行业务。

2008 年 10 月，总行上线离岸网上银行二期系统。签约客户通过网银操作可进行外汇买卖，突破外汇买卖完全依赖柜台提交单据的局限性；同时，该网银开通的网上转账支付功能，使离岸汇款业务进入了网银发展新通道，为上海分行离岸业务发展奠定基础。是年年末，上海分行离岸存款余额达 945.37 万美元，国际结算量为 83 970.71 万美元，开户数 19 个。

2012 年，总行离岸"531"业务系统全面上线。上海市分行再造离岸组织管理架构，明确中心支行承担离岸业务营销和非贸业务离岸系统的操作职能，分行国际部承担贸易业务离岸系统操作及全行离岸业务管理职能，为上海市分行成为总行离岸业务重要协办行打下了良好的基础。

2014 年，上海市分行离岸国际结算量达 257.5 亿美元，开户数达 2 117 户。离岸对公有效户净增量 186 户、离岸领汇客户达标数 459 户以及年化离岸日均存款正增量 9.2 亿美元，均位居交通银行系统第一名。

表 3－7－8　2009—2014 年交通银行上海市分行离岸业务主要数据情况表

年　份	国际结算量(亿美元)	外汇存款(万美元)	开户数(户)
2009	14.6	4 178.72	30
2010	22.3	17 993.90	106
2011	51.7	47 741.10	211
2012	69.7	37 428.90	747
2013	123.6	44 303.21	1 803
2014	257.5	77 515.30	2 117

第三节　外 汇 交 易

一、对私外汇交易

【对私结售汇】

1989 年 9 月 1 日起，上海市分行开始办理个人外汇调剂业务。

1990 年，上海分行所属杨浦、闵行 2 个办事处专柜获批办理个人外汇调剂业务。

1991 年，上海分行办理个人外汇调剂业务的专柜从 2 个增至 10 个。截至是年年末，上海分行办理境内居民个人外汇调剂总额达 90 192 万美元，较 1990 年增加 52 286 万美元，市场占比 17.9%。

1994 年 1 月 1 日起，国家改革外汇管理体制，实行强制性的银行结售汇制度。上海分行作为外汇指定银行开始经营个人结售汇业务。

1998 年 9 月，国家外汇管理局（以下简称"国家外汇局"）授权中国银行办理境内居民个人因私兑换外汇业务。上海分行按规定办理境内居民个人结汇业务。

2002 年 8 月，根据国家外汇局《境内居民个人购汇管理实施细则》精神，上海分行恢复办理购汇业务。

2007 年，上海分行按照国家外汇局规定，自 2 月 1 日起，对个人结汇和境内个人购汇实行年度总额管理，年度总额分别为每人每年等值 5 万(含)美元。个人年度总额内的结汇和购汇，凭本人有效身份证件在银行办理；超过年度总额的，经常项目项下凭本人有效身份证明文件和相关证明材料办理，资本项目项下按"资本项目个人外汇管理"规定办理。境外个人结售汇业务依照相关规定，凭本人有效身份证件和相关证明材料办理。8 月 22 日，明确结售汇牌价由一日一价调整为一日多价，要求各经营单位完善汇率风险管理，做好对客户的解释工作。

2008年，国家实行了14年的强制结售汇制度正式结束。在此期间，上海分行个人结售汇业务快速发展，结售汇量逐年提高。

2009年，上海市分行结合总行《关于试点推出个人结售汇网上银行申请渠道的通知》要求，制定《网上银行个人结售汇申请处理操作规程》，强调网上银行个人结售汇申请是交通银行通过因特网向境内客户提供的个人结汇、购汇申请及申请的查询和撤销等金融服务；对相关业务部门职责分工、业务操作流程予以明确和规定。是年，随着人民币升值预期加快，根据国家外汇局上海市分局《关于进一步完善个人结售汇业务管理的通知》精神，要求各办理外汇业务网点务必高度重视，合力防范个人结售汇及体现的分拆行为；严格按照相关规定，以网点为单位，遏制分拆行为；加强事后监控，发现问题及时上报，积极打击分拆结售汇的行为，维护金融稳定。

2012年，上海市分行开通网银结售汇业务后，个人结售汇量增至88 376.94万美元。

截至2014年年末，上海市分行个人结售汇总额达158 658.80万美元。

表3-7-9　2007—2014年交通银行上海(市)分行个人结售汇业务情况表

年　份	业务量(万美元)
2007	75 198.14
2008	71 464.55
2009	64 300.12
2010	81 085.06
2011	85 151.61
2012	88 376.94
2013	119 923.69
2014	158 658.80

【个人外汇买卖】

外汇宝　1993年12月28日，上海分行推出“个人外汇买卖实盘业务”(以下简称“外汇宝”)，是上海金融同业中首批开办“外汇宝”业务的银行之一。办理此项业务，客户只需携带有效身份证明及外币存款或外币现钞，填写“个人实盘外汇买卖交易申请书”，即可按分行公布的个人外汇买卖牌价委托柜面工作人员进行交易，每笔交易当场进行交割。“外汇宝”符合客户对外汇保值增值的期许，帮助客户完成各种外币之间的兑换和买卖，将手中持有的低利率外币换成高利率外币以增加利息收入，或利用外汇汇率频繁变动获得汇差收入。上海分行外汇宝从开办此项业务起，即根据路透社即时价的平均价，加减汇差，对外报价；报价时间为周一至周五，9:00—16:00，国定节假日除外；报价方式采用美汇、美元、港汇、港钞的买入价和卖出价，一经推出便受到客户追捧。

1995年6月，上海分行推出“外币一折通”，兼具提存各种不同的外币，方便外汇存储和交易等功能，进一步促进了“外汇宝”的发展，提升了市场影响力。是年12月起，继《新闻晨报》《上海证券报》、上海电视台十四频道和上海东方电视台金融频道之后，《解放日报》第七版“行情信息”每日刊登上海分行个人外汇买卖行情。

图 3-7-2　1999 年 3 月 4 日，上海分行举行“外汇宝”业务新举措信息发布会

1997 年 1 月 2 日，上海分行在全国范围内首推“外汇宝”电话交易系统，有查询、交易、修改密码三大服务功能。客户在上海分行规定的交易时间内，自行通过音频电话机，按键操作专用密码，即可查询美元、日元、港元、英镑、德国马克、法国法郎、瑞士法郎、加拿大元和澳大利亚元等 9 个币种的即时汇率及交易明细账目信息，进行“外汇宝”交易，修改电话交易专用密码。推出仅两个工作日，新增“外币一折通”开户数 70 户，办理电话交易账户达 194 户，成交金额 4.8 万美元。3 月 3 日，再次推出个人外汇买卖（实盘）18:00—22:30 夜间电话银行服务，交易范围由亚洲汇市延伸至伦敦和纽约市场，再创全国第一。电话银行推出后的 2 个月内，新增开户数达 1 700 多户，成交金额达 550 万美元。是月 22 日，首次举办“外汇宝”知识讲座，邀请花旗银行、德励财经公司专家来行讲授纽约外汇市场情况和外汇买卖技术分析方法，受到客户的欢迎。是年，上海分行“外汇宝”交易量达 3.67 亿美元，较 1996 年增长了 213.13%，其中电话交易占比 65.61%，盈利较 1996 年增长 128.59%。

1998 年 4 月 1 日起，上海分行“外汇宝”业务率先实行汇市买卖即时行情报价制度，营业大厅大屏幕外汇买卖牌价表每隔几分钟变动一次外汇行情；电话委托交易由 9:00—22:30 延长至次日凌晨 2:00，交易时间涵盖东京、香港、伦敦、法兰克福和纽约等国际汇市，基本反映了国际汇市一个完整日周期的交易情况。是年，上海分行“外汇宝”业务交易量在总行系统占比逾 80%，盈利占比逾 65%。

2000 年 3 月 10 日，上海分行在国内同业中首家推出基于因特网的“外汇宝”网上交易业务（网址：www.shanghai.bankcomm.com），克服柜台、电话、多媒体等交易方式的局限，又整合各渠道优势，实现交易方式和服务手段的革新，具有不受地域限制、更加简便直观、服务内容更为丰富等优势。客户通过互联网可随时查询外币定期存折账户余额和明细，获取分行“外汇宝”10 个币种 42 对

图 3-7-3　2000 年 3 月 10 日，交通银行上海分行举办“外汇宝”网上交易发布会

牌价和其他各种相关信息。截至是月末，上海分行客户开户 253 户，交易笔数 123 笔，交易金额 27.57 万美元。

2001 年 4 月，上海分行推出“外汇宝”24 小时昼夜交易便民服务新措施。经过 7 年发展，依靠现代科学技术和先进设备，交易方式已从单一柜面服务发展到柜面交易、电话委托交易、夜间服务、多媒体自助交易、网上银行交易和太平洋卡交易，形成了全方位、立体化的服务模式。6 月末，全行“外汇宝”交易金额达 20.24 亿美元，市场占比从年初的 20%上升至 43%；单笔交易平均金额由上年的 4 218 美元上升至 12 015 美元，增幅达 185%；实现平盘盈利达 60 万美元。截至是年年末，上海分行“外汇宝”交易金额达 36.6 亿美元，增幅达 263%，市场占比达 43%，位居第一。是年，上海分行新版网银开设“汇市评论”“交行评论”专栏，内容每日更新，方便了网络客户的交易。《新民晚报》《解放日报》《文汇报》和上海人民广播电台、寻呼台等 10 多家知名媒体，以及相邻地区每天使用上海分行提供的外汇牌价对外发布信息，使上海分行成为沪上“外汇宝”行情报价中心。

2001—2006 年，上海分行多次联手总行举办交通银行“外汇宝”网上交易模拟大赛，改变当时国内银行实盘交易的做法，采用国际通行的外汇虚盘交易方法，提高了市场认可度，进一步促进了业务交易量增长，也为后续推出“满金宝”交易做好铺垫。2007 年，交通银行大集中系统上线后，“外汇宝”由总行统一管理。

2014 年年末，上海市分行“外汇宝”业务成交量达到 29 098.01 万美元，外汇交易币种为美元、英镑、日元、港元、欧元、瑞士法郎、澳大利亚元、加拿大元，交易渠道实现了“电话、多媒体、网银和收集银行”等多种自助方式。

满金宝　2006 年 10 月 17 日，上海分行在同业中率先推出“满金宝”业务，由下属 17 家中心支行及南京东路支行、肇嘉浜路支行和联洋支行 3 家沃德财富服务中心受理该项业务。“满金宝”作

图 3-7-4　2001 年 4 月 6 日，交通银行上海分行举办“交通银行外汇宝太平洋卡 24 小时交易”新闻发布会

为“外汇宝”的全面创新和功能提升，具有双向交易、杠杆放大等特点，满足了客户买入或沽空外币的双向交易需要。该业务的多币种保证金功能，可使客户自由选择做多或做空外汇，交易币种和多空方向不受其账户资金币种的限制。“满金宝”系统支持客户在国际市场开市期间 24 小时不间断交易，并采用了国际流行的“下载客户端软件进行电子化交易”的模式，为客户提供高效、快速、便利的专业电子交易平台。

2007 年，上海分行采取多项措施来推动“满金宝”业务快速发展：1. 举办“满金宝”模拟交易大赛，提高“满金宝”客户交易的积极性和操作技能；2. 配合各经营单位举行专题讲座，增进与客户的了解和沟通，调动大客户的积极性；3. 外汇交易室人员坚持做好汇市点评，指导客户进行日常交易，提高汇民的交易频率；4. 培育和开发潜在客户，与复旦大学合作，为在校大学生举办“外汇市场”和“满金宝”知识讲座，介绍满金宝模拟交易系统。是年 1—5 月，上海分行满金宝交易量达到 12 亿美元。

2008 年 3 月，上海分行对“满金宝”高风险、高收益金融理财产品的风险进行了揭示。要求各经营单位在客户申请“满金宝”签约或提高交易倍率时，充分向客户做出风险提示；要求客户提交风险评估调查问卷和阅读《风险揭示书》，并签字确认；各经营单位以客户调查问卷评分标准确定客户可以选择的最高倍率。6 月初，银监会发布《中国银监会办公厅关于银行业金融机构开办外汇保证金交易有关问题的通知》，要求已开办外汇保证金业务的银行不再向新增客户提供此项业务，不再向已从事此业务的客户提供新交易（客户结清仓位交易除外），并建议此类客户适时、及早结清交易仓位。据此精神，上海分行关闭多倍率的“满金宝”业务，改受理仅 1 倍率的双向交易，满金宝业务量大幅下降。

2011 年 8 月，上海市分行转发总行《满金宝业务管理办法》，重申分行仍维持受理 1 倍率的“满金宝”业务的客户签约、新开盘交易等业务，暂不受理多倍率的“满金宝”业务；客户仅可对当下仍有仓位的多倍率“满金宝”业务进行平仓处理，但不得操作新签约、新开盘等交易。明确时下分行“满金宝”可接受的保证金货币已由原先的美元扩大为包括美元、英镑、港元、瑞士法郎、日元、加元、澳大利亚元、欧元、人民币在内的9种货币。

2014年，上海市分行在“满金宝”业务中，严格遵循“了解你的客户”“了解你的业务”“尽职调查”展业三原则，发现客户存在涉嫌洗钱、恐怖融资或逃税等可疑交易行为的，及时向分行法律合规部反洗钱主管部门报告，并做好对业务产品的洗钱风险评估和风险控制工作。对“满金宝”业务科目及账户设置、业务流程及会计核算等加以规范。截至是年年末，上海市分行“满金宝”成交量达到10 037.59万美元。

期权宝 2012年5月21日，上海市分行正式推出个人外汇期权业务，即“期权宝”。个人客户作为权利的买方获得在未来一定时间内按约定汇率向作为权利卖方的银行买进或卖出约定数额外币的权利。上海市分行向个人客户提供的欧式期权买卖有8个期权产品，分别是欧元兑美元的1个月、3个月看涨和看跌产品，美元兑日元的1个月、3个月看涨和看跌产品。“期权宝”采用“份”作为基本交易单位，期权合约到期时，系统自动执行行权清算，无须进行本金交割，为客户交易清算带来便利。6月13日，印发《个人外汇期权业务管理办法》，强调“期权宝”属于高风险产品，必须坚持“客户自愿，风险自担”的原则；要求相关部门做好风险控制及应急预案，进一步加强了“期权宝”管理。至此，上海市分行完成了个人外汇买卖全产品构架，以多层次、多元化的产品满足市场需求，确立“领汇财富·宝系列”产品的品牌效应。

截至2014年年末，上海市分行“期权宝”成交量达到10 797.06万美元。

表3-7-10 2007—2014年交通银行上海(市)分行个人外汇买卖成交量情况表 单位：万美元

年份	外汇宝	满金宝	期权宝
2007	78 298.57	371 378.94	—
2008	61 589.55	403 384.82	—
2009	58 521.71	24 929.23	—
2010	65 958.99	31 845.55	—
2011	66 773.09	13 956.52	—
2012	35 901.25	10 775.34	4 029.39
2013	42 826.04	23 486.13	25 471.21
2014	29 098.01	10 037.59	10 797.06

二、对公外汇交易

【对公即期外汇交易】

对公即期外汇交易分为对公即期结售汇和对公即期外汇买卖。

即期结售汇 1986年10月上海分行重新开业初期，加强对外商投资企业外汇调剂的服务，开办即期结售汇业务，帮助客户锁定当期换汇成本，避险保值，满足客户的兑换需求。

1987 年 1 月 22 日，上海外商投资企业外汇调剂中心迁至上海分行江西中路 200 号底层营业大厅办公。是日上午，成交 3 笔外汇买卖，计 16 万美元；下午 2 家企业登记卖出外汇 5 万美元。

1994 年 1 月—1996 年 7 月，上海分行作为外汇指定银行开始经营结售汇业务，按规定对中资企业实行强制结汇制度，对外商投资企业及驻华机构外汇实行意愿结汇制度。

1996 年 7 月—1997 年 10 月，上海分行按照国家规定，把外商投资企业纳入银行结售汇体系，外商投资企业经申报和区分外汇账户后，到上海分行办理结售汇业务。

2002 年 2 月，上海分行配合做好国家外汇局上海市分局经常项目账户改革试点工作，成立试点领导小组，并结合上海分行综合业务处理系统特点与现状，制定具体的实施步骤与操作程序。10 月起，根据国家外汇局《进一步调整经常项目外汇账户管理政策有关问题的通知》精神，合并境内机构（含外商投资企业）经常项目外汇结算账户和外汇专用账户为经常项目外汇账户；对经常项目外汇账户统一实行限额管理。限额之内的外汇收入，境内机构可保留外汇，超出限额的须结汇。

2006 年 3 月 27 日起，上海分行将结售汇牌价从一日一价的单一牌价方式调整至一日多价报价方式。

2010 年 6 月，中国人民银行重申进一步推动人民币汇率形成机制改革，美元兑人民币出现大幅波动，上海市分行全力做好平盘业务操作风险控制，避免人为因素造成的损失。截至是年年末，上海市分行即期结售汇业务交易量为 1 590 136 万美元。

2011 年，上海市分行印发《进一步规范即期结售汇、套汇业务抹账操作的通知》，要求对结售汇、套汇业务抹账遵循相关的原则和审批流程。

2012 年，上海市分行进一步规范 T+1、T+2 交割即期结售汇等业务风险保证金比例，规定经营单位如需减免客户风险保证金，须逐笔向总行国际部申请报批。

2014 年，上海市分行规范对公即期结汇业务管理工作，对银行端签约流程及注意事项、客户端网银操作注意事项及其他事宜进行规范。截至是年年末，上海市分行即期结售汇业务交易量为 1 689 423 万美元。

即期外汇买卖　1993 年 5 月，上海市分行获国家外汇局上海市分局批复，外汇业务范围扩大到外汇投资、自营和代客外汇买卖、买卖和代理买卖外币有价证券。针对即期外汇买卖业务制定《外汇买卖业务的若干规定》《代客办理外汇买卖的具体规定》《外汇交易员岗位主要职责》《外汇交易结算员岗位主要职责》。

1998 年，上海分行为适应国际外汇市场的变化，推动外汇买卖和外币兑换业务发展，对办理外汇买卖和外币兑换业务的审核原则、价格适用、询价办理交易事宜、头寸上报及划转事宜等作出明确规定。

2007 年，上海分行对即期外汇买卖交易规则作部分修改，进一步明确业务操作流程。将即期外汇买卖业务收入分解到各经营单位，要求提高询价标准，严格控制优惠让利，及时上报出现的差错。

2008 年，受国际金融危机影响，上海分行外汇收支增速放缓，全年外汇买卖交易量为 93 700 万美元。截至 2010 年年末，上海分行外汇买卖交易量达 72 400 万美元。

2014 年，上海市分行在上海自由贸易实验区外汇买卖中，严格遵循“了解你的客户”“了解你的业务”和“尽职调查”展业三原则，在业务办理过程中，加强对客户身份的识别，了解客户及其资金来源、交易目的和交易性质，按规定做好反洗钱风险等级分类工作等。

表 3-7-11 2005—2014 年交通银行上海(市)分行即期结售汇业务交易量情况表

年 份	交易量(万美元)
2005	750 740
2006	826 174
2007	1 162 041
2008	1 249 715
2009	1 081 426
2010	1 590 136
2011	1 479 138
2012	1 470 134
2013	1 681 443
2014	1 689 423

【对公外汇衍生产品】

上海市分行对公外汇衍生产品主要包括远期结售汇、远期外汇买卖、人民币外汇掉期、外汇期权、利率掉期、远期利率协议、结构性存款等。

1987 年 4 月,上海分行在香港交通银行协助下,接受上海华高针织有限公司委托,以 1 美元换 145.60 日元的汇价,代客买入 4 100 万日元 1 个月期的远期外汇,开启代客承做远期外汇买卖业务。

1989 年 2 月,上海分行接受中国境内的机关、团体、企业、事业及其他具有法人资格的经济实体委托,代理买卖远期和期权外汇业务;经营买卖的货币币种为国家外汇局规定的各种可兑换的货币;每笔远期交易金额以 20 万美金或其他等值货币为起点;客户在申领外汇委托书时须提交有效的进出口贸易合同或其他经济协议正本;须有等值的现汇存款或外汇额度,并经过有关部门审批同意。

2002 年 5 月,上海分行为外高桥兰生大宇有限公司办理一笔远期美元利率协议,期限 119 天,名义本金 103 万美元。7 月,制定《代客远期外汇买卖操作暂行规程》,规定代客远期外汇买卖实行分级授权制度;委托上海分行办理远期外汇买卖的客户须符合国家外汇局规定,有权从事对外经济活动和国际金融业务,具有法人资格的经济实体;客户须提供其对外签订的合法、有效的贸易合同或其他经济协议。上海分行不接受没有业务背景的远期外汇买卖委托;代客远期外汇买卖的币种为美元、日元、欧元、英镑、瑞士法郎、港币、加拿大元、澳大利亚元;客户如遇特殊情况无法按期办理交割手续,可在规定时间内申请办理掉期交易。10 月,上海分行成交首笔外汇结构性存款业务。

2004 年 12 月,上海分行印发《远期结售汇业务管理办法(暂行)》,规定办理远期结售汇业务的经营单位应严格审核客户用于远期结售汇业务的外汇收支,须依据交易背景合同中订明的外汇收入来源或外汇支出用途办理,客户不得以其他外汇收支进行充抵;远期结售汇的币种为美元、港元、日元、欧元、澳大利亚元、英镑、新加坡元、加拿大元和瑞士法郎 9 个币种,期限分为 7 天、20 天和 1 个月至 12 个月共 14 个档期。交易可以是固定交割日交易,也可以是择期交易。远期结售汇业务

(包括择期交易)的最长期限为365天。是年,上海分行共有15家网点开办远期结售汇业务。

2007年4月,上海分行制定《远期结售汇业务操作规程》,规定经营单位开办远期结售汇业务的条件;远期结售汇业务实行一日多价,按总行的统一报价操作;远期结售汇业务的收支范围与即期结售汇业务一致,同笔外汇收支不得重复签约办理远期结售汇业务;远期结售汇业务实行履约审核。

2008年6月,上海分行重新修订《远期结售汇业务操作规程》,规定经营单位受理每一笔远期结售汇业务,均应向客户收取相应比例的风险保证金;在办理部分交割、提前交割、部分展期交易时,须严格按新系统操作流程执行。是年,上海分行成交首笔人民币结构性存款业务。

2009年,上海市分行加强对客户办理代客衍生产品交易适合度的评估。在向客户销售代客结构性衍生产品之前,充分了解客户的财务状况、交易目的、交易经验、风险偏好等情况,建立客户评估机制,对客户的产品适合度进行评估,特别是对于针对基础资产或负债进行套期保值或资产负债管理的交易,评估衍生交易是否能够达到客户期望的套期保值效果及套期有效性等,以防止将不适合的产品销售给客户。

2012年,上海市分行在受理客户人民币对外汇期权组合业务(以下简称"人民币期权组合业务")上,坚持以下四项基本原则:1. 人民币期权组合业务整体性原则。客户对期权组合的任何操作(包括但不限于签约、反向平仓、交割方式选择)须针对整个期权组合,不能选择期权组合中的单一期权交易进行。2. 客户叙做人民币期权组合业务时,卖出期权收入的期权费应不超过买入期权支付的期权费。3. 人民币期权组合业务执行总行统一报价。4. 人民币期权组合业务的起点名义本金原则上不低于10万美元。7月,上海市分行成功办理首笔人民币期权组合业务。

2014年1月,上海市分行为太平人寿公司办理一笔结汇方向的远期平价交易,金额为1.036亿元,锁定未来10年的结汇汇率,每季度轧差交割一次,为客户有效规避汇率风险,固化经营收入。

表3-7-12 2002—2014年交通银行上海(市)分行对公外汇衍生产品交易量(不含远期结售汇)情况表

年 份	交易量(万美元)
2002	1 015
2004	4 465
2005	5 200
2006	11 145
2007	11 453
2008	68 981
2009	—
2010	69 475
2011	771 500
2012	2 883 940
2013	3 808 682
2014	3 408 279

表 3-7-13　2006—2014 年交通银行上海(市)分行远期结售汇交易情况表

年　份	交易量(万美元)
2006	9 079.96
2007	10 466.84
2008	132 718.46
2009	122 619.10
2010	190 513.70
2011	206 331.20
2012	154 178.40
2013	667 380.26
2014	606 939.46

第四节　涉 外 担 保

1989 年,上海分行开办涉外担保业务。5 月 18 日,分行为香港百乐染整厂有限公司向汇丰银行借款 1 000 万港元(期限 4 年)提供外汇担保,是上海分行办理的首笔内保外贷业务。截至 1990 年年末,上海分行共办理外汇担保业务 5 项,担保总额达 4 008 万美元,担保余额 3 893.7 万美元。

1996 年 11 月,上海分行规定未经分行同意,辖属各分支行、市内经营单位不得出具任何形式的对外担保;规范对外担保的内部报批程序;明确承办部门的职责。

1998 年 2 月,上海分行转发国家外汇局《境内机构对外担保管理办法实施细则》,重申对外担保的审批程序及办理对外担保业务的程序。

2002 年 7 月,上海分行要求各经营单位办理提货担保业务时一律按总行相关规定执行;将所有提货担保业务纳入对申请人的综合授信管理;所有提货担保资料须报送分行国际业务部审批后方能出具担保书;待客户将提货担保书退回后,方可办理恢复授信额度或退还保证金手续。

2006 年,上海分行办理内保外贷业务严格遵循总行统一分配余额指标、逐笔审批担保额度、定期向总行报备的原则。为确保内保外贷业务有序开展,还对该业务流程及相关单位的职责作出规定。

2007 年 11 月,上海分行制定《对外担保业务操作流程》,明确担保业务处理原则、业务流程、主要业务风险点,要求各单位照此操作规定执行。

2008 年 4 月,上海分行为上海益海商贸有限公司办理首笔进口保付业务。境内进口商以全额保证金在分行办理承兑交单进口代收项下 1 年期商业承兑汇票银行保付加签,境外出口商在交通银行海外分行办理贴现并由买方付息。

2010 年,上海市分行对由分行提供的融资性对外担保实行余额管理,定期向国家外汇局上海市分局申请年度余额;对由分行提供的非融资性对外担保,不受指标控制。

2014 年 6 月 1 日起,上海市分行办理融资性对外担保业务的,不再向总行申领融资性对外担保额度;同时自该日起,办理跨境担保业务时,按照国家外汇局《跨境担保外汇管理规定》要求、总行《跨境担保项下外汇管理操作指引》精神,做好外管合规风险点审查及风险防控工作,确保对外担保业务合规发展。截至是年年末,上海市分行涉外担保业务金额达 106 795.72 万美元。

表 3-7-14　2007—2014 年交通银行上海(市)分行涉外担保业务发生额情况表

年　份	笔数(笔)	发生额(万美元)
2007	230	121 645.64
2008	318	109 186.94
2009	243	74 531.00
2010	251	97 581.41
2011	347	86 870.46
2012	330	85 273.21
2013	363	126 228.48
2014	303	106 795.72

第五节　外 汇 信 贷

一、外汇贷款

1986 年 10 月上海分行试营业后,紧紧依托上海加快实施对外开放的政策,大力发展外向型经济,通过发放外汇贷款,重点支持有市场、有效益、有发展潜力的外商投资企业从境外进口设备,生产出口创汇产品,积极大力拓展业务空间。

1986 年 10 月至 1987 年 4 月,开展外汇信贷业务,支持企业引进技术和设备,批准上海市"九四"专项贷款 20 余项,金额 1 540 万美元及 4 037 万元人民币。

1987 年,上海分行加强与"三资"企业业务合作,发放 756 万美元及 1 亿多元人民币贷款,支持其发展;为上海利用外资项目提供 4 000 万美元及 8 000 万元人民币的贷款。

1989 年,针对上海工业原材料紧张情况,上海分行及时向上海市物资局发放 4 700 万美元贷款,解决其进口物资所需资金。

1992 年,随着上海改革开放进程加快,上海分行逐步建立并完善房地产金融业务发展,从 4 月起开办外销商品房抵押外汇贷款业务,以"上海花园"项目为切入点,向 18 名客户发放 200 万美元贷款。

1994 年,上海分行所属浦东分行在总行支持下参与浦东开发开放进程和上海国际金融中心发展,贷款 4 000 万美元,支持浦利房地产发展公司建造上海证券大厦项目。

1995 年 3 月,上海分行被总行授权外汇贷款一级审批管辖行;辖属的常州、无锡、绍兴被授权一级审批分行;扬州、南通被授权二级审批分行;苏州被授权三级审批分行。是年,上海分行参与银团贷款,向上海旭电子玻璃有限公司提供 500 万美元贷款;向上海贝尔电话设备制造有限公司扩产迁建项目发放 1 000 万美元固定资产贷款和 1 000 万美元流动资金贷款。

1999 年,上海分行认真执行国家有关外管政策,进一步加强外汇贷款管理,规定各经营单位发

图 3-7-5　1994 年 7 月 20 日，交通银行上海浦东分行在总行支持下，向浦利房地产发展有限公司提供 4 000 万美元贷款，建造上海证券大厦

放的所有外汇贷款，均须办理外汇(转)贷款登记手续；应凭国家外汇局核发的“外汇(转)贷款登记证”，为借款人开立外汇(转)贷款账户，并办理贷款资金入账及其划付等业务。未经批准，不得擅自将外汇贷款划入借款人的结算账户和资本金账户；不得擅自为借款人办理外汇贷款项下资金的结汇业务；应凭外汇局核发的“外汇(债)还本付息核准件”，为借款人办理外汇(转)贷款本、息和自营外汇贷款本金的偿还手续。截至 2001 年 6 月末，上海分行外币贷款达 40 577 万美元。

2002 年，根据国家外汇局上海市分局的授权，上海分行自 2 月 1 日起自行核准自营外汇贷款中提款总额在 200 万美元(含)以内贷款的现汇还本。

2003 年 1 月，上海分行印发《自营外汇贷款内部管理暂行办法》，对自营外汇贷款管理范围、业务范围、业务管理规程、业务统计及上报、相关资料的保管作出规定。

2004 年，上海分行外汇贷款持续增长，外汇增量存贷比突破总行规定。对此，通过采取控制外汇贷款额度、制定外汇贷款额度优先使用的原则、明确外汇贷款投放时的注意事项及增加存款或压缩贷款等手段来缓解和解决供求矛盾，保持全行外汇存贷款业务协调发展。

2007 年，上海分行面对外汇资金紧张、向总行借入外汇资金成本提高、难度增大的情况，要求各经营单位严格控制一般外汇的投放，尽可能代之以贸易融资的形式；规定除对于已签约并处于合同执行期的银团等外汇贷款，应按所签合同执行外，中长期外汇贷款、替换他行或股东借款的外汇贷款，原则上不予批准；强化到期外汇贷款的回收工作，控制展期和借新还旧，确保按时回笼放贷资金。

2009 年，上海市分行加强全行外币存贷款利率定价管理，确保外汇资金合理调配，提高外汇资金使用效率。规定外币贷款利率由分行根据市场利率变动情况及资金成本因素、风险收益最优化原则与客户事先协商确定，原则上不得低于总行规定的外币贷款利率下限；外币贷款利率的确定方式采用按伦敦同业拆借市场同期限档次利率(LIBOR)或香港同业拆借市场港币同期限档次利率(HIBOR)加点的方式；逾期贷款(借款人未按合同约定日期还款的借款)罚息利率为在借款合同载明的贷款利率水平上加收 20%～50%。垫款的罚息利率不得低于总行规定的外币一般贷款利率下限加 100 bp。

2014 年，上海市分行进一步加强全行外币流动性管理工作，提高外币资金效益，明确全行外币资金管理遵循确保外币流动性安全、统筹规划、主业优先原则，在保证全行外币流动性及合理性外币贷存比的前提下，优先安排贸易融资、一般外汇贷款等主营业务的资金需求。截至是年年末，上海市分行外汇贷款余额(不含贸易融资)为 66 679 万美元。

表 3－7－15　2006—2014 年交通银行上海(市)分行外汇贷款余额(不含贸易融资)情况表

年　份	贷款余额(万美元)
2006	87 967
2007	80 280
2008	73 046
2009	59 257
2010	64 512
2011	54 173
2012	45 740
2013	29 973
2014	66 679

二、国际贸易融资

民国 10 年(1921 年),上海分行添设国外业务股后,办理进出口押汇等业务。

1986 年 10 月起,上海分行开办国际业务,向企业提供国际结算、贸易融资服务。

1988 年,上海分行在总行系统内率先开办以人民币计息的出口押汇业务。

1989 年,上海分行支持企业出口创汇,加速流动资金周转,制定《打包贷款实施细则》,对贷款对象和使用范围,贷款条件,贷款金额,贷款期限,贷款利率,贷款申请、签约及使用,贷款归还提出具体的操作办法。

1992 年,上海分行规定对议付信用证项下单证不符不叙做电索或押汇。

1998 年,上海分行在办理进口开证时,要求申请人提供进口付汇核销单和购汇申请书;办理即期付汇或远期承兑时,留存正本提单和正本发票作为售汇凭证;对来单未按信用证规定提交运输单据的,及时对外拒付。

2000 年,上海分行按照总行《出口押汇、进口押汇、提货担保、出口托收融资等四个贸易融资业务办法》,把贸易融资授信业务作为一项主要业务品种进行推广,主动为客户提供包括本外币贷款、贸易融资在内的本外币一体化服务;按照贸易融资业务的风险和操作特点开展授信审查和审批,确定有效的授信方式、合适的授信条件和合理的授信额度;按照国际惯例和国家外汇管理规定,把好外汇管理政策关,把好单证审查的技术关;建立相关部门定期交流贸易融资授信客户业务情况制度,加强监控管理。

2001 年,上海分行印发《进口押汇、出口押汇业务实施细则》,进一步完善分行贸易融资管理办法,规范贸易融资业务操作。

2002 年,上海分行开办"福费廷"业务,制定《"福费廷"业务操作试行办法》。明确开办"福费廷"业务的基本条件,管理模式和职责分工,币种、期限及费率,操作流程,逾期处理等要求。

2005 年,上海分行加强短期贸易融资业务管理,对客户贸易融资施行与外汇存款和国际结算向挂钩、量化考核措施;对单笔金额等值 50 万美元及以上的贸易融资业务,实施报批制度;对贸易融资业务实行报备制度。

2006年，上海分行围绕贸易融资产品，对全行客户经理开展全覆盖的培训和考核，提高客户经理产品知识水平和产品营销能力；深入经营单位举办面向客户的产品推介会和面向外汇人员的产品培训会；印制中英文对照的融资通产品手册，通过华交会、客户推介会和营业网点赠送客户；建立一支初具雏形的产品经理队伍，负责产品研发和推广。是年起，着力市场培育，国际贸易融资投放额逐年增长。截至是年年末，上海市分行国际贸易融资投放额为7 000余万美元，2007年增至3.62亿美元，2008年达到7.66亿美元。

2010年，全球经济复苏，外贸形势企稳回升，人民币面临升值预期。上海市分行根据市场变化，设计各类避险保值和理财增值方案，将创新融资推广到跨境人民币结算领域，全年完成国际贸易融资投放9.46亿美元。同时，将贸易融资和衍生产品进行有效组合，设计成结构性融资产品，全年结构性贸易融资吸收人民币定期存款达20.90亿元，与汇率挂钩的人民币理财产品吸收人民币定期存款44.60亿元。

2011年，上海市分行利用市场人民币升值预期，推出各类结构性融资产品和本外币对公理财方案，美元保证金项下海外代付、人民币结构性存款、远期结售汇等组合产品发展较快，推动国际业务收入和本外币存款大幅增长，全年贸易融资吸收人民币存款183.40亿元，美元存款9.20亿美元，远期结售汇收益较2010年增长120.4%。

2012年，上海市分行密切关注境内外利率和汇率走势，针对客户避险增值的不同需求，发展结构性贸易融资业务。合理规划自有资金，通过产品组合有效推动存款增长，满足客户融资需求；多方位拓宽资金来源渠道，通过与境内外同业合作，开展代付业务，降低融资成本；抓住间歇存在的市场机会，将各类产品组合创新，为国际业务增加新的增长点和盈利点；成功操作中国出口信用保险公司项下出口发票融资业务，为出口企业贸易融资开辟新路。全年使用自有资金投放贸易融资达23.00亿美元。

2013年，上海市分行利用境内外市场在资金供求、利率、汇率和监管环境上的差异，度身定制结算和融资组合方案，并通过跨市场运作，全面满足客户降低成本、避险保值、资产增值等多样化财富管理需求。

2014年，国际经济形势复杂多变，境内监管环境日益趋紧，资金成本上升，汇差逆转，上海市分行国际贸易融资业务一度出现发展滞缓的现象。是年，在首批获准开办自贸区分账核算单元业务后，以上海自贸区平台为基础，营销自贸区客户，开启了发展新型国际贸易融资业务的新局面。全年上海市分行开立自由贸易账户215户，存款余额4.40亿元，获批授信15.30亿元，授信业务储备45.00亿元。

表3-7-16　2011—2014年交通银行上海市分行国际贸易融资年末余额情况表　单位：万美元

年份	福费廷	出口押汇	出口托收融资/出口发票融资	进口押汇/进口代收融资/进口汇出款融资	进口代付	合计
2011	446.69	32.99	731.34	62 795.20	51 320.48	115 326.70
2012	1 184.82	469.13	32 643.62	28 183.10	41 254.87	103 735.54
2013	175.74	49.36	52 827.26	92 254.41	42 300.18	187 606.95
2014	293.59	34.40	29 292.13	25 074.60	11 572.50	66 267.22

第八章 个人金融

个人金融业务是交通银行上海市分行业务经营的重要组成部分，也是实现创新驱动，转型发展，提升服务的重要利器。20世纪90年代，随着科学技术的发展和电子计算机的运用，上海分行开始由初期单一发展储蓄存款，逐渐向以银行卡为介质的多元化方向发展。跨入21世纪后，践行总行个人金融业务转型要求，打造以财富管理为特色个人金融，业务种类不断向储蓄、银行卡、个人贷款、财富管理、私人银行等多个领域延伸，并逐步形成以沃德财富、交银理财、快捷理财等个人金融客户品牌体系。

第一节 业务发展

一、概况

民国初期，通商大埠的华商银行业，虽明知储蓄可以吸收小额积蓄，鼓励民众节俭之风尚，却始终不敢着手办理，主要是担心储蓄存款额小量大，户数较多，一旦发生风潮，存户便纷纷提款，影响银行声誉；大多数存户轻信谣言，易被别有用心之人所利用，故各行索性不办理储蓄业务。20世纪20年代后，社会风气出现转变，各华商银行竞相提倡储蓄。民国18年(1929年)3月，上海分行拟订筹办储蓄业务的相关计划。民国19年(1930年)5月，成立储蓄部，所属各支行、办事处亦陆续成立相应部门。7月，所设储蓄部改为沪区储蓄分部，所属办事处之储蓄部改为储蓄支部。民国20年(1931年)1月，沪区储蓄分部隶属关系由上海分行调整为总管理处。

1986—1999年，上海分行围绕总管理处“打出牌子，探索路子，开发电子，建立机制，形成盘子”要求，推进零售业务发展。主要经历3个阶段：1. 1986—1993年，为上海分行储蓄业务的起步阶段。其特征为：产品单一，经营的品种仅有储蓄存款一个大类；业务操作以手工为主导，效率低下；为改变现状，相继向市场推出大面额存款证、通知存款、协定存款等新储蓄产品；持续改进柜面服务质量，打造“一流服务”的银行品牌。截至1993年年末，上海分行在上海市内开办储蓄业务的网点达36家，储蓄存款余额15.34亿元，占同期全行各项存款总额7.04%。2. 1994—1996年，进入储蓄业务加快发展、太平洋卡业务启动阶段。其特征为：通过增设储蓄网点，促进储蓄业务发展。截至1996年年末，储蓄存款余额达63.26亿元，3年累计增长47.92亿元，是起步阶段(1986—1993年)人民币储蓄存款增加总额的3.1倍；开始将微机运用于柜面储蓄业务办理；太平洋卡正式起步，截至1996年年末，太平洋信用卡有效持卡人达3.27万人，年交易量5.4亿元，交通银行储蓄卡有效持卡人达1.88万人。3. 1997—1999年，处于储蓄业务缓慢发展，零售综合业务孕育、起始阶段。其特征为：随着国家加大对居民手持现金的调控力度，上海分行储蓄存款发展陷入低迷状态，3年累计增加的储蓄存款仅为10.73亿元，较1994—1996年年均减增12.39亿元，年均减增幅度达77.58%；同时零售业务开始发力，向内涵式发展方向转型，通过全面清理、整顿代办所、联办所，对营业网点进行调整与改造；开发、使用零售业务计算机应用系统。成功进行人民币储蓄集中式同城通兑系统、太平洋卡“一卡通”“全国通”系统切换，完成外币丙种储蓄集中式系统账户移植，建立实时远程灾难备份中心；太平洋借记卡推出后，该业务步入快速发展轨道，截至1999年年末，太平洋卡累计发卡量 59.82 万张，卡存款余额 3.57 亿元。

2000 年起，上海分行个人金融业务（以下简称“个金业务”）发展重心由以储蓄业务为主，向以太平洋卡为纽带，全面联结储蓄业务、中间业务、个人贷款、理财咨询、个人网上银行（以下简称“个人网银”）业务全面联动与发展转变。2002 年，为提升太平洋卡品质，发行太平洋国际借记卡。2003 年，推出代发代扣业务，升级个人网银系统。2005 年，组织太平洋双币信用卡营销工作，开展以太平洋借记卡为载体的双利理财账户业务、滚金账户、代发工资业务专题市场推广活动，促进储蓄发展。至 2005 年年末，分行人民币储蓄存款余额达 286.97 亿元，个人外汇储蓄存款余额为 8.23 亿美元，个人贷款（不含公积金贷款）余额 132.16 亿元，太平洋卡全年累计发行 50.4 万张、累计代发工资 113 亿元，消费额净增 57.53 亿元，个人网银用户达 9.75 万户。

2006 年，上海分行围绕总行“打造中国最佳零售银行”战略转型要求，抓住“实施渠道发展策略”“推进重点业务”“加强基础建设”三方面工作，推动全行个金业务持续、快速、健康发展。在实施渠道发展策略方面，通过对个金业务营销渠道的梳理、整合和创新，利用沃德理财中心、零售网点以及电子化渠道的不同特点，为客户提供差异化的服务，推动个金业务的快速发展；在推进重点业务方面，根据自身发展特点找准业务发展的重点和目标，集中优势资源实现代发工资、双币信用卡、个人贷款、中间业务等重点业务的突破，提升重点业务的服务品牌和市场占比，提高个金业务的综合竞争力；在加强基础建设方面，进一步完善个金业务的风险防控、队伍建设、内部管理制度建设，调动零售从业人员的工作积极性，确保全行个金业务目标的达成。

2007 年，按照“以中高端客户财富管理为重点，加快推进零售业务转型，突出财富管理优势，实现交通银行价值”要求，上海分行实施客户分层管理，明确其定位；结合目标客户需求，开发“柜面客户识别系统”，做好交银理财营销服务工作；抓住证券保证金第三方存管正式启动的商机，大力推进

图 3-8-1　2012 年 11 月 25 日在第九届上海理财博览会上，交通银行上海市分行获“2012 年上海十佳理财之星”等称号

银证转账向存管账户转化业务。

2009年，围绕财富管理特色发展战略，上海市分行创新个人金融服务产品，利用信贷资产、信托计划、票据资源，连续发行理财产品，在同业中率先推出"定期定额跨行转账"业务，成为上海市存量房监管首批试点银行和全市首家拥有交易服务机构密钥的金融机构。

2010年，为凸显"两化一行"战略要求，上海市分行设立私人银行服务中心，提升交通银行国际化、综合化、财富管理银行的社会品牌形象。

2012年，上海市分行全面深化个金业务品牌推广、交叉联动和营销创新，个人中高端客户优势进一步巩固。全年私人银行客户存量、达标沃德客户增量、达标交银客户增量、个人金融资产(AUM)增量、代发工资客户净增数均位列总行系统首位；营业网点实现对上海各区县的全覆盖。

2014年，上海市分行个人金融业务以"改革开个排头兵、创新发展先行者"要求定位自己，在充满竞争与创新的市场环境中，推动线上、线下经营模式转型，为总行打造"上海地区金融旗舰"作出了贡献。截至是年年末，上海市分行管理的AUM余额达到2 320.74亿元，人民币储蓄存款余额1 048.88亿元；全行私人银行客户2 700户，达标沃德财富客户78 093户，中端客户556 663户。

表3-8-1　2009—2014年交通银行上海市分行零售业务发展情况表

年　份	客户规模(万人)	AUM规模(亿元)
2009	342.65	1 201.32
2010	379.99	1 385.11
2011	420.28	1 587.74
2012	467.06	1 812.24
2013	510.93	2 020.18
2014	554.30	2 320.74

二、营销宣传

1986年上海分行重新开业后，遵照"三个一流"办行宗旨，开发储蓄新品，做好吸储揽存工作。全行上下深入企业、社区，宣传交通银行储蓄业务及储蓄新品的特点；组织客户来行进行联谊恳谈，征求改进分行储蓄业务发展的建议；建立与新闻媒体记者业务沟通机制，扩大宣传效应。

进入20世纪90年代，上海分行围绕储蓄业务发展，不断加大新品开发及宣传力度，争取储蓄存款，支持上海经济建设。1991年1月，在江西中路200号大楼悬挂红色条幅，为储蓄存款突破3亿元大关造势。1995年4月，所属市内各经营单位以上街设摊的方式，开展储蓄种类和特色品种宣传活动，提升交通银行储蓄品牌知名度。1998年11月至12月，会同总行举行多场大型新闻发布会，突出宣传"外汇宝""太平洋卡"业务。12月，利用电台直播形式，连续向市民解答"外汇宝"操作方式，接受市民咨询。全年宣传"外汇宝"业务的文章超500篇；提供的汇市行情刊登在全市各大新闻媒体上，成为名副其实的外汇买卖报价行。1999年，宣传在业界率先推出的"本外币全储种储蓄通存通兑"业务，并凸显外币储蓄理财、太平洋卡自动转账、消费信贷、"外汇宝"等品牌优势，促进个金业务发展。是年，上海分行净增太平洋卡27.34万张，增幅84.1%；卡存款净增1.67亿元，增幅

88.5%。新开代收公用事业费2.9万户。“外汇宝”成交量12.66亿美元,较上年增加4 200万美元,并带动外汇储蓄增长。

2000年,上海分行结合个金业务转型,开展“太平洋卡理财通天下”市场营销活动。全行员工统一行动,上街集中宣传交行个人系列贷款业务品牌“圆梦宝”核心产品,以及以太平洋卡为载体的各类中间业务品牌“理财宝”特色产品。全年上海分行新增太平洋发卡量62.30万张,卡存款增加7.67亿元;新增个人贷款9.99亿元,增幅309%。

2005年,上海分行抓住个金业务发展旺季,开展以理财业务、银行卡业务、个人外汇业务、个贷业务、电子银行业务为营销宣传重点的“交银理财,您的财富智囊团”百日营销活动,推动了个金基础业务的发展。是年,上海分行累计发行双币信用卡10.5万张,发卡量名列居总行系统首位;网银客户净增7.8万户,年网银交易量达12 615亿元。

2008年,上海分行根据客户的不同偏好及需求,举办迎新年龙华撞钟活动、交行百年客户答谢会、中国CEO俱乐部年会、“沃德财富杯”高尔夫邀请赛等系列营销活动,密切与中高端客户关系。全年新增达标沃德客户、交银理财客户数及管理的个人客户资产增量均名列总行系统第一;得利宝“新篮”系列产品获“2008年上海十佳理财产品奖”。

2009年7月,上海市分行抓住新版手机银行上线契机,针对目标客户,开展“精准营销、客户体验”“全面推广、客户普及”两个阶段手机银行市场推广活动,并成立青年手机银行俱乐部,培训营销骨干人员;在各营业网点张贴海报,向用户发放折页、优惠活动单片,播放手机银行TVC广告片;与媒体合作,开展多种形式的宣传;制作以手机银行为主题的手机和电话彩铃。扩大交行手机银行在市民中的市场价值及未来商业价值。

2010年,上海市分行借助交通银行作为2010年上海世博会全球合作伙伴优势,做好营销宣传工作,并以独家代理世博特许产品为突破口,通过发行专项理财产品、开展客户转介绍活动、强化对第三方存管客户的渗透,加强保险、基金等产品交叉销售,有效促进了高端客户的持续增长。截至是年年末,上海市分行私人银行客户数实现翻番,沃德客户增量及个金产品销售收入均名列总行系统第一。

2012年,上海市分行加强“e动交行”品牌宣传推广工作。围绕手机银行2周年市场营销活动,在各营业网点、自助设备、电台、报纸进行促销活动的宣传;推出手机银行生活门户宣传活动,及时将手机银行位置服务及手机银行游戏充值、火车票查询和摇摇支付(晃动支付)等新功能信息传递至客户,在新潮客户群体中形成了口碑。

2014年,上海市分行重点抓好财富管理进社区和远程财富管理两个项目营销宣传,推进专属产品销售、中端客户长期资产配置、客户经理工作平台精准营销等工作,为后续发展打好基础。全年广义储蓄存款日均增量达99亿元,累计代发1 450亿元,均位列总行系统第一;新增私人银行客户407户、沃德客户9 555户、中端客户45 432户;个人资产管理规模(AUM)增量300.56亿元,蝉联系统首位。

三、营销队伍

1986年10月分行重新开业后,开展业务宣传活动,向社会各界广泛宣传包括储蓄业务在内的业务品种。

1989年,在紧缩的财政政策、货币政策(简称“双紧”政策)方针下,上海分行实施公私业务联动,深入机关、企业进行营销;成立专职储蓄外勤队伍,扩大宣传;走进企业、社区,发动群众,组建协储网络等举措，组织储蓄存款，壮大自身实力，支持国民经济发展。

1996年，上海分行举办全辖储蓄外勤工作研讨会，进一步明确储蓄外勤工作定位：1. 实施市场营销，开发储户市场；2. 组织宣传联络，上门吸收资金；3. 开发新品种，推广新业务；4. “一业为主”，兼揽对公存款、外币丙种存款，扩大资金来源渠道。

1997年，为捕捉市场信息，有效抢占市场，发展储蓄存款，上海分行要求各经营单位配备专职储蓄外勤或兼职储蓄外勤人员，抓好储蓄外勤队伍建设；制定《储蓄外勤岗位职责和任务》，要求储蓄外勤人员发挥国家储蓄方针、政策宣传员，筹集资金组织员，协助储户当家理财咨询员，储蓄代办工作辅导员的作用，当好领导决策的参谋。

2000年，上海分行围绕个金金融业务的转型，组织全行开展“太平洋卡理财通天下”营销宣传活动，将个人系列贷款业务品牌“圆梦宝”及以太平洋卡为载体的各类中间业务品牌“理财宝”全面推向市场。

2003年，上海分行在有条件的网点设立客户服务经理岗位，加强对客户的引导，解答客户的业务问题，主动向客户宣传交通银行的各项业务及各类品牌产品。

2005年，上海分行依托总行及汇丰信用卡单元在沪的优势，精心组织、策划总行重点产品在上海市场的营销推广，开展“交银理财，迎新春”个人金融业务营销宣传活动，重点推广负债业务、理财业务、太平洋卡业务、个贷业务、中间业务。

2006年，上海分行在南京东路开设沃德财富（简称“OTO”）服务中心、在肇嘉浜路支行增设OTO理财中心，加强对中高端客户的营销服务。

2007年，上海分行印发《大堂经理岗位资质认定管理暂行办法》《理财人员岗位资质认定管理暂行办法》，规定大堂经理岗位、理财类岗位的基本任职条件，岗位职责，服务流程和服务规范，资质认定培训和考试，资格认定管理要求，进一步推动个人金融业务的战略转型，实现业务分区、客户分层差异化服务，强化网点营销及销售功能，促进大堂经理、理财人员队伍的规范化、专业化建设。

2012年，上海市分行制定《营业网点功能区布局及视觉营销布置指导意见（试行）》，要求打造“物理网点＋电子银行＋客户经理”新型经营模式，全面提高网点渠道服务和营销服务效率。

2013年，上海市分行进一步加强全行零售信贷客户经理队伍建设与管理，制定《零售信贷客户经理实施细则》，要求在一体化营销、专业化经营的指导原则下，全面提升零售信贷客户经理队伍的整体素质，构建和完善以客户为中心的营销服务体系。

2014年，上海市分行制定《个金客户经理管理实施细则（暂行）》。打造一支与战略目标相适应，与经营管理相协调，与统筹发展相匹配，数量充足、素质优良、结构优化、工作高效的个金客户经理（以下简称“客户经理”）队伍。实施客户经理激励政策，提高客户经理队伍的业务素质及能力，拓宽其职业发展空间，有效管理、维护及拓展中高端客户。

四、客户管理

1986年上海分行开业初期，对个人金融业务客户的管理尚处于一种局部、非系统性的状态。

2000年，上海分行改革经营机构，重新设计、构建对私业务经营及管理流程，强化对个人金融业务客户统一、有序和规范管理。

2003年，上海分行向市场推出个人理财业务后，按个人客户在上海分行本外币存款余额、购买国债、基金、保险、信托资金计划等现金支出额指标，将其分为VIP客户、潜在VIP客户、中端客户及大众客户四个层级，实行分层管理。其中，VIP 客户又细分为白金 VIP 客户(在上海分行金融资产 200 万元以上)、黄金 VIP 客户(在上海分行金融资产 20 万元以上)；潜在 VIP 客户为在分行金融资产 30 万～50 万元的客户；中端客户为在分行金融资产 10 万～30 万元的万元的客户；大众客户为在分行金融资产 10 万元以下的客户。对客户实施分层精细化、专业化管理。

2006 年后，上海分行进一步细化对“潜力客户—中端客户—高端客户”三大客户群体的分层管理，建立起包括沃德客户、交银理财客户和快捷理财客户群的客户分层管理体系。

表 3-8-2 2014 年年末交通银行上海市分行各资产等级个人客户分布情况表

季均资产等级	客户数(人)
＞500 万(含)	5 022
50 万(含)～500 万	112 344
5 万(含)～50 万	496 669
1 万(含)～5 万	476 553
＜1 万	4 452 375
合计	5 542 963

【私人银行客户】

2008 年 3 月，上海分行作为总行五家私人银行试点分行之一，开始私人银行业务。从已有沃德财富客户中筛选出 50 名具备等值 200 万美元的可投资资产私人银行客户，向其提供“沃德客户经

图 3-8-2 2008 年 3 月，交通银行上海分行开始办理私人银行业务，向私人银行客户提供“沃德客户经理＋私人银行顾问＋私人银行投资顾问”的“1＋1＋1”服务

理＋私人银行顾问＋个人财富管理专家团/私人银行投资顾问”的“1＋1＋1”服务。

2010 年 2 月，上海市分行设立私人银行服务中心，指导并协助各经营单位共同做好私人银行客户的拓展、营销及管理工作。

2011 年，上海市分行开展私人银行老客户举荐新客户活动，扩大了私人银行客户队伍。同时通过全面提高服务质量和效率，持续提升了新老私人银行客户的满意度、忠诚度和贡献度。

2012 年 8 月，上海市分行将金融资产达到 600 万元人民币及以上的私人银行客户纳入交通银行沃德财富私人银行全球综合财富管理服务体系范畴之内，并通过私人银行顾问有效运用交行产品策略（Product）、价格策略（Price）、渠道策略（Place）、推广策略（Promotion）及服务策略（People）（简称“5P”策略），提供包括财富创造（Wealth creation）、财富保障（Wealth protection）、财富增值（Wealth growth）、财富运用（Wealth leverage）、财富传承（Wealth succession）和财富精神（Wealth spirit）的“6W”全球综合财富管理，全面满足私人银行客户个性化需求的高品质服务，提升私人银行客户服务体验，提高私人银行客户精细管理水平。

截至 2014 年年末，上海市分行私人银行客户达 2 700 人，客户金融资产数额为 366 亿元。

表 3－8－3　2009—2014 年交通银行上海市分行私人银行客户发展情况表

年　份	私人银行客户数(人)	资产数(亿元)
2009	1 042	131
2010	2 396	287
2011	3 400	355
2012	4 072	440
2013	2 293	283
2014	2 700	366

上海市分行私人银行客户考核口径：
1. 2009—2010 年，为在交通银行季日均资产 500 万元以上（含股票）的客户。
2. 2011 年，为在交通银行季日均资产 500 万元以上（含股票）及降级 3 个月内的客户。
3. 2012 年，为在交通银行季日均资产 500 万元以上（含股票）的客户。
4. 2013—2014 年，为在交通银行季日均资产 600 万元以上（剔除股票）的客户。

【沃德财富客户】

2006 年 5 月，总行面向金融资产 50 万元以上的高端客户，推出“沃德财富”全新服务品牌。上海分行沃德财富服务中心（以下简称“OTO”网点）同步开张，开始向沃德财富客户提供尊贵、专业、超值服务。

2008 年 2 月，上海分行印发《沃德财富客户维护方案及回访办法》，要求各经营单位加强对沃德财富客户的日常管理，通过营销活动、业务操作、日常服务以及其他有目的、有策划的活动，建立、保持、改善、深化与沃德财富客户之间的密切联系，避免客户流失，深度挖掘客户价值，寻找销售机会，提高客户在分行的业务比例，并达到通过令沃德财富客户满意的服务促使其引荐其他沃德财富客户，提升客户价值，提高客户贡献度、忠诚度和满意度的目标。此后，为促进沃德客户队伍发展，各经营单位持续加强客户管理，做好对客户的日常维护和服务工作；建立客户信息档案；为体现客户关怀，避免客户流失，根据沃德财富客户资产指数和重要性，实施协助客户经理维护制度（或称为

图 3-8-3　2006 年 5 月，交通银行上海分行开设沃德财富服务中心，向沃德财富客户提供尊贵、专业、超值的服务

AB 角维护制度)和分级维护制度；组织客户参加总行举办的“沃德周年庆”“沃德财富精神论坛”“友福同享”“沃德财富杯高尔夫邀请赛”等一系列影响活动。

截至 2014 年，上海市分行已建立起对沃德财富客户的“五专”专业服务体系，即配备专属理财客户经理，为每一位沃德财富客户配备一名经专业化(AFP 或 CFA)培训的理财客户经理，提供一对一、面对面、团队协作的服务；开辟专属理财服务渠道，提供包括 OTO 网点服务，统一操作流程，使沃德财富客户体验尊贵、私密、超值的贵宾服务；建立专享服务快捷通道，在上海市分行 135 家营业网点及电子渠道，设立沃德财富客户优先服务快捷通道；提供专享个性化金融产品和增值服务，包括理财套餐、衍生产品、账户、财富管理、投资咨询、财务规划、紧急援助，以及机场和联盟商户的增值服务；提供专享的免费或优惠价格服务及各类人性化的贵宾礼仪服务。沃德财富客户群的发展，带动了上海市分行个人高端客户人数和资产快速扩增，推动了全行个人客户结构的不断优化。截至 2014 年年末，上海市分行达标沃德财富客户数量达到 78 093 人。

表 3-8-4　2006—2014 年交通银行上海(市)分行达标沃德财富客户发展情况表

年　份	达标沃德财富客户数(人)
2006	4 401
2007	12 015
2008	19 543
2009	28 359
2010	40 938

〔续表〕

年　份	达标沃德财富客户数(人)
2011	53 157
2012	65 202
2013	68 538
2014	78 093

上海市分行达标沃德财富客户考核口径：
1. 2006—2009 年，为开立沃德卡且在交通银行季日均资产不小于 50 万元的客户。
2. 2010—2012 年，为开立沃德卡且在交通银行季日均资产不小于 50 万元(含股票)的客户。
3. 2013—2014 年，为资产或贡献达到一定标准的沃德客户，均达标的不重复计算。资产达标：在交通银行季日均资产不小于 50 万元(剔除股票)的沃德客户；贡献达标：客户贡献度在考核期内月均达到 900 元的沃德客户。客户贡献度包括：个人客户的储蓄存款净利息收入＋个人贷款净利息收入＋中间业务收入(各类理财产品销售收入＋借记卡净收入＋贷记卡商户回佣收入)＋其他收入。

【交银理财客户】

2007 年 2 月，总行为调整和优化客户结构，进一步挖掘潜力客户价值，在上海分行试点推出“交银理财”服务品牌，该品牌将个人资产在 5 万～50 万元的优质客户作为目标客户群，与“沃德财富”服务品牌相称互补。是年，上海分行加强对交银理财客户准入、客户关系维护管理；为推广交银理财服务品牌，上海分行针对目标客户，相继开展“交银理财，礼享体验”直邮促销活动、“交银理财——理财伙伴，精彩人生”营销推广活动；为提升交银理财综合服务水平，提升优质客户在上海分行的资产份额和人数占比，提供多项专享优惠服务，包括“一生相伴”(根据客户不同的生命阶段，提供不同的理财产品和服务组合)、“二方资讯”(个人专讯及专家咨询)、“三专服务”(专柜、专线、专页)、“四一理财”(一张交银理财卡、一个交银理财账户、一张综合对账单、一个信用额度)、“多重礼遇”(银行产品价格优惠、账户管理费、USBKEY 半价优惠、联盟合作商户价格优惠)等多项品牌特色服务。

2009 年，上海市分行在做好对交银理财客户日常维护、服务、管理的同时，开展以“服务新升级，精彩齐分享”为主题的线上媒体宣传和线下促销活动，加大对交银理财品牌的宣传力度，重点突出交银理财全面升级及理财锦囊全新面世等内容，强调人生不同阶段幸福升级的财务规划及家庭金融理财。根据客户风险偏好及人生中结婚、生子、买房、购车、子女升学、退休等不同阶段对理财的需求，通过推荐涵盖基金、保险、得利宝、个贷等不同产品组合，提供客户选择理财套餐，并通过锦囊专享礼品促进产品交叉销售，培养客户长期投资理财意识，形成持续稳定的客户资产增长，提高客户签报份额。

2012 年，上海市分行进一步加强对交银理财客户管理，并抓住交银理财品牌创立五周年之际，开展交银理财“友福齐乐”亲友推荐营销活动，促进了中端客户群体及资产规模的稳步增长。是年，上海市分行启动客服中心远程服务中端客户试点工作，构建起线上对交银理财客户远程维护和管理的架构。

2014 年，上海市分行强化对交银理财客户的服务、管理措施，通过发展交银理财业务，增加中端客户在全行客户结构中的人数占比和资产规模，提升中端客户的整体贡献，并未私人银行、沃德财富潜力客户发展提供保障；通过对中端客户的品牌管理和综合服务，实现中端客户钱包份额和综合贡献的双提升；通过理财规划和族群精准营销，为中端客户有效配置各类金融产品，提高交银理财客户交叉销售率。截至是年年末，上海市分行达标交银理财客户为 556 663 人。

表 3-8-5　2007—2014 年交通银行上海(市)分行达标交银理财客户发展情况表

年　份	达标交银客户数(人)
2007	62 732
2008	94 772
2009	130 295
2010	177 067
2011	203 968
2012	257 753
2013	491 569
2014	556 663

上海市分行达标交银理财客户考核口径：

1. 2007—2008 年，为开立交银理财卡且在交通银行季日均资产不小于 5 万元的客户。

2. 2009—2011 年，为开立交银理财卡且在交通银行季日均资产不小于 5 万元(含股票)的客户。

3. 2012 年，为开立交银理财卡且在交通银行季日均资产不小于 5 万元(含股票)的客户。同时，优质三管客户按 1∶1、融资融券客户按 1∶4 折算为达标交银理财客户。优质三管客户是指签约第三方存管并开通银证转账功能，季日均存管资金不低于 1 000 元的达标交银理财客户。融资融券客户是指签约融资融券业务并开通银证转账功能的个人客户。

4. 2013 年，为在交通银行季日均资产 5 万～50 万元(剔除股票)的客户。同时，达标交银理财客户按 1∶0.2、融资融券客户按 1∶1 折算为 5 万～50 万元客户。达标交银理财客户是指开立交银理财卡且在交通银行季日均资产不小于 5 万元的客户。

5. 2014 年，为在交通银行季日均资产 5 万～50 万元(剔除股票)的客户和代发客户中的达标交银理财客户。

【快捷理财客户】

2009 年，总行继“沃德财富”“交银理财”之后，又在上海市分行试点推出“快捷理财”服务品牌。上海市分行针对在交通银行季均金融资产大于 1 万元(含)小于 5 万元，并开通快捷理财服务的客户群体，以电话银行、网上银行、手机银行、自助终端、短信平台等快捷理财渠道为依托，向其提供差异化渠道服务、差异化优惠价格及差异化理财产品的综合理财服务。是年，上海市分行通过对快捷理财客户金融资产全面评定客户等级，强化客户关系管理，同时，通过开展快捷理财服务品牌推广活动，争夺价值客户，防止目标客户流失，发掘其对交银理财以上潜力客户的储备和价值提升。

2010 年，上海市分行强化对快捷理财客户日常管理，并借助总行在高柜系统和自助设备渠道开发的客户设别推荐功能，理顺厅堂销售流程，实现“发现—推荐—营销—签约”无缝对接。截至 2013 年年末，上海市分行快捷理财客户升至 1 857 990 人。

2014 年起，根据总行统一安排，上海市分行不再向市场提供快捷理财专项服务。

第二节　储 蓄 存 款

一、概况

民国 19 年(1930 年)5 月上海分行设立储蓄部后，开收的储蓄存款分活期、整存整付、整存分期付息、整存零付及特种定期六类。

1949 年 5 月上海解放后，上海分行开办折实储蓄业务，保障存户利益。

1986 年 10 月上海分行开始试营业后，经营的储蓄品种分为定期储蓄券、整存整取定期储蓄、华侨整存整取定期储蓄、零存整取存折储蓄、存本取息定期储蓄和活期支票储蓄等六类。

1987 年 4 月上海分行正式开业，在拓展传统储蓄业务基础上，不断创新储蓄业务新品种，相继向市场推出了个人大面额存款证、专项定期有奖储蓄、大额可转让定期存单、定活两便储蓄、个人通知存款、存本取息定期储蓄、外币"一折多币"定期储蓄存款（集多种外币及不同档次的定期存款于一折）等业务。

1988 年 6 月起，为弥补网点数量不足，扩大储蓄业务覆盖面，上海分行委托部分城市信用社代办定期储蓄、定期储蓄券、零存整取储蓄、活期储蓄及外币丙种存款业务。

2000 年起，上海分行开启以太平洋卡为切入点的零售业务多元化发展模式。

2003 年，上海分行大力拓展个人资产和中间业务，先后推进个人理财业务、代发代扣业务、个人网银业务，促进储蓄业务发展。

2006 年，上海分行加快零售业务转型步伐，以推进业务分流和沃德财富服务中心建设为契机，针对不同类型零售客户实施分层服务，提高了沃德财富客户满意度，发展了一批高端客户。

2007 年，上海分行拓展第三方存管业务，开辟了储蓄存款增长新渠道。

2009 年后，上海市分行抓住财富管理与中高端客户价值提升的契合点，向私人银行客户、沃德理财客户、交银理财客户提供发展平台，丰富服务内涵和外延，创新发展路径，强化科技支撑，推动财富管理业务上台阶，进一步促进储蓄存款的稳步发展。

截至 2014 年年末，上海市分行人民币储蓄存款余额达 1 048.37 亿元。

表 3-8-6　1987—2014 年交通银行上海（市）分行历年储蓄业务数据表

年　份	储蓄存款年末余额（亿元）
1987	0.12
1988	0.33
1989	0.88
1990	2.66
1991	5.55
1992	10.12
1993	15.34
1994	30.60
1995	48.08
1996	63.26
1997	66.79
1998	71.96
1999	73.99
2000	77.27
2001	102.53
2002	142.21

〔续表〕

年　份	储蓄存款年末余额(亿元)
2003	188.69
2004	233.89
2005	286.98
2006	322.02
2007	393.49
2008	527.16
2009	661.60
2010	736.07
2011	822.53
2012	934.32
2013	1 040.91
2014	1 048.37

二、主要产品

【人民币活期类储蓄】

特种活期储蓄　民国21年(1932年)7月,沪区储蓄分部及第一、第二、第三、第四办事处储蓄支部增办特种活期储蓄存款,以支票取款开户时,存款须在100元以上,每次续存5元以上,存款限额3 000元以下。支部储户的支票在储蓄分部亦可兑现;分部储户的支票由分部自行处理,各支部概不先付;支部与支部之间没有互相代付支票的义务。

折实储蓄　1949年6月中旬,上海分行及其所属5个支行、2个办事处共计8个单位开始经办折实储蓄。该产品分为活期折实储蓄和定期折实储蓄,按中国人民银行公布的折实单位(一定种类、一定数量实物的综合)牌价,把货币换算成折实单位进行存取的一种储蓄方式。是年10月,随着市场物价回落并渐趋稳定,折实牌价降落。

活期支票储蓄　1987年,为方便收支结算,节约现金使用,上海分行开办活期支票储蓄业务。该产品开户起存金额为500元,后续存入金额不限。支票账户不得出借、出租供他人使用。取款时,由存款人签发支票,加盖原留印鉴,凭以向银行支取款项。签发的支票左上角画两条斜形者为"横线支票",只限转账,不付现金。支票有效期为4天(签发日除外,到期日逢例假日顺延)。

活期存折储蓄　1987年,分上海行推出活期存折储蓄。该产品开户起存金额为10元,多存不限,由银行发给记名存折。开户后,储户可凭存折随时存取,每年结算利息一次,并记入本金起息。1990年起,开户起存金额调整至5元。1993年《储蓄管理条例》颁布实施后,开户起存金调整至1元。规定无论何时存入,遇利率调整,不分段计息,以结息日中国人民银行公布的活期存款利率计付利息;未到结息日清户者,按清户日中国人民银行公布的活期存款利率算至清户前一天止。

定活两便储蓄　1993年6月,上海分行推出定活两便储蓄。该产品以定额存单为存款凭证,面额分为 100 元、500 元及 1 000 元三种；兼具活期、定期储蓄功能，存期不满 3 个月的，按实际天数计付活期储蓄利率。存期满 3 个月以上的，则对应整存整取定期存款各档利率以六折计付利息；存单不记名、不挂失，不得代替现金流通使用；可在上海分行下属市内储蓄网点兑付。

个人通知存款　1994 年 2 月，为进一步聚集社会闲散资金，满足不同层次储户需求，上海分行在上海市金融系统中率先办理个人通知存款业务。该产品存期分 15 天、1 个月、2 个月、3 个月、4 个月、5 个月、6 个月、7 个月、8 个月、9 个月、10 个月、11 个月、1 年、2 年及 3 年共 15 档，个人通知存款起点为人民币 1 万元，多存不限，按实际存期计息。储户一次存入本金，由上海分行及所属行处签发存折，储户凭存折一次或分次提取存款。1996 年 7 月 1 日起，个人通知存款起存金额由原来的 1 万元调整为 5 000 元。

【人民币定期类储蓄】

定期有奖储蓄　1987 年 2 月，为积聚社会闲散资金，支持经济建设，上海分行推出“洗衣机券”有息有奖储蓄。该产品为零存整取储蓄，金额固定，每户 50 元，按月存储，定期 1 年，存款到期时一次结算本息，并随同奖励水仙牌 XPB－10S 型双桶新水流洗衣机供应券 1 张。6 月，推出“房屋、家具、家电、自行车”有奖储蓄。该产品为定期定额储蓄，每户 50 元，一次存入，期限 1 年，以 4 万户为 1 个开奖组，不记名、不挂失、不得提前支取，到期归还本金，以奖代息，户户有奖。之后，上海分行于 1988 年 1 月、4 月，又相继推出“房屋、香港游、彩电、金饰品定期有奖储蓄”“电冰箱定期储蓄”，1989 年 3 月，举办彩电定期储蓄，1990 年 9 月—1998 年 1 月，先后开办 8 期“交好运”有息有奖定期

图 3－8－4　1987 年起，交通银行上海分行举办有奖储蓄开奖活动

定额储蓄。1998年7月，根据中国人民银行要求，上海分行停办各种有奖储蓄。

定期储蓄券储蓄 1987年，上海分行推出定期储蓄券。该产品采用固定面额存单方式，面额分50元、100元、500元3种；存单不记名、不挂失；存期为1年，按同期整存整取定期储蓄利率计息。到期不取，按过期天数计算逾期利息。存满3年、5年或8年，则按同期储蓄利率计息；储蓄券未到期，储户有急用可提前支取，凡存期不满半年则按活期储蓄利率计息，存满半年以上则按半年期定期储蓄利率计息。1989年11月起，定期储蓄券在上海分行下属市内储蓄网点实行通兑。

华侨整存整取定期储蓄 1987年，上海分行为满足侨胞、侨眷的需要，以优惠利率推出华侨整存整取定期储蓄。该产品是华侨、港澳同胞将从国外或港澳地区汇入或携入的外币、外汇、金银等兑换所得的人民币款项，借以"侨汇证明单"或"兑换证明单"进行存款的一款储蓄品种。存期分1年、3年、5年3档。

长期保值储蓄存款 为应对通货膨胀，维护储户利益，1988年9月10日起，上海分行按照中国人民银行要求，开办人民币长期保值储蓄存款，对城乡居民个人3年期、5年期、8年期定期储蓄存款（指整存整取、存本取息、华侨人民币储蓄存款）实行保值贴补。储户的保值储蓄收益率为规定的储蓄利率加上中国人民银行参照国家统计局的零售物价指数按季平均计算的保值贴补率，由中国人民银行在执行季度前15天公布下达全国各地统一执行；保值储蓄存款不得提前支取，如需提前支取时，则不享受保值贴补，只按原规定利率计息；到期不取并不办理转存手续，从存款到期日至提取存款日，按原储蓄存款利率计息，不再给予保值贴补。1990年6月—1991年11月，因物价持续平稳，保值贴补率连续18个月为零，上海分行根据中国人民银行《关于停止办理新的保值储蓄业务的紧急通知》精神，自1991年12月1日起，不再办理新的保值储蓄业务。1993年，根据中国人民银行决定，分行从7月11日起，对城乡居民3年以上定期储蓄存款实行保值。1996年4月1日起，上海分行不再办理新的保值储蓄业务。

个人大面额存款证 1988年，上海分行开办个人大面额存款证。该产品发行面额为500元、1 000元、5 000元3种。期限分3个月、6个月和1年3档，于存款到期日分别按月息3.9‰、5.4‰、6.9‰一次兑付存款本息，过期支取不计逾期息。个人大面额存款证分记名式及不记名式2种，记名存单可挂失，不记名存单不能挂失。1989年12月，根据中国人民银行上海市分行要求，上海分行停办该项业务。

个人大额可转让定期存单 1989年12月，上海分行开办个人大额可转让定期存单业务。该产品对个人发行的部分面额起点为500元，以百元为单位计增；期限分1个月、3个月、6个月、9个月和12个月5档；利率最高限按中国人民银行和交通银行总管理处颁布的执行；不得提前支取，不分段计息，存单到期后一次还本付息，不计逾期息；采用记名和不记名2种方式发行。记名的个人大额可转让定期存单，可在发行行处办理挂失；可在中国人民银行批准许可经营证券交易业务的金融机构办理转让。不记名的存单采用交付方式转让，记名存单采用背书方式转让。1996年12月后，上海分行调整个人大额可转让定期存单面额为1万元、2万元、5万元；存单期限为3个月、6个月及12个月（1年）；利率按存单开户日银行挂牌公布的利率水平和浮动幅度计付，不分段计息；存单一经转让，不能申请挂失；存单到期时，存单持有人只能在原发行行支取存款。

礼仪储蓄 1993年1月，上海分行推出礼仪储蓄。该产品是为满足广大市民喜庆佳节馈赠、祝贺的需要求开设的一款储蓄。礼仪储蓄专用存单面额分为50元、100元两种，并附有留念联赠储户作纪念。存款期限1年，按1年期整存整取储蓄利率计息。存单不记名、不挂失，在分行市内储蓄机构实行通存通兑。1997年3月，上海分行按规定停止办理礼仪储蓄。

存本取息定期储蓄　1994 年 7 月，上海分行在上海率先推出“存本取息”特色定期储蓄。该产品是一款整笔存入，保本保值，每月支取利息，用于补贴家用、赡养老人或支付孩子生活费的储蓄；开户起存金额为人民币 1 万元，多存不限，由开户行处发给存折；存折须记名，可挂失，需预留印鉴；按零存整取定期储蓄同档利率每月计付利息一次。存期分 3 年和 5 年 2 种。1996 年 7 月，上海分行规定，储户在办理该项业务开户的同时，需开立活期储蓄存折账户（户名与存本取息存单户名一致）；改原凭存折取息为每月取息日由电脑自动将利息转存至同户名的储户活期储蓄账户内，储户借此存折取息；储户于开户的次月起，每月凭存折至分行联网的储蓄网点取息一次。如该账户有相应的分行储蓄卡，还可在全市参加“金卡工程”网络的 ATM 机上取息。

个人住房专项储蓄　1999 年，为配合上海市城镇住房制度改革，拓宽金融服务领域，上海分行推出个人住房专项储蓄。该产品是上海分行受上海市房屋土地管理局委托，全面代理上海市危棚简屋改造地块居住房拆迁安置款支付和使用的一款储蓄品种。拆迁人（或拆迁实施单位）在办理房屋拆迁许可证前，到上海分行市内各行开立账户并存入安置资金。经办行根据拆迁人提供的“上海市房屋拆迁货币安置清单”、房屋拆迁许可证复印件和货币安置协议，为被拆迁人（动迁居民）开立“个人住房专项储蓄存单”。由拆迁人发给被拆迁人。个人住房专项储蓄存单为记名式存单，可挂失；专项用于购买经认定的市内空置商品住宅或其他住宅，不得挪作他用；只能一次性使用，不得提现，不得转让或质押；按中国人民银行颁布的“个人通知储蓄存款”利率计息。

【外币个人储蓄】

外币丙种储蓄　1986 年 10 月上海分行开业后，面向境内居民，开办外币丙种储蓄存款。该产品分为活期储蓄存款和定期储蓄存款，按中国银行公布的个人外币丙种储蓄存款利率计付利息。

外币“一折多币”定期储蓄存款　1995 年 6 月，上海分行推出外币“一折通”业务新品种，为一款以存折代替定期存款存单，集不同外币币种、不同外汇性质（现汇或现钞）、不同存期的外币定期储蓄存款于一折的业务新品。办理开户时，储户需提供个人身份证件，并预留密码；存款存期分为 1 个月、3 个月、6 个月、1 年和 2 年 5 档。存款货币为美元、日元、港币、英镑、德国马克、法国法郎、加拿大元、澳大利亚元和瑞士法郎 9 种，其他可自由兑换的外汇存入，可按存入日的外汇牌价折算成上述任何一种货币入账；存款为记名式存折，起存金额不低于人民币 100 元的等值外汇。

第三节　个 人 贷 款

一、概况

1986 年 10 月上海分行重新开业后，围绕国家深化经济、金融体制改革的要求，向市场推出新开发的个人贷款业务（以下简称“个贷业务”）产品，满足个人客户多样化的金融服务需求。

1992 年 4 月起，上海分行先后向市场推出个人房地产外汇商品房抵押外汇贷款、个人按揭贷款（人民币）、个人定期储蓄存单小额抵押贷款、个人住房组合贷款业务，并制定贷款实施细则、操作程序和核算手续，规范业务经营，强化业务管理，促进个贷业务健康发展。

进入 21 世纪，上海分行开始实施个人金融业务转型。在业务经营方面，通过电视、电台、报刊等媒体向社会全面推出以个人住房按揭、个人汽车消费及个人存单质押贷款为主导的“圆梦宝”核心品牌，推进个人系列贷款业务持续、协调发展。在业务管理方面，为防范个人金融风险，规范个贷业务的运作，上线个贷业务新系统，建立个人客户征信体系；成立上海分行个人贷款审查小组、个人贷款管理中心，加强个贷业务的审查和管理，落实总行相关个贷信贷政策，监督个人贷款投向的执行、控制，提高工作质效。

2006年后，上海分行以零售业务为重点，加快战略转型的步伐，制定《个人贷款业务发展方案》，强调要突出个贷业务大发展的主题，提高运行质量，严密防范风险；坚持客户市场细分策略，推进个贷重点业务发展，实施差异化授信政策和服务措施，为个贷业务发展提供基础保障。开办个人储蓄国债质押(电子式)贷款、个人理财产品质押贷款、个人循环贷款、个人易贷通贷款、个人贷款现金回赠业务、个人经营性物业贷款、个人融贷通、沃德e贷、个人贷利通等业务，不断满足个人客户持续增长的金融服务需求，并按照总行的各项个贷业务管理办法，制定相应的业务实施细则，规范业务经营行为，推动个贷业务持续、健康发展。

在业务推进的过程中，上海分行根据总行统一部署及自身发展要求，组织开展个贷业务系列营销活动。2007年2月至4月，以“轻松安居贷”为主题，开展全行个人贷款业务“迎新春、抱金猪”营销活动。5月至8月，以“您贷款、您做主”为营销宣传重点，以渠道拓展和“循环贷”产品为抓手，开展个人贷款“双月”劳动竞赛活动。2008年4月至6月，以交通银行百年行庆为契机，开展主题为“百年交行，携手梦圆”的全行个人贷款专题营销活动。2009年3月至6月，以沃德财富、交银理财等交叉销售客户，购买中高档房产的个人住房按揭贷款客户，优质房产中介商及个人贷款引荐机构，个人e贷通客户为目标，开展住房按揭“合作商营销升级争霸赛”“‘交银e贷通’专项活动”“交行‘轻松安居，精彩好礼大派送’”春季攻势营销活动。2010年1月至6月，以存量客户、高收入人群、他行VIP客户和征信记录良好客户为目标客户，组织开展“圆梦世博年，贷您乐翻天”房贷、车贷、教育贷等消费贷款营销活动。2011年1—6月，围绕零售信贷业务“双倍增计划”目标，以“消费从e贷开始”为活动主题，组织开展房贷、车贷、e贷通、沃德e贷、个人经营类贷款、精英人士贷款等个人贷款业务营销活动。2013年1月至2月，以“拥有得利宝，春来财运到”为活动主题，组织开展“游学通”营销活动。2014年1—3月，以“新春来交行，惊喜五重礼”为主题，组织开展个贷业务营销活动。

截至2014年年末，上海市分行个贷余额(不含公积金)达407.05亿元。

表3-8-7　2000—2014年上海(市)分行个人贷款余额情况表

年　份	个贷余额(亿元)
2000	13.20
2001	30.38
2002	48.50
2003	85.50
2004	122.60
2005	132.10
2006	118.89
2007	129.23
2008	140.98
2009	223.82

〔续表〕

年　份	个贷余额(亿元)
2010	266.69
2011	291.22
2012	308.17
2013	363.59
2014	407.05

说明：个贷余额中不含公积金贷款。

二、主要产品

【住房类贷款】

个人房地产抵押外汇贷款　1992 年 4 月，上海分行试办房地产抵押外汇贷款，向符合购置上海侨汇商品房和外汇商品房条件，且需要外汇资金融通，有还款能力的房屋抵押人发放的一款外汇贷款。该款贷款以房屋产权证书为抵押，贷款比例为该房产销售价的 20%～50%。贷款期限一般不超过 7 年。贷款货币单位为美元，按总管理处制定的外汇贷款利率表计收利息。贷款期满后，借款人一次归还贷款本息。

个人住房组合贷款　1998 年，上海分行开办个人住房组合贷款。向资信程度高、职业和经济收入稳定、具有按时偿还贷款本息能力的借款人发放的一款个人住房商业及个人住房公积金组合贷款。该款贷款最高额不超过借款人所购住房价款的 80%。个人公积金贷款期限最长不超过 20 年，利率按中国人民银行和上海市公积金管理中心的有关规定确定；个人住房商业性贷款期限视实际情况确定，利率根据中国人民银行有关规定执行。贷款偿还方式采用按月等额本息还款法。1999 年，组合贷款最高额调整为不超过借款人所购住房价款的 70%。

【质押类贷款】

个人定期储蓄存单小额质押贷款　1995 年 11 月，上海分行推出个人定期储蓄存单小额质押贷款，向有临时急需资金、愿以持有的未到期上海分行人民币定期储蓄存单(折)作质押的借款人发放贷款。该款贷款额度起点为 1 000 元，最高限额为 10 万元。存单(折)的质押率不超过抵押存单面额的 80%。贷款期限不超过质押存单的到期日。利率按中国人民银行公布的同期流动资金贷款最高上浮档次确定。2000 年 5 月，符合取消个人储蓄存单质押贷款单笔最高 10 万元的限制，并将个人定期储蓄存单质押贷款比例提高至 90%；将美元定期储蓄存单质押贷款比例提高至 90%；其他外汇币种定期储蓄存单质押贷款比例提高至 70%～80%。

个人理财产品质押贷款　2006 年 5 月，上海分行开办“得利宝”个人理财产品质押贷款，向有偿还贷款本息意愿和能力、具有完全民事行为能力的自然人发放贷款，用于其合理的融资需求。该款贷款以借款人本人与上海分行叙做的未到期“得利宝”项下的所有权益作质押，贷款起点额度为人民币 5 000 元，最高质押率可达“得利宝”交易项下人民币产品投资资本金的 90%；外币理财产品的最高质押率暂定为“得利宝”交易项下产品投资资本金的 80%(按贷款时上海分行公布的买入价折合人民币计算)。贷款最长期限为1年,且不得超过"得利宝"交易协议所约定的投资到期日或已知的提前赎回日前一天。贷款不得展期。贷款利率按中国人民银行规定的同期同档贷款利率下浮10%执行,贷款期间实行固定利率。

【消费类贷款】

个人汽车消费贷款 2000年,上海分行推出个人汽车消费贷款,向业已取得上海市户籍或有效居住身份,且在沪有固定住所,有稳定的职业收入来源,具备按期偿还贷款本息能力,具有完全民事行为能力的借款人发放贷款,用于购买租赁经营或自用汽车,支付特约车辆维修厂对汽车进行大修理的费用。该款贷款最高额不超过购车款的90%。购车贷款期限原则上不超过3年,最长不超过5年;汽车大修理贷款期限最长不超过2年。贷款利率按借款合同生效日上海分行所规定的同期消费贷款利率执行。贷款担保方式为抵押、质押和保证3种。贷款偿还方式为到期一次本息还款法及按月等额本息还款法2种。

个人耐用消费品贷款 2000年,上海分行推出个人耐用消费品贷款业务。该款贷款金额起点为2 000元,最高金额不超过10万元,贷款额与商品总价比例最高不超过80%。贷款期限一般为半年至2年,最长不超过3年,不得展期。贷款利率按借款合同生效日上海分行所规定的同期贷款利率执行。贷款担保方式为抵押、质押和保证3种。

个人旅游贷款 2000年,上海分行推出个人旅游贷款业务。该款贷款额度一般为旅游费用的60%,最高额不超过旅游费用总额的80%。贷款期限最长不超过2年,不得展期。贷款利率按借款合同生效日上海分行所规定的同期贷款利率执行。贷款担保方式为抵押、质押和保证3种。

个人助学贷款 2000年,上海分行开办个人助学贷款(包括个人担保助学贷款和个人信用助学贷款),向符合借款条件的借款人发放的贷款,用于借款人或家庭成员支付特约教育单位(义务教育除外)所有学历入学、本科以上学历或本科(含本科)以上非学历入学所需教育费用(学杂费和生活费)。该款贷款(个人留学贷款除外)每学年的学杂费贷款最高额不超过受教育所在学校的学杂费标准;生活费贷款最高额不超过上海市全日制院校在校生的基本生活费标准。国内学历入学的助学贷款期限最长不超过8年,其中贷款宽限期最长不超过5年;国内非学历入学的助学贷款期限一般不超过4年,其中贷款宽限期最长不超过1年。助学贷款不得展期和借新还旧。贷款利率按借款合同生效日上海分行所规定的同期贷款利率执行。贷款担保方式为抵押、质押和保证3种。贷款偿还方式为等额本息还款法和等额本金还款法2种。

个人留学贷款 2000年,上海分行开办个人留学贷款,向赴国外学校攻读学历学位的自费留学人员发放贷款,用于支付学费和生活费。该款贷款一般为国外留学学校录取通知书或其他有效入学证明载明的第一学年学费和生活费合计的60%,最高额不超过80%。贷款期限(本科以上)一般不超过4年,其中贷款宽限期不超过1年。留学贷款不得展期和借新还旧。贷款按借款合同生效日上海分行所规定的同期贷款利率执行。贷款担保方式为抵押、质押和保证3种。贷款偿还方式为等额本息还款法和等额本金还款法2种。2006年,又推出个人留学贷款(中澳留学快车),用于支付赴澳留学学校出具的学费、生活费等所需费用。贷款期限最长为1年。按合同约定的还款计划、还款方式偿还贷款本息。

【个人经营类贷款】

个人小型设备贷款 2000年,上海分行为支持和拓展个体私营经济客户,开办个人小型设备贷款，向资信良好，有完全民事行为能力，拥有上海市户籍或有效居住身份，在沪有固定住所，从事正当生产经营活动、有稳定收入和还本付息能力的借款人发放贷款，用于支付借款人自筹所购置、安装和修理设备的款项。该款贷款最高不超过借款人所需资金总额的90%。贷款期限最长不超过3年，一般不得展期和借新还旧。贷款利率比照中国人民银行对中小企业的贷款浮动利率确定。贷款担保方式为抵押、质押和保证3种。贷款偿还方式为到期一次本息还款法，到期还本付息、按季结息法，按月等额还款法(包括按月等额本息还款法及按月等额本金还款法)3种。

个人经营性物业抵押贷款　2010年，上海市分行开办个人经营性物业抵押贷款，向符合上海市分行贷款条件的对象发放贷款，用于支付借款人购置、装修和大修理经营性物业，置换第三方负债，以及物业经营期间业主其他生产经营性资金需求的款项。该款贷款单笔最高额度原则上不超过1 500万元。贷款期限原则上不超过5年，最长不超过10年。贷款用于购置物业的，贷款利率不低于中国人民银行公布的同期同档次利率的1.1倍；用于其他用途的，采用上浮利率。贷款偿还方式按借款合同约定的还款计划、还款方式偿还贷款本息。

个人"融贷通"经营贷款　2010年，上海市分行开办个人"融贷通"经营贷款，向借款人发放用于业主生产和经营活动中流动资金周转的人民币贷款。贷款人视借款人还款能力及实际资金需求确定贷款额度，最高额度限额为1 000万元。贷款授信额度项下的单笔贷款的期限最长不超过5年。贷款利率不低于中国人民银行规定的商业贷款基准利率，并根据客户资质、业务风险、综合回报等因素适度上浮。贷款偿还方式为到期一次本息还款法、按月(季)结息，到期一次归还本金及剩余利息法两种。

【个人授信类贷款】

个人循环贷款　2007年，为规范和促进个人贷款业务发展，丰富个人贷款产品序列，上海分行开办个人循环贷款。该款贷款是贷款人向借款人发放的以借款人名下的自有房产作最高额抵押，在贷款额度有效期和可用额度内，借款人向贷款人多次申请提款并循环使用的个人贷款，用以支付借款人购买房产、汽车、装修、旅游、综合消费和经营周转的款项。单笔个人循环贷款额度最高不超过1 000万元。授信额度期限最长3年，授信额度项下的单笔贷款期限最长不超过1年，在贷款额度有效期和可用额度内可随借随还。办理最高额抵押的贷款期限最长为1年；办理所购住房一般抵押的，贷款期限最长30年；办理所购商铺一般抵押的，贷款期限最长10年。最高额抵押方式所适用的贷款利率按合同生效日上海分行规定的同期同档次贷款利率执行，并根据借款人实际情况在中国人民银行允许的范围内浮动。还款方式采用按月付息、到期一次还本法；一般抵押贷款所适用的贷款利率及还款方式参照上海分行《个人住房贷款管理办法》《个人商铺贷款管理办法》中有关条款确定。

个人"易贷通"贷款　2008年，上海分行开办个人"易贷通"贷款，该款贷款是贷款人综合考虑借款人收入、职业前景、信用情况、担保方式和担保物价值等情况，授予借款人在一定期限内可循环使用的授信额度。借款人在用款时，以借记卡为介质，在可用额度内，随时通过网上银行和电话银行电子渠道自助发放。贷款仅限于POS消费和个人网上支付使用。授信额度根据借款人还款能力和还款意愿等因素决定。贷款期限最长3年，最短1个月。贷款利率分别按中国人民银行规定的同期贷款基准利率和授信时的利率浮动率确定。担保条件分抵押、质押、保证担保，或以此3种担保方式组合方式。还款方式有等额本金、等额本息、分次付息一次还本和一次性利随本清等4种方式。

个人"沃德 e 贷"贷款 2011 年,上海市分行开办个人"沃德 e 贷"贷款。该款贷款是上海市分行授予符合条件的达标沃德财富客户及私人银行客户在一定期限内可循环使用的信用预授信额度;借款人通过网银自助申请,系统自动审批实时获知授信审批结果;用款时,在可用额度内,以借记卡为介质,通过网银和电话银行自助放款,或通过柜面人工放款;在有真实交易背景的前提下,以 POS 刷卡和个人网上支付使用,或取现和转账;通过网银、电话银行和柜面及系统自动方式正常或提前还款的信用贷款。贷款资金仅限于消费,不得用于购买房产、购票、期货或用其他金融衍生品交易、股本权益性投资或借贷,以及法律法规或监管规定的其他用途。借款人单个沃德财富主账户的最高授信额度为人民币 10 万元。贷款金额最高不得超过贷款发放时的可用授信额度,最低不得少于 2 000 元人民币;授信额度期限最长不超过 18 个月。贷款期限最长不得超过授信额度到期日,且不得超过 1 年,最短 1 个月;贷款利率按放款是日中国人民银行相应期限档次的贷款基准利率上浮 20%确定。还款分按月分次付息到期一次还本、一次性利随本清 2 种还款方式。

【委托类个人贷款】

个人住房公积金贷款 2000 年 6 月,上海分行受上海市公积金管理中心委托,承办个人住房公积金贷款业务,向购买具有所有权住房的借款人,办理提取住房公积金归还住房贷款业务。该贷款额度、期限、利率和担保方式按《上海市住房公积金个人购房贷款管理办法实施细则》执行。

【个人其他类贷款】

个人贷款现金回赠业务 2008 年,上海分行开办个人贷款现金回赠业务。该款贷款是在借款人保持良好还款记录的前提下,贷款人根据现金回赠代码,在约定的还款期次按前一期贷款利息的相应比例扣减借款人当期还款金额,以降低借款人实际利息支出。该款贷款适用于以非抵质押担保方式发放或风险较高的个人贷款产品,包括但不限于信用贷款、自然人保证贷款,以及所购汽车作抵押的汽车贷款等。通过减少正常还款的借款人实际利息支出,引导借款人按时足额还款,培养良好贷款习惯,提高上海分行资产质量,增强个人贷款产品的市场吸引力。

个人贷利通业务 2010 年,为进一步丰富零售信贷产品线,提升零售板块综合竞争力,上海市分行开办个人贷利通业务。该款业务是为特定个人贷款客户提供专享理财增值服务,按照约定条件和计算规则,每日计算增值收益,并在约定增值收益支付日,向借款人账户结付周期内增值收益。

第四节　银 行 卡 业 务

一、借记卡

【概况】

1993 年 6 月 3 日起,上海分行开始向市场发行太平洋万事达卡。该卡兼具贷记卡和借记卡存款、转账及小额透支部分功能。

1994 年 8 月,上海分行加入上海市"金卡工程"总体组,参与该组提出"金卡工程"技术总体方案、审议项目和实施监督、制定有关标准规范和贯彻执行等任务。

1995 年 9 月,上海分行设立行内清算中心、发卡中心,强化储蓄卡、信用卡操作和管理职能,提高工作效率。11 月 1 日,为筹集社会闲散资金,方便储户存储,推出太平洋储蓄卡,制定《太平洋储蓄卡核算手续的规定》，对太平洋储蓄卡开户及使用作出规定。

1997年5月，上海分行开办太平洋借记卡（人民币卡）业务。该业务具有存取现金、转账结算、购物消费功能。是年，为满足客户需求，加强金融服务，先后推出太平洋联名卡、认同卡、八运会IC联名纪念卡及通运电子借记卡等，在太平洋卡系列中增加消费保险、收受补充养老保险、受理资金转账等综合服务功能，并向网络交易转型，丰富和完善了太平洋借记卡业务品种和功能，逐步在市场中形成了太平洋卡"交流融通、诚信永恒"服务品牌优势。

1998年，上海分行加强银行卡品种管理，以太平洋借记卡替换储蓄卡，承接其代发工资、代收代付、自动转账缴付公用事业费业务功能。

图3-8-5　1998年5月29日，交通银行上海分行与上海煤气销售（集团）有限公司和上海市自来水公司举行"太平洋卡自动转账缴付公用事业费合作"签约仪式

1999年，经中国人民银行上海分行批准，上海分行成为上海市金融IC卡试点工程第一批发卡行。4月，成功试点具有异地转账功能的太平洋卡"全国通"业务；9月，完成太平洋卡"一卡通"系统切换上线。截至是年年末，上海分行太平洋卡累计发总量达59.82万张，卡存款余额3.57亿元，卡消费结算量3 930万元。

进入21世纪后，上海分行积极推进太平洋卡品牌经营战略，通过创新技术手段，相继开发太平洋借记卡理财等功能，促进了太平洋借记卡快速发展，扩大了该品牌的市场影响力。在业务推进过程中，以"太平洋卡理财通天下"集中宣传和营销活动为契机，分别于2000年8月—2001年1月、2001年9—11月，组织基层营业网点统一行动，集中上街，全面开展市场营销宣传攻势，将交通银行"理财宝"等品牌全面推向市场。2008年7—8月，为迎接北京奥运盛会及夏季出游高峰，开展"运动缤纷，刷卡喜礼"刷卡消费抽奖活动。通过加大营销宣传力度，促进了客户刷卡消费热情，提高太平洋卡的社会认知度和品牌知名度，与提升交通银行整体金融品牌形成联动。2009年4—6月，以

“金”彩世博卡为世博特许资源发行的银行卡优势，结合2010年上海世博会筹备工作落地银行的角色定位，开展“金”彩世博卡专项营销推广活动，全力提升太平洋卡以及交通银行世博银行合作伙伴的品牌价值。2013年1—3月，抓住新春期间儿童压岁钱理财高峰期的营销契机，开展太平洋儿童借记卡营销活动，夯实儿童客户群基础。

截至2014年年末，上海市分行累计发行太平洋借记卡815.71万张，实现中间业务收入1.16亿元。

【主要产品】

太平洋储蓄卡 1995年11月1日，上海分行向社会推出太平洋储蓄卡业务。储户开卡的金额起点为100元，须同时开立活期储蓄存折及储蓄卡户，并按规定缴纳每张4元成本手续费。持卡者可在上海分行及上海金卡工程指定的自动柜员机(ATM)上自行支取款项。每次取款最高金额为1 500元。每天取款累计金额不得超过3 000元，连续取款满7次后，须到上海分行联网的储蓄柜(所)办理补登存折手续方可进行使用。1997年，该卡新增在分行或他行商户POS上消费、在证券公司POS上转账功能。截至是年年末，上海分行储蓄卡累计发行达13.83万张。1998年3月，根据总行太平洋卡业务管理要求，上海分行储蓄卡被置换为太平洋借记卡。

太平洋借记卡 1997年5月，上海分行开办太平洋借记卡业务。作为一张磁条介质的借记卡，该卡在使用前持卡人须先在上海分行及其所属网点存入一定数额的存款后才能使用，不能透支；可在上海分行或跨行的ATM、销售点终端(POS)上提取现金和消费付款。1999年，发挥又新推太平洋借记卡具有异地转账功能的“全国通”业务，以及涵盖存取款业务、消费业务、查询业务、银证业务、电话银行、代理业务等内容的“一卡通”业务。2000年后，加快推进太平洋借记卡的发展，在向市场发行联名卡、国际借记卡、银联借记卡等系列太平洋借记卡的基础上，进一步开通太平洋卡理财通、银保通、报账通、银证通、环球通等业务功能，构建起完整的太平洋借记卡发行、服务功能体系，并打造成交通银行一款品牌产品。

太平洋IC卡 1999年10月，上海分行作为上海市金融IC卡试点工程第一批发卡行，开始发行太平洋IC卡。该卡系符合中国人民银行IC卡标准的智能型银行卡，具有存款、取款、消费及圈存、圈提功能。2005年7月16日起，开始发行带有“银联”标识的太平洋IC卡。2011年8月后，围绕中国人民银行“在‘十二五’期间，加快银行卡芯片化进程，形成增量发行的银行卡以金融IC卡为主的应用局面”总体目标，上海分行发行符合银联PBOC标准的太平洋IC卡。该卡采用先进的智能技术，具有体积小、容量大、安全性高、可靠性强、寿命长、支持非接触、可脱机使用、支付便捷、支持多应用的特点。其中多应用的特点，为上海分行与其他行业(企业)的合作提供有效的支持。上海分行以此为切入点，连续发行太平洋上海公共交通联名IC卡、太平洋上海金融社保IC卡、太平洋交银理财IC卡、交通银行太平人寿联名IC薪金卡、太平洋全球汇IC薪金卡等太平洋IC借记卡，提升与行业(企业)合作密切度，形成金融、非金融和公共服务相互结合、互利共赢、共同发展局面。

太平洋联名卡 1997年5月，上海分行与第八届全运会组委会联名推出“中华人民共和国第八届全国运动会IC联名纪念卡”。该卡发行量为1万套，每套8张，共计8万张。用于八运会门票购买、在上海八万人体育馆及八运会指定的娱乐、宾馆、饭店、商店等场所消费使用。八运会结束后，停止使用，转为纪念专用。2000年，与上海市东湖(集团)公司联合推出太平洋东湖联名卡。该卡除具有太平洋借记卡的一般功能外，还可在指定的宾馆、饭店和休闲娱乐场所消费时享有折扣优惠，并在上海分行规定的特殊期限内，获得双倍累积消费积分的奖励。是年，为促进太平洋卡和太平洋保险业务、海通证券业务的共同发展，上海分行发行太平洋保险万事顺联名卡、太平洋海通万事顺联名卡，推动太平洋保险公司的保费缴付和保险金给付(保险赔款)，海通证券股份有限公司的银证转账、证券交易及银行存款等业务发展。2010—2014 年，与一批企事业单位共同推出太平洋联名 IC 薪金卡，争取代发工资业务，并加强对客户信息的管理和利用，实施交叉销售，带动个人金融业务的全面发展。

图 3-8-6　1997 年 5 月 27 日，交通银行上海分行与第八届全国运动会筹委会联合发行 IC 联名纪念卡

太平洋银联借记卡　按照中国人民银行建立全国统一的银行卡受理市场，方便广大商户和持卡人对银行卡的受理与使用要求，2002 年 1 月 10 日起，上海分行正式发行带有“银联”标识的太平洋借记卡，并将之前所发行的 160 万张太平洋借记卡于 2003 年全部置换为“银联”标识卡。2005 年 1 月 10 日起，开通太平洋银联借记卡“环球通”业务，业务从“跨行通”“港澳通”地域上延伸至韩国、泰国和新加坡。7 月 16 日起，根据中国银联有关规定，不再发行 17 位 BIN 号为 405512、601428 的太平洋借记卡，统一发行 17 位 BIN 号为 622258、622259 太平洋银联借记卡。其中 622258 为个人卡、622259 为单位(商务)卡。2006 年 3 月，上海分行数据大集中系统二期工程成功上线后，开始发行新版 19 位银联 BIN 号为 622260(个人卡)及 622261(单位或商务卡)太平洋人民币借记卡。

太平洋国际借记卡　为将太平洋卡推向国际市场，上海分行在总行的支持下，于 2002 年 10 月 12 日成功切换上线国际卡系统，并打出第一批太平洋借记卡测试卡，由相关人员携至境外试用。11 月，正式向出国培训、商务洽谈，境外旅游等人士发行。该卡可在境内外贴由 VISA、VISA Electron、PLUS、MasterCard、Maestro、Cirrus 标识的特约商户、银行网点及 ATM 自动取款机上使用，具有消费、转账结算、存取现金等功能，是以指定外币结算的金融支付工具。

【业务合作】

1998年，上海分行以电子技术为依托，挖掘太平洋卡附加功能，成功开发出代收代付公用事业费便民服务项目。5—7月，相继与上海市自来水公司、上海市煤气销售公司及上海市邮电管理局签订"太平洋卡自动转账缴付公用事业费"业务合作协议，向上海市民提供以太平洋卡代收代付市内、长途电话费，管道煤气费，自来水费等业务服务，迈出了办理系统性转账支付代理业务新步子。是年，与上海市总工会合作，以该会职工保障互助会会员为对象，向其发放"太平洋职工保障互助会会员认同卡"，并通过该卡发放养老金和收取保费；与上海通用汽车有限公司、联合利华(中国)有限公司、上海贝尔电话设备有限公司等知名度高的企业达成合作协议，以太平洋卡提供代发工资、奖金服务；与海通证券有限公司开展合作，联合推出了证券保证金和太平洋卡账户资金双向划转业务。截至是年年末，上海分行太平洋卡累计发行32.50万张，卡存款余额达1.89亿元。2001年9月，与上海风采福利彩票中心联合推出以太平洋卡投注"上海风采"电脑福利彩票项目，得到市民广泛认可，扩大了太平洋借记卡品牌宣传，获得了社会效益和经济效益双丰收。2003年6月，深化与上海公共交通卡股份有限公司(以下简称"公交公司")的业务合作，以共同推出的太平洋交通一卡通联名卡为媒介，向持卡人提供交通银行太平洋卡全国通、缴费通、汇市通、消费通等增值服务和结算便利，以及公交公司提供的上海地铁、巴士、轮渡、出租、高速公路和停车等刷卡消费服务和消费奖励，同时持卡人还可在特约商户享受消费折扣优惠。银行卡和公交卡功能的有机融合，给市民日常生活带来便利，满足了市民"一卡在手，用遍全城"的需求。2012年8月，与上海斐讯数据通信技术有限公司签订全面战略合作协议，为其提供包括代发工资业务在内的全方位金融服务，与企业实现共赢。截至2014年年末，上海市分行以太平洋借记卡产品线开展合作的对象涵盖了企事业单位、学校、社会团体等。

图3-8-7　2001年9月30日，交通银行上海分行举行太平洋卡电话投注"上海风采"福利彩票开通仪式

二、信用卡

【概况】

1993年4月21日，为配合交通银行推出首批太平洋用信用卡，上海分行成立信用卡业务部，构建起太平洋信用卡组织运行体系。1995年9月，设立行内清算中心、太平洋卡发卡中心，推进上海市"金卡工程"跨行通存通兑业务发展。1996年10月，改经营单位储蓄科名称为储蓄信用卡科，鼓励各经营单位大力发展信用卡新兴业务。1998年1月1日起，将信用卡业务检查、审批、市场调研等职能划归分行私人金融处管理。2000年9月，改革经营机构，设立分行银行卡中心，推进一体化营销为核心的发展战略。2009年2月，成立分行银行卡业务部，建立起专业管理、集中经营的业务经营新机制。

1993年6月3日，上海分行开始发行太平洋万事达准贷记卡，该卡兼具贷记卡和借记卡部分功能。截至是年年末，上海分行共发行准贷记卡4 228张，受理授权业务800笔、金额236万元。

1994年9月，上海分行与所属浦东分行联合举行太平洋威士信用卡首发仪式。

1997年，上海分行通过细分市场，开发并推出国内第一张太平洋教师认同信用卡，为培育高质量持卡人队伍打下了扎实的基础。

2000年7月1日起，根据有关规定，上海分行对受理的个人太平洋信用卡业务，以上海市个人信用联合系统提供的信用报告作为业务办理的主要参考依据。

2002年10月，在总行支持下，上海分行在零售系统中开发完成人民币贷记卡项目专项用于上海市公务员用卡投标的系统设计及测试工作。11月，成功中标"上海市级机关第三批公务用卡"。

2003年8月28日，作为交通银行系统贷记卡首发行，上海分行正式发行太平洋贷记卡。

2004年9月28日，上海分行在总行系统中率先发行太平洋双币种贷记卡，并以"人民币—美元"为结算货币，满足了客户"一卡在手，全球通用"需求。

2005年5月8日，上海分行向上海地区发行总行引入汇丰银行先进技术和管理的新版太平洋双币种贷记卡，并以此作为分行战略转型的突破口，改善个人金融业务客户结构，提升品牌形象。

2009年4月21日，上海市分行面向全国独家发行2010年上海世博会主题信用卡。该卡采用国际新型可降解绿色材料特制而成，倡导环保用卡生活新风尚，诠释了"城市，让生活更美好"的绿色世博理念。截至10月18日，上海市分行在册信用卡量突破100万张，在册信用卡量、消费额位居总行系统首位。

2011年4月17日，上海市分行信用卡个人网银缴费特色功能正式上线，成为总行系统首批上线分行。该功能涵盖水、电、煤等公用事业缴费功能，实现了个人网银本地借记卡（包括准贷记卡）、异地借记卡（包括准贷记卡）和信用卡用户缴费需求的全覆盖。

在发展信用卡业务的过程中，上海（市）分行开展各种形式的太平洋信用卡业务营销工作。1997年4月至12月，以"太平洋信用卡消费月月有奖"为主题，举办大型促销活动。2002年4月18日，在上海地区独家限量发行具有世界杯标志的太平洋世界杯联名信用卡，并且在4—7月期间，举办"用太平洋世界杯卡，赢五千元现金大奖"活动，拉动太平洋卡消费交易量。2004年1月，推出"交银理财贺新春，真情贺礼大放送"活动，对1—2月期间刷太平洋准贷记金卡、普通准贷记卡、贷记卡消费的持卡人给予消费积分和礼品奖励。2005年5月，围绕新推出的太平洋双币种贷记卡业务，以"太平洋卡1+1，理财消费两相宜"为主题，组织开展双币种贷记卡和借记卡捆绑销售营销活动；对

5—6 月期间递交太平洋双币种贷记卡申请表并获批的客户给予免首年年费(主卡及附属卡)特惠待遇;向 6 月末之前刷太平洋双币种贷记卡进行消费或取现累计 3 次以上(主附卡累计计算)持卡人,赠送一份礼品,促进了太平洋双币种贷记卡业务发展。2008 年 11 月—2009 年 2 月,针对太平洋双币信用卡活跃客户开展"珠联璧合,开卡有礼"专项营销活动,通过太平洋卡(包括普通版太平洋借记卡、交银理财卡、沃德财富卡)与双币信用卡在金融服务上的互相联动,相互渗透,以开卡送礼、赠送积分等营销方式,加强各类太平洋卡在业务交叉点上的互助合作,取得了"双赢"的良好效应。2014 年 5 月 12 日,开展太平洋白金信用卡发卡专项劳动竞赛,鼓励销售人员利用各种渠道,加大白金卡销售力度,改善分行持卡群体结构,同时对专项劳动竞赛优胜者给予积分、电商购物券等奖励。

截至 2014 年年末,上海市分行在册信用卡量达 209.73 万张,实现中间业务净收入 1.68 亿元。

表 3-8-8　2006—2014 年交通银行上海(市)分行在册信用卡量情况表

年　份	在 册 卡 量(张)
2006	261 816
2007	512 799
2008	820 865
2009	1 090 023
2010	1 359 178
2011	1 675 655
2012	1 850 984
2013	1 917 749
2014	2 097 309

【主要产品】

准贷记卡　1993 年 6 月 3 日,上海分行根据总管理处统一安排,开始发行太平洋万事达准贷记卡。准贷记卡是一种先存款后消费的信用卡。持卡人在申领该卡时,须事先在分行储蓄柜台开立信用卡保证金账户,存入一定额度的定期存款(分行储蓄柜在定期存单上加盖"信用卡保证金,不得提前支取"印戳)以作备用,并据此进行消费、转账。分行接受持卡人以消费用途的善意、短期的小额透支。2003 年 12 月,根据银行卡联网通用工作的安排,停止发行非银联标准的太平洋准贷记卡,全面发行银联标准的太平洋准贷记卡,同时对非银联标准的太平洋准贷记卡统一置换为银联标准的准贷记卡。

贷记卡　2003 年 8 月 28 日,上海分行与总行联袂举行太平洋贷记卡首发仪式,正式推出带有"银联"标识的太平洋贷记卡。部分社会知名人士和高端客户参加该项活动,并成为太平洋贷记卡首批客户。该卡是以人民币结算的金融支付工具,具有还款免息期最长为 56 天,最高透支额度为 5 万元人民币,信用额度可循环使用的优势,可在全国范围内附有银联标识的特约商户、ATM 等机具上刷卡消费和取现,交通银行全国 137 个城市的 2 700 多个网点为持卡人提供取现、转账结算、还款、查询等服务。

2004 年 9 月 28 日，上海分行开始发行太平洋双币种贷记卡。该卡以“人民币一美元”为结算货币，是一款符合国际标准的国际性电子支付产品。除在境内以人民币进行消费和取现外，还可在境外以美元为结算货币进行消费。为确保客户安全、便捷用卡，交通银行还向持卡人提供在境内消费自助选择是否使用交易密码进行身份确认、消费和取现交易手机短信提醒，在境外以外币消费、境内以人民币还款及境外失卡紧急援助等多项服务功能。太平洋双币种贷记卡的诞生，使太平洋卡形成借记卡（人民币及外币）、准贷记卡、贷记卡（人民币及外币）三大类产品线新格局，并成为境内同业中银行卡产品门类最为齐全的银行卡。2005 年 5 月 8 日，分行正式对外发行太平洋双币贷记卡（新版卡面）。该卡是交通银行引进汇丰银行作为境外战略投资者后双方启动的首个实质性合作项目，对于提升交通银行双币贷记卡的品质，改善上海分行个人金融客户结构、完善经营管理模式具有促进作用。太平洋双币贷记卡（新版卡面）分普通卡和金卡两种，普通卡卡面有红鲤鱼，寓意鲤跃龙门至锐气；金卡卡面图案有金凤凰，寓意凤舞九天至威仪，并称“凤鲤卡”。

【业务合作】

1997 年 4 月 11 日，上海分行与 VISA 国际组织开展合作，举行太平洋 VISA 信用卡千家特约商户签约仪式，实现上海分行市内 ATM 机和 POS 机与 VISA 国际组织的全球授权系统全部联网。上海分行所属市内网点及千家特约商户可同时受理太平洋信用卡、境外银行发行的 VISA 信用卡业务。在发展业务过程中，注意细分市场，以整体素质高、个人信用好、职业稳定的群体作为太平洋信用卡重点发展对象。5 月，分别与同济大学、上海财经大学签订业务合作协议，先后联合推出太平洋同济认同信用卡、太平洋财大认同信用卡，并由太平洋保险公司上海分公司为持卡人提供“人身意外险、家庭财产险、信用卡保险”三项保险。9 月，为上海市第 13 届教师节提供金融服务，与上海市教育发展基金会联合推出全国第一张太平洋教师 VISA 认同信用卡，向持卡教师提供消费透支、自动转账缴付公益事业费等金融服务。

2002 年 11—12 月，上海分行根据市政府“改善上海市的用卡环境和鼓励各级公务员用卡消费实施办法”招标书精神，参与投标，并成功中标“市级机关第三、第四批公务员卡”，向上海市纪律检查委员会、上海市党史办、上海市民政局、上海市规划局、上海市档案局、上海市卫生局、上海市红十字会和上海市绿化局等政府机关业务推出太平洋公务员卡。该卡发行为上海分行参与各级财政资金管理体制改革、代发公务员工资提供了统一而高效的支付结算工具，使国家机关工作人员拥有属于自己的银行卡，为太平洋卡产生良好的社会效应打下扎实基础。

2009 年 6 月，上海市分行所属闵行支行携手富士施乐（中国）有限公司，以太平洋世博信用卡为业务合作切入点，向该公司员工宣传该卡独具的资源优势、产品特点及收藏价值，受到欢迎，提升了太平洋信用卡及交通银行世博银行合作伙伴的品牌价值。

2010 年 3 月，上海市分行与中国电信合作开发“局域专网收单通信系统”，建成世博园区内高速、稳定、安全的收单通信系统和太平洋卡交易环境，为成功举办一届精彩而又难忘的世博会提供了技术支撑。

截至 2014 年年末，上海市分行以太平洋信用卡产品线开展合作的对象覆盖机关、企事业单位、学校、社会团体等。

【风险防范】

1994 年 8 月，上海分行针对一起不良持卡人利用信用卡行骗典型案例召开专题会议，制定了如下防范措施：1. 加强对申请人的资信调查，把好审查关；2. 分析持卡消费规律，预测风险，严格柜台操作规定，杜绝漏洞；3. 加大对商户、代理点的宣传和管理力度，加强对持卡消费人员的身份验核；4. 尽快推出彩照信用卡业务。

1995年6月，上海分行组织召开"信用卡风险管理研讨会"，邀请万事达国际组织、交通银行、中国人民银行上海市分行，上海市中级人民法院及特约商户等有关专家出席研讨。会议分析了时下信用卡恶性透支的现状，提出了加强防范的若干对策。

2004年12月，上海分行印发《银行卡发卡业务操作流程及风险提示》，就(准)贷记卡审批、银行卡信息录入、银行卡制作、授权业务、业务操作、未达账的处理及透支催收等作出详细规定，进一步规范银行卡发卡业务，防范业务操作过程中各环节可能出的风险。

2005年10月，针对银行卡风险的不断显现，上海分行及时组织全行学习《当前银行卡业务法律风险的主要表现形式》，提出在具体业务办理过程中须提高警惕，加大对客户身份证件或签名的审查力度，严格遵守相关的业务操作规定。

2006年5月，上海分行转发总行办公室《关于防范信用卡欺诈风险的通知》。要求各经营单位规范信用卡营销和受理行为，防止不法分子以银行中介代理公司、贷款中介等名义代客办卡，并以虚构POS机刷卡消费、套现及骗取高额手续费等实施欺诈。以保障银行资金安全，维护持卡人对太平洋信用卡支付的信心。之后，随着信用卡业务集中太平洋信用卡中心，该中心全面担负起交通银行银行卡产品开发、市场策略、风险政策与信用审批等工作。上海分行作为太平洋卡销售和售后服务渠道，专司负责太平洋卡收单及贷记卡的催收业务(分上门催收和司法催收)。是年，制定《太平洋贷记卡催收业务实施细则(暂行)》，对上门催收、司法催收、公安机关报案文档管理作出规定。

2007年，上海分行上线商户欺诈风险监控系统。该系统通过预先设定风险元素，对收单业务渠道交易进行监控。

2010年，上海市分行对特约商户的准入实施"评分评等"三级审核机制，确保收单商户的真实性、完整性、有效性；按照"严密制度、严格管理、严肃查处"的原则，建立风险监控事前、事中、事后监督管理制度；由风控团队设专人监控商户的日常交易，对疑似套现、伪卡交易和移机风险的商户进行电话确认、教育培训及实地走访，及时揭示、上报，处置风险，完善收单业务风险管理；按照商户交易争议处理流程要求，及时审核、处理商户提交的各类争议申请。

2013年，上海市分行遵照上海银监局办公室《关于规范信用卡催收管理的通知》要求，进一步规范信用卡催收管理，履行对持卡人恶意透支法律责任告知义务、完善信用卡催收管理、严格按照司法程序维护银行债权，防范信用卡风险。

2014年，针对线下收单业务风险防范出现的新形势，上海市分行通过合理配置风险控制人员、加强风险日常监控、严格签购单管理、开展风险排查工作，有效地防范了收单业务风险，控制了风险事件。

三、收单业务

1987年11月，交通银行与美国运通国际股份有限公司签订代理协议，上海分行开始代理美国运通公司的运通卡在国内的取现和收单业务。

随着改革开放的进一步扩大，来华的国际友人日渐增多，1990—1993年，上海分行先后代理的境外信用卡有威士卡(VISA)、万事达卡(Master Card)、运通卡(American Express Card)、大莱卡(Diners Club Card)和JCB卡(JCB Card)。

1993年6月上海分行推出太平洋万事达卡后,根据业务发展需要,于8月4日在信用卡业务部内设立市场发展科,负责拓展商户、收单业务。截至是年年末,上海分行发展太平洋卡特约商户130家,交易额达3 000万元。

1995年,上海分行参与上海市"金卡工程"建设。7月3日,首期11台ATM机与工商银行上海市分行ATM机实现并网,共受理牡丹卡、浦江卡、长城卡、白玉兰卡333笔,金额19.74万元。在此基础上,上海分行完成POS联网软件开发、测试工作,11月,实现与龙凤珠宝商店、上海钟表店、红星眼镜店、上海侨影商店联网,并成为其收单行。

1997年11月,上海分行开通联网POS终端上受理异地太平洋信用卡限额下的消费业务,促进收单业务的发展。

1998年,上海分行成功发展上海家乐福超市金桥店、古北店,易初莲花徐汇店以及新锦江大酒店、远洋宾馆、兰生大酒店等商户,大幅提升银行卡交易量。截至是年年末,上海分行累计发展特约商户1 327家;商户POS累计交易额达1.21亿元,连续2年位居上海银行业首位。

进入21世纪后,上海分行将发展太平洋卡业务定位为个人金融业务的主要载体,全力提升太平洋卡服务功能,改善用卡环境,全方位、多渠道地拓展联网商户,打造太平洋卡核心品牌。2000—2001年,整合太平洋卡和外汇信用卡市场开发、授权业务和收单业务,调整内外卡的人力、物力配置,加强业务联动,使银行卡收单业务呈现出高速发展的态势。截至2001年年末,上海分行银行卡消费结算量达8.64亿元。

2004年,上海分行与香港上海汇丰银行中国信用卡中心就共同开拓上海地区的国际卡收单市场开展合作,并利用各自优势,扩大银行卡市场份额,降低商户服务成本,提高业务收益,推动收单业务发展。

2006年,面对市场银行卡商户的竞争,上海分行做好商户维护工作,巩固与签约商户的业务合作关系,同时依托科学管理,技术创新,发展新的商户。是年,通过进一步完善EMV外卡收单系统,开发上线宾馆酒店BNP信用卡财务管理系统,成功拓展东郊宾馆、上海复旦皇冠酒店等星级酒店的收单业务;与全球最大家电零售商——百思买上海有限公司,以及伊都锦、金钱豹、莫泰168旅店等商户正式签订银行卡收单协议;在家乐福、苏宁电器、太平洋百货、巴黎春天及小南国、苏浙汇等大型连锁超市、零售业、餐饮业的银行卡收单业务中,保持市场领先水平。

2007年6月,上海分行商户POS清算自动入账系统正式上线,将银联卡商户POS清算款的自动入账率提升至85%,得到商户首肯。7月,成功接入银联电子支付有限公司、汇付网络有限公司和快钱服务信息有限公司等3家第三方支付服务平台,网上支付交易量增加66.23%,收单业务升至新的阶段。是年,被中国银联上海分公司授予"上海市银行卡收单市场特别贡献奖"。

2010年,上海市分行大力拓展以B2C、B2B和手机支付为代表的电子支付特约商户,商户涵盖网游点卡、综合购物、图书音像、数码家电、鲜花礼品、机票旅游、食品医药、珠宝钻石、福利彩票、母婴产品、服装饰品等11类行业,进一步促成传统销售模式向新型电子支付模式转型。是年,围绕世博园区POS支付建设工作,成立商户服务团队,全力做好世博园区银行卡收单保障服务工作;针对众多要求签约的商户,实施预开应急商户编号,对商户进行全覆盖的POS机具布放措施;推出签约园区内小额免签商户、非接触支付等举措,创新银行卡支付方式。在上海世博会184天的营运期间(5月1日—10月31日),上海市分行在园区内银行卡累计交易量为13.09亿元,累计交易330.76

万笔;外卡累计交易量为 9 159.612 万元,累计交易 16.43 万笔;40 家小额免签商户累计交易量 0.49 亿元,累计交易 33.10 万笔。

2011 年,为推进 IC 卡受理市场的建设,上海市分行加强与中国银联上海分公司合作,向市内停车场推广以 IC 卡小额非接触的支付结算工具。签约的停车场近 50 个,世博展览中心、申通信息广场、梅陇镇广场等 10 余个停车场率先上线。

2013 年,上海市分行强化互联网、手机支付等新兴业务推进力度,加速线上收单业务发展。是年,线上收单业务交易额突破百亿元大关,达 148.72 亿元,电子商务交易量达 3 712.95 万笔,进一步夯实客户基础,扩大市场规模,并获得中国银联上海分公司颁发的"2013 年度上海地区银联卡业务卓越成就奖"。

为扩大太平洋借记卡品牌影响力,稳固与收单商户银企合作,推动 IC 借记卡支付环境建设,2014 年 4—6 月,上海市分行针对沃德、交银理财客户,推出手机银行"最红优惠"太平洋借记卡 19 元电影票优惠活动;太平洋借记卡日常积分消费季季好礼送不停,抽奖赢取品牌自行车及空气净化器活动。7—8 月,携手线上线下商户,推出太平洋借记卡"交行自由飞票行"打折领券活动;七夕开展"爱在交行,品味浓情"歌帝梵(Godiva)满额立减活动,以及"太平洋 IC 借记卡,美味满分享半价""太平洋 IC 借记卡,全家闪付有礼""太平洋 IC 借记卡,面包新语享好礼"等系列商户刷卡优惠促销活动,进一步拉动太平洋借记卡的用户量和消费量,提升太平洋卡品牌知名度及行业美誉度。截至是年年末,上海市分行线下收单商户数达 17 352 户,交易额 1 441 亿元;线上收单商户数达 445 户,交易额 294.64 亿元;银联卡收单业务市场占比为 21.45%,名列同业第二位。

表 3-8-9 2008—2014 年交通银行上海(市)分行线下银联卡收单业务情况表

年　份	收单商户数(户)	交易额(亿元)	市场占比(%)
2008	5 290	236	16.31
2009	6 709	331	16.81
2010	10 400	533	20.64
2011	12 763	769	21.59
2012	14 855	1 092	20.75
2013	17 161	1 388	21.53
2014	17 352	1 441	21.45

表 3-8-10 2007—2014 年交通银行上海(市)分行线上收单业务情况表

年　份	商户数(户)	交易额(亿元)	交易笔数(万笔)
2007	6	0.71	25.93
2008	12	6.28	168.28
2009	76	17.20	519.39
2010	117	26.69	900.93

〔续表〕

年 份	商户数(户)	交易额(亿元)	交易笔数(万笔)
2011	158	47.16	1 794.10
2012	211	81.32	2 810.27
2013	361	143.49	3 709.27
2014	445	294.64	6 012.77

第五节 代理业务

一、保险代理

1999年,上海分行与中国太平洋保险公司上海分公司签订业务合作协议,开始办理对私保险兼业代理业务。

2000年,上海分行与中国平安保险股份有限公司上海分公司(寿险)签订兼业代理保险产品协议书,代理该公司"平安千禧红两全保险(分红型,A、B、C)""平安大学教育金保险""平安消费信贷定期寿险"等保险产品。是年,随着保险兼业代理业务的发展,建立起保险兼业代理业务日常管理制度,加强与上海地区保险公司的业务合作交流,为保险公司提供结算服务、代收代付业务,并利用业务优势开展保险兼业代理业务。

2001年,上海分行代理华泰财产保险股份有限公司推出的国内首个家庭财产投资连结型"居安理财"新险种。所属31个代理网点仅用2个月时间销售该款保险产品1亿元,占该公司总发售额的45.45%。

2002年,上海分行制定《保险兼业代理管理暂行办法及保险代理业务(寿险)处理流程》,强调上海分行是与相关保险分公司签订全面业务合作协议的主体,全面负责与保险公司协商确定代理险种、代理权限、手续费标准和支付方式、保费划转期限等内容。规定保险兼业代理人未经分行同意,不得与保险公司签订与保险兼业代理有关的协议,规范保险兼业代理行为。明确分行机构业务部的职责是:1. 负责与相关保险公司接洽及上海分行相应合作网点的初步划分;2. 代表上海分行签订全面业务合作协议;3. 制定统一的保险兼业代理管理办法;4. 配合保险公司对保险代理人进行保险产品的知识培训。私人金融业务部的职责是:1. 协同机构业务部做好对私保险产品协议的谈判签约、宣传推广工作;2. 确定上海分行寿险业务操作流程、单据管理;3. 制定会计核算办法;4. 对保险代理人员进行业务流程培训。电脑处的职责是:提供相关业务技术支持。经营单位的职责是:1. 指定专人对所辖网点指定保险兼业代理业务进行管理;2. 日常检查须形成检查报告,发现问题须及时上报机构业务部。

2004年2—3月,上海分行在全行范围内开展寿险兼业代理业务劳动竞赛活动,激励大堂经理、理财人员扩大营销、宣传,扩大电话银行及网点理财区域保险业务的销售量,进一步推动寿险兼业代理业务发展,提高中间业务收益。

2008年4月末起,上海分行在所属长宁、杨浦、市西支行及浦东分行进行"保险超市"试点,安排46名专业保险销售人员进入网点从事保险销售工作。仅5月一个月,4家经营单位累计保险代理销售额达到全行总销售额的45%。是年,代理中国人民人寿保险公司"鑫荣年金"产品,创下17天销售3.4亿元的纪录。全年实现保险代理销售额11亿元。

2009年,上海市分行在发展对私代理保险业务中,高度重视代理保险业务的风险管理和规范发展,加强代理保险产品的销售及投连险的管理,妥善处理客户投诉,督促、协助合作保险公司做好售后服务,促进代理保险业务稳健、快速发展。

2012年,为有效防范和化解代理保险业务合作中产生的风险,妥善解决重大客户投诉,维护社会稳定,上海市分行印发《保险业务投诉事件应急处理办法》,对投诉事件的应急处理原则,组织体系和主要职责,分类、分级,预警监测,报告内容、线路与时限等作出规定。预防和最大限度地减少投诉事件给上海市分行带来的经济和信誉损失,全面提升银保客户的满意度。

截至2014年年末,上海市分行对私代理保险销售额(银保通报表系统口径)达130 097万元。主要合作的保险公司有:中国太平洋人寿保险股份有限公司、中国人寿保险股份有限公司、中国平安人寿保险股份有限公司、中国人民人寿保险股份有限公司、泰康人寿保险股份有限公司、交银康联人寿保险有限公司、合众人寿保险股份有限公司、安邦人寿保险股份有限公司及安邦财产保险股份有限公司。

表3-8-11　2004—2014年交通银行上海(市)分行对私代理保险业务销售情况表

年　份	销售额(万元)
2004	39 815
2005	46 433
2006	61 852
2007	22 422
2008	113 475
2009	93 335
2010	141 988
2011	78 029
2012	88 818
2013	94 996
2014	130 097

二、国债代理

1987年起,上海分行开始办理国库券发行承销业务。按照中国人民银行上海市分行等五行联合印发的《关于一九八七年国库券发行工作有关问题的通知》精神,对代收的国库券款项以"代收个人购买国库券款项""代收单位购买国库券款项"科目分别核算。对于个人一次性付款购买千元(含)以上国库券,要求开给国库券收款单的,在"代收个人购买国库券款项"科目下,分列"国库券收款单"和"国库券"两个账户分别核算。发给个人的国库券收款单,以发给单位的国库券收款单代用，但在收款单左角“单位购买”处加盖“个人购买”印章，还本付息时，同个人持有的国库券一样支付现金。在签发“单位购买”和“个人购买”国库券收款单的同时，分别登记“开出国库券单证”表外科目“个人购买”和“单位购买”户。

1988 年 4 月 21 日起，上海市开放国库券交易市场。上海分行作为首批获批办理国库券交易业务的中介机构，在江西中路 200 号柜台受理 1985 年、1986 年向个人发行的国库券买卖。按照《上海市开放国库券交易市场试点方案的实施细则》规定，试点期间，办理的国库券买卖一律以现货为限，暂不受理上海市以外发行的记名国库券收据及已由银行贴现的国库券。对于上海市发行的记名国库券收据，要求出售人先到原代理发行的银行办理注销原户名，转为不记名、不得挂失或换开国库券收据，在户名栏注明“来人”字样（不得挂失）后，才受理交易。办理的国库券交易业务，有自营买卖或代理买卖两种方式。截至 5 月末，上海分行国库券成交金额 289 万元，其中买入 256 万元，卖出 33 万元；成交笔数 4 000 余笔。

1995 年 3 月 1 日，上海分行市内储蓄专柜开始承销 1995 年 3 年期凭证式国库券。截至是月 25 日，承销凭证式国库券 2.96 亿元，完成计划 82.18%。9 月，印发《关于凭证式国库券挂失的账务处理的规定》，对国库券认购人其名下的国库券收款凭证，因遗失、被窃或损毁等原因申请挂失手续、账务处理流程作出规定。1996 年 5 月，下属市内经营单位使用电脑中型机发行凭证式（一期）国债，并开始使用电脑专用的国库券收款凭条和收款凭证。为加强管理，防范风险，1999 年起，发行的凭证式国债凭证使用由中国人民银行监制、中国印钞造币总公司所属中钞实业有限公司组织有关证券厂印刷的收款凭证。7 月 22 日，上海分行储蓄网点对凭证式国债（凭密支取）实行全市通兑。同时，对 1999 年发行的各期凭证式国债开办质押贷款。2012 年，规定凭证式国债发行对象仅为个人投资者；承销方式由承购包销改为代销；对投资者提前兑取购买的国债，按发行期内发行期后分别处理；国债提前兑取基础计息天数调整为计息年度实际天数；增加凭证式国债的计提处理，从账务上更清晰地体现交通银行的利息收支情况。

表 3-8-12　1987—2014 年交通银行上海（市）分行凭证式国债发行情况表

年　份	承销额（万元）
1987	103
1988	1 907
1989	174
1990	2 250
1991	—
1992	—
1993	7 470
1994	19 730
1995	53 000
1996	7 800
1997	390 670

〔续表〕

年　份	承销额(万元)
1998	32 400
1999	37 000
2000	35 000
2001	42 000
2002	44 000
2003	62 600
2004	63 000
2005	54 000
2006	48 000
2007	31 800
2008	36 954
2009	87 555
2010	65 750
2011	44 824
2012	38 017
2013	64 871
2014	81 819

2006 年 7 月 1 日，上海分行推出储蓄国债(电子式)代销新业务。该产品以电子形式记载债权，实现由凭证式向电子式转型。是日，共开立储蓄国债(电子式)托管账户 842 户，认购总额达 7 090 万元。2012 年，新增储蓄国债(电子式)网银销售新渠道。11 月 10 日，承销的 3 年期、5 年期 23 000 万元储蓄国债(电子式)在半小时内售罄。截至 2014 年，在中国人民银行上海分行国债业务发行、统计分析考核评比中，上海市分行连续 14 年获优秀奖。

表 3-8-13　2006—2014 年交通银行上海(市)分行储蓄国债(电子式)承销情况表

年　份	承销额(万元)
2006	12 905
2007	786
2008	27 807
2009	24 416
2010	12 886
2011	85 125

〔续表〕

年　份	承销额(万元)
2012	99 953
2013	254 954
2014	218 568

三、基金代理

2001 年，经中国证监会批准，交通银行获准代销国内第一只公开发行的“华安创新”开放式基金。作为总行系统 13 家代销行之一，上海分行为确保基金顺利发行，先后制定《“华安创新”开放式基金代理发行方案》《开放式基金代销业务应急方案》《开放式基金代销业务对私操作细则（试行）》等制度；开展业务培训、测试及预案演练等工作。9 月 11 日，所属 12 家营业网点完成 36 000 张预约号发放任务，12 日开始发行，至 20 日发行结束，共办理 5 283 笔认购业务，认购金额达到 61 963 万元，其中个人投资者认购金额 34 043 万元。

2002 年 1 月，上海分行完成基金代销系统 2.0 版切换至 3.0 版工作，5 468 个客户数据安全导入 3.0 新系统，实现对私资金扣款联动操作。6 月，为满足投资者定期投资开放式基金的需要，交通银行在国内率先向个人投资者推出开放式定期定额申购业务。上海分行指定所属第一支行为“定期定额申购”业务指定网点，办理相关业务。8 月，开通开放式基金电话委托交易业务。电话委托实现的交易种类包括：开通基金账户、认购、申购、赎回、撤销及更改分红选择。是年，上海分行共代销 5 只开放式基金，认购总额 6.7 亿元。

为满足投资者理财需求，2003 年 6 月 16 日起，上海分行正式推出基金转换交易业务。申请该项业务的个人投资者在办理基金转换手续时，其基金交易账户内须有足够的对应转出基金的可用份额。

2004 年 9 月，上海分行完成个人网上银行开放式基金代销业务运行试点工作，通过因特网向基金客户提供信息查询、网上交易等金融服务，实现了基金代销业务网银、多媒体、电话、手机、柜台等各渠道交易全覆盖，促进该项业务的发展。截至是年年末，上海分行共代销博时现金、易方达 50、融通行业、鹏华 50、富国天益、银河银富等 33 只基金，认购总额 11 亿元，申购总额 5 亿元。

2005 年 11 月，上海分行正式发行广发集合资产管理计划（3 号），首次引入券商集合理财产品，通过扩大该类产品的代销和规模，进一步丰富理财产品序列，改善了盈利结构，促进零售业务的战略转型。

2006 年 11 月 1 日起，为吸引投资者通过交通银行网上银行投资基金，应对市场竞争，上海分行按照总行统一部署，在各经营网点张贴《交通银行关于网上银行基金申购费率优惠的公告》，对通过交通银行网上银行申购基金（前端模式）的投资者给予申购费率优惠。

2007 年，上海分行抓住国内资本市场快速发展时机，开展专题营销活动，做大基金销售规模。强化对个金理财师培训，掌握业务知识，根据客户的需求向其推荐合适的产品；与融通基金公司联合举办基金业务交流会，分析 A 股市场行情，探讨基金投资价值；与长城基金、华安基金、中邮基金等公司开展客户沙龙及产品推介活动，介绍各类基金产品；深入企业、社区，开展交叉销售，深度挖掘客户资源。此举促进了基金代销业务发展，并与储蓄存款业务形成了良性互动，打造了交通银行

“基金超市”品牌形象。是年，上海分行基金代销达244.15亿元。

2008年，随着国内证券市场出现震荡，上海分行加强网点厅堂销售，有针对性地引导投资者理性地投资起点低、长期成长性好和低风险性的基金定投业务，并组织营销小组分期分批进入高档社区、大型企事业（院校）单位，借助中央商务区及沃德财富客户联谊活动的机会进行广泛的宣传和推广。是年，为更好地了解和把握市场变化趋势，稳妥地推动基金销售业务，根据投资者承受风险能力的差异性，做好“智慧选基”品牌推广工作，每月推出8只优选基金及成长型、稳健型、保守型3款基金组合产品。2010年，“智慧选基”基金营养组合产品扩展到激进成长型、标准成长型、标准稳健型、保守稳健型、积极保守型、标准保守型6种，向沃德财富客户、交银理财客户提供了专享理财服务。

2009年8月，上海市分行向沃德财富客户推出开放式证券投资基金快速赎回业务。该项业务是经客户签约，根据客户提交的基金赎回业务，上海市分行以个人信用贷款方式先行为客户提供可用资金，将贷款发放至双方约定的客户本人的太平洋个人借记卡账户内。贷款到期前、基金管理公司确认的赎回资金实际到账后，客户同意上海市分行直接划扣赎回资金用于提前清偿对应贷款本息。基金快速赎回业务的推出有效解决了部分客户临时性急用资金的困难。是年，针对高端客户推出“一对多”基金专户理财业务。根据规定，产品认购起点为100万元，单个产品最多限200名客户购买，最低成立规模5 000万元。全年，上海市分行共发行5款基金专户，合计销量达5.36亿元，满足了高端客户的理财需求，在上海同业市场做出了品牌。

2011年，上海市分行参与“中国基金投资者服务巡讲大型公益活动”，邀请业内专家围绕“转型与变革期的新机遇”主题，为200多名客户剖析2011年的市场环境，把脉经济转型下的投资机会，宣传交通银行业务品牌，进一步树立专业化基金销售银行的新形象。

2013年，上海市分行加强对基金公司客户的精细化管理，明确银基业务合作“统一营销、注重效益、防范风险、动态考评”原则。

2014年，为应对资本市场整体震荡向下对代理基金业务发展造成的挑战，上海市分行践行总行“1+3”新发产品思路，重点做好绝对正收益基金产品，从3个方面入手提升基金销售业绩：1. 结合市场情况、客户需求、基金公司投研专长、基金经理投资风格等因素，向优质品牌基金公司定制由明星基金经理负责投资管理的首发基金产品。2. 结合资本市场阶段性的新股申购、军工/消费/成长/医药等主题类投资行情突出的特征，主动从市场寻找并筛选优质基金公司正在或即将发行的相关基金产品进行重点销售。3. 抓住债市回暖契机，与固定收益投研实力较强的基金公司合作推出债券类的首发基金。是年，上海市分行代销开放式基金117.76亿元。

表3-8-14　2004—2014年交通银行上海（市）分行开放式基金代销情况表

年　份	基金代销额（亿元）
2004	16.10
2005	22.79
2006	38.98
2007	244.15
2008	114.30
2009	100.28

〔续表〕

年　份	基金代销额(亿元)
2010	61.44
2011	54.67
2012	117.18
2013	99.53
2014	117.76

四、贵金属代理

【实物贵金属销售】

2008年12月,上海分行作为"2010年上海世博会"贵金属唯一金融代销机构,推出上海世博金本色系列产品业务。该产品将中国传统文化中的神鸟"凤凰"与上海世博会巧妙地结合成"2010"字样,以凤首、凤身、凤尾为画面,组成一幅展翅起舞的"凤凰来仪"图案,寓意"出于东方之国,翱翔四海天下,见则宁";金条背面,将"城市,让生活更美好"世博主题与上海城市建筑剪影相结合,表达人们追求美好、和谐、祥瑞生活的愿望。2009年10月,开始代销可回购的世博投资金条。该金条在购买日以上海黄金交易所公布的现货金价基础上加价15元/克销售。客户在上海市分行所属网点购入金条后,可通过中银金行有限公司上海零售旗舰店以现货金价减4元/克办理回购业务。12月,举办"珍藏永恒世博记忆"世博特许贵金属联展活动,现场销量2 000余万元。截至是年年末,上海市分行世博贵金属销量达1.76亿元。2010年,交通银行作为2010年上海世博会商业银行全球合作伙伴,是金融系统唯一销售带有世博商标贵金属产品的商业银行。上海市分行代理销售经上海世博局授权的世博特许贵金属产品种类多达300余种。是年,上海市分行世博特许贵金属销量达3.20亿元。

【实物贵金属代理业务】

2010年,上海市分行获上海金币投资有限公司授权,开始代理销售熊猫普制币。2012年,又获上海金币投资有限公司授权,开始代理销售熊猫精制币。

2011年1月4日,上海市分行正式推出交通银行"沃德金"业务。"沃德金"是首款在交通银行渠道同时实现销售和回购的黄金制品。首次推出的2类4款产品包括生肖沃德金(100克金条、50克金章两种)和经典沃德金(100克、50克两种金条)。生肖沃德金每克销售价格为基准价加12元/克;经典沃德金每克销售价格为基准价加11元/克。该金每克回购价格为基准价减3元/克,回购地点设在江西中路200号分行营业部。2月18日,新推沃德金经典版500克、1 000克两款大规格金条产品。4月7日,再推交通银行"沃德财富五周年"系列产品,包括交通银行历史货币微缩金(银)条、沃德财富金砖、沃德创富金条、沃德载富金银条、沃德聚富金银条、交行吉祥币、交行富贵兔、交行通宝。7月,配合"沃德财富五周年"营销活动,对外发售沃德金5周年特别版(100克)产品。12月19日,新推出沃德金经典版20克、30克两款小规格金条产品。2012年6月1日,新推出沃德金经典版10克、200克两款金条产品。2013年4月—2014年12月,上海市分行销售沃德投资金品种32种,累计销量达2.20亿元。

2011年7月,上海市分行推出"收藏金"业务,代理销售中国金币总公司发行的"辛亥革命100

周年纪念金银条”，为首次代理该公司金银条产品。2012 年 10 月，代理销售国金黄金集团有限公司的“观音金卡”，为代销的首款超薄金卡。2013 年 11 月，首次代理销售中国人民银行发行的 2014 中国甲午(马)年生肖金银纪念币。该套纪念币共 16 枚，其中金币 9 枚、银币 7 枚。2013 年 4 月—2014 年 12 月，销售的收藏金品种达 323 种，累计销量达 3 110 万元。

截至 2014 年年末，上海市分行代理的实物贵金属主要有沃德投资金、各类收藏金及熊猫币三大产品系列。

表 3-8-15　2009—2014 年交通银行上海市分行实物金销售情况表

年　份	销售额(亿元)
2009	1.76
2010	3.21
2011	4.39
2012	4.09
2013	5.24
2014	1.78

【交易代理】

2008 年 4 月起，上海分行开始代理个人实物黄金买卖业务，交易品种分为 Au99.99 以及 Au100 两种，Au99.99 最小提货单位为 1 000 克，Au100 最小提货单位为 100 克。2010 年 6 月，正

图 3-8-8　2011 年 12 月 23 日，交通银行上海市分行贵金属旗舰店开业

式开办代理个人黄金延期交易业务。该业务开通后，与已开办的个人实物黄金交易业务、世博类贵金属代销业务及自有品牌“沃德金”业务相互补充，形成了较为完整的产品线。2011 年 12 月 23 日，借助贵金属旗舰店开张之际，与 FX168 财经集团联合举办“交通银行上海市分行玖玖金（黄金 T+D）模拟交易大赛”。该赛事第一期时间是 2011 年 12 月 23 日—2012 年 1 月 20 日；第二期时间是 2012 年 2 月 1 日—2012 年 2 月 29 日。两期赛事共吸引 5 000 余客户，官网点击率超过 4 万次。截至 6 月末，上海市分行累计玖玖金交易量达 45.28 亿元，与 2010 年相比，上升 7.4%；净增黄金 T+D 账户 6 950 户，存量账户数位列总行系统第一。7 月，成立玖玖金黄金交易“金银沙龙”（也称“精英沙龙”），拓宽了分支行及客户经理间的沟通渠道。8 月 18 日—11 月 30 日，举办“交银杯”黄金交易大师赛，进一步提升了“交行玖玖金（黄金 T+D）”业务品牌的知名度，促进该项业务的发展。截至 2014 年年末，上海市分行交易金资产规模达到 3.09 亿元。

2012 年 10 月，上海市分行正式启动黄金定投业务。2013 年 1—6 月，开展“办黄金定投，送手机话费”营销活动，通过该项活动，进一步提高了客户对“黄金定投业务”知晓率和签约率，推动黄金定投业务发展。2014 年 3 月，增设线上黄金定投实物转换功能。截至是年年末，上海市分行黄金定投资产规模达 0.32 亿元。

第六节　代收付业务

一、代收付公用事业费

民国 36 年（1947 年）8 月，上海分行为便利用户付款，与上海煤气股份有限公司签订协议，在全市 8 处办事点代收煤气账款。1948 年 4 月，受上海市民食调配委员会委托，在 5 个区内代收配售米油缴款，便利民众缴款。

表 3-8-16　1948 年 4 月交通银行上海分行代收配售米油缴款业务点一览表

所在区	业务点
老闸区	南京路 438 号
常熟区	林森中路 891 号
新成区	南京西路 1708 号
卢湾区	民国路 227 号
提篮桥区	东大名路 1154 号

为加快上海市公用事业费资金回笼，向太平洋卡持卡人提供便捷服务，1998 年 5—7 月，上海分行先后与上海煤气销售（集团）有限公司、上海市自来水公司及上海电信账务中心签署业务合作协议，决定从是年 7 月 1 日、10 月 1 日起，所属市内营业网点开始受理太平洋卡代收煤气费、自来水费、电信费业务。

1999 年，上海分行与中国联合通信有限公司上海分公司、上海市东供电局、上海市区供电局进行业务合作，向其用户提供代收数字移动电话费、电费服务。

2001年，上海分行与中国电信账务中心、上海移动通信有限责任公司联合推出通过交通银行95559热线服务电话，用太平洋卡进行自助缴纳电信费（市话、长途）和全球通手机预付费充值的功能，制定《太平洋自助缴纳电信费及手机预付费充值的操作规定及管理办法》，对太平洋卡自助缴费、预付费充值、操作流程、缴费及充值账户处理作出规定。

2002年11月，为配合上海市政府“交通一卡通”实事工程，上海分行与上海公共交通卡股份有限公司联合开发太平洋卡“交通一卡通”自助转账系统，在所属网点多媒体自助终端上，增加交通卡缴纳公用事业费的功能。

2004年9月起，上海分行开通太平洋卡在上海付费通信服务有限公司电子支付平台上的缴付费业务。

2005年7月，上海分行利用中国银联上海分公司网络开通多媒体自助终端跨行缴付公用事业费业务。客户持他行卡可在上海分行所属多媒体自助终端上缴付各类公用事业费。9月，与中国移动通信有限责任公司推出“手机钱包”新型移动金融服务。该业务通过将客户的手机号码与太平洋卡支付账户绑定，实现缴费、购物和理财3项基本功能。至此，上海分行公用事业缴费渠道包括太平洋卡自动转账、网点柜台、电话银行、网上银行、多媒体自助终端、手机钱包等6种，满足了各个层面市民的不同需求。

二、代发工资

为加强金融服务，减轻企业发放工资的工作量，1988年9月起，上海分行所属闵行办事处开始向上海施乐复印机有限公司（以下简称“施乐复印机公司”）提供代发工资服务。由闵行办事处为该公司每位员工开立一个活期账户，并依据其制作的磁盘数据，在工资发放日，通过电子计算机输入到每个职工的活期账户内。

1995年11月，上海分行推出太平洋储蓄卡代发工资业务。

1998年5月，上海分行将储蓄卡置换成太平洋借记卡后，其代理的代发工资等功能一并转由借记卡承担。制定《太平洋借记卡代发工资和代扣款操作流程及核算办法》，进一步规范代发工资操作流程，明确相关部门职责，提高代发工资进账速度。1999年9月，太平洋卡“一卡通”系统切换上线后，为客户在同一个网点终端上办理太平洋卡代发工资、本外币储蓄等业务提供了方便。

2002年6月，上海分行所属闵行支行成为“上海市闵行区财政体制改革”合作银行后，开始为该区公务员提供代发工资等一揽子金融服务。2003年7月，成功代理上海市财政工资外统发业务，进一步拓宽了市、区两级财政代理业务的新领域。2014年，为规范市级机关、事业单位（财政）工资性收入代发业务，确保市政府阳光工资代发业务的顺利开展，印发《财政工资代发业务管理办法》，要求指定网点在财政工资代发业务办理过程中设别客户身份，了解客户及其交易目的和性质，按规定做好客户洗钱风险等级分类工作。

2003年6月，上海分行印发《代发代扣业务管理规定》，对代发代扣业务的基本要求、操作流程作出规定，对操作注意事项、风险控制进行提示。2005年5月，重新修订代发业务管理规定，梳理和补充了原业务基本规定和操作规定，细化了原操作注意事项及操作风险防范要求。

2005年，上海分行贯彻以理财业务带动零售业务整体发展的要求，分别于4月、6月面向高端VIP客户、中端客户推出“双利理财账户”“滚金理财账户”业务。该业务的开办，对重点拓展代发工资目标客户，丰富个人金融产品结构，提升交通银行市场品牌发挥了积极的作用。8月1日，总行新版网银在上海分行投入试运行，有力地支撑了代发工资等业务发展。

2007年，上海分行开展“代发工资企业行”主题营销活动，以“报账通＋代发工资＋基金定额定投＋双币信用卡”为主推产品组合，向代发工资的企业员工提供增值服务；以“沃德财富卡＋个人循环贷款”为产品组合，向企业高管提供“一对一”服务。通过该项活动，进一步加强公私业务联动，从源头上架起了银企以产品为纽带的业务合作。

2009年2月，上海市分行针对企事业单位代发工资目标客户，发行太平洋薪金卡。该卡作为业内创新的代发工资产品，向代发客户提供了专享理财产品、证券投资费率优惠、积分抽奖等增值服务，将不同产品资源整合推向优质代发工资企业。6月，为更好推进公私业务联动，做大代发工资业务，对各经营单位客户经理进行代发工资业务培训，介绍总行“银企薪干线”代发业务服务品牌。以每5 000名达标代发客户或每20户代发单位配备1名客户经理的标准配齐服务人员，专司提供代发后续服务，确保代发维护工作质量到位。截至是年年末，新增代发单位1 841户，全年代发总额超200亿元。

2010年，上海市分行企业网银代发客户端上线运行。该代发客户端在原企业网银财务通的业务流程和技术架构基础上，向企业网银客户提供了通过客户端软件（在线版）处理大批量代发业务的服务，满足了客户大批量文件一次上传、及时入账的需求。2012年，对已开立对公结算账户的企业网银客户开通财务通跨行代发业务新功能，向交通银行网点未覆盖地区提供代发服务。

2012年，上海市分行依托代发产品优势，开展市场行、企业行、社区行、券商行、政府行等专题营销活动，全面拓宽代发业务领域。截至是年年末，代发规模突破800亿元，达800.57亿元，代发有效客户达37.94万户。

2013年，上海市分行通过挖掘数据、市场调研及经验提炼等方法，深入分析重点行业群体客户及个人客户特征，在此基础上，制定出涵盖行业客户单位及个人的综合服务方案模板，开展有针对性的营销活动，拓展了一批优质代发单位和客户。截至是年年末，代发规模突破1 000亿元大关，达1 238.88亿元。

2014年，上海市分行通过实施提升代发产品功能，优化代发系统及办卡流程、建立代发营销服务体系，强化代发客户交叉销售力度等举措，拓展了一批新的代发客户。截至是年年末，上海市分行代发工资客户数为86.13万人，列总行系统第一，代发金额达1 451.65亿元。

表3-8-17 2005—2014年交通银行上海(市)分行代发工资业务情况表

年 份	签约代发单位数量(家)	代发工资客户数(户)	累计代发金额(亿元)
2005	115	—	—
2006	4 286	—	—
2007	1 406	—	—
2008	1 800	—	—
2009	1 841	—	—
2010	3 081	—	—
2011	5 701	—	570.97

〔续表〕

年　份	签约代发单位数量(家)	代发工资客户数(户)	累计代发金额(亿元)
2012	5 843	713 461	800.57
2013	5 313	830 055	1 238.88
2014	5 698	861 300	1 451.65

三、代发企业年金

2005 年 8 月,交通银行获得企业年金基金托管业务和账户管理业务资格。上海分行在总行领导下,集中全行资源进行统一部署,有步骤、分阶段地开展企业年金集中营销活动,调整客户结构和收入结构,推进业务战略转型。

2006 年 4 月,上海分行印发《企业年金营销推进指导意见》,要求全行抓住机遇,发挥总、分、支行三级联动营销合力,抢占市场,争取与总行所在地分行地位相适应的市场份额;强调加快企业年金业务营销推进的原则和目标客户的选择标准;明确管理部门职责、业务流程、考核与激励等措施。5 月,与国药控股有限公司、上海安居房产开发有限责任公司、长飞光纤(上海)有限公司等 3 家企业签订框架性企业年金业务合作协议。8 月,与受托人太平养老保险股份有限公司签订上海华德塑料有限公司企业年金业务的托管合同和账户管理合同,正式开始企业年金运作。截至是月末,与 12 家企业签订了企业年金合作协议,账户管理数达 18 678 户。

2007 年 3 月,上海分行参与开发的交通银行新一代企业年金账户管理系统上线。与原系统比较,新系统进一步提升了对缴费、支付、归属等基本业务处理功能及运算速度;在支持全行式分布操作模式同时,可通过网上银行、电话银行、多媒体自助终端等渠道,向客户提供账户管理、受托咨询、业务报告下载等差异化、精细化的服务;满足企业设立不同年金计划、大型企业集团内部分层授权查询账户信息、全面评估企业年金计划综合成效等需求;预设多种参数,根据业务需求作相应调整,对年金业务的进一步发展起到技术支撑作用。

四、代发社保养老金

为加强与上海市社会保险事业基金结算管理中心(以下简称"市社保中心")在社会保险体系基础领域的业务合作,履行交通银行的社会责任,2011 年,上海市分行与市社保中心签订《上海市离退休(职)人员养老金委托发放合作协议书》,并获得市社保中心养老金代发业务资格。

2012 年 3 月,上海市分行正式上线社保养老金代发业务,并专门为领取养老金的上海离退休(职)人员定制了带有银联标志的太平洋金色年华记名卡。该卡免收工本费、年费和同城 ATM 跨系统取款手续费等,展示了交通银行"责任立业,创新超越"的企业形象和社会责任感。5 月,印发《社保代付业务操作细则》,明确所属杨浦支行为社保代付业务的牵头行,负责与社保中心之间进行文件传输、账户划转、卡片交接等工作。对指定办理社保养老金代发项目的网点批量开卡、批量代付处理、批量止付流程,以及业务约定等作出规定。9 月,按照市社保中心"自 2013 年 1 月起,上海部分国有企业退休员工的养老补贴收入不再由市社保中心下属社保中心咨询公司代发,改由企业委托各家银行代发”决定，加强公私联动和工作协调，及时排摸和筛选已在上海市分行开户，或与上海市分行有业务往来的目标单位，制定营销方案、落实营销进度，实施营销跟踪，并于是年年末之前争取了一批代发企业的签约，促进了企业养老补贴跨行代发工作发展。之后，又相继上线市社保中心城镇社会化代发，小城镇社会化代发，市总工会代发，城镇居民社会保险代发，城镇、小城镇工伤、生育、镇保补充等六个大项共计 40 余种类别的资金代发业务。截至是年年末，社保养老金代发总额达 3.60 亿元，代发总笔数 13.82 万笔。

2013 年 3 月，上海市分行制定《养老金业务发展意见》，强调养老金业务发展要依托长期以来的企业年金业务的营销成果，通过引导、挖掘客户薪酬福利需求，向客户提供包括信托、保险等多种模式的健康、养老类福利计划产品，并在公积金、维修基金、医疗保障产品等多种民生保障类托管业务上有所突破，实现养老金业务发展的成功转型。是年，所属杨浦支行获市社保中心“2013 年度上海市养老金发放优质服务窗口”称号。

2014 年 6 月，上海市分行与市社保中心签订《上海市离退休(职)人员养老金委托发放合作协议书之补充协议》。12 月，制定《社保代收付业务管理办法》，进一步规范社保代收付业务，强化业务管理，防范业务风险，促进社保代收付业务发展。截至是年年末，上海市分行社保养老金代发总额达 8.08 亿元，代发总笔数达 26.62 万笔。

第九章　小企业金融

1986 年 10 月交通银行上海分行重新开业以来，贯彻落实国家扶持和促进小企业发展政策，积极拓展和培育小企业客户群，持续加大金融产品创新力度，提高服务水平，并逐步形成以“展业通”等适应小企业生产经营特点的系列品牌产品，有力地支持了小企业的发展，巩固了“服务和支持小企业发展”战略定位。2012—2014 年度，上海市分行连续 3 年获得“上海中小企业融资服务最佳合作伙伴”称号，进一步提升了交通银行的美誉度。

第一节　业务品牌

2006 年 2 月，上海分行开始试点小企业贷款“展业通”品牌业务。该业务是交通银行为扶持和服务小企业发展壮大，适应小企业生产经营特点而特别推出的专项信贷和结算金融服务品牌，分为生产经营一站通、贸易融资一站通、工程建设一站通和结算理财一站通等四大产品系列及 13 个产品组合，涵盖了适用于小企业的各类融资和结算服务产品。

2007—2014 年，为深入推进零售业务转型，上海(市)分行在“展业通”品牌下建立起适应不同层级客户群的产品体系，实施零售板块小企业客户的分层化、差异化管理，进一步增强小企业信贷市场竞争力。

截至 2014 年年末，上海市分行小企业贷款客户数达 2 001 户，贷款余额达 93.08 亿元。

一、展业通梯级贷款

2007 年 1 月，上海分行推出展业通梯级贷款。该贷款主要是对符合展业通业务流程受理条件的小企业，在拥有优质抵押物的前提下，除按交通银行担保管理办法规定的抵押率(一般不超过 70%)给予其贷款或其他授信业务额度外，同时给予其抵押物评估价值 10%～15%(总抵押率不超过 85%)的可循环使用贷款或其他授信业务额度。该部分可循环使用额度的梯级贷款进一步扩大了小企业客户优质抵押物抵押担保债权额度，防止其将抵押物向其他银行或金融机构抵押申请贷款的可能性，确保抵押给上海分行的抵押物的唯一性。在房产市场价格上升阶段，小企业客户能因此贷到更多的流动资金贷款。随着房产市场价格逐步趋稳，该产品逐步退出了历史舞台。

二、展业通快车

2007 年，为实现展业通业务产品和运作流程的标准化，简化贷款手续，减少审批环节，上海分行推出“展业通快车”业务，主要支持小企业经营周转，弥补临时性资金短缺。业务品种包括一般流动资金贷款、出口退税托管账户贷款、流动资金周转贷款、应收账款转让和银票贴现。授信总额一般不超过 100 万元。该产品为分行早期的快捷类贷款，其特点是“短、平、快”，以满足企业临时资金需求，可随借随还。因贷款金额小，后升级为循环贷款。

三、小企业法人账户透支

2009 年 8 月，上海市分行推出小企业法人账户透支业务。该业务是根据上海市分行与客户订立的协议，当客户结算账户存款不足时，在核定的透支额度内透支款项用以对外支付，并可随时归还透支款项。透支额度起点金额 0.5 万元，最高不超过 100 万元。透支额度不高于客户综合授信的 10%。透支额度有效期最长不超过 1 年，自透支合同生效之日起计算，在有效期内可循环使用。

四、税收贷

2009 年 12 月，为推动和规范小企业信贷业务发展，加快业务战略转型，打造一批高质量的基本客户群，上海市分行结合上海市本地小企业业务发展特点，推出“税收贷”产品。该业务主要在时下抵押、质押、保证等担保方式的基础上，结合企业的税收情况给予一定额度的信用敞口。对于连续 3 年按时、足额纳税（国税、地税）且年纳税（国税、地税）总额在 200 万元（含）以上，银行对账单连续 3 个月的现金流入（平均）不低于 200 万元的一般纳税企业，可获得 200 万元的信用贷款。2010 年 7 月，修订税收贷管理办法，将贷款额度扩大到 500 万元。

五、展业 e 贷

2010 年，上海市分行推出“展业 e 贷”在线业务。该业务主要是向小企业信贷客户提供贷款方案设计、在线申请、预审决策、进度查询等服务，通过基于实时获取的客户征信信息和系统内置的规则引擎共同决策得出预审批结果，同时按照基于经营机构设置的间客贷款归属和直客贷款分配规则，将贷款申请自动导入管理系统，实现零售信贷客户经理同一时间、不同空间一对多快速受理客户贷款申请。小企业展业 e 贷主要有自助提款、自助还款和综合查询三大功能，以及渠道便利、适用面广和效率高三大特点。该产品支持所有小企业贷款客户，尤其对贷款使用期限较短，提款、还款频繁，贷款需求有季节性、周期性，对贷款期限、利率敏感及距离分行网点较远、不方便经常往返网点的客户适用性更强。

六、e 贷卡

2010 年，上海市分行推出“小企业 e 贷卡”。该卡是面向展业通客户发行的“卡贷合一”金融服务产品，即在分行单位借记卡产品上增值小企业信贷产品服务，满足小企业客户包括采购、装修、购车、餐饮、娱乐、住宿、旅游、票务、支付租金及劳务费、缴付公用事业费等经营性小额开支和公务消费的需求，并提供短期资金融通服务。授信额度一般不超过 100 万元人民币，以流动资金贷款形式发放，通过 POS 消费使用。2013 年，宣传小企业 e 贷卡产品对公司法人网银业务全覆盖、开通 B2B 网上支付功能及自助放款的功能。通过完善银行卡模式、卡贷款模式、自助卡贷款模式，进一步发挥该产品多层次组合型金融产品作用。

七、展业通扩权

2011年4月，上海市分行改善小企业金融服务，保持并扩大小企业信贷市场份额，率先在系统内办理展业通扩权业务。该业务在符合展业通客户准入标准、落实担保措施的前提下，将展业通授信审批权限敞口额度从1 000万元(不含)提升至2 000万元(不含现金保证额度和银行承兑汇票贴现额度)。担保方式为抵(质)押的，抵(质)押物限于合法合规、变现能力强的抵(质)押品；担保方式为保证的，保证人的内评评级在10级以上。授信业务期限一般不超过1年，最长不超过5年。还款方式根据小企业的结算特点和现金流量，采用整贷零偿、零贷零偿方式。

八、展业通—创业一站通

2011年，上海市分行推出“展业通—创业一站通”业务。该业务是“展业通”品牌下针对优质小微企业客户推出的快捷融资产品。其目标客户是处于创业初期、经营规模小、融资需求小、能创造价值的各类微小企业。产品特点是：1. 融资金额小，单户客户授信额度不超过100万元。2. 多样化担保方式供客户选择，允许使用信用方式。3. 不强求客户提供财务报表。4. 根据担保方式确定差异化的定价机制。5. 简化审批流程，提升客户体验。授信期限遵循满足企业需求的原则，最长1年，其间可以循环使用。还款方式主要有分期还本付息及分次付息一次还本2种，在企业现金流量充足时，允许其预约提前偿还贷款。该业务不允许展期及借新还旧。

九、投贷通

2011年，基于中小企业客户的个性化需求，上海市分行携手创投公司，对具有发展潜质、高成长性的中小企业通过组合私募股权和贷款等融资手段，向其提供一揽子综合解决方案并协助其实施，有效发挥“银行＋创投＋企业＋担保”风险共担、收益共享的投贷联动机制，破解了创业初期的小企业融资困难的瓶颈问题。

十、优贷通

2012年4月，上海市分行推出小微企业“优贷通”业务。该业务依据小微企业销售回笼及企业关键人个人账户资金归集情况，全面掌握企业日常经营特征和个人资金实力，综合考量贷款风险以及对银行贡献度，确定差异化的授信政策。对以分行为主要结算银行，且企业和企业关键人在分行账户形成一定资金沉淀的，实行优先安排额度(含信用授信额度)、优先放款、利率定价优惠“三优”政策。

表3-9-1　2007—2014年交通银行上海(市)分行小企业贷款业务情况表

年　份	贷款户数(户)	贷款余额(亿元)
2007	137	2.20
2008	163	3.79

〔续表〕

年　份	贷款户数(户)	贷款余额(亿元)
2009	222	12.64
2010	1 084	43.70
2011	1 654	101.00
2012	2 513	142.70
2013	2 437	132.40
2014	2 001	93.08

第二节　专 营 机 构

2007 年 5 月之前，上海分行服务小企业职责由分行公司业务部承担。5 月之后，为提升小企业金融服务水平，促进小企业信贷业务快速健康发展，从深化战略转型要求的全局出发，改进和完善小企业信贷管理体制，将小企业信贷业务从公司业务板块剥离纳入零售业务板块，并新设分行零售信贷管理部，专司小企业和个人信贷业务经营管理工作。

2009 年 7 月，上海市分行探索小企业业务批量化营销模式，克服单个小企业业务风险大、管理成本高的不足，成立小企业信贷服务中心。主要职责是推进全行小企业业务营销，强化日常管理，促进专业化经营；加强产品创新，在已有的"园区模式""市场模式"基础上，重点开发供应链融资，拓宽批量化业务来源；优化风险控制手段，保证全行小企业信贷业务健康发展。所属浦东新区、徐汇、闵行、宝山、松江等 6 家分支行同时成立小企业信贷服务分中心。随着小企业信贷服务中心、分中心的成立，分行小企业信贷业务操作逐步呈现出规范化、流程化及标准化，促进该项业务快速、持续的发展。

2010 年 6—9 月，上海市分行加快小企业信贷业务发展步伐，推进专营机构建设，先后成立分行营业部及杨浦、市西、市南、闸北等 5 家经营单位小企业信贷服务分中心。进一步搭建了批量化业务渠道，增强了产品交叉销售力度，提高了小企业信贷规模及小企业客户的综合贡献度。是年，上海市分行被总行列为第三批小企业信贷专营试点机构。

第三节　业 务 合 作

2006 年，为加快推进业务战略转型，落实监管机构和总行加强和改善对小企业金融服务要求，上海分行与政府机构、产业园区、交易市场等开展合作，向小企业客户提供各类金融服务。

一、与政府、企业合作

2008 年 3 月，上海分行与上海住房置业担保有限公司共同签署《银企战略合作协议》。确定引入风险共担的"科技创业基金＋融资担保"新型融资模式，在张江园区进行试点。4 月，会同上海市经济委员会、上海市财政局、市中小企业办、市住房担保公司，以及浦东新区经济委员会、浦东新区促进中小企业发展协调办公室等专家通过对张江园区新型融资模式的论证，为进一步推广该融资模式，并将该模式建成园区小企业创业的“孵化器”、发展的“助推器”奠定了坚实的基础。

2009 年 3 月，上海市分行与上海市徐汇区人民政府等签署《漕河泾开发区中小企业融资服务平台框架协议》，以解决上海市漕河泾新兴技术开发区内小企业特别是科技型小企业融资难问题。

2011 年 8 月，上海市分行与上海市科学技术委员会、中国太平洋保险公司上海分公司签署《科技型中小企业履约保证保险贷款协议》。该贷款是科技型中小企业通过购买履约责任保险的方式，由政府、银行、保险公司三方共同承担贷款逾期的风险，为轻资产的科技型中小企业解决融资难问题。

2012 年 7 月，上海市分行与市中小企业办签署《服务中小企业融资产品推介合作协议》。推出担保方式多样、整贷零偿服务中小企业“展业通”系列组合专属产品，并以“融资便利化、操作批量化”为原则，开通绿色通道，简化审批手续，优化服务方式，为中小微企业提供全方位的金融服务。

二、与科技园区合作

2008 年起，为提升服务科技型中小企业的能力，加强对目标科技园区重点企业营销力度，上海分行与上海张江高科技园区、上海漕河泾新兴技术开发区等目标客户建立定向业务沟通机制，搭建以客户需求为导向的分行端高位营销平台，增强客户对交通银行科技类中小企业信贷服务的认知度，拓宽优质客户资源来源。

【张江企业易贷通】

2008 年 6 月 25 日，上海分行与上海张江(集团)有限公司、上海市住房担保公司在张江园区签署三方合作协议，共同打造“张江高科技园区企业易贷通”合作平台，通过实施“园区推荐、银行融资、第三方担保”小企业融资担保模式，引入“风险共担，合理分散”合作机制，科学确定风险敞口，优化授信申报和审批流程，帮助园区内科技型小企业解决融资难题。该产品作为上海银行业内首款服务中小企业的创新产品，推出后，引起市委书记俞正声关注，他亲自批示要求上海市经委会同上海市金融服务办公室向其他开发区借鉴推广。8 月 15 日，上海市经委、金融办联合邀请中国人民银行上海总部、上海市委办公厅及张江等重点园区负责人举办“园区中小企业融资模式创新交流会”，沟通上海分行信贷产品、各园区企业发展和服务情况，探讨扩大“易贷通”试点范围的方案和试点扶持政策。11 月 28 日，上海分行参加“应对金融危机，服务中小企业——2008 上海中小企业融资峰会”。会上，与市住房担保公司及 3 家“张江企业易贷通”企业签订借款合同，向企业提供总额为 1 200 万元的信贷资金支持。鉴于该贷款反担保措施使用了股权质押和知识产权质押等创新方法，再次引起业内人士、广大中小企业及新闻媒体的关注。12 月 16 日，参加“张江易贷通注资签约仪式暨试运行半年研讨会”，与张江集团、市住房担保公司、交银国际信托有限公司举行“张江易贷通信托合作框架协议签约仪式”，以信托模式向小企业提供资金支持。

2009 年 5 月 26 日，上海市分行出席由上海市经济和信息化委员会、中国人民银行上海总部、中国银行业监督管理委员会上海监管局组织的“聚焦高新技术产业化，推动产业升级发展——上海市重点产业项目银企对接会”。会上，与张江园区签署“张江企业易贷通注资合作框架”协议，进一步推动中小企业发展。

【漕河泾信托贷款】

2009 年 3 月，上海市分行本着“紧密协作，共同发展”原则，联手上海漕河泾新兴技术开发区发展总公司(以下简称“漕河泾开发总公司”)、徐汇区政府推出“1＋1”模式，在政府 5 000 万元引导资金的基础上，上海市分行配套 5 000 万元信用贷款，向信用好、信誉好的小企业提供 7 天至 6 个月信托贷款。鉴于该贷款为国内业界率先推出的以信托方式支持小企业发展的创新产品，《解放日报》头版以《交行“漕河泾模式”解民企尴尬》为题，介绍了“漕河泾开发区中小企业信托平台”；中央电视台新闻频道也对此进行了报道。截至 2010 年第一季度末，向漕河泾园区内 40 余家小企业客户发放了 8 000 余万元信托贷款。

2010 年 4 月 13 日，上海市分行参加“上海银行业送金融服务进园区”活动启动仪式，并作为活动的特别支持银行，与漕河泾开发总公司签署《漕河泾开发区科技型中小企业融资平台深化合作协议》，承诺是年向该平台配套 5 000 万元信用贷款。下半年，在原漕河泾信托贷款基础上，分行进一步推出漕河泾“携手通”项目，由漕河泾开发区、徐汇区政府出资 5 000 万元作为风险补偿金，上海市分行以最高 1∶1 配比信用贷款。该项目的推出，为上海市分行进一步批量化拓展小企业客户，密切与开发区的合作关系奠定了基础。截至 2013 年年末，累计向漕河泾开发区内 191 家小企业发放 5.6 亿元贷款，且无逾期、无坏账情况发生。

2014 年，上海市分行进一步加强与徐汇区政府及漕河泾开发区业务合作，通过企业信息资源共享，进一步打造“政府＋园区＋创投＋担保＋保险”多层次科技金融服务模式，支持了漕河泾开发区内实体型科技中小企业持续健康发展。

三、与交易市场合作

2009 年，上海市分行与上海康健钢材现货交易市场、上海奉城钢材市场等合作，向该市场内钢贸小企业提供专业融资平台。同时采取“商户联保＋保证金＋钢材质押”反担保方式，降低企业商户还款风险，拓宽了业务来源，促进了小企业发展。

2010 年 6 月起，为确保零售业务健康发展，上海市分行调整信贷投向结构，逐渐减少与该类市场业务合作，直至最后退出。

第十章　资产管理业务

进入21世纪后，交通银行上海(市)分行按照总行“以中高端客户财富管理为重点，加快推进业务的转型，突出财富管理优势，实现交通银行价值”要求，积极代理总行“得利宝”系列等个人理财产品及“蕴通财富”系列等对公理财产品。在总行的支持下，开拓创新，自行设计理财产品及开展资产池业务，业务种类从单一或集合资金信托计划扩大至货币市场工具、固定收益类资产及非标资产三大类，满足了公私客户投融资需求，巩固和发展了与公私客户的合作关系。

第一节　概　　况

一、个人理财

2004年3月，上海分行根据上海市场同业竞争状况，结合自身业务特点，成功首发总行系统内第一款“得利宝”个人外汇投资理财产品。10月，为方便客户对得利宝产品的全面了解，进一步规避和防范操作风险，印发《个人外汇资金委托业务“得利宝”交易章程及柜台操作手册》。对投资风险进行充分揭示，对操作流程、操作规定加以规范。

2005年2月，上海分行首推“得利宝”人民币理财产品。是年，在交通银行总行系统内首批上线SPOMS系统。

2008年，上海分行进一步明确“得利宝”产品定位，强调以“得利宝”理财产品为载体，服务中高端客户；以市场化定价、供应不同种类的产品为手段，加固与客户关系，满足目标客户需要。是年起，“得利宝”人民币理财产品从“七彩”系列开始向品牌系列转化，并逐渐形成交银添利、沃德添利和至尊产品等主要产品组合。

2011年4月，上海市分行开始以总行资产管理池分池名义开展理财资产池业务，以配置信用级别高、收益稳定的投资工具为主，将债券、票据、信贷资产等不同类型的资产进行组合，根据不同客户的需求，发行相应的理财产品。

2013年，上海市分行创新推出“交银添利(久久养老)”系列理财产品。该产品通过拉长投资期，使预期收益率进一步提升，解决短期产品滚动收益摊薄的问题；同时通过按季支付收益的方式解决投资期现金流入问题。

2014年，上海市分行“得利宝”理财产品从单一外币结构性理财产品发展为多类型、多币种、多结构的本外币理财产品。全年销售“得利宝”本外币理财产品2 567亿元。

表3-10-1　2007—2014年交通银行上海(市)分行人民币“得利宝”销售情况表

年　份	销售额(亿元)
2007	11.72
2008	261.51

〔续表〕

年　份	销售额(亿元)
2009	349.73
2010	523.51
2011	2 027.44
2012	1 494.18
2013	1 494.36
2014	1 873.17

二、对公理财

2005 年，上海分行获总行授权，开办人民币对公理财业务。该项业务是分行通过发售人民币对公理财产品，集中企事业单位客户的资金，投资于银行间市场上流通的固定收益产品，以所投资固定产品的实际收益作为客户投资回报并收取手续费的代理类中间业务。9 月，印发《人民币对公理财业务实施细则》。强调人民币对公理财产品的发售分为集中销售和单笔销售 2 种方式，明确部门职责、集中销售、单笔销售、内部控制与风险防范的要求。

2007 年 5 月，上海分行经总行批准办理人民币信托信托投融资类对公理财业务，并对“上海轨道交通明珠线”项目对公信托理财产品进行试点。

2008 年 3 月，上海分行转发总行《与信托贷款挂钩的人民币固定收益类理财产品操作规程》，要求各经营单位向对公客户推荐信托贷款融资模式，满足客户融资需求，及时提请总行发起设立与信托贷款挂钩的人民币固定收益类理财。是年，成功为上海上实(集团)有限公司发行第一笔 5 亿元、期限 1 年期的信托贷款。

2011 年 1 月，上海市分行开始进行“信托计划受益权＋资产管理池”理财业务试点，在银信合作之外开辟了一种新型的使用代客理财资金进行融资的方法。是月 30 日，成功为上海浦东发展(集团)有限公司操作了第一笔信托受益权转让项下金额为 9 亿元、期限为 18 个月资产管理池业务。4 月 8 日，经总行授权，可自行审核的入池资产项目为期限不超过 5 年，余额不超过 100 亿元。12 月 29 日，印发《公司、机构类资产入池及后续管理暂行规程》，要求各经营单位对公司、机构类资产总体入池规模、行业准入政策、入池模式、第三方合作准入标准、入池金额审批权限、期限要求、相关格式合同(协议)等按总行的要求执行。对于区域经济特色需求，由分行提出差异化建议，报总行相关部门会商并经有权人审批后调整实施。

2012 年 4 月，上海市分行再获总行授权，可自行审核期限不超过 5 年、余额不超过 300 亿元入池资产项目。

2013 年 5 月，上海市分行制定《理财业务运行管理规定》，提出要审慎管理理财产品的信用风险、市场风险、操作风险和流动性风险，全面履行投资管理人职责；明确对于非保本理财产品上海市分行不承担产品投资面临的信用风险和市场风险，但作为投资管理人受托管理，上海市分行承担声誉风险；对理财业务的组织与分工、授权管理、产品研发和创设、产品销售、投资运作、资产头后管理、外部合作机构的管理、运营管理、风险管理、会计核算及托管、信息披露、档案管理等作出管理规定。

截至2014年年末，上海市分行公司条线理财产品余额达195.7亿元。

表3-10-2　2011—2014年交通银行上海市分行公司条线理财产品余额表

年　份	理财产品余额(亿元)
2011	6.20
2012	44.71
2013	95.25
2014	195.70

第二节　代销总行理财产品

一、个人理财产品

【"得利宝"理财产品】

"得利宝"外汇理财产品　2004年3月8日，上海分行在总行系统内率先推出首款"得利宝"理财产品。该产品为个人外汇结构性存款产品，与利率期权挂钩。其后，又逐步推出美元、港元等不同币种、不同结构的个人外汇理财产品，促进外汇储蓄存款发展。至是年年末，分行累计销售21期"得利宝"个人外汇理财产品，销售金额达11 158.8万美元。

2005年1月，经总行授权，上海分行试点开办"智汇宝"业务。该产品提供的个人外汇期权为欧式期权，是一种与2种货币汇率挂钩的结构型存款产品。该产品的推出为客户提供了一种利用衍生产品进行外汇套利、避险新渠道。6月13日，首次推出欧元"得利宝"外汇理财新产品。该产品为外汇结构性存款业务品种，投资期为1年，预期年收益率为1.92%，较同期欧元存款利率1.25%高出0.67%。投资欧元"得利宝"对于投资者分散外汇资产汇率风险，合理配置外汇资产比例，增加低风险的稳定收益创造了条件。截至是年年末，累计销售"得利宝"外汇理财产品1.98亿美元。

"得利宝"人民币理财产品　2005年2月24日，上海分行对外销售首款"得利宝"人民币理财产品。该产品主要以银行间市场上流通的央行票据、短期国债、短期政策性银行金融债券收益为保证，面向零售客户销售的代客理财产品。在为期5天的销售期中，共销售"得利宝"3个月期产品1.04亿元、1年期产品2亿元，总计3.04亿元；发展增量客户972人。截至是年年末，发行"得利宝"人民币理财产品6.54亿元。

"得利宝"个人理财产品质押　2005年5月，上海分行推出"得利宝"个人理财产品质押贷款业务。该产品以借款人本人与上海分行叙做的未到期"得利宝"项下的所有权益作质押，向上海分行申请一定金额的人民币贷款，到期一次性归还贷款本息的个人贷款业务。开办该项业务，提高了"得利宝"个人理财产品(包含本外币)的附加值，满足了"得利宝"客户的短期融资需求。

【“得利宝”七彩系列理财产品】

2006年，交通银行将“得利宝”人民币理财产品冠以“赤橙黄绿青蓝紫”颜色，形成“七彩”系列境内理财产品，涉及债券及货币市场、信托集合类、结构性理财。其中“橙”系列挂钩股票。5—7月，上海分行相继发行“金橙1号”“金橙2号”(连接H股能源股)。“赤”系列挂钩汇率。12月4日，发行得利宝“骄红”系列产品——“一触式欧元对美元”结构性投资产品。该产品为个性化人民币理财产品，除到期日可获本金保障外，个人客户有机会获享欧元对美元即期汇率潜在收益回报。“黄”系列挂钩基金。2007年2—5月，上海分行先后发行“辉黄1号”(连接亚洲房地产基金、新兴市场基金、香港基金)、“辉黄2号”(连接亚洲基金)和“辉黄3号”(连接“金砖四国”基金)产品。“辉黄1号”是国内理财市场首只连接海外基金的产品。该系列产品是国内首批90%～95%保本理财产品。“绿”系列挂钩固定收益类产品。“新绿”本外币系列产品，均为固定收益类产品，其无风险固定收益的特性得到客户欢迎。“青”系列挂钩农产品指数。4—6月，先后发行“浓青1号”“浓青2号”系列理财产品，连接全球农产品(小麦、玉米、食糖)指数。“紫”系列挂钩日经225指数。5月，推出“绚紫”理财产品，连接标的为日经225指数，产品运行结束，取得预期较高收益率。7月，推出“炫紫”连接全球基础建设行业。“蓝”系列挂钩信托产品，同时推出连接二级市场的信托类人民币理财产品“宝蓝1号”，采用优先、劣后级收益模式及中投保对优先级受益人保障模式。其后，又推出了“宝蓝2号”“天蓝1号”“天蓝2号”“宝蓝3号”等理财产品。

【“得利宝添利”系列理财产品】

“得利宝·天添利”　2009年3月，上海市分行发行开放式“得利宝·天添利”人民币理财产品。该产品为永续开放型、保本、按天计息理财产品，可随时免费申购，实行T+0赎回方式；分为A、B两款，年化收益率分别为1.35%、1.51%，均高于活期储蓄利率及货币基金的收益。A、B两款产品投资起点金额分别为人民币5万元和50万元。其中A款产品主要投资于国内银行间市场信用级别较高、流动性较好的金融工具：主要包括国债、金额债、央行票据、高信用级别非金融机构融资工具、拆借、回购、存放同业、短期利率衍生工具等。B款产品除包含A款产品投资范围外，还包括银行票据、信贷资产、固定收益信托计划、新股申购等。

2010年11月，上海市分行面向中高端客户发行“得利宝·天添利C款”人民币理财产品。该产品为永续开放式、保本、按天计息理财产品，预期年化收益率1.58%，投资起点金额为10万元。2011年1月，新增发行“得利宝·天添利C款(至尊版)”。该产品为非保本浮动收益型理财产品。12月，推出“得利宝·天添利D款”“得利宝·天添利E款”人民币理财产品。

“得利宝·久久添利”　2009年5月，上海市分行推出“得利宝·久久添利”人民币理财产品。该产品为持续开放式理财产品，除集中认购期外，可每月进行申购并每季开放一次赎回。投资起点金额为5万元，并以1 000元为单位递增。主要投向固定收益资产、国内依法公开发行的A股股票、证券投资基金和其他依法成立的信托计划、理财产品等，其中固定收益类资产包括央票、国债、金融债、次级债、企业债、公司债、短期融资券、可分离债券的纯债部分、债券基金以及具有固定收益的理财产品、信托计划等。通过季度现金分红方式，投资者除每次可获得基础收益(暂定为1.75%，将根据市场情况适时进行调整)外，还可根据投资运作情况获得浮动收益。2013年7月，创新推出“得利宝·沃德添利(久久养老)”系列理财产品。该产品通过拉长投资期(970天)，使预期收益率进一步提升至5%，有效解决短期产品滚动收益摊薄问题；同时通过按季支付收益的方式解决了投资期现金流入问题。此创新举措，对于上海市分行发展行外新客户、稳定客户资产具有一定的推动作用。

“得利宝·智慧添利” 2009年8月，上海市分行推出“得利宝·智慧添利”系列理财产品。该产品风险评级1～2R，为国内首款智能型理财产品，客户一次签约后，本金将自动循环认购，并于次日开始计息，实行T+0入账方式，并可随时自由选择或变更产品金额等要素，分为7天周期型、14天周期型、28天周期型3款产品，与市场同类产品相比具有收益高、成立短、到账快等比较优势。

“得利宝·沃德添利” 2009年8月，上海市分行推出“得利宝·沃德添利”系列理财产品。该产品以组合资产为投资标的，风险评级1～2R，除具有“得利宝智慧添利”智慧理财特点外，还为特定客户群提供向匹配的专属产品和智能、方便、快捷的专享金融服务，客户在享有稳定投资收益之外，还确保了资金的高度流动性。

二、对公理财产品

【“蕴通财富”系列理财产品】

0807号固定收益理财计划 2008年4月9日，上海分行推出面向中国邮政储蓄银行有限责任公司定向发售的“蕴通财富0807号人民币固定收益理财计划”。该产品挂钩资产是交银国际信托有限公司设立的上实贷款项目单一资金信托。投资期1年，固定收益6.5%。投资方在该产品到期前，无赎回和提前结束的权利。

0809号对公理财产品 2008年4月15日起，上海分行向公司、机构类客户发行“蕴通财富·0809号人民币对公理财产品”。该产品为固定收益类产品，募集的资金用于衔接交银国际信托有限公司设立的“交银国信·张江集团债券受益权单一资金信托计划”。分A、B两款，其中A款为3个月，B款为1个月；A款产品年收益率4.5%，B款产品年收益类3.5%；A款产品发行总额15亿元，B款产品发行总额2亿元。期满后，一次性兑付本金及收益。

0838号对公集合理财产品 2008年8月，上海分行面向全行公司客户发售“蕴通财富·0838号人民币对公集合理财产品”。该产品募集的资金作为信托资金认购中海信托股份有限公司设立的“立邦涂料·票据资金信托”。分为A款、B款，其中A款为55天，B款为34天；A、B两款预期年收益率分别为4%、3%。产品为保本固定收益类产品，鉴于市场的波动性，投资者投资该产品面临一定的利率风险。产品采用到期一次兑付的期限结构设计，投资者无提前终止权。

生息365保本浮动收益理财产品 2009年3月，上海市分行向公司、机构客户销售“蕴通财富·生息365”开放式理财产品。该产品为保本浮动收益对公理财产品，募集资金投资于国内债券市场信用级别较高、流动性较好的金融工具，其中包括国债、金融债、央行票据、高信用级别非金融机构融资工具、拆借、回购、存放同业、票据、优质信托等。投资起点为5万，并以1 000元的整数倍递增。产品设封闭期和开放期，客户可以在开放期内每个工作日的受理时间段(9:00—14:30)申购或赎回并实现理财本金T+0到账。截至2014年年末，上海市分行“蕴通财富·生息365”理财产品余额为45.17亿元。

稳得利非保本理财计划 2011年3月，上海市分行面向对公客户发售“蕴通财富·稳得利0191110221-SHTM11001号非保本收益理财计划”。该产品挂钩资产为银行存款、票据。发售规模人民币5 000万元。投资期限6天，固定年收益率3.6%。该理财为非保本收益型产品，理财计划到期日前，投资方不能赎回和提前终止理财计划。截至2014年年末，上海市分行稳得利理财产品余额为21.18亿元。

【"蕴通财富票据"系列理财产品】

0825号票据挂钩型理财产品　2008年6月25日，上海市分行面向全行公司客户发售"蕴通财富·0825号票据挂钩型人民币对公集合理财产品"。该产品募集的资金通过中海信托股份有限公司设立的"交通银行·票据资金信托"购买分行持有未到期的银行承兑汇票。投资期限为2个月，年收益率预期4%，鉴于市场的波动性，投资该产品面临一定的利率风险。产品采用到期一次兑付的期限结构设计，投资者无提前终止权。

9001(1)号理财产品　2009年4月，上海市分行发行"蕴通财富·票据系列9001(1)号人民币理财产品"。该产品挂钩资产是交银国际信托有限公司设立的"交银国信·票据速递资金信托"。投资期限为112天，固定年收益率2%。在产品封闭期内，投资者不能随时变现，但封闭期后可提前赎回投资。

【"蕴通财富聚宝"系列理财产品】

001-1号理财计划　2009年9月，上海市分行推出"蕴通财富·聚宝系列001-1号理财计划"。该产品挂钩资产是华宝信托有限责任公司设立的"华宝I号应收罗泾项目二期交易款债权投资资金信托"。发售规模人民币1.5亿元，投资期限105天，固定年收益率2.5%，本金及收益于投资到期日一次兑付。该理财计划属于保本保证收益型产品，理财计划到期日前，投资方无赎回和提前终止的权利。

聚宝009号　2010年6月，上海市分行推出"蕴通财富·聚宝009号理财产品"。该理财产品发行规模不超过30亿元，理财期限为6个月，募集的资金用于受让宝钢集团财务有限责任公司持有的商业承兑汇票资产。

【"蕴通财富日增利"系列理财产品】

日增利A、B、S产品　2012年6月，上海市分行发售"蕴通财富·日增利A款、B款、S款集合理财计划"。该产品为保本浮动收益型产品，风险评级1R，募集的资金主要投资于：1. 国债、金融债、央票、高等级信用债等固定收益工具；2. 同业拆借、同业存款、同业借款、债券回购等货币市场工具；3. 符合监管机构要求的其他资产或资产组合。其中固定收益工具投资比例为0～50%，货币市场工具比例为40%～100%，其余投资品种比例不超过30%。理财计划存续期内，投资者可在开放期任一工作日的受理时间(9:00—15:30)内提出申购或赎回。A款募集下限为1亿元，上限为200亿元，投资起点金额为人民币100万元，追加购买最低金额为人民币100万元的整数倍，最低持有金额不低于人民币100万元，预期年化收益率2.18%；B款募集下限为1亿元，上限为200亿元，投资起点金额为人民币500万元，追加购买最低金额为人民币100万元的整数倍，最低持有金额不低于人民币500万元，预期年化收益率2.3%；S款募集下限为1亿元，上限为400亿元，单笔投资起点金额为人民币500万元，并以人民币100万元为单位递增。单笔最低赎回金额为100万元，在申请部分赎回后，单笔最低持有金额不得低于人民币500万元，预期年化收益率按存续天数不同而不同。其中存续1～6天为2.1%，存续7～13天为2.7%，存续14～29天为3.2%，存续30～89天为3.4%，90天及以上为3.6%。日增利系列理财产品自2012年6月推出后，受到客户欢迎，销售额稳步增长，吸收行外资金效果显著。截至2014年年末，上海市分行日增利ABS款理财产品余额55.47亿元。

日增利期次型保本法人理财产品 2013年8月，为满足广大对公客户的财富管理需求，吸引行外资金沉淀，上海市分行发行"蕴通财富·日增利期次型保本法人理财产品"。该产品以人民币计价，作为存款纳入银行表内核算。期次型保本法人产品分为两类，第一类是标准型产品，其中第一期产品分日增利52天，预期年化收益率为4.5%和日增利140天，预期年化收益率为4.8%，认购起点金额为500万元；第二类为定制型产品，可为重点客户单独设置价格、期限，但单笔金额须达3亿元以上，期限在30天(不含)至1年(含)范围内。截至2013年年末，代销日增利期次型产品余额21.32亿元。

2014年，为鼓励经营单位营销行外资金，提高期次型产品市场竞争力，上海市分行在预算额度内给予"日增利期次型"理财产品一定补贴，按先操作先补贴的原则实施。同时，鼓励经营单位办理低成本的表内理财，对低于特定价格的产品给予利润补贴。截至2014年年末，上海市分行期次型理财产品余额达到73.88亿元。

第三节 自行设计理财产品

一、制度建设

2005年8月，为规范人民币理财业务发展，上海分行制定《人民币理财业务会计核算办法》，对人民币理财业务会计核算基本规定、销售核算手续、资金划转核算手续及产品到期兑付和收益核算手续作出规定。9月，印发《人民币对公理财业务实施细则》，强调现阶段推出的人民币理财产品是以总行投资债券市场的业务为基础而发行设计的；明确相关部门、账务中心及经营单位各自承担的职责；规定集中销售项下产品认购、销售、资金划拨、到期兑付操作流程及单笔销售项下与企业客户和机构客户达成认购意向等要件；要求相关部门和经营单位在接受客户委托之前，须向其充分揭示所面临的利率风险、流动性风险、不可抗力风险和其他风险等，确保该项业务健康发展。2007年2月，转发总行《交银理财业务管理暂行办法》等规章，强调作为"交银理财"服务品牌的试点行，全行要调整和优化客户结构，挖掘潜力客户价值，配合该综合理财服务品牌推出，推动分行个人金融业务战略转型。2008年12月，印发《理财业务管理办法》，明确理财业务组织管理、部门职责、业务流程、风险控制、考核激励等要求。2013年5月，制定《理财业务运行管理规定》。强调理财业务运作管理须严格遵循"成本可算、风险可控、信息充分披露""统筹管理、集中运作、文件经营、专户管理""依法合规并满足监管要求"原则，并对该业务组织与分工、授权管理、产品研发和创设、产品销售、投资运作、资产投后管理、外部合作机构的管理、运营管理、风险管理、会计核算及托管、信息披露、档案管理等作出规定，进一步规范理财业务运作，防范业务风险，促进业务健康发展。

2011年4月，上海市分行获批以总行资产管理池分池名义开展资产管理池业务。12月，制定《公司、机构类资产入池及后续管理暂行规程》。对资产入池申报审核流程、操作流程、入池资产在池期间管理、入池资产应急管理、档案管理等作出规定，更好地密切银企合作关系，增强市场竞争力，助力总行在上海地区打造"金融旗舰"，做大资产管理池业务。2013年2月，成立资产管理业务管理委员会(以下简称"资管会")。负责对分行资产管理业务的重大事项进行集体审议，统筹协调分行资产管理业务各项工作。5月，印发《资产管理业务管理委员会工作条例》，明确资管会组织机构、审议范围、工作规程、委员权责等，进一步提高资产管理业务决策的科学性和专业性，夯实分行资管业务的组织基础和制度基础。2014 年 4 月，制定《零售公司类资产对接理财业务及后续管理暂行规程》，进一步对全行零售公司类资产对接理财业务及后续管理操作进行了规范。

二、产品设计

2007 年，经总行批准，上海分行试点发行首个"轨道交通明珠线人民币理财产品"。该产品为保本固定收益型人民币信托类理财产品，面向分行公司、机构类客户发售，帮助客户实现理财目的。同时，通过为上海轨道交通明珠线发展有限公司发行信托计划融资，降低其融资成本，进一步巩固和提升银企合作关系。

2008 年，根据公司、机构类客户投资需求和风险偏好，上海分行加大开发各类理财、融资类新品力度，相继推出挂钩信托贷款、票据资产、股权类、债权类等理财业务，服务企业发展。是年，累计发行信托类理财产品 59.6 亿元；票据理财产品 54.6 亿元，其中公司类产品 24 亿元，个人类产品 30.6 亿元。发行的各类理财产品，在解决客户资产增值、融资需求的同时，也带来中间业务收益。

2009 年，上海市分行进一步创新理财产品开发，打造交银理财品牌。利用信托融资产品，支持轨道交通、城市道路、虹桥枢纽等重大市政建设项目，并在债权类、股权类、票据资产等理财产品基础上，重点开发资产池与资金池对接的资产管理类产品，成为系统内唯一获得总行授权"蕴通财富"资产池和"得利宝"产品资产池运作管理的分行。此外，创新发起总行系统内首单挂钩应收款的对公理财产品，进一步扩大了理财业务投资渠道，解决了宝钢集团上海浦东钢铁有限公司等重点集团客户大额融资需求。

2010 年，上海市分行应对银行业信贷政策的变化，把握机遇，争取集团债务性融资工具，以创新的信托融资模式，分别为上港集团、振华重工两家企业提供了 20 亿元和 12 亿元的信托组合融资；以创新的理财模式，向外高桥第三电厂推介与应收账款挂钩的开放式理财产品，把银企合作推向更高层次。

2011 年 1 月，为大力发展理财业务，试点开展"信托计划受益权＋资产管理池"业务，上海市分行选定上海浦东发展(集团)有限公司作为入池资产的融资方，及时完成上报流程。在总行的支持下，是月末，首笔 7.5 亿元信托计划受益权资产成功入池。是年，资产分池累计发行理财产品突破千亿元大关，彰显出较强的负债业务转化能力和重点客户服务能力，并对全行存款增长和客户拓展形成有效支撑。

2013 年，上海市分行推出与股票质押信托计划挂钩的投资银行类理财产品，进一步满足了客户的融资需求，拓宽了中间业务收入渠道。

2014 年，上海市分行创新开发设计了包括"交银添利 30 天沪"和"交银添利 63 天沪"两个周期型资产管理产品，进一步提高产品运作效率。

三、募集资金运作和投资管理

2007 年起，上海分行开始自行设计理财产品。根据公司、机构类客户投资需求与风险偏好，开发设计了公司、机构类人民币理财产品，将募集的资金按理财产品说明书的约定挂钩信托贷款、票据资产、股权类、债权类、投资银行类等理财业务，并取得相应的受益权，到期一次性支付客户投资本金及收益并收取相应手续费。

2008年11月，上海分行成立理财业务协调推进小组与工作小组，加强全行理财业务发展的战略规划、组织管理、风险控制及突发事件处置等。

2011年，上海市分行经总行批准设立资产管理池分池。通过该池发售或滚动发售不同期限、不同风险偏好的集合委托或单一委托产品进行资金募集，以投资组合、动态管理方式统一资金运用，保持资金来源和资金运用平衡；以信用级别高、收益稳定的国债、央行票据、政策性金融债、企业债等债券资产、信贷资产等为主要投资工具，进行资产配置；为该池各类产品制定相应的产品投资指引，并据此确定相应的投资组合管理产品投资运作。

2014年后，上海市分行在总行统一管理下，对相关经营单位提出的理财产品设计、开发方案进行整合，逐笔报送总行审批。在总行授权范围内，上海市分行资产管理业务逐步形成以固定收益类投资能力为主，以权益类、结构化产品投资为辅的投资风格。

四、特色理财项目

2007年10月27日，上海分行面向公司、机构类客户自助发行首个对公理财产品——“轨道交通明珠线人民币理财产品”。该产品募集资金委托上海国际信托投资有限公司设立资金信托，专项用于向上海轨道交通明珠线公司发展有限公司发放信托贷款。作为该项业务发起人，在整个融资结构中担任担保人、保管人、信托计划委托人(受益人)以及财务顾问等多个角色，建立起银行理财产品和资金信托计划的对接通道，满足了企业投资理财和融资创新需求，进一步巩固了优质客户资源。

2008年2月，上海分行发行“蕴通财富0801号——优先受益、多重保障人民币对公集合理财产品”。该产品以优先次级的结构设计、合理的融资折价比例及覆盖风险敞口的警戒、平仓价位等措施，有效降低项目风险，所募集的资金用于交银国际信托有限公司设立的“中国平安股权受益权投资集合资金信托计划”，是蕴通财富品牌项下第一单对公理财产品。4月，面向公司、机构类客户发售“蕴通财富0809号人民币对公理财产品”。该产品为保本固定收益型理财产品，募集的17亿元资金投资于交银国际信托有限公司设立的“交银国信·张江集团债权受益权单一资金信托计划”，是上海分行开办对公理财业务以来单笔发售规模最大的对公集合理财产品，通过创建大型集团客户的投融资业务链，进一步满足企业客户财富管理和融资创新的需求。该项目荣获2008年总行金融服务方案奖一等奖。7月，与中海信托股份有限公司合作，以协议转让、到期回购方式发售用于挂钩票据资产信托的“蕴通财富0831号人民币固定收益类理财产品”。该产品为上海分行首单发起的挂钩票据资产的理财产品。在此交易结构中，担任信托计划的委托人(受益人)、保管人、财务顾问及票据资产管理人等角色，实现了银行理财产品与资金信托计划的挂钩。

2009年，上海市分行加大理财产品创新力度，除继续做好挂钩票据类、信贷类、债券类等理财产品外，新增挂钩应收款、特种租赁收益权等新型理财产品。9月，成功发行总行系统第一单挂钩宝钢集团上海浦东钢铁有限公司(以下简称“浦钢公司”)持有的应收罗泾项目二期交易款的理财产品，产品期限为3个月，规模达28.325亿元。该笔业务在改善浦钢公司资产结构、降低财务费用、增加现金流的同时，满足投资该理财产品公司短期理财需求，进一步丰富上海市分行产品线。是年，成功受让中海信托股份有限公司持有的上海地产(集团)有限公司10亿元信贷资产，向该公司提供“信托+转让”结构性、低成本融资，成为总行系统中率先发行的该类理财产品的分行。

2011年，上海市分行成功发行与上海轨道交通13号线发展有限公司信托计划受益权挂钩的对公理财产品。该产品是总行系统内第一笔以“信托计划受益权+对公理财产品”模式操作的业务，成为宏观调控等因素影响下，发展负债业务、中间业务，缓解信贷规模压力的一项手段。是年，为发展资产管理池业务，试点开展“信托计划受益权+资产管理池”业务，首笔上海浦东发展（集团）有限公司7.5亿元的信托计划受益权资产成功入池。

2014年，上海市分行资产管理业务在巩固业已取得的投资优势基础上，进一步丰富债券投资品种，创新非标业务对接底层资产，运作总行系统内首单对接零售信贷条线非标资产。

第十一章　资产托管业务

2000年后，资产托管业务作为一项综合收益高、市场潜力大的中间业务，受到同业高度重视，并不断被运用于各类金融业务领域。交通银行上海(市)分行按照总行统一部署，精心组织，规范运作，严控风险，强化营销，稳步推进资产托管业务的创新发展，进一步深化了银企业务合作关系，开创了业务发展新局面。截至2014年年末，上海市分行托管业务产品种类涵盖了企业年金、信托计划、私募股权、产业基金、券商专户、基金专户、银行理财、交易资金、保险债券计划、证券投资基金销售监督等领域，资产托管规模达2 311.86亿元，托管产品数量426个。

第一节　概　　况

2001年4月，根据交通银行证券投资基金托管业务发展需要，上海分行设立交通银行投资基金托管部上海分部，负责做好总行证券投资基金的清算工作及总行基金托管部交办的证券投资基金托管、代销拓展等工作。12月，为规范开放式基金代理业务的管理和监督，保证基金申购和赎回正常营运，设立开放式基金代销系统管理中心。该中心负责制定上海分行实施细则，并组织相关的业务培训；组织实施对代销网点基金代理业务的管理；协助总行做好市场调研和基金新业务品种的研究开发，拓展新的业务领域；制定代销奖惩考核制度，并将此工作纳入年度综合考核范畴。2008年5月，分行资产托管业务从金融机构部中分离出来，单独成立资产托管部，以进一步做强资产托管业务，全面提升托管业务运行质量。

2001年8月，上海分行获批开办开放式基金代销业务，着手代销国内第一只公开发行的“华安创新”开放式基金准备工作。为确保基金顺利发行，成立开放式基金领导协调小组，保障开放式基金相关工作的有序展开，制定《开放式证券投资基金代销业务对公操作基本流程(试行)》《开放式基金代销业务对私操作细则(试行)》《基金代销会计核算规定》，促进全行开放式基金业务的发展，规范业务操作。2003年3月，印发《开放式基金代销业务评比奖励实施细则》。设立开放式基金代销业务专项奖，对代销作出突出贡献的管理和业务人员进行奖励。4月，制定《开放式代销业务资料管理试行办法》，规范开放式基金代销业务资料的归集、保管工作，确保基金代销业务资料正确、完整。

2004年6月，上海分行获批开展委托资产托管业务，在总行授权范围内，做好辖内委托资产托管业务客户的发展和维护工作；对外签订委托资产托管合同，具体实施资产的保管、资金清算、财务核算和交易监管等工作。

2004年7月，上海分行依托总行对保险资产全托管业务研究的先发优势，加强总分行联动，实施错位营销，锁定总部设在上海的外资保险公司，争取客户储备。2011年3月，下发《大力推进我行参与保险资金投资基础设施债权投资计划配套服务的通知》。要求各经营单位围绕总行“两化一行”战略和“倍增计划”目标，加快创新驱动、转型发展，把交通银行打造成为上海地区与上海国际金融中心地位相适应的金融旗舰，不断满足重点目标客户的融资需求，推进“保险资金投资基础设施债权投资计划”配套服务。

2005 年 10 月，上海分行根据总行《关于做好企业年金基金工作的通知》《关于在公司业务条线开展企业年金业务集中营销活动的通知》精神，在全行范围内进行广泛的动员，并作出统一部署，要求各经营单位立即行动，重点突破，奠定企业年金业务长效发展的基础。2006 年 4 月，印发《企业年金营销推进指导意见》。对企业年金业务目标客户的选择、业务流程、激励与考核等提出具体措施。2013 年 3 月，制定《养老金业务发展意见》。提出要依托多年来发展企业年金业务打下的基础，逐步推进职业年金、薪酬福利计划、商业养老、健康类保险等养老金业务全面转型，做大业务规模，抢占养老金业务新高地。

2005 年年末，上海分行获悉中国证监会为严控证券公司挪用客户保证金，着手推广第三方存管业务信息后，迅速推进高层营销、项目设计、系统测试、业务宣传等工作，在市场逐鹿中占得先机。2007 年 5 月，制定《证券公司客户交易资金第三方存管业务实施细则》。对业务操作、管理等作出规定；印发《银证"第三方存管"业务营销服务团队管理办法》，强化对银证"第三方存管"活动中人员组织和进度管理，规范服务流程。

截至 2010 年年末，上海分行托管业务稳健发展，运营产品涵盖信托、有限合伙基金、年金、基金公司专户理财、券商定向理财、券商集合理财等多个种类，托管产品数量达 219 个，托管运营规模 581.31 亿元；完成清算及备付金结算 4 万多笔，金额超 10 万亿元；托管规模、托管费收入及资金清算业务量，在总行系统内位居第一，并顺利通过国际标准审计（SAS70）的外部审计和总行的年检，实现全年零差错。

2011 年 5 月，总行授权上海市分行在符合相关条件的情况下自行审核"资产管理池"上海市分池中公司、机构类入池项目。12 月，上海市分行印发《公司、机构类资产入池及后续管理暂行规程》。明确资产入池申报审核流程、操作流程，入池资产在池期间管理、应急管理等规程。

2011 年 6 月，上海市分行作为总行首批非证券类资产保管业务 8 家试点分行之一，参加总行组织的业务培训，深入了解该项业务的流程特点，熟悉并掌握相关操作流程，有针对性地开展非证券类资产保管业务全流程营销，包括市场拓展、项目洽谈、服务方案与协议制定、业务竞标、协议签署等一系列营销工作，抢占非证券类资产保管业务的市场份额，做大业务规模，带动存款业务发展。截至 10 月末，上海市分行资产托管规模首次突破千亿元大关。2012 年 1 月，印发《非证券类资产保管业务管理暂行办法》，进一步规范全行开展该项业务的全流程营销以及保管服务。截至 6 月末，托管产品达 316 个，托管资产净值 1 344 亿元；托管产品的投资种类覆盖股指期货、商品期货等资本市场最前沿领域。

2013 年 7 月，上海市分行获总行托管业务新的授权。除非证券类资产保管业务外，还兼获证券类资产托管业务的市场拓展、项目谈判、竞标活动、合同签署及属地化运作管理权限。2014 年 7 月，制定《托管业务印章管理办法》，进一步加强全行托管业务印章管理，防范托管业务印章管理风险。截至是年年末，上海市分行托管资产规模达 2 311.86 亿元，托管产品数量达 426 个。

第二节　基金券商类产品托管

2001 年 9 月，上海分行 12 家营业网点成功发行由交通银行代销的国内首只开放式"华安创新"基金，总认购金额达 61 963 万元。其中个人投资者认购金额 34 043 万元，机构投资者认购金额 27 920 万元。

2002 年 9 月，上海分行下属 77 家营业网点全面发行由交通银行托管并代销的华夏债券开放式基金，共认购基金6.09亿元。

2003年1月，上海分行与中国证券登记结算有限责任公司上海分公司（以下简称“中证登公司”）、海通证券股份有限公司（以下简称“海通证券公司”）签订开放式基金资金结算协议，向中证登公司、海通证券公司提供安全、方便、快捷的资金结算服务。3月，下属84家营业网点对外发行由交通银行代销的国内首只伞型基金——湘财合丰价值优化型成长类行业基金，全行共代销基金6 823万元。其中个人投资者认购金额2 673万元，机构投资者认购金额4 150万元，基金账户开户数达3 642户。

2006年9月，面对股市步入调整期形势，上海分行以理财讲座、电话营销、直邮回访等形式，全力做好交通银行托管的重点汇丰龙腾基金产品营销组织和进度管理，实现该基金代销1.45亿元。

2008—2009年，上海（市）分行在协助总行成功营销农银汇理基金公司发行的“农银汇理行业成长股票型证券投资基金”“农银汇理恒久增利债券型基金”“农银汇理平衡双利混合型证券投资基金”3个产品的同时，做好原有基金由封闭型转开放型发行扩募工作，多渠道推动公募基金发展，全力提升交通银行公募基金市场占比。

2011年，随着国内资本市场的发展，市场涌现出各类创新型基金产品，上海市分行抓住机遇于3月正式在券商专户理财产品“中金公司JH证券定向理财计划”下开展以股指期货为投资品种的托管业务。该项业务是上海市分行第一只以股指期货作为投资品种的全新托管业务产品，也是总行系统内首只券商模式下的股指期货托管产品。

2012年6月，上海市分行成功托管以商品期货合约为投资标的的“华宝兴业-B专户”托管产品。8月，在资本市场持续低迷，投资者投资意愿不足等因素背景下，开始代销由交通银行托管国内首批发行的“易方达恒生中国企业交易型开放式指数证券投资基金联接基金”，经业务培训、组织推动、精准营销，并配套考核激励，各经营单位筛选目标客户，克难攻坚，累计销售基金达2.22亿元，完成总行下达指标111%。其中对公客户销售规模1.04亿元，对私客户销售规模1.18亿元，完成率分别为104%和122%。

2013年8月，上海市分行成功营销恒泰证券发行的“恒泰C集合资产管理计划”托管业务，是上海市分行自行洽谈、签约并提供托管全流程服务的首单券商集合资产管理计划。9月，托管产品“华宸未来-交行-D资产管理计划”进行国债期货交易，是总行系统内首只进行国债期货交易的托管产品。

2014年3月，上海市分行在总行支持下，经半年多时间的跟踪及洽谈，凭借多年积累的托管专业经验，与上海市首家海外投资基金企业——信拓城（上海）海外投资基金合伙企业签署保管协议。11月，成功营销上海奥氏海外投资基金合伙企业托管业务。截至是年年末，上海市分行共托管基金及券商类产品67个，托管规模165.54亿元。

表3-11-1　2009—2014年交通银行上海市分行基金券商类产品托管情况表

年　　份	托管产品数量（只）	托管产品规模（亿元）
2009	16	8.77
2010	53	123.75
2011	63	249.71
2012	74	88.25

〔续表〕

年　份	托管产品数量(只)	托管产品规模(亿元)
2013	80	380.86
2014	67	165.54

第三节　保险类产品托管

2004 年 7 月起，上海分行根据外资法人保险公司集聚上海市场的特点，对外资保险资产托管业务进行集中营销活动，并召开系列专题研讨会，宣传交通银行资产托管业务优势。截至 2005 年年末，与安联大众人寿、花旗人寿、太平洋安泰人寿、恒康天安人寿、金盛人寿及海尔纽约人寿等 6 家保险公司正式签订资产托管协议；与海康人寿和中保康联人寿等 2 家保险公司达成了资产托管意向，成为总行系统内唯一成功营销外资保险资产托管业务的分行。

2007 年 6 月，国务院颁布《关于保险业改革发展的若干意见》，鼓励保险公司进行金融创新，扩大资金运作范围。上海分行针对保险资金运营管理发生的变化，及时调整营销目标，率先与保险资产管理公司开展创新业务合作，参与发起由华泰资产管理公司受让国家开发银行部分优质资产而设立的支持投资产品计划（业务总标的 24 亿元），同时确定以国家开发银行为资产转让方及服务商、交通银行为资产保证人和计划托管人、华泰资产管理公司担任计划管理人、保险公司为机构投资者的项目运营模式。

2011 年 3 月，上海市分行成功营销中国太平洋人寿股份有限公司，为其 QDII 境外股权投资项目提供托管、结算及外币购汇等金融服务。该股权并购项目标的美元总额等值人民币 42.7 亿元，是国内保险行业第一单 QDII 境外股权投资项目。

2013 年起，上海市旧区改造对接保险资金项目正式启动，上海市分行在总行指导与支持下，于 9 月取得太平洋资产管理有限责任公司、平安资产管理有限责任公司分别发起设立的上海市闸北、虹口及杨浦等多个地块的旧区改造债权投资计划项目托管资格，保险资金债权投资计划规模超 50 亿元。11 月上旬，通过总行托管部对分行承接保险托管业务的验收，并于是月 22 日完成与总行托管部下移保险产品的交接和下移保险资产管理公司的业务衔接工作，共承接国泰人寿保险、汇丰人寿保险、安诚财产保险等多家保险公司的 17 个保险资产组合，涉及传统寿险、分红险、万能险、投资连接险等多个保险品种。

2014 年，上海市分行进一步探索与保险资产管理有限责任公司合作新模式，先后托管平安 A 旧区改造项目、平安国华 B 项目、平安保利 C 项目和平安首创 D 项目等 4 期保险债权投资计划，规模超 36.32 亿元。截至是年年末，上海市分行保险类产品托管数量 32 个，托管规模 167.13 亿元。

表 3-11-2　2011—2014 年交通银行上海市分行保险类产品托管情况表

年　份	托管产品数量(只)	托管产品规模(亿元)
2011	1	24.01
2012	2	48.08

〔续表〕

年　份	托管产品数量(只)	托管产品规模(亿元)
2013	20	372.06
2014	32	167.13

第四节　信托类产品托管

2007 年 8 月，上海分行争取到上海国际信托投资有限公司麾下 19 个信托产品的第三方存管账户开户。10 月，开始单一资金信托托管运作，通过发行轨道交通明珠线人民币理财产品，挂钩上海国际信托投资有限公司设立的“上海轨道交通明珠线发展有限公司贷款单一资金信托”，实现人民币理财产品与信托计划的对接。

2008 年 2 月，上海分行承接总行下移信托产品组合 66 个(包括未成立产品 6 个)。

2013 年 4 月，上海市分行加大业务创新力度，为上海浦东发展(集团)有限公司办理买入返售信托受益权托管产品，金额 37 亿元。

2014 年 4 月，上海市分行所属浦东分行成功办理总行系统内首单零售公司类资产对接理财业务托管产品，募集的 7 100 万元信托资金向 5 家中小企业发放信托贷款。截至是年年末，上海市分行信托类托管产品数量 121 个，托管规模 1 156.19 亿元。

表 3－11－3　2008—2014 年交通银行上海(市)分行信托类产品托管情况表

年　份	托管产品数量(只)	托管产品规模(亿元)
2008	56	80
2009	57	221.81
2010	67	328.15
2011	97	555.95
2012	79	666.40
2013	91	691.70
2014	121	1 156.19

第五节　养老金类托管业务

2005 年 10 月，上海分行全面启动企业年金业务，向全行部署企业年金业务营销各项工作，召开营销培训会议，联动总行开展营销，推动企业年金业务发展。

2006 年 5 月，为贯彻落实总行企业年金工作专题会议精神，加强对目标客户的营销，上海分行与太平人寿上海分公司联合举办企业年金业务推介会，介绍时下国内企业年金发展现状、政策环境的演变及交通银行与太平养老保险股份有限公司(以下简称“太平养老保险公司”)开展企业年金“2＋2 模式”的合作情况，现场演示年金业务的计划发起、年金计划方案设定、年金计划报备、年金计划增值服务等内容。6月,与国药控股有限公司等3家企业签订框架性合作协议,实现企业年金业务零的突破。8月,与受托人太平养老保险公司签订上海华德塑料有限公司企业年金业务的托管合同和账户管理合同,成为拓展企业年金业务并正式运作的第一单。截至是月末,与12家企业签订了企业年金合作协议,账户管理数达18 678户。

2007年3月,上海分行参与开发的总行新一代企业年金账户管理系统成功上线,提升系统处理能力和运算速度,强化缴费、支付、归属等基本业务的自动处理功能;在支持全行式分布操作模式同时,可通过网上银行、电话银行、多媒体自助终端等多层次、立体化服务网络,为客户提供账户管理、受托咨询、业务报告下载等差异化、精细化的企业年金服务;满足对设立不同企业年金计划、大型企业集团内部分层授权查询账户信息、全面评估企业年金计划综合成效等全方位要求。截至6月末,企业年金账户管理规模32 383户,签约企业数42家。

2008年1月,上海分行通过竞标获得上海市存量企业年金资产托管行项目。该项目有7 000多家企业参加,覆盖110多万员工个人,累积规模超过170亿元,系国内参与企业最多、覆盖员工最多、累积规模最大的养老保险企业年金基金。长江养老保险股份有限公司作为受托人,在上海分行开立10个"上海企业年金过渡计划投资资产托管账户",对应10个投资管理人,托管规模近70亿元。10月,参加上海市社团组织的企业年金制度试点单位签约仪式,与市级民办高校代表——上海托普信息技术职业学院签署《企业年金管理合同》,并成为上海市社团组织首批企业年金管理机构。

2010年,上海市分行相继成功营销中国金融期货交易所股份有限公司、华安基金管理公司、上海通用汽车有限公司、泛亚汽车技术中心有限公司等企业年金托管项目。

2011年2月,上海市分行经多方争取,获得上海烟草(集团)公司员工薪酬计划托管账户资格。

2013年,上海市分行认真做好已建立年金客户的续期签约及年金计划转换需求工作,依托长江养老保险股份有限公司在上海市场存量客户的市场优势,加强对他行年金客户的营销。根据客户需求,适时推荐与太平养老保险股份有限公司、中国人寿养老保险股份有限公司、泰康养老保险股份有限公司、平安养老保险股份有限公司等受托合作伙伴的"2+2"集合计划,做大养老金业务账管规模。

截至2014年年末,上海市分行养老金类托管产品数量167个,托管规模121.52亿元。

表3-11-4　2009—2014年交通银行上海市分行养老金类产品托管情况表

年　份	托管产品数量(只)	托管产品规模(亿元)
2009	75	37.42
2010	111	48.68
2011	120	65.51
2012	137	82.65
2013	152	98.98
2014	167	121.52

第六节　其他类产品托管

2006年3月,上海分行与东方证券公司签订远东租赁首期收益权专项计划托管协议。5月,该计划经中国证券监督管理委员会批准正式成立，并成功在上海证券交易所大宗交易市场上市，托管规模4.80亿元。作为国内租赁资产证券化设计的第一单，此举开创交通银行资产托管业务新领域，标志着上海分行经总行授权的首笔资产证券化托管业务进入至实质性启动阶段。

2008年6月，上海分行加强与总行营销联动，争取到上海耀华皮尔金顿玻璃股份有限公司为期1年的1亿元专户理财项目，由交银施罗德基金管理公司任资产管理人，总行任资产托管人，实现交通银行首单基金公司专户理财业务营销突破。

2011年3月，上海市分行正式在券商专户理财产品“中金公司江海证券定向理财计划”下开展股指期货业务，系分行首次办理的以股指期货为投资品种的全新托管业务，是总行系统内首只券商模式下的股指期货托管产品。是月，成功营销中国太平洋人寿股份有限公司，为其首单QDII境外股权投资项目提供托管、结算及外币购汇等金融业务。该股权并购项目标的美元总额等值42.70亿元人民币，是国内保险行业第一单QDII境外股权投资项目。5月，经总行同意授权，自行审核首笔上海华谊(集团)公司9亿元短期流动资产项目入池。该笔业务成功入池，进一步提升上海市分行加大业务创新力度，推进资产池建设的信心。

2011年年末，中国证券监督管理委员会、中国人民银行、国家外汇管理局等相继颁布人民币合格境外机构投资者(RQFII)试点办法，正式启动RQFII境内证券投资试点工作。上海市分行凭借交通银行境内商业银行RQFII托管资格，加强政策研读，在短时间内完成了账户开立和流程制定等工作，并抓住市场机遇，于2012年2月，成功办理人民币合格境外机构投资者(RQFII)境内证券投资账户的开立及资金划转系统内收单业务，树立起跨境人民币品牌特色。6月，与创新工场正式签署基金托管项目，标志着上海市政府创投引导基金合作项目——创新工场的创投基金成功落户交通银行。

2013年8月，上海市分行继成功获得合格境外机构境内财富管理(QDLP)托管银行资格后，经总分行联动营销，为首批获得QDLP业务牌照的境外私募基金公司——肯阳投资基金公司定制专业托管金融服务方案，展示了与上海市政府在金融创新业务合作上先行先试的决心和实力。

2014年3月，上海市分行与上海市金融服务办公室首批6家QDLP基金之一的信拓城(上海)海外投资基金合伙企业(有限合伙)签署资金保管协议，为其开立QDLP基金的申购、赎回、资金保管账户，托管业务规模2 000万美元，凸显了交通银行参与上海国际金融中心建设业务创新能力。12月，联合中国国际金融有限公司为民营集团客户——红星美凯龙家居集团股份有限公司发行首单非公开定向债务融资工具人民币10亿元，并完成对该债务融资工具募集资金的托管，帮助该客户打开了直接融资的业务通道。截至是年年末，上海市分行其他类产品托管数量为39个，托管规模701.48亿元。

表3-11-5　2010—2014年交通银行上海市分行其他产品托管情况表

年　份	托管产品数量(只)	托管产品规模(亿元)
2010	5	5.42
2011	21	55.04
2012	40	464.71
2013	110	496.15
2014	39	701.48

第十二章 电 子 银 行

1986 年 10 月交通银行上海分行重新开业后,依托信息技术力量,积极创新电子银行发展,推动银行传统业务由线下向线上转型。进入 21 世纪后,围绕“打造全功能电子银行、推动业务交互方式转型”目标,进一步加大资源投入,创新金融产品,全力拓宽电子银行渠道应用领域,不断满足公私客户对银行业务全方位的服务需求,促进电子银行业务从分流向分销的转变,践行“客户经理＋产品经理＋电子渠道”“三位一体”新型经营模式转型,受到市场赞誉。2009—2014 年,上海市分行在总行系统内连续被评为“电子银行工作先进单位”。

第一节 概 况

为进一步开拓储蓄业务,适应金融电子化发展趋势,从 1993 年起,上海分行开始为市内营业机构配置自动取款机(ATM)、客户关系管理系统(CRM)、销售终端(POS)等各类自助服务机具,并通过网络连接,有序开通人民币及外币储蓄业务通存通兑业务。

1995 年 4 月,上海分行在上海金融系统中率先推出太平洋信用卡电话银行服务,为持卡人和特约商户提供便捷的服务。7 月,首批 ATM 与上海市“金卡工程”并网成功。12 月,成为“金卡工程”第一批商户 POS 联网银行。1997 年 4 月起,与 VISA 国际组织开展合作,进一步拓宽太平洋信用卡市场。6 月,成为总行电子化建设首批试验田行后,承担各项电子化建设试验任务,并取得多项成果,为推进全行电子化发展进行有益的探索。1998 年 1 月,利用电子化技术,开通全国外汇电子汇兑系统,提高客户查询、解付速度。

1999 年 10 月,上海分行推出网上企业银行系统(以下简称“企业网银”),具有付款、收款和查询三大功能。2000 年 11 月,企业网银系统升级至 2.0 版。2002 年 12 月起,上线总行全国版企业网银。2003 年 9 月,企业网银升级至 2.0 版。2004 年 4 月,企业网银升级至 3.0 版。2005 年 9 月起,上线总行新版企业网银。截至是年年末,企业网银客户达 852 户。2009 年 6 月,运行总行版移动 POS 网银签约系统,实现非柜台电子银行的签约服务。2010—2014 年,逐年上线总行新版企业网银,不断扩展新的功能。系统升级后,为参与新一轮市场竞争搭建强有力的技术平台。

进入 21 世纪后,上海分行顺应市场发展需求,加快推进网上银行发展。2000 年 3 月 10 日,在业界首推基于 INTERNET 个人“外汇宝”交易业务。该项个人网上交易(以下简称“个人网银”)业务在克服柜台、电话、多媒体等交易方式局限性的同时,整合其优势,实现交易方式和服务手段的创新。2003 年 10 月,升级个人网银系统。新系统在确保安全的前提下,简化了操作过程,向客户提供更多的个性化服务。2004 年 6 月,重新设计和改造个人网银和企业网银两大系统架构,将对私业务和对公业务整合在一个技术平台上,并在此基础上开发新的业务产品。2005 年 12 月 18 日起,根据总行统一部署,对个人网银系统进行改版,上线由总行开发的个人网银系统。截至是年年末,个人网银客户达 9.75 万户。

2000 年 5 月,上海分行依托通信网络,推出手机“移动银行”(以下简称“手机银行”)。向手机用户提供联机交易、账户和信息查询、联机转账、代缴费服务等功能。2004 年 10 月，上线总行采用 WAP 方式开发的手机银行。2005 年 9 月，推出手机号码绑定银行卡支付账户，使用手机办理缴费、购物及理财业务。2009 年 7 月，上线总行新一代手机银行“e 动交行”。该手机银行覆盖了个人网银的主要功能，提升金融服务功能。2010 年，相继推出业内首创的手机银行 ATM 取现、手机银行无卡消费及交银 e 贷通业务，向客户提供更快速、便捷、安全的服务。2012 年，在手机银行中增加中国移动、中国电信和中国联通手机充值业务，进一步丰富和完善电子银行特色业务，提升客户体验和满足不同客户群体需求。

2000 年 6 月，上海分行以通信网络为依托，以计算机和电话集成技术为支撑，建立“83588”客户呼叫服务中心，实行全国联网，向全社会提供 365 天 24 小时不间断服务。2001 年 9 月 1 日，交通银行客户服务中心成立后，正式启用“95559”热线电话，上海分行客户服务中心根据总行授权履行总中心职能，打造交通银行“95559”品牌形象。2004 年，与各分中心联网开发应用“95559”客户价值分析、营销管理系统及渠道营销功能，实现由单一服务向多元服务、电话银行向综合性客户服务中心转变。截至是年年末，客户服务中心共受理全行客户咨询、查询、转账各类电话银行业务及投诉、建议、表扬等 778.8 万笔。其中自动语音 678 万笔，人工受理 100.8 万笔，INTERNET 网上咨询 489 笔。

2010—2014 年，围绕“电子银行促全行转型发展”工作主线，上海市分行加快提升电子渠道业务分流、产品分销水平，以“人工网点＋电子银行＋客户经理”的“三位一体”经营模式为业务发展载体，狠抓工作机制建设，建立长效化、常态化的电子银行整体推进体系，加快电子银行与主营业务、客户部门及客户的深度融合，推动“三位一体”经营模式转型。

截至 2014 年年末，上海市分行电子银行整体分流率提升至 81.9%，电子银行业务全面超越传统渠道业务。

第二节　自 助 银 行

1993 年，上海分行配合太平洋信用卡的推出，率先在市内所属的业务部、闸北支行、漕河泾支行、市南办事处推出自动柜员机(ATM)，向持卡人提供取款、查询业务。是年，经网络连接 ATM，开通所属市内营业网点人民币活期储蓄通存通兑业务。1995 年 5 月，通过中型机与 ATM 连接，开设人民币活期业务通存通兑业务。1997 年 7 月，实现人民币定期储蓄业务通存通兑。1999 年 5 月，开通外币定期储蓄业务通存通兑业务，并率先在上海银行系统中实现人民币全储种通存通兑。2000 年 3 月起，实行全市外币活期储蓄通存通兑。

1995 年 7 月 3 日，上海分行 11 台 ATM 在同业中首批与上海市“金卡工程”联网运行，受理有关业务 333 笔，金额 19.74 万元，方便持卡人在市内的通兑。12 月，第一批开通“金卡工程”联网商户 POS 机，推动信用卡应用环境的改善，减少市场现金流通，方便用户。1997 年 4 月起，上海分行在上海地区所有 ATM 和 286 台 POS 机与 VISA 国际组织的全球电子授权清算系统全部联网，所属营业网点及特约商户同时受理太平洋信用卡和境外银行发行的 VISA 信用卡。6 月 20 日，与上海市长途电话局联手开通 POS 联网业务，为客户提供便捷的转账支付结算服务。是年，与工商银行上海市分行一起率先开通 VISA PLUS 业务(VISA 外汇卡在 ATM 上提取人民币业务)。1999 年 5 月，通过总行安排的试点太平洋借记卡系统内跨地区联网交易(简称“全行通”)测试并进入试运行。2007 年 1 月，开通经总行 CPS 系统转接 ATM 的外卡取现业务。

1998年9月，上海分行开通多媒体电脑自助系统。该系统具有个人外汇买卖查询、交易和打印，以及人民币对公、外币甲种、信用卡对账单打印和人民币活期储蓄账户、外币“一卡通”补登折自助服务两项全新的功能。2001年，多媒体终端增加太平洋卡—公共交通卡自助充值服务功能，方便客户绿色出行。2002年9月19日，推出多媒体终端代售民航机票新业务，市民可在上海分行下属市内营业网点及自助银行多媒体终端上购取国内航空公司所有航班的电子机票。截至2003年3月末，在所属107家24小时银行自助服务点统一安装多媒体自助终端，开通包括缴纳公用事业费、交通卡充值、手机充值、福利彩票投注等一系列服务功能，为太平洋卡持卡人提供更加便捷周到的服务。

1998年12月28日，上海分行在所属上海南京东路支行设立“附行式24小时自助银行”，配置2台ATM、2台自动存兑换机、2台多媒体自助终端等自助机具，向客户提供24小时全天候自助服务。其中ATM为客户提供取款、查询服务；自动存兑换机向客户提供存款、查询并受理14种外币(按交通银行是日外汇牌价)自动兑换人民币服务；多媒体为客户提供个人外汇买卖、交易、本外币储蓄补登折服务。除此之外，该自助银行还设有“夜间金库”服务，为客户提供封包存款或存放其他物品服务。2000年9月，在万航渡路1575号(华东政法学院内格致楼底层)设立“离行式24小时自助服务”区，配置1台ATM、1台存款机(CDM)、1台多媒体自助服务等机具，提供取款、存款、查询等自助服务。2002年，在所属交银大厦支行投放1台新型的银行电脑终端——自动存取款机(CRS)，强化金融服务力度。2006年3月起，对离行式自助机具分批实施集中管理，强化对离行式自助机具运行的24小时监控，完善离行式自助机具非工作时间故障报警机制，自助机具开通率由之前的96%提高至98%。2008年1月，在徐家汇美罗城自助银行投放第一台电子银行体验终端。该终端通过交通银行内部网与企业网银、个人银行、交博汇等业务应用系统相连接，为客户提供自助操作网银及新产品介绍、优惠活动、手机银行客户端下载、演示电子银行业务等服务。2012年2月，在所属上海周浦支行投放第一台自助发卡机。该机具有客户自助申办非现金类业务，银行后台远程审核包括申办太平洋IC借记卡、办理手机银行、网上银行、电话银行、自助银行等电子渠道签约、开通银信通和信用卡自助还款等服务功能。8月25日，在所属上海交银大厦支行试点被总行列入重点项目的远程智能柜员机(iTM)。客户通过自助机具、网络、电话、手机与远程视频座席协同，完成原来只能在柜面上受理的业务，获得“面对面”的服务体验。

2008年1月，根据目标客户的区域布局，上海分行整合资源，在中心城区人口稠密地段建成25家离行式自助服务银行，投放自助机具330台，进一步发挥集群效应，弥补物理网点的空白。此后，随着离行式自助银行建设的提速，进一步强化对自助渠道投入产出比管理，统筹布局，提高发展质效。2010年8月，建成电子银行体验终端，将电话银行、自助银行、个人网银、企业网银、手机银行及移动POS等一系列电子渠道进行整合，为客户提供更方便快捷的金融服务。

2010年上海世博会期间，上海市分行为世博园区内每个自助机具服务点配备“95559”免拨电话，及时提供业务咨询和应急服务帮助；推出多媒体现场客户视频服务，实现远程视频面对面金融服务；制定自助设备遇突发情况、应急处理的统一、标准化程序和处理流程。所有自助机具经受了高温、暴雨台风、百万客流等多重考验，机具开通率始终保持在99%以上。

截至2014年年末，上海市分行累计投放自动取款机(ATM)792台、自动存取款机(CRS)510台、多媒体终端442台、电子银行体验终端147台、自助发卡机21台、远程智能柜员机17台，设有24小时离行式自助银行120家。

表 3-12-1 2007—2014 年交通银行上海(市)分行自助柜员机一览表

年份	自动取款机(台)	自动存取款机(台)
2007	242	175
2008	360	212
2009	510	250
2010	596	261
2011	690	332
2012	751	394
2013	819	459
2014	792	510

表 3-12-2 2007—2014 年交通银行上海(市)分行多媒体自助终端一览表

年份	多媒体自助终端(台)
2007	130
2008	284
2009	305
2010	326
2011	372
2012	408
2013	421
2014	442

第三节 电话银行

1995 年 4 月起，上海分行通过电信网络，开通太平洋信用卡电话银行服务，具有查询账户余额、交易明细、修改密码等功能。

1997 年 1 月 2 日，上海分行推出个人外汇买卖(实盘)业务电话交易。是日，客户新开“外币一折通”户数达 70 户。两日之内，办理电话交易账户数达 194 户，成交 10 笔，金额 4.8 万美元。3 月 3 日，推出 18:00—22:30 夜间电话服务，个人外汇买卖(实盘)电话交易由亚洲外汇市场延伸至纽约和伦敦外汇市场。10 月 20 日，再度推出个人外汇买卖(实盘)电话交易从 9:00—22:30 不间断服务，电话交易通信线由 20 根增加到 28 根，及时向客户提供亚洲、纽约和伦敦等国际交易市场汇率信息。该业务推出后半个月时间内，成交 4 292 笔，金额达 2 443 万美元，较往常增长 20%。

2000 年 6 月 18 日，上海分行打破传统的柜台服务模式，正式对外推出“83588”24 小时理财服务热线电话。该电话热线系统采用人工座席和语音自动应答两种方式受理业务。首期开通的是以个人理财为主，包括本外币储蓄余额、人民币利率及外币汇率查询，密码修改、个人转账、外汇宝交易、银行卡紧急挂失及账务明细和交易明细传真等服务。之后，又推出开户企业存贷款账户余额、电子汇兑及交易明细业务查询，并对个人和企业开通大额取款、个人贷款申请预约等服务。2001年9月1日，交通银行全国统一客户服务中心（以下简称“客服中心”）在沪成立，正式启用“95559”标志性号码，上海分行“83588”理财服务热线统一切换至“95559”语音系统，并承担总中心业务、管理，以及受理客户咨询、投诉和建议职能，提供365天24小时全天候、中英双语服务。截至是年年末，共受理客户咨询、查询、转账、投诉及建议等各类电话459万通。

2001年，上海分行先后推出太平洋借记卡电话投注“上海风采”福利彩票、自助缴纳电信费、手机预付费充值项目，客户通过拨打交通银行“95559”电话，即可自助办理相关业务。

2002年7月，上海分行开通开放式基金电话委托交易业务，交易种类包括基金开户、认购、申购、赎回、撤销、更改分红选择等。

2003年3月31日，交通银行客服中心“95559”上线电话销售保险系统。该系统通过电话代理保险产品，提供实时扣款、实时出单，2天之内收到保单一站式服务。开通仅2个多小时，销售“安居理财”保险11份，金额8.6万元。截至11月3日，在线销售“安居理财”保险达2 120.8万元。随着在线销售保险业务的推广，“95559”逐渐形成多层次、多系列的保险产品销售格局，并成功地从呼入中心转变为呼入、呼出一体化的综合性客服中心。

2007年6月29日，总行集中式客服中心试点成功上线，并于11月顺利投产。至此，上海分行客服中心及电话银行渠道相关业务和运营管理职能划归总行统一管理。

第四节　网上银行

一、企业网上银行

1999年10月，上海分行自行开发网上企业银行（以下简称“企业网银”）系统，具有付款、收款和查询三项服务功能。2000年2月，上海梅林正广和股份有限公司率先投入该系统运行，加强资金统一管理。截至是年6月末，海通证券、太平洋保险、宝钢集团、华安基金管理有限公司等7家公司安装并使用企业网银系统。11月，企业网银升级至2.0版，安装的客户达22家。

2002年年末，上海分行上线总行全国版企业网银系统，同时确定海通证券公司总部、外高桥医药销售公司、欧倍德（中国）管理集团、易初莲花超市集团等单位为第一批运行单位。该网银的推出，为拓展和服务优质客户和集团客户提供了技术支持，进一步拓宽了银企业务发展渠道。

2003年9月，上海分行上线总行企业网银2.0版。2004年4月，上线总行企业网银3.0版。新版企业网银分为大众版、实用版、标准版和高级版4个版本，分别对应查询类、密码授权类、银行定制类和客户定制类，实现差异化服务，满足客户多样化金融服务需求。不同版本通过用户协议、开户页面、开户流程进行区分，版本之间可按照既定规则进行转换。

2005年9月，上海分行切换上线2005版企业网银，为客户提供24小时运作的银行（Anytime）、开放的银行（Anywhere）、服务方式多样化的银行（Anyhow）“三A”银行服务功能。截至是年年末，企业网银客户达852户。

2004年8月，上海分行开通银企通系统（大客户服务系统），通过网络把综合业务系统和客户内部财务系统或ERP系统相连接，为客户提供账务查询、支付结算、现金管理及其个性化服务功能。

2008年5月，上海分行上线银企直联系统，实现企业财务系统与交通银行网银平台的无缝对接,向企业提供全方位的财务服务,并提高企业财务运作效率。

2009年3月31日,上海市分行上线B2B电子商务跨境网上销售结算平台,成为国内首家实现跨境B2B网上业务的中资银行。5月10日,完成企业资金结算平台上线工作。8月12日,与交银施罗德基金管理有限公司联合开通"交通银行—交银施罗德基金网上直销业务平台",成为总行系统内首家成功上线基金网上直销平台的分行。

2011年8月,上海市分行上线"联合在线网银"系统。该系统突破传统公私网银相分离的界限,除为中小企业提供账务查询、对账单管理、企业付款、财务通、汇出汇款、国际信用证等企业网银业务服务外,还融入个人网银服务,开设了企业家专享频道。实现开户自助化、办公移动化、公私混合化、贷款联合化、企业法人化专享化和定价优惠化六大创新功能,为中小企业客户提供更便捷的服务。

2012年3月,上海市分行开通"企业收富通宝"业务,为企业网银客户提供交通银行与跨行代收付业务安全、便捷、畅通的服务渠道。5月,上线网上支付二次清算系统,为大型电子支付代理商、大型电子商务市场及行业客户提供服务支撑。

2014年,上海市分行推进企业网银发展,将其打造成集账务管理、资金调拨、投资理财等服务功能的全方位、一体化企业客户资金管理平台,并形成以支付、结算和账管为特色的行业金融服务"三驾马车"。截至是年年末,上海市分行企业网银客户数为53 546户,全行整体分流率为81.90%。

表3-12-3　2007—2014年交通银行上海(市)分行企业网银业务情况表

年　末	客户数(户)	交易笔数(笔)	交易金额(万元)
2007	4 216	—	—
2008	7 292	—	—
2009	10 431	14 872 487	378 916 526
2010	17 282	27 214 006	754 986 491
2011	27 391	44 864 478	896 932 312
2012	37 689	65 592 236	1 261 985 198
2013	45 821	89 844 830	1 845 532 963
2014	53 546	132 059 582	4 303 430 491

二、个人网上银行

2000年3月10日,上海分行推出个人"外汇宝"网上交易业务,为国内同业中首家在因特网上开办该项业务。网上交易克服柜台、电话、多媒体等交易方式的局限,整合优势,实现交易方式和服务手段的革新,具有不受地域限制,更加简便、直观,服务内容更为丰富等优势。客户通过因特网可随时查询外币定期存折账户余额和明细交易记录,获取交通银行"外汇宝"10个币种42对牌价等信息。

2002年3月,上海分行携手中国农业银行、招商银行、中信实业银行上海(市)分行及银联电子支付有限公司(筹)开通个人银行卡网上跨行转账客户管理系统。该系统具有银行卡转账业务申请、取消银行卡转账业务、数据上传和下载、数据备份和恢复等服务功能。

2003年10月，上海分行升级个人网上银行(以下简称"个人网银")系统。新版个人网银分大众版和专业版2种，大众版提供最基本的账户查询、个人外汇买卖等网银服务；专业版向客户提供转账、合并转期、手机缴费等个性化服务。

2004年6月，上海分行对"个人网银""企业网银"两大系统架构进行重新设计和技术改造，将对私、对公业务整合在一个技术平台上，并在此基础上开发新的业务产品。

2005年7月，上海分行电子银行部成立后，开始对全行网银业务进行集中化管理。12月18日，上线总行2005版个人网银系统。截至是年年末，对私网银客户达9.75万户。

2006年3月5日，随着大集中二期上线，上海分行个人网银系统成功移植至总行网银系统，原个人网银(www.95559.sh.cn)保留门户网站，此后，网上交易类业务均通过总行网站(www.95559.com.cn)进行。

2007年8月，上海分行上线个人网银"跨行汇款"系统，通过中国人民银行大、小额支付系统为个人网银客户提供同城及异地他行对公、对私账户转账的功能，满足个人客户跨行小额汇款需求，丰富交通银行个人网银产品线，受到客户欢迎。

2012年2月，上海市分行开办不落地网银个人结售汇业务，客户通过网银系统直接提交结售汇申请，该网银系统通过自动采集和扣减外汇局个人结售汇信息管理系统中客户结售汇额度，自动完成结售汇操作、资金入账，满足客户结售汇资金实时交易、到账的需求。

2014年，上海市分行个人网银发展为集账户查询、资金转账、基金买卖、投资理财、外汇宝交易、银证通等功能的个人客户资金管理平台。截至是年年末，上海市分行个人网银业务客户数308.99万户。

表3-12-4　2007—2014年交通银行上海(市)分行个人网银业务情况表

年　份	个人网银客户数(户)	交易笔数(笔)	交易金额(万元)
2007	135 005	—	—
2008	249 606	11 948 666	623 764 814
2009	430 942	14 810 852	356 961 950
2010	742 608	26 978 833	723 710 013
2011	1 193 399	44 396 866	870 832 936
2012	1 726 740	63 725 007	1 225 978 616
2013	2 405 894	85 324 491	1 814 172 511
2014	3 089 923	125 206 069	4 182 819 348

第五节　手机银行

2000年5月16日，上海分行与中国联通上海分公司联合推出手机"移动银行"，成为业内首批使用手机办理金融业务的银行。该手机银行依托联通通信网络，为客户提供外汇交易、银行卡账户查询、卡折转账、银证转账、代缴费等服务功能。2001年7月5日，推出新一代手机银行，中国移动或中国联通用户均可通过WAP手机或普通手机办理账户信息查询、联机转账、联机交易等业务。

2005年9月15日，与上海移动通信有限责任公司联合推出“手机钱包”业务。该项业务通过绑定客户手机号码与银行卡支付账户，以手机短信、语音、WAP、K-Java、USSD等操作方式来管理绑定的银行卡账户，为客户提供缴费、购物和理财3项基本服务。“手机钱包”客户可用此功能进行查缴手机话费、话费充值、公用事业缴费、个人账务查询、购买彩票、手机订报、手机购票、购买IP卡、手机捐款、远程教育、手机投保等一系列自助业务操作。2009年7月1日，上线总行新版手机银行“e动交行”。2010年1月，推出“手机银行ATM取现”新产品；9月，上线手机银行“无卡消费”服务功能；12月，推出手机银行“e贷通”，客户提供手机即能随时随地自助放款、还款，体现e贷通——快e借贷、圆梦瞬时的产品特点。

2009年6月，上海市分行相继上线新一代手机银行电信特色业务、“便民通”特色业务，成为总行系统内首家上线手机银行特色业务的分行。电信特色业务包括本机充值、手机充值、本机缴费、账单缴费四大功能；“便民通”特色业务具有水、电、煤、中国电信账单及手机充值等五大缴费业务，使手机银行更加贴近百姓生活。2010年4月，率先在总行系统内上线“信用卡缴付水电费”“福利彩票”手机银行特色业务。客户通过签约的主卡或下挂的交通银行信用卡，选择“便民通”菜单后直接缴付水、电、煤账单，或在“福利彩票”菜单“福彩开户”页面下进行双色球彩种、自动定投投注，以及投注查询、中奖查询等操作，进一步提升了特色业务功能建设，满足了客户投资理财需求。2011年9月，在总行系统内首家上线手机银行“一键缴费”电信账单特色业务。该业务通过在手机银行中国电信账单缴费功能中新增“一键缴费”选项，简化了客户缴付电信账单业务操作流程。2012年4月23日，在业界率先推出手机银行账单条码扫描特色业务，该项创新服务功能上线后，上海地区使用iOS版和Android版客户端的客户，只需点击条码输入框右侧的扫描键，将账单条码置于手机摄像头下，即可完成水、电、燃气账单公用事业费缴付，替代以往需要输入24位长条码数字的操作，进一步简化了操作流程。5月30日，开通手机银行业务小额充值特色服务功能，解决客户10元、50元及50元整数倍的小面额充值问题，全面支持中国移动、中国联通和中国电信三大移动运营商全国地区手机话费充值业务。

2014年，上海市分行“e动交行”手机银行进入快速发展期，其业务功能全面覆盖个人网银主要功能，具有账务查询、转账汇款、个人理财、基金业务、信用卡业务、外汇宝业务、个人黄金业务、证券业务、银期业务、金融咨询等各类金融服务功能。截至是年年末，上海市分行手机银行客户数达177.28万户，交易笔数达671.45万笔。

表3-12-5 2009—2014年交通银行上海市分行手机银行业务情况表

年 份	客户数(户)	交易笔数(笔)
2009	30 126	30 501
2010	182 682	200 979
2011	369 928	426 299
2012	709 025	1 824 504
2013	1 223 898	4 323 477
2014	1 772 885	6 714 474

第十三章　其他业务

民国时期，交通银行上海分行开展堆栈、仓库及电台业务，担负起扶助实业和服务客户的职责，努力增加收益科目，扩大业务经营范围。1986年10月重新开业后，本着加强服务的宗旨，推出保管箱租用业务，进一步满足客户的需求，展示交通银行综合经营能力。

第一节　仓　　库

民国4年(1915年)，上海分行与中国银行、上海商业储蓄银行、浙江地方实业银行、浙江兴业银行、盐业银行、中孚银行等6家在沪银行共同组织银行公栈，针对湖丝、干茧、棉花、棉纱、匹头、杂粮等货物做栈单押款。

民国7年(1918年)春，上海银行公会正式成立，各银行逐渐加入，遂将公栈事业并入公会，于5月改组为有限公司，并扩充范围。民国7年(1918年)1月—8年(1919年)4月，银行公栈盈利达9 057两。民国8年(1919年)5月—9年(1920年)12月，盈利达到14 514两。民国13年(1924年)3月，苏州河畔发生大火，银行公栈被延及停业后，上海分行租用其他堆栈。

民国20年(1931年)7月，交通银行规定分支行、办事处均得酌设仓库，并计划在上海兴建仓库，嗣后受“九一八事变”影响，延未进行。民国21年(1932年)，购得苏州河光复路乌镇路桥北基地9亩余，遂于民国22年(1933年)1月由新森泰营造厂承造最新式钢骨水泥上海仓库(以下简称“沪仓”)一所。该仓库占地三亩三分有余，分为四层。第一层前为营业室，后分二仓，二至四层均各分为四仓，各装保险库门、消防设施均甚完全。屋顶除露天晒台外，并有玻璃晒台，阴晴两宜。历时9月始告完成。落成后，经保险公会派员查勘，认为建筑精良，一切保险费用与租界内之特等栈房享同等待遇。民国23年(1934年)1月，沪仓开业，参照上海市银行业仓库营业规则厘定规则及记账办法，办理一切仓储业务。开办之后，存货踊跃进仓，营业尚称发达，难以容纳，加之沪仓地处华界，常受时局影响。民国25年(1936年)，交通银行又在公共租界南苏州路租用堆栈一所，于4月20日成立，称为沪仓第一分仓。

民国26年(1937年)9月21日，交通银行总行改组为总管理处，同时成立上海一等分行，设仓库股，同时将沪仓及第一分仓转交上海分行经营。

民国30年(1941年)12月8日，日本侵略军占领上海租界，上海分行及其仓库被勒令关闭。

民国34年(1945年)抗战胜利后，总管理处试图接收清理被汪伪劫持经营的沪仓，但在此之前，上海区敌伪产业处理局已将该仓库分给江海关。后经上海分行与上海区敌伪产业处理局和江海关多次交涉，申明产权，沪仓于民国35年(1946年)4月才被收回。截至民国37年(1948年)4月，沪仓有办事人员21人，工友23人。

1949年11月1日，上海分行复业后仍保留沪仓。1950年4月1日，沪仓移交给中国人民银行信托部。

第二节　电　　台

民国期间，为应对繁忙业务、方便各方联系，沟通上下，赢得时间，上海分行设立专业无线电台(以下简称“沪台”)。该台属交通银行电台分台,设主任1人,另有办事员和工友。电台人事归总管理处统一管理,负责与总管理处、各相关分行之间的业务收发报联系,同时负责代转代收一些普通性质的电报。

因上海地位特殊性,以及上海分行业务发展,沪台电报往来频繁,仅民国36年(1947年)上期至民国37年(1948年)3月,沪台就收发电报8万多封次,平均每天收发电报177封次。

截至民国37年(1948年)4月,沪台有办事人员7人,工友4人。

1949年5月27日上海解放后,交通银行在沪机构,包括沪台在内的财产被中国人民解放军上海市军事管制委员会军代表接管清理。7月8日,交通银行接华东财政经济接管委员会通知称,该会各处在沪接收的电台逐步恢复通信,为使其能更好地完成工作任务,作如下规定:1. 已由华东财委会核定恢复通信的电台,在建制上一律划归财委会通信联络科直接领导(包括业务、人事、器材等),但电台仍为该单位专用电台。2. 各处仅供给电台人员之薪金、办公用具、房屋和宿舍,及其安全。3. 各处行接收原有电台,是代替财委会通联科做的接收工作。接受完毕后,应将电台人员、器材全部移交通联科统一分配使用之。4. 各处行送往电台拍发之电报,各单位应由主要负责人亲自签字或指定专人负责签字,否则电台可拒发之。

1949年7月16日,上海分行将位于南京西路999号及南京西路2708号两处电台、现用公物及办公用具登记造册,送至华东财政经济接管委会秘书处通信联络科。

表3-13-1　民国36年—37年3月(1947年—1948年3月)交通银行上海分行电台收发文电统计表

名称		民国36年(1947年)上期(件)	民国36年(1947年)下期(件)	民国37年(1948年)1—3月(件)
公函	收文	9 003	8 948	3 089
	发文	5 678	6 185	2 020
电报	收电	22 949	19 638	9 549
	发电	12 184	12 251	4 163

第三节　保管箱

为解决广大企事业单位和社会各界人士对重要文件、有价凭证、贵重物品保管难问题,上海分行于1990年1月3日在江西中路200号2楼对外开办保管箱租用业务,具有租价适宜、品种齐全以及开箱安全可靠等特点,可供租用箱体有2 374个。该保管箱库系民国时期金城银行所建,库门为民国16年(1927年)美国纽约YORK SAFE & LOCK CO.,NEW YORK,N. Y. AND YORK,PA.公司所造。

截至2014年年末,上海市分行有10家营业网点开办保管箱业务,保管箱达21 342个。

表3-13-2　2014年年末交通银行上海市分行保管箱业务开办情况表

支行名称	开办时间	地址	类型	保管箱规格(厘米)	保管箱数(只)
分行营业部	1990年1月	黄浦区 江西中路200号	非自助式	A:12.7×7.62×53.34	80
				B:12.7×12.7×53.34	98
				C:25.4×12.7×53.34	525
				D:25.4×17.78×53.34	377

〔续表〕

支行名称	开办时间	地　址	类型	保管箱规格(厘米)	保管箱数(只)
分行营业部	1990 年 1 月	黄浦区 江西中路 200 号	非自助式	E：25.4×25.4×53.34	112
				F：53.34×25.4×53.34	56
				G：63.5×33.02×53.34	4
				H：134.62×45.72×53.34	38
	2014 年 2 月	黄浦区 江西中路 200 号	非自助式	A：30×13.5×48	320
				B：30×15.5×48	320
				C：30×25.8×48	320
				D：30×91.5×48	16
				E：41×91.5×48	108
宝山支行	1994 年 7 月	宝山区 淞滨路 138～146 号	非自助式	A：11.5×54×6.5	1 680
				B：11.5×54×11.5	252
				C：24.5×54×6.5	105
				D：24.5×54×11.5	63
第一支行	1999 年 1 月	黄浦区 中山南路 99 号	非自助式	A：537×108×65	924
				B：537×238×123	1 116
				C：537×238×250	354
				D：537×396×270	88
				E：537×396×1 105	20
市西支行	2002 年 4 月	静安区 江宁路 350 号	非自助式	A：6×24×48	675
				B：10×24×48	675
				C：23×24×48	75
				D：50×37×52	6
				E：100×37×52	3
虹口支行	2003 年 3 月	虹口区 四平路 263 号	非自助式	A：460×230×55	1 170
				B：460×230×100	1 170
				C：460×25×230	130
				D：490×300×510	48
				E：455×360×1 015	24
交银大厦支行	2009 年 2 月	浦东 银城中路 188 号	非自助式	A：24×34×3.5	2 272
				B：24×34×6	2 808
				C：24×34×14	1 140
				D：24×34×18.5	340
				E：24×36×28	144
				F：27×41×39.5	8
				G：57×41×39.5	16

〔续表〕

支行名称	开办时间	地　址	类型	保管箱规格(厘米)	保管箱数(只)
共和新路支行	2010年1月	静安区恒通路211号	非自助式	A：254×480×66	358
				B：254×480×117	238
				C：254×480×165	188
				D：410×480×930	6
徐汇支行	2011年2月	徐汇区衡山路18号	非自助式	A：6.6×25.4×48	434
				B：11.7×25.4×48	186
				C：16.5×25.4×48	154
				D：93×37×48	42
新区支行	2012年1月	浦东新金桥路260号	非自助式	A：6.5×11.5×54	552
				B：12.3×23.8×54	496
				C：25×23.8×54	496
				D：46×23.8×54	248
				E：134.62×45.72×54	54
瑞南支行	2011年6月	黄浦区斜土路838号	自助式	A：35×26×6	162
				B：35×26×12	48

图3-13-1　2009年2月，交通银行上海交银大厦支行在银城中路188号开办保管箱业务

第四篇

运行管理

概 述

1986年10月交通银行上海分行重新开业后，围绕交通银行赋予的"金融改革试验田"目标，不断探索综合性银行、商业银行业务运行机制及经营体制，建立以资产负债管理、财务管理、营运管理等经营管理体系，为业务健康保驾护航。

1988年起，上海分行在金融同业中率先实施资产负债比例管理，以盈利、安全、流动为目标，有效运用资金，逐步建立以自我调控为主体的资产负债管理制度。同时确立资金、成本、利润等9项分析指标，作为经营决策、考察评价经营活动能力和成果的依据，以及组织、协调、监督经营活动的管理手段。1991年，开始实施信贷资产质量监控制度，逐步完善要害岗位责任制度，初步形成自主经营、自负盈亏、自担风险、自我约束、自求平衡、自我发展的经营机制和监控体系，促进全行业务发展及管理水平的不断提高。1993年，成立资产负债管理委员会，加大对资金使用比例管理制度、信贷资产质量监控制度、财务指标分析制度、分析防范和稽核制度执行情况的检查和分析，对全行经营管理状况进行监督、评价。1994年，通过将资产负债比例管理从单一的人民币管理变为本外币全覆盖管理，将事后上报制度变为事前监控制度，将资产负债管理变为资产负债综合管理，提升经营管理水平。2007年后，按照全行资产负债管理业务调控要求，推进全行战略规划和业务转型，逐步完善经济资本管理，不断调整业务结构，优化资源配置，实现价值增长，促进各项主体业务发展。

为完善交通银行资产负债管理制度，1990年，上海分行遵照总管理处《财务指标分析暂行办法》要求，建立财务综合指标分析和考核体系，进一步加强财务管理工作，实现财务的计划管理和监督，增收节支，提高经济效益。1994年，建立以上海分行为基本核算单位，下属分支机构为内部核算单位的两级内部核算体系；在各内部核算单位编制财务收支计划的基础上，实施费用预算审批制度及定期检查和考核制度，规范内部经营管理机制。2001年后，为进一步完善内部两级核算体制，试行内部成本和利润中心，核算内部资金转移价格，运用机会成本的概念对各项资金的运用成本和效益进行比较，分析管理行为在成本和效益上反映出的成果；根据经营管理相分离，决策、执行与监督反馈相制衡原则，调整和增设若干业务部门，推行专业化操作和管理；合理配置资产、负债结构，提高资金利用率，提升全行经济效益。

为进一步推进交通银行资产负债管理制度发展，1990年，上海分行制定会计、出纳专业管理目标，强化目标管理，严格制度执行，提高会计出纳工作质量。1992年，加强对会计部门重要岗位管理，规定章、证、押重要岗位人员的配备数量，严格章、证、押重要岗位人员审批权限、报批程序及变更手续，积极防范经营风险。1993年，制定会计重要岗位人员行为考核办法。强调考核中发现不适宜继续担任重要岗位工作的，须及时进行更换，以达到防弊堵漏目的。2006年后，进一步健全会计风险控制体系，加强会计队伍建设，强化监督制约机制，设立会计后备干部人才库，并从中选拔优秀人才，由上海分行委派其担任各级经营单位会计主管，按分级授权的规定进行业务审批与业务授权，加强风险管理，防止差错事故，维护银行和客户资金安全。截至2014年年末，上海市分行在合规经营理念指引下，坚持会计规范操作行为，不断提高会计核算质量；坚持发挥会计管理、监督职能，积极防范经营风险，全面提升会计营运管理水平，夯实全行审慎经营、转型发展，持续盈利的基础。

第一章　资产负债管理

作为金融改革的产物，交通银行上海分行自 1986 年 10 月试营业起，按照“自主经营，自负盈亏，自求平衡，独立核算”经营方针，资金运用实行比例控制。1994 年，在总行统一指挥下，建立起以资产负债比例管理为核心的业务经营管理体系，并且在实施资金使用比例管理、执行利率政策、防范汇率风险和提高资产质量，规范表外业务及健全财务分析与预警制度等方面进行积极的探索，有效提升经营管理水平。

第一节　资产负债比例管理

1986 年开业初期，上海分行贯彻国家金融政策和宏观调控制度，以盈利性、安全性、流动性“三性”为目标，大力筹集资金，执行资金使用比例控制，逐步建立和健全包括信贷业务在内的政策控制、程序控制、利率控制、数量控制和组织控制的内部自我控制制度。

1988 年，上海分行按照总行《资产负债管理办法》要求，在内部自我控制制度基础上，构建起以自我调控为主体的资产负债管理约束机制。

1990 年，在加强对信贷业务控制同时，上海分行制定资金、成本、利润等 17 项分析指标，作为分支机构制定决策、考核评价经营活动能力和成果的依据，以及协调、监督经营活动的重要管理手段。

1991 年，上海分行建立信贷资产质量监控制度，通过正确分类、逐笔认定、台账登记、账户反映、严格稽核、统计分析、催收处理、考核奖惩，逐步完善要害岗位责任制度，风险意识全员化、资产质量显性化、信贷管理制度化的要求逐步得到落实。

1992 年，根据《巴塞尔协议》精神，上海分行重新设计资产负债比例管理指标体系，建立资本适宜度、贷款限额、贷款结构、单个贷款最高额、信用贷款、贷款质量、投资限额、本息回收率、可购置固定资产及经营收益等 10 项指标，进一步强化资产负债管理水平，增强自我调控和应变能力，促进资金流动性、安全性、盈利性协调发展和全行业务的稳健发展。

1993 年 3 月，上海分行成立资产负债管理委员会，全面担负起全行资产负债管理、风险防范、经营管理监督、评价及建议职责。分行资产负债管理委员会下设办公室，负责全行资产负债比例管理的统计、检查、分析与考核，协调各职能部门的资产负债比例管理活动，做好资产负债管理委员会每次例会的各项准备工作。

1994 年 8 月，上海分行制定《资产负债比例管理办法实施细则》，提出“比例管理，限额控制，适时调节，监控考核”基本原则，参照中国人民银行对商业银行实施资产负债比例管理下达的 9 项监控指标，结合交通银行资金营运特点，重新确定包括本外币 13 项指标在内的指标体系，以建立自我约束、自我控制、自我发展的经营机制，实现信贷资产流动性、安全性、盈利性三者最佳组合的经营目标。

1995 年 12 月，为使实际操作准确简便，上海分行增减若干资产负债比例管理指标，并调整若干指标的统计口径。是月，对资产负债比例管理办法实施细则进行补充，修改原专项统计表表式及流动性资产、负债的统计口径；增加外汇风险资产专项统计表；增加人民币和外汇业务的表外资产的专项统计表。

1998 年 3 月，按照总行要求，上海分行调整资产负债比例管理监控指标，重新确立资产负债比例管理监控指标体系。1. 业务发展比例指标（本外币合一），包括存款增长率；2. 流动性比例指标，包括存贷款比例、中长期贷款比例、资产流动性比例、备付金率、拆借资金比例、投资限额指标；3. 安全性比例指标，包括贷款质量指标、应收利息比例、综合授信额度指标、本金回收率指标、风险资产比例指标；4. 盈利性比例指标，包括利息回收率指标和资产利润率指标。

2001 年 11 月，上海分行印发《资产负债比例管理实施细则》，确立"统一领导、两级管理（管辖行和辖属行）、量化监控、综合指导、定期通报"资产负债比例管理原则；明确资产负债比例管理的范围涵盖本外币、表内外所有业务；建立全辖资产负债管理委员会，统一领导全辖资产负债管理工作，明确其管理职能。

2002 年，上海分行分解下达辖属行年度、季度存贷比计划，并将分解情况上报总行备案；对辖属行存货比计划执行情况进行动态监控，及时发布监控信息；实施辖内调节，对于辖属行业务发展中重大问题和自身能力不能解决的问题及时向总行报告；对人民币和外币实行计划指标内容不同的存贷比管理方法，人民币实行增量存贷比管理，外币实行余额存贷比管理。

2007 年，上海分行成立资产负债管理部，调控业务计划执行并向总行定期报告情况，定期组织召开资产负债管理例会，协调中间业务的拓展，推进票据管理和定价管理，承担总行资产负债管理相关政策在上海分行的组织实施和指导意见的落实。

2013 年，上海市分行进一步完善与市场环境变化相适应的资产负债管理机制，探索涵盖表内与表外、信贷与非信贷、境内与境外的"全表"管理，合理平衡安全性、流动性和盈利性。

2014 年，上海市分行加强存款偏离度管理，调整优化资产负债结构，强化存款偏离度指标的跟踪监测，增强低成本核心负债配置，推进信贷计划管理，通过合理摆布资产负债结构，协调发展各项主体业务。

第二节 准备金管理

一、法定存款准备金

1986 年 10 月上海分行重新开业后，贯彻落实国家"收紧财政和信贷、控制需求、稳定物价、保持经济平衡和稳定发展"方针，按时足额向中国人民银行上海市分行缴存存款准备金。1990 年交通银行全国分（支）行总经理（经理）会议精神后，上海分行加大对辖属行检查力度，要求辖属行严格按照国家金融法规办事，做到财政性存款一律划缴中国人民银行，足额向所在地中国人民银行缴存存款准备金。

1998 年 3 月，上海分行按照总行《关于贯彻执行存款准备金制度改革的通知》精神，对存款准备金管理作出调整：1. 调整一般存款统计口径。从 3 月下旬起，将代理中国人民银行财政性存款中的机关团体存款、财政预算外存款，划为一般存款，并按规定比例缴纳法定存款准备金。2. 调整法定存款准备金划拨方式。从 4 月 4 日起，在每旬的前 3 日内，根据上旬末会计报表中规定的缴存范围，填制"交通银行上海分行存款准备金计算表"，计算出应缴或应退的存款准备金。3. 存款准备金的划拨。每月 4 日、14 日、24 日，在联行账户上备足头寸，由总行营业部通过联行往账主动向上海分行划拨。收妥资金后，由总行统一存入中国人民银行上海市分行。4. 上缴总行专项存入中国人民银行“临时存款”账户中的资金(即法定存款准备金下调 5%部分),按规定专门用于认购国债。截至 2014 年年末,上海市分行一直沿用该办法缴存法定存款准备金。

二、外币存款准备金

1993 年,根据总管理处《缴存外币存款准备金实施细则》精神,上海分行从 4 月 1 日起开始缴纳外币存款准备金。缴存比例采取分步实施、逐步到位的办法,即是年第四季度前按 3%的比例缴存,第四季度开始按 5%缴存。缴存范围包括个人外币储蓄存款及机关、团体、企业、事业单位及外国驻华机构的外币存款。计提方法以缴存范围内各项外币存款当季月平均余额与缴存比例的乘积确定。缴存办法:1. 根据各原币的会计报表数填列《交通银行上海分行缴存外币存款准备金报告书》,各种货币之间的折算率均按当季最后一日国家外汇管理局公布的人民币官方外汇牌价(中间价)折算;2. 每季终了后 10 日内,划报单给总管理处缴存或调整,同时将《交通银行上海分行缴存外币存款准备金报告书》和缴存或调整的邮划报单的复印件一起传真给交通银行国外部外汇会计处(例假日顺延)。总管理处汇总各分支行传真件后,将缴存或调增的外币存款准备金于每月 20 日前统一划转到“人民银行准备金存款”专户中,如调减则从“人民银行准备金存款”专户中调回。

2002 年 6 月,上海分行印发《关于调整外汇存款准备金缴存办法的通知》,明确为进一步加强外汇存款准备金的管理,各行须严格执行中国人民银行《外汇存款准备金管理规定》,规范外汇存款准备金计提操作。是年 7 月 1 日起,改外汇存款准备金缴存由原来各分支行每季度自提上缴为总行营业部统一计提下划。截至 2014 年年末,上海市分行一直沿用该办法缴存外汇存款准备金。

第三节　资金头寸管理

1986 年开业初期,为准确匡计头寸,加强资金调度,防止漏计失控,上海分行加强资金信息预测报工作,对存、贷款和同业拆放实行隔日头寸联系制度。

1988 年 5 月,上海分行印发《信贷、现金计划管理的试行办法》,确定“统一计划、分级管理、以存定贷、自求平衡”计划管理原则,明确分行信贷收支计划纳入总管理处信贷计划范围,并按总管理处下达的年、季度信贷计划指标执行;要求各辖属支行根据上海分行下达的年度计划,大力吸收存款、发行金融债券等平衡信贷收支。要求下属办事处、业务部门大力组织存款,合理发放贷款,做到“存差”及单个存款项目的计划指标力争超额完成,“借差”及单个贷款项目的计划指标不予突破,确保信贷资金合理使用、灵活调度、提高资金效益。

1989 年 1 月,为进一步强化筹资和资金平衡工作,加强资金周转,发挥资金效益,上海分行制定《按部门实行“存贷挂钩、差额控制”的资金管理办法》,对各部门、办事处核定“借差”“存差”日控制指标基数,每隔一段时间根据全行资金情况进行调整;各部门、办事处依据存款增加额,可自主运用其中的 65%,其余的 13%作为存款准备金上缴中国人民银行,22%上缴上海分行作统筹;依据存款减少额返回 13%中国人民银行存款准备金,同时调整“借差”“存差”指标,规定“借差”指标不得突破,“存差”指标必须完成。

1990 年,根据总管理处《关于建立系统内统筹信贷资金的通知》精神,上海分行按 1989 年年末存款总额 1%,向总管理处交存统筹资金,集中资金支持国家重点建设项目。

1994 年,上海分行依照资产负债比例管理要求,进一步加强对信贷资金规范管理,保证资金营运“三性”统一,做好备付金管理,确保在中国人民银行账户上不发生透支。

1998年,上海分行按照总行《系统内人民币资金调度管理暂行办法》,认真落实统筹信贷资金、存款准备金、总分行联动贷款配套资金、系统内资金调剂等准备工作,规范系统内各类资金划拨操作程序。

2004年,上海分行合理调度、分配、运用本行资金,确保资金运用的合法、合规和合理,确保本行存款的支付;在总行授权下,强化对辖属行的人民币资金管理和调度。

2007年4月,上海分行制定《外汇资金业务管理办法及操作规程(暂行)》,规定外汇资金定期拆放、调剂以及各类外汇账户间资金调拨应遵循“安全性、流动性、效益性”原则,确保外汇资金在法律法规和政策规定的框架下进行,各类操作符合中国人民银行、国家外汇管理局的政策法规及总分行的相关规定;确保各类账户内资金及时、足额划拨,保障外汇收付业务正常开展,不无故出现账户透支现象;确保稳妥地运作上海分行外汇资金,保持和提高资金的盈利能力。

2009年8月,上海市外汇管理局决定停办上海外币清算业务。为此,上海市分行关闭在中国人民银行开立的美元和港币境内同业账户,全行受理的同城跨行外币资金分别通过境内外币支付系统进行美元汇款、中国银行转汇方式进行资金清算、境外代理行进行资金划转结算等3个渠道划转。

2010年1月起,根据总行全额资金法要求,上海市分行将外汇资金交由总行集中统一管理,总分行间实行内部资金转移价格(FTP)核算。3月,根据总行《人民币内部资金管理办法》,承担本行辖区内资金调度,监控流动性水平和变化,及时报告流动性需求,协助总行做好全行内部资金管理工作;向总行预报相关的资金计划和资金动向;压缩包括库存现金、存放中国人民银行上海市分行超额备付金及同业清算款等,促进资金向总行归集。

第四节 业务计划与考核

1989年,上海分行为加强资金自控能力,健全资产负债管理制度,做好筹资融资和资金平衡工作,更好地发挥资金效益,将各项存贷款的余额按部门划分,实行“存贷挂钩、差额控制”资金管理办法。核定各部“借差”或“存差”日控制基数,视各部资金运用状况,每隔一定时期进行调整。

1992年,上海分行围绕“以存定贷”经营思想,推行“全年一次亮底,存贷挂钩”管理办法,按一定的存贷比例下达贷款指标;贷款指标管理实行“按季考核,适当上浮,季末压回”办法;按季考核日均存款增长率、日均贷款指标利用率,考核实绩纳入目标管理,与奖金分配挂钩。

1994年,上海分行根据全国金融体制改革的总体方案和总行1994年计划管理办法,结合分行实际,确定“存贷挂钩、比例管理、限额控制、适时调节”限额控制下的增量比例管理办法,实行“按旬统计、按月监控、按季考核、适时调节”办法,确保完成信贷计划。

1998年,上海分行制定“加强集中调度,确保资金支付,促进存款增长,优化信贷投向”信贷计划管理原则。强调在存贷比过高、资金缺口较大的情况下,将加强资金的集中调度,确保对外支付;通过大力组织存款,盘活资产存量和压缩不良贷款,尽快扭转存贷比过高的状况,使资金运行进入良性循环,确保对重点客户和项目的信贷支持。是年起,不再对市内各行、业务部门分解下达信贷规模和存贷比例指标,改由分行集中掌握、统一调度。

2000年,上海分行按照总行“双线管理、分类实施、全年亮底、按季考核、比例监控、适时调节”计划管理体制,明确在存款持续、稳定增长的前提下,集中资金支持信贷结构调整,加大总分行联动贷款力度，存进全行综合效益的提高，制定“全年亮底、按季考核、分月控制、适时调节”具体办法。2001 年，总行计划管理体制精简为“双线管理、分类实施”，上海分行相应调整具体办法，加大计划调控的力度，实施分类指导。

2004 年，根据总行《中长期贷款计划管理暂行办法》要求，上海分行对中长期贷款的计划管理实行“年初下达、按季考核、总量控制、比例管理、实时监控、适时调节”的方式；编制符合国家产业政策、货币信贷政策和本行业务发展要求的中长期贷款计划；核定中长期贷款比例、贸易融资额度等，并随总行计划变化和上海分行需要作相应调整。

2010 年，在风险可控、符合信贷政策投向的前提下，上海市分行按照综合效益孰高的原则进行排序，适度加大对小企业、个人贷款支持的力度，实现各类贷款的综合平衡，确保年度信贷加护增量控制在总行下达的计划之内。

2012—2014 年，上海市分行严格执行总行信贷限额计划要求，加强贷款投放管理，强化“存款立行”理念和日均存款考核，持续提升存款稳定性，坚持“以存定贷、事前管理”，不断提高信贷调控的及时性、有效性、灵活性。

第五节　定　　价

一、定价策略

【人民币存贷款利率定价策略】

1988 年，上海分行严格执行中国人民银行制定的贷款利率政策，发挥利率杠杆作用，对不同行业、部门、企业实施差别利率。确立对一般企业的贷款客户，在规定范围内实施向上浮动利率；对出口创汇产品、名特优产品及市场紧缺产品、能源交通等重点项目、国家紧缺的原材料生产及本行基本客户等贷款对象，给予优惠利率的定价原则。

1991 年 5 月，上海分行结合国家产业政策和信贷政策，将流动资金贷款利率严格控制在规定的上浮 20%和下浮 10%的幅度内；取消超积压和有问题商品的加罚息制度。

1994 年 11 月，上海分行本着“严格执行国家利率政策，有益于业务开展，有利于银行效益”原则，对展期贷款实施贷款期限累计计算，累计贷款期限达到新的利率档次的，从贷款展期之日起，按新的期限档次利率计息；对重点支持、争取的贷款户借新还旧贷款，按借款合同规定期限的利率档次计息；对于一般贷款户（尤其是要压缩的贷款）的借新还旧贷款，参照展期贷款按累计期限的利率档次计息办法执行，并在该贷款合同中附加“本借款合同是合同双方于××年×月×日签订的借款合同（合同编号××××）的续借合同。本合同的累计借款期限为××年”条款，以纠正合同期限与利率档次的偏差。

1995 年 6 月，上海分行突显资金盈利性、安全性、流动性“三性”协调的原则，合理和稳定的利差原则，资金导向的原则，原则性与灵活性相结合的原则。提高利率浮动档次，全面内部利率选择权限；合理掌握铺底贷款的期限及利率浮动幅度；规范借新还旧、展期贷款及短还长借贷款的利率处理；调整贴现贷款利率浮动档次。

2000 年，根据业务拓展和市场竞争需要，上海分行制定降低贴现利率水平、下放流动资金贷款基准利率决定权限、超过经营单位审批权限上报授信管理处审批等定价策略。

2001 年 12 月，上海分行印发《进一步加强利率管理的指导意见》，明确“统一政策、分类管理、区别对待、面向市场、适时调整、分级操作”管理原则。强调人民币存款除保险公司协议存款外，一律按中国人民银行制定的利率执行；人民币贷款在央行规定的范围内实行差别利率，除512家大型国有企业贷款不得上浮外，一般企业贷款原则上都须上浮。对享受优惠贷款利率的企业，结合安全性、效益性、流动性指标确定执行标准。

2002年5月，为稳定对私存款，扩大小额质押贷款业务规模，上海分行对小额质押贷款利率实施分档管理、向黄金客户提供优惠利率定价策略。

2004年4月，上海分行制定《个人人民币贷款利率管理暂行办法》，确立个人人民币贷款利率管理遵循“集中管理、分级授权、分类执行、面向市场”管理原则，对个人人民币住房、助学、汽车、房产抵押、商铺、小额质押、经营类及消费类贷款等按客户、贷款品种的不同执行差异化利率，对个人人民币贷款利率管理实行分级授权、审批制度。

2005年1月，上海分行印发《人民币利率管理实施细则》。规定人民币存贷款利率及其浮动幅度由市场资金供求状况、贷款风险因素、企业综合回报和发展前景等确定。资金偏紧的情况下，适当上浮贷款利率，资金偏松的情况下，适当下浮存款利率；在资金供求状况一定情况下，客户风险评级作为主要的参考指标，并辅以业务种类风险因素进行系数调整，确定贷款利率的上下浮动幅度。8月，制定《人民币同业存款利率管理实施细则》，强调根据货币市场利率变化、全行资金松紧程度以及成本利润核算等因素适时调整同业存款利率报价上限，并对外报价。

2006年5月，上海分行加强对公人民币贷款利率浮动管理，确立“统一管理、分别授权”利率定价、风险收益最优化、差别化及市场导向原则。强调人民币贷款利率以中国人民银行公布的各档次法定贷款利率为基础，最低下浮幅度为10%，不设上限，中国人民银行另有规定的除外；贷款利率浮动须充分考虑客户的信用状况、贷款风险高低和综合收益等各种因素，并根据风险收益水平决定贷款利率的定价。在满足贷款利率浮动基本要求的前提下，根据授信客户信贷风险评级确定贷款利率定价下限水平，最终确定贷款利率定价水平下限档次。

2007年12月，围绕中国人民银行持续上调金融机构存贷款基准利率，强化宏观调控的局面，上海分行对贷款利率定价采取适度从紧的策略，减少基准利率下浮贷款，控制基准利率贷款，提高上浮利率贷款比例，改善贷款利率浮动结构；试行票据贴现、转贴现、同业借款、货币互存、同业存款、协议存款、信贷资产回购利率与SHIBOR挂钩的报价。是年，制定《固定利率贷款定价细则》，要求在央行升息期的背景下，贷款发放实行浮动利率。确需发放固定利率贷款的，贷款利率定价要覆盖固定利率风险溢价；建立固定利率贷款提前还款审批制度，并在合同中加注“未经贷款人书面同意，借款人不能提前归还贷款”的约定。

2008年，上海分行印发《人民币同业存款利率管理实施细则》，实行人民币同业存款利率上限与SHIBOR挂钩的定价机制，规定同业存款利率审批流程。

2009年6月，随着利率不断地下调的变化，市场资金相对宽裕，出现银行议价优势逐渐转移及经营利差收窄的局面。上海市分行加强业务精细化管理，强化负债定价管理，做好保证金存款定价管理；建立理财产品的合理定价机制，严格结构性存款办理条件；把握市场情况，加强定期存款管理；深化人民币贷款利率管理，及时调整利率水平。

2011年3月，上海市分行对人民币同业存款利率定价规则做出调整，同业存款权限不再挂钩SHIBOR，采用挂钩FTP价格方式。

2012年1月，根据国内外经济形势变化，上海市分行加强再定价周期管理，对新增对公人民币贷款再定价管理实施适度延长贷款再定价周期策略，规定1年期以内(含)短期贷款，必须以固定利率发放，不得以浮动利率发放；1年期至3年期(含)中期贷款，鼓励以固定利率或按年浮动利率发放，不得以按日浮动利率或按月浮动利率发放；3年期以上中长期贷款，鼓励以按年浮动利率发放，不得以固定利率、按日浮动利率或按月浮动利率发放。

2013年10月，上海市分行修订《人民币存款利率管理实施细则》，进一步强化利率市场化环境下人民币存款利率管理，明确人民币存款利率公开遵循"集中管理、分级授权、适时调整、甄别定价、利润导向"管理原则，强调严格按照中国人民银行规定设定人民币存款品种，不得擅自设定其他期限档次的人民币存款品种；明确人民币存款定价机制采取"挂牌利率＋重点客户/业务利率授权上下浮"模式，各期限档次人民币存款利率在央行的基准利率基础上进行浮动，最高不得超过央行规定幅度。

2014年，上海市分行调整人民币对公存款、储蓄存款、对公实质性贷款以及个人住房贷款的定价管理要求及审批流程，适当延长利率重定价期限。

【外币存贷款利率定价策略】

1989年，上海分行根据总管理处外汇存、贷款利率暂行规定，向单位和个人吸收的外币存款、向单位发放的各种外汇贷款的利率暂参照中国银行外汇存、贷款利率执行，外汇贷款利率并视具体情况适当浮动。

2000年，上海分行制定《外币存贷款利率管理实施细则》。成立由分管行长任组长的外币利率管理协调小组，加强外汇利率管理；规定小额外币存款(300万美元以下或等值其他外币)利率按中国银行业协会公布的利率水平执行。取消原来个人存款满2万美元、单位存款满50万美元可上浮利率的规定；大额外币存款，单笔定期300万(含300万)美元以上或等值其他外币利率不对外公布，在总行规定的上限之内与客户协商，经上海分行核准后确定；外币贷款利率，在总行规定的外币贷款利率下限内根据客户的资信情况与客户协商确定。

2004年，上海分行制定《外币利率管理实施细则》，提出外币利率管理遵循"集中管理、分类执行、面向市场"原则，确立存贷款定价制度，包括设立上海分行价格管理委员会，审议、确定外币存贷款定价机制、定价依据和方式；建立价格听证会制度，对于涉及重要业务或重要客户的价格制定和调整，价格管理委员会邀请相关人员进行价格听证；在价格管理委员会授权范围内，根据市场资金松紧状况、同业竞争情况、上海分行存贷款资金情况，调整利率执行水平和利率审批权限。

2005年，上海分行制定《外币利率管理实施细则》。明确外币利率管理遵循"双重管理、分级审批、权限调整、灵活执行"原则。强调必须严格执行由中国人民银行、总行制定和调整的外币利率，并在权限范围内浮动；明确由分行价格政策管理委员会授权国际部负责外币存贷款利率日常管理工作，国际部根据国内外金融市场的发展和客户需求的变化，及时调整相关外币利率，报计划处备案后发文执行。6月，按照总行《关于调整大额外币存款和外币贷款利率制定方式的通知》要求，大额外币定期存款利率的制定全部采用按伦敦同业拆借市场同期限档次利率(LIBOR)或香港同业拆借市场港币同期限档次利率(HIBOR)加浮动的方式，取消原来采用的基准利率(小额外币存款利率)加浮动的方式。

2007年，上海分行印发《关于加强新增外汇贷款规模控制增加外汇存款的通知》。规定外汇贷款综合收益率应达到LIBOR＋60BP。对于存期较长的等值300万美元以上大额定期外汇存款，可在向分行国际部口头询价的前提下适当上浮利率水平。

2013年，上海市分行外币大额存款利率管理机制由"上限管理、超权限上报审批"的审批制调整为“上限指导、超上限报备”的报备制。

2014 年，上海市分行针对等值 300 万美元以上的外币大额存款，新增 7 天和 14 天两个定期存款报价，满足客户短期资金询价需求。

【服务收费业务价格定价策略】

1987—2004 年，上海分行严格按照中国人民银行上海市分行有关收费管理的法规和政策，建立所属营业机构服务收费业务自查、检查等报告制度，规范收费行为。

2005 年，根据总行《服务收费业务价格目录》，上海分行做好服务收费业务价格管理，执行涵盖公司、人民币结算、私金、国际、托管、资金、电银等七大业务板块服务收费业务的全行统一价格或浮动幅度。

2006 年，上海分行制定《中间业务发展指导意见》，强调以“客户为中心”的价格管理模式，实现从“以产品为中心”向“以客户为中心”的转变。在为公司和个人客户提供综合服务的同时，采取价格包策略，加强公私联动，有效发挥整体合力；实施差异化定价策略。根据客户综合贡献率的不同，采用不同的定价策略；加强定价管理系统中服务功能的建设。完善价格管理系统，开通“价格服务热线”，及时向全行发布收费政策和价格信息，向前台营销人员提供咨询、答疑服务，支持中间业务营销。

2007—2013 年，根据总行逐年下发的《服务收费业务价格目录》，上海(市)分行调整修订中间业务价目表，将服务收费名录中的收费项目按分行现有业务条线进行划分，列出经营单位、条线部门、分行三级机构的服务收费审批权限，并要求各经营单位严格照此执行，不得擅自更改，确保规范经营。

2014 年，上海市分行认真执行总行《服务收费名录(2014 年 8 月版)》在市场调节价中涵盖公司、账户服务、人民币结算、个金、零贷、国际、托管、资金、电银等九大业务板块服务收费业务的全行统一价格和优惠减免政策要求，确保规范经营。

二、实时监控

2003 年 7 月，根据中国人民银行上海分行《上海辖区利率水平监测与利率信息披露办法》的管理要求，上海分行开始通过“中国货币网”上报利率水平监测情况，监测的范围包括人民币贷款利率、票据贴现利率和转贴现利率、同业借款利率和场外同业拆借利率、人民币协议存款利率、内部资金往来利率、大额外币存款利率和外币贷款利率、其他利率等。

2006 年第二季度起，根据中国人民银行要求，上海分行在原有利率报备制度的基础上，增加金融机构同业存款利率、个人住房贷款浮动利率、个人住房贷款固定利率情况的按季报备。9 月，开始使用总行定价管理信息系统开展利率定价的管理监控，包括总分行日常定价管理工作、上报中国人民银行的利率报表信息、监控与分析的多维度定价数据信息等，为实施科学定价管理与决策提供数据支撑。

2007—2014 年，上海(市)分行建立同业利率信息收集机制，搭建市场价格收集的日常固定渠道。加强与中国人民银行利率管理部门的沟通与联系，按月获取上海地区同业存贷款产品定价信息；利用参加当地同业会议和培训等机会，加强与同业的沟通交流；建立一线经营单位市场价格信息收集渠道。

三、定价管理系统应用

2006 年 9 月，总行定价管理信息系统全面上线试运行，该系统由定价管理平台与定价数据平台构成。定价管理平台是总分行之间及总行相关部门进行日常定价管理工作的网上办公系统，对保证日常定价工作流程化与高效性发挥重要作用。定价数据平台是一个全新的定价数据信息平台，主要以存贷款利率信息为主。上海分行根据系统上线要求，认真做好系统上线前后定价管理平台、定价数据平台不同用户角色的权限设置，并通过定价数据平台向中国人民银行上报利率报表信息，多维度的监控与分析定价数据信息，为实施科学定价管理与决策提供数据支撑。系统上线试运行后，全行所有利率报表由总行通过综合报表管理系统统一编制，从根本上改变上海分行手工制表现状，提高数据信息的准确性与及时性。

2009 年 10 月，上海市分行印发《绩效考核信息系统运行管理办法》。明确资负部负责绩效考核信息系统的功能设计，设置各级系统管理员，牵头监控系统的日常运行，与信息部、各业务条线管理部门、经营单位进行沟通，及时反馈、协调绩效考核信息系统数据、功能等各方面的问题；要求各单位对存贷款利率数据进行核实维护。绩效考核信息系统上线后，成为上海分行业务数据信息统计发布、经营单位经营绩效考核的综合平台。

四、FTP 体系

2010 年 1 月，总行深化资产负债管理转型，提高精细化管理水平，决定在全行范围内推行内部资金转移定价(Funds Transfer Pricing，简称“FTP”)体系。上海市分行本着积极稳妥、加强协同、加强管理原则开展利率定价管理与 FTP 衔接工作。继续加强本、外币存贷款利率定价管理，综合运用制度制约、流程规范、分析通报、考核激励和检查监督等多种手段，提升贷款和主动负债议价、定价能力，提高信贷收益，控制负债成本，不断改善净利差水平。

2012 年 3 月，上海市分行按照总行《关于调整票据业务 FTP 的通知》精神，综合考虑上海市场票据贴现利率情况及本行贷款规模调控的要求，相应调整和经营单位的票据业务利率下限及审批流程。

2013 年 6 月，围绕总行印发《关于制定人民币买入返售信托受益权及外币非清算类存放同业 FTP 的通知》精神，上海市分行密切跟踪市场走势和监管要求，审慎开展人民币买入返售信托受益权业务，稳妥开展外币非清算类存放同业业务。是年，开始设置并公布自贸区 FT(自由贸易区 Free Trade)分账核算单元人民币存贷款 FTP 价格，对 FT 项下人民币存贷款业务进行定价指导。

2014 年，上海市分行开始公布 FT 账户美元及港币存贷款 FTP 价格曲线，对 FT 项下外币存贷款业务给予定价参考。

第二章　财 务 管 理

1986 年 10 月交通银行上海分行试营业后，按照综合性银行改革要求，设计会计营运体系和管理模式。随着新业务、新金融商品的出现，逐渐强化财务管理职能，建立财务分析指标和考核体系。1994 年总行统一法人体制后，上海分行运用管理会计的原理，对资金筹集运用实施一系列调控措施，实现资产和负债的合理配置，保证资金的有效运用和效益的稳定增长。

第一节　预 算 与 考 核

一、预算管理

上海分行的预算管理是对全行财务及非财务资源进行分配、考核和控制，有效地组织、协调及推动银行的经营管理活动。预算管理主要分为业务预算和财务预算。

【业务预算】

1987—2000 年，上海分行依据工作重点，编制全行信贷计划、财务收支计划，制定风险管理目标，并视各内部核算单位的实际，核定计划指标和考核指标。其中利润预算以财务收支计划表形式测算各项财务科目的收入支出情况，确定当年利润计划。2001 年起，利润预算实施"存量＋增量"办法，即以上年利润实际为基础、考虑一次性因素、加减新增业务的收益，来测算并核定当年利润计划。

2001—2009 年，上海分行按照财务报表口径，结合各条线的业务预算参数(主要包括存贷款、同业业务、中间业务收入等规模参数和外部利率等价格参数)，分别预测各级预算单位(包括分行、部门、中心支行、网点等)各项收入(利息收入、金融往来利息收入、手续费收入、汇兑收益、证券买卖差价收入、租赁收益、其他营业收入、投资收益、营业外收入)和各项支出(利息支出、金融企业往来支出、手续费支出、汇兑损失、营业费用、其他营业支出、发行债券利息支出、营业税及附加、营业外支出、以前年度损益调整)水平，以此确定发展目标，制定年度/季度利润预算。

2010 年起，按照总行实施内部资金转移定价(FTP)新规，上海市分行在原来的预算模板中，增加 FTP 参数，使利润核算口径从原来的外部财务口径转变为全额资金计价口径。其中，2010—2012 年，预算需考虑存量(存贷款)业务重定价的影响，2013 年之后，不再考虑存量业务重定价的影响。

【财务预算】

1987—2000 年，上海分行营业费用预算以上年营业费用支出为基础，结合当年业务发展计划编制费用增量计划，报总行审定后执行。

2001—2003 年，上海分行调整财务预算模式。营业费用预算分为固定费用(与业务量相关性小的人事、租赁等费用，其中人事费用包括职工工资、代办员工资、职工福利费、工会经费、职工教育经费、待业保险费、劳动保险费和住房公积金支出）和变动费用（除人事、租赁费用之外的其他营业费用），分别按不同方法测算。固定费用计划以上年基数为基础，相应考虑增减因素进行测算。其中，人事费用计划为上年实际数减去上年底总行的奖励工资及人事费用，加减上年中各项保险费计提比例变化对本年产生的影响；租赁费用计划为上年实际数减去因投资营业网点预计减少的本年租赁费，加减由于新增、减少或调整营业网点预计增加或减少的本年租赁费；变动费用采用与上海分行资产总额平均余额和经营效益挂钩的办法测算，其计划为变动费用基数乘以变动费用系数。其中，变动费用基数为上海分行上年资产总额平均余额乘以变动费用率（变动费用率与变动费用系数由总行下达）。

2004—2007 年，上海分行进行营业费用预算管理改革试点。试点中，营业费用计划分为存量部分和增量部分，分别按照绝对额和比率办法控制。存量费用以上年实际营业费用为基础按一定规则进行调整。增量费用与效益挂钩，按净营业收入增量的 18％控制。

2008 年，上海分行改进营业费用配置方式，将绩效工资及业务宣传费、业务招待费、会议费（简称“三费”）与风险调整后的效益指标挂钩。绩效工资和三费之外的存量费用以上年实际营业费用支出为基础，进行适当调整：剔除一次性追加因素及上年专项配置的费用；扣除上年绩效工资及相应三费（三费按绩效工资的 7.5％比例计）；加上因福利费政策调整扣减的上年营业费用指标；加上 12 月的第三方存管激励费用。绩效工资和三费之外的增量费用与业务效益挂钩，以增量成本收入比控制，即按增量净营业收入的 10％核定。

2009 年起，上海市分行营业费用在“存量＋增量”基础上，增设业务支持专项费用，营业费用计划按“存量调整、增量挂钩、专项奖励”进行配置。存量费用（不含绩效工资及配套费用）以上年实际营业费用支出为基础：扣除上年存量一次性费用；扣除上年综合绩效工资及配套费用（配套费用按绩效工资的 7.5％比例计）；上年度结余开支继续纳入下一年存量费用；分行之间清算费用由总行在预算审核时统一调整存量费用；绩效工资及配套费用与分行当年经营绩效挂钩。增量费用与业务效益挂钩，采用增量费用收入比控制，按增量净经营收入的 10％核定。

2011—2014 年，上海市分行挂钩比例调整为 11％。业务支持费用根据实际业务开展情况及专项考核结果进行配备。

二、经营绩效考核

【考核办法】

1994 年，上海分行为完善内部经营管理机制，建立以分行为基本核算单位，下属分支机构为内部核算单位的两级内部核算体制。设立资金指标、效益指标、工作质量和安全防范四大经营考核指标，对各内部核算单位的资金使用、费用标准和实现利润进行全面管理，考核评价，并成立由分行行长室直接领导、管理部门参加，财会处负责具体核算工作的内部核算工作领导小组。

2007 年起，上海分行应用平衡计分卡方式，从财务（60％）、客户（10％）、内部营运（20％）、学习发展（10％）4 个构面，对各经营单位进行综合考核（采用百分制形式），由分行绩效考评委员会每季度公布考核结果和排名。年度综合考核结果作为经营单位年终绩效评定、各级荣誉称号评选以及员工调薪，分行评价经营单位干部工作绩效、工作能力，调整干部职位的重要依据。

2009 年起，上海市分行对经营单位主体指标实施指标单列、规模共享、专项奖金分成考核办法。同时，将各经营单位划分为对公、零售、综合城区行和远郊行 4 个序列进行考核。2011 年，将经营单位重新划分为大客户部、综合行2个序列进行考核。

2014年,上海市分行实行分序列计分,统一排序考核办法。

【专项奖励考核】

2005年,上海分行制定主体业务专项奖励办法,考核指标以增量为要求、实施明码标价。专项奖励包括奖金和费用,鼓励多做多得、早做早得。

2006年,上海分行贯彻战略转型要求,推动重点业务的持续发展,制定小企业专项考核办法、短期融资券专项考核办法、企业年金专项考核办法、双币卡专项考核办法、不良资产清收专项考核办法、电银条线专项考核办法等6个办法,专项奖励对业务发展作出贡献的经营单位和营销人员。

2007—2012年,上海(市)分行制定主体业务、个金条线、投行类中间业务、国际条线、风控条线、电银条线以及机构条线等7个专项考核办法。分行绩效考评委员会负责对各专项奖励的考核结果进行审核,经分行行长办公会审定,由人力资源部下发到各经营单位进行二次分配,直接奖励到相关营销人员。专项考核奖励采用"收支两条线"管理模式,鼓励各单位在争取总行专项资源的同时,根据自身业务发展实际,核定资源额度,由各条线制定有别于总行的专项考核奖励办法。

2013—2014年,上海市分行鼓励各经营单位开拓战略性转型业务,提升分行综合竞争力和盈利水平,重点关注与总行专项资源配置和经营策略相配套的、有利于争取资源的业务。同时,新设立公司条线及个金条线专项营销费用配置办法,以增拨营销费用额度形式,奖励业绩突出的经营单位。

【网点考核】

2007年,上海分行对全行营业网点进行评先评优考核。

2010年,上海市分行将网点分成"营业部组"和"非营业部组"进行考核奖励。为构建网点独立考评体系。2011年1月,制定《网点分等考核、分类管理实施细则》,建立与网点等级挂钩的专项奖金激励制度,对业务发展大道分行要求的网点,根据网点等级按年配置适当的专项奖励,奖金统一法制经营单位,由其统筹分配;2月,印发《网点综合化专项奖励办法》,对等级提升、业务有增量的网点进行奖励。

2013年起,为进一步激发网点经营活力、提升网点综合竞争力,着力培育网点自主经营、综合化发展的意识和能力,上海市分行出台《网点综合经营能力提升考评办法》,从效益、规模、客户、营运内控和服务5个方面评估网点发展质效,对各网点经营管理水平进行直接衡量和排名。同时,根据综合竞争力考评结果,逐步建立起与网点综合经营能力提升要求相适应的管理模式和激励约束机制,从财务资源、管理授权、荣誉制度、责任人待遇等各方面落实各项奖惩措施。

【业务明星考核】

2007年起,上海分行制定《"十佳明星"考核奖励办法》。

2011年,上海市分行将《"十佳明星"考核奖励办法》更名为《业务明星奖考核办法》。分为明星对公客户经理、明星沃德客户经理、明星客户服务经理、明星私人银行顾问、明星大堂经理、明星零售信贷客户经理、国际业务明星、明星网点、全员营销推荐明星、会计营运明星及柜面服务明星等11

类。分别从存款、中间业务收入、品牌客户增长数、贷款发放额、服务、利润贡献等内容对不同条线员工进行考核。业务明星按全行排名、设置门槛、不可兼得的原则对优秀单位和员工进行奖励。奖励办法由各条线管理部门制定，分行每季度滚动公布排名情况，年末按考核结果统一实施奖励。对获评业务明星奖的员工，在年终绩效考核中给予适当加分，派遣制员工可优先录用为正式员工。

2013 年，上海市分行业务明星考核内容调整为 10 项（减去“明星网点”一项）。

2014 年，上海市分行业务明星评选按市场营销明星（包括明星对公客户经理、国际业务明星、明星沃德客户经理、明星客户服务经理、明星私人银行顾问、明星零售信贷客户经理、全员营销推荐明星等 7 个奖项），银行服务明星（包括大堂服务明星、柜面服务明星等 2 个奖项），风险管控明星（包括会计营运明星）等 3 个类别进行考核。

第二节　财务审批和成本控制管理

一、财务授权审批管理

【审批流程】

2006 年，上海分行制定内部财务授权管理试行办法，实行“五级授权审批”，即分行行长办公会、财务审查委员会、分管预算行长、预算部门、各经营单位和各部门等 5 个授权级别。

2012 年起，上海市分行行长办公会、党委会为总行授权上海分行最高的审批授权组织。

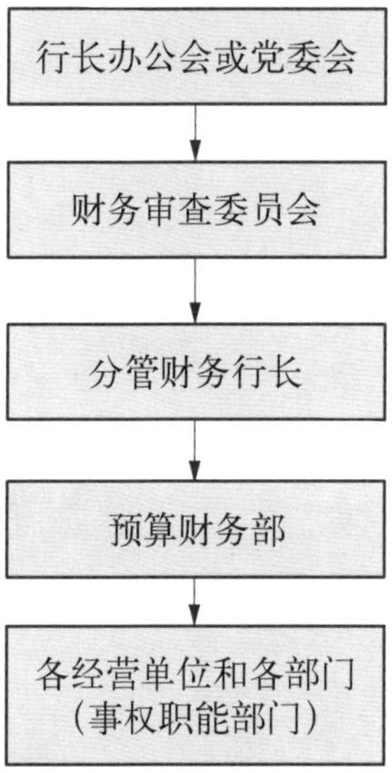

图 4－2－1　2014 年交通银行上海市分行内部财务授权级别图

【审批权限】

分行行长办公会　系上海市分行最高级别的财务审批机构。负责审核各类分配办法、经营单位营业费用预算和全行营业费用预算、小型固定资产分配预算以及其他重大财务事项和财务支出。分行行长办公会对财务审查委员会、主管财务行长、预算财务部、各经营单位和各部门逐级施行授权。

财务审查委员会　2006 年 4 月，上海分行成立财务审查委员会（以下简称“财审会”），负责审查分行重大财务开支事项的必要性、合理性、合规性，在行长办公会领导下开展工作。财审会实行委员制，是年财审会设委员共 8 名。主要职责为：负责审核权限范围内的财务预算审批、费用项目审批；审议固定资产管理有关事项；审定分行集中采购项目；对集中采购执行情况进行监督等。财审会每月召开 1 次，会前各主办单位提供项目的可行性分析以及相关说明资料，会议出席人数为奇数，以投票方式表决。2014 年，财审会共设委员 9 人，全年共召开会议 21 次，审查项目共 80 个。

分管财务行长　负责授权范围内的财务审核、审批。上海市分行内部财务管理实行“一支笔”审批制度，即营业费用、固定资产购建等财务支出须由主管财务行长审批。

分行预算财务部　在行长办公会授权范围内进行财务审核、审批。该部作为责任部门，对涉及全行性费用开支必须按权限报上级审核。

各单位、各部门　各经营单位费用使用和审批权归该单位主要负责人或分管财务行长，在是年营业费用额度内使用。

二、财务报销管理

1986年10月上海分行试营业以来，财务报销工作先后由会计出纳部、财务会计处承担。2005年6月分行预算财务部成立后，下设报销中心，承担全行内部财务核算工作，审核报销凭证的合规性、合法性，使用财务系统进行记账、复核、编制报表、分析等工作；向市内各行（部）拨付备用金；通过营业费用专户支付经审核的营业费用、固定资产购置、在建工程、无形资产购置和低值易耗品购置等大宗支出；负责财产系统无形资产物理信息和价值信息的登记管理工作。

2012年至2014年，上海市分行费用报销实行"双人签字"审批制度，即费用报销时，各单位负责人和财务分管负责人须共同签字审核。报销中心收到票据、单证后，根据授权权限，逐级上报审批，直至付款、记账。

2014年7月1日，上海市分行借助总行上线的"财务管理综合信息系统"，实施"集中式管理，分布式运行，集成OA审批"运行方式，将待审批的财务事项、业务审批流程集成在OA系统审批流中，在OA系统内直接完成事项审核。

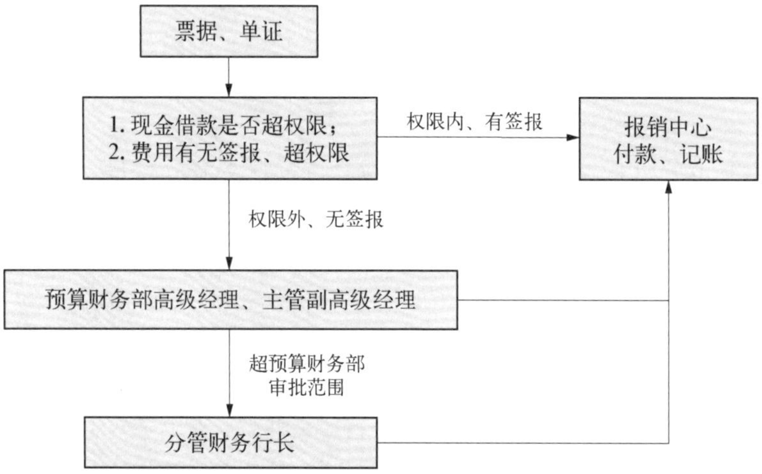

图4－2－2　2014年交通银行上海市分行现金借款、费用报销流程图

三、管理会计成本分摊

【管理会计系统】

2005年9月，上海分行印发《管理会计系统上线实施细则》，同时成立管理会计上线领导小组和工作小组。加强对上线工作的统一领导、组织、协调，确定整体方案和目标进度，落实各项工作措施，确保管理会计系统上线工作的有序推进。管理会计系统一期上线分为2个阶段。第一阶段：9月19日，进入上线周期，分前期准备、参数报表填报、ETL数据准备和抽取样本等各项工作。第二阶段：9月28日至10月31日，主要是参数系统录入各项参数、系统数据核对和差异分析、数据主题应用计算、报表测试和分析，完成系统上线工作。11月，随着管理会计系统一代第一期正式上线，将对公业务数据纳入系统，进一步细化部门成本核算、提高部门费用核算的精度、规范费用报销凭证的填写，落实成本责任，明确分行费用管理的权责关系。2006年9月，印发《关于管理会计二期上线工作的通知》，成立由分行行长、副行长、相关部门负责人组成的上线领导小组及由管理部门负责人组成的工作小组。管理会计系统二期上线分为3个阶段。第一阶段：9月11日—16日，进入上线期，主要是前期准备、2006年第二季度参数报表填报和录入、抽取样本等各项工作。第二阶段：9月17日—30日，主要是2006年第三季度各项参数录入、系统数据核对和差异分析。第三阶段：10月1日—27日，主要数据主题应用计算、报表测试和分析，完成系统上线工作。11月，管理会计系统二期上线，进一步将对私数据纳入系统。

2005—2009年，上海(市)分行进行数据积累和试点推广。

2009年，随着全额资金法考核体系的建立，上海市分行全面升级管理会计系统，支持全额资金计价法预算考核，完成由预算试点向全面实施的跨越。

2010—2011年，上海市分行实现管理会计二代系统上线，正式掌握管理会计成本分摊的精细化管理工具。

【成本分摊规则】

2010年起，上海市分行管理会计二代系统各项功能开始上线，实现成本中心核算的功能。分行成本中心是综合考虑现行组织架构设置和业绩核算需要而设置的基本核算单位，既是进行成本核算的主体，又是开展成本管理控制的责任中心。根据经营管理职责差异，分行成本中心分为销售和管理类、服务类及支持类。

2011年11月，上海市分行做好成本中心上线前的准备工作，开展固定资产转移工作：将分行房产、装修、电器类、信息类、保卫类、车辆、办公设备等固定资产转移至柜面、对公业务部、对私业务部、沃德财富中心、私人银行中心、自助银行(在行式)、支行公用等7个成本中心。12月，细化成本中心设置，并提出相应的核算要求：支行层面由原来管理部门、处理部门和公用部门3个成本中心，调整为柜面、对公业务部、沃德财富中心、私人银行中心、对私业务部、自助银行(在行式)、支行公用(后勤综合)7个成本中心；将分行本部纳入成本中心设置范围，设置私人银行中心、国际结算中心、资金部、账务中心、放款中心、自助银行(离行式)6个成本中心。针对新营运模式，分行新增市场营销部、对公市场营销部、对私自助银行(离行式)3个成本中心。是年，营运成本分摊模块上线。

2013年12月，根据总行营运成本分摊的规则，上海市分行研究和开发针对分行所需要的以成本中心成本核算为基础，将责任成本分别向机构、部门、板块以及产品、客户进行成本分摊的模式。

第三节　报 表 管 理

1986年试营业初期，上海分行除拥有简单的计算机工具外，各类报表主要依靠手工填具，逐级汇总。根据内部管理和外部监管机构要求，按日、旬、月、季、年等频度编制包括科目余额表、平均余额表、各项财务指标执行情况表、损益表、资产负债表等，定期向中国人民银行上海市分行、上海市统计局等报送相关报表信息。

1994年，上海分行开始使用ACC-30报表系统，报表管理人员将基础数据信息录入该系统后，由总行汇总生成总分行的各类报表，上海分行再从该系统中下载相关报表。

2001年，上海分行ACC-30报表系统升级为ARFA报表系统。该系统从核心系统和各类业务系统中自动抓取基础数据信息，经分行报表管理人员补录缺失信息、确认数据上传总行后，由

ARFA 系统自动生成总分行、营业网点各层级的报表数据，减轻分行手工制表的负担。

2006 年，在全行数据大集中基础上，上海分行使用综合报表系统。数据大集中有效提高各类数据的可获取性和准确性，综合报表系统直接提取各系统的底层数据，无须分行手工确认，直接生成总行、分行、营业网点各层级的报表数据。

2012 年 9 月，上海市分行成立非现场报表工作领导小组和工作小组，保证各类监管报表及时、准确报送。小组成员由行领导、相关业务部门负责人和工作人员组成，并由相关部门对管理范围内报表或数据项目的及时性和准确性负责。

2014 年，上海市分行继续使用综合报表系统，系统产生的分行层级及其以下层级报表，仅供参考，上海市分行若向外部监管机构报送相关数据和报表时，须再行核对，并对最终报送的数据和报表的准确性负责。

第四节　会计核算管理

从 2001 年 11 月 1 日起，上海分行本外币会计、出纳业务由分行财务会计处统一管理，由其负责制定分行外汇会计各项实施办法和操作规程，并组织实施；负责管理外汇业务各类重要空白凭证；在国际业务部配合下，负责开展外汇会计检查辅导工作，组织外汇会计岗位培训工作；负责汇总、审核、分析分行外汇会计报表；负责编写分行外汇会计核算计算机应用的业务需求，制定相应管理规定，并报送总行财会部；负责管理分行外汇电子汇兑业务及电子汇兑密押机（与外汇管理政策相关的业务处理仍由国际业务部负责）。根据总分行出纳基本制度及有关现金管理规定，负责做好外币出纳管理和检查辅导工作；负责管理分行外币调运中心整体工作；负责与调运工作直接相关的“海关出口货物报关单”“银行调运外币现钞进出境许可证”“海关编码证书”等重要凭证及印章的管理；负责分行外币现金库和支行对公出纳外币现金库（包括有价单证）查库工作；负责外币新版货币发行或旧版货币停止流通等信息传递；负责管理外币反假工作，包括配合私金条线、国际业务部进行反假培训工作，对外币假钞的汇总、保管、上交等工作的管理。

第三章　营 运 管 理

1986 年 10 月交通银行上海分行重新开业以来，结合各个时期业务发展和会计管理的目标，坚持合规经营理念，规范会计操作行为，提高会计核算质量，发挥会计管理、监督职能，全面筑牢风险底线，有效提升全行会计核算和营运管理水平，为上海市分行向交易金融、财富管理金融、服务金融、区域特色金融转型，奠定坚实的基础。

第一节　营运基础管理

一、营运目标管理与考核

1990 年 4 月，上海分行强化会计出纳工作的内部管理机制，制定“会计专业管理目标”“出纳专业管理目标”。会计专业目标管理包括工作质量、服务质量、业务技术、制度执行等 4 个方面内容；出纳专业目标管理包括工作质量、服务质量、制度执行、业务技术及业务库存限额等 5 个方面内容。

1993 年 12 月，为贯彻“防盗窃、防诈骗、保障资金安全”精神，上海分行印发《会计重要岗位人员行为考核办法》，对纳入会计重要岗位掌管重要公章、保管空白重要凭证、经办压数机（密押）等人员的行为进行考核，通过实施“自我鉴定、部分评议、行内外结合”办法，作出全面评议，确定其是否继续胜任会计重要工作岗位，并在人事部门建立其行为考核档案。

1994 年 7 月，上海分行印发《会计、出纳专业考核评比办法（试行）》，对会计、出纳专业工作从内部管理、服务质量、业务技能等 3 个方面进行考核，以强化会计、出纳内部管理，提高相关人员业务素质和工作质量。考核从贯彻和执行制度、建立“三立一定”制度（制定岗位责任制、自查制度、查库制度、银企对账制度），按规定上报各类会计、统计报表，按要求及时完成上级行布置的各单项任务，文明待客、礼貌服务，保持营业环境清洁美观，保证服务设施齐全，建立日常练功制度、定期进行考核等方面进行。

1999 年 1 月，上海分行对缩微凭证，传票及附件缩影分类清单、总结单、清单总表“三表”实施按季考核，年度评比，做到准确、完整、规范。

2002 年 4 月，为进一步加强基层网点业务规章制度建设，强化内部管理，防范操作风险，提高行员业务综合素质，上海分行实行网点柜面业务操作质量考核制度。考核内容以《柜面业务操作基本规定》为基本框架，结合在日常操作中经常发生的业务差错和事故类型，分为现金业务、开销户、凭证管理、凭证审核和整理、会计核算、账户调整、印章密码、重要交接、电脑管理和检查辅导 10 个方面 80 条内容进行操作质量考核。2003 年 4 月，增加国际结算业务考核内容，使操作质量考核达到 11 个方面 96 条内容。

2006 年 6 月，上海分行制定《会计工作综合考核管理办法》，对经营单位、分行会计业务操作部门实施综合考核，包括考核指标和考核项。考核分为会计合规指标、会计质量指标、会计贡献指标等 3 类考核指标，包含会计基础工作、会计管理与组织、会计业务操作、会计服务效率、会计风险防范、会计贡献等 6 个方面指标；考核项作为考核指标的具体体现，在单个考核指标内按考核项分配考核权重。

2008年3月，围绕“控制风险、提升服务、提高效率、降低成本”的会计工作目标，上海分行制定《会计内控考评办法》，主要包括经营单位会计关键岗位人员配备、会计日常管理工作质量检查、辅导培训、会计贡献、会计专项工作、网点管理和调整事项等7个部分，其中“网点管理”部分为基层营业网点的考评内容，由基层营业网点的制度执行、工作质量、培训考核、现金库存和重大违规5个部分内容组成。

2011年3月，上海市分行会计内控考核采取分层考核方式，单位考核对象包括经营单位和基层网点，个人考核对象包括基层营业网点会计主管、会计副主管及检查辅导员，对于不同考核对象设置差别化考核指标。经营单位会计内控考核分类指标包括网点管理、人员管理、专项工作、网点标准化管理、贡献度等；基层营业网点内控考核分类指标包括制度执行、核算质量、员工素质、现金质量；会计主管考核包括内控管理质量、内控管理规模、内控管理进位和调整项等4个部分；会计副主管考核项目包括内控质量考核、业务素质、履职考核、服务质量和民主评议等5个部分；检查辅导员考核项目包括履职情况、工作质量、业务能力、业务管理质量、工作执行力及支持能力等6个部分。

2012年3月，上海市分行对经营单位会计内控考核采用主体考核指标加非关键指标评分方法。通过考核，促进各经营单位进一步夯实会计营运管理基础，推进总分行重点流程优化和创新项目，提升主动创新意识。

2013年3月，为推动全行营运管理转型，发挥对各项业务可持续发展的支撑作用，确保达到“营运精简、管理高效、促进发展”要求，上海市分行印发《2013年会计营运考核办法》。对经营单位营运考核采取核心考核指标加非关键指标评分的方法，核心考核指标由网点管理、人员管理、专项工作、网点标准化建设等主体考核指标及浮动考核指标构成。主体考核指标采用百分制形式，内容包括网点管理、人员管理、专项工作和网点标准化建设，重点体现经营单位营运基础管理质效。浮动指标采用不定值形式，每季度根据上级行考核项目设置，主要体现经营单位对重点工作的落实情况。非关键指标采用附加分形式，体现经营单位对营运条线突出贡献的具体量化考核。

二、营运人员管理与人才培养

【委派制】

2006年起，为健全风险控制体系，加强会计队伍建设和会计岗位管理，提高会计核算质量，强化监督制约机制，上海分行开始在全行范围内实施由分行委派各级会计主管的管理制度。纳入委派范围的会计主管包括账务中心、监督中心和现金储运中心等部门负责人，分行参数科经理、各经营单位业管科经理，基层营业网点(含经营单位营业部)分管会计业务的负责人。各级会计主管的任期一般不超过3年，届满后由上海分行重新实施委派。

2007年6月，上海分行修订《会计主管委派管理细则》，明确基层机构内控合规经理、会计业务经理、二级支行主管会计业务的负责人为分行委派至基层机构的会计主管。强调会计主管在业务上接受分行会计部管理，须定期向会计部报告履职情况，协助经营单位会计结算分管领导做好日常会计管理工作；分行会计部参与对委派的会计主管实施绩效管理，并组织培训和交流；出于工作调动等原因造成会计主管空缺的，缺位期不得超过1个月；会计主管的任期一般不超过2年，届满后，由分行重新委派。规定会计主管的任职条件、职责、聘任和解聘、绩效管理、队伍建设等要求。

2010年6月，上海市分行进一步加强基层营业机构现场管理和风险内控，推进会计管理人员及后备队伍建设，在原已委派基层营业机构会计主管的基础上，由分行会计部再委派一名基层营业机构会计副主管，实行同一基层营业机构正副会计主管“双委派”管理制度；强调基层营业机构会计主管、副会计主管分工协作，相互制约。会计主管为营运管理第一责任人，承担基层营业机构会计管理和风险防范的全部责任。副主管同时接受经营单位及会计部双重领导，按季向经营单位内控合规室报告履职情况，协助主管共同做好基层营业机构日常会计营运工作。会计部按季汇总会计副主管履职情况，对委派的会计副主管提供绩效管理指导意见，并组织培训和交流。截至2014年年末，“双委派”制度仍在施行中。

【轮岗轮调强制休假制度】

2006年2月起，上海分行开始对全行从事本外币对公、对私账户处理，现金业务，结算业务，参数管理等会计人员，以及各部门、各营业网点及其各单位业管科的会计主管、其他会计从业人员实施在同一部门或营业网点不同岗位之间的工作轮换，或在不同部门或营业网点之间的岗位工作进行轮换，停止会计人员履行岗位职责一段时间，由其他会计人员代为行使其岗位职责的轮岗轮调强制休假制度。强制休假分休假和脱产培训2种方式，每次持续5～10个工作日。规定会计主管在同一岗位工作满2年，必须实施轮岗轮调或强制休假，全行会计主管每年轮岗轮调覆盖率不低于50%；骨干会计人员在同一岗位工作满3年，必须实施轮岗轮调或强制休假，全行骨干会计每年轮岗轮调覆盖率不低于30%；一般会计人员在同一岗位工作满3年，应实施强制休假或轮岗轮调，全行一般会计人员每年轮岗轮调覆盖率不低于30%。

2007年10月，上海分行印发《会计业务骨干轮岗锻炼管理（试行）办法》，对参与会计业务骨干轮岗人员范围、基本条件、工作要求、报送程序、工作管理、工作评价作出界定。

2008年6月，上海分行在全行范围内，完成首批会计主管跨行轮调工作，覆盖10家中心支行的10名会计主管。

2013年1月，上海市分行制定《营运人员轮岗轮调和强制休假实施细则》，进一步明确实施对象、同一岗位任职年限、轮岗轮调时长等。规定轮岗轮调不得双人互调、不得在不相容岗位之间轮换；强制休假原则上不可替代轮岗和轮调（只有一个营业网点的经营单位等特殊情况除外）。截至2014年年末，上海市分行继续执行轮岗轮调及强制休假制度。

【会计主管代职管理制度】

2010年3月，为进一步健全会计主管强制休假和委派制度，防范会计业务操作风险，持续加强会计主管职业化建设，保证会计主管委派制有效贯彻落实，促进分行基层营业机构会计管理水平及提升会计队伍素质，上海市分行实施会计主管代职管理制度。代职人员按照分行管理部门每年制定代职计划在规定的代职期间（原则上不少于5个工作日），行使营业机构会计管理的职责，承担相应的责任。实施代职前，会计人员按有关交接规定办理交接手续，严格执行交接程序。实施代理时，由分行会计结算部和经营单位内控合规部门指定监交人员组织实施代职，不准提前通知会计主管本人。代职期间，代职人员由其所在经营单位统一管理。对于代职期间发现问题或异常现象的，按《上海市分行会计风险报告制度》要求及时上报。

2013年9月，上海市分行修订《营运主管代职管理办法》，调整营运主管岗位职责，增加检查与报告职责，明确代职期间开展各类检查工作，注重对各类营运工作的检查，深入调查与真实反映经营单位内控合规部门和基层营业机构营运主管履职现状，客观报告代职检查存在的各类问题与隐患;调整代职工作范围、代职交接移交清册表、代职报告格式等。

【营运条线“英才计划”】

2012年7月,为强化营运条线后备人才建设,培育和充实营运业务专家队伍及内控管理的高质人才,上海市分行开始实施“英才计划”选拔工作。按照“来源于前台,服务为前台”的原则,选拔录用一批具有一定柜面工作经验,学习能力强、发展潜力大的优秀人才,提供分行营运管理部、业务处理中心等部门不同岗位1~2年的轮岗培养,促使其成为营运管理所需要的专业人才;“英才计划”引入导师制带教,全面负责该计划在培育单位的实施推进;人资部、营运部定期组织开展“英才计划”的交流汇报和阶段性考评,其间根据培育目标给予成员拾遗补阙式的资源配置。培育期满,对计划成员的工作表现和能力进行综合评估;“英才计划”实行动态管理,确保优秀且具有潜力的员工能够进入上海市分行“英才计划”进行培养。每2年开展“英才计划”的选拔,在培育期间根据成员在不同岗位的表现和综合能力评估,定度其职业发展方向。表现或评估结果不合格的,引入相应的推出机制。是年,根据笔试、面试等测试,从50名符合条件的人员中,录用8人为分行首期“英才计划”成员。

截至2014年年末,上海市分行共完成两期“英才计划”人员选拔工作。

三、业务技能考核和比赛

1986年10月上海分行对外开始营业。11月,日均处理会计传票100笔。1988年,增至日均5 226笔。业务量的快速增长,对员工同步提高技能水平提出新要求。

1990年5月,上海分行组织全行会计出纳条线的员工开展专业技术项目考核,会计考核的项目有珠算翻打100张大、小写传票,珠算翻打余额表,微机输入100张小写传票;出纳考核的项目有单指单张手持式点钞、多指多张点钞、机点扎钞成捆、抄写翻打现金日记簿、票币计算等,对通过考核的员工统一颁发等级证书。

表4-3-1　1990年交通银行上海分行会计专业技术考核标准表

项目＼级别	能手级	一　级	二　级	三　级
珠算翻打100张大写传票	5′	5′30	6′30	8′
珠算翻打100张小写传票	4′	4′20	4′50	5′30
珠算翻打余额表	20′	25′	30′	35′
微机输入100张小写传票	—	—	—	—

表4-3-2　1990年交通银行上海分行出纳专业技术考核标准表

项目＼级别	能手级	一　级	二　级	三　级
手持式点钞	2 200张	2 100张	2 000张	1 800张
多指多张点钞	3 000张	2 800张	2 400张	2 000张

（续表）

项目 \ 级别	能手级	一　级	二　级	三　级
机器点钞	7′	8′	9′	10′
抄打现金日记簿	8′	9′	10′	11′
票币计算	35 题	33 题	30 题	28 题

1991 年 11 月，上海分行举办首届“交行杯”业务技能比赛，设立珠算加减算、珠算翻打小写传票（会计类）、珠算翻打小写传票（储蓄类）、单指单张手工点钞（含手持式或手按式）、计息器整整计息、英文打字、硬笔字书写、微机记账、计算器操作等 9 个项目，采取一次完成的方法，分别计算团体与个人成绩。截至 2014 年年末，上海市分行共举办 18 届“交行杯”业务技能比赛。

1992 年 11 月，上海分行在全辖范围内举办首届“希望杯”业务技能比赛。比赛项目为珠算翻打小写传票（储蓄类）、计息器整整计息、英文打字、计算器操作、珠算翻打大写传票（会计类）、珠算翻打小写传票（会计类）、珠算加减乘除四则运算、单指单张手工点钞（含手持式或手按式）、多指多张手工点钞、票币计算等 10 个项目，采取一次完成的方法，分别计算团体与个人得分。1992—1998 年，共举办 4 届业务技能比赛。因交通银行调整上海分行辖属行辖属关系，1998 年后“希望杯”比赛停办。

2010 年 5 月，上海市分行对全行符合认证标准的全体会计人员进行 4 项认证，每个项目评定分行一级、分行能手级、总行能手级、行业能手级四等，各等级分别对应相应的技能要求，每季度认定一次，按经营单位推荐和分行认证两个阶段进行。经分行会计部认定的职业技能能手，报人资部备案后，享受能手津贴，每半年发放一次。一个人可参加多项技能评定，累加奖励津贴最高 2 000 元/月。是年，共组织 3 次技能测评，有 753 人次参与，其中 197 人次达到或超过分行设定的各等级标准。

截至 2014 年年末，技能能手认证工作仍在施行中。

四、核心系统

2005 年 6 月，交通银行在香港联合交易所挂牌上市后，为提升业务系统信息集成处理能力、数据挖掘分析潜力，提高股份制金融机构财务报表披露的准确性、及时性，启动数据大集中系统上线工作。4 月，上海分行成功上线大集中系统（一期），以此替代综合业务处理系统。

2006 年 3 月，上海分行以对私业务从零售业务 3.0 系统切入大集中系统运行为标志，实现大集中系统（二期）成功上线，至此实现对公业务和对私业务本外币一本账。

2009 年 10 月，上海市分行完成核心系统前端界面改为 PC 机定制浏览器模式切换。

2010 年 8 月，上海市分行组织开展前置系统 64 位升级特色业务测试和切换模拟演练。2011 年 1 月，前置系统升级成功。

2013 年，国家出台自贸区政策，监管部门提出设立分账核算单元、单独出表的要求，上海市分行受限于核心系统架构，在核心系统另行申请设置 318999 自贸区分行和 318×××机构号，确保自贸区业务可以正常办理。

2014 年 8 月，上海市分行开展“531”工程上线准备工作，为该工程成功上线打好基础。

第二节 支付结算服务

一、支付结算方式

【汇兑】

民国时期,上海分行汇款业务分为票汇、条汇、航空汇、电汇、活支汇款5种。市内汇款每千元手续费为5角,省外每千元1元。

民国3年(1914年)5月,上海分行提出修改汇兑业务,促进该项业务流程更为便捷。抗战爆发后,全国各地因受战争影响,相互割裂,造成银行汇兑业务急剧萎缩。战后初期,上海分行的汇兑业务未见好转,加之中央银行厉行紧缩政策,调款极为不易,直至民国35年(1946年)年末才渐有起色。

民国37年(1948年),面对联行内争揽汇款、挪用汇款等不规范行为,上海分行再次提出改订联行往来制度,以促进汇兑发展,在战后恢复发展汇兑业务方面起到了引领作用。

1987年9月,上海分行正式开通总管理处系统内联行往来业务,与系统内各分支行顺利开展异地本外币结算和本外币资金划拨业务。

1998年4月,上海分行正式上线总行电子汇兑系统,全面替代信电汇业务,与总行系统内各行间的异地支付和资金清算工作达到实时处理、清算,提升了资金汇划速度。

2003年4月,上海分行经过紧张准备和4轮模拟测试,切换上线中国人民银行大额支付系统,首批接入的网点达96家。

2006年6月,上海分行个人网银接入中国人民银行大额支付系统往账接口。经此系统,2万~10万元的个人跨行转账资金可实时到账。是月,小额批量支付系统在上海分行投入运行,实行7×24小时不间断运行。

2007年8月,上海分行个人网银跨行汇款切入小额支付系统。11月,上海小额通存通兑业务在上海分行正式上线运行。

2008年12月,上海分行成功上线上海支付结算综合业务系统一期项目,涵盖实时借记、贷记业务功能。

2013年7月,上海市分行切换上线上海支付结算综合业务系统(二期优化项目),并开始试运行,其功能包括集中代收付业务、集团公司业务等。

2014年1月,上海市分行支付结算综合业务系统转汇业务项目顺利切换上线运行,功能包括贷记转汇、代付转汇业务等。9月,根据中国人民银行第二代支付系统推广项目要求,上海市分行作为隶属于总行的间接参与者以一点接入的方式接入中国人民银行第二代支付系统,结束长达11年作为直接参与者加入支付系统的身份。

【汇票】

1987年8月,上海分行开办汇票业务。1989年11月,启用“交通银行银行汇票”。1990年7月,启用新版商业汇票。1994年1月,启用新版三省一市汇票。

2005年4月,大集中核心账务系统(一期)上线后,上海分行银行承兑汇票承兑、贴现、转贴现业务的会计确认等工作改全行各网点会计部门统一处理为分行账务中心会计科放款组集中处理。

2008年12月,上海分行上线华东三省一市银行汇票业务小额支付系统,将原来压数机物理防伪措施改变为基于密押防伪技术的票据资金清算防弊机制。经此系统，可以实时解付三省一市汇票，加速客户资金周转速度。

2009 年 10 月，上海市作为第一批上线机构接入中国人民银行电子商业汇票系统，开通电子商业汇票业务处理功能和纸质商业汇票登记查询功能。

2012 年 4 月，上海市分行对采用打印方式签发的银行承兑汇票办理承兑实施打印防伪图码、手工签名和增加暗记等三重手段，进一步防范克隆票据风险。

【支票】

1988 年 12 月，中国人民银行出台《银行结算办法》，将支票分为支票与定额支票。其中支票又分为现金与转账支票。上海分行根据客户实际需求，帮助客户选择使用不同种类的支票。1994 年 1 月，启用新版支票，旧版支票停用。1995 年 9 月，再启用新版本票。

1996 年，上海分行统一启用清分机支票，不再区分现金支票和转账支票。

2001 年，根据总行"操作安全，运行高效"要求，上海分行率先在业内试行同城票据提回集中处理模式，即各网点机构仅作票据交换提出业务，所有提回票据由分行账务中心进行集中处理。此举，缓解了各网点机构的操作压力，同时又统一全行审票标准，有效控制提回票据处理时间。

2006 年 11 月 27 日—12 月 2 日，全国支票影像交换系统在分行模拟测试。12 月 18 日，该系统开始在上海分行试点运行，业务运行方式为分散接入模式。2007 年 6 月，中国人民银行宣布全国支票影像交换系统建成，支票具备在全国通用的功能。2008 年 4 月 28 日，上海分行业务运行方式改为直联接入模式。同时，全国支票影像直联交换系统正式上线。

【国内信用证】

民国初期，在外埠货物交易中，上海分行充当买卖双方的交易媒介，开办押汇凭信业务。抗战胜利初期，总管理处多次致电分行，介绍押汇业务。

20 世纪 80 年代后期，随着市场对国内证结算方式认同程度的提高，上海分行国内证项下的融资产品日益丰富。

2005 年 11 月，上海分行获总行授权试点开办国内信用证通知和委托收款业务。

2006 年 3 月，上海分行办理首笔国内信用证通知业务。是月，开办首笔委托收款业务。

2007 年，上海分行国内信用证业务发展迅速，业务笔数和金额均大幅增长。是年年末，向总行申请开办国内信用证开证业务，获总行授权。

2008 年 4 月，根据客户对国内信用证结算方式下资金融通的需求，上海分行制定国内信用证项下议付业务暂行办法，成功办理国内信用证项下首笔议付业务(卖方融资)。在国内尚无证议付业务系统的情况下，通过回购型应收账款转让业务模式操作，满足客户的融资需求，填补交通银行总行在国内证融资业务上的空白。是年，成功办理国内信用证项下首笔由买方前付息的卖方融资业务，满足不同客户的个性化需求。

2009 年 5 月，上海市分行国内信用证业务正式从分行公司部移交国际部管理。7 月，获总行授权，作为国内信用证业务系统上线试点分行，结束国内信用证业务手工操作。8 月，办理国内信用证项下首笔"福费廷"业务，促进国内证业务量快速增长。是年年末，总行印发《关于国内信用证跨行业务有关事项的通知》，增加部分境内行为总行国内信用证业务跨行合作对象，同意上海市分行作为卖方银行，对中国银行等 13 家境内同业合作行开立国内信用证办理通知、委托收款等结算类业务和议付等融资业务。

2010年初，上海市分行收到首笔开证行为光大银行北京方庄支行，金额为80万元，付款期限为签收单签发日之后100天的跨行国内信用证。通过与客户、松江支行以及账务中心的沟通和配合，成功办理首笔跨行国内信用证通知以及委托收款业务，为客户安全收回款项。随后又办理中国银行无锡分行和工商银行海盐支行分别开来国内信用证的通知以及委托收款业务。跨行国内信用证业务的成功办理，改变了国内信用证只能在交通银行系统内操作的情况。是年年末，上海市分行首次为所属市西支行客户办理国内信用证项下两笔开证行为中国银行，金额为3 000万元的跨行“福费廷”业务。

2010年11月，为进一步促进国内信用证融资和同业业务发展，上海市分行向总行申请开办国内信用证项下风险参与业务。获总行批准后，上海市分行将国内信用证业务作为重点产品进行推广。

2013年，随着国内信用证业务爆发式增长，业务风险开始显现，上海市分行印发《关于防范融资业务中企业提供虚假增票或重复使用增票等风险的通知》，对涉及增值税发票审核的国内信用证项下承兑和融资业务流程以及国内保理融资业务流程予以规范。

2014年，受钢材贸易事件、大宗商品价格波动以及市场重复融资的影响，各家银行开始收紧国内信用证融资。上海市分行开展国内信用证“自己开证自己贴现”业务模式的风险排查，规避国内证“自开自贴”业务潜在风险，防止在上海市分行开立国内信用证并由关联公司办理“福费廷”融资，违规套取银行资金，虚构贸易背景的情况发生。是年，国内信用证业务量大幅萎缩，开证和融资量急剧下降。

表4-3-3　2006—2014年交通银行上海(市)分行国内信用证业务情况表　单位：万元

年　份	国内证开证	买方融资	国内证通知	委托收款	卖方融资
2006	0	0	19 100.47	18 371.00	0
2007	0	0	35 332.79	30 271.10	0
2008	845.13	0.00	151 712.78	156 176.31	59 005.19
2009	17 132.73	0.00	52 420.14	50 916.18	12 036.10
2010	55 194.89	0.00	78 496.06	77 925.11	21 069.72
2011	188 887.87	7 480.00	457 162.54	420 167.23	214 964.83
2012	316 588.03	63 224.15	793 961.24	763 610.87	530 635.08
2013	495 357.42	142 430.24	1 232 785.73	1 091 249.82	928 634.82
2014	370 608.12	89 647.61	523 334.08	511 224.26	553 878.49

二、主要支付结算系统

【大小额支付系统】

2003年4月14日，上海分行大额支付系统正式运行，分行账务中心、各网点作为直接和间接的通汇部门，通过该系统，直接办理支付往账业务。同时，分行账务中心作为通汇控制部门，设有中国人民银行大额支付系统前置机、负责集中处理支付业务来账和资金清算。

2006年6月26日，上海分行上线小额支付系统。各上线网点利用该系统处理2万元以下(含

2 万元）的小额异地他行贷记业务，同时按国家计委规定的收费标准向客户收取相应电子汇划费、手续费。

2010 年 5 月 4 日起，为提高小额支付系统的运行效率，上海分行根据中国人民银行规定，将小额支付系统贷记业务的金额上调至 5 万元。

【支付结算综合业务系统】

2008 年 12 月 8 日，上海分行支付结算综合业务系统上线试运行，实行 7×24 小时不间断运行，对同城跨行支付业务逐笔进行实时处理，并作资金清算。分行营运部负责制定系统运行操作规程，对全行综合结算业务进行管理、指导和协调；分行信息部负责系统软件、硬件及网络维护，定期完成系统和数据备份，提供技术咨询、协调服务；分行账务中心负责全行来账业务的集中入账处理，做好资金清算、清算账户的余额监控，以及系统中行名行号、交换号等信息维护，协助解决支付业务中发生的各类问题；分行资负部负责全行清算账户的资金调度，保证足额资金用于往来业务的清算；各网点按照要求，及时完成往账业务的录入、复核和确认工作，处理好本部门发起的支付业务查询、查复工作。

三、主要支付结算业务

【单位银行结算账户管理】

1986 年 10 月上海分行对外营业后，企业的银行结算账户开立、撤销工作由各网点独立完成。

2003 年，中国人民银行对基本户、临时户和财政预算单位专户实行开户许可制度，上海分行所属网点在分行系统中开立、变更、撤销单位银行结算账户的同时，直接将相关资料自行送往中国人民银行上海市分行审批。

2006 年 11 月，为严密开销户流程，加强结算账户管理，防范会计操作风险，上海分行正式实施人民币单位银行结算账户集中开户制度。经开立账户的营销部门初审、会计部门复审后，提交分行账户中心集中审批后报中国人民银行上海市分行核批。

2012 年 6 月，上海市分行配合中国人民银行落实机构信用代码证发放工作，要求各经营单位做好机构代码证、机构信用代码证申请表的申领、配发工作；对于新开立的基本存款账户，各开户经营单位在受理企业开户申请的同时，将企业信息手工录入中国人民银行机构信用代码系统中，并将申请表与开户资料一并送交分行账务中心，报送中国人民银行发放信用代码证机构核批。

2013 年 2 月，上海市分行所属经营单位在办理人民币单位银行结算账户开户、账户信息修改及销户业务时均采用对公客户账户集中处理流程。由网点客户经理对资料真实性进行审核，录入少量基本信息后即可开立账号并办理入资等业务。然后对客户提交的开户申请资料扫描，上传至总行金融服务中心，金融服务中心完成审核及信息录入后，由分行业务中心负责核准类账户集中报送中国人民银行及开户资料寄送客户工作，以实现对公开户前后台分离。

【个人存款账户实名制】

1986 年 10 月上海分行对外营业后，根据《中国人民银行储蓄存款章程》，开始办理个人储蓄存款业务。2000 年 4 月 1 日，根据国务院规定，实施个人存款账户实名制。2007 年 6 月 22 日，全面推广运行“联网核查公民身份信息系统”。2013 年 2 月 24 日，为提高前台业务处理效率，上线总行“新一代联网核查公民身份证系统”。

【同城票据交换】

1986年10月，中国人民银行上海市分行同意上海分行于是月25日启用“666”同城交换号码，由上海分行向交换场派驻一名交换员，每日参加两场票据提出、提回交换工作。

1996年，上海分行各交换网点根据“上海同城票据自动清分系统正式投入运行，停止相应的手工出场交换”要求，做好每场交换提出、提回工作。

2000年4月，因综合业务处理系统上线集中会计核算需要，分行账务中心申请参加同城票据交换，由中国人民银行上海市分行核发“066072”交换号。9月18日，经中国人民银行上海市分行批复同意，由分行账务中心集中办理分行业务部，第一支行，漕河泾支行，徐汇支行、徐汇支行宜山路分理处、徐汇支行徐家汇分理处等6个机构的第一、第二场同城交换票据提回，并集中办理退票手续。

2001年，上海分行实施同城票据提回集中处理模式，全行所有提回票据由分行账务中心一个部门处理，网点仅办理交换提出业务。同城票据集中提回处理，缓解各网点的操作压力，统一全行审票标准，控制提回票据处理时间。

2002年3月，上海分行使用大型清分机，替代人工对同城交换提回票据进行清分并对提回的票据作自动归类、图像采集和网络传送。

2009年4月，上海市分行试点同城交换集中提回系统。该系统利用影像技术，实现以图像票据取代纸质票据交换提回集中验印、集中审票、集中处理的功能，使交换提回业务实现集约化、标准化、流程化管理，变一人处理多张票据为将一张票据分解成多个标准操作，以任务流的形式随机分派给多个柜员进行处理。同时，将同城交换提回业务的记账、验印、审票等处理环节交由总行金融服务中心完成。

表4-3-4 2014年年末交通银行上海市分行参加同城交换网点情况表

序号	机构号	行 名	交换号	序号	机构号	行 名	交换号
1	310150	营业部	066661	15	310220	虹口支行	066030
2	310151	北外滩支行	066962	16	310221	曲阳路支行	066616
3	310190	第一支行	066726	17	310222	广灵支行	066001
4	310191	北京西路支行	066959	18	310224	四川北路支行	066027
5	310200	徐汇支行	066179	19	310226	武昌路支行	066797
6	310201	宜山路支行	066218	20	310227	凉城支行	066357
7	310202	天钥桥路支行	066292	21	310228	中远两湾城支行	066373
8	310203	漕河泾支行	066632	22	310232	大连路支行	065031
9	310204	斜土路支行	066807	23	310240	闸北支行	066441
10	310205	肇嘉浜路支行	066470	24	310241	共和新路支行	066221
11	310206	南丹东路支行	066360	25	310242	虹桥枢纽支行	066234
12	310207	陕西南路支行	066917	26	310244	彭浦新村支行	066043
13	310208	田林支行	066166	27	310246	大华支行	066302
14	310209	浦江高科技园支行	065057	28	310247	芷江路支行	066645

〔续表〕

序号	机构号	行　名	交换号	序号	机构号	行　名	交换号
29	310248	市北工业区支行	066247	61	310322	安亭支行	069040
30	310258	延长路支行	065073	62	310323	丰庄支行	069163
31	310260	市西支行	066085	63	310325	江桥支行	069215
32	310261	威海路支行	066276	64	310330	青浦支行	069011
33	310262	中山北路支行	066700	65	310331	徐泾支行	069189
34	310263	光新路支行	066205	66	310332	华新支行	069231
35	310265	曹杨支行	066328	67	310340	南汇支行	069105
36	310267	静安支行	066687	68	310341	临港新城支行	069121
37	310269	物贸大厦路支行	066399	69	310342	周浦支行	069134
38	310270	长寿路支行	066467	70	310347	南方商城支行	065086
39	310271	长风支行	065002	71	310350	奉贤支行	069037
40	310272	铜川路支行	065028	72	310351	化学工业区支行	069024
41	310278	杨行支行	065099	73	310352	奉浦支行	069192
42	310280	黄浦支行	066713	74	310360	长宁支行	066629
43	310281	新昌路支行	066412	75	310361	娄山关路支行	066140
44	310283	南京西路支行	066548	76	310362	番禺路支行	066153
45	310284	大桥支行	066551	77	310364	古北新区支行	066195
46	310285	西藏南路支行	066564	78	310365	威宁路支行	066098
47	310286	瑞南支行	066425	79	310366	虹康支行	066438
48	310287	北京东路支行	066409	80	310367	顺义路支行	066849
49	310300	宝山支行	066603	81	310368	黄金城道支行	066331
50	310301	牡丹江路支行	066739	82	310369	虹桥支行	066975
51	310302	场中路支行	066742	83	310370	金沙江路支行	066014
52	310303	长江西路支行	066784	84	310380	杨浦支行	066690
53	310304	共康支行	066069	85	310381	鞍山路支行	066506
54	310305	三门路支行	066852	86	310382	开鲁路支行	066519
55	310306	真华路支行	066823	87	310383	许昌路支行	066522
56	310307	罗店支行	066810	88	310384	控江路支行	066535
57	310308	顾村支行	066991	89	310385	五角场支行	066182
58	310310	大场支行	065060	90	310386	同济支行	066344
59	310320	嘉定支行	069079	91	310387	吉浦路支行	066315
60	310321	南翔支行	069082	92	310400	浦东分行	066580

〔续表〕

序号	机构号	行　名	交换号	序号	机构号	行　名	交换号
93	310401	陆家嘴支行	066771	111	310429	张江支行	066865
94	310402	交银大厦支行	066577	112	310440	闵行支行	066674
95	310403	东方路支行	066658	113	310441	鹤庆支行	066250
96	310404	民生路支行	066483	114	310442	莘庄支行	066263
97	310405	凌兆支行	066894	115	310443	七宝支行	066836
98	310406	玉兰路支行	066496	116	310444	春申支行	066933
99	310407	六里支行	066755	117	310445	虹梅支行	066108
100	310408	南浦支行	066593	118	310446	古美支行	065015
101	310409	联洋支行	066878	119	310450	松江支行	069053
102	310410	梅花路支行	066920	120	310451	松江工业区支行	069066
103	310411	环龙路支行	069118	121	310452	新松江路支行	069008
104	310416	康桥支行	065044	122	310454	九亭支行	069150
105	310417	北蔡支行	066988	123	310455	泗泾支行	069202
106	310420	新区支行	066111	124	310456	新桥支行	069228
107	310421	德平路支行	066124	125	310460	金山支行	069176
108	310423	外高桥保税区支行	066137	126	310470	崇明支行	069147
109	310425	高化支行	066768	127	310800	账务中心	066072
110	310426	川沙支行	069095	128	310266	期货大厦支行	066056

【印鉴核验】

1986 年 10 月上海分行开业初期，核对印鉴采用将加盖在票据上的印章折角后与预留在银行印鉴卡上的印鉴进行比对的方式。验印过程全部依赖柜员对印鉴相似度、重合度的比对和判断，风险敞口大，且效率低。

1995 年 12 月，上海分行开展“防诈骗、防盗窃、防抢劫，保证银行资金安全”的“三防一保”工作，正式施行电脑验印系统。柜员将客户预留在银行的印鉴通过印鉴建档保留在验印系统中，款项支付时，只需将票据印鉴与建档印鉴进行重合度比对即可，有效提高验印精确度，防范票据支付风险。

2000 年 9 月，上海分行第一支行等 6 个机构的印鉴卡随同城票据集中提回归集分行账务中心而同步移至该中心管理，并采用该中心建档、机构确认的模式，印鉴卡管理角色分为印鉴卡保管员和建档员。

2001 年 6 月，结合综合业务系统管理要求，上海分行建立统一的经营单位银行结算账户印鉴管理系统。采用“分行账务中心建库，账户开户经营单位封闭式复核确认”方式，形成前后台相互制约。

2007 年 1 月，上海分行上线票据凭证印鉴防伪系统，业务管理变为由账户开户行建库，分行账务中心复核确认的模式。该系统具有印鉴卡防伪、票据凭证防伪、印章防伪等功能，实现印鉴资料共享，提高票据、凭证和印鉴审核水平。3 月，对印鉴卡管理设定印鉴卡作废注销管理员岗、印鉴卡保管员岗、印鉴卡客户联寄送岗和印鉴确认员岗等岗位。是年年末，对分行账务中心库中的实物印鉴卡与防伪系统中导出的印鉴卡数量及明细进行匹配核对。截至 2014 年年末，该匹配核对方式仍在使用中。

【上门收单业务】

上海分行从 1986 年对外营业起，开展金融创新，率先在业内实施向企业提供上门收单服务。通过组织业务人员前往企业收取票据，节省客户往返银行、排队等候办理结算的时间，密切银企合作，促进银行业务发展。随着营业机构不断增加，上门收单业务日渐频繁，为建立标准统一、程序规范、管理严格和风险控制的上门收单制度，于 2008 年 2 月起在全行范围内实施集中上门收送单服务，委托专业票据传递公司办理客户与开户网点间的非现金类票据及凭证封包传递业务（包括收取和送达单据封包），进一步规范全行上门收单业务的操作，有效防范了票据、单证传递过程中的风险隐患。截至 2014 年年末，集中上门收送单业务仍在实施中。

【内部交换外包业务】

1988 年起，上海分行在市内经济增长较快区域内设立营业机构，营业机构与分行内部凭证、物品交换是以通讯员乘坐公交车，或骑自行车、摩托车，或安排专车往返于网点于分行间，通过内部交换来实现的。但该方法成本高、途中遗失票据的风险极大。2006 年 8 月起，经调研评估后，委托由中国人民银行定向指定的上海票据交换专业公司来承担全行内部交换业务。内部交换的物品包括分行系统内的有关凭证、合同文书、行政文件、信函等已生成的信封及账务中心下传的不计数袋、监督中心的凭证传递袋等，并由该公司进行清分和定向递送。此举，有效降低传递成本，规避票据传递风险。截至 2014 年年末，内部交换外包业务仍在实施中。

【同业拆借业务】

1992 年 5 月，上海分行印发《辖内同业拆借管理补充规定》，对拆借对象，拆出、拆入资金要求，拆借款划付，同业拆借资金期限和利率及拆出资金的批准权限作出规定；要求各行认真负责地做好同业拆借日常管理工作，严格制度，加强监控，建立拆借资金逐笔登记制度，设立拆出、拆入台账，定期进行检查和统计分析。

1995 年 12 月，上海分行经总行授权加入全国统一银行同业拆借交易网络，分行的最高拆出限额为 14 亿元，拆出控制比例为 8%等。

2008 年 12 月总行资金后台处理系统（OPICS）二期应用项目正式投产后，上海分行改同业拆借业务由早期通过核心系统经计划部门手工录入，账务中心复核、确认三步操作为由资产负债管理部通过人民币资金管理系统上海分行端交易自动进行后续账务处理。

【中央财政授权支付】

2004 年 6 月，经财政部批准，总行获得中央财政授权支付业务代理银行资格，由此上海分行及其所属经营单位开始受理中央财政驻沪各预算单位开立的零余额账户，并根据其支付指令，在财政部批准的用款额度内，通过财政部国库单一账户体系将资金直接划付给收款人或用款单位，且负责做好各预算单位的账户核对、额度管理工作。分行账务中心负责各预算单位划款清算、退票清算、清算对账、错账冲正等工作。

【地方财政国库集中支付业务】

2005年11月，上海市改革财政国库管理制度，财政部门改过去把资金拨付至各单位账户为采取财政性资金国库集中支付方式。上海分行账务中心作为承办财政性资金清算业务的机构，负责每日做好财政性资金集中支付的清算工作，以及交换提回的财政性资金授权支付业务。2008年11月，上海分行上线市级财政预算单位公务卡代理还款业务系统，进一步完善公务卡财务报销功能。

【基金清算】

2001年9月，上海分行所属部分经营单位对外发售由总行独家代理发行中国首只开放式基金——“华安创新”基金，由分行账务中心承担全行基金清算资金的汇划工作。2004年6月，总行调整基金业务流程及会计核算办法，并由其直接发起清算。分行账务中心负责营业结束后的手工对账工作。2010年3月，上线由总行开发的基金系统，实现基金赎回款项的实时对账。

【直联商户收单清算】

2006年11月，上海分行上线直联商户收单清算2.0系统，以直联对公商户自动入账处理方式，取代原来手工清算方式。除对公商户外，其余的对私商户，同城他行、异地他行开户商户资金划转仍以手工、逐笔清算方式操作。

2008—2010年，上海(市)分行不断优化、升级直联商户收单清算2.0系统，逐步实现同城他行、异地他行开户商户、收单商户清算资金自动入账和内外卡资金清算的整合。

2010—2014年，上海市分行业务中心协助开发苏宁电器、太平洋保险(财险)“见费出单清算”，太保定期结算手续费、账户结算收支分离、产寿险POS交易合并收单业务系统。

【贷记卡清算】

2008年8月，上海分行优化支付来账中贷记卡入账处理，改原由柜员手工录入为自动入账，自动入账率达80%。

2009年，上海市分行异地贷记卡实现自动入账，入账率达到90%。

2011年，上海市分行实现贷记卡与中国银联股份有限公司(以下简称“中国银联”)“总对总”清算模式。

2012年，上海市分行优化贷记卡POS本代本批量退货业务，自动入账率接近100%。配合总行上线与中国银联“总对总”清算项目系统，实现发卡行资金清算由总行与中国银联直接清算。

【移动支付业务、间联商户POS清算】

为加快POS消费资金的入账时间，2010年3月，上海市分行上线移动支付业务和间联商户POS清算系统。是年，优化集团商户POS汇总清单系统，即系统根据当日对账结果，对集团下属商户资金进行自动归集，生成汇总明细清单后由系统自动发送到集团商户指定人员邮箱。

【内卡收单业务】

上海市分行内卡收单资金清算渠道分为直联清算和间联清算。直联清算通过中国银联进行清算；间联清算由系统自动将交易资金记入待清算账户，其中在上海市分行开户商户的资金自动入账,他行开户商户需进行手工清算。2013 年,上海市分行升级清算系统,满足数据自动比对、他行同城及异地商户系统自动划转的需求。

第三节　营运质量监督

一、制度执行与检查

1987 年 8 月,总管理处检查上海分行开展会计出纳基本制度执行情况。针对检查发现的问题,上海分行及时进行整改。1. 完善寄库、出库手续及查库制度;2. 加强对印章、密押、有价单证和空白重要凭证的使用、保管检查及损益收支的事后监督;3. 严格落实岗位责任制度。

1988 年起,上海分行每年开展会计出纳制度执行情况自查活动。自查主要内容:1. 科、组、柜的职责分工,岗位责任制的建立及执行情况;2. 库房安全制度执行情况;3. 各类专用章、行名公章刻制、颁发、使用、保管执行情况;4. 各类有价单证、空白重要凭证的颁发、使用、保管执行情况;5. 业务办理、账务处理和现金收付复核制度执行情况;6. 账账、账款、账据、账实、内外账务是否相符;7. 利息及各类损益收支的监控制度执行情况;8. 账务费用开支标准掌握,审批手续、账务核算情况;9. 电脑应用管理制度和安全措施等。

1989 年 9—10 月,上海分行在全行范围内开展会计出纳基本制度执行情况的自查与互查。针对检查中发现的业务种类多、新进人员多、业务量多的“三多”现象,以及人员素质与发展要求脱节的状况,开展业务制度教育和基础业务培训。

1993 年 9 月,为强化内部管理,提高会计核算质量,上海分行举办辖属分支行会计出纳检查辅导员培训班,对市内支行选派的 1 名,业务部、辖属分支行选派的 2 名会计出纳检查辅导员作为期 10 天的业务培训。

1999 年 12 月,上海分行建立每月工作例会、自查上报制度、组织辅导员进行业务检查制度。

2004 年 11 月,按照总行数据大集中系统上线工程的要求,上海分行成立对公事后监督中心,监督各经营单位、账务中心、国际业务部会计业务处理的合法性,维护客户、银行资金安全;揭示并发现各单位、部门会计核算中发生的各种违章、违纪、违规、违法行为,纠正各类会计核算差错、事故,防范案件发生。

2007 年 6 月,上海分行制定《会计操作风险防范联动管理办法》,实施“二级管理、多方联动”模式,形成分行会计部、监督中心及基层营业机构(含账务中心)3 个层面的风险防范、监控体系,对全行会计风险进行预警、分析、控制与管理。同时,进一步明确分行检查辅导员、风险监督中心,营业机构会计主管、检查辅导员的工作职责,构建多条线、多层次的操作风险防控体系,通过发挥各环节的协防功能,有效防范操作风险,不断完善操作流程和管理办法。

2009 年 5 月,上海市分行非现场检查职能由分行私人金融处转至风险监督中心,非现场检查团队通过远程调阅前台业务操作录像,对全行营业机构和现金储运中心开展营运操作风险监控检查,按季覆盖至所有营业网点。

2010 年 1 月,上海市分行现场检查团队及工作职能从分行营运管理部移至风险监督中心。现场检查团队按要求制定检查方案并落实现场检查具体项目;对营业机构开展检查辅导,撰写相应的检查辅导报告;对整改问题进行跟踪;检查辅导按季覆盖到所有营业网点。

截至 2014 年年末,分行风险监督中心继续承担营运操作风险现场、非现场日常检查工作职能。

二、示范行管理

2008年9月，上海分行在全行开展创建“会计工作示范行”活动。明确活动目的、组织领导、评定原则、创建流程、时间安排、长效管理及活动要求；强调通过开展“示范行”创建活动，进一步明确上海分行及各经营单位会计工作标准，在全行树立若干个管理有效、运营规范、服务优质的经营单位，以榜样的示范作用，促进全行会计管理能力提升，夯实会计内控基础，提高会计运营效率和服务水平。

2009年1月，上海市分行以创建“会计示范行”活动为契机，拟定《会计示范行内控档案管理模板》，建立由“内控管理、规范操作、制度检查、人员管理、结算服务和员工成长”等6个方面组成的内控档案管理模板，内容涵盖营业网点会计人员的配备管理、重要规章制度的传达落实、会计风险文化的传导机制、会计业务知识技能的培训实效、各项柜面业务的操作流程、会计结算服务的水平和效率等多个方面，统一规范基层营业机构日常会计内控管理工作。是年10月，上海市分行所属六里支行等20家营业机构被总行授予第一批“会计工作示范行”称号。2010年1月，上海分行授予上海陆家嘴支行等13家基层营业机构“2009年度会计工作示范行”称号。2014年，上海分行所属漕河泾支行被总行授予“会计营运工作示范行”称号，上海市分行授予分行营业部等21家营业机构“2014年度会计营运工作示范行”称号。

2011年8月，上海市分行印发《会计营运工作示范行管理办法实施细则》，提出要加强对各级“会计营运工作示范行”管理，推动“示范行”创建工作制度化、规范化、常态化开展，确保其先进性、示范性和长效性；规定申报总行级“示范行”基数按上海市分行全部网点数量剔除低产低效机构数量的5％比例控制。分行级“示范行”评定数量在“比例控制、择优评定”的基础上确定，原则上不超过15％；明确总行级“示范行”的示范期限为3年（从授牌之月起计算），示范期届满，其“示范行”称谓自动取消。分行级“示范行”一年一定，期满后“示范行”称谓自动取消；对评选条件、评选流程、年审机制、摘牌处理、激励机制等作出界定。

2012年7月，上海市分行对所属六里支行、奉贤支行营业部、漕河泾支行等3家总行级“会计营运示范行”进行工作年审，并按照标准化管理要求对分行级“示范行”开展检查。年审检查主要围绕人员管理、内控机制执行和安全生产营运等内容展开。通过年审检查，进一步规范全行制度执行，加强职业培训和风险教育，创新营运管理手段。

2013年7月，上海市分行修订《“示范行”申报评选标准及建立示范行长效管理机制》，进一步严格各级“示范行”的申报和年审标准，强调上报“示范行”候选单位在内控管理、营运操作、服务水平、经营业绩等方面应具备的示范效应和表率作用。要求建立保持“示范行”先进性的长效管理机制，落实各级“示范行”的日常监督和管理工作。加强对已评定的总行级“示范行”年审，强化对已评定的分行级“示范行”季度评审与监督指导。

三、银企对账单管理

1993年3月，上海分行作为总行系统清产核资工作的试点单位，与企业进行存、贷款余额账务核对工作。强调发出核对的对账单必须与各科目总账余额核对相符、百分之百地收回。规定账务核对如有不符的，属银行差错，根据规定的冲账方法冲正；属企业差错，由企业冲正；属双方未达账务，由企业填报“银行存款或贷款余额调节表”，送银行复审；对账单由分行会计部门负责发出，信贷部门负责收回，并按科目账户的顺序排列装订送会计部门集中保管。

1994 年 11 月，上海分行开始建立定期通报银企对账单回收情况通报制度。

2005 年 2 月末，为加强银企对账工作，防范风险，提高对账工作自动化程度，上海分行使用信函一体机打印余额对账单，由指定邮政运营商进行集中投寄。开户单位收件后，根据要求填写对账信息、加盖印章、将信封翻折后寄回分行事后监督中心，由其对对账单进行分析，并作回收率统计。6 月，印发《银企对账管理实施细则》，规定每年的 2 月末、5 月末、8 月末及 11 月末向开户企业发放余额对账单；明确各部门职责，指定分行会计结算部为全行负责银企对账单的管理部门；对委托收款、托收承付业务的银企对账，存贷款业务的银企对账操作程序及对账单的保管作出界定。8 月，分行风险监督中心设立对账电话专线，记录、跟踪、回复客户反映的对账问题。是年年末，将原由各经营单位自行与企业进行对账的职能统一集中于分行风险监督中心，由其成立银企对账团队，主要承担与外包公司银企对账单的交接、回收工作；负责对账单印鉴核验，按季做好基本户、一般户纸质和电子账单对账工作，落实统计责任；及时向上海分行及营业机构反馈对账情况，确保银行和企业的资金安全。12 月，向在上海分行开户的企业客户提供电子对账服务，方式为将形成银行满账页、月底对账单以及银企对账单等纸质账单的电子数据，经系统加密后通过因特网发送至客户指定的电子邮箱。

2006 年 6 月起，上海分行为方便客户投递对账单回函，在各营业机构设立银企对账单回收箱。回单箱由各经营单位业务管理科统一管理，指定专人掌管钥匙，由其会同营业机构人员一起开箱、清点对账单回函，确认回函数量后装入凭证交换包，确保回函不散乱、不遗失。经汇总全部对账单回函后，填制“业务凭证、业务回单交接清单”，通过内部交换传递，与分行风险监督中心内部交换人员当面办理交接。

2008 年 8 月，按照总行《银企对账业务管理规定》，上海分行重申各部门职责，进一步对柜面对账处理、银企对账等操作流程作出规定。

2009 年 3 月，总行在企业网银中新增电子对账单业务功能，上海市分行抓紧做好企业电子对账系统签约工作，为方便企业网银客户正常使用对账功能，同步维护电子对账操作员（操作员用户的签约信息及账户操作权限以企业在电子对账系统中的设置为准）。

2011 年 1 月，总行整合电子对账系统和企业网银系统，除在企业网银中增加电子对账查询外，还在对账系统中新增在线申请企业网银功能。上海市分行各营业机构宣传电子对账系统新增功能，对客户提交的申请资料进行真实性、有效性、完整性审核，初审通过后交换至分行账务中心。6 月，上海市分行印发《关于进一步规范上门收款定期对账工作的通知》，要求加强对上门收款单位开展定期对账管理。同时，要求各经营单位必须配合做好上门收款单位定期对账的宣传解释工作，向未签订电子对账协议的单位推荐使用电子对账。

2014 年 6 月，上海市分行制定《银企对账工作外包业务应急预案》，明确相关的执行部门及其职责，根据“逐级管理、分级控制、分工协作”要求，实施应急处置预案，确保银企对账工作平稳运行；建立银企对账工作外包业务突发情况时，执行部门的报告与联系制度；加强用户权限与机具设备维护；规定应急处置流程。

四、会计风险报告

2005 年 6 月，上海分行印发《会计风险报告制度》，明确报告的对象及范围，规定报告流程及处理原则，增强员工风险意识，动员全行关注和尽早发现、报告会计业务操作中存在的风险隐患，及时采取风险防范、控制措施，保障会计业务健康发展。

2007年1月，“会计操作风险管理系统”投入运行后，提升了上海分行对会计结算领域操作风险的监控和管理、采集资金异常变动、柜员异常行为和异常交易等风险预警能力，增强了远程监控的针对性和实效性，为防范与管理会计操作风险及检查辅导工作提供有效工具和手段。2月，上海分行向总行会计部报告分行一营业网点柜员在经办投资者基金赎回业务时出现的会计操作风险，并对该事件的成因进行认真分析，提出整改方案和优化流程的建议。6月，制定《会计操作风险防范联动管理实施办法》，采用“二级管理、多方联动”模式，形成分行会计部、监督中心及基层营业机构（含账务中心）3个层面的风险防范、监控体系，对全行会计风险进行预警、分析、控制与管理。

2009年初，上海市分行对总行“会计操作风险管理系统”中104个风险信息模板进行明细分工，定期落实监控职责，及时跟踪、督促整改。全年共发出“查询整改通知书”1 345份，各营业网点整改回复率为100%。

2010年1月，上海市分行现场检查团队从营运部整建制（人员及工作职能）转入监督中心后，及时制定检查方案及落实现场检查具体项目，按工作计划及检查提纲开展对基层机构的日常检查辅导，并撰写相应的检查辅导报告，对问题进行整改跟踪，按季覆盖到全行所有网点。7月，上海市分行大额重报工作数据补录工作上收至分行监督中心。

2012年5月，上海市分行在下发最后一期《会计操作风险提示单——关于解付他行银行本票业务的风险提示》后，将“会计操作风险提示单”更名为“营运操作风险提示单”。8月，分行营运部编写第一期《营运操作风险提示单——关于保证金未及时足额锁定的风险提示》。

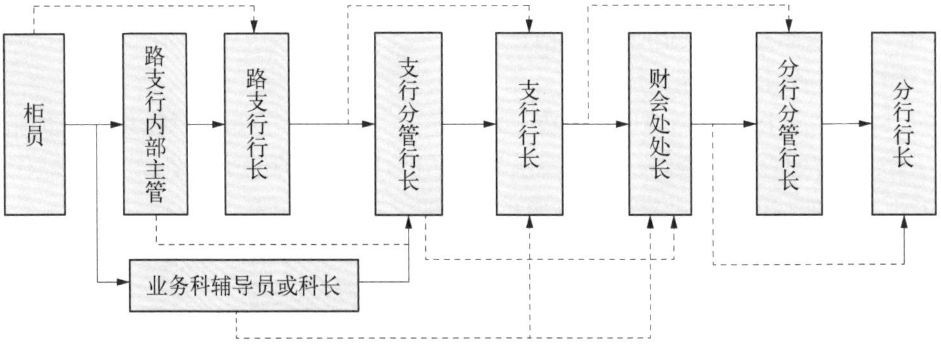

图4-3-1　2014年交通银行上海市分行会计风险报告流程图

五、凭证影像管理

1996年6月，为提高会计凭证管理水平，促进会计档案规范化管理，发挥会计档案的服务作用，上海分行委托上海博达缩微技术有限公司对大量会计凭证进行缩微技术处理，存储于缩微胶卷之内作永久保存。11月，印发《缩微会计凭证和胶卷管理暂行办法》，明确缩微会计凭证、胶卷的保管期；规定缩微会计凭证整理，缩微会计凭证、胶卷交接，缩微会计凭证查询的程序等内容。

1999年1月，上海分行制定《缩微凭证整理质量考核暂行办法》，将实施缩微凭证和文件的市内各行（部门）列入考核评比范围。明确考核评比内容、方法和标准。

2000年1月，上海分行正式启用电脑编制缩微会计凭证清单程序。

2004 年 4 月，上海分行印发《缩微会计档案远程查询系统管理暂行办法》，对远程查询系统申请安装范围、数量、程序，远程查询系统流程管理，调阅档案程序管理，IC 卡管理系统管理，系统维护，故障处理等作出规定。11 月，改原来对会计凭证进行缩微存储为对会计凭证扫描成影像进行存储，并按日期、柜员号排序扫描、归类，确保凭证影像的完整性。影像经 OCR(Optical Character Recognition)技术识别后，再由后续的补录团队对未自动识别或识别有误的影像进行人工补录。在 T+2 日内，完成 T 日分行营运条线会计凭证的扫描，由上海达安票据公司于每周二、周五送至分行外高桥档案中心作归档存储。

2005 年 4 月至 12 月，因 OCR 识别率较低，上海分行人工补录业务量高达 1 959 万笔。之后，通过不断优化 OCR 模板，自动识别率逐步提升至 74%左右。截至 2014 年，人工补录量为 1 221 万笔，通过补录，实现将 OCR 未自动识别或未正确识别的凭证影像与交易流水相匹配，为后续业务监督和调阅提供精确索引。

2014 年，上海市分行全年扫描凭证达 3 296 万余张，叠加累计高度达 492 米。

六、监督与预警

1993 年 9 月，为实现储蓄事后监督账务电脑化管理，上海分行制定《储蓄事后监督微机处理规定》，强调储蓄事后监督账务微机处理要做好各储蓄种类的明细监督及建立副本账、对全辖储蓄所上报的业务汇总报表的核对和并表工作；规定储蓄事后监督仍以原来的支行、业务部储蓄账务组为建账和综合核算单位的，必须易地集中处理。

1995 年 6 月，上海分行印发《关于加强空白重要凭证使用监督的通知》，重申表外管理的空白重要凭证的支付与表内科目凭证的份数要指定专人逐日核对；表外登记和实物除由经办员逐日清点外，指定人员定期或不定期进行抽查；表内表外科目不在同一部门处理的(如银行汇票)，由表内科目列账行销号监控；不设表内账务的表外列账行对签发银行汇票应逐份登记至“签发银行汇票登记簿”。

2001 年 12 月，为适应集约化经营、前后台分设管理要求，加强对私业务的监督力度、有效防范风险，上海分行决定对私业务事后监督实行大集中，并对封包传递方式、具体业务操作流程、传票规范和要求等作出规定，同时对分行监督中心与网点职责进行界定。

2005 年 6 月，根据总行《会计业务风险监督管理规定》及上海分行会计业务组织管理要求，上海分行明确会计结算部、风险监督中心和基层营业机构的职责。强调分行风险监督中心在业务上接受会计结算部指导；负责对全辖核心账务系统发生的本外币业务进行会计监督，利用风险监督、风险管理等系统对业务差错和操作风险进行揭示、统计、分析和跟踪；监控基层营业机构及核算部门落实整改，在防范操作风险、反洗钱和大额资金使用、监管等方面发挥作用；负责对会计业务的重要事项、重点环节进行风险预警、分析和控制，定期向分行会计结算部报告制度执行情况。要求基层营业机构及核算部门负责本机构的会计核算、业务处理及凭证整理等环节的合规性检查；业务上接受风险监督中心的全面监督，对发现的问题及时反馈和纠正，落实整改措施。提出分行会计结算部、风险监督中心及基层营业机构在日常会计营运工作中，加强重点监督、发现预警、检查整改、落实跟踪等环节联动，切实防范会计操作风险。

2008 年 6 月，为加强对会计风险实时监控预警系统的使用和监控管理，上海分行印发《会计风险实时监控预警系统管理实施细则》，规定用户及权限管理、监控内容及规则、信息处理流程、管理要求、系统使用情况考核等内容。

2012年9月，总行启用营运风险管理平台后，上海市分行将原来重点监督改向重点监督＋预警监督的转变，落实总行各项工作要求。在规定办结期限内，完成系统推送的预警、监督任务；对前台柜员开展业务规范性、合规性抽查质检；跟踪网点回复情况，对违规操作或风险隐患及时上报；落实每月对全辖营业网点质检抽查和每半年对所属营业网点（含分行业务处理中心）营运人员的质检，实现质检工作全覆盖。

第四节　现金储运服务

一、制度建设

1986年10月上海分行对外营业后，遵照总管理处制定《出纳制度（试行）》办理各类现金收支业务。

1988年11月，上海分行印发《库款运送、交接、保管以及领、解现金和有价单证处理暂行办法》，进一步统一全行业务部门、办事处做法，严密工作手续。

2000年10月，上海分行印发《加强上门收款安全管理的通知》，强调要严格执行安全运钞各项规定，切实消除隐患，坚决杜绝事故。2011年1月，再次印发《进一步加强上门收款业务管理的通知》，重申规范上门收款业务管理，建立上门收款服务的“准入退出机制”，要求各部门紧密配合，不断提升全行运能效力和服务能力。

2005年4月、8月，上海分行先后制定《现金运送、上门服务、离行式自助设备集中处理实施方案和操作规程(暂行)》《现金运送、上门服务、离行式自助设备集中处理内部管理暂行办法》，规定现金运送、上门收款等业务实行集中处理模式，明确各部门、纳入集中处理范围的各经营单位业务职责和管理职责、严格差错事故及突发性事件的报告制度等。

2008年2月，按照核心系统相关流程优化的要求，上海分行进一步加强现金管理工作，强化风险控制，印发《进一步加强现金管理工作的通知》。重申落实双人装开箱制度、加强网点现金总轧账工作、严密柜员现金交接手续和坚持库管员每周换库制度等。是月，制定《上门收款业务实时细则》。强调业务管理规定、业务交接要求，明确上门收款服务准入标准、上门服务管理规定，规定差错事故及突发性事件的报告制度。

2009年12月，为进一步规范网点日间现金库管理、加强风险内控、确保网点日间现金库安全，上海分行制定《网点日间现金库管理实施细则》。明确营业网点日间现金库的设置、日间现金库的人员管理、日间现金库的日常管理、日间现金库钥匙及密码的使用及管理等规定。

2010年12月，上海市分行印发《现金封包管理暂行办法》。明确办理柜面现金封包收款业务的客户准入标准，以及受理现金封包收款的营业网点操作规定等。

2011年8月，为规范自助设备外包业务，加强自助设备现金管理，防范操作风险，上海市分行制定《自助设备外包业务管理办法》。要求各部门各司其职，开展对外包机构及分行制度执行情况的检查和指导；负责对外包服务人员的初次业务操作培训；制定外包自助设备操作细则、装钞量及装钞计划；加强对外包服务机构管理的自助设备运行监控及维护调度；组织对外包机构工作的检查和评估等。

2013年4月，为持续加强库存现金限额管理，提高资金使用效率，防范操作风险，上海市分行下达各网点《2013年度现金库存核定数》，将各营业网点库存现金限额考核分为库存现金限额指标、现金备付率指标完成情况两部分，明确现金备付率不得超过0.28%，并按日对超限部分进行重点监控。对于工作日(不含双休日和法定假日)库存超限10%的,要求在"会计日志"记录,填明超限原因及采取的措施。对有反洗钱嫌疑的,及时通过反洗钱途径上报。

二、库房

【现金库】

1986年10月,上海分行从试营业起,现金库房设在江西中路200号,由外库和内库两部分组成。外库主要用于寄存营业网点每日运转现金库箱、代保管物品等;内库主要存放本外币现金。

图4-3-2　1986年10月交通银行上海分行设在江西中路200号的现金库房

1998年11月起,上海分行开始启用中山南路99号大楼新库房,江西中路200号现金库房随即停止使用。

2011年6月,经总行、上海市公安局及监管部门批准,上海市分行在万荣一路建造新的现金库房,扩大现金储运能力,新增现金清分功能,满足业务发展需要。2013年3月,新库房投入使用。

【代理库】

1999年3月,上海分行建立中国人民银行发行基金代理库,代理中国人民银行行使人民币发行基金保管、调拨等职责。

2007年4月,上海分行通过中国人民银行达标升级检查考核,发行基金代理库升级为三级代理库。

2009年4月,上海市分行发行基金代理库升级为二级代理库,成为上海同业12家代理库级别最高的3家代理库之一。

2014年3月，上海市分行现金库房被定名为中国人民银行上海闸北交通银行代理发行库。主要从事中国人民银行的货币发放、回笼，以及现金业务库的货币供应及上解等工作。

【黄金库】

2007年10月，上海分行获得代理上海黄金交易所指定仓库资格。基本职责是：根据交易所的管理规则和规定，及时准确、保质保量地完成黄金实物的接货、验收、制单、装卸、入库、储存保管、出库及调拨出入库等业务，为交易所会员和客户提供服务；根据交易所的规定操作“上海黄金交易所指定仓库管理系统”建立有关库房登记簿，通过仓库系统上报黄金库存的相关信息；完成交易所交办的其他与金库业务相关事宜。12月，获得上海期货交易所黄金期货交割货物存放地资格。2008年6月，代理黄金实物保管库开库营运，成为总行系统内第一家对外办理黄金实物交接（交割）的仓库。2009—2012年，连续4年被上海黄金交易所评为“操作无差错指定仓库”。

2013年3月，上海市分行实物黄金指定交割新库房建成。4月，被总行增加为黄金进口业务口岸行，相应设立黄金进口业务口岸仓库。在总行授权范围内，协助报关公司办理通关工作，负责黄金验收、入库、保管、移交金交所指定交割金库、库存盘点、报关费用支付等相关工作。

2014年4月，上海市分行被上海黄金交易所授予“2013年度上海突出贡献金库”称号。4—6月，改造现金业务库，单独设立黄金业务库。9月，上海黄金交易所批准交通银行设立国际板指定仓库，上海市分行开展黄金实物入库、出库、入境、进口、出境及仓储业务。是月，上海市分行建成并启用上海自贸区黄金保税仓库，为自贸区黄金国际板交易平台提供交割结算服务；为境外机构提供黄金仓储转口服务；负责自贸区出入境黄金的报关、仓储保管和系统操作。

三、现金集中清分

1986年10月上海分行对外营业后，现金清分职责由会计出纳部从事出纳柜面工作的员工承担。

2006年8月，现金清分的职能移至储运中心，上海分行在金库区域设置一个封闭区间进行集中清分。该区域分为钞票（未清分、已清分钞票）存放区、钞票清分区（机械清分、手工清分车间）、监控录像等安全设施、小型纸币清分机（具有钞票清分、防伪等功能）。

2010年4月，为提升服务世博能力，提高现金服务效率，上海市分行购置1台德国产G&D BPS1060L大型人民币清分机投入使用，现金清点时速达700万元。

2013年7月，根据业务发展需要，上海市分行购置1台G&D BPSM5大型人民币清分机投入使用。9月，遵照中国人民银行“上海金融机构清分机清分的钞券用于自动取款机对外直接支付必须具有记录并储存冠字号码功能”要求，上海市分行对2台大型清分机进行升级。

四、配款

【外币出运】

1986年10月上海分行对外营业后，落实总管理处与中国银行达成的外币现钞业务合作协议，上海分行外币现钞调运向中国银行上海市分行办理。

1992年12月，上海分行被总管理处指定为外币现钞出运中心点，负责上海、南京两个管辖分行及其所辖分支行的外币现钞交接、整点、汇总、装箱，派遣武装押运人员、送款人员将外币现钞实物送达香港宝生银行深圳分行。

2001 年 7 月，总行在上海、北京、广州 3 个分行设立系统内外币调运中心，并授权上海分行与美国汇丰银行香港分行办理外钞进出境事宜。

2002 年 2 月，上海分行集中总行系统内 25 家分支行外币现钞，统计需要调入外币现钞总数，委托美国汇丰银行香港分行换汇或换钞，由该行负责向上海分行提供"门到门"调运服务。

2010 年 10 月，因美国汇丰银行外币现钞买卖业务并入大华银行，大华银行(中国)有限公司成为上海市分行外币现钞买卖业务新的合作银行。

2011 年 10 月，上海市分行与美国银行加拿大分行(中国)开展外币现钞买卖业务合作。

2014 年，上海市分行受理交通银行江苏、湖北、河南、山东 4 家省分行及常州分行调运各类外币现钞 7 000 万美元。是年，全行营业机构对外收付的外币有英镑、港币、美元、瑞士法郎、日元、加拿大元、澳大利亚元、韩元、台币、新西兰元、泰铢等 12 个币种，只收不付的有菲律宾比索、新加坡元、澳门元、丹麦克朗、挪威克朗、瑞典克朗 6 个币种。上海市分行营业大厅对外挂牌的外币币种，由分行现金储运中心集中分配后送达各网点。每日配款外币种类为 10 种，日均配款金额折合 150 万美元。

【凭证库房】

1986 年 10 月上海分行重新开业后，各种空白重要凭证由总务处集中保管，业务部门使用时向总务处办理领用手续。

1995 年 5 月，上海分行印发《柜员制柜员的库存现金、有价单证和重要空白凭证的使用、保管及检查规定》，规定储蓄柜(所)指定专人负责本柜(所)的现金、有价单证和重要空白凭证的领用、调拨和上交工作，并设置大库保管，使用专用登记簿办理交接手续；营业结束后，所主任或指定人员负责检查重要空白凭证专箱是否全部进入钢箱保管。

2006 年 5 月，上海分行规定各营业网点设置的凭证库凭证数量不得超过 1 个月使用量、凭证柜员保管数量不得超过 5～7 个工作日的使用量。强调各中心支行应根据实际情况核准下属网点管理的空白重要凭证库及凭证箱的库存数量，定期或不定期地做好对网点空白重要凭证账实管理情况的检查。10 月，重要空白凭证库房并入分行账务中心，实行一体化管理。

2013 年 3 月，上海市分行设置凭证库房，管理全行重要空白凭证。该独立凭证库房，由分行现金储运中心负责管理。

五、运送

1986 年 10 月上海分行对外营业后，会计出纳部负责将现金库箱从库房运至柜面。1988 年 3 月起，随着市内办事处的设立，各营业网点的现金库箱出入库、向出纳库房领解现及有价单证等工作，由分行保卫处负责运送。1994 年 12 月，上海分行印发《现金运送保管系统岗位责任制和操作规程的实施细则》。明确现金运送岗位责任制及操作规程等规定。1996 年 12 月，所属浦东分行试点委托上海保安押运有限公司负责该行所属浦东地区各营业网点现金运送职责。1997 年 12 月，所属闸北支行、静安支行与上海保安押运有限公司签订《押运保安服务合同》，由该司向两家支行提供现金库箱运送及分行本部夜间零星押运服务。1998 年 1 月起，所属杨浦支行、虹口支行、市南支行也加入专业化运送现金库箱行列。

2005年4月，为提高业务操作的标准化和规范性，降低成本，上海分行决定在分行保卫处内增设现金运送中心，负责全行现金运送、上门服务、离行式自助设备等工作，将包括保安公司所配置的车辆、驾驶员、武装守护人员在内的业务押运人员集中起来，统一调配，由上海分行负责向各经营单位提供现金运送、上门服务及离行式自助设备钞券取放等服务，并按内部计价标准向各经营单位进行内部清算。2010年2月，随着业务发展，将全行24条网点接送库、上门收款业务、离行式自助设备运送线路中的15条线路外包给上海市保安押运有限公司。5—10月，上海市分行在上海世博会期间负责向世博园区提供本外币现金保障、自助机具运行、上门收送款和辅币兑换等服务工作。累计上门收、送款3 200次，机具清装钞2 300台次，网点接、送库800次，投放各种面值原封新钞、硬币4.7亿元，总重量314 000公斤，清分现金75亿元，实现世博“服务零投诉、工作零差错、安全零事故、问题零容忍”服务目标。2011年11月，所属嘉定、松江、青浦、奉贤等远郊中心支行离行式自助机具全部纳入分行集中装清钞运行管理。2013年3月，完成空白重要凭证统一配送的流程改造，重要空白凭证直接由制式运钞车配送至基层营业网点。2014年，上海市分行决定，原由各营业网点负责的离行式自助设备运行维护职能移至分行储运中心集中管理。截至是年年末，上海市分行有37辆制式运钞车，编为24条线路，负责130家基层营业网点接送库、525家客户上门服务收送款业务。

表4-3-5　2008—2014年交通银行上海(市)分行运送条线各项数据统计表

年　份	接送库网点(个)	企业上门服务(点)	机具装清机(台)	运钞车(辆)
2008	111	424	176	31
2009	109	424	305	32
2010	111	419	394	34
2011	114	468	575	35
2012	123	494	632	36
2013	128	530	725	37
2014	130	525	690	37

第五篇

风险管控

概　述

1986年10月交通银行上海分行重新开业后，围绕金融改革要求，探索和实践股份制商业银行的发展路径，把建设先进风险管理体系作为构建运行机制健全、经营目标明确、财务状况良好、具有较强竞争实力现代金融企业的重要目标，以此来提高全行风险管理水平，增强业务持续发展的能力。

在推进改革和发展的过程中，上海分行按照商业银行审慎经营原则和《巴塞尔协议》要求，不断深化风险管理理念，构建以防范风险为核心的管理体系，规范内部运行机制，并先后于1988年5月、1999年10月、2010年12月成立贷款审核委员会、风险资产审查委员会及全面风险管理委员会等专门委员会。专门委员会在统领全行风险管理工作，促进资产安全性、流动性和盈利性“三性”协调统一，防范和化解经营风险，提高资产质量的同时，进一步严格贷款审批制度，强化全行信贷业务风险监督、风险文化和从业队伍的建设，逐步建立起覆盖信用风险、市场风险、操作风险的全面风险管理体系，优化了全行信贷资产结构与资源配置，形成了不良资产逐年降低、资产质量稳步提高的工作局面。

为构建风险控制长效机制，上海分行在业务经营中，以减少风险敞口为目标，运用经济、法律、行政等手段，不断创新不良资产清收处置方式，提高资产保全能力。1990年，按照国家产业政策和信贷政策，开展清理贷款资产工作，通过全面自查和重点抽查，逐笔认定有问题贷款，明确责任，落实措施和专人做好清贷工作。1997年，成立分行风险资产管理处，负责对不能按借款合同约定如期归还贷款本息的借款客户，按“清收、转化、重组、核销”风险资产管理要求，加大不良资产综合处置力度，全力改善资产质量，提高经营效益。2005年起，在全行建立风险经理队伍，引入风险监察名单，设计风险过滤工具，增强风险识别能力。2010年，为进一步完善内部控制体系，建立以风险管理为导向的审计工作机制，恢复设立分行审计部，加强对辖属行巡回审计，建设检查、帮助、督促相结合，寓监督于服务的工作制度，构建内部监督体系，推动业务健康发展。截至2014年年末，上海市分行围绕“稳健经营控风险、改革创新促转型”工作主线，持续开展“知晓、承诺、执行”全员风险合规主题教育实践活动，推进了全员风险防控体系和长效机制建设；通过对重点行业、重点领域加强管控，持续推进减退加固，全力做好了不良贷款风险缓释、化解和清收工作，守住了风险管控底线，为全行业务健康发展、综合绩效考核提升奠定了基础。

第一章　全面风险监管

1986 年 10 月交通银行上海分行重新开业后，传统业务的迅速发展和新兴业务的不断问世，客观上对全行风险管控提出了更高的要求，上海(市)分行从组织机构、经营理念、制度规范、政策导向、风险计量和风险文化等方面着手，全面强化风险管理，构筑起多层次风险监督、风险控制机制，逐步形成“全覆盖、全流程、责任制、风险文化”为核心的全面风险监管体系。

第一节　风险管理机制

一、专门委员会

【贷款审查委员会】

1988 年 5 月，上海分行成立贷款审核委员会，成员由分行总经理办公会议讨论决定，设主任 1 名，副主任 2 名，成员 5 名。该委员会作为隶属于分行总经理室的一个贷款评估、审核机构，主要负责审核有关项目的资金投向、资金结构合理性及分行承受能力，确保决策民主化、科学化，避免失误。分行贷审会审核权限为 1 500 万元以上(含)，其中外地企业 1 000 万元以上(含)的流动资金贷款；500 万元以上(含)，其中外地企业 300 万元以上(含)的固定资产贷款及租赁项目；200 万美元以上(含)的外汇贷款和对外借款担保项目等。分行贷款审核委员会审核时间最长为 10 天，提出的审核意见须报分行总经理最后审定。

1992 年 4 月，上海分行贷款审核委员会更名为贷款审查委员会(以下简称“贷审会”)，审核权限调整为 1 000 万元流动资金贷款、贴现和人民币担保业务，其中外地企业、国集联营企业、集团企业 500 万元(指贷款总余额)以上贷款；500 万元(指贷款总余额)以上农业贷款；500 万元以上固定资产贷款及租赁项目；100 万美元以上外汇贷款业务，其中分行本部除外汇信贷部外，其余部办均为 50 万美元。贷审会审核的项目最长时间不超过 15 天，审核意见须有半数以上委员出席才能有效。

2000 年 9 月，上海分行贷审委实行委员制，由 1 名主任委员(分管授信业务的副行长担任)、7 名委员组成。规定会议须有半数以上委员到会，才能形成审查意见。贷审会作为分行本外币授信业务的审查机构，主要职责是审查授信业务的合法性、合规性、授信业务的风险及防范风险的措施，为有权审批人提供审查意见。

2001 年 2 月，上海分行增补 3 名担任过信贷领导工作的老同志为分行贷审会委员，并规定贷审会召开会议须有 2/3 以上委员到会，审议表决采取记名投票的方式，由各位委员填写《投票表决书》，不得弃权；持否定意见的委员需写明否定的主要理由。被审议的授信业务如有 3 票(含)以上否定者，不能通过。由贷审会主任当场公布表决结果，分行授信管理处归纳成最终意见，经贷审会主任签字后方为有效。

2002 年 9 月，世界银行推广项目正式实施后，上海分行贷审会负责对“正常类授信客户”(客户风险评级为 1～7 级，且逾期天数不超过 90 天)授信额度、授信安排和风险等级进行审议，并向分行行长或高级信贷执行官提供审查审批意见；规定贷审会主任对被审议的授信业务拥有一票否决权、对授信部门与贷审会委员出现风险评级不一致情况拥有最终认定权。

表 5-1-1　2002 年交通银行上海分行授信业务审批权限一览表　　单位：万元

审批方式	客户等级	审批权限	
		单个授信额度	其中中长期授信
分行行长	1～5 级	50 000	10 000
	6 级及其以下可授信客户	30 000	
高级信贷执行官	1～5 级	25 000	5 000
	6 级及其以下可授信客户	15 000	
授信处长	1～5 级	5 000	—
	6 级及其以下可授信客户	3 000	
授信处副处长、处长助理双人签批	1～5 级	5 000	—
	6 级及其以下可授信客户	3 000	
授信处副处长、处长助理单人签批	1～5 级	2 000	—
	6 级及其以下可授信客户	1 000	
风险处处长	8～10 级客户	3 000	—
风险处副处长、处长助理双人签批	8～10 级客户	3 000	—
风险处副处长、处长助理单人签批	8～10 级客户	1 000	—

2006 年 12 月，上海分行贷审会负责审议风险敞口超过分行审批权限 50%额度的授信业务；规定分行行长、支行等经营部门人员不得担任贷审会委员；建立委员回避制度，实行回避的委员不得对所回避授信业务发表评审意见，且不参与投票表决。

2012 年 5 月，上海市分行贷审会委员减至 7 名，主任委员由分行高级信贷执行官担任，其余委员由取得公司信贷审批人 A 类或 B 类资质的专家型人员担任，视情况设 A、B 角；贷审委委员表决结果当场公布，5 票以上(含)同意为通过；贷审委审议结果报贷审委主任审签，并按规定报分行行长核签；分行行长对贷审会通过的授信业务具有否决权，但对贷审会否定的授信业务，无权同意。

截至 2014 年年末，上海市分行贷款审查委员会由分行高级信贷执行官及公司业务部、国际业务部、授信管理部、风险管理部、法律合规部等 10 人员组成，委员实行 A、B 角制，分行高级信贷执行官任主任委员。

【风险资产审查委员会】

1999 年 10 月，上海分行成立风险资产审查委员会(以下简称"风审委")，由 2 位分行副行长(担任正副主任)，以及综合计划处、授信管理处、风险资产处、外汇管理处、财务会计处、稽核室、行政处、调研室、业务部、第一支行、闸北支行负责人共计 13 人组成。主要职责是审查分行不良资产处置方案，提出审查意见供分行行长或上级行决策。

2001 年 2 月，上海分行风审委作为分行风险资产转化、处置的审查机构，定期召开风审会，集体审议各类风险资产的转化、处置方式，为有权审批人提供审查意见。规定风审会须由 2/3 以上委员到会才能召开。

2004 年 2 月，上海分行风审委委员调整至 9 人，工作职能调整为：审查、审批管户部门上报，风险资产管理处初审的贷款本金在 3 000 万元以上(含)问题类授信客户的"行动计划"及"行动计划更改书"、客户风险评级或授信业务评级等；审查、审批管户部门上报，风险资产管理处初审的贷款本金在 1 000 万元以上(含)问题类授信客户的贷款重组等。

2011 年 4 月，上海市分行风审会开始实行 A、B 角制，A 角与 B 角具有同等的审议投票权，审议范围是资产保全部或其他相关部门提交的风险资产业务方案，主要包括问题类客户行动计划，不良贷款重组方案，不良贷款处置方案，抵债资产取得、处置方案，资产损失核销，因业务纠纷对外垫款事项等。

截至 2014 年年末，上海市分行风审会由分管行领导及资产保全部、预算财务部、公司业务部、国际业务部、零售信贷管理部、授信管理部、风险管理部、法律合规部、监察室等组成，分管行领导任主任委员，委员实行 A、B 角制。分行审计监督部列席会议，风险管理部为日常办事机构。

【全面风险管理委员会】

2010 年 12 月，上海市分行成立全面风险管理委员会，由分行行长担任主任委员，负责主持该委员会的日常工作。分管副行长担任副主任委员，负责各项风险管理工作。委员单位由办公室、人力资源部、资产负债管理部、预算财务部、公司业务部、个人金融部、银行卡业务部、国际业务部、金融机构部、资产托管部、零售信贷管理部、资产保全部、资产管理部、营运管理部、授信管理部、零售信贷业务部、风险管理部、审计监督部、法律合规部、信息技术部、电子银行部、监察室、保卫部、行政部等 24 个部门组成；委员会下设信用风险、市场与流动性风险、操作风险与反洗钱 3 个管理委员会；指导贷款审查委员会和风险资产审查委员会工作，并定期接受其工作报告。

上海市分行全面风险管理委员会是风险管理决策机构，其职责是审议和评估，确定分行的信用、市场(包括银行账户利率风险)、流动性、操作、合规、策略、声誉、集中度等风险政策及其风险管理重大事项。有针对性地对重点业务、重点行业、重点领域的风险状况定期开展各类专项风险排查和缺陷性评估，及时改进和优化人员、制度、流程管理环节，提高对同类型事件的防范能力，对已整改完善的流程通过后评估，验证其有效性。

2011 年，上海市分行共召开 3 次全面风险管理委员会工作例会。推进全行行业信用风险防控、贷款新规执行、员工失范行为、民间借贷和会计操作风险排查等工作开展，及时发现、化解各类风险。在三季度和全年度全面风险管理委员会会议上，对全行钢贸业务整体风险状况及担保公司担保业务的缺陷性进行评估，提出钢贸业务的风险减退和管控措施。是年，全行共召开对公贷审会 88 次，累计审议项目 519 个，通过项目 499 个；召开零售贷审会 36 次，累计审议项目 257 个，通过项目 244 个；召开风险审查会 12 次，累计审议项目 90 个，通过项目 89 个。

2012 年，上海市分行共召开 4 次全面风险管理季度例会。有针对性地对银行承兑业务，钢贸企业，江浙民营企业，跨系统关联客户授信等重点业务、重点行业、重点领域的风险状况进行了提示、分析和缺陷性评估；对钢贸质押贷款、新库房启用、工单投诉等合规及操作风险进行了研究，明确相关风险管控要求。至 10 月上海钢贸贷款风险集中爆发时，上海市分行已减退近 1/3 钢贸贷款，金额达 15.64 亿元。是年，共召开对公贷审会 88 次，累计审议项目 759 个，通过项目 738 个；召开零售贷审会48次，累计审议项目364个，通过项目320个；召开风审会5次，累计审议项目33个，通过项目33个。

2013年，上海市分行共召开4次全面风险管理季度例会，审议风险例会议题13个，收集、分析9个典型风险案例。一季度，针对暴露出来的民间融资、私售理财产品、出口发票融资、银行承兑汇票恶意挂失等风险情况，提出有针对性管控措施。是年，共召开对公贷审会93次，累计审议项目841个，通过项目813个；召开零售贷审会41次，累计审议项目208个，通过项目181个；召开风审会18次，累计审议项目126个，通过项目126个。

2014年，上海市分行共召开4次全面风险管理季度例会，审议专项议题12个。对不良和逾期贷款开展“堵截”式清收，对信誉差的民营企业和首贷出现逾期的企业进行强制压控。全年，共召开贷审会例会87次，审议金额4 764.33亿元，批准金额3 039.95亿元；召开非信贷评审会23次，审议24家客户共计31笔业务，审议金额394.83亿元，获批23家，批准金额234.84亿元；召开零售贷审会41次，累计审议项目208个，通过项目181个；召开风审会14次，累计审议项目78个，通过项目78个。

二、日常管理

【分级风险管理】

1997年，上海分行成立风险资产管理处，负责对进入“两呆”的高风险贷款进行逐笔检查；组织“两呆”贷款的清收；对呆账贷款核销申报及核销后的债券追索；对进入诉讼程序的各类资产作分析认定，并管理和实施诉讼；对辖属机构的清收工作进行指导等。

2001年，上海分行要求各经营单位设立综合授信科，下设授信审查、授信检查、计划统计、综合资料和风险管理等岗位(部分岗位可兼任，但工作职责相区分)。主要职责是根据贷审分离原则，负责本单位各类授信业务的审查、上报工作，汇总、分析授信情况；依据上海分行授信审批意见，落实授信条件，做好授信发放工作；负责授信后管理，定期和不定期地进行检查；负责授信综合及后续管理；负责贷审委的日常工作；负责拟订各类业务计划并组织实施；负责风审委的日常工作；负责落实有问题贷款的清收，参与有问题贷款的诉讼工作；负责有问题贷款的统计、上报工作。

2004年，上海分行要求全行各经营单位及管理部门设置风险管理员岗位。经营单位风险管理员的职责是负责对本部门全部授信业务进行风险监控，贷后再检查工作，不良贷款的催收、清理工作，不良贷款的责任认定初审及上报，不良贷款相关系统的数据维护，非讼法律事务管理，诉讼事宜管理及组织开展风险管理讨论、辅导、培训工作等；管理部门风险管理员的职责是负责本部门日常业务中的风险管理工作，各类合同、协议等法律文书及诉讼事宜的初审、报审、归档工作和提示、管理生效法律文书的执行、履约，开展业务风险讨论及风险培训工作，参加风险管理处组织的各类风险管理及法律培训，参与突发事件和危机的处置，及时落实与本部门相关的各项风险管理工作。

2005年，上海分行在经营单位，以及公司、私金、国际、机构等具有经营职能的业务部门设置风险经理职位。负责对本外币、对公对私、表内外信贷资产的信用风险进行识别、检测、报告，进而有效控制风险、化解风险。

2009年，上海市分行在分支行两个层面设置风险经理。中心支行层面：依据业务规模大小，市内支行配置1～3名、远郊支行配置1名专职风险经理，主要承担点上工作；管理部门层面：配设若干名风险经理，主要承担面上工作，由此形成点面结合、上下互动的工作格局。为充分发挥风险经理平行监控作用，经营单位风险经理不再兼职从事贷审等可能影响其独立性的工作，不再从事与其工作无关的其他工作。是年年末，全行风险经理达35名，其中专职风险经理16人，占比45.71%。

2010年，上海市分行按照业务发展需要和客户经理队伍动态变化，适时调整经营单位风险经理标准配置工作。基本标准：每个经营单位至少配备1名风险经理。增配标准：贷款规模超过80亿元(含)，授信客户数量超过60户(含)，或贷款规模超过60亿元(含)，授信客户数量超过80户(含)，至少配备2名风险经理；贷款规模超过120亿元(含)，授信客户数量超过120户(含)，或贷款规模超过100亿元(含)，授信客户数量超过140户(含)，至少配备3名风险经理；未达到上述增配标准，但对公授信客户所涉行业众多、集团关系复杂、地域分布较广的经营单位，经风险管理部评估，增配1名风险经理。

2013年，上海市分行开展"十佳风险经理"劳动竞赛。依据大力开展重点领域风险排查，及时揭示潜在风险；加强贷款五级分类管理，准确反映信贷资产质量；强化重点客户管理，努力化解潜在风险；开展风险管理创新，推进贷后管理长效机制；增强押品价值及系统管理，提升押品管理水平；深入推广操作风险管理理念，做好操作风险事件报告、分析和管理工作；组织开展操作风险与控制自我评估(RCSA)，有效识别业务流程风险等竞赛内容，加强对风险经理活动成效的考核，表彰本行优秀风险经理。

截至2014年年末，上海市分行风险经理达到40人，其中专职风险经理20人，占比50%。

【贷后复查及实地查访】

2005年，上海分行在所属支行、相关部门设置风险经理岗位后，随即开展风险排查及贷后复查工作，每位风险客户经理自行抽取2户贷款企业进行贷后复查。主要检查企业概况及银企往来情况，包括客户注册资金、出资人及出资到位情况、所属行业及行业排名、目前经营情况，客户在上海分行首次贷款时间、贷款金额、增加或缩减贷款的主要原因，授信情况，担保方式及在他行授信情况；客户经理保管的信贷资料，包括确认借款人、保证人主体资格、身份证的有效性、真实性，确认借款人、保证人公章、财务公章、法人章的印鉴并复核，确认双人核保行为、核保意见和签名，确认抵质押物的合法性、有效性和真实性，确认借款人、担保人贷款卡的有效性及不良记录情况，确认客户经理是否落实授信条件及操作，确认客户经理是否如期完成定期监控和实地查访、是否按期披露财务资料的对比情况；借款人情况，包括企业财务报表的真实性及连续性情况，企业主要有形资产的基本情况，企业贷款申请用途与实际需求是否一致，企业生产情况是否正常，企业近期是否有重大突发事件，企业主要股东情况及其关联交易情况(分析对分行信贷资产的影响)，企业资金及贷款是否有被他人挪用，核对企业生产、库存、销售情况是否与贷款资金总量相匹配，企业高层管理人员的基本信息和变化情况，企业审计事务所是否变化及检查正本审计报告反映的会计附录情况；担保人的情况分析，包括担保人的基本情况或抵质押物的基本情况分析，担保人是否为关联企业，并分析担保能力等。根据上述检查，风险经理进行风险分析并做出检查结论。主要分析和小结企业目前所处的发展阶段，预测企业未来发展前景；分析和归纳企业存在的主要风险点；引起风险预警信号的事态最新进展情况(如有)；评估借款人第一还款能力和担保人第二还款能力，以及对本行信贷资产可能产生的影响；分析与企业相关的集团或关联客户(在本行有授信额度的)情况。集团或关联客户可能受到的不利影响及对本行信贷资产可能产生的影响；对本行授信政策及风险评级的调整建议；建议采取的措施，并列出下次回访的时间等。

2009—2014年，上海分行风险经理结合风险过滤模式，每月实地查访5户以上客户，对授信条件落实情况、客户还贷能力及其他可能存在的风险等情况进行定期及不定期检查；在10个工作日内，完成对新增贷后管理重点客户实地查访，并按照双线报告原则，撰写《客户风险检查报告》上报所在单位和分行风险部；根据业务品种、行业分布等不同分类，按一定比例对本单位客户经理的贷后检查进行复查，对客户经理贷后管理的及时性和报告内容的完整性进行检查；检查核对客户经理查访报告、定期及不定期监控报告所反映内容的真实性、客观性等。

【风险信息管理】

2006 年起，上海分行对可能造成经营管理消极影响、给资产业务带来风险损失的风险信息实施采集加工、调查分析、提示发布、接收、处理、反馈全过程管理，以提高全行管理风险信息的集中化程度，获得信息汇总运行的碰撞效应和扩散效应；建立全行处理风险信息的流程化机制，实现信息生产的经济性和批量化；提高全行对非结构化文字信息的处理能力，为预警风险、规避风险、处置风险、应对危机赢得时间和先机。是年，进一步完善风险监控和预警体系，提高对重大信贷风险的快速反应能力，建立风险提示制度，通过组织专人和一定渠道，搜集、汇总、发布本行重要客户的相关风险信息，为全行市场营销、授信审查工作提供重要参考依据。

2007 年，上海分行进一步强化风险信息提示类客户管理工作，运用相关工具，对出现或可能出现风险预警信号、尚未达到进入监察名单客户标准的客户，及时进行风险提示。风险经理以每半年不低于 1 次的频率，对风险提示类客户进行实地查访，并在实地查访后 5 个工作日内形成《客户风险检查报告》，反映企业的基本面、经营状况、发展趋势，以及对本行授信业务的影响程度等。

2010 年起，上海市分行运用分行短信平台，及时向客户经理、中后台管理人员及经营单位负责人推送各类风险、业务到期、贷款逾期和欠息信息，业务新规及贷后管理要求和进度等信息。

2014 年，上海市分行利用短信平台共发布风险信息提示 15 205 条。

第二节　信用风险管理

一、识别与监测

【风险识别与预警】

2006 年，上海分行各经营单位风险经理依托风险资产管理系统（ARMS 系统）结合三层风险过滤模式，实地查访授信客户。发现存在预警信号的授信客户后，采用发布风险提示的方式，揭示相关风险点，并形成书面材料。2009—2014 年，风险经理通过三层风险过滤模式共完成实地查访户数 5 190 户，授信金额 8 298.09 亿元，发布风险提示 64 户，授信金额 73.62 亿元。

表 5-1-2　2009—2014 年交通银行上海市分行风险经理实地查访和风险提示统计表

时　间	实　地　查　访		风　险　提　示	
	数量(户)	金额(亿元)	数量(户)	金额(亿元)
2009 年	378	367.57	22	25.08
2010 年	794	1 037.67	17	20.32
2011 年	245	433.47	3	3.60
2012 年	1 057	2 105.25	7	7.24

（续表）

时 间	实 地 查 访		风 险 提 示	
	数量(户)	金额(亿元)	数量(户)	金额(亿元)
2013 年	1 298	2 222.97	8	11.72
2014 年	1 418	2 131.16	7	5.66

【逾期贷款监测】

1989 年，上海分行加强对逾期贷款的管理，向借款人和保证人发送催收函，指派专人负责催收，依法收贷。

1998 年，根据不同情况，上海分行对逾期贷款企业实施区别对待政策，除落实专人，依法催收外，对于生产经营正常，因生产季节性因素、资金周转暂时困难、生产周期与贷款期限不匹配等原因造成贷款不能如期归还的，通过办理展期等方式重新确定还款期限，并指派专人跟踪还款情况，保证贷款本息足额及时归还；对于有还款能力，但缺乏还款意愿、故意赖账和恶意逃废债务、拖欠大量本息的借款人，将其列入关注名单，促其归还贷款本息，直至依法进行起诉；对于信贷管理中发现的担保无效贷款，采取积极措施，补齐有关手续，或重新确定担保方式和签订担保合同，到指定机关办理抵押登记，确保担保合同的法律效力；对于因自有流动资金不足、短期内经营困难、暂时亏损等原因造成无力偿还贷款，但通过加强管理有望扭亏的国有企业，分行通过提供信息、结算服务等方式，帮助企业提高效益，甚至注入适量贷款，扶持企业好的产品、项目，增强其还贷能力，盘活不良资产。

2007 年，上海分行完善逾期贷款管理流程，强化逾期贷款预报制度。客户经理在贷款到期前两周，深入企业，做好查访工作，督促贷款客户落实归还资金，并提前做好授信申报工作，减少临时性逾期贷款；对于将要发生的逾期贷款，及时制订清收或债务重组计划，防止贷款向不良迁徙；对于逾期 90 天以上的贷款客户，将其归入不良贷款进行管理和清收。是年第四季度起，分行推出资产质量月报制度，对下月将要到期的每笔授信业务进行提示，要求经营单位按时查访，同时向临时性逾期贷款频发的经营单位发出整改通知。

2008 年，上海分行建立经营单位逾期贷款定期报告制度。规定自贷款逾期及垫款发生后的第一个月内，每周向风险管理部报送逾期贷款定期报告，从第二个月起，每两周向风险管理部上报逾期贷款定期报告。定期报告包括但不限于企业经营情况、他行授信变化情况、企业还款计划、分行清收计划及实施进程、财产排摸情况等。

2009 年至 2014 年，上海市分行指派专人每日通过 ARMS 系统对公司贷款作逾期情况（包括本金逾期或利息逾期）日常监测，及时将信息反馈至各经营单位风险经理，查找逾期原因，制定化解方案和化解时间表；区分临时性和实质性逾期的原因，对系统操作不当等人为因素引发的临时性逾期，报告风险管理部扣减相关经营单位的贷后管理考核分；对实质性或突发大额逾期贷款，及时报告风险管理部负责人，尽快查清原因，确定催收方案。

二、计量与分类

【五级分类】

1990 年，上海分行成立清理信贷资产工作领导小组。全行按风险程度将信贷资产划分为正常贷款、逾期贷款、呆滞贷款和呆账贷款4类，后3种合称为不良贷款(以下简称“一逾两呆”)，开展全面排摸家底、检查制度执行情况活动。

1995年，上海分行开展信贷资产清理、清收“双清”工作，通过摸清“家底”，将“双清”工作的重点从有问题贷款发展到尚未到期的潜在风险贷款，全面防范信贷资产风险。

1998年，上海分行成立信贷资产清分工作领导小组，由分行行长担任组长。下设清分办公室，负责具体工作。主要对1997年年末本外币贷款，包括贴现贷款、银行承兑汇票到期垫付发放的贷款、小额抵押贷款、信用卡透支、住房按揭贷款、进出口押汇，以及应收利息、应收未收贷款欠息进行清分，分为初分、复审、稽核和结果汇总4个操作程序。各单位、业务部门信贷员作为初分人，负责初分及填写“贷款分类认定操作表”工作。信贷科长和分管行长(经理)作为初审人，重点对操作表中的计算数据准确性进行把关；复审工作由分行清分办和信贷管理处共同组织完成，复审面达100%；稽核室在清分小组的领导下进行独立的稽核工作，稽核面为机构数的100%，笔数达10%～20%，同时对清分工作的合规性、标准和结果的客观性、真实性、准确性作出判断；“贷款分类认定操作表”经审定后，有关数据由各行和业务部门指定专人输入计算机，生存贷款分类报表，并通过网络传送至分行信贷管理处，经汇总后上报总行。

2000年，上海分行依据借款人的实际还款能力对1999年年末各类贷款，或有资产类、委托贷款中的非定向委贷开展五级分类。即按风险程度将贷款划分为正常、关注、次级、可疑和损失，后3种为不良贷款。各经营单位、业务部门在分行统一领导下，按培训、准备及分类3个流程的工作要求，保质保量完成各阶段工作任务。

2001年，上海分行将贷款五级分类作为信贷管理的基础工作、常规工作，精心组织，准确分类，形成以主管授信业务的分行副行长为第一责任人，授信管理处组织实施，各经营单位负责落实，前、后台分工协作的工作格局。根据计划要求，于3月末完成年度初分和初审，7月末完成年中初分和初审2次五级分类工作，且将五级分类的理念和方法逐渐融入日常授信管理中，其结果也作为分行结构调整和信贷投向政策的依据之一。

2010年起，上海市分行实施新的信贷资产风险分类体系，针对公司信贷业务，在内评法预计损失、减值拨备与五级分类之间建立对应规则关系，将内评预期损失、减值拨备率作为贷款五级分类的重要认定标准，逐步缩小内评违约、五级不良、外审减值贷款之间的差异，进而达到提高贷款预期损失计量和分类的准确性，减少分类偏离度的目的。同时修改五级分类操作流程，将贷款分类从授信申报、审批流程中分离出来，按照“全面风险管理”和“平行作业”的原则，由经营单位、业务部门客户或保全经理发起，风险经理负责审查，充分发挥风险经理“第三只眼”的作用，实现风险关口前移。

2012年，上海市分行组织开展全行范围的贷款五级分类情况自查工作，对截至是年3月末五级分类为正常和关注类的所有公司贷款、零售小企业贷款和经营类个贷逐户逐笔进行了排查，同时完成ARMS系统的逐笔分类审批工作，共完成五级分类客户2 123户，业务笔数7 385笔、贷款金额1 802.2亿元。主动将排查中发现的4户五级分类为正常、具有关注类贷款部分风险特征的客户的评级调整为关注类，共计业务笔数11笔，贷款金额5.79亿元。

2014年，为严格风险管理过程监督，增强风险管控的权威性，上海市分行制定业务风险分级分类标准，按风险程度或问题性质的恶劣程度，业务风险分为五级，一级最轻微，五级最严重。是年，分行风险管理部设立负责实时监控分类变化情况的专岗，及时调整分类结果，于每月初的2个工作日内，完成五级分类月结工作，确认五级分类结果。截至是年年末，上海市分行在历次接受总行、监管部门检查中，未发现贷款分类偏离现象。

【减值拨备】

2005 年，总行下发《减值贷款损失拨备管理办法》，进一步明确减值贷款拨备计算的新要求和相关流程，确保减值贷款损失拨备计提的真实性、准确性，有效覆盖风险和损失。上海分行据此要求，加强对减值拨备工作常规化管理，把拨备管理作为信贷风险管理体系的重要环节，与贷后监控、风险分类、行动计划、资产保全等工作有机结合起来，使拨备作为覆盖风险和损失的有效手段。对全行按五级分类得到的次级、可疑和损失类贷款，或按十级评级得到的 8～10 级贷款，以及按三层风险过滤模式筛选出来的列入风险严重类监察名单的贷款，按季计提减值拨备。对公司、企业等单位客户的减值贷款，以合同项下的每一笔凭证为单位，逐项估算损失，逐笔提取拨备；对自然人、非法人经济实体等零售客户的减值贷款，按风险分类结果，将个人不良贷款分解成不同组合，按不同比例分别计提减值拨备；对非减值贷款，采取逐笔拨备的方式。

2007 年，上海分行按照职责分工，准确做好对公减值类贷款（包括小企业减值类贷款）、对私减值类贷款以及非信贷减值类资产的初拨、初审、复审、核定的管理工作。各经营单位、业务部门结合"抵押/质押/查封物（权利）估值折扣率表"，完成对所负责的资产，重新评估其现已计提拨备的合理性和准确性工作；各经营单位在贷款项目资产风险状况变动调整后 3 个工作日内，对 ARMS 系统发起调整拨备的流程。发现已计提拨备率与实际风险状况存在差异，填写《拨备调整申请表》报分行风险监控部，批准后调整拨备；分行风险监控部、零售信贷部、资产保全部在每月后 6 个工作日内填写《减值资产拨备表》，风险监控部在 10 个工作日内完成全行减值类资产的分类拨备迁徙情况汇总分析后向分行分管负责人报告。

2013 年，上海市分行对非信贷资产风险分类的核心定义及其预计损失率进行分档。正常类：预计损失率（预计损失额与账面价值的比率）小于 2％；关注类：预计损失率在 2％～5％之间；次级类：预计损失率在 5％～40％之间；可疑类：预计损失率在 40％～90％之间；损失类：预计损失率在 90％以上。

三、控制与化解

【风险监察名单管理】

2005 年起，上海分行全面加强风险关口前移和风险预警，对风险分类仍归为正常，但授信主体或担保主体存在潜在风险，履约能力出现疑问且风险分类等级近期极有可能向下迁徙的各类授信业务实行风险监察名单管理，分为风险可逆、风险较大和风险严重 3 类。同时建立风险监察名单管理职责制，各经营单位及相关岗位对授信客户和授信业务进行持续的授信后检查，实施风险排查，及时发现预警标识，并在发现预警信息后的 2 个工作日内（重大或紧急事件应在 24 小时内）将《风险监察名单报告表》及相关情况报送分行风险管理处审查；分行授信管理处在正常贷款的日常审查及各项检查过程中，发现相关授信业务或客户的潜在风险，及时出具认为需列入风险监察名单的书面意见，并提交风险管理处审核。风险监察名单行动计划中涉及授信审批事项的，参考分行风险管理处出具的风险控制建议后，按授信审批程序进行审批，并将审批结果抄送风险管理处；风险管理处及相关岗位审查、审核经营单位提交的《风险监察名单报告表》或授信管理处的书面意见，提出进入风险监察名单及其可控程度审查、审核意见，报处务会确认。审查、审核经营单位上报的风险监察名单行动计划、监控报告，提出客观、合理的风险控制意见。

2008 年，上海分行修改原先监察名单分类标准，根据风险程度大小及管理需要，将监察名单客户分为风险预警和风险可控两类，并由此更新日常管理流程和管理路径。监察名单以客户为单位，一般情况下，其项下的所有授信业务须随同归入风险预警或风险可控类，但允许部分进入风险可控类、部分进入问题类的情况存在；建立对特定范围的正常类授信客户进行风险筛选，以有效识别风险预警信号和潜在风险的风险过滤机制。风险过滤设置 3 层筛选程序：第一层为确定风险过滤客户清单。第二层为甄别风险预警信号、确定监察名单。第三层为监察名单管理；强调监察名单可由客户经理或风险经理发起，明确集团客户监察名单流程发起的相关规定、风险提示范围(包括提示内容和路线)、监察名单的日常管理及监察名单的迁徙管理。

2010 年，上海市分行规定经营单位经理在日常监控中发现潜在风险客户，或通过 3 层风险过滤模式发现的符合监察名单定义和特征信号的客户，须申请列入监察名单进行管理。监察名单采取动态管理模式，设置进入和退出模式。列入监察名单客户后，其授信业务的五级分类均调整为关注，监察名单内的客户贷后管理比照问题类客户的管理要求，分为移交和非移交 2 种模式进行管理。上海市分行每月分析监察名单变化情况，对经营单位的风险监察名单漏出和偏离情况，按贷后管理办法严格考核。

2011 年起，上海市分行推行贷后管理重点客户名单制，将无现实风险，但存在一定潜在风险或行业风险的客户列入重点客户名单。同时根据对重点领域风险排查及风险经理实地查访，定期对重点客户名单进行更新。要求经营单位风险经理加强对名单内客户监控，每半年至少进行一次实地查访；对新进入贷后管理重点客户名单的，在 10 个工作日内完成实地查访，提出重点监控的内容，及时化解各类潜在风险。

2014 年起，上海市分行对具有一定风险预警信号，可能会对信贷资产安全产生不利影响，尚未纳入减退加固名单、监察名单和不良名单管理的客户实施“灰名单”管理。“灰名单”采取动态管理模式，设置专人管理。经营单位根据各类风险信息及时“增补”客户名单，并于 15 个工作日内完成对列入名单的客户风险排查，评估预警信号，进一步识别客户潜在风险，并采取相应的防控措施。

【贷后管理】

1989 年，上海分行加强信贷管理工作，认真落实贷前调查、贷时审查、贷后检查“三查”制度。贷后检查围绕贷款用途、贷款对象、贷款物资保证、贷款增减变化和归还情况、贷款被挤占挪用情况、贷款使用效果、押品担保等内容，及时发现问题，及时采取应对措施，促进了信贷资金安全性、流动性和盈利性。

1997 年，上海分行为加大力度支持企业特别是国有企业按照市场需求有效地组织生产经营活动，培育和巩固本行基本客户，规范对借款人发放的期限为 1～3 年(不含 1 年、含 3 年)的流动资金贷款，在贷款期间，每季至少进行一次贷后检查。检查重点是借款企业生产情况和变化情况、企业资金运用状况和还本付息能力变动情况、与本行业务合作情况以及担保变动情况等。对于检查中发现借款企业在贷款期间出现经营状况恶化、信用等级下降或挤占、挪用流动资金贷款等情况，及时采取相应措施。

2001 年，上海分行围绕加强客户授信后管理力度、提高授信管理检查质量，及时防范和化解资产风险要求，强化贷款“三查”中贷后检查工作。检查的主要内容包括客户按规定使用授信情况，客户在授信协议、银企合作意向书等文件中所承诺的事项落实情况，客户生产或经营情况，客户财务状况以及现金流量的变化情况，客户资金运用状况以及还本付息能力的变动情况，保证人担保能力或抵(质)押物的变动情况，客户在本行的结算往来情况，项目建设标准与施工进度按设计和计划进展情况，打包贷款中信用证项下出口商品的采购、生产或出运等事项的进展情况，以及免保开证项下紧扣商品的到货销售情况，银票承兑项下商品的采购、出运等进展情况，保函的合同履约情况等。

2005 年，上海分行授信后管理工作除按时做好定期、不定期(包括查访报告、信贷备忘录等)工作，及时了解、反映、分析客户最新的生产经营、财务状况及基本面等重大变化情况外，重点关注集团客户和关联客户、异地贷款、票据业务、大额授信等 4 个领域的授信风险和风险控制。结合客户的授信业务品种，对其账户进行一般贸易性融资、固定资产项目融资、房地产项目融资等不同形式的监管，扎实做好授信后管理工作，适时修正授信方案。

2009 年，上海市分行将贷后管理达标作为夯实管理基础，建立规范化、精细化的贷后管理长效机制，成立贷后管理达标工作领导小组，制定公司业务贷后管理达标工作方案，按照达标管理、过程管理、动态管理原则，组织各经营单位和相关部门先后完成动员学习、自查整改、制度完善、检查辅导、达标申报等 5 个阶段的工作，提升全行贷后管理工作制度建设，充实贷后管理人员数量，加强贷后管理人员业务培训，强化贷后管理资金用途、定期不定期监控及风险过滤、风险排查，完善信贷资产分类管理、减值拨备及资产管理责任认定，提高贷后管理基础工作及贷后管理考核水平。2010 年 2 月，上海市分行以 91.6 分的成绩通过总行贷后管理达标检查验收，并被总行评定为贷后管理示范行。贷后管理达标后，根据内外部形势变化及业务发展情况，及时调整贷后管理重点，以制度创新为核心，不断修订完善贷后管理实施细则、推进方案及考核办法，提高全行贷后监控质量，进一步拓展贷后管理管控深度。

2010 年，上海市分行创新推出授信首笔提用制度(即新拓展客户的第一笔授信提用)、大额信贷资金使用审批制度(即项目贷款单笔使用金额大于 500 万元以上的)、项目贷款后评估制度、票据业务真实性核查制度、查访报告撰写模板及临时性逾期贷款管理办法等制度，在贷后管理过程中发挥了作用。

2010—2014 年，上海市分行探索贷后管理长效机制，结合实际情况每年修订贷后管理细则，认真做好经营单位、客户经理贷后管理执行情况评价和评估工作，全面促进全行贷后管理工作水平的提高。

【风险排查】

2004 年 9 月，上海分行为进一步贯彻国家宏观调控政策，控制授信业务风险，解决不良资产前清后冒现象，对全辖 2004 年 7 月末有授信余额的所有正常类和关注类的公司贷款、集团客户贷款、借新还旧贷款作重点排查，揭示潜在风险，将还款出现疑问或极有可能危及本行信贷资产安全的贷款列入“监察名单”，制订处置行动计划，加固担保措施，并实施减持退出，防止滑入不良贷款；对因贷后监控工作薄弱，未对潜在风险的贷款提前采取有效补救措施，最终出现实质风险，导致不良资产余额上升的，按有关规定，追究有关领导及相关责任人的责任。

2006 年 5 月起，上海分行组织专人对 所属 7 家中心支行是年 4 月末授信余额超过 5 000 万元(含)的授信客户进行风险排查。针对排查中发现的问题，对贷前调查提出要认真收集和调查授信客户的主要股东构成及其背景情况，了解企业诚信守约情况，掌握企业经营模式、生产产品、工艺流程、资金循环等主要环节，摸清企业进货和销售的主要渠道等建议；对贷时审查提出要仔细分析企业借款的原因，合理测算企业的资金需求量，借助贷款卡工具，了解企业及担保人的对外负债、对外担保、对外抵质押情况、贷款逾期情况和五级分类变化情况，把握资金用途，特别关注集团客户的关联交易和相互之间的融资情况等建议；对贷后检查提出要加强对民营企业、贸易企业、异地企业以及主要股东为异地企业的本地企业的监控，监控企业的资金用途与借款用途是否一致。对授信客户的行业分析、市场风险和经营风险实行跟踪和动态管理，对发现的贷款潜在风险，尽早采取预警或抢救措施，及时调整信贷政策、优化担保措施、化解风险，减少信贷资产损失等建议。为确保风险排查工作不留死角，是年，将排查延伸至所有经营单位，并对是年5月末授信余额5 000万元以下的客户进行全面风险排查，重点检查五级分类准确性，信贷资金用途是否符合授信要求，贷款卡信息(对外负债及担保情况)是否有异常情况，查访报告的频率是否符合要求，借款人经营及财务变化情况及第一还款来源是否充足，担保人经营及财务变化情况、抵(质)押情况及第二还款来源是否可靠，资料、手续是否齐全、完整，是否有风险预警信号等。

2010年3月，上海市分行成立政府融资平台企业风险防控领导小组，主要负责政府融资平台企业信贷风险防控领导工作。领导小组下设工作小组，负责政府融资平台企业信贷风险防控具体工作。是年，在评估融资平台风险状况、银企合作关系和综合效益情况的基础上，将存量融资平台授信客户分为支持类、维持类和减退类；规定对区县以下的、利率一浮到底的、综合回报差的及存在合规性风险的4类政府融资平台原则上不再发放贷款；严格执行监管部门相关底线要求，牢牢把握政府融资平台业务3条红线：严禁发放打捆贷款，不签署无特定项目的大额授信合作协议，严格限制对出资不实及治理架构、内部控制、风险管理、资金管理运用制度不健全的融资平台贷款，落实风险防范。

2012年，上海市分行结合工作实际，进一步强化对排查工作的组织领导，成立由分行行长任组长的重大风险防控专项工作领导小组，推进重大风险防控工作。各有关部门主要负责人为重大风险防控的第一责任人，亲自领导、统抓统管。各条线从客户、领域、产品、业务和员工5个维度开展全面风险排查，重点抓好信用风险、房地产等信托项目风险、银担合作业务风险、案件风险、信息科技风险、新业务风险、经营目标和考核指标调整情况排查。是年，对民间融资、钢贸、房地产、地方政府融资平台、房地产贷款、多元化集团、跨系统授信客户等重点领域、重点客户开展的专项风险排查共计22次，累计排查授信客户3 038户，排查金额达4 543亿元，有160家授信客户被列入贷后管理重点客户名单；针对排查中发现的问题，建立重大风险事件的信息收集和报告机制，增强风险防控的成效。同时将重大风险的应对处置作为是年管理工作的重点内容，以日常管控化解重大风险苗头。

2014年，上海市分行深入做好案件风险排查工作，在7个领域内开展违规放贷案件风险排查。营运业务条线对以银行业金融机构名义开立的账户情况、存款风险滚动、个人存款开户、网银操作管理及上门服务类业务风险进行排查；风险管理条线对民间融资、铜及铁矿石贸易领域信贷、煤炭及煤贸行业授信业务、担保链(圈)及大宗商品动产质押环节的风险进行排查；零贷业务条线对全额保证金项下套利行为和信贷审批中是否存在利用贷审流程的规则规避控制的风险进行排查；国际业务条线进行以远期结售汇业务为重点内容的排查，对员工失范行为进行排查。通过重点完善制度设计和机制建设，探索建立起全员风险管理的工作体系。

【专项工作】

分级授权试点 1997年4月，上海分行作为总行内部岗位分级授权规范制度(以下简称“规范制度”)综合试点行，组成由分行行长负责，有关职能部门参加的工作班子，率先在所属市内各行、有关部门及辖内常州分行的计划、信贷、储蓄、财会、外汇业务等5个条线开展试点工作。规范制度试点以防范和控制风险为出发点，通过制定每个岗位的职责、每项业务的作业流程，明确每个岗位能做什么、不能做什么，该做什么、不该做什么，从而保证将规范制度落到实处；通过对业务经营决策审批权限、各个岗位操作权限的授权，将决策审批权和业务操作权统一于经营全过程，将权限与责任分解、细化、落实到每项业务操作涉及的各个岗位，并形成全过程的相互制约；通过持续贯彻相互制衡、监督原则，杜绝一个岗位不受监督处理某项业务全过程的现象出现，建立关键岗位专人专岗、不得兼任，相互衔接岗位不得由同一人兼任工作机制，切实防范风险；通过实行限时服务制度，明确各类业务的处理期限，促进业务一线员工提高操作技能水平，增强管理部门员工工作责任心，改进工作作风，提升工作效率。

上海分行成功试点规范制度后，总行于1998年4月1日起在全行系统中全面推行内部岗位分级授权规范制度，使之成为全行日常管理中一项常项性工作。

信贷达标工作　1997年4月至11月，上海分行围绕《信贷队伍建设规划(1997—1999)》提出的提高信贷人员整体素质，促进信贷业务操作、管理的程序化、规范化和标准化工作目标，开展“内强素质、外塑形象”信贷达标活动。达标对象包括分行主管信贷行长，经营单位分管信贷业务负责人、信贷科长，信贷岗、审查岗、综合岗人员，以及分行信贷管理处全体人员。达标内容主要包括信贷基础管理、信贷服务质量和信贷业务技能3个方面，根据各个岗位不同特点设立相应考核标准。达标活动分为宣传、学习，交流、检查与考核，总结、奖惩3个阶段。信贷达标活动，重点解决基础管理问题，根据信贷岗位的业务覆盖面制定定性定量指标，包括基础档案、基础资料、信贷评估与考核要求；解决一、二级信贷员队伍建设问题，把一、二级信贷员的比例扩大至25%，管理管理40%的信贷资产，围绕德、能、勤、绩4个方面的实绩每2年对一、二级信贷员进行考核，不搞终身制；解决信贷员补充、轮岗竞争上岗、行内待岗或离岗机制问题，设置奖励资金，鼓励信贷达标。

不良贷款集中处置　2004年5月，上海分行全面启动以不良贷款集中处置为基础的财务重组工作，将一定时点上的全部可疑类贷款按一定的价格打包出售，对折损部分一次性销账，对全部损失类贷款一次性核销。为总行财务重组、引进外资、公开上市做好工作准备。为加强对此项工作的领导，成立由分行行长任组长、两位副行长及风险管理处负责人为副组长、各有关部门负责人为成员单位的不良贷款集中处置领导小组，并下设办公室。办公室设立5个工作小组：秘书组负责不良贷款集中处置的秘书和协调工作；资产处置组负责可疑类贷款和损失类贷款集中处置工作、法律问题及不良贷款的责任认定和追究；财务核算组负责集中处置中的财务核算问题；信息组负责集中处置中的软件开发和信息管理；后勤组负责集中处置中的后勤保障。各经营单位按要求，成立由主要负责人挂帅，相关部门参加的不良贷款集中处置工作小组，抽调精兵强将，集中办公，全力以赴投入此项工作。为确保全面完成不良贷款集中处置任务，强调坚持“四个统一”：统一领导，在分行不良贷款集中处置领导小组的统一领导下开展工作，保证政令畅通；统一政策，执行由总行统一制定和确定的集中处置不良贷款基本原则和相关政策；统一标准，按总行统一制定的工作流程和标准，实施不良贷款的转让和核销；统一进度，根据确定的统一时间进度要求，克服一切困难，争分夺秒，按期全面落实和完成各项逾期目标。规定在不良贷款集中处置中严禁弄虚作假、严禁自行其是、严禁自作主张、严禁推诿扯皮、严禁办事拖拉、严禁有章不循、严禁违反程序操作。明确对影响全行不良贷款集中处置工作、严重违规违纪、损害本行利益、造成国有资产流失的，将对有关人员予以严肃查处，对造成严重后果的，追究各单位一把手责任。截至7月末，向信达资产管理公司上海办事处共出售不良贷款18.98亿元，其中可疑贷款10.55亿元，损失类贷款3.96亿元，核销类贷款4.47亿元。12月末，共完成对194户、近500笔，共计14.51亿元的可疑类和损失类贷款的责任认定和审查工作，不良贷款率下降至2.88%。

贷款新规执行　2009年第四季度，银监会相继颁发《固定资产贷款管理暂行办法》《流动资金贷款管理暂行办法》《个人贷款管理暂行办法》和《项目融资业务指引》(以下简称“三个办法、一个指引”)，作为中国银行业风险监管的长期制度安排，初步构建和完善了中国银行业金融机构的贷款业务法规框架。2010年，上海市分行重点落实三项工作：1. 形成制度机制，成立“三个办法一个指引”推进领导小组；保持各相关实施部门的定期沟通，掌握办法实施状况，布置开展相关工作；建立日常议事制度，强化对各基层单位反馈问题集中商讨，指导业务一线做好新规的落实工作；设立咨询服务热线，及时解答经营单位实施过程中遇到的实际问题；广泛收集业务一线的建议和意见，做好双向沟通工作。2. 开展培训，组织相关人员定期参加总行《解读贷款新规》等系列培训，提高信贷人员的技术水平和贷后管理的实际效果，确保贷款新规的顺利实施，促进授信风险管理进一步向精细化、专业化发展；组织信贷人员参加上海市分行、上海市银行同业公会以及总行“三个办法、一个指引”考试，参与率达到100%。2011年，组织767人参加上海市银行同业公会“三个办法、一个指引”知识竞赛，其中662人的成绩为90分以上，占比86.31%。99人成绩为80～90分，占比12.91%。80分以上者高达99.22%，一举夺得上海地区总决赛团体第三名，其中一位参赛选手入选上海地区代表队，并以第三赛区第一名的成绩入围全国总决赛。3. 对外宣传，在贷款新规实施前和实施中，加强对客户宣传，让客户及时了解具体的实施内容、实施进程和需要配合的工作。

2011年4月起，按照中国银监会当年累计新发放固定资产贷款、流动资金贷款、个人贷款3种贷款受托支付比例达到80%以上的要求，上海市分行对固定资产贷款实施全额受托支付方式；规定各经营单位上报流动资金贷款计划时，须上报每笔流动资金贷款的受托比重，确保高于80%。同时关注归类为自主支付的产品(如出口类贸易融资、保理、贴现等业务)对整体受托比例的影响，确保本单位每月的整体受托支付比例高于80%；对已经分行审批的特殊客户，在发放流动资金贷款时，支付方式及支付限额须重新报批，原则上采用受托支付、监管使用等更为严格的支付方式等11项管理措施。是年第二季度末，累计发放的3种贷款受托支付比重由第一季度72.03%升至83.78%。截至是年年末，上海市分行累计发放的3种贷款受托支付比重达到99.33%。

公司、机构类入池资产项目管理　2011年5月，总行授权上海市分行在符合相关条件情况下自行审核“资产管理池”分池中公司、机构类入池资产项目，授权期限不超过1年，自行审核的入池资产项目期限不超过5年，余额不超过100亿元。据此，上海市分行印发《公司、机构类入池及后续管理暂行规程》。规定公司、机构类资产总体入池规模、行业准入政策、入池模式、第三方合作准入标准、入池金额审批权限、期限要求、相关格式合同(协议)等须按总行要求办理。具体业务操作中，由各经营单位根据客户需求，对符合入池基本标准的入池资产，以书面申请的形式报分行审核。分行相关部门收到申请后，由相关产品经理进行项目初审，提交部门负责人审核，提出意见后报分行分管领导审定。超出分行自行审核权限的，通过OA报总行审核；对于入池资产在池期间管理，由经营单位比照自营贷款要求进行管理，包括实地查访、定期监控等，按要求撰写查访报告、监控报告并存档备查。如客户不能满足授信提款条件、贷后监控要求，经营单位将采取有针对性措施，督促客户落实提款条件、贷后监控要求。对无法落实授信提款条件、贷后监控要求的客户，经营单位调整方案及采取必要的资产保全措施，确保入池资产本息清偿。

2012年，上海市分行获总行授权自行审核“资产管理池”分池中公司、机构类入池资产项目，授权期限不超过2年，自行审核的入池资产项目期限不超过5年，余额不超过300亿元。上海市分行规定自行审核的公司、机构类入池资产准入标准与总行保持一致；融资服务对象限自身还款能力有充分保证的优质行业骨干企业，投向符合监管及总行授信政策要求；自行审核的资产入池模式应使用总行已拟定交易架构和法律文本的“信托受益权”模式。

2013 年，上海市分行进一步明确相关部门在公司、机构类入池资产管理上所承担的职责，按照“谁发起、谁管理”原则行使公司类、投行类、机构类等资产投后管理职责。根据资产来源，由经营单位或第三方合作机构指定专门的项目管理人具体履行投后管理职责。分行公司业务部在授权范围内筛选符合标准的公司类、投行类、机构类资产项目，负责牵头该类资产项目的尽职调查、审核和管理，以及落实投资放款条件和存续期管理。分行授信管理部在总分行授权范围内，根据评审标准和工作流程，负责理财对接资产信用风险评审。分行风险管理部配合公司业务部做好各项准备工作，审核确认公司类、投行类、机构类资产符合投资提款条件，负责相关投资资产的授信冻结工作等。

钢贸专项贷款风险化解　2011 年 11 月，按照上海银监局《关于钢贸企业授信风险提示的通知》精神，上海市分行加强对钢贸企业各类授信风险防控，要求各经营单位审慎选择客户，关注钢贸商的人品素质、经营风格、贸易真实性等情况，强化借款用途、还款能力和还款意愿的审查；优化担保措施，提高抵押担保有效性。优先发展总行签约或总行授权上海市分行签约的全国性物流监管公司监管的动产质押、电子供应链项下钢材质押等模式，引入具有国际背景的担保机构、再担保机构或地方政府担保基金，避免单一采用钢材市场担保机构担保方式或以钢贸商多方联保等担保方式；严格落实“实贷实付”，防止贷款挪用。贷款支付严格执行向受益人支付制度，实行名单制管理。贷款发放后，须逐笔核实贷款资金与相关交易的对应性，确保贷款用于钢贸销售；强化贷后资金监控，防范授信风险。客户经理、风险经理对借款人实行双线平行监控，双线查访，提高实效性；建立账户信息内部协查机制，提高风险管控能力。强化对钢贸企业与利益相关方之间资金往来监控，发现问题，深入开展风险排查并及时采取相关风控措施。

2012 年，随着国内出口放缓、商品房、汽车项目采购的减少，钢材需求出现持续萎缩，价格低迷对钢贸企业的经营带来深刻影响，钢贸领域中涉及民间融资、贷款挪用以及控制人“跑路”等各类风险事件不断增加，上海市分行全面风险管理委员会连续揭示钢贸企业存在的各种风险隐患，并在各种例会上对本行钢贸授信企业作了相关专题分析，进一步揭示钢贸企业的经营、融资、造假信息等风险，进行风险预警。9 月，根据总行和上海银监局多次下发风险提示，对钢贸领域信贷业务进行结构调整，继续从严执行对钢贸领域信贷业务结构调整政策，促进业务总量及占比双降；整合全行“钢贸类授信业务”（含经营类个贷、零售小企业信贷及公司信贷 3 类业务中所涉及钢贸类）管理机制，实现零售、公司信贷条线对钢贸类授信政策的统筹协调；贯彻落实“总量控制、分类指导、积极加固”要求，对所有涉及钢贸类授信业务的经营单位采取“一行一策”，对重点合作或已列入“分行钢贸授信业务主要涉及市场和对口主管行”中的钢贸市场采取“一市一策”，对所有涉及钢贸类信贷业务的合作担保机构采取“一司一策”，对个别钢贸商采取“一户一策”。12 月，为有效推进钢贸贷款风险缓释，防范系统性风险，发挥相关部门在钢贸类授信风险管控和化解的协同作用，分行成立由分管授信风险行长为组长的“钢贸企业风险化解工作小组”，主要负责制定全行钢贸类授信风险化解和风险缓释的总体方案和措施，通过统一领导、整体部署，有效控制分行钢贸类授信损失。

截至 2014 年年末，上海市分行钢贸客户授信余额 3.99 亿元，总户数 71 户，余额和户数分别较 2011 年年末下降和减少 43.87 亿元、263 户。其中：公司类授信余额 3 892 万元，较 2011 年年末下降 18.6 亿元；小企业授信余额 3.6 亿元，较 2011 年年末下降 25.27 亿元。

全员风险合规主题教育　2014 年 1 月，上海市分行为牢固树立全员“依法合规，稳健经营”发展理念，贯彻落实总行《关于新形势下进一步加强风险管理的意见》的要求，强化风险管控的基本要求和基本底线，规范基础管理和员工行为，提高职业操守，于 1—6 月，在全行范围内开展主题为“知晓、承诺、执行”全员风险合规主题教育实践活动（以下简称“教育活动”）。成立由分行行长任组长，各位副行长任副组长，有关部门主要负责人为成员的教育活动领导小组，组织全行开展教育活动。下设办公室，负责教育活动的日常工作。教育活动分两个阶段进行，第一阶段为“我知晓、我承诺”阶段（1—3月），通过开展宣讲与自学相结合、测评与承诺相结合的主题活动，学习和牢记主要业务和经营管理的合规底线规定，完成“一场宣讲、一次测评、一份承诺”的规定要求，形成全行上下讲风险、控底线的良好学习氛围，使人人知晓合规底线，人人承诺依法合规、遵章守纪；第二阶段为“我承诺、我执行”阶段（4—6月），通过开展“一套案例、一次检查”，进一步学习各类风险、违规活动的表现形式和防控方法，抓好风险易发领域和重点环节的自查和排查工作，巩固全员合规行为，进一步提高员工遵章守纪的执行力。同时结合总行最新的风险管控要求，不断梳理风险点，不断完善管理制度、操作流程和内控手段，建立健全责任明确、监督有效、处置有力、动态管理的风险防控机制。

教育活动开展过程中，上海市分行制定16个重点岗位的承诺模板，全行5 477名干部员工参与风险承诺书的签署活动；全面启动风险合规教育测评，编制53份试卷，有19 272人次参加教育测评，考试合格率达100%；结合新型风险特征，编写111个风险教育案例，修订101项规章制度，并建立后评估制度；聚焦个金违规销售、印章使用、铜融资、涉煤企业、平台贷款、民间融资、担保链（圈）、账户管理等多项重点风险领域，交织开展161多项风险排查。

四、系统与工具应用

【资产风险管理系统】

2006年12月，根据总行统一部署，上海分行上线试运行资产风险管理系统（ARMS）系统，该系统为全行风险经理工作平台、资产风险监控平台，有风险过滤、监察名单、风险客户、迁徙分析、减值贷款拨备和非信贷资产监控等功能。系统试运行前，组织有关人员参与总行视频培训，开通相关人员用户权限，建立用户清单预置入ARMS系统。试运行后，落实专人担任系统管理员，定期组织风险条线相关人员开展系统培训，汇总各经营单位提出的优化系统建议上报总行。为确保获得完整准确的是年年度数据，遵照总行要求，在ARMS上线试运行后，对原在用系统包括贷款五级实时分类系统、信贷资产风险监控系统、非信贷资产风险监控系统、不良贷款逐笔拨备系统等继续进行维护，采用“双轨运行、相互验证”模式。2007年第一季度，完成各原监控系统向ARMS的切换。

2008年7月，上海分行加强对资产风险管理系统（ARMS）的运行管理，要求全行严格按照相关管理要求，严格遵守各类业务信息的保密规定。明确风险监控部承担资产风险管理系统管理职责，负责本行的系统使用管理，检查和提高信息维护质量，审批普通操作员资质、创建、停用等系统管理的日常工作，负责向总行报告系统使用中存在的问题等；授信管理部、资产保全部、风险合规部、资产负债管理部为保证系统正常运行的责任部门，承担条线数据信息的输入，按其部门职责对资产风险管理系统中客户概况数据、五级分类数据、非信贷资产数据、减值拨备数据、诉讼数据的准确性、完整性负责；各经营单位作为资产风险管理系统的应用部门，负责对本单位上报数据的及时性、准确性、完整性进行监督管理，加强对信息保密工作的检查、监督和管理，严格防范操作性风险的发生。强调系统各级操作人员须严格按照权限使用资产风险管理系统，做好系统信息的保密工作。

2010年8月，总行新开发ARMS公司信贷资产五级分类模块，上海市分行从是月23日起所有业务通过该模块即时生存五级分类结果。该模块具有以下内容：1. 分类变化清单查询。2. 授信业务内评结果查询。3. 分行在“日常状态”下的分类调整、复议流程。4. 分行在“月结状态”下的分类调整和复议申请流程。5. 分行对总行发起分类结果调整流程的反馈等功能。

【贷后资金划付查询系统】

2009 年，为加强对贷款用途监控，丰富对公信贷客户经理贷后管理手段，及时发现和防范风险，上海市分行开发贷后资金划付查询系统，支撑对公信贷客户经理准确地把握银行向客户授信后资金流向，强化对贷后管理重点客户、监察名单客户贷款用途的监控，提升监控的效能。借助贷后资金划付查询系统，对公信贷客户经理可以通过调阅电子影像传票等方式，查阅原始凭证、追踪客户交易结算资金收付流向等，加强对授信客户信贷资金使用情况的掌控度。

【对公信贷客户财务信息分析预警系统】

2010 年，上海市分行开发的对公信贷客户财务信息分析预警系统投入使用，系统具有同类型企业财务报表对比分析，行业信息收集及预警信息提示等功能。为识别财务报表真伪，掌握关联企业信息，全面、客观地评估、分析授信客户信用风险，强化风险预警，提高贷后监控和风险排查，提供了技术支撑，加速了上海市分行风险管理向电子化、智能化、计量化方向发展的进程。

【贷后监控短信提醒系统】

2010 年，上海市分行成功开发贷后监控短信提醒系统平台，及时将各类定期不定期监控、用途监控提醒、业务到期、贷款逾期和欠息等风险信息，以及业务疑难问题解答等，通过短信媒介分层分类发送给各经营单位客户经理、中后台管理人员及相关负责人，并利用短信平台，加强对客户经理培训，使其及时掌握风险管理重点。通过细分系统平台内容，设置制度解析专栏，滚动介绍和讲解业务监管新制度、新办法重点内容和执行要点；通过设置案例分析专栏，分析经典案例，帮助客户经理提高风险识别、防范能力；通过设立风险动态专栏，及时发布风险管理动态信息，使贷后管理相关人员及时了解监管部门和总分行当前风险管理重点和管理要求，提高风险防范准确性；通过建立学习园地，定期在学习园地中推出优秀贷后监控报告，供客户经理学习借鉴。

第三节　操作风险管理

一、管理工具

1986 年 10 月上海分行重新开业初期，限于技术条件，主要依靠人员防范和事后监督来管理操作风险。

进入 21 世纪后，上海分行依托计算机技术，以人员防范和技术防范相结合的原则，通过把针对操作风险因素的重要管理控制流程固化于核心账户系统、风险监控等各类业务系统，提高以技术手段防范操作风险的能力，不断强化对各个重点领域操作风险的非现场动态识别、预警、分析和监控。

2007 年，根据中国银监会《商业银行操作风险管理指引》及总行要求，上海分行确定监控计划，设置重点监控项目。运用操作风险管理系统甄别、梳理、分析各类操作风险的风险点、发生频率和风险程度；建立各类操作风险损失数据库，推进风险管理缺陷性评价；建立、完善各项规章制度，制定各类应急预案，落实风险管控措施，将各类操作风险纳入监控之中；建立操作风险管理后评估体系，排查现行业务管理制度缺陷，及时改进或优化人员、制度、流程管理环节中漏洞，提高对操作风险防范能力。

2010年起，上海市分行推广操作风险管理理念，上线操作风险管理信息系统，将操作风险管理融入分行全面风险管理体系。主要应用风险与控制自我评估（RCSA）、关键风险指标（KRI）以及损失数据收集（LDC）等三大操作风险管理工具，对全行操作风险状况进行动态监控，查找业务流程缺陷，及时制订行动计划，落实整改，提高操作风险管控的专业性、前瞻性和有效性。其中RCSA用于识别和评估自身的潜在操作风险，以及自身业务活动控制措施的适当性和有效性。其执行程序包括分析与控制识别、评分计划排定、风险地图设定、操作风险暴露与控制有效性评估、评估结果分析与调整以及行动计划的制订与执行6个主要阶段；KRI代表某一风险领域变化情况并可定期监控的统计指标，用于监测可能造成损失事件的潜在风险及其控制措施，并作为反映风险变化情况的早期预警指标。其包括关键风险指标的名称与基本要素、数据收集计划、和风险与控制的关联性、监控门槛值（分为绿色、黄色、橙色和红色4个区间）及其对应区间；LDC依据中国银监会指引规定以及交通银行操作风险偏好与管理需求所定义的收集范围，针对操作风险事件的相关信息，进行数据收集、内容分析、整改方案设计与执行、损失分配、内外部报告等工作过程。

2013年，上海市分行利用LDC，共收集上报操作风险事件166笔，确认损失净额143.35万元；利用RCSA，完成3个批次、13个重点业务流程、共2 763条任务的自评估和审核，涉及营运、个金、零贷、国际、公司、风险、保全7个业务条线；利用KRI，各部门按时完成常规12个关键风险指标的监控和收集工作，指标分布基本落在绿区，情况良好。

2014年，上海市分行利用LDC，共收集上报操作风险事件174笔，确认损失净额821.91万元。自2013年全行推行经营单位和条线部门操作风险事件双线制度以来，风险事件收集渠道进一步拓展，“点线结合、互为补充”风险事件收集体系进一步健全；利用KRI，各部门按时完成常规12个关键风险指标的监控和收集工作，指标分布基本落在绿区。是年，操作风险流程评估工作较往年有所变化，所属各经营单位于年初完成90项统一业务流程及7项分行特色业务流程的操作风险状况初评估。第二季度起，按照全年RCSA评估工作计划，全行工完成3个批次、13个重点业务流程共3 173条任务的自评估和审核，涉及营运、国际、个金、资负、托管、银行卡、公司7个业务条线。评估结果总体良好，风险控制措施有效，剩余风险基本可控。

二、业务连续性管理

2013年起，上海市分行将银行业务连续性管理纳入操作风险管理工作范畴。为有效应对直接面向客户、涉及账务处理、时效性要求较高，其运营服务中断会对本行产生较大经济、声誉损失或严重外部影响的重要业务事件，建设以应急响应、快速恢复为核心的一整套业务连续性管理机制，具体分为日常管理和应急处置两大部分。业务连续性管理的日常工作由分行风险管理部牵头负责，应急处置工作由分行办公室牵头负责。两牵头部门之间建立工作衔接与协调配合机制，25个部、室、中心按照职责分工配合牵头部门做好相关工作，并设立工作协调员。完成对自然灾害、人为灾难、外部服务中断、技术故障等23项灾难场景关键资源的识别，以及对灾难的固有风险和剩余风险评估；确定纳入全行重点业务清单的业务共68项，包括银联通基金清算与监督、保险跨行支付结算平台、中国证券登记结算有限公司、上海期货交易所、中国金融期货交易所资金清算平台等14项分行特色业务；进行业务影响分析；明确回复策略；制订业务连续性计划；实施与持续完善。

2014 年 1 月，上海市分行完成灾难风险评估报告，从全行视角识别可能造成业务中断的各类风险及资源面临的威胁，初步掌握业务中断的风险概貌。12 月，制定业务突发事件处理应急预案，确保“531”新系统顺利切换，保障各项业务平稳运营。

第四节　法律合规风险管理

一、管理机构

1996 年 10 月，上海分行信贷管理处增设风险资产管理科（对外称法律室），全权负责处理上海分行信贷业务中涉及法律的事务，包括诉讼、相关法律文本的使用及填写指导、法律咨询服务等，形成归口统一管理非讼及诉讼事务的雏形。

1997 年 9 月，上海分行风险资产管理处成立后，负责管理全行的非讼及诉讼事务，工作范围由原先的信贷业务扩大至对公对私、表内表外、业务类及非业务类等，制定和完善各项规章制度，着手对合作律师进行规范化管理。

1999 年 5 月，上海分行加强法律合规风险管理，设立法律事务室，专职从事分行各项业务所涉及的法律事务工作。

2005 年 4 月起，上海分行法律合规部全面主管全行法律事务、合规管理和内控管理，负责建立健全相关规章制度，在总行系统内率先对合作律师事务所进行规范化管理。

二、制度管理

1987—2004 年，上海分行围绕防范风险、审慎经营的目标，相继印发近 2 000 件经营管理方面的规章制度，为全行创新发展、安全经营发挥了保驾护航的作用。2005 年，对上述规章制度进行全面的清理，依据各管理部门的职能分工确定分类标准，将 1 924 件规章制度系统分类，初步形成分类清晰、便于管理和查找的规章制度体系。

2005 年，上海分行制定《规章制度管理办法》，明确规章制度的起草、审核、签发、修改或废止、公布、清理等流程，进一步规范、健全并完善分行规章制度体系建设，提高规章制度的效率一致性和质量，为各项业务依法、合规经营及长效发展提供保证。

2007 年，上海分行印发《规章制度审查办法》，强调分行规章制度依据制定程序和效力层次，分为行务规章制度和部门规章制度；规定与分行业务经营活动有关的行务规章制度草案，在正式签发前，先由本部门合规管理员进行合规性审查，然后递交合规管理部审核。部门规章制度，由制定部门自行审核。转发总行或监管部门规范性文件的规章制度，无须审核；规定对具有普遍适用性和持续执行效力的行务规章制度，必须在公布后的 9 个月内完成合理性、适用性、操作性的后评价，以提高规章制度的执行效力，确保规章制度的内容科学性、合理性和可操作性。

2010 年，上海市分行制定《业务规章制度合规性审核暂行办法》，明确自 2011 年 1 月 1 日起，各项业务规章在发布前须经过分行法律合规部合规性审核。审核内容主要包括：是否符合法律规定、监管要求，对法律和合规风险的控制措施是否充分适当；要求业务规章制度的制定和修订部门将业务规章制度送达分行法律合规部审核前，由该部门兼职合规管理员对规章制度进行初审，并经部门负责人同意，确保业务规章制度符合合规要求。

2012年，上海市分行实施规章制度全流程管理。组织各业务条线上线规章制度管理平台，做好运营维护工作，督促各部门落实数据上传及日常更新工作，发挥规章制度管理平台的作用，11月，对业务规章制度颁布后6～9个月内的适用性进行合规性测试。从学习、执行等维度对规章制度的合理性、适用性、操作性进行全面后评价，并将评估结果反馈至相关部门，由管理部门进行修改或调整。

三、合规管理

【基本制度】

2006年4月，上海分行为建立合规管理机制，健全内控管理体系，确保经营管理符合外部法律法规、监管规定和自律性组织，形成适用于自身业务活动的规章制度和行为准则，依据总行《合规管理暂行办法》、上海银监局《上海银行业金融机构合规风险管理机制建设的指导意见》有关规定，制定《合规管理试行办法》，从制度建设、组织架构、职责分工、合规报告、检查监督等方面对全行的经营管理活动进行全面的管理和规范，有效设别合规风险，主动采取措施将合规要求融入内部规章制度，主动规避违规事件发生，不断完善内部规章制度和岗位操作手册，弥补合规漏洞，维护本行良好声誉。12月，印发《合规管理员工作指引》，建立合规管理员队伍，在分行职能部门、归口部门及经营单位配置专、兼职合规管理员，进一步贯彻落实各项合规管理的制度，加强对全行各业务条线的合规风险有效设别、评估和分解。明确合规管理员岗位职责、合规报告路线及兼职合规管理员数量配置和考核。

2009年3月，上海市分行重新修订《合规管理办法》，明确分行风险管理委员会是全行合规管理的最高议事机构，审议决定全行合规管理的政策和制度、程序和措施、总体评价及其他合规管理的重大事项。风险管理委员会下设反洗钱工作领导小组，负责领导反洗钱工作，制定反洗钱工作的基本政策和原则，并对重大反洗钱事项作出决策；规定各部门负责人为本部门合规管理负责人，应结合本部门实际情况指定专人（部门兼职合规管理员）组织开展本部门合规管理工作，将本部门合规职责分解至具体岗位，并进行监督检查和绩效考核；要求各部门兼职合规管理员参与本部门制定规章制度、开发新业务、新产品和新系统、处理违规时间等重要业务经营管理活动，确保业务经营活动的依法合规。

2011年10月，上海市分行印发《合规管理员工作细则》，细化专、兼职合规管理员工作职责，同时提出选用的兼职合规管理员应具备3年以上银行工作经历、熟悉监管要求和经营规则等合规规则、能有效识别合规风险、具备业务能力和管理经验等任职条件。

2012—2014年，上海市分行不断总结工作经验，始终将合规管理作为全行风险管理的一项重要工作，努力把依法合规、审慎经营的方针贯穿于经营管理全过程，开展包括转授权、内部交易及关联交易管理、业务规章合规性审核、规章制度后评估、规章制度平台维护、合规报告、合规评价、合规风险识别、合规内控考核、合规管理员队伍建设、与监管部门的交流沟通等管理活动，形成具有分行特色的合规管理工作新模式。

【授权管理】

1988年，上海分行试行授权制度，分别授权分行有关业务部门负责人全权处理相关业务及办事处工作。

1989 年，上海分行授权辖属支行、市内办事处负责人在授权范围内处理办事处工作。

1995 年，根据“按类掌握，分级审批”原则，上海分行授权各辖属各分支行行长、副行长本外币贷款、展期、各类投资项目、外汇担保及对外出具贷款意向书、承诺书等审批权限，规定被授权人员只能在授权范围内进行审批，超过授权范围的，均须逐级上报有权人员批准；对超越审批权限或以化整为零的方式批准贷款的违规者进行责任追究。1998 年，按照总行《内部岗位分级授权规范制度》有关规定，调整分行行长、分管行长、信贷管理处、业务部及支行行长贷款业务审批授权标准，严格业务操作规程、上报审批材料及审批时限。

1997 年，上海分行实行储蓄业务内部岗位分级授权，明确柜员人民币储蓄存单(折)挂失业务操作、储蓄空白重要凭证管理工作管理、储蓄业务公章管理工作掌管的权责。

2000 年，综合业务处理系统上线后，上海分行对需要授权的交易，按其可控风险大小，定义相应的授权级别和授权方式。授权级别按可控风险大小从低到高分成五级，授权方式分为强制授权和级别授权。强制授权、级别授权的交易分别须由操作柜员之外指定级别的柜员授权，由指定级别或指定级别以上的柜员授权后才能成功交易。

2005 年，上海分行在总行业务授权范围内对业务职能部门、分支机构和关键业务岗位进行转授权。转授权分为常规业务经营管理、决策事项基本转授权和超出被转授权人基本授权范围的特定业务或特定事项特别转授权两种。其中基本转授权分为直接转授权和再次转授权 2 个层次，特别授权原则上不得再次转授权(特别转授权书中注明允许再次转授权的情况除外)。分行法律合规部负责统一管理全行转授权工作，各职能部门依据本部门分管业务办理转授权具体事务，分行监察室负责检查和监督转授权管理情况和执行情况，并将检查结果反馈给法律合规部。法律合规部在修改、审核与转授权工作有关方案，听取分管行领导审核意见，报分行行长审定后，将转授权工作方案制作成转授权书，加盖行长名章及分行公章，发送至被授权人。

2007 年，上海分行进一步加强业务转授权管理，健全内部控制体系，增强防范和控制风险的能力，将业务授权分为 3 个层次：第一层次为分行对业务职能部门、经营单位的转授权；第二层次为业务职能部门对本部门关键业务岗位的转授权，经营单位对下属二级支行和关键业务岗位的转授权；第三层次为二级支行对本单位内部关键业务岗位的转授权。建立业务转授权章制体系，进一步完善转授权工作内容、流程和管理，强化转授权执行情况评价工具。

2009 年，上海市分行遵照核心账户系统分级授权管理规定，在每个营业网点内至少设置 1 名从事业务授权工作，柜员属性为“一般管理柜员”，柜员级别 4 级以上，日常不进行账户类交易操作，且平时不得作临时性调整的专职授权员。负责柜面操作现场风险监控、经会计主管转授权，配合做好日常业务管理工作、做好核心系统以外的业务操作。

2014 年，上海市分行修订和完善国际业务分级授权审批权限，包括对外有权签字和内部分级授权两部分。其中对外有权签字权主要适用于对外签发汇票、开立信用证和保含等代理行之间的签字审批权限，按总行对外有权签字 A、B、C 级权限执行。内部分级授权主要适用于业务操作审批、合规性审批和 SWIFT 报文签发等内部审批环节，按分行《国际业务内部分级授权审批权限表》内容执行。

【集团客户、关联企业管理】

2003 年，上海分行在全行范围内对关联人及关联企业贷款、票据承兑、贴现业务开展全面检查，排摸关系人及关联企业的相互关系，加强对关联企业和集团客户授信业务的管理，通过检查票据的贸易背景,杜绝利用票据进行违规融资或资本运作,控制和防范风险。

2004年,上海分行强化对"德隆系"及其关联企业授信管理,调查授信客户股东和实际控制人背景,防止对"德隆系"及其关联企业新增授信。同时作出严格信贷投向管理、严禁对低水平重复建设项目新增授信、严格信贷准入条件、严格集团客户和关联企业授信管理、严格授信用途和资金监控、严禁流动资金贷款用于固定资产项目建设和房地产开发、加强贷后管理、主动调整授信存量客户结构、防止发生新的授信风险的规定。是年,全面加强对集团客户授信统一管理,对紧密型集团客户实行"统一审查、统一授信",对多层次集团客户特别是非紧密型集团客户实行"总体审视、区别对待、择优支持、统一审查、分别授信和统一监控"授信策略。

2007年,上海分行明确集团客户的管理内容。在深入调研基础上,构建和完善集团客户关系树。综合预测客户业务发展、市场环境及同业竞争态势等因素,制定客户策略,包括积极支持、谨慎支持、维持、减持退出4种类型,指导集团客户的营销和授信管理;围绕公司业务发展总体目标,制订集团客户年度营销计划,动态监控营销计划的实施情况,并作定期回顾和评价,适时调整改进行动方案;开展集团客户授信申报、授信额度管理和授后监控,防范和控制集团授信风险;动态收集、维护和分析客户监察信息,在客户综合信息系统(CIIS)维护和发布集团客户的营销活动信息,监控集团客户重大事项及风险预警信号。

2009年,上海市分行按照关联交易和内部交易的名单,做好日常管理工作;培训、指导经营单位及职能部门提高关联交易、内部交易识别能力;加强信息管理,按时、准确上报交易信息数据;扩大关联交易及内部交易识别工作的宣传力度。

2012年,上海市分行建立对公和零贷授信关联客户风险管理的联动机制,加大对隐蔽型集团客户、关联企业跨系统授信风险的监测,防范和控制跨系统关联企业过度授信的风险。分行风险管理部负责牵头组织零售信贷管理部和授信管理部建立和维护跨系统关联授信客户信息,持续监控跨系统关联客户授信风险;各经营单位负责做好贷前尽职调查,如实反映跨系统关联客户的授信情况,合理申报授信方案;分行授信管理部负责综合评价授信客户及关联客户授信风险,整体控制风险敞口规模;分行零售信贷管理部和授信管理部指定专人负责建立《跨系统关联授信客户信息台账》,及时收集、记录经营单位反映的跨系统关联公司的授信情况,负责建立信息互通渠道,及时以联系单或通知单的形式将更新或新增跨系统关联客户的授信审批信息通报对方,并抄送风险管理部和反馈经营单位。

【业务印章管理】

1989年,上海分行制定印章管理暂行规定,强调各级机构、单位刻制印章必须合法、合乎标准。规定业务公章统一由分行会计出纳部按照有关规定办理刻制,落实专人负责保管,用印必须符合流程等。

1994年,针对发现伪冒兄弟行保函及授权证明的情况,上海分行在全行各单位开展一次印章管理的自查活动,严格落实专人保管及规范用印制度,切实加强风险防范。

1998年,上海分行制定业务印章管理办法(试行),对业务印章管理范围、管理机构和管理职责、刻制和颁发、领用与使用、保管要求,以及对使用人员管理及印章的停用、立档和销毁管理等作出具体规定。

2008年,上海分行印发业务印章管理暂行办法,将日常经营管理活动中用于各类文件、凭证上的印章,包括法定代表人及其他签字人的个人印章(不包括行政公章、党、政、工、团工作用章、信访工作及安全保卫工作用章)归口分行法律合规部管理。分行会计结算部负责业务印章的刻制及销毁工作，各部门具体负责管理该部门、该条线对口单位及主管业务范围内使用的业务印章。进一步对业务印章的刻制申请流程、审批程序及刻制、启（领）用、保管、停用及销毁等作出规定。强调业务印章的使用须遵循授权使用原则，严禁将业务印章带离单位用印，严禁在空白文件、凭证及其他任何空白材料上用印。

2013 年，上海市分行对全行业务印章使用情况进行排查，根据检查结果，要求及时清理实际业务中已停用及不需使用的业务印章，并按规定流程，由营运管理部进行统一销毁；尽快完善各业务印章管理细则，包括明确各印章的使用范围、印章管理检查制度并确保制度执行的有效性、印章检查的频率和形式等；加强对负责人私章的管理，规定负责人私章与行政公章分人保管。

2014 年，上海市分行修订业务印章管理办法，首次将分行业务印章纳入全面风险管理体系，涵盖制度建设、流程控制、人员管理、监督检查、内部审计、责任追究等各环节，定期向分行全面风险管理委员会报告管理情况；增设“业务印章管理的基本原则”，即严格遵循集中管理、依法合规、分类管理、风险管控与兼顾效率、监督制约原则，并按重要性从大到小、风险管控从高到低、管理层级从下到上等标准，将业务印章分为 A、B、C、D 4 类。涉及信贷、担保以及资金划转，对外使用承担法律责任的业务印章，原则上纳入 A 类业务印章。监管机构、行业协会等外部机构对样式、规格、使用范围等由明确规定的业务印章，原则上纳入 B 类以上业务印章。除涉及信贷、担保以及资金划转外，其他对外使用承担法律责任的业务印章，原则上纳入 C 类以上业务印章。为提高工作效率、规范操作或其他管理需要刻制对内使用的戳记类业务印章，以及除分行及其分支机构负责人个人名章以外的其他个人名章，原则上纳入 D 类业务印章。分行和分支机构负责人个人名章纳入行政公章进行管理；新增业务部门建立用印审批人名单和签字样本，明确审批权限，制定审批程序和审批标准规定。用印审批人发生变动后，业务部门及时更新名单和签字样本。建立业务印章监督检查机制，定期对业务印章情况开展检查，查找管理中存在的薄弱点和风险点，评估现有模式的合规有效性，整改问题、规范流程、完善制度，建立上海市分行印章管理的长效机制。

四、法律事务管理

【非诉讼业务管理】

合同管理　2003 年，上海分行印发《常规法律文本使用规定》，规范借款合同（中/短期流动资金贷款、中/长期固定资产贷款）及借款展期合同（适用于保证、抵押或质押贷款）、保证合同、抵押合同、质押合同（适用于单位定期存单质押贷款）、短期借款最高额保证合同、短期借款最高额抵押合同等 23 份合同使用。

2005 年，上海分行着手设计 15 份格式合同文本及其格式条款，报经总行审核同意后作为格式合同统一使用。10 月，制定《关于进一步规范全行非业务类合同管理的若干意见》，对银行日常经营管理活动所签署的、除业务类合同外的非业务类合同的适用范围、格式合同的制定和使用、审查要求等作出具体的规定。

2009 年，上海市分行制定《合同管理实施细则》。强调合同管理是依据有关的法律法规和总行的规章制度，对合同的起草、谈判、审查、订立、履行及档案保管等进行规范、监督的行为。明确合同管理实行强制性法律审查，坚持合法合规、维护本行合法权益，遵循灵活高效、加快业务推进的原则。细化合同管理的职责分工、格式合同文本管理、合同起草、合同审查、合同订立、合同履行、档案管理及检查等要求。

2012 年，取消原由客户承担抵押登记费后，为节省办理抵押登记手续中的成本开支，上海市分行制定《最高额抵押合同》，经总行法律合规部审查同意后实施。该合同同时适用于循环授信业务合同、额度使用申请书以及单笔授信业务合同，起到降低登记费支出，增能促效的作用。

2013 年，上海市分行完成新一轮法律合规条线格式文本清理(此次更新截止日期为是年 1 月 31 日)，下发更新后法律合规条线格式合同 232 个。其中总行法律合规部下发的格式合同 213 个，分行法律合规部制定的格式合同 19 个。清单在“现行版本库房编号”基础上新增“现行版本总行编号”，方便经营单位对照总行文件进行查找，确保格式合同文本的正确使用。

2014 年，为正确使用格式合同文本，上海市分行对总分行法律合规条线下发的格式合同文本进行新一轮梳理和更新(此次更新截止日期为是年 1 月 31 日)。更新后，总分行法律合规条线下发的格式合同共 244 个，其中总行法律合规部下发的格式合同 224 个，分行法律合规部制定的格式合同 20 个。10 月，为保证“531”系统上线后能正确使用新版格式合同文本，分行通过下发使用贴士、开展专项培训、开通咨询专线等方式，对经营单位及有关部门进行新版格式合同文本使用及填写的辅导，确保平稳过渡。

法律审查　2005 年，上海分行印发《加强法律服务工作若干问题的意见》，对法律文本审查范围、提交材料、审查期限等作出规定。法律文本审查范围包括：业务类标准格式进行实质性修改的，业务类合同不使用本行标准格式或需要另行制作文本的，非业务类合同按照本行有关非业务类合同管理的规定应当报审的，但不包括劳动合同。提交材料包括：合同草案、合同主办部门对相关情况的书面说明、相关业务主管部门的批复、相关规章制度等。审查期限：保函及本行标准格式合同的修改，在 3～4 个工作日内完成审查；非标准格式合同的审查，在 5 个工作日内完成审查；制作个性化的合同，在 10 个工作日内完成审查。至是年年末，审查合同文本 1 300 份。

2006 年，上海分行强化对各经营单位、管理部门服务，提高合同审查工作质量，明确规定：凡符合对本行格式合同进行非实质性修改的文本；修改后仅增加本行权利、加重对方义务或减少本行义务、限制对方权利的；与法律合规部审定的合同文本格式相同或仅在该基础上有非重大或非实质性修改的；以 100%保证金作为担保的保函等条件的合同，无须报法律合规部审查，由各经营单位或管理部门视业务基本情况、合同相对方的资信情况等因素，自行确定合同格式。

2007 年，为支持经营单位业务营销活动，上海分行推出限时审查、二级审查、项目跟踪制度，有效缩短审查时间、提高审查质量，出具的法律审查意见满足市场竞争需求。

2008 年，上海分行尝试法律审查授权，下放部分业务的法律审查功能，建立保函业务“绿色通道”制度，提高保函业务审批速度，增强经营单位的风险识别和控制能力。

2008—2014 年，上海(市)分行每年印发法律指南，揭示法律审查中的各类问题，进行风险提示，增强全员风险合规意识，要求制定有效措施，应对各类风险，确保审慎经营。

表 5-1-3　2005—2014 年交通银行上海(市)分行法律审查情况表

年　份	法律审查(件)
2005	1 300
2006	1 066
2007	670
2008	558

〔续表〕

年　份	法律审查(件)
2009	659
2010	680
2011	714
2012	644
2013	807
2014	692

法律咨询　1995 年，上海分行在信贷管理处设立清收小组（对外称法律顾问小组），负责向各业务单位提供法律咨询服务。

2005 年 8 月，上海分行建立对口联系人制度，开通法律服务热线，由分行法律合规部指定专人作为各经营单位、主要业务管理部门的法律咨询联系人，直接提供法律咨询服务；同时，派员参与分行贷审会、预审会、风审会对各类业务进行的法律评估，全面介入全行业务类及重大非业务类事务的事前谈判。对全行经营过程中与其他单位或个人间发生的业务类及非业务类争议，进行调查、协商、谈判、设计解决方案等，尽力降低被诉风险或声誉风险；配合做好交通银行上市前的法律尽职调查工作等。11 月，提出除提供直接法律咨询服务外，对较为复杂、影响重大的法律咨询，通过填写法律咨询申请表进行书面咨询。

2009 年 2 月，上海市分行开展法律咨询，对重大项目的事后审查变为事前参与、全程跟踪，进一步提高行业竞争力。有针对性地推出"重大项目服务套餐""创新业务预诊制度"两项创新制度，发挥制度优势，确保重大、创新项目顺利推进。

2013 年 4 月，上海市分行针对全行专职法律事务管理岗位人员不足的状况，提升法律服务支撑力度、强化法律风险管理体系，在各经营单位和相关业务部门建立起一支"法务专员"队伍，并制定管理办法加以规范。通过点对点的指导、点对面的传达，构建起一个快速、多站点、无障碍的包括法律咨询服务在内的信息网络，全面延伸管理触角。为便于法务专员及时传达合同使用要求，向其提供"电子格式合同实时数据包"，建立起包括"飞信咨询平台"等多平台沟通模式，大幅提升全行法律服务管理工作质效。

【诉讼业务管理】

1995 年，上海分行制定《加强贷款清收和经济诉讼管理的若干规定》。强调由清收小组负责监管全行有问题贷款、统一管理经济诉讼标的 100 万元（含欠息）以上的案件。1997 年，印发《经济诉讼管理办法》，对依法催收和经济诉讼管理实行统一领导、分级负责、专人管理工作责任制；贷款发放部门负责做好贷款本息、贷款合同、担保合同的确认，对到期未还贷款人、担保人发催收函并掌握催收函回执或发函凭证，派员上门催收，洽谈还款计划，积累各种会谈、谈判记录，收集、分析借款人、担保人经营活动情况、财务状况及偿债能力等催收工作，为依法起诉做好前期准备；分行信贷管理处作为依法催收、经济诉讼管理协调部门，在分行行长室领导下负责做好旨在收回贷款本息，以贷款客户及担保单位为被告，向人民法院提出起诉，实现诉讼请求。1999 年，制定《借贷纠纷诉讼管理办法》，规范借贷纠纷诉讼操作和审批程序，加强贷款催收、起诉、委托代理、诉讼保全、执行等工作管理，切实维护分行的合法权益。2003年，印发《诉讼案件管理暂行办法实施意见》，将各经营单位及相关部门在经营管理活动中发生的民事、行政诉讼和仲裁案件，包括借贷纠纷、担保纠纷、票据纠纷、存单纠纷、信用证纠纷及劳动争议等案件纳入诉讼案件管理范围；提出对五级分类列为后三类的不良资产，或十级分类列为八级以下(含)的授信客户，或授信业务逾期超过90天、6个月、1年的，经营单位应当采取诉讼清收措施；明确对符合规定，超越分行审批权限的诉讼案件，报总行审批等。2006年，制定《诉讼案件管理暂行办法》，明确诉讼案件实行集中统一管理的原则，由法律合规部负责归口管理全行案件；对诉讼案件的审批与报告，诉讼代理，私金案件的特别管理，劳动争议案件的特别管理，案件登记、档案管理和诉讼统计上报，监督、检查与奖惩等作出规定。2008年，印发《诉讼案件管理实施意见》，规定诉讼案件实行案件承办人制度，由承办人负责案件的诉讼、执行、建档及其他各项工作。强调坚持审慎诉讼原则，各经营单位、部门在不良资产清收中要针对不同债务人的情况制定不同的清收方案，能通过非诉讼手段实现清收的，不宜采用诉讼手段清收。

1996年，上海分行以原告身份依法起诉经济纠纷案55件，涉及金额为11 350万元人民币、552万美元。在已审理结案的46件经济纠纷案件中，全部胜诉，涉及金额为6 460万元人民币、183.5万美元；尚在审理的9件经济纠纷案件，涉及金额4 890万元人民币、338.5万美元。胜诉后执行结案的有9件，收回金额860万元；另外正在执行的37件案例，已收回金额262万元。是年，共收回贷款1 122万元，收回率为17.4%。

2000年，根据总行"因部分分支行缺乏诉讼时效的法律意识，致使本行利益严重损失"情况通报，上海分行在各经营单位建立相应的责任制和诉讼台账制度，进一步完善贷款催收方式，避免丧失胜诉权情况的发生。

2004年，上海分行进一步加强风险管理和资产查摸工作力度，择优选聘一批业务水平高、服务态度好、收费合理律师事务所作为分行长期合作伙伴，实行动态管理。与律师签订合同的同时，限定律师完成特定任务的时间，与律师约定，其未在限定时间内完成特定任务的，上海分行有权解除合同；执行律师代理风险付费制，即律师费在律师按委托代理合同约定完成委托任务后支付，并与案件诉讼或执行结果挂钩；根据案情需要，确需预付律师代理费的，按约定律师费的20%以下执行。付费标准为诉讼标的在人民币100万元以下(含)的案件，费率不超过3%。诉讼标的在人民币100万～1 000万元以下(含)的案件，费率不超过1.5%。诉讼标的在人民币1 000万元以上的案件，费率不超过1%；对于合作的律师事务所派出的律师有不利于本行的行为、不符合本行要求的情形，及时核查情况，并调整合作律师事务所名单。2005年，对于数量较大的私金授信类诉讼案件，采取聘请律师事务所批量代理诉讼的方式；私金授信类诉讼案件代理费标准为：诉讼标的额在人民币100万～1 000万元以内(含)的，代理费费率不超过3%，对于疑难复杂、争议较大的诉讼案件，代理费费率不超过4%。诉讼标的额在人民币100万～500万元以内(含)的，代理费费率不超过2%。诉讼标的额在人民币500万元以上的，代理费费率不超过1%；私金非授信类诉讼案件代理费标准为：诉讼标的额在人民币1万元以内(含)的，代理费不超过人民币5 000元。诉讼标的额在人民币1万～10万元以内(含)的，代理费不超过人民币1万元。诉讼标的额在人民币10万元以上的，代理费不超过人民币2万元。2007年，制定《律师聘用管理实施细则》，建立备选律师库，由分行法律合规部负责全行聘请律师的归口管理工作；强化律师费用管理。诉讼、仲裁法律事务原则上实行风险付费，律师费的支付与案件诉讼结果、执行情况或者进展阶段挂钩。非诉讼法律事务费按工作进度分阶段支付。2011年，修订《律师聘用管理实施细则的通知》，提出对受聘律师存在缺陷或有损于分行利益行为的处理机制；明确银团贷款业务、涉及异地诉讼案件及涉外法律事务等4种情形的律师聘用程序；规定被诉案件的律师费标准等事项进行。2012年，印发《进一步加强律师聘用及管理的若干意见》，重申统一归口管理律师聘用工作，其他任何部门或个人不得自行对外聘用律师；拟聘律师的经营单位须严格履行聘请律师报批流程，事先向分行法律合规部报送聘请律师申请表，其中说明聘请律师的理由、律师费费率、预测律师费最高金额、支付方式等。经分行法律合规部审核出具审核意见后，交由分行预算财务部审批，其中预测律师费最高金额大于人民币5万元（或等值外币）（不含）的，须报分行分管行长审批，同时还须以签报形式上报审批。

2005年，上海分行对经营单位审报的诉讼，逐笔进行事前审查，直接参与、办理重大诉讼、被诉案件等。是年，审查对公诉讼案件28户，审查对私诉讼、集中诉讼共8批391笔，审批律师费150笔。

2007年，上海分行启用资产风险管理系统（ARMS）诉讼案件信息管理子系统。该子系统由对公清收案件、对私清收案件、非信贷清收案件和被诉案件4部分组成。通过对诉讼案件电子化管理，提升全行诉讼案件管理水平，提高诉讼清收成效，发挥诉讼案件的信息预警功能，防范涉诉客户新增授信风险。2010年，制定《ARMS诉讼操作系统管理实施细则》。明确分行法律合规部、资产保全部、录入单位各自的工作职责，对公、对私清收案件以及非信贷类的录入流程，录入单位人员指定以及变更流程，以及检查与培训职能。

2008年，上海分行利用总行ARMS诉讼案件管理信息子系统数据，编写诉讼操作手册，每季度对分行诉讼情况进行分析，包括各项数据、诉讼进程、诉讼成本、存在问题等，使日常诉讼数据变为具有重要价值的信息。

2011年，上海市分行制定《关于进一步规范诉讼案件承办人制度的通知》，提出涉案单位选择的诉讼案件承办人任职资格、专业背景、具体职责等要求，提高诉讼案件管理成效，避免诉讼过程中产生操作风险。

2013年，上海市分行印发《加强被诉（第三人）案件以及诉讼清收案件过程中调解事项管理的若干意见》。要求各经营单位在处理诉讼清收案件过程中发生的调解事项，切实遵守报批、审核等制度规定；在收到法院寄送被诉（第三人）案件的相关法律文书、原告提供的证据材料当日或次日，及时将材料（复印件）上报分行法律合规部及条线主管部门，并且指定具体承办人。在收到法律文书后5个工作日，且不迟于法院规定的举证期限前10个工作日内，将与分行有关的案件证据材料（复印件）报送分行法律合规部、条线主管部门，做好舆情控制工作。

2014年，上海市分行划分重大诉讼案件管理的标准与范围；明确重大诉讼案件管理基本原则和要求，重大诉讼案件管理实行统一管理、协作机制、总结报告机制；提出案件诉讼和执行管理内容，重大诉讼案件的诉讼和执行，依据法律法规，结合案件事实、证据材料及对方当事人财产等具体情况，实行“一行一策”，建立工作报告机制、承办管理机制重大诉讼案件会商等机制，依法维护上海市分行合法权益。

五、反洗钱管理

2003年，上海分行根据总行《关于做好反洗钱工作有关问题的通知》要求，构建分支行两级反洗钱组织架构。分行层面成立由1名分管行长任组长、相关部门主要负责人为组员的“反洗钱领导小组”，下设“反洗钱工作小组”，办公地点设在财务会计处。支行层面成立以分管行长负责的支行级反洗钱工作小组。分行反洗钱领导小组的职责是分析研究本行反洗钱工作情况，制订反洗钱工作计划，明确反洗钱工作方向，布置反洗钱工作措施，向上级行汇报反洗钱工作情况。反洗钱工作小组的职责是负责落实反洗钱工作要求，制定反洗钱工作细则，组织全行员工进行反洗钱业务培训，不定期开展反洗钱工作检查及向"反洗钱领导小组"汇报反洗钱工作开展情况。支行级反洗钱工作小组的职责为具体落实和细化分行布置的各项反洗钱工作；强化反洗钱学习掌握文件精神，整章建制，开发监测系统，记录分析报告，制度执行、培训、宣传及检查落实等各节点控制；建立反洗钱工作流程，从数据采集到数据分析整理，从查询查复到对外协调汇报，从对口检查到发现案例上报，从牵头组织到制定计划，从系统开发到制度落实，明确反洗钱工作小组的工作职责，切实履行反洗钱义务，打击洗钱活动。

2004年，上海分行反洗钱工作牵头部门由分行财务会计处变更为风险资产管理处，2005年起调整至法律合规部。

2005年，上海分行制定《关于加强反洗钱工作若干意见》。从加强宣传力度、加强制度建设、加强内控考核力度、加强专职机构力量、加强培训教育工作、加强电子技术支撑等方面改进反洗钱工作，提升反洗钱工作水平；把反洗钱工作纳入全行的综合考核体系中，将反洗钱工作质量与各经营单位、经营班子的全年业绩直接挂钩，与各经营责任人的全年考核直接挂钩；严格执行客户尽职调查，按照"了解你的客户"原则和"实名制开户"规定，保证开户资料和个人身份证明的真实性、准确性和完整性。围绕大额和可疑交易报告，分别制定《人民币大额和可疑支付交易报告办法》《外汇大额和可疑交易报告办法》，明确发现可疑支付交易、每月可疑支付交易汇总报告、本外币大额现金收付的上报途径和程序作出具体规定；强调各部门审查上报数据的职责，以及材料交接等要求；要求指定专人配合公安机关做好打击地下钱庄行动查询、调阅、复制有关资料等工作，以及严格执行资料保管制度，将开销户资料资料列入专门档案管理；利用各经营单位的业务培训会、辅导员例会等，对员工进行人民币反洗钱上报操作、外汇领域反洗钱信息系统推广、反洗钱知识培训。

2007年，上海分行举办以《中华人民共和国反洗钱法》《金融机构反洗钱规定》《金融机构大额交易和可疑交易报告管理办法》《交通银行反洗钱管理暂行办法》为主要内容的知识竞赛。参赛队以全行22个经营单位为单位，每队由1名领队和3名参赛队员组成，通过抽签分成3组进行初赛，每组各决出一、二名进入决赛。经激烈拼争，最终决出一等奖1名、二等奖2名、三等奖3名。竞赛活动的开展，配合了反洗钱新法规的贯彻及实施，增强了员工反洗钱意识，提高了全行反洗钱工作水平，营造了"打击洗钱，人人有责"的氛围。

2009年，上海市分行出台《反洗钱客户风险等级分类实施细则(试行)》。各经营单位、各部门按照反洗钱客户风险等级评定标准，将对公客户、对私客户分成高、中、低3个风险等级。每年5月、10月，对高风险等级客户进行一次客户基本信息的审核，及时更新客户资料，以此强化识别措施和考核监控。通过交易监控和分析，对符合可疑交易特征的，及时上报可疑交易报告；发现中、低风险等级客户有要求变更姓名或者名称、身份证件或身份证明文件种类、身份证件号码、注册资本、经营范围、法定代表人或者负责人的，客户行为或者交易情况出现异常等情况的，调整反洗钱客户风险等级，完善客户风险等级分类、监控操作要求。是年，上海市分行进一步完善反洗钱工作组织架构，在分管行长的直接领导下，成立反洗钱领导小组、反洗钱工作小组和反洗钱联络员小组，实行垂直领导；进一步明确分行反洗钱领导小组、反洗钱工作小组、反洗钱联络员小组及相关部门的工作职责；进一步细化客户身份识别、大额和可疑交易报告、客户身份资料和交易记录保存、非现场监管报告、保密管理、培训和宣传、检查和监督、议事规则的操作要求，体现以客户为基础进行可疑交易监测分析的反洗钱管理要求。

2010年，为提高大额重报工作质量，缓解反洗钱监测系统运行压力，提升各经营单位人力资源配置效率，上海市分行决定在分行风险监督中心成立大额重报团队，对反洗钱监测系统中的全行营业机构大额重报工作进行集中维护。大额重报团队成立后，平均每月处理6万余笔交易信息，补齐录入工作。2012年11月，上海市分行大额重报工作由总行金融服务中心集中处理。

2011年，随着业务部门反洗钱管理职能的提升，上海市分行相继印发个人及小企业信贷业务、公司业务、会计结算业务、银行卡业务、电子银行业务和对公授信业务等反洗钱工作指引，进一步建立、健全分行反洗钱内部控制制度，规范全行各业务条线的反洗钱工作。是年，加强对反洗钱岗位人员管理，提高反洗钱管理水平，建立反洗钱岗位人员准入机制，经分行法律合规部审核合格，在反洗钱成员部门和中心支行增设1～2名人员反洗钱管理员、各营业网点增设1～2名人员反洗钱信息报告员，保证分行反洗钱工作文件运行。2011—2014年，每年进行反洗钱自评估工作。坚持反洗钱自评估工作评建结合的原则，提高风险识别与评估能力，完善落实控制措施，强化监督和考核，合理设计业务流程和操作规范，将"风险为本"的反洗钱理念和方法细化到日常操作中，将开展自评估作为改进反洗钱工作的重要措施，融入业务日常管理和条线风险控制中。

2012年，上海市分行向各网点推广运用本行开发的反洗钱管理交互平台系统，该平台集成速汇金交易信息、大额现金交易信息、公安法院查询冻结信息、高风险国家名单信息、高风险客户评定信息等，为反洗钱工作提供相应查询功能。同时，将原来以纸质形式上报的反洗钱相关报表改为以电子形式上报，实现反洗钱相关报表的汇总统计以及网点、支行、分行间的反洗钱信息专项沟通，成为总行系统内首个"以风险为本"的反洗钱管理系统。2013年，上线反洗钱管理交互平台系统二期，进一步完善全行速汇金业务、大额现金异常存取业务数据的提取。

2013年，上海市分行贯彻"以风险为本"反洗钱工作理念，从反洗钱组织机构和内控制度建设的落实情况、反洗钱客户等级划分工作的实施情况、客户身份识别工作的落实情况、可疑交易报告上报情况、可疑交易监测系统维护和上报情况等5个方面对14家经营单位开展现场检查。根据非现场监测数据和可疑交易上报时集中反映的问题，对经营单位部分批量开卡客户进行抽查。通过检查，经营单位进一步提高反洗钱工作重视度，整改检查发现的问题，强化反洗钱内控制度，提升规章制度执行力。

2014年，为实现反洗钱分析上报工作"集中做、专家做、系统做"要求，提高反洗钱分析效能，上海市分行将反洗钱大额交易和可疑交易报告工作从各网点上收至分行风险监督中心预警监督团队集中处理，由该团队4名取得反洗钱岗位准入资格的人员负责日常反洗钱数据分析和报告工作。是年，结合反洗钱工作开展情况，规定分行高级管理人员履行8项反洗钱工作职责：1. 组织分行反洗钱领导小组成员分析研究反洗钱工作情况，明确反洗钱工作方向，审定分行反洗钱工作规划和年度反洗钱计划。2. 审批分行法律合规部修订并报审的客户身份识别、大额交易和可疑交易报告、客户身份资料和交易记录保存等各项反洗钱核心内控制度。3. 审批经分行营运管理部和法律合规部复审的外国政要的开户申请。4. 审批经分行法律合规部初审同意的经营单位将自贸区客户风险等级从高风险调低的申请。5. 审批分行法律合规部拟订的分行创新业务洗钱风险评估报告。6. 批准分行业务管理部门和法律合规部递交的与境外特定非金融机构的合作申请。7. 批准分行法律合规部报送的涉及自贸区业务的可疑交易报告。8. 协调处理分行法律合规部报告的涉及重大案件线索、反洗钱或反恐怖融资监控名单敏感信息等。

第二章　公司授信业务风险管理

加强信贷业务风险管理是交通银行上海市分行规范经营行为，积极防范风险、控制风险和化解风险，实现经营、管理协调发展的重要保证。上海市分行通过不断完善信贷风险防控和监督机制，强化队伍建设，深化业务流程操作和基础管理，优化信贷结构，全力推进信贷业务规模、质量和效益的协调发展。

第一节　基 础 管 理

一、信贷指引

上海分行始终把监管当局、总分行信贷政策指引当作控制风险利器，作为改革、创新、发展的重要基础。1986 年 10 月上海分行重新开业后，将信贷资金重点支持市场适销产品、名优新产品、出口创汇产品和节约能源、扩大运输能力的企业。

1995 年，上海分行对固定资产贷款项目实行“双重规模控制”，即项目必须纳入国家或地方固定资产投资计划和信贷计划，按批准的年度计划发放。

1999 年，面对各类金融风险，上海分行要求信贷资金重点投向城市电网及供电改造、国家重点干线公路建设及移动通信扩容等项目；支持发展生物工程、光电子信息、软件、智职能机械、生物医药、超导体、新能源和海洋领域的高新技术产业；支持环保产业和出口创汇型产业以及对传统产业的技术改造。限制贷款投向钢材中的低档产品、炼油能力（进口含硫原油的炼油能力则严重不足）、煤炭生产、玻璃行业中的“小平拉”玻璃、除子午胎以外的轮胎生产、棉毛纺织中低支纱等。

2004 年，上海分行按照审慎经营、“风险—效益最优”原则，提出差别化业务推进策略，优先支持国际贸易融资和中间业务，大力提高先进制造业贷款比例，大力发展个人消费贷款，调整房地产开发、园区开发、市政基础设施贷款的总量和占比，控制中长期贷款和信用贷款的增长，禁止违规发放异地贷款和介入国家政策限制的行业和项目等。

2005 年，针对国际、国内市场大宗商品铜贸易企业风险集中暴露情况，上海分行及时发布对铜贸易企业的授信政策意见，分析铜贸易流程与资金流程，进行风险提示，并提出风险防范策略。

2007 年，上海分行明确交通运输、石油石化、装备制造、电网电力、电信为重点支持行业。要求高度关注潜在风险领域及授信准入标准，加强对国家宏观调控政策敏感的企业、集团客户和民营企业客户管理，严禁信贷资金流入股市、期市。

2008 年，上海分行启动信贷风险控制减退加固工作，并将此列为风险管理工作的重要内容，在严控授信准入的同时，对所有授信客户进行风险排查，并逐户分析、讨论，列出风险点和拟采取的减持退出、加固担保等有针对性的措施。截至是年年末，列入分行减退计划的 120 户企业中，已有 113 户实现了减退，共减退授信余额 47.27 亿元（其中贷款 42.83 亿元）。

2010 年，上海市分行持续做好风险排查，强化减退工作管理，把产能过剩及高污染高耗能行业客户、低层级政府融资平台客户、受贸易保护主义和出口形势变化影响较大的企业、抵质押物价值受资产价格波动影响较大的企业、资本金缺位的项目、经营明显下滑无好转迹象企业，综合收益低、风险—收益不匹配客户列为重点减退对象。

2013 年，围绕"盘活存量资产，做实减退加固"目标，上海市分行成立专门小组，负责对全行正常及关注类客户组织开展全面风险筛查和动态监测，确定减退加固客户名单，并督导推进落实；通过专题例会形式，对重点管控风险客户逐户研究减退加固方案和具体工作措施；建立名单动态调整管理的长效机制，结合常态化排查结果及平时内审外查、信贷结构调整需要，对名单进行动态调整，有效减退潜在风险客户。

2014 年，对照国家产业政策、金融监管政策和总行授信业务政策，上海市分行以产能过剩行业，国家重点调控的房地产业和地方融资平台；存在贸易背景不实、虚增套利嫌疑的批发业；行业景气度较低的连锁零售企业；频受环境、质量安全影响的视频制造业；受外部政策影响较大的高档酒店和餐饮业等为重点，严格执行减退加固工作考核，细化工作措施和管理要求，建立常态化工作机制。是年，按照总行授信政策，把加强和规范异地客户授信业务管理作为防范信贷风险重要手段，严格控制异地客户授信，规定除联合贷款、以优质核心企业信用基础为依托的供应链融资、集团授信等外，原则上不得办理异地客户授信业务。

二、风险监控

上海分行在大力开拓各项业务的同时，同步推进信贷资产风险管理，确保审慎经营的目标实现。1990 年，成立清理信贷资产工作领导小组，组织市内 6 个办事处、4 个信贷部门，对 1986 年 10 月—1990 年 2 月的全部贷款及投资项目、拆出资金、应收未收利息进行全面清理，共清理出有问题人民币贷款 16 819.37 万元。其中有问题流动资金贷款 11 525.75 万元，固定资产贷款 3 268.06 万元，委托贷款 2 025.56 万元；有问题外汇贷款 71.6 万美元；有问题拆出资金人民币 170 万元。针对暴露的风险贷款，有的放矢地进行信贷基础管理，开展风险教育，并制定对策，跟踪催收。

1991 年 6 月起，上海分行本部开始实施信贷资产监控制度，并纳入风险管理工作中。执行部门自行认定呆滞、呆账贷款，分行复审小组审阅，总经理室审定"三级审查"，真实客观地反映信贷资产质量，为催收和处理有问题贷款创造条件。

1994 年，上海分行进一步加强贷款风险管理，将信贷资产划分为正常、有问题两大类。其中有问题信贷资产又分为逾期贷款、呆滞贷款、呆账贷款等 3 种。明确凡列入"有问题"类的贷款，都属于监控范畴，并实施信贷资产监控考核。

2003 年，上海分行推广世界银行贷款项目，加强授信后监控管理力度，定期或不定期对授信客户经营管理活动、相关授信业务进行监控，重新评估授信风险，采取措施化解授信风险。2004 年年初，在内部网留言板开设信贷政策与风险预警备忘录栏目(以下简称"栏目")，为全行授信审查人员和贷审会成员及时了解政策、市场、客户相关信息，研究和探讨问题，加强授信管理和防范授信风险提供便捷的渠道、平台及信息支撑。

2005 年，上海分行在栏目基础上，面向全行经营单位，定时发布授信业务风险预警信息。

2008 年起，上海分行推出对公贷款监控日报，通过风险资产管理信息系统监控贷款逾期及表外垫款新增情况，及时发出风险预警信号；搜索分行授信客户相关的风险信息，在第一时间内做出相应的风险提示等。

2009 年，上海市分行开始向全体对公信贷人员发送授信业务每日监控，并增加分行授信政策、授信审查要点等多方面风险管理信息提示。

2013—2014年,上海市分行授信业务每日监控增设"同业风险信息提示""集团客户风险信息提示""重大风险事件信息提示"3个板块,进一步完善分行风险监测体系,并在对公前期营销、授信审查审批、贷后管理等授信全流程管理,以及对钢贸等行业发生重大风险主动监管过程中发挥了重要作用。

三、重点行业风险管理

【政府融资平台客户】

对照银监会相关风险提示以及总行管理要求,自2009年12月起,上海市分行开始对已发放的各类政府投融资平台进行全面梳理和风险排查,排查的重点包括项目的合规性、授信提用是否符合授信前提条件、项目资本金到位情况、抵押和还款来源的落实情况等,及时整改或退出不符合要求的授信项目,并提高增量授信准入门槛,严格总量控制和授信条件。

2010年3月,上海市分行成立政府融资平台(以下简称"融资平台")企业风险防控领导小组,负责全行融资平台企业信贷风险防控领导工作,指导各经营单位运用信贷讨论会或信贷例会等机制,对企业进行实地查访。在此基础上,确定对融资平台贷款实行"总量控制、强化管理"的信贷策略,把低层级融资平台客户等列为是年减退重点,进行名单式管理。8月,结合贯彻落实《国务院加强地方政府融资平台公司管理有关问题的通知》,动态掌握政府部门和同业对融资平台贷款的清理规范和处置整改等情况,合理确定融资平台范围;跟进地方政府的债务清理工作,对存量贷款进行梳理和分类处置;区别对待未全额提用的已授信项目;进一步沿革新授信准入要求,审慎合规开展融资平台贷款业务。

2011年,上海市分行将融资平台贷款管控作为重点工作,以"总量控制、降旧控新、风险缓释"为目标,从严把控融资平台准入条件,加强存量贷款分类管理,采用转化、整改、减退等多种方式加快压缩存量平台贷款,提升融资平台客户现金流覆盖率,确保"降旧控新"目标达成。截至是年年末,融资平台企业户数为67户,贷款余额265.19亿元,分别较年初减少36户和259.58亿元。

2013—2014年,围绕"严控新增、优化存量、缓释风险、强化管理"管控重点,上海市分行严格控制平台贷款总量,在信贷分类基础上,逐户梳理全口径融资平台年内各季度新增提款情况、可回收情况,准确预测年末贷款余额,形成年度计划表,经总行核定,作为全年平台贷款总量管控和资源配置的主要依据;对全口径融资平台严格执行名单制管理,不向名单外融资平台发放任何形式由财政性资金承担直接或间接还款责任的贷款;根据对融资平台逐户制定的"支持""维持"和"压缩"的分类策略,落实分类管理。对于存量平台贷款,视融资平台现金流能否达到全覆盖、项目建设进度等情况,采取"及时收贷、收回再贷、据实定贷、引资还贷、只收不贷"的策略,缓释平台贷款风险;对全行全口径融资平台客户贷款分类处置中需授信审批或安排调整的,一律上报总行审批。融资平台客户授信提用执行逐笔上报,并在CMIS系统中发起客户解锁流程;对于到期贷款的平台客户,逐户逐笔排列到期清单,动态掌握平台经营财务状况、全口径负债情况和区县财力情况,跟踪还款资金落实进度;对于风险覆盖程度和层级偏低、短期偿债能力较弱、风险收益匹配性达不到分行要求的平台贷款,主动采取措施,纳入减退名单,优化平台贷款结构;对"退出为一般公司类"平台新增贷款,严格遵循产业政策、信贷政策和一般公司贷款条件,不向退出类平台发放保障性住房和其他公益性项目贷款。

【“两高一剩”行业】

上海分行在支持循环经济发展，提升业务发展品质的同时，高度重视传统经济增长方式转变、产业结构调整和区域布局优化对信贷资产结构产生的外部动力，主动防范信贷风险。2005 年，对国家限制的高耗能、高污染，盲目投资、低水平重复建设项目，坚决不予授信支持，并实施存量授信减退，及时采取有效措施化解潜在风险。

2007 年，上海分行认真贯彻国家产业结构调整、节能环保政策，将能耗标准和对环境影响的评价作为信贷取舍的必备审核要素，严禁信贷资金投入高耗能、高污染及产能过剩（以下简称“两高一剩”）行业；对高耗能和高污染行业授信进行排查。在此基础上，制定高耗能高污染行业授信减退客户名单，实施名单制管理。

2008 年，上海分行加强环保授信风险控制，减退“高污染、高环境风险”产品生产企业授信，在严控授信准入的同时，加大对存量客户排查力度，对不符合节能减排和环境保护的客户，主动采取减退措施。

2010 年起，上海市分行对钢铁、水泥、平板玻璃、煤化工、多晶硅、风电设备、电解铝、植物油、纺织等产能过剩行业实行信贷限额管理政策，加快落后产能企业和项目的贷款减退。

2011 年，根据“有保有压”原则，上海市分行将优化信贷结构、调整重点行业分为约束、鼓励两大类，分别实行限额管控和量化推进专项管理。约束类为“两高一剩”情况较突出的部分行业，包括钢铁、水泥、平板玻璃、煤化工、多晶硅、风电设备、电解铝、造纸共 8 个。是年，对约束类行业实行限额管控，公司贷款占比合计未超过年初水平。

2012 年，上海市分行继续强化对“两高一剩”相关行业限额管控，限额管控行业范围调整为钢铁、水泥、平板玻璃、煤化工、多晶硅、风电设备和电解铝等 7 个行业。明确此行业贷款类额度提用管理要求，对列入行业结构调整目标名单客户实施原则上不再受理其限额申报，并实行总量控制，减退加固，确定减退加固具体进度的管控措施。

2014 年，上海市分行进一步加强风险管控，持续对产能过剩的钢铁、水泥、平板玻璃、煤化工、多晶硅、风电设备和电解铝等 7 个行业实施总量压降、结果调整、限额管控，并实行限额管控、限额提用管理的考核问责制。

四、信贷队伍建设

为实现安全经营，强化资产业务风险控制目标，上海分行加强信贷队伍建设，积极打造一支规模充足、专业精通、敬业爱岗的人才队伍，持续提升转型发展和可持续发展能力。1989 年，按照总管理处统一部署，实施信贷员贷款责任制，明确信贷人员的工作职责、考核和奖惩，有效提升信贷管理质量，增强信贷人员工作责任心，减少贷款风险。

1994 年，上海分行建立信贷工作通报制度，及时通报表扬业绩突出的信贷人员，通报批评严重违反信贷规章制度、工作不负责任的信贷人员。将通报内容纳入信贷考核范围，与奖惩制度及行员职级升降挂钩。对造成重大经济损失或屡次违反规定的信贷人员给予行政处分，并调离信贷岗位。

1996 年，上海分行开始执行信贷人员岗位轮换制度。对由同一信贷人员连续经管 3 年以上的借款单位，有计划地作出在本单位现有信贷人员之间进行轮换的安排，已经形成不良贷款（包括长期欠息）的借款单位除外；对工作不负责任，违规操作，造成分行经济损失等不适宜从事信贷工作的人员，不受时间限制，随时调离信贷工作岗位，以规避风险。

2002年，上海分行对信贷人员进行普法学习教育，增强信贷人员学法、知法、懂法、守法和用法的自觉性，提升法律意识，提高运用法律武器维护交通银行权益的能力。

2006年起，结合队伍建设、风险管理和提高信贷人员素质要求，上海分行开始对前台对公信贷人员进行授信资质管理。依据信贷人员从业年限，并对信贷人员的授信调查分析、授信方案确定、风险识别与判断等专业能力进行综合评价，分为确定其为一级、二级、三级、见习4个等级的资质。不同授信资质等级的前台信贷人员具有相应的授权客户管理权限和业务经办权限，同时，授信资质等级作为岗位聘用和职位晋升的依据之一。

2008年上、下半年，上海分行各进行一次授信资质评审，各经营单位全年申报的各级别资质调整数量为228人次。经评审获晋升三级以上资质的人员为79人次，其中：10人获一级（含准一级）资质；21人获二级（含准二级）资质；48人获三级资质。此外，1人的授信资质由一级降为二级。至是年年末，分行各级别授信资质情况为：一级资质76人，二级资质104人，三级资质123人，见习资质92人，无资质人员49人；各级别授信资质占信贷人员总数的比例分别为17.12%、23.42%、27.7%、11.04%。2010年，对信贷人员授信资质定期评审新增授信业务工作质量评审等内容，明确授信工作质量包括日常工作尽职、内控制度建立与执行情况、管理（经办）业务的资产质量等，进一步凸显合规操作的重要性。

2009年，上海市分行加强授信业务权限管理，将经营单位信贷副行长（副高级经理）的授信资质原则上分为A级、B级、C级3个等级，由分行相关部门联合对其进行授信资质等级审核，并实行每年度定期评审和日常动态管理相结合的方法。

2012年，上海市分行完善对经营单位对公信贷分管负责人授信资质管理。将该分管负责人授信资质原则上仍定为A级、B级、C级3个等级，且具备不同授信签字权限。其中A等级附设A^{-}等级资质。规定申报A级资质的信贷分管负责人原则上必须通过总行“公司信贷审批人资质”考核，并参与其后续培训。

2014年，上海市分行结合转型发展和对公业务综合性发展的需要，以打造上海地区金融旗舰为战略目标，持续培育适应综合化经营、具备跨市场创新能力的对公条线人才队伍。提出力争到2016年年末，客户经理队伍中一级和二级授信资质的持有率分别达到25%和35%，各层级客户经理了解掌握非传统创新业务作为资质评定的必要条件，70%以上的客户经理可以灵活运用各类新型业务服务于客户；保持对公人才队伍结构与战略转型方向相一致。按照战略转型和经营转型的要求，合理配比对公客户经理、产品经理及投行人才之间关系，全行形成业务齐全、层次丰富、支撑有效的对公条线人才结构与梯队。

第二节　风险评级

一、信用评级

上海分行自1994年7月起，强化信贷御险机制，对包括贷款对象、贷款方式及贷款形态等内容的贷款风险度实施管理。根据客户信用系数表，全行信贷部门认真做好贷款客户的信用等级测定工作，并依据测定的系数将客户划分为5个信用等级，其中AA级为50%（含）以下、AB级为60%（含）以下、BA级为75%（含）以下、BB级为90%（含）以下和C级为90%以上。信贷人员在审查贷款、贷后检查时，分别用信用系数乘以方式系数和形态系数，测算贷款风险度，作为贷时审查、贷后检查的一个内容。

1996 年 4 月起，上海分行试行客户信用等级评估选择办法，把信贷资产风险防范的重点从事后监督转为事前防范。客户信用评级采用定量分析为主，定性分析为辅，静态与动态相结合，时点值与平均值相结合，年度评审与不定期评审相结合的方式。其依据是测定的信用系数。设定的信用系数指标同样适用于贷款风险度的测算；客户信用评级采用信用系数区间划分，其中客户信用等级为 AA 级的，其信用系数区间≤35%、客户信用等级为 AB 级的，其信用系数区间 36%～45%、客户信用等级为 BA 级的，其信用系数区间 46%～55%、客户信用等级为 BB 级的，其信用系数区间 56%～65%、客户信用等级为 C 级的，其信用系数区间≥66%。对 AA、AB 级客户，予以重点支持；对 BA 级客户，区别不同情况，作出适当支持、控制或收回贷款决策；对 BB 级客户，原则上不新增贷款，并做好风险防范措施或及时组织催收贷款本息；对 C 级客户，原则上只收不贷，并以各种方式清收贷款本息。

1999 年 3 月起，上海分行实施新版客户信用等级评估选择办法，在指标体系中，首次运用五级分类的原理，引入现金流量的计算，并扩大非财务类因素指标的比重。评定客户的信用等级有“双因素评估法”及“经验评估法”2 种方式，原则上采用“双因素评估法”。对无法获取财务报表或财务报表严重失实的老客户采用“经验评估法”，直接得出客户的信用等级。“双因素评估法”经对客户财务类因素和非财务类因素综合评定后得出的客户信用等级，采用这种方法评定客户信用等级的依据是测定的客户信用等级评估指标总得分。客户信用等级评估指标分为两大类：财务类指标和非财务类指标。财务类指标分别按偿债能力、盈利能力、资产管理能力和企业发展能力 4 个方面分设 14 项指标，非财务类指标又分别按行业状况、管理状况、经营状况和信用状况 4 个方面分设 8 项指标。两大类 22 项指标的最高得分为 100 分。通过对客户信用等级进行科学划分，筑牢全行信贷基础工作。

二、世行项目评级

2002 年 4 月，为健全分行管理系统，提高信贷风险防范能力，上海分行实施和推广总行世行项目成果，成立世行项目推广领导小组和世行项目推广办。严格执行世行项目流程的标准、程序和方法。上海分行风险评级法 1.1 版将授信对象共分 10 个等级，每个等级都与中国人民银行贷款五级分类及外部评级机构（如标准普尔和穆迪等）对债券的评级相对应。其中 1～5 级对应正常客户，6～7 级对应关注客户，8～10 级对应次级和可疑后三类问题客户。授信业务风险评级在授信对象风险评级基础上，由担保影响、抵质押物质量、授信用途等因素调整得出。

2003 年 9 月，上海分行修改信贷风险评级政策，对客户对象风险评级新增加核心定义以及参考违约率。

三、内部评级

2006 年 12 月，上海分行正式启动总行重点开发内部评级体系推广项目。一期项目（客户 PD 评级）推广工作于 2007 年 4 月结束后，5 月起，开始进入二期项目（包含客户评级、债项评级和盈利性分析）推广阶段。该阶段主要目标是所有授信流程中，凡需进行世行十级评级的，同时进行内部评级。半年内公司授信客户内部评级（包括债项评级）的覆盖率达到 60%（按客户数计）以上，一年内覆盖率达到100%。内部评级法(IRB)将授信客户分为1～15级,其中1～8级对应正常客户,9～12级对应关注客户,13～15级对应后三类问题客户。2008年1月,在信贷流程中,做好内部评级项目推广工作,确保内部评级系统信息录入的及时性和准确性。规定对待评级结果,不得随意通过"主观推翻"的方式调整评级结果;把握客户准入标准,除申请办理完全现金保证业务、银票贴现业务以及有利于降低分行风险的贷款重组外,对最终评级为11、12级的授信申请人不得受理其授信申请,对最终评级为11～15级的存量客户,不得增加其授信额度。对最终评级为9～12级的新增客户,不得办理信用方式的授信业务(银票贴现、单证相符的出口押汇除外)。对最终评级为9～12级的存量客户不得增加上述业务等。4月起,根据内部评级和"双十级"客户评级双轨并行的要求,按评级孰低原则确定客户监控频率;新增授信业务,根据CMIS提示,确定"下一审查日"和监控频率;存量客户参照已有评级,对应附件的监控类别,确定监控频率。通过正确区分客户监控类别,把握不同类别客户的监控频率要求,做好贷后监控工作。

2007年12月起,根据总行"进一步规范内部评级工作,增强内部评级在本行信贷流程中的作用,确保内部评级体系符合有中国银监会的达标要求"的要求,上海分行实施总行《公司授信内部评级手册》(以下简称"评级手册"),通过对违约概率(PD)、违约损失率(LGD)、违约风险暴露(EAD)及预期损失(EL)的内部评级,度量授信客户及其授信业务信用风险。2010年3月,在总行调整评级手册的评级模型、风险参数、评级流程、主观推翻、违约定义后,上海分行及时要求各经营单位务必谨慎使用"强有力的政府资金支持"和"主观推翻"2个步骤;明确如需使用,必须满足相应的要求。

2008年4月起,上海分行认真执行总行内部评级数据质量管理考评暂行规定。考评工作按月进行,主要内容为评级及时性和日常数据质量。考评实行百分制,"评级及时性"与"日常数据质量"评价占比分别为60%和40%。对于"评级及时性",在基准值上另设有"加分项",每月得分最高不超过70分。

2010年4月,上海市分行考评内容调整为日常数据质量、内部评级应用。其中日常数据质量主要将数据质量的各方面纳入评价范围,包括评级合规性、评级及时性及评级数据准确性。内部评级应用主要将内部评级结果应用于授信审批、风险限额管理、客户价值管理等方面。月度考评实行百分制,"日常数据质量""内部评级应用"占比分别为80%和20%。

2012年5月,上海市分行制定公司授信内部评级数据质量考评规定。在"日常数据质量"中,将授信对象评级"评级推翻"模块中的升级客户比例从5%调整为4%之内。要求客户经理定期根据CIMS系统中待办任务的提示进行客户评级更新事件确认、公司内部评级覆盖除金融机构和展业通客户之外的所有公司授信客户,一旦发现客户符合违约标准,立即将该客户认定为违约客户,并对该授信客户重新评级;在"内部评级应用"中,对考核准入、授信条件、风险限额和盈利性分析进行细化;继续实行月度考评百分制,"日常数据质量""内部评级应用"占比分别从80%和20%调整为70%和30%,另增设加分项10分,奖励为内部评级献计献策且其建议最终被采纳的经营单位。

2013年7月,上海市分行将公司授信内部评级数据质量考评内容调整为内部评级的操作和日常数据质量、内部评级成果的应用及调整项等3项。其中"内部评级的操作和日常数据质量"主要包括评级的有效性、评级及时性和评价的准确性;在"内部评级成果的应用"中,改盈利性分析为盈利性预测、盈利性预测的准确性。鼓励客户经理在贷前设计方案和谈判时,审慎合理地对客户的潜在价值进行预测,对于未落实的业务机会(存款、中间业务收入等)不纳入盈利性预测分析,使盈利性预测更准确地反映客户潜在的价值;增设"调整项"一项,主要是激励经营单位更主动地参与公司内部评级,向上海市分行提出公司授信内部评级合理化建议。

第三节　信贷管理系统

2005 年 4 月，上海分行正式上线信贷管理系统(简称 CMIS)。该系统以核心账户交易系统为基础、以客户管理为中心，集信贷业务处理、风险控制、经营管理、分析决策支持为一体的综合管理系统和数据信息平台。CMIS 系统上线后基本保持正常运行，并经受住是年年末首个年终决算的考验。

2006 年 4 月，上海分行实施总行数据大集中信贷管理系统运行管理暂行办法，严格用户管理和加强问题管理。对于普通操作人员的增加、调离、离职、退休等情况，其所在机构按 CMIS 的申请、审核、上报等流程执行。分行系统管理员根据申请内容在 CMIS 系统中完成相应的信息维护工作；对于系统运行中出的问题，相关单位在分析基础上，及时联系总分行，寻求解决方案。

2007 年 4 月，上海分行成立 CMIS 操作运行支持小组，组织全行授信业务及系统流程操作的培训、公布 CMIS 最新变更情况和操作要点、接受日常咨询及提供支持和辅导、向总行支持小组反馈分行突出的问题、对各经营单位 CMIS 支持管理工作进行考核等。

2008 年 10 月，上海分行规范 CMIS 财务报表输入，及时收集授信客户及保证人的财务报表。在 CMIS 中分别录入经验证无重大失实的授信客户、保证人的季度和半年度财务报表；录入仅办理完全现金保证业务、银票贴现业务、单证相符项下的出口押汇业务授信客户的年度财务报表。

自 CMIS 上线运行以来，上海市分行积累了考核信息、授信业务、授信审批、业务发放及贷后管理等大量数据，2012 年 4 月，为进一步加强 CMIS 信息数据的安全管理和规范使用，上海市分行就加强客户端生产设备管理、CMIS 用户管理(包括岗位申请，账号、密码保管，用户变更，密码更新)、CMIS 数据应用及管理作出规定。各经营单位对于权限内查询、下载 CMIS 信息，严格按照安全保密要求进行处理；分行管理部门对于数据传递、使用，严格遵守在安全的前提下，实现数据共享；对于 CMIS 信息数据传递，严格落实总行签收制度的要求，严禁通过互联网、移动网络传递相关信息数据；对于原始信息数据，严格执行保密规定，使用后及时予以销毁。

2014 年 2 月，上海市分行进一步规范 CMIS 数据的管理和应用，要求负责分行 CMIS 数据质量管理和维护的责任部门，各司其职，密切配合，提升 CMIS 数据的准确性；明确信贷系统中各岗位操作人员对本人录入的数据质量承担第一责任，并按照 CMIS 重要统计数据信息维护说明手册及时录入和更新客户信息相关数据，确保客户和业务信息的真实、完整和及时性；强调对于影响经营管理的重要统计数据(如客户的行业、规模、经济性质等分类信息)，除首次录入由客户经理负责外，后续修改权限上收分行；规定信贷管理系统用户按权限使用系统，不得泄露系统中的数据信息、不得在系统内进行与本职工作无关的操作。

CMIS 系统实现了上海市分行信贷业务处理、信贷风险管理的电子化和自动化，满足了分行日常授信业务申报、审查和审批、授信业务发放、授后监控、风险资产管理、统计分析等需求，为上海市分行集中处理授信业务、加强风险监控提供了系统支撑。

第三章　小企业和个贷风险监管

面对全行零售业务快速发展，规模急剧扩张，贡献主体地位日益提升的局面，交通银行上海市分行全面审视和诊断新形势下零售业务的风险事实，积极构建与时俱进的风险管控体系，以务实、高效的工作措施，推动零售业务的转型发展。

第一节　风险监控

一、小企业风险监控

2004年8月，上海分行印发《加强中小企业信贷业务发展的指导意见》，提出建立小企业信贷业务风险监控机制。主要内容有：通过开展双人调查和实地调查，查清企业主要负责人、财务人员的个人资信状况，掌握企业资产、生产经营、关联企业、用工制度和现金流量等情况，把牢客户进入和贷前调查关；贷款审批，在坚持世行项目有关贷款审批标准的基本原则下，简化小企业授信审批流程，但授信须达到本行认可的担保方式，小企业主或主要负责人提供连带保证；授信完成后，重点监控贷款的用途、生产经营、企业财务潜在变化因素、抵质押品价值波动、保证单位财务能力变动等情况；定期向税务部门了解企业的缴税记录，核查企业报送税务部门与报送本行的报表一致性等。

2006年起，上海分行推行客户经理为授信后监控第一责任人制度，主要是根据小企业经营特点，加强授信后监控频度，规定定期监控为每6个月1次，实地查访至少每个月1次。监控过程中，强化对小企业现金流量的检测分析和授信用途的检查；建立风险预警机制和主动退出机制，对出现风险预警信号等可能危及信贷资产安全的迹象，及时通过《信贷备忘录》报告分行，并采取相应的加固保全等挽救措施。将6～7级小企业客户纳入风险过滤流程实施管理，根据客户风险状况，及时将有较大潜在风险的客户列入监察名单重点监控。

2009年，上海市分行加强对小企业贷前调查和贷后监控，重点做好实地查访、索取凭证、第三方核实、现场拍照等工作，提高贷前调查质量。全面掌握借款人的关键信息，分析公司真实的经营规模与申请授信额度的匹配情况和真实的经营及财务状况，确保对客户贷前调查真实性和关键信息不遗漏；通过了解公司"两单一量"即本行和他行的银行对账单及税单及在本行结算量，多渠道掌握公司的经营情况。通过紧跟客户现金流状况、紧跟客户经营异动、紧跟客户有效资产，切实提高贷后监控质量。

2010年，上海市分行进一步加强小企业授信贷后监控，重点内容：1. 授信用途，规定客户经理在发放贷款后15天内对资金实际流向与借款合同的约定一致性进行检查。2. 企业在分行及他行的结算业务、存款情况，通过"两单一量"，控制企业多头开户和不当交易，强化对授信客户结算往来的监控。3. 抵、质押物状况、价值发生变化或保证人对外担保情况及代偿能力情况。4. 是否发生影响授信客户经营财务状况的重大事件，包括但不限于企业法定代表人或其他关键人员卷入经济或刑事案件，借款人涉及重大经济纠纷，母公司、主要客户发生重大的不利变化，因突发事件致使产品销路受到重大影响，经营活动净现金流量出现异常减少，财务状况恶化，侵犯员工正当权益、劳资矛盾激化等。5. 企业法人代表或实际控制人的信用状况是否有不良行为等。对出现风险预警信号的小企业，除继续实行减持退出外，必要时调整授信额度和风险评级。

2012年9月，上海市分行建立小企业不良信贷业务日常监控和管理机制，包括日常监控频率及要求。1. 对于退出类小企业客户的监控，行动计划实施部门自行动计划批准之日起按月实施退出。重点监控内容包括：风险状况、企业经营及财务状况、企业股权结构及有效资产、担保、其他债权人所采取的措施等方面的变化情况。实施监控时，实地走访客户，在共管模式下，由管户客户经理及保全经理共同实施。2. 对于已采取诉讼保全措施或已进入破产程序强制清收类客户的监控，行动计划实施部门根据诉讼或破产进程的需要，自行安排实施监控，频率不低于每季度一次。重点监控内容包括：司法程序进程、资产处置进程，及其他债权人所采取的措施等情况。尚未起诉或在诉讼中实施重组或达成还款协议的强制清收类客户按月实施监控。3. 非实地监控。除实施实地监控外，管户建立需与客户实际控制人、保证人、其他债权银行、客户上下游关联企业、客户所在行业协会等关联方进行不定期沟通，交流相关信息，进一步掌握客户风险状况。4. 年度报告。每年1—2月期间，行动计划实施部门对小企业不良客户实施行动计划执行情况年度报告。重点报告内容包括：客户上年度风险变化情况、本年度工作计划、行动步骤及清收预测。实施年度报告后，当季的常规监控不再实施。

二、个贷风险监控

2001年，上海分行制定《个人贷款业务管理实施细则》。按照个人贷款风险和逾期情况，把贷款分为正常类、关注类、次级类、可疑类及损失类等5类贷款。对出现借款人不按时还本付息；借款人职业、家庭等因素的变化可能影响其偿还能力；借款人不按合同约定用途使用贷款；借款人正常收入大幅下降或失业，并且没有其他收入来源偿还贷款；借款人采用隐瞒事实等不正当手段套取贷款；借款人已不得不寻求拍卖抵押物、履行担保等还款来源；借款人还款意愿差，不与贷款人合作；借款人死亡（失踪），或经有权部门宣告死亡或失踪，以其财产或遗产清偿后，未能清偿贷款的；借款人遭受重大自然灾害或意外事故，损失巨大且在获得保险补偿后，确实无力偿还贷款的；贷款担保人担保能力出现疑问；贷款抵（质）押物价值下降，或贷款人对抵押物失去控制等情况的，均纳入风险管理范围。

2002年，上海分行加强个人贷款风险预警管理，通过对个人贷款风险分析，获得可能发生风险的个人贷款群体或贷款组合资料。个人贷款风险预警管理包括预警信号、预警监控两个方面。其中预警信号是个人信贷业务负责人员每天通过内部资料和外部动态分析贷款变化趋势，并确定可能存在的风险。对消费类贷款中出现的行业风险增加，房地产和汽车价格快速下降，借款人频繁跳槽、收入水平和再就业能力却不断下降，借款人不断变换住所等预警信号，以及经营类贷款中出现的财务报表预警信号、非财务预警信号及其他预警信号等予以特别关注；预警监控的任务是及早发现进入预警状态的借款群体，给予密切关注，解决潜在的问题，并提出控制和化解发现的措施。监控对象是具有同一特征的借款群体或贷款组合。监控方法包括获取个人贷款统计报表等资料；对内部报告进行“交叉分析”和“趋势分析”；参与外部统计数据；分析不良贷款产生原因；提出对监控对象进一步控制的措施等。

2005年，上海分行构建个人贷款业务“大风险”监控体系，理顺个贷业务风险监控机制。前台部门个贷客户经理负责日常贷后管理，把好风险第一道关；个贷中心负责个贷业务运行监控和报表统计分析,按月提交个贷质量分析报告,直接参与单笔大额贷款、合作项目的贷后管理,并定期按比例抽查存量贷款;分行风险监控部负责贷后管理,特别是贷后检查工作,进行风险设别、监测和预警,并建议、协助实施风险管理、风险控制和风险化解。建立个人贷款风险经理制度,各经营单位设置个贷风险经理岗位,分行风险监控部通过风险经理对个贷业务风险进行独立设别、监测和报告,落实各项风险管理措施。建立多层次的矩阵式风险监控和报告体系,个贷中心以一逾两呆和五级分类双口径,按月向总行个贷管理部门和分行风险监控部报告个贷质量情况;分行风险监控部按月向分管行长和总行风险监控部报告。实施风险重点监控行管理,将不良贷款余额超过1 000万元,单月新增不良超过200万元或较年初累计增幅超过50%的经营单位,列为重点监控行,分行风险监控部全面介入,评估风险,并督促指导"一项一策、一户一策"风险降解方案的制定、落实和推进,并向总行书面汇报有关情况。实施风险监察名单管理,建立风险排查和预警的长效机制,对风险分类仍为正常,但存在较大潜在风险、履约还款能力由疑问、分类等级可能迁徙为不良的客户,归入风险监察名单,执行严格监控措施。实施个贷风险还原管理,对群发性问题实行个案风险整体处置,单户风险归类管理。全面推行风险提示制度,强化风险预警,个贷中心及时采集、分析、报告可能对个贷资产造成重大损失的风险信息,分行风险监控部负责信息汇总、发布工作,将个贷风险预警信息统一纳入风险提示范围。实行以"风险定责任"为原则的尽职问责制度,分行风险监控部及时对违法违规造成的业务风险进行责任认定,并按规定对有关责任人进行处理,形成"令行禁止、违规必究"的执纪制度。

2010—2014年,上海市分行按照"贷款新规"并结合个贷业务特点和银行管理实际,将数据挖掘技术用于个贷贷后管理,开发以"规则""集市""流程"为核心支撑的个贷贷后监控系统,探索新型的贷后监控机制,提升贷后管理效率。在贷后阶段,通过非现场检查方式,该系统精准提示借款人违约用款行为,帮助基层网点及时根据合同约定采取风险控制措施,保护信贷资产安全;通过建立以客户行为信息为核心的交易数据集市,满足贷后监控对触发监控规则的预警需求,并建立差异化跟进处理流程管理机制,提升贷后管理效率。

第二节 风险计量

一、小企业风险计量

在巴塞尔新资本协议推动下,总行于2005年5月启动内部评级体系(IRS)项目,经过15个月的基础诊断、数据采集、模型开发、流程政策设计,部分完成内部评级体系项目客户评级模块开发建设工作,建立起两维基于统计模型的公司授信内部评级体系。其中客户评级模块包括中小企业、大企业和房地产项目3个评级模型,通过计算客户违约概率(PD),债项评级模型能计算出违约敞口(EAD)和违约损失率(LGD)等关键参数,再计算出客户层面和债项层面的预期损失(EL)。12月,上海分行等9家分行被总行定为内部评级体系试运行分行,在信贷评审体系中引入项目成果,对同期进行世行评级的客户试运行PD评级。在试运行阶段,对客户风险评级实行"双轨制",即在按照原有流程进行世行客户评级的同时,在内部评级IT系统上进行PD评级。"双轨制"期间,信贷评审以世行评级为主,PD评级作为信贷评审(包括授信安排、客户定价、信贷营销)的参考。通过5个多月试运行,评级结果和分布情况总体上与建模时的预期基本相符,评级分布和主要PD指标在允许的误差范围之内。

2006 年第二季度，上海分行等 9 家分行按照总行的工作部署在对 PD 评级试运行的基础上推广 LGD 和 EAD，同时还增加客户盈利性分析模块。使用该模块，可测算客户当前的风险调整后收益和 RAROC，还可根据未来可能改变的授信安排和收益变化情况预测未来的风险调整后收益和 RAROC。推广期间，上海分行在所有授信流程中对需要进行世行十级评级的同时进行内部评级，半年内公司授信客户（含小企业客户）内部评级（包括 PD 和 LGD）的覆盖率达到 60%（按客户数计）以上，一年内覆盖率达到 100%。

2009 年 12 月，总行完成小企业内部评级系统项目开发后，上海分行依据该系统对客户的基本信息、当前在分行贷款余额、正在申请的额度及押品等信息进行评级，评级结果将客户（债务人）的风险特征转化为违约概率、违约风险暴露和违约损失率等风险参数。小企业内部评级是信贷决策的必要条件，通过该系统申请的授信或贷款必须先进行内部评级并获得相应评级结果，否则无法进行后续操作。按照内部评级"一个评级对象在交通银行只能拥有一个 PD 评级等级"要求，上海分行于每月月末统一在小企业内部评级系统中调整在交通银行 2 家或 2 家以上分支行发生授信业务的同一授信客户的评级，确保全行评级唯一。评级系统所产生的一系列风险参数和计量结果为改进上海分行风险计量技术、客户选择、贷款定价、拨备计提、资本测算、贷款组合管理、经济资本分配和绩效考核等提供工具和技术支撑，并被应用推广于上海市分行授信业务审批和决策、制定差异化政策、设置单一授信客户或资产组合限额、对不同评级的授信客户或授信业务采用不同监控手段和频率、纳入统一的风险报告体系等领域。上海市分行依据数据分析支撑，实质性应用到确定风险偏好、经济资本计量、贷款定价、计提贷款损失准备、计算风险调整后资本收益率、绩效考核、配置充分的风险管理资源等方面。

二、个贷风险计量

2010 年 11 月后，上海市分行个贷内部评级体系作为一个嵌入式决策支持系统，与个贷系统、押品系统、核心账务系统、数据集市等实现系统底层对接，形成完整的个贷内部评级体系，确保个贷内部评级结果在信贷决策流程中实时、自动调用，保证评级流程的独立性和准确性。个贷内部评级体系包含：1. 内部评级体系治理结构，推动实现合理清晰的职责分工、确保体系运行稳健良好、评级结果客观可靠、结果应用深化完善。2. 零售信贷风险暴露分池技术标准，确保每笔零售信贷风险暴露划分至相应的资产池。3. 内部评级流程规范，保证内部评级的独立、客观和公正。4. 风险参数量化，将债务人和债项的风险特征转化为违约概率、违约损失率、违约风险暴露等风险参数。5. IT 和数据管理系统，收集和处理内部评级相关信息，为风险评估、风险暴露分池、内部评级流程、风险参数量化、内部评级体系模型开发和维护、内部评级体系持续监控、内部评级应用、内部评级体系报告及文档等提供数据和系统支持。6. 内部评级应用，确保将零售信贷内部评级成果在零售信贷业务及全行风险管理领域得到应用；确保达到监管核心应用和高级应用标准要求。7. 独立的验证评估和内部审计。个贷内部评级体系主要包括模型关键指标、个贷 PD 模型、个贷 EAD 模型及个贷 LGD 模型。个贷内部评级体系主要应用于申请评级参数应用和行为评级参数应用等。其中申请评级参数作为自动审批和提供授信决策依据；行为评级参数主要应用于风险监察名单后和贷后监控管理。个贷内部评级体系结果也实质应用于确定风险偏好、经济资本计量、贷款及投资定价、计提贷款损失准备、计算风险调整后资本收益率（RAROC）、绩效考核、配置充分的风险管理资源等方面。

第三节 系统建设与应用

一、小企业信贷管理系统

2009年4月，上海市分行“小企业信贷管理系统”（SEMS）投入使用。SEMS是交通银行大集中工程下的生产系统，专业支撑小企业信贷业务操作和风险管理，使用规则引擎等新工具支持业务部门灵活调整授信政策和信贷产品，改造授信流程适应零售业务批量操作的要求，并通过实时连接零售内部评级系统进行科学的风险计量。

二、小企业贷后监控系统

2012年7月，“小企业贷后监控系统”（简称SERM系统）在上海市分行正式推广上线。该系统包括风险报警信息提示，监控任务自动生成及处理，监控任务主动发起，客户全景视图，企业关联关系图，客户资金流向图，客户账户信息查询，客户交易信息查询，担保公司查询，商圈、联保体查询，监控任务查询及监督，结算账户维护，联保体、商圈维护，黑名单管理及规则排除维护等15个功能模块。

SERM系统设置超过100个贷后监控规则，从小企业客户的资金流水、征信记录、第二还款来源、代扣代缴费用、财务信息等维度自动进行数据分析，并根据客户风险等级、相关报警信息自动生成的定期监控、不定期监控、用途监控等预警信息，提示上海市分行进行贷后检查。此外，该系统还支持全面展现或查询单一客户、企业关联关系、资金流向、账户信息、交易明细、担保公司信息、商圈（含联保体）等多维度信息，便于分行开展贷后监控管理。

三、个贷贷后监控系统

2010年12月，上海市分行正式上线“个贷贷后监控系统”。该系统包括监控任务调查、强制监控、监控任务查询、任务监督、贷款用途材料提交、支行贷后检查、金融中心任务处理、合同及交易查询、黑名单管理、禁拨名单管理、贷款材料相关设置、系统管理、任务详细情况等14个功能模块，覆盖上海市分行个贷业务贷后监控、管理和处置等范围。

个贷贷后监控系统通过集中设定“个贷贷后监控规则”，集中分析数据集市，集中筛查具有潜在违约用款风险苗头的个贷信息，特别对“贷款资金流入资本市场”“交银e贷通套现”“群发性假个贷”“员工违规用款”等贷后管理难点有较强针对性。个贷贷后监控规则按准确性、监控风险差异性，分为红色规则、橙色规则、黄色规则三档。其中红色规则属严重违规，报警准确性高，须进行100%调查。橙色规则属严重违规或风险较大，报警准确性相对较高，但存在误报可能，须进行100%调查。黄色规则属违规或有风险，报警准确性一般，误报可能性相对偏大，根据系统自动抽样开展调查，部分短信提醒客户。

第四章　资产保全管理

交通银行上海市分行在加快全行业务发展的同时，以减少风险敞口为目标，运用经济、法律、行政等手段，不断创新不良资产清收处置方式，提高资产保全能力。1997年后，随着不良资产处置专业化经营管理模式的逐渐形成，不良资产逐步向分行资产保全部集中，资产保全工作逐步覆盖到公司信贷、个人信贷、非信贷等不良资产的催收、经营和管理中。提升了上海市分行对不良资产市场化、专业化、多元化的处置能力，促进了全行业务持续、稳定、健康的发展。

第一节　资产清理处置

一、不良资产清理

1990年，上海分行按照总管理处要求，在全辖范围内全面开展清理贷款资产工作。通过对1986年2月—1990年2月全部贷款清查，基本统计出有问题贷款的总量，厘清有问题贷款的结构，“两呆”贷款占各类贷款余额的2.79%。在此基础上，突出重点，推进清理工作向“纵深”发展。在清理企业类型上，重点抓乡镇企业、城镇集体企业等贷款；在清理贷款类型上，重点抓逾期贷款等；在清理方法上，采取重点区域重点清理的方法，收到预期效果。

1991年，上海分行抓好信贷资产监控试运转工作，将各项信贷资产划分为“正常”和“有问题”两大类。其中有问题信贷资产又细分为“逾期贷款”“催收呆滞贷款”“待核销呆账贷款”等3种。通过对是年6月末呆滞、呆账贷款的逐笔认定，认定“两呆”贷款占同期贷款余额2.61%。

1994年，上海分行制定《信贷资产监控考核办法实施细则》。设置贷款逾期率、呆滞贷款率、呆账贷款率等指标，加强对有问题信贷资产总量、结构及其变化定期考核，鼓励所辖分支机构认真分析、总结有问题贷款的症结，研究对策，落实催讨措施，加大对“两呆”资金清收力度。

1996年，上海分行进一步实施信贷资产质量管理奖惩制度，对清收“两呆”贷款取得成效的人员进行奖励；对违规操作，导致产生“两呆”贷款的责任人进行处罚。提升信贷人员风险意识，严格把牢贷款准入标准，强化资产保全力度。

1997年起，上海分行对有问题贷款重点户实行监控制度。各辖属分支行通过指定重点监控企业专管责任人，建立工作联系、报告责任制，动态反映重点监控企业情况；分行信贷管理处通过指导监控行制定重点监控企业(逐户)清收意见、债务重组方案和清收措施，督导监控行加大工作推进力度，全面落实资产保全措施。是年，分行成立风险资产管理处，全面负责全辖资产保全职责。

1998年，上海分行落实总行信贷资产清理分类工作要求，对1997年年末本、外币贷款及其表内表外应收未收贷款利息逐笔进行清理和分类，进一步摸清全行信贷资产底数，为推行以风险管理为基础的贷款五级分类和考核办法，加快接轨现代金融企业制度打好基础。

2002年，上海分行实施不良信贷资产责任追究制度，对1998年以来新发生授信业务形成的不良信贷资产进行责任认定；对信贷业务中，因当事人失职、渎职、违纪、违章、制造虚假材料或内外勾结等形成的不良信贷资产进行责任追究，并视资产损失轻重，分别给予行政警告至撤职处分。

2002年11月—2003年11月，按照总行规定和世行项目要求，上海分行有计划、分批次将客户评级为9～10级的问题类授信贷款、有欠息的8级问题类授信贷款客户、“130”科目的以物抵贷资产从各经营单位剥离出来，由分行风险资产管理处集中管理和清收。

2005年7月，为构建风险管理长效机制，上海分行将风险资产管理处拆分为资产保全部和风险监控部。资产保全部专司负责接收前台企业和机构、零售和私人、资金和市场三大业务板块产生的不良资产，进行管理并组织清收；综合运用各项保全措施和处置方式化解资产风险，减少资产损失；提前介入处理潜在风险资产或存在特殊风险的应急事件；制定各项资产保全制度，构建“大保全”管理体制。2007年5月，资产保全部承接个贷中心不良贷款管理职能。2010年起，根据风险管理关口前移的监管要求，资产保全部又承接全行监察名单客户管理和处置职责。至此，资产保全部工作职责涵盖上海分行对公和对私、信贷和非信贷业务中的不良资产，以及监察名单潜在风险客户，基本实现对风险资产全覆盖。

按照资产保全管理要求，上海分行挖掘清收潜力、做好风险缓释工作，2006—2014年，累计清收不良资产39.42亿元。

二、不良资产处置

【以物抵债】

为支持企业依法兼并、破产、资产重组，优化资源配置，维护交通银行信贷资产安全，1997年起，上海分行对贷款到期后，借款人不履行归还债务等情况，依法处分债务人的抵债资产，化解经营风险。抵债资产的处分一般采取变卖、有偿转让、拍卖等处分方式。2001年，委托有评估资质的资产评估机构对抵债资产进行价格评估，并按照“公平、公正、公开”原则进行公开拍卖、协议转让。2005年，遵照财政部《银行抵债资产管理办法》及总行《以物抵债管理办法》规定，全面贯彻内控原则，切实加强抵债资产取得、接收、监控和处置等各个阶段管理，规范相应的账务处理，做好农用土地抵债资产的维护和处置。截至2014年年末，上海市分行累计完成抵债股权处置12项，抵债房产处置7项，抵债设备处置2项。依法维护了银行的合法权益，减少了资产损失。

【贷款重组】

2000年，针对借款人出于各种原因不能偿还银行已到期本外币贷款本息，但存在未来有可能偿还和有意愿偿还的，上海分行通过调整原债权的主体、期限、金额、利率、担保等要素进行债务重组。避免因起诉借款人，强行清偿抵(质)押物或其他资产偿还上海分行债务可能付出更大的机会成本，以降低不良贷款整体风险，减少贷款未来预期损失。2004年，加强对按五级分类被认定为次级、可疑和损失类的贷款(世行项目风险评级为8、9、10级的贷款)重组。通过重新签订借款合同及其从属合同，对不良贷款的偿债主体、担保方式、还款计划等作出调整，以保障上海分行债权，降低、锁定或转移不良贷款违约风险，减少可能发生的信贷资产损失。2005—2014年，按照资金的最终偿还来源，上海分行不良贷款重组方式有：保留借款人，保留担保方式；保留借款人，更换担保方式、保证人或追加担保；更换有还款能力和意愿的借款人，以新借款人作为偿债主体；对借款人适当注入部分新贷款，封闭运行，支持其有市场、有效益、有订单的产品和项目的发展，以盘活原有不良贷款。

【非信贷业务保全】

2004年，上海分行遵照总行“加大对非信贷资产监管力度”要求，做好非信贷资产基础资料建档、清理清收及日常管理工作，实时、准确地掌握其变化轨迹，提高识别、控制风险的能力。纳入分行风险资产管理部监管的非信贷资产项目有130待处理抵债资产、1384非业务性挂账、311待处理资产、145股权投资等4项。2005年起，首次完成风险分类后，非信贷资产风险分类即转入日常管理，构建起全面风险监控体系。同时将所有关注类非信贷资产纳入风险监察名单，落实关口前移要求。2006年，为进一步做好非信贷业务管理工作，分行资产保全部设置非信贷业务保全经理岗位，加强非信贷不良资产的集中管理，加大对非信贷不良资产的清收管理力度。截至2014年年末，归口分行资产保全部管理的4项非信贷资产余额降至2.13亿元(含待处理抵债资产1.58亿元)。

【诉讼清收】

1995年，上海分行成立不良贷款清收小组，加强对全行有问题贷款监管，统一管理全行经济诉讼工作。1997年，制定经济诉讼管理办法，依法催收和经济诉讼实行统一领导、分级负责、专人管理的制度。明确催收工作由贷款发放部门负责，诉讼案件等诉讼管理工作由分行统一领导、统一布置、统一审批。2001年，按照审慎诉讼、讲求实效及责任到人原则，加强对债务人(包括借款人和担保人)有效资产的排摸，做好诉讼保全工作，并且把握诉讼时机，及时采用诉讼手段进行清收，强化执行力度，最大限度地提高诉讼清收的资产回收率尤其是现金回收率。2004年，实行诉讼案件集中统一管理制度，由分行风险资产管理处负责管理全行诉讼案件，诉讼案件实行承办人负责制。2009年上半年，通过诉讼清收收回不良资产2 763.9万元，其中现金收回2 763.9万元，占比100%。2010年，上线总行开发的ARMS诉讼操作系统，提高对外公布诉讼数据准确、无误、及时性。2014年，加强重大诉讼案件管理，规范各类诉讼行为，实行重大诉讼案件统一管理、督办和重大诉讼案件协作、总结报告机制。

【资产转让】

2012年，上海市分行审慎实施不良资产处置新手段，对于在经营中形成的符合条件的不良信贷资产和非信贷资产，按照“依法合规、公开透明、竞争择优、利益平衡、价值最大化”原则，以单项或批量形式进行转让。具体包括：按规定程序和标准认定为次级、可疑、损失类的贷款，已核销的账销案存资产，抵债资产，其他不良资产。2013年5月，成功实现总行系统内首单跨行组包批量不良资产转让。截至2014年年末，上海市分行累计完成6项不良资产转让，实现转让收入6.78亿元。

【损失核销】

作为资产保全工作的重要内容，上海分行按照国家有关政策规定，运用核销手段化解不良资产风险。1995年起，根据财政部有关规定，建立信贷资产御险机制，对呆账贷款实施核销手续。2004年，遵照总行统一部署，将一定时点上的全部可疑类贷款按一定价格打包出售，对折损部分一次性销账，对全部损失类贷款一次性核销，实现不良资产余额、占比“双降”。2009年，对符合核销条件的小额资产损失，按照“随时申报，随时审批，及时转账”的要求，实现核销工作的制度化和日常化。

2007—2014年，上海市分行累计核销不良贷款19.87亿元。

三、已核销资产管理

1996 年，上海分行把已核销呆账贷款的追索清收作为信贷资产监控的内容之一，建立已核销呆账贷款的档案及台账；在此基础上，再对已核销呆账贷款逐笔甄别，实行分类管理；落实已核销贷款追索责任制，一级对一级负责；对收贷有功人员实施奖励。多措并举，确保“账销案存”工作落到实处。

2000 年，上海分行进一步加强对“账销案存”工作的梳理、自查，及时查漏补缺，建立已核销呆账贷款清收和管理的长效机制。

2007 年，上海分行强化已核销资产管理基础，由分行资产保全部统一管理全行已核销资产，逐户制订清收计划、落实专人负责、建立并完善已核销资产台账和考核机制，推动清收处置。

2010 年，上海市分行上线总行资产风险管理系统（ARMS）已核销资产管理新流程，以此为契机，对全行历年来的已核销资产进行全面梳理；运用新的已核销资产管理模块，以资产追索和已核销资产监控、资产损失税前列支申报、责任认定和追究为主线，全面加强已核销资产管理。

2014 年，上海市分行对本行对公、对私、非信贷追索类已核销资产进行全面梳理，逐户厘清财产线索、清收进展、处置障碍、清收预测、税务申报、责任认定等方面的信息，按要求等级标准化追索类已核销资产台账，保证各项信息的真实、准确、及时和完整。2010—2014 年，累计实现核销后现金收回 5 897 万元。

四、管理系统与应用

2010 年 5 月之前，上海市分行各类不良资产管理模块、业务流程与数据分散于多个管理系统中。具体包括：信贷管理系统（CMIS），主要运用于公司问题类客户的日常管理和业务审批；小企业管理系统（SEMS），主要运用于中小企业问题类客户的日常管理和业务审批；个贷管理系统（PLIS），主要运用于各类个贷不良贷款的日常管理和业务审批；资产风险管理系统（ARMS），主要运用于公司问题类客户拨备审核及资产保全业务数据汇总等；诉讼案件管理系统，主要运用于以法律手段进行清收的问题类客户的诉讼进度和相关信息的维护等；内部评级系统（IRS），主要运用于新资本协议内部评级体系建设，对公司问题类客户相关清收数据和信息进行收集、整理和汇总等。

2010 年 5 月，总行正式启动“531 工程”中资产保全业务系统的开发工作。2014 年，上海市分行被列为资产保全业务系统首批应用试点行。

第二节　公司信贷资产保全

一、问题类公司客户管理

1986 年开业后，面对经营中出现的“一逾两呆”贷款，上海分行采取多种措施，依法收贷，同时加强制度建设，完善贷后管理、监控制度，搭建不良贷款清收、处置框架。

1995 年，上海分行制定《加强贷款清收和经济诉讼管理的若干意见》《定期核销呆账贷款、坏账损失和投资损失的暂行规定》《呆账贷款核销暂行办法实施细则》，2000 年印发《加强已核销呆账贷款管理实施意见》，2001年出台《不良贷款重组管理实施意见》《以物抵债管理办法实施细则》等制度，构建多元化资产保全和处置模式。

2005年，上海分行加快“大保全”架构下的制度建设，推动经营单位、业务部门设置风险监控岗位，加强对问题贷款的清收和管理；及时制订并上报问题类授信业务行动计划及监控报告，强化问题类公司客户的授信后检查，确保对问题类公司客户管理规范、有序。

2010年，上海市分行进一步加强问题类授信客户集中管理，建立问题类客户及时从授信经营单位移交资产保全部管理工作机制，加快客户风险处置。

2014年，上海市分行围绕全行资产质量管控目标，在做好资产保全业务案件风险专项排查的同时，实施早收快收、深入挖潜、优化规则、创新手段、提前介入、持续管理等措施，全力压降不良资产，全力化解潜在风险，全力挖掘增收潜力，提升保全业务精细化管理水平。

二、监察名单客户风险化解

2005年起，上海分行建立风险监察名单管理制度，主要内容是：对正常类、关注类授信业务进行持续、审慎、有效的风险监控和授信后检查，及早识别和预警潜在风险。将符合授信主体或担保主体贷款本金逾期或欠息达到30天以上等8项风险特征的授信业务，全部列入监察名单；以风险排查为前提，实施风险监察名单的动态管理；以风险降解为目的，实施分类管理。按风险可控程度，将风险监察名单划分为风险可逆、风险较大、风险严重3类。

2008年，上海分行对监察名单客户的风险特征由8项调整至9项，将监察名单客户修改为风险预警和风险可控两类，同时更新日常管理流程和管理路径。通过对正常类授信业务中的风险信号提前识别和预警、对达到一定标准的潜在风险客户进行专项管理，以尽快消除风险隐患，提前化解潜在风险。监察名单客户风险化解的主要内容包括：1. 风险过滤。设置3层筛选程序，确定风险过滤客户清单，甄别风险预警信号、确定监察名单，监察名单管理。2. 风险检查与风险提示。以现场或非现场检查的方式对滤出的风险进行监察，并予以提示。3. 监察名单的发起和风险预警。将定期或不定期监控中发现并符合监察名单定义和风险特征的业务纳入监察名单进行管理；对风险过滤中发现风险预警信号及潜在风险，及时在适当的范围内进行提示预警。4. 监察名单的日常管理。涉及多个部门和岗位，实行职责分工，分工协作。5. 监察名单的授信审批。比照问题类客户实施。6. 检查名单的迁徙管理。对监察名单失察及监察名单分类失准2种情况，严格按贷后管理考核办法执行，对错失风险化解时机甚至加大风险的进行责任追究。

2010年，上海市分行再次将监察名单客户的风险特征从9项调整至12项，并修改了具体内容。包括：内评违约的非不良授信业务，减值拨备率在4%(含)到5%(含)之间的授信业务，授信资金被挪用于高风险或者国家政策、法规明令禁止信贷资金进入的行业或金融市场的授信业务，授信主体在交通银行或他行有授信业务进入不良状态，其在上海分行的其他授信业务等均列入风险监察名单；不再根据风险可控程度大小对监察名单客户进行预警类和可控类的分类；对经过第二层筛选后确定为监察名单的客户，由分行资产保全部直接或指导授信经营单位对监察名单客户进行持续监控和风险化解；对监察名单客户管理的贷后管理比照问题类授信客户的要求，由分行资产保全部根据总行相关规定，采用移交或非移交模式进行管理等。

上海市分行通过实施风险监察名单管理制度，进一步规范管理行为，强化对授信客户潜在风险的识别、预警、控制和化解，实现了风险关口前移的目标，有力地保障了全行信贷资产的安全。

第三节　个贷资产保全

一、个贷不良资产清收

2004年9月，上海分行对已逾期6个月以上个人贷款实施集中清理、集中诉讼和集中处置，降低、化解不良资产风险，切实维护银行合法权益。2005年，按照总行《关于进一步加强个贷风险管理，促进业务健康发展的意见》，加快理顺个贷催收保全机制，明确对逾期6个月以内的不良个贷以催收方法实施清收，对逾期6个月以上的不良个贷主要以诉讼方式清收。规定对不良资产处置，以现金清收为主，严格贷款重组，控制以物抵贷。建立个人贷款退出通道，对符合核销条件的个贷，按规定办理核销。

2007年，上海分行进一步完善个人逾期贷款的催收机制，根据个贷逾期的天数，采取多种方式对借款人、保证人进行催收，并视借款人的还款意愿、还款能力、抵押物状况等，制订行动计划和"一户一策"催收方案，重新安排、监督落实还款计划。5月，为进一步梳理个贷风险管理职责，力求提高不良个贷清收成效，将分行个人金融业务部的不良资产管理职责整体移交给资产保全部，强化对不良个贷的专业化处置力度。2009年，对债权债务清晰、抵押物空置或出租的不良个人贷款，通过推动司法程序，及早进入抵押物拍卖；对无意还款或恶意欠款的借款人立即进行诉讼，并通过法院执行或查找借款人的其他资产；对"实心房"不良个人贷款，深入展开调查取证工作，通过各种途径查实相关人员的财产情况、收入情况，进行分门别类的处理。是年10月，建立委托清收不良个贷机制，把催收或处置一部分不良个贷外包给外部专业机构，由分行资产保全部承担全行不良个贷清收委托相关事宜。2010年，围绕总行提出个贷清收流程化管理的要求，加强不良个贷核销管理，分行资产保全部提前介入核销准备工作，为个贷核销提供全方位服务，并从是年起与相关经营单位共同管理已进入诉讼催收的"涉诉不良个人贷款"。经营单位负责实施催收行动，分行资产保全部参与制定清收方案，协助经营单位做好上门催收、诉讼等工作。对于金额大、难度高、法律关系复杂的不良个人贷款，由分行资产保全部直接参与清收。2010—2014年，通过实施催前调查、非诉催收、诉讼催收、委外催收、清收处置、日常管理等手段，构建个贷风险化解渠道。针对群发性不良个贷项目特点，借鉴对公不良贷款清收的经验，规范项目认定、前期调查、行动计划、监控报告等管理流程和工具，并综合运用诉讼清收、以物抵债、损失核销等方式，加快项目处置。

2007—2014年，上海(市)分行累计清收、处置不良个贷3.74亿元，其中收回现金2.83亿元。

二、逾期个贷集中催收

2003年，上海分行针对日渐显现的个贷业务风险，在各经营单位层面设置营销岗、综合岗等岗位，在贷款出现逾期或欠息后，由其立即向借款人、担保人及相关人发出书面催收通知或进行电话催收；在分行层面设置个人贷款法律审查岗、追账岗等岗位，对逾期贷款定时催讨，对不履行借款合同的借款人和担保人提起法律诉讼。

2005年3月，上海分行强化个贷风险业务处置力度，规定个人贷款余额已经突破4亿元的经营单位设置清收岗，专职处置所在单位的逾期贷款。6月，加强个贷风险防范内控体系建设，成立分行个人贷款管理中心，负责全行个人贷款档案资料的集中管理，风险资产催收、监控和管理，个贷业务的贷后检查、管理和业务培训，以及风险管理的日常运行监控等。

2007 年，上海分行进一步细化逾期个贷催收的职责，规定各经营单位营销岗负责催收逾期 90 天以内的个人贷款，清收岗负责清收逾期 90 天以上的个人贷款。

2009 年 12 月，上海市分行正式上线总行开发的逾期个贷集约化催收体系，集中电话催收子系统项目（以下简称"电催系统"），有效增强个贷机制催收的效率，提高催收信息传递的及时性与安全性，节约管理成本。

2010 年 7 月，上海市分行上线总行逾期个贷集中短信及信函催收系统。该系统以电催系统为基础，根据个贷客户逾期情况，由总行集中向逾期个贷客户发送短信和信函，开展多样化催收。

2012 年，上海市分行上线总行开发的不良个贷管理模块后，个贷催收及管理人员对不良个贷清收情况的记录、清收策略审查、审批工作均通过该模块进行，有效提高了不良个贷清收处置效率，为提升上海市分行个贷风险管理水平发挥了重要作用。

第四节　非信贷资产保全

一、股权投资处置

1986 年开业后，按照多元经营模式，上海分行对外开展投资、参股等活动。投资的主要对象有支撑上海分行综合经营的保险公司、房地产公司、证券公司等，也有服务于分行的经营性物业公司等。1987 年年末，上海分行共投资 13 个项目，投资金额达 835 万元，占是年 60 391 万元资本金的 1.4%。

截至 1998 年全面开展股权投资清理前，上海分行参股、控股企业为 36 家（其中参股上海市上市公司 17 家），投资金额高达 2.21 亿元。

1998 年，上海分行遵照《中华人民共和国商业银行法》规定，以及总行《关于与所办经济实体脱钩有关问题的紧急通知》要求，成立"上海分行与所办经济实体脱钩工作领导小组"，全面开展股权投资清理、处置工作。对于持有的上市公司股权，利用股权分置改革的有利时机，以适当价格转让或在二级市场上作减持方式进行处置；对于持有的非上市公司股权，寻找受让对象，通过产权市场挂牌方式进行转让；对于持有的符合公开拍卖条件的股权，探索公开拍卖股权路径进行转让；对于赞助类的投资，进行账务调整；对于已清算关闭，工商税务登记已注销，营业执照已吊销，但未做账务处理的自办公司，立即予以核销；对于资料缺乏、暂不符合核销条件的投资，研究补救措施，尽早完成处置。截至 2005 年年末，上海分行"145 股权投资"科目余额由 1998 年的 2.21 亿元下降至 1.08 亿元，较 1998 年清理前降低了 51.13%；投资项目数 34 个，较清理前减少 5.55%。

经多年清理，上海市分行进一步强化分类处置方法，持续推进股权投资清理工作。截至 2014 年年末，累计清理处置股权投资 1.82 亿元，"145 股权投资"科目余额 0.39 亿元，压降率 82.35%；清理投资项目 29 个，存量投资项目数 7 个，清理率 80.55%。

二、抵债资产处置

2001 年，上海分行印发《以物抵债管理办法实施细则》，规定各经营单位在对不良资产的催收中，须严格依照总行《以物抵债管理办法》标准，只有在债务人既无货币资金、财产，又暂时无法变现,或不接受财产将会给本行造成更大损失的前提下,方可办理以物抵债;对符合规定条件取得的抵债资产,在资产权属转移至分行名下之日起,转入"130 待处理抵债资产"科目核算,同时指派专人建立抵债资产专项台账、保管相关档案;在抵债资产处置前,对抵债资产市场价格、处置过程中本行所需支付的各项费用进行调查,并拟定处置方案。委托有评估资质的资产评估机构对抵债资产价格进行评估,在此基础上对抵债资产采取公开拍卖、协议转让等方式进行处置、变现。

2006 年,上海分行制定《抵债资产管理实施细则》,围绕合规经营,全面整合上海分行各项抵债资产管理制度,强化制度执行;规范抵债资产管理的操作流程,严格抵债资产取得、接受、监控和处置等各个阶段的管理,并按新的会计核算规定,做好抵债资产账务处理,如实记录抵债资产管理情况;加强抵债资产评估、审批、处置、变现流程管理,增强抵债资产处置的规范性。

经多年持续努力,上海市分行抵债资产在本行资产中的占比逐渐降低。截至 2014 年年末,抵债资产余额为 1.58 亿元。

三、非业务性挂账处置

1991 年,上海分行加强暂收暂付款项非业务性挂账管理,规定不得以暂付款项为客户垫款。

1997 年,上海分行规范经营活动中发生的代垫经济诉讼费用(包括诉讼费、保全费、律师费)账户处理。由起诉行按规定程序上报暂时垫付的诉讼费用申请,上海分行批复后,分行行政处财务科根据法院出具的收据,在"1381 暂付款项"科目下"其他应收款"分户中设"诉讼费"户列支,按季作进行监控。

1998 年,上海分行落实总行《关于加强暂付款管理和清理挂账的通知》要求,组织全辖清理比较突出的暂付款挂账问题,明确清理工作任务、内容和时限,提高合规稳健经营的自觉性。

2000 年,上海分行清理本行已胜诉,但法院终止或终结执行的案件和判决所垫付的诉讼费用。要求各经营单位在 12 月中旬之前将完成的清理申报资料报送分行财务会计处,并根据上海分行核准通知转账列支"742 营业外支出——其他损失"。

2003 年,上海分行加强全行 1384 非业务性挂账管理,加大非业务性挂账的清理、清收力度,进一步规范入账审批、日常监管、清理处置等管理,并指定分行风险管理部对全行 1384 非业务性挂账进行监管和检查。

2005 年,上海分行执行总行诉讼费用管理暂行办法,对垫支的诉讼费用按规定直接列支 1384 非业务性挂账科目;对司法机关裁判本行承担诉讼费的,将对应的垫付诉讼费用从 1384 非业务性挂账科目转出,列入 735 营业费用科目核算;对司法机关裁判本行垫付的诉讼费用由对方承担的,上海分行及时向对方追索,收回的款项按先抵诉讼费用、再本金后利息的原则进行抵偿。经追偿无果的,按规定及时向税务部门报请核销,列 742 营业外支出科目核算。是年 7 月,分行资产保全部开始承担全行非业务性挂账管理职责,借助问题贷款管理工具细化非业务性挂账管理模式、审批权限、行动计划等,提升非业务性挂账管理。

2009 年,遵照总行非业务性挂账管理要求,上海市分行严格代垫案件诉讼费列支的审查审批,除代垫案件诉讼费外的各类非业务性挂账,无论金额大小均逐笔逐级上报总行审批,经审批同意后支付挂账款项;分行资产保全部加强对各项非业务性挂账集中清收管理,按照统一格式建立资料档案。指定专人负责本行所有代垫案件诉讼费的汇总管理、除代垫案件诉讼费以外的非业务性挂账清收管理。

按照“合法垫付、规范管理、尽职追索、及时处置”管理原则，上海市分行严把“垫付”关，始终坚持每笔挂账经合规审查、风审会审议，报请主管部门批准后入账。截至 2014 年年末，非业务性挂账余额降至 0.27 亿元。

第五章　内 部 审 计

1987 年交通银行上海分行建立稽核制度后，围绕全行各个阶段业务发展的新要求、新特点，发挥稽核"医士、卫士和谋士"的作用，建设以内部合规稽核为基础，风险稽核为保障的检查、稽核、评价、监督机制，积极推进以内部控制为核心的风险审计监督制度，不断丰富和完善内部控制审计方式和内容，强化审计管理、监督、服务的职能，高筑起一道道抵御风险的屏障，支持全行业务持续稳健的发展。

第一节　审 计 机 制

随着业务的快速发展，上海分行高度重视内部稽核工作，不断提升监督检查力度。1987 年，围绕审慎经营的目标，建立内部合规稽核工作机制，定期对全辖经营机构的制度执行情况进行稽核检查。

1995 年，针对市场风险集聚状况，上海分行逐步建立以风险管理为导向的风险稽核工作机制，防范风险；建设查、帮、促相结合，寓监督于服务的工作制度，助推业务发展；加强对辖属行巡回稽核，构建内部监督体系。

1996 年，上海分行建立干部离任、评价稽核工作机制，强化风险监督力度。

2000 年，上海分行在突出发展主题和集约化经营特色的同时，坚持同步推进稽核检查监督管理。通过增加稽核频率，建立现场突击性检查工作机制；通过总结经验，找出稽核工作中一些规律性问题，建立预警预报工作机制；通过端正经营理念，改变过去以事后稽核为主的方式，建立事前检查和事后稽核相结合的工作机制。

2010 年，上海市分行恢复设立审计部，构建起审计工作由总行审计部垂直管理，华东审计部协助管理，上海市分行行长负责协调和指导的管理体制；形成分行审计部向总行审计部和华东审计部报告工作，同时向分行行长报告审计监督情况的"双线报告"工作机制。

2014 年，总行审计条线组织架构调整后，上海市分行审计监督部工作形成了由交通银行上海审计监督分局管理，同时接受上海市分行行长指导，向上海市分行行长及管理层报告涉及监督情况的工作机制。

第二节　审 计 模 式

一、审计内容

1987—1995 年，上海分行稽核工作的重点是开展合规性检查，主要是依照中国人民银行政策规定、交通银行总行（总管理处）要求，对辖属分支行、办事处执行会计、出纳、外汇、信贷及财务等制度情况进行监督检查。

1995 年，上海分行由合规性为主的稽核开始向以风险性与合规性相结合为主的稽核方向转变。是年，按照总行制定的标准，对辖属7个分支行进行信贷资产质量的专项稽核，对市内3个分支行开展现场全面稽核。

2000年，上海分行抓住经营管理内部风险集中的部位和环节，加强对贷款、信用证、非正常挂账、待处理抵押资产、承兑汇票、银行卡、计算机安全应用等风险环节进行专项稽核检查，对防范风险，推进业务健康发展，保障分行安全营运，起到了积极作用。

2011年，上海市分行深入推进以风险管理为导向的风险审计监督。针对各业务条线操作风险和道德风险的控制情况、各业务经营管理的合规性及合规部门的履职情况、跨条线业务中不同管理链条的链接部位和业务边缘地带的风险、市场风险和流动性风险的识别控制情况进行检查；针对各业务条线贷款分类偏离的情况、高风险领域信贷资产风险的情况、资产质量迁徙管理的情况进行检查；针对各业务条线对公对私信贷业务的经营模式和集群风险的情况，个金业务操作管理的情况，国际业务领域的新产品、信用风险和合规风险的情况，营运渠道内控风险的情况，信息系统环境风险和业务应用风险整体控制的情况，财务财产管理能力的情况，欺诈舞弊风险和案件隐患的情况进行全面检查。

2012年，上海市分行以重大问题审计和内控审计并重为原则，加强对业务经营领域突出风险审计监督。对公司、零售信贷业务经营模式、管理流程和资产质量，特别是信贷业务集群风险、政府融资平台、房地产贷款风险、贷款分类准确性等进行检查；对快速发展的表外业务和中间业务风险，尤其是代客理财业务和资产池、票据、国际结算业务等的发展策略、产品设计和风险控制进行检查；对非银行金融活动对银行业务的影响，第三方合作机构对银行业务的渗透影响，民间借贷活动和社会人员对银行业务的渗透影响等进行检查；对隐藏的重大违规和舞弊欺诈事项进行检查等。

2013年，上海市分行继续强化重点业务领域的风险审计。审计重点为：授信管理体制改革落实情况。特别关注业务的总体管理把握，授信关键环节的操作执行和具体客户、具体业务的风险情况；公司信贷业务：特别关注信贷违约风险情况；零售信贷业务：除周期风险、行业风险、企业类型风险外，特别关注业务发展模式、管理模式、信贷结构和资产质量，客户集群风险，已暴露风险的化解方式，以及业务流程的合理有效性和内控制执行情况；快速发展的新型业务和渠道：关注理财业务、代理业务、投资银行业务、信用卡业务、国际业务、资金业务的发展策略和风险控制情况，关注电子银行等新型渠道的风险；前中后台的营运管理：关注前台服务规范性；中后台集中营运，流程各关键环节的内控执行、风险控制及运营效率；营运安全：着重检查生产系统的运行稳定性和业务连续性，社会融资活动的输入型风险等。

2014年，上海市分行审计工作以及时识别和揭示风险隐患为目标，将审计资源重点投向高风险领域。审计检查覆盖信贷非信贷、表内表外等全融资业务；审计检查公司、零售信贷业务。关注信贷结构、行业投向、客户基础、担保类型和期限配比等情况；重点审计快速发展的新兴业务和转型业务，检查业务运作模式的风险性、合规性和可持续性，关注监管政策变化可能带来的影响等；集中精力做好突出风险的检查和报告。提升审计能力与工作质效，发挥内部审计对全行经营管理的保障支持作用。

二、审计程序

1987年，上海分行建立稽核机制后，根据总管理处相关制度，规定分行稽核工作程序分为准备阶段、执行阶段、报告阶段等3个阶段。稽核项目开展之前，先制定稽核工作方案，明确稽核目标和内容，报分行总经理室批准后，由该室负责人组织相关人员实施。完成稽核项目工作后，稽核室负责汇总资料、分析情况、提出稽核意见，上报分行总经理室。

1989年，上海分行按照总管理处稽核制度，相应地将稽核工作程序分为9个环节：1. 制订年度稽核工作计划。2. 根据计划，确定稽核目标、拟定稽核方案、成立稽核小组，将稽核方案书面通知被稽核单位。3. 将文字记录的稽核情况形成稽核工作原始底稿。4. 综合分析情况和问题，撰写稽核报告初稿，在征求被稽核单位意见基础上，形成正式稽核报告，批准后通知被稽核单位整改。5. 监督检查被稽核单位整改情况。6. 对稽核发现的重大问题作出稽核结论，视情提交纪检、监察部门处理。7. 被稽核单位不服稽核结论的，由上级稽核部门进行复审。8. 建立稽核档案。9. 后续稽核。

1992年，上海分行按照总管理处《现场稽核工作程序》规定，形成现场稽核流程3个阶段18个环节。第一阶段为稽核准备环节，包括稽核立项并成立稽核组、收集稽核资料、制定稽核方案、向被稽核单位发送稽核通知。第二阶段为稽核实施阶段，包括进驻稽核现场、听取被稽核单位汇报、开展现场检查、调查取证、核实认定。第三阶段为稽核报告处理阶段，包括起草稽核报告、征求被稽核单位的意见、稽核报告送审、发送稽核报告、检查监督整改、作出稽核结论和决定、对申请复议的单位进行复审、建立稽核档案、后续稽核等。

1999年，上海分行将稽核流程分为稽核准备、稽核实施、稽核报告、稽核处理及稽核档案整理5个阶段，同步增加重要的稽核环节。其中稽核准备阶段增加资料分析、问题查找环节，稽核实施阶段增加阶段性工作小结环节，稽核报告阶段增加“事实与评价”环节，稽核处理阶段增加对严重问题进行处罚环节。

2010年，上海市分行恢复设立审计监督部后，进一步加强和规范现场审计工作，严格按照现场审计工作流程，实施审计操作。2010—2014年，现场审计流程主要包括前审计阶段、中审计阶段、后审计阶段等3个阶段。其中前审计阶段按成立审计组、开展前审计分析、编制审计方案、召开预审会议等程序实施；中审计阶段按进入被审计单位现场检查，对预审报告中确定的具体问题及待核实疑点进行深入检查，并继续关注重大问题，现场审计进度控制与调整，获取审证据，撰写审计记录与审计工作底稿等程序实施；后审计阶段按非现场方式补充核查和进行补充现场审计、审计组长对审计对象整体和单项业务内控状况进行评价、主审人撰写审计分析报告、召开审计分析会议、形成审计报告初稿、反馈审计情况、发送审计报告正式稿等程序实施。审计项目完成后，由主审人收集需归档的审计资料，并完整地向部门兼职档案员移交，兼职档案员按规定整理并根据《审计档案管理办法》相关要求向分行档案中心移交。

第三节　审计方式

1987年，上海分行建立稽核制度，以现场稽核和非现场审计稽核的方式，开展以常规审计、专项审计、后续审计、经济责任审计及持续审计等审计检查、监督活动。

一、现场审计

1987年上海分行建立稽核制度后，围绕总管理处稽核工作要求，以现场稽核为主要手段，派遣稽核人员进驻分行信贷部门、辖属行的现场，根据稽核内容和范围，在现场审核、稽查业务或财务收支情况，对稽核结果进行现场取证、核实认定。

1992 年，为保障综合性业务健康发展，上海分行加强现场稽核工作力度，全面实施常规稽核、专项稽核、离任稽核和后续稽核等。

2004 年，上海分行上线总行开发的计算机辅助稽核系统后，现场稽核由计算机进行稽核逐步替代手工操作方式，有效提升现场稽核工作效率。

2010—2014 年，上海市分行以现代审计技术为支撑，不断改进风险导向现场审计模式，以及时发现风险隐患、促进内控管理为目标，集中精力做好突出风险的检查和报告。围绕内部控制和关键领域，强化对经营单位、各项业务和关键岗位的监督，进一步提升现场审计监督的系统性、规范性和科学性，把上海市分行审计工作推向更高层次。

二、非现场审计

1987 年，上海分行开始实施非现场稽核（又称作报送稽核），其作为与现场审计相对应的监督方式，稽核人员无须赶赴稽核现场，而是通过收集被审计对象业务数据、报表等，对资料进行稽核分析和检查的一种方式。

1990 年，上海分行加强对报送稽核资料真实性稽核，通过对比分析，提出稽核意见，为现场稽核提供依据。

2002 年，上海分行开始应用非现场稽核监控指标体系，强化风险预测预警。

2004 年，上海分行通过总行非现场稽核分析系统，提升了非现场稽核工作的效率和质量。

2012 年，上海市分行针对开办的特色业务开展非现场审计。围绕特色业务的组织架构、业务流程、系统开发、制度建设、监督检查等内控体系的充分性、合规性、有效性进行检查，并抽取部分特色业务作测试。在此基础上，对内部控制、风险状况作出综合评价，提出有针对性的整改建议。并根据被审单位整改情况，进一步开展后评估工作，逐步完善非现场审计特色业务后评估机制。

三、常规审计

1987 年起，上海分行将常规稽核（又称全面稽核）作为现场稽核的主要方式，由稽核人员按照稽核计划进入被稽核单位现场，对被稽核单位会计资料及业务经营活动进行全面的例行检查。1999 年，上海分行根据辖属分支行及所属市内分支行在内部评级中的不同等级和经营状况，确定不同的稽核频率，一般为每年 1 次，常规稽核最少每 2 年 1 次。稽核项目覆盖全部或 4 项以上业务。

2011 年 10—11 月，总行审计部对上海市分行进行内部控制审计。审计项目为公司授信业务、零售信贷业务、个金业务、国际业务及财务管理等。

2013 年 6—7 月，总行审计部再次对上海市分行内部控制状况进行专项审计。审计项目为对公授信、个金业务、国际业务、营运管理等。

四、专项审计

1987 年，上海分行针对贷款质量开展专项稽核。专项稽核是对应于常规稽核的一种稽核方式，是稽核人员针对某项业务或产品等特定事项开展的稽核。1997 年，根据总行制定的内部稽核体制改革办法，对所属业务部门开展的稽核以专项稽核为主，并且根据业务风险大小确定稽核频率，稽核间隔控制在 1 年之内。1999 年，对所属市内支行的稽核也是以专项稽核为主，并视各项业务风险大小确定稽核频率，一般每年 1 次，间隔时间最长不超过 2 年。

2012 年 1 月，上海市分行审计监督部对分行信贷、非信贷不良资产责任认定进行审计。

2013 年 5 月，总行审计部对上海市分行信息科技及电子银行业务进行专项审计。8 月，对分行新兴表外业务开展专项审计。11 月，对分行钢贸业务作专项审计。

2014 年 2 月，总行华南审计部进驻上海市分行开展集中采购及重大基建项目专项审计。4—7 月，国家审计署沈阳特派办进驻上海市分行对 2013 年度资产负债损益情况进行专项审计。

五、后续审计

1990 年，上海分行根据总管理处稽核工作程序规定，针对被稽核单位上次稽核查出来的问题整改情况开展后续检查，并将之列入对辖属分支行、所属市内办事处的稽核工作中。

1999 年起，上海分行在对同一个被稽核单位再次进行现场稽核时，将被稽核单位执行前次稽核整改意见、稽核处理决定情况列入稽核内容，进行后续稽核，并视稽核工作实际情况，组织专项后续稽核，进行现场监督检查。

2002 年，上海分行建立由辖属分行、所属支行负责人抓稽核整改工作机制，对问题多、风险大或整改不力的行，进行后续稽核，促其落实整改措施，堵塞风险漏洞。

2011—2014 年，上海市分行后续审计一般与常规审计同时进行，并将后续审计情况和整改不力等情况，在常规审计报告中单列反映。

六、经济责任审计

1993 年起，上海分行对经营单位主要领导干部调离、免职时进行离职、离任经济责任稽核，加强对领导干部的监督管理。

1999 年，上海分行对干部离任的稽核按干部管理权限分级进行：分行负责对辖属分支行行长、副行长和市内支行行长、副行长离任稽核，辖属分支行负责对所属支行行长、副行长离任稽核。明确辖属分支行行长离任稽核期为稽核对象担任现任职务起，到现场稽核开始止；重点阶段是稽核开始前 2～3 年(含稽核是年)；对重大问题可追溯至问题发生起始。

2003 年，上海分行将离任稽核更名为经济责任稽核。明确经济责任稽核是对分支行领导干部在任内其所在行业务发展真实性、合规性和效益性，以及业务经营、管理活动应承担的责任，包括主管责任和直接责任所进行的检查和评价，是集对分支行业务经营活动的监督评价和对分支行领导干部任期内经济责任监督评价于一体的综合性稽核。规定凡是分支行领导干部任期届满和任内调任、转任、免职、辞退、退休的，均需接受分行经济责任稽核。

2010 年，上海分行配合总行审计部门做好 1 位行将退位的高级管理层人员离任审计，以及 3 位拟提任为高级管理层人员原任内工作审计，对被审计对象在业务经营、内控管理和个人履职等工作中履行经济责任情况进行检查、见证和评价。

2014 年，上海市分行审计监督部按照总行经济责任审计实施办法规定，对 58 位任期届满和任期内调任、转任、免职、退休的分支行领导干部进行经济责任审计。

七、持续审计

2010年上海市分行恢复设立审计部后，为提升审计工作规范化、标准化，提高审计监督的连续性，促进整个审计循环的有效运转，按照总行要求，在每一次现场审计完成后至下一次现场审计开展前的时间内，对审计对象的业务经营活动持续实施动态监测，分析其经营绩效和风险状况，并对存在的问题、疑点进行查询，作出风险评价与预警，以防范两次现场审计间的风险，为下一次现场审计提供依据。持续审计一般以远程审计方式进行，包括信息资料收集、持续监测分析、信息使用反馈3个阶段。

2011—2014年，上海市分行在全行基层网点试行持续审计监督模式，对全行风险进行揭示和管控。

第四节　评价内容

1995年，分行按照总行《内部评级暂行办法》开始内部评级工作。评级的目的是：正确、客观地评价一个行的总体经营状况，便于进行分类管理；建立有效的激励机制和约束机制，提高全辖经营管理水平，实现流动性、安全性和盈利性最佳组合的稳健经营目标。基本原则是：统一办法，分级操作，集中审定，定量评定为主，全面综合考核，实行绩效挂钩。评级内容包括合规性指标（10%）、贷款质量指标（30%）、盈利性指标（25%）、流动性指标（15%）、业务发展指标（10%）及管理水平（10%）等6个方面。其中前5项方面指标为定量指标，第六项为定性指标。

1996—2003年，上海分行跟随总行对内部评级6项指标细项、权重的修订、调整，同步做出相应修订和调整。

2013年，上海市分行遵照总行《内部控制评价办法》规定，由分行审计监督部履行对全行内部控制评价职能。内部控制评价工作，以审计条线内部控制现场审计为基础，并结合合规、监察、风险管理及其他内外部监察情况进行。评价要素作为内部控制评价内容的构成方面，包括过程控制评价要素和结果控制评价要素，具体采用一级指标和二级指标进行衡量。一级指标共10项，包括内控环境、目标管理、风险与机遇识别、评估和计量、控制活动、信息交流、监督纠正和提高、延伸控制、重大违规事件、重大险情事件。其中，前8项为过程控制评价要素，后2项为结果控制评价要素。每个一级指标下设若干个二级指标，共25项。

第五节　质量控制

1987年，上海分行按照总管理处规定的稽核程序实施稽核项目，开启稽核质量控制管理流程。

1993年，上海分行根据总管理处报送稽核考核评比办法要求，推动稽核质量控制管理，及时向辖属分支行、所属办事处下达稽核考评内容、评分标准及考核方法，提高报送稽核工作的质量。

1999年，上海分行要求稽核组长或主稽人开展阶段性稽核小结工作，以检验稽核的深度和宽度；建立工作底稿换人复核和检查制度，加强稽核质量检查控制管理。

2003年，上海分行进一步对审计项目主审人的职责进行制度规范，提升审计质量岗位职责控制管理。

2011年,上海市分行对审计质量控制实施流程控制、日常检查和年度考核。其中,审计质量控制以审计项目为主线,围绕审计项目执行、审计整改追踪和持续审计,要求审计人员及审计高级经理履行审计质量控制职责,把好关键环节质量控制关口,对审计流程实行即时质量控制。审计质量检查控制分为审计过程质量检查和审计结果质量检查,审计过程质量检查是对各审计流程关键环节的质量控制情况进行检查;审计结果质量检查是对各类现场审计项目实施后,是否存在重大实质性审计风险的跟踪核查与评估。审计质量考核控制包括审计部门和员工的考核,其考核主要是依据质量控制检查结果,考核频度主要结合绩效考核按年度进行。

第六篇

信息科技

概　述

为树立综合性银行新形象，实现降低营运成本、增加盈利、提升服务、发展客户的目标，根据国际商业银行发展趋势，交通银行上海分行于 1986 年 10 月重新开业后，将微型计算机等设备运用于对公业务、储蓄业务处理，提高业务营运效率。

随着业务的发展，上海分行加快推进电子计算机化建设进程，组织人才队伍开发计算机应运系统，于 1989 年独立完成储蓄业务计算机处理系统开发。1990 年，自主完成对公业务计算机处理系统开发。1993 年，完成 M－640 中型机储蓄联网，并实现市内活期储蓄通存通兑业务。是年，建成以资产负债管理为核心、信贷业务管理为基础的综合信息库和以 M－640 中型机为主处理机，数据集中在分行联机终端网、数据分布在各网点微机通信网"一库两网"应用系统。1994 年，完成同城计算机实时联网开发，实现中型机终端网与市内 36 个营业网点、100 个终端的连接。

1994 年，在总行的统一规划下，上海分行加入中国公用分组交换网(CHINAPIC)，与总行系统内分支行实现计算机联网，并开通电子邮件、统计报表传递、外汇买卖报价等业务。

1996 年，上海分行在总行全国电子汇兑系统基础上，为一些主要要素市场提供"准实时"资金汇划服务。在市内各网点间开通同城对公业务实时通存通兑，加速企业资金周转。

2000 年，上海分行多用户系统升级为总行综合业务系统，保证全行集中进行账务处理、业务监督和风险控制工程建设的顺利推进。首推建立在因特网基础上的网银服务，为争取集团客户、要素市场业务提供了强有力的工具。

2005 年后，上海分行贯彻执行总行"全面推广、运用数据大集中系统"精神，自觉将信息科技开发重点由核心业务调整为特色业务。

截至 2014 年，按照总行"统一技术平台，统一业务模型框架"要求，上海市分行做好信息系统维护、梳理、立项和特色业务的产品研发，将信息技术成果全面运用于产品创新、客户营销、业务运营、风险控制及服务提升等方面，不断提高全行金融服务质效、经营管理水平和核心竞争能力，为交通银行改革创新和业务持续发展提供强有力的科技支持和保障。

第一章　设 施 与 环 境

1986 年 10 月交通银行上海分行重新开业后，大力实施“科技兴行”战略，投入资源，提升信息基础设施建设和信息系统开发水平，逐步建立起以信息技术网络为支撑的全开放、全方位、全天候的现代化银行服务体系，为业务转型、产品创新、营运管理、服务提升和风险控制提供强有力的科技支持。

第一节　基 础 设 施

一、机房建设

1986 年，上海分行按标准设计，在江西中路 200 号 5 楼建造 140 平方米计算机房，分设为主机房与终端室，配有烟雾、温控报警系统、消防设备、不间断电源(UPS)及发电机。其中 UPS 分为 100 KV 和 20 KV 两组，支持主机房 8 小时以上运营。1992 年 4 月，完成对机房装修改建，并交付使用。

1998 年，上海分行按高等级标准在中山南路 99 号 6 楼建造 400 平方米主机房，是年 10 月迁入。主机房与终端室物理空间相隔离，配有 2 组 80 KV UPS 及发电机；设置门禁管理系统，按访问权限进入不同区域；采用先进的烟雾灭火装置和温控报警系统，气体灭火装置能在瞬间喷射出大量

图 6－1－1　1986 年 10 月交通银行上海分行电脑工作室

图 6-1-2 1992 年 3 月 3 日,交通银行上海分行电脑中心

惰性气体,迅速灭火,且不影响计算机等相关设备;同时配备 5 名值班人员,实行 24 小时值班。2007 年,主机房迁至漕河泾钦江路 333 号 42 号楼 3 楼,并安装一套备份系统,包括核心交换机 4 台,接入交换机 15 台,网络管理交换机 2 台,防火墙 13 台,路由器 7 台,业务服务器 35 台,办公服务器 74 台,隔离区服务器 7 台,加密机 9 台。

2008 年 11 月,上海分行网络互联设备办公自动化(OA)网关从中山南路 99 号 6 楼机房切换至漕河泾主机房,完成信息系统主机房搬迁工作,原中山南路 99 号 6 楼机房改为分行同城备份机房。

2012 年 4 月,按照国家信息机房建设相关标准及要求,上海分行完成同城备份机房基础设施升级改造。该机房具备开发测试、培训和同城备份三大功能;更新、扩容包括原有老旧配电柜、供电线路、网络线路、机柜等基础设施,使同城备份机房容灾能力得以进一步提升。是年,配合完成总行生产副中心机房和上海市分行主机房主备供电自切柜(ATS)改造,更换 0.4 KV ASCO 开关柜 2 台,使主机房市电(工频交流电 AC)供应的电力达到 1 600 KWA,保障总行生产副中心机房和分行主机房连续供电能力。帮助所属市内各经营单位完成设立计算机机房,配备 UPS 工作;实行出入机房登记、按照规程操作计算机设备、分行定期对经营单位机房进行检查的制度。

2014 年,上海市分行主机房和同城备份机房组成完备的信息系统主备机房模式。

二、网络通信

1992 年 1 月,上海分行将微机通信网络系统通过公用长话线路投入运行。通信采用传输控制协议/因特网互联协议(TCP/IP 网络协议),以及交通银行通信加密规程。

1994 年,上海分行提升计算机通信能力,中型机终端网、计算机专线联机网分别通过 TCP/IP 协议连接,成为上海银行业界的大型同城实时联机网络之一。是年,在总行统一规划下,以中国公用分组交换网为数据通信基础，实现与总行、辖属12个分行和北京交通银行之间计算机联网，并开展电子邮件发送、统计报表传递和外汇买卖报价发布等业务，为华东地区实现储蓄和ATM通存通兑创造通信条件；建成同城计算机实时联机网络，中型机终端网连接市内36个营业网点、100个终端；江西中路200号实施综合布线系统，加强对所属各营业机构进行远程故障诊断、软件维护、联机查询、文件传送和ATM联机交易等工作；上海分行通信专线实现与上海中国工商银行ATM联网，成为上海金卡工程最早联网的两家银行；同时采用X.28规程，将分行外汇进出口部局域网与邮电局电子信箱联网，电子邮件收发提速5倍。

1996年，上海分行建成连接市内营业机构、各部门，以及总行及其系统内有关分行、上海市网络公司、证券公司计算机通信网；实现所属营业网点柜面业务电脑化和网络化、所有储蓄网点和ATM通存通兑。

2001年，上海分行网络系统初具规模。有近100个广域网节点，每个营业网点均有一个本地局域网，对公对私业务实现集中式网络系统；与总行及其系统内的30余家分支机构、10家证券公司、海关、电信等建立网络联系，大大方便银证转账、外汇牌价发送等业务；通过电信局专线开通Internet网络，开展网上银行业务，实现办公电子化和网络化。其间，主要网络设备均用热备份或冷备份等手段，保证网络畅通、可靠。各营业网点也建立拨号备份系统，一旦专线中断，数分钟内便可切换到拨号备份上，保证网络畅通和业务顺利进行。

2008年2月，上海分行城域网从中山南路99号大楼切换至漕河泾机房，网络应用水平上了一个新台阶。新的网络根据核心系统、OA系统、自助设备和第三方网络等不同功能，划分为不同的连接区域。在网点连接区域和核心网络之间安装防火墙，更新路由器，并进一步优化网络结构，提高网络安全性和稳定性。

三、主机与服务器

1987年2月，上海分行将微机应用于储蓄柜面业务，包括记账、传票、存折登录及报表打印。选用上海电子计算机厂生产的东海0530A微机，配置CPU80286、内存1 MB RAM、硬盘20 MB、软盘1.2 MB等相关物品，并从意大利进口配套的储蓄存折打印机。1989年11月，与日立公司签署引进HITACHI（日立）M-640中型电子计算机的贸易合同。1991年年初，完成安装调试。1992年，再购置1台主机系统，形成双机系统，保证柜面业务正常进行和业务开发。

1996年，上海分行在开发VISA/PLUS卡ATM取款业务系统过程中，出现1台NCR 3450前置机中央处理器（CPU）能力及硬盘容量趋于饱和状况。为确保“金卡”联网稳定运行，立即购置两台NCR 4500机器用于前置机日常处理。至此，共有中型机2台，小型机2台，ATM机61台，微机516台，POS机356台，通信及计算机附属设备2 500余台；计算机专用通信线路100多条，有效保障了业务正常运行和管理需求。

1998年，为进一步提高电子化水平，整合并集中分散系统，确保总行综合业务系统顺利上线，上海分行向IBM公司购买3台S70计算机，其中2台作为生产中心主机，1台作为灾难备份中心主机，兼作开发机，同时配备磁盘阵列、磁带库、打印机及有关软件。

1999年，上海分行同城集中式储蓄通存通兑业务处理系统配置IBM S70小型机、IBM Netfinity 3000 PC服务器及NCR 4500小型机等硬件环境。

2006年，数据大集中系统上线后，上海分行共拥有各类PC机3 400余台，服务器630多套，自助设备321台。

截至2014年年末，上海市分行主机房有核心业务系统、办公系统和骨干网络系统，部署小型机20台、服务器212台和核心网络设备32台。同城备份机房也有核心业务系统、办公系统和骨干网络系统，并部署小型机6台、服务器92台和核心网络设备10台。

第二节　系 统 环 境

一、网络系统

1992年，上海分行微机利用公用长话线路，构建起总管理处、所辖分支行、市内办事处三级微机通信网络系统，传输、汇总和分析处理银行会计数据。

1993年，按照总管理处统一规划，上海分行结合自身特点，制定电子化建设思路和规划，建成以资产负债管理为核心、信贷管理为起步的综合信息库；以M-640为主处理机，数据集中在分行联机终端网（主要用于通存通兑本外币储蓄业务和ATM业务）及数据分布在各网点的微机通信网“一库两网”。

2007年，根据总行《开放系统安全管理规范》《开放系统技术手册》《网络架构标准及安全技术规范》《网络安全管理规范》等相关文件要求，上海分行建立系统架构，进一步加强系统和网络管理，确保信息系统安全稳定运行。

二、系统软件平台

1987年，上海分行微机以XENIX、SCO XENIX中西文操作系统及C语言、COBOL语言、FORTRAN语言、BASIC语言、汇编语言等系统软件，作为主要的开发软件。

1993年，上海分行采用UNIX操作系统，将已开发的软件移植到UNIX平台上，编程语言限制在COBOL和C语言。数据库在SYBASE和ORACLE两个产品中选择一个，使用其中标准的SQL（结构化查询语言）集。网络协议采用TCP/IP，长话市话专线传送速率为9 600波特，微机采用EISA总线、SCSI接口内存8 Mb与IBM公司PC系列兼容的多用户微机，辖内数据交换采用NCR公司的S 3000系列计算机。

2004年，上海分行将Sybase数据库作为分行零售业务系统、综合业务系统和其他信息管理系统的主选数据库，并在一段时间内发挥了重要作用。随着业务发展，上海分行使用总行统一购置的Sybase ASE 12.5数据库替代原来Sybase数据库，确保计算机应用系统正常运行。同时，上海分行配合总行数据大集中业务系统开发，选定DB2 UDB V8.1作为数据大集中国际业务、信贷管理和成本会计等系统的数据库，并供数据仓库使用。

2006年3月，根据总行《计算机软件产品管理办法》要求，上海分行使用相关的系统软件。

2007年，上海分行执行总行统一的开放系统，网络管理技术规范及安全策略。

2013年，上海市分行制定《信息系统项目开发管理办法》，开发自身特色业务。

第二章　信息化系统

交通银行上海市分行信息化建设经历从分散到集中，从引进到独立开发，从推广总行综合业务系统到上线大集中核心账户系统、“531”工程的变化全过程。每一次升级变化，对上海市分行而言都是一次信息技术的飞跃，有力地支持了业务经营管理的发展。

第一节　核心业务系统

一、对公和储蓄业务系统

1987 年，上海分行分别从农业银行、工商银行引进对公业务和储蓄业务的微机应用软件，将信贷资金管理、工资管理和各种统计工作纳入计算机系统。1989 年，独立完成储蓄业务计算机处理系统开发。1990 年，独立完成对公业务计算机处理系统开发。1993 年，完成 M－640 中型机储蓄联网，并实现市内活期储蓄通存通兑业务。1994 年 6 月，市内各支行实现人民币储蓄业务通存通兑、ATM 自动存取款。1995 年，全行所有营业网点人民币储蓄业务全面实现通存通兑。

1994 年，上海分行推广总行对公业务系统程序，24 个人民币对公网点全部改用多用户微机处理系统。

1995 年 2 月，上海分行使用总行多用户微机处理系统，通过 386 和 486 微机，运用到对公业务、储蓄事后监督、外汇会计业务和出口业务，以及太平洋信用卡业务中。

1996 年 6 月，上海分行 ATM/POS 联网信息系统投入运行后，联网数量不断扩大。

1997 年，上海分行开发并推出本外币一体化 POS 系统，成为国内首家直接与万事达、威士达、达莱、运通和日信国际五大信用卡公司电子数据交换（EDC）的银行。

1999 年 4 月 1 日，上海分行浦西地区 31 个网点试运行外币定期储蓄通存通兑业务系统。5 月 7 日，人民币储蓄集中式同城通存通兑业务系统在全行所有营业网点一次性切换成功。24 日，外币定期储蓄业务在所属 40 个营业网点实现通存通兑。是年，人民币全储种在上海市银行系统中实现通存通兑；使用多年的微机版太平洋卡应用程序更新为功能更强大的小型机版总行“零售业务系统 2.0 版”，上海分行太平洋卡“一卡通”“全国通”顺利完成系统切换。

二、综合业务系统

1999 年 12 月 13 日，综合业务处理系统由总行电脑开发中心转至上海分行。分行组成现场工作小组，会同总行项目小组一起测试联调和补充开发，撰写业务文本、实时跟账和模拟运行等。

2000 年 7 月 3 日，综合业务处理系统 1.0 版在上海分行 6 家试点单位完成切换运行工作，为总行进一步在全系统推广运行该系统打下良好基础。

2001 年，上海分行将综合业务处理系统切换到 2.0 版本，实现多区域性数据交换，基本满足辖属分行要求。随着业务发展，综合业务处理系统先后添加中国现代化支付系统接口、中国人民银行电子联行接口、多行版物理集中、网上银行接口、海关税费网上支付、历史库和一柜通等新功能，形成3.0版本。

2003年6月14日，上海分行综合业务处理系统切换到3.0版本(大集中核心账户系统)，全行建立起以中央会计为核心，以客户管理、公共控制为基础，以综合柜员制为操作形态，覆盖各类业务品种的新一代业务处理系统。上海分行以所属各部门和各营业网点为单位设置主(备)机，采用集中处理模式进行数据处理和会计核算，对公业务从单点微机人民币记账、外币手工操作，提升至全行一本账、本外币在同一系统下核算的水平。

三、数据大集中

2004年，根据总行数据大集中系统上线要求，上海分行技术保障小组负责做好上线期间总体技术支持、本地化业务技术需求和上线后系统跟踪维护等工作；配合完成整个工程项目的技术准备、环境搭建、数据移植和大集中系统用户技术验收工作；保障网点前置机系统正常运行，做好系统切换日移植数据提交、各大系统之间技术衔接和数据备份，以及在新系统中导入各相关库表等。

2005年4月4日，上海分行数据大集中(一期)工程正式上线后，核心账务系统(C-Banking)、国际业务系统(IBP)、信贷管理信息系统(CMIS)、客户综合信息系统(CIIS)、事后监督电子档案系统(PEAR)五大系统的数据被高度集中化，并以本外币对公业务一体化核算集中处理模式替代综合业务处理系统业务操作流程和管理方式，提高了上海分行数据综合使用率，有效促进了客户信息的集中管理。

2006年3月5日，大集中(二期)工程正式上线，上海分行完成零售业务3.0系统相关业务数据移植，实现全行对公和对私业务本外币一本账；完成集中省辖分行的核心账务系统(ICS)特色业务改造和上线；实现ATM软件自动分发；完成总行对银行卡系统(EMV)改造要求，EMV外卡收单系统同时支持EMV外卡收单服务，降低外卡收单欺诈风险；银行卡交易前置系统(STEPS)切换到总行信用卡处理系统(CPS)；采用无线ATM，ATM投放不再受通信线路限制；多媒体切换到总行自助平台，满足上海分行特色业务需求。

四、其他系统

2008年11月23日，上海分行ATM跨平台和设备前置系统(EPS)上线后，统一全行ATM机的服务界面和操作流程，加强装清钞控制，进一步完善远程监控、远程控制、版本分发、广告分布、设备管理、报表递送等功能。通过采用新设备，新软件平台、架构，进一步方便业务操作，提高了交易成功率。同时EPS硬件全程加密，整体提升了ATM系统交易安全性。

2009年4月27日，以“流程银行”为基本理念的同城交换集中提回系统在上海市分行正式上线，实现柜面票据和转账业务实时发起和实时入账。将原来同城交换提回业务按交换号进行预分配、由一人处理多张票据的操作模式改变为一张票据分解成多个标准操作任务节点，以任务流形式随机分派给多个柜员进行处理，提高风险防范控制能力。

2012年5月10日凌晨，上海市分行银行卡(第一代)系统切换为总行数据中心对银联总中心进行跨行交易清算模式(简称“银联接入总对总”)，统一了全行银行卡跨行业务交易路由、资金清算模式、计费及分配规则，提高了交易处理成功率，优化了资金清算流程。2013年10月，上线第二代银行卡支付系统。

图 6-2-1　2014 年 10 月 20 日，交通银行上海市分行召开“531”工程专题会议

2014 年 5 月 6 日，为配合总行“531”工程上线，上海市分行将立项的 21 个特色业务系统开发改造项目，按“531”工程“省辖分行对系统改造开发须基于总行统一技术架构、技术平台和业务模型进行”规定，对处理流程、管理要求和数据结构改造、开发等进行调整，并于是年 6 月 18 日，召开“531”工程特色信息系统改造启动会议，确定改造方案，明确工作要求，梳理予以退出的信息系统，要求尽可能地使用总行系统，确保上海市分行信息系统改造工作顺利进行。

第二节　特色业务系统

一、外汇买卖

1993 年 12 月，上海分行推出个人外汇买卖(实盘)业务系统，实行电脑报价和电脑交易。客户通过系统显示的国际行情，在银行指定柜台进行不同币种之间的外币兑换，同时完成资金交割。1994 年，个人外汇买卖系统升级为联网交易系统，所属的浦西地区营业网点与北京、苏州、浦东地区联网运行。1996 年，研发推出由电脑操作的外汇个人买卖系统后，业务交易量升至上海市首位。是年，外汇交易网络延伸至广州、北京、大连、成都、绍兴、昆明和苏州交通银行，成为国内最大的个人外汇买卖实盘交易中心。

1995 年 6 月 15 日，上海分行在市内首家推出“一折多币”外币储蓄品种。1997 年 1 月 2 日，以“一折多币”外币储蓄品种为账户，成功开发并推出国内首创“外汇宝”电话交易系统，具有查询、交易、修改密码三大服务功能。客户无论身处何地，只需一台普通音频电话机即可进行操作，改过去委托银行柜台办理交易为自助交易，受到客户欢迎。3 月 3 日，又推出 18:00—22:30 夜间电话银行服务，外汇买卖交易从亚洲延伸至欧美国家。

2000 年 3 月 10 日，上海分行在国内首家推出“外汇宝”网上交易系统，实现真正意义上的网银交易。并将电话交易系统并入 Call Center（综合电话银行服务）系统，实现本外币储蓄业务合并。

2003 年，上海分行推出新版"外汇宝"网上交易系统和多媒体外汇买卖交易系统，并在同业中率先推出"外汇宝"网上决策分析系统。

二、证券期货

1998 年 4 月，上海分行与闽发证券、上海热线联手率先在市内推出电话网络证券经纪系统，提供 365 天全天候股票交易、资金查询、股票走势和最新证券热点新闻等资讯，实现股票交易由常规操作升级为 INTERNET 网上交易。

2000 年 6 月，作为国内首批机构型开放式基金代销软件实地测试行，上海分行正式启动系统测试工作。2001 年 9 月 11 日，成功代理发行国内首只开放式基金——"华安创新"基金，3.6 亿元份额销售一空。《新闻晨报》于次日在头版以《理性预约开放式基金》为题进行报道。

2004 年，上海分行与期货交易所联合研发国内首个期货资金管理系统，具有资金自动转账、实时查询、动态监控等三大功能。通过汇集各家结算银行的资金至交通银行平台，实现期货交易所对资金统一管理和保证金封闭运行管理目标。

三、海关业务

2000 年，上海分行与上海海关合作开发的大通关电子数据交换及税费支付系统（EDI 系统）由一期工程顺利切换至二期工程，成为与上海海关联网推进速度最快的银行。

2001 年 8 月，上海分行与上海海关共同开发 EDI（三期）系统立项。11 月 24 日，上线，成为首家完成 EDI 由二期升级到三期的银行。EDI（三期）系统支持上海分行所有对公营业机构，为客户提供一柜式电子化报关服务，并在总行系统得到推广。

2011 年 10 月 10 日 18 时，上海市分行成功将原 EDI 系统切换至新一代全国海关税费电子支付系统（UPC 系统）。作为首批试运行银行，上海市分行成为同业首家全面推广 UPC 系统的银行。

四、企业网银

1999 年 10 月，上海分行自行开发的企业银行系统完成总行测试工作，并于 2000 年 2 月正式推出。该系统主要具有付款、收款和查询 3 项服务功能。企业客户通过电脑终端，可及时查询企业及其下属分公司、子公司或销售点的银行账户余额，并自助办理资金汇划业务，改变了以往先填制凭证，然后递至银行柜面的传统结算方式。

2001 年 4 月，上海分行与海通证券规范有限公司签署企业银行合作协议，首次将企业银行系统应用于证券业务领域。

五、其他

1996 年 9 月 25 日，上海分行引进国际最先进的缩微设备，日均缩影传票达 10 万～20 万张。2004 年，与上海杉德金卡信息系统科技有限公司合作开发缩微远程查询系统全面上线。新系统在保留缩微胶卷介质状态下，以数码扫描和网络数码传输技术替代以往通过缩微胶卷、电话传真查询对公会计传票方式，提高了工作效率、图像质量，有效控制了操作风险。

2002 年 12 月 10 日，上海分行商品住宅维修基金系统正式上线运行，可提取专项资金，保障上海市商品住宅及其相关公共设施的正常维修。

2003 年 9 月 1 日，上海分行银保通项目正式上线，该系统具有多层面、全方位信息支持和辅助经营决策功能。开创了银行账务系统与保险公司核保系统实时连接、现场出单业务合作新模式，系统融合多家保险公司、多个保险产品，实现了银保客户资源共享。

2005 年 5 月 16 日，上海分行零售客户经理信息系统上线试运行。该技术平台依托分行客户经理理财金账户系统，面向分行所有个人理财系统（金账户）的用户，包括分支行负责人、各级理财主管和零售客户经理。信息内容按需向特定用户发布，不同权限的用户可浏览不同层次的信息内容。

2008 年 5 月，上海分行承担了上海世博局有关企业网上纳税业务系统开发任务。11 月 5 日，该系统上线，相关企业客户登录上海市税务局网站，即可办理纳税业务。

2011 年 4 月，上海市分行专业市场收单委托清算系统上线，按照市场约定的清算划付周期和手续费率，将市场 POS 交易资金自动清算至相关商铺开设在上海市分行对公、对私账户内，实现"一对多"自动清算，加快市场资金清算周期，节省市场清算人力成本。

2012 年 4 月 9 日，上海市分行反洗钱管理交互平台（一期）正式上线，提高反洗钱工作效率和管理水平，实现反洗钱日常工作信息电子化。是年 5 月 30 日，新一代公用事业费代扣系统上线，进一步简化后台业务人员的操作流程，降低人工干预量，优化电子柜员记账接口，扩大银行卡受理范围，并为日后信用卡签约代扣预留接口。

2013 年 9 月 17 日，上海市分行中央结算登记公司银行端入账自动化系统上线，承担中央结算登记公司每个交易日与结算参与人资金交收和对账工作。随着证券市场业务品种多样和托管业务发展，上海市分行不断优化系统改造，实现出账自动化、入账半自动化和入账自动化功能。是年，上海市分行中央结算登记公司银行端入账、划账和对账业务均实现系统自动化处理。

截至 2014 年年末，上海市分行共有业务系统 127 套，其中总行系统 24 套，分行系统 103 套。

表 6－2－1　2014 年年末交通银行上海市分行信息化系统主要产品一览表

产品服务对象	主　要　产　品
中国人民银行	电子交换、同城票据交换系统
中国银联	银行卡收单清算、商户委托清算系统
市区两级财政	财政综合业务、公务员卡、财政非税、税银联网系统
资本市场	中国金融期货交易所、中央结算登记公司银行端入账自动化系统
与外资银行业务合作	现金管理、企业 SWIFT 支付系统
与第三方支付公司合作	跨行代收付、银联通基金系统
为政府基金类业务提供专项金融服务	社保养老金代发、公积金冲还贷、存量房资金监管、建筑玻璃幕墙维修基金项目系统
为个人客户提供特色金融服务	代扣代缴公用事业费（水、电、煤）、手机费充值、公交卡充值缴费、公交卡自助回收系统

表 6-2-2　2001—2011 年交通银行上海(市)分行信息科技获奖和创新成果情况一览表

获奖时间	项目名称	奖项和成果	颁奖单位
2001 年 6 月	交通银行外汇宝系统	金融科技进步奖二等奖	中国人民银行
2002 年 6 月	太平洋卡功能创新工程	2001 年度交通银行科研进步奖(科研成果类)二等奖	交通银行
2002 年 6 月	"金点子"工程群众性创新活动的创意和实践	2001 年度交通银行科研进步奖(合理化建议类)三等奖	交通银行
2002 年 6 月	Call Center	2001 年度交通银行科研进步奖(科研成果类)二等奖	交通银行
2002 年 6 月	海关 EDI 电子报关系统	2001 年度交通银行科研进步奖(合理化建议类)二等奖	交通银行
2003 年 7 月	现代网络远程教学系统	2002 年度科研进步奖(科研成果类)三等奖	交通银行科研进步奖励委员会
2004 年 8 月	"网上直通车"后台支撑服务品牌	2003 年度科研进步奖(合理化建议类)三等奖	交通银行科研进步奖励委员会
2011 年 2 月	世博会 POS 间直联混用	2010 年上海金融创新成果奖三等奖	上海市人民政府

第三节　信息管理系统

一、信贷管理系统

1993 年,上海分行开始实施信贷管理信息系统开发。第一阶段主要开发存、贷款户基本信息,存贷款发放、回收信息收集、分类和汇总统计的功能,全面反映信贷部门业务情况,为业务控制和管理提供依据。1994 年,第二阶段主要开发信贷管理辅助决策功能,建立分行完整的信贷业务数据库。2002 年 5 月,先后推出面向信贷员、信贷科科长、授信审查人员、分理处主任和支行级用户信贷分析系统。按不同用户设计主题,查询内容包括客户、产品、风险管理、账户、资金等多方面数据,为一线营销和管理提供有力支撑。

1995 年,上海分行进一步开拓计算机辅助管理系统,初步建成以资产负债管理为核心的信息管理系统、综合信贷信息库和财务管理系统。

1997 年,上海分行在上海建成首家以资产负债为核心、会计信贷信息为基础的管理信息库,为建立分行数据仓库奠定坚实的基础。

2002 年,上海分行建立对公、零售两大数据仓库系统,并在此基础上开发建立信贷分析系统、行长辅助决策系统、对私客户分析系统、非现场稽核系统、国际结算信息分析系统等一系列应用主题,为分行信贷营销、经营决策、绩效考核和客户分析提供有力支撑。

二、人力资源管理系统

2002 年,上海分行完成远程网络培训系统("e-Learning"系统)开发,满足干部员工学习成长、全员绩效管理和员工考核分配的需求。

2003年，上海分行启动电子化人力资源管理系统（“e-HR”系统）开发前期工作，包括市场调研、方案设计、招投标方案制定、与有关公司谈判沟通，并制定质量管理方案。

2004年2月，上海分行e-HR系统一期工程正式上线，开始建立干部、员工基本情况信息库，构建各级各类岗位能力素质模型，规范分行人力资源管理基础平台；逐步建立统一、完整的员工电子化档案，实现人员信息动态管理。其中，能力素质模型及其配套系统可全面优化全员绩效管理；智能统计分析工具可及时、动态、准确地反映员工的相关信息，并可统计、查询、实时生成报表；网上招聘管理模块可全程运用电子化手段管理整个招聘流程。

2011年5月31日，上海市分行人力资源管理平台（一期）上线；9月16日，人力资源管理平台（二期）上线，为决策层、管理层等不同用户提供多维度、多层次和智能化服务功能。9月23日，为贯彻落实总行“人才建设年”工作要求，上线“学习新干线”在线主题培训平台，为员工提供更加丰富的网络学习资源，促进培训管理工作科学化和便捷化。

三、绩效考核管理系统

2009年5月7日，上海市分行绩效考核系统正式上线。按照总行绩效考核的基础数据，结合分行考核规则和实际，研发形成全员营销和绩效考核两大模块，重点考核各营业机构、个人的存贷款业务、中间业务、同业存款等业绩，提升全行精细化管理水平。

四、其他信息管理系统

2003年9月，上海分行“稽核管理信息系统”正式上线。系统上线后，稽核工作以非现场稽核监控和现场稽核指导相结合模式，逐步替代过去现场稽核为主方式。工作重点由合规性稽核向风险防范、效益盈利性稽核转变，进一步提高监管工作的针对性和监督实时性。该系统设计借鉴国际先进的稽核理念，包含风险评级和风险预警体系、稽核流程控制和内部管理、稽核辅助文档、动态数据查询及数据分析等多项服务功能。

2004年2月，上海分行价格管理系统投入试运行，实现集价格查询、优惠价格审批及文件、市场信息发布于一体的业务管理网络化，改变以往手工操作烦琐步骤，简化流程，提高效率。

2012年6月5日，上海市分行上线交叉销售系统，初步实现分行零售部门客户数据共享，成为一线营销人员对零贷客户、小企业高管和“家易通”客户开展交叉销售的好帮手。其中，报表统计功能使上海市分行及时掌握经营单位交叉销售成果，提高管理效率。

表6-2-3　2014年年末交通银行上海市分行经营分析类信息系统情况表

类　别	主要系统
经营决策	行长辅助决策系统，支行行长辅助决策系统
经营管理	分行绩效考核、FTP资金核算、FTP资金预测、网点服务考核
营销服务	大堂经理营销、个金交叉营销、客户经理精准营销、客户经理日志、公司营销管理

2013年11月28日，上海市分行对公理财产品管理系统正式上线。该系统提供多维度、精细化的产品信息分析功能，以及全方位、一体化的支撑服务，包括对公理财产品交易、余额、销售费用明细和信息汇总，覆盖从产品发行至产品到期的整个周期管理，帮助一线营销人员于第一时间掌握各类信息，提高了产品管控效率、编制报表时效性与准确性。同时，系统还提供"蕴通财富"理财产品销售费用核对打印功能，优化销售费用入账流程，实现对公理财产品销售数据电子化、信息化和统一化管理。

表6-2-4　2014年年末交通银行上海市分行内部管理类信息系统情况表

类　别	主 要 系 统
人力资源管理	干部民主测评、员工绩效评估、人事档案管理、薪酬管理、考勤管理、分行招聘、住房补贴
企业文化建设	分行内部网、学习新干线系统，分行内网邮箱
风险防范和廉政建设	贷后短信提醒、商户欺诈风险监控、反洗钱交互管理、网点安保日报、员工轻微违规记分、廉政风险防控
业务分析	存贷款结构、中间业务收入、资金业务、机构业务、对公理财产品、私银客户信息管理、电子渠道客户交易行为

第三章　信息安全

交通银行上海市分行从启用微机操作系统开始，不断加强生产运行维护、信息安全保障和IT基础设施建设和管理。通过建立重要生产系统责任人定期自检与程序自动检查相结合机制，确保上海市分行信息技术安全运行，多次受到了交通银行总行及中国人民银行上海总部等监管机构的表彰。

第一节　组织管理

一、管理机构

1999年5月20日，上海分行成立由分管行长任组长的计算机系统安全领导小组，加强对计算机安全工作的指导、检查和监督。

2001年2月，根据上海市建立地方一级信息安全防御体系的有关文件要求，上海分行建立信息安全责任制，明确分管行长为信息安全责任人，分行电脑处主要负责人为具体负责人，分行各部门、各支行配备信息安全人员，形成分行信息部、支行专管员和操作员三级信息系统巡查维护的计算机安全保障体系，确保上海市计算机网络系统和信息安全。

2005年9月，上海分行信息安全保障领导小组召开会议，专题研究计算机信息安全工作，规定因业务发展需要进行改库工作的，统一由分行会计结算部发出指令，使用专门改库公章，信息技术部据此进行操作；加强密码和密钥的修改和保管，层层落实信息安全防范措施。

2014年7月，上海市分行信息安全保障领导小组更名为信息科技管理与信息安全保障委员会，主任由分行主要负责人担任，副主任由分管行长担任，成员由相关职能部门主要负责人组成。主要职责是根据交通银行信息科技发展战略，确定分行信息科技发展策略和目标；根据信息安全形势，明确分行信息安全保障目标和管理策略并组织实施；建立与分行信息科技发展目标及信息安全策略相适应的信息科技管理、开发、测试、运维、保障等组织架构，确定职责分工；审批分行中长期信息科技发展规划及信息安全保障任务，提供必要的人力、资金等相关资源保障；审批分行信息科技项目管理和重大信息科技项目计划，指挥处置分行信息科技领域突发事件，监督分行信息科技管理、开发、测试、运维和保障等整体运行情况，适时进行调整，监督分行信息科技发展规划的执行、信息科技预算与实际支出情况，定期向总行汇报。信息科技管理与信息安全保障委员会的办事机构设在信息部，主要负责信息系统安全保护，制定各项工作制度，检查落实情况，确保全行信息系统稳定安全运行。

二、制度管理

1989年7月29日，上海分行制定《关于加强微机应用管理的若干规定》，重点加强业务数据检查和日常设备管理，更好发挥微机效能，保证银行业务正常开展。

1996年，上海分行提出“安全第一，生产第一，服务第一”口号，分别制定生产运行值班制度，机房、设备和系统安全管理制度，建立《生产系统运作日志簿》和《故障报修登记簿》，进一步健全分行电脑人员和支行电脑专管员两级管理制度。

2001年，上海分行制定网络安全管理办法、信息系统保密管理办法、互联网保密办法、计算机机房管理制度、系统备份制度、系统管理员职责等管理制度。

2002年10月，上海分行制定《计算机安全事件报告制度实施意见》。是年，印发PC机、服务器、网络、计算机机房、小型机生产运行、计算机房UPS、空调机、营业网点计算机机房等系列安全管理规定，实现对计算机软硬件安全管理覆盖。

2005年上半年，上海分行对信息系统数据、信息系统运行、信息系统开发、机房环境、营业网点、主机系统等进行风险排查，并先后接受总行稽核部、上海银监局对分行计算机信息安全和管理工作的检查。经总行稽核部确认，分行计算机安全等级达A级。为进一步加强基础管理，制定机房值班人员工作职责、项目管理工具使用规范、备份磁带异地存放操作流程等规定；建立计算机信息安全季度自查制度，及时发现问题，整改问题，自查整改情况上报总行；修订、汇编分行计算机安全文件。

2014年，上海市分行进一步完善信息科技重大事项决策机制，将信息科技风险管理和信息安全纳入全行信息科技战略规划中，提升信息科技对业务可持续发展支持能力和风险防控能力，夯实信息科技风险管理基础，强化全行信息安全保障水平。

三、技术防护

1999年，上海分行制定《计算机应用系统日常应急方案》，加强系统日常维护，及时排除故障。是年，先后对30多项自主开发的应用项目进行技术修改、测试和上线运行；参加全国银行系统3次停业测试，制定应急方案，进行人机并行演练，解决计算机2000年问题。

2001年，上海分行对全行计算机安装网络防病毒系统，实时监测病毒，并及时更新病毒库，提高网络防火墙功能，强化网络安全性。同时，网络监控、入侵检测和漏洞扫描等相关安全设施投入运行。

2005年，上海分行防病毒系统、入侵监测系统和防火墙系统投入运行，进一步提升网络安全管理，起到对防范病毒和蠕虫防护作用。

第二节 灾难备份

1998年，上海分行确定中山南路99号大楼6楼为计算机主机房，江西中路200号5楼机房为备用机房，两机房通过专线连接，备用机房进行实时备份。若主机房发生意外，备用机房即可进入工作状态，保障计算机系统照常运行。是年，购买IBM公司生产用S70计算机3台。其中2台作为生产中心主机，1台作为灾难备份中心主机，兼作开发机。

1999年，上海分行建立实时远程灾难备份中心，采用热备份或冷备份等手段对主要网络设备进行备份。同时，各营业网点建立拨号备份系统，一旦网络中断，短时间内就可切换到拨号备份上，保证网络畅通和业务照常进行。

2008年11月，上海分行计算机主机房切换到钦江路333号42号楼3楼机房，中山南路99号大楼 6 楼机房改为同城备份机房。

2012 年 4 月，上海市分行完成同城备份机房老旧配电柜、供电线路、网络线路、机柜等基础设施的更新与扩容。升级改造后，同城备份机房具有开发测试、培训及同城备份三大功能。

2014 年，上海市分行同城备份机房部署备份小型机 6 台、服务器 92 台和核心网络设备 10 台。同城灾难备份机房在生产主机房出现故障需要切换的情况下，短时间内可将 21 个主要业务系统切换至备份机房运行，确保分行核心系统、柜面系统、自助设备、要素市场等 21 个一级系统连续运行。

第三节　系统维护与监控

1989 年 7 月，为保证业务正常开展，维护资金、财产安全，更好地发挥微机效能，上海分行制定《关于加强微机应用管理的若干规定》，强化业务数据检查，防错防弊。要求严格遵守电脑软件人员和业务操作员分工、业务操作员使用密码开机进行操作的规定，严禁私自将外来软盘上机使用，加强设备管理，指定专人负责设备管理。

图 6－3－1　交通银行上海市分行加强对计算机系统维护和监控，确保各项业务安全运营

1996 年，上海分行先后制定《生产运行值班制度》《机房管理制度》《设备管理制度》《系统安全管理制度》，建立《生产系统运作日志簿》《故障报修登记簿》，进一步健全两级管理（电脑处、支行电脑专管员）、三级维护（电脑处、支行专管员、操作员）计算机安全保障体系。

2001 年，上海分行实施对市内各行计算机日常运行维护和部门设备安装维修，加强对自动取款机（ATM）、自动柜员机监控管理，及时抢修故障，开通率达 95%以上。实施岗位分离制度，规定开发人员原则上不能进入生产系统，技术人员不得掌握业务部门生产机用户口令和柜员密码。一旦发生故障时,以现场指导和协助为主,不得更改业务数据。遇特殊情况需提交业务联系单,需经双方负责人批准后,方可共同处理。规定生产机上不准留有程序原码和数据结构、普通操作员不能进入系统工作状态、业务应用系统设有柜员分级权限控制。

2003年7月,上海分行计算机网络监控中心系统投入使用。系统可同时对全行200多台ATM和存取款一体机(CDM),100多台网点多媒体设备,营业网点路由器、服务器,分行核心主机和网络设备实施监控,并由专人负责在计算机屏幕前进行实时跟踪管理,可在第一时间掌握全行计算机系统软硬件各种故障信息,并在最短时间内排除故障。系统还可于事前发现故障先兆,及时采取措施,防止故障发生,保证全行业务交易系统正常运作。

2008年,上海分行编制《信息科技工作流程手册》,建立计算机系统维护与监控的事件管理、问题管理、容量管理、可持续性管理和可用性管理等流程,规范运行维护管理。

2011年9月,上海市分行整合已有的监控系统,建设集监控、健康检查、故障应急重启和双机房切换为一体的新一代自动化运维管理平台。通过优化系统架构,便捷、直观操作,实现对故障的准确定位、自动预警和快速处置。

2012年,上海市分行编制《信息科技生产运维管理手册》,进一步完善机房、运行操作、IT事件、应急保障、人员值班等方面的运维管理和操作规定,保障生产系统安全稳定运行。

第七篇

人力资源

概　述

1908 年，交通银行以官商合股方式筹建股份制银行，构建起近代中国新兴金融企业组织形式和运作方式的架构。上海分行作为总管理处最早开设的四家分行之一，按照其用人及管理制度，在选才用人、薪酬奖惩、培训造才及对外形象塑造等方面进行了探索和实践。

晚清及民国初期，上海分行总办一职由邮传部派充，经理、副理由交通银行总理、协理商同总办遴选延定，上任前需要订合同、填保单、交付押柜保金；办事员由经理商同总办选用，除系一等者外，均须妥觅保人，填具保证书。

20 世纪 30 年代起，因业务发展、机构扩充，人员需求量剧增，保荐制度已不能满足大规模引进人才的需要，促使上海分行按照总管理处要求对用人制度作出重大调整。开始以考试选拔机制来替代保金押放与专人担保制度。为发展人才，上海分行将造才工作重点落在办事员培训与提高上，并于年终时结合工作实绩、职务性质与级别进行综合考绩，核定薪水。

1986 年上海分行重新开业后，按照企业化经营要求，改革传统人事管理体制，探索干部聘任制、全员合同制、考核分配制等制度，初步建立了“干部能上能下、员工能进能出、收入能高能低”的人事管理、收入分配体制，吸引和集聚了一批有志于参与交通银行创业的金融人才。

1994 年，上海分行以行员制试点为契机，加速将传统的人事管理制度向新型的人力资源开发与管理制度方向转变，加强人力资源的预测与规划、分析和设计、维护和核算，确立了科学的人才甄选录用、合理配置和使用、智能开发、持续培训的机制。

2005 年后，在深入推进战略转型的过程中，上海分行按照总行统一部署，有序推进人力资源管理提升项目，统筹安排职位梳理、组织梳理、人岗匹配等工作，确保人力资源改革项目顺利实施，形成了精简高效、效益优先的管理架构，构筑起“以职定级、以级定薪、以绩定奖”人力资源管理体系，深化了人力资源改革，调动了员工干事创业的积极性和为全行改革发展作贡献的创造性。

截至 2014 年，围绕“两化一行”发展目标，上海市分行大力实施人才兴行战略，不断完善干部管理、教育培训、考核机制，积极培养具有现代金融意识的人才，推进选人用人制度改革，加强后备干部队伍建设，加大干部交流力度，全面造就了一支高素质的干部队伍，为交通银行改革和发展提供了坚强保障和人才支持。

第一章　人 事 管 理

1986年10月交通银行上海分行重新开业后，按照总管理处统一部署，主动担负起综合性银行人事管理制度改革“试验田”重任。1993年，在完成“定岗、定编、定职能”的“三定”工作基础上，实施员工职位分类，对行员进行考核列等，实行全员聘用管理，提高了人力资源科学配置。2004年后，在深化股份制改革中，围绕新的职位管理体系，引入市场化人才招聘机制，规范人员录用流程管理，优化员工队伍素质结构配置，开发人力资源管理系统平台，推进人力资源管理水平的提升。

第一节　行 员 结 构

晚清时期，上海分行除设有总办、经理、副理、职员外，还聘有部分临时职员。

进入民国后，上海分行除设经理、副理、襄理外，内部逐步形成文书、营业、会计、出纳等4股格局，每股设主任1人，办事员、练习生若干人，分掌各股事务。随着业务发展，内部分工逐步细化，机构扩充，员工人数亦随之增长。截至民国20年(1931年)7月，上海分行本埠职员达134人。

1949年5月上海解放后，上海分行经过40天的整编于11月1日复业，行员人数达368人。1950年4月，根据专业化方针，将存、储、汇、仓库及短期贷款业务，连同下属机构和人员一并移交中国人民银行上海分行。是年年末，行员减至211人。1956年，为加强对企业财务管理工作，中共上海市委组织部从中国人民银行上海市分行、上海市税务局抽调一部分干部到上海分行工作，分行适

表7-1-1　1949年11月交通银行上海分行行员分布情况表

类　别	人数(人)	百　分　比
经副理	5	1.36%
襄理	6	1.63%
文书课	9	2.45%
人事课	8	2.17%
事务课	11	2.99%
会计课	40	10.87%
业务课	89	24.18%
出纳课	120	32.62%
仓库	20	5.43%
工友	60	16.30%
合计	368	100%

说明：1. 上海分行6名襄理中，有3名襄理分别兼任文书课、事务课和业务课课长。
2. 工友60人中包括司机、栈司、警卫、清洁夫等。

表 7-1-2　1950 年年末交通银行上海分行行员结构情况表

年龄			文化程度		
类别	人数(人)	百分比	类别	人数(人)	百分比
25 岁及以下	31	14.69%	大学及以上	70	33.18%
26～30 岁	43	20.38%	专科	30	14.22%
31～35 岁	37	17.54%	高中	62	29.38%
36～40 岁	53	25.11%	初中	15	7.11%
41～45 岁	22	10.43%	高小	12	5.69%
46～55 岁	20	9.48%	初小	18	8.53%
56 岁及以上	5	2.37%	略识字	4	1.89%
合计	211	100%	合计	211	100%

表 7-1-3　1956 年年末交通银行上海分行行员结构情况表　　单位：人

类别	总数	性别		年龄					文化程度			
		男	女	25 岁及以下	26～35 岁	36～45 岁	46～60 岁	61 岁及以上	大学	高中	初中	高小
经副理	2	1	1	—	1	1	—	—	1	—	1	—
科长	2	2	—	—	1	—	1	—	—	1	1	—
副科长	19	17	2	1	8	8	2	—	5	7	6	1
行员	261	195	66	45	125	69	21	1	57	107	91	6
合计	284	215	69	46	135	78	24	1	63	115	99	7

时扩充机构，设立 7 个业务科、5 个综合管理科，共计 12 个科。是年年末，行员增至 284 人。1958 年，根据“精简机构、紧缩编制”精神，上海分行撤科减员，全行人数减至 220 人。

1986 年 10 月上海分行重新开业初期，按照“自主经营、自负盈亏、自求平衡、自我调控、自我发展”经营方针，对机构设置和人员编制采取精简原则。截至 1987 年年末，全行员工达 375 人。其中男员工 201 人，占比 53.6%，女员工 174 人，占比 46.4%。1990 年，随着业务发展，市内经营机构设立，员工人数随之增加，结构也逐步优化，是年年末，全行员工人数达 1 136 人。其中男员工为 565 人，占比 49.74%；女员工 571 人，首次超过男员工，占比达 50.26%。全行本科及以上学历人数为 171 人，占比 15.05%。中高级职称人员有 156 人，占比 13.73%。

进入 21 世纪后，为应对入世挑战和同业竞争，上海分行认真分析国内经济金融形势，加大人力资源改革力度，大力实施人才兴行战略，进一步优化人员结构，为上海分行加快发展提供强大的动力。2004 年年末，全行 3 231 名员工中，本科及以上学历有 1 111 人，占比 34.39%；中高级技术职称者 1 142 人，占比 35.35%。

截至 2014 年年末，上海市分行共有员工 5 123 人，其中本科及以上学历 4 095 人，占比 79.93%；中高级技术职称者 1 541 人，占比 30.08%。

表 7-1-4　1987—2014 年交通银行上海(市)分行人员结构情况表　　单位：人

年份	总人数	男	女	学历				职称		
				博士	硕士	本科	大专及以下	高级	中级	初级
1987	375	201	174	—	—	—	—	—	—	—
1988	648	333	315	—	—	—	—	—	—	—
1989	884	449	435	—	—	—	—	—	—	—
1990	1 136	565	571	—	—	171	965	11	145	461
1991	1 251	624	627	—	—	153	1 098	11	183	381
1992	1 632	802	830	—	—	196	1 436	13	227	771
1993	1 761	849	912	—	—	195	1 566	10	282	854
1994	1 972	939	1 033	—	—	213	1 759	17	357	1 028
1995	2 172	1 027	1 145	0	7	239	1 926	16	364	1 033
1996	2 272	1 081	1 191	0	6	268	1 998	17	361	1 040
1997	2 315	1 116	1 199	0	10	316	1 989	16	362	1 120
1998	2 979	1 513	1 466	0	21	458	2 500	45	542	1 797
1999	2 947	1 506	1 441	1	27	476	2 443	48	610	1 784
2000	2 876	1 459	1 417	1	32	492	2 351	47	607	1 740
2001	2 847	1 443	1 404	1	37	615	2 194	42	620	1 722
2002	2 815	1 417	1 398	1	50	762	2 002	40	810	1 450
2003	2 855	1 429	1 426	1	48	941	1 865	43	1 004	1 229
2004	3 231	1 613	1 618	0	57	1 054	2 120	41	1 101	1 230
2005	3 326	1 626	1 700	1	61	1 176	2 088	37	1 044	1 191
2006	3 642	1 717	1 925	4	76	1 271	2 291	35	1 294	1 159
2007	3 756	1 790	1 966	4	118	1 508	2 126	29	1 321	992
2008	4 123	1 936	2 187	6	152	2 004	1 961	27	1 310	930
2009	4 325	1 986	2 339	5	228	2 314	1 778	26	1 356	863
2010	4 609	2 074	2 535	7	290	2 748	1 564	27	1 358	1 492
2011	4 810	2 168	2 642	6	299	3 104	1 401	26	1 393	1 399
2012	5 105	2 297	2 808	9	371	3 469	1 256	25	1 442	1 318
2013	5 209	2 323	2 886	9	458	3 613	1 129	24	1 470	1 224
2014	5 123	2 267	2 856	10	523	3 562	1 028	22	1 519	1 109

第二节　用工制度

一、劳动合同制

1995 年，根据总行《行员聘用暂行规定》《关于在上海分行进行行员聘用试点通知》精神，上海分行自9月起启动全员聘用制度工作。全员聘用制度是全体行员与分行在自愿、平等、协商一致的基础上，通过签订劳动合同，明确双方的责任、权利和义务，以法律形式确定双方劳动关系，并依照合同进行法制管理的新型劳动用工制度。员工签订聘用合同后，均称为交通银行行员。11月23日，上海分行工会会员代表大会审议通过上海分行《行员聘用实施细则》等制度。

图7-1-1 1995年11月24日，交通银行上海分行举行行员聘用签约仪式

1996年，上海分行与全体员工签订聘用合同和职位聘任协议。

2001年6月，为进一步规范劳动合同制度，适应改革发展需要，上海分行职工代表大会审议通过《上海分行行员聘用实施细则》内容的修改和补充，并将合同文本名称改为《交通银行上海分行劳动合同实施办法》，进一步体现规范化和签订合同双方的平等关系。

2002年5月1日，遵照上海市新颁发的《上海市劳动合同条例》要求，上海分行修改《劳动合同实施办法》，进一步规范劳动合同管理。

2009年，上海市分行按照总行《劳动合同办法》《劳动合同书》范本，结合实际，进一步细化劳动合同订立、履行与变更、解除和终止、劳务派遣、非全日制用工、法律责任等条款和具体规定，进一步规范和完善全行劳动合同管理。

二、劳务派遣制

1986年10月上海分行重新开业后，用工形式包括正式在编员工、退聘人员、输入劳务人员等。

1997年，根据中国人民银行《关于清理整顿商业银行联办、代办储蓄机构的通知》精神及交通银行《关于对联、代办储蓄网点清理整顿和加强管理的通知》要求，上海分行全面清理整顿各类用工方式，对正式在编行员外的其他用工制度人员，通过重新签订协议，使之转变为劳务派遣制员工，进一步深化人事制度改革。

2001 年起，根据业务发展需要，上海分行每隔 1～2 年，在派遣队伍中，考核择优录用少量派遣员工为行员，鼓励派遣员工学习、钻研业务。

2004 年 2 月，上海分行制定《派遣员工管理办法》。明确派遣的资格、工资等级及津贴、福利待遇、个人发展、转正条件、退回标准等要求。激励派遣员工追求工作业绩和规划个人长远发展目标。

2006 年 4 月，上海分行加强对派遣员工用工管理，严格把控录用关；强化考核晋级，实行分级管理，共分为四级，最高为一级，最低为四级。对符合有关规定及转正条件者，按比例录用为正式员工；依据同类岗位的市场价位和正式员工收入水平，以及派遣员工工作业绩等因素，综合确定派遣制员工的薪资水平，并通过劳务公司为派遣员工提供“五险一金”社会保障、与正式在编员工同等享有体检、疗休养等基本劳动保障，完善激励机制。

2007 年 3 月，随着派遣制员工队伍人数逐年递增，为优化人力资源配置，规范派遣制员工管理，上海分行修订《派遣员工管理办法》，强化对派遣员工用工管理和日常管理。9 月，制定《派遣制员工因私事出国(境)管理暂行办法》，进一步规范派遣制员工的出入境操作流程，防范职务犯罪及派遣员工用工风险。

2008 年，根据总行统一部署，上海分行暂停招聘录用新的派遣制员工。2009 年起，按照总行录用派遣制员工资格条件、考核流程等规定，上海市分行通过推荐、初审、体检、技能测试、综合评定、上报总行审批，录用部分优秀派遣员工为正式员工。

截至 2014 年年末，派遣员工转为正式员工累计达 314 人。

表 7-1-5　2006—2014 年交通银行上海(市)分行派遣员工变动情况表

年　份	人 数 (人)
2006 年	579
2007 年	746
2008 年	386
2009 年	266
2010 年	159
2011 年	101
2012 年	68
2013 年	48
2014 年	46

第三节　招 聘 录 用

晚清及民国初期，上海分行招聘职员实行保荐方法，保证人以有商业信用为限，且须填具保证书，并经总管理处核准。

进入民国后，随着业务发展、机构增多，职员的需求剧增，上海分行保荐制已不能满足大规模引进人才需要，录用职员除适当保荐外，须经考试、面试、体检选拔品学兼优者试用。同时规定投考人资格,分为甲、乙两种:投考甲种试用员以年龄在25岁以下,品端体健,并在著名大学商科或经济科优等毕业,或高等商业学校优等毕业者为限;投考乙种试用员者以年龄20岁以下,品端体健,并在中等程度职业学校、商业或银行或簿记等专科补习学校,或高中优等毕业者为限。考试科目包括国文、英文、银行学、簿记、珠算、笔算。规定各科成绩总平均分数须在70分以上方得录取,但国文不满70分者不得录用。

民国34年(1945年)抗战胜利后,交通银行沿用战时高度集中人事体系,由总管理处集中管理。作为战后复业行,上海分行职员构成中有奉重庆国民政府派遣参加接收的人员,有总管理处及渝、秦、滇、连等行处抽调的人员,以及部分在上海沦陷时期供职汪伪交通银行总行留沪人员。上海分行对原留沪人员进行甄别,一般职工,以往年资薪级作废,一律视同新进人员;凡曾在汪伪交通银行总行任职者,全部解职,不予录用。

1949年5月上海解放后,上海分行经接管、整编,至复业初期,对人员进行了大幅裁减。

1956年,为加强对企业的财务监督,中国人民银行上海市分行、上海市税务局各选派100名一般干部到上海分行工作。

1986年上海分行筹建初期,引进大量从事经济、金融经营管理人才,以抽调专业银行人员为主,同时接受部分大中专应届毕业生、军队转业干部、复员军人及其他系统商调人员。

1987年,根据发展需要,上海分行有计划地向社会招聘40名从事经济、财会工作的人员。

1990年,上海分行开始执行商调干部考试制度,通过笔试、面试考核,择优录用。

1992年,为推进人事劳动制度改革,加快人才引进,缓解分行专业、管理人员严重紧缺状况,经总管理处批准,上海分行对符合急需岗位条件的人员,在其向原单位办妥辞职手续后,实行录用政策。截至1994年年末,累计调入人员达891人。

1995年上海分行推行行员制后,按照总行规定,招收录用行员以招聘、调入等途径为主;招录行员包括金融系统内人员、外部专业技术骨干和业务管理人才、大中专毕业生、转业和复员军人等;招录时以"职位说明书"描述的工作职责和任职条件为依据,以"面向社会、公开招收、统一考试、全面考核、择优录用"为原则,实行行员推荐责任制度亲属回避制度。通过规范有序管理,录用人员基本达到本科及以上学历,录用方式也由原来金融系统商调为主转变为招聘应届大学毕业生为主。

1998—2002年,上海分行招聘录用的应届大学毕业生312人。

2005年,上海分行按照总行人力资源管理"分行分级审核、总行集中审批"改革要求,严格把好招聘录用人员应具备金融、经济、管理知识,拟聘岗位所需相关专业能力,以及大学本科及以上学历等基本条件关口,为提升员工综合素质,赢得市场竞争先机,提供人力资源保障。

2009年,上海市分行根据总行招聘录用工作统一集中管理规定,进一步规范招聘录用工作,不断提升招聘录用规范化及专业化水平。是年,为服务上海世博会,上海市分行招录员工461人。

2010—2014年,上海市分行员工数量增长逐步趋缓,5年中共录用行员1 376人,年均增长275人。截至2014年年末,上海市分行有员工5 123人。

第四节 职称评聘

一、职称评审沿革

1988年1月,上海分行首次开展专业技术职务聘任认定工作,分3个阶段进行。第一阶段为准备阶段，分行成立高、中、初级专业职务评审委员会，由7人组成，具体负责专业技术职务评聘工作；第二阶段为申报、审核、评审阶段；第三阶段为验收、聘任认定阶段。

1990年，上海分行印发《关于近期专业技术职务评聘工作若干问题的意见》，规定符合申报条件的专业技术人员，均可申报相应的专业职务，实行考核考试评审相结合方式，以业绩及能否履行相应岗位职责为主；评聘中级职称名额控制在在册专业人数的14%～17%以内。

1995年，上海分行根据总行行员制规定，行员取得专业技术职务任职资格后，不再受聘专业技术职务，但可作为相应职位聘任和晋升的条件之一。

2004年起，原由上海分行评审的初、中级专业技术职称，改为行员参加全国统一考试，成绩合格者，分行即认定其相应的职称。高级职称评审由总行统一组织，每2年进行一次。

二、高级职称评审

1987年11月，上海分行参加总管理处首次在系统内开展高级专业技术职务聘任认定工作。调入上海分行前已获外单位评审高级职称者，需经总管理处职称评定委员会审定认可。

1992年，上海分行对评审高级专业技术职务，实行外语考试、论文答辩和评审相结合的方法，由总管理处高级专业技术职务评审委员会最终审定。

1997年，经总行批准，上海分行高级职称评审在经济、会计等系列基础上，增加评审电子工程系列(电子计算机高级工程师)和政工系列(高级政工师)。

2004年，上海分行计算机专业人员参加国家统一组织的高级程序员(工程师)资格考试。

2008年，总行停止评审高级工程师，上海分行申报该系列高级职称评审人员，须经全国统考合格后委托地方进行评审。

2010年后，根据国家有关规定，总行不再评审高级政工师职称。上海市分行对符合该系列评审条件的人员，委托地方专业评审机构进行评审。至此，总行自主评审的高级职称有高级经济师和高级会计师两个系列，上海市分行每2年参加一次评审。

第五节　劳动关系处理

一、提前退休、合同解除规定

【提前退休规定】

1995年，上海分行开始实施总行“男行员年满55周岁，女行员年满50周岁，且工作年限满20年，或工作年限满30年的，可申请提前退休，经批准后享受本行规定的养老保险金及其他各项待遇”政策。1998年5月1日起，按照总行统一部署，停止执行《行员退休、退职暂行规定》中关于提前退休的条款。截至2014年年末，上海市分行有符合退休政策、且已办理提前退休手续的行员8人。

【合同解除规定】

2001年7月，上海分行印发经第二届职工代表大会审议通过的《劳动合同实施办法》。该办法规定，行员有下列情形之一的，分行可以随时解除劳动合同：1. 在试用期内被证明不符合录用条件的。2. 按照国家和分行的有关制度、规定，属于严重违纪、违规的。3. 不接受批评教育，一年内累计3次以上(含3次)发生违纪、违规行为或连续2次发生同类违纪、违规的。4. 泄露商业秘密、严重失职、营私舞弊造成本行利益损失或本行声誉损害的,或者出现差错、事故隐瞒不报及其他该报不报的。5. 被依法追究刑事责任或劳动教养,不宜在银行工作的。行员有下列情形之一的,分行可解除劳动合同,但须提前30日以书面形式通知行员本人:1. 行员患病或非因公负伤,医疗期满后,不能从事原工作也不能从事由分行另行安排的工作的。2. 行员不能胜任岗位工作,经培训或调整工作岗位,仍不能胜任工作的。3. 劳动合同订立时所依据的客观情况发生重大变化,致使原劳动合同无法履行,经分行与行员协商不能变更劳动合同达成协议的。分行有下列情形之一的,行员可随时通知本行解除劳动合同:1. 在试用期内,分行以暴力、威胁或非法限制人身自由的手段强迫劳动的。2. 分行未按照劳动合同的约定支付劳动报酬或提供劳动条件的。

2009年起,为规范劳动合同管理行为,依法调整劳动关系,合理配置人力资源,科学优化劳动组合,上海市分行开始实施《交通银行劳动合同办法》。该办法规定,交通银行有下列情形之一的,行员可以解除劳动合同:1. 未按照劳动合同约定提供劳动保护或者劳动条件的。2. 未及时足额支付劳动报酬的。3. 未依法为行员缴纳社会保险费的。4. 交通银行的规章制度违反法律、法规的规定,损害行员权益的。5. 经确认劳动合同无效的。6. 法律、行政法规规定行员可以解除劳动合同的其他情形。交通银行以暴力、威胁或者非法限制人身自由的手段强迫行员劳动的,或者分行违章指挥、强令冒险作业危及行员人身安全的,行员可以立即解除劳动合同,不需事先告知交通银行。行员有下列情形之一的,交通银行可以解除劳动合同:1. 在试用期间被证明不符合录用条件的。2. 严重违反交通银行有关规章制度。3. 严重失职,营私舞弊,给分行造成重大损害。4. 因劳动合同法第26条第1款第1项规定的情形致使劳动合同无效的。5. 被依法追究刑事责任的。行员有下列情形之一的,交通银行提前30日以书面形式通知行员本人或者额外支付行员1个月工资后,可以解除劳动合同:1. 行员患病或非因工负伤,在规定的医疗期满后不能从事原工作,也不能从事由交通银行另行安排的工作的。2. 行员不能胜任工作,经过培训或调整工作岗位,仍不能胜任工作的。3. 劳动合同订立时所依据的客观情况发生重大变化,致使原劳动合同无法履行,经交通银行与行员协商,未能就变更劳动合同内容达成协议的。交通银行依照劳动合同法第40条的规定,选择额外支付行员1个月工资解除劳动合同的,其额外支付的工资应当按照该行员上1个月的工资标准确定。

截至2014年年末,上海市分行仍按《交通银行劳动合同办法》执行。

二、内部退养

为深化干部人事制度改革,合理配置人力资源,实现减员增效,提高市场竞争力,2000年6月,上海分行第一届职工代表大会第二次会议讨论通过《行员退养暂行办法》,对符合退养条件的分行在编行员,在个人自愿前提下,经组织批准,实施离开岗位不再上班工作的暂行人事管理制度。一般情况下,男性年满55周岁、女性年满50周岁(工勤职位年满45周岁),或工龄满30年的行员,可申请退养。退养行员在退养期间工龄连续计算,其社会保障待遇不变,视同在岗人员缴交养老保险费、医疗保险费、失业保险费和住房公积金(含补充住房公积金)。退养工资按退养时行员等级工资核发,并按规定享受晋升工资待遇。退养补贴按退养时的职级核发。退养期间享受100%工龄补贴、物价补贴、住房提租补贴、卫生费和保健费;享受50%误餐补贴和上下班交通费补贴;享受疗休养、体检和医疗费包干待遇。

2004年4月，上海分行第三届职工代表大会二次会议表决通过修订的《行员退养暂行办法》，将申请退养人员的范围扩大到男性年满50周岁、女性年满45周岁的行员，或工龄满25年，或出于身体健康等原因（患有交通银行规定的9种重大疾病）不能胜任目前工作，或没有合适工作岗位的行员，由个人提出申请，经分行审批同意，可办理退养手续。9月，根据总行《关于停止办理内退手续的通知》精神，上海分行停止办理内退手续，并按要求对40名已办理内退手续人员进行清理，对不符合规定的予以纠正。

截至2014年年末，上海市分行尚余符合内部退养政策规定的行员8人。

第六节　职 位 管 理

1987年上海分行重新开业初期，按照总管理处规定：分行负责人称总经理、副总经理、总经理助理；内部管理部门设室、处，负责人分别称主任、副主任，处长、副处长；业务部门设部，负责人称经理、副经理。办事处负责人称经理、副经理；内部管理部门设室、科，负责人分别称主任、副主任，科长、副科长。1994年7月，交通银行实行全行统一法人体制后，分行负责人职务称谓相应改为行长、副行长、行长助理，支行负责人改称为支行行长、副行长，内设机构负责人称谓不变。2000年2月，业务部门负责人称谓改为总经理、副总经理、总经理助理。2005年7月，为适应交通银行股份制改革和公司化运作的需要，上海分行内设机构"处"改为"部"，部门负责人改称高级经理、副高级经理、高级经理助理；原科室负责人改称经理、副经理。2013年10月，规范职位名称管理，内设部门负责人称谓变更为总经理、副总经理、总经理助理。

1995年1月，上海分行制定《职位分类实施办法（试行稿）》，成立职位管理委员会，负责审批分行"三定"方案、职位分类和职位等级设置。分行人教处作为职位管理工作机构，负责职位管理日常工作。分行实施行员制改革后，职位分类结构划分为3个职系和11个职等，行员等级与职位等级并列，同设11等。该职位体系一直沿用至2006年。

2000年，为加快非领导职位专业人才的选拔、培养和使用，上海分行对业务条线非领导职位增设高级（首席）、一级、二级3个关键重要岗位。其中高级（首席）行员等级为5等，一级为6等，二级为7等。

2006年，上海分行按照总行实施的人力资源管理改革提升项目，开展职位评估，建立起"以岗定级、体现差异"职位管理体系，把全行职位从低至高划分为A、B、C、D 4个职等。其中：A职等为普通行员。B职等为经理、专员、高级专员。C职等为部门、支行负责人，首席专员。D职等为分行级领导。分行于10月末完成新的职位体系切换工作，全行共有2 627名切入A职等，783名切入B职等，168名切入C职等，5名切入D职等。

2014年，上海市分行按照总行全面改革职位体系的要求，通过整合岗位职责、增加职级密度，引入职位价值与绩效能力双维度评价，构建起职责内容丰富、职位序列清晰、职级梯度合理、管理与专业双通道发展的新型职位管理体系。经职位体系改革，分行重点解决了以往职位设置过细、工作职责分散，职级跨度有限、职级不延续，职位价值评价科学性与有效性和员工职业发展不畅、专业人才缺乏等问题。

第七节　人事档案管理

1991年，上海分行制定《人事档案管理暂行办法》，强调干部档案的保管与干部管理的权限一致;规定各单位设立档案室,配置铁制分格叠型档案箱、柜,做好档案编号、整理、装订存放工作,严格遵守保密制度和阅档规定。

1993年,为加强干部档案材料收集工作,形成双向多方位的材料归口渠道,上海分行结合实际,相继制定干部人事档案管理范围、档案材料收集和归档、档案保管和保护、档案查阅和转递等多项制度,档案管理工作趋于规范化。

1995年,上海分行在总行系统干部人事档案分片检查中获好评。是年,被评为全国人事档案管理工作先进单位。

1997年,为促进人事档案工作规范化、制度化、科学化建设,上海分行制定《人事档案目标管理工作计划》,进一步细化人事档案管理工作目标,规范档案整理及档案内容材料收集、鉴别、分类、排序、目录、技术加工、装订等事项。

1999年,上海分行获中共中央组织部干部人事档案工作目标管理一级证书。

2006年,上海分行贯彻总行《关于认真做好干部人事档案管理工作的通知》精神,加强对档案材料真实性和完整性审查,重申档案工作纪律和管理工作严肃性,严格遵守任何人不得擅自更改档案材料。

2009年,上海市分行严格执行总行《干部人事档案材料收集归档责任制规定》,进一步规范干部人事档案材料收集归档范围和要求。从是年7月起,对各经营单位各自保管的人事档案,实行由人力资源部集中统一管理。

截至2014年年末,上海市分行由人力资源部集中统一管理的在编人事档案4 920册,退休人员档案653册。

第八节　人事管理信息系统及应用

2003年,上海分行与毕博管理咨询和甲骨文公司合作,共同开发电子化人力资源管理信息系统(E-HR)。2004年2月,E-HR系统一期上线,改变以往人事管理主要依靠手工抄录、统计及纸质传递的传统方式。5月,随着E-HR系统二期上线运行,包括网上招聘、薪酬管理、培训自助及智能分析模块开始上线运行。其中,网上招聘模块具有在网上填写简历、进行自动筛选的功能,通过导入工作流新概念,使面试官能通过网络查询简历信息,直接将面试结果录入系统,并通过分行邮箱发出面试通知;智能分析模块能帮助分支行及时、动态、准确地了解人员的相关信息,实时生成报表,满足各单位对人力资源数据的即时统计查询需求。

2011年9月,上海市分行"人力资源管理平台"上线。该系统集考勤上报、薪酬查询、对外招聘、电子人事档案、员工绩效评估、行内岗位交流平台等系统于一体,在整合原先数据基础上,进一步增加数据统计及决策分析功能,为分行人力资源科学决策提供支撑。

第九节　出国(境)管理

一、因私出国(境)

1987年,上海分行印发《关于职工探亲假期的规定》,对职工在国内探亲,归侨、侨眷职工出境探亲,以及常驻港澳地区人员的配偶赴港澳探亲的假期、待遇、往返路费作出详细规定。

1997 年，随着改革开放的深入，行员因私出国越来越频繁。上海分行鉴于金融行业特殊性质，制定《关于加强因公(私)出国(境)管理的通知》，强化风险管理。

1999 年，上海分行印发《进一步加强因私出国管理的补充规定》，明确出国审批、登记、政审、护照管理及逾期不归处理的规定。

2005 年，上海分行进一步加强员工因私出国(境)管理，完善审批手续、严格审批流程、登记备案和护照保管制度，并且规定分行人力资源部、各经营单位指定专人负责员工因私出国(境)管理工作；强调《交通银行上海分行员工因私出国(境)协议》应由员工所在单位、员工及员工的担保人(具有完全民事行为能力的员工配偶、父母、子女及兄弟姐妹)当面共同签署，防范金融风险。

2013 年，上海市分行印发《关于进一步加强出国(境)管理工作的通知》。明确管理职责，执行归口管理，规定员工因私出国(境)统一由分行人力资源部统一管理；严格审核制度，加强证照管理，规定因私出国(境)员工于回国(境)后 10 天内将证照交给分行人力资源部保管；对干部出国(境)，严格执行离岗离沪报告制度。

二、因公出国(境)

1987—1994 年，上海分行辖属系统员工因公出国(境)事宜先后归口分行人事教育处、办公室管理。

1995—2004 年，上海分行及辖属分支行每年平均有 45 批、89 人次完成短期公派出国(境)任务。

2005 年起，因隶属关系调整，辖属分行员工因公出国(境)事宜归口其所在省辖分行管理，上海分行仅负责市内分支行员工因公出国事宜。

表 7-1-6　1995—2004 年交通银行上海分行辖属系统因公出国(境)情况表

年　份	批 次 (批)	人 次 (人)
1995 年	55	92
1996 年	44	86
1997 年	58	56
1998 年	45	95
1999 年	32	64
2000 年	48	80
2001 年	37	64
2002 年	58	173
2003 年	47	130
2004 年	26	49

2006 年，上海分行按照《交通银行因公出国管理工作细则的通知》精神，指定国际业务部为分行员工因公出国(境)归口部门，负责制订和实施分行外事工作计划和出国(境)人员管理制度；负责

出国(境)任务的初审及报送交通银行审批工作;承担分行因公出国(境)人员港澳通行证、因公护照及签证的申办、登记、发放、收缴、保管和注销工作;负责组织出国(境)人员的外事教育;协调外事工作中出现的各种突发事件;保持与本地外事主管部门、总行国际部联系,协调解决有关问题等。人力资源部负责拟订分行出国(境)人员培训计划、出国(境)人员政治审查等工作。监察室负责监督、检查各项工作开展情况。2007 年 10 月,上海分行按照总行《关于坚决制止公费出国(境)旅游不正之风的通知》精神,切实加强对因公出国(境)任务的审核和各项工作管理,规定因公出国(境)须有明确的公务目的,出访任务须符合分行改革和对外业务发展的实际要求。严格分行主要领导出访审批、管理,严格控制出访团组数量和人数。进一步建立和完善监督制度,坚决制止公费出国(境)旅游不正之风,确保因公出国(境)管理工作健康、有序进行。

2010 年,上海市分行遵循外事工作管理"统一领导、归口管理、分级负责、协调配合"原则,切实履行好工作职责,严格把好外事工作管理和审批关,并按要求,在自身权限范围内开展外事管理工作,加强因公出国(境)人员出访前外事教育;规范出国(境)任务报批程序;做好与当地外事办公室等外事机构的联系和沟通;建立出国(境)汇报和总结工作,及时对出访效果做出评价、上报;加强护照和赴港澳通行证管理,因公证照的收缴和管理实行专人负责制。

2011—2014 年,总行大力实施战略人才培养发展项目,对因公出国(境)的管理逐步向服务战略人才培养发展项目倾斜。据此,上海市分行平均每年组织 20 批人才赴境外参加相关业务培训项目,确保战略人才培养,为分行业务转型、创新服务。

表 7-1-7 2005—2014 年交通银行上海(市)分行因公出国(境)情况表

年份	批次(批)	人次(人)
2005 年	33	53
2006 年	42	64
2007 年	36	58
2008 年	31	45
2009 年	31	45
2010 年	30	52
2011 年	32	61
2012 年	31	52
2013 年	30	60
2014 年	25	40

第十节 离退休人员管理

一、离退休行员管理中心

1992 年 5 月,上海分行成立退休职工管理委员会(简称"退管会"),负责分行离退休员工管理和服务工作,办公室设在江西中路 200 号。

随着退休行员的不断增多，2006 年 3 月，上海分行在中山北路 2000 号 10 楼设立离退休员工管理中心。该中心面积达 1 410 平方米，除办公区域外，还设有专门活动场所，配有棋牌、桌球、乒乓球及健身等设备器材，以及专业音响等设备，可供离退休员工健身、娱乐及排练节目等。该中心为分行人资部内设机构，其后勤服务、保障工作分别由分行行政部、保卫部协管。

截至 2014 年年末，上海市分行有离退休员工 603 人。

表 7-1-8　1986—2014 年交通银行上海(市)分行离退休行员统计情况表

年　份	当年离退休人数(人)
1986	1
1987	0
1988	2
1989	0
1990	1
1991	3
1992	8
1993	3
1994	1
1995	3
1996	2
1997	9
1998	17
1999	17
2000	21
2001	16
2002	20
2003	22
2004	25
2005	28
2006	32
2007	48
2008	46
2009	52
2010	39
2011	48

〔续表〕

年份	当年离退休人数(人)
2012	50
2013	64
2014	52

二、主要工作

【慰问工作】

上海(市)分行注重离退休员工身心健康和生活情况,特别是2006年离退休行员管理中心成立后,开始建立各项慰问长效机制,认真做好重阳节、农历春节等中国传统佳节慰问工作,向离退休员工送上节日祝福;开展夏、冬两季"送清凉""送温暖"活动;登门慰问患有重病、家庭经济有困难的离退休员工;定期组织离退休员工进行体检。

2014年,上海市分行用于慰问离退休员工的费用支出达240万元。

图7-1-2　2014年2月12日,交通银行上海市分行召开老同志迎春座谈会

【补充医疗保险理赔】

2007年起,上海分行启动大病援助计划,针对罹患医保大病、自负医疗费用过重且生活自理有

困难的离退休行员,给予累计不超过每人每年 5 万元的援助。

2009 年,上海市分行离退休员工开始享受补充医疗保险理赔待遇。离退休员工一旦发生医疗费用,可凭发票向保险公司申请理赔,经保险公司审核后进行理赔。仅此一项,分行每年需支付理赔费用近 200 万元。

2010 年,上海市分行对离退休员工援助标准调整至每年每人 8 万元;2013 年,调整至每年每人 12 万元。

2014 年,上海市分行共计援助离退休员工 59 人,援助金额达 70 万元。

【离退休津贴】

1997 年,上海分行起草《离退休行员管理实施细则》,明确管理机构与职责、离退休员工待遇等内容。

1998 年,上海分行印发《贯彻交通银行离退休行员管理暂行办法实施细则》,明确相关津补贴标准。

2006 年,上海分行按照总行要求,对离退休员工实施统一养老补贴标准。

2007 年 11 月起,上海分行对年满 70 周岁的离退休员工每人每月增加 100 元养老补贴。

2009 年 1 月 1 日起,根据总行统一部署,上海市分行建立企业年金计划。离退休员工支付标准,根据分行经营状况及有关规定执行,每年 6 月予以公布。

第二章　干部管理

清光绪三十四年四月(1908 年 5 月),交通银行上海分行成立初期,分行总办和经副理,分别归邮传部和总管理处节制。进入民国后,分行总办一职取消,经副理由总管理处调派。上海解放后,分行经理由地方政府任命。1986 年 10 月,上海分行重新开业后,注重各级领导班子和干部人才队伍建设,严格遵照中央精神及总行(总管理处)规定,做好领导干部选拔任用管理工作。通过公开招聘和竞争上岗等方式选拔优秀干部,保持正确的选人用人导向;通过各类综合考核,科学地检验干部履职情况,全面评价干部履职表现;通过实施干部轮岗交流和挂职锻炼等制度,促进人才成长及储备,提高人才队伍建设;通过建立干部离岗离沪报告、个人重要事项报告等制度,强化对干部监督管理。

第一节　选拔任用

一、保荐、任命、聘任

清光绪三十四年四月(1908 年 5 月),上海分行成立初期,总办一职由邮传部派充,经副理均由交通银行总管理处遴选延定,归总管理处节制,并须出具押柜保单银两。

进入民国,交通部成为交通银行官股之代表,不再向上海分行派充总办。分行经副理由总管理处调派,仍实行押柜保单银两制度。经副理之下,除会计主任由总管理处派充外,其余主任由经理开单保荐,经总管理处核准,方能入行。保荐人对保荐人员负完全责任。

1949 年 11 月上海分行复业后,主要负责人由上海市人民政府任命。

1987 年上海分行开业初期,总管理处对干部任职采用聘任制和任命制两种形式,并实施分级管理。上海分行总经理、副总经理及总经理助理由总管理处任命;上海分行对各部门正副主任(经理、处长)及以下干部实行聘任制管理,对江、浙两省辖属分支行正副经理以及市内办事处正副主任采用任命制管理。干部聘任期一般为 3 年,连聘可连任,任职期间考核不合格干部予以解聘。1989 年 5 月起,总管理处印发《关于干部管理的补充意见》,把上海分行总经理、副总经理及总经理助理,以及各辖属分支行正副经理、市内办事处正副主任全部列入聘任制范畴。规定每年对聘任制干部进行考核,考核不称职者,予以解聘或调离现职低聘。截至 2014 年年末,上海市分行对选拔任用的干部继续实施聘任制度,并且每年对所聘干部进行履职考核评价。

二、行政序列招聘和竞聘

1986 年,上海分行筹建初期,为保证开业后业务正常运营需要,以商调、直接引进等方式,吸收部分业务骨干及管理人才,促进市场人才流动。1987 年,对处科级干部实施聘任制,并定期进行民主考核,倡导实绩,鼓励创新实干,把优胜劣汰竞争机制引入干部日常管理之中,为优秀人才脱颖而出创造条件。是年,为进一步缓解分行经营管理人才不足的现状,破除干部、工人身份限制、地区人员流动障碍,面向社会公开招聘 40 名经营管理人才。1992 年,为加强业务管理,面向分行基层经营单位，经考试，招聘录用4名具有一定管理经验的基层员工到分行部门工作，探索了内部人才合理流动新途径。

1994年，上海分行严格遵照总行干部管理“选拔标准、聘任原则、任职程序、业绩考核、人才培养”要求，在工作实践中培养干部，并为总行系统输送一批干部。1998年，探索干部人事制度改革，在徐汇、杨浦2家支行试点分理处副主任职位竞聘上岗。

2000年6月，上海分行印发《关于加大干部竞聘上岗力度的指导意见》。核心是破除干部选拔任用中的论资排辈和铁交椅现象，改聘任制为竞聘制，变“要我做”为“我要做”，建立公开公平、能上能下的干部任用机制。是年，对一些重点职位实施竞聘上岗制度。

2002年，为深化干部人事制度改革，上海分行制定《公开竞聘副行长实施方案》。确定公开竞聘程序，包括公布竞聘职位和报名条件、报名资格审查、演讲与答辩、民主测评、公示、组织考察、公布竞聘结果等程序。通过在全行范围内公开竞聘，选拔1名副行长，建立起干部选拔任用科学化、规范化、制度化的竞争机制。2003年，对国际部全部科级干部岗位、业务部部分科级干部岗位、部分二级支行行长岗位实行公开竞聘。2004年，再度公开竞聘分行副行长职位。2006年，根据职位缺口管理要求，在全行公开竞聘二级支行正副行长等职位，形成人才竞聘选拔长效机制。2009年，围绕总行《关于进一步深化干部人事制度改革的意见》精神，进一步确立起德才兼备、以德为先的选人用人标准；按照民主、公开、竞争、择优原则，深化干部选拔任用制度改革，进一步提高选人用人的公信度；改革后备干部选拔培养方式，建设数量充足、结构合理、素质优良的后备干部队伍；深入贯彻干部选拔任用政策法规，加大对选人用人监督检查的力度；大力实施人才兴行战略，努力建设适应全行战略发展需要的高素质人才队伍；大力推进制度建设，促进干部选拔任用工作的科学性、规范性。

2012年，上海市分行制定《干部选拔任用竞争上岗工作实施细则》。进一步明确干部选拔任用、竞争上岗工作原则、范围、程序和监督等要求，强化干部任用遴选竞争机制，树立重品德、重能力、重实绩、重公认用人导向。强调竞争上岗是干部选拔任用方式之一，适用于分行C职等干部选拔任用；对重要机密的职位，不宜实施竞争上岗。规定竞争上岗干部应当在核定的职位职数限额内进行，可在拟任职位所属管理部门、经营单位内部实施，也可以根据需要扩大到全行范围。开展竞争上岗要按制定方案、发布公告、报名与资格审查、统一考试、民主测评、组织考察、征求监察室意见、党委讨论决定、任前公示、经济责任审计、办理有关任职手续、任前谈话等程序操作。竞争上岗工作按照干部管理权限，在分行党委领导下进行，由党委组织部组织实施。对竞争上岗任用的干部可实行试用期制，试用期一般不超过1年。试用期满后，经考核胜任的，正式任职；不胜任的，免去试任职务，一般按试任前职务层次安排工作。2014年，印发《干部管理办法》，强调分行对干部管理须遵循党管干部，德才兼备、以德为先，市场和群众认可、注重实绩，权利与责任义务统一、激励与监督约束并重，能上能下、能进能出，民主集中制及依法办事、程序合规原则。规定选拔任用干部，应当坚持标准，严格程序，扩大民主，创新方式，确保选拔干部的质量。选拔方式一般采取组织选拔、公开招聘、竞争上岗、委托推荐等，可根据实际需要选择相应方式。

三、专业序列竞聘

2000年，上海分行为加快对非领导职位专业人才的选拔、培养和使用，建立年轻、优秀人才脱颖而出机制，在分行行政领导职务序列之外，设置非领导职位关键重要岗位。分为高级（首席）、一级和二级3个等级非领导序列职位。其中高级(首席)的行员等级为5等,一级为6等,二级为7等。规定竞聘关键重要岗位专业人才的任职条件,明确聘任后享受岗位培训、岗位津贴的待遇,强调对非领导职位关键重要岗位的人员实行聘任制,聘期为1年。1年后,经考核业绩优秀者予以续聘;业绩中等以下者,须重新参加竞聘;竞聘落选者,按新岗位管理并享受其相应的岗位津贴等待遇。

表7-2-1　2000年交通银行上海分行非领导职位关键重要岗位设置情况表

分　类	岗 位 名 称		
营销(信贷)序列	高级客户经理	一级客户经理	二级客户经理
私人金融序列	高级理财顾问	一级理财师	二级理财师
外汇交易序列	首席外汇交易员	一级外汇交易员	二级外汇交易员
外汇业务序列	高级外汇业务主管	一级审单员	二级审单员
财务会计序列	高级财务分析师	一级会计核算师	二级会计核算师
授信序列	高级审查师	一级审查师	二级审查师
电脑序列	首席信息工程师	一级信息工程师	二级信息工程师

2003年,上海分行开始实施专家治行战略,设置"专业经理"职务序列,明确专业经理与行政领导职务设置相配套、专业经理名称统一分类、分级管理、逐级晋升、宽选严聘、比例控制等原则,同时对设置范围、任职条件薪酬和待遇、各级专业经理的绩效考评、申报聘任程序等作出相应规定。是年,经考试评审,分行聘任115名中级专业经理、261名初级专业经理。

2013年,上海市分行印发《2013—2015年人才发展规划》,强调除突出抓好经营管理人才培养外,要按照金融人才专业性强的特征,逐步建立各条线领先的专业人才队伍,通过专业人才优势打造业务发展优势。重点是要着眼营销支持,培养一支精通业务、市场反应迅速、服务效率高的专家型产品经理队伍,成为推进分行公司、个金、国际等条件业务发展和产品创新的核心力量;要关注前沿方向,重点挖掘交易金融、财富管理金融、贸易金融等重点领域人才,紧跟金融业发展趋势,培育分行特色业务优势;要围绕全面风险管理,开发培养一支业务素质高、风险管理能力强的授信、风险、营运、保全、审计条线人才,为分行加强内部控制、防范经营风险,实现稳健经营提供保障;要聚焦效率和创新,加强信息技术、电子银行业务人才的培养,提高分行产品研发能力和整体运营效率;要强化系统性协调,完善各个条线的专业人才战略布局,既突出发展重点,又要避免业务短板。同时鼓励专业人才多领域发展,不断涌现"一精多专"的跨条线综合化专业人才。是年,启动C职等专业职位选聘工作,经专业能力、业绩绩效、民主测评等多维度综合评审,公司和零售条线13人获聘C职等客户经理职位,构建形成管理与专业双轨发展、路径清晰的员工职业通道。

2014年,上海市分行加强客户经理岗位专家型人才队伍建设,持续完善人才在管理序列和专业序列职业发展"双通道"。并依据"重点开发、分类培养、统一评审、择优聘任、集中管理"的方式,完善C职等客户经理管理制度体系,拓宽客户经理职业发展空间,推动专家型客户经理持续成长。

四、干部退位制度

2000年,上海分行制定《干部提前退位暂行办法》,推出干部退位制度。规定分行部门及支行、业务部，男性年满57周岁，女性年满52周岁的处科级干部，可提前从现职退位，安排其他工作。是年，全行有9名处级、10名科级干部办理提前退位手续。2001年，印发《关于办理科级干部提前退位手续有关事宜的通知》，重申凡到龄的科级干部，均需办理退位手续。明确各支行、业务部在各自办理退位科级干部有关退位手续并发文同时，报分行备案。各部门到龄科级干部，由部门上报名单，人事教育处统一发文；所有退位科级干部，当月办理退位手续，次月起享受退位待遇；因故未按期退位的，须说明情况，书面报分行批准。2002年，修订《干部提前退位暂行办法》，适当提高退位干部经济待遇。2010年起，进一步加强干部退位管理，规范干部退位后的工作安排，制定《C层级领导干部退位管理暂行办法》。规定担任副高级经理级（含）以上管理职务的C层级领导干部，在到达规定年龄后，退出现职领导岗位，不再担任领导职务（因工作需要，并经分行党委决议同意的除外），改任非领导职务。退位干部由人力资源部统一安排职位聘任，薪酬待遇按退位前标准的80%计发；对因工作需要继续担任领导职位的，或经分行党委批准参与全行性专项工作的，在聘任工作期间，其薪酬待遇保留不变。

第二节　履职考核

民国16年（1927年）1月，上海分行制定甲、乙两种考绩表，加强对员工的履职考核。

1987年4月，上海分行印发《关于实行干部聘任制的实施意见》，规定聘任干部实行任期目标责任制，要求被聘干部结合工作要求和部门工作实际提出任期工作目标及年度实施计划，并对此承担责任。分行以实绩为重点，对被聘干部进行定性、定量考核，作出是否续聘决定。1988年，对分行部门受聘的22名处级、44名科级干部及辖属的常州、苏州、无锡、宁波4个支行的12位处级干部以民主评议方式进行考核。有力破除干部职务终身制，创造干部能上能下、收入能高能低、人才能进能出唯才是举的用人环境。1990年5月，围绕“德、能、勤、绩”4个方面，对46名分行部门聘期届满的处级干部（包括助理）及所辖分支行（总）经理进行考核。综合考核进一步增强受聘干部的政治思想、履职担当、接受监督意识。1996年，按照总行《分支行行长工作实绩考核暂行办法》精神，把被考核干部在聘期内创造的经营业绩和管理成效作为履行工作职责的重要内容，纳入年度工作考核之中。年度工作考核按被考核干部撰写述职报告作自我分析和评价，在规定时间内报送报告，考核组了解被考核干部所在单位的经营管理、执行政策、法规情况，听取被考核干部作述职报告，进行民主测评，考核组同被考核干部谈话了解情况、综合分析考核情况、撰写考核材料等环节进行。干部工作实绩考核原则上为一个聘期内考核两次，考核结果与被考核者职位升降、奖惩、教育和培训相衔接，作为聘用干部的主要依据。1999年2月，制定《经营部门处级干部考核暂行规定》，重点强调必须坚持党管干部、客观公正、注重实绩、群众公认的综合考核原则。明确在坚持“以德为先”的基础上，重点考核经营业绩，实行缺德一票否决制。综合考核划分为：优秀、称职、基本称职和不称职4个等级。规定对综合考核优秀者给予精神物质奖励；称职者，可直接进入次年的同职位；基本称职者，须参加下一年的职位竞聘；不称职者，下年度不得竞聘平职职位。

2000年2月，上海分行印发《对经营单位责任人的考核办法》，考核内容分为经营业绩考核和综合考核两大类。其中经营业绩考核分为业务发展、风险控制和效益3项指标，且3项指标在考核体系中占比分别为45%、20%和35%；综合考核分为廉洁自律、依法经营、领导能力、客户满意度等。分支行在协商一致基础上，由各单位主要负责人代表班子成员与分行行长签订年度经营目标责任书，明确各自的经营目标和管理责任。分行组织专家小组对经营单位经营状况开展半年预评估，年终进行年度考核。2003年3月，细分基层经营单位责任人考核办法，按照本外币存日均存款和日均贷款总和的规模将经营单位划分为AAA类、AA类、A类、B类、C类、D类等6类标准，明确业绩考核指标完成情况与经营责任人收入分配挂钩。

2006—2012年，上海(市)分行运用平衡计分卡考核工具，将经营管理内容分为财务、客户、内部营运、学习发展4个构面，按照不同的绩效指标、构面权重计算得分并强制排序，依次评定绩效等级。各部门、经营单位班子成员单列考核，其中正职绩效考核与其所在部门、单位绩效考核结果挂钩；经营单位副职(包括助理)与平衡计分卡确定的绩效考核结果挂钩；部门副职(包括助理)与部门绩效等级、分管行长排序、部门正职排序情况确定的绩效考核结果挂钩。年度绩效考核结果分为5个等级：A(卓越)、B(优秀)、C(良好)、D(待改进)、E(不称职)，并作为干部选拔任用、职务升降、薪酬调整、奖励惩罚的主要依据。

2013—2014年，上海市分行实行考核分类制度。经营单位按大客户及综合行两类考核，强调经营绩效的达成，从经营绩效(90%权重)与学习发展(10%权重)两个维度实施考核；绩效考核结果按大客户部、综合行排序，分别评定A、B、C 3个等级，规定利润、存款、中间业务收入3项主体业务计划完成率未达分行平均水平的经营单位，年终绩效等级不得评定为A等；若年度内涉及重大有责事件，经分行监察室责任认定后，年终绩效等级不得高于C等。管理部门按利润与营销类、控制与配置类、服务于支撑类3类考核，采用目标责任制，强调管理职能的落实，重点关注管理效益、基础制度建设和管理机制创新等；绩效考核结果根据考核得分采用分类强制排序，依次评定A、B、C 3个等级，规定在年度交通银行系统条线排名中，利润与营销类部门未进入前5位、其他类部门未进入前3位的，部门绩效等级不得评定为A等；若管理部门或条线发生重大案件，分行管理部门在制度建设督导、监督检查等方面存在明显失职、责任明确的，经分行监察室责任认定后，是年部门年终考核不能高于C等。经营/管理责任人的绩效考核按经营管理指标(80%权重)和干部测评(20%权重)两个维度实施。考核结果按正职、经营单位副职、管理部门副职3类考核排序，分为4个等级：A(卓越)、B(优秀)、C(称职)、D(不胜任)。A、B、C等的人数比例原则上控制在15%、25%、60%，D等根据实际情况确定。根据总行相关规定，分行部分管理部门高级经理实施条块结合的考核方式。属于总行委派制的高级经理主要参考高级经理个人排名。非总行委派制的高级经理主要参考条线排名，排名总行系统第一名的，个人绩效等级不低于B等；排名在10名之后的，管理部门正职的年度考核结果不高于B等。经营单位、管理部门或条线发生重大案件，或年内个人有违纪违规行为，经分行监察室责任认定后，相关经营/管理责任人的年度绩效考核等级不得高于C等。

第三节　干部交流

1987年4月上海分行正式营业后，为加强各级领导班子建设，在分行系统内实施干部交流制度。干部交流包括干部的调任、转任、轮换和挂职锻炼制度，对象主要是各部门、分支行行级干部，以及各部门、分支行行级后备干部。1993年10月，加强系统内干部交流制度，从分行选拔1名处级干部到辖属苏州分行主持工作，充实班子力量，稳定发展局面。1996年，实施浦东、浦西两行干部双向交流制度，从分行选派1名正处级干部到浦东分行主持日常工作，从浦东分行选调1名副行级干部到分行管理部门任职，促进干部在实践锻炼中提升能力。1999年，为鼓励管理部门处级干部更多地熟悉和掌握银行业务，深入了解经营单位工作情况，提高服务水平及工作效率，制定《处级干部挂职锻炼的计划》，规定管理部门配备2个以上处级干部的，原则上须安排1人到支行、业务部门担任相应职务，分管具体的业务和行政管理工作。挂职时间为半年。首批安排11名处级干部(包括助理)到9个分支行、2个部门进行挂职锻炼。是年，按照总行《干部交流工作暂行规定》要求，开始执行分支行领导班子成员，正职一般任期不超过两届，重要岗位人员一般3年进行轮岗的规定。

2000年，上海分行为应对WTO挑战，加强人才和干部队伍建设，选派3名年轻干部分赴绍兴、嘉兴和湖州分支行进行挂职锻炼，让年轻干部在实践中开阔视野，增长才干，提升实际工作能力和综合素质。2001—2006年，进一步加强各级领导班子建设，创造干部在多岗位、多层次、多领域锻炼的条件，推进总分行、分支行、部门之间干部交流。其间，上海分行接纳总行安排的3批次13名干部到分行下属的各分支行、业务部作为期1年的任职锻炼；推荐2名正处级干部到总行管理部门锻炼；委派1名干部赴嘉兴分行挂职锻炼；安排14名锻炼制助理到各部门、分支行进行岗位锻炼。2010—2014年，遵循干部成长规律，实施干部多岗位交流、培养制度，有计划地选派年轻干部到基层岗位任职锻炼，注重选拔基层一线的优秀年轻干部到总分行经营管理岗位及市、区两级政府，监管机构进行挂职锻炼，通过组织推荐、竞争上岗、公开选拔，给年轻干部创造干事创业的平台。加强分行管理部门与经营单位，经营单位与经营单位之间的干部人才流动，使分支行正职任期5年、在同一职位任职不超过两届，副职任期5年、在同一职位任职或分管相同工作不超过两届的制度落到实处。

第四节　后 备 队 伍

上海市分行注重后备干部培养，以建立后备人才管理制度为抓手，积极稳妥地推进后备干部队伍建设，为全行持续发展提供经营管理性人才。

一、后备人才管理

1991年7月，上海分行印发《后备干部管理暂行办法》，强调后备干部队伍建设是一项战略性任务，是实现干部新老交替、加快业务发展的重要措施，必须坚持党管干部和德才兼备、任人唯贤的原则，严格遵循民主推荐、民意测验、干部考察、听取意见和党组集体讨论决定等干部选拔程序。规定后备干部职数按1∶1比例配备，处级后备干部年龄在35周岁左右、科级后备干部年龄可适当降低。强调处级后备干部须经过科级领导岗位锻炼，并需有相应工作实绩。科级一般须有3年以上行龄。明确对后备干部实施年度“德、能、勤、绩”四方面全面考核，确保后备干部队伍整体素质。1995年，根据总行《关于进一步调整和充实交通银行各级后备干部队伍的通知》精神，进一步完善后备干部数量比例、年龄结构、选拔程序、工作档案和考察制度等内容，同时经民主推荐，建立起三级后备干部队伍。1999年，在分析干部队伍年龄、专业和知识结构现状后，按后备干部选拔程序，以1∶1的比例，调整和充实原有后备干部队伍，使之基本具有大专及以上学历、中级及以上专业职称条件。

2000年，上海分行把培养跨世纪年轻后备干部工作列入议事日程，建立处、科级助理岗位锻炼制度，共有139名年轻后备干部走上助理岗位进行锻炼。经岗位实践锻炼的后备干部，逐渐积累起现代商业银行营销管理经验，为分行从中选拔优秀人才、培养后备领导干部打好基础。2006年，印发《后备人才管理实施细则》，规定后备干部选拔、管理、分级培养等原则。明确C层级正职后备人数与正职职位的比例按1∶0.6，副职后备人数与副职职位的比例按1∶0.5，二级支行行长(营业室

图 7-2-1　1997 年 7 月，交通银行上海分行在无锡培训中心对部分干部进行培训

主任）后备人数与现职职位的比例按 1∶1，二级支行副行长（营业室副主任）后备人数与现职职位的比例按 1∶1.3 配备。同时重申后备人才结构、条件与资格、选拔方式、提拔使用等要求，进一步健全后备干部工作制度。2007 年，为缓解二级支行行长和专业条线资深领军人才储备不足的矛盾，启动后备人才发展和高级专才培养计划，探索新的人才培养模式。分赴复旦大学、上海交通大学等进行校园招聘宣讲，吸引优秀人才加盟；为每一位加盟的培养对象制订细致的入职期培养计划。是年，共有 316 名名牌大学优秀毕业生进入该培养计划。2009 年，实施"菁鹰计划"，以中心支行为平台，选拔、评估行内优秀年轻后备人才，经 2～3 年践习培养，使其成长为网点综合化建设所需要的经营管理人才。2009—2014 年，有 16 人成为"菁鹰计划"培养对象。

2010 年，为体现后备人才选拔的开放性与竞争性，提高员工民主参与率，增强工作透明度，上海市分行首次以民主推荐方式，选拔 C 层级管理人员后备人才。是年，有 21 个管理部门和 22 家经营单位的 1 196 名员工，参与到后备人才民主推荐环节中。2013 年，启动基层营业机构后备干部推荐、选拔工作，全行有 133 名员工报名参加。其中组织推荐 101 人，个人自荐 32 人。经资格审核、笔试、面试等环节综合考察，并结合参加选拔人员的笔试成绩、面试表现和近 3 年绩效情况，建立起一支由 28 人（其中 B 职等 26 人，A 职等 2 人）组成的基层营业机构后备干部队伍。

二、锻炼制助理培养

2000 年，围绕新形势人才竞争和业务发展的需要，上海分行相继印发《处科级助理岗位锻炼制度实施意见》《处科级助理岗位锻炼制度指导意见》，强调实施助理制度是为优秀年轻干部"进位锻炼"创造条件、搭建舞台，是以宽选严聘为原则，实行动态管理，选拔培养干部的一种方式。同时对选拔助理制人员条件、培养方式、助理制人员职责、考评和使用加以规定。明确助理锻炼岗位聘任，一般采用书面通知、领导口头宣布等形式，不正式发文；一个助理岗位锻炼周期为半年，特别优秀的人员可在 2～3 个助理岗位轮岗；处级助理由分行作跨单位、部门安排。没有基层从业经历的，一般应安排到基层单位助理岗位进行锻炼；锻炼结束回到原岗位后，由组织部、原单位或部门继续对其实施跟踪考察，并根据德才兼备的条件和工作实绩，及时提拔使用或竞聘录用、储备、淘汰一批干部。2006 年，加大干部培养力度，完善干部选拔梯次，修订《助理岗位锻炼制实施管理办法》。明确该制度为培养高级经理、经理两级助理（或副职）而建立的工作岗位锻炼制度，锻炼期为 1 年，锻炼时间一般不超过 2 个锻炼期。规定锻炼制助理在已纳入培养范围人员中挑选，需符合学历、职称、年龄等条件；锻炼制助理高级经理批准权限属分行行长室，锻炼制助理经理批准权限属分行人力资源部；锻炼制助理高级经理级总人数一般掌握在副高级经理级和助理高级经理级总人数 25％以内，锻炼制助理经理级总人数一般控制在副经理级总人数 30％以内；锻炼制助理在锻炼期间一般保留原职位，享受原职位薪酬福利待遇；锻炼结束后，一般先回原工作岗位，对锻炼期间综合评价高，表现、能力突出的，优先聘用到实职岗位。2011 年，为进一步加大对远郊行人力资源投入，着眼远郊行班子长远建设，搭建以岗位锻炼培养年轻干部的平台，积蓄远郊行业务发展后备人才力量，印发《在远郊行设置锻炼制行长助理的暂行办法》。对锻炼制助理定义及设置范围、基本原则、设置数量、锻炼方式加以明确，对锻炼制助理的任职条件和资格、选拔和任免程序、主要职责、管理等加以规定。锻炼制助理锻炼时间一般为 3 年。2014 年，印发《锻炼制助理管理办法（试行）》，提出锻炼制助理日常管理由分行党委组织部和所在部门共同负责；其所在单位主要负责人作为培养的第一责任人，全面承担起锻炼安排及培养带教的责任；党委组织部应根据锻炼制助理的特点，有针对性地安排锻炼制助理在锻炼期内进行交流挂职锻炼。锻炼制助理实行任期聘任制，时间一般为 2 年。一般情况下，利润与营销类管理部门及经营单位辖属二级支行在 3 家以上的设置 2 名锻炼制助理，具体职数配备由分行党委统一安排。是年，上海市分行安排全行各条线锻炼制助理 53 人，其中公司条线 21 人、零售条线 9 人、营运条线 4 人和管理部门 19 人。

三、管理培训生

2007 年起，上海分行为加快后备人才培养，借鉴国际先进银行经验，开始实施管理培训生项目。成立由 1 名分行副行长挂帅并兼任管理培训生导师的项目组，全面推进该项目实施。从国内知名高校中招收部分综合素质高、发展潜力大应届优秀毕业生作为期 3 年的系统轮岗培训，打造一支适应分行战略转型所需要的中层级经营管理人才队伍，提升分行市场综合竞争力和可持续发展能力。

2007—2014 年，上海（市）分行从国内北京大学、清华大学、复旦大学、上海交通大学、南京大学、浙江大学，以及牛津大学、剑桥大学、伦敦政治经济学院等国际著名学府招收培养管理培训生 71 人。其中女生 30 人、男生 41 人；硕士研究生 69 人、博士研究生 2 人。管理培训生队伍中，有学习经济、金融、法律、企业管理等专业人员，也有学习物理、临床医学、信息工程等专业人员。管理培训生经 3 年系统轮岗培养，在熟悉分行主要业务、品牌产品、营运流程、服务标准，逐渐掌握核心业务或新兴业务的同时，职业道德、责任意识、专业素养、经营管理能力等综合素质有明显提升。培养期满后，33 名管理培训生晋升到经营管理岗位或专业技术岗位，成为分行基本素质优、综合能力强，发展潜力大的关键后备人才。

表 7-2-2　2007—2014 年交通银行上海(市)分行管理培训生招聘数量情况表

年　份	招收人数(人)
2007	11
2008	10
2009	10
2010	13
2011	5
2012	6
2013	10
2014	6

第五节　监督管理

一、选拔任用监督

1987 年,上海分行实行"公开、公平、公正"选拔干部政策,以领导提名、群众推荐和个人自荐等形式产生候选人员。在此基础上,根据聘任条件、走群众路线要求,对有关人选进行全面考察了解,并确定任职干部人选。按照干部管理权限,处、科级干部分别由总经理、部门负责人与其签约、颁发聘任书。年终,根据"德、能、勤、洁"标准,对所聘干部进行全面民主考核。1997 年,加强对领导干部的管理和监督,建立领导干部谈话制度。规定同领导干部谈话范围、谈话方式、谈话事项。强调同领导干部谈话,应建立必要的程序和手续,谈话一般要有记录。涉及群众反映领导干部在政治思想、道德品质、廉政勤政、选人用人、执纪执规等方面内容的,必要时可向其本人发函,要求其在 15 天内如实向组织作出书面回复,分行在核实基础上作出相应处理。通过建立干部谈话制度,强化群众监督机制,使干部置身于组织和群众的监督之下,进一步促进领导干部思想、作风建设,提高领导干部自重、自省、自警、自励意识。2001 年,进一步深化干部人事制度改革,增强干部工作的透明度,印发《干部任前公示管理暂行办法》,明确干部选拔任前公示目的、方式和范围、公示内容、公示时间和公示反映方式、反映情况和处理反映情况要求等,从制度上保证群众在干部选拔任用中的知情权、参与权和监督权。2010 年,按照总行《干部选拔任用管理办法(试行)》要求,严格把牢干部任职资格条件,坚持干部选拔任用按组织选拔、公开招聘、竞争上岗、委托推荐等方式进行,实行干部任职回避制度。规定干部任职回避的亲属关系为:夫妻关系、直系血亲关系、三代以内旁系血亲及近姻亲关系。由上述关系之一的不得在同一单位或部门担任双方直接隶属于同一领导人员的职务或者有直接上下级领导关系的职务,不得在其中一方担任领导职务的单位或部门从事组织人事、纪检监察、审计、财务等工作;分行党委和组织人事部门人员,在讨论干部任免事项中涉及本人及其亲属的,本人必须回避;考察组成员在干部考察工作中涉及其亲属的,本人必须回避。2014 年,印发《关于加强和改进新形势下优秀年轻干部培养选拔和干部监督工作的意见》,重申新形势下加强优秀年轻干部培养选拔和干部监督工作重要性,强调要进一步加强干部监督,树立为民务实清廉的形象;要进一步强化领导干部监督,促进为民务实清廉形象;要深入落实干部选拔任用工作监督,保证选人用人风清气正。是年，制定《干部管理办法》，专设“监督约束”章节，明确干部监督工作的基本原则、主要类别、主要形式和方式、监督要求、任职监督、责任追究等规定，要求各级干部严格按照从严管理干部的相关要求和行业监管部门的有关规定，认真履行岗位职责，依法合规经营，廉洁从业，切实维护分行、本单位及干部员工的合法权益。

二、离岗离沪报告

2007 年 11 月，上海分行印发《领导干部离岗离沪报告暂行规定》，强调执行离岗离沪请示报告制度的意义；界定分行各经营单位、部门班子成员（含助理）为领导干部离岗离沪报告适用对象；规定领导干部离岗离沪前，须按规定程序请示报告，同时需登录分行内网离岗离沪报告系统，进行离岗离沪报告登记。如特殊原因无法登录系统的，可由各单位、部门综合管理经理或行政助理在系统上代为登记。登记后，如发生离岗离沪时间、地点等主要内容变动，需重新登录并作修改，确保系统记载内容与实际情况一致；规定领导干部应根据离岗离沪报告管理权限经有权人审批同意后，方可离岗离沪。离岗离沪期间，应确保 24 小时畅通的联系渠道，若手机无法接通，应告知有效联系方式。

2011 年，上海市分行修订《领导干部离岗离沪报告暂行规定》，将二级支行负责人也列入离岗离沪报告制度范围。进一步规范各单位、部门及二级支行负责人日常管理，加强请示报告制度，理顺离岗请示报告程序，明确批准权限。

截至 2014 年年末，上海市分行《领导干部离岗离沪报告暂行规定》仍在执行中。

三、个人重大事项报告

1997 年，上海分行执行领导干部重大事项汇报制度，规定处级领导干部每年须向分行报告个人住房、参与操办本人及近亲婚丧喜庆事宜、本人及子女与外国人通婚、配偶及子女出国（境）定居和留学、配偶及子女工作变动、本人因私出国（境）和在国外活动等事宜情况，明确未执行报告（时间、形式、内容）制度，以及不如实报告个人重大事项情况的，将受到处理。

2000 年，上海分行按照中国人民银行《关于建立金融机构高级管理人员任职期间重大事项报告制度的通知》精神，要求高级管理人员在任职期间执行重大事项报告内容、报告时间、报告路径等规定，强化对不及时执行报告制度处理力度，完善内部对高级管理人员管理、考核制度，提高高级管理人员执行任职报告自觉性。

2010 年，上海市分行转发总行《领导干部报告个人有关事项的实施办法》《关于对配偶子女均已移居国（境）外的干部员工加强管理的实施办法》。要求全行各级干部（C 职等以上干部及 B 职等二级支行正、副行长）如实报告个人婚姻变化，因私出国，子女婚姻，配偶及子女移居国（境）外、从业、被司法机关追究刑事责任，以及个人收入、房产、投资等 14 项内容。规定全行领导干部于每年 1 月 31 日前完成个人有关事项报告。其间如发生变化的，须在 30 日内填写《交通银行领导干部个人有关事项报告表（一）》，按规定报告；新任领导干部应在符合报告条件后的 30 日内报告个人有关事项。对于无正当理由不按时报告、不如实报告、隐瞒不报的，视情节轻重，给予批评教育、限期改正、责令检查、诫勉谈话、通报批评或者调整工作岗位、免职等处理。

2014 年，上海市分行印发《领导干部个人有关事项报告工作实施细则》。明确领导干部个人有关事项报告分为年度集中报告、发生变化报告、提任或新任报告和辞职报告4种类型。重申各级领导干部要按规定及时、主动、如实报告个人有关事项，自觉接受监督。强调分行党委组织部将按照中央和总行相关规定，组织对领导干部个人有关事项报告进行随机和重点抽查核实。随机抽查每年集中开展一次，按3%～5%的比例进行，重点抽查根据工作需要进行。对漏报或填报不规范的、不如实填报或者隐瞒不报、有明显违规问题以及涉嫌违纪违法的，分别作出重新填报或限期补报，不得提拔任用或不列入后备干部名单或视情节轻重给予批评教育、组织处理、纪律处分，责令限期纠正，移交纪检监察部门调查处理等。

四、企业/社会团体兼(任)职

1987年，上海分行根据工作需要，委派部分干部、员工到企业任(兼)董事等职务，或在市、区两级社会团体中兼职。1994年交通银行实施一级法人体制后，上海分行根据规定，对干部、员工在企业任(兼)职情况进行清理。

1999年，按照中国人民银行上海分行《关于转发人行总行〈关于银行工作人员不得在企业或经济实体任(兼)职的通知〉》精神，上海分行在全行范围内开展自查、自纠全面清理活动。规定员工不得参与有关贷款企业的经营和管理，不得派人到工商企业或经济实体任职或兼职，已在工商企业或经济实体任职或兼职的，须立即退出。同时将该项工作纳入日常监管工作之中。

2014年，上海市分行贯彻落实中央和总行关于从严管理干部的要求，加强干部队伍建设和反腐败建设，进一步规范干部从业行为，制定《领导干部在企业兼职(任职)管理实施办法》，明确适用范围、审批权限、兼职纪律、管理要求和问责纪律，进一步规范干部从业行为。是年，印发《关于规范领导干部在社会团体兼职问题的通知》，对现职(含退位)、退离休C职等干部在社会团体兼任职务作出管理政策、审批流程规定，进一步规范领导干部在社会团体兼职行为。

第三章　人力资源管理改革

1986年10月交通银行上海分行重新开业后，按照金融改革要求，积极探索企业化管理模式，通过强化管理，控制人员增长，实现减员增效目标。1992年起，率先在总管理处系统内开展定机构、定岗位、定编制“三定”试点，实行以职位分类为核心，以全员合同聘用制和行员等级工资制为重点，使各项人事管理行为互融和衔接的行员制度改革。2005年，为适应战略转型要求，推进以职位管理、薪酬管理、绩效管理三大体系建设为核心的人力资源管理改革。

第一节　“三定”与编制管理

1986年10月上海分行开业后，实行企业化管理模式，工资总额纳入总管理处计划管理，内部实行工效挂钩，人员增长受工资总额间接制约。1987年1月，经批准，设立办公室、稽核室、信贷一部、信贷二部、外汇业务部、会计出纳部、人事教育处、总务处和电脑中心9个部门，人员编制暂定400人。1988—1992年，根据业务增长需要，在市内设立27个经营机构，同时人员增至1 632人。

1992年11月，上海分行率先在总管理处系统开展定机构、定岗位、定编制“三定”试点工作，按调查资料、标准研制、方案报批、和贯彻实施4个阶段展开。调查资料主要是将分行现有机构设置、各部门职责、各类人员配置、各岗位工作职责、工作效率、出勤率等基本情况和本地同业定员标准的有关资料加以收集、汇总、整理；标准研制是在分析研究调查资料的基础上，初步拟出草案，征求各部门意见，再正式提出适合分行实际情况的“三定”方案，经总管理处审批后分步贯彻实施。1993年4月，“三定”试点工作结束。通过清理部门、处室职责，设置职位，完善职能，确定了机构、岗位及人员数量。

1998—2001年，上海分行以总行深化股份制和加快干部人事制度、收入分配制度改革为驱动，通过改变业务运作模式，提高前台营销、后台服务支撑一体化营销能力；通过优化劳动组合，压缩层次，减少职数，精简科室，提升扁平化管理水平。在实现增量提效的同时，全行人员编制增长得到控制，员工人数从1998年的2 979人减至2001年的2 847人。

2002年，根据上海重点产业转至市郊的特点，上海分行撤并市内缺乏发展潜力、低产低效网点，将其迁至郊区，促进减员增效、扭亏为盈目标达成。2003年，在推进中远郊支行和二级支行业务发展战略的同时，同步实施渠道整合战略，加大资源投入，进行科技创新，不断优化业务流程，支撑业务发展。是年，全行在严格控制人员增长基础上，人均工资总额增长23%。

2006年，按照总行人力资源管理提升项目实施推广要求，上海分行启动“定岗、定编、定职能”工作。经持续10个月项目推广，撰写36篇宣传文章、开展15次培训、访谈34个部门和经营单位，审核364份职位说明书，完成1 600份岗位调查表、3 710个与职位匹配的薪酬测算及高级经理级的绩效计划书，为上海分行科学、合理管理全行编制，实现争先进位、加快发展打下了坚实基础。

第二节　行员制度改革

1993年，上海分行根据总管理处统一部署，在全行范围内实施以职位分类为基础，以全员合同聘用制、行员等级工资制为重点的行员制度改革。为加强对行员制工作的领导，成立由分行领导及人教处负责人参加的工作领导小组，下设工作办公室，由人教处负责具体工作事宜。1994 年，依据总行《职位分类暂行规定》，确定职位分类以职位分类为主、品位分类为辅、职位分类与品位分类相结合模式。职位分类包括职位调查、职位分析、职位评价、撰写职位说明书、列等归级等主要步骤。职位分类结构划分为行政、业务、其他 3 个职系，行员等级从 2～12 等，设 11 职等，和职位等级设置相对应，评定采用因素评分法，根据职等标准换算成行员等级，行员等级每年开展评定。1995 年，完成部门、处室职责清理，设置职位，完善职能工作，确定分行设机构数 41 个，岗位数 597 个，人员数 2 299 个。

1994 年 9 月，上海分行率先在总行系统进行行员聘用试点。依据《劳动法》《工会法》《公司法》，起草行员聘用文本。11 月，召开工会会员代表大会，审议通过《行员聘用实施细则(试行)》《行员要求解除聘用合同赔偿服务费用的暂行办法》《劳动争议调解暂行办法》《行员教育培训管理暂行办法》《行员奖惩暂行办法》5 个行员聘用制度、办法。行员等级工资以职位的责任轻重、工作难易程度和所需任职资格等评价要素为依据，兼顾学历、经历和专业技术水平等任职条件，以行员等级工资为主要内容，根据行员实际贡献大小，确定劳动报酬。行员等级工资制由行员等级工资、年终奖金、年功工资和特殊职位津贴构成。行员工资等级与行员等级一一对应，采用交总行统一制定的"行员等级工资薪等表"。工资薪等表划分为 11 个薪等，每一薪等含 6～10 个薪级。12 等 1 级为基准薪级，对应基准薪级的基本工资由交通银行根据各分支行当地的工资水平、职工生活费用价格指数的变动情况及同业同类人员工资收入水平等因素核定，并逐年调整。其他工资等级对应的工资额等于基准工资与各等级薪点的乘积。全体员工与分行在平等自愿基础上，通过签订聘用合同，明确双方的责任、权利和义务。截至是年年末，上海分行行员聘用签约率达 98.3%，完成试点任务。

表 7-3-1　1995 年交通银行上海分行行员等级名称情况表

等级		管辖分行	分行	支行
高级行员	2 等	行长	—	—
	3 等	副行长	行长	—
一级行员	4 等	经理	副行长	行长
	5 等	副经理、高级专务	经理	副行长
	6 等	主管、一级专务	副经理、一级专务	主管、一级专务
二级行员	7 等	副主管、一级专务	主管、一级专务	副主管、一级专务
	8 等	二级专务	副主管、二级专务	二级专务
	9 等	高级办事员	高级办事员	高级办事员
三级行员	10 等	一级办事员	一级办事员	一级办事员
	11 等	二级办事员	二级办事员	二级办事员
	12 等	三级办事员	三级办事员	三级办事员

表 7-3-2　1995 年交通银行上海分行行员等级工资薪点情况表

薪等	薪级									
	一	二	三	四	五	六	七	八	九	十
2	3.35	3.47	3.59	3.71	3.83	3.96	4.09	4.22	—	—
3	2.91	3.02	3.13	3.24	3.35	3.47	3.59	3.71	3.83	—
4	2.61	2.71	2.81	2.91	3.02	3.13	3.24	3.35	3.47	3.59
5	2.34	2.43	2.52	2.61	2.71	2.81	2.91	3.02	3.13	3.24
6	2.07	2.16	2.25	2.34	2.43	2.52	2.61	2.71	2.81	2.91
7	1.83	1.91	1.99	2.07	2.16	2.25	2.34	2.43	2.52	2.61
8	1.59	1.67	1.75	1.83	1.91	1.99	2.07	2.16	2.25	2.34
9	1.38	1.45	1.52	1.59	1.67	1.75	1.83	1.91	1.99	2.07
10	1.24	1.31	1.38	1.45	1.52	1.59	1.67	1.75	1.83	—
11	1.12	1.18	1.24	1.31	1.38	1.45	1.52	1.59	—	—
12	1	1.06	1.12	1.18	1.24	1.31	1.38	—	—	—

第三节　人力资源管理改革项目

2006 年，上海分行围绕总行“建立一套以职位管理、薪酬管理、绩效管理三大体系为核心的新型人力资源管理框架”要求，有序推进人力资源管理改革项目。通过统筹安排职位梳理、组织梳理、人岗匹配等工作，建立“因事设人、因岗选人、人岗匹配、人尽其才”新职位设置体系。全行职位从低到高划分为 A、B、C、D 4 个职等，专业职位按不同职等分别称为职员、专员、高级专员、首席专员、资深专员等。统一职位管理序列后，规范了职位名称和任职资格标准，实现了“因事设岗、因责设岗”管理目标。新的薪酬管理体系依据新型职位等级体系，以外资银行在中国境内机构同等职位薪酬的市场中位值作为比对标准，兼顾地区薪酬差异，重新确定各职位固定薪酬，实现与市场接轨，改变按行政级别决定薪酬标准的情况。每年按全行及各层级绩效达成情况和薪酬市场竞争力两个主要因素，动态调整各层级和员工的调薪幅度。员工职位工资主要分为基础工资、履职津贴、绩效工资（变动奖金）。其中职位工资 50％为基础工资，作为员工基本生活保障；其余 50％为履职津贴，视员工履职和出勤情况计发；绩效工资依据分行，部门、支行及团队，个人年度绩效达成情况考核确定。

表 7-3-3　2006 年交通银行上海分行双通道职位序列情况表

职　　等	管 理 序 列	专 业 序 列
D	分行行级领导	资深专员/高级督察
C	高级经理	首席专员/督察
B	经理	高级专员/专员
A	—	职员

表 7-3-4　2006 年交通银行上海分行职位任职资格标准情况表

职位等级		最低学历	本专业工作经验	管理经验（本专业/或相关专业）
D 职等	行长/副行长	本科学历或以上	15 年银行从业经验	10 年银行业管理经验
	资深专员序列		15 年银行从业经验	10 年银行业管理经验
C 职等	高级经理/副高级经理（管理序列）		8 年/7 年（其中 6 年/5 年本专业或相关专业 B 职等职位工作经验）	5 年以上银行业管理经验
	首席专员序列		7 年（其中 6 年/5 年本专业 B 职等职位工作经验）	—
B 职等	经理/副经理（管理序列）		5 年（其中 4 年本专业或相关专业 B 职等职位工作经验）	—
	高级专员（专业序列）		5 年（其中 4 年本专业 B 职等职位工作经验）	—
	B 职等员工		3～5 年	—
A 职等	A 职等员工	正式员工本科学历或以上；派遣制员工大专学历或以上	3 年以下	—

第四章　薪酬　绩效　福利

交通银行上海(市)分行在各个历史阶段,薪酬、福利始终纳入总行(总管理处)管理序列,并根据员工考核结果予以实施。尤其是在2005年人力资源管理改革中,进一步确立起以绩效目标与中心工作相结合,绩效等级与个人薪酬收入相挂钩,薪酬福利与绩效管理相匹配的考核分配体系,为分行持续改革发展和创新转型提供了动力。

第一节　薪　　酬

清光绪三十四年四月十五日(1908年5月14日),总管理处制定各分行总办等的薪酬暂行标准。

表7-4-1　清光绪三十四年四月(1908年5月)交通银行上海分行各类行员薪资情况表

名　目	月　薪
经理	银200两
副理	银150两
总司账	银50两
帮账	银24两
外司账	银36两
总管库	银40两
库司账	银30两
管汇票	银36两
管柜房	银24两
管纸币	银24两
管金银币生银	银24两
管铜币	银24两
管单据	银24两
总书信	银50两
帮书信	银36两
抄写	银20两
洋文翻译	银50两
跑街兼理外务	银36两

〔续表〕

名　目	月　薪
知客兼理杂物	银 20 两
学徒	银 10 两
各项夫役厨司	酌给

民国 6 年 2 月(1917 年 2 月),总管理处订立行员薪给章程规定,行员之薪给分为薪水、津贴、交际津贴、盈余酬劳金、奖励津贴五个部分。民国 11 年(1922 年),上海分行提出"在无奖金之时,每年年终一律加给薪水三个月",具体奖励标准取决于行员的考核成绩。民国 14 年(1925 年),在交通银行第四届行务会议上,上海分行提出优待行员制度。主张重定年资加俸办法、修改现行薪级章程、制定行员存款优待办法和行员储金办法等,加强行员与银行之间的关系。民国 16 年(1927 年)1 月,制定甲、乙两种考绩表,切实厘定加薪级数。6 月,分行职工会解散,由行业联合会协议提高职工待遇,规定行员、栈司每年收入以 300 元、240 元为最低限度,练习生及其他各级行员由各行自定。民国 27 年(1938 年),遵从总管理处员工薪资规则,主张赏罚分明,奖惩有据,借此提高员工责任感与积极性。民国 35 年(1946 年)5 月,设立"上海交通银行同人消费合作社",以低息透支方式向分行借用资金,囤积米、油、糖、火油、肥皂等日用品,然后以低价配售给员工。民国 36 年(1947 年)10 月 30 日,上海分行 1 446 名社员中,有 1 306 人采购了配售物质。

1949 年 5 月上海解放后,上海分行按照"工作上积极负责,钻研业务,改进工作,团结互助,克服困难,完成任务;认真学习政治理论,文化和业务,能正确开展批评与自我批评,不断纠正缺点;遵守国家政策、法令和本行各项章则制度;参加各项运动,确有相当成绩;厉行节约,爱护公物,洁廉奉公,公私分明"考绩标准,并经自报公议、民主评比(分为甲、乙、丙、丁四级)、考委会审核、行政批准,进行奖励。

1986 年 10 月上海分行试营业后,按照国家机关和事业单位工资管理标准,实行结构工资制,由基础工资、职务工资、工龄工资和国家、地方规定的各种补贴 4 部分组成。分行工资总额受总管理处核定的劳动工资计划控制,不得擅自突破。为打破分配上的平均主义,激发员工奋发向上的事业心,依据"多劳多得,奖优罚劣"分配原则,对业务发展作出突出贡献人员实施奖励。1994 年,按照总行行员制度改革要求,落实行员制核心内容之一的行员等级工资制度改革工作,在职位分类基础上,按照效率优先、兼顾公平原则,以行员所任的职位等级(分为 11 等)和个人品位因素(包括职位等级、学历、专业技术职称、工龄、任现职年限)为依据,经职位列等和行员列等后确定行员等级工资。行员等级工资由等级工资、年终奖金、特殊职位津贴和年功工资 4 部分构成。其中,等级工资划分为 11 薪等,每一薪等含 1～10 个薪级。12 等 1 级为基准薪级(薪点为 1),对应基准薪级的基准工资由交通银行根据各分(支)行的当年工资水平、当地职工生活费用价格指数的变动情况以及同业同类人员工资收入水平等因素核定。等级工资对应的工资额等于基准工资额与各等级薪点的乘积,按交通银行统一制定的"行员等级工资薪点表"执行;年终奖金是上海分行根据当年利润增长情况核定奖金总额,对年终考核合格的行员发放的一次性奖金,其数额按行员月平均工资和加发月数的乘积计发;特殊职位津贴是针对从事现金出纳、库房管理、专职守库和押运、专职机动车驾驶等职位,以及从事储蓄、证券、会计等柜面服务和行政经费报销等职位人员实施特殊职位津贴,并按不同特殊职位确定发放标准。特殊职位津贴主要依照行员出勤情况按月计发，调离职位，津贴随即取消；年功工资是对在交通银行工作满5年以上，并有25年以上工龄的资深行员，当其工资等级已达到工资薪等范围内最高薪级时，经年度考核合格可享受年功工资，按行员的等级工资3%计算，逐年增加，最高不得超过行员等级工资的30%，年功工资按月随行员等级工资计发。

表7-4-2　1995年交通银行上海分行特殊职位和津贴标准对应表

部　门	职位名称	等　级	津贴标准(元/天)
办公室	文档科文书员	10	1
办公室	文档科收发员	11	1
办公室	文档科打字员	11	2
办公室	外事科接待室服务员	11	1
保卫处	经警队队长	9	2
保卫处	武装押运员	11	3
行政处	总务科车辆调度员	10	1
行政处	总务科驾驶员	11	2
行政处	财务科出纳员	10	1
外汇业务管理处	外汇资金科交易接柜员	10	1
外汇存汇部	存款科接柜员	9	1
外汇存汇部	存款科经办员	10	1
外汇存汇部	存款科复核员	9	1
外汇存汇部	汇款科汇出汇款员	9	1
外汇存汇部	汇款科汇入汇款员	9	1
外汇存汇部	汇款科复核员	9	1
外汇存汇部	汇款科汇款查询员	9	1
外汇存汇部	汇款科票据托收员	10	1
外汇存汇部	汇款科外币信用卡授权员	9	1
外汇存汇部	兑换出纳科兑换出纳员	10	2
外汇存汇部	兑换出纳科兑换出纳复核员	9	2
外汇存汇部	兑换出纳科外币整点员	10	2
外汇进出口部	综合科印押员	10	1
外汇进出口部	综合科电传员	10	1
信用卡业务部	财务会计科经办员	10	1
信用卡业务部	财务会计科复核员	9	1
市内支行	储蓄所(组)经办员	10	1

〔续表〕

<table>
<tr><th>部　门</th><th colspan="2">职位名称</th><th>等　级</th><th>津贴标准(元/天)</th></tr>
<tr><td>市内支行</td><td colspan="2">储蓄所(组)复核员</td><td>9</td><td>1</td></tr>
<tr><td>市内支行</td><td colspan="2">储蓄所(组)复付员</td><td>10</td><td>1</td></tr>
<tr><td>市内支行</td><td colspan="2">储蓄科保管箱业务员</td><td>10</td><td>1</td></tr>
<tr><td>市内支行</td><td colspan="2">储蓄科(所)柜员制操作员</td><td>9</td><td>3</td></tr>
<tr><td>市内支行</td><td colspan="2">会计科接柜员</td><td>9</td><td>1</td></tr>
<tr><td>市内支行</td><td colspan="2">会计科存放款会计核算员</td><td>9</td><td>1</td></tr>
<tr><td>市内支行</td><td colspan="2">会计科会计档案保管员</td><td>10</td><td>1</td></tr>
<tr><td>市内支行</td><td colspan="2">出纳科初收员</td><td>10</td><td>2</td></tr>
<tr><td>市内支行</td><td colspan="2">出纳科复收员</td><td>9</td><td>2</td></tr>
<tr><td>市内支行</td><td colspan="2">出纳科复点员</td><td>10</td><td>2</td></tr>
<tr><td>市内支行</td><td colspan="2">出纳科配款员</td><td>10</td><td>2</td></tr>
<tr><td>市内支行</td><td colspan="2">出纳科复付员</td><td>9</td><td>2</td></tr>
<tr><td>市内支行</td><td colspan="2">出纳科管库员</td><td>9</td><td>3</td></tr>
<tr><td>市内支行</td><td colspan="2">出纳科押运员</td><td>11</td><td>3</td></tr>
<tr><td>市内支行</td><td colspan="2">外汇业务科存汇经办员</td><td>10</td><td>1</td></tr>
<tr><td>市内支行</td><td colspan="2">外汇业务科存汇复核员</td><td>9</td><td>1</td></tr>
<tr><td>市内支行</td><td colspan="2">人事保卫科武装守护员</td><td>11</td><td>3</td></tr>
<tr><td>市内支行</td><td colspan="2">办公室总务员</td><td>10</td><td>1</td></tr>
<tr><td rowspan="2">市内支行</td><td rowspan="2">办公室通讯员</td><td>摩托车</td><td rowspan="2">11</td><td>2</td></tr>
<tr><td>自行车、助动车、乘公交车</td><td>1</td></tr>
</table>

2006年，根据总行统一部署，上海分行成立人力资源管理改革项目推进工作组，推进以岗定薪薪酬管理改革。新的薪酬管理体系以“以级定薪、拉开差距”为原则，依据宽幅多级的职位等级体系，结合绩效评估机制，整合现金、短期激励、长期激励、福利待遇、休假、津贴补贴、精神激励等各类薪酬资源，形成新的薪酬体系。以岗定薪的薪酬管理体系与职位管理体系一一对应，按每一职位有一定上升空间的设置理念，对每一职等均设有一定宽度的薪酬等级，体现“宽幅式”框架。主要由基础工资、履职津贴和变动奖金构成，基础工资与履职津贴之比为1∶1。基础工资是员工基本生活保障，正常情况下按月发放；履职津贴是员工准确履行职位职责的价值体现，根据履职情况和出勤记录考核计发；变动奖金是根据员工绩效考核结果，并综合分行、部门或单位绩效达成情况发放的绩效奖金。分行以总行对目标市场的薪酬变动情况适时作出的薪酬结构调整结果为依据，围绕市场目标水平、员工个人薪酬竞争力和上年绩效考核等级3个维度，分别于2007年度、2008年度、2010年度、2011年度和2012年度对全行3 338名、3 742名、4 327名、4 524名、4 771名员工实施了年度调薪，平均增幅为6.7%、11.2%、12%、15%及9.5%，调幅最高达30%，最低为3%。

2006—2011年，上海(市)分行绩效工资总额与之在总行系统中绩效考核结果挂钩，2012—2014年，改为与经济利润增长情况挂钩。

第二节 绩效考评

一、目标管理考评

为进一步加强内部管理，理顺工作秩序，全面完成年度经营计划，1990年，上海分行试行目标管理办法。要求各单位、部门的围绕业务指标、工作质量、工作效率、服务质量、制度管理等目标，强化内部考评。强调奖金分配不搞平均主义，按分行考核部门、部门考核科室、科室考核个人的规则实施。1991年，全面实施目标管理，分行及部门分别成立目标管理领导小组，实行两级管理领导制度。分行负责制定总体目标，下达工作、内部管理目标任务。各部门负责制定和修改本部门目标管理具体方案，并组织实施；落实对科室、个人的考核；年终时，上报《完成目标任务报告书》。分行经全面考评后，按部门目标考核得分进行奖励。具体奖励标准：90分及以上为一等奖，80～89分为二等奖，70～79分为三等奖，60～69分为四等奖，60分以下不得奖。奖金分配级差为20元。对个人的考核，分个人对照年度目标任务执行情况、撰写工作小结进行自我评价，在一定范围内作交流3个步骤进行。由部门对其考核后，根据贡献大小实行差额奖金发放，不搞平均主义。1992年，深入推进目标管理，在考核规定的业务目标基础上，新增工作质量、效率、技术等多项目标任务考核。明确管理部门每半年进行一次目标考核，由分行领导、部门及基层代表共同参与，并按50%、30%及20%的权重确定考核分数，全年2次考评的平均分为该部门最终得分。1993年，在全面践行“业务指标落实、工作任务完成、内部管理加强”目标管理的同时，进一步推进经营管理的制度化、规范化建设，并将原目标管理考核中工作任务、内部管理目标权重由70%、30%分别调整为60%、40%。

二、综合考核

1994年，围绕行员制工作总体安排，上海分行在全行范围内对员工的德才表现、工作实绩进行全方位考核，为行员聘用、职位聘任提供依据。是年，参加综合考核的员工1 701人，其中优秀员工为167人，占比9.82%，胜任和基本胜任员工达1 525人，占比89.65%，不胜任员工为9人，占比0.53%。1999年，印发《业务经营管理综合考核办法》，重点突出“提高资产质量和经济效益”主线，强化对存款、资产质量和利润的考核，同时兼顾人民币结算业务、国际结算业务发展。为确保目标达成，分行成立综合业务考核领导小组，负责全行综合业务考核工作。设立考核月奖、季奖和年奖，分别与本外币存款存量、增量及资产质量挂钩。明确对发展存款有功员工，实施人、户、量相挂钩，跟踪到户，考核到人，按增长比例奖励的办法；对收回“两呆”贷款和应收欠息作出贡献的员工，按规定比例进行专项奖励。

2000—2002年，上海分行加强对行员“德、能、勤、绩”综合考核，按个人述职、组织测评、听取意见、鉴定考核结果、反馈考核意见步骤操作。考核分为优秀、称职、基本称职和不称职4个等级，考核小组在一定范围内组织测评，确定被考核者考核等级。考核结束后，由考核小组或被考核者的直接上级，将考核相关情况向被考核者反馈。对考核不称职的行员，分期分批送待聘中心进行培训。

三、绩效管理考核

2003年,上海分行实施全员绩效管理,建立以e-Learning系统为基础的人才培养和绩效支持体系,从业务知识、专业技能、职业素养3个方面着手,组织全员培训,重点建设营销人员、检查辅导员、各类专业化技术和管理人员3支队伍,完善各类人员的资格考级认证体系和进入、退出、补充机制;规划员工的职业生涯,准确、公正地评价每个员工的工作业绩,引导和激励全行员工保持向上的精神、工作状态,在交通银行整体发展的过程中找到自己的位置,实现自身的价值;绩效考评遵循"逐级考评、层层推进,业绩考评与能力考评相结合,定性评估与定量考评相结合"原则,年度绩效考评分为4个等级,其中"优秀"占比不高于20%,"良好"占比不高于40%,"称职""不称职"占比一般掌握在38%、2%左右。

2004—2006年,为进一步完善全员绩效管理,推进全行统一贯彻实施,上海分行结合e-HR系统上线要求,印发《全员绩效管理实施细则》,明确全员绩效考评按不同考核期分为年度考评、中期评估和不定期专项考核。其中,年度考评包括员工年度个人发展目标、工作目标、能力素质和特别表现4部分内容;中期评估主要考评员工半年度工作目标(包括业绩指标和工作任务)按计划进度完成情况;不定期专项考核是分行组织的侧重干部管理能力评估的360度考核。依据年度绩效考核的结果,对员工做出优秀、良好、称职和不称职等级评定。原则上,"优秀"比例为15%、"良好"比例为30%、"称职"比例为53%、"不称职"一般掌握在2%左右。为体现差异,分行根据各单位年度考评结果,将经营单位和管理处室分别划分为3档,员工等级比例相应实行分档浮动。一等支行或管理部门,员工"优秀""良好"比例上浮20%,分行达18%和36%,"不称职"比例下降20%,即1.6%左右;二等支行或管理部门,员工等级维持比例不变;三等支行或管理部门,员工"优秀""良好"比例下浮20%分别为12%和24%,"不称职"比例上浮20%,即2.4%左右。

2007年起,上海分行与总行新的人力资源绩效管理体系相接轨,引入平衡计分卡的基本理念和做法,并制定《绩效管理办法》。绩效管理工作分为单位绩效管理与员工绩效管理两个层面,绩效指标及目标的设定以全行的战略目标为源头,通过逐级分解,形成各单位、部门以及员工的绩效指标体系和绩效目标。要求各级管理者在日常工作中对下属绩效达成情况进行定期监控与评价,及时发现存在的偏差和问题,制定改进方案,帮助下属提高业绩,完成绩效指标。各单位绩效得分按平衡计分卡各项指标实际达成情况及指标权重计分;员工绩效考核主要依据目标完成情况确定年度绩效考核A等(卓越)、B等(优秀)、C等(良好)、D等(待改进)4个等级。年度绩效考核结果与员工当年变动奖金、次年调薪幅度、次年培训、职业生涯发展相挂钩。

2014年,上海市分行印发《2014年绩效考核办法》。把全行分为经营单位大客户部和综合行、直营部门、管理部门三类实施考核,并依据年终考核得分评定A、B、C 3个等级。对经营/管理责任人按经营管理绩效指标(80%权重)和干部综合测评(20%权重)两个维度实施考核,考核分为A(卓越)、B(优秀)、C(称职)、D(待改进)、E(不胜任)5个等级。经营单位、直营部门及管理部门的绩效考核结果与部门绩效工资总额挂钩,并对经营/管理责任人绩效考核结果及员工绩效等级分配名额产生影响。个人的绩效考核结果将作为职业发展和薪酬分配调整的重要参考依据。

第三节 员工福利

上海(市)分行员工福利体系按照总行(总管理处)统一规定分为法定福利和企业补充福利两部

分。其中,法定福利是分行为员工代扣代缴养老保险、医疗保险、失业保险、工伤保险、生育保险和住房公积金等。企业补充福利是分行根据自身经营状况建立的企业补充福利,主要包括企业年金、补充医疗保险、住房补贴、定期体检、员工疗休养等。

一、住房补贴

1988年4月,为解决员工住房困难问题,上海分行按照“有利工作,方便生活,分别缓急,解困为主,合理安排,逐步改善”原则,进行第一次“解困”住房分配。1988—1991年,先后7次在全行范围内进行员工住房分配,其中分配新房80套,面积2 105.12平方米,套配旧房64套,面积1 078平方米,解决144名员工(占全行总人数的9.6%)住房问题,分行员工人均居住面积从6.59平方米提高至7.24平方米。1999年,为贯彻落实国务院、上海市政府关于深化住房制度改革的有关精神,停止员工住房实物分配。

2000年6月,经上海分行一届二次职工代表达大会审议通过,正式实施《职工货币化分房补贴暂行办法》,对1999年12月31日之前进行的在编员工(包括离退休员工)实施本次货币化分房补贴,同时根据员工的职级确定分房补贴资金系数标准。2000—2003年,全行有2 876名员工享受了住房补贴款,其中2 410名员工使用住房补贴购买了商品房。

2003年,上海分行落实总行《分支行住房补贴若干问题的意见》精神,以2001年工资总额的30%为基础,按上年度核销前资产收益率、利润完成情况核定本年度住房补贴使用额度,并在上年超计划利润部分内使用;住房补贴采取按月发放的方式;从1月1日起,依照“老人老办法,新人新办法”原则,对新入行的正式职工住房补贴发放年限由原先15年调整为20年。

2003—2008年,上海市分行业务快速发展,机构员工数量也相应增加。集中增员使住房补贴额度大幅增加,加大了财务资源压力。从2008年起,按照总行要求,调整住房补贴政策,对新录用员工不再提供住房补贴。

二、补充医疗保险

1986年10月上海分行开业初期,属于自管公费医疗单位,员工在指定医疗机构就诊发生费用均由分行负担。

1993年起,上海分行加强医药费管理,开始实行医疗费定额包干、按月发放、统一使用、年底结算、超支核报、节约归己的办法。

1995年起,上海分行对家属医疗费不再实行包干办法,凭家属医疗补贴证按有关规定报销50%。

2006年12月,根据上海市医疗保险规定和《交通银行补充医疗保险制度暂行办法》精神,上海分行印发《员工补充医疗保险管理办法》,决定建立补充医疗保险制度,设立“分行员工补充医疗保险基金”“员工补充医疗保险个人账户”委托保险公司管理。补充医疗保险基金用于员工大病、重病补贴以及员工住院、门急诊自负费用的补贴;员工补充医疗保险个人账户每年按员工工资的一定比例(最高不超过4%)提取补充医疗保险,并成立医疗保险基金。基金按员工职位等级和工作年限分摊记入个人账户。

2012年12月,上海市分行第五届职工代表大会第一次会议审议通过《员工补充医疗保险管理办法》，规定补充医疗保险资金控制在上年工资总额4%的额度内。明确分行补充医疗保险采用商业保险形式，委托专业保险公司进行管理。补充医疗保险费分为“赔补基金”和“保险基金”。“赔补基金”用于购买门(急)诊、住院医疗保险、意外保险以及列支行内医保大病援助费用，为员工提供全方位的医疗保障。其中，医保大病援助由分行进行审核和列支，员工最多可累计获12万元的援助。补充医疗保险制度的建立和实施，进一步提升员工福利指数和归属感，增强企业凝聚力。

三、企业年金制度

1998年，根据总行统一部署，上海分行依托自身财务资源建立员工补充养老保险制度。

2002年10月，上海分行第二届职工代表大会第二次会议审议通过《2002年度职工补充养老保险奖励办法》，对在分行改革发展中作出较大贡献的员工实施补充养老保险奖励，奖励比例不超过本单位、本部门在职员工的20%～25%。

2006年5月，上海分行制定《员工补充养老保险管理办法》，规定在总行政策和自身经营效益许可范围内，每年按工资总额的一定比例(最高不超过10%)提供补充养老保险，并在其中提取不超过额度的10%用于奖励有特殊贡献的员工和业务骨干；为员工在上海市社会保险事业中心开设个人补充养老保险账户，该账户委托上海市社会保险结算中心管理。

2008年7月，上海分行根据国家劳动和社会保障部相关政策规定，将补充养老保险业务整体移交给长江养老保险股份有限公司管理，并于2009年1月起，按照国家“一级法人单位只能设立一个企业年金计划”规定及总行《企业年金计划实施细则》精神，正式实施企业年金计划，为员工建立自愿参加的补充养老保险制度。企业年金基金由分行及计划参加员工共同缴费组成，每年分别按本行及个人缴费基数的4%及1%缴费。2009年年末，上海市分行共有3 980人自愿参加交通银行企业年金计划。2012年12月，按照财政部《国有金融企业年金管理办法》，调整国有金融企业年金缴费比例上限要求，将企业缴费比例由4%提高至5%，调增1%缴费额度全部分配至个人账户—企业子账户。

第五章　教育培训

1986年10月交通银行上海分行重新开业以来，围绕交通银行改革发展总目标，大力实施“人才兴行”战略，通过制定教育培训规划、强化制度建设和培训管理、不断提升培训质量，逐步构建起一个系统的、与银行发展及人力资源管理相匹配的培训管理体系、培训课程体系和培训实施体系，为上海分行持续提升经营管理水平，提供了宝贵的人才资源。

第一节　培训规划

1994年，上海分行贯彻总行职工教育委员会第一次会议和教育培训工作座谈会精神，结合“教育兴行”理念，全面深化教育培训工作改革，制定《1994—1995年教育培训工作规划》。强调全行教育培训工作以银行经营管理为中心，突出重点，采用分层次、多渠道方法，力求在教育培训的数量、质量和效益上达到一个新水平；实施“百人培训工程”，培养高层次、复合型管理人才；建立“一级中心、二级培训、四个结合”，即利用培训中心办班，推进分行与部门或支行两级培训，力求普及与提高、脱产与业务培训、银行专业知识与管理知识、专业培训与系列讲座相结合的教育培训模式，重点培养专业技术人员；推行“师徒帮教”制度；加速建成设施完备的培训基地。

2005年，围绕总行改革发展的需要和工作目标任务，上海分行印发《2005—2006年教育培训工作意见》。明确教育培训以提升员工价值、培育核心竞争力为目的，以整合培训资源和提高远程培训效能为手段，紧扣能力素质，重点突出“营销”和“内控”两大主题，加大在职和后备干部的培养力度，加强营销、风险管理等专业人员的培训，强化员工在交通银行战略转型期的适应力、竞争力和创新力的培养，逐步构建并完善全员参与、全员推动的多层次、多渠道的教育培训体系。

2011年，按照“人才建设年”工作要求，上海市分行制定《2011年教育培训工作指导意见》。提出推进“两化一行”发展战略和实现“倍增计划”目标，需要强大的人力资源支撑，全行要树立发展靠人才，培训出人才理念。强调要进一步明晰培训管理职责，形成职责明确、制度完善、保障有力的教育培训管理机制。强化人资部、培育中心、各业务条线三位一体，分行、经营单位两级培训的管理架构和职责模式。

2014年，围绕转型发展目标和“树人立业”理念，上海市分行结合人才培养长期性和持续性的特点，制定《2014—2018年教育培训规划》，提出在规划期内要深化教育培训体制改革，完善教育培训职能，优化培训运行管理，建设一支忠诚交行事业、具有开拓意识和前瞻性眼光、掌握现代金融企业管理知识和技能的高素质干部人才队伍，为分行打造成上海地区“金融旗舰”提供坚强保障的指导思想；塑造“人人有责、人人参与、人人成才”的培训文化，将教育培训与人才开发使用紧密结合，有效落实人才兴行战略的基本原则；建立健全培训组织管理体系，完善培训考核机制，优化培训资源管理，创新人才培育方式，提高教育培训科学化规范化水平的目标任务。

第二节　制度建设

1986年上海分行开业初期，针对业务骨干和人才短缺的现状，从抓员工教育培训入手，制定

《关于职工教育学费报销若干问题的暂行规定》,鼓励员工利用业余时间参加各类培训,提高专业、文化水平。

1987年9月,在支持员工接受社会培训的同时,上海分行筹划实务培训,印发《关于本行职工担任兼课老师的有关规定》,聘请内部有丰富业务经验的员工承担兼课任务,加快人才培养,满足发展需要。

1991年3月,为提升员工队伍整体素质,适应市场竞争要求,上海分行印发《关于加强职工学历教育管理的规定》,对员工学成取得大专或本科毕业证书者、获得分行级以上综合荣誉称号者,分别给予不同奖励;对未取得中级技术职称资格的科以上干部,支持其参加专业对口的"专业合格证书班"学习。

1991年10月,上海分行制定《关于新进行人员实行师徒帮教制度的暂行办法》,规定应届大中专毕业生、商调人员等入行时须签订为期一年的师徒帮教合同,实行老师带教制度。

1993年1月,随着业务发展,员工数量集中增加。针对众多来自不同行业的人员,制定《有关商调人员入行培训的规定》,作出凡非金融系统商调来行、安排在业务岗位的人员,入行一年之内须分批接受教育培训的规定。2001年7月,规范师徒帮教工作,印发《进一步做好师徒帮教工作意见》,对师徒帮教的对象、帮教师傅的确定、签定帮教合同、对见习行员的日常考核、见习行员的转正考试及有关奖励办法等一一进行界定。2009年6月,深入贯彻落实交通银行人才建设规划,提升分行培育员工职位胜任能力与职业发展能力,全面推进人才培育与发展工作,拟在行内聘任一批善管理、精业务、能带教的践习指导教练,制定《践习指导教练暂行管理办法》,提出践习指导教练选聘要求、聘用的程序和方法、工作职责、考核管理、奖励等标准。8月,印发《新行员入职第一年培养发展工作指导意见》,细化新行员集中培训、岗位践习、培养发展工作评估等内容。2013年3月,印发《教育培训管理办法》,强调要理顺教育培训工作机制,各司其职,落实责任,有效组织实施教育培训工作。明确人力资源部负责教育培训工作的总体规划、制度建设、统筹协调和教育培训经费的总体管理;预算财务部负责教育培训经费的预算审核和使用管理;培育中心负责教育培训工作的具体规划、组织实施和运行维护。12月,修订《教育培训管理办法》,调整两部门的工作职责,人力资源部除负责教育培训工作的总体规划外,还负责教育培训经费的预算编制和使用管理;培育中心继续承担原来的工作职责,新增教育培训经费的使用管理职能。

2013年9月,分行制定《员工在职教育培训激励办法》,明确在职教育培训激励内容、条件和标准,并细化激励工作的具体实施流程,鼓励员工参加在职教育培训,提升履职能力和职业素质。2014年6月,印发《教育培训经费管理办法》,进一步规范教育培训经费管理,明确教育培训经费开支范围,职责分工,经费预算管理、使用管理及经费的监督等要求。8月,制定《远程教育培训工作管理办法》,要求开展包括全员网络学习活动项目、专题网络培训项目、在线课堂培训项目、在线考试项目等远程教育培训工作;加强电子课件开发、课件采购、课件资源库管理。进一步规范远程教育培训工作运作流程,保障各类远程教育培训平台安全规范运营,确保远程教育培训工作顺利实施,发挥远程培训技术在人才培养过程中的作用。

第三节　资 源 开 发

一、培训项目

【干部培训】

1995—1996年,分行举办4期旨在提升科级干部管理能力的系统性培训班。2001—2005年,加大对青年后备干部的培养力度，塑造一批懂业务、善管理的中高级经营管理人才，举办6期"中青年干部培训班"、15期"青年干部培训班"，培养中青年干部480人次，先后有8人被提拔为D职等干部（分行级领导）、152人被提升为C职等干部（分行部门级领导）。2011—2014年，为提高基层营业机构负责人的工作能力和管理水平，结合网点负责人岗位职责和工作要求，累计举办8期新任营业机构负责人培训班。培训内容涵盖员工管理、自我管理、业务经营管理三大模块等，受训的新任基层营业机构负责人达221人。

【专项人才培训】

1986年试营业后，分行针对员工队伍年纪轻、银行工作经历短特点，全面开展会计、信贷、外汇、私金等岗位专业知识培训和考核，从中发掘培养一批专业条线业务骨干。1993年，为加快外汇业务发展，组织外汇业务人员开展为期3周的外汇贸易结算和非贸易结算业务资质认证培训，并参加总行统一考试，规定通过考试方能持证上岗。1998年，根据新的信贷五级分类要求，为构建风险培训体系，采用集中面授和视频转播方式，对包括辖属的绍兴、温州、嘉兴、湖州等分行在内的信贷条线管理干部进行培训。2000年，从跨世纪发展的战略高度出发，全面启动专家型人才资源开发工作，加大力度抓好专项人才培训工作，为分行突出发展主题、发挥集约化经营特色，进一步完善全行营销组织体制和考核激励机制，强化后台支撑和内部管理，提升综合竞争力，推进经营管理全面协调发展，提供宝贵的人才资源。2011年10月，围绕业务发展和员工职业发展两大需求，启动个人金融条线专才培训计划。对该条线主要岗位不同层级人员（含大堂经理、客户服务经理、沃德客户经理、个金业务管理经理、营业机构个金业务负责人）实施面授和网络两种形式培训。2012年7月，强化营运条线后备人才建设，培育和充实营运业务专家队伍及内控管理的高质人才，在"菁英计划"基础上，推出营运条线"英才计划"。该计划以"来源于前台，服务为前台"为原则，通过每两年开展一次英才计划的选拔，为具有一定柜面高质经验，学习能力强、发展潜力大的优秀人才，提供分行营运管理部、业务处理中心等部门不同岗位1～2年的轮岗培养。"英才计划"引入导师制带教，实施"能入能出、出入有序"的动态管理，经多角度、多维度的科学评估，确定"英才计划"人员的个人特质和适宜的职业发展方向，合理规划人员的职业发展路径。截至2014年年末，上海市分行共选拔培养营运条线英才15人。2014年10月，为促进分行管理部门与经营单位，以及各经营单位之间对公客户经理的沟通交流，提高对公客户经理队伍的凝聚力和竞争力，增强对公客户经理的专业水平和职业素养，成立"蕴通精英荟"对公客户经理俱乐部，选择经营单位对公条线重点培养的对象为成员。活动形式包括：与总分行相关部门的领导进行面对面交流、企业家访谈、商务考察等，参加各类论坛、讲座、研讨、培训等学术活动，以及主题沙龙、户外拓展，与其他俱乐部、企事业单位、行业协会等开展联谊活动。

【新行员入职培训】

为帮助新行员快速适应工作环境、顺利完成角色转型，上海分行从1986年10月试营业起，根据新行员履行职位职责的要求，每年对新行员进行企业历史沿革与发展、实务操作技能等入职培训。2000年后，结合新行员特点，通过行长寄语、网络学习、课堂面授、拓展训练、专题汇报、情景模拟、网点调研等多种教学方法，确保完成高质量培训。2011年，在太平洋信用卡中心上海办事处设立"新行员营销实习基地"。组织新行员参加入职前的信用卡营销实习培训，每批培训时间为3周。培训内容分为面授与营销实践两大板块。其中，面授期为1周，主要学习信用卡销售、客户维护、产品宣传等内容。营销实践期为2周，通过明确目标、师徒带教、学员PK、辩论演讲、知识竞赛、经验分享、专家点评等形式，促进新行员学习基本营销知识，体验营销实践环境，提升适应市场竞争的能力，锻炼勇于拼搏的精神。截至2014年年末，全行共有587名新行员参加该项目培训，营销有效信用卡共29 944件，人均51件，该项目获中国教育技术协会颁发的标准网络教学奖二等奖。

二、师资队伍

分行以促进业务发展，提高全员素质，提升服务质量为目标，始终致力于师资队伍建设，通过实施择优选拔等举措，建立了一支优秀的专兼职教师队伍，为分行培育出一大批经营管理人才。

1986—1994年，上海分行为适应市场竞争，在行内聘请了一批有丰富业务经验的员工承担兼课任务。1995年后，逐步完善教师队伍建设，建立起一支拥有3名专职、48名兼职培训师队伍。此后，专兼职培训师队伍不断壮大。2013年，印发《兼职培训师管理办法》，对兼职培训师的基本条件和认证标准、职责要求、认证与聘任、日常管理与考核、费用管理等进行规范管理，并且首次将兼职培训师分为特邀兼职培训师、指定兼职培训师、高级兼职培训师、中级兼职培训师、授课讲师五个级别，同时明确各级兼职培训师应承担的职责、申报认证程序、获得的相关待遇等标准。此举提高了各层级员工参与教学工作的积极性，促进了上海市分行师资队伍建设。截至2014年年末，形成一支由114名管理干部和业务骨干组成的、能满足各级各类培训教学需求的兼职培训师队伍，其中有6人获交通银行优秀教育工作者称号。

三、培训教材

1986年开业初期，上海分行通过自编会计、出纳、外汇、储蓄、信贷等教材，作为员工上岗培训教材，全面介绍交通银行规章制度、业务流程和操作细则。1996年，为增强培训的实效性，加强教材选编，围绕交通银行简介、票据法、财务会计报表分析、会计制度、管理心理学、计算机应用基础教程等内容编写56万字教材。2000—2012年，根据经营机构改造及全行组织架构再造，结合前、中、后经营管理需求，先后编写业务经营、业务管理、风险管控、信息科技、提升服务等涵盖多条线、多层级员工的培训教材，对银行基本制度、审慎经营、风险管控、品牌建设进行了深入浅出的分析和梳理，提高了培训的质量。2013年，以主要岗位《能力素质模型》《职位说明书》为基础，结合各条线的工作职责，制定《2014年度培训课程手册》。该手册收集培训课程135门，依据岗位设置现状和专业性，划分为领导力与管理能力发展、公司客户经理、个金客户经理、营运业务管理和新行员五大培训课程序列，并按岗位资质认证要求和员工能力提升要求设置了核心课程和能力提升课程，集中反映了分行课程体系的状况，每年更新一次。

四、培训系统

【平台建设】

2001年，为普及全行教育培训工作，解决工学矛盾，分行与IBM公司合作，开发出总系统首个e-Learning远程教育培训管理平台，从过去单一的面授培训向线上线下混合培训模式转变。至2005年，分行利用该平台先后开展了新行员入职培训，对公、对私及国际业务等岗位员工培训，营运条线、授信条线岗位员工培训等在线网络培训项目，配套开发网络、培训课件共计 84 门。2013 年，为贯彻落实总行“人才建设年”工作要求，开发“学习快线”培训资源整合平台，使全行员工在分享网络学习便捷性同时，享受更多的培训资源，成为全行员工业务培训、经验交流平台。是年，分行首个基于手机的企业移动学习平台“e 学交行”正式上线。通过登录手机 App 客户端，可浏览微课、图文资讯，随时随地完成碎片化学习，为传送业务信息提供支持。“e 学交行”项目荣获 2013 年中国最具规模企业学习信息化论坛“博奥奖——最佳学习技术应用奖”。2014 年，根据员工学习行为模式及学习需求，进一步改进移动学习平台，建立基于微信的移动学习平台“微训苑”。

【电子课件】

2008—2009 年，上海分行制作 30 门会计制度规范可视化系列多媒体课件。2012 年，该系列课件在中国教育技术协会金融教育培训多媒体课件评比中获得一等奖。

2008 年 7 月，为配合 2008 年世界残疾人奥林匹克运动会工作，上海分行特聘手语专家录制金融服务手语示范课件，帮助员工掌握手语服务要领和技能。

2012 年，上海分行制作多媒体互动课件《柜员的一天》，让新行员全面直观地掌握柜员在基层网点的操作流程与规范。2013 年，该课件获金融教育基金会金融教育培训网络课程评比优秀课件奖。

2013 年 5 月，为进一步强化全行员工服务意识，弘扬交行服务品牌，分行甄选培训资料，并制成《服务案例》系列微电影课件，直观地反映了交通银行服务理念与规范、沟通技巧、危机处理技巧等内容。该课件获 2013 年中国最具规模企业学习信息化论坛“博奥奖——最佳电子课件奖”，并于 2014 年被交通银行推广使用。

第八篇

综合事务

概　述

1986 年 10 月交通银行上海分行试营业以来，针对门类繁杂、专业性强的综合行政事务，不断总结综合行政事务服务管理经验，逐步建立起一整套较为完整的综合行政事务服务管理体系，为全行业务创新，转型升级提供坚实的保障。

上海分行综合行政事务包罗万象，涉及全行经营管理方方面面，主要体现在办公管理、安保、后勤、网点建设等方面。其中办公管理主要包括分行公文管理、突发事件管理、宣传报道、品牌宣传、保密管理、档案管理等内容。安保主要包括安保队伍、安保设施、安保教育、安保检查、专项活动等。后勤工作主要包括是物业管理、车辆管理、物资采购、实物管理、其他保障等。网点建设主要包括概况、建设流程、网点改造等。

经过近 30 年发展，上海分行与时俱进，不断完善包括综合行政事务在内的服务管理体系，提升服务管理能力和水平，促进全行办公管理规范化、安全保卫协同化、后勤服务精细化及网点建设多元化建设，为全行各项工作的全面发展提供支撑。

第一章 办公管理

1986年10月交通银行上海分行重新开业后，办公管理工作围绕全行发展的中心，发挥沟通、协调、宣传作用，履行支撑、配套和保障职责，服从和服务于全行改革创新大局，助推上海市分行可持续发展。

第一节 公文管理

1986年10月上海分行开业初期，组织有关人员学习《国家行政机关公文处理办法》，借鉴政府部门公文处理方法，按照总管理处《公文处理暂行规定》，规范公文核稿、文件收发、档案管理等。1991年12月，全面规范公文管理，规定公文往来均由办公室统一处理，各部门阅处公文要及时归还，加速流转，确保时效。同时，规范10种公文种类，要求全行发文必须使用规定的“发文稿纸”或16开纸，办理公文及签署文稿必须使用碳素墨水或蓝黑墨水的钢笔或毛笔。1994年，加强对公文处理中存在的多头主报、越级上报、请示和报告并用，以及公文格式不统一等问题管理。1995年，进一步明确公文的格式种类、标识区域和印制标准等。1998年，对包括党务公文种类、格式、行文规则、起草及校核、签发、收发文办理、管理、立卷归档、保密管理等再作全面规范。是年，对照总行《党委公文版头标准》，统一分行党委、纪委及党委部门文件的版头样式标准。

2000年，参照中华人民共和国国家标准(GB/T9704—1999)，上海分行对公文所用纸张和印制要求、公文要素排列顺序和标识规则等加以规范。2001年、2005年，分别对全行公文格式标准作进一步规范。

2002年，上海分行印发《关于进一步加强公文、签报等制度管理的通知》，要求全行认真执行公文、签报制度。2006年，检查全行公文流转管理情况，进一步规范公文流转，确保公文处理及时、准确、安全。2008年起，上线总行网上办公系统，改变以往纸质签发文件的流程，并出台管理细则、制定网上发文规则。2012年4月，对标中共中央办公厅、国务院办公厅印发《党政公文处理工作条例》要求，将党政公文规范合一，严格办理公文文种、格式和适用范围。2014年4月，按照总行GUOP办公平台上线要求，发布实施细则，促进公文处理规范化、制度化和科学化，提高工作效率。

第二节 突发事件管理

1995年8月3日，上海分行印发营业场所突发事件、运钞途中突发事件、金库突发事件、安全防火突发事件4项应急预案，提升全行应对突发事件处置能力。1999年5月11日，出台《重大突发事件报告及处置办法》，界定重大突发事件的范围，强调重大事件突发地点要及时报告情况，相关负责人接到报告应立即亲临现场，指导处置工作。

2005年5月18日，上海分行印发《重大突发事件报告制度》。明确分行法律合规部负责重大突发事件报告工作的组织、管理和协调，同时负责内部上报及对外报告；分行保卫处、办公室负责配合与协助工作。建立重大突发事件报告问责制度，对造成严重后果的，将对直接责任人和相关责任人进行问责。2008年北京奥运会期间，举办多场面向全行的危机公关专题讲座和培训。2010年上海世博会开幕前夕，印发《媒体突发事件的应急预案》。成立媒体突发事件应急处置领导小组；明确分行办公室为处理全行媒体突发事件的主管部门；强调全行遇涉及媒体突发事件时，应区分影响紧急程度予以处置。上海世博会期间，为营造平安、和谐的世博氛围，出台信访、个人银行理财业务等突发事件应急预案，确保世博期间业务零差错、服务零投诉、安全零事故。2011—2012年，相继出台《重大突发事件及重要信息报告制度》《突发事件处置办法》，建立起“信息畅通、反应快捷、指挥有力、责任明确”的机制，最大限度降低突发事件造成的危害和损失。2014年3月，印发《媒体危机应对管理办法》。从媒体危机组织机制、管理流程等进行制度规范，尤其是对新媒体发布进行有效管理，提升分行媒体危机管理工作的效能。是年年末，全行“531”工程上线前，邀请上海多家主流媒体记者至不同网点开展参观，提升一线员工媒体危机应对意识和能力。

第三节　宣 传 报 道

1986年10月上海分行重新开业后，按照交通银行金融改革“试点行”要求，创新产品，开拓市场，发展综合性业务，引起沪上主流媒体高度关注。上海分行高度重视宣传报道，定期向各路记者披露分行业务进展情况，并配合记者深入分行采访、跟踪报道。1987年2月至5月，《解放日报》对上海分行正式开业后业务开展情况等进行11次报道。6月11日，《解放日报》详细报道国务委员、中国人民银行行长陈慕华视察总管理处及上海分行营业厅情况。是年，《解放日报》《文汇报》《新民晚报》及上海人民广播电台等新闻媒体大量报道上海分行发行股票、与美国施乐公司合作成立上海施乐复印机公司、与日本东京银行联合向上海第十二服装厂提供贷款、为上海有色金属总公司发放短期债券等金融创新举措。1994年6月26日，《文汇报》以《上海个人外汇买卖两旺》为题，详细报道市场热捧上海分行开办外汇宝创新业务的情况，同时为持续办好该项业务建言献策。1998年8月8日，《文汇报》刊登《高架轨道交通线——上海轨道交通明珠线一期建设工程开工》一文，报道总行、上海分行联合发放12亿元贷款，支持上海城市基础设施建设的新闻。

2009年，上海市分行作为交通银行中国2010年上海世博会商业银行全球合作伙伴所在地分行，全面启动上海世博会金融服务筹备工作。5月1日上午，分行世博领导小组负责人走进上海人民广播电台第一财经(FM97.7)栏目，参加“世博倒计时一周年”大型直播节目。6月25日，在分行接受上海市金融服务办公室组织新华社、上海电视台、上海人民广播电台、新浪网，以及《金融时报》《解放日报》《文化报》等11家媒体采访上海世博会筹备情况。7月1日，所属108家网点开始销售上海世博会个人门票，上海电视台在分行所属联洋支行作新闻现场直播节目，中央电视台在同一天晚上的《新闻联播》节目中也进行了报道。2010年5月1日，上海世博会开幕，分行主要负责人走进设在世博新闻中心的第一财经电视直播间，接受主题为创意世博“世博大观园”大型直播节目采访。9月，香港《星岛日报》《信报》《经济时报》《东方早报》等平面媒体在分行所属世博二支行进行采访并报道。上海世博会期间，中央电视台《新闻联播》节目连续报道上海市分行服务世博新闻；《人民日报》《经济日报》《新华每日电讯》《解放日报》《文汇报》《中国青年报》等主流媒体聚焦于上海市分行世博金融业务创新、服务工作，并予以积极报道；上海市分行组织世博报道组撰写多篇世博新闻特稿，刊登在《解放日报》等报纸头版重要位置。

2010—2014年，上海市分行加大与《人民日报》《金融时报》《解放日报》《劳动报》《新民晚报》等全国性媒体及地方主流媒体常态化沟通、联系力度，主动搭建银媒交流平台，报道分行金融创新、服务上海“四个中心”建设、支持实体经济和中小企业发展的新思路、新举措、新进展，让媒体深入走进分行，不断提高交通银行社会美誉度和社会公信力。

第四节　品牌宣传

1986年10月上海分行重新开业后，围绕“一流的服务质量、一流的工作效率、一流的银行信誉”办行宗旨，为客户提供全方位的金融服务，发布“交流融通，诚信永恒”广告语，扩大交通银行社会影响力。1988年7月，出资支持在沪举办的“龙之夏”沪、港、台著名影视歌星演唱会，宣传交通银行。委托中国唱片公司上海分公司录制交通银行音乐广告，分发客户，提升交通银行品牌知名度。1996年7月，印发《关于实施企业形象识别系统的通知》《企业形象识别手册》，实施企业形象识别系统方案(以下简称“CI”)，以统一、规范、鲜明的标识向社会公众展示交通银行企业形象。1998年，成立分行CI管理委员会，通过征集方式，最终确定“交汇四海，通融八方，交通银行与您共创辉煌”为对外宣传广告语。2001年，在全行员工中征集个人消费贷款名称，成功推出“圆梦宝”品牌。是年，与新民晚报副刊部合作举办外汇宝、圆梦宝、理财宝“三宝”征文活动，将50多篇文章汇编成《我与交通银行“三宝”征文选集》，部分获奖作品在《新民晚报·夜光杯》发表，实现沟通客户、展示功能、介绍理财、普及金融知识、宣传交通银行品牌的目的。2002年11月，进一步规范各辖属营业机构门面标识，提升企业品牌形象。2010年，联合总行，在上海世博会、浦东国际机场航站楼、上海电视台第一财经《头脑风暴》栏目等投放17项广告进行品牌宣传。2012年，获得黄浦江游船“船长8号”冠名权，“交通银行——您的财富管理银行”广告宣传词，唱响浦江两岸。

第五节　保密管理

1989年8月29日，上海分行制定《文档工作细则》，作出公文处理的保密规定。根据文书立卷、归档规定，分行办公室及相关部门负责将定稿的公文正本和有关材料整理立卷，并依据公文立卷特征、相互联系和保存价值进行分类整理，确保材料收集齐全完整，正确反映全行主要工作情况，便于今后查找和利用。1992年10月31日，成立分行保密委员会，建立保密工作常态化、制度化机制。保密委员会主要职责是规范保密工作程序，严格保密工作制度，及时了解掌握全行保密工作动态，研究解决保密工作中存在问题，组织全行开展保密教育和保密检查，负责密码通信、机要管理及办公自动化保密工作；以及依据分行工作特点及不同历史时期形势变化，有针对性地制定保密管理规定。1996年6月27日，制定《关于秘密文件管理的暂行规定》，从秘密文件范畴、制发、管理、阅读、传递、复印翻印、清退归档等方面，加强全行秘密文件管理。2001年12月25日，制定《商业秘密管理暂行规定》。界定商业秘密的范围，明确商业秘密的密级、期限、载体及标志，强调商业秘密的管理，保护分行的经济利益和合法权益。2003年6月5日，按照《交通银行总行机关文件定密管理规定》，进一步明确文件定密、定密依据、定密程序、不明确事项的密级确定、变更密级和解密等事项，确保文件信息保密规范化。7月11日，制定《关于严禁用涉密计算机上国际互联网的通知》，新增国际互联网开通、使用、管理等规定。2005年8月2日，按照总行《计算机信息系统安全管理暂行办法》，强化对计算机系统、信息、人员管理等保密力度。2013年11月9日，制定《涉密事项目录(2013年)》，进一步落实各类涉密载体的保密管理，完善各项保密措施，做好保密工作。

第六节 档案管理

1986年10月上海分行重新开业后，明确文档管理归口分行办公室。1987年起，分行及各辖属分支行、保险业务部建立档案室，配备专职档案员。规定凡是反映各行、部工作活动、具有查考利用价值的文件材料均属归档范围。1991年12月，作出加强文档管理暂行规定，强调包括党组会议、总经理会议、行务会议等各类专题会议记录，以及工作计划、总结、大事记等重点材料，重要电报、传真等工作原始记录与凭证，会计档案、贷款档案、人事档案等均须归档入室。1992年11月，上海分行档案管理通过上海市档案局审核，被评为上海市机关档案工作先进单位(二级)。1997年2月，经上海市机关档案工作升级评审组考评验收、上海市档案局审核，上海分行被评为上海市机关档案工作先进单位(一级)。1997年起，实行全行文档一体化管理。2006年，制定档案管理实施细则，指导各业务部门完善各类档案管理。2007年，在浦东新区外高桥保税区(日京路35号)凯兴大楼建立档案中心，负责对全行各类档案集中统一管理，实现以档案中心为主导、各部门兼职档案员为依托的档案综合管理网络，主要用于案件诉讼、案件侦查、内控审计、反洗钱调查、反贿赂调查、偷税调查、违反工商注册调查、工作查考等。2009年1月，经总行验收考评，上海市分行档案管理达到省分行一级标准。2010年1月，分行办公室被评为总行2009年度档案工作先进集体。截至2014年年末，分行档案中心库存的纸质、光盘、磁介质和实物4种载体、19个门类档案共有10.21万盒、171.59万卷/册、8.83万件、光盘1.42万张、胶卷2.78万盒。

第二章 安全保卫

1986年10月交通银行上海分行重新开业后，致力于安全保卫工作建设，投入资源，配置各项设施；建立营业场所日常安全检查制度；开展安保教育；进行专项检查、抽查活动，确保全行安全营运。随着金融改革的不断深化，上海市分行安全保卫工作实现了从单纯的人防向“人防＋技防＋物防”目标转变，为全行实现安全运营、稳健发展提供了坚强保障。

第一节 安保队伍

一、押运

1986年10月上海分行试营业初期，向工商银行上海市分行临时借调8名安保人员，负责守护分行金库和执行运钞押运任务。11月，从闸北、虹口、静安三区复退办招聘12名退伍军人，接替工商银行上海市分行安保人员。经上海市公安局审查批准后，成立分行武装守护班，全面承担守护金库及押运现金库箱任务。1988—1995年，随着市内网点机构的设立，委托武装警察部队战士守护分行及宝山、闵行支行的金库，分行武装守护班负责现金库箱押运任务。

1990年11月，上海分行成立由管理人员、驾驶员、武装守护员、武装押运员160人组成的经济

图8-2-1 1990年11月24日，交通银行上海分行成立经济民警大队

民警大队，统一制服，配置各类装备，负责武装押运任务。1996 年 4 月，委托江苏启东市华武实业总公司退伍军人守护分行的金库，武装押运任务仍由分行经济民警大队承担。是年 10 月，浦东分行率先在分行系统内将武装守护金库和运钞押运任务外包给上海保安押运有限公司浦东分公司。之后，在分行统一部署下，市内各支行与上海市保安押运各区县分公司签订现金押运合同，业务押运仍由分行保卫处担任。2000 年起，对市内分支行与各区县保安分公司签订现金押运合同实施统一管理。2006 年 8 月，设立现金储运中心，原由保卫部承担的业务押运任务外包给上海市保安押运公司。

二、保安

1986 年 10 月上海分行试营业后，江西中路 200 号营业网点安保值勤工作由业务部门的员工负责。1988 年后，随着市内营业机构的设立，招聘部分政治素质好、社会关系清晰、身体健康的退休老同志负责营业网点的安保、打扫卫生工作。1998 年 9 月起，逐渐把营业网点安保值勤工作外包给社会专业公司负责，并确定统一的指导价，由各分支机构分别与所在区域保安公司商洽、签订合同。保安公司负责招募安保人员，并经短期专业培训，派遣至各营业网点维护营业大厅日常安全秩序。2013 年 12 月，启动第一轮商务谈判，将原来 22 家保安公司压缩至 12 家。所辖分支机构在此范围内选择合作的保安公司，并由所选中的保安公司派遣保安人员进驻相关营业网点。2014 年 3 月，为进一步提高安保工作质量，再次启动商务谈判，将合作的保安公司压缩至 10 家，安保管理更加有序、规范。

三、消防

1986 年 10 月上海分行重新开业初期，成立义务消防队。江西中路 200 号办公大楼内设有消防监控室，指定持有消防资格等级证书的专职消防值班员作 24 小时轮流值班。1991 年 4 月起，与各经营单位签订《治安保卫目标管理责任书》，要求做好包括防火、防水、防盗等安全工作。1996 年起，每年与各单位主要负责人签订《治安保卫目标管理责任书》(包含消防安全条款)，进一步落实“谁主管，谁负责”工作责任制，并列入该负责人年度目标管理考核。1998 年 11 月，成立分行防火工作领导小组，由分管行长任组长，分行保卫部负责日常工作，加强防火安全工作。2001 年 3 月，转发总行《治安保卫责任制的通知》，要求各单位严格遵守国家、上海市地方消防法规，做好防火工作。配备必要的消防器材；规范用电、用气、施工监督审核管理；制定《火灾应急处置预案》；定期进行消防检查，消除安全事故隐患。2004 年 9 月，召开防火安全工作领导小组专题会议，专题研究各项消防安全措施落实工作。2009 年 3 月，印发《关于加强全行消防安全工作的通知》，要求各单位负责人亲自抓消防安全管理，专职保卫干部、兼职安全员加强消防安全检查和宣传，切实履行消防安全职责，落实消防安全措施。2010 年 11 月，结合上海胶州路居民楼特别重大火灾事故，及时召开消防和安全生产工作紧急会议，迅速开展消防和安全生产大检查，向全行作通报消防隐患排查治理工作情况。2013 年，根据总行安保部“关于开展全行消防安全隐患自查行动的通知”精神，全面开展自查工作，并及时将自查无隐患情况上报总行安全保卫部。

第二节　安保设施

1986 年 10 月上海分行开始试营业后，在江西中路 200 号安装闭路电视监控系统。1993 年 5

月,在所属营业机构制造局路储蓄所安装“CK 防盗报警”设施。是年,所属各营业网点“CK 防盗报警”系统成功联网,分行保卫处委派专人在分行本部进行监控,取代各网点夜间值班制度。7 月,在分行外汇存汇部现金柜台安装监控录像设施,并推广至各营业网点现金柜台。1998 年 10 月,中山南路 99 号新办公大楼正式启用,分行监控中心随即投入运行,为大楼安全运行提供保障。1999 年 9 月,所属各营业网点防盗报警系统与公安机关指定的报警服务公司实现连接,开始纳入社会化服务管理体系。

2001 年 3 月,上海分行所属营业机构监控录像设备统一由专业技防公司维护。4 月起,各营业网点安全防范设施纳入公安部门审批范围,规定新设营业机构须经公安部门评审、验收通过后才能开业。5 月,开始在离行式自助机具上安装监控录像设施。9 月,首次使用远程监控系统,了解有关网点销售华安创新基金情况。是年年末,使用香港城市大学“千里眼”产品,构建起自助银行远程监控系统,并进行实时远程监控管理。2002 年 5 月,完成在自助银行设备上安装远程对讲电话,解决远程监控中心与自助银行即时对话问题。是年年末,在各营业网点与运钞车交接款箱处全部安装监控装置,对款箱交接全过程实施监控。2003 年 1 月,自助银行监控录像设施开始使用数字硬盘录像机。5 月,为应对“萨斯病毒(SARS)”,在江西中路 200 号设立“自助银行远程监控备用中心”。是月,中山南路 99 号大楼技防维护由航天 809 研究所改为上海安彼信电子科技有限公司。是年年末,营业网点监控录像设备全面使用数字硬盘录像机,日常维护保养工作全部交专业技防公司维护保养。2004 年 8 月,将技防设备采购、工程和维保服务等项目全部纳入集中采购体系,并实行公开招投标。是年年末,全行自助银行监控录像设备全部更新为数字硬盘录像机。2008 年 6 月,全行离行式 ATM 机监控系统全部实现远程联网。8 月,按照总行“奥运会期间自助银行监控录像资料须单独保存三个月”规定,采购一批符合上述要求的新硬盘。2009 年 9 月,将金库四周监控录像管理任务移交符合的现金储运中心。

2010 年,上海世博会期间,上海市分行在中山南路 99 号 14F 设立上海世博会远程监控中心,在所属世博支行、世博三支行内设立东、西 2 个远程监控分中心,实时监控安装在世博园区 5 个营业网点、109 台自助机具和 23 个银亭上的技防设施运行情况,专门设立一支服务世博的专业维修保障队伍,以应对突发事件,确保世博金融服务到位。2013 年 4 月,分行远程监控中心从远程监控全行自助银行延伸至监控现金储运中心日常管理及全行视频监控调阅管理。2014 年 4 月,对标新的技防建设标准,在新建营业网点的闭路电视监控系统中使用高清数字监控系统,从此上海市分行监控系统进入高清数字时代。

第三节　安 保 教 育

一、培训与考试

2005 年,上海分行业务、营业网点快速增长,提高营业网点负责人安保意识,加强营业网点安全运行成为当务之急。除定期开展对营业网点负责人及专兼职安全保卫人员培训外,还组织部分保卫干部参加上海市保卫干部培训中心“安全保卫管理岗位人员职业资格考试认证培训”。经培训考试,1 人取得高级保卫师资格。2006 年起,将安保教育纳入常态化培训序列,每年组织网点负责人进行脱产安全保卫管理知识培训。2007 年,全行有 4 人经全国资质认证考试,获高级保卫师资格。截至 2014 年年末,上海市分行有高级保卫师 6 名,保卫师 1 名。

二、教育宣传

1986 年 10 月上海分行重新开业后，针对一些干部“重业务，轻保卫”思想，及时开展教育。强调安全保卫工作对银行经营管理重要性，同时在一些单位配备专职保卫干部。1991 年 4 月，把加强安全宣传教育，提高员工安全保卫意识列入与各单位签订的《治安保卫目标管理责任书》中。1996 年，按照总行《武装守库、武装押运规定》，修订金库突发事件应急处置预案，作为对守护金库、券钞押运人员日常教育管理的主要内容。组织全行开展“三防一保”，防火、防破坏、防自然灾害事故等宣传。2001 年，借助基层经营单位机构改革，保卫管理职能移至办公室之机，加强对各经营单位办公室主任和保卫干部教育，宣讲机构改革意义，明确各经营单位日常安全管理内容，要求适应金融治安新形势、新要求，确保一方平安。2007 年，要求各经营单位每月不少于一次对员工进行安全教育，各管理部门每逢节假日前必须开展安全教育，并纳入常规化管理。2009 年 2 月，制作《营业场所保安一日规范执勤、服务内容及要求》录像宣传片，进一步推进营业网点安全、规范运行。2013 年 10 月，协助总行拍摄《营业网点每日安全指引》专题片，对全行进行安全教育。

三、预案演练

从 1986 年试营业起，上海分行坚持每年 11 月 9 日组织开展“119”消防宣传周活动，在全行范围内开展包括灭火器材使用、逃生技巧培训、消防考试、外聘专家作消防知识讲座、组织人员赴消防培训学校教育培训、实地演练等，指导各单位结合实际制定预防处置突发事件预案。2007 年，制作营运安全突发事件预案演练模板。2008 年后，每年不少于 2 次组织指导各经营单位及其辖属网点开展消防疏散、防抢劫为主要内容的预案演练。2014 年，制定《营业网点突发案（事）件处置预案指引》，供各单位制定预案参考。

第四节　安 保 检 查

1986 年 10 月上海分行开业初期，安保检查主要依靠人防为主，通过深入营业场所，开展突击检查，发现安全隐患问题，并及时予以整改。之后，随着科学技术的发展，不断升级技术设施，运用综合手段实现对全行重要岗位、重点部位检查的全覆盖。

一、重要活动保障

2001 年 9 月 20 日，上海分行部分网点代理销售国内首只开放式证券投资基金——“华安创新混合基金”，吸引众多投资者排队购买。为确保万无一失，于事前制定了周密安保预案，并在上海警方的密切配合下，顺利完成代销任务。

2009 年，上海市分行制定《2010 年上海世博会金融安保工作方案》。针对防抢劫、防恐怖袭击、消防安全、保稳定等 11 类营运安全突发事件处置预案，先后组织 4 294 人次、268 余次演练，受到总行、上海市公安局、上海银监局和上海世博局认可，并推广至上海地区银行同业。2010 年，提升上海世博服务水平，在世博园区内设置 5 个营业网点、23 个银亭、3 个自助服务区及 14 个自助机具点，安装监控设备 577 套，报警设备 45 套；全行为配套服务世博新安装及调整监控设备 1 659 套。在上海世博会召开的 194 天(含试运行)中，组建 18 个志愿小组，出动 638 组次，对世博园区内营业网点、自助银行(区)和自助机具点作 5 742 次检查和维护，展示了中国银行业良好的服务水平；为 5 个营业网点接送钞 1 352 次，为 3 个自助区、23 个银亭、14 个自助机具点及水门和地铁 8 台 ATM 机装清钞服务 1 147 次，为 10 个世博门票服务点办理上门服务 1 960 次，为 5 家商户提供上门服务 1 354 次，共出动运钞车 2 128 台次，确保上海世博会金融服务安全无事故。分行保卫部分别被上海金融工委、中国人民银行上海总部评为世博安保先进集体。

2013 年 3 月，上海市分行原中山南路 99 号、浦东银城中路 188 号两处金库迁往新址。在上海市公安局全力支持下，将 1 290 箱(袋)重要物品安全移至新库房，顺利地完成搬迁工作。

二、案件堵截

2011—2014 年，针对不法分子以电话、网络和短信方式，编造虚假信息，设置骗局，诱使受害人打款或转账的犯罪行为，上海市分行始终保持高度的警觉性，加强对临柜人员教育，全面提升员工案防意识，大力宣传电信诈骗的危害性，成功堵截多起电信网络诈骗案，有效减少客户损失，维护广大客户切身利益。

图 8-2-2 2013 年 6 月 4 日，上海市公安局治安总队负责人登门对交通银行上海市分行远程监控中心协助警方抓获撬窃自助银行犯罪嫌疑人进行表彰和奖励

表 8-2-1 2011—2014 年交通银行上海市分行柜面成功堵截电信网络诈骗情况表

年　份	堵截次数(次)	金额(万元)
2011	11	61.98
2012	32	154.79

〔续表〕

年　份	堵截次数(次)	金额(万元)
2013	34	301.61
2014	16	218.8

表 8-2-2　2011—2014 年交通银行上海市分行安保获奖情况表

日　期	事　件	获 奖 情 况
2011 年 1 月 21 日	保卫部成功处置歹徒抢劫客户事件	交通银行"基层机构成功堵截风险事件专项奖"
2011 年 10 月 2 日	监控中心成功处置歹徒抢劫客户事件	交通银行"基层机构成功堵截风险事件专项奖"、上海市公安局治安总队表彰
2013 年 1 月 26 日	监控中心发现并成功处置撬窃自助机具事件	交通银行"基层机构成功堵截风险事件专项奖"
2013 年 6 月 3 日	监控中心协助警方抓获撬窃自助银行犯罪嫌疑人	交通银行"基层机构成功堵截风险事件专项奖"、上海市公安局治安总队表彰
2014 年 9 月 28 日	监控中心及时发现处置盗窃自助银行事件	交通银行"基层机构成功堵截风险事件专项奖"、上海市公安局治安总队表彰

第五节　专 项 活 动

一、创建"安全单位"

1986—1998 年，上海分行在经营管理中，致力于"三防一保"建设，确保银行一方平安，1998 年 12 月，被上海市公安局治安总队评为"金融安全单位"。2005 年 10 月 14 日，印发《开展创建市金融机构"安全合格单位"和"安全单位"活动的通知》，全面拉开全行创建安全合格单位、安全单位活动序幕。截至 2007 年 9 月，经上海市金融机构"创安"活动领导小组验收和评审，所属 215 个营业网点和自助银行被确认为"安全合格单位"；上海分行被上海市公安局、上海市金融工委综合治理委员会确认为"安全单位"，同时被上海市社会治安综合治理委员会授予上海市"平安单位"称号。2011—2014 年，参加总行保卫条线创建"平安交行"劳动竞赛活动，连续 4 年获先进集体优胜奖，5 人被评为先进个人，2 人被评为技防创新能手。

二、安全评估

2006 年，根据上海市公安局《关于开展本市银行及金融机构安全评估工作的通知》要求，上海分行加强对全行安全评估工作组织领导，成立安全评估领导小组，负责对全行安全评估指导和协调。要求各单位对标《银行业金融机构安全评估办法》《银行业金融机构安全评估标准》，建立相应的领导小组，负责本单位和部门的安全评估工作；对所有营业场所、计算机机房、金库、运钞车、自助机具等重要部位开展自查自纠工作，针对检查出来的问题及安全隐患，作研究改进，并切实增强防范措施，落实责任部门、责任人员，限时完成整改。同时要求分行保卫部深入基层指导工作，帮助各单位和部门建立《岗位职责及安全责任书》《安全保卫制度》《上级文件通报及学习记录》《消防制度及预案》《安全组织及成员职责》《各类突发事件应急处置预案》6 个安全基础制度文件夹和 9 本登记簿。在此基础上，对照评估标准，对未达到优秀标准的营业网点下达限时整改通知令。2006—2014 年，共接受上海市公安局、银监局 4 次安全评估，所有营业网点、金库均以高于 95 分的优异成绩通过评估。

第三章　后勤保障

1986—2014 年，交通银行上海（市）分行后勤保障工作不断更新理念，坚持创新改革，全面履行管理精细化、服务规范化和保障专业化三大职能，开展“满意后勤、高效后勤、和谐后勤”达标活动，提升后勤保障工作质量，使之成为分行各项工作正常运行的基本条件和重要保障。

第一节　物业管理

一、办公大楼管理

1986 年 10 月上海分行重新开业后，由总务处全面负责江西中路 200 号物业管理工作，承担大楼照明、空调、电梯、供水及保洁等工作。

1993 年，上海分行成立上海沪通实业公司（以下简称“沪通公司”）。除承担行政处原来物业管理职能外，该公司还负责承担大楼电梯、空调等设备日常维护、保养、检修及水电煤气供应等职能。1998 年 10 月，中山南路 99 号新办公大楼启用后，沪通公司同时承担该大楼物业管理。

2001 年，沪通公司改进新大楼电梯运行方式，增加 9～12 层停靠功能；改造 B1、B2 地下车库，新辟地下 8 间仓库，解决货物堆放问题。是年，对通信设施扩容，实现新大楼与江西中路 200 号大楼程控电话机并网。2002 年，全面整修新大楼动力站（机）房。2003 年 10 月，将新大楼 18 层大平台改建为职工活动中心，满足员工健身活动需要。

2005 年 6 月，上海分行撤销沪通公司建制，设立后勤服务中心，主要负责中山南路 99 号、江西中路 200 号物业管理。2006 年，后勤服务中心配合分行公务用车改革，修复闲置多年的立体停车位，解决部分员工停车问题。8 月，后勤服务中心撤销，办公大楼物业管理职能归入分行行政部。2007 年 6 月起，该部统一中山南路 99 号和江西中路 200 号物业管理标准，将工作重点落实于措施管理、三级安全管理和痕迹管理。2011 年 6 月，对中山南路 99 号和江西中路 200 号大楼空调通风系统进行清洗、消毒，并通过上海市疾病预防控制中心现场采样、检验。2012 年，对办公大楼中央空调冷凝水系统进行节能改造。

二、营业网点管理

1988 年，上海分行开始在市内设立营业网点。1988—2001 年，各营业网点的物业管理由分行行政处统一管理。

1997 年，上海分行启动企业形象识别系统（CI）工作，对市内各营业网点行徽、行名字体及排列组合、标识等进行整改，统一材料、外观及标识。1998 年 10 月起，加强对营业网点装修、改建及维修管理。规定需要装修、改建、维修（特别是水电、消防设备等隐蔽工程）的网点，须事先向分行行政处房产科提出申请，由房产科落实施工单位解决，不得擅自改动。1999 年，根据公安部有关文件规定，将市内 61 个营业网点现金柜台上的玻璃全部改装为防弹玻璃。2000 年，在市内 28 个网点营业厅开辟个人理财服务区、自助服务区，同时添设广告灯箱，利用灯光、图案和色彩组合加大宣传，提升交通银行形象。

2001 年，分行行政处将市内营业网点物业管理移交竞力物业公司负责。2004 年，该公司对营业网点分体式空调逐一进行维修、保养，对外墙、广告灯箱进行清洗，并开通营业网点 24 小时报修电话，规定市内、远郊网点紧急报修须在 2 小时、4 小时赶至现场。2005 年 4 月，竞力物业公司撤销后，营业网点物业管理重新划归分行行政部负责。

2002 年 1 月，上海分行进一步实施交通银行 CI 工程项目，市内各营业网点门楣、室内灯箱等标识全部更换为 3M 中国有限公司研制的交通银行蓝专色贴膜。2003 年，印发《网点装修工程主要用材使用表》《营业网点装修费测算汇总表》，统一网点装修标准、控制预决算费用。是年上半年，以浦东分行营业部装修为模板，制定网点装修标准化方案。之后，在所属青浦、陆家嘴、奉贤等支行进行试点。装修标准、款式定型后，推广至全行各营业网点。2005 年，印发《营业办公用房管理办法(试行)的通知》，进一步提出营业办公用房管理职责、用房配置、标准化管理、扁平化服务要求。

2007 年 6 月起，上海分行所属营业网点的日常保洁开始实施社会化管理，至 9 月末，市内 102 个营业网点全部纳入社会化专业管理。

2012 年 7 月，根据总行要求，上海市分行统一更新标示全行营业机构名称、营业时间的 236 块铭牌。

第二节　车 辆 管 理

一、公务用车

1986 年 10 月上海分行试营业初期，将全行公务用车管理职责划归总务处负责。1989 年 5 月，印发《车辆管理工作规定》，加强对公务用车调配、日常维护和检修管理。1991 年 8 月，制定《关于实施车辆管理工作暂行规定的意见》《车辆维修保养规定》《驾驶员暂行管理规定》，对公务用车使用原则、批准权限、程序，车辆日常保养、维修要求及驾驶员安全行车、业务学习等作出规定。1992 年 3 月，印发《关于车辆管理的规定》，规定各单位运钞车，仅限于运送库款、凭证，不得挪作他用；公务车辆须用于与业务相关的工作，不得用于或变相用于接送职工上下班和生活用车。

1993 年 3 月，上海分行印发《关于使用车辆的暂行规定》，强调公务用车单位须有分管领导负责，办公室专人具体负责调度；明确公务车辆油料由分行行政处统一购买，并根据各单位配置车辆台数，按季下发，包干使用；规定驾车去外省市办理公务，路程在 300 公里以上或需连续驾车 8 小时以上的，须配置 2 名驾驶员同行。

1994 年 6 月，根据“集中管理，分散使用”原则，上海分行决定由分行行政处对公务车辆实行统一管理，同时将车辆租赁给沪通公司，由沪通公司具体安排和调度，解决各单位业务用车问题。

1999 年 9 月 1 日起，上海分行改革驾驶员管理体制，将 63 名驾驶员(行员 31 名、劳务人员 30 名、合同工 2 名)隶属关系调整至公务用车单位，其余驾驶员仍归沪通公司管理。

2000 年 1 月，上海分行加强公务车辆(包括汽车、摩托车)和驾驶员管理，规定新增、更新、转籍、报废车辆由发挥行政处审核；公务车辆更新须达到规定使用年限，并按程序提出报废申请，经分行行政处报行长室审批后等值更新，不另增加固定资产指标；公务车辆日常维修、年度验车、大修等实行定点(由分行行政处统一指定或认定)修理；二级核算单位实行车辆有偿使用办法，除承担日常油料、路桥费用外，市内用车每日另支付 200 元，出上海市每日另付费 400 元。

2002 年，上海分行强化对驾驶员安全教育和管理，针对全行驾驶员分散特点，编印《安全教育》资料，建立“安全学习”“车辆维修”“例保检查”“油料领用”记录本，要求驾驶员登记记录。截至是年年末，全行 147 辆公务车辆全年安全行驶 386 万公里，平均每辆公务车辆安全行驶 2.62 万公里。

2003 年 5 月，上海分行抓住上海产业升级、转移郊区契机，重点发展中远郊地区业务，为解决业务发展与车辆资源需求不相匹配矛盾，对所属奉贤、青浦、南汇等支行公务用车进行试点。

2004 年 9 月，上海分行对分支行领导公务用车情况进行自查。规定业务和公务车辆须改为排气量 2.0 升(含 2.0 升)以下，购置价格 25 万元以内的国产轿车，严格控制在总行规定的标准之内。

2006 年 3 月，上海分行开始实施以有偿用车和交通补贴为主要内容的公务车辆制度改革。分行行级领导以下的在职正式员工、派遣制员工实行交通补贴；近郊行(且非属地)主要负责人、远郊行(非属地)班子成员保留公务用车，不执行公务用车费用报销；各经营单位按标准配置的公务车辆、各部门向分行租赁临时用车均为有偿使用，记账后抵扣行政费用；除由分行后勤中心统一管理保留车辆外，其余车辆委托拍卖公司公开拍卖；在职驾驶员由分行人力资源部拟订转岗方案另作安排。公务车辆改革后，上海分行车辆管理运营成本明显下降。

二、上下班通勤车

1986 年 10 月上海分行重新开业初期，员工上下班主要交通工具为公交车、自行车。由于距离远，上下班时间段公交车辆拥挤，员工深感不便。为解决员工上下班通勤问题，于 1987 年向上海市公交公司、部队等租用通勤车辆，开通杨浦区五角场、徐汇区田林新村 2 条线路，接送员工上下班。1996 年 12 月 10 日起，统一租用上海中福公交联营公司通勤车辆，开通彭浦新村、管弄新村、华东师大、长桥新村、清州新村、田林新村等 12 条线路，接送行员上下班。2000 年 7 月 1 日起，通勤车辆全部改为空调车辆。

2006 年 3 月，上海分行实施公务用车制度改革。6 月 30 日后，所有通勤班车取消。

第三节　物 资 采 购

一、制度建设

1997 年，上海分行制定《物品采购暂行管理办法》，对全行办公家具采购进行公开招投标，实施统一管理。

2002 年 7 月，上海分行成立集中采购领导小组，下设集中采购评审委员会、采购管理办公室(设在行政处)及采购中心，同时建立集中采购成员库与专家库。11 月，印发《集中采购管理办法实施细则(试行)》，确立集中采购公开、公平、公正、竞争和效益原则；明确集中采购包括大宗物品类、工程类、服务类项目；规定集中采购的物品、工程和服务内容由集中采购领导小组确定，并在定期颁布的物品采购目录范围内组织集中采购。

2004 年 4 月，上海分行印发《集中采购管理办法实施细则(暂行)》。对总行授权分行金额范围内集中采购内容、职责分工、采购形式、招标与评标方式、集中采购具体流程，采购商品的验收、入库和领用制度，以及投诉与处罚等作出规定。2005 年 9 月，印发《集中采购管理暂行办法》，进一步细化集中采购内容和权限、采购方式和程序、预算管理、商品验收和资金结算等，明确监察室是集中采购活动的监督检查部门，对集中采购活动全过程实施监督。12 月，制定《集中采购实施细则》，对集中采购评审规则、采购合同和资金支付作出详细规定。2006 年 5 月，修订《集中采购管理办法》。界定财务审查委员会职责，对参评小组成员与评审项目有利益关系的执行回避制度；建立集中采购网页，发布集中采购法规、集中采购目录、集中采购结果及其他有关集中采购信息。7 月，修订《集中采购实施细则(暂行)》，增加集中采购评审规则、集中采购应急处理和事后评估。2008 年，印发《集中采购办事流程记录本》，进一步规范集中采购流程记录格式，落实事前有论证，事中有记录，事后有监督要求。2011 年 5 月，印发《集中采购管理办法》，重申集中采购组织体系及职责分工，明确集中采购类型，对招标与评标、采购项目考评、采购信息与档案管理、检查与监督作出详细规定。

表 8-3-1　2005—2014 年交通银行上海(市)分行纳入集中采购项目数和合同金额情况表

年　份	项目数(个)	合同金额(万元)
2005	59	5 208
2006	202	8 040
2007	177	11 475
2008	207	12 527
2009	169	12 713
2010	212	14 085
2011	230	17 276
2012	192	10 447
2013	163	11 810
2014	173	12 860

二、集中采购

【供应商管理】

2002 年 10 月，上海分行以公开招标、邀请招标、竞争性谈判询价、单一来源(定向)采购等方式把大宗类产品、工程和服务类项目纳入集中采购范畴，并建立供应商信息库，记录供应商基本情况，由行政处集中采购中心负责日常维护和管理。供应商信息库仅限于分行内部使用，有采购意向单位，可根据采购项目特点、要求，从信息库中选择供应商，提出采购申请。采购结束后，行政处组织商品使用单位等对商品使用情况(包括价格、质量及对本行业务适应性等)、供应商服务情况(包括供应商诚信、合同履约情况、响应速度)及使用部门满意度等进行评价。单次采购考评于项目结束后 3 个月内完成，协议采购考评于次年 3 月末前完成。集中采购中心根据工作需要，及时调整、优化供应商，并在分行内网上调整信息。

2004 年 3 月，上海分行对拟入选分行集中采购备选库的 7 家供应商在内网上进行公示。

【项目招投标】

2001 年，上海分行对 17 个项目实施招投标，仅工程一项全年节约费用超过 250 万元。2002

年，对8个项目实施邀请招标、5个项目竞价招标，减少资金支出112.05万元，减幅10.30%。2003年，对13个集中采购大宗物品项目实施招标，节省资金132.74万元，节约幅度为9.37%。是年，对26个网点装修工程项目实施议价竞价、邀请招标，减少资金支出265.06万元，减幅8.99%。2004年，对17个集中采购大宗物品项目实施招标，其中7个邀请招标、竞争性谈判招标项目2个、竞价谈判项目8个，实际结算金额比预算资金降低约10%。是年，对25个网点装修工程项目实施招投标，其中社会公开招投标项目3个，邀请招标项目18个，议标项目3个，节约费用支出320万元，节约幅度10.66%。2005年，完成对62个项目招投标，其中邀请招标项目8个，竞争性谈判项目18个，询价采购项目4个，单一来源项目32个。2006年，完成对169个项目招投标。其中网点装修、大楼设备改造等工程类项目33个，IT项目74个，广告宣传类项目15个，保卫监控类项目14个，大件采购和服务类项目33个。2007年，完成对147个项目招投标，其中大宗物品类采购项目101个，服务类项目18个，工程类项目28个。通过实施招投标，节约1 125万元，节约幅度12.13%。

第四节　实 物 管 理

1986年10月上海分行重新开业后，开始建立各类实物资产管理办法，逐步完善从采购、验收、入账、领用、调拨、报废等制度。截至2014年年末，上海市分行形成由分行行政部负责全行实物资产综合管理，各归口管理部门负责信息类、保卫类等实物资产的管理制度。

一、制度建设

1989年7月，上海分行印发《加强微机应用管理的若干规定》，强调加强设备管理，确保安全运行。1993年12月，转发总行《固定资产管理办法和低值易耗品管理办法》，要求各部门密切配合，在是年年末做好财产清查盘点工作；对已交付使用，尚未办理决算的工程做好估价上报总管理处，经批准后列入固定资产，并于是年年终决算之前做好有关账务的调整。1995年9月，制定《关于支行、分理处、储蓄所配备大件、硬件的暂行规定》，确定各营业网点固定资产配置标准。是年12月，召开全辖实物资产管理工作会议，重点突出建章立制，明确责任，责任到人，严格人员调动时交接手续。要求坚持统一领导，分级管理原则，把好审购、报批、购入、验收、入库、领用、登账、使用、管理、查账、报废及销账各个环节，促进由多头管理向统一管理及规范化、标准化、科学化管理转变；强调科学管理，规范运作，做到账、实、卡"三相符"，为实施电子化管理作好准备。1996年5月，印发《固定资产管理实施细则》，明确固定资产划分标准、核算使用会计科目、分类，折旧计提的范围、计提的时限，管理规定、损失处理审批权限等规定。2004年11月，制定《固定资产条形码管理实施细则》，通过实施条形码管理，确保固定资产账、卡、实"三相符"。2005年3月，印发《资产实物管理细则》，明确全行资产实物管理综合部门、归口管理部门及使用单位、部门各自的职责；细化资产实物领用、调拨、报废管理，盘点清查、维护保养规则。2006年1月，成立分行资产实物清查盘点领导小组和工作小组，组织力量，对全行17个中心支行、108个营业网点及各部门，进行固定资产实物、低值易耗品、电脑设备、安全保卫设备，进行全面清查、实物清点，并对清查中发现的问题作出限期整改令。2009年5月，制定《固定资产实物管理暂行规定》，对固定资产调拨、报废、借用、维修、盘点、报表及配置作出规定。2010年10月，制定《修订低值易耗品处置办法》，对是期执行的低值易耗品及500元以下消耗品处置办法进行修订。2012年，根据总行《实物资产管理系统操作细则》要求，进一步加强全行实物资产管理系统的操作和管理，确保系统正常运行。

二、固定资产

1997 年，上海分行固定资产仅为 4 029 万元。2000 年年末，固定资产增至 5.39 亿元(原值)。2004 年 2 月，固定资产升至 20 多亿元。截至 2014 年年末，上海市分行固定资产余额为 36.15 亿元。其中：房产 24.61 亿元，占比 68.09%；计算机设备 4.96 亿元，占比 13.72%；固定资产装修 4.22 亿元，占比 11.68%；办公及文字处理设备 7 675.57 万元，占比 2.12%；电器设备 6 350.34 万元，占比 1.76%；通信设备 3 701.67 万元，占比 1.02%；安全保卫设备 2 901.99 万元，占比 0.80%；交通运输设备 1 883.26 万元，占比 0.52%；其他设备 1 003.87 万元，占比 0.28%；动力设备 50.28 万元，占比 0.01%。

三、资产管理系统

2004 年 2 月，根据总行财务大集中要求，上海分行更新财务管理系统，统一使用总行新开发系统，将分行 2.46 万条数据移植到新系统并进行核对确认。2005 年，完成固定资产管理系统全面调整，补录所有实物领用单位、房地产开发单位信息；完成 16 个中心支行、20 个部门资产盘点及位置描述；完成对 7 家自办公司脱钩的财产盘点清理和入账处理，打印新增资产条形码 4 860 条；完成固定资产报废和更新。9 月，实物资产管理系统开始试运行，并对实物资产申请、审核、采购、领用、入库、记账、盘点、报废全过程实现电脑化管理。2006 年，开展全行资产实物清查盘点。对房产进行分类统计；对全行 125 台传真机、1 550 台空调、232 套试听设备、212 台复印机、2 203 件办公设备等 27 000 余件实物资产逐一清查，建立台账，进行管理；集中清理、处置分散在江西中路 200 号、制造局路凭证仓库、中山西路原竞力物业公司、长阳路原微缩公司、赤峰路地下仓库等地各类废旧物资达 5 700 余件；补办一批固定资产报废手续；收回一批账外资产，并进行拍卖或补办入账手续；重新打印 3 000 多套保卫设备条形码及补打支行缺损条形码。

2007 年 1 月，上海分行上线第一代实物资产管理系统。涵盖九大类固定资产、五大类低值易耗品的管理和数据分析，着重加强房产、车辆等高价值资产管理，同时增加预算、设备、物业管理，数据分析等功能。

2012 年 4 月，围绕资产查询和盘点要求，上海市分行组织各单位、各部门 55 名资产管理员开展交通银行实物资产管理系统集中培训。

2013 年 10 月，结合资产信息内容填写规范性，条形码与实物相符性、粘贴合规性及自查小结完整性等内容，上海市分行对 29 个管理部门资产管理情况进行抽查。

第五节　其 他 保 障

一、医疗保健

1987 年，上海分行设置医务室，配备专职医生 1 名。主要职责是：负责为患病员工作初步诊断、发放常用药品；分解上海市献血办公室下达献血指标，陪同献血者前往献血中心体检、献血，发放补贴费用;负责联系医疗机构,落实员工健康体检、咨询和指导等工作;审核员工团体医疗险索赔保单,退单及补充单收发等。1993 年 12 月,制定《职工医药费管理和家属医药费补贴的暂行规定》,明确员工及其家属的医药费试行按月发放、定额包干、统一使用年底结算、超支核报、节约归己的办法。1998 年 10 月,中山南路 99 号新办公大楼启用后,增配医务人员 1 名。2000 年 3 月,印发《医务室就诊管理办法》,建立员工在医务室就诊需持病历卡制度。2006—2014 年起,每年有计划、分批次地安排员工(包括退休员工)分别到第一人民医院、瑞金医院、龙华医院等做体检。

二、餐饮膳食

1986 年 10 月上海分行重新开业后,江西中路 200 号大楼内不设食堂,员工午餐以自带、附近企业搭伙,或在就近餐饮店用餐等方法解决。

1994 年 7 月起,上海分行在江西中路 200 号 7 楼职工之家开设食堂,每天限额供应客饭 200 份(实行凭券供餐制),标准为 3 元/客,由分行行政处委托沪通公司管理。1995 年 6 月,根据卫生防疫站要求,建造食堂副食品冷库。10 月,将江西中路 200 号大楼南弄堂顶部改建为面食部,增加就餐人数。1996 年 5 月起,分行食堂开始供应点心;1997 年 3 月,开始供应盆菜,用 POS 机结算。1998 年 1 月,客饭标准调整至 4 元/客,供应的每套客饭标准为两荤两素一汤一水果。5 月 20 日,启用 IC 卡就餐。1999 年 3 月,7 楼食堂改造后,客饭供应量增至 400 份/天。12 月,新辟小餐厅,就餐人数增至 450 人。2014 年 8 月 8 日,食堂开始供应早餐。

1998 年 10 月中山南路 99 号新办公大楼启用后,在 4 楼设立食堂,向员工供应客饭。2000 年,该食堂开始供应晚餐。端午节、中秋节、春节分别增加粽子、鲜肉月饼、年夜饭套菜等供应。2001 年 5 月 27 日,全国城市卫生检查团对该食堂进行卫生检查,给予积极评价。2007 年 11 月 12 日,食堂经装修重新开张,厨房设备全部更新。2014 年 3 月 20 日,食堂推出早餐。

2000 年 6 月,上海分行建立职工膳食管理委员会,加强对全行食堂、膳食质量管理。2002 年 2 月 4 日,启用新 IC 就餐卡。2003 年,制定《膳食保障应急预案》,确保"快速、有序、有效"处理突发情况。是年,加强主副食品市场调研,完善日常 3 人采购制度,努力做到优质低价。"非典"时期,午餐增加供应 1 盒酸奶。2005 年 6 月,沪通公司撤销后,全行食堂管理职能移至后勤服务中心。2006 年 8 月起,分行行政部接手全行食堂管理。2011—2014 年,全行食堂餐费调整为 9 元/份(含酸奶)。员工 IC 卡内余额除用于支付餐费外,可购买食堂供应的盆菜及其他食品;在分行从事保安、押运、物业等工作的外单位人员,就餐费用按在职员工标准执行,不另收搭伙费;其余在分行搭伙者,按每餐 12 元(其中 3 元为搭伙费)标准计收。

三、会务接待

1986 年 10 月上海分行重新开业后,为做好会务接待工作,制定《接待室管理暂行办法》,由分行办公室统一管理安排。1987 年 4 月,总管理处由京迁沪,与分行一同在江西中路 200 号大楼内办公。随着全国分支机构逐步增加,总管理处与辖属分支机构往来日渐频繁,分行指定分行总务处负责安排来沪开会人员的食宿,购买车、船、机票等接待工作。1994 年 5 月,制定综合性会议、专业会议及其他会议等会务费使用管理办法。1998 年 10 月,中山南路 99 号新大楼启用后,进一步加强会务接待管理,设立接待室,组织相关人员赴和平饭店、上海国际会议中心、上海宾馆等单位参观学习，借鉴管理经验，制定会务接待指南。2001 年 4 月，分行党委转发《中共中央办公厅关于在国内公务接待工作中切实做到勤俭节约的通知》，重申不得超标准安排用餐，严格控制陪餐人数和次数等。

第六节　银 行 建 筑

一、外滩 14 号大楼

外滩 14 号(今中山东一路 14 号)原为德华银行大楼，是一幢 4 层楼的德国文艺复兴式建筑。民国 8 年(1919 年)12 月，上海分行因旧屋不敷应用，出资 120 余万元购置三马路该大楼。民国 9 年(1920 年)2 月，入驻营业。民国 17 年(1928 年)10 月，交通银行由北平迁入该址办公。随着业务的不断增长，总管理处计划在原址重建大楼，但因抗战爆发而一再延迟。抗战胜利后，重建计划付诸实施。经 2 年多施工，大楼于民国 37 年(1948 年)10 月竣工，是上海解放前外滩区域建造的最后一座大楼。大楼主体为 6 层，中间为 8 层，占地 1 908 平方米，建筑面积 10 088 平方米，为钢筋混凝土框架结构。由鸿达洋行设计，陶馥记营造厂施工。

该大楼属于近代装饰艺术风格，其立面强调垂直的竖线条构图，中轴对称，正面和侧面均采以垂直的线条来凸显建筑的立体感，顶部加高两层作塔状造型，外立面简洁明朗。东立面底层门框用黑色大理石贴面，庄严华贵，其余墙面以白水泥粉刷。

面向外滩的前厅大门为一圆形门厅，大门原为转门，入内是彩纹人造大理石铺成的过道，两侧靠墙为环状大理石扶梯，紫铜扶手勾勒出圆形弧度，与大门的铜艺相呼应。厅内有 4 排、每排为 9 根的大理石柱。2 层设有一个大厅，电梯设在楼厅一侧；3 层以上的楼层层高不高，但光线充足，实用性和功能性强。

1950 年 1 月 5 日，交通银行由沪迁京。1951 年起，上海市总工会入驻该大楼办公。

二、中山南路 99 号交银大厦

交银大厦位于上海市黄浦区中山南路 99 号，系交通银行上海市分行办公大楼。该大楼自 1995 年 12 月 18 日打桩开钻至 1998 年 10 月 12 日建成启用，施工时间共计 2 年零 10 个月。总建筑面积 39 600 平方米，占地面积 4 000 平方米，共有 19 层，其中地上 17 层、地下 2 层。1～3 层为分行第一支行营业大厅及办公场所，中厅构成一个 1～3 层的共享空间。4 层为餐厅，可容纳 400 人同时用餐；靠近黄浦江一侧设有包房，可同时供 50 人用餐。5 层为会议中心，设大、中、小会议室、签字厅共 10 间，可满足 10～120 人不同会议的需要。6 层为电脑机房。7 层为外汇交易室及工会阅览室、乒乓室、台球室、健身房。8～15 层为分行管理部门开放型标准办公室。16 层为行长办公室、机要秘书室、大小会议(接待)室。17 层为多功能厅，可供 540 人开会、举办活动等。18 层为楼顶观光层。地下 1 层、2 层分别为汽车库、自行车库、金库及档案库。

交银大厦外形为菱形平面布局，顶部上、中、下 3 段立面是上海外滩 3 段式古典建筑的演变延伸。大楼中部 4 个铜球与东方明珠的球体遥相呼应，顶部 4 个塔楼和“皇冠顶”“聚宝盆”“刀币立面”“机器人立面”等皇冠状装饰，寓意古典、现代与未来相连。

交银大厦采用智能化设计，具有楼宇控制自动化、通信自动化、办公自动化、消防安保自动化等功能，由美国约翰·波特曼建筑设计事务所和上海建筑设计研究院联合设计，内部装潢由美国约翰·波特曼建筑设计事务所和中国香港股布设计公司共同设计，上海第五建筑工程公司总承包。

交银大厦建成后获得“1998年度上海市建筑工程白玉兰奖”“1999年度建筑工程鲁班奖”等奖项。

三、江西中路200号大楼

江西中路200号系交通银行上海市分行营业大楼，其前身为金城大楼，由金城银行于民国14年(1925年)年春投资兴建，民国16年(1927年)春竣工。该大楼位于汉口路、福州路之间，坐东朝西，钢筋混凝土结构，共7层(初建时为4层，抗战时期加高2层，1949年后又增建1层)，占地面积1 775平方米，建筑面积10 701平方米，加层后楼高25.9米，由庄俊设计。

大楼以正门为主轴线，形成两边对称结构，外墙面用苏州金山花岗岩砌块垒成。正立面6根方柱突出墙面之外，形成凹凸面，使建筑立面富有立体感。中间一块墙面辟为大门，由两根南腊多立克圆柱支撑，圆柱上架有巴洛克式的三角形花岗石横梁，并凿有花纹圆形图案。临街各屋窗户对称，底层窗户加装图案美观的铁栅，正门上方的2～4层窗户均为紫铜色钢窗，2层呈长方形，3层呈半圆形，4层钢窗外有挑出阳台。4～5层之间出檐，5～6层成一个平面体。

大楼正门设有内外门。外门为六扇合金移门；内门两侧是拉门，中间是四叶式转门。入口至营业厅留有一块30平方米的空地，给人以宽敞之感。地面铺以灰白色为底色并嵌有黑色小方块的大理石，两侧设有大理石雕花的台基式双合扶梯。1、2层还设有保管库，保管库大门为美国汉弥尔顿公司20世纪20年代产品。1987年1月14日，为支持交通银行发展，上海市政府决定将该楼作为地方对交通银行的投资，作价入股上海分行，供分行营业办公。1989年9月25日，该大楼被上海市人民政府列为上海市文物保护单位。

2006年9月—2007年6月，上海分行按“修旧如旧”文物保护要求，对大楼进行总体修缮，使大楼进一步焕发昔日光彩。修缮之后，1～2层为营业大厅，3～6层为内部办公用房，7层为食堂、会议室。

第四章　网点建设

1986年10月交通银行上海分行重新开业后，为更好地服务企业、客户，在上海市经济发展较快的区域内设置营业机构。经多年探索和实践，逐步形成全行网点规划、选址、评估和决策的建设流程，以及调整、改建低产网点的管理制度。

第一节　概　　况

1986年10月分行开始试营业后，着眼于市场竞争、业务发展需要，制定网点设置“大中小结合，以中小型为主；中心闹市区和经济开发区相结合，以闹市区为主；综合性和单一性相结合，以综合性为主；远期规划和近期建设相结合，以近期建设为主”原则。1988年，分别在外资企业较为集中的闵行经济技术开发区，宝山重工业基地，南京路商业网点中心及杨浦老工业基地先后开设4家办事处，基本实现在上海市东、南、西、北设置营业网点的构想，初步构建起全市结算网络。1990年，响应国务院开发开放浦东号召，在总管理处支持下，在浦东地区新设上海浦东分行，参与浦东开发建设。1995年，紧紧抓住国际产业转移，上海经济结构优化升级，以及新一轮城市产业结构与产业空间布局战略性调整的机遇，先后在松江、嘉定等行政区域设置营业网点，将金融服务触角延伸至市郊，并形成市区与郊区服务对接。1998年，为缓解客户在银行网点排队等候时间，在南京东路80号推出首家24小时自助银行。2000年，在华东政法大学设立首家离行式自助银行。2006年5月18日，围绕交通银行战略转型要求，面向市场高端客户，在南京东路80号开设首家沃德财富服务中心，推出“沃德财富”服务品牌。2010年2月，为更好地服务可投资金融资产在200万美元以上的客户，上海市分行在沃德财富服务体系的基础上，开始推进私人银行业务，并在北京西路722号设立私人银行服务中心。2011—2012年，围绕总行“两化一行”既定战略、“二次改革”工作要求，加快在市内重点发展化学工业的金山区、建设现代化生态岛的崇明县设置经营性网点，实现营业机构对全市各行政区域的全覆盖，为交通银行全面对接国际金融市场和上海经济社会发展主战场打下坚实的基础。2013年后，进一步科学规划、整合营业网点资源，着力推进存量营业网点内涵式发展，控制增设数量，提升发展质效。2014年，为应对互联网金融的冲击和加强成本核算，分别在浦东、宝山及杨浦设立3家普惠型网点（社区银行）。截至是年年末，上海市分行在市内共设有营业网点135家、24小时离行式自助银行118家、普惠型网点3家。

表8-4-1　1986—2014年交通银行上海（市）分行营业机构设立情况表

年　份	开　设　数　量		
	中心支行（办事处）（个）	路支行（分理处）（个）	合计（个）
1986	1	—	1
1988	4	—	4
1989	2	2	4

〔续表〕

年份	开设数量		
	中心支行(办事处)(个)	路支行(分理处)(个)	合计(个)
1990	3	3	6
1991	1	8	9
1992	—	3	3
1993	3	8	11
1994	—	9	9
1995	2	7	9
1996	—	9	9
1997	—	6	6
1998	1	6	7
1999	—	3	3
2000	—	8	8
2001	—	8	8
2002	1	1	2
2003	—	2	2
2004	—	2	2
2005	—	1	1
2006	1	1	2
2007	—	1	1
2008	—	2	2
2009	—	3	3
2010	—	5	5
2011	1	1	2
2012	1	9	10
2013	—	4	4
2014	—	2	2
合计	21	114	135

第二节　建设流程

1991年3月，上海分行制定《业务网点建设装修暂行规定》。规定在市内增设网点，须按照事先提出申请、列入全行营业网点发展规划、分行总经理会议决议、上报中国人民银行上海市分行审批、下达房地产业务部等部门实施的业务网点建设流程。1994年，全行营业网点建设职能调整至分行行政处。6 月，召开网点建设会议，对购买营业用房价格、面积、装修标准，订立租赁营业用房合同、条款审查，审批权限和程序等具体内容作出规定。1999 年 7 月，印发《网点建设管规则》。成立分行网点规划领导小组，负责编制网点建设计划，并监督实施，下设办公室，常设机构设在分行行政处。明确网点建设前期、网点计划执行期间、网点建成后管理流程。新建网点开业一段时间后，由分行网点规划办公室将其实际存款、利润与可行性分析报告进行对照。对出入较大网点，提交相关部门作深入调查，提出解决办法，限令其整改。初步构建事先规划、事中控制和事后评估网点建设流程。2000 年 4 月，召开"完善网点服务功能，加快网点建设步伐"会议。进一步对网点建设"统一标识，规范管理，柜面改造和布局调整""网点建设，网点管理"作出规定。2002 年 4 月，印发《营业用房装修招投标管理试行办法》，规定网点建设流程中邀请招标、议标、直接指定施工单位形式、甲供材料采购等流程。

2007 年 2 月，根据总行向零售业务转型，以及上海分行"三年发展规划"对营业网点发展总体要求，分行成立网点选建领导小组，下设网点选址指导小组、网点建设工作小组。网点选址指导小组由分行个人金融业务部负责牵头，主要职责是制定网点选址规划，负责直接选址，督促各经营单位进行网点选址并对各单位的网点选址进行指导、评估和考核等。网点建设工作小组由分行行政部负责牵头，主要负责网点建设设计、工程招标、施工、安全保卫和验收等工作。建立网点选址指导小组和网点建设工作小组例会制度，及时研究和解决网点建设中存在的问题，并对网点建设工作进展情况进行阶段性总结。调整低产网点、适度新增网点。形成网点选址指导小组负责专职选点、发动全行员工参与为网点选址献计献策、依托社会力量选点相结合的选址模式。2008 年 7 月，为进一步"适应市场、保证质量、提高效率"，改变分散操作、多头管理局面，制定《网点建设管理实施方案(暂行)》，成立分行网点建设领导小组，负责领导全行网点建设和管理工作，下设网点管理办公室，负责制定分行网点建设规划，组织、协调和推进分行网点建设各阶段工作。统一网点建设规划和管理，提升网点建设质量和速度。加强网点集中建设力度，主要工作由分行确定、实施。建立全行统一的网点建设标准，做到网点选址评估科学化，设计模块化，建设和管理规范化。2011 年，按照总行《关于支持上海市分行做大做强，助力交行打造"金融旗舰"的意见》，为发挥总行所在地分行优势，做大规模、形成特色、提升影响，实现"倍增计划"，上海市分行加快机构网点调整、建设和布局，构建内涵式发展和外延式增长并举网点建设新路子。2012 年 3 月，根据业务发展、区域战略布点需求，加大对城郊地区网点空白区域布点的力度，推进网点结构调整和机构发展，推动网点建设向"人工网点＋电子银行＋客户经理""三位一体"经营管理模式转变。截至 2014 年年末，上海市分行物理网点覆盖全上海行政区域，对全行业务拓展形成物理支撑渠道。

第三节　网 点 改 造

营业网点是上海市分行参与市场竞争的前沿阵地，也是对外服务的窗口。加强对营业网点改造是适应交通银行战略转型、提升网点对外形象、增强市场竞争力的重要举措。

1995 年 8 月，上海分行 12 家营业网点经过改造，完成 ATM 与上海市信用卡网络并网，并开始试运行。1997 年 5 月，改造营业网点的行名标牌、灯箱等企业识别系统(CI)，并成为总行系统 6 家首批达标的管辖分行。2003 年，实施渠道整合战略，通过改造营业网点，构建起电子银行业务和低柜作业平台为分行业务发展提供渠道支持。2004 年，抓紧改造低产网点，对一些业务长期停滞不前、增长乏力的营业网点实行迁址。2006 年 8 月，为加快零售业务发展，对 10 家人民币储蓄存款年增长低、发展潜力小的零售网点实施“先关，后易地，再建”措施。2008年，关闭10家低产网点，在一些发展前景看好的区域内新开设零售网点。是年9月，为贯彻总行“创建一流零售银行”目标，进一步推广沃德财富（OTO）新型理财业务品牌，建立完善的高端客户服务网络，在2家OTO网点试点基础上，结合全年网点装修改造计划，新建8家沃德财富服务中心，有效分流客户，形成支撑业务发展新渠道。2010年，围绕总行党委“两化一行”发展战略、加快实现全行资产规模和利润倍增发展目标，加大网点改造、调整力度，形成对低产低效网点关注、提示制度，不断增强营业网点营销能力、综合服务水平和竞争实力，大部分被重点关注的网点开始扭亏为盈。2012年，按照总行“十二五”规划目标、全面贯彻“二次改革”要求，探索网点经营、资源配置、业务营销、考核激励模式的转变。通过网点改造，深入推进“三位一体”经营模式，持续提升网点综合化经营和营销拓展能力，全力支撑全行业务快速、健康、可持续发展。2013—2014年，为加快推进网点转型发展，持续提升竞争能力和综合产能，结合实际，编制《关于实施低产网点产能提升计划》。对新建营业网点加大扶持力度，创新网点发展组织模式。强化对存量网点综合竞争力评价，进一步推进骨干路支行试点和完善网点综合化经营管理模式，着力培育网点综合化发展的意识和能力。完善存量低产网点退出机制，适时撤并资源投入与产出失衡或布局不合理的网点。

第九篇

党群工作

概　　述

抗战时期，中共地下党组织开始深入交通银行上海分行活动，发展党员。抗战胜利后，在中共地下党组织的带领下，上海分行员工开展维护权益、反对歧视、争取同工同酬罢工斗争，拉开分行职工运动的序幕。1949年5月上海解放前夕，中共地下党组织积极宣传接管政策，组织职工成立护行队，在上海分行内外日夜巡逻，保护行产，迎接解放。

1949年5月27日上海解放。11月上海分行复业后，建立基层党组织，接受中共上海市财政局支部领导。随着组织建制的不断完善，分行党组织在上海分行业务转型及支持华东地区经济建设中发挥了重要作用。

1986年10月上海分行重新开业后，分行党委（党组）认真贯彻党的路线、方针、政策和重大决策部署，发挥领导核心作用，按照中央"党要管党、从严治党"要求，不断加强分行党的思想建设、组织建设、作风建设、制度建设和反腐倡廉建设，持续推进分行党建工作，落实党建工作责任制。遵照交通银行党委（党组）"把方向、议大事、管干部、强基础"要求，分行党委（党组）充分发挥政治核心作用，引导党员在创新发展、防范风险、降本增效等方面出实招、解难题，推动上海分行"争先进位，转型发展"。分行纪委（纪检组）围绕全行中心工作，发挥监督、服务和保障作用，在全行深入开展党风廉政建设和反腐倡廉工作，不断增强党员意识、宗旨意识、服务意识和守法意识，同步提高全员廉洁自律、奉公守法的法制观念，为上海分行改革发展保驾护航。分行基层党组织按照分行党委、纪委工作要求，认真落实"一岗双责"党建工作和廉政建设工作责任制，实现党建工作、廉政建设工作和业务工作同部署、同落实、同考核，充分发挥基层党组织在"推动发展、服务群众"中战斗堡垒作用，进一步增强党组织的战斗力、感召力和凝聚力，形成全行党建工作蓬勃发展新局面。分行工会、团委在分行党委（党组）领导下，加强全员民主管理，进一步提高员工的向心力和归属感；通过开展丰富多彩的文娱体育活动，进一步提高员工幸福感，丰富员工的精神文化生活；通过关注青年员工的成长和发展，为上海分行培养和输送一批优秀人才，贡献青年员工才智和力量。

第一章　中国共产党组织

抗战时期，中共地下党组织潜入交通银行上海分行发展优秀青年入党，组织员工，开展职工运动。上海解放后，中共交通银行上海分行党组织团结带领全行员工做好专业化工作，积极支持国家经济建设。1986 年 10 月上海分行重新开业后，分行党委（组）加强对全行工作的引领、监督，以及对党员、党员领导干部的管理，持续强化党的组织、思想和作风建设，充分发挥党委在分行改革发展中的领导核心和政治核心作用，促进全行党建工作蓬勃发展。

第一节　组 织 架 构

一、党委（党组）

1987 年 5 月，中共交通银行党组批准成立上海分行党组，由潘其昌、严孝修、鲁家善、诸清及方连奎 5 人组成，潘其昌任分行党组书记。分行党组的主要任务是：全面贯彻执行党和国家路线、方针、政策，以及交通银行党组要求，决策上海分行重大事项，领导全行开展思想政治工作和精神文明建设。

1998 年 12 月，中共交通银行党委批准上海分行成立党委，由许家生、杨孟华、王锡炯、钱龙宝、张贵荣、姚金华及方建华 7 人组成，许家生任分行党委书记，杨孟华任党委副书记。分行党委在继续全面履行分行党组主要任务的基础上，进一步强化政治核心作用，发挥党组织的战斗堡垒作用和监督检查作用。截至 2014 年年末，上海市分行党委由 9 名委员组成，郑志扬任党委书记，陈荷兰任副书记，林骅、陈隃、赵彩虹、陈伟芳及樊燊 5 人为党委委员。

表 9-1-1　1987—1998 年交通银行上海分行党组成员任职情况表

党组书记		党组成员	
姓　名	任职时间	姓　名	任职时间
潘其昌	1987 年 5 月—1990 年 8 月（兼）	严孝修	1987 年 5 月—1990 年 8 月
鲁家善	1990 年 8 月—1991 年 8 月（代书记）	鲁家善	1987 年 5 月—1990 年 8 月
	1991 年 8 月—1992 年 8 月	诸　清	1987 年 5 月—1991 年 10 月
刘育长	1992 年 8 月—1996 年 12 月	方连奎	1987 年 5 月—1991 年 11 月
许家生	1996 年 12 月—1998 年 12 月	李坚平	1990 年 8 月—1991 年 11 月
—	—	李惠珍	1990 年 8 月—1995 年 3 月
—	—	许家生	1991 年 8 月—1993 年 12 月
—	—	杨煦春	1991 年 12 月—1996 年 5 月
—	—	陈如奇	1993 年 12 月—1998 年 1 月

〔续表〕

党组书记		党组成员	
姓名	任职时间	姓名	任职时间
—	—	钱龙宝	1993年12月—1998年12月
—	—	杨孟华	1994年10月—1998年12月
—	—	金大建	1995年10月—1998年6月
—	—	王锡炯	1996年12月—1998年12月
—	—	张贵荣	1997年10月—1998年12月
—	—	姚金华	1998年6月—1998年12月
—	—	方建华	1998年8月—1998年12月

表9-1-2　1998—2019年交通银行上海(市)分行党委成员任职情况表

书记		副书记		委员	
姓名	任职时间	姓名	任职时间	姓名	任职时间
许家生	1998年12月—2000年3月	杨孟华	1998年12月—2004年3月	钱龙宝	1998年12月—2002年3月
金大建	2000年3月—2005年7月	周　晓	2004年9月—2006年9月	王锡炯	1998年12月—1999年12月
钱文挥	2005年7月—2006年11月(兼)	陈荷兰	2009年11月—2015年6月	张贵荣	1998年12月—2000年3月
康定选	2006年11月—2010年3月	—	—	姚金华	1998年12月—1999年7月
吕本献	2010年3月—2012年10月	—	—	方建华	1998年12月—2001年1月
郑志扬	2012年10月—2018年8月	—	—	孙根深	2000年3月—2001年1月
徐　斌	2018年8月—	—	—	郑良玉	2001年1月—2009年11月
—	—	—	—	阮　红	2001年1月—2006年2月
—	—	—	—	陈荷兰	2002年11月—2009年11月
—	—	—	—	孙小妹	2003年4月—2011年1月
—	—	—	—	林　骅	2006年8月—2016年4月
—	—	—	—	乐晨科	2007年10月—2014年4月
—	—	—	—	陈必钧	2007年10月—2014年5月

（续表）

书　记		副书记		委　员	
姓　名	任职时间	姓　名	任职时间	姓　名	任职时间
—	—	—	—	赵彩虹	2007年10月—
—	—	—	—	陈伟芳	2011年11月—
—	—	—	—	陈　喻	2014年5月— 2015年5月
—	—	—	—	樊　燊	2014年8月— 2018年7月
—	—	—	—	杜江龙	2015年3月— 2016年3月
—	—	—	—	张　辉	2015年5月— 2016年4月
—	—	—	—	张常胜	2016年4月— 2017年3月
—	—	—	—	秦新祥	2016年4月— 2019年5月
—	—	—	—	孙培基	2017年3月— 2019年3月
—	—	—	—	李　利	2017年12月—
—	—	—	—	宋　滨	2017年12月—
—	—	—	—	谭　红	2019年3月—

【主要职责】

1987年5月上海分行党组成立后，按照党章规定，实行集体领导和个人分工负责相结合制度，坚持重大事项、重要项目和干部任免集体决策，确保上海分行在股份制改革、综合化经营及市场竞争中发挥党的领导作用。1998年12月，按照中共中央《关于完善金融系统党的领导体制，加强和改进金融系统党的工作有关问题的通知》要求，分行党委制定党委工作规则，对包括辖属系统在内的党组织和领导班子实施垂直领导，并按干部管理权限直接管理各级干部。围绕党和国家的大政方针、总行党委工作要求，负责对全行贯彻执行党的路线、方针、政策和重大决策部署情况实施监督检查；负责在企业经营管理中，重点把握发展方向、深化企业改革、有效控制风险，提高发展质效，审时度势，对分行创新发展提出重大改革发展意见；负责制定全行党建工作发展规划、工作目标、措施，制定并完善民主生活会、党内监督、民主评议、廉政建设等规则、制度，强化党的核心领导作用，确保党建工作要求落到实处，形成制度，实现长效机制；研究决定先进人物、先进集体的表彰和报送。

【会议制度】

上海（市）分行党委（党组）会议是党委（党组）实行集体领导、决策的主要组织形式。会议由分行党委（党组）书记召集并主持，党委（党组）委员（成员）参加，会务组织工作由分行党委会议秘书负责。会议议题主要包括：传达学习党中央、地方政府及监管机构有关重要会议及文件精神；传达学习总行党委（党组）工作要求、决策部署，研究贯彻落实意见；研究分行发展战略及经营方针；研究涉及全局性的机制、制度等重大改革举措；审议分行党委（党组）重要制度、办法和实施细则；审议以分行党委（党组）或分行党委（党组）主要负责人名义签发的重要报告、文件或发言稿；研究决定分行权限范围内的干部选拔、培养、任免、考核、调配及奖惩事项，以及需报请总行党委审批的人事事项；审议分行员工薪酬分配政策和其他涉及员工切身利益的重大事项；决定重大责任追究事项；研究总行党委（党组）布置或分行党委（党组）决定的重大活动实施方案；研究分行党的思想、作风、组织建设、纪律检查等工作；研究分行精神文明建设和思想政治工作；听取分行纪委有关工作情况报告；决定分行部门（单位）提交党委（党组）研究审议的重要事项。

二、纪委（纪检组）

1987 年 12 月，经中共交通银行党组批准，上海分行成立纪律检查组（以下简称“纪检组”）。由分行党组成员诸清兼任纪检组组长，分行监察室、人教处主要负责人任组员，分行纪检组与监察室实行合署办公模式。

1999 年 1 月 4 日，总行党委批准上海分行成立纪律检查委员会（以下简称“纪委”），分行纪委受交通银行纪律检查委员会和分行党委双重领导。分行纪委书记由分行党委委员张贵荣兼任，委员由分行监察室、稽核室和组织部等 4 名主要负责人兼任，纪委与监察室合署办公。分行纪委成立后，各经营单位党组织根据要求，设立兼职纪检监察员。截至 2014 年年末，上海市分行纪委由 9 人组成，分行党委委员陈踰任纪委书记，王珏虹任副书记；全行有专职纪检监察干部 7 人，兼职纪检监察人员 77 人。

【主要职责】

1987 年 5 月上海分行纪检组成立后，其主要职责是：监督检查分行各级党组织贯彻党的大政方针及党纪党规执行情况。协助分行党组并指导基层党组织抓好党风廉政建设和党纪党规教育；负责分行党组成员民主生活会的意见征求及准备工作，参加辖属分支行党组民主生活会；按照分级管理原则，受理对党员的申诉举报，处理来信来访。检查、处理分行党组织及党员违反党的章程和党纪党规案件；指导基层党组织对党员违纪情况的调查处理。

1999 年 1 月上海（市）分行纪委成立后，其主要职责是：领导分行纪律检查工作和行政监察工作；监督检查党的路线、方针、政策，国家法律、法规、金融政策及交通银行纪委重要指示、决定，分行党委重大决策部署、规章制度等在全行贯彻执行及落实情况；协助分行党委加强党风廉政建设，对

表 9-1-3　1987—1999 年交通银行上海分行纪检组组长、副组长任职情况表

组长		副组长	
姓名	任职时间	姓名	任职时间
诸　清	1987 年 12 月—1991 年 10 月（兼）	马祖诒	1994 年 11 月—1999 年 1 月
李惠珍	1991 年 10 月—1994 年 10 月（兼）	—	—
杨孟华	1994 年 10 月—1999 年 1 月	—	—

表 9-1-4 1999—2019 年交通银行上海(市)分行纪委书记、副书记任职情况表

书记		副书记	
姓名	任职时间	姓名	任职时间
张贵荣	1999 年 1 月—2000 年 3 月(兼)	马祖诒	1999 年 1 月—2001 年 2 月
钱龙宝	2000 年 3 月—2002 年 3 月(兼)	李伟诺	2001 年 2 月—2007 年 8 月
孙小妹	2003 年 4 月—2011 年 1 月	王珏虹	2009 年 8 月—
林 骅	2011 年 1 月—2014 年 6 月(兼)	—	—
陈 陷	2014 年 6 月—2015 年 5 月(兼)	—	—
张 辉	2015 年 5 月—2016 年 4 月	—	—
张常胜	2016 年 4 月—2017 年 3 月	—	—
孙培基	2017 年 3 月—2019 年 3 月	—	—
谭 红	2019 年 3 月—		

全行党员、员工开展反腐倡廉、遵纪守法教育;调查、处理分行各级党组织和党员、员工违反政纪、财经纪律案件;受理对分行系统党组织及党员、员工违纪违规行为的检举、控告及分行系统党员、员工的申诉;完成上级纪委、分行党委交办的其他工作。

【会议制度】

2008 年 7 月,上海分行纪委修订工作规则,明确分行纪委会由纪委书记召集和主持。主要内容是:讨论和决定分行纪检、监察工作方面的部署、计划和安排;研究贯彻上级纪委、监察室和分行党委重要工作、重要工作会议精神的意见、办法和措施;讨论通过报送上级纪委、监察室和分行党委的重要文件、报告;研究重大案件的调查处理等。

上海分行纪检监察工作会议由纪委主持,原则上一年一次,也可根据工作需要随时召开。主要内容是:研究部署全行反腐败和党风廉政建设工作;总结交流纪检监察工作经验;提出改进和加强分行纪检监察工作的要求、措施。

上海分行纪检、监察办公会议由分行监察室主任、副主任或纪委专职副书记召集和主持,各条线有关人员出席。原则上每月举行一次,如工作需要可临时召集。主要内容是:讨论决定纪检、监察日常工作中的重要问题;讨论制定纪监、监察每月工作计划或阶段性的工作任务;研究重大违法违规违纪案件的查处情况、对违法违规违纪案件当事人的处理意见和重要信访件的核查情况;讨论监察室干部调动、任免及奖惩的建议意见。

三、工作部门

1991 年 9 月 5 日,上海分行为适应综合性业务发展和加强全辖思想政治工作,设立分行思想政治工作办公室。1999 年 3 月,经总行党委批准,上海分行党委设立党委办公室、组织部、宣传部和群众工作部,同时撤销思想政治工作办公室。2014 年 4 月 30 日,总行党委批准上海市分行党委成立党校。截至 2014 年年末,上海市分行党委工作部门有党委办公室、组织部、宣传部和党校。

【党委办公室】

1999年3月，上海分行党委设立党委办公室，与分行办公室合署办公，负责人实行交叉任职。主要职责是：协助分行党委领导拟订工作计划及要求，并协调组织实施；协助分行党委组织开展重要党建活动；起草党内重要报告；管理全行党务公文；承担分行党委日常运作事务。

表9-1-5 1999—2014年交通银行上海(市)分行党委办公室负责人任职情况表

主任		副主任	
姓名	任职时间	姓名	任职时间
吴福生	1999年3月—2000年7月	景胜海	1999年3月—1999年3月
林骅	2002年4月—2003年1月	林骅	2000年10月—2002年4月
史琦	2004年1月—2012年4月	史琦	2003年1月—2004年1月
张立	2012年4月—	安海云	2012年4月—2013年4月

【党委组织部】

1999年3月，上海分行党委设立党委组织部，与分行人事教育处合署办公，负责人实行交叉任职。分行党委组织部内设干部科、组织科，负责分行部门级、科级干部及辖属分支行班子和行级干部管理，以及分行党建工作。主要职责是：根据总、分行党委工作部署，负责制定分行党的组织工作制度，检查指导分行系统基层党组织的执行情况；按照干部管理权限，负责全行干部的审查、考察、使用、管理和教育工作，建立和培养后备干部队伍；配合分行党的纪律检查部门，教育和处理犯错误的党员；指导分行系统基层党组织建设。

表9-1-6 1999—2014年交通银行上海(市)分行党委组织部负责人情况表

部长		副部长	
姓名	任职时间	姓名	任职时间
乌维舟	1999年3月—2000年4月	张连华	1999年3月—2001年1月
张连华	2001年1月—2005年7月	谭红	2005年10月—2011年4月
张燕民	2005年7月—2011年4月	张立	2011年4月—2011年7月
谭红	2011年4月—	苗俊华	2012年4月—

【党委宣传部】

1991年9月，上海分行为加强干部员工思想政治工作，经总管理处批准，设立分行思想政治工作办公室，与分行机关党委合署办公。该办公室是主管分行系统思想政治工作的职能部门。1999年3月，分行党委设立党委宣传部，与分行机关党委合署办公，同时撤销思想政治工作办公室，思想政治工作办公室有关思想政治教育职能由党委宣传部承担。主要职责是：负责总行党委、分行党委重要决议、会议精神的宣传工作，负责拟订分行宣传思想工作年度计划，组织全行干部员工开展理论学习及形势、职业道德、法制宣传教育；协助分行党委抓好两级中心组理论学习与交流，承担分行党委中心组理论学习的秘书工作。检查督促分行基层党组织中心组学习，指导全行经常性开展思想政治工作；开展分行系统企业文化、精神文明建设创建活动，抓好各类先进评比、表彰、总结、宣传和推广。2006 年 8 月起，分行党委宣传部与党委办公室合署办公。

表 9-1-7　1991—1999 年交通银行上海分行思想政治工作办公室负责人任职情况表

主任		副主任	
姓名	任职时间	姓名	任职时间
严晓幸	1996 年 6 月—1999 年 3 月	严晓幸	1991 年 10 月—1996 年 6 月
—	—	金红兵	1991 年 10 月—1995 年 3 月
—	—	徐卜水	1998 年 8 月—1999 年 3 月

表 9-1-8　1999—2014 年交通银行上海(市)分行党委宣传部负责人任职情况表

部长		副部长		部长助理	
姓名	任职时间	姓名	任职时间	姓名	任职时间
严晓幸	1999 年 3 月—2006 年 8 月	徐卜水	1999 年 3 月—2000 年 6 月	谌建中	2001 年 1 月—2004 年 1 月
史　琦	2006 年 8 月—2012 年 4 月	张　立	2011 年 7 月—2012 年 4 月	—	—
张　立	2012 年 4 月—	安海云	2012 年 4 月—2013 年 4 月	—	—

【群众工作部】

1999 年 3 月，上海分行党委设立群众工作部。主要职责是承担分行工会、团委、统战等工作。2001 年 2 月 6 日，分行党委不再设立群众工作部，该部的统战职能由分行党委组织部承担。

表 9-1-9　1999—2001 年交通银行上海分行党委群众工作部负责人任职情况表

部长		副部长	
姓名	任职时间	姓名	任职时间
龚伯忠	1999 年 3 月—2001 年 2 月	吴正存	1999 年 3 月—2001 年 2 月
—	—	徐卜水	2000 年 6 月—2001 年 2 月

【党校】

2014 年 5 月 4 日，上海市分行党委成立党校，与员工培育发展管理中心合署办公，内设综合管理部、教研培训部和远程教育部。分行党校校长由分行党委书记兼任，副校长由分行党委组织部和员工培育发展管理中心主任兼任。主要职责是：落实党要管党、从严治党要求，加强干部队伍政治建设和思想建设，围绕分行党委工作重点，尊重党校教育培训规律，以中国特色社会主义理论体系贯穿培训工作全过程，培养忠诚于党的事业，努力为交通银行事业尽职尽责、德才兼备的分行党员队伍。

图 9-1-1　2014 年 5 月 4 日,交通银行上海市分行举行党校揭牌仪式

表 9-1-10　2014 年交通银行上海市分行党校负责人任职情况表

校长		副校长	
姓名	任职时间	姓名	任职时间
郑志扬	2014 年 5 月—　(兼)	谭　红	2014 年 5 月—　(兼)
—	—	罗　晓	2014 年 5 月—　(兼)

四、基层党组织

【机关党委(直属党委)】

1987 年,上海分行党组织归口中共上海市财贸工作委员会(以下简称“财贸党委”)领导。1988 年 1 月,经财贸党委批准,上海分行成立机关党委。主要职责是:建立健全党的基层组织,发挥基层党组织的战斗堡垒作用;加强分行干部员工的思想政治工作,营造分行党建工作和经营管理相互促进、相得益彰的良好氛围;协助分行党组,加强对分行工会、团委的工作联系和指导。1991 年,随着业务快速发展,上海分行各经营单位、公司党员人数迅速增长,超出分行机关党委管辖权限。为加强党的组织建设,理顺党组织管理机制,是年 10 月,经财贸党委批准,分行机关党委改建为分行直属党委,强化对全行党组织、党员管理。1999 年 5 月,为适应金融系统党的领导体制调整,进一步加强和改进机关党的建设工作,经分行党委批准,分行直属党委改建为分行机关党委,接受分行党委直接领导。

图 9－1－2　2013 年 7 月 22 日，交通银行上海市分行召开机关党员大会

表 9－1－11　1988—2014 年交通银行上海（市）分行机关（直属）党委负责人任职情况表

界别	书记		副书记	
机关党委（直属党委）（1988 年 12 月—1992 年 2 月）				
	姓　名	任职时间	姓　名	任职时间
第一届	黄　科	1988 年 1 月—1992 年 2 月	史书元	1988 年 1 月—1992 年 2 月
直属党委（1992 年 2 月—1999 年 5 月）				
界别	书记		副书记	
	姓　名	任职时间	姓　名	任职时间
第二届	李惠珍	1992 年 2 月—1994 年 3 月	严晓幸	1992 年—1995 年 4 月
	钱龙宝	1994 年 3 月—1995 年 4 月		
第三届	杨孟华	1995 年 4 月—1999 年 5 月		1995 年 4 月—1999 年 5 月
机关党委（1999 年 5 月—　）				
界别	书记		副书记	
	姓　名	任职时间	姓　名	任职时间
第四届	张连华	1999 年 5 月—2003 年 8 月	—	—
第五届	杨孟华	2003 年 8 月—2004 年 4 月	张连华	2003 年 8 月—2008 年 9 月
	郑良玉	2004 年 4 月—2004 年 11 月（代书记）		
	周　晓	2004 年 11 月—2006 年 9 月		

〔续表〕

界别	书记		副书记	
机关党委(1999年5月—)				
	姓名	任职时间	姓名	任职时间
第六届	林骅	2008年9月—2013年7月	张燕民	2008年9月—2013年7月
第七届	陈荷兰	2013年7月—	谭红	2013年7月—

【党支部(党总支)】

民国28年(1939年),中共地下党组织在上海分行发展优秀分子入党。民国37年(1948年)5月,中共上海地下党组织把分行储蓄股办事员葛一飞的组织关系转到交通银行,由其担任中共交通银行支部组织委员。

1949年5月上海解放后,上海分行建立起党团组织,形成定期向中共上海市财政局总支部统计报告党员情况的制度。1956年6月26日,分行党支部进行改选。

1988年,上海分行机关党委根据分行机构设置及党员分布情况,批准成立14个党支部,基本实现全行党建工作网络的全覆盖。随着分行党建工作不断加强,基层党组织在业务经营管理中发挥出越来越重要的作用,实现了与业务同步推进、同步发展。截至2014年年末,上海市分行共有基层党组织85个。其中基层党委2个、党总支7个、党支部76个,全行党员人数达2 288名。

表9-1-12 1988—2014年交通银行上海(市)分行基层党组织统计表

年份	基层党组织总数(个)	其中		
		党委(个)	党总支(个)	党支部(个)
1988	15	1	—	14
1989	20	1	—	19
1990	25	1	—	24
1991	27	1	—	26
1992	28	1	—	27
1993	33	1	—	32
1994	51	2	—	49
1995	54	2	—	52
1996	57	2	—	55
1997	62	2	1	59
1998	60	2	1	57
1999	51	2	2	47
2000	52	2	2	48
2001	53	2	3	48
2002	53	2	3	48
2003	56	2	3	51

〔续表〕

年　份	基层党组织总数(个)	其　　中		
		党委(个)	党总支(个)	党支部(个)
2004	57	2	3	52
2005	54	2	2	50
2006	50	2	2	46
2007	60	2	3	55
2008	66	2	3	61
2009	70	2	4	64
2010	72	2	4	66
2011	73	2	4	67
2012	75	2	4	69
2013	75	2	4	69
2014	85	2	7	76

第二节　党的建设

上海市分行党委(党组)坚持以马克思列宁主义、毛泽东思想、邓小平理论、“三个代表”重要思想、科学发展观、习近平新时代中国特色社会主义思想为指导，坚持以上率下，抓好各级党组织学习，通过开展“三讲教育”、保持共产党员先进性、党的群众路线教育实践活动等系列教育活动，进一步坚定党员的理想信念和加快经济建设信心。积极履行党风廉政建设主体责任，深入推进反腐倡廉建设，始终保持对案件防控工作高度警惕和高压态势，把加强党的执政能力建设要求落实到提高各级领导经营管理能力和风险责任意识的具体实践中去，在推进上海市分行改革发展的进程中，进一步发挥了分行党委(党组)的政治核心作用。

一、思想建设

【党委(党组)中心组学习】

1987年5月中共上海分行党组成立后，为更好地履行党章赋予的职责、发挥政治核心作用，建立领导班子中心组学习制度，重点围绕学习中共十三大报告，进一步坚定政治立场，确保在思想上、行动上与党中央保持高度一致。1995年3月，印发《1995年党组中心组学习安排》，规定每月前三周的周四上午为学习时间，每月最后一周的周四上午为专题讨论时间。

1998年12月上海分行党委成立后，进一步强化分行党委中心组理论学习，要求分行党委委员个人自学要有计划、有笔记、有心得；集体研讨坚持“专题到人、事先准备、重点发言，大家补充、主持人小结”，并做到参会有签到，研讨有记录，结束有简报(动态)；提出要摆正“学习与工作、学习与调研、本人学习与组织好本单位学习”3个关系。1999年，围绕以“讲学习、讲政治、讲正气”为主要内容的党性党风教育，分行党委领导班子带头进行剖析，提出4项整改工作。2000—2003年，认真学

图 9-1-3　2013 年 11 月 13 日，交通银行上海市分行召开党委专题民主生活会情况通报会

习中共十六大精神，牢牢把握“一个中心、两个基本点”理论核心和“三个代表”重要思想，强化对全行各级党组织的思想建设、政治建设、组织建设、作风建设和廉政建设。2004—2005 年，围绕《中共中央关于加强党的执政能力建设的决定》《保持共产党员先进性教育活动》等重点内容学习，把全面贯彻和落实“三个代表”重要思想和科学发展观要求贯穿于分行经营管理全过程。2006 年，结合学习十六届六中全会精神及《中共中央关于构建社会主义和谐社会若干重大问题的决定》等重点内容，紧扣分行改革发展实际，加强“四好”班子建设、发挥分行党委的政治核心作用，全面推进战略转型。2009 年，从建章立制入手，进一步完善中心组计划、考勤、汇报、档案、督导、交流等各项学习制度，确保中心组学习质量。2010 年，结合交通银行战略目标和中心任务，大力推进学习型党组织建设，建立中心组年度学习档案专卷。要求每次集体学习研讨后，上报中心发言人体会文章，学习结束后上报学习信息报道。2012 年 11 月，把深入学习宣传贯彻中共十八大精神作为首要政治任务，围绕主线，把握精髓，原原本本学习十八大报告、习近平总书记在十八届一中全会上的重要讲话、《中国共产党章程(修正案)》。是年，建立健全中心组学习列席旁听制度，丰富学习载体，创新学习组织形式，推进中心组学习成果转化制度。2014 年，进一步完善学习制度，做到“四个确保”，即确保年度有计划、月度有安排，确保设立学习档案、报备制度，确保定期检查、定期总结，确保学习频次和时间，强化学习准备、加强学习引导、推动学习机制更趋规范与成熟。

表 9-1-13　2014 年交通银行上海市分行党委中心组集中学习情况一览表

集中学习	学习时间	学　习　内　容
第一次	1 月 23 日	邀请中共中央党史研究室同志作《学习习近平总书记系列重要讲话精神，坚持和发展中国特色社会主义》辅导报告
第二次	2 月 26 日	1. 学习《中共中央关于全面深化改革若干重大问题的决定》
		2. 学习《习近平同志在第十八届中央纪律检查委员会第三次全体会议上的讲话》

〔续表〕

集中学习	学习时间	学　习　内　容
第三次	4月16日	邀请上海社会科学院同志作《世界社会主义五百年(党员干部读本)》辅导讲座
第四次	5月14日	1. 学习《习近平谈三严三实》(新华社通讯稿)
		2. 学习《习近平同志在兰考县委常委扩大会议上的讲话》
		3. 学习《面向未来的赶考——习近平总书记指导河北省党的群众路线教育实践活动回访记》(观看央视新闻联播、学习新华社通讯稿)
第五次	6月17日	邀请交通银行总行有关同志作《当前中国宏观经济金融形势分析与展望》辅导讲座
第六次	7月26日	2014年年中工作会议暨党委中心组(扩大)学习会
第七次	7月28日	深入学习总行年中工作会议精神,研究下半年党委工作部署
第八次	8月18日	通篇学习《习近平总书记系列重要讲话读本》
第九次	9月17日	第二次学习《习近平总书记系列重要讲话读本》
第十次	10月21日	第三季度业务分析会(视频)暨党委中心组(扩大)学习会
第十一次	11月3日	1. 第三次学习《习近平总书记系列重要讲话读本》
		2. 学习领会十八届四中全会精神以及《新华社发布〈中共中央关于全面推进依法治国若干重大问题的决定〉全文》
第十二次	11月14日	邀请上海市保密局同志作《增强保密意识,提高防范能力,有效维护国家安全和利益》报告
第十三次	12月8日	1. 第四次学习《习近平总书记系列重要讲话读本》
		2. 结合民主生活会相关内容,学习《习近平在党的群众路线教育实践活动总结大会上的讲话》

【党员学习教育】

1987年,上海分行党组带领基层党支部学习中共十三大报告,增强贯彻党的基本路线的自觉性。1991—1994年,结合学习《中国共产党章程》《关于党内政治生活的若干决议》等,开展"抓党建、抓'推优'、抓廉政"教育及"学党章,树形象"主题党日等活动及"双肩挑""两手抓"课题调研。

1999年,上海分行党委运用党课、组织生活、党员培训等多种形式,在全体党员中,开展以"讲学习、讲政治、讲正气""三讲"为主要内容的党性党风教育。围绕党的建设、改革发展、内部管理和干部工作等重点内容,研究制定整改方案,印发《党支部规范达标实施办法》。2001年,开展"创建先进基层党组织和争做优秀共产党员""创先争优"活动,并在建党80周年之际,表彰一批先进基层党组织和优秀共产党员。2006年,发动全体党员开展"我喜爱的党日活动设计方案"征集活动。2008—2009年,围绕"在党员领导干部中开展'讲党性、重品行、作表率'以及在基层党组织中开展'树党员形象,作先锋表率'主题实践活动",深入学习科学发展观,联系分行改革发展实际,改变思想观念、解决影响和制约分行科学发展的突出问题。2010—2012年,根据总行党委《关于在全行开展争创"四有四强"活动的通知》精神和要求,开展争创以政治引领力强、推动发展力强、改革创新力强、凝聚保障力强为主要内容的"四强"党组织,争做以政治素质优、岗位技能优、工作业绩优、群众评价优为主要内容的“四优”共产党员活动。在为民服务创先争优活动中，开展“亮标准、亮身份、亮承诺，比技能、比作风、比业绩，群众评议、党员互评、领导点评”活动。2013—2014年，围绕为民务实清廉主题，聚焦“四风”问题，贯穿“照镜子、正衣冠、洗洗澡、治治病”的总要求，在分行范围内组织开展党的群众路线教育实践活动。

二、组织建设

【基层党组织建设】

1988年，按照上海分行党组“抓好基层组织党组织建设”要求，分行机关党委组织开展基层党支部“达标创先”活动。建立分行基层党组织定期例会制度，规定每季度召开1次分行机关党委会及党支部书记例会，基层党支部每月组织召开1次支委会、2次党员组织生活会，基层党支部每季度开展1次党课教育。建立分行机关党委委员定点联系基层党支部制度。要求有计划地做好营业网点党员配置和发展工作，实现每个营业网点至少1名党员的目标。严格组织生活和党的纪律，及时处置不合格党员，促进党员在本职岗位上发挥先锋模范作用。

1998年12月起，上海分行党委对辖属的各分支行党组织实行垂直领导，并建立工作机构。1999年11月，制定《2000—2002年党建工作规划》，明确分行3年党建工作的总体要求、主要目标和主要任务。总体要求是：充分发挥党的政治优势，加强和改进党对银行业务工作的领导，充分调动广大员工的积极性和创造性，推进分行改革和发展，实现各项业务持续、快速和健康发展。主要目标是：加强基层党组织建设，配好基层党组织负责人和行政领导班子一把手，增强基层党组织的战斗力。做好党员发展工作，加强对党员教育和管理，进一步发挥党员干部的先锋模范作用和基层党组织的战斗堡垒作用，推进交通银行事业兴旺发展。主要任务是：抓好党建工作的基本制度建设，建立、规范分行党委工作规则、议事规则及党委职能部门的工作制度。开展基层党组织工作规范达标工作，推进全行性的员工职业道德教育。2001年2月，开展创建先进基层党组织和争做优秀共产党员活动，通过“创先争优”，进一步增强党组织凝聚力和战斗力，把党支部建设成“政治坚定、作风过硬、纪律严明、联系群众、精神状态好、具有凝聚力和号召力”战斗集体。进一步加强对党员的教育和管理，把党员队伍建设成为“政治过硬、业务优良、作风清正、纪律严明、能够发挥先锋模范作用”骨干力量，为上海分行的改革与发展提供坚强的组织保证。

2008—2009年，上海(市)分行党委组织基层党(总)支部联系分行改革发展实际，认真学习实践科学发展观，解决影响和制约分行科学发展的突出问题，增强全行党员干部的科学发展意识和能力。学习期间，分60批次对全行1 337名党员进行学习培训，自编《领导干部深入学习科学发展观活动100问》《党员深入学习实践科学发展观活动100问》。2012年，按照总行党委要求，把全行基层党支部每届任期由原来的2年调整为3年，党总支部委员会每届任期仍为3年。2013年，印发《党支部工作考核评价办法(试行)的通知》，考核内容主要分为班子建设、组织建设、党员队伍建设、思想作风建设四部分。要求努力打造政治素质好、经营业绩好、团队协作好、作风形象好的“四好”领导班子，培养政治素质优、岗位技能优、工作业绩优、群众评价优的“四优”党员队伍。充分发挥党支部推动发展、服务群众、凝聚人心、促进和谐的作用，把党的政治优势和组织优势转化为发展优势和群众工作优势，推动分行全面发展。

2013—2014年，围绕“党的群众路线教育实践活动”总要求，上海市分行党委坚持做到领导带头与群众参与相结合，在充分依靠群众的基础上发挥党员干部自觉性；做到持续教育与问题导向相结合，狠抓认识提高与作风转变；做到专项整治与建章立制相结合，确保标本兼治取得实效。在历时半年的活动中，分行党委班子 7 名成员率先垂范，全行 192 名 C 职等党员干部认真投入，1 800 多名在岗党员、5 000 多名员工参与，3 个督导组有力督导，确保活动按要求、按计划扎实有效地开展。教育实践活动进一步改进全行党员干部工作作风，提高为基层服务，为员工服务，为社会大众服务的意识、效率和水平，凝聚推动分行转型发展的力量共识。

【党员管理】

1991 年 7 月，上海分行党组印发《关于进行党规党法教育工作实施意见》，要求每个党员严格按照共产党员标准，进一步增强党性观念和廉政意识，提高遵纪守法的自觉性，经受执政和改革开放的考验，全心全意为人民服务。1996 年 7 月，组织党员开展学理论、学党章"双学"活动，提高党员素质，增强党性。9 月，对全行党员进行党纪政纪条规教育，加强党风廉政建设，提高党员尤其是党员领导干部政治素质。

2004 年，结合学习《中共中央关于加强党的执政能力建设的决定》，上海分行党委对全行党员领导干部提出联系实际，把加强党的执政能力建设的要求落实到提高基层领导管理能力和风险责任意识的具体实践中去，努力提高全行党员干部的发展意识、风险意识和责任意识，推进交通银行改革发展的进程，为巩固党的执政基础，增强党的执政能力贡献力量的要求。2005 年 7 月，围绕"提高党员素质，加强基层组织，服务人民群众，促进各项工作"目标，组织全体党员开展保持共产党员先进性教育活动。按照先进性教育活动中思想发动、分析评议和整改提高 3 个阶段的 13 个环节主要内容，工作重点、具体做法和目标要求，对党支部书记和联络员进行专题培训。活动中，开展学党章、举办先进性教育活动党课及金融经济形势报告会，全体党员进一步认清了新时期党员的先进性根本要求，增强了党的意识、党员意识、使命感和责任感，提高了发挥党员先锋模范作用的自觉性。各基层党支部严格按照分行党委统一要求，加强对活动的组织领导，精心部署落实，严明组织纪律，统计出勤率，做好补课安排，实现先进性教育活动的全覆盖、无遗漏；创建"党员责任区""党员示范岗""一名党员一面旗帜"等活动，激发党员为交通银行改革发展事业奉献自己力量的积极性、主动性和创造性。2012 年，为推动"创先争优"常态化、长效化，要求党员在立足本职岗位、提高服务水平、完成工作任务等方面作出承诺，为群众做表率，争当"四优"共产党员。同时强调要充分利用党员远程教育平台、内网党建园地、电化教育等信息技术手段，推进党员教育信息化。定期举办支部书记培训班，通过分批培训、经验交流和实践锻炼等形式，坚持抓书记、书记抓，形成一级抓一级、层层抓落实的工作格局，全面提升党支部工作水平，全面落实党支部"三会一课"、民主评议党员等制度，增强党员队伍生机活力。2013 年 5 月，印发《关于做好新形势下发展党员和党员管理工作的通知》，提出要按照"控制总量、优化结构、提高质量、发挥作用"总要求，坚持政治标准，严把发展党员入口关。要紧紧抓住党性教育核心，加强党员的信念宗旨教育，着重引导党员履行党员的义务和权利，引导党员立足岗位，学习知识，钻研技术，提高业务能力，在推动科学发展、促进和谐管理、服务员工群众中充分发挥先锋模范作用。要严格经常性的党内组织生活，严明政治纪律和组织纪律，落实党员党性定期分析、民主评议等制度，加强和改进党员队伍管理。每 5 年党委集中开展一次党性分析活动，每年各支部进行一次民主评议党员活动。健全党员能进能出机制，畅通不合格党员"出口"，确保党员队伍更加纯洁。截至 2014 年年末，上海市分行消除了党员空白部门、网点，实现党对各项工作引领、指导的党建目标。

【党员发展工作】

抗战时期，上海分行在中共地下党领导下开展活动。民国28年(1939年)5月，上海民国路支行办事员、中共地下党员孙震一介绍撤退到上海的无锡支行办事员储祖弼入党。民国29年(1940年)年初，储祖弼介绍民国路支行办事员朱德隆入党。之后，孙震一、朱德隆相继被调到大后方交通银行工作，民国31年(1942年)5月，储祖弼经中共党组织批准前往苏中抗日根据地工作。民国32年(1943年)，上海分行办事员游凤起经中国银行中共地下党员江春泽介绍入党，中共地下党组织重新在上海分行开展活动。抗战胜利时，上海分行有游凤起1名中共党员。民国35年(1946年)4月，上海分行打字员罗经北由复旦大学罗经文介绍入党。是年，游凤起介绍分行办事员宋书元入党。民国37年(1948年)12月，虹口支行雇员严孝修由上海市银行席德基介绍入党。中共地下党员带领上海分行职工开展职工运动，并在斗争中经受锻炼，发挥了积极作用。截至1949年5月上海解放，中共交通银行支部和行局工友支部交行部分共有党员18人。

表9-1-14　1949年5月中共交通银行支部和行局工友支部交行部分党员情况表

支部名称	姓　　名
交通银行支部	王自慎、葛一飞、游起凤、冯宝豫、罗经北、严孝修、唐荣钰、刘奋之、张凤仪
行局工友支部交行部分	陈品梅、任龙生、李经芳、吴海涛、高岐山、许学连、郑泉、凌永浩、杜梦陵

1949年5月上海解放后，随着各项工作步入正轨，上海分行成立中共党支部，积极发展优秀员工入党。

截至1954年5月末，上海分行党支部有党员27人，正式党员22人，候补党员5人。其中男性18人，女性9人。

表9-1-15　1954年5月交通银行上海分行党支部党员情况表

姓　　名	性　　别	入党时间	党内职务
陈明栋	男	1938年1月	代理支部书记
崔西光	男	1940年7月	支部书记
黄玉明	男	1941年4月	—
王敦济	男	1941年12月	—
葛一飞	女	1942年1月	—
秋　平	女	1942年1月	—
初洪敏	女	1945年7月	—
徐泽民	男	1946年1月	支部委员
杨　凯	女	1946年2月	支部委员
宫树桂	男	1946年4月	支部委员
盖贵卿	女	1947年6月	—
周俊英	男	1947年8月	—

〔续表〕

姓　　名	性　　别	入党时间	党内职务
严孝修	男	1947 年 12 月	—
吴海涛	男	1948 年 1 月	—
李经芳	男	1948 年 2 月	—
徐　辉	女	1949 年 2 月	支部委员
吴少清	男	1949 年 5 月	—
燕　回	男	1949 年 8 月	—
陈志新	男	1949 年 11 月	—
王延兴	男	1950 年 3 月	—
徐锋武	男	1950 年 4 月	—
李宪武	男	1951 年 3 月	—
蔡　敏	女	1951 年 4 月	组长
陈广寅	男	1953 年 1 月	—
陈泰安	男	1953 年 12 月	—
曹振媚	女	1953 年 12 月	—
马徽麟	女	1954 年 3 月	—

说明：按入党时间先后排列。

1986 年上海分行重新开业后，认真贯彻执行新时期党的组织工作方针，围绕交通银行改革发展、探索实践股份制商业银行的目标，不断加强党的组织建设，按照“坚持标准、保证质量、改善结构、慎重发展”要求，做好在基层一线和青年队伍中发展党员工作，坚持举办入党教育培训班，抓好积极分子队伍建设。1992 年，分行机关党委印发《关于做好推荐优秀团员作党的发展对象工作的通知》，要求各级基层党、团组织适应新形势，把业务一线和关键岗位上刻苦学习业务，做出优异成绩的优秀团员作为培养和推荐的重点对象，使推优工作逐步成为党组织发展青年党员的重要渠道。1995 年，结合纪念五四运动，分行机关党委、团委联合召开“推优”座谈会。2011 年，分行党委组织部转发总行党委《关于推荐优秀团员青年作党的发展对象工作的实施细则》，要求各基层党组织认真做好 28 周岁以下优秀团员青年入党工作，把青年更广泛、更紧密地团结在党组织的周围，不断增强党的阶级基础和扩大党的青年群众基础，保证党的事业薪火相传、后继有人。截至 2014 年年末，上海市分行共发展党员 807 人，占全行党员总数 35.27%。

表 9-1-16　1988—2014 年交通银行上海(市)分行党员人数和发展人数情况表

年　　份	党员总数(人)	发展党员数(人)
1988	173	1
1989	209	3
1990	251	2

〔续表〕

年　份	党员总数(人)	发展党员数(人)
1991	325	8
1992	467	5
1993	496	8
1994	574	7
1995	558	13
1996	614	22
1997	675	25
1998	713	16
1999	762	34
2000	759	13
2001	814	49
2002	842	30
2003	879	29
2004	929	46
2005	959	42
2006	1 039	26
2007	1 142	38
2008	1 370	55
2009	1 512	55
2010	1 693	69
2011	1 863	56
2012	2 104	60
2013	2 229	53
2014	2 288	42

三、作风建设

1986年上海分行开始试营业后，认真贯彻执行党中央、上海市委以及交通银行党组关于加强党风建设的一系列重要指示和要求，狠抓各级领导班子建设，抓党员队伍建设，抓党风制度建设，进一步端正党风，增强党员惩治腐败、加强党风建设的自觉性。1988年，制定《关于在经济交往中被宴请、送礼问题的处理规定》，规定个人在公务活动中收受的宣传品、纪念品须汇报登记，交由办公室统一处理。明确在企业就餐的人员，可接受客饭安排，但须付费。对于礼仪活动所需的招待宴请，标准从简，且严格控制配餐人数。

1991年起，为加强纪检监察工作，推进廉政建设，上海分行不定期向各部门和分支行下发内部刊物《纪检与监察》。1992 年，印发《关于进一步加强廉政建设的暂行规定》《关于收受、登记、上交和处理礼品的暂行规定》，对全行干部职工在公务活动中的政治纪律、经济纪律、工作纪律、外事纪律及廉洁自律作出规定，明确对违反规定者，视情节轻重，给予党纪、政纪处分，触犯刑律的，由司法机关追究刑事责任。1997 年，制定《关于党风廉政工作责任制的实施办法》，明确党风廉政工作责任制的基本原则、责任内容、责任范围，执纪考核、监督检查、责任查究及违反党风廉政工作责任制行为的处理办法等内容。是年，作为上海市金融系统第一批试点单位正式将党风廉政建设责任制纳入分行党组工作日程，并在检查评比中，获得第一名。

图 9-1-4　1995 年 4 月 7 日，交通银行上海分行召开全行纪检监察会议

1998—2000 年，上海分行连续 3 次修订党风廉政建设责任制实施办法，进一步充实内容，健全责任追究制度。明确提出分行各级党政一把手为党风廉政建设责任制第一责任人，对本单位的党风廉政建设负总责，班子成员对分工范围内的党风廉政建设负责，分行纪委对全行执行党风廉政建设责任制的组织协调工作负责；建立分行党委定期听取分行纪委工作汇报、分行领导联系支行工作制度，使“一把手抓”“抓一把手”成为一级抓一级的工作着力点，使“谁主管，谁负责”工作模式落到实处。2000 年，对辖内 17 个分支行（业务部）党风廉政建设责任制落实情况进行检查、考核，对管理部门开展党风廉政建设责任制量化管理考核。17 个经营单位均达到良好以上标准，6 个单位被评为优秀单位。2002 年 7 月 30 日—8 月 20 日，组成 3 个检查组，重点抽查 5 个辖属、市内分支行及 7 个管理部门党风廉政建设责任制执行情况。被查各单位纪检委员、兼职监察员在日常工作中认真执行“谁主管，谁负责”原则和一级抓一级的工作要求，贯彻落实党风廉政建设的各项制度、内容、考核，在防范教育、制度建设、行风建设和源头治理方面取得进步。2005 年 10 月，收集、整理党风廉政建设和反腐败工作方针政策、法规制度及相关要求，汇编成册《纪检监察常用法规选编》，供全体员工日常学习使用，做到学法、知法、守法，严格执行党纪、政纪和国法。2006 年下半年，组织检查组对4家经营单位进行检查，现场听取党支部书记对本单位党风廉政建设执行情况、班子成员个人述职述廉、支部纪检委员等工作汇报，52名干部员工参加民主测评。检查中，检查组共召开4次座谈会，向254人发出问卷调查，与3家路支行5名负责人进行个别谈话，共发现问题12条。检查结束后，检查组与4家单位领导班子交换意见。据民主测评和问卷调查显示，干部员工对本单位“班子及成员落实党风廉政建设责任制的总体评价”，满意和比较满意率为90%以上。

2003年3月，上海分行党委印发《党风廉政建设责任制工作手册》，明确13项手册内容，为基层做好党风廉政建设和反腐败工作提供依据。是年，采取现场与非现场相结合方式，检查37家管理部门和经营单位基层党组织落实党风廉政建设责任制情况，发现121个问题，提出86项整改意见。检查同时显示，《党风廉政建设责任书》的签订，有效提高了各单位领导干部“一岗双责”责任意识，党风廉政建设和反腐败抓源头的自觉性明显增强。

2005年4月，上海分行党委上线“党风廉政建设责任制执行情况管理系统”，并进入试运行阶段，分为责任分工、责任制度、责任内容、责任追究等15项栏目，既有量化考核标准，又增设分析报告反馈功能，有力地支撑分行非现场监控及督促整改，填补非现场状态下责任风险防范的空白，形成现场检查与非现场检查相结合监管平台。2006年，对《党风廉政建设责任制执行情况管理系统》进行功能升级。通过完善工作平台，基本实现非现场检查网络化管理等功能的改进。

2007年，上海分行党委把党风廉政建设责任制作为重要工作内容纳入领导干部履职情况检查。2009年，重新修订《行务公开内容》，规定行务公开具体内容、方式、范围、时间及责任部门等内容。2010年，制定《领导干部问责实施细则》，并且成立以分行党委书记、行长为组长，分行纪委书记为副组长，相关职能部门负责人为成员的履职问责领导小组。对问责范围、问责方式、问责程序及问责结果运用作出界定。2011年，印发《领导干部廉政报告制度（试行）》，规定领导干部须按要求及时报告分管范围内落实党风廉政建设责任制、推进惩治和预防腐败体系建设工作的情况，个人有关廉洁从业、廉洁自律各项规定执行情况，本人婚姻变化和配偶、子女移居国（境）外、从业等事项，收入、房产和投资等事项。明确对不遵守报告制度、不按时报告、不如实报告、隐瞒不报的，依照有关规定给予批评教育和组织处理。构成违纪的，按照有关规定给予纪律处分。是年3月，制定《贯彻落实“三重一大”决策制度实施细则（试行）》，明确对重大决策、重要人事任免、重大项目安排及大额资金运作“三重一大”事项，须坚持依法决策、集体决策、分级决策及民主决策原则，全面增强“三重一大”决策制度的执行力，全面加强领导班子建设和反腐倡廉建设，全面推进惩治和预防腐败体系建设。

2014年5月，上海市分行党委制定《关于加强公务交往中收受礼品管理的意见》，要求各级领导班子把公务交往中的礼品管理工作纳入党风廉政建设和治理商业贿赂中来抓落实，各单位纪检监察特派员和党支部纪检委员要负责收受礼品的日常管理，经常过问并检查制度执行情况，定期通报收受礼品登记上交及处理、领用情况，做到责任到人、监管到位。

表9-1-17　2003—2014年交通银行上海(市)分行党风廉政建设大会主题报告情况表

年　份	主　题　报　告
2003	《紧紧围绕加快发展和增创效益中心任务，扎实有效推进党风廉政建设和反腐败抓源头工作》
2005	《惩治预防并举，加大治理力度，扎扎实实地把反腐倡廉各项工作落到实处》
2008	《认真贯彻党的十七大精神，着力开创反腐倡廉建设新局面》

（续表）

年　份	主　题　报　告
2010	《加快推进反腐倡廉和惩防体系建设，为实现“两个目标”提供坚强有力的保障》
2012	《加大工作力度，加快关口前移，切实为“二次改革”提供有力的服务保障》
2013	《切实改进工作作风，扎实推进案防工作，为全行转型发展提供坚强有力的支撑和保障》
2014	《强意识，明责任，严纪律，扎实做好党风廉政建设和案件防控工作》

四、反腐倡廉建设

1991 年，为进一步加强党风廉政建设，提高广大党员的党性觉悟，增强遵纪守法的自觉性，上海分行党组组织全体党员认真学习《中国共产党党章》《关于党内政治生活若干准则》，中纪委 8 个条规及市委、市府颁发的 2 个廉洁规定，对党员进行系统性党规党纪教育。1996 年，遵循“内反腐败，外防风险”“立足教育，加强防范，实现关口前移”指导思想，先后 5 次对处以上干部进行反腐倡廉教育。分行党组结合中心组学习，组织各部门、分支行主要负责人观看上海市 4 位原局级干部违法犯罪的反省录像，学习上海市金融系统和交通银行系统上半年经济案件分析材料，增强各级领导干部反腐倡廉自觉意识。各单位按照上海分行反腐倡廉、遵纪守法和职业道德教育要求，对全体员工开展一次党风廉政建设和发腐败斗争教育、进行一次规章制度落实情况检查、召开一次防范案件的专题研究会。

2000 年，上海分行党委结合学习中央提出的领导干部过好“政治关、权力关、金钱关、享乐关、亲朋关”“五关”要求，在全行开展过好“五关”教育，自觉接受干部群众监督，增强依法合规经营自觉意识。

2003 年，上海分行党委、纪委在行内开展“加强作风、行风建设”“艰苦奋斗，廉洁从业，依法经营”等专题教育。组织各级干部重点学习中央领导同志关于领导干部廉洁自律的重要讲话、中纪委二次全会“关于国有企业领导人员廉洁自律五项要求”、总行党委《交通银行领导干部作风建设若干意见》、总行纪委“十一个不准”规定及分行《领导干部依法廉洁从业手册》等文件，结合观看《一心为民的好书记郑培民》《扭曲的人生——李真贪污受贿案剖析》等教育录像片，进一步增强各级干部廉洁从业意识和改进工作作风紧迫感，全行执行个人重大事项报告制度、收入申报制度、礼品登记上交制度自觉性进一步提高。

2006 年，上海分行纪委召开 23 名新提拔领导干部新春座谈会，对该批同志进行反腐倡廉教育，并赠发《领导干部依法廉洁从业手册》《领导干部勤政廉政工作要点》。

2008 年，上海分行开展《新时期领导干部反腐倡廉教程》专题系列教育，举办反腐倡廉报告会，组织全体党员观看《诱惑的黑洞——刘金宝案件警示录》《贪欲之害》《牵挂》和反腐倡廉滑稽剧《今朝睏不着》等教育录像片。40 个基层党支部向分行纪委汇报学习情况，58 名领导干部撰写学习体会，128 名领导干部参加 2 次专题教程的学习测试，平均得分 96.6 分。

2009 年，上海市分行纪委对 25 名新任部门级助理干部进行廉洁从业教育，组织参观青浦监狱，听取服刑人员的忏悔报告，警示新任干部必须时刻牢记廉洁自律从业准则。是年，对全行干部开展“加强领导干部作风及拒腐防变能力建设”教育，向每一位领导干部发放《从政提醒——党员干部不能做的 150 件事》《新时期领导干部能力建设丛书》及廉政书签，共发放教育书籍 1 150 本和辅导光盘 48 套。60 名领导干部报送学习体会，158 名领导干部参加廉洁从业测试，平均得分 97 分。该年度分行共有 22 995 人次接受反腐倡廉教育，146 名领导干部报告个人重大事项，其中 38 人说明情况，有 1 264 名干部员工上交礼品 526 件，价值约 19.3 余万元，上交礼金、有价证券 64.54 万元。

2011 年，为贯彻中纪委和总行关于反腐倡廉建设总体部署，进一步推进惩防体系建设，上海市分行纪委印发《党员领导干部廉政手册》，分为“指引篇”“履职篇”“自律篇”“禁规篇”“警钟篇”5 个部分，收集上级领导讲话和规章制度等 36 个，作为各级领导干部日常学习、借鉴工具书。

2012 年，上海市分行纪委举办 2 期预防职务犯罪讲座，开通领导干部“廉政短信”。是年，全行组织反腐倡廉教育 294 场次，参加教育 22 884 人次，“廉政短信”受益领导干部达 209 人，全行 2 334 人次上交礼品 501 件，价值 40.78 万元，上交礼金 2.17 万元，有价证券 85.18 万元。2013 年，开展反腐倡廉教育 1 110 场次，参加教育的人数 44 657 人次。群发“廉政短信”6 次，受益的领导干部达 195 人。举办 4 期基层单位负责人预防职务犯罪培训班，领导干部报送学习体会 223 篇。全行 5 219 人次上交礼品 1 038 件，价值约 73.06 万元，上交礼金、有价证券 187.25 万元。C 等职人员个人重要事项报告达 229 人次，B 等职人员（营业网点负责人）个人事项报告 134 人次。

图 9－1－5　2013 年 4 月 23 日，交通银行上海市分行召开新任领导干部反腐倡廉座谈会

2014 年，上海市分行以“重教育，树廉洁”为出发点，开展对领导干部群体的精准廉政教育。举办 C 职等主要负责人履职能力提升培训班等，全面落实党风廉政责任制的各项要求，不断增强防范“四风”的免疫力和反腐倡廉的自觉意识，切实把习近平总书记的“三严三实”要求贯彻到干部队伍建设中。组织 C 层级干部参加关于犯罪心理学和预防职务犯罪等内容的专题学习培训，邀请专家从心理学的角度详细分析职务犯罪的成因，着重强调观念、信念和信仰培养对走好人生的每个阶段具有关键作用，为领导干部正确把握业务发展和风险管理之间的平衡提供了有益的借鉴，达到“受警醒、知敬畏、明底线”教育效果，进一步增强领导干部廉洁从业意识和拒腐防变能力。全行共组织反腐倡廉教育 18 场次，参加教育 2 800 人，向 C 层级以上领导干部 1 395 人次发送“廉政短信”7 次，共有 861 人次上交礼品、礼金、有价证券等合计价值 529 000 元。

第三节　纪 检 监 察

一、监督检查

1989 年，上海分行修订《关于在经济交往中被宴请、送礼问题的八条处理规定》，成立由 1 名分行党组成员、副总经理牵头，分行纪检组、监察室和稽核室参加的监督领导小组，分别从党内、行政和业务 3 个条线进行监督。运用党内民主生活会制度，群众评议党员等活动，使党员自觉接受民主监督。是年，分行领导上交车马费、兼职费等现金 3 930.50 元，处以上党员干部上交丝绸缎料子、手表等礼品 87 次，价值万余元。

1990 年，为深入贯彻执行中央、市委有关廉政建设精神，检查党员干部，特别是处级以上党员在廉政建设方面的情况，上海分行党组开展查思想认识、查制度落实、查廉政工作实绩及查存在问题为主要内容的“四查活动”，并组成由分行纪检组牵头，由分行机关党委、人事教育处、监察室等参与的党风检查小组，负责了解、抽查各支部自查情况，及时向分行党组进行汇报。

1998 年，上海分行党委贯彻落实中纪委二次全会、国务院第六次发腐败工作会议和全国金融系统纪检监察工作会议精神，围绕整顿金融秩序，防范和化解金融风险要求，落实《中国共产党领导干部廉洁从政若干准则（试行）》和厉行节约制止奢侈浪费行为的八项规定，坚持标本兼治、加大监督检查力度，搞好执法、效能监察，全行党风廉政建设和反腐败斗争取得新进展。是年，全行按规定清理公款安装的住宅电话 364 部和移动电话 314 部；业务招待费比上年减少支出 39.9 万元；全年压缩会议 23 个、节约经费 97.8 万元；取消庆典活动 21 次、节约费用 62 万元。

2000 年，为执行中纪委关于“不准用公款为领导干部住宅配备电脑和为住宅电脑支付上网费用”规定，上海分行及时发出《关于收回用公款为领导干部住宅配备电脑的通知》。共收回用公款为领导干部住宅配备的普通电脑 37 台，便携式电脑 29 台；上海分行 6 名局级领导干部做好配偶、子女个人经商办企业或在外商独资、中外合资企业任职情况的登记工作，落实领导干部收入申报和重大事项报告、礼品上交登记等廉政制度。是年，上海分行共收到上交礼金、礼券 191 人次，计人民币 8.1 万元；上交礼品 73 人次，计 166 件；拒收礼金、礼券、礼品 55 人次，折合人民币 1.94 万元；拒绝参加公款宴请和娱乐活动分别为 56 人次和 12 人次；减少或压缩会议 14 个，节约费用 3.4 万元。

2003 年起，上海分行纪委每年协助分行党委召开全行党风廉政建设和反腐败工作会议，与各单位、部门主要负责人签订《党风廉政建设责任书》，使党风廉政建设责任制得以层层落实，形成一级抓一级，一级对一级负责的工作机制。

2007 年，上海分行党委坚持防范教育，注重关口前移，带头学习《中纪委关于严格禁止利用职务上的便利谋取不正当利益的若干规定》。组织全体党员和领导干部观看警示教育录像片《贪欲之害》《警钟长鸣——“高速”腐败人生路上亮红灯》，参观“为民务实清廉——上海市加强作风建设推进反腐倡廉档案文献图片展”。全行 112 名领导干部分别报告 2006 年下半年—2007 年上半年个人重大事项，其中有 25 人次对个人有关事项做了说明。共有 150 名领导干部上交礼品，折合人民币 5.4 万元，329 名领导干部上交礼金和有价证券共计 20.65 万元。是年，上海分行在 18 个经营单位开展“用心尽职、遵章守纪”主题教育，加大对违纪违规和不良资产责任人追究的力度，全年共追究违规行为责任人员7人，其中给予开除公职1人，行政记大过2人，行政警告1人，解除劳动合同3人(含判刑和行政记大过人员)，经济处罚1人。对51笔有问题贷款负有责任的相关人员进行责任追究，给予29名责任人经济处罚，并运用上述案例编写《网点员工违纪违规案例》。

2008年，上海分行深入推进反腐倡廉建设，对案件防控工作保持高度警惕和高压态势，成立由分行党委书记、行长任组长，分管风险副行长和纪委书记任副组长的案件专项治理工作领导小组，全面负责全行案件专项治理工作的部署、组织和指导。分行纪委定期组织案件分析例会，关注研究案件新动向、新特点，制定相应的防范对策。

图9-1-6　2009年7月1日，交通银行上海市分行召开案件防控专项治理会议

2009年，上海市分行纪委组织检查小组，深入部分单位重点检查贯彻党风廉政建设和反腐败工作落实情况。执行政治纪律和廉洁自律规定，推进《贯彻〈建立健全惩治和预防腐败体系2008—2012年工作规划〉的实施方案》和责任内容落实情况。坚持民主集中制和民主管理及行务公开落实情况。加强内控建设、案件防范及员工行为分析管理执行情况。开展反腐倡廉、遵纪守法教育及促进员工健康成长工作情况。开展"四好"班子创建、领导干部作风建设年及"九个表率"要求贯彻情况。强化条线及对基层经营单位规范化、常态化管理情况。检查结束后的15个工作日内，分行检查小组向有关单位班子成员反馈检查情况，并在反馈后的5个工作日内下达整改通知书。被检查单位在1个月内，向分行检查小组报送整改情况报告，检查小组对这些单位整改情况实施跟踪检查。

2014年，上海市分行党委以中纪委三次、四次全会和习近平总书记系列重要讲话精神为指导，围绕分行"稳健经营控风险，改革创新促转型"的总体工作方针，充分履行党风廉政建设主体责任，全面加强对反腐倡廉建设的领导和纪检监察工作的支持，坚持党风廉政建设和业务工作"两手抓"，推动各级党组织切实承担起"一岗双责"的责任，有效推进全行党风廉政建设责任制的落实。

二、执法审理

【执法监察】

1988 年，上海分行按照治理整顿金融秩序和稳定金融方针以及业务发展要求，加强执法监察工作，对违反法纪和有关规章制度的人和事进行查处。

1995—2000 年，上海分行在全行范围内开展执法效能监察，立项内容涉及经营管理、执行规章制度、员工行为规范以及银行业务等方面。通过执法效能监察，立案查处各类经济案件 21 起，均移送司法机关处理。该类案件主要是利用从事金融活动进行作案，且呈现出 3 个“相对集中”特点：1. 案发事件相对集中在银行信贷、出纳和储蓄等部门；2. 案发环节相对集中在账户、账务处理，凭证票据使用，公章私章保管和业务权限控制等方面；3. 案发岗位相对集中在基层营业机构负责人岗位。究其原因是内部控制失效，规章制度不健全或形同虚设；内部管理失范，个别干部、员工毫无法制观念；个别员工工作失职，相互制衡意识淡薄。

2008 年，上海分行按照《党员领导干部述职述廉的实施细则（试行）》要求，加强对干部特别是领导干部执行廉洁自律规定情况的监督，严格领导干部个人重大事项报告制度，并建立领导干部履职情况管理系统，健全干部长效管理机制。延伸对营业机构负责人履职情况的执法监察，突出“六个重要环节”及履职重点，优化监督检查手段，增加检查频率，加大考察力度，把每次检查情况记录个人履职档案。

2013 年，上海市分行制定《2013 年度党风廉政建设责任制检查及领导班子履职情况执法监察实施方案》，组建分行联合检查组，对 6 家支行辖属的 22 个网点进行现场检查。先后查阅被检查单位 2012 年以来的行长办公会、行务会、中心组学习、党支部工作记录、各类专题会议纪要及班组学习记录等资料，与 189 名干部员工进行个别谈话，召开 6 个座谈会（党员和员工代表 40 人），有 910 名干部员工对本支行领导干部（25 名）进行民主测评。检查结束后，按照《领导班子履职情况检查表》中 12 条内容，对被检查单位领导班子履职情况进行综合评估，综合评估平均得分 98.15 分。针对检查中发现的 8 处问题，分别向各支行主要负责人反馈，并以《执法监察整改建议通知》方式提出 8 条整改意见，6 家被检查支行在规定时间内向检查组反馈落实整改情况的报告。

2014 年，上海市分行印发《开展党风廉政建设责任制检查及领导班子履职情况执法监察实施方案》，要求聚焦中心任务，加强反腐败体制机制创新和制度保障。严明党的纪律，坚决克服组织涣散、纪律松弛现象。深入落实中央八项规定精神，坚持不懈纠正“四风”。强化对权力运行的监督，保持惩治腐败的案件防控的高压态势。加强纪检监察干部队伍建设，提高履职能力，坚持标本兼治、综合治理、惩防并举、注重预防，严明政治纪律，加强作风建设，推进惩防体系建设，加强案件风险防控，为分行稳健、持续发展提供坚强有力的支撑和保障。分行纪委协助分行党委召开“2014 年党风廉政建设和案防工作会议”，组织 55 个经营单位和部门分级签订《党风廉政建设和案件防控目标责任书》；以贯彻中央和中共交通银行党委重大决策部署、执行八项规定及廉洁自律规定、纠正“四风”问题、落实党风廉政建设责任制和“四好”班子创建情况等为检查重点，对 10 个单位进行现场检查，发现 6 个方面问题，并提出针对性整改建议；以执行“三重一大”制度、执行行务公开制度、营业机构主要负责人履行案防第一责任、私设“小金库”等情况为检查重点，对 7 个经营单位进行现场检查，发现 5 个方面问题，下达《执法监察整改建议通知》；本着“对组织负责，对当事人负责”的原则，逐一对各类信访件进行认真核实，澄清事实，消除风险隐患。全年，分行共受理信访举报信 8

件，组织核查6件，办结5件；是年，分行纪委共审核回复分行组织部150名拟提任领导干部意见，为分行党委把好领导干部任用关提供重要依据。

【执纪工作】

执行规章 上海分行纪检监察部门着眼于制度建设，强化纪律处分工作，先后制定系列纪律处分惩戒规定。1996年，转发《中国人民银行关于对金融机构重大经济犯罪案件负有领导责任人员行政处分的有关规定》，要求对发生重大经济案件负有领导责任人员必须严肃追究责任。2000年，深入开展《交通银行工作人员违反金融规章制度行为处理办法》的学习、教育工作。通过学习文件、边学边议、交流座谈、法制专题辅导和组织知识测试，干部、员工进一步明确了哪些是合规行为，哪些是被禁止行为，以及违规行为所应当承担的责任和处罚。2001年，根据《交通银行惩戒工作若干规定》，对行员受处分后的职务、工资、奖金以及福利待遇等，严格执行。2005年，按照交通银行《举报违法违纪违规经营行为奖励办法》，鼓励全行员工据实举报违法违纪违规行为。2007年，修订《行务公开实施细则》，每半年组织有关部门进行自查。通过检查，加强了行务公开管理，做到既公开办事结果，又公开办事程序；既公开职工的意见和建议，又公开职工意见和建议的处理情况。2007年，深入学习《交通银行员工违规行为处理办法(试行)》，与案例警示教育相结合，抓好新行员教育，进一步明确“哪些能做、哪些不能做”及“危害在哪里”等道理，切实增强新行员遵章守律的意识和自我保护意识。2010—2014年，根据交通银行重新修订的《工作人员违反金融规章制度行为处理办法》精神以及《关于开展纪律处分决定执行情况检查的通知》要求，进一步落实责任追究。1. 在责任追究中，做到及时追究当事人的责任、及时追究相关责任人的领导责任、及时对被追究责任的有关责任人进行教育帮助，达到严肃执纪、教育全员的效果。2. 责任追究机制到位。对违反银行规章制度的行为和重大差错者，按照责任大小追究当事人和有关领导责任。通过责任追究，使相关人员从思想上认识个人应承担的责任，举一反三，吸取教训，增强责任意识，努力把今后的工作搞好；同时通过责任追究，使之作为营造银行良好内部环境的一项管理手段，并形成一级抓一级的工作机制。3. 责任追究程序到位。坚持“以事实为依据，以党纪法规为准绳”原则，遵照相关规定的有关条款进行处理；坚持按照组织程序处理好每一个环节，对不同性质的事件、不同类别的问题、不同级别的人员，采取不同的处理方法和程序，保持处理问题的公正性、公平性和规范性，达到治病救人、教育一片的效果。4. 责任追究执行到位。认真检查全行党政纪处分决定执行中程序规范、内容落实，处分到期及时解除，使责任人真正受到一次深刻的教育。

警示教育 1991年，上海分行开展“教育、清理、整顿”专题教育活动，要求领导干部带头，管理部门先行一步，为基层经营单位提供工作经验；要求抓好要害岗位的清理工作，对要害岗位人员进行认真的审查，对有经济问题并正处于被调查者，对间接和暗中参与各种经商活动且屡教不改者，对责任心不强、工作马虎、常出差错而又拒不改正者，对与社会上不法分子交往密切者，须从要害部门和要害岗位调出或实行内部待业培训；实施区别情况，分别处理的政策，对有赌博、吸毒、嫖娼犯罪行为者及有经济犯罪或刑事犯罪前科且仍未改悔者，须从职工队伍中清除出去。

1996年，上海分行采用直观教育与正反典型教育、法规教育与业务培训、“纠风”教育与“窗口”达标活动相结合方式，对职工进行教育。组织市内分支行科级以上干部、党员观看上海市检察院大型图片展览“申城反贪风云录”；组织全体员工观看《骄子·囚徒》《巨浪淘沙》《欲海沉浮》等录像片，有125名员工提交观后感。

2003年，上海分行监察室与团委联手，组织青年员工开展以“提升从业素质，树立优良行风”为主题的行风系列教育活动。通过“读好一本书”“组织一次参观”“进行一次案例教育”“开展一次大讨论”等活动，全行青年员工普遍对提高职业操守、加强行风建设重要性和必要性认识，促进了各项业务发展。

2009年，上海市分行开展“廉洁从业守规操作、促进业务健康发展”反腐倡廉主题教育活动，选编刑法关于违法发放贷款罪、违规出具金融票据罪、票据诈骗罪、信用卡诈骗罪、职务侵占罪、挪用资金罪等条款规定，并附上典型案例，帮助大家学习参阅。

2012年，上海市分行加强对干部员工依法合规、廉洁从业意识，增强警示教育，积极参加交通银行举办的以“清风相伴、快乐同行”为主题的廉洁从业警示教育片大奖赛，拍摄的《越界》教育片，获总行大奖赛的三等奖。

责任认定　2003年，上海分行按照交通银行统一部署，开展1998年以来新发生授信业务形成的不良信贷资产集中处置。经认定，1998—2003年6月，分行共发生不良信贷资产41笔，计25户，涉及人民币金额为10 613.6万元，美元517万元。其中16笔(11户)，损失人民币金额2 445万元，美元517万元。12名当事人因在发放贷款过程中有超越权限或失职行为，被分行认定负有责任。经审理，共追究责任人12人，其中辞退2人，劝退3人，解除劳动合同1人，免职1人，纪律处分1人，经济处罚4人。另外还对两家经营单位进行通报批评。是年，结合实际工作，印发《不良信贷资产责任认定制度实施细则》。细化不良信贷资产责任认定的原则、范围、内容和界定标准。

2006年6月，为进一步规范责任追究工作，有效防范有责事件，避免重大案件、重大事故和严重违规行为对分行资产安全、正常营运和信誉带来的损害，上海分行印发《关于对重大案件重大事故和严重违规行为负有领导责任人员责任追究的实施细则》，将发生经济损失50万元以上或造成人员伤亡或产生不良社会影响等情形明确界定为重大案件、重大事故和严重违规行为。

2009—2014年，上海市分行查处各类违纪违规问题，追究相关责任人责任达11人次。其中开除6人次，记过3人次，警告1人次，解除劳动合同1人次。因不良资产进行责任追究141人次。其中警告3人次，经济处罚81人次，通报批评56人次，离岗清收1人次。

表9-1-18　2009—2014年交通银行上海市分行各类违纪违规违法不良资产责任认定情况表

年　份	责任追究情况
2009	违纪违法责任追究：给予1人记过处分并调离岗位。 不良资产责任认定：给予1人警告处分、3人经济处罚、28人通报批评。
2010	不良资产责任认定：给予1人警告处分、1人离岗清收处理、5人经济处罚、26人通报批评。
2011	不良资产责任认定：给予12人经济处罚、3人通报批评。
2012	不良资产责任认定：给予22人经济处罚。
2013	违纪违法责任追究：给予5人开除处分、1人记过处分。 不良资产责任认定：给予1人警告处分、7人经济处罚、1人通报批评。
2014	违纪违法责任追究：给予1人开除处分、1人解除劳动合同、1人记过、1人警告。 不良资产责任认定：给予32人经济处罚。

【反欺诈工作】

2008年，上海分行在总行指导下，初步形成反欺诈工作体系。10月，根据总行《关于各省直分行监察室增加反欺诈职能的通知》要求，上报监察室反欺诈工作岗位人员名单。

2009年，为进一步加强员工行为风险排查工作，巩固和深化专项治理成果，切实防范道德风险和操作风险，上海市分行组织开展反欺诈"一号行动"。各经营单位组织开展对员工8个行为失范方面的排查，每个员工结合各自岗位职责，对照规章制度要求进行自查。分行检查小组深入各经营单位，以听取支行汇报、与员工个别谈话、调阅录像资料、查询各类风险预警系统、查阅资料等方式进行检查。

2010年，作为总行反欺诈管理系统试运行单位，上海市分行参与总行发欺诈管理系统一期、二期升级改造。其间，分行派出监察室反欺诈人员参加总行举办的培训班，对系统优化、参数设置、预警质量等提出许多建设性意见。2010年3月—2014年年末，分行对反欺诈管理系统4 659条预警信息进行核查、分析及处理。

2011年，上海市分行全面促进风险管理体系建设，加强案件和欺诈风险管理，规范反欺诈工作要求和流程，制定《反欺诈工作管理暂行办法》。明确反欺诈工作目标，调查工作原则，职责分工与岗位设置，欺诈和案件风险的监控、处理，欺诈风险的报告和分析反馈，以及考核评价。

第二章　工会组织

民国初期，交通银行上海分行加入上海银行业职工总会，并成立分行分会。抗战胜利后，上海分行职工活动重新活跃起来，以解放战争时期为尤。1987年上海分行工会成立后，在分行党委(党组)、上级工会领导下，通过履行参与、维护、建设和教育职能，进一步提高员工参政议政、依法维权意识，提升对交通银行归属感及学习业务热情，为上海(市)分行实现“争先进位，创新发展”目标积累动能。

第一节　沿　　革

民国16年(1927年)3月，上海分行派毕格心、龚善继参加上海银行业职工总会在香港路大会场举行的第二次代表大会，被选为执行委员。后因上海银行业职工总会改变宗旨，分行经多数会员议决，决定退出职工总会，6月26日，解散分行职工分会。解放战争时期，在中共地下党组织领导下，上海分行职工开展形式多样罢工、待工等斗争，维护合法权益。

1987年1月，上海分行成立工会筹备组。9月，选举产生第一届分行工会委员会(以下简称“分行工会”)，接受分行党组、上海市金融工会双重领导。分行工会主席由党组成员、副总经理兼任。

1992年8月，为加强对辖属分支行工会工作的领导，发挥工会在深化金融体制改革中的作用，经交通银行党组批复同意建立“中国金融工会交通银行上海分行工作委员会”(以下简称“分行系统工会”)。上海分行系统工会实行垂直领导体制，接受交通银行系统工会和分行党组双重领导，以分行党组领导为主。因未经民主选举，分行系统工会不是一级工会组织，仅作为上级工会的派出机构，主任由交通银行党组任命，由分行党组成员、副总经理兼任；与分行工会实行合署办公，下设办公室，主任由分行工会副主席兼任。主要职责是：依据《工会法》，帮助辖属分支行组织会员或会员

表9-2-1　1987—2014年交通银行上海(市)分行工会负责人任职情况表

界　别	主　　席		副　主　席	
	姓　名	任职时间	姓　名	任职时间
第一届	诸　清	1987年9月—1991年12月(兼)	周维堂	1987年9月—1991年12月
第二届	李惠珍	1991年12月—1998年9月(兼)	龚伯忠	1991年12月—1998年9月
	孙小妹	1998年9月—1998年11月(增补)	吴正存	1998年9月—1998年11月(增补)
第三届		1998年11月—2003年10月	乔天虹	1998年11月—2003年10月
			吴正存	1998年11月—2003年10月
第四届		2003年10月—2011年5月	茅晓佩	2003年10月—2011年5月
			辛继明	2003年10月—2011年5月
			王建新	2005年12月—2007年4月(增补)
第五届	赵彩虹	2011年5月—	王亚南	2011年5月—

代表大会选举产生基层工会委员会。加强对辖属分支行工会工作领导。2004 年 10 月，总行调整上海分行原辖属分行管辖关系，分行不再承担管辖行职能，分行系统工会自动撤销。

1999 年 3 月，分行工会与分行团委、党委群众工作部合署办公。2001 年 2 月，总行改革组织架构，党委群众工作部撤销，分行工会单独设置。2006 年 8 月，分行工会与新设的员工工作部、分行团委合署办公，并按各自章程独立开展工作。2007 年 9 月，员工工作部更名为“工会办公室”。截至 2014 年年末，分行工会委员会有基层工会委员会 48 个，工会会员 5 117 人，专职工会干部 5 人。全行形成分行工会委员会、部门(经营单位)工会委员会两级组织形式。

表 9-2-2 1992—2004 年交通银行上海分行系统工会负责人任职情况表

主任		副主任	
姓名	任职时间	姓名	任职时间
李惠珍	1992 年 8 月—1995 年 8 月	诸坤泉	1992 年 8 月—1995 年 7 月
杨孟华	1995 年 8 月—1996 年 4 月	龚伯忠	1992 年 8 月—1997 年 9 月
金大建	1996 年 4 月—1997 年 3 月	万家禄	1995 年 7 月—2000 年 2 月
陈如奇	1997 年 3 月—2000 年 2 月	乌维舟	2000 年 2 月—2004 年 10 月
孙小妹	2000 年 2 月—2004 年 10 月	吴正存	2000 年 2 月—2004 年 10 月

第二节 职工代表大会

上海分行建立职工代表大会(以下简称“职代会”)制度后，发挥职代会知情权、参与权、表达权、

图 9-2-1 1999 年 5 月 22 日，交通银行上海分行召开职工代表大会

监督权及选举权“五权”作用。邀请职工代表参与制定经营方案、规章制度、员工利益分配方案等；参与民主评议干部及职代会换届选举工作。形成具有鲜明分行特点的民主管理格局。

1996 年 11 月，上海分行成立由分行党组成员、副行长任组长的第一届职工代表大会筹备领导小组。1999 年 5 月，召开首届职工代表大会。会上，代表们履行代表职责和权利，认真审议分行《职工代表大会实施细则（草案）》[以下简称《实施细则（草案）》]等一系列重要事项。表决通过《职工代表大会民主管理专门小组成员名单》和职代会决议，以 61 票赞成、4 票反对、74 票弃权，否决《实施细则（草案）》。大会责成分行工会和职代会民主管理专门小组根据职工代表的意见认真修改《实施细则（草案）》，提交下次职代会审议。2000 年 5 月 19 日，在上海分行第一届职代会二次会议上，大会重新审议并通过《实施细则（草案修改稿）》等 3 个文件，进一步完善分行民主管理等制度建设，助推分行二次创业发展战略目标的实现。

1999—2012 年，上海（市）分行共召开五届职代会，主要内容是听取并审议分行行长工作报告、审议分行经营管理重大议题及各类提案、表决通过一系列分行改革发展及与员工利益相关的重要事项。截至 2014 年年末，全行经各部门、经营单位基层工会组织民主选举产生的职工代表达 216 人。

表 9－2－3　1999—2012 年交通银行上海（市）分行职代会审议通过议题情况表

届　别	次　第	时　间	主　要　议　题
第一届	第一次	1999 年 5 月	《交通银行上海分行职工代表大会民主管理专门小组成员名单》
	第二次	2000 年 6 月	《交通银行上海分行职工代表大会实施细则（草案修改稿）》
			《交通银行上海分行行员退养暂行办法（草案）》
			《交通银行上海分行职工货币化分房补贴暂行办法（草案）》
第二届	第一次	2001 年 6 月	《交通银行上海分行职工住房制度改革实施办法（草案）》
			《交通银行上海分行劳动合同实施办法（草案）》
	第二次	2002 年 10 月	《〈交通银行上海分行职工代表大会实施细则〉修改意见（草案）》
			《交通银行上海分行职工代表大会民主管理专门小组工作制度》
			《交通银行上海分行在职职工疗休养休假管理暂行办法（草案）》
			《交通银行上海分行 2002 年度职工补充养老保险奖励办法（草案）》
			《交通银行上海分行 2002 年度职工住房补贴奖励办法（草案）》
第三届	第二次	2004 年 4 月	《交通银行上海分行行员退养暂行办法（草案）》
			《交通银行上海分行全员绩效管理实施意见补充办法（草案）》
第四届	第一次	2006 年 4 月	《交通银行上海分行行员手册（草案）》
			《交通银行上海分行行员补充养老保险管理办法（草案）》
第五届	第一次	2012 年 12 月	《交通银行上海市分行职工代表大会实施细则（修改稿）》
			《交通银行上海市分行行务公开实施细则（修改稿）》
			《交通银行上海市分行员工补充医疗保险管理办法（草案）》
			《交通银行上海市分行劳动争议调解委员会组成人员》
			《交通银行上海市分行提案工作委员会组成人员》

〔续表〕

届别	次第	时间	主要议题
第五届	第二次	2013年11月	《交通银行上海市分行补充医疗保险实施细则(草案)》
			《交通银行上海市分行第五届职工代表大会第二次会议决议(草案)》
	第三次	2014年11月	《交通银行上海市分行员工手册(修订稿)》
			《交通银行上海市分行第五届职工代表大会第三次会议决议(草案)》

第三节 主要工作

1987年起,上海分行工会结合工作职能,发挥民主管理、民主监督和民主治行作用,推进行务公开建设进程;按照"三个一流"办行宗旨,开展各项劳动竞赛,提升全行服务水平;建立"五必访"制度,坚持做好送温暖和慰问工作;抓好实事工程,落实员工疗休养工作,做好2010年上海世博会服务、培训、慰问等工作。通过扎实工作,进一步集聚起全行会员创业奋进的力量。

一、民主管理

2003年起,上海分行建立由分行党委书记任组长、工会主席任副组长,相关部门为组员的行务公开领导小组。分行工会作为行务公开日常工作机构,负责起草《行务公开实施方案》等文件、汇总提交需要公开事项、组织行务公开领导小组办公会议具体事宜、建立与行务公开监督小组定期联系协调机制、督促和完成行务公开领导小组交办的其他事项。行务公开作为职代会一项重要工作内容,要求责任部门在职代会上予以公开,接受职代会监督,确保行务公开始终在职工广泛参与和监督下进行;除此之外,通过发文、通报等形式,定期或不定期公布行务公开方面重要情况;建立行长联系制度,沟通行务公开有关事项;在内部局域网公开行内相关工作;在上海分行内部报刊《交行人》上开辟行务公开专栏,刊登行务公开情况;通过召开专题会、座谈会、述职会等途径来实现行务公开。

2004年,上海分行工会办公室牵头召开推进分支行两级行务公开现场经验交流,由长宁支行介绍试点经验,推进各基层单位行务公开工作,并为分行各部门实施行务公开搭建平台。2012年,分行职代会第一次会议审议通过《行务公开实施细则(修改稿)》。重申行务公开在分行党委领导下进行的原则。行务公开领导小组由党委、纪委、行政、工会负责人及有关部门负责人组成。分行党委书记、行长任领导小组组长,纪委书记、工会主席任副组长。行务公开领导小组是全行行务公开工作的领导小组,主要职责是:负责制定分行行务公开实施办法和行务公开的范围及实施细则。明确公开事项,指导协调在行务公开实施中发生的重大事项。听取有关责任部门行务公开工作执行落实情况的汇报。听取重大事项整改情况的汇报、行务公开监督小组的工作汇报和行务公开办公室年度工作报告等。规定分行行务公开领导小组每年至少召开1~2次会议。分行工会负责行务公开的日常工作。

二、劳动竞赛

上海(市)分行工会围绕提升全辖员工业务技能水平目标,承办业务条线竞技比赛,营造"比、学、赶、帮、超”氛围。业务技能比赛分为“交行杯”“希望杯”。其中：分行市内机构的业务技能比赛冠名为“交行杯”，分行辖内分支行的业务技能比赛冠名为“希望杯”。

【交行杯】

1991 年，上海分行决定举办“交行杯”，每年一次，并成立分行业务技能比赛组委会。首届“交行杯”业务技能比武大赛由分行工会、团委承办。其中 1999—2003 年、2010 年，因故停办 6 届比赛。截至 2014 年年末，上海市分行共举办 18 届“交行杯”业务技能比赛。

图 9－2－2　2013 年 9 月 8 日，交通银行上海市分行举办“交行杯”业务技能比赛

表 9－2－4　1991—2014 年交通银行上海(市)分行“交行杯”技能比赛成绩情况表

届　别	举办时间	参赛队(个)	参赛选手(人)	比赛项目(项)	团体比赛总成绩
第一届	1991 年 11 月	20	215	9	第一名：宝山支行 第二名：业务一部 第三名：业务二部
第二届	1992 年 10 月	15	215	12	第一名：杨浦支行 第二名：原业务一部、原业务二部(并列)
第三届	1993 年 10 月	12	—	10	第一名：杨浦支行 第二名：业务部 第三名：静安支行
第四届	1994 年 9 月	14	—	12	第一名：杨浦支行 第二名：业务部 第三名：市南办事处

〔续表〕

届　别	举办时间	参赛队（个）	参赛选手（人）	比赛项目（项）	团体比赛总成绩
第五届	1995年9月	18	—	13	第一名：浦东分行、业务部（并列） 第三名：杨浦支行
第六届	1996年9月	18	—	12	第一名：业务部 第二名：杨浦支行 第三名：浦东分行
第七届	1997年10月	18	—	13	第一名：杨浦支行 第二名：业务部 第三名：浦东分行
第八届	1998年9月	18	350	12	第一名：杨浦支行 第二名：市南支行 第三名：闸北支行
第九届	2004年11月	22	233	7	第一名：业务部 第二名：账务中心、杨浦支行 第三名：市南支行、浦东分行、新区支行、市西支行、宝山支行
第十届	2005年11月	20	367	8	第一名：第一支行 第二名：账务中心、浦发分行 第三名：宝山支行、徐汇支行、闸北支行
第十一届	2006年11月	22	400	8	第一名：浦东分行 第二名：杨浦支行 第三名：第一支行
第十二届	2007年9月	23	500	9	第一名：分行营业部 第二名：徐汇支行 第三名：账务中心、浦东分行
第十三届	2008年11月	22	325	9	第一名：分行营业部 第二名：浦东分行 第三名：市南支行
第十四届	2009年10月	22	344	9	第一名：浦东分行 第二名：徐汇支行 第三名：市南支行
第十五届	2011年7月	20	80	6	第一名：浦东分行 第二名：市南支行 第三名：闸北支行
第十六届	2012年7月	21	190	5	第一名：黄浦支行 第二名：虹口支行 第三名：浦东分行
第十七届	2013年9月	22	268	6	第一名：浦东分行 第二名：市西支行 第三名：黄浦分行
第十八届	2014年8月	23	186	4	第一名：浦东分行 第二名：杨浦支行 第三名：黄浦分行

【“希望杯”】

1992年，为提高上海分行辖属系统员工尤其是广大青年员工业务技能水平，全面落实“三个一流”办行宗旨，确保全行在激烈的市场竞争中以过硬的服务本领胜出，上海分行决定，从在全辖范围内每两年举行一次“希望杯”业务技能比赛。10月，成立由上海分行党组成员、副总经理任组长，分行工会副主席以及苏州分行总经理任副组长，各辖属分支行负责人为组员的全辖系统首届“希望杯”业务技能比赛组委会。组委会下设工作小组，设有总裁判、裁判员和工作人员若干名，负责比赛监督和裁判工作。1992—1998年，上海分行共举办了4届“希望杯”比赛。后因各辖属分支行辖属关系调整，1998年后，不再举办“希望杯”比赛。

图9-2-3　1992年11月8日，上海分行举办全辖系统首届“希望杯”业务技能比赛

表9-2-5　1992—1998年上海分行全辖系统“希望杯”技能比赛成绩情况表

届　别	举办时间	举办地点	参赛队（个）	参赛选手（人）	比赛项目（项）	团体比赛总成绩
第一届	1992年11月	苏州	9	90	10	第一名：上海分行 第二名：苏州分行 第三名：宁波分行
第二届	1994年10月	无锡	12	139	12	第一名：上海分行 第二名：无锡分行 第一名：常州分行
第三届	1996年10月	无锡	10	126	12	第一名：上海分行 第二名：无锡分行 第三名：常州分行

（续表）

届　别	举办时间	举办地点	参赛队（个）	参赛选手（人）	比赛项目（项）	团体比赛总成绩
第四届	1998年10月	无锡	10	110	12	第一名：上海分行 第二名：无锡分行 第三名：常州分行

三、凝聚力工程

【慰问帮扶】

上海(市)分行工会作为员工之家,始终致力于帮扶困难员工解决实际问题。多年来,通过持续开展慰问、补助和服务工作,向患大病的员工、困难员工家庭施以援手,缓释部分员工经济压力,使员工感受了交通银行大家庭的温暖。

1999年1月起,上海分行工会专题研究"做好春节期间帮困送温暖慰问工作"。节前,上海分行领导、工会负责人慰问了患重病、困难员工;各单位领导和基层工会负责人对患病住院、困难员工进行了慰问。此后,"送温暖慰问工作"作为分行工会一项常态化工作一直延续下来。2001年,根据上海市改革医疗保险制度精神,及时组织2 843名员工参加市总工会推出的"在职职工住院医疗互助保障计划",趸缴35元/年人。11月末,分行有55名员工因住院获赔付31 761.9元,一定程度上减轻了员工经济压力。2003年11月,响应总行系统工会开展的"送温暖、献爱心"捐款活动,动员全行员工为患有尿毒症、恶性肿瘤、再生性障碍贫血、急性亚急性中晚期肝癌、心脏瓣膜置换手术、肝脏动脉旁路手术、颅内肿瘤、气管手术、主动脉手术9种大病的职工捐款。共募集到80 352元爱心捐款,全部捐助于上海分行患有上述9种大病的员工。2011年9月,为进一步提高全行员工医疗保障水平,制定《关于员工非医保大病及困难补助的通知》,规定对在职员工、派遣工、劳务工等因非医保大病自负医疗费部分负担过重等情况,予以一定比例补助;对在职和退(离)休员工患病和家庭发生突发事件后出现经济困难的,予以一定比例补助;对派遣工、劳务工本人患病,根据其在上海分行工作年限,视情分别予以一定比例补助。2012年,针对部分员工患病生活不能自理等情况,开展"关爱在身边"活动,发动志愿者向困难员工家庭提供家政服务、送医购药、购买生活必需品等服务,解决困难员工实际困难,提升员工对企业归属感。2013—2014年,分别向14位、22位困难员工提供"关爱在身边"活动帮扶资金14.40万元。

2012年7月,根据自愿原则,上海市分行组织员工参加总行职工互助会,趸缴100元/年人。此后,分行加入工会人数逐年递增,互助会"互帮互助、救急就难"的宗旨逐渐得以体现。

表9-2-6　2012—2014年交通银行上海市分行参加"职工互助会"员工受助情况表

年　份	参会人数(人)	参　会　率	受助人数(人)	受助助金额(万元)
2012	4 424	92%	5	29.5
2013	4 780	92%	8	34.88
2014	4 902	93.20%	4	21.98

表 9-2-7　2012—2014 年交通银行上海市分行参加“在职职工住院补充医疗互助保障计划”员工受助情况表

年　　份	受助人次(人)	受助金额(元)
2012	63	74 000
2013	89	101 100
2014	92	207 800

【关爱活动】

2010 年起，上海分行工会借助总行工会资源，搭建多渠道关爱员工的平台，向员工提供心理关爱 EAP 项目服务。为基层营业网点订阅心理健康杂志，普及心理知识，缓释紧张工作给员工带来的心理压力；向每位员工发放心理关爱卡，员工一旦遇到心理问题可拨打心理咨询电话、登录网站接受心理医生的开导；定期开办健康讲座、员工压力管理讲座、女性专题讲座等，为员工提供身心健康知识援助；组织员工开展“健康行”活动，并根据员工运动记录的数据，定期给予相应的奖励积分，可在平台上兑换礼品等。

图 9-2-4　2011 年 3 月 2 日，交通银行上海市分行开展“心和谐、心跨越”三八节心理关爱专题讲座

【建家活动】

1995 年，上海分行系统工会为增强基层工会的活力，推动基层工会的自身建设，发挥工会组织在业务开拓中促进作用，对照总行系统工会“工会能按期换届选举、配备专职工会干部，建立职工代表大会制度，参加总行与管辖行举办的工会干部培训班，依法维护员工合法权益，切实为员工排忧解难，健全工会财务制度”六条标准，开始创建合格“职工之家”（以下简称“建家活动”）。2000 年，把建家活动作为工作重点，组织力量对辖属行、市内行检查验收，授予湖州支行工会“合格职工之

家”称号。2004年，印发《建设“职工之家”活动管理办法》，提出把工会真正建设成为党联系广大职工的“桥梁”和“纽带”，成为代表广大职工利益、为职工办实事，受广大职工拥护和信赖的建家活动目标。2008年，围绕总行工会《关于进一步开展建设职工之家活动的意见》，以建家活动“服务大局、突出维权、依靠员工、创新发展、齐抓共管”5项原则为指引，依法独立自主开展工作，强化工会工作民主化、群众化、法制化建设；坚持和完善职代会制度，落实职代会各项职权，实行行务公开；坚持开展劳动竞赛、提合理化建议等活动；开展“创建学习型组织，争做知识型技能型员工”活动，提升员工素质和丰富员工业余生活；坚持做好《劳动保护法》等法律法规的学习和宣传工作；关心员工疾苦，关注员工身心健康，落实扶贫帮困工作；深入开展建设“职工小家”活动，并落实到二级支行及团队。2011年，被全国金融工会评为“模范职工之家”。2012—2014年，分行工会以建设“职工小家”为载体，为基层网点员工改造工作减压室、添置活动设备、开设休息和就餐场所，努力为员工营造一个舒适温馨的工作、生活家园，实现创建“职工小家”与推动业务融合发展，相得益彰。

【文体活动】

1987年起，上海分行工会在行内组织开展全员健身计划和健康向上文娱活动，丰富员工业余生活，营造“我参与，我快乐，我健康”的企业氛围。

全员健康计划 1996年，上海分行系统工会开设第七套广播操培训班，负责对各部门（联合）工会推荐的两名参训者进行辅导，并由参训者对本部门的员工进行再辅导。2003年8月，印发《关于全员健康计划指导意见的通知》，强调各单位（部门）要因地制宜、因行而异、因人而异组织开展乒乓球、网球、太极拳、广播操、国际标准舞等健康活动。9月11日，召开全员健康计划专题研讨会，研究落实进一步推进全员健康计划的具体措施，提出全员健康计划要抓持久、抓参与率，培养一批骨干。要广泛发动，每年组织一些乒乓球、网球、羽毛球、足球等单项比赛。

2004年，上海分行工会指导和帮助各部门、经营单位定期对员工进行体育锻炼达标测试。2005年4月，被授予全国金融系统体育达标先进单位。2012年，成立羽毛球俱乐部，鼓励更多员工参与到这项普及率较高的体育活动中来，增强体魄。2013年9月，被上海金融工会授予“2012—2013年度上海金融系统文体活动卓越奖”。

竞技比赛 1999年11月，上海分行召开职工运动会。24个基层工会代表队1 460名员工报名参加广播操、跳长绳、手持乒乓球拍接力赛、拔河4个集体项目和跳短绳、踢毽子、定点投篮3个个人项目比赛。2004年9月，组织1 000多名员工参加分行职工运动会比赛，各部门、单位组织啦啦队为参赛运动员鼓劲加油。是年，组织员工参加全国和上海市金融系统乒乓球、篮球、网球等体育比赛，一举夺得全国金融系统乒乓球男子单打比赛冠军等奖项。2005年2月，组队参加上海市金融体协举办的2005“申万杯”健美操邀请赛，荣获优胜奖。6月，参加上海市乒乓球协会主办的“东航杯”乒乓球邀请赛，夺得男子团体比赛亚军。9月，参加上海市金融系统“爱建杯”乒乓球邀请赛，获得男子团体、男子单打冠军及女子团体季军、干部混合团体第五名及中年组男子单打第五名。2006年5月，组织32个基层工会代表队参加分行职工运动会羽毛球、足球等项目比赛。9月，组队参加市金融体协举办的“迎中秋、国庆——‘国泰君安杯’龙舟邀请赛”。2008年3月，组队参加由上海市金融体协举办的“与奥运同行‘上海银行杯’健美操比赛”，获优胜奖。2009年4月，组织26个基层工会代表队参加分行职工运动会。选手们在个人单项比赛中奋力争先，在排舞、广播操等集体比赛中精神饱满，展示交通银行员工不畏困难、敢于竞争、团队合作良好精神状态。2011年，在上海大学体育馆举办“健康、快乐、和谐”职工运动会，38个基层工会代表队派出2 000名运动员参赛。运动会上，上海分行领导进行太极拳表演；各单位班子成员率队参加拔河、广播操等集体比赛；上海分行排舞队、跆拳道队也作了汇报表演，展示上海分行员工健康活泼、积极向上的风姿。2012—2014年，先后承办“交通银行杯”乒乓球赛、交通银行羽毛球团体赛、上海金融乒乓球等赛事。

文娱活动　1987年上海分行工会成立后，一直致力于引导员工开展寓教于乐、健康向上的文化娱乐活动。2003年10月，上海分行职工合唱团获上海市“冠生园杯”企业（行业）歌大赛央视总决赛三等奖、“优秀企业（行业）歌奖”2个奖项。2004年3月，该合唱团参加由上海市总工会和上海音乐家协会联合举办的“2003—2004年上海职工合唱节”50人组别比赛，获“优秀作品奖”。4月，开展“红五月·大家唱”卡拉OK歌赛，吸引来自基层工会近百名会员报名参赛。2007年，举办职工艺术节活动。围绕“健身竞技块、文化学习块、文娱展示块”三大板块，开展形式多样、职工广泛参与的文体活动，获总行优秀组织奖。2010年，选送的职工摄影作品分获“2010年度上海市教师摄影艺术作品展览”“第11届全国生物摄影竞赛”年度优秀奖及二等奖。是年，获总行“走近世博”职工摄影大赛1个一等奖及2个优秀奖。2014年，参加总行举办“我与交行”摄影大赛和“金融佳言佳句”书法篆刻征稿比赛。选送的摄影类作品获1个一等奖、1个二等奖及3个优秀奖；书法类作品获1个一等奖、3个三等奖；篆刻类作品获1个三等奖。是年12月，在上海市金融职工2014年“农商行杯”摄影比赛中，选送的作品获2个优秀奖。

第三章 共青团组织

1987年中国共产主义青年团交通银行上海分行委员会(以下简称“分行团委”)成立后,发挥党组织联系青年的桥梁和纽带作用,团结带领广大青年团员围绕上海分行改革发展大局建功立业,向党组织推荐优秀青年团员入党;围绕共青团工作总目标及各个阶段工作特点,不断探索新时期共青团工作新方式,引导和服务青年团员,学习新知识,增长新才干,担负起时代赋予青年人的使命;开展“青年文明号”“共青团号”等创建活动,为助推上海分行转型发展奉献青春。

第一节 沿　　革

1987年8月8日,经全体团员选举上海分行团委成立,受分行党组和共青团上海市委双重领导,设专职副书记1名,负责处理日常事务。1988年年末,批准设立9个基层团支部。1998年年末,辖有基层团委2个,团总支8个,团支部16个。全行35周岁以下青年1 903人,专职团干部1人,兼职团干部204人(其中党员26人),团员1 328人。1999年2月15日,分行团委日常工作归入党委群工部。8月10日,总行党委提出“垂直领导系统团的建设和青年工作”要求,对辖属绍兴分行、嘉兴分行、湖州支行团组织实施统一管理。2001年2月6日,分行党委决定撤销党委群工部,分行团委日常工作单独设置。

2006年8月21日,上海分行团委工作人员并入员工工作部,按团的章程自主开展工作。2007年9月21日,员工工作部更名,分行团委日常工作恢复单独设置。

截至2014年年末,上海市分行团委辖有基层团总支10个,团支部24个,团员1 136人,其中正副书记3人。主要职责是:围绕分行党委和上级团组织的工作要求,结合分行实际,制订团的工作计划;坚持不懈地用社会主义核心价值体系教育引导青年,坚定广大青年跟党走中国特色社会主义道路的理想信念;抓好分行团的基础工作和团的组织建设,建立健全团内各项规章制度;做好优秀团员入党推荐工作;完成分行党委交办的工作。

表9-3-1 1987—2014年交通银行上海(市)分行团委负责人任职情况表

界别	书记		副书记	
	姓名	任职时间	姓名	任职时间
第一届	—	—	孟志芳	1987年8月—1989年9月
第二届	孟志芳	1989年9月—1991年9月	—	—
第三届	秦沪鹰	1991年9月—1993年12月	茅晓佩	1993年6月—1994年1月
第四届	茅晓佩	1994年1月—1996年1月	张坚军	1994年1月—1996年1月
			田耕宇	1994年1月—1996年1月
第五届	帅　师	1996年1月—1999年5月	王海东	1996年1月—1999年5月
			方　征	1996年1月—1999年5月

〔续表〕

界别	书记		副书记	
	姓名	任职时间	姓名	任职时间
第六届	史　琦	1999年5月—2000年6月	彭悦箐	1999年5月—2001年6月
	彭悦箐	2001年6月—2003年9月	严　毅	1999年5月—2003年9月
第七届	彭悦箐	2003年9月—2006年8月	宋　斌	2003年9月—2006年8月
			苗俊华	2003年9月—2006年8月
第八届	苗俊华	2006年8月—	徐士君	2006年8月—2009年5月
			张宏达	2009年11月—

表9-3-2　2000年、2011年交通银行上海(市)分行团委获奖情况表

获奖单位	获奖名称	授予时间	备注
分行团委	2000年度全国金融系统“五四红旗”团委	2001年5月	金融系统级
	2011年度全国金融系统“五四红旗”团委	2012年5月	

第二节　团员代表大会

1987年7月，上海分行召开第一次团员代表大会，91名团员代表选举产生由5人组成的第一届分行团委。

1989年8月，上海分行团委召开第二次团员代表大会，审议、通过第一届分行团委《发挥党组织的助手作用，为振兴交行事业而奋斗》工作报告。会议要求各级团组织坚持“四项基本原则”教育，进一步加强团的组织建设、思想建设和作风建设，进一步强化团组织的管理，开展适合青年特点的各项社会实践活动，把团的先进性和群众性统一起来，为振兴和发展交通银行事业，发挥团员青年聪明的才智。会议选举产生由7人组成的第二届分行团委。

1991年8月，上海分行团委召开第三次团员代表大会，审议、通过第二届分行团委《担负起交行改革创业使命，为办好股份制银行奉献青年团员的智慧》工作报告。会议要求广大团员青年在中国经济发展和金融改革进程中，立足本职，艰苦创业，勇于实践，岗位成才。会议选举产生由9人组成的第三届分行团委。

1993年12月，上海分行团委召开第四次团员代表大会，审议、通过第三届分行团委《团结全行青年，奋发开拓进取，为把我行办成一流社会主义商业银行贡献青春和力量》工作报告。会议要求各级团组织坚持党的领导，抓好团的自身改革和建设，培养造就一代“四有”新人。会议选举产生由9人组成的第四届分行团委。

1996年1月，上海分行团委召开第五次团员代表大会，审议、通过第四届分行团委《培育一流人才，争创一流业绩，为把我行建成规范化的社会主义商业银行贡献青春和力量》工作报告。会议要求各级团组织加强对团员青年“三观”教育，增强时代责任感；以创建“青年文明号”为抓手，大力培育服务于经济建设的金融改革新人。会议选举产生由9人组成的第五届分行团委。

图 9-3-1　1989 年 8 月 26 日，交通银行上海分行团委召开第二次团员代表会议

1999 年 5 月，根据总行《关于成立交通银行系统团委有关问题的通知》精神，上海分行党委决定成立分行团委，隶属交通银行系统团委领导，第六届分行团委由 9 人组成。

2003 年 7 月，上海分行团委召开第六次团员代表大会，审议、通过第六届分行团委《与时俱进绘蓝图，奋发有为铸辉煌，团结带领团员青年为实现交行新一轮发展战略目标而努力奋斗》工作报告。会议以“提高青年整体综合竞争力、造就一批优秀青年人才”为主题，不断提升工作理念，提高团组织服务大局、服务青年的水平。大会选举产生由 9 人组成第七届分行团委。

2006 年 6 月，上海分行团委召开第七次团员代表大会，审议、通过第七届分行团委《提升竞争力，谋求新发展，团结带领团员青年为实现交行新一轮发展战略目标而建功立业》工作报告。会议要求分行各级团组织在贯彻落实总分行新一轮战略发展规划过程中，完善工作机制和创新工作载体，团结带领青年为实现交行新的发展战略目标而奋斗。会议选举产生由 7 人组成第八届分行团委。

第三节　团 建 活 动

一、组织建设

1988 年 8 月，为加强团内民主管理，促进团组织的自身改革，完善团的组织机制，上海分行团委召开第一届团委委员述职（评议）大会。委员们分别就一年多来工作情况进行自我检查，提出转变观念、改进作风、创新工作等思路。在此基础上，由团员代表对委员们履职实绩作出综合评价。12 月，根据共青团上海市委统一部署，分行团委成立颁发团员证工作小组。向团员颁发团员证，把证明团员政治身份、转接团员组织关系、记载团员获奖殊荣等有效结合起来，有效严格团的管理，增强团员的意识。1991 年 2 月，成立分行团员教育评议领导小组，开展全行性团员教育评议活动。组织团员学习团章等，强化团员先进性意识和模范意识；开展实践教育，提升团员对国情了解，巩固学习教育成果；进行民主评议，增强团员履行团员义务、执行团的决议、遵守团的纪律、完成团组织交给的任务自觉性。1994 年 6 月，印发《进一步落实"推优"工作，加强在青年中发展党员的实施办法》，提出各级团组织推荐优秀青年作为党的发展对象工作原则、范围、条件、程序、培养教育及要求，提出分行团组织要定期向同级党组织汇报"推优"工作情况，主动争取党组织的指导和支持。2000 年，从全行 23 个基层团支部中选择 5 个具有代表性团支部就青年团员对工作现状满意度、业余生活、分行改革态度、个人前途，以及对团的工作建议五方面开展问卷调查。在数据归纳和信息处理后，撰写《青年思想状况调查报告》，全面、真实地反映青年团员的思想状况、价值取向和工作生活态度等情况，为有的放矢引导青年团员提供依据。2006 年，利用上海分行内部网，设立"团委专栏""共青团网校"等，传播团建工作。2014 年，建立工作微信群，以先进的沟通交流方式，提高共青团工作效率。

二、制度建设

1994 年起，上海分行团委开始在基层团支部建立党章学习小组。1996 年，制定《基层团组织考核实施办法》，围绕"领导班子建设好、制度保障发挥好、主导作用发挥好、各项活动开展好"4 项主要内容，结合基层团组织半年度考核和团干部年度述职考评进行量化打分，考核结果同时向所在部门党支部、分行人事教育处通报。2002 年 4 月，印发《团支部考核评先工作制度》，建立四级考核体系。加强基层团支部工作规范化运作、创新能力，调动青年团员积极性和创造性，更好地发挥共青团组织党的助手作用，带领青年在分行改革和发展中建功立业。

三、团的活动

【思想教育活动】

1987 年 12 月，上海分行团委邀请中共十三大代表李祥瑞董事长给全体团员传达会议精神，加深团员青年对社会主义初级阶段理论、建设中国特色社会主义的理解，认识青年肩负的使命和责任。1988 年，开展"争创先进团支部，争当优秀共青团员"活动，并结合形势、任务、团员思想实际，进行"四项基本原则"、团的政治组织纪律、团员权利和义务等教育。团支部开展重温入团誓词活动，建立健全团的组织生活制度和民主生活会制度，提高团支部战斗力和团员的政治意识。活动中，根据"成熟一个，发展一个"标准，发展一批优秀青年入团。1992 年，结合上海分行成立 5 周年庆典，联合总管理处团总支开展"交行青年金融改革与发展讨论"活动，引起交通银行总经理戴相龙关注，并亲自为全行青年作了一次交通银行改革与发展的专题报告，坚定大家投身金融改革和发展的信心。1996 年，组织 120 名新入职的大中专毕业生参观"南京路上好八连"，开展军营一日体验活动，接受艰苦奋斗革命优良传统教育；邀请服务明星授课，进行职前培训教育；参观上海市监狱，接受法制教育。活动之后，青年员工一致表示，要捧好"金饭碗"，立志岗位成才。2005 年，结合"保持共产党员先进性教育活动"，在团内开展"增强共青团员意识"主题教育活动，通过"专题团课""专题民主生活会""主题团日活动"等系列教育活动，进一步增强了团员政治意识、大局意识和责任意识。

图 9-3-2 1995 年 6 月 29 日，交通银行上海分行团委组织青年开展“迎七一，祭英烈”宣誓授牌仪式

【推优活动】

1992 年，在建党 71 周年之际，上海分行团委配合各级党组织在青年中广泛开展“了解党、热爱党”活动，与分行直属党委共同举办“在党旗指引下”优秀党员和青年入党积极分子恳谈会，鼓励青年积极靠拢党组织。会后，与直属党委建立推荐优秀团员入党制度。是年，向分行党组织推荐 10 名优秀团员青年，3 人经批准入党。1994 年 6 月，与直属党委联合印发《进一步落实“推优”工作，加强在青年中发展党员的实施办法》，明确“推优”原则、范围和条件、工作程序、对积极分子培养教育工作和工作要求。7 月，召开党团联席会议，进一步研究“推优”工作机制。各级团组织建立党章学习小组，制订“推优”工作计划，向党组织输送优秀后备人才。1996 年，在 26 个基层团支部中建立 39 个党章学习小组，深入开展爱党教育活动，坚定团员青年跟党走的信念，83 名青年向党组织递交入党申请报告。是年，向党组织推荐 30 名优秀青年，15 名青年经“推优”光荣加入党组织。2001 年，加强对基层团组织党章学习小组工作指导，结合邪教事件、“中美撞机”事件，及时召开座谈会，摆事实，讲道理，帮助青年了解真相、认清实质，提高青年政治辨别能力，坚定青年跟党走决心。是年，28 名青年经团组织“推优”入党。2003 年，进一步完善“推优”制度。推出“推优”工作流程，规范工作管理，严格工作程序，强调材料归档，并在过程中持续强化对推优对象党性教育和政治培养，推动“推优”工作健康发展。2000—2003 年，经团组织“推优”入党人数达到 67 名。2006 年，实施“推优”考察跟踪制度，推出“我与交行共成长——青年职业生涯设计”活动，变传统单一的“组织培养”模式为“青年自主择岗”“企业发展需要”相融合的模式，帮助青年在上海分行的发展过程中找准自身发展目标。

【技能比武活动】

为适应同业竞争，练就青年过硬的操作技能本领，从 1991 年起，上海分行团委配合分行工会承办“交行杯”业务技能比赛，激发青年学习业务知识、苦练基本技术、提升服务水平的热情，为青年展示才华提供舞台。1996 年，组织历届“交行杯”技能标兵，深入 14 个网点作现场辅导，激发基层员工学习操作技能的积极性。是年，在“交行杯”五大类 12 个项目比赛中，有 17 人次打破 10 个项目历届最好水平，130 人次达到能手级水平。2011 年，组织青年团员参加总行团委举办的“青春交行——百团会战”个人业务营销推广及“一个交行一个客户——强强三人行财富管理大赛”活动，团员青年通过组建团队、策划服务方案、开展营销实践，展示了上海市分行青年的风采和潜力。

【公益活动】

1997 年 9 月，上海分行团委响应共青团上海市委“聚万千奉献之心、筑一条共青之路”号召，组织全行团员开展“交一次特殊团费献八运”活动。在短短半个月时间里，全行 1 352 名团员共捐献 21 215.60 元。体现分行青年关注八运、热心公益事业的社会责任感和集体荣誉感。1998 年 6—8 月，组织“奉献您的爱，我们手拉手”帮困助学活动，共募集善款 5 万元，资助上海市 50 名特困中小学生完成两年学业。1999 年，发动全行团员响应共青团上海市委发起的“保护母亲河·绿色希望活动”募集资金行动，团员们慷慨解囊，自觉缴纳特殊团费，支持共青团上海市委行动计划。2009 年 9 月，携手上海第一财经广播频率举办“庆国庆、迎世博，让五星红旗飘起来”大型公益活动。向上海市民承诺：以“创新的金融服务、和谐的城市生活”为核心，为上海世博会提供全方位、高质量、高效率的金融服务，确保上海世博期间金融服务零投诉，打造最佳银行服务品牌。2012 年，组织团员青年参加上海市银监局、上海市金融工委和共青团上海市委联合组织的上海银行业青年送金融服务和金融知识“进小微、进郊区、进社区”活动，团员青年通过宣讲会、对接会和客户沙龙等渠道，宣传分行服务理念和金融产品，受到广大客户和市民的普遍好评，培养团员青年热爱公益的善心。

【“共青团号”创建活动】

1994 年，上海分行团委把培养青年成才计划纳入是年“共青团号”创建活动之中，得到各级党政领导支持。市南支行在行长室、党支部大力支持分行团委创建工作，率先设立全部由 30 岁以下青年人组成的分理处，放手让青年人在市场实战中接受考验，锻炼成长，创建了上海分行“共青团号”工作第一块“试验田”。1996 年，在总结市南支行南浦大桥、杨浦支行鞍山路分理处创建“共青团号”基础上，进一步推广创建活动，实现“以基地促人才，以人才促业务，以业务促发展”良性循环。5 月 4 日，组织基层团支部在全市 14 个宣传点开展以“为储户服务，为上海添彩，为交行争光”为主题的交通银行金融业务咨询暨“共青团号”展示宣传活动，为 1 万多名市民提供咨询服务，并首次向社会公开上海分行各级团组织创建“共青团号”集体的特色服务和监督电话。是年，全行有 5 家单位被评为市级“共青团号”集体。1998 年，以创建“共青团号”管理机制和质量标准为重点，强化“共青团号”集体业绩、管理水平、服务能力和人才培育考核。通过“号长”培训班，全面导入质量管理理念，提高“共青团号”创建成功率。

【“青年文明号”创建活动】

1995 年 4 月，上海分行团委印发《青年文明岗管理条例》，鼓励团员青年以本职岗位为载体，以岗位成才、岗位奉献为目标，以全面提高素质、培养跨世纪金融人才为导向投身交通银行改革和发展岗位实践活动，拉开团组织创建青年文明岗活动序幕。各级团组织带领青年团员开展业务技能操练、知识竞赛、青年金融理论研讨等系列活动，涌现出一批“岗位能手”。1996 年 7 月，为加强对

"青年文明号"创建活动领导,保证"青年文明号"创建活动健康发展,成立由分行党组成员、副行长任组长,思政办主任任副组长,辖属分支行负责人为组员的"青年文明号"创建活动领导小组。1997年,印发创建"青年文明号"实施意见,进一步明确指导思想、评选标准、评选表彰、具体要求。2001年,利用双休日,组织"青年文明号"单位进行座谈,相互学习、相互启迪、拓宽工作思路,提高创建水平。是年,共对27家"青年文明号"单位开展暗访活动,全部达标。2002年,修订"青年文明号"创建活动管理条例,进一步补充完善创建标准、考核评价、后期管理体系,并从经济、服务、管理、团建、育人和技能6个维度进行考核,使创建目标更直观,要求更明晰,更具操作性,从而把创建活动纳入规范管理、质量创建阶段,保障"青年文明号"创建活动的可持续发展。

【其他活动】

2002年,上海分行团委组织基础团支部建设"学习型团组织",帮助青年树立终身学习的理念。基层团组织通过建设青年读书俱乐部、青年金融沙龙,举办讲座、讨论、书评等形式多样的活动,激发青年学习热情,引导青年在读书中思考人生、充实知识和提升能力,为分行输送一批青年管理和专业人才。2009年,开展"迎世博,勇建功",纪念五四运动90周年主题团日活动,进一步发动全行青年按照"走进世博、参与世博、奉献世博、享受世博"的要求,参与世博服务,进一步引导青年围绕分行中心工作,树立起"跑赢大市、争先进位"的目标,凝聚青年为上海分行发展奉献青春和智慧。2014年,组织青年在上海市银监局举办的"你我融创,科技小微"金点子评选比赛中脱颖而出,一举夺得总决赛三等奖,并被授予优秀组织奖。

第十篇

企业文化

概　述

清光绪三十四年四月初三日(1908年5月2日)交通银行上海分行成立后,热心于公益事业,履行社会责任,经办中国红十字会善款、救国储金,积极捐款,赈济灾荒,支持慈善事业。

20世纪20年代,针对社会奢靡风气日盛之状况,上海分行在全国银行公会联合会上提出尊重商德,组建公共俭德会提案,草拟俭德会章程分致各会转函各行,以互相策励。上海分行成立俭德会之提议,受到报纸和杂志赞扬,在银行界产生深远影响。20年代末,联合总管理处向上海中华职业教育社捐助巨款,支助教育。30—40年代,多次为赈灾、慈善捐款,自觉承担公益责任,塑造良好的社会形象。

1986年10月上海分行重新开业后,围绕"三个一流"办行宗旨,致力于企业文化建设,努力把交通银行百年来积淀的优秀文化基因和总管理处"办成金融改革性试点行"要求相结合,贯穿于经营管理各领域和全过程,逐步形成以人本管理为核心、创新发展为动力、合规经营为基础的企业文化雏形。20世纪90年代,围绕"解放思想、深化改革、加快发展"主题,组织全行员工开展"90年代交行人"大讨论,激发全行干部员工干事创业斗志。

进入21世纪,上海分行以创建一流规范化商业银行为目标,深入开展"依法经营、以德治行"大讨论,"争先进位,有所作为""责任交行、责任人"等主题教育和精神文明建设,将交通银行"两化一行"既定战略、"两次改革""一个交行,一个客户"等重大决策部署转化为上海(市)分行转型发展具体措施,全面对接国际金融市场和上海经济社会发展主战场,在综合经营、服务提升和业务创新等方面,开展调查研究工作,发挥总行所在地分行"领头羊""排头兵"作用,践行"三个一流""责任立业、创新超越"企业精神和核心价值观,持续提升企业文化发展和综合实力,塑造现代金融企业服务形象。

第一章 核 心 理 念

交通银行上海分行自创立以来，在各个历史阶段演进中，始终注重企业文化的积淀，不断汇聚共识、吐故纳新，逐步形成具有分行鲜明特点、适应时代发展的企业文化核心理念，为上海市分行开拓创新，打造品牌银行奠定了坚实基础。

第一节 经 营 理 念

民国 12 年(1923 年)4 月，针对社会上盛行奢靡之风影响银行安全经营之状况，上海分行经理盛竹书在全国银行公会联合会议上提出组织公共俭德会、杜绝奢靡之风泛滥、安全经营的倡议。民国 13 年 2 月，在交通银行第三届行务会议上，盛竹书在第十四案中提出“拟请总管理处及各联行一致组织俭德会”，并亲自起草章程。经讨论，最终形成“全体公决积极实行，由总管理处通函各行照简章，从内部及同业方面先行试办，非有关营业，未便过于节省者，不得变通之”表决文。社会各报纸和杂志对俭德活动多有赞扬，银行业界亦开始兴起减少浪费，压缩各分支行成本开支，争取经营最高效益的节俭之风。

1986 年 10 月上海分行重新开业后，面对金融市场激烈的竞争格局，贯彻“一流的服务质量、一流的工作效率、一流的银行信誉”办行宗旨，率先引入市场竞争机制，在综合性上办实事，股份制上做文章，在区域性上有突破，扫除旧体制机制重重藩篱，使“产品创新、优质服务、主动灵活”经营策略落到实处，初步在业界站稳了脚跟。1994 年，在服从国家宏观调控前提下，把总行“艰苦创业、争创一流”企业精神和“不管大中小，只要效益好”指导思想融进分行经营管理中。

围绕改革和发展主旋律，上海分行坚持“稳健经营”指导思想，集中信贷资源，支持上海支柱产业和上海浦东开发，使“办规范化商业银行”经营理念落到实处。1997 年，总行提出“坚持在大中城市、经济发达地区发展”的经营方针，并确定上海分行为新一轮改革和发展综合试点行。对此，上海分行制定《1997—2000 年深化改革、加快发展的方案》，把“资产高质量、管理高水平、经营高效益、人员高素质”作为推进分行发展的新目标，促进集约化经营、风险防范、业务创新、队伍建设和电子化建设经营理念发展。

2001 年，上海分行正视国家加入世贸组织后带来的市场竞争主体大量增加、竞争领域更加广泛等挑战，进一步树立“以客户为中心，以市场为导向”经营理念，突出发展主题和集约化经营特色，完善全行营销组织体制和考核激励机制，强化后台支撑，加强内部管理和干部人事、劳动用工制度改革，开展民主管理和群众性创新活动，不断提升综合竞争实力，推进公司、私人和机构三大支柱业务全面协调发展。

2007 年，上海分行结合上海加快国际金融中心建设和上海浦东新区综合配套改革试点新动态，围绕“加快发展，争先进位；防范风险，安全运营；提升服务，打造品牌”三大战略重点，以科学发展观为统领，以资源整合为主线，推动战略转型，有力提升竞争实力，主体业务实现全面发展。上海分行在创造与上海市经济环境相匹配、与总行所在地分行地位相适应经营业绩，进一步提升对全行贡献度的同时，把“争先进位，有所作为”经营理念落到实处。

图10-1-1　2000年3月24日，交通银行上海分行与20家经营单位责任人签订经营目标责任书，明确经营单位全年经营目标和经营责任

截至2014年，经过28年的探索和积淀，上海市分行形成了“稳健经营控风险、改革创新促转型”经营理念，并成为推动分行新一轮创新驱动，转型发展的核心竞争力。

第二节　服务理念

1986年10月上海分行重新开业初期，仅有江西中路200号1家营业网点，对部分路远客户来行办理结算业务带来困难，也限制了业务进一步发展。对此，交通银行董事长李祥瑞提出“一流的服务质量，一流的工作效率，一流的银行信誉”口号，鼓励全行以“三个一流”精神，迎接市场挑战。受此激励，上海分行干部员工主动出击，上门服务，争揽客户和业务，在业界率先破除银行“朝南坐”旧观念，把服务理念引入业务发展之中。

1987—1988年，为进一步在同业竞争中站稳脚跟，上海分行开展“优质服务竞赛”活动，作为对标“三个一流”目标具体行动。通过提高柜面服务质量，提升工作效率，有效改善部门协同性，提升客户满意度。上海分行“优质服务竞赛”活动受到《解放日报》关注，该报专题报道分行为解决参加“托福”考试的3 000名考生缴费难问题，把银行窗口服务延伸至上海外国语学院的事例。

1992年4月，上海分行制定《储蓄所服务规范》，从员工的职业道德、仪表举止、接待语言、服务行为及所容所貌等方面进行规范，向员工灌输“创金融改革的新路，须扩大服务的外延，挖掘服务的内涵”观念，为形成“规范服务，储户之上”服务理念打下基础。1995—1998年，根据金融发展形势，打造规范化商业银行新形象，相继开展“优质服务，拓展业务，争创效益百日竞赛”“窗口规范服务达标”“树交行形象，促业务发展，优质服务达标”等活动，制定《储蓄“窗口”文明规范服务条例》，大力

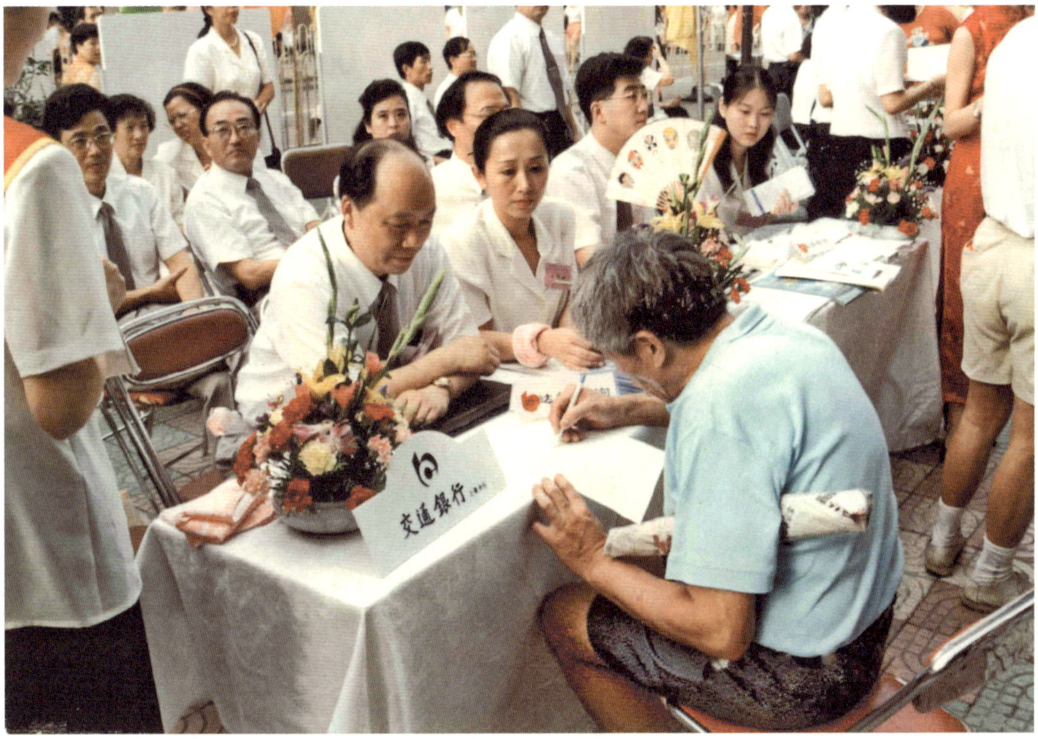

图 10－1－2　1996 年 8 月 17 日，交通银行上海分行参加银行窗口规范服务达标活动

弘扬“敬业爱岗，客户至上”精神，全行干部员工进一步确立起“服务是一种竞争力，服务是一种生产力”理念。

2001 年，上海分行结合学习《员工职业道德规范》《规范化服务标准》，深入开展“依法经营，以德治行”大讨论，激发干部员工“爱岗敬业、遵纪守法”责任感和“服务客户、奉献社会”使命感，进一步升华“待客至诚、服务至优”服务理念。2003 年，印发《规范服务管理条例》，规范服务标准，明确部门职责，优化质控流程，严格奖惩考核，形成“后台为前台服务、前台为客户服务、全行为社会服务”良好工作氛围。2006 年，深入开展“窗口服务竞赛”“交行让生活精彩、服务让真情延伸”提升服务质量主题等活动，把提升服务质量与业务发展定位、实现战略转型目标相联结，全面形成规范服务标准，服务质量管理网络、管理规则，操作流程，服务水平及奖惩体系长效机制，向社会展示交通银行“方便、快捷、增值、安全、尊重”专业化服务和“用心尽职”服务理念。2007 年，印发《提升服务质量工作三年规划》(以下简称《三年规划》)，明确用 3 年时间，初步构建一个适应并促进战略转型的现代银行服务体系，把分行打造成为上海银行业最佳服务品牌，为全面履行世博会商业银行全球合作伙伴职责打下坚实基础。《三年规划》把提升服务质量提至统领全行发展战略灵魂的高度，要求把“服务立行”的理念，渗透于每一个产品、每一项工作、每一件细节，融进每一位员工的血液中。

2008—2014 年，上海(市)分行通过持续开展提升服务质量主题活动，不断深化服务内涵，促进服务理念的现代化、服务手段的信息化、服务方式的规范化，实现由微笑服务、礼仪服务、规范服务向差异化服务、人性化服务、一体化服务转变，逐步构建起具有现代特点、富有分行特色的现代金融服务体系，全面确立“以客户为中心”“一个交行、一个客户”“打造金融服务最好的银行”“服务赢取客户、服务创造价值”的服务理念，大幅提升综合竞争实力，并在新一轮竞争中抢占到更有利的位置。

第三节　教育活动

1986年10月，上海分行作为交通银行“金融改革试验田”重新回归市场竞争行列，实行“自主经营、自负盈亏、自求平衡、自我控制、自我调节、自我发展”经营机制。为了生存和发展，分行总经理室向全员灌输“存款是银行的生命线”思想，带领员工走进市场，争取客户，发展存款，践行“存款立行”理念。

1989年，围绕中国人民银行“紧缩银根，稳定金融，整顿金融秩序，深化金融改革”要求，上海分行开展“稳、压、控、调、改”教育活动，严格控制信贷规模，优化信贷结构，坚持把信贷资金投向地方支柱产业、产品结构调整以及企业外贸出口代理制上，以实际行动诠释综合性银行的责任担当。1992年，在“交行过去、交行现在、交行未来”系列教育活动中，举办“90年代交行人”大讨论，引导干部员工对金融改革、交行人素质、经营管理模式等问题思考。1999年，加强对员工企业文化教育，开设形象塑造、企业精神、经营理念、员工礼仪等课程和讲座，传承交通银行优秀文化基因，并发扬光大。

2001年，上海分行在中国即将加入世贸组织(WTO)、商业银行改革与发展面临新挑战和新考验背景下，对全辖深入开展“三个一流”办行宗旨、“艰苦创业、争创一流”企业精神教育，引领干部员工共同努力，为把交通银行建设成为“面向新兴市场、综合功能领先、国际业务占优”股份制商业银行奋力拼搏。

2003年，上海分行开展企业文化基本理念教育活动，围绕“建立先进的银行制度、确立先进的经营理念、实行先进的内部管理、创新先进的服务手段、开发先进的人力资源和建设先进的企业文化”“六个先进”企业目标，“与客户共发展、与员工共成长、与社会共进步”企业核心价值观教育，发挥企业文化规范员工行为潜在的杠杆激励作用、强大的凝聚约束作用和持久的形象辐射作用，培育和加强全行核心竞争力，推进改革发展。

2004年，上海分行结合交通银行深化股份制改革重大突破，紧扣“爱行爱岗、自信自强”主题，开展“献策立功”教育活动。推进民主管理，职工代表围绕业务经营、绩效管理、行务公开、薪酬分配等热点问题，提交调研报告，为分行改革建言献策。倡导优质服务，建立服务质量长效管理机制。开展职工运动会，丰富员工的生活，陶冶员工情操。加强稽核力度，完善内部控制。

2006—2009年，针对追究不良贷款责任和查处违规违纪问题中所反映出来的一些不良现象和认识误区，上海(市)分行在基层营业机构分批开展“用心尽职、遵章守纪”主题教育活动，引导干部员工以案为戒，举一反三，确立合规基调和自觉合规理念，将责任文化融入改革发展、创新管理的具体实践中，全面提升分行综合竞争能力。为配合主题教育活动，在《交行人》报上宣传以“责任立业、创新超越”为核心价值观，传导“与责任同行、与交行共荣——做有责任感的交行人”“责任交行、责任人”理念，开辟专栏刊登责任文化建设案例和读书心得，为员工提供交流思想的平台。2012年，是交通银行改革年，也是分行助力打造上海地区“金融旗舰”关键年和服务质量提升三年规划的启动年。为全面弘扬、践行“拼搏进取、责任立业、创新超越”交行精神，持续推进以“责任”和“创新”为核心的企业文化建设，更好地发挥企业文化在推动“两化一行”发展战略和“二次改革”中的重要作用，结合实际制定企业文化建设实施方案；组织全员学习总行《企业文化手册》《“交行精神”员工辅导手册》，开展文化大讨论、撰写读后感等活动，推动文化建设落地；进行“弘扬交行精神，全面提升核心竞争力”主题教育活动，宣传“交行精神”，《上海金融报》整版刊发《解读“交行精神”》一文，引起社会各界关注。

图 10 - 1 - 3　2008 年 6 月 24 日，交通银行上海分行召开“与责任同行，与交行共荣”主题实践活动宣讲动员大会

2013—2014 年，围绕总行“改革创新、转型发展”主题，上海市分行扎实推进“两化一行”发展战略落地工作，有效增强企业文化的凝聚力、导向力、辐射力。将“提供更优金融方案，持续创造共同价值”企业使命感和“诚信永恒，稳健致远”经营理念作为立身之本，深入做好企业文化理念体系、员工职业道德规范等宣传工作，为转型发展提供不竭动力。推进企业文化岗位践行活动，加强文化管理与经营管理相融合，推动企业文化长效机制建设，使企业文化内化于心、固化于制、外化于形、实化于行，提升文化软实力，推动全行转型发展。

第二章 社会责任

自晚清成立起，交通银行上海分行始终热心于公益事业，经营公益善款，以实际行动支持慈善公益事业。民国时期，通过开展各种公益活动，树立大行形象。1986 年 10 月上海分行重新开业后，分行党政工团各级组织全行员工参与各类赈灾、助学、扶贫等社会公益活动。2006 年后，形成由分行党委统一领导、各部门通力协作、全体员工共同参与的社会责任管理机制，自觉履行企业社会责任，展示分行形象和责任担当。

第一节 公益责任

一、赈灾

清宣统二年(1910 年)，江苏、安徽两省发生灾情，交通银行垫放款 30 万两，上海分行为此招募并经理善款。

民国 2 年(1913 年)，上海分行经理中国红十字会善款若干。民国 4 年(1915 年)，上海掀起救国储金运动，由上海分行经理该储金。民国 8 年(1919 年)2 月，捐洋 200 元赈灾皖鄂各省，钱新之个人捐洋 50 元。11 月，捐助上海南城乔家浜储材善会 50 元。民国 9 年(1920 年)6 月，将备用于迁居汉口路外滩 14 号新屋答谢筵资 2 500 元移助慈善事业，支助上海食米平价局 500 元、红十字会时疫医院 400 元、救济妇孺会 400 元、孤儿院 300 元、贫儿院 200 元、普益青年社 200 元、残疾院 100 元、慈谿普迪学校 200 元、鄞奉公益医院 100 元、江东普仁医院 50 元、上海女子社会服务社 50 元。民国 11 年(1922 年)10 月，温州迭遭飓风大雨成灾，上海分行捐助抗灾 100 元。民国 12 年(1923 年)10 月至 12 月，捐助中国协济日灾义振会善款数笔。民国 14 年(1925 年)1 月，经理湖北旅沪同乡会所募鄂灾赈款。7 月，向上海中国济生会捐四川旱灾急赈款若干。民国 15 年(1926 年)3 月，经理南洋中学校友会所募之捐款。民国 20 年(1931 年)8 月 25 日，上海分行同仁捐款 15 000 元赈灾，并通函本外埠各行同仁，广为劝募。

1991 年 7 月，上海分行传达“上海市关于支援灾区的紧急会议精神”，全行员工积极响应，捐款 3 656.10 元，捐衣被 6 417 件，自觉践行“一方有难，八方支援”团结互助精神。1998 年，长江流域发生特大洪灾，全行员工闻讯后捐款 63.2 万元。2003 年 5 月，在抗击“非典”时期，向上海市民政局捐赠人民币 50 万元，投入上海市抗“非典”专项援助资金中。2004 年 12 月 26 日，全行员工向印度洋海啸受灾人民捐款共计 19.6 万元，获黄浦区红十字会颁发“人道救助、爱心关怀”特别嘉奖。此外，所属市西支行自上海市红十字会启动募捐工作起，每天派员前往红十字会设在儿童医院临时办公点，帮助该会清分、清点、统计各类善款。2006 年 10 月 27 日，参加上海市“送温暖、献爱心”社会捐助活动，全行员工为上海市对口支援的云南、四川灾区共捐款 9.39 万元，捐献各类衣被 5 841 件。2008 年 5 月 12 日，四川汶川县发生 8.0 级强烈地震，全行立即开展“爱心救灾”捐款活动，仅 13 日、14 日两天，全行员工捐款就达 46.1 万元。分行营业部全力配合上海市民政局工作，及时向社会各界公布上海市民政局救灾专用账户，并在营业柜台开辟抗震救灾绿色通道，优先办理支持抗震赈灾各项业务，免收一切手续费用；同时，每天安排 2 人到上海市民政局落实现金清点、审票并收划捐款票据，保证在第一时间内将善款送至灾区。震后，灾区急需各类重建家园的物资，上海分行在短时间内完成向宝钢金属公司提供 3.5 亿元授信额度的工作，携手该司支持灾区重建工作。5 月 19 日，分行员工再次向四川汶川县灾区捐出 88.62 万元爱心善款。2010 年 4 月，全行共青团员以缴纳特殊团费形式，向遭遇历史罕见特大旱灾的西南地区捐款 4.7 万元。5 月，全行员工向青海玉树地震捐款 43.59 万元。其中在岗党员 1 297 人，捐款 33.79 万元；群众 1 018 人，捐款 9.8 万元；捐款 1 000 元以上的达 99 人。

图 10－2－1　2008 年 2 月，上海市南汇区惠南镇幸福村党支部、村委会向交通银行上海分行赠送结对帮扶锦旗

二、定点扶贫

2007 年 2 月 8 日，上海分行参加上海市金融党委在南汇惠南镇远东村举行的上海金融系统与经济薄弱村结对帮扶签约仪式，与惠南镇幸福村结为帮扶对象，并签署结对帮扶协议。分行把签订帮扶协议视为履行社会责任，构建和谐社会的重要举措，为此成立结对帮扶工作领导小组，专题研究落实帮扶协议内容，扎实推进结对帮扶工作落地。2010 年、2013 年，与惠南镇幸福村又续签结对帮扶协议，持续做好结对帮扶工作。

三、助残

1996 年 12 月，上海分行全辖 6 000 多名员工响应总行“献爱心基金捐款活动”，党员干部带头，员工人人参与，共捐款 68.77 万元。其中上海分行员工捐款 30.7 万元。重点帮助因保卫银行安全和国家财产安全而致伤、致残者及烈士家属。

进入 21 世纪，上海分行在发展业务的同时，更加注重提升企业形象，关注社会弱势群体，提供助残服务。在营业网点建设时，开辟无障碍通道，配置轮椅、老花镜、血压仪、盲文手册、爱心专座等便民服务设施，并在网点门外张贴“允许导盲犬进入银行”标识，提供盲文版银行业务指南、助盲卡，为特殊人群客户开设绿色通道，由大堂经理全程陪同办理业务。2004 年，设立残疾人坡道达 21 个，方便残障人士通行。2012 年，为贯彻落实中国银监会办公厅《关于银行业金融机构加强残疾人客户金融服务工作的通知》《关于进一步完善残障人士银行服务的自律要求》精神，上海市分行加强对大堂经理、网点柜员、客户经理、保安等一线人员的培训，增强工作人员服务意识，普及无障碍服务知识。全行以热情的态度、良好的形象向残障人士提供公平公正、城市守信、文明规范的服务。2013 年，在有条件的营业网点，开辟绿色服务通道，单独为老弱病残人士设置服务专柜，为特殊客户提供便利、快捷的柜台服务；根据实际情况，提供柜台延伸上门服务，进一步提升服务水平。2014

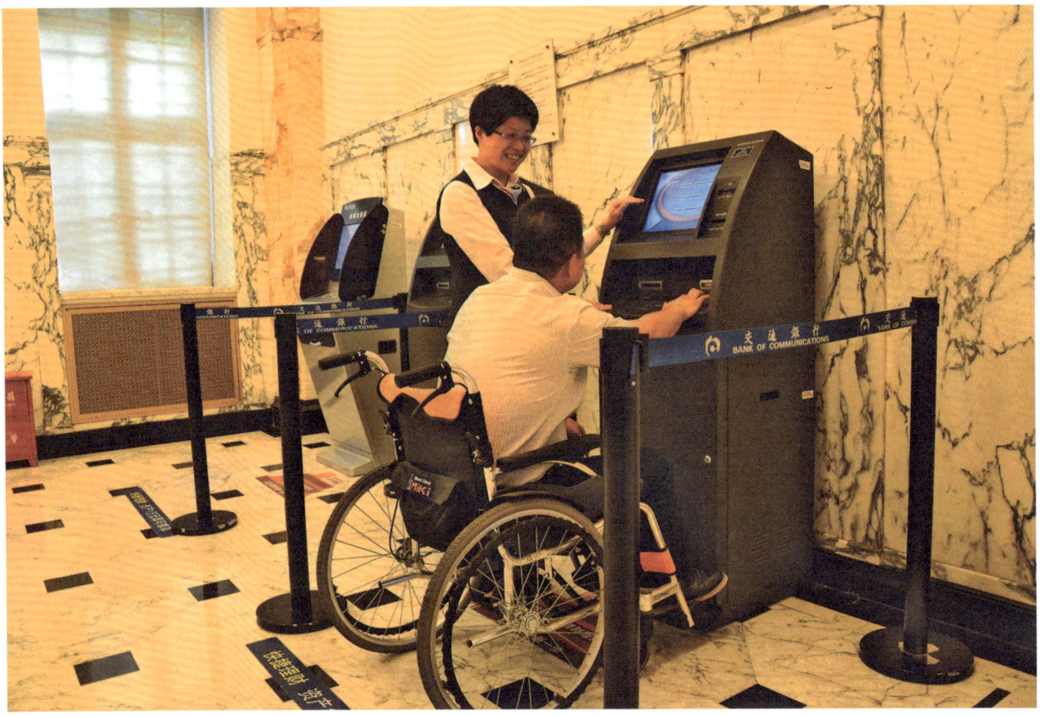

图 10－2－2　交通银行上海市分行向社会弱势群体提供爱心服务

年，率先在上海地区同业中实现“残障通道全网点覆盖”，通过设置残疾人坡道、扶手、无障碍停车位等设施、安装紧急呼叫电话，保障残障人士安全。同时，各网点设置爱心窗口，配备残障人士轮椅，提供盲文版业务操作指南、盲文键盘，设置残疾人专用电梯、无障碍停车位等，进一步健全对残障人士的服务保障机制。体现人性化、差异化服务理念，树立与交通银行地位相匹配的大行形象。

四、助学助教

民国 6 年(1917 年)5 月，上海分行副经理钱新之担任由黄炎培、蔡元培、马相伯等 48 人发起成立的中华职业教育社特别社员，在国内最早从事推广职业教育。民国 7 年(1918 年)9 月起，中华职业学校正式开办，钱新之长期担任该校董会经济校董，并提供经济资助。民国 18 年(1929 年)，上海分行和总管理处为解决中华职业学校常年经费问题，捐款 6 930 元。

1994 年 11 月，浦东分行川沙办事处员工刘雪荣通过中国青少年发展基金会，与湖北谷城县薤山林场柏埝小学 1 名二年级学生落实结对救助的对象，给予经济上支持，学习上关心和鼓励，用实际行动帮助贫困地区失学儿童重返学校读书。1995 年 3 月，所属沪通公司孔惠强通过共青团上海市委希望工程办公室，捐助湖南芷江县上坪乡上坪村父母双亡 1 名贫困少年上学，直至帮助其完成省中专城建学校学业、走上工作岗位止。1996 年 9 月 8 日，《新民晚报》专题进行报道。

1995 年 6 月，浦东分行党工团联合发起组织“援助希望工程，奉献一片爱心”筹资募捐活动，干部员工募集 15 万元人民币，帮助广东连南瑶族自治县三排乡建造希望小学。1998 年，分行团委举行“奉献您的爱，我们手拉手”——助学帮困结对签约仪式。25 个基层团支部与上海市特困家庭的 50 名学生签订帮困助学协议，全行 1 480 名团员青年共计捐助 5 万元助学金。

2000 年，为加速人才培养，支持教育事业发展，上海分行推出个人助学贷款，助力上海市全日制高等院校在读贫困学生完成学业。

2002 年,上海分行所属杨浦支行设立"阳光基金",2 年募集资金达 30 580 元,资助多名贫困学生上学。2004 年 1 月,发动员工开展"阳光基金"一日捐活动,在收到 143 名员工捐助的 9 426 元善款后,该行主动与所在街道的 3 名困难家庭学生结为帮困对子,向他们提供学习经费。在杨浦支行资助下,其中 2 名同学顺利完成初中学业,考入重点高中。1 名同学高中毕业后,考入大学。

2013—2014 年,上海市分行有 2 500 人次志愿者参与各类捐资助学活动,共募得善款近 16 万元、书籍近 700 册、文体用品近 1 000 件、生活用品 800 余件、衣物 1 600 余件、食品 1 500 余份。同时,分行下属各经营单位通过各所在地政府、街道和居委会等渠道,与偏远地区或周边贫困学生结成"一对一帮扶"对子,定期将爱心助学款及物资亲手交予受赠者,并与贫困学生进行深度交流,给予他们精神上的关心和帮助。

五、慈善赞助

2002 年 6 月,上海分行开始在各营业机构对私业务柜台摆放 78 个贴有统一宣传画面的帮困救助募捐箱,指定专人为"爱心大使",负责募捐宣传和日常管理。2003 年年初,第一次开箱,筹得善款达 10 335.02 元,全额划至中国儿童少年基金会指定捐款账户。

2002 年年末,上海分行响应市委、市府号召,对市内弱势群体开展帮困济贫活动,向上海市慈善基金会捐款 100 万元人民币,建立交通银行帮困救助基金,定向用于救助上海市贫困家庭、品学兼优的贫困学生。

2004 年 3 月,上海分行所属市西支行响应上海市红十字会"庆百年博爱行活动",发起"扶贫帮

图 10-2-3 1999 年 2 月 9 日,交通银行上海分行为东门地区孤老送款

困一日捐”活动，全体员工募集资金共计达1万多元。2010年，所属上海长宁支行参加江苏街道社区举办的“世博在你眼前，慈善在我心中”捐赠、义卖活动，全体党员将义卖所筹的善款购买26张世博门票赠予社区内贫困学生，向他们提供参与世博盛会的机会。

2008年1月，上海分行参加总行开展的“送温暖、献爱心”捐款活动。3天时间，全行员工共捐善款180 079.60元。2012年7月19日，参与由《新闻晨报》主办的“爱心遮阳伞”公益活动启动仪式。活动中，向市区闹市路口捐助了“爱心遮阳伞”，为市民撑起一片“清凉”。表达了分行热心公益，回馈社会，履行企业社会责任的良好意愿，受到媒体与市民赞扬。

图10-2-4 2009年9月27日，交通银行上海市分行举办国庆大型公益活动

六、大学生实习基地

1992年，上海分行制定《关于接受外单位人员来行实习的暂行规定》。1995年、2002年，两次修订该规定，规范来行实习人员管理。

2007年，上海分行与上海大学建立银校合作关系，接收该校国际工商与管理学院(经济学院前身)金融系本科学生暑期来分行实习。2008年3月，双方正式签署《关于金融课程合作项目协议书》，约定金融课程合作和实习基地共建等相关事宜。2011年7月，双方签署为期3年的《银校战略合作框架协议》《银校业务合作子协议》《关于教学改革与实习基地合作项目协议书》，除继续开展金融课程合作和实习基地共建外，双方还约定金融业务的合作事项。

2012年，为进一步加强对在校学生实习工作管理，保障正常运营秩序，上海市分行制定《实习生管理办法》，对实习招募、报到管理、日常管理、考勤管理、津贴管理和实习鉴定等方面作出具体规定。2013年，与上海大学共建的“上海大学—交通银行股份有限公司上海市分行经济学实践教育基地”被教育部评为地方所属高校“本科教学工程”大学生校外实践教育基地建设项目。2014年，与上海大学继续就大学生来行实习等工作签署银校合作协议。

第二节　经济责任

一、维护金融业稳定

民国时期，上海分行参加外汇平市委员会，平衡白银出口税率；与中央银行、中国银行联合拆放，救济市面；会同中国银行担任集中汇划票据交换人，并联合筹垫英金购运现银，调剂金融；参加银团拆放委员会，应对金融风潮；会同中央银行、中国银行负责推行法币事宜。

1989年，上海分行围绕中国人民银行“紧缩银根，稳定金融，整顿金融秩序，深化金融改革”总要求，坚持从大局出发，严格控制信贷规模，优化信贷结构，重点支持国家计划内的能源、交通、原材料企业生产、支持市场适销对路商品的生产、支持出口创汇产品的生产、支持名特优产品的生产。严格金融机构之间的横向资金拆借。严格执行贷款“三查”制度。1993年，按照全国金融工作会议精神，重点对“约法三章”及委托贷款、投资等方面的工作进行清理、整顿。收回正常拆借资金10亿元、压缩委托贷款10亿元、投资比例控制在规定的30%以内，各项工作均达到要求。

1997年，上海分行根据国家继续实行适度从紧的财政货币政策，推进两个根本性转变，坚持稳中有进，实施集约化经营，强化风险防范和内部管理。建立以资产负债比例管理为核心经营自控体系；加强信贷管理，确保资产质量；抓好基础管理，加大内部稽核，确保稳健经营。2004年，严格遵照宏观调控“区别对待、有保有压”的要求，以风险揭示、制度建设、员工培训为抓手，加大风险管理力度。成立风险管理委员会，建立风险管理多道防线；建立不良资产清收例会制度，明确清收措施，监控清收进度；实施风险推出战略，完成对194户、近500笔、共计14.5亿元的可疑类和损失类贷款的认定和审查工作，优化客户结构。

2010年，上海市分行以“全面风险管理”为指导，严格把好信贷业务的准入关口，加强信贷风险

图10-2-5　2006年1月25日，交通银行上海分行与全行各单位主要负责人签署安全经营责任书

全过程管理，强化资产保全和清收工作、狠抓重点客户的定点清收工作、实行“一户一策”，实现风险防控全覆盖；落实案防工作责任制，层层签订安防责任书，形成相互配合、相互制衡的案防工作机制；组织骨干力量，对重点岗位、关键环节展开“地毯式”排查，发现问题及时落实整改，彻底消除隐患。全行全面确立“合规经营”理念，为交行“行稳致远”发展奠定坚实基础。

2014年，面对宏观调控更加注重预调、微调、定向调控等新模式，上海市分行因势而变，加强银行精细化管理，重塑业务流程，降低运营成本，优化资负结构，提升服务质量，承担社会责任，自觉服从、服务宏观调控大局，坚决做好金融维稳工作。

二、服务自贸区建设

2013年9月29日，上海市分行所属外高桥保税区支行升格并更名为“中国(上海)自由贸易试验区分行”，获自贸区分行金融许可证，并正式对外揭牌。11月，更名为“上海自贸试验区分行”。主要为区内和境内外机构提供结算、融资、泛资产管理、投行、全球现金管理等跨境跨业联动服务，通过“做大、做强、做专业、做特色”，更好地服务自贸区建设。

2014年，上海市分行把自贸区金融业务发展作为实现“两化一行”战略的重要契机，借助总行集聚集团优势资源，打造自贸区金融创新试验田的政策优势，抓住自贸区建设的业务机遇，着力搞好贸易金融；参与人民币跨境使用、人民币资本项目可兑换、外汇管理制度改革等方面的试点创新，进一步巩固上海市分行国际业务领先地位；探索贸易金融专营机制，创新经营模式，配置专项资源，有效隔离风险，创造新的盈利增长点。

三、支持小微企业

上海分行高度重视中小企业发展，提供各类金融服务，相继推出“张江企业易贷通”和“漕河泾模式”等支持小微企业发展的创新做法。1999年，加强和改进对中小企业的服务，联合政府产业部门，为落户上海浦东新区的支柱产业、高新技术产业、跨国公司投资企业和骨干大型企业进行产业配套的中小企业，提供畅通的融资渠道。2004年，落实“支持非公有制中小企业的发展，鼓励有条件的企业做大做强”要求，把一批忠诚度高、信誉好、综合业务往来多的优质中小客户定为发展目标，并予以扶持和授信支持。2006年，加快推进战略转型步伐，加强和改善对小企业金融服务，探索符合小企业授信特点的管理模式和经营机制，用心打造支持小企业发展的“展业通”服务品牌，被中国中小企业协会评为十大“最佳中小企业融资方案”之一。2007年，持续推出服务小企业金融产品和项目，被上海银行界小企业金融服务洽谈会评为小企业客户优秀服务银行“优秀组织奖”。2008年，联合张江高科技园区、上海市住房置业担保有限公司共同创造“张江高科技园区企业易贷通”合作平台，全力帮助园区内科技型小企业解决融资问题。此举得到上海市委主要领导肯定，中央电视台专题报道此事。2009年，协同徐汇区政府、上海漕河泾新兴技术开发区发展总公司、交银国际信托有限公司搭建满足中小企业小额超短期信托融资平台。《解放日报》在头版以《交行“漕河泾模式”解民企尴尬》为题进行报道。2012—2014年，贯彻中央对金融企业服务经济、服务社会民生要求，紧密联系上海经济结构现状，为中小企业提供全方位金融服务，取得一定成效。

2012—2013年，上海市分行连续获“上海中小企业融资服务杰出合作伙伴”称号，2014年获“上海中小企业融资服务最佳合作伙伴”称号。

图 10-2-6　2014 年 8 月 28 日，交通银行上海市分行主要负责人向出席第八届上海“中小微企业”金融服务实体经济洽谈会的上海市副市长屠光绍（前右）介绍产品

四、服务“三农”

2014 年，上海市分行贯彻落实国务院办公厅《关于金融服务“三农”发展的若干意见》和总行《关于现代农业信贷政策和投向指引》要求，不断扩大农村金融服务规模及覆盖面，加大对现代农业领域授信力度，重点支持农、林种植业，牧、渔养殖业，农副食品加工业，农、林、牧、渔专用机械制造，农业机械批发等现代农业，涉农贷款余额保持持续平稳增长。同时，做好农村地区客户融资需求工作，使农村地区客户融资规模呈上升趋势。

五、改善民生

2009 年，上海市分行转发总行《关于促进保障性住房信贷支持的意见》《交通银行廉租住房建设贷款管理实施办法》等指导性文件，投入大量资源，支持居民以自住或改善型为目的的刚需住房贷款需求。为响应市政府号召，参与上海市住房公积金支持保障性住房建设委托贷款业务的营销，竞标成为上海市公积金管理中心住房公积金项目贷款 3 家受托银行之一。先后向虹口区彩虹湾居住区一期棚户区改造项目、青浦区新城一期棚户区改造项目等保障房项目发放贷款，获上海市公积金管理中心认可；多次专题研究推进上海市旧改、棚改、城中村改造项目；争取加入上海市首批经济适用房贷款支持行序列，为上海市中低收入居民提供金融服务。

第三节　环境责任

一、绿色信贷

上海分行秉承“责任担当”理念，发挥信贷资金在支持国民经济持续、稳定、健康发展，促进环境资源保护、改善生态环境上的作用，努力构建信贷支持环保、节能的长效机制，并由此向“绿色信贷”演进，建立常规化、系统化、全覆盖的绿色信贷管理体系。1986年，在“双增双节”活动中，把握资金投向，坚持保生产、押基建，保重点、压一般，保计划内、压计划外原则，贷款投向上，重点支持节约能源的企业及适销对路、名特优新、出口创汇产品，树立起信贷支持节能的意识。1989年，根据国务院“十不贷”规定，分行认真检查贷款投放情况，坚决从包括污染环境、经营性亏损、产品滞销积压等企业和项目的贷款中退出，逐渐形成环保思想。1995年，有效配置信贷资源，把信贷投放与促进经济建设和环境保护事业相结合，严格贷款的审批、发放和监督管理，对贷款项目没有执行建设项目环境影响报告书(表)审批制度的或环境保护部门不予批准的项目，一律不发放贷款，确立环保理念。1999年，贯彻落实总行《信贷政策指导意见》，实施“扶优限劣”信贷政策，支持环保和出口创汇型等产业发展，坚决淘汰环境污染严重、原材料和能源消耗高的企业，扎实推进节能环保企业和项目发展。

2004年，上海分行印发《近期信贷政策指导意见》，把污染严重、资源浪费或贷款风险极大的行业、企业或项目，列入分行信贷资金进入禁地，进一步规范节能环保理念，提高信贷业务可持续发展。2007年，通过对钢铁等九大高耗能、高污染行业相关信贷支持的企业调查显示，分行严格按照国家宏观调控政策要求，坚持将能耗标准和环境影响评价作为信贷取舍的必备审核要素，严禁能耗、环保不达标企业准入。同时，支持节能减排技术创新、技术改造和产品推广，增加对清洁能源和可再生能源开发利用的信贷投放，支持循环经济发展。2008年，正式启动“绿色信贷”工程建设，将“绿色信贷”工程建设作为履行社会责任，夯实信贷基础管理的长期性、基础性工作，使之融入授信准入、客户选择投向管理、授信评审、授信后管理等各个流程环节，纳入日常的信贷管理工作。是年上半年，全面完成授信客户环保信息录入和环保标识分类工作后，运用环保信息及标识分类成果，严格将企业环保守法情况作为审批贷款的必备条件之一，加强授信客户环境风险管理。同时，根据政府产业导向和节能减排要求，向上海市节能减排重点工程和环保产业重点项目提供全面配套的金融服务。12月，分行“上海市青草沙水源地原水工程项目”获“2008年中国十佳绿色信贷项目”。2010—2014年，持续深化“绿色信贷”工程建设，不断提升环境和社会风险管理能力，严格执行总行从耗能、污染、土地、健康、安全、生态保护、气候变化等方面提出的全部57个行业及领域绿色信贷要求，并结合具体行业特征，进一步加强标识管理、客户管理、信贷评审、额度提用、贷后管理和统计管理，构筑起系统化、精细化、全流程绿色信贷管理体系。通过加大对战略性新兴产业、节能环保、工业转型升级等重点领域的支持力度，推动绿色经济、循环经济和低碳经济发展，有效防控“两高一剩”和落后产能企业信贷风险，保障信贷资产的安全。

二、绿色营运

上海分行在推进金融改革发展过程中，高度重视将节约资源、保护和改善生态环境的绿色营运贯穿于经营管理的全过程,自觉担负起节能环保责任。1991 年,结合"教育、清理、整顿"活动,对干部员工进行节约一滴水、一张纸、一度电教育,开展"提倡勤俭节约,反对铺张浪费"为内容的劳动竞赛,有效降低资源消耗。1994 年,在总行系统内,率先开发计算机软件实行文书档案一体化管理,拉开无纸化办公管理的序幕,通过上海市档案局档案管理一级评审。

进入 21 世纪,上海分行以先进的电子化设备替代传统的高能耗做法,提高工作效率,节约能源。向营业机构、大型商场、办公楼宇投放大量银行自助服务机具,减少客户填单纸张消耗;鼓励客户使用移动设备或分行提供的手机、平板电脑等办理业务;深入企事业单位、街道、学校等宣传电子银行服务特点、优势,引导客户正确、安全、高效地使用电子银行服务,全面营造"绿色营运"环境;大力推行文件、签报、报告、通知等办公流程电子化,进一步推进"无纸化"建设,增强环保意识。2005 年,紧扣"节约资源、降低能耗、提高效益"主题开展教育,广泛发动员工为"节能增效"献计献策,普及节能环保,绿色营运理念,增强建设节约型社会的紧迫感、责任感和使命感。2009 年,为贯彻落实中央厉行节约八项要求,印发《进一步加强厉行节约、降本增效工作的通知》,对各条线、各部门提出厉行节约、降低各类能耗支出的具体要求。通过推行提高设备使用效率,加强办公大楼用电、车辆维修、一次性消耗品管理,推广使用网络电话,实行集中采购,压缩邮费支出,挖掘现有物品使用潜力、减少物品配置需求,实施网上办公、减少会议用纸、双面打印等方式节约纸张使用,利用内网资源,减少非专业报纸杂志订阅等举措,为达成全员节约资源、节约开支、降低经营成本的目标,发挥有效激励作用。2011 年,深入开展"厉行节约、降本增效"活动,建立健全组织机制、强化制度管理、严肃执行力。

2011—2014 年,上海市分行在确保营业办公大楼正常运行前提条件下,调整电梯、空调等公共设施的运行时间;改造大楼中央空调水系统、使用节能降耗照明灯具;在保证行务信息及时发布情况下,缩短屏幕开启时间,延长发布屏寿命;加强宣传、检查、巡视,培养全员节能环保自觉意识,使绿色营运真正融入上海市分行日常运营全过程。

第三章　社会服务

1986年10月交通银行上海分行重新开业后，在开拓创业、转型发展进程中，始终坚守服务企业、客户，奉献社会的初心，通过持续优化服务规范、提高服务质量、强化服务管理，提升了银行核心竞争软实力，成为广大客户信赖的品牌银行。

第一节　服务规范

一、硬件设施规范

1991年，为树立股份制综合性银行新形象，竭诚服务广大客户，上海分行对营业机构装修作出规定，从硬件设施上营造宾至如归的营业氛围。1995年，统一配置营业机构硬件设施，不断提高服务效能，改善企业形象。

2003年，上海分行从维护交通银行形象出发，加强对营业网点装修集中管理，实施“统一标准、统一设计、统一招标、精心施工、统一验收”方案，确保施工质量，为增强营业网点综合竞争能力、发挥交通银行服务品牌效应打好基础。2005年，印发《规范优质服务检查评分办法》，对营业网点服务场所环境布置、客户等待区域设置及各类自助设备运行等硬件设施配置提出要求。2007年，进一步提升服务质量工作，成立专门小组，组织“神秘人”对包括营业机构硬件设施、员工行为等服务规范进行全方位监测、常态化现场检查，推进全行上下践行“规范服务”的标准和要求。

2010年，上海市分行全面落实总行“管理提升年”要求，进一步规范营业网点电子公示、平面公示设备，保持公示渠道的统一；对已入选“千佳”“百佳”的营业厅和自助区等设立免拨直通电话等设备，全面提升服务质量、持续改善客户体验。2012年，对照总行制定的网点设施硬件检查标准，建立“环境维护、便民服务、信息公示、业务受理、自助服务”五大模块，按季进行检查考核，进一步强化服务管理，提升客户体验度、满意度和忠诚度。2014年，征集并提炼近年来经营单位在创建中国银行业文明规范服务“百佳”“千佳”示范单位过程中的优质服务经验，编制并印发《网点服务类硬件标准手册》，进一步细化和规范营业网点服务类硬件的配置与布局，强化各级人员对服务类硬件及其功能的管理，提升网点整体服务管理水平和服务能力。该手册把营业网点划分为外部环境区、厅堂区、内部员工作业区和内部员工生活区四大功能区域，对各功能区域、服务类硬件物品编制目录索引，对各区域功能定位、物品布局定位及摆放要求、管理责任进行逐项说明，并配以全景与局部实例展示，供营业网点参考与借鉴，满足不同网点特色化服务的需要。

二、员工着装规范

民国时期，上海分行男行员夏季以穿单长衫，春秋季穿衬绒、夹长衫、西装，冬季穿棉袍为主。女行员穿旗袍，冬季外加大衣，穿布鞋或皮鞋。民国12年(1923年)，上海分行经理盛竹书在《俭德会章程》中对行员着装提出：“近今服饰竞尚新奇，舶来品尤为盛行，为节费计，应用朴实国货，庶符俭德原则。布衣暖，菜羹香，古有明训，晚近商界中人以布帛为章身之具，实不易觏。会员中如练习生，应规定改用碗帽、布衣、布鞋，俾得养成习惯，渐达俭德目的。”

1949 年 5 月上海解放后，上海分行行员的服饰以人民装、中山装为主。

1986 年 10 月上海分行试营业初期，对员工着装未作统一规定。1995 年起，为塑造交通银行良好的社会形象，开始统一员工着装。为在编员工量身定制 1 套藏青色西装套装，规定员工上班时间必须穿着行服。2000 年 7 月，就定制行服分别与 3 家制衣公司进行洽谈，组织基层工会负责人对 3 家制衣公司展示的样衣进行选择。向 2 878 名在职员工、69 名柜面派遣制员工提供 1 套藏青色西装套装、2 件白色衬衫。2001 年 5 月，鉴于行服换洗需要，为 2 847 名在职员工、77 名柜面派遣制员工统一制作行服。其中为 1 482 名男员工制作藏青色西装 1 件、长裤 2 条，为 1 442 名女员工制作藏青色西装、背心各 1 件，长裤、裙子各 1 条。2005 年 8 月，分行集中采购中心对员工制服采购引入竞争性谈判招标。全行 3 326 名员工中，男员工配置标准为：藏青色西装 1 套、白底浅蓝印条衬衫 2 件、领带 2 条；女员工配置标准是：藏青色西装 1 套、白底浅蓝印条衬衫 2 件、领结 2 个。2007 年，为展示上市银行的精神风貌和良好形象，按照总行对行服“统一标准、统一款式、统一服饰”要求，为临柜男员工配置了藏青色西服套装、马甲、长袖衬衣及领带，女员工配置藏青色西装、裙子、马甲、中袖衬衣及丝巾；为非临柜和管理岗位男员工配置西服套装、长袖衬衣及领带，女员工配置西服、裙子、长袖衬衣及丝巾。

2010—2014 年，按照总行每两年为员工制作行服规定及制服“统一厂商、统一面料、统一款型、统一价格”要求，上海市分行对员工行服制作进行全面规范，男员工配置标准：西服 2 件、西裤 2 条、西服背心 1 件、长袖衬衫 3 件、短袖衬衫 3 件、领带 2 条；女员工配置标准：西服 2 件、西裤 2 条、西裙 1 条、西服背心 1 件、长袖衬衣 3 件、短袖衬衫 3 件、丝巾 2 条。同时，对员工的礼仪礼貌、着装、发型及佩戴首饰进行统一规范，使之纳入规范化、制度化、长效化轨道。

三、员工服务规范

1993 年，上海分行结合总行《员工行为规范》讨论，对全员进行行风、行纪、行规教育，加强分行基础建设，提高员工队伍基本素质，树立股份制商业银行形象。1995 年，进一步从职业道德、科室工作、柜台服务、仪表举止、文明用语及接待礼仪等方面规范员工行为，塑造交通银行企业形象，打造具有国际经营管理水平规范化商业银行。1996 年，围绕金融系统“讲改革、讲政治、讲法纪、讲效益、提高服务水平”“四讲一服务”活动，贯彻总行《员工岗位职业道德规范》。从共同职业道德、高级管理层职业道德、行政管理岗位职业道德、业务岗位职业道德 4 个维度加以规范，提高员工队伍职业道德素养，促进两个文明建设。

2000 年，上海分行进一步开展职业道德教育规范活动，分 4 个阶段组织实施，每周不少于 8 小时教育时间，科级干部增加一次集中学习讨论。整个活动始终贯穿正面教育、自我教育原则，提倡平等讨论、谈心交流，用身边事教育身边人，提高员工规范服务意识，促进长效管理机制形成。2006 年，为进一步加快业务转型，全面推进个人金融业务发展，塑造交通银行一流国际公众持股商业银行新形象，进一步细化员工服务规范，对营业网点员工的仪容，着装，妆饰，姿态，佩戴的行徽、工号等内容的服务牌，精神状态，言谈举，接待礼仪，职业道德等作出相应规定。2007 年，随着银行竞争不断加剧和社会公众对银行预期不断提高，全面落实营业网点员工行为规范，提升服务水平。规定营业网点员工做到：1. 统一着行服、佩戴工牌上岗，服装整洁，衣扣齐全，无破损、无污渍。2. 保持良好的仪容、仪表，展示交通银行专业形象。3. 工作时间集中精力，保持最佳精神状态和活力。4. 自觉使用文明用语。5. 工作时间不准随意拨打私人电话或在电话里聊天、不准擅自离岗位办私事、不准在办公营业场所吸烟等、不准串岗、不准怠慢或顶撞客户、不准议论客户、不准以权谋私、不准岗上喝水等、不准因个人原因影响工作、不准上网娱乐。6. 严禁在营业网点内有任何损害银行形象的行为举止。2011 年，按照总行《全行直接面向客户各类岗位系列服务标准与规范》要求，加大对所有营业网点大堂经理仪容仪表仪态，班前准备工作，日常工作制度，协调处理工作职责，推介宣传职责，班后整理工作及视、听、嗅、触、感“五感”服务规范检查力度。同时，为提升全行员工服务规范水平，进一步细化客户服务经理服务标准与规范，全面提高服务质量和客户满意度。2013 年，为进一步加强厅堂管理，完善厅堂服务合作流程，满足客户体验度，增设大堂管理经理职位，对大堂管理经理服务进行规范。截至 2014 年年末，上海市分行通过持续开展服务行为规范教育，培养员工优质服务、文明待客职业行为规范，全面提升上海市分行服务质量，树立交通银行金融服务品牌。

第二节　服 务 品 牌

上海市分行积极参与中国银行业协会(以下简称“中银协”)从 2009 年、2010 年及 2014 年起在中国银行业开展的“文明规范活动百佳示范单位”“文明规范活动千佳示范单位”“文明规范服务五星级营业网点”评选活动，通过建立健全规范服务制度，持续提升软硬件服务，打造“金融业服务最好银行”特色服务品牌，创建了一批“百佳”“千佳”和“五星级”营业网点。

一、“百佳”“千佳”及“五星级”示范单位评选

2009—2010 年，上海市分行围绕改善网点布局、提升窗口服务、优化业务流程、规范服务行为、完善制度保障、塑造良好形象等环节，投入中银协“中国银行业文明规范服务百佳示范单位”“中国

图 10-3-1　2014 年，交通银行上海市分行召开“千佳”创建总结大会暨“准千佳”网点创建动员专题视频会

银行业文明规范服务千佳示范单位"评选活动。以"百佳""千佳"创建为抓手，认真践行行业服务规范，建立优质服务长效机制，打造交通银行服务品牌。通过创建活动，进一步强化分行服务质量管理，全面提升服务水平和服务品质，涌现出一批硬件设施基础良好、服务软环境建设规范、服务制度体系完善、员工精神面貌俱佳、团队凝聚力较强的文明规范服务先进网点，提升了分行品牌服务知名度，扩大了社会影响力。

2014年，上海市分行参与中银协组织开展的首次中国银行业文明规范服务五星级营业网点评定工作，逐条对标中国银行业营业网点文明规范服务评价标准(CBSS1000)，将文明规范服务标准落实到日常教育管理和服务细节中，并开展标准化、体系化、智能化、人性化服务，树立窗口服务的标杆典型，赢得消费者与社会各界的认可和信赖，夯实"百佳""千佳"示范单位服务品牌创建工作的基础，推动分行服务水平再上新台阶。

表10-3-1　2009—2013年交通银行上海市分行获"中国银行业文明规范服务百佳示范单位"情况表

获奖时间	获奖单位	获奖名称
2009年	上海交银大厦支行	2009年度"中国银行业文明规范服务百佳示范单位"
2011年	上海交银大厦支行	2011年度"中国银行业文明规范服务百佳示范单位"
2013年	上海市分行营业部	2013年度"中国银行业文明规范服务百佳示范单位"

说明：2009年起，中银协在中国银行业发起了每两年评选一次的"文明规范服务百佳示范单位"活动。

表10-3-2　2010—2014年交通银行上海市分行获"中国银行业文明规范服务千佳示范单位"情况表

获奖时间	获奖单位	获奖名称
2010年	上海六里支行	2010年度"中国银行业文明规范服务千佳示范单位"
2010年	上海交银大厦支行	2010年度"中国银行业文明规范服务千佳示范单位"
2010年	上海莘庄支行	2010年度"中国银行业文明规范服务千佳示范单位"
2010年	上海徐汇支行营业室	2010年度"中国银行业文明规范服务千佳示范单位"
2012年	上海交银大厦支行	2012年度"中国银行业文明规范服务千佳示范单位"
2012年	上海市分行营业部	2012年度"中国银行业文明规范服务千佳示范单位"
2012年	上海民生路支行	2012年度"中国银行业文明规范服务千佳示范单位"
2012年	上海虹口支行	2012年度"中国银行业文明规范服务千佳示范单位"
2014年	上海东方路支行	2014年度"中国银行业文明规范服务千佳示范单位"
2014年	上海金桥湾支行	2014年度"中国银行业文明规范服务千佳示范单位"
2014年	上海陆家嘴支行	2014年度"中国银行业文明规范服务千佳示范单位"
2014年	上海浦东分行营业部	2014年度"中国银行业文明规范服务千佳示范单位"
2014年	上海瑞南支行	2014年度"中国银行业文明规范服务千佳示范单位"
2014年	上海五角场支行	2014年度"中国银行业文明规范服务千佳示范单位"
2014年	上海肇嘉浜路支行	2014年度"中国银行业文明规范服务千佳示范单位"

说明：2010年起，中银协在中国银行业发起了每两年评选一次的"文明规范服务千佳示范单位"活动。

表 10-3-3　2014 年交通银行上海市分行获"中国银行业文明规范服务五星级营业网点"情况表

获奖时间	获 奖 单 位	获 奖 名 称
2014 年	上海东方路支行	中国银行业文明规范服务五星级营业网点
2014 年	上海交银大厦支行	中国银行业文明规范服务五星级营业网点
2014 年	上海金桥湾支行	中国银行业文明规范服务五星级营业网点
2014 年	上海陆家嘴支行	中国银行业文明规范服务五星级营业网点
2014 年	上海浦东分行营业部	中国银行业文明规范服务五星级营业网点
2014 年	上海瑞南支行	中国银行业文明规范服务五星级营业网点
2014 年	上海市分行营业部	中国银行业文明规范服务五星级营业网点
2014 年	上海五角场支行	中国银行业文明规范服务五星级营业网点
2014 年	上海肇嘉浜路支行	中国银行业文明规范服务五星级营业网点

二、"敬老服务示范网点"及"敬老服务标兵"评选

2013 年 10 月 13 日，是全国首个"老年节"，也是上海市第 26 个敬老节。上海市分行围绕金融系统"全社会都来关爱老年人"活动，弘扬中华民族尊老敬老的传统美德，为老年人办实事、做好事、献爱心，让广大老年人共享经济社会发展成果，安享晚年幸福生活。2014 年，为履行社会责任，维护行业良好声誉，建立和谐的金融服务环境，营造敬老、爱老、助老、惠老的服务氛围，建设"受人尊敬的银行业"品牌文化，参加上海市同业公会组织开展的上海银行业"敬老服务示范网点""敬老服务标兵"评选活动，践行"五承诺两倡议"，设立"消费者权益保护工作小组"，把敬老服务工作纳入营业网点建设和文明规范服务考评体系中，制定老年人专项权益保护措施，加大敬老服务设施投入，更新改造营业网点五障碍通道，并公示求助电话，推进对老年人金融常识及维权知识的宣传普及，提高老年人维权意识和技能，持续强化敬老服务工作，并固化于日常管理中，打造交通银行服务品牌。是年，上海市分行共有 10 家营业网点获上海银行业"敬老服务示范网点"、9 位员工获"敬老服务标兵"称号。

三、服务明星评选

商业银行是服务性行业的典型代表，服务是商业银行的核心内容、立行之本、永恒主题。上海分行通过评选服务明星，不断提高自身的服务质量和水平，实现业务发展与社会发展的和谐统一。1993 年起，结合"三个一流"办行宗旨教育，在一线青年中开展"青年服务明星"评选活动，激发青年立足本职，服务客户，岗位成才热情，涌现出一批优秀服务明星，发挥优秀服务明星示范效应，有效提升全行服务质量，促进业务发展。

2003 年，为进一步确立"以客户为中心"理念，建立优质服务长效机制，上海分行印发《服务明星评定暂行办法》，确立服务态度、服务效率、服务质量、服务环境及服务规范 5 个方面评选标准。规定五星级服务明星比例占全行评定总人数的 2%、四星级比例为 8%、三星级比例为 20%，对于审定结果，必须进行公示，接受全员监督。

2005 年，上海分行在全行一线服务窗口开展服务明星“月月评”活动，同时在“交行人”报上开辟专版，及时报道分支行服务明星先进事迹和评选结果，并通过服务质量管理现场会等形式，交流先进经验，表彰在窗口一线中涌现出来的服务明星，共同打造一流服务品牌银行。是年，参与总行“个人金融业务百日营销活动”，有 1 名员工获优质服务明星称号。

2009 年，上海市分行进一步发挥青年员工在推进分行业务持续健康发展中突出作用，鼓励青年员工参与中央金融团工委在全国金融系统开展的“全国金融青年服务明星”评选活动。广大青年刻苦学习，自觉培养良好职业操守，练就过硬金融服务技能，有 1 名员工获“全国金融青年服务明星”称号，并受到表彰。

2010 年 5 月 1 日，世博会在上海开幕。作为唯一为世博园区提供金融服务的分行，上海市分行围绕“精密筹备、精致服务、精心演绎”主题，举全行之力为世博会筹办和运营提供全方位、高质量、高效率金融服务，全面兑现“业务零差错、服务零投诉、安全零事故”承诺，为世博会成功举办作出重要贡献，受到各界广泛好评，共有 25 个先进集体、290 名员工受到表彰。

2011 年，围绕上海市金融党委《深入开展“为民服务在金融”创先争优活动》要求，上海市分行深化“重服务，争一流，金融创新作贡献”主题实践活动，整体提升窗口服务水平。是年，全行有 4 名员工获“优质服务明星”称号。

2013 年，上海市分行组织开展“走进交行，感受温馨”服务提升评选活动。活动期间，联合上海市主流媒体，开辟活动专版，公示候选人的姓名、工作照、投票编号及服务格言，接受公众通过媒体投票。同时，所属各营业网点多媒体电视滚动播放候选人 VCR，同步开展媒体投票。在历时 2 个月的评选活动中，共收到 10 万多张选票，吸引数万社会公众广泛参与，有 6 名员工分获“优秀大堂经理”“优秀柜员”等称号。

2014 年，上海市分行开展以“我的微笑，真心相伴”为主题的服务明星评选活动。为扩大活动影响力，提升品牌知名度，联合沪上知名媒体对活动全程进行宣传。最终通过网点现场投票、电话投票、媒体微博投票等方式，共收集有效选票 127 747 张，评选出 25 位服务明星。

第三节　服 务 管 理

一、考核

服务提升是商业银行培育竞争优势的软实力，上海分行通过加强服务检查考核，以提升服务长效机制为抓手，持续优化服务流程、精细化管理，提高工作效率，确立交通银行服务品牌。1995 年，围绕开展优质服务，拓展业务，争创效益百日竞赛活动，制定活动实施方案和考核办法。考核办法以综合考核与条线考核相结合，纳入年度分行目标管理考核范围，调动全员敬业爱岗、乐于奉献积极性，提高全行服务质量和经营效益，塑造规范化商业银行形象。1997 年，为巩固“窗口”规范服务达标成果，实现交通银行“第二次飞跃”，在全辖开展“巩固达标成果，创新交行形象”优质服务达标活动，制定达标活动考核办法。结合阶段性抽查、考核，整个活动综合考核、评比及客户评议意见，形成达标单位考核依据。

2000 年，作为持续提升服务质量的一部分，上海分行根据阶段性工作特点，在全行开展私金业务劳动竞赛活动。经营单位考核内容：营销组织实施、私金业务指标完成、优质服务开展及服务创新等。管理部门考核内容：对经营单位业务发展指导、服务、解决业务营销中难点措施、改进有关管理制度等。对于劳动竞赛先进单位、个人，分行给予荣誉和物质奖励；对于考核不称职者，分别给予经济、行政处分。2003 年起，建立以规范服务、提升服务质量考核制度。以巡查、抽查录像、安排社会监督员暗查等形式，对全行营业网点服务质量进行全面检查，并及时通报检查情况，提出整改要求。2003—2014 年，通过持续开展提升服务质量考核，促进员工养成规范服务、文明待客良好职业习惯。

2007 年，上海分行面临加快推进战略转型、全面履行上海世博会商业银行全球合作伙伴职责、打造一流国际公众持股银行艰巨任务。对此，确立用 2～3 年时间，初步构建适应并促进战略转型现代银行服务体系，把上海分行打造成为上海银行业最佳服务品牌的工作目标。2 月，印发《服务手册》，制定优质服务标准、规范服务通用标准、营业网点规范服务和形象标准，明确提升服务质量具体要求。4 月，进一步制定《2007 年提升服务质量工作检查考评方案》，从营业网点服务质量、员工服务技能、落实服务管理等方面考核服务质量提升工作，并按 17 家经营单位所属网点的实际考评均值形成排名，排名最后 5 名的，在年度绩效考核中依次扣除 1～5 分。11 月，进一步强化规范全行营业网点服务检查考核力度，组织神秘访客进行检查、考核。

图 10-3-2　2007 年 1 月 5 日，交通银行上海分行召开提升服务质量工作推进会议，积极打造品牌银行

2010 年，上海市分行成立服务办公室，归口分行个金部管理。

2011 年，根据“两化一行”发展战略、“倍增计划”工作目标及总行《关于做好 2011 年服务提升工作的意见》具体要求，深入开展服务质量提升活动。与各部门、经营单位签订《管理部门服务目标责任书》《经营单位服务目标责任书》，实行服务提升“一把手”负责制，扎实推进服务提升工作。2012 年，制定《服务提升专项考评方案》，进一步贯彻落实“强化服务管理，提升客户体验度、满意度和忠诚度”工作要求，提升网点“以客户为中心”的服务理念，将“一个交行，一个客户”服务理念体现在服务工作的每一岗位、每一环节、每一细节中。

2014 年，上海市分行以创建金融业服务最好银行为目标，打造投诉率最低，服务效率最高，标准化、规范化、特色化服务最突出银行。除健全横向服务管理机制、建立各经营单位纵向服务管理架构外，推进营业网点硬件、员工服务标准化建设，加强前中后台联动，提升全行服务响应能力。同时，加大服务考核奖惩力度，统一全行服务执行标准及有责投诉的奖金扣罚标准，营造全行人人关心服务提升的氛围。

二、客户投诉管理

投诉是客户维护其合法权益的重要形式，也是促进银行提高服务水平、改进产品质量的重要动力。及时有效处理投诉，有助于银行了解客户需求，改进自身服务，对大幅降低客户流失率，提升客户忠诚度具有十分重要的意义。1986—1988 年，上海分行共收到客户来信 174 件，内容多为业务咨询、反映情况、建议查询上海解放前存汇款、钞票、股票债券等类型，主要集中业务咨询。分行办公室作为受理客户来信主办部门，将来信分类后及时转至各职能部门，相关问题均得到妥善处理。1991 年，印发《信访工作暂行规定》，按照“分级管理、归口办理”原则，规定各部门、各分支行、公司的办公室落实专人负责信访工作，按季综合分析信访工作情况，构建以分行办公室为归口管理部门，各单位兼职人员组成的信访工作网络；各类信访件统一登记编号，建立信访档案制度；来信来访做到件件有着落、事事有回复。1995 年 1—9 月，共收到各类信件 77 件，办结归档 72 件，在办 5 件，办结率 93.5%。其中反映利率问题、服务质量、业务咨询（查询）建议等约占信访总量的 60%。对此，进一步健全信访查办件的签收、催办制度，增强督办力度，完善工作网络，提高各类信访件的办结速度和工作质量。

2000 年 5 月，为适应业务发展需要，更好地树立交通银行窗口服务形象，上海分行成立客户服务中心，负责“83588”对外服务电话银行业务管理，设立人工座席员，受理客户业务咨询、账务查询、投诉与建议等。6 月，印发《客户服务中心与各管理处室及业务部门职责界定暂行规定》，明确业务协调责任，细化具体要求，规范办理流程。客户服务中心成立后，实行“首问责任制”和 24 小时值班制，分类整理客户投诉，以“客户服务中心督办单”形式发送至有关部门和单位，规定紧急投诉及一般问题是日答复客户，疑难投诉 3 天内答复客户；制定座席班长、座席员等岗位职责，将客户投诉、建议、表扬等信息及时传达到相关部门和经营单位，并进行督办、反馈。2001 年 9 月，总行客户服务中心（以下简称“总行客服中心”）正式启用全国统一的“95559”客服热线，取代“83588”号码对外进行服务；授权上海分行客户服务中心行使总行客服中心职能。分行客服中心接客户投诉或建议后，按“紧急”和“一般”分类，实行承诺服务和限时服务。紧急投诉 12 小时内以书面形式反馈总行客服中心，24 小时内回复客户；一般投诉 2 日内反馈总行客服中心，3 日内回复客户。2005 年 11 月，在北京举行的 2005 年度中国客户关怀大会暨中国客户关怀标杆企业评选颁奖典礼上，95559 客户服务中心热线荣膺“2005 中国最佳呼叫中心”称号。2007 年 3 月，进一步明晰分行客服中心、信息部、合规部、办公室、各经营单位及营业网点、各业务管理部门工作职责，对客户电话咨询业务、电话投诉、建议、查询业务处理等提出具体操作要求和时间规定。做到协调与督办相结合，严守各项服务，维护“95559”的对外形象。11 月，总行集中式客服中心在上海全面建成并顺利投产，分行客户服务中心及电话银行服务中心上收总行。

2010 年 4 月，为更好地指导全行化解客户意见，强化对投诉流程监督，提高投诉处理效率，上海市分行制定《客户投诉处理平台管理办法》，对投诉工单实施电子化管理，提高投诉处理效率。

2011 年 4 月，围绕全面提升客户满意度、忠诚度、贡献度，打造中国银行业最佳服务品牌目标，上海市分行进一步细化客户意见处理流程（95559 工单处理流程、分行投诉平台客户意见处理流程),规定主办人须根据客户一般、关注及严重意见,分别于5天、3天、1天内办结,分行服务办公室负责客户意见的处理监督和管理。

2012年3月,为及时处置突发客户投诉事件,最大限度避免和减轻突发客户投诉事件对交通银行社会形象和正常营运带来的损害,及时化解客户矛盾,上海市分行从建立处置突发客户投诉事件组织架构,分级、报告制度,应急处置、培训与演练、监控与预警,以及责任与奖惩机制等方面着手,不断改进客户投诉管理,切实提升全行服务质量。

2014年9月,上海市分行印发《客户投诉管理办法》,分行服务提升领导小组全面负责指导、监控、协调客户投诉处理工作,分行行长每月组织召开服务专题例会,研读工单。分行服务办公室负责客户投诉牵头管理工作,各相关部门各司其职,相互协同,提升质效。各经营单位成立由支行行长为组长的投诉管理小组,落实投诉处理责任,直接处理本支行所辖网点的客户投诉;网点成立由主要负责人和相关管理人员组成的现场管理小组,落实首问责任人,加强现场管理,及时化解客户矛盾,进一步落实"遇诉请领导"制度,确保各类意见和纠纷在第一时间、第一现场得到解决,避免升级为投诉事件。

第四节　金融消费者权益保护

一、工作机制

2013年8月,上海市分行设立消费者权益保护办公室(以下简称"消保办"),与分行服务办合署办公,增加消费者权益保护工作职能,统筹规划推进消费者权益保护相关工作。

2014年7月,上海市分行消费者权益保护与服务提升工作例会将消费者权益保护纳入各部门工作职责。8月,根据中国银监会《银行业金融机构消费者权益保护工作考核评价办法(试行)》文

图10-3-3　2014年7月15日,中国人民银行消保局到交通银行上海市分行指导消保工作

件规定，着手从制度体系是否完备、制度执行是否有可靠保障、工作开展是否有效、内部考核与管理是否得当、重点问题是否发生等方面进行重点建设，消费者权益保护工作进入新阶段。9月，分行服务提升领导小组增设消费者权益保护工作小组，主要承担全行消费者保护工作研究、统一部署、协调推进职能，组长由分行消保办主要负责人担任，组员为办公室、资负部、公司部、卡部、国际部、机构部、零贷部、营运部、审计部、合规部、信息部、电银部、监察室、培育中心主要负责人。12月，根据上海银监局年度消费者权益保护工作考核评价要求，初步完成消费者权益保护相关制度建设，制定出台《消费者权益保护管理办法实施细则》，基本确立全行消费者权益保护工作组织框架和工作流程。之后，又相继出台《消费者权益保护工作专员管理办法（试行）》《消费者权益保护审核流程》《消费者权益保护应急预案》《消费者权益保护工作审计基本条例》等相关文件，基本形成覆盖产品服务全流程、内部审计的消费者权益保护制度体系。

二、公众教育

2001年6月11日，交通银行上海分行参加由中国人民银行组织的"2001年反假币宣传周"活动，并在展台上摆放"反假币"宣传资料。

随着金融消费者权益日趋受到公众关注，履行金融消费者公众教育义务也成为银行业金融机构践行的社会责任之一。2012年9—11月，上海市分行以中银协首次开展的"普及金融知识万里行"公众教育服务活动为契机，结合实际，通过组织"金融知识在您身边服务月""助推小微、三农金融服务月""特殊群体客户关爱服务月"等主题月系统宣传活动，创建交通银行服务品牌，向社会各

图10-3-4　2001年6月11日，交通银行上海分行参加由中国人民银行上海市分行组织的"2001年反假币宣传周"活动

界客户提供便利服务。2013 年 9 月,参与银监会发起的“金融知识进万家”宣传服务月活动,认真履行社会责任,开展消费者权益保护工作。2014 年,通过集中设摊、上门服务等方式,参加“3·15 金融消费者权益日”“普及金融知识万里行”“金融知识进万家”“金融知识普及宣传月”等系列宣传和公众教育普及活动。10 月,出台网点服务类硬件标准手册(2014 年 10 月第一版),首次明确营业网点须在客户等候区显著位置设置公众教育区,为客户提供金融产品投资风险、反假、防诈骗等教育宣传。公众教育区成为网点厅堂金融消费者权益保护知识及金融知识宣传普及的主要阵地。12 月,开展“金融消保进社区”主题宣传活动,并作为社区行活动的重要环节在全行推广。活动围绕消费者所关注的银行产品和服务,宣传普及金融知识和消费者维权知识,发放统一设计的“金融消费者权益保护调查问卷”,了解消费者对消保知识的认知度。金融消费者知识宣传成为全行开展企业行、校园行的重要内容和常规项目。

三、特殊消费者权益保护

特殊消费者群体保护是消费者权益保护中较为重要内容。上海市分行从完善营业网点硬件条件出发,着力特殊消费者权益保护工作,并将之作为提升分行服务水平、履行社会责任的重要举措。2012 年,结合银监局《关于银行业金融机构加强残疾人客户金融服务工作的通知》《关于进一步完善残障人士银行服务的自律要求》要求,推进无障碍设施建设、建立健全相应服务应急预案机制。2014 年 8 月,为社会保险经办机构和本行签约开立的个人基本养老金(含退休金)账户免收每月前 2 笔且每笔不超过 2 500 元(含)的本行异地(含本行柜台和 ATM)取现手续费,为老年消费群体提供便利。是月,在上海市同业率先实现“残障通道全网点覆盖”,设置残疾人坡道、扶手、无障碍停车位等设施,安装紧急呼叫电话,保障残障人士安全。同时,各网点设置爱心窗口,配备残障人士轮椅,提供盲文版业务操作指南、盲文键盘,设置残疾人专用电梯、无障碍停车位等,建立健全对残障人士的服务机制。同时通过张贴标识等方式,加强营业网点无障碍服务设施使用的宣传工作,为残障人士提供便捷无障碍服务。

第五节　服 务 竞 赛

1986—2014 年,上海(市)分行以交通银行重新组建时确立的“三个一流”办行宗旨为指引,坚持把优良服务、创新服务、提升服务作为分行参与市场竞争、推动业务发展、促进文化建设的利器。根据各个阶段的工作特点,开展各种形式优质服务竞赛活动,制定工作目标、考核标准,大力弘扬服务先进的典型事迹,向全员灌输“客户至上”“服务是生产力”理念,鼓励更多的员工向客户提供更优的服务,确立交通银行优质服务品牌,助推分行企业文化发展。

表 10-3-4　1988—2014 年交通银行上海(市)分行优质服务劳动竞赛情况表

年　份	竞赛活动主题
1988	优良服务月竞赛
1991	迎“七一”,青春在交行闪光,优质服务竞赛
1993	“迎东亚、献爱心、创三优”优质服务竞赛

〔续表〕

年 份	竞赛活动主题
1995	优质服务、拓展业务、争创效益百日竞赛
1997	迎“八运”,优质服务竞赛
1998	交行青年优质服务立功竞赛
2001	“迎 APEC 会议,展交行青年新风采”优质服务竞赛
2002	全员劳动竞赛
2003	通银杯规范服务技能竞赛
2006	窗口服务竞赛
2009	“跑赢大市,争先进位,努力提高核心竞争力”全员劳动竞赛
2010	“创新金融服务,提升管理水平,增强全行经营能力”全员劳动竞赛
2011	“凝心聚力争起跑,倍增超越建新功”全员劳动竞赛
2012	“建功立业‘十二五’,改革创新促发展”全员劳动竞赛
2013	“汇聚正能量,助推新发展”全员劳动竞赛
2014	“助力转型、夯实基础、提升服务”全员劳动竞赛

第四章　文 体 活 动

交通银行上海市分行作为交通银行重新组建后在境内设立的第一家分行，在参与市场竞争，发展新型银企合作关系同时，高度重视员工身心健康。通过开展全员健身运动及寓教于乐文娱活动，丰富员工业余生活，营造“我参与，我快乐，我健康”氛围。

第一节　文 娱 活 动

上海分行坚持“以人为本”理念，根据员工不同的兴趣爱好，利用业余时间，开设舞蹈、书画、摄影、摄像等兴趣班；开展以演讲、朗诵、舞蹈、小品、曲艺为主要形式的文娱活动；参加总行职工文艺会演，丰富员工业余生活，打造舒适、温馨的工作环境和生活家园。1992 年，结合员工艰苦创业、开拓进取，优质服务的题材，自编、自导、自演文艺节目，参加总管理处职工文艺会演。1993 年，按照总管理处行歌征集通知精神，广泛发动员工参与该项活动，推进企业文化建设，树立交通银行金融改革银行的新形象。

2001 年，在迎接中国共产党建党 80 周年的日子里，上海分行组织全行员工歌唱革命历史歌曲，回顾和重温党的历史，歌颂伟大的党、伟大的祖国，歌颂社会主义事业和改革开放成果，激励全体共产党员和广大员工，为实现总行“抓住机遇，加快发展”要求，努力奋斗。

图 10 - 4 - 1　2009 年 2 月，交通银行上海市分行开展迎春文娱活动

2003 年，上海分行职工合唱队参加上海市“冠生园杯”企业（行业）歌大赛央视总决赛，获得三等奖、“优秀企业（行业）歌奖”两个奖项，展示全行群众性文艺创作成果和员工良好的精神风貌。

2004 年，上海分行结合“爱行爱岗，自强自信”主题教育活动，举行“交行在我心中”专题演讲，讴歌交通银行在改革发展中涌现的先进典型，进一步增强全行员工创业、拼搏的信心。

2005 年，围绕总行建立“以客户为中心，以效益和股东权益最大化”经营管理体系，组织架构再造，以及财务重组、引进外资和“公开上市”“三部曲”改革所取得成就，上海分行在行内选拔，组队参加总行举办的“交行明天更美好”文艺会演，大型音乐诗《百年交行焕发青春》获文艺会演金奖。

2007 年，上海分行举办职工艺术节活动，结合“交行让生活精彩，服务让真情延伸”主题，开展唱歌、舞蹈、演讲等形式多样文娱活动。大力宣传全行员工在规范服务、渠道建设、创新机制、流程改造、队伍建设、服务世博等方面好人好事，进一步弘扬交通银行员工爱岗敬业的精神，向社会展示分行的服务文化。

2010 年，上海市分行参加总行“交行，让世博更精彩”职工文艺会演，并以一部小品《一切为了世博》展示分行员工全力以赴、不辱使命、办好世博、为国争光的精神。是年，分行选送职工摄影作品参加总行摄影比赛，获“走近世博”职工摄影大赛 1 个一等奖、2 个优秀奖。

2012 年，为加强企业文化建设，丰富员工业余文化生活，上海市分行参与总行“拼搏进取的交行人”职工文艺会演及“弘扬交行精神”主题演讲比赛。歌颂分行广大员工辛勤劳动、无私奉献、拼搏向上的感人事迹和良好的职业道德、精神风貌。

2014 年，上海市分行参加总行举办的“我与交行”摄影大赛和“金融佳言佳句”书法篆刻征稿比赛。选送的摄影作品获 1 个一等奖、1 个二等奖及 3 个优秀奖；书法作品获 1 个一等奖、3 个三等奖；篆刻作品获 1 个三等奖。是年，在上海市金融职工“农商行杯”摄影比赛中，分行选送的作品获 2 个优秀奖。

第二节　体育赛事

上海分行推行全员健康计划，组织员工开展精彩纷呈的体育活动，全面提高员工身体素质，增强企业文化建设，提升全员凝聚力、向心力。1993 年，派员参加总管理处系统举行的射击比赛。1996 年，开设第七套广播操培训班，广泛普及增强员工体质的广播操。1999 年，举办员工运动会。1 460 名员工参加广播操、跳长绳、手持乒乓球拍接力赛、拔河 4 个集体项目和跳短绳、踢毽子、定点投篮 3 个个人项目比赛。

2003 年，上海分行印发《全员健康计划指导意见》。各单位（部门）因地制宜组织开展乒乓球、网球、太极拳、广播操、国际标准舞等健康活动。9 月，召开全员健康计划专题研讨会，研究进一步推进全员健康计划的具体措施，提出全员健康计划要抓好普及率和持久性，要广泛发动，每年开展乒乓球、网球、羽毛球、足球等单项比赛。

2004 年，为深入推进全员健康计划，更好地展示和检阅各单位开展健身活动的成果，上海分行举办由 1 000 多名员工组队参加的包括乒乓球、网球、羽毛球、足球、拔河、踢毽子、跳绳、广播操、游泳、30 米迎面接力等比赛项目的运动会。是年，组织员工参加全国金融系统乒乓球、篮球、网球等体育比赛，获得乒乓球男子单打比赛冠军。

2009 年，上海市分行贯彻落实全员健康计划，鼓励全行员工以饱满的精神状态、一流的工作业绩，全力做好世博服务各项准备工作，举办“健康迎世博”员工运动会。设置团体项目第八套广播操、球类、拔河等九大项比赛项目。选手们在比赛中精神饱满、奋力争先，展示交行员工不畏困难、敢于竞争、团队合作的良好精神状态。是年，分行组队参加总行第一届职工运动会，在“更高、更快、更强”运动精神鼓舞下，进一步营造体育文化活动氛围。

2011年，围绕“健康、快乐、和谐”主题，上海市分行举办全行员工运动会，2 000名运动员进行了太极拳表演，开展了拔河、广播操等比赛；分行排舞队同台展示了姿态优美、整齐划一的舞姿。是年，围绕“快乐生活，健康生活”的现代生活新理念，组队参加总行第二届职工运动会，并以良好的竞技状态，创造运动佳绩。

2013年，上海市分行通过选拔，组队参加总行第三届职工运动会，发扬“交行梦，永追求”拼搏精神，与总行系统内兄弟行展开同场竞技，展示了上海分行的风采。

第五章 文 化 传 播

为弘扬员工艰苦创业、创新开拓事迹，交通银行上海分行自1987年起相继印发《动态总汇》《简报》《交行人》《调研与探索》等内部刊物，进行宣传报道。进入21世纪后，利用多媒体技术，开通《交银上海新视点》，在分行新办公大楼、各营业网点滚动播出交行新闻、产品、服务信息，传播企业文化建设正能量，形成纸质刊物、报纸，内部网络、视频同步推进，共同传播企业文化的格局。

第一节 《交行人》报

为传播企业文化核心理念，上海分行相继刊印《交行人》内刊、《交行人》报，使之成为舆论宣传、聚焦视野、服务中心、推进改革发展的重要宣传阵地之一。1992年6月，《交行人》期刊创刊，作为企业内部学习交流的平台，以宣传“三个一流”办行宗旨、企业价值观为目标，引导全行干部员工投身交通银行改革发展事业。《交行人》刊名套红，采用楷体、初号字体，由分行思想政治工作办公室负责编印。

1993年4月起，《交行人》调整版面设计。将刊名改为魏体、使用86号字体，同时增加交通银行行徽标识。版面调整后的《交行人》，在银行内部进一步加大弘扬“艰苦创业、争创一流”企业精神，“不管大中小，只要效益好”经营理念力度，积极传播上海分行“立足上海，面向国际，推进两翼，稳健发展”经营策略，“观念领先、行动领先、产品领先”经营思想，宣传“服务、创新、严谨、高效”工作要求，以及“形象、育人、管理”文化建设方针，提升了全员对企业价值观的认同度。1998年10月—1999年5月，《交行人》期刊因分行内部机构调整，暂时停刊。

1999年6月，《交行人》期刊复刊，增加“领导言论”“理论笔谈”“人物风采”“经验交流”“信息之窗”等版块，由分行党委宣传部承担发刊任务。9月，《交行人》期刊改版为《交行人》报。该报是一份由分行党委主管，宣传部主办，行政出资，交流信息、指导基层工作的内部宣传资料，发行对象是全行营业网点、全体员工。《交行人》报分为两个版面，设置重要新闻、服务提升、产品介绍、文化建设、生活园地等栏目。

2002年12月，《交行人》报获上海市新闻出版局内部资料准印证。2003年1月，该报首次采用新闻纸印刷，版面固定为4开4版，报名套红。头版为要闻版，第二版为综合信息版，第三版为业务交流版，第四版为文化园地版。12月起，全版采用彩色印刷。2004年1月，正式采用彩色铜版纸印刷，报头部分以交行蓝为底色，右上方印有上海分行主广告语“交汇四海，通融八方”。报名采用黑色字体，并用白色进行勾勒。是年，为加强《交行人》报组织领导工作，提升办报质量，分行成立《交行人》报编辑部和文学组、通讯组、言论组、金融组及摄影组5个专业小组。

2012年，上海市分行推出《交行人》报电子书，以图文并茂翻页形式呈现。截至2014年年末，《交行人》报共出版410期，固定为4开4版。该报自创刊以来，积极宣传党和国家的路线方针政策，唱响主旋律，加强企业思想工作、开展精神文明创建活动，推进企业文化建设，在上海市分行改革发展中发挥了积极的宣传作用，并于2006—2014年连续8届获评“上海市优秀企业报”。

第二节 《动态信息》

上海分行开业初期，创办《动态总汇》等内部纸质刊物。进入21世纪，随着科技进步，以电子期刊替代了纸质期刊，全行员工可通过电脑、手机及时、全面地了解分行动态信息。

1989年5月3日，上海分行《动态总汇》发刊，是分行创办最早、面向全行员工的一份内部纸质期刊。该刊以鲜明、及时、准确、精悍为特色，定期汇总分行系统内各部、行、办事处的动态信息，发挥沟通上下、联系左右、互通信息、彼此交流和共同提高的作用。《动态总汇》创刊初期暂定为周刊，由分行办公室负责管理、编印。2001年，分行内部信息网上线。截至是年年末，《动态总汇》共刊发640期。

2002年1月起，《动态总汇》以电子期刊形式取代了纸介质期刊，通过上海分行"内部信息网"发布，同时更名为《动态信息》，主要报道分行内部情况、动向、成就和经验，包括上级领导视察、调研等重要活动，市场营销、内控管理等经营管理活动，以及分行重要会议情况、业务分析和通报、工作交流、经验介绍、合理化建议等信息，成为全行各级干部和员工获取行内外经济金融信息、了解分行经营管理情况的重要渠道之一。2006年，《动态信息》在内部网发布的信息达1 671条。

2014年，上海市分行围绕总行"抓存款、稳利润、控风险"工作方针，以及分行"稳健经营控风险、改革创新促转型"工作主线，不断提高《动态信息》报道的及时性、覆盖面，加强"知晓、承诺、执行"全员风险合规主题教育实践活动、降本增效、提升服务、创新发展的宣传，配合分行中心工作开展，起到舆论引导、反映问题、交流沟通、聚焦政策的作用。截至是年年末，《动态信息》共发布信息787条。

第三节 《交银上海新视点》

2008年，上海分行利用现代科学技术，研制开发《交银上海新视点》视频。通过该视频宣传分行支持、服务上海实体经济，推动绿色信贷发展，严防金融风险，以及打造财富管理银行等工作。8月12日，分行为自媒体平台《交银上海新视点》上线举行揭牌开播仪式。该视频是分行发挥各营业网点信息发布平台作用，加强对员工业务指导、对客户进行产品营销宣传，并规范美化营业网点环境而策划、制作的节目，分为对内、对外2个版块，内容包括"交行新闻""财富之门""新品速递""95559""百年交行"及"广告时间"等，以图文并茂的形式在分行大楼、各营业网点滚动播发，展现分行新媒体宣传的特点与优势。《交银上海新视点》平台由分行办公室统一管理、制作和发布。

2009年，上海市分行利用《交银上海新视点》视频开展业务宣传，累计制作节目48期，总时长近840分钟，除采编上海市分行数百条视频新闻外，还制作9个产品宣传片、7档访谈节目，以及"行长新春慰问""分行新年团拜""小洽会""理财博览会"等栏目。

2010年，上海市分行主动承担起上海世博会举办地分行职责，向世博会提供各类金融服务，同时发挥《交银上海新视点》视频作用，加大世博会相关产品的宣传，强化世博相关业务的培训和世博相关知识的普及，及时拍摄世博相关的会议、活动，并对分行世博产品和业务创新进行节目编制宣传。

2011年，为推进"倍增计划"，上海市分行创建财富管理银行宣传。《交银上海新视点》围绕"贴近业务、服务客户、服务基层"目标，对原新闻类、排名类、营销类、培训类板块内容进行充实、调整，对内栏目中增加一线员工服务交流、服务总结等内容；对外栏目中增加向客户介绍身边的服务明星等内容，进一步提升该平台传播质量。

2014 年，《交银上海新视点》播出对内、对外节目达 33 期，时长达 330 分钟。其中对内节目 23 期，平均每 2 周更新 1 次，共分“动态聚焦”“他山之石”“业务流程”“产品培训”“交行精神”5 个版块；对外节目 10 期，平均每 3 周更新 1 次，主要集中零售、公司业务及内控合规宣传。制作手机银行使用宣传短片 2 部；拍摄制作的节目 4 部，内容包括分行技能竞赛、“金洽会”、“健康生活走出来”启动仪式、“交行好声音”决赛等。

第四节　《调研与探索》

上海分行作为金融改革产物，一直关注市场走势。通过编印内部研究期刊，聚焦产品创新和业务发展，为员工搭建建言献策平台。1987 年，为更好贴近市场、了解市场、把握市场，开始编印《调研与信息》不定期内部刊物。分为“专题研究”“调查报告”“改革动态”“信息交流”等版块，由分行综合计划部负责刊发。1988 年，印发《调研与信息》通讯员工作条例，在全行范围内招募金融研究人才，以进一步及时反映市场动态，发掘信息，指导工作，并推动金融理论探讨，金融知识交流，发掘和培养金融研究人才。该内部期刊在刊发 88 期后于 1990 年 12 月停刊。

1993 年 1 月，在探索商业银行体制和社会主义市场经济机制过程中，《调研与信息》在更名为《调研与探索》后复刊，面向上海分行系统刊发。主要内容：提供与交通银行业务有关的重要信息；分析各部、各行经营管理经验、教训等；结合金融改革热点、难点问题，从理论层面进行专题研究。主要目的：拓宽视野，营造学习、交流氛围；开辟发掘人才的渠道；为全行发展献计献策。《调研与探索》为不定期期刊，由分行调查研究部负责编印。

1994 年起，《调研与探索》根据工作需要，相继印发信息半月刊、特刊、业务研讨等专刊，进一步拓宽研究的宽度和广度，智力支撑上海分行创新发展。

2000 年，围绕中国加入世界贸易组织、改革外汇体制等热点问题，《调研与探索》全年印发 25 期相关研究文章。2001 年起，改不定期出刊为半月期刊，全年刊印 24 期。

2008 年，《调研与探索》紧扣上海分行营销体制改革重点、中远郊支行差异化发展战略、世博服务等课题，进行理论和实务研究，共刊印 24 期。

2009—2014 年，上海市分行作为总行所在地分行，处于上海“四个中心”建设前沿阵地，承担着转型发展使命，《调研与探索》紧扣改革主题，围绕资本约束下股东价值最大化经营机制目标，从创新发展、风险控制、服务提升、品牌建设等维度出发，开展课题研究，其间共发刊 288 期。

第六章 研 究 成 果

交通银行上海分行作为交通银行金融改革的“试验田”“先行者”，在探索综合性银行、商业银行发展路径同时，围绕市场，开展经济金融政策、行业产业、银行改革、风险管理等研究，其研究成果助推上海（市）分行创新驱动，转型发展。

第一节 战 略 研 究

1990 年起，上海分行开始编制“八五”发展纲要。

2005—2012 年，上海（市）分行相继制定《2006—2008 年发展规划纲要》《2006—2008 年全面风险管理纲要》《2008—2010 年度机构网点发展规划》《2008—2010 年公司业务发展规划》《2009—2011 年信息化发展规划》《2011—2013 年发展规划》《2013—2015 年人才发展规划》。通过深入研究全行经营管理体制机制、改革创新路径，进一步增强了上海市分行决策的科学性、前瞻性，提升了全行整体业绩和核心竞争力。

第二节 业 务 研 究

一、专题业务研究

1990 年，上海分行在改革经营体制机制的同时，加快金融品牌和金融创新等研究，争抢市场先机，为全行业务创新驱动，转型发展提供智力支撑。5 月，围绕浦东开发开放，成立开发浦东工作调研小组，专题研究支持浦东开发举措。提出设立浦东二级分行，支持浦东开发开放；集聚与合理配置资金，重点支持经济联合、企业集团及外向型经济发展，加快浦东建设进程等建议。1992 年，承办总管理处与台湾地区金融界合办银行的可行性和企业机制转换课题，完成《探索交行与台湾金融界合办银行的可行性报告》，受到上海市人民政府台湾事务办公室关注与支持。1997 年，随着上海金融市场格局逐步形成，依托总行所在地分行优势，开展与国际金融中心相配套国际金融市场业务研究，完成《上海分行开办离岸金融业务的可行性报告》。

2000 年，面对金融同业产品同质化竞争液态，上海分行解放思想，创新研究，完成《上海分行“外汇宝”业务发展前景的探索》等研究报告，并被《交通银行简报》转载。2001 年，为应对入世挑战，先后完成“入世对国内商业银行的挑战及对策分析”“建设上海国际金融中心，迎接 WTO 全面挑战的商业银行发展战略”等研究课题。2005 年，深入研究改革发展面临的机遇和挑战，推进战略转型，撰写《上海分行三年发展规划的金融环境分析》《关于商业银行开展中小企业金融服务问题的思考》等专题研究报告。

2010 年，在“两化一行”战略引领和“倍增”计划推动下，上海市分行完成《拨备新政策对上海市分行发展提出的挑战和对策》等专题研究报告。2014 年，按照“创新、转型、发展”工作主线，开展重点课题专题研究，其中《基于商业银行视角的互联网金融研究》《互联网金融的电商模式比较与启示》2 篇报告被总行《新观点》录用，《商业银行发展结构性贸易融资的探讨》在《新金融》发表。

二、创新业务研究

1997 年，围绕市场经济、金融热敏问题，上海分行加强金融研究，有针对性地提出重点发展方向、经营特色、风险管控、品牌建设等创新观点。联合中共上海市委课题组，共同完成《小企业金融服务现状和对策》报告。

2001 年，上海分行完成《不良资产的防范及压缩》报告。2002 年，撰写《关于上海分行大力开展货币市场业务的若干问题》报告。2003 年，完成《关于建立健全上海分行利率市场化管理机制的若干问题》《当前房地产行业融资何去何从》研究报告。2004 年，完成《关于推进上海分行产品创新工作的若干建议》报告。

2010 年，上海市分行撰写《后世博上海经济及对银行业的影响》《文化创意版质押贷款研究》报告。2012 年，完成《保险跨行结算平台》《公交卡自助退卡》报告。2014 年，相继完成《直销银行模式分析与商业银行发展建议》《商业银行发展结构性贸易融资的探讨》《互联网金融的电商模式比较与启示》报告，为上海市分行转型发展建言献策。

三、传统业务研究

2001 年，面对入世后市场竞争主体大量增加、竞争领域更加宽泛、金融“脱媒”现象加剧的格局，上海分行集中研究力量，撰写《关于当前上海分行信贷业务问题的初步分析》报告。该报告对照上海同业信贷业务发展状况，分析问题成因，提出从信贷指导思想、客户拓展、工作流程等方面作改进的建议。2003 年，围绕中远郊支行和二级支行发展战略开展调研，撰写《关于中小企业客户贷款若干问题的研究》报告，提出拓展中小企业是分行业务开拓、支撑发展重要渠道等观点。2004 年，围绕大力发展中间业务目标，推出《银行中间业务现状分析和发展策略》报告，对中间业务的产品、定价、营销模式进行深入研究和广泛论证，提出加快中间业务渠道建设，对各营业网点开辟低柜理财区提出建设性建议。2006—2008 年，结合战略转型要求，重点加强零售银行业务研究，完成《零售业务的转型之路如何走》报告；结合零售网点建设，完成《上海分行营业网点绩效评估和发展建议》《关于上海分行网点发展三年规划编制工作的若干建议》《战略转型背景下基层网点能够做些什么》等研究，为高级管理层决策提供依据。

2011 年，上海市分行密切关注存款走势，推出《对当前上海分行存款业务发展的分析与建议》报告，提出加快业务创新步伐、推动人民币存款发展的建议；根据市场变化，完成《学习外资银行经验，发展上海市分行信贷业务》报告，为进一步提升全行综合竞争力，献计献策。2013—2014 年，按照上海加快产业转移和结构调整格局，研判商业地产市场风险，先后完成《上海商业地产信贷政策探讨》《上海市房地产市场分析及预判》2 篇报告，提出稳健发展商业地产信贷业务建议。

第三节　行业和区域研究

一、行业研究

2002 年起，上海分行开展银行同业调研，详细分析上海地区中外资银行情况及相互合作趋势，并从产品、客户和内部体制等方面提出相应对策。在中国入世5年过渡期行将结束之时，先后完成《2005年度上海银行业竞争格局分析》《过渡期结束前夕的上海银行业竞争格局》《入世五年来在华外资银行发展及其趋势分析》，对有关情况进行全面分析，提出相关业务发展建议。

2006年起，上海分行开始建立研究期货行业报告制度，完成《2005年中国期货市场发展情况及上海分行的业务建议》《关于上海分行参与金融期货交易所业的建议框架》2篇报告。

2010年，针对文化产业刚起步，版权质押尚未启动实质性操作情况，上海市分行深入文化创意相关机构、企业进行调研，完成《文化创意版权质押贷款》报告，较早地提出文化产业和文化创意版权质押贷款建议。上海市分行据此建议，与上海新闻出版（版权）局签署合作备忘录，意向授信100亿元，开展版权融资、现金管理及供应链金融网络合作，支持新闻出版（版权）产业发展。

2012年，上海市分行撰写的3篇行业研究报告《大力支持商业地产蓝海领域，积极推进热点城市优势项目》《积极推进旅游综合体项目，大力研发旅游金融新产品》《顺应零售业第三次浪潮，完善上海分行授信策略》相继被总行《行业调研与分析》刊载；《聚焦行业特征，探索存款兴行路径》等6篇报告被总行《新观点》《行业调研与分析》录用。

2013年，在《中国银行业的挑战和创新》报告基础上，上海市分行完成《补充资本的新工具探索——夹层融资专项材料》报告，经交通银行董事长批准，作为参阅件上报中国银监会。

2014年，上海市分行加大对航空航运及汽车等行业研究，其中《紧扣文化产业发展趋势，把握产业发展机遇》一文被总行《行业调研与分析》录用。

二、区域业务研究

2002年，上海分行在研究区域经济政策基础上，开始对区域业务结构进行分析，先后完成《关于新形势下上海分行业务发展区域政策的若干建议》《关于上海地区商业银行服务功能现代化的若干问题》《嘉定台商工业区业务拓展调研报告》《青浦区经济发展分析及青浦支行业务运作模式构想》《闵行支行业务发展外部环境调研》《奉贤支行调研报告》《南汇地区调研报告》等报告。2003年，开展长三角区域一体化产业研究，提交《国际产业转移浪潮下的长三角一体化研究》《长三角区域一体化背景下的物流行业发展趋势》等报告。2006年，重点研究拓展普陀区域业务问题，撰写《关于促进普陀地区业务发展问题的研究》报告，提出相应建议；结合国家级开发区"十一五"规划纲要的发布，编写《关于上海分行开发区业务问题的专题研究》报告。2007年，针对中远郊地区中心支行差异化发展进行调研。通过召开座谈会，走访政府机关、企事业单位，取得一手资料。在此基础上，对中远郊支行的市场定位、发展方向、营销机制、风险防范及配套措施进行研究，形成《浦东综合配套改革试点最新动态与上海分行业务发展机遇》及《郊县支行差异化发展战略课题研究》松江、嘉定、奉贤支行等系列报告。

2009年，结合业务发展重点，上海市分行深入浦东地区开展专题调研，完成《上海市分行对接大浦东发展研究报告》，提出对接大浦东体制机制改革方案、发展战略及具体举措。2010年，围绕上海"十二五"发展规划，推进"四个中心"建设目标，加强对区域经济研究，先后完成《以虹桥商务区建设为契机，抢占分行业务发展制高点》《后世博上海经济及对银行业的影响》等调研报告。2011年，关注重点区域业务发展，完成《聚焦上海张江高新，积极支持高科技产业基地》报告，并促成与张江高新区管委会（张江国家自主创新示范区管委会）建立全面战略合作关系，意向性为科技型企业提供综合授信不低于人民币200亿元。2013年，中国（上海）自由贸易区正式挂牌运营后，立即开展《基于中国(上海)自由贸易区建设的一些探讨》研究，提出国内商业银行应全面参与上海自贸区业务运营，并借此探索未来金融完全开放环境下的运营管理模式和核心竞争力建议。

第四节　管理制度改革研究

2001 年 11 月，上海分行着手调研人力资源管理体制改革工作，完成《入世后上海分行人力资源管理的几点思考》报告。2002 年，完成《培训机制调研报告》，提出岗位培训总体框架，对员工培训体系、利用 e－Learning 系统培训等建议，并得到总行肯定。是年，开展全员绩效管理专题研究，对《全员绩效管理实施意见》绩效考核的制度、方式和工具等提出详细建议，为全面、科学、综合地评价每一位员工，创新员工职业发展规划、培训计划、薪酬管理提供重要依据。2003 年，开展组织架构改革调研，完成《关于组织架构专题研讨会的观点综述》报告。2004 年，研究新型人力资源管理模式，完成《建设 e－HR 系统，实现人力资源管理的战略性转移》报告。2005 年，按照总行组织架构调整原则，借鉴国外商业银行合规管理机构设置经验，完成《关于上海分行风险管理机构设置的方案》，并据此设置相关机构。是年，为进一步完善内控管理体系，完成《关于建立健全上海分行内控管理考评制度的建议》报告，对全行强化内控合规管理等工作，提出全面、系统、具有可操作性建议。在此基础上，制定《经营单位内控管理考核暂行办法》，同时形成《关于加强上海分行内控制度建设的若干建议》《关于完善上海分行合规管理工作体系的建议》《上海分行全面风险管理纲要》等报告。2007 年，重点研究全行营销体制改革，吸取同业经验并结合上海分行实际，相继完成《上海分行营销管理体制改革建议方案》《上海分行公司业务经营管理体制改革建议方案》等报告。2010 年，加强金融创新管理研究，制定《上海市分行创新机制的方案》，明确全行创新运行流程、创新项目评价方法、创新转化推广的方式和步骤，以及创新激励办法，以创新为引领，推动全行业务发展。

第五节　其 他 研 究

一、总行课题研究

1991 年，按照“浦东开发开放带动长江流域经济共同发展”要求，上海分行参与总管理处及上海、南京、武汉、重庆 4 个长江流域中心城市政府共同发起的“沿江经济开发战略”研究。

1993—2013 年，上海(市)分行先后参与总行金融创新、行业产业、同业市场等多项课题研究，并按要求完成承担的研究工作，其中多项研究成果得到总行(总管理处)肯定。独立完成的课题有：《推进交通银行期货市场业务》《交通银行长三角区域发展战略》《对上海市分行打造成上海“金融旗舰”的意见与建议》《上海航运金融服务调研报告》《关于银行受托住房公积金归集业务的调研报告》《创新网点经营模式，打造一流金融旗舰》《借鉴国际资本补充经验，积极探索夹层融资工具》《厅堂管理调研报告》和《投资理财销售调研报告》。主要参与完成的课题有：《金融创新课题》《入世对交通银行外汇业务之影响》《行业信用风险评级在交通银行的运用》《差异化管理》《交行内控制度建设》《浦东综合改革》《长三角地区业务发展问题》《汽车金融调研报告》《产业转移升级与银行支持策略》《西方商业银行收费业务综述》。

图 10-6-1　2014 年 7 月 23 日，交通银行上海分行协助总行开展国企改革课题研究

二、金融学会课题研究

2007 年，上海分行参与上海市金融学会重点课题、青年课题研究，多篇论文被录用于上海市金融学会论文集，并多次获奖。是年，完成《上海银行业金融机构公司社会责任》《货币政策工具对商业银行经营的影响》《近几年资本市场特点与趋势》等报告。

2009 年，上海市分行《中国商业银行发展与创新投资银行业务研究》获课题鼓励奖。2010 年，撰写《后世博上海经济及对银行业的影响》中标上海市金融学会 2010 年度研究课题。2011 年，《我国商业银行参与 PE 模式研究》获上海市金融学会重点课题优秀奖。2012 年，撰写《从上海金融景气指数看上海国际金融中心建设中银行业的挑战和对策》《与中小企业共赢》《关于交通银行“二次改革”与构建流程银行的思考》《中国国有商业银行竞争力影响因素的国家钻石模型分析》《大渠道理念下商业银行物理网点职能定位和效用评估的研究》《商业银行企业年金替代率影响因素研究》《对银行理财产品现状分析及两点创新设计的思考》7 篇研究报告被上海市金融学会 2012 年年会论文集刊用。2013 年，《利率市场化下国债期货在商业银行利率管理中的应用》《商业银行发展互联网金融》分获上海市金融学会重点课题一、二等奖。2014 年，《人民币跨境与商业银行国际化》《商业银行应对互联网金融的路径选择研究》分获上海市金融学会重点课题三等奖、优秀奖。

三、地方重大专项课题研究

1998 年，上海分行加强与中共上海市委专题课题组合作，共同完成《小企业金融服务现状和对策》研究报告。

2004年，上海分行参与上海市政协经济委员会《上海建设国际金融中心》专题研究。2006年，按照上海银监局、浦东新区政府要求，独立完成《浦东新区综合配套改革试点中有关完善浦东银行业抵押物处置中税费环境专项研究》报告，并得到中国银行业监督管理委员会上海监管局（以下简称“上海银监局”）主要领导肯定。2008年，根据中国人民人民银行上海市分行、上海银监局要求，先后完成《上海银行业金融机构公司社会责任》《货币政策工具对商业银行经营的影响》《近几年资本市场特点与趋势》课题报告。

第十一篇

经营单位

概　述

商业银行营业机构是银行向社会各界提供金融服务的物理网点，是商业银行发展客户、维系银企关系极其重要的载体。

晚清交通银行上海分行成立之初，受制于业务规模等因素，上海市内仅有分行本部一家网点经营业务。

民国16年(1927年)，上海经济进入快速发展时期，呈现出外商投资更加集中，对内对外贸易地位更加重要、工业中心地位更加强化、金融中心地位更加稳固等"四个更加"特征。有鉴于此，民国19年(1930年)，上海分行顺应经济发展要求，在市内主要区域内设置营业机构。截至民国38年(1949年)5月，上海分行在上海市内辖有5家支行、2家办事处。

1949年5月上海解放后，上海分行根据工作职能的转变，于1950年4月将所辖营业机构全部改为中国人民银行上海分行的附属机构。

1986年7月，国务院批准交通银行重新组建，上海分行抓住改革开放新一轮发展契机，统筹规划，加快网点建设，先后在全市经济增长较快的区域设立营业机构，并根据市场变化，不断加快网点设置、调整、转型步伐，将营业机构打造成适应战略转型和市场竞争所需要的科技含量高、服务功能全、管理基础实、对外形象好、竞争实力强、投资回报高的经营机构，在支持地方经济建设、企业发展、扶持中小企业和科技文化产业、促进个人财富增长等方面取得了骄人的业绩，进一步增强了上海市分行总体实力，为交通银行再创百年辉煌发挥了极其重要的作用。截至2014年年末，上海市分行在市内共设有24家经营机构、135个营业网点，形成覆盖全市各行政区的营业网络。

第一章　上海解放前市内营业机构

晚清，上海分行创设之初，营业范围未广，市内仅以1家网点勉力服务客户。南京国民政府成立后，随着政治经济中心南移，上海逐渐确立起全国最大金融中心地位，金融呈现繁荣景象。上海分行为应对日益繁忙业务，于民国19年（1930年）4月起，开始在上海市内设立营业机构。截至民国38年（1949年）5月，上海分行在市内形成5家支行、2家办事处营业机构格局。

第一节　清末时期营业机构

清光绪三十四年四月初三日（1908年5月2日）上海分行开业后，受制于业务规模等因素，上海市内全仗分行1家网点经营业务，支撑门面。

第二节　民国时期营业机构

民国19年（1930年）4月14日，上海分行在静安寺路284～286号开办第一办事处，有员工9人。5月14日，在民国路新北门口天主堂街227号开办第二办事处，有员工14人。6月14日，在提篮桥东百老汇路414～416号，开办第三办事处，有员工9人。民国20年（1931年）7月1日，在界路158号，开办第四办事处，有员工10人。

表11-1-1　民国20年（1931年）7月交通银行上海分行所辖市内营业网点情况表

行　名	开办时间	行　　址	负责人姓名	职务
第一办事处	民国19年（1930年）4月14日	静安寺路284～286号	龚齐杰（荣棣）	主任
第二办事处	民国19年（1930年）5月14日	民国路新北门口天主堂街227号	沈乃浩（瀚如）	主任
第三办事处	民国19年（1930年）6月14日	提篮桥东百老汇路414～416号	郭锦坤	主任
第四办事处	民国20年（1931年）7月1日	界路158号	沈剥复（仲豪）	主任

民国22年（1933年）7月，交通银行总管理处改组为总行后，撤销上海分行建制，原隶属分行的4个市内办事处分别改组为南京路（三等）支行，简称“南行”；民国路（三等）支行，简称“民行”；提篮桥（五等）支行，简称“篮行”；北站界路（五等）支行，简称“界行”，直隶总行管理。民国26年（1937年）1月19日，总行在静安寺路1708号设立静安寺路支行，简称“静行”，在上海市内形成南京路、民国路、提篮桥、北站界路、静安寺路5个支行网点结构布局。

民国26年（1937年）8月13日，淞沪会战爆发，19日，南京路、民国路、提篮桥、界路4家支行临时迁入静安寺支行路办公。9月，交通银行按照财政部指令，将总行改组为总管理处，同时在霞飞路889～891号成立上海一等分行，并将南京路、民国路、提篮桥、北站界路及静安寺路5个支行划归分行管理。

民国28年(1939年)7月,因战事及社会经济环境急剧恶化,上海分行撤销提篮桥、界路支行。民国30年(1941年)1月,在霞飞路889号设立霞飞路支行。

民国30年(1941年)12月7日,日本侵略军发动太平洋战争。8日,强行占领上海租界,上海分行及所属机构被勒令停业查账封库。民国31年(1942年)9月,被日伪强行改建为交通银行总行。

民国34年(1945年)8月,抗战胜利后,上海分行重新开业,被定为一等分行,统辖南京路、民国路、静安寺、霞飞路4家支行。12月28日,静安寺路支行改称静安寺支行,简称"静行";霞飞路支行改称林森路支行,简称"霞行"。民国35年(1946年)1月4日,南京路支行率先在南京路438号开业。3月18日,民国路支行在民国路227号、静安寺支行在南京西路1708号、林森路支行在林森路889号同时开业。是日,新设立的虹口支行在虹口靶子路350号开业,简称"虹行"。11月14日,新开设曹家渡办事处、提篮桥办事处分别在康定路1354号(简称"曹处")、东大名路1154号(简称"篮处")开业。截至民国38年(1949年)5月,上海分行在市内设有南京路、民国路、静安寺、林森路、虹口5家支行,以及曹家渡、提篮桥2家办事处,共计7家营业机构。

表11-1-2 民国37年(1948年)上海分行所属行处主管人员情况表

行名(简称)	开办时间	行址	负责人姓名	职务
南京路支行(南行)	民国19年(1930年)4月14日	南京路438号	任嘉泰	经理
民国路支行(民行)	民国19年(1930年)5月14日	民国路227号	张瑞仲	经理
静安寺支行(静行)	民国26年(1937年)1月	南京西路1708号	张鸿基	经理
林森路支行(霞行)	民国30年(1941年)1月	林森路889号	冯振玉	经理
虹口支行(虹行)	民国35年(1946年)3月	靶子路350号	席元勋	经理
曹家渡办事处(曹处)	民国35年(1946年)11月	康定路1354号	邹祖浏	主管员
提篮桥办事处(篮处)	民国35年(1946年)11月	东大名路1154号	杨壮元	主管员

第二章　上海解放后市内营业机构

1949 年 5 月上海解放后，交通银行上海分行及其辖属营业机构被上海市军管会接管。1950 年 4 月，根据上级有关决定，将存、储、汇、仓库及短期存贷款业务、连同所辖营业机构、仓库及人员一并移交给中国人民银行上海分行管理。1986 年重新开业后，有计划、有选择地在上海市经济增长快的区域内设置营业机构，发展银行业务，支持经济建设。1988—2014 年，所属行处的称谓有三次集中性变化。1993 年 5 月，由“交通银行上海分行××办事处”改称为“交通银行上海分行××支行”；2004 年 2 月，变更为“交通银行上海××支行”，2005 年 8 月，变更为“交通银行股份有限公司上海××支行”。

第一节　分行营业部(第一支行)

一、机构沿革

1986 年 10 月上海分行在江西中路 200 号开业后，设立分行会计出纳部、信贷二部、外汇业务部等部门，作为对外服务窗口，在营业大厅 1、2 楼办理对公人民币结算、出纳、个人储蓄、国债买卖及外汇等业务。1991 年 3 月，撤销会计出纳部、储蓄业务部、信贷一部、信贷三部等部门，设立第一、第二业务部，分设在江西中路 250 号、200 号对外营业。1992 年 10 月，第一、第二业务部合并为业务部。

图 11 - 2 - 1　交通银行上海市分行营业部江西中路 200 号营业大厅

1993 年 12 月,上海分行设立分行营业处,主要负责房产信贷、代理全行性会计业务、联行、金库管理及拓展纯存款大户工作。1998 年 10 月,以营业处为基础,在中山南路 99 号设立第一支行。2001 年 1 月,所属第一支行承担全行资金清算及金库管理等职能剥离后,降为由分行业务部管理的二级支行。

2005 年 4 月,上海分行将业务部分设为第一支行和业务部。第一支行下设办公室、业务管理科、信贷业务部及江西中路 200 号第一营业部、中山南路 99 号第二营业部。5 月,第一支行升格为中心支行,原隶属业务部管理的北京西路支行、航交所支行和房地大厦支行改由第一支行管辖。12 月,第一支行和业务部合署办公,实行"两块牌子、一套班子"。2006 年 12 月,第一支行 2 个营业部改设为 2 个营业室。

2007 年 6 月,为形成内部竞争格局,上海分行撤销原业务部机构,新设分行营业部、业务一部和业务二部。机构调整后的营业部下辖江西中路 200 号营业室及北京西路支行、航运交易所支行等 3 个营业网点,并承担第一支行主要职能及原业务部国际结算职能;第一支行下辖中山南路 99 号营业室。2009 年 11 月,营业部与第一支行合署办公。

截至 2014 年年末,分行营业部(第一支行)下辖江西中路 200 号营业室、中山南路 99 号营业室,以及北京西路支行、南京东路支行等 4 家营业网点。设有离行式自助银行 1 家。有员工 159 人,其中正副总经理(行长)3 人、劳务派遣制员工 6 人、退休回聘人员 1 人。

图 11-2-2　交通银行上海第一支行中山南路 99 号营业大厅

二、业务经营

【综合业务】

1986 年 10 月上海分行重新开业初期,围绕存款是银行"立行之本"要求,实施激励措施,发动

"全员营销"组织存款；采取以存保贷和以贷揽存等传统做法，争取存款；借鉴西方银行产品模式，设计新的存款品种，发展存款。会计出纳部开辟专柜，办理国内最早开办的可转让大面额存款证（简称"CD"）业务，把企业的自由资金和事业单位的预算外资金筹集起来，转化为生产建设资金，实行优惠利率。

图 11-2-3　1986 年 10 月 25 日，交通银行上海分行会计出纳部员工合影

1987 年 3 月，上海分行发行 1 亿元 CD。6 月末，CD 存款余额达 3.1 亿元。7 月，信贷二部推出房屋有奖储蓄，奖励冰箱票、电视机票储蓄等一系列新品种，受到储户欢迎。外汇业务部开办外汇存款、国际结算、进出口信用证、国外汇兑和托收业务，与 22 家外贸企业、37 家"三资"企业建立业务关系。会计出纳部等部门围绕"一流的服务质量、一流的工作效率、一流的银行信誉""三个一流"办行宗旨，制定《规范服务守则》，强化柜面营销、宣传及上门服务客户力度，拓展客户。

1988 年，会计出纳部每天晚上加班加点手工完成资金平衡表制作，确保分行综合计划部准确匡算头寸、平衡资金；做好监控经济效益差的企业账户工作，及时为信贷部门清理、压缩、收回贷款提供信息。5 月，外汇存汇部为减少客户办理一笔业务需来回奔波几个窗口状况，改革业务流程，提高了客户满意度；为解决 3 000 名参加"托福"考试的考生就近缴费问题，组织员工从分行赶至上海外国语学院开展服务，受到院方表扬，《解放日报》对此还进行专题报道。1989 年，会计出纳部贯彻治理整顿、深化改革方针，建立和完善贯彻银行新的结算办法、清理贷款欠息、正确处理财务及联行等问题有关制度；加大对业务人员的岗位培训，提高会计核算和出纳收付质量。全年会计业务量 349.9 万多笔，比上年增加 79.7%，差错率下降 3.1‰。

1990 年，分行储蓄业务部大力组织储蓄存款，在"新"字上下功夫，在"优"字上做文章，相继推出零存整取有息有奖集体储蓄、"交好运"有息有奖定期储蓄等新品种；向工商界人士颁发"荣誉储户服务卡"。会计出纳部贯彻资产负债管理要求，结合自身特点，以资金的流动性、安全性和盈利性为目标，建立一系列指标考核制度。通过对财务会计资金、成本和利润三大指标的分析，加强自我约束、自我调控、自我监督机制，保证经营活动正常有序进行。

1991年3月分行业务一部、二部成立后，加强公私业务联动，通过推出“交好运”等新储种、开展优质服务竞赛、延长营业时间等服务举措，新增储蓄存款3.18亿元，增幅达119%。

1994年，分行业务部营业柜台全部实现电脑化，初步构建起与后台相连接的计算机网络，在上海同业率先全面采用先进的微机操作系统。1995年10月，按照《贷款通则》要求，推行贷审分离制度，增设贷审科，加强对贷款管理。1996年9—12月，围绕上海建设国际航运中心、拓展房地产领域业务发展，先后在上海航运交易所、房地产交易所2个全国性要素市场设立派出柜，为客户提供金融服务。

1999年，第一支行承接要素市场综合金融服务工作后，做好每天上门为服务客户，保持存款稳步提高。12月，代理发行基金保管库顺利通过由中国人民银行组织的货币发行管理信息系统2000年全网点测试，为次年全国性货币投放做好准备。2000年，通过压缩分行现金库存2 000万元，为代理中国人民银行货币基金发行库房腾出空间。8月，与中房房屋置换有限公司签订全面合作协议，推出“两手房”个人购房贷款业务，填补分行在此项业务上空白点。2005年10月，举办VIP客户沙龙活动，邀请国内著名理财专家介绍最新理财情况。预测宏观投资环境、未来投资理财五大机会和3种途径，并对股票市场、房产市场等热敏话题展开分析和说明，得到VIP客户肯定。

2007年6月分行营业部成立后，向业务一部、二部的客户提供结算服务，开展个人金融、国际结算业务营销，加强后台支撑、管理和服务等。

2010年，营业部(第一支行)由零售序列行转型为综合序列行。利用进口开证、贸易融资DF套利业务、资本金业务、在岸离岸等业务向昊元实业(上海)有限公司、上海农资国际贸易有限公司、99Bill(Hong Kong)Limited等客户提供全面国际业务服务。与留学中介机构合作，开展“游学通”业务，全年拓展留学客户300余名。2011年，进一步加强与留学中介业务合作，办理留学贷款4 631万元，在留学客户中成功拓展私人银行客户4户、沃德客户42户、其他对私客户395户。2012年6月，创刊业内首份《沃德留学专刊》，为客户提供即时准确的留学信息和贴心实用的金融知识。建立留学金融、投资移民、跨境财富管理、离岸私人信托及财富保值、增值等一系列子品牌。2014年，“沃德财富跨境金融服务中心”正式挂牌，进一步唱响服务品牌。

2011年3月，营业部(第一支行)在上海市分行系统内办理首单保证金利息前置开立远期信用证业务。2012年，围绕“稳发展、促转型、控风险、抓改革、增效益”工作主线和“负债”“利润”两个核心，发展对公业务，利用RQFII业务首发行之一优势，争取到易方达资产管理(香港)有限公司、申银万国(香港)集团有限公司旗下2只RQFII产品开立基本户和专户，向其提供国际结算服务。2013年，与东京交通银行开展境内外业务联动，成功为中机国能电力工程有限公司办理2 000万美元内保外贷业务。围绕“求发展、明责任、抓执行、严管理、强特色、树品牌”要求，重点推进大客户营销。发展与上海源德实业有限公司、上海昊元(集团)有限公司、宝钢工程建设有限公司等企业的业务合作，向上海建配龙建材配送有限公司发放经营性物业货款8.3亿元。4月，实施“平台建设战略”，建立“菁领汇俱乐部”，为国有大中型企业及世界500强公司高管会员提供理财等多方面的信息服务，搭建会员之间资源共享和信息交流的平台。是年，江西中路200号营业室参与全国“百佳示范单位”创建工作，获“中国银行业协会文明规范服务百佳示范单位”称号。2014年，贯彻“抓存款、稳利润、控风险”要求，加强授信风险管理，防范风险。针对部分授信客户出现违约情况，实施对风险突出的重点行业限额管理、对潜在风险的行业主动信贷退出、对由关联企业担保的授信业务主动减退等一系列措施，全年共清退13家授信企业，收回贷款2.1亿元，有效规避风险。9月，上海自贸区黄金交易板块开始运行后，作为黄金交易所、中国银行上海市分行FTU、上海颢嘉矿业投资有限公司FTU的开户行，做好FT单元内资金清算工作。同期，港股通业务开始运作执行，分行营业部（第一支行）成为首批参与港股通跨境资金结算的银行之一。

【服务世博】

2010年，交通银行作为上海世博合作伙伴，被指定为世博会中国境内门票销售指定代理商。为此，分行营业部（第一支行）开设世博特色业务服务、外籍人士绿色通道和爱心服务等窗口，为社会各界提供世博门票销售、解答世博讯息等服务。在整个世博服务期间，实现业务零差错，服务零投诉，安全零事故目标。为延伸上海世博优质服务效应，8月，着手研究金融服务标准化试点工程；9月，确定金融服务标准化发展战略、建立标准化工作方针和建设目标；10—12月，建立金融服务标准化结构体系，并修订服务标准。2011年年初，启动以“标准化服务”为主题的精细服务管理年工程。

2013年3月，分行营业部（第一支行）以95分通过由上海市质量监督局、金融服务办公室组成的金融服务标准化专家组验收，成为上海市首家通过“金融服务标准化验收”单位，率先建立起银行金融服务标准化体系，被评为“2012年上海市标准化工作先进集体”。

截至2014年年末，分行营业部（第一支行）人民币存款余额达40.92亿元、贷款余额达58.76亿元，实现经营利润1.3亿元。

表11-2-1　1993—2009年交通银行上海第一支行负责人任职情况表

分行营业处（1993年12月—1998年10月）					
处长		副处长		处长助理	
姓名	任职时间	姓名	任职时间	姓名	任职时间
谢红兵	1993年12月—1994年11月	花蔚	1993年12月—1998年10月	—	—
承纪福	1994年11月—1998年8月	吴光明	1993年12月—1998年10月	—	—
史兴祥	1998年8月—1998年10月	唐毅	1998年10月—1998年10月	—	—
上海分行第一支行（1998年10月—2001年1月）					
行长		副行长		行长助理	
姓名	任职时间	姓名	任职时间	姓名	任职时间
史兴祥	1998年10月—2001年2月	花蔚	1998年10月—2001年2月	—	—
—	—	吴光明	1998年10月—2001年3月	—	—
—	—	唐毅	1998年10月—2000年10月	—	—

〔续表〕

第一支行(2005年4月—2009年11月)					
行　　长		副　行　长		行　长　助　理	
姓　名	任 职 时 间	姓　名	任 职 时 间	姓　名	任 职 时 间
万家禄	2005年5月—2005年12月	陆　斌	2005年5月—2005年12月	应陵姿	2007年9月—2009年6月
陈伟芳	2005年12月—2007年7月(兼)	黄海波	2005年12月—2007年9月(兼)	—	—
薛建明	2007年7月—2009年11月	马　俊	2005年12月—2007年6月	—	—
—	—	应陵姿	2009年6月—2009年11月	—	—

表11－2－2　2007—2009年交通银行上海(市)分行营业部负责人任职情况表

高 级 经 理		副 高 级 经 理		高级经理助理	
姓　名	任 职 时 间	姓　名	任 职 时 间	姓　名	任 职 时 间
马　俊	2007年6月—2008年5月	强轶群	2009年3月—2009年11月	强轶群	2007年9月—2009年3月
欧阳琦	2008年5月—2009年11月	尹志刚	2009年6月—2009年11月	—	—

表11－2－3　2009—2014年分行营业部(第一支行)负责人任职情况表

总经理(高级经理、行长)		副总经理(副高级经理、副行长)		总经理助理(高级经理助理、行长助理)	
姓　名	任 职 时 间	姓　名	任 职 时 间	姓　名	任 职 时 间
欧阳琦	2009年11月—2011年2月(兼)	强轶群	2009年11月—2013年5月(兼)	范　隽	2011年5月—2011年8月(兼)
陆燕丽	2011年2月—(兼)	尹志刚	2009年11月—2010年8月(兼)	梁　斌	2011年10月—2013年11月(兼)
—	—	应陵姿	2009年11月—2011年5月(兼)	—	—
—	—	何乃隽	2010年9月—2014年4月(兼)	—	—
—	—	李晓翔	2013年8月—2014年12月(兼)	—	—
—	—	梁　斌	2013年11月—(兼)	—	—
—	—	陈　勇	2014年4月—(兼)	—	—

表 11-2-4　2014 年年末分行营业部(第一支行)营业网点一览表

网点名称	地　址	沿　　革
分行营业部	江西中路 200 号和 222 号	1986 年 10 月 25 日,上海分行在江西中路 200 号试营业。1987 年 4 月 1 日,正式开业。2005 年 4 月 11 日,设立第一营业部。2007 年 6 月 1 日,设立分行营业部
第一支行	中山南路 99 号	1998 年 10 月 13 日,第一支行在中山南路 99 号设立;11 月 16 日,开业
北京西路支行	北京西路 93 号	2005 年 5 月 26 日,北京西路支行隶属关系由分行业务部变更为第一支行。2007 年 6 月 1 日,隶属关系由第一支行变更为分行营业部
南京东路支行	南京东路 80 号	2011 年 12 月 19 日,世博一支行从浦东南路 3588 号 4 号楼迁至南京东路 80 号,更名为南京东路支行。隶属关系由浦东分行变更为分行营业部

表 11-2-5　截至 2014 年年末分行营业部(第一支行)已转出营业网点一览表

网点名称	地　址	沿　　革
航运交易所支行	杨树浦路 88 号	2005 年 5 月 26 日,航运交易所支行隶属关系由分行业务部变更为第一支行。2007 年 6 月 1 日,隶属关系由第一支行变更为分行营业部。2010 年 8 月 1 日,隶属关系由分行营业部变更为虹口支行
房地大厦支行	栖霞路 58 号	2005 年 5 月 26 日,房地大厦支行隶属关系由分行业务部变更为第一支行。2006 年 4 月 3 日,迁至顺通路 9 号洋山深水港海关报关大厅,更名为深水港海关支行。隶属关系由第一支行变更为南汇支行

表 11-2-6　2005—2014 年交通银行上海(市)分行营业部获奖情况表

获 奖 单 位	获奖称号(年度)	备　注
营业部会计对公团队	全国“青年文明号”(2005 年)	全国性
营业部会计对公团队	全国“青年文明号”(2007 年)	全国性
营业部会计对公团队	上海市文明单位(2011—2012 年度)	省部级
营业部会计对公团队	上海市文明单位(2013—2014 年度)	省部级

第二节　闵 行 支 行

一、机构沿革

1988 年 3 月 21 日,闵行办事处在上海闵行经济技术开发区(以下简称“闵行开发区”)江川路 1251 号开业,是上海分行重新开业以来在市内设立的第一个派出机构。其主要职责是,为开发区中外合资经营企业、中外合作经营企业和外商独资经营企业提供各类金融服务。闵行办事处下设业务科。有员工 19 人,其中副主任 1 人。

1989 年 9 月,闵行办事处增设信贷科,1990 年 10 月,撤销业务科,设立办公室、会计出纳科和

图 11-2-4　1991 年 8 月，交通银行上海分行闵行办事处迁至文井路 145 号营业

外汇业务科，1991 年 8 月，迁至文井路 145 号营业，11 月，增设储蓄科，1992 年 9 月，增设人事保卫科，2001 年 2 月，调整内设机构：设立营业部，办公室与人事保卫科合并为办公室，撤销会计出纳科、储蓄科和外汇业务科，设立业务管理科，信贷科分设为公司业务部和综合授信科。

截至 2014 年年末，闵行支行下辖营业室及春申支行、莘庄支行、鹤庆支行、七宝支行、南方商城

图 11-2-5　2001 年 10 月，交通银行上海闵行支行开展"庆'七·一'　贺申奥　爱我中华"活动

支行、虹梅支行和古美支行等 8 家营业网点。设有离行式自助银行 5 家。有员工 228 人，其中正副行长 4 人。

二、业务经营

【公司业务】

服务三资企业　1988 年 3 月，闵行办事处开业后，力戒银行“朝南坐”陋习，变“坐商”为“行商”，主动出击、捕捉商机、发展客户，为闵行开发区内机制新、活力强的“三资”企业提供各项金融服务。1988 年 9 月，与上海施乐复印机有限公司签订协议，提供代发工资服务。

1988 年，闵行办事处巩固和扩展与上海三菱电梯有限公司业务合作，根据该公司需要，及时提供本外币贷款、结算、保险、咨询、理财等金融服务。在总分行支持下，发挥综合经营、境内外联动优势，支持该公司境内外业务发展。1996 年 12 月，联合上海分行为该公司成立 10 周年举办庆祝会，并在上海人民广播电台点播庆典歌曲。双方经长期合作和相互支持，结为战略合作伙伴，上海三菱电梯有限公司成为总行级客户。

1992 年，闵行办事处获悉庆华非金属材料有限公司（以下简称“庆华公司”）受“洋三角债”拖累资金运作困难消息，委派工作人员去庆华公司实地考察，提出改变对外结算付款方式等一揽子建议，使该公司在年内扭转了困局，并创造建司以来最高收益，且获得上海市“生产出口型外资企业”称号。

1993 年，闵行支行在做好金融服务的同时，向闵行开发区内“三资”企业提供累计 4.8 亿元人民币贷款，支持企业发展；开发区内 90%以上“三资”企业到该支行开立各类账户；国际结算业务量继 1992 年首次突破 1 亿美元后，是年又突破 2 亿美元大关。

2001 年 5 月，闵行支行成功争取到闵行开发区内总投资 6.6 亿元人民币最大的外商投资项目——上海米其林回力轮胎有限公司（以下简称“米其林公司”）开户。8 月，与米其林公司签订银企合作协议，承诺向米其林公司提供 1 亿元人民币流动资金授信额度支持。是年，与上海普拉斯克塑料有限公司、日本松下电工电子材料有限公司等一批优质客户建立业务合作关系。

开展银企合作　1991 年，闵行办事处与紫华包装公司建立业务合作关系，贷款支持该公司发展。之后，又与紫华包装公司的母公司紫江集团及其上海紫江企业集团股份有限公司在本外币结算、中短期贷款、贸易融资、现金管理等业务领域开展全面合作，贷款峰值近 9 亿元。2004 年，闵行支行与紫江集团签订业务合作协议，向紫江集团提供 20 亿元授信额度，支持其发展。2006 年 3 月，成功为紫江企业公司承销发行第一期 5 亿元短期融资券。2012 年，向紫江集团开发的紫竹园区提供 3.5 亿元项目贷款，支持其数字创意港开发。是年，又与国家开发银行组成 14.22 亿元银团贷款，加大力度支持数字创意港建设。

2010 年 3 月，闵行支行为上海富康东川木业有限公司办理上海市首单非试点企业采用外币报关、人民币收款、企业办理出口核销并享受出口退税的人民币跨境结算业务。

加强银政合作　2001 年 3 月，闵行支行抓住闵行区作为上海市财政管理体制改革试点契机，着力推进业务发展。经营销跟踪，了解闵行区财政改革对金融配套等需求，提出配套闵行区财政管理体制改革金融服务框架。2002 年 6 月，经过闵行区招标办两轮评审，在有 10 家银行参与竞标中拔得头筹，成为闵行区财政管理体制改革合作银行，同时成为上海分行系统内首家与区级财政全面业务合作的支行。中标之后，组织团队，协助闵行区财政局搭建财政集中收付管理平台，按时完成对闵行区辖属机关、单位、公司账户集中管理和公务员工资奖金集中统一发放任务。6—12 月，成功向闵行区公务员、企事业单位人员发放 1.9 万张太平洋借记卡(工资卡)。2003 年 2 月，为闵行区 20 多家区属机关办理公务员贷记卡，再次成为上海分行系统第一家为区级政府办理公务员贷记卡的支行。在加强与闵行区政府业务合作过程中，闵行支行拓展区属街道、公司业务，2005 年 6 月，与闵行区江川路街道办事处建立全面业务合作关系。2014 年，与闵行区古美路街道建立全面业务合作关系。

2008 年，闵行支行授信 8 亿元，支持上海莘庄工业区开发建设。2010 年，贷款 8 亿元，支持闵行区土地储备中心发展。2011—2012 年，向闵行区城市建设投资开发有限公司相继提供 4.75 亿元、8.48 亿元授信额度，支持闵行区市政基础设施建设。

截至 2014 年年末，闵行支行人民币存款余额 171.83 亿元，贷款余额 85.8 亿元，实现经营利润 2.98 亿元。

表 11-2-7　1988—2014 年交通银行上海闵行支行负责人任职情况表

闵行办事处(1988 年 1 月—1993 年 2 月)					
主　任		副　主　任		主任助理	
姓　名	任职时间	姓　名	任职时间	姓　名	任职时间
陈富锦	1990 年 8 月—1993 年 4 月	陈富锦	1988 年 3 月—1990 年 8 月	刘月冬	1990 年 8 月—1991 年 9 月
—	—	刘月冬	1991 年 9 月—1993 年 4 月	—	—
闵行支行(1993 年 2 月—　)					
行长(经理)		副行长(副经理)		行长助理(经理助理)	
姓　名	任职时间	姓　名	任职时间	姓　名	任职时间
陈富锦	1993 年 4 月—1996 年 2 月	刘月冬	1991 年 9 月—1996 年 2 月	王　咏	2003 年 5 月—2006 年 9 月
刘月冬	1997 年 9 月—2001 年 1 月		1996 年 2 月—1997 年 9 月(主持工作)	柯文章	2005 年 12 月—2006 年 7 月
孟志芳	2001 年 2 月—2005 年 11 月	张燕民	1995 年 6 月—1997 年 9 月	赵　勤	2007 年 9 月—2009 年 6 月
胡　翔	2005 年 12 月—2007 年 6 月	牛珂荣	1996 年 6 月—2000 年 9 月	王　勍	2009 年 8 月—2011 年 10 月
戚慧康	2007 年 6 月—2014 年 7 月	沈黎鸣	1997 年 9 月—2007 年 10 月	邬　媛	2011 年 5 月—2013 年 11 月
朱奕辰	2014 年 7 月—	王　咏	2006 年 9 月—2007 年 10 月	—	—
—	—	杨　捷	2007 年 10 月—2009 年 8 月	—	—
—	—	吴昱峰	2007 年 10 月—2011 年 5 月	—	—

〔续表〕

闵行支行(1993年2月—)					
行长(经理)		副行长(副经理)		行长助理(经理助理)	
姓名	任职时间	姓名	任职时间	姓名	任职时间
—	—	赵勤	2009年6月—	—	—
—	—	王勍	2011年10月—2014年10月	—	—
—	—	邬媛	2013年11月—	—	—
—	—	邱毅涵	2014年12月—	—	—

表11-2-8 2014年年末交通银行上海闵行支行营业网点一览表

网点名称	地址	沿革
闵行支行	文井路145号	1988年1月6日,上海分行闵行办事处在闵行区江川路1251号设立。3月21日,开业。1991年8月14日,迁至文井路145号营业。1993年5月1日,改称上海分行闵行支行。2004年2月18日,更名为闵行支行
春申支行	畹町路99弄178号	1991年12月16日,闵行办事处江川储蓄所在江川路251号设立。1992年9月21日,迁至江川路248弄5号,升格更名为闵行办事处江川分理处。2001年12月31日,升格更名为上海分行江川路支行。2004年2月18日,更名为江川路支行。2006年2月8日,门牌号变更为江川路170号。2008年12月16日,迁至畹町路99弄178号,更名为春申支行
莘庄支行	莘潭路82号	1995年3月9日,闵行支行莘庄分理处在莘浜路202号设立。2000年12月19日,迁至莘潭路82号,升格更名为上海分行莘庄支行。2004年2月18日,更名为莘庄支行
鹤庆支行	鹤庆路258号	1998年1月5日,上海分行鹤庆支行在鹤庆路258号设立。2004年2月18日,更名为鹤庆支行2009年9月28日,因装修,临时迁至鹤庆路366号营业。2010年3月9日,迁回鹤庆路258号营业
七宝支行	七莘路2978号	2004年5月31日,七宝支行在七莘路2978号设立
南方商城支行	沪闵路7876号	2006年6月1日,莘建东路支行在莘建东路201号设立。2014年6月16日,迁至沪闵路7876号,更名为南方商城支行
虹梅支行	虹梅路3208号	2009年3月16日,高桥支行由大同路229号迁至虹梅路3208号,更名为虹梅支行。隶属关系由新区支行变更为闵行支行
古美支行	漕宝路1495号	2012年5月22日,古美支行在漕宝路1495号设立

表11-2-9 截至2014年年末交通银行上海闵行支行已转出营业网点一览表

网点名称	沿革
奉贤支行	1991年12月16日,闵行支行江海分理处在奉贤县南桥镇南奉西路49号设立。1996年3月19日,迁至奉贤南桥镇人民中路63～65号,更名为闵行支行奉贤分理处。2000年11月17日,升格更名为上海分行奉贤支行。2002年10月24日,升格为上海分行直属支行,改由上海分行直接管理

第三节　宝 山 支 行

一、机构沿革

1988 年 11 月 1 日，宝山办事处在宝山区淞滨路 57 号开业，下设办公室、会计出纳科和信贷科。有员工 57 名，其中办事处副主任 1 人。

1990 年 2 月 20 日，宝山办事处增设储蓄科。1992 年 8 月 4 日，迁至淞滨路 146 号营业。6 月 18 日，增设外汇业务科。1995 年 3 月 11 日，增设人事保卫科。2001 年 1 月，作为经营单位机构改革试点单位之一，按照上海分行集约化经营管理要求，调整内设机构。设立营业部，办公室、人事保卫科合并为办公室；会计出纳科、储蓄科、外汇业务科合并为业务管理科；信贷科分拆为信贷业务部和综合授信科。2006 年 4 月，增设零售业务部。

图 11－2－6　1992 年 8 月 4 日，宝山办事处迁至淞滨路 146 号营业

截至 2014 年年末，宝山支行下辖营业室及真华路支行、共康路支行、三门路支行、长江西路支行、场中路支行、牡丹江路支行、罗店支行、杨行支行、顾村支行、大场支行等 11 家营业网点。设有离行式自助银行 6 家。有员工 269 名，其中正副行长 5 人。

二、业务经营

【公司业务】

服务宝钢集团　1988 年，宝山办事处开业之后，围绕服务上海宝山钢铁总厂及其辖属公司做文章，有的放矢地开展各类金融服务。1988—1990 年，支持上海市扩大利用外资规模项目——上海第一钢铁厂的750立方米高炉技术改造，先后向该项目发放16笔、1亿元技术改造资金贷款，缓解市场生铁原材料供应紧缺状况。1991年9月，增发3 900万元贷款，支持750立方米高炉项目建设，保证该项目生产。1989年1月，与宝钢总厂、上钢一厂、上海第五钢铁厂、上海铁合金厂联合成立清理“三角债”小组，累计发放“启动资金”2 000万元，解决企业之间多头债务6 000万元。1995年2月，响应上海市政府号召，向上钢一厂发放2 000万元专项贷款，归还该厂拖欠上海焦化总厂债务，保证市民正常使用煤气。

1996年，宝山支行把全年贷款增量的60.37%投向宝钢集团公司、上钢一厂、上海第五钢铁厂三家企业，全力支持重点企业发展。1997年，向宝钢集团国际经济贸易总公司提供上门服务，双方在国际结算、贷款业务上进行合作。2008年4月，为宝钢集团度身定制上海分行首只挂钩债权受益权投资资金信托蕴通财富0809号14亿元对公理财产品，打造“蕴通财富”品牌形象。2009年3月，与宝钢集团联合签署《并购贷款合同》，发放7.5亿元并购贷款，用以收购宁波钢铁有限公司56.15%的股权。此举是国家产业振兴规划出台后，银行支持与十大产业相关企业的第一单并购贷款业务。2010年12月，牵线总行与宝钢集团签署《全面战略合作协议》，向宝钢集团及其辖属企业提供500亿元授信额度，支持宝钢集团发展“精品＋规模”钢铁主业及多元化、综合性发展战略。2013年5月，成功为上海宝钢包装股份有限公司发行首期5亿元短期融资券，募集资金归集于该公司在宝山支行开立的账户中。

支持大中型企业　1991年5月，宝山办事处与上海第二纺织机械厂签订经济合作协议书，开展信贷、结算等业务合作。6—12月，向二纺机累计发放专项技改贷款1 400万元，帮助其引进国外关键技术设备。截至1992年年末，累计向二纺机发放技改、流动资金贷款达5 060万元。

2008年8月，经宝山支行牵线，促成交银金融租赁有限责任公司向华能能源交通产业控股有限公司(以下简称“华能公司”)提供总额近40亿元的融资租赁服务，解决华能公司新建10艘大型散

图11-2-7　1991年5月8日，交通银行上海分行宝山办事处与上海第二纺织机械厂签订经济合作协议

货船资金。2012 年 3 月，抓住钢贸企业交易频繁、依托电子商务特征，成功营销多家钢贸企业成为“交博汇”企业馆的供应商，提升客户黏度，促进存款业务发展。

服务区域经济 2006 年 9 月，宝山支行参与上海“两个 1 000 万工程”建设，向上海汉石普瑞置业有限公司提供 1.4 亿元授信额度，发放 9 500 万元贷款，支持该公司在闵行区浦江镇 120 号——N 地块开发 62 190 平方米世博动迁商品房工程。2011 年 7 月，与宝山区人民政府签订全面战略合作协议。2013 年 6 月，牵线上海市分行与宝山区政府举办“支持实体经济，促进区域发展”——走进区县业务推介宝山站活动。受此推动，2014 年，加大对实体经济、中小企业金融支持，促进业务向多元化发展。10 月，与顾村镇人民政府及上海机器人产业园开发有限公司三方共同签订《银政企合作协议》，双方在融资、结算、理财、现金管理、财务顾问等方面开展全方位合作。

【个金业务】

1989 年，在“争存揽储”思想指导下，宝山办事处创新服务举措，发展存款。为方便储户，从 10 月起，实施周日对外营业服务制度。12 月 25 日起，深入驻沪海军 37671 部队，设立第一个储蓄流动服务所，每周营业 2 天，解决部队官兵存取款不便的困难。1990 年 9 月，与上钢五厂联合成立“协储委员会”，成功销售 500 万元分行首期“交好运”有息有奖储蓄券；上门兑付上钢五厂职工国库券本息 416.85 万元，办理转存 300 万元，代理推销金融债券 1 027 万元。是年，被上海市国债办公室评为“国库券兑付先进单位”。1992 年，召开上钢五厂协储员元宵节座谈会，增进双方合作意愿。3 月 24 日，上钢五厂把在他行到期的爱厂储蓄存款 1 200 万元中 631 万元转存宝山办事处。

1991 年 7 月，宝山办事处连续 5 天派出 10 名员工前往上海益昌薄板有限公司等 5 家企业，上门为公司职工兑付集零储蓄中奖券。12 月 13 日，与宝山区侨办在长兴岛联袂开展侨胞、侨眷联谊活动，宣传交通银行外汇业务品种，一周之内宝山办事处外汇丙种存款增加 2.4 万美元。1992 年 3 月，派出 7 名员工，帮助上海第二纺织机械厂完成 2 700 万元职工认股缴款任务，并于 12 月争取到该厂 5 000 名职工的代发工资业务。1997 年 12 月 15—19 日，上门为上海沪昌特殊钢股份有限公司提供转增配股收款服务。2001 年 9 月 11—16 日，向社会大众 771 人次发售 3 828 万元国内第一只开放式证券投资基金——华安创新混合基金。

截至 2014 年年末，宝山支行人民币存款余额 145.14 亿元，贷款余额 98.3 亿元，经营利润 2.5 亿元。

表 11-2-10 1988—2014 年交通银行上海宝山支行负责人任职情况表

宝山办事处(1988 年 7 月—1993 年 2 月)					
主 任		副 主 任		主 任 助 理	
姓 名	任 职 时 间	姓 名	任 职 时 间	姓 名	任 职 时 间
汤大生	1990 年 8 月—1991 年 9 月	汤大生	1988 年 9 月—1990 年 8 月	—	—
戴仲嘉	1992 年 7 月—1993 年 4 月	陈志德	1990 年 3 月—1993 年 4 月	—	—
—	—	戴仲嘉	1991 年 9 月—1992 年 7 月	—	—

〔续表〕

宝山支行(1993年2月—)					
行长(经理)		副行长(副经理)		行长助理(经理助理)	
姓　名	任 职 时 间	姓　名	任 职 时 间	姓　名	任 职 时 间
戴仲嘉	1993年4月— 1997年3月	陈志德	1993年4月— 1993年7月	苏海明	2005年11月— 2006年9月
林敏杰	1997年3月— 2001年2月	丁树清	1993年7月— 2001年2月	陈　佶	2007年9月— 2009年3月
钱陈慧	2002年3月— 2005年2月	金红兵	1995年3月— 1997年9月	朱莹菁	2007年9月— 2009年6月
厉　静	2005年3月— 2012年4月	沈　潇	1997年9月— 1998年10月	陈晓东	2009年3月— 2011年1月
董怡蓓	2012年4月—	帅　师	1998年10月— 2000年4月	凌　涛	2009年3月— 2011年5月
—	—	钱陈慧	2000年6月— 2001年2月	季　蓉	2010年4月— 2012年10月
—	—		2001年2月— 2002年3月 (主持工作)	虞海庆	2011年1月— 2013年6月
—	—	丁琍珺	2001年2月— 2005年11月	王　洁	2011年5月— 2014年4月
—	—	殷文鹤	2002年3月— 2007年9月	—	—
—	—	徐　著	2005年11月— 2007年10月	—	—
—	—	苏海明	2006年9月— 2009年6月	—	—
—	—	朱莹菁	2009年6月— 2010年6月	—	—
—	—	季　蓉	2012年10月—	—	—
—	—	虞海庆	2013年6月—	—	—
—	—	鲍建良	2013年9月—	—	—
—	—	徐睿彦	2014年4月—	—	—

表11-2-11　2014年年末交通银行上海宝山支行营业网点一览表

网点名称	地　址	沿　革
宝山支行	淞滨路146号	1988年7月18日,上海分行宝山办事处在宝山区淞滨路57号设立。11月1日,开业。1992年8月4日,迁至淞滨路146号营业。1993年5月1日,改称上海分行宝山支行。2004年2月18日,更名为宝山支行

〔续表〕

网点名称	地　址	沿　　革
真华路支行	大华二路281～295号	1989年12月28日，宝山办事处水产路储蓄所在上钢五厂三号门原大礼堂售票房设立。1997年7月16日，迁至水产路957号。2001年12月31日，升格更名为上海分行水产路支行。2002年3月1日，迁至永乐路737号，更名为上海分行永乐路支行。2004年2月18日，更名为永乐路支行。2007年5月31日，门牌号调整为永乐路701号。2008年7月28日，迁至大华二路281～295号，更名为真华路支行
共康支行	共康路345～365号	1990年6月27日，宝山办事处场中路储蓄所在新市北路1529号设立。1997年11月13日，迁至共康路345～365号，升格更名为上海分行共康支行。2004年2月18日，更名为共康支行
三门路支行	三门路486～488号	1991年2月6日，宝山办事处三门路储蓄所在三门路557号设立。2000年7月27日，迁至三门路486～488号，升格更名为上海分行三门路支行。2004年2月18日，更名为三门路支行
长江西路支行	长江西路2231～2235号	1992年9月24日，宝山办事处爱晖储蓄所在长江西路695～709号设立。1996年11月1日，迁至长江西路615号，升格更名为宝山支行长江西路分理处。2001年5月22日，升格更名为上海分行长江西路支行。2004年2月18日，更名为长江西路支行。2008年11月21日，迁至长江西路2231～2235号
场中路支行	新市北路1529号	1993年8月24日，宝山支行场中路分理处在场中路243号设立。1997年11月13日，迁至新市北路1529号。2001年5月22日，升格更名为上海分行场中路支行。2004年2月18日，更名为场中路支行
牡丹江路支行	牡丹江路1577号底层	1994年9月20日，宝山支行牡丹江路分理处在牡丹江路1642号设立。2001年5月22日，升格更名为上海分行牡丹江路支行。2004年2月18日，更名为牡丹江路支行。2013年1月8日，迁至牡丹江路1577号底层
罗店支行	罗溪路42号1～2层	2004年4月6日，川环西路支行从浦东新区川环西路538号迁至罗店镇市一路199号，更名为罗店支行。隶属关系由新区支行变更为宝山支行。2007年5月31日，门牌号调整为罗溪路239号。2013年6月17日，迁至罗溪路42号1～2层
杨行支行	水产路2566号1～2层、2568号1～2层	2008年2月28日，宝山海关支行在宝杨路800号设立。2014年7月7日，迁至水产路2566号1～2层、2568号1～2层，更名为杨行支行
顾村支行	顾北路683～685号	2012年4月5日，顾村支行在顾北路683～685号设立
大场支行	纬地路328号1层、338号1层部分	2013年8月22日，大场支行在纬地路328号1层、338号1层部分设立

表11-2-12　截至2014年年末宝山支行已转出营业网点一览表

网点名称	沿　　革
宝山办事处共和新路分理处	1991年5月24日，宝山办事处共和新路分理处在共和新路2623号设立。1992年2月24日，隶属关系由宝山办事处变更为闸北办事处

表 11-2-13　1990—2010 年交通银行上海宝山支行获奖情况表

获奖单位	获奖称号(年度)	备　注
宝山支行	上海市文明单位(2007—2008 年度)	省部级
宝山支行	上海市文明单位(2009—2010 年度)	省部级
宝山办事处会计出纳科	交通银行系统先进集体(1990 年)	交通银行系统级

第四节　市西支行

一、机构沿革

1988 年 11 月 15 日,静安办事处在静安区南京西路 1880 号开业,下设办公室。有员工 19 人,其中副主任 1 人。

1990 年 6 月,静安办事处设立储蓄科。1991 年 1 月,设立会计科。7 月,迁至万航渡路 96 弄 23 号营业。1992 年 8 月,增设信贷科。12 月,增设人事保卫科。1993 年 5 月,增设外汇业务科。1995 年 12 月,增设出纳科。1998 年 11 月,增设贷款审查科。2000 年 12 月,为提高市场竞争力、加强内部管理,按照上海分行"机构精简,效率优先"要求,对业务运行体系实行全新改造,建立前台一体化营销、后台技术支撑、服务保障系统。取消原来科室建制,设立办公室、业务管理科、综合授信科及信贷业务部、营业部。2001 年 2 月 5 日,静安支行迁入江宁路 350 号营业,同时更名为市西支行;市西支行迁入北京西路 1818 号营业,同时更名为静安支行。6 月 4 日,上海分行明确市西支行为管辖包括静安支行在内 8 家营业网点的中心支行。2006 年 3 月,市西支行增设零售业务部。

图 11-2-8　1991 年 7 月,交通银行上海分行静安办事处迁至万航渡路 96 弄 23 号营业

截至 2014 年年末,市西支行下辖营业室及中山北路支行、期货大厦支行、物贸大厦支行、威海路支行、曹杨支行、光新路支行、静安支行、长寿路支行、长风支行、铜川路支行等 11 家营业网点。设有离行式自助银行 3 家。有员工 272 人,其中正副行长 5 人、劳务派遣制人员 13 人。

二、业务经营

【个金业务】

1988 年,静安办事处开业初期,加强公私业务联动,大力发展储蓄存款。1990 年 2 月,组织员工深入上海第一印染厂、机床附件一厂等企业开展吸储活动，一天吸储150万元，创造办事处成立以来单日吸储最高纪录。是年年末，储蓄存款余额达到4 397万元。

1992年，静安办事处通过改进柜面服务、推出储蓄券等业务新品种，吸引一大批储户。是年，退还客户储蓄长款105笔，合计金额达3.13万元，受到客户表扬。截至是年年末，储蓄存款达到1.55亿元，成为上海分行系统中率先突破1亿元储蓄存款大关的办事处，获上海分行“1992年金融创业奖”。1994年7月，储蓄存款突破3亿元；11月，储蓄存款再破4亿元大关。

1995年10月9日，静安支行被列为中国人民银行“个人支票结算业务”试点单位之一，并于次日办理了上海第一户个人支票账户。

2007年，市西支行将个人贷款业务列为战略性发展板块。是年，发放个贷业务354笔，投放贷款2.54亿元。2008年，房地产市场出现大幅度波动，在抓住与中介机构合作，发展上海康城、泛华、大仓等一手楼盘同时，抓好内部联动，进一步完善业务渠道建设，促进个人贷款业务发展。是年，个人贷款余额增至7.29亿元，较上年增长1.33亿元。2010年，根据期交所客户对理财需求，定制个性化的“一对一”理财产品，成功发售上海分行系统第一单5 000万元的专户理财产品。2011年，与德佑地产、同策咨询等机构开展业务合作，全年共发放商业按揭贷款4.39亿元，较上年新增2.1亿元。

2014年，市西支行成功培育宝源房地产开发有限责任公司为上海市分行级合作伙伴；与上海中原地产业务合作扩展至一个片区；与长江国际公司探讨零贷业务发展新途径，成功操作首笔拍卖房产的按揭贷款业务；在所属一个经营网点内设立签约点，新增商业按揭贷款1.1亿元。

【国际业务】

1995年5月25日，静安支行开办个人外汇买卖业务。至9月，共成交1 003笔，成交金额415.6万美元。其中单笔最大成交额15万美元，单日最高成交额31万美元。截至1996年6月末，开设企业外汇基本账户73户。

2000年9月19日，静安支行外汇丙种储蓄余额达1.06亿美元、甲种存款余额605万美元。2008年，市西支行组建国际结算团队，全年完成国际结算量达4.52亿美元。2009年，完成国际结算量6.25亿美元。2010年，成功办理上海分行系统内首笔将进口保付、境内DF远期结售汇和境外NDF等组合而成的海外银行跨境保付业务。全年完成国际结算量突破10亿美元。2011年，鉴于市场对人民币升值的强烈预期，乘势拓展DF配套融资业务，获得远期结售汇业务收益。2013年，完成国际结算量16.99亿美元，跨境人民币业务发生额20.07亿元，外汇存款余额达1.35亿美元。

【公司业务】

支持企业发展 1990年，静安办事处与上海市物资局签署全面合作协议，发展存贷款、结算业务。

2008年，市西支行通过先期介入静安区金五星商业中心项目建设，开启双方业务合作大门。之后通过合作平台，深入营销入驻企业，争取一批优质客户。

2009年，市西支行作为主牵头行兼还款代理行，联合8家中资银行，向上海中心大厦银团贷款项目提供100亿元资金保障，其中市西支行承担20亿元贷款份额。根据该公司资金情况，适时为其操作信托型、票据型等多种理财产品。2012年，通过定制的理财方案，为该公司购买人民币理财产品6亿元，截至是年年末，累计为该公司理财的资金超11亿元。

2010年，市西支行贷款支持大中里、静安协和等优质商业地产项目开发，通过融资租赁、信托贷款及DF业务等，深化与中航租赁、春秋航空银企合作。

2012年，市西支行营销红星美凯龙家居集团股份有限公司(以下简称"红星集团公司")及其子公司。2月，作为红星集团公司辖属子公司上海红星美凯龙家居艺术设计博览有限公司12.5亿元银团贷款项目的牵头行，向项目提供6.5亿元贷款支持。7月，参与红星集团公司银团授信19.14亿元，为项目提供7.13亿元贷款支持。之后，经总分支行三级联合营销，进一步密切双方合作。红星集团公司助力总行构建第三套现金池清算体系，把市西支行承贷项目及甄选国内优质经营性物业项目作贷款置换，全部纳入总行现金池体系进行集中管理；把家居卖场(无他行借款的)日常现金流归集于交通银行，使市西支行全面介入集团日常运营和上下游产业链。10月，为红星集团公司成功发行2.4亿元信托理财产品。2014年，联合中国国际金融有限公司成功为红星集团公司发行非公开定向债务融资工具人民币10亿元，成功托管此单非公开定向债务融资工具募集资金。

扶持中小企业　2011年，市西支行探索服务科技型中小企业新模式，与上海市科委及其保险公司、担保公司等合作，搭建批量化业务平台，扩大科技类小企业客户群体。推出"科技型中小企业履约保险"，借助保险机构的力量，解决科技型企业担保难问题。推出"科灵通"系列服务科技型小企业金融产品线，凸显科技型企业"高智商"特点，优化金融服务科技产业手段。加强贷款、信托产品、债务融资、境内外联动等业务合作，进一步强化与科技型中小企业合作深度。截至是年年末，市西支行向科技型中小企业提供的贷款余额达7亿元。

服务要素市场　1992年5月，静安办事处在上海金属交易所(以下简称"金交所")内设立派出柜，为其提供结算业务服务。服务中，先后推出"同城票据小交换""期货交易专用结算(无票结算)""异地交易结算"等项目，有效控制交易风险，推动期货交易规范化管理。

1996年，针对各大期货经纪公司提出对异地资金及时汇划新要求，静安支行在上海分行支持下，制定"异地指定结算银行间资金划转通过X.25网络或公共电话网进行传送、资金清算通过总行系统国内联行往来账务处理"方案，并率先与杭州交通银行开通结算通道。8月，与郑州交通银行开通异地资金划转批量实时处理系统通道。截至1998年9月，中国有色金属总公司、江西铜业公司、中国五金矿产公司等金交所198家会员单位先后在静安支行开立账户，其中基本客户达63家。

1999年，上海金属交易所、商品交易所和商品贸易交易所合并为上海期货交易所(以下简称"期交所")。静安支行为此设立上海期货大厦支行，随期交所一并迁入浦东上海期货大厦，开展各类金融服务。原派出柜继续为留驻原址的物贸交易市场、长江有色现货交易市场等交易单位提供服务。8月13日，牵线总行分别与上海期货交易所，郑州、大连商品交易所签订《期货交易结算协议书》，成为三大商品期货交易所的首选指定交易结算银行。

2007年，市西支行成功营销中金所，成为第一批股指期货交易清算银行，开始与有证券背景的期货公司建立业务合作。

服务区域经济　2008年，市西支行发展与普陀区国资委、静安区市政公用事业管理局等机构业务合作，贷款支持长风、真如两地等市政基础设施建设。2009年，贷款支持静安地铁、真如副中心建设。2013年6月25日，介入静安区"一街五区、南改北建"规划建设，争取到静安区66号街坊旧城区改建地块土地前期开发项目，牵头向借款人提供22.3亿元的银团贷款，用于土地动迁和旧改。

截至2014年年末，市西支行人民币存款达114.58亿元、贷款达112.28亿元，实现经营利润3.82亿元。

表 11-2-14 1988—2014 年交通银行上海市西支行负责人任职情况表

静安办事处(1988 年 8 月—1993 年 2 月)					
主任		副主任		主任助理	
姓名	任职时间	姓名	任职时间	姓名	任职时间
高敏琦	1989 年 2 月—1991 年 4 月	高敏琦	1988 年 9 月—1989 年 2 月	—	—
陈仁尧	1992 年 7 月—1993 年 4 月	陈仁尧	1990 年 3 月—1992 年 7 月	—	—
—	—	陈　懿	1991 年 9 月—1993 年 4 月	—	—
静安支行(1993 年 2 月—2001 年 6 月)					
行长(经理)		副行长(副经理)		行长助理(经理助理)	
姓名	任职时间	姓名	任职时间	姓名	任职时间
陈仁尧	1993 年 4 月—1994 年 9 月	陈　懿	1993 年 4 月—1994 年 11 月	石向群	1993 年 7 月—1993 年 12 月
谢红兵	1994 年 9 月—1997 年 3 月	石向群	1993 年 12 月—1997 年 9 月	—	—
石向群	1997 年 9 月—2001 年 5 月	丁仁中	1995 年 6 月—1999 年 7 月	—	—
—	—	姜福奎	1996 年 1 月—1997 年 12 月	—	—
—	—	张小华	1997 年 9 月—2001 年 5 月	—	—
—	—	朱羽蓝	1999 年 8 月—2001 年 5 月	—	—
—	—	陈向明	2001 年 2 月—2001 年 5 月	—	—
市西支行(2001 年 6 月—)					
行长		副行长		行长助理	
姓名	任职时间	姓名	任职时间	姓名	任职时间
石向群	2001 年 5 月—2005 年 3 月	张小华	2001 年 5 月—2004 年 4 月	林蓉晖	2004 年 6 月—2005 年 2 月
史兴祥	2005 年 3 月—2007 年 9 月	朱羽蓝	2001 年 5 月—2002 年 3 月	齐　沨	2007 年 9 月—2009 年 6 月
贺瑞康	2007 年 9 月—	陈向明	2001 年 5 月—2005 年 4 月	马騄骅	2010 年 9 月—2013 年 11 月
—	—	柳春燕	2004 年 6 月—2007 年 10 月	吴文彬	2011 年 9 月—2013 年 11 月
—	—	尹志刚	2005 年 3 月—2006 年 5 月	毛建崧	2012 年 4 月—2014 年 12 月

〔续表〕

市西支行(2001年6月—　)					
行　长		副 行 长		行 长 助 理	
姓　名	任 职 时 间	姓　名	任 职 时 间	姓　名	任 职 时 间
—	—	阙海萍	2006年5月— 2009年6月	—	—
—	—	鲁　联	2007年10月— 2011年9月	—	—
—	—	徐　著	2009年6月— 2010年5月	—	—
—	—	齐　飒	2009年6月— 2011年5月	—	—
—	—	朱莹菁	2010年6月— 2012年4月	—	—
—	—	戴　颉	2011年5月— 2014年1月	—	—
—	—	吴文彬	2013年11月—	—	—
—	—	马騄骅	2013年11月—	—	—
—	—	蔡　红	2014年4月—	—	—
—	—	毛建崧	2014年12月—	—	—

表11-2-15　2014年年末交通银行上海市西支行营业网点一览表

网点名称	地　址	沿　革
市西支行	江宁路350号	1988年8月3日,上海分行静安办事处在南京西路1880号设立。11月15日,开业。1991年7月26日,迁至万航渡路96弄23号营业。1993年5月1日,改称上海分行静安支行2001年2月5日,迁至江宁路350号营业,更名为上海分行市西支行。2004年2月18日,更名为市西支行
中山北路支行	武宁路360号	1990年4月10日,静安办事处物贸大楼分理处在中山北路2626号设立。1991年2月26日,迁至武宁路360号联合大厦,更名为静安办事处中山北路分理处。2001年3月16日,升格更名为上海分行中山北路支行。2004年2月18日,更名为中山北路支行
期货大厦支行	松林路300号	1991年9月9日,静安办事处南京西路储蓄所在南京西路1880号设立。1999年4月9日,迁至松林路300号,升格更名为上海分行期货大厦支行。2004年2月18日,更名为期货大厦支行
物贸大厦支行	中山北路2550号	1991年11月23日,静安办事处中山北路分理处在中山北路2550号设立物贸大厦业务派出柜。2001年9月21日,升格更名为上海分行物贸大厦支行。2004年2月18日,更名为物贸大厦支行
威海路支行	威海路323号	1995年9月7日,静安支行陕西路分理处在陕西北路207号设立。2000年6月8日,迁至南京西路870号,升格更名为上海分行静安南京西路支行。2004年2月18日,更名为静安南京西路支行。2005年8月26日,迁至吴江路31号。2009年2月10日,迁至威海路323号,更名为威海路支行

〔续表〕

网点名称	地　址	沿　革
曹杨支行	兰溪路168号	1996年10月30日，静安支行曹家渡分理处在长寿路1188号设立。1998年12月11日，迁至兰溪路168号，更名为静安支行曹杨分理处。2001年12月31日，升格更名为上海分行曹杨支行。2004年2月18日，更名为曹杨支行
光新路支行	中山北路2000号	1997年7月31日，静安支行光新路分理处在中山北路2000号设立。2001年11月13日，升格更名为上海分行光新路支行。2004年2月18日，更名为光新路支行
静安支行	北京西路1818号	1999年12月15日，市西支行在江宁路338～350号设立。2001年2月5日，迁至北京西路1818号，更名为上海分行静安支行。2004年2月18日，更名为静安支行
长寿路支行	长寿路818弄2～6号	2007年7月20日，空港支行由浦东机场航空货运楼迁至长寿路818弄2～6号，更名为长寿路支行。隶属关系由浦东分行变更为市西支行
长风支行	大渡河路168弄26号102室	2012年4月16日，长风支行在大渡河路168弄26号102室设立
铜川路支行	铜川路68号113室	2012年8月15日，铜川路支行在铜川路68号113室设立

表11-2-16　截至2014年年末交通银行上海市西支行已转出营业网点一览表

网点名称	沿　革
石泉路支行	1995年8月28日，静安支行曹杨路储蓄所在曹杨路440号设立。1997年7月17日，迁至石泉路51号，升格更名为静安支行石泉路分理处。2001年11月13日，升格更名为上海分行石泉路支行。2004年2月18日，更名为石泉路支行。2006年12月11日，迁至南丹东路195～201号，更名为南丹东路支行，隶属关系由市西支行变更为徐汇支行
华山路支行	2000年7月12日，上海分行华山路支行在华山路620号设立。2004年2月18日，更名为华山路支行。2008年1月10日，迁至伊犁南路435～437号，更名为黄金城道支行，隶属关系由市西支行变更为长宁支行

表11-2-17　2000—2011年交通银行上海市西支行获奖情况表

获奖单位	获奖称号(年度)	备　注
期货大厦支行	全国“青年文明号”(2009—2010年度)	全国性
市西支行	上海市文明单位(2011—2012年度)	省部级
市西支行	上海市文明单位(2013—2014年度)	省部级
静安支行会计出纳科	交通银行系统先进集体(1991—1992年度)	交通银行系统级
静安支行党支部	交通银行先进基层党组织(2000年)	交通银行系统级
期货大厦支行	交通银行“青年文明号”(2006年)	交通银行系统级
期货大厦支行	交通银行“青年文明号”(2007年)	交通银行系统级

〔续表〕

获 奖 单 位	获奖称号(年度)	备　　注
期货大厦支行	交通银行“青年文明号”(2008 年)	交通银行系统级
期货大厦支行	交通银行“青年文明号”(2009 年)	交通银行系统级
市西支行党支部	上海金融系统先进基层党组织(2011 年)	市金融系统级

第五节　杨 浦 支 行

一、机构沿革

1988 年，为发展工业企业，上海分行决定租借上海印刷三厂控江路 665 号的房屋设立杨浦办事处。12 月 10 日，杨浦办事处开业。下设办公室、信贷科、会计出纳科。有员工 21 人，其中副主任 1 人。

1990 年 9 月，杨浦办事处增设储蓄科。1992 年 12 月，增设人事保卫科。1993 年 12 月 11 日，增设外汇业务科。1996 年 2 月 12 日，迁至长阳路 1317～1319 号营业。1996 年 7 月 26 日，会计出纳科分设为会计科、出纳科。1998 年 4 月 14 日，增设贷款审查科。2001 年 2 月，调整内设机构：设立营业部，办公室、人事保卫科合并为办公室，会计出纳科、储蓄科、外汇科合并为业务管理科，信贷科、贷款审查科分别更名为信贷业务部、综合授信科。2006 年 2 月 28 日，增设外汇业务部、零售业务部。

截至 2014 年年末，杨浦支行下辖营业室及许昌路支行、吉浦路支行、开鲁路支行、鞍山路支行、控江路支行、五角场支行、同济支行等 8 家营业网点。设有离行式自助银行 8 家。有员工 245 人，其中正副行长(级)5 人。

图 11 - 2 - 9　1996 年 2 月 12 日，交通银行上海分行杨浦支行迁至杨浦区长阳路 1317～1319 号营业

二、业务经营

【公司业务】

支持大中型企业　杨浦区是上海传统老工业基地，20 世纪 80 年代末，杨浦地区集聚各类工厂企业 761 家，拥有 46 万产业大军，工业总产值近 155 亿元。杨浦办事处成立后，响应国家号召，大力支持大中型企业发展。1990年8月，出口创汇型企业——上海第十九棉纺织厂为扩大产品出口，亟须采购大量原材料，但一时筹措不到资金。得到信息后，主动深入该厂了解情况，及时发放300万元流动资金贷款，帮助工厂完成380.96吨棉花采购任务。11月，根据供销合同，又向该厂提供400万元流动资金，协助企业完成内外承包任务。是年年末，该厂干部员工参加交通银行储蓄获得，一次性存入376万元。

1992年，中华造船厂承接中国船舶公司建造2艘出口货运船舶项目，在收取委托方预收货款前，中华船厂亟须采购原材料、添置设备。因时间紧、资金量大，其他银行一时调不出“头寸”，企业抱着试一试心情向杨浦办事处求助。杨浦办事处立即开展贷前调查，在进行综合评估后，给予2 550万元短期贷款支持，解决企业临时性资金周转困难。

1994年，杨浦支行向上海汽车电器总厂桑塔纳轿车配套项目、上海制皂厂车间改造项目、中华造船厂建造F25T出口军舰等一批项目，累计提供24.45亿元贷款支持。

20世纪90年代中后期，大中型企业发展出现拐点，杨浦区域内283家市属工厂中有154家被关停并迁。在此背景下，杨浦支行开始实施业务转型，深入市场去发掘、培育、扶持有市场、有效益的企业，改善业务结构的现状。1997年4月，获悉上海第四制药股份有限公司内部职工股配股消息，马上派员工上门服务，收取配股款1 200余万元。1997年8月，成功与上海梅林股份有限公司建立业务合作关系。1998年，与其建立信贷关系。截至2000年年末，与该公司辖属16家企业建立业务关系，并与上海正广和购物有限公司、上海梅林正广和便利连锁有限公司签订太平洋卡特约商户协议，合作开发“85818”电子消费卡，成为上海梅林股份有限公司资金清算行。

2002年12月，杨浦支行闻讯杨浦区中心医院亟须融资进口磁共振仪等医疗诊断设备后，在短时间内为该院办妥565.9万欧元转贷款业务。2012年2月，争取到上海海立(集团)股份有限公司募集10亿元公司债募集资金管理专户开户行地位。12月，成功营销河南高速公路收费收益权信托计划，并争取10亿元存款。2014年9月，组建专项小组参与上海邮币卡交易中心“银商通”平台建设。经激烈的竞争，10月，成为首批开通“银商通”系统银行之一。随后，派员参加上海邮币卡“交易中心”各地路演，并联动上海分行系统内各中心支行一起做好客户签约工作。11月19日，“银商通”上线首日后，杨浦支行存管账户内一次性归集交易资金2.7亿元。

支持中小企业 杨浦支行坚持“经济效益与社会效益”统一原则，多措并举支持中小企业发展。1996—1998年向“杨浦区非公企业经济促进会担保基金”担保的中小企业提供58笔贷款，金额达3 400万元。其中向上海猫咪床上用品公司提供9笔贷款，累计金额420万元，使企业经济效益逐年递增。

1998年，杨浦支行扩大对区财政、街道担保基金授信额度，通过协议方式全年新发展区属企业贷款户5户，累计发放贷款16笔，金额2 950万元。2000年，推出以“圆梦宝”为核心品牌的个人消费贷款业务，在上海分行系统内率先办理住房装修贷款业务。

2011年3月，杨浦支行被认定为上海市唯一可办理大学生债权支助项目的银行。根据大学生创业计划，向该批科技型中小企业提供全生态、产业链、全站式金融服务。2011—2014年，累计资助323名大学生开展创业，发放创业贷款3 485万元。

2011年10月，杨浦支行为上海富春建业科技股份有限公司、上海明珠钢结构有限公司续做上海市浦东新区“2011年度第一期中小企业集合票据”，金额为1.15亿元、发行期为3年。11月，推出“展业通——银园保险”集合融资计划，向轻资产优质科技型中小企业——上海儒竞电子科技有限公司提供100万元贷款，解决该公司融资难问题。

2012年3月，杨浦支行为贯彻落实支持科技型中小企业发展的国家战略，以引入履约保证保险创新担保方式，向张江高科技园区内高新技术企业——上海德意达电子电器设备有限公司发放500万元“履约保证保险贷款”及500万“交行特色税收贷”，支持优质科技型中小企业发展。

支持区域经济　杨浦支行立足区域经济建设，倾力支持区域经济发展。2005年12月，支持市政排堵保畅重点工程——军工路改建项目，向该项目提供2亿元固定资产授信额度，发放贷款2 000万元。2006年，向上海轨道交通10号线发展有限公司提供5.4亿元授信支持。2008年4月，向上海轨道交通杨浦线发展有限公司提供25.2亿元授信额度，支持轨道交通8号线建设。2009年9月，向上海轨道交通12线发展有限公司提供41.9亿元授信额度支持。2010年1月，参与东方渔人码头建设。经4家银行多轮竞标，最终夺得该项目一期银团贷款牵头行、代理行地位。向一期项目提供19.55亿元授信额度支持，其中买方付息票据贴现达5亿元。2月，又争取到东方渔人码头二期项目联合贷款，保证该项目资金需求。2012年，牵线上海分行与杨浦区人民政府签订《战略合作协议书》，向杨浦区重点企业和重大项目提供总额不超过人民币100亿元意向性授信额度。据此协议，向杨浦置地有限公司发放2.4亿元保障房项目贷款。2013年6月，结合上海分行与杨浦区政府“支持实体经济，促进区域发展”——走进区县活动，加大对同济科技园、复旦科技园、财大科技园等园区营销力度，新发展结算客户21户、授信客户7户；新增授信额度10亿元、授信提款1.3亿元；新增代发工资企业数5户，实现银企合作双赢发展。

截至2014年年末，杨浦支行存款余额142.25亿元，贷款余额为113.68亿元；外币存款余额8 884万美元，贷款余额1 638万美元；经营利润2.19亿元。

图11-2-10　2010年1月28日，交通银行上海市分行担任“东方渔人码头”一期项目银团贷款牵头行，并联合农业银行、工商银行上海市分行及北京银行上海分行共同与上海东方渔人码头投资开发有限公司签署14.85亿元银团贷款协议

表 11－2－18　1988—2014 年交通银行上海杨浦支行负责人任职情况表

杨浦办事处(1988 年 8 月—1993 年 2 月)					
主　任		副 主 任		主 任 助 理	
姓　名	任 职 时 间	姓　名	任 职 时 间	姓　名	任 职 时 间
叶文燕	1990 年 8 月— 1993 年 2 月	叶文燕	1988 年 8 月— 1990 年 8 月	史兴祥	1991 年 9 月— 1992 年 12 月
—	—	马祖诒	1990 年 3 月— 1991 年 9 月	—	—
—	—	谢红兵	1992 年 12 月— 1993 年 4 月	—	—
—	—	史兴祥	1992 年 12 月— 1993 年 4 月	—	—
杨浦支行(1993 年 2 月—　)					
行长(经理)		副行长(副经理)		行长助理(经理助理)	
姓　名	任 职 时 间	姓　名	任 职 时 间	姓　名	任 职 时 间
史兴祥	1995 年 6 月— 1997 年 3 月	谢红兵	1993 年 4 月— 1993 年 12 月 (主持工作)	宋　滨	2005 年 11 月— 2006 年 9 月
谢红兵	1997 年 3 月— 1998 年 5 月	史兴祥	1993 年 4 月— 1995 年 6 月	夏毓莉	2005 年 11 月— 2006 年 9 月
任才华	1998 年 5 月— 2000 年 6 月	陈　懿	1994 年 11 月— 2000 年 12 月	高　楹	2007 年 9 月— 2009 年 6 月
吴福生	2000 年 7 月— 2007 年 5 月	王康丽	1995 年 6 月— 1997 年 9 月	汪　伟	2010 年 9 月— 2014 年 3 月
盛钧国	2007 年 5 月— 2008 年 4 月	张伟群	1997 年 9 月— 2003 年 6 月	傅军华	2011 年 5 月— 2013 年 11 月
谭　红	2008 年 4 月— 2011 年 5 月	徐　著	2001 年 2 月— 2005 年 11 月	—	—
茅晓佩	2011 年 5 月— 2014 年 7 月	盛钧国	2003 年 4 月— 2007 年 5 月	—	—
陈　德	2014 年 7 月—	宋　滨	2006 年 9 月— 2011 年 5 月	—	—
—	—	夏毓莉	2006 年 9 月—	—	—
—	—	高　楹	2009 年 6 月— 2014 年 10 月	—	—
—	—	傅军华	2013 年 11 月—	—	—
—	—	沈立峰	2014 年 2 月— (副行长级)	—	—
—	—	王　勍	2014 年 10 月—	—	—

表 11－2－19　2014 年年末交通银行上海杨浦支行营业网点一览表

网点名称	地　址	沿　　革
杨浦支行	长阳路 1319 号	1988 年 8 月 3 日，上海分行杨浦办事处在杨浦区控江路 665 号设立。12 月 10 日，开业。1993 年 5 月 1 日，改称上海分行杨浦支行。1996 年 2 月 12 日，迁至长阳路 1317～1319 号。2004 年 2 月 18 日，更名为杨浦支行
许昌路支行	平凉路 600 号	1990 年 6 月 27 日，杨浦办事处许昌路储蓄所在平凉路 553 号设立。1993 年 12 月 3 日，迁至平凉路 559 号，升格更名为杨浦支行许昌路分理处。2000 年 11 月 17 日，升格更名为上海分行许昌路支行。2003 年 1 月 28 日，迁至平凉路 600 号。2004 年 2 月 18 日，更名为许昌路支行
吉浦路支行	吉浦路 296 号	1991 年 12 月 9 日，杨浦办事处东宫储蓄所在平凉路 1500 号设立。2000 年 7 月 27 日，迁至靖宇东路 218 号，升格更名为上海分行靖宇支行。2004 年 2 月 18 日，更名为靖宇支行。2008 年 5 月 22 日，迁至吉浦路 296 号，更名为吉浦路支行
开鲁路支行	开鲁路 311 号	1993 年 6 月 2 日，杨浦支行开鲁路分理处在开鲁路 311 号设立。2001 年 5 月 22 日，升格更名为上海分行开鲁路支行。2004 年 2 月 18 日，更名为开鲁路支行
鞍山路支行	本溪路 288～290 号	1994 年 7 月 25 日，杨浦支行鞍山路分理处在控江路 1671 号设立。2001 年 5 月 22 日，升格更名为上海分行鞍山路支行。2004 年 2 月 18 日，更名为鞍山路支行。2007 年 4 月 25 日，迁至本溪路 288～290 号
控江路支行	隆昌路 767 号	1995 年 11 月 21 日，杨浦支行控江路分理处在控江路 665 号设立。1998 年 9 月 1 日，迁至隆昌路 767 号。2001 年 5 月 22 日，升格更名为上海分行控江路支行。2004 年 2 月 18 日，更名为控江路支行
五角场支行	国顺东路 1000 号	1996 年 12 月 23 日，杨浦支行五角场分理处在四平路 2400 号设立。2001 年 11 月 13 日，升格更名为上海分行五角场支行。2003 年 12 月 23 日，迁至四平路 2539 号。2004 年 2 月 18 日，更名为五角场支行。2009 年 3 月 3 日，迁至国顺东路 1000 号
同济支行	彰武路 41 号	1998 年 5 月 7 日，上海分行赤峰路支行在赤峰路 81 号设立。2004 年 2 月 18 日，更名为赤峰路支行。2009 年 4 月 24 日，迁至彰武路 41 号，更名为同济支行

表 11－2－20　截至 2014 年年末交通银行上海杨浦支行已转出营业网点一览表

网点名称	沿　　革
金专支行	1991 年 7 月 4 日，杨浦支行金专储蓄所在民星路 465 号设立。2002 年 3 月 13 日，升格更名为上海分行金专支行。2004 年 2 月 18 日，更名为金专支行。2006 年 4 月 27 日，迁至南京东路 80 号，更名为外滩支行。隶属关系由杨浦支行变为市南支行

表 11－2－21　1991—2011 年交通银行上海杨浦支行获奖情况表

获 奖 单 位	获奖称号(年度)	备　注
杨浦支行	全国创建文明行业先进单位(1998 年)	全国性
杨浦支行	首届全国文明单位(2004 年)	全国性
杨浦支行	第二届全国文明单位(2008 年)	全国性
杨浦支行	全国文明单位(通过复审保留称号)(2010 年)	全国性
杨浦支行	全国文明单位(通过复审保留称号)(2014 年)	全国性
杨浦支行鞍山路分理处	全国“青年文明号”(1995 年)	全国性

〔续表〕

获奖单位	获奖称号(年度)	备注
杨浦支行鞍山路分理处	全国“青年文明号”(1996年)	全国性
杨浦支行鞍山路分理处	全国“青年文明号”(1997年)	全国性
杨浦支行鞍山路分理处	全国“青年文明号”(1998年)	全国性
杨浦支行鞍山路分理处	全国“青年文明号”(1999年)	全国性
杨浦支行鞍山路分理处	全国“青年文明号”(2000年)	全国性
鞍山路支行	全国“青年文明号”(2002年)	全国性
鞍山路支行	全国“青年文明号”(2004年)	全国性
鞍山路支行	全国“青年文明号”(2005年)	全国性
鞍山路支行	全国“青年文明号”(2006年)	全国性
鞍山路支行	全国“青年文明号”(2007年)	全国性
杨浦支行	上海市文明单位(1996年)	省部级
杨浦支行	全国金融五一劳动奖状(2007年)	金融系统级
开鲁路支行	全国金融五一劳动奖状(2008年)	金融系统级
杨浦支行信贷科	交通银行系统先进集体(1991—1992年度)	交通银行系统级
杨浦支行开鲁路分理处	交通银行“三八红旗集体”(1994年)	交通银行系统级
杨浦支行开鲁路分理处	交通银行“三八红旗集体”(1998年)	交通银行系统级
五角场支行	交通银行“青年文明号”(2005年)	交通银行系统级
五角场支行	交通银行“青年文明号”(2006年)	交通银行系统级

第六节　长 宁 支 行

一、机构沿革

1988年,为提升银企合作,上海分行与上海汽车工业总公司(以下简称“上汽公司”)就共同组建一家为上汽公司服务的银行达成共识。1989年8月1日,长宁办事处在中山西路314～316号开业。下设办公室、会计出纳科、信贷科。有员工34人,其中副主任1人,上汽公司输送具有财会从业经验人员18人,退聘人员4人。

1990年1月,长宁办事处增设储蓄科。1991年4月,会计出纳科分设为会计科、出纳科。1993年12月,设立人事保卫科。1994年4月,设立外汇业务科。1995年,暂迁至番禺路279号。1997年10月5日,迁至江苏路502弄1号营业。2001年2月,根据上海分行前后台分设、强化前台营销、后台管理、监控风险的要求,调整内设机构:设立营业部,办公室、人保科合并为办公室,会计科、出纳科、储蓄科和外汇业务科合并为业务管理科;信贷科分设为信贷业务部和综合授信科。2006年5月,增设零售业务部。

截至2014年年末,长宁支行下辖营业室及娄山关路支行、番禺路支行、顺义路支行、古北新区

图 11－2－11　1997 年 10 月 5 日，交通银行上海长宁支行迁至江苏路 502 弄 1 号营业

图 11－2－12　1989 年 8 月 1 日，交通银行总管理处董事长李祥瑞(右一)、咨询委员会主任顾树桢(左二)出席上海分行长宁办事处开业仪式

支行、威宁路支行、虹康支行、黄金城道支行、虹桥支行和金沙江路支行等10家营业网点。设有离行式自助银行1家。有员工260人,其中正副行长5人。

二、业务经营

【公司业务】

支持企业发展 1988年长宁办事处开业之后,向上汽公司及其70多家在办事处开户的桑塔纳配套生产企业提供各类金融服务。1989年9月,支持上海汽车拖拉机公司(以下简称"汽拖公司")清理"三角债",向4家成品厂投放1 275万元"启动"贷款,解决30家企业之间相互拖欠款5 669万元,压缩应收账款。12月,发放4 052万元"带帽"贷款,帮助汽拖公司及其60家企业清欠1.04亿元"三角债"、清税1 600万元、清贷1 000万元。

1989—1994年,为支持桑塔纳轿车国产化项目,长宁办事处累计向上汽公司及其子公司发放项目贷款4亿元,流动资金贷款34.2亿元,累计发放桑塔纳轿车国产化横向基金委托贷款13.4亿元。

1992年,长宁办事处参与上汽公司筹建结算中心工作,为其培训职工,拟定会计核算、资金管理等规定,帮助设计单据、凭证、印模等。

1995年,长宁支行向上海日立家用电器有限公司提供3 000万元贷款,解决其季节性购买生产原料流动资金不足困难,支持该公司旺季向市场供应"热销"产品作储备。11月,根据企业紧急需求,在短时间里调集资金,解决上海市农垦粮油实业总公司为落实上海市"米袋子"工程,紧急采购20万吨新大米的采购资金问题,保证市场大米供应。1999年,成功与华东政法学院、东华大学、对外贸易学院3座高校签订银校合作协议,组织存款3 260万元,太平洋卡1 000张。

2001年,长宁支行把握中国东方航空有限公司(以下简称"东航公司")重组兼并机会,扩大双方业务合作规模,将贷款从2.5亿元增加到6亿元。2003年1月,与东航公司签订银企合作协议,向其提供总额为40亿元人民币授信额度,支持该公司今后3年购置飞机等项目及经营周转的资金需求。7月,发放9 889.83万美元固定资产贷款,支持东航公司购买空客A340-600飞机。2009年,为东航公司定向增发募集70亿元资本金的工作,联系外管局、会计师事务所等机构,解决政策咨询、事务运作等具体问题。向该公司提供70亿元大额过桥授信额度,保证增发工作顺利进行。成功争取了东航公司在交通银行开立增发募资专户及在香港交行开设H股募资专户。9月,在有多家银行参与的东航公司定向增发募集70亿元资本金竞标中胜出,成为东航公司增发募资专户开户行。2013年,联动交银国际信托公司(以下简称"交银国际")、总行离岸中心等部门,参与东航公司36亿元A+H增发竞标,成功夺标,并分别向公司发放11亿元并购贷款、11亿元信托贷款及17亿港币贷款。

2011年,长宁支行成功争取中国货运航空有限公司境内外股东13.94亿元人民币增资款及境外股东1亿美元增资款落地支行。是年,成功营销杉德集团第三方支付备付金存管业务,帮助该集团利用盈通账户归集全国各地资金;成功协助杉德电子商务服务有限公司及杉德支付网络服务发展有限公司获得中国人民银行首批第三方存款支付业务许可牌照,成为该集团唯一备付金存管银行。2013年1月,成功营销香港上市公司宝信汽车集团有限公司,向集团提供综合授信10亿元人民币综合授信额度,成功吸收该集团2亿元存款及1 600张代发工资卡,并以代发工资业务为纽带,发展集团下属32家子公司在支行开立结算账户。是年一季度,利用境内外市场利率、汇率的差价,主动向结算业务量大的外贸企业推介结构性融资套利产品,先后为上海优壹电子商务有限公司、上海赣铜金属有限公司、上海商聚实业有限公司、上海理庆贸易有限公司等外贸公司提供远期结售汇业务，获结构性存款13亿元。2014年，为应对互联网金融冲击，通过现金流、产业链、供应链等技术与上海携程国际旅行社有限公司在内保外贷、离岸业务、自贸区业务及线上收单业务展开全面合作，并计划在外汇结算、融资租赁、跨国企业集团跨境人民币资金机制运营业务、股权并购融资、跨境担保等业务领域开展进一步合作。

服务区域经济 2008年，长宁支行向长宁投资公司世博600天景观项目、北翟路中环立交项目及安溪路改扩建项目等市政项目提供7亿元人民币贷款支持。2013年4月，牵线上海分行和长宁区人民政府成功举办“支持实体经济，促进区域发展”活动，与区政府签订战略合作协议，并借助活动，成功发展60家新客户。7月，发放10亿元棚户区改造贷款，支持上海联洋世家置业有限公司旧区改造项目。10月，与长宁区政府合作的交银卡餐饮系统正式上线，首期上线卡数量1 680张。2014年，上线卡数量达4 620张，累计代发金额4 800万元。

截至2014年年末，长宁支行人民币存款余额为156.79亿元、贷款余额113.40亿元，经营利润3.04亿元。

表11-2-22 1989—2014年交通银行上海长宁支行负责人任职情况表

长宁办事处（1989年7月—1993年2月）					
主任		副主任		主任助理	
姓名	任职时间	姓名	任职时间	姓名	任职时间
—	—	莫桂鸿	1989年7月—1992年10月	—	—
—	—	钱菊红	1992年1月—1993年4月	—	—
—	—	郭惠华	1992年10月—1993年4月（主持工作）	—	—
长宁支行（1993年2月— ）					
行长（经理）		副行长（副经理）		行长助理（经理助理）	
姓名	任职时间	姓名	任职时间	姓名	任职时间
郭惠华	1993年12月—1997年3月	郭惠华	1993年4月—1993年12月（主持工作）	李慧	2007年9月—2009年3月
史兴祥	1997年3月—1998年8月	钱菊红	1993年4月—1993年7月	施文军	2007年9月—2009年6月
	2001年2月—2005年3月	朱羽蓝	1995年6月—1999年8月	黄栋	2009年3月—2010年11月
陈敏	1998年8月—2000年11月	宋继红	1995年7月—1997年9月	张颖颖	2010年5月—2012年4月
王成宝	2005年3月—2014年7月	刘永祥	1997年9月—2003年2月	鹿海荣	2011年5月—2013年6月
戚慧康	2014年7月—	乐晨科	1999年8月—2000年1月	吴晋	2011年9月—2014年6月

〔续表〕

长宁支行(1993年2月—)					
行长(经理)		副行长(副经理)		行长助理(经理助理)	
姓　名	任职时间	姓　名	任职时间	姓　名	任职时间
—	—	沈　潇	2000年4月—2000年11月	陈良祺	2012年4月—2014年12月
—	—	沈　潇	2000年11月—2001年1月(主持工作)	顾　伟	2012年4月—2014年9月
—	—	欧阳琦	2002年3月—2006年5月	—	—
—	—	景建国	2003年4月—2006年5月	—	—
—	—	陈向明	2005年4月—2007年9月	—	—
—	—	薛建明	2006年10月—2007年7月(高级经理级)	—	—
—	—	尹志刚	2006年5月—2009年6月	—	—
—	—	孙　健	2009年6月—2011年5月	—	—
—	—	施文军	2009年6月—2010年5月	—	—
—	—	黄　栋	2010年11月—2012年4月	—	—
—	—	刘　扬	2012年4月—	—	—
—	—	鹿海荣	2013年6月—	—	—
—	—	凌瑞桦	2014年12月—	—	—
—	—	陈良祺	2014年12月—	—	—

表11-2-23　2014年年末交通银行上海长宁支行营业网点一览表

网点名称	地　址	沿　　革
长宁支行	江苏路502弄1号	1989年7月19日,上海分行长宁办事处在长宁区中山西路314～316号设立。8月1日,开业。1993年5月1日,改称上海分行长宁支行。9月,暂迁番禺路279号。1997年10月5日,迁至江苏路502弄1号营业。2004年2月18日,更名为长宁支行
娄山关路支行	娄山关路555号	1991年8月9日,长宁办事处茅台路分理处在遵义路145号设立。2000年11月17日,升格更名为上海分行茅台路支行。2003年3月14日,更名为上海分行虹桥支行。2004年2月18日,更名为虹桥支行。2008年8月15日,迁至娄山关路555号,更名为娄山关路支行

〔续表〕

网点名称	地　址	沿　　革
番禺路支行	番禺路279号	1993年1月20日，长宁办事处番禺路分理处在番禺路279号设立。2000年11月17日，升格更名为上海分行番禺路支行。2004年2月18日，更名为番禺路支行
顺义路支行	顺义路62～68号	1993年8月19日，长宁支行长联储蓄所在中山西路668号设立。2001年12月31日，升格更名为上海分行中山西路支行。2004年2月18日，更名为中山西路支行。2005年3月23日，迁至淮海中路300号，更名为新世界大厦支行。2008年3月26日，迁至顺义路62～68号，更名为顺义路支行
古北新区支行	水城南路42～46号	1996年12月23日，长宁支行古北新区分理处在水城南路42～46号设立。2000年11月17日，升格更名为上海分行古北新区支行。2004年2月18日，更名为古北新区支行
威宁路支行	威宁路410号	1999年8月23日，上海分行仙霞路支行在仙霞路461号设立。2004年2月18日，更名为仙霞路支行。2009年4月17日，迁至威宁路410号，更名为威宁路支行
虹康支行	剑河路577号	2001年12月12日，虹康支行在剑河路577号设立
黄金城道支行	伊犁南路435～437号	2008年1月10日，华山路支行由华山路620号迁至伊犁南路435～437号，更名为黄金城道支行。隶属关系由市西支行变更为长宁支行
虹桥支行	仙霞路18号	2010年7月2日，虹桥支行在仙霞路18号设立
金沙江路支行	金沙江路1678号	2014年4月3日，中潭路支行由中潭路100弄182～188号迁至金沙江路1678号，更名为金沙江路支行。隶属关系由虹口支行变更为长宁支行

表11-2-24　截至2014年年末交通银行上海长宁支行已转出营业网点一览表

网点名称	沿　　革
虹桥友谊商城支行	1994年3月23日，长宁支行虹桥友谊商城分理处在遵义南路6号设立。2000年11月17日，升格更名为上海分行虹桥友谊商城支行。2004年2月18日，更名为虹桥友谊商城支行。2009年1月20日，迁至虹桥路100号，更名为徐家汇支行，隶属关系由长宁支行变更为徐汇支行

表11-2-25　2001—2007年交通银行上海长宁支行获奖情况表

获奖单位	获奖称号(年度)	备　注
长宁支行营业部	全国“青年文明号”(2004年)	全国性
长宁支行营业部	全国“青年文明号”(2005年)	全国性
长宁支行营业部	全国“青年文明号”(2006年)	全国性
长宁支行营业部	全国“青年文明号”(2007年)	全国性
长宁支行营业部	交通银行“青年文明号”(2001年)	交通银行系统级
长宁支行营业部	交通银行“青年文明号”(2002年)	交通银行系统级
长宁支行营业部	交通银行“青年文明号”(2003年)	交通银行系统级

第七节 虹口支行

一、机构沿革

图 11-2-13 1996年11月12日，交通银行上海虹口支行迁至四平路83～87号营业

20世纪80年代后期，上海经济区各省市加强横向经济联合，纷纷落户沪办大厦设立办事处。为向各地驻沪办事处提供优质金融服务，1989年11月1日，大柏树办事处在中山北一路1250号沪办大厦2号楼开业。内设信贷科、会计出纳科。有员工27人，其中办事处副主任1人。

1991年6月，大柏树办事处增设储蓄科。1992年4月，增设办公室。11月4日，迁至曲阳路888号营业。12月，增设外汇业务科。1993年3月4日，大柏树支行更名为虹口支行。10月，增设人事保卫科。1996年11月12日，迁至四平路83～87号营业。2001年3月，根据上海分行"强化营销、提升管理、防范风险"改革的要求，调整内设机构：撤销外汇业务科、信贷科、储蓄科、人事保卫科及会计出纳科；设立由信贷业务部及营业部等8家营业网点组成的营销、服务前台，建立办公室、业务管理科、综合授信科组成的服务、支撑和监督后台部门。2006年2月28日，增设外汇业务部。4月29日，增设零售业务部。

截至2014年年末，虹口支行下辖营业室及广灵支行、四川北路支行、曲阳路支行、武昌路支行、凉城支行、中远两湾城支行、北外滩支行和大连路支行等9家营业网点。设离行式自助银行5家。有员工256人，其中正副行长4人、行长助理1人。

二、业务经营

【公司业务】

1989年大柏树办事处开业之初，组织全员对沪办大楼驻沪办事机构开展"地毯式"营销，并深入市场拜访企业，从专业银行手中争得32家客户。

上海第十二制药厂(以下简称"上药十二厂")是国内最大的生产抗肿瘤药物企业，产品市场占有率达70%，远销亚、非、欧、美等各洲。1990年，为解决上药十二厂生产资金不足的困难，大柏树办事处进驻企业现场办公，提供100万元流动资金，帮助该厂落实生产计划。是年，该厂销售收入、出口产值分别比上年增长15%和10%。

1992年7月,大柏树办事处向上海医用分析仪器厂提供1 485万元授信额度,是年,实际投放600万元贷款,支持该厂临床生化仪器及配套试剂技改项目。11月,深入上海煤炭交易市场经纪人培训班营销,争取43家企业开立结算账户。

1998年,虹口支行牵线总行与中远置业集团签署合作协议,提供贷款15亿元支持中远置业集团开发市区环线内占地面积49.5公顷、小区规划总建筑面积171万平方米的"两湾一宅"危棚简屋一、二期重点工程项目。2003年10月,贷款14.46亿元,支持中远置业集团开发"两湾一宅"危棚简屋第四期项目。作为该楼盘指定按揭贷款银行,向购房客户发放17亿元按揭贷款。2005年,牵线总行与中海集团公司签署《银企战略合作框架性协议》,提供100亿元授信额度。2006年1月,与中海集装箱股份有限公司签署5.8亿元、为期10年的船舶融资合同,是月发放首笔船舶进度款。12月,在7家中外资银行竞标中,夺得中海发展股份有限公司28.8亿元VLCC邮轮项目银团牵头行、安排行和代理行。2009年5月,牵线总行与中海集团签署《全面合作协议》,向中海集团授信300亿元额度,并成为中海集团麾下中海发展股份有限公司50亿元中期票据联席主承销商。

2007年1月,虹口支行作为上海帝泰发展有限公司正大广场25亿元银团贷款项目牵头行和资金安排行,承担其中最大贷款份额。是月30日,向项目投放7亿元贷款。7月,成功争揽上海威尔泰工业自动化股份有限公司在上海分行开立IPO资金专户,吸收募股资金近1亿元。

2007年7月,虹口支行用10个工作日时间完成上海医药集团公司(以下简称"上药集团")13.13亿元保函全部申报审批等操作流程。2011年1月,运用总分支行与香港交通银行境内外业务联动优势,用1周时间,完成1.2亿美元内保外贷业务,支持上药集团境外公司收购股权。是年,为支持上药集团赴港上市,经总分行等通力配合,由香港交通银行、总行离岸金融部和东京交通银行分别向上药集团发放共计2.2亿美元境外过桥贷款,支持其收购股权。5月20日,上药集团成功在香港联交所上市,在虹口支行建立集团联动现金池。6月17日,牵线总行与上药集团签署全面战略合作协议,向其提供总额100亿元的意向性授信支持及包括蕴通供应链融资业务授信在内的全方位金融服务。

2011年6月8日,上海钢联电子商务股份有限公司在深交所创业板成功上市,募集资金2.3亿元,作为该公司募集资金收款行之一,虹口支行吸收存款8 231万元。

【个金业务】

1989年大柏树办事处在筹备阶段,面对在沪办大楼5楼办理储蓄业务不利条件,干部员工秉持"无储不稳"理念,深入企业、街道、里弄进行宣传发动,开业当天,吸收储蓄存款12.8万元。1992年1月,召开集体零存整取储蓄存款先进集体表彰大会,对20余家企事业单位和一些居委会进行表彰,调动各方人士协储积极性。是年,储蓄存款净增3 462万元,集零户数增加到6.4万户。1994年9月,虹口支行成立由38家企业参加的储蓄促进协会,虹口区主要领导亲自担任该协会顾问,有效推进业务发展,全年新增集零户数8.6万户。

2001年,为加强交通银行品牌建设,虹口支行集中推出以住房贷款、汽车贷款、旅游贷款、助学贷款、耐用消费品为重点的"圆梦宝"个人消费贷款品牌。截至10月末,新增消费贷款1.8亿元,太平洋卡新增存款1.33亿元,卡均存款从上年的每张600元增加到每张2 222元,新增特约商户累计结算量达2 041万元。2004年8月,在中远两湾城第四期楼盘开盘首推的2 245套房屋中,除去17套样板房和一次性付款等因素外,虹口支行共受理1 702套住房按揭贷款,按揭比例高达76.42%。

2002年7月,虹口支行在营业厅内辟出专门场所,设立上海分行系统内第一个理财分中心。搭建以理财为特色、分层分级营销服务客户的理财平台。2004年,作为中泰信托主代理行,代理发行北京大都市街房产租赁收益财产信托产品9 173万元。2011—2014年,高度关注私人银行客户、沃德客户需求,以产品为纽带,加强与中高端客户连接,提升客户对交通银行品牌的认同度。

2004年,围绕业务转型要求,虹口支行大力发展以银证转账业务、代扣公用事业费业务和代发工资为主体的中间业务。深入上海长途电信工程公司、上海市政安装工程公司等企业及"国际公寓""正润欧洲花园"等小区营销,仅是年一季度新发展代发工资户14户、代发金额3 246.6万元,新增代扣公用事业费、物业管理费5 844万元。截至是年年末,与178户企业建立代发工资关系。

【国际业务】

2001年,虹口支行整合营销资源,基本形成以本外币、公私业务为基础的营销联动机制,并在市场营销中发挥该机制优势。仅上半年,联动争取到改制后的上海华达进出口公司国际业务结算量419万美元,一举超过上年全年水平。在与美国达记国际贸易有限公司上海分公司洽谈业务时,把该公司的本外币结算业务及公司代理客户——浦东家纺公司和协恒贸易公司的国际结算业务一并列入业务合作范围。1—10月,两家代理公司的国际结算业务量超过5 303万美元。是年,营销发展中海集装箱运输股份有限公司、松下电器(中国)有限公司、上海中粮进出口公司等一批国际结算客户。

2006年2月,为加强推广离岸业务、外汇担保、融资性出口保理等业务,虹口支行设立外汇业务专业团队,成功争取到国药控股股份有限公司香港IPO(首次公开募股)开立募股资金回流账户、以及为中化上海股份有限公司办理首笔人民币25万美元的跨境贸易汇出结算业务。

2010年,虹口支行利用远期外汇契约(DF)、无本金交割远期外汇交易(NDF)、内保外贷等新兴业务,为国药外高桥公司、中海集装箱运输公司、海南海盛公司等客户提供多样化的国际业务服务。2014年9月,邀请20多家客户参加自贸区金融服务方案交流会,着重介绍交通银行跨境人民币和离岸业务两大特色业务,收到预期效果。

截至2014年年末,虹口支行人民币存款余额161.52亿元,贷款103.25亿元,经营利润2.39亿元。

表11-2-26　1989—2014年交通银行上海虹口支行历任负责人情况表

大柏树支行办事处(1989年3月—1993年2月)					
主　任		副主任		主任助理	
姓　名	任职年月	姓　名	任职年月	姓　名	任职年月
—	—	戴仲嘉	1989年3月—1991年9月	—	—
—	—	姚永南	1990年3月—1990年8月	—	—
—	—	周蓓蓓	1991年9月—1993年4月	—	—
—	—	罗伟雄	1992年5月—	—	—

〔续表〕

虹口支行(1993年3月—)					
行长(经理)		副行长(副经理)		行长助理(经理助理)	
姓　名	任职年月	姓　名	任职年月	姓　名	任职年月
周蓓蓓	1993年4月— 1995年6月	陈志德	1993年7月— 1997年9月	沈卫东	2003年5月— 2004年1月
陈明垒	1995年6月— 1997年3月	刘兴祥	1993年12月— 1995年6月	董怡蓓	2005年11月— 2006年9月
许耀根	1997年9月— 2005年11月	许耀根	1995年6月— 1997年9月	蔡　红	2006年5月— 2006年9月
乐晨科	2005年11月— 2008年4月	宋继红	1997年9月— 2004年1月	张昕晔	2011年9月—
陈　德	2008年4月— 2014年7月	茅晓佩	1997年9月— 2002年3月	王　洁	2014年4月— 2014年9月
王成宝	2014年7月—	朱羽蓝	2002年3月— 2007年5月	—	—
—	—	沈卫东	2004年1月— 2005年2月	—	—
—	—	秦孝迪	2005年2月— 2006年3月	—	—
—	—	董怡蓓	2006年9月— 2009年6月	—	—
—	—	蔡　红	2006年9月— 2014年4月	—	—
—	—	黄　曙	2007年10月— 2011年5月	—	—
—	—	杨　军	2009年6月— 2010年10月	—	—
—	—	康志伟	2010年11月— 2012年12月	—	—
—	—	周卫民	2011年1月— 2014年9月 (副行长级)	—	—
—	—	吴昱峰	2011年5月—	—	—
—	—	胡鸣飞	2013年5月—	—	—
—	—	王　洁	2014年9月—	—	—

表 11-2-27　2014 年年末交通银行上海虹口支行营业网点一览表

网点名称	地　址	沿　革
虹口支行	四平路 263 号	1989 年 3 月 23 日，上海分行大柏树办事处在虹口区中山北一路 1250 号 2 号楼设立。11 月 1 日，开业。1992 年 11 月 4 日，迁至曲阳路 888 号营业。1993 年 5 月 1 日，改称上海分行虹口支行。1996 年 11 月 12 日，迁至四平路 83～87 号(后改为四平路 263 号)。2004 年 2 月 18 日，更名为虹口支行
广灵支行	凉城路 197～201 号	1993 年 3 月 16 日，虹口支行提篮桥分理处在杨树浦路 61 号设立。1999 年 7 月 29 日，迁至东大名路 1151 号。2001 年 7 月 23 日，升格更名为上海分行提篮桥支行。2004 年 2 月 18 日，更名为提篮桥支行。2007 年 7 月 10 日，迁至凉城路 197～201 号，更名为广灵支行
四川北路支行	四川北路 2121 号	1996 年 2 月 7 日，虹口支行四川北路分理处在四川北路 2121 号设立。2000 年 11 月 17 日，升格更名为上海分行四川北路支行。2004 年 2 月 18 日，更名为四川北路支行
曲阳路支行	曲阳路 858 号	1996 年 11 月 12 日，虹口支行曲阳路分理处在曲阳路 888 号设立。2001 年 7 月 23 日，升格更名为上海分行曲阳路支行。2004 年 2 月 18 日，更名为曲阳路支行。7 月 23 日，迁至曲阳路 988 号。2009 年 9 月 1 日，迁至曲阳路 858 号
武昌路支行	四川北路 818 号	1997 年 8 月 6 日，虹口支行武昌路分理处在四川北路 806 号(后改为四川北路 688 号)设立。2001 年 7 月 23 日，升格更名为上海分行武昌路支行。2004 年 2 月 18 日，更名为武昌路支行。2012 年 1 月 18 日，迁至四川北路 818 号
凉城支行	车站北路 616 号	1998 年 10 月 28 日，上海分行凉城支行在凉城路 663 号设立。2004 年 2 月 18 日，更名为凉城路支行。2007 年 11 月 22 日，因装修改造临时停业。2008 年 5 月，复业。2013 年 10 月 21 日，迁至车站北路 616 号
中远两湾城支行	中潭路 100 弄 6 号	2003 年 8 月 21 日，上海分行闻喜路支行由闻喜路 1284 号迁至中潭路 100 弄 6 号，更名为中远两湾城支行。隶属关系由闸北支行变更为虹口支行
北外滩支行	东大名路 879 号	2010 年 8 月 10 日，航交所支行隶属关系由分行营业部变更为虹口支行。2011 年 1 月 27 日，迁至东大名路 879 号，更名为北外滩支行
大连路支行	大连路 825～829 号	2012 年 6 月 14 日，大连路支行在大连路 825～829 号设立

表 11-2-28　截至 2014 年年末交通银行上海虹口支行已转出营业网点一览表

网点名称	沿　革
中潭路支行	1993 年 7 月 2 日，虹口支行四平路储蓄所在四平路 860 号设立。1994 年 8 月 3 日，升格更名为虹口支行四平路分理处。2001 年 12 月 31 日，升格更名为上海分行四平路支行。2004 年 2 月 18 日，更名为四平路支行。2008 年 1 月 18 日，迁至中潭路 100 弄 182～188 号(后改为中潭路 100 弄 8 号)，更名为中潭路支行。2012 年 12 月 12 日，临时停业。2013 年 6 月 24 日，延长临时停业。2014 年 4 月 3 日，迁至金沙江路 1678 号，更名为金沙江路支行。隶属关系由虹口支行变更为长宁支行
北京西路支行	1996 年 10 月 30 日，虹口支行虬江路分理处在四川北路 1500 号设立。2001 年 12 月 31 日，升格更名为上海分行虬江路支行。2004 年 2 月 18 日，更名为虬江路支行。2005 年 3 月 18 日，迁至北京西路 93 号，更名为北京西路支行。隶属关系由虹口支行变更为分行营业部

第八节 浦东分行

一、机构沿革

1990年5月5日，总管理处和上海分行响应党中央、国务院开发开放浦东战略决策，成立开发浦东联合工作小组。在调研的基础上，决定筹建上海浦东分行。12月25日，浦东分行在浦东南路766号开始试营业，是一家独立法人机构，资本金总额为1.5亿元，由国家、地方政府及企业投资入股组成，其中国家、地方政府及企业分别入股5 000万元，各占资本金总额的33.33%。开业初期，内设办公室、计划部、信贷部、综合业务部、会计出纳部、储蓄保险部及外汇业务部。1992年4月17日，正式开业。

图11-2-14 1990年12月25日，交通银行上海浦东分行在浦东南路766号开业

1991年2月，总管理处为支持浦东的开发开放，给予刚成立的浦东分行以“信贷收支计划单列、会计实行独立核算、文电实行单独立户、领导班子正职由总管理处聘任或解聘”等特殊政策。

1992年6月，浦东分行增设稽核室、监察室、思想政治办公室、人事教育处、保卫处、储蓄业务部、保险业务部、房地产业务部、证券业务部，撤销综合业务部、储蓄保险部，外汇业务部更名为国外业务部，会计出纳部更名为财务会计部。截至是年年末，浦东分行内设办公室、人事教育处、计划部、稽核室、监察室、保卫处、思想政治办公室、工会、财务会计部、储蓄业务部、国外业务部、保险业务部、信贷部、房地产业务部、证券业务部等15个部门。下辖高化、昌里路2家分理处及高桥镇1家储蓄所。1993年3月，增设信托业务部。4月，增设信用卡业务部。5月，撤销证券业务部。7月，增设电脑业务部。1994年2月，增设财会管理处、信贷管理处。6月，增设外汇业务管理处、储

图 11-2-15　1995 年 3 月 1 日，交通银行总行行长王明权到上海浦东分行调研

蓄管理处及业务部。7 月，撤销财务会计部、信贷部和储蓄业务部。

1995 年 6 月，经总行批准，浦东分行改由上海分行统一管理、实行内部指标单独考核的市内分行（副局级），赋予相对大的经营管理权限。1996 年 2 月，撤销信用卡业务部。3 月，计划部改称综合计划处。5 月，根据“精简、高效”的原则，强化业务经营职能，设立业务管理处，撤销综合计划处、储蓄管理处、外汇管理处。撤销人事教育处、保卫处，设立人事保卫处，直属党委、工会、团委、思想政治办公室归并办公室，合署办公。稽核室、监察室合并，改称为稽核监察室。1998 年 7 月，信托业务部更名为中间业务部。

截至 1998 年年末，浦东分行内设办公室、人事保卫处、业务管理处、信贷管理处、财会管理处、稽核室、电脑业务部、监察室等 8 个管理部门，以及业务部、国外业务部、中间业务部、房地产业务部等 4 个业务部门，下辖高桥支行、六里支行、陆家嘴支行、金桥支行、川沙支行，以及外高桥保税区支行等 6 家支行及所属 8 家营业网点。资产总规模达 69.70 亿元，人民币存款余额 47.59 亿元，储蓄存款余额 11.90 亿元；外币存款余额 1.49 亿美元，储蓄存款 0.59 亿美元；人民币贷款 42.02 亿元，外币贷款 1.34 亿美元；国际结算业务 10.00 亿美元；实现利润 0.72 亿元。

1999 年 1 月，经总行同意，上海分行对浦东分行实施经营体制改革，保留浦东分行牌子，改为经营性分行，业务授权范围视同中心支行对待。3 月 1 日，改制后的浦东分行挂牌，内设办公室、人事保卫科、综合科、会计科、出纳科、储蓄科、贷审科、风险资产科、存汇科、进出口科、信贷一科、信贷二科、外汇信贷科、房产信贷科、中间业务科等 15 个科室。下辖陆家嘴支行、民生路支行、东方路分理处、大道分理处及浦东海关派出柜等 4 家营业网点和 1 个派出柜。有员工 270 人，其中副行长 4 人，行长助理 1 人。

2000 年 3 月，浦东分行会计科、出纳科合并为会计出纳科；进出口科、存汇科合并为外汇业务科。

2001年1月，为进一步提高市场竞争力和加强内部管理，上海分行将浦东分行列为4个试点单位之一，重置内设机构：设立营业部，办公室、人事保卫科合并为办公室，综合科、会计出纳科、储蓄科、外汇业务科合并为业务管理科，贷审科、风险资产科合并为综合授信科，信贷一科、信贷二科、外汇信贷科、中间业务科合并为信贷业务一部、信贷业务二部，房产信贷科更名为信贷业务三部。

2004年3月15日，浦东分行迁至商城路518号营业。2006年2月28日，增设零售业务部、外汇业务部。2008年7月，上海分行以浦东分行、新区支行公司业务及人员为基础，组建分行业务三部、四部、五部。

2009年12月，为配套对公营销资源改革，上海分行整合浦东分行、新区支行国际业务及人员，组建国际业务部浦东分中心。

2014年7月5日，浦东分行迁至世纪大道1168号B座营业。截至是年年末，浦东分行下辖营业室及六里支行、陆家嘴支行、南浦支行、交银大厦支行、东方路支行、浦东海关支行、民生路支行、凌兆支行、玉兰路支行、联洋支行、梅花路支行、环龙路支行、北蔡支行、康桥支行等15个营业网点。设有离行式自助银行4家。有员工355人，其中正副行长4人，劳务派遣制员工2人。

二、业务经营

【公司业务】

支持企业发展　1999年1月，浦东分行集中优势资源，加大营销力度，支持重点行业和产业，拓宽与核心客户合作深度和广度，深化综合金融服务合作黏度。12月23日，与国内第一家化工电子商务公司上海中昊化工网上交易中心有限公司签署银行合作协议。2004年5月，与百安居（上海）管理有限公司建立全国范围内一对一结算合作关系。截至2007年2月，浦东分行人民币资产规模突破100亿元。

2010年起，浦东分行由零售序列行转型为综合经营行。5月，争取到上海市出入境检验检疫局年金业务托管银行资格。2011年11月，争取到上海大潮资产经营管理有限公司发行东泽一期股权投资基金1亿元募集托管资金，成为上海市分行首单非证券类自主私募股权基金资产托管项目。2012年10月，成功办理上海市分行首笔异地电子商业承兑汇票质押开立银票业务。12月，成功办理上海市分行系统内首笔电子商业承兑汇票快捷贴现项下的承兑人商票快捷贴现业务。2014年，与上饶银行股份有限公司建立业务合作关系。6月，上饶银行购买交通银行2亿元“金太阳”同业理财产品。

服务上海世博会　2008—2010年，浦东分行承担服务上海世博会主窗口功能。2008年11月，上海世博会荷兰馆向浦东分行提交开立人民币和欧元账户申请。秉持“特事特办”办博精神，当晚即按拟定流程完成人民币账户的开立，次日送达中国人民银行上海市分行和国家外汇管理局上海市分局审批、登记，快速生成荷兰馆急需的银行账号。2009—2010年，在总分行支持下，浦东分行在世博园区内设立5家营业网点，并在2010年5月1日—10月31日上海世博会开园期间，坚持每天9时至21时为世界各地参观者提供各项金融服务。

2010年3月，浦东分行为上海世博土地控股有限公司办理上海世博会开幕式音乐喷泉保证金通关业务。5月1日，上海世博开园首日，德国、意大利等近20个国家馆邀请浦东分行员工参加国家馆各类活动。上海世博会中国政府总代表华君铎在体验交通银行营业网点服务留言鼓励："交通银行世博支行是世博园区的一个亮点"。世博会开园期间，上海世博会运行指挥部窗口服务组发布"窗口服务满意度调查情况"，参观者对金融服务满意度高居榜首。

支持区域经济发展 1999年12月，浦东分行向世纪大道(花木段)及杨高路立交项目追加1亿元基本建设贷款。2005—2007年，参与铁路局、国际客运中心等银团项目，其中与国家开发银行合作，取得上海铁路局16亿元转让贷款项目。作为国际客运中心总投资40亿元项目的银团牵头行，贷款10亿元支持项目建设。

扶持小企业发展 2008年下半年，浦东分行着手筹备小企业信贷服务分中心。2009年7月20日，成立分行小企业信贷服务分中心。2010年12月末，小企业授信客户数达86户，授信额度17.28亿元；贷款余额为3.72亿元，其中人民币实质性贷款余额3.39亿元，贴现余额为0.33亿元。

【个金业务】

为适应战略转型和零售业务发展的要求，2006年浦东分行谋划在浦东新区一些成熟社区周边设置网点，以期完善网点业务功能，重点推进零售业务发展。9月8日，在联洋国际社区设立新型沃德B类营业网点，借助优质服务，加强对沃德、交银理财等中高端客户交叉销售，打造沃德理财服务特色。

2008年7月，浦东分行被转型为零售序列行。2009年1月—12月，开展代发工资、公务卡活动竞赛，加快零售业务转型。

截至2014年年末，浦东分行人民币存款余额179亿元，贷款余额65.72亿元，实现经营利润2240万元。

表11-2-29 1991—1998年交通银行上海浦东分行负责人任职情况表

行长(总经理)		副行长(副总经理)		行长助理(总经理助理)	
姓名	任职时间	姓名	任职时间	姓名	任职时间
鲁家善	1991年1月—1994年2月	李坚平	1991年1月—1991年12月(常务)	夏克平	1992年4月—1994年2月
杨煦春	1994年2月—1995年7月	陈海荣	1991年1月—1995年7月	—	—
陈如奇	1995年7月—1996年12月	乔天虹	1991年1月—1999年3月	—	—
王锡炯	1996年12月—1999年3月	杨煦春	1991年12月—1994年2月(常务)	—	—
—	—	夏克平	1994年2月—1996年1月	—	—
—	—	应小明	1995年7月—1999年3月	—	—
—	—	洪涛	1995年12月—1998年3月	—	—

〔续表〕

行长(总经理)		副行长(副总经理)		行长助理(总经理助理)	
姓　名	任职时间	姓　名	任职时间	姓　名	任职时间
—	—	徐　骏	1996年1月—1996年12月（主持工作）	—	—
—	—		1996年12月—1998年8月	—	—

表11-2-30　1998年年末交通银行上海浦东分行各部门负责人任职情况表

部门名称	姓　名	职　务
办公室	曹稺冈	副主任
人事保卫处	董月霞	处长
业务管理处	沈　柯	处长
业务管理处	章　哲	副处长
信贷管理处	姜国庆	处长
财会管理处	章嘉之	处长
稽核室	曹琪琪	主任
电脑业务部	崔希俊	主任
电脑业务部	巩开南	副主任
监察室	林全元	副主任
国外业务部	冯雅芬	经理
国外业务部	须　超	副经理
国外业务部	陈永忠	副经理
中间业务部	孙汉君	经理
房地产业务部	滕智力	经理
房地产业务部	常翠兰	副经理

表11-2-31　1998年年末交通银行上海浦东分行各经营单位负责人任职情况表

单位名称	姓　名	职　务
业务部	孟志芳	经理
业务部	朱克成	副经理
业务部	袁廷旺	副经理
业务部	张瑞龙	副经理
陆家嘴支行	强汉荣	行长

〔续表〕

部门名称	姓　名	职　务
金桥支行	韩娟芳	行长
金桥支行	蔡　钺	副行长
外高桥支行	周子浩	行长
外高桥支行	刘玉芬	副行长
六里支行	施宋涛	行长
六里支行	王海东	副行长
川沙支行	张建平	行长
高桥支行	郭奎生	行长
高桥支行	谌建中	副行长

表 11-2-32　1999—2014 年交通银行上海浦东分行负责人任职情况表

行长		副行长		行长助理	
姓　名	任职时间	姓　名	任职时间	姓　名	任职时间
陈荷兰	2000 年 4 月— 2002 年 11 月	强汉荣	1999 年 5 月— 2000 年 1 月 （主持工作）	袁廷旺	1999 年 5 月— 2001 年 2 月
张建平	2003 年 2 月— 2009 年 6 月	冯雅芬	1999 年 5 月— 2000 年 1 月	刘　昉	2003 年 2 月— 2004 年 1 月
王海东	2009 年 6 月— 2010 年 6 月	沈　柯	1999 年 5 月— 2000 年 1 月	江明慧	2004 年 1 月— 2005 年 4 月
袁廷旺	2010 年 6 月— 2011 年 2 月	张建平	1999 年 5 月— 2003 年 2 月	薛　峰	2007 年 9 月— 2008 年 6 月
彭悦箐	2011 年 2 月—	袁廷旺	2001 年 2 月— 2004 年 1 月	柴之雄	2010 年 4 月— 2012 年 10 月
—	—	刘　昉	2004 年 1 月— 2005 年 2 月	陈晓东	2011 年 1 月— 2011 年 10 月
—	—	沈卫东	2005 年 2 月— 2009 年 3 月	徐　敏	2011 年 5 月— 2013 年 6 月
—	—	陆燕丽	2005 年 4 月— 2011 年 2 月	—	—
—	—	彭悦箐	2005 年 11 月— 2011 年 2 月	—	—
—	—	陈晓东	2011 年 10 月— 2014 年 9 月	—	—
—	—	柴之雄	2012 年 10 月—	—	—
—	—	徐　敏	2013 年 6 月—	—	—
—	—	周卫民	2014 年 12 月—	—	—

表 11 - 2 - 33 2014年年末交通银行上海浦东分行营业网点一览表

网点名称	地址	沿革
浦东分行	浦东世纪大道1168号	1990年12月13日，浦东分行在浦东新区浦东南路766号设立。12月25日，试营业。1992年4月17日，正式开业。1999年1月13日，浦东分行由二级分行调整为经营性分行，业务授权范围视同中心级支行。2004年3月15日，迁至商城路518号。2014年7月9日，迁至世纪大道1168号营业
陆家嘴支行	浦东南路766号	1993年9月17日，浦东分行文登路办事处在文登路1268号设立。1995年4月21日，更名为浦东分行东方路办事处。1996年10月18日，迁至沈家弄路135号(后变更为商城路518号)内外联大厦裙房二楼营业，同时更名为浦东分行陆家嘴办事处。1996年11月4日，更名为浦东分行陆家嘴支行。1999年1月13日，更名为上海分行陆家嘴支行。2004年2月18日，更名为陆家嘴支行。3月15日，迁至浦东南路766号
交银大厦支行	东园路158号	1995年1月19日，浦东分行文登路办事处大道分理处在浦东大道800号设立。1995年4月21日，更名为浦东分行东方路办事处大道分理处。1996年6月20日，更名为浦东分行陆家嘴办事处大道分理处。11月4日，更名为浦东分行陆家嘴支行大道分理处。1999年1月13日，更名为上海分行陆家嘴支行大道分理处，隶属关系由原陆家嘴支行变更为浦东分行。2001年3月16日，升格为浦东大道支行。2002年9月25日，迁至东园路158号
东方路支行	浦建路15号	1996年6月20日，浦东分行陆家嘴办事处东方路分理处在东方路1268号设立。11月4日，更名为浦东分行陆家嘴支行东方路分理处。1999年1月13日，更名为上海分行陆家嘴支行东方路分理处，隶属关系由浦东分行陆家嘴支行变更为浦东分行。2001年3月14日，迁至蓝村路458号。2001年7月23日，升格更名为上海分行东方路支行。2004年2月18日，更名为东方路支行。2010年7月28日，迁至浦建路15号
浦东海关支行	陆家嘴西路153号	1996年9月6日，浦东分行陆家嘴办事处浦东海关派出柜在浦东陆家嘴路660号海关大厦2楼设立。2001年9月21日，升格更名为上海分行浦东海关支行。2004年2月18日，更名为浦东海关支行
民生路支行	羽山路373号	1998年1月5日，浦东分行民生路支行在浦东大道1535号设立。1999年1月13日，浦东分行民生路支行更名为上海分行民生路支行，隶属关系由浦东分行业务部变更为浦东分行。2004年2月18日，更名为民生路支行。2008年9月28日，迁至羽山路373号
凌兆支行	灵岩南路1020号	1999年12月15日，凌兆支行在灵岩南路1020号设立。2001年1月10日，隶属关系由金桥支行变更为浦东分行。2004年2月18日，更名为凌兆支行
玉兰路支行	玉兰路291～299号	2000年7月12日，玉兰路支行在玉兰路291～299号设立。2004年2月，更名为玉兰路支行
六里支行	昌里路105号	2001年1月10日，六里支行隶属关系由金桥支行变更为浦东分行。2004年2月18日，更名为六里支行
南浦支行	昌里东路465号	2001年1月10日，金桥支行南浦分理处隶属关系由金桥支行变更为浦东分行。11月13日，升格更名为南浦支行。2002年5月27日，迁至昌里东路465号。2004年2月，更名为南浦支行
联洋支行	迎春路1123号	2001年12月11日，外高桥新海关支行在外高桥保税区洲海路一号商务楼设立。2003年9月27日，更名为外高桥保税区支行。2004年7月13日，迁至外高桥保税区日京路35号，更名为日京路支行。2006年9月5日，迁至迎春路1123号，更名为联洋支行，隶属关系由新区支行变更为浦东分行
梅花路支行	梅花路943号	2007年6月20日，梅花路支行在梅花路943号设立

〔续表〕

网点名称	地 址	沿 革
环龙路支行	环龙路55号	2007年12月28日，松江科技园区支行由松江区小昆山镇秦安街78号迁至环龙路55号，更名为环龙路支行
北蔡支行	北中路215号	2010年3月19日，世博支行在华丰路1号设立。2013年7月1日，临时停业，10月12日，迁至北中路215号，更名为北蔡支行
康桥支行	沪南路2579号1～2层	2012年11月29日，康桥支行在沪南路2579号1～2层设立

表11-2-34 截至2014年年末交通银行上海浦东分行已转出营业网点一览表

网点名称	沿 革
世博一支行	2009年4月24日，世博一支行在浦东南路3588号4号楼设立。2010年5月1日，开业。2011年5月30日，临时停业。12月7日，延长临时停业。12月19日，迁至黄浦区南京东路80号，更名为南京东路支行。隶属关系由浦东分行变更为分行营业部
世博二支行	2010年3月30日，世博二支行在世博园区B06地块购物援助功能区设立。5月1日，开业。12月20日，临时停业。2011年6月16日，迁至嘉定区丰庄北路399号107室，更名为丰庄支行。隶属关系由浦东分行变更为嘉定支行
世博三支行	2010年4月12日，世博三支行在世博园区浦西D片区企业联合馆设立。5月1日，开业。12月20日，临时停业。2011年7月5日，延长临时停业。11月16日，迁至松江区沪亭北路738号，更名为九亭支行。隶属关系由浦东分行变更为松江支行
世博四支行	2010年3月15日，世博四支行在世博2号仓库(二层)设立。5月1日，开业。2011年2月25日，临时停业。9月5日延长临时停业。2012年1月16日，迁至周浦镇康沈路1559～1569号，更名为周浦支行。隶属关系由浦东分行变更为临港新城支行

表11-2-35 1994—2014年交通银行上海浦东分行获奖情况表

获 奖 单 位	获奖称号(年度)	备 注
浦东分行六里支行	全国“青年文明号”(1997年)	全国性
浦东分行六里支行	全国“青年文明号”(1998年)	全国性
上海分行六里支行	全国“青年文明号”(1999年)	全国性
上海分行六里支行	全国“青年文明号”(2000年)	全国性
浦东分行	全国五一劳动奖状(2010年)	全国性
交银大厦支行	全国“青年文明号”(2011—2012年度)	全国级
浦东分行六里办事处	上海市青年文明岗(1994年)	省部级
上海分行六里支行	上海市文明单位(1997—1998年度)	省部级
浦东分行	上海市文明单位(2009—2010年度)	省部级
浦东分行	上海市文明单位(2011—2012年度)	省部级
浦东分行	上海市文明单位(2013—2014年度)	省部级

〔续表〕

获奖单位	获奖称号(年度)	备　注
浦东分行	全国金融五一劳动奖状(2009年)	金融系统级
浦东分行	交通银行精神文明建设先进单位(2002年)	交通银行系统级
交银大厦支行	交通银行"青年文明号"(2007年)	交通银行系统级
交银大厦支行	交通银行"青年文明号"(2008年)	交通银行系统级
交银大厦支行	交通银行"青年文明号"(2009年)	交通银行系统级
浦东分行	交通银行第四届文明单位(2010年)	交通银行系统级
浦东分行党总支部	交通银行先进基层党组织(2010年)	交通银行系统级

第九节　徐汇支行

一、机构沿革

1991年1月14日，上海分行漕河泾办事处在漕河泾新兴技术开发区桂箐路65号开业。内设会计出纳科、信贷科。有员工30人，其中副主任1人、退休回聘人员12人。

1992年10月，漕河泾支行增设储蓄科。1993年5月，增设办公室。1994年4月，增设外汇业务科。1995年3月，增设人事保卫科。

1995年9月20日，上海分行决定在徐家汇商圈内设立徐汇支行在衡山路20号开业。内设办公室、人事保卫科、会计出纳科、储蓄科、外汇业务科和信贷科等6个科室；下辖漕河泾支行，高安

图11-2-16　1995年9月20日，交通银行上海分行徐汇支行在徐汇区衡山路20号开业

图 11-2-17　1995 年 9 月 20 日，交通银行董事长潘其昌(左七)、咨询委员会主任顾树桢(右五)出席上海分行徐汇支行开业仪式

路、宜山路分理处。有员工 43 人，其中正副行长 2 人。2001 年 2 月，调整内设机构，设立营业部，办公室、人事保卫科合并为办公室，会计出纳科、储蓄科、外汇业务科合并为业务管理科，信贷科分拆为信贷业务部、综合授信科。2006 年 2 月，增设零售业务部。3 月，增设信贷业务部。

截至 2014 年年末，徐汇支行下辖营业室及漕河泾支行、宜山路支行、天钥桥路支行、斜土路支行、肇嘉浜路支行、南丹东路支行、田林支行和浦江高科技园支行等 9 家营业网点。设有离行式自助银行 1 家。有员工 240 人，其中正副行长 5 人。

二、业务经营

【公司业务】

服务企事业单位　1991 年漕河泾办事处开业后，大力拓展漕河泾新兴技术开发区内大中型企业和“三资”企业，向上海市第六人民医院等一批企事业单位提供各类金融服务。截至是年年末，人民币存款余额为 7 321 万元，贷款余额 10 997 万元。

1995 年 9 月徐汇支行成立后，对区域内经济发展规划、产业布局、市场信息开展调研，细分客户，制定有针对性营销方案。1999 年 6 月，牵线上海分行与交通大学签署银校合作协议书，向该校提供 1.5 亿元的授信额度，支持高校科技成果的应用与推广。2000 年，与宜山路建材市场的家饰佳装饰城、喜盈门建材商城达成业务合作意向，负责向商城提供自助取款机(ATM)、POS 机、上门收款等服务。是年，向华联商厦、东方美莎、汇金百货等企业发放 1.3 亿元贷款，支持商业企业发展。2001 年，成功营销交大昂立公司将上市募集的部分资金存入徐汇支行。2012 年，利用总行新开发“银卫安康”产品，与中山医院、徐汇区中心医院、上海第六人民医院等签订“银医协同”项目合作协议，为医院提供充值机、自助取款机，帮助医院升级结算系统，打造查询、挂号、充值、付费一体式自助就医系统。2013 年 4 月，在上海分行支持下，组织开展“支持实体经济，促进区域发展——走进徐汇区、走进漕河泾”大型业务推介活动，提升交通银行品牌影响力，与上海均瑶(集团)有限公司、中国海诚工程科技股份有限公司等重点客户建立全面战略合作伙伴关系。

支持区域经济　2000年，徐汇支行向区属企业汇鑫投资公司发放6 000万元贷款，支持轨道交通2号线建设。2012年8月，牵线上海分行与徐汇区政府签署全面战略合作协议，围绕聚焦重点产业、聚焦重点项目、聚焦重点地区“三个聚焦”，加大对徐汇区内重点项目、战略性新兴产业、高新技术产业、现代服务业方面的融资支持力度。是年，向上海汇成动拆迁有限公司和上海徐房住宅安置有限公司发放10亿元贷款，支持徐汇区对旧区进行改造。

扶持中小企业　2009年，徐汇支行牵线上海分行与徐汇区人民政府、漕河泾开发区，联手推出国内首创的“漕河泾科技型中小企业融资平台”“1+1”模式。针对区域产业特点，对开发区内科技型中小企业提供无担保、无抵押的超短期融资。4月，设立专职服务小企业的团队，提高工作质效。7月，挂牌成立上海分行小企业服务分中心，对接漕河泾科技型中小企业融资平台，使园区内小企业真正享受融资快捷与便利服务。2010年1月，《解放日报》头版以《交行“漕河泾模式”解民企尴尬》为题，专题介绍“漕河泾开发区中小企业信托平台”。东方网、新民网等在第一时间进行转载。3月，结合上海市本地中小企业业务发展特点，加大对优质目标客户营销，成功发放上海分行首笔“税收贷”产品的流动资金贷款。截至是年3月末，共投放2笔、金额1 700万元的“税收贷”。中央电视台在《新闻联播》节目中报道此事。

2009—2014年，徐汇支行累计向涵盖新材料、互联网、电子通信、生物医药、航天科技和电力科技等国家重点扶持行业的70余户中小企业投放近8亿元贷款，没有出现逾期、坏账贷款情况。

【个金业务】

2006年，按照总行转型零售业务战略要求，徐汇支行加快营业网点改造步伐。5月，完成1家沃德财富中心改造，成为总行系统首批推出的B类沃德网点。6月，被总行选定为客户分流试点行。在试点过程中，通过对客户分层、销售分类、实现交叉销售和对持卡人精准识别；通过增设中高端客户服务区，实现不同层次客户服务区域的划分；通过增加配置对私客户经理，实现为优质客户提供专人服务的模式；通过增加自助机具数量，满足客户分流后普通业务需求；通过完善培训考核，制定分流预案，提升服务质量。经2个月试点，8月，徐汇支行顺利通过总、分行联合验收，成为总行客户分流工作试点模板行，逐步向全行推广经验。

截至2014年年末，徐汇支行人民币存款余额179.7亿元，外币存款余额1.25亿元，人民币贷款余额106.6亿元，实现经营利润3.48亿元。

表11-2-36　1991—2014年交通银行上海徐汇支行负责人任职情况表

漕河泾办事处(1990年12月—1993年2月)					
主　任		副主任		主任助理	
姓　名	任职时间	姓　名	任职时间	姓　名	任职时间
—	—	顾　亮	1990年12月—1992年10月	—	—
—	—	王宗培	1992年1月—1992年7月	—	—

〔续表〕

漕河泾办事处(1990年12月—1993年2月)					
主　任		副 主 任		主任助理	
姓　名	任职时间	姓　名	任职时间	姓　名	任职时间
—	—	张新屏	1992年9月—1993年4月	—	—
—	—	陈明垒	1992年10月—1993年4月(主持工作)	—	—
漕河泾支行(1993年2月—1995年8月)					
行长(经理)		副行长(副经理)		行长助理(经理助理)	
姓　名	任职时间	姓　名	任职时间	姓　名	任职时间
孙小妹	1995年6月—1995年8月	陈明垒	1993年4月—1995年6月(主持工作)	—	—
—	—	张新屏	1993年4月—1993年7月	—	—
—	—	隋思民	1993年12月—1994年4月	—	—
—	—	吴秀琴	1993年12月—1995年8月	—	—
徐汇支行(1995年8月—　)					
行　长		副 行 长		行长助理	
姓　名	任职时间	姓　名	任职时间	姓　名	任职时间
孙小妹	1995年8月—1998年8月	吴秀琴	1995年8月—1998年8月	曾文伟	2006年5月—2006年9月
龚伯忠	1998年8月—1998年10月	闫连政	1996年6月—2000年1月	戴　威	2007年9月—2009年6月
徐宏宝	2000年4月—2002年3月	江振秀	1998年8月—2003年1月	林焕波	2010年9月—2013年3月
缪惠芬	2003年3月—2012年4月	沈　潇	1998年10月—2000年1月(主持工作)	—	—
厉　静	2012年4月—	胡　坚	2000年4月—2005年12月	—	—
—	—	阙海萍	2003年4月—2006年5月	—	—
—	—	程　华	2005年11月—2010年11月	—	—
—	—	欧阳琦	2006年5月—2008年5月	—	—

〔续表〕

徐汇支行(1995年8月—)					
行　长		副 行 长		行长助理	
姓　名	任职时间	姓　名	任职时间	姓　名	任职时间
—	—	赵建平	2008年7月—2014年1月	—	—
—	—	戴　威	2009年6月—2014年12月	—	—
—	—	施立群	2011年1月—	—	—
—	—	许海红	2014年2月—	—	—
—	—	王　咏	2014年4月—	—	—
—	—	李晓翔	2014年12月—	—	—

表11-2-37　2014年年末交通银行上海徐汇支行营业网点一览表

网点名称	地　址	沿　革
徐汇支行	衡山路20号	1995年8月30日,上海分行徐汇支行在衡山路20号设立。9月20日,开业。2004年2月18日,更名为徐汇支行
漕河泾支行	宜山路900号	1990年12月31日,上海分行漕河泾办事处在桂箐路65号设立。1991年1月14日,开业。1993年5月1日,改称上海分行漕河泾支行。1995年8月30日,变更为隶属徐汇支行的二级支行。2004年2月18日,更名为漕河泾支行。2006年3月27日,迁至宜山路900号
宜山路支行	宜山路508号	1995年7月11日,漕河泾支行宜山路分理处在宜山路566弄2号设立。1998年9月14日,更名为徐汇支行宜山路分理处,隶属关系由漕河泾支行变更为徐汇支行。2001年3月16日,迁至宜山路508号,升格更名为上海分行宜山路支行。2004年2月18日,更名为宜山路支行
天钥桥路支行	天钥桥路93号	1997年7月16日,徐汇支行徐家汇分理处在天钥桥路93号设立。2001年3月16日,升格更名为上海分行天钥桥路支行。2004年2月18日,更名为天钥桥路支行
斜土路支行	斜土路2426号	2001年6月15日,上海分行斜土路支行在斜土路2426号设立。2004年2月18日,更名为斜土路支行
肇嘉浜路支行	肇嘉浜路798号	2002年6月4日,上海分行肇嘉浜路支行在肇嘉浜路798号设立。2004年2月18日,更名为肇嘉浜路支行
南丹东路支行	南丹东路195～201号	2006年12月11日,石泉路支行由石泉路51号迁至南丹东路195～201号,更名为南丹东路支行。隶属关系由市西支行变更为徐汇支行
田林支行	田林东路588号	2009年1月20日,虹桥友谊商城支行由遵义南路6号迁至虹桥路100号,更名为徐家汇支行。隶属关系由长宁支行变更为徐汇支行。2013年7月12日,迁至田林东路588号,更名为田林支行
浦江高科技园支行	陈行路2388号1幢1层111～116室	2012年12月26日,浦江高科技园支行在陈行路2388号1幢1层111～116室设立

表 11-2-38 截至 2014 年年末交通银行上海徐汇支行已转出营业网点一览表

网点名称	沿革
漕河泾支行高安路分理处	1992 年 3 月 19 日,漕河泾办事处高安路分理处在衡山路 64 号设立。1993 年 5 月,更名为漕河泾支行高安路分理处。1998 年 9 月 2 日,迁至杨树浦路 88 号,升格更名为上海分行航运交易所支行。隶属关系由徐汇支行变更为分行业务部
陕西南路支行	2008 年 8 月 1 日,陕西南路支行在肇嘉浜路 182 号设立。2011 年 8 月 5 日,隶属关系由徐汇支行变更为市南支行

表 11-2-39 2001—2014 年交通银行上海徐汇支行获奖情况表

获奖单位	获奖称号(年度)	备注
徐汇支行营业部	全国"青年文明号"(2008 年)	全国级
漕河泾支行	全国"青年文明号"(2013—2014 年度)	全国级
徐汇支行营业部	上海市文明单位(2007—2008 年度)	省部级
徐汇支行营业部	上海市文明单位(2009—2010 年度)	省部级
徐汇支行营业部	上海市文明单位(2011—2012 年度)	省部级
徐汇支行营业部	上海市文明单位(2013—2014 年度)	省部级
上海分行宜山路支行	交通银行"青年文明号"(2001 年)	交通银行系统级
上海分行宜山路支行	交通银行"青年文明号"(2002 年)	交通银行系统级
上海分行宜山路支行	交通银行"青年文明号"(2003 年)	交通银行系统级
上海分行宜山路支行	交通银行"青年文明号"(2004 年)	交通银行系统级
徐汇支行党支部	交通银行先进基层党组织(2005 年)	交通银行系统级
徐汇支行营业部	交通银行"青年文明号"(2005 年)	交通银行系统级
徐汇支行营业部	交通银行"青年文明号"(2006 年)	交通银行系统级
徐汇支行营业部	交通银行"青年文明号"(2007 年)	交通银行系统级
漕河泾支行	交通银行"青年文明号"(2009 年)	交通银行系统级
漕河泾支行	交通银行"青年文明号"(2011 年)	交通银行系统级

第十节 闸北支行

一、机构沿革

1991 年 1 月 25 日,闸北办事处在中兴路 1128～1130 号开业。内设办公室、信贷科和会计出纳科。有员工 31 人,其中副主任 2 人。

1992 年 10 月 24 日,闸北办事处增设储蓄科。12 月,增设人事保卫科。1995 年 8 月 21 日,增设外汇业务科。2000 年 9 月 5 日,设立营业部,办公室和人事保卫科合署办公。2001 年 2 月,根据上海分行改革经营单位机构要求,调整内设机构,办公室、人事保卫科合并为办公室,会计出纳科、储蓄科、外汇业务科合并为业务管理科,信贷科分拆为信贷业务部、综合授信科。10 月,迁至汉中

图 11-2-18　1991 年 1 月 25 日，交通银行上海分行闸北办事处在中兴路 1128～1130 号开业

路 188 号汉中广场。2006 年 3 月，增设零售业务部。

截至 2014 年年末，闸北支行下辖营业室及共和新路支行、虹桥枢纽支行、市北工业区支行、彭浦新村支行、大华支行、芷江路支行、延长路支行等 7 家营业网点。设有离行式自助银行 3 家。有行员 202 人，其中正副行长 5 人、劳务派遣制员工 3 人。

二、业务经营

【公司业务】

支持区域经济　1991 年，闸北办事处以支持区域经济发展为己任，积极参与地方经济建设及重大项目，贷款支持闸北区不夜城商业圈建设项目、上海名品商厦等项目建设，向老北站地区首批 7 家商业网点改造提供 695 万元贷款。1997 年 4 月，贷款 3 000 万元支持闸北体育场改建。2014 年，向上海北方企业(集团)有限公司发放 5 亿元贷款，支持其对闸北区"美好家园"旧区改造。

支持企业发展　1992 年，闸北办事处支持机电系统大中型工业制造企业发展，向上海电机(集团)公司下属先锋电机厂、华通开关厂、彭浦机器厂、上海造纸机械总厂、上海四方锅炉厂、上海起重运输机械厂、上海压缩机厂、上海电焊条总厂和上海冶金矿山机械厂等 9 家企业发放 3 760 万元流动资金贷款，供企业生产周转使用。

1995 年，闸北支行贷款支持上海日用电机厂 40 万套桑塔纳轿车散热器风扇配套项目。2008 年，加强为市北工业园区配套服务，在园区内设立物理网点。向上海市北高新(集团)有限公司提供 22 亿元授信额度，支持前期地块开发及基础建设项目。是年，向上海申虹投资发展有限公司提供 6.4 亿元贷款，支持其配套 2010 年上海世博会的上海虹桥综合交通枢纽工程建设。2012 年，为光明食品(集团)有限公司在英国并购"维他麦公司"提供跨境银行俱乐部融资，成为光明食品(集团)

有限公司现金管理行之一。2014 年，获得光明食品(集团)有限公司 20 亿元超短融主承销行资格。

2012 年，闸北支行成功为上海复星高科技(集团)有限公司发行 5 亿元房产信托；争取到上海复星医药(集团)股份有限公司在港上市 H 股收款行地位。成为上海复星高科技(集团)有限公司麾下地产基金星浩资本的合作银行。承担上海复星高科技(集团)有限公司 20 亿元短期主承销行地位。2014 年，作为上海复星高科技(集团)有限公司外滩 8－1 项目(上海外滩国际金融服务中心)银团牵头行，成功组建 72 亿元银团贷款，获取独家代理行资格。是年，促成交银国际信托公司向市北高新集团发放 7 亿元信托贷款。2013 年，与西藏城市发展投资股份有限公司达成合作意向，成为其资产类业务托管行，在 1 个月内完成向该公司提供 3 亿元授信额度的申报。2014 年，成为自贸区内最大的融资租赁公司——中交建融租赁有限公司首批合作银行。

支持中小企业　为有效对接闸北区科技实体企业发展，服务中小企业，2010 年 9 月，闸北支行成立“中小企业信贷服务分中心”。是年，成功办理首单中小企业隐蔽型保单创新业务。2012 年 7 月，牵线上海分行与上海市科创中心(原上海市高新技术成果转化服务中心)签订战略合作协议，闸北支行作为协议落地对接行，推出高新技术成果转化信用贷、小微企业信用贷等合作模式，向闸北区中小企业累计提供 1.18 亿元贷款支持，其中信用贷款比例达 34%。是年，发展中小企业授信客户 70 户，新增授信额度 7 亿元。

【个金业务】

2003 年 2 月 28 日，闸北支行在营业大厅内举行上海分行个人汽车按揭中心揭牌仪式，仅 1 个月，办理汽车贷款 376 万元。是年，成立理财中心，通过细分客户、组合产品、提升服务，实现差异化理财营销。2006 年 6 月，设立零售业务部，推进零售业务转型。2010 年与出国留学中介机构合作，办理“游学通”业务。

截至 2014 年年末，闸北支行人民币存款达 108.9 亿元、贷款达 109.87 亿元，实现经营利润 2.3 亿元。

表 11－2－40　1990—2014 年交通银行上海闸北支行负责人任职情况表

闸北办事处(1990 年 12 月—1993 年 2 月)					
主　任		副 主 任		主 任 助 理	
姓　名	任 职 时 间	姓　名	任 职 时 间	姓　名	任 职 时 间
—	—	龚龙妹	1990 年 12 月—1993 年 4 月	—	—
—	—	徐桂海	1990 年 12 月—1993 年 4 月	—	—
闸北支行(1993 年 2 月—　)					
行长(经理)		副行长(副经理)		行长助理(经理助理)	
姓　名	任 职 时 间	姓　名	任 职 时 间	姓　名	任 职 时 间
龚龙妹	1994 年 11 月—1997 年 9 月	龚龙妹	1993 年 4 月—1994 年 11 月(主持工作)	王丽华	2002 年 4 月—2004 年 1 月
张燕民	1997 年 9 月—2002 年 2 月	徐桂海	1993 年 4 月—1998 年 7 月	严　俊	2005 年 11 月—2006 年 9 月

〔续表〕

闸北支行(1993年2月—　)					
行长(经理)		副行长(副经理)		行长助理(经理助理)	
姓　名	任职时间	姓　名	任职时间	姓　名	任职时间
陈必钧	2002年3月—2009年6月	徐云	1993年12月—2001年1月	应　敏	2006年5月—2006年9月
严　俊	2008年1月—2009年6月(代理行使行长职责)	王康丽	1997年9月—2000年4月	薛　峰	2008年6月—2009年6月
	2009年6月—2012年4月	陈汇绮	2000年4月—2006年9月	潘　伟	2009年3月—2011年10月
叶晓宏	2012年4月—2014年12月	樊　燊	2001年2月—2005年11月	张　嵘	2009年3月—2011年10月
应　敏	2014年10月—2014年12月(行长的代为履职人员)	王　昆	2005年11月—2009年6月	王培泽	2010年9月—2012年12月
	2014年12月—	严　俊	2006年9月—2008年1月	—	—
—	—	应　敏	2006年9月—2009年6月	—	—
—	—	薛　峰	2009年6月—	—	—
—	—	潘　伟	2011年10月—	—	—
—	—	张　嵘	2011年10月—	—	—
—	—	强轶群	2014年12月—	—	—

表11-2-41　2014年年末交通银行上海闸北支行营业网点一览表

网点名称	地　址	沿　革
闸北支行	汉中路188号	1990年12月31日，上海分行闸北办事处在闸北区中兴路1128～1130号设立。1991年1月25日，开业。1993年5月1日，改称上海分行闸北支行。2001年10月8日，迁至汉中路188号营业。2004年2月18日，更名为闸北支行
共和新路支行	共和新路2400号	1992年2月24日，宝山办事处共和新路分理处更名为闸北办事处共和新路分理处，隶属关系由上海分行宝山办事处变更为上海分行闸北办事处。1993年5月1日，更名为闸北支行共和新路分理处。2000年11月17日，升格更名为上海分行共和新路支行。2004年2月18日，更名为共和新路支行。2010年1月29日，迁至共和新路2400号
虹桥枢纽支行	申昆路1500号申虹国际大厦A座DF405室	1993年10月25日，闸北支行北站分理处在宝山路251号设立。2000年11月17日，升格更名为上海分行北站支行。2001年9月12日，迁至河南北路183号，更名为上海分行七浦路支行。2004年2月18日，更名为七浦路支行。2011年5月18日，迁至申昆路1500号申虹国际大厦A座DF405室，更名为虹桥枢纽支行
市北工业区支行	江场西路532号	1994年12月28日，闸北支行新客站分理处在秣陵路190号名品商厦设立。2000年12月29日，迁至天目西路245号，升格更名为上海分行新客站支行。2004年2月18日，更名为新客站支行。2007年12月28日，迁至江场西路532号，更名为市北工业区支行

〔续表〕

网点名称	地　址	沿　　革
彭浦新村支行	汾西路 360 号	1997 年 7 月 25 日，闸北支行彭浦新村分理处在汾西路 360 号设立。2001 年 11 月 13 日，升格更名为上海分行彭浦新村支行。2004 年 2 月 18 日，更名为彭浦新村支行
大华支行	新沪路 1151 号	2000 年 8 月 10 日，上海分行大华支行在新沪路 1151 号设立。2004 年 2 月 18 日，更名为大华支行
芷江路支行	芷江西路 377 号	2001 年 10 月 8 日，上海分行中兴路支行在中兴路 1130 号设立。2004 年 2 月 18 日，更名为中兴路支行。2011 年 11 月 28 日，迁至芷江西路 377 号，更名为芷江路支行
延长路支行	延长中路 568 号	2013 年 10 月 23 日，延长路支行在延长中路 568 号设立

表 11－2－42　截至 2014 年年末交通银行上海闸北支行已转出营业网点一览表

网点名称	沿　　革
闻喜路支行	2000 年 1 月 24 日，上海分行闻喜路支行在闻喜路 1284 号设立。2003 年 4 月 15 日，迁至中潭路 100 弄 6 号，更名为上海分行中远两湾城支行，隶属关系由闸北支行变更为虹口支行

第十一节　黄 浦 支 行

一、机构沿革

1993 年 11 月 8 日，市南办事处在延安东路 872 号开业。内设办公室、人事保卫科、会计出纳科和信贷科。有员工 80 人，其中副主任 1 人、主任助理 1 人、退休回聘人员 11 人。

1994 年 8 月 3 日，市南办事处增设外汇业务科。1995 年 2 月 25 日，增设储蓄科。7 月 25 日，更名为市南支行。1996 年 9 月，为配合延安东路高架施工，暂迁西藏中路 69 号大陆饭店。1997 年 5 月 26 日，迁至淮海东路 99 号恒积大厦营业。2001 年 2 月，调整内设机构：设立营业部，办公室、人事保卫科合并为办公室，储蓄科、会计出纳科和外汇业务科合并为业务管理科，信贷科更名为公司业务部。2006 年 2 月，增设零售业务部。2011 年，上海市实施行政区划调整，撤销黄浦区、卢湾区建制，建立新的黄浦区。根据“撤二建一”新变化，8 月 16 日，更名为黄浦支行。

图 11－2－19　1996 年 9 月 17 日，交通银行上海分行市南支行迁至淮海东路 99 号营业

截至 2014 年年末，黄浦支行下辖营业室及南京西路支行、大桥支行、西藏南路支行、新昌路支行、瑞南支行、北京东路支行和陕西南路支行等 7 家营业机构。设有离行式自助银行2家。有员工235人，其中正副行长4人、劳务派遣制员工4人。

二、业务经营

【公司业务】

支持企业发展　市南办事处开业后，依托区位优势，积极拓展商业企业。1994年，集中贷款资源参与宝大祥、老介福等知名企业商业楼宇改造工程。1997年，与上海新世界股份有限公司建立结算业务合作关系，2004年，建立授信关系，授信额度峰值达7亿元。2011年，作为新世界大丸百货项目牵头代理行，向新世界公司下属新南东项目管理有限公司发放9.4亿元银团贷款。1997年，成功营销百联集团开立结算账户。2005年，双方建立授信关系，授信峰值达10.2亿元，业务涵盖短期流动资金贷款、"福费廷"、银行汇票、信用证等业务。

1998年，市南支行发展上海豫园旅游商城股份有限公司（以下简称"豫园商城公司"）为结算客户，2007年，根据豫园商城公司要求，推介"蕴通账户"产品，帮助该公司解决其财务集中管理与下属公司账户分散的问题，争取到包括上海亚一金厂有限公司在内数十家子公司开立蕴通账户，在总行系统内搭建起第一个蕴通账户管理平台。2008年，作为唯一主承销商，为豫园商城公司成功发行4亿元短期融资券。2011—2012年，再次为豫园商城公司发行总额8亿元中期票据。2013年，助力上海国际黄金珠宝商贸功能区建设。3月，与豫园商城公司联手，完成黄金租赁首单业务交易。成功营销上海老庙黄金有限公司等4家用金单位在黄浦支行开办黄金租赁业务。是月，累计完成业务交易66单、共计15.20吨，价值逾36.5亿元标准黄金租赁业务。

2008年10月，市南支行与普洛斯投资管理（中国）有限公司签署全面战略合作协议。2008—2014年，向该公司提供本外币结算、蕴通账户、项目融资、外汇资本项目、人民币跨境结算等金融服务。

2013年，黄浦支行与阿里巴巴集团建立业务合作关系。

支持区域经济　市南办事处高度重视地区经济建设，支持区域经济发展。1994年，向黄浦区国有资产总公司发放1亿元市政建设贷款，支持西藏南路拓宽工程。是年，贷款1亿元，支持黄浦区"365"危棚简屋旧区改造工程。1996年，贷款3亿元，支持复兴中路拓宽工程。1998年，贷款3亿元，支持延中绿地一期改造工程。是年，贷款1亿元，支持河南南路（中华路—陆家浜路段）拓宽工程。1999年，贷款支持南京东路步行街改造，最高授信额度超过10亿元。2002年，贷款2亿元，支持建造古城公园。2005年，贷款3亿元，支持黄浦区体育馆建设。2009年2月、2013年3月，两次牵线上海市分行与黄浦区人民政府签署深化金融合作和全面战略合作协议，巩固双方合作基础。

1994—2014年，黄浦支行参与黄浦区重大建设项目13个，累计发放贷款金额33亿元。

服务上海世博　2006年12月，市南支行与上海世博土地控股有限公司（以下简称"世博土控公司"）签订"银企全面合作协议"，向该公司提供150亿元融资支持。2007年，成功竞争到世博土控公司主要结算行地位，成为世博工程指挥部支付工程款唯一结算银行。以"债权回购承诺"创新业务，累计为世博土控公司筹集120亿元低成本资金。成功营销上海建工（集团）总司、上海建工股份有限公司、上海市第二市政工程有限公司等7家大型建筑单位在支行开户，实现世博建设资金体内循环目标。2012年3月，根据银监局要求，黄浦支行作为23家银团贷款牵头行及代理行，完成对总额478.77亿元的银团贷款进行土地追加抵押，抵押率达61.23%，优化债务担保方式。

截至2014年年末，黄浦支行人民币存款余额为140.37亿元，贷款余额为155.45亿元，实现经营利润3.38亿元。

表 11-2-43　1993—2014 年交通银行上海黄浦支行负责人任职情况表

市南办事处(1993 年 9 月—1995 年 8 月)					
主　任		副主任		主任助理	
姓　名	任职时间	姓　名	任职时间	姓　名	任职时间
金连康	1994 年 11 月—1995 年 8 月	金连康	1993 年 10 月—1994 年 11 月	章关发	1993 年 10 月—1993 年 12 月
—	—	陈汇绮	1993 年 12 月—1995 年 8 月	—	—
—	—	章关发	1993 年 12 月—1995 年 8 月	—	—
市南支行(1995 年 8 月—2011 年 8 月)					
行　长		副行长		行长助理	
姓　名	任职时间	姓　名	任职时间	姓　名	任职时间
金连康	1995 年 8 月—1997 年 10 月	陈汇绮	1995 年 8 月—2000 年 4 月	金　旗	2000 年 3 月—2001 年 2 月
曹安生	1997 年 9 月—2000 年 4 月	章关发	1995 年 8 月—1998 年 9 月	鲁　联	2003 年 3 月—2004 年 1 月
乌维舟	2000 年 4 月—2004 年 1 月	潘积璐	1998 年 8 月—2000 年 3 月	安海云	2007 年 9 月—2009 年 6 月
袁廷旺	2004 年 1 月—2010 年 6 月	王康丽	2000 年 4 月—2002 年 2 月	邵　华	2010 年 9 月—2011 年 8 月
罗日军	2010 年 6 月—2011 年 8 月	金　旗	2001 年 2 月—2002 年 9 月	邱　奇	2011 年 5 月—2011 年 8 月
—	—	茅晓佩	2002 年 3 月—2004 年 1 月	—	—
—	—	林雨盛	2002 年 3 月—2004 年 1 月	—	—
—	—	鲁　联	2004 年 1 月—2007 年 10 月	—	—
—	—	秦孝迪	2004 年 2 月—2005 年 2 月	—	—
—	—	杨　军	2005 年 10 月—2007 年 10 月	—	—
—	—	夏乐群	2005 年 10 月—2011 年 5 月	—	—
—	—	柳春燕	2007 年 10 月—2011 年 8 月	—	—
—	—	安海云	2009 年 6 月—2011 年 8 月	—	—

〔续表〕

黄浦支行(2011年8月—　)					
行　　长		副　行　长		行　长　助　理	
姓　名	任职时间	姓　名	任职时间	姓　名	任职时间
罗日军	2011年8月—	柳春燕	2011年8月—2012年4月	邵　华	2011年8月—2013年4月
—	—	安海云	2011年8月—2012年4月	邱　奇	2011年8月—2013年5月
—	—	蔡　钺	2012年4月—2014年12月	张颖颖	2012年4月—2012年10月
—	—	张颖颖	2012年10月—	—	—
—	—	强铁群	2013年5月—2014年12月	—	—
—	—	高　楹	2014年10月—	—	—
—	—	季　忠	2014年12月—	—	—

表11-2-44　2014年年末交通银行上海黄浦支行营业网点一览表

网　点	地　址	沿　　革
黄浦支行	淮海东路99号	1993年9月23日，上海分行市南办事处在黄浦区延安东路872号设立。11月8日，开业。1995年7月25日，更名为上海分行市南支行。1996年9月17日，暂迁至西藏中路69号。1997年5月26日，迁至淮海东路99号营业。2004年2月18日，更名为市南支行。2011年8月16日，更名为黄浦支行
西藏南路支行	西藏南路1437号	1994年，上海分行制造局路储蓄所隶属关系由分行业务部变更为市南办事处。12月18日，迁至制造局路584号，升格更名为市南办事处制造局路分理处。1995年7月25日，更名为市南支行制造局路分理处。2000年11月17日，升格更名为上海分行制造局路支行。2004年2月18日，更名为制造局路支行。2007年7月20日，迁至西藏南路1437号，更名为西藏南路支行
南京西路支行	南京西路388号	1994年3月29日，市南办事处南京西路分理处在南京西路456号上海美术馆沿街底层设立。2001年7月23日，升格更名为上海分行南京西路支行。2004年2月18日，更名为南京西路支行。9月29日，迁至南京西路388号
大桥支行	大兴街42号	1994年6月28日，市南办事处南浦大桥分理处在陆家浜路595号设立。1999年9月24日，迁至大兴街42号，升格更名为上海分行大桥支行。2004年2月18日，更名为大桥支行
新昌路支行	新昌路465～471号	1998年3月2日，上海分行市百一店支行在南京东路800号设立。2004年2月18日，更名为市百一店支行。2007年11月28日，迁至新昌路465～471号，更名为新昌路支行
瑞南支行	斜土路838号	2001年11月28日，上海分行瑞南支行在斜土路838号设立。2004年2月18日，更名为瑞南支行
北京东路支行	北京东路668号	2001年12月11日，上海分行北京东路支行在北京东路668号设立。2004年2月18日，更名为北京东路支行
陕西南路支行	肇家浜路182号	2011年8月5日，陕西南路支行隶属关系由徐汇支行变更为市南支行

表 11-2-45 截至 2014 年年末交通银行上海黄浦支行已终止营业及转出营业网点一览表

网点名称	沿革
泰康路支行	1998 年 5 月 7 日，上海分行豫园支行在丽水路 81 号设立。2004 年 2 月 18 日，更名为豫园支行。2008 年 1 月 18 日，迁至泰康路 126～128 号，更名为泰康路支行。2014 年 6 月 26 日，泰康路支行终止营业
鲁班路支行	2004 年 5 月 28 日，南京东路支行从南京东路 80 号迁至局门路 568 号，更名为局门路支行。隶属关系由分行业务部变更为市南支行。2006 年 12 月 28 日，迁至斜土路 620 号，更名为鲁班路支行。2010 年 7 月 5 日，临时停业。10 月 8 日，迁至青浦区徐泾镇京华路 111 号，更名为徐泾支行。隶属关系由市南支行变更为青浦支行
外滩支行	2006 年 4 月 27 日，金专支行从民星路 465 号迁至南京东路 80 号，更名为外滩支行。隶属关系由杨浦支行变为市南支行。2009 年 12 月 14 日，迁至北京西路 722 号，更名丽都城支行。隶属关系由市南支行变更为分行个人金融业务部
浙江中路支行	2008 年 3 月 19 日，浙江中路支行在浙江中路 178～182 号设立。2009 年 9 月 22 日，临时停业。12 月 21 日，迁至奉贤区环城东路 656 号，更名为奉浦支行。隶属关系由市南支行变更为奉贤支行

表 11-2-46 1994—2008 年交通银行上海黄浦支行获奖情况表

获奖单位	获奖称号(年度)	备注
市南办事处南浦大桥分理处	上海市“共青团号”青年集体(1994 年)	省部级
市南办事处南浦大桥分理处	上海市“青年文明号”(1995 年)	省部级
市南支行营业部	上海市新长征突击队(2008 年)	省部级
市南支行党支部	交通银行先进基层党组织(2008 年)	交通银行系统级

第十二节 新区支行

一、机构沿革

1993 年 10 月 19 日，浦东分行金桥办事处在新金桥路 188 号开业。1996 年 11 月 4 日，更名为浦东分行金桥支行。

1999 年 1 月，为适应上海经济金融形势发展，加大交通银行对浦东地区功能性开发支持力度，完善分级管理体制、发挥整体经营优势和增强抵御风险能力，上海分行对原浦东分行实施经营体制改革，在浦东地区设置上海分行金桥支行等 4 个正处级营业机构。改组后的上海分行金桥支行由原浦东分行金桥支行、六里支行组成。内设办公室、人事保卫科、会计科、储蓄科、外汇业务科、贷审科、信贷科，下辖上海分行六里支行、德平路支行，以及上海分行金桥支行南浦分理处、金杨分理处等 4 家营业网点。有员工 131 人，其中副行长 2 人、行长助理 2 人。

2001 年 1 月 10 日，金桥支行、外高桥保税区、川沙支行等 3 家中心支行合署办公，由金桥支行承担中心支行职能。是月，为促进本外币业务和对公对私业务一体化经营，发挥前台营销、后台保障服务功能，金桥支行调整内设机构，设立营业部，办公室、人事保卫科合并为办公室，会计科、储蓄科、外汇业务科合并为业务管理科，贷审科更名为综合授信科。2002 年 9 月 30 日，更名为新区支行。2006 年

图 11－2－20　1993 年 10 月 19 日，交通银行上海浦东分行金桥办事处在浦东新金桥路 188 号开业

3 月，增设外汇业务部。4 月，增设零售业务部。2008 年 7 月 16 日，上海分行整合新区支行、浦东分行对公营销资源，以两行公司业务及经营管理人员为班底组建分行业务部三部、四部及五部。2009 年 12 月，为配套对公营销资源改革，发挥业务联动优势，新区支行、浦东分行国际业务及人员划归上海市分行国际业务部管理，并以此为基础，组建上海市分行国际业务部浦东分中心，负责受理浦东地区国际业务。

截至 2014 年年末，新区支行下辖营业室及高化支行、川沙支行、德平路支行、金杨路支行、金桥湾支行、张江支行、巨峰路支行、祝桥支行等 9 家营业网点。设有离行式自助银行 14 家。有员工 242 人，其中正副行长 5 人、劳务派遣制员工 3 人。

二、业务经营

【公司业务】

金桥办事处开业后，立足服务金桥出口加工区内企业。1997 年年底，金桥支行人民币存款余额为 2 亿元，贷款余额达 4 亿元。

1999 年 1 月，金桥支行改革后，推进与上海申美饮料食品有限公司、中国石油化工股份有限公司等大型“三资”企业、大型集团公司的业务合作，在金桥开发区内客户资源占有率达 45%。2001 年 1 月，金桥支行等三行合署办公后，以发展“三资”企业和高新尖企业为目标，实施“源头营销、团队营销、一体化营销、集约化营销”战略。2006 年 6 月 8 日，与中芯国际集成电路制造(上海)有限公司签署 7 085 万美元的贷款合同。2011 年，以“抓投放、抓储备、稳存款、增收益、控风险、提服务”为业务指导思想，加强客户、产品、渠道整合，积极朝低资本消耗、高资产质量、高资本回报的发展方向转型，提高跨行、跨业、跨境、跨市场整体金融服务能力，实现对公业务的规模、质量、效益与风险的协调发展，促进各营业网点与新区经济板块有效对接。2013 年 9 月 29 日，以上海自贸区正式挂牌

图 11－2－21　2006 年 6 月 8 日，交通银行上海新区支行牵头组建银团，支持中芯国际集成电路制造(上海)有限公司芯片生产

成立为契机，加大自贸区业务拓展力度，先试先行，加快业务发展。2014 年，为海南天然橡胶产业集团股份有限公司辖属的自贸区企业提供 FT 账户项下人民币 2 亿元流动资金支持，成为上海市分行首批 FT 账户项下的授信业务。5 月，在分行系统内率先为上海远宜国际贸易有限公司办理中资企业集团境内外关联企业的自贸区跨境双向人民币资金池业务。

【国际业务】

2003 年，发挥国际结算业务优势，为客户提供金融服务。6 月 20 日，新区支行在远期信用证项下押汇业务受限的情况下，适时推出“福费廷”业务(远期票据买断业务)，为客户争取优惠利率，解决客户资金融通问题。2004 年，实现国际结算额 16.8 亿美元。2005 年 4 月，克服“大集中 3＋2”系统处于调试阶段的困难，在接到上海浦东国际机场进出口公司申请的 2 个工作日内，完成上海分行首单 1 800 万美元的大额进口信用证开立业务，于 5 月 27 日顺利对外付汇。8 月 26 日，顺利达成分行首笔融资额近 110 万美元纳入同业授信管理的出口押汇业务，于当日成功放款。

【个金业务】

1999 年，金桥支行开始抓代收公用事业费业务，吸收资金 360 多万元；新增代发工资 46 家，月代发金额达 720 多万元；新增太平洋卡 4 103 张，沉淀资金余额 943 万元。2004 年，大力拓展中间业务，柜台内外通力协作营销，实现销售基金 657 万元、保险 48.5 万元、得利宝 55.1 万美元、信托产品 250 万元；发行国库券 578.5 万元。

2008 年 7 月，新区支行 3 个公司业务团队被整体划出，全面转型为零售银行后，打破条块界限，发掘内部营销人员，加大个贷等业务拓展；发挥营业网点贴近客户的主渠道作用，重点发展国际业务和各类产品销售。11 月，增设零售业务团队，完善营销机制。至年底，实现产品销售人民币 18.78 亿元；新增双币种贷记卡交表量 1.61 万张、交银理财卡达标客户 5 301 张。2009 年 6 月末，发放个人按揭贷款等 3.18 亿元。2011 年 1 月，构建“物理网点＋客户经理＋自助银行”“三位一体”服务模式。在营业大厅内增设大堂经理，推进高低柜业务联动、柜面业务与网银业务联动；扩大自助银行服务区域，向客户提供方便、安全、周到和全天候的金融服务；增设 7 家离行式自助银行，让“交行走进千万家，客户处处见交行”。至年底，发展对私有效客户（资产数量达一定标准的个人客户）1 万户。2014 年，根据上海市分行打造“上海市最佳服务零售门店”的要求，全力提升消保服务水平；6 月，辖属金桥湾支行荣获全国“千佳”网点称号。

截至 2014 年年末，新区支行人民币存款余额 123.18 亿元，人民币贷款余额 45.09 亿元，实现经营利润 1.43 亿元。

表 11－2－47　1993—2014 年交通银行上海新区支行负责人任职情况表

浦东分行金桥办事处(1993 年 9 月—1996 年 11 月)					
主　任		副主任		主任助理	
姓　名	任职时间	姓　名	任职时间	姓　名	任职时间
施宋涛	1995 年 5 月—1996 年 11 月	施宋涛	1993 年 9 月—1995 年 5 月	—	—
浦东分行金桥支行(1996 年 11 月—1999 年 1 月)					
行　长		副行长		行长助理	
姓　名	任职时间	姓　名	任职时间	姓　名	任职时间
施宋涛	1996 年 11 月—1997 年 7 月	蔡　钺	1996 年 11 月—1999 年 9 月	—	—
韩娟芳	1998 年 3 月—1999 年 5 月	韩娟芳	1997 年 6 月—1998 年 3 月（主持工作）	—	—
上海分行金桥支行(1999 年 1 月—2002 年 9 月)					
行　长		副行长		行长助理	
姓　名	任职时间	姓　名	任职时间	姓　名	任职时间
韩娟芳	2001 年 2 月—2002 年 9 月	韩娟芳	1999 年 5 月—2001 年 2 月（主持工作）	章　哲	1999 年 5 月—2001 年 2 月
—	—	周子浩	1999 年 5 月—2001 年 2 月	陈向群	1999 年 5 月—1999 年 11 月
—	—	陈必钧	2001 年 2 月—2002 年 3 月	李光宗	2001 年 3 月—2002 年 9 月
—	—	章　哲	2001 年 2 月—2002 年 9 月	陈永忠	2001 年 3 月—2002 年 9 月
—	—	居乃华	2002 年 3 月—2002 年 9 月	—	—

〔续表〕

新区支行(2002年9月—)					
行　长		副 行 长		行长助理	
姓　名	任职时间	姓　名	任职时间	姓　名	任职时间
韩娟芳	2002年9月—2005年11月	章　哲	2002年9月—2003年6月	李光宗	2002年9月—2006年9月
许耀根	2005年11月—2011年2月	居乃华	2002年9月—2005年11月	陈永忠	2002年9月—2003年1月
欧阳琦	2011年2月—2014年12月	黄　曙	2003年4月—2006年5月	吴昱峰	2005年11月—2006年9月
蔡　钺	2014年12月—	吴昱峰	2006年9月—2007年10月	钱国钦	2006年5月—2006年9月
—	—	钱国钦	2006年9月—2009年3月	章　军	2009年3月—2010年11月
—	—	李　卓	2007年9月—2009年3月	马　丽	2009年3月—2009年12月
—	—	徐　著	2007年10月—2009年6月	王伊雯	2011年5月—2013年12月
—	—	杨　军	2007年10月—2009年6月	费　凡	2011年5月—2013年10月
—	—	郑　静	2009年6月—2011年5月	彭　琼	2011年9月—2014年12月
—	—	章　军	2010年11月—	—	—
—	—	王伊雯	2013年12月—2014年1月	—	—
—	—	赵建平	2014年1月—	—	—
—	—	朱　翔	2014年1月—	—	—
—	—	彭　琼	2014年12月—	—	—

表11-2-48　2014年年末交通银行上海新区支行营业网点一览表

网点名称	地　址	沿　革
新区支行	新金桥路230号	1993年9月24日，浦东分行金桥办事处在金桥开发区16号地块广裕大厦设立。10月19日，开业。1996年11月4日，更名为浦东分行金桥支行。1998年6月19日，迁至新金桥路230号。1999年1月13日，更名为上海分行金桥支行，隶属关系由浦东分行变更为上海分行。2001年1月10日，与外高桥、川沙等3家支行合署办公，承担中心支行职能。2002年9月30日，更名为上海分行新区支行。2004年2月18日，更名为新区支行
高化支行	五莲路249	1991年7月15日，浦东分行高化分理处在浦东东塘路617号设立。1995年11月17日，隶属关系由浦东分行调整为高桥办事处。1996年10月25日，迁至五莲路249号。11月4日，更名为高桥支行高化分理处。1999年1月13日，更名为上海分行外高桥保税区支行高化分理处，隶属关系由浦东分行高桥支行变更为外高桥保税区支行。2001年1月10日，隶属关系由外高桥保税区支行变更为金桥支行。3月16日，升格更名为上海分行高化支行。2004年2月18日，更名为高化支行

〔续表〕

网点名称	地　址	沿　　革
川沙支行	新川路386号	1994年6月20日，浦东分行川沙办事处在川沙镇川环西路538号设立。1996年11月4日，更名为浦东分行川沙支行。1997年12月18日，迁至川沙镇新川路616号。1999年1月13日，更名为上海分行川沙支行，隶属关系由浦东分行变更为上海分行。2001年1月10日，与金桥、外高桥保税区支行合署办公。2004年2月18日，更名为川沙支行
德平路支行	德平路96号	1994年9月22日，金桥办事处金南分理处在杨高中路2737号设立。1996年11月4日，更名为金桥支行金南分理处。1998年6月24日，迁至德平路96号，升格更名为浦东分行德平路支行。1999年1月13日，更名为上海分行德平路支行。2004年2月18日，更名为德平路支行
金杨路支行	金杨路461号	1997年7月25日，金桥支行金杨分理处在金杨路461号设立。1999年1月13日，更名为上海分行金桥支行金杨分理处。2001年3月16日，升格更名为上海分行金杨路支行。2004年2月18日，更名为金杨路支行
金桥湾支行	长岛路1131～1143号	2000年6月9日，金桥湾支行在长岛路1281～1283号设立。2010年1月7日，迁至长岛路1131～1143号。2004年2月18日，更名为金桥湾支行
张江支行	松涛路560号	2000年12月19日，张江支行在春晓路350号设立。2004年2月18日，更名为张江支行。2005年12月30日，迁至松涛路560号
巨峰路支行	巨峰路275号	2009年3月30日，巨峰路支行在巨峰路275号设立
祝桥支行	金亭公路563～579号	2013年3月13日，祝桥支行在金亭公路563～579号设立

表11-2-49　截至2014年年末交通银行上海新区支行已转出营业网点一览表

网点名称	沿　　革
六里支行	1992年7月31日，浦东分行昌里路分理处在昌里路105号设立。1993年7月14日，升格为浦东分行六里办事处。1996年11月4日，更名为浦东分行六里支行。1999年1月13日，更名为上海分行六里支行，隶属关系由浦东分行变更为金桥支行。2001年1月10日，隶属关系由金桥支行变更为浦东分行
金桥支行南浦分理处	1994年4月24日，六里办事处南浦分理处在浦东南路2352号设立。1996年11月4日，更名为六里支行南浦分理处。1999年1月13日，更名为金桥支行南浦分理处，隶属关系由原浦东分行六里支行变更为金桥支行。2001年1月10日，隶属关系由金桥支行变更为浦东分行
高桥支行	1995年11月17日，浦东分行高桥办事处在高桥镇大同路127号设立。1996年11月4日，更名为浦东分行高桥支行。1999年1月13日，更名为上海分行高桥支行，隶属关系由浦东分行变更为外高桥支行。2001年1月10日，隶属关系由外高桥保税区支行变更为金桥支行。2004年2月18日，更名为高桥支行。2009年3月16日，迁至虹梅路3208号，更名为虹梅支行，隶属关系由新区支行变更为闵行支行
川环西路支行	1997年12月18日，浦东分行川环西路支行在川沙镇环西路582号设立。1999年1月，隶属关系由浦东分行川沙支行变更为上海分行川沙支行。2001年1月10日，隶属关系由川沙支行变更为金桥支行。2002年9月17日，门牌号由川环西路538号变更为川沙路4672号。2004年2月18日，更名为川环西路支行。4月6日，迁至宝山区市一路199号，更名为罗店支行，隶属关系由新区支行变更为宝山支行

〔续表〕

网点名称	沿　　革
凌兆支行	1999年12月15日，上海分行凌兆支行在灵岩南路1020号设立。2001年1月10日，隶属关系由金桥支行变更为浦东分行
空港支行	2000年1月25日，上海分行空港支行在浦东国际机场航空货运业务楼设立。2001年1月10日，隶属关系由川沙支行变更为金桥支行。2004年2月18日，更名为空港支行。2007年7月20日，迁至长寿路818弄2～6号，更名为长寿路支行，隶属关系由新区支行变更为市西支行
外高桥保税区支行	1993年4月13日，浦东分行外高桥支行在浦东新区杨高北路3001号外高桥保税商务楼104室设立。4月17日，开业。1999年1月13日，更名为上海分行外高桥保税区支行。2001年1月10日，外高桥保税区支行隶属关系由上海分行变更为金桥支行。2003年9月27日，更名为日京路支行。2004年7月13日，迁至新灵路80号102室，更名为外高桥保税区支行。2009年8月25日，迁至外高桥保税区马吉路2号。2013年11月21日，升格并更名为上海自贸试验区分行，隶属关系由新区支行变更为上海市分行
日京路支行	2001年12月11日，上海分行外高桥新海关支行在外高桥保税区洲海路一号商务楼设立。2003年9月27日，更名为外高桥保税区支行。2004年7月13日，迁至日京路35号，更名为日京路支行。2006年9月5日，迁至浦东新区迎春路1123号，更名为联洋支行，隶属关系由新区支行变更为浦东分行

表11-2-50　2001—2003年新区支行获奖情况表

获奖单位	获奖称号(年度)	备　注
上海分行金桥支行	全国创建文明行业先进单位(2002年)	全国性
上海分行金杨路支行	全国“青年文明号”(2002年)	全国性
金桥支行	第二届全国金融系统文明建设先进单位(2001年)	金融系统级

第十三节　松江支行

一、机构沿革

1993年11月12日，上海市松江县人民政府向上海分行提交筹建交通银行松江办事处申请，得到上海分行积极回应。1994年7月15日，上海分行和松江县政府共同组成交通银行松江办事处筹备组。1995年1月23日，交通银行松江支行在松江县人民北路227号开业，县政府为支持交通银行发展，支援数名干部到松江支行工作。内设办公室、会计出纳科和信贷科等3个科室。有员工31人，其中副行长3名。

1995年11月，松江支行增设储蓄科。1999年1月，增设外汇业务科。2001年2月，调整内设机构：设立营业部；会计出纳科、储蓄科和外汇业务科合并为业务管理科；信贷科更名为信贷业务部。2004年3月18日，增设授信管理科。

截至2014年年末，松江支行下辖营业室及松江工业区支行、新松江路支行、九亭支行、泗泾支行、新桥支行等6家营业网点。设有离行式自助银行10家。有员工165人，其中正副行长3人、行长助理2人。

图 11－2－22　1995 年 1 月 23 日，交通银行上海分行松江支行在松江县人民北路 227 号开业

二、业务经营

【公司业务】

支持企业发展　1995 年 1 月松江支行开业以后，坚持"三个一流"办行宗旨，主动为新入驻松江的企业提供办理工商行政、税务登记和海关进出口货物手续等服务，争取巴特勒(上海)有限公司、上海雀巢有限公司、上海大江(集团)股份有限公司、上海日立电线有限公司等一批企业开立基本账户。与外资银行分行联手，贷款支持松江工业园区内"三资"企业发展。围绕"存款立行"的指导思想，全员营销，争取松江区财政局、劳动局、土地局等部门存款。12 月末，存款规模达到 1.6 亿元。1996 年，存款增长到 3.2 亿元。1997 年，存款增长到 4.88 亿元。1998 年，贷款余额达 5.27 亿元，其中"三资"企业贷款占比为 77.02%。1999 年，加强与松江区十强企业业务合作，向上海大江(集团)股份公司发放 2 000 万元中长期固定资产贷款、向巴特勒(上海)有限公司提供 2.5 亿元授信额度。

2000 年，根据市场变化情况，松江支行调整对公贷款方式，主动削减"三资"企业备用信用证担保贷款，增加企业担保或抵押贷款；加大对资产质量好国有企业、上市公司及民营企业企业贷款支持，向上海开天建设(集团)有限公司提供 7 600 万元贷款支持。2003 年，加强与松江区重点企业业务合作，向达丰(上海)电脑有限公司提供 6 000 万美元贷款支持。2008 年，利用人民币与美元汇率变动预期，成功营销达丰(上海)电脑有限公司向松江支行借款 3.62 亿元人民币。

2005 年，松江支行发展达辉(上海)电子有限公司、上海雷兹高压互感器有限公司为支行新的客户，并向达辉(上海)电子有限公司提供 1 100 万美元贷款。是年，分别向国基电子(上海)有限公司、富士迈半导体精密工业(上海)有限公司和台积电(上海)有限公司提供1亿元、8 110万元和4 150万元授信额度。2007年,大力拓展表外非信贷资产类业务发展,实现中间业务收入1 875.5万元,同比增加996.68万元。2009年,与上海绿地(集团)有限公司在存贷款业务方面建立合作关系。

2011年,在宏观调控、资金偏紧的背景下,松江支行集中信贷资源,向新发展的客户——龙惠融资租赁有限公司提供2.8亿元贷款。2012—2014年,借助总、分行优势产品,深化与客户合作,大力推进业务发展。为大江集团量身定制首笔部分保证金项下内保外贷业务,为广达集团设计创新型贸易融资业务,作为牵头行成功组织斐讯项目银团贷款。2014年,积极开展贸易融资业务,促进对公业务发展。

支持区域经济 2001年,抓住上海"十五"期间重点开发"一城九镇"机遇,积极参与松江新城项目开发。2002年,向上海大昆经济发展总公司、上海松江方松建设投资有限公司、上海松江工业区东部开发建设有限公司等企业提供贷款,支持地方开发建设。2004年,向上海松江西部水环境净化公司提供1.8亿元贷款,支持其项目改造。2008年,向上海松江城镇建设投资开发有限公司发放1亿元授信额度,支持松江地区城镇基础建设。是年,加大对区域经济支持力度,成功置换上海松江科技投资开发有限公司在他行的1亿元贷款。2012年,作为牵头行成功组织松江地区的银行为区政府大型社区建设——方松公司市政建设项目提供第一单融资。2013年,牵线上海市分行与松江区人民政府签订全面战略合作协议,向9号线南延伸段,佘山镇、泗泾镇经济适用房等一系列区重大建设项目提供贷款支持。

支持中小企业 2006年9月,在浙江萧山举办松江区非公经济代表人士培训班,邀请上海分行专业人士为民营企业家讲授"新形势下,民营企业和银行发展",受到客户欢迎。

【国际业务】

开业初期,松江支行打造外汇业务品牌,凭借专业的业务能力和娴熟的知识,与复盛易利达(上海)压缩机有限公司、大同(上海)电机有限公司、上海联合制罐有限公司等企业开展国际结算业务合作。利用外资银行暂时不能办理人民币业务的政策过渡期,加强与荷兰银行、日本东京三菱银行等多家外资银行业务合作,大力发展备用信用证项下的贷款业务,解决当地多家外资企业资金难题。2003年,加强与区内重点国际结算户——达丰(上海)电脑有限公司的合作,实现国际结算业务快速发展。2005年,国际结算业务量突破10亿美元;2008年,完成23.25亿美元;2010年,超过37亿美元。2014年,国际结算业务量达到144亿美元。2012年2月,根据部分客户对出口应收账款融资需求,利用上海市分行新产品,成功为广达集团操作2笔新型的出口风险参与业务。2013年,抓住境内外利率、汇率差异,通过重点客户操作海外代付和远期结售汇(DF)业务,创造外汇中间业务收入来源。

【个金业务】

1997年,松江支行在上海分行系统内办理首笔外籍人士按揭业务。是年,在松江地区率先推出全天候服务的自动取款机(ATM),率现开办个人外汇买卖业务。1998年,对私本外币储蓄业务顺利并入上海分行综合业务管理系统。2001年,个人住房按揭贷款突破1 000万元人民币,达到1 161万元。2007年,围绕加快向零售业务转型要求,大力发展中高端客户、加紧物理网点改造、迁址和客户分流工作;在营业网点内推出低柜理财业务,双休节假日开门营业等服务措施;抓住奥运会纪念币兑换契机,强化对5万~50万中端客户营销;深入大学城、大型商场、松江区人民医院、松江二中等企事业单位开展双币种信用卡营销活动。2008年1月,在松江新城区人口导入区内新设营业网点，建立沃德服务区域，促进高端私人客户发展。

截至2014年年末，松江支行人民币存款余额为90.13亿元、外币存款余额6.55亿美元、人民币贷款余额为64.50亿元，实现经营利润2.96亿元。

表11-2-51　1994—2014年交通银行上海松江支行负责人任职情况表

行长		副行长		行长助理	
姓名	任职时间	姓名	任职时间	姓名	任职时间
陈敏	1996年6月—1998年8月	陈敏	1994年11月—1996年6月(主持工作)	王玲莉	2003年9月—2005年11月
乐晨科	2001年2月—2005年11月	缪惠芬	1994年11月—2001年1月	胡鸣飞	2005年11月—2006年9月
孟志芳	2005年11月—2009年6月		1998年8月—2001年1月(主持工作)	陈建荣	2007年9月—2009年6月
宋滨	2011年5月—	张浪清	1994年11月—2006年9月	楼忠	2010年4月—2012年4月
—	—	王玲莉	2005年11月—2010年5月	李云	2012年4月—2014年12月
—	—	胡鸣飞	2006年9月—2013年5月	龚龑	2013年4月—
—	—	王亚南	2009年6月—2011年5月(主持工作)	顾静	2013年6月—
—	—	陈建荣	2009年6月—	—	—
—	—	李云	2014年12月—	—	—

表11-2-52　2014年年末交通银行上海松江支行营业网点一览表

网点名称	地址	沿革
松江支行	人民北路227号	1995年1月5日，上海分行松江支行在松江区人民北路227号设立。1月23日，开业。2004年2月18日，更名为松江支行
松江工业区支行	松东路262～268号	1996年1月23日，上海分行松江支行松江工业区分理处在松东路262～268号设立。2001年12月31日，升格更名为上海分行松江工业区支行。2004年2月18日，更名为松江工业区支行
新松江路支行	新松江路1188弄102号	2001年12月11日，上海分行松江出口加工区支行在松江出口加工区金融楼设立。2004年2月18日，更名为松江出口加工区支行。2006年2月8日，门牌号调整为松江出口加工区南乐路17～23号。2008年1月18日，迁至新松江路1188弄102号，更名为新松江路支行
九亭支行	沪亭北路738号	2011年11月16日，世博三支行从世博园区浦西D片区企业联合馆迁至沪亭北路738号，更名为九亭支行。隶属关系由浦东分行变更为松江支行
泗泾支行	泗泾镇鼓浪路796～798号	2012年9月5日，泗泾支行在泗泾镇鼓浪路796～798号设立
新桥支行	新桥镇新中街57～65号	2013年12月6日，新桥支行在新桥镇新中街57～65号设立

表 11-2-53　截至 2014 年年末交通银行上海松江支行已转出营业网点一览表

网点名称	沿　　革
松江科技园区支行	2004 年 1 月 6 日，松江科技园区支行在小昆山镇秦安街 78 号设立。2007 年 12 月 28 日，迁至浦东新区环龙路 55 号，更名为环龙路支行。隶属关系由松江支行变更为浦东分行

第十四节　嘉定支行

一、机构沿革

1995 年 7 月 18 日，嘉定支行在嘉定区塔城路 311 号开业。内设办公室、会计出纳科和信贷科等 3 个科室。有员工 30 人，其中正副行长 2 人、退休回聘人员 1 人。

图 11-2-23　1995 年 7 月 18 日，交通银行上海嘉定支行在嘉定区塔城路 311 号开业

1997 年 5 月 26 日，嘉定支行增设储蓄科。1998 年 3 月 26 日，迁至城中路 68 号营业。5 月 28 日增设外汇业务科。2001 年 3 月，调整内设机构，设立营业部，会计出纳科、储蓄科和外汇业务科合并为业务管理科，信贷科更名为信贷业务部。2004 年 3 月 18 日，增设授信管理科。

截至 2014 年年末，嘉定支行下辖营业室及南翔支行、安亭支行、丰庄支行、江桥支行等 5 家营业网点。设有离行式自助银行 9 家。有行员 143 人，其中正副行长 4 人。

二、业务经营

【公司业务】

支持企业发展　1995年嘉定支行开业之后，在“存款立行”思想指引下，大力拓展工商企业、乡镇企业和“三资”企业，积极组织存款。是年年末，开立企事业单位账户264户，人民币存款余额达到7 146万元，人民币贷款余额3 198.20万元。

1996年，嘉定支行采取上门收款，办理基本账户卡、贷款证等措施，向重要客户提供金融服务，促进存款发展。1997年6月，开始推出汽车银行服务，向一些业务忙、路途远的结算大客户提供上门接送单服务。争取到上海小糸车灯有限公司结算业务，发展与上海震旦办公设备有限公司等企业业务结算往来。实施“以存定贷”方针，集中信贷资源重点支持上海克虏伯控制系统有限公司、震旦集团等一批有市场、有效益、有偿还能力的企业。是年年末，开立的企事业单位结算账户达700余户，人民币存款余额达3.73亿元、贷款余额达3.09亿元。1998年，面对宏观调控对地区招商引资工作造成的影响，迎难而上，加强营销力度，争取到上海新嘉房地产发展有限公司、嘉定区医保办、税务局等大额存款资金。全年新开户148户，新增人民币存款7 620万元、贷款9 744万元。

2000年，围绕《嘉定区经济和社会发展“十五”计划》，嘉定支行将业务发展目标锁定在高新技术和汽车及零配件产业上。经持续营销，先后与上海复华创业投资有限公司、上海亚明灯泡厂有限公司、上海嘉宝欧亚电子有限公司、上海汽车制动系统有限公司、上海核工业第八研究所、嘉定区公积金运用中心等一批客户建立业务合作关系。2002年，市场融资渠道出现多元化，商业银行争夺优质资产客户呈现出白热化状态。对此及时调整策略，加大服务上海大众科技创业（集团）股份有限公司、上海虹桥经济技术开发区联合发展有限公司、上海亚明灯泡厂有限公司、小糸车灯公司等一批重点客户的力度，向上述企业提供6.70亿元人民币贷款。2003年，抓住嘉定区被定为上海市三大低成本商务区，推进基础设施建设，加快招商引资发展的机遇，积极跟进，做实一批资产业务。是年，新增日均贷款4.1亿元。

2005—2006年，嘉定支行加快业务转型，大力拓展资产业务。发放4.5亿元贷款，支持玖龙纸业（太仓）有限公司二期高强瓦楞原纸项目建设；发放3.6亿元技改项目贷款，支持小糸车灯公司“汽车电子照明”项目改造；发放一批贷款，支持天合汽车零部件（上海）有限公司、上海浏翔置业发展有限公司等企业发展。2006年人民币贷款余额达到17.45亿元。2007—2009年，围绕“跑赢大市、争先进位”要求，加快业务发展速度，主体业务指标持续攀高，存、贷款业务在嘉定地区同业市场占比分别由2006年的2.69%、4.37%提升至2009年的4.06%和5.46%，实现争先进位目标。

2009年5月，嘉定支行与上海震旦办公自动化销售有限公司签署蕴通账户服务协议，为其操作首笔蕴通账户虚拟账号业务，满足震旦集团对国内子公司资金管理要求。2010年，为落实上海市分行业务“倍增计划”，以创建“经营业绩好、品牌形象好、管理基础好、队伍建设好、风险控制好”“五好支行”为目标，对区域内拟上市公司、年销售亿元工业企业、世界五百强企业、总部企业等实行名单制管理，推进发展。10月，成功协办中欧第八届汽车论坛，增进交通银行与汽车产业链企业关系。12月，争取到上海新时达电气股份有限公司上市募集资金监管行地位，吸收存款逾6亿元。2012年，创新工作思路，大力营销新兴业务，为上海国际汽车城（集团）有限公司办理4亿元资产池业务；为铃木（中国）投资有限公司日本总部SUZUKI MOTOR CORPORATION开立人民币NRA账户。2013年，积极营销重大市政建设项目和先进制造业客户。5月，成功向上海国际汽车城(集团)有限公司提供分行系统内首笔5.8亿元新农村贷款授信额度,支持北郊湿地一期新农村土地综合整治项目。作为银团贷款联合牵头行,向上海联影医疗科技有限公司提供8亿元授信,支持国家重点产业项目建设。为多家进出口企业办理出口风险参与业务、海外代付、发票融资等新型融资业务,降低客户的融资成本,增进银企合作。2014年,秉持"发展业务就是发展客户"经营理念,围绕"抓存款、稳利润、控风险"工作方针,开展非信贷融资业务,嘉定支行的4个项目进入上海市分行资产池操作,实现中间业务收入1 000余万元;积极试水自贸区业务,开立上海市分行首个以FTN账户为境外现金池账户的人民币双向现金池,实现企业全球资金在交通银行系统内循环目标。全年人民币跨境结算量逾8 000万元。

服务区域经济 2010年7月,嘉定支行牵线上海市分行与嘉定区人民政府签订全面战略合作协议,为嘉定支行服务区域经济创造良好条件。2012年,向上海嘉定新城发展有限公司发放3.5亿元嘉定区首个BT项目贷款,支持其发展。

【个金业务】

1998年,嘉定支行坚持"无储不稳"理念,通过在营业大厅内设立大堂咨询台、大客户服务室及发放宣传资料,向客户宣传集体零存整取业务,多措并举发展储蓄存款。截至是年年末,储蓄存款净增1 936万元。外汇柜台以加强窗口服务、建立客户联系制度、提供外汇政策咨询服务为手段,积极寻找个人外币存款增长点。全年新增外币个人存款143万美元。1999年,争取到上海佳艺冷弯型钢厂、上海生大医保技术实业有限公司等单位代发工资业务。2000年6月,开办个人住房贷款。2001年9月11日,顺利完成中国首只证券投资开放式基金——华安创新混合基金2 000万元代销任务。2003年,主动出击全市的二手房交易市场,拓展潜力客户,成功争取到上海"华狮广场"及嘉定"上海之春"楼盘按揭贷款业务,全年新增个人按揭贷款1.21亿元。2005—2006年,开展私人金融业务百日营销活动,推进零售中间业务收入、双币种信用卡业务。2010—2012年,采取"内外兼修"私人金融业务发展策略。对内发挥柜员、大堂经理、理财经理营销"铁三角"作用,加强宣传,争取客户;对外通过推进市场行、券商行、企业行、社区行和俱乐部行等营销活动,大力宣传交行品牌产品和特色服务,促进双币种贷记卡、代发工资新增客户数、代发新增有效客户数和新增手机银行客户业务全面发展。

截至2014年年末,嘉定支行人民币存款余额85.02亿元,贷款余额为64.55亿元,实现经营利润2.12亿元。

表11-2-54 1995—2014年交通银行上海嘉定支行负责人任职情况表

行长		副行长		行长助理	
姓名	任职时间	姓名	任职时间	姓名	任职时间
林敏杰	1995年6月—1997年3月	华爱芬	1995年6月—2002年3月	杨秀英	2003年1月—2006年9月
陈明垒	1997年3月—2001年2月	沈潇	1996年6月—1997年9月	张剑忠	2006年5月—2006年9月
施宋涛	2001年2月—2005年12月	罗海娜	2002年3月—2007年9月	季忠	2010年4月—2012年10月
茅晓佩	2005年12月—2007年3月	刘昉	2005年12月—2006年5月	—	—

〔续表〕

行长		副行长		行长助理	
姓　名	任职时间	姓　名	任职时间	姓　名	任职时间
罗日军	2007年3月—2010年6月	杨秀英	2006年9月—2007年9月	—	—
李　利	2010年6月—2011年9月	张剑忠	2006年9月—	—	—
鲁　联	2011年9月—	王　咏	2007年10月—2014年4月	—	—
—	—	王丽华	2007年10月—2010年5月	—	—
—	—	季　忠	2012年10月—2014年12月	—	—
—	—	姚　晔	2014年4月—	—	—
—	—	林　峻	2014年12月—	—	—

表11-2-55　2014年年末交通银行上海嘉定支行营业网点一览表

网点名称	地　址	沿　革
嘉定支行	嘉定区城中路68号	1995年7月6日，上海分行嘉定支行在塔城路311号设立。7月18日开业。1998年3月26日，迁至城中路68号营业。2004年2月18日，更名为嘉定支行
南翔支行	南翔镇民主街291～295号	1996年11月3日，嘉定支行南翔分理处在南翔镇解放街128号设立。2001年12月31日，升格更名为上海分行南翔支行。2004年2月18日，更名为南翔支行。2005年6月9日，迁至南翔镇民主街291～295号
安亭支行	安亭镇新源路818号	2001年12月11日，上海分行安亭支行在安亭镇墨玉路18号设立。2004年2月18日，更名为安亭支行。2007年4月25日，迁至墨玉路160号。2008年9月4日，迁至安亭镇新源路818号
丰庄支行	丰庄北路399号	2011年6月16日，世博二支行从世博园区浦东B06地块购物援助功能区迁至丰庄北路399号107室，更名为丰庄支行。隶属关系由浦东分行变更为嘉定支行
江桥支行	华江路860～864号	2012年11月14日，江桥支行在华江路860～864号设立

第十五节　奉贤支行

一、机构沿革

1991年12月16日，为构建以闵行开发区为中心，辐射周边的服务网络，上海分行在奉贤县南桥镇南奉西路49号设立闵行办事处江海分理处。1993年5月，更名为闵行支行江海分理处。1996年3月19日，迁至人民中路63号，更名为闵行支行奉贤分理处。2000年11月17日，升格为奉贤支行。

图 11－2－24　2002 年 12 月 24 日，交通银行上海奉贤支行升格为直属支行

2002 年 10 月 24 日，奉贤支行升格为分行直属支行，隶属关系由闵行支行变更为上海分行。内设综合管理科、信贷业务部及营业部。有员工 18 人，其中正副行长各 1 人。

截至 2014 年年末，奉贤支行下辖营业室及化学工业区支行、奉浦支行等 3 家营业网点。设有离行式自助银行 9 家。有员工 98 人，其中正副行长 4 人。

二、业务经营

【公司业务】

支持企业发展　1991 年，开业以来，围绕“三个一流”办行宗旨，大力组织居民储蓄存款、为上海江海石化弹力丝厂等企业、奉贤海关等部门提供本外币结算服务，解决对公客户跨江办理外汇等业务不便。

2002 年 10 月，奉贤支行升格为上海分行直属支行后，紧盯区域发展规划，发挥综合服务优势，加强银企合作，支持优质制造型企业发展。2004 年年末，获悉上海菲林格尔木业有限公司遇到融资困难，经实地调查后，向其提供 2 000 万元综合授信额度，2005 年 1 月，发放首笔贷款 500 万元，促进该公司销售稳步增长。之后，奉贤支行逐年加大对该公司信贷支持力度。2008 年，为解决其产品出口俄罗斯贸易融资问题，向该公司推荐境外保理商，并于是年 4 月成功发放上海分行首笔 29 万美元国际保理项下融资业务。2009 年，向公司提供的贷款余额达到 8 500 万元。2011 年 3 月，再向该公司提供 3 亿元固定资产贷款，支持其扩大产能建造新厂房。2012 年，新厂房建成投产仅一年，产能达到 80%，实现销售近 4 亿，成为奉贤区纳税明星企业。2014 年，奉贤支行向该公司发放的贷款余额达到 1.01 亿元。

2005 年 3 月，为支持区优质民营企业发展，奉贤支行向上海柘中大型管桩有限公司提供 4 000

万元授信额度支持，是月发放 2 000 万元贷款，用于公司日常经营资金周转。2010 年 1 月，公司把上市募集的 1.76 亿元资金存入支行。

2006 年 10 月，奉贤支行经激烈竞争，成功争取到拜耳公司在上海化工区投资建设 23 万吨 MDI 项目贷款参与行地位。11 月，向该公司发放 106.56 万美元首笔银团贷款。截至 2008 年年末，共向该银团贷款项目投放 1.74 亿元人民币和 692.62 万美元贷款。

2010 年，奉贤支行与上海生物制品研究所签署《银企全面合作协议》，向研究所提供 3 亿元免担保流动资金贷款额度，支持该所在奉贤兴建生物医药基地所需流动资金。2013 年 7 月，再向该研究所提供 10 亿元免担保固定资产贷款额度，专司建设奉贤生物医药基地。2013 年 8 月—2014 年 12 月，根据奉贤基地项目建设进度，向研究所发放 25 笔、共计 2.77 亿元贷款。

2013 年 5 月，奉贤支行配合分行开展“支持实体经济，促进区域发展——走进奉贤”大型业务及一系列专题业务推介活动。牵线上海市分行与奉贤区人民政府签署《全面战略合作协议》《上海千人计划创业园银政合作方案》。借助活动推力，加强对参会企业营销，发展上海齐达重型装备有限公司、上海恒润数码影像科技有限公司等一批客户。

支持中小企业　根据区域内实体型、科技型中小企业集聚特点，奉贤支行采取扶持政策，向中小企业提供全方位、全流程、差异化综合融资服务。2008 年向上海卓越煤炭有限公司、上海伟星光学有限公司等提供 1 000 万元、500 万元贷款支持。2010 年，成立小企业营销团队，专司负责推进区内中小企业融资等业务。分别向上海白蝶管业科技股份有限公司、上海新上化高分子材料有限公司、允发化工(上海)有限公司等提供 1 200 万元、1 000 万元、500 万元贷款支持。是年年末，小企业贷款余额达到 1.50 亿元。2011 年，为进一步推动区内小企业发展，先后同区内两家有政府背景的专业担保公司——上海奉贤融资担保有限公司(前身为上海市奉贤区小企业贷款担保中心)和上海南郊融资担保有限责任公司开展合作。截至 2012 年年末，与两家担保公司合作，共计向 18 户中小企业发放 1.47 亿元担保贷款。

创新业务发展　2010 年 3 月，奉贤支行联动香港交通银行为上海浩正煤炭有限公司办理分行首笔跨境人民币结构性付汇业务，实现跨境人民币结算 4 650 万元人民币、等额的 1 年期人民币存款和中间业务收入，同时带动香港交通银行近 700 万美元贸易融资、等额 NDF(人民币非本金交割远期合约)和 IRS(利率掉期)交易。2012 年 5 月，向上海三一精机有限公司发放分行首笔个人工程机械按揭贷款 89.6 万元。2013 年 8 月，为上海和拓电子有限公司办理上海市分行首笔跨境人民币项下境外放款试点业务，解决企业需求。

支持地方经济　奉贤支行立足区域发展，大力支持奉贤区基础设施建设。支持上海市工业综合开发区建设，助力工业开发区招商引资工作。2003 年 1 月，向上海市工业综合开发区有限公司发放 3 000 万元贷款，支持园区开发。2004 年 6 月，加大对该公司信贷支持力度，追加投放 1 亿元贷款，支持其完成土地开发任务。2009 年，根据开发区建设实际需资金要，于 1 月、5 月，分别向该公司提供 1 亿元和 3 000 万元贷款。2014 年年末，奉贤支行向该公司提供的授信额度达 5 亿元，实际提款为 2.7 亿元。

2003 年 1 月，奉贤支行向上海奉贤建设发展(集团)有限公司提供 6 000 万元流动资金贷款，支持莘环线高速公路(莘庄—柘林)前期工程建设。2012 年 8 月，再向集团公司发放 2.8 亿元固定资产贷款，支持平庄公路(金山区—浦卫公路)道路建设，成为该公司第一家以 BT 模式(Build Transfer 的缩写，意为“建设—移交”，是政府利用非政府资金来进行非经营性基础设施建设的一种模式)进行项目融资的合作银行。2013 年 12 月，新增 3.4 亿元固定资产贷款，支持集团公司建设航塘公路(大叶公路—浦东区间)、瓦洪公路(大叶公路—浦东区间)、新林公路(金海公路—浦星公路)项目。

2004 年 3 月,奉贤支行投入 1 亿元流动资金贷款,支持上海奉贤建设投资有限公司建设区内重大市政工程项目。12 月,贷款 5 000 万元,支持公司东奉亭线奉贤段南奉公路改建项目。2006 年 12 月,扩大对公司授信额度至 3.45 亿元。2007 年 2—3 月,向该公司投放 1.95 亿元贷款,支持奉城水厂项目建设。

2004 年 6 月,奉贤支行发放 3 000 万元贷款,支持上海化学工业区奉贤分区发展有限公司园区开发。为加大对该园区支持力度,推动园区招商引资发展,分别于 2011 年 6 月、2014 年 4 月,向该公司投放 6 000 万元和 1.5 亿元贷款。截至 2014 年年末,向该公司提供的授信额度达到 3.8 亿元,表内外贷款余额达到 3.29 亿元。

2006 年,奉贤支行参与奉贤区轨道交通建设。4 月,向上海市奉贤区轨道交通建设投资有限公司发放 3 000 万元 3 年期流动资金贷款,用于轨道交通项目建设前期动拆迁费用支付,成为该公司首家合作银行。2009 年 5 月,向该公司提供 6 亿元中期流贷授信额度,用于上海市轨道交通 5 号线南延伸段(东川路站—南桥新城站)工程的前期开发,该公司当月提款 1.8 亿元。并根据项目进度,于 7 月发放 2.25 亿元贷款。

2007 年 2 月,为推进区公用事业建设,奉贤支行向上海市自来水奉贤有限公司发放 5 000 万元流动资金贷款,支持奉贤区域水管管网改造工程。6 月,新增 2.3 亿元项目贷款额度,支持公司建设 13 条上水管网。2008 年 11 月,新增 2 亿元项目贷款额度,支持奉贤区第三水厂三期改造工程项目。

2009 年 4 月,奉贤支行向上海奉贤南桥新城建设发展有限公司提供 2 亿元中期流动资金贷款授信额度。6 月,向该公司发放 1 亿元贷款,支付南桥新城范围内前期动迁费用。2013 年 9 月,向该公司发放 5.6 亿元固定资产贷款,支持南桥新城 04 单元区域部分地块前期开发。2014 年 11 月,新投放 3 亿元固定资产贷款,支持该公司南桥新城 08、09、10 单元区域部分地块前期开发。

截至 2014 年年末,奉贤支行人民币存款余额为 47.02 亿元、贷款余额为 78.40 亿元,实现经营利润 2.14 亿元。

表 11-2-56　2003—2014 年交通银行上海奉贤支行负责人任职情况表

<table>
<tr><th colspan="2">行　长</th><th colspan="2">副 行 长</th><th colspan="2">行长助理</th></tr>
<tr><th>姓　名</th><th>任职时间</th><th>姓　名</th><th>任职时间</th><th>姓　名</th><th>任职时间</th></tr>
<tr><td>厉　静</td><td>2003 年 2 月—
2005 年 3 月</td><td>陈　德</td><td>2003 年 2 月—
2005 年 12 月</td><td>戴　颉</td><td>2007 年 9 月—
2009 年 6 月</td></tr>
<tr><td>李　樱</td><td>2005 年 4 月—
2009 年 6 月</td><td rowspan="2">叶晓宏</td><td>2005 年 11 月—
2010 年 11 月</td><td>王　健</td><td>2008 年 10 月—
2010 年 1 月</td></tr>
<tr><td>叶晓宏</td><td>2010 年 11 月—
2012 年 4 月</td><td>2009 年 6 月—
2010 年 11 月
(主持工作)</td><td>吴工泉</td><td>2009 年 3 月—
2011 年 10 月</td></tr>
<tr><td>柳春燕</td><td>2012 年 4 月—</td><td>戴　颉</td><td>2009 年 6 月—
2011 年 5 月</td><td>葛　懿</td><td>2011 年 5 月—
2014 年 9 月</td></tr>
<tr><td>—</td><td>—</td><td>王　健</td><td>2010 年 1 月—</td><td>—</td><td>—</td></tr>
<tr><td>—</td><td>—</td><td>吴工泉</td><td>2011 年 10 月—</td><td>—</td><td>—</td></tr>
<tr><td>—</td><td>—</td><td>葛　懿</td><td>2014 年 9 月—</td><td>—</td><td>—</td></tr>
</table>

表 11－2－57　2014 年年末交通银行上海奉贤支行营业网点一览表

网点名称	地　址	沿　　革
奉贤支行	南桥镇人民中路 63～65 号	1991 年 12 月 16 日，闵行办事处江海分理处在奉贤区南桥镇南奉西路 49 号设立。1993 年 5 月 1 日，更名为闵行支行江海分理处。1996 年 3 月 19 日，迁至南桥镇人民中路 63～65 号（后改为人民中路 200 号），更名为闵行支行奉贤分理处。2000 年 11 月 17 日，升格更名为上海分行奉贤支行。2002 年 10 月 24 日，隶属关系由闵行支行变更为上海分行。2004 年 2 月 18 日，更名为奉贤支行
化学工业区支行	化学工业区目华路 201 号	2003 年 1 月 29 日，化学工业区支行在上海化学工业区目华路 200 号设立。2004 年 2 月 2 日，迁至上海化学工业区目华路 201 号
奉浦支行	奉贤区环城东路 654～656 号	2009 年 12 月 21 日，浙江中路支行从浙江中路 178～182 号迁至南桥镇环城东路 654～656 号，更名为奉浦支行。隶属关系由市南支行变更为奉贤支行

第十六节　青 浦 支 行

一、机构沿革

1999 年 9 月青浦撤县建区后，依托区位优势和辐射功能，逐渐呈现投资集聚效应，全区综合经济实力逐年增强。2002 年 11 月，上海分行决定筹建青浦支行。2003 年 1 月 28 日，青浦支行在青浦区公园路 348 号开业。内设营业部、信贷业务部、综合管理科。有员工 21 人，其中正副行长 2 人、劳务派遣制员工 3 人。

截至 2014 年年末，青浦支行下辖营业室及徐泾支行、华新支行等 3 家营业网点。设有离行式自助银行 6 家。有员工 90 人，其中正副行长 4 人。

图 11－2－25　2003 年 1 月 28 日，交通银行上海青浦支行在青浦区公园路 348 号开业

图 11-2-26　2014 年 5 月 3 日,交通银行上海青浦支行举办"走进青浦,走向健康"徒步活动

二、业务经营

【公司业务】

1999 年青浦支行开业之后,全面践行"全员营销"理念,四处宣传,发展客户,实现业务发展开门红。2003 年年末,人民币存款余额达 2.43 亿元,贷款余额为 6.18 亿元。

服务区域经济　青浦支行发挥交通银行综合经营优势,参与地方经济建设,加大对地区基础设施项目、重点项目及区属经济发展的信贷支持力度,助力推进区域经济转型升级。2007 年,参与国家开发银行组建的银团贷款,向上海青浦工业园区发展(集团)有限公司提供 2 亿元授信额度,支持青浦台商工业园的项目建设。2009 年,向上海青浦投资有限公司提供 2.4 亿元中期流动资金贷款额度,支持地铁 2 号线诸光路站前期建设。2010 年 4 月,围绕青浦区"一城两翼"新一轮发展建设规划,把原支持上海朱家角投资开发有限公司的贷款及提供给上海青浦新城区建设发展(集团)有限公司的 1.4 亿授信额度平移至上海淀山湖新城发展有限公司名下,支持上海西部公共交通枢纽(停靠站)一期项目建设和课植园 6 号路、珠江路、淀山湖路等道路项目建设。2013 年,为上海朱家角投资开发有限公司投放 5 亿元资产池业务,成为青浦地区政府平台首单创新业务,得到青浦区政府领导肯定。4 月,牵线上海市分行与青浦区人民政府成功举办"支持实体经济,促进区域发展——交通银行上海市分行走进区县"青浦站活动,进一步拓宽与区属企业的合作渠道。

支持企业发展　2003 年,青浦支行成功争取到上海普利特复合材料股份有限公司开户,拉开双方合作序幕。2009 年,向该公司提供 3 亿元授信额度,支持其发展。12 月,该公司成功在深圳中小板上市,将募得的 1.2 亿元资金存入青浦支行专户。

2004 年 4 月,青浦支行与上海安信地板有限公司建立信贷关系。

2005—2008年，根据落户青浦工业园区“三资”企业客户外向型经济特征，青浦支行发挥交通银行综合经营和外汇业务优势，通过营销，争取到上海伯乐电子有限公司、上海安信地板有限公司等一批外汇结算量大的企业，促进本外币业务发展。2009—2012年，加强与镇级政府合作，营销入驻园区企业，与一批客户建立业务合作关系；抓住房地产调控回暖时机，发展一批优质房地产企业；贷款支持旭辉控股（集团）有限公司开发玫瑰湾社区、上海弘怡房地产开发有限公司开发朱家角“尚都里”、上海青晨房地产开发有限公司开发“涵璧湾”、上海精文（赵巷）置业公司开发“精文香水湾”等项目。2012年年末，实现人民币存款余额28.93亿元、贷款余额55.44亿元，外币存款余额1 375万美元，国际结算量7.41亿美元，经营利润1.27亿元。

截至2014年年末，青浦支行人民币存款余额为33.03亿元，外币存款余额为1 659万美元，人民币贷款余额为49.10亿元，实现中间业务收入3 597万元，实现经营利润1.41亿元。

表11-2-58　2002—2014年交通银行上海青浦支行负责人任职情况表

行　长		副行长		行长助理	
姓　名	任职时间	姓　名	任职时间	姓　名	任职时间
王成宝	2002年12月—2005年3月	沈　雁	2002年12月—2005年4月	朱奕辰	2005年12月—2006年9月
沈　雁	2005年4月—2005年11月	杨　捷	2005年4月—2007年10月	凌海强	2008年3月—2009年6月
陆　斌	2005年12月—2009年6月	朱奕辰	2006年9月—2009年6月	王　宇	2009年3月—2011年5月
董怡蓓	2010年11月—2012年4月	胡剑平	2007年10月—2008年7月	林　峻	2011年5月—2014年9月
凌海强	2012年4月—	凌海强	2009年6月—2012年4月	—	—
—	—	董怡蓓	2009年6月—2010年11月（主持工作）	—	—
—	—	陈　勇	2011年5月—2014年4月	—	—
—	—	黄健萍	2012年10月—	—	—
—	—	苏　莉	2014年4月—	—	—
—	—	林　峻	2014年9月—2014年12月	—	—

表11-2-59　2014年年末交通银行上海青浦支行营业网点一览表

网点名称	地　址	沿　革
青浦支行	青浦区公园路348号	2002年12月27日，青浦支行在青浦区公园路348号设立。2003年1月28日，开业

〔续表〕

网点名称	地　址	沿　革
徐泾支行	徐泾镇京华路111号	2010年10月8日，鲁班路支行由斜土路620号迁至青浦区徐泾镇京华路111号，更名为徐泾支行，隶属关系由市南支行变更为青浦支行
华新支行	华新镇新府中路1702～1712号	2014年2月21日，华新支行在华新镇新府中路1702～1712号设立

第十七节　临港新城支行

一、机构沿革

浦东国际空港的建成和大小洋山深水港的规划，给南汇经济发展提供了契机。2003年3月，上海分行本着长远发展的战略，在南汇区经济、政治中心惠南镇开始筹建营业网点。6月18日，南汇支行在惠南镇南门大街41号开业。内设综合管理部、信贷业务部和营业部。员工22人，其中正副行长2人、派遣制员工10人。

2006年12月18日，根据区域经济重心转移及上海临港新城兴起，上海分行调整营业网点布局。在临港新城新元南路555号成立临港新城支行，同时将南汇支行调整为隶属临港新城支行管理的二级支行。新设立的临港新城支行辖有营业室及南汇支行、深水港海关支行等3家营业网点。有员工42人，其中正副行长3人。

截至2014年年末，临港新城支行下辖营业室及南汇支行、三林支行、周浦支行等4家营业网

图11-2-27　2003年6月18日，交通银行上海分行南汇支行在南汇区惠南镇南门大街41号开业

点。设有离行式自助银行 3 家。有员工 94 人,其中正副行长 4 人。

二、业务经营

【公司业务】

支持企业发展　2003 年南汇支行开业后,面临着没有基础客户、缺少业务骨干的局面。在困难面前,干部员工知难而进,通过老同志培训带教、让员工面向市场,逐步开启业务发展之门。截至是年年末,实现人民币存款 9 030 万元、贷款 1.44 亿元,各项业务实现零的突破。2004 年,围绕"发展负债、做大资产和拓展中间业务"三大工作目标,开展"全员营销"活动,全年新发展对公存款客户 120 户、授信客户 13 户、新增人民币存款 2.18 亿元、贷款 1.52 亿元。2005 年,牵线总分行领导拜访临港新城管委会、南汇区人民政府,洽谈双方合作项目。先后与上海电气临港重型机械装备有限公司、上海荣威汽车服务有限公司、上海临港经济发展(集团)有限公司等建立业务合作关系。积极参与临港集团的集团授信、资金平台竞标以及网点申购等重点工作,向上海临港经济发展(集团)有限公司、上海临港国际物流发展有限公司累计发放 9.7 亿元贷款。

随着临港现代装备制造业为核心的重要产业基地迅速崛起,上海分行及时调整布局,在临港新城设立中心支行,参与该地区业务竞争,为企业提供各类金融配套服务。2007 年,临港新城支行和其他 9 家银行一起参与马士基物流临港项目(该项目由上海宜龙国际物流有限公司负责)竞标,经过 4 轮角逐,最终成为上海宜龙国际物流有限公司唯一合作的中资银行,负责为该项目提供贷款服务。2008 年,在参与上海中集洋山物流装备有限公司项目竞标中,以设计不同产品和个性化服务方案,被选定为该项目资金支持银行。是年,抓住上海临港普洛斯国际物流发展有限公司项目招标机会,精心研究标书要约,最终凭借交通银行整体实力和综合服务能力,战胜其余 15 家银行,赢得为项目提供 10 亿元授信额度服务机会。2009 年,抓住"两个中心"建设的契机,借助临港地缘优势,发挥政策聚焦优势,大力发展航运金融业务。先后与上海临港国际物流发展有限公司、上海临港保税港经济发展有限公司、上海临港奉贤经济发展有限公司、上海宜隆国际物流有限公司、上海临港普洛斯国际物流发展有限公司、上海中集洋山物流装备有限公司等 9 户航运授信客户建立业务关系,授信规模超 47 亿元,发放实质性贷款 28 亿元,推动临港新城支行业务向国际化、综合化发展,提升业务创新能力和财富管理能力。

2011 年,临港新城支行争取到法拉利玛莎拉蒂公司汽车国际贸易(上海)有限公司在支行开立账户后,通过营销渗透,进而又争取该公司汽车供应链业务,成为法拉利玛莎拉蒂在中国汽车供应链业务中唯一合作银行。2012 年 7 月,成功营销中国永达汽车服务控股有限公司开立人民币 NRA 账户,获得该公司境外募集资金首批结汇款人民币 2 亿元。2013 年,作为上海徐工工程机械有限公司项目银团贷款牵头行,为该项目发放 22 亿元贷款。6 月,通过交通银行总行、上海分行及澳门交通银行业务联动,为上海永达(集团)股份有限公司成功办理等值 1 亿元美金 3 年期的内保外贷业务。9 月,为临港集团公司成功发行短期融资券人民币 5 亿元,募集的 5 亿元资金全部归集到临港支行专户。

服务区域经济　南汇支行始终致力于与区域经济互动,支持地区经济发展。2006 年,根据惠南地区"西联周康,南拓临港"发展思路,分别向上海南汇城乡建设开发投资总公司沪南公路延伸项目和上海南汇工业园区提供 1.5 亿元、1 亿元授信额度支持,进一步密切与地方政府的关系,扩大交通银行社会影响力。2010 年,临港支行参与银团贷款,向南汇城投公司发放银团贷款,解决南汇地区出行难问题。向机场高速、申嘉湖高速、S2 高速等基础设施建设项目提供贷款支持。

【个金业务】

2005年9月，南汇支行积极开展私人金融业务“百日营销”活动，组织全体员工深入南汇大学城进行营销。利用双休日在公交枢纽、地铁站以及大型商场周边设摊办理太平洋卡。通过公私业务联动，争取南汇区万祥镇161户居民动迁款，吸收存款7 450万元。2007年，临港新城支行组建三支营销团队深入国泰君安、东方、申银万国、华鑫等证券公司，向股民宣传交通银行第三方存管业务，争取2 400人在临港新城支行开立个人账户。组织员工利用双休日到市中心设摊，共办理双币种贷记卡2 483张。2010年，深入上海思博学院、上海建桥学院、上海托普学院等高等学府，上门代办学生学杂费收缴、手机银行转账等业务，为同学们提供金融服务。2013年5月，在成功营销周浦医院开立对公基本结算账户及POS收单业务基础上，延伸服务链条，向该院职工提供开卡、网银和手机银行一条龙金融服务，发放工资卡900张，安装手机银行、开立网银各900户。

截至2014年年末，临港新城支行人民币存款达35.32亿元、贷款105.86亿元，实现经营利润2.38亿元。

表11-2-60　2003—2014年交通银行上海临港新城支行负责人任职情况表

上海南汇支行(2003年6月—2006年11月)					
行　长		副　行　长		行长助理	
姓　名	任职时间	姓　名	任职时间	姓　名	任职时间
张伟群	2003年6月—2004年2月	章　哲	2003年6月—2004年1月	赵建平	2005年12月—2006年9月
林雨盛	2004年1月—2005年11月	王丽华	2004年1月—2006年9月	—	—
胡　坚	2005年12月—2006年11月	赵建平	2006年9月—2006年12月	—	—
—	—	曾文伟	2006年9月—2006年12月	—	—
上海临港新城支行(2006年11月—　)					
行　长		副　行　长		行长助理	
姓　名	任职时间	姓　名	任职时间	姓　名	任职时间
胡　坚	2006年11月—2012年4月	赵建平	2006年12月—2008年7月	何勇民	2008年6月—2010年1月
曾文伟	2011年7月—2012年4月(代理行使行长职责)	曾文伟	2006年12月—2012年4月	刘　庆	2011年5月—2014年9月
	2012年4月—	何勇民	2010年1月—2014年7月	—	—
—	—	李　慧	2012年4月—	—	—
—	—	吴晓岚	2014年7月—	—	—
—	—	刘　庆	2014年9月—	—	—

表 11-2-61　2014 年年末交通银行上海临港新城支行营业网点一览表

网点名称	地　址	沿　　革
临港新城支行	临港新城新元南路 555 号	2006 年 11 月 22 日，临港新城支行在临港新城新元南路 555 号设立。12 月 18 日，开业
南汇支行	惠南镇城东路 300 号	2003 年 6 月 6 日，南汇支行在南汇区惠南镇南门大街 41 号设立。6 月 18 日，开业。2006 年 11 月 22 日，南汇支行调整为隶属于临港新城支行的二级支行。2012 年 3 月 23 日，迁至惠南镇城东路 300 号
三林支行	浦东新区永泰路 1205 号	2006 年 4 月 3 日，房地大厦支行从栖霞路 58 号迁至顺通路 9 号洋山深水港海关报关大厅，更名为深水港海关支行。隶属关系由分行营业部变更为南汇支行。11 月 22 日，隶属关系调整为临港新城支行。2014 年 10 月 14 日，迁至永泰路 1205 号，更名为三林支行
周浦支行	周浦镇康沈路 1559～1569 号	2012 年 1 月 16 日，世博四支行由世博 2 号仓库迁至康沈路 1559～1569 号，更名为周浦支行。隶属关系由浦东分行变更为临港支行

表 11-2-62　2014 年交通银行上海临港新城支行获奖情况表

获奖单位	获奖称号(年度)	备　注
周浦支行	交通银行“青年文明号”(2014 年度)	交通银行系统级

第十八节　金山支行

一、机构沿革

2011 年 7 月 28 日，金山支行在金山区卫清西路 40～70 号(双)开业。下辖营业室。有员工 33

图 11-2-28　2011 年 7 月 28 日，交通银行上海金山支行在金山区卫清西路 40～70 号开业

人,其中行长1人、行长助理1人、劳务派遣制员工3人。

截至2014年年末,金山支行下辖营业室及朱泾支行等2家营业网点。设有离行式自助银行1个。有行员49人,其中正副行长3人、行长助理1人、劳务派遣制员工7人。

二、业务经营

【公司业务】

2011年金山支行开业之后,围绕"支持市政重点建设项目,助力地区经济转型发展"工作思路,开展各项金融业务。9月13日,发放1.6亿元贷款,支持上海金山区土地储备中心前期开发山阳镇五街坊24~26地块。12月24日,发放4.1亿元贷款,支持上海金山城市建设投资有限公司新建朱平公路南延伸段道路及改建奉朱公路工程项目。

2012年3月、6月,金山支行在金山地区首先以BT融资方式、类信贷模式,向上海石化城市建设综合开发公司发放2.6亿元贷款和2亿元类信贷,支持公司整治金山区枫泾镇东片水系综合一期工程、开发牛桥港东段河道工程、新建金山新城综合交通枢纽站房工程及金山新城综合交通枢纽南、北广场工程。9月至11月,分5次向上海金山区土地储备中心提供1.3亿元贷款,支持张堰镇康贤路以北、松卫南路以西地块及朱泾镇城南B07地块项目开发。

2013年1月、2月,金山支行分2次向上海金山第二工业区投资有限公司提供1.4亿元贷款,支持金山大道以南、黄姑塘以北地块(第三期)开发;2月,贷款3.82亿元,支持上海新金山工业投资发展有限公司开发金山工业区国家绿色创意印刷示范区1、2、3号区域前期基础性项目。

2014年8月,金山支行贷款3.53亿元,支持上海新金山投资控股集团有限公司改造金山枫泾供水项目以及治理枫泾污水厂二期工程项目。9月至12月,分3次贷款6.4亿元,支持上海金山第二工业区投资有限公司前期开发金山第二工业区JSC11 101地块。11月,贷款5亿元,支持上海新金山工业投资发展有限公司开发金山工业区内B1~B2、B4~B8地块。

表11-2-63 2011—2014年交通银行上海金山支行负责人任职情况表

行长		副行长		行长助理	
姓名	任职时间	姓名	任职时间	姓名	任职时间
程华	2011年7月—	黄之江	2013年6月—	黄之江	2011年7月—2013年6月
—	—	富宇	2013年11月—	富宇	2011年9月—2013年11月
—	—	—	—	顾伟	2014年9月—

表11-2-64 2014年年末交通银行上海金山支行营业网点一览表

网点名称	地址	沿革
金山支行	金山区卫清西路40号~70号(双)	2011年7月6日,金山支行在卫清西路40号~70号(双)设立。7月28日,开业
朱泾支行	金山区朱泾镇金龙新街501号底层	2014年12月4日,朱泾支行在朱泾镇金龙新街501号底层设立

截至2014年年末，金山支行人民币存款余额为14.26亿元、贷款余额46.23亿元，实现经营利润5 042万元。

第十九节　崇明支行

一、机构沿革

2012年8月22日，崇明支行在崇明县城桥镇新崇南路28号开业。下辖营业室。有员工20名，其中副行长2人。

截至2014年年末，崇明支行下辖营业室。有员工25名，其中副行长2人。

图11-2-29　2012年8月22日，交通银行上海崇明支行在崇明县城桥镇新崇南路28号开业

二、业务经营

【公司业务】

支持区域经济　崇明支行开业后，围绕区域经济发展要求，以信贷投入支持区域重点项目建设。2013年1月，向上海崇裕置业发展有限公司发放首笔8 000万元固定资产贷款，支持崇明陈家镇裕安社区第八期保障房项目建设。2—9月，根据项目进度，分4次向该保障房项目累计投放3.2亿元固定资产贷款，推进崇明县实事工程建设。12月，针对上海崇明建设投资发展有限公司城桥水厂的向阳路工程建设项目实际进展情况，为该项目1.85亿元贷款办理业务期限变更手续，延长贷款生命周期，支持崇明岛基础设施建设。

2014年12月，向上海智慧岛数据产业园投资发展有限公司发放2.27亿元固定资产贷款，助力地区建设世界级现代化生态岛发展目标。

开展银政合作 2012年12月，崇明支行积极参加崇明县财政局组织的由人行上海分行主办的"改善农村支付环境"宣传活动。2013年9月，牵线上海分行与崇明县政府签订战略合作协议，举办"支持实体经济，促进区域发展——交通银行上海市分行走进区县业务推介崇明站活动"。2014年9月，组织员工参加崇明县"生态瀛洲，信用崇明"征信宣传主题活动，向居民发放征信宣传资料。

截至2014年年末，崇明支行人民币存款余额为4.62亿元，贷款余额为8.22亿元，实现经营利润734万元。

表11-2-65 2014年交通银行上海崇明支行负责人任职情况表

行长		副行长		行长助理	
姓名	任职时间	姓名	任职时间	姓名	任职时间
—	—	沈萍	2012年7月—（主持工作）	—	—
—	—	叶清宇	2012年7月—	—	—

表11-2-66 2014年年末交通银行上海崇明支行营业网点一览表

网点名称	地址	沿革
崇明支行	崇明县城桥镇新崇南路28号	2012年7月6日，崇明支行在崇明县城桥镇新崇南路28号设立。8月22日，开业

第二十节 大客户一部

一、机构沿革

1987年1月，上海分行设立信贷一部等9个机构。信贷一部下设信贷一科、信贷二科、外汇信贷科、信托科和计划科等5个科室。9月，以信贷一部外汇信贷科为基础设立外汇信贷部。1988年4月，内部机构调整为8个科室。10月，外贸科、商业科等4个科从信贷一部分离出来，组建信贷三部。

1991年3月，信贷一部、信贷三部等合并组建第一、二业务部。1992年10月，第一、第二业务部合并为分行业务部。1993年12月，分行外汇信贷部并入业务部。1995年10月，业务部增设贷款审查科。2000年9月，分行外汇存汇部的客户服务业务和外汇进出口部的营销职能并入业务部。2001年1月，第一支行归属业务部管理。2月，业务部调整内设机构，撤销原来科室建制，设立信贷管理科、国际信贷科和房产信贷科。2005年4月，业务部分设为业务部和第一支行。新的业务部内设综合管理科、授信管理科、国际结算科及营销团队。12月，业务部和第一支行实行"一套班子、两块牌子、分别考核"管理模式。2007年6月，上海分行撤销业务部，设立业务一部、业务二部和营业部。2010 年 12 月，业务一部更名为大客户一部。

截至 2014 年年末，大客户一部有员工 45 人，其中正副总经理 3 人、总经理助理 1 人。

二、业务经营

1986 年 10 月上海开业以来，围绕“以市场为导向”经营理念，探索综合性银行、商业银行营销模式，经多次机构变革，逐渐形成由信贷部制—业务部制—大客户部制为主线营销体制。作为营销主窗口，大客户一部履行对外营销功能。

【公司业务】

支持企业发展　1987 年，信贷一部以“三保三压”为原则，重点支持市场适销产品、名新优产品、出口创汇产品及短、平、快项目，先后向 1 400 余家企业累计发放 37 亿元贷款；发放 3.3 亿元贷款，支持 445 个技改项目。项目竣工后增加产值 32.56 亿元，增加利润 5.34 亿元。

1989 年，根据国家“治理整顿”方针，信贷一部大力调整信贷结构，优化资金投向，提高资金使用率，重点支持出口创汇、名特优商品生产。3 月，上海工业原材料十分紧张，及时向物资局提供 4 700 万美元贷款，保证其进口所需资金，解决燃眉之急。12 月，在资金和信贷规模十分紧张情况下，依托总行和中国人民银行上海市分行支持，再次向 9 家外贸进出口公司提供 7 亿元贷款。是年，向占全市出口 40%比重的上海纺织品系统累计发放贷款 14 亿元。

1989 年 5 月，信贷一部与上海石油化工总厂签署 3 000 万美元贷款协议，支持 30 万吨乙烯配套工程建设。1996 年，业务部支持支柱产业发展和技术进步，投放 1 亿元流动资金贷款支持上海石油化工股份有限公司扩大生产规模；1997 年 3 月，再次向公司提供 3 亿元流动资金贷款。

1992 年，业务部探索发展新途径，向市场首次推出外汇商品房抵押贷款业务，首次推出土地使用权抵押贷款业务，首次挤入大型国际银团对中国国际航空融资租赁波音 747－400 飞机贷款行列，成为唯一获得其中 800 万美元贷款的中资银行。

1992 年起，业务部加强金融服务，扩大与上海海关业务合作，向上海海关提供包括零余额账户、上门收付款、网上银行等服务。2000 年成功完成 EDI 税费支付系统一期向二期项目切换，成为与海关联网的银行中推进速度最快的银行。2001 年 11 月，完成海关 EDI 税费支付系统三期项目升级，支持全行办理对公业务的营业网点向客户提供一柜式电子化报关服务。2011 年 10 月，大客户一部经多轮培训、测试，完成新一代全国海关税费电子支付系统（UPC 系统）上线运营。是年，为海关度身定制中央财政授权支付网上银行支付系统。2014 年 4 月，向上海海关提供蕴通账户现金池，助其对浦东海关、吴淞海关及虹桥机场海关等资金的集中管理。

1993 年，根据全国金融工作会议精神，业务部重点对委托贷款、投资等进行清理、整顿，压缩委托贷款 10 多亿元、投资比例控制在规定的 30%以内。在资金偏紧情况下，保证国有重点企业资金需求，新增 2 亿元贷款，支持物资企业生产。新增 1 亿元贷款，支持南京路、淮海路商业网点改造。投放 5 500 万美元，支持上海交通运输业购买船舶、飞机等。外汇信贷部与香港东亚银行联手开办按揭业务，开创全市中外资银行业务合作新局面。

1995 年 12 月，业务部向杨树浦发电厂技术改造项目提供 3.5 亿元技改贷款及 1 亿元流动资金贷款。1996 年，为该厂扩容等项目再发放 8 000 万元的技改贷款。2008 年，为加快上海市燃煤老电厂改造，向上海上电漕泾发电有限公司提供 20 亿元综合授信额度，支持其项目建设。12 月，作为该

图 11-2-30　1997 年 3 月 31 日,交通银行上海分行举行为上海石化股份有限公司提供 3 亿元流动资金贷款签字仪式

厂 2 台百万千瓦超超临界火电机组项目的副牵头行,在总规模 59.10 亿元项目贷款中,提供 13.04 亿元贷款。2011 年,大客户一部向上海吴泾热电厂节能减排、以新代旧改造项目提供专项贷款额度 10 亿元。

1996 年,业务部支持上海电气集团大型机电设备出口及带资承包伊朗地铁项目,牵头银团筹资 6 300 万美元,其中业务部筹资 4 300 万美元。2006 年 2 月,成功营销上海电气集团,促成业务部历史上首笔内保外贷业务。2007 年,业务一部在与其他 5 家银行竞标上海电气(集团)总公司 40 亿元短期融资券项目中夺标,成为联席主承销商之一。2010 年 11 月,有选择性地接受上海电气集团应收账款票据,为其辖属上海电气核电设备有限公司办理首笔质保金项下隐蔽性无追索国内保理业务。2012 年,大客户一部与上海电气财务有限责任公司按照 45%和 55%的比例组建银团贷款,累计投放 24 750 万元贷款,支持上海电气凯士比核电泵阀有限公司建设一幢主泵联合厂房和 35 KV 变电站二期工程。

2010 年 3 月,业务一部为嘉里特种油脂(上海)有限公司开立电子银行承兑汇票,同时为收款人办妥买方付息电子银行承兑汇票贴现业务。作为唯一向该公司提供电子商业汇票服务银行,此举为拓展公司所属集团供应链融资抢得先机。

2010 年 9 月,业务一部成功为上海国际港务(集团)股份有限公司办理 20 亿元的信托融资。12 月,成功营销上港集团 34 亿元短期融资券续发项目,争得其中 14 亿元承销份额。2012 年,大客户一部向上港集团规模最大子公司——上海冠东国际集装箱码头有限公司提供 4 亿元组合授信额度,支持其发展。

2010 年 11 月,业务一部成功为上海振华重工(集团)股份有限公司办理总额 12 亿元信托融资。2014 年,为支持重点企业优势产品走向世界,大客户一部向振华重工提供 60 亿元综合授信。作为振华重工金融产业链主要合作银行，是年，被总行公司部评为“结算掘金”营销竞赛活动优秀产业链项目一等奖。

服务区域经济 信贷一部加强与上海城市建设投资开发总公司（以下简称“城投公司”）及其辖属机构合作，大力支持地方基础设施建设。1988年，向黄浦江大桥工程公司提供286万美元和2.2亿元贷款，支持黄浦江大桥建设。1993年，支持杨浦大桥、成都路高架工程建设，为杨浦大桥筹措外汇资金3 300万美元。1996年9月，联合总行向城投公司发放3.5亿元流动资金贷款，支持延安路高架（东段）建设。1997年，贷款支持延安路高架（中段）建设。3月，联合总行为地铁2号线工程融资6亿元贷款。2007年6月，成功办理城投公司1笔5 000万美元结构性利率掉期业务。2008—2010年，为城投公司发行注册总金额60亿元的中期票据注册申请，成为全国城投类中期票据第一单。2011—2013年，连续担任城投公司50亿元短期融资券主承销商。

2006年4月，业务部参加上海轨道交通6至9号线银团贷款项目的签约仪式，向项目提供188.51亿元贷款支持。11月，作为轨道交通7号线银团贷款的牵头行、提款代理行和资本金账户管理行，向上海申通地铁集团有限公司（以下简称“申通公司”）发放首笔3亿元银团贷款。参与3号线、11号线、12号线、13号线银团贷款，并争得贷款份额。2007年，创新业务举措，分别为申通公司本部10亿元保险资金及集团旗下的明珠线5亿元信托资金提供担保。2009年9月，成功为申通公司发行5亿元与上海轨道交通7号线发展有限公司信托贷款挂钩的固定收益理财产品。2010年9月，牵线交银租赁公司，以轨道交通2号线增购车辆为租赁物，采用售后回租方式，向申通集团提供融资期限10年、金额13亿元资金，满足申通公司低成本融资需求。

2007年，作为牵头行和代理行，业务部向上海白龙港城市污水处理厂一期、二期15.55亿元及15.45亿元银团贷款项目提供9.55亿元、8.45亿元贷款支持，项目被总行评为落实绿色信贷战略成功范例。2008年，作为银团牵头行和代理行向上海青草沙原水工程项目提供6亿元贷款，获得“中国十佳绿色信贷项目”。

2009年6月，作为银团牵头行和代理行，业务一部为上海市中心重大旧城改建项目之一——黄浦区露香园旧区改造一期40亿元项目提供10亿元贷款支持。2012年6月，作为唯一的银团贷款牵头行和代理行，大客户一部成功开立露香园二期旧区改造项目市财政拨款账户，为二期42.35亿元银团贷款项目提供40%贷款份额。

2010年，大客户一部担任世博配套工程项目牵头行之一，向上海公路投资建设发展有限公司新建、改建12条干线公路提供22.04亿元贷款。2014年，向上海城投永业置业发展有限公司发放经营性物业贷款11.40亿元，支持上海重点历史文化建筑——思南公馆的保护与建设。

2011年9月，大客户一部竞标成为上海市公积金管理中心项目贷款受托银行之一。2012年9月，出席公积金中心支持保障性住房建设项目贷款签约仪式。作为虹口区彩虹湾一期动迁安置房、青浦新城一站A区动迁安置房项目委托贷款的受托行，负责对委托贷款资金实施封闭式资金监管。10月，出席公积金中心支持保障性住房建设项目贷款第二次签约仪式。在总额为113.6亿元13个批准试点保障性住房委托贷款项目中，受托其中5个项目，负责对42.28亿元的委托贷款资金实施封闭式资金监管。

2012年，大客户一部向F1中国大奖赛投放7亿元中期流动资金贷款，支持主办方支付赛事申办费和电视转播及制作费。

发展支柱产业 1988年，分行外汇信贷部派出专职账务经理，对久事公司（被市政府指定为市建设项目筹措外汇调剂人民币公司）新增的上海电真空公司引进1 000万美元扩大显像管玻壳流水线项目跟踪、营销，成功承接被市领导誉为"头号工程"项目。是年，全市新增"九四"专项用款项目59个，上海分行争取到16个、外汇用款占27%份额，两项在全市金融同业中均居第二位。

1995年，业务部向桑塔纳轿车配套的纳铁福传动轴有限公司提供1.4亿元人民币和901万美元贷款，支持其技术改造。1996年，向桑塔纳轿车配套的汽车零部件行业新发放技术改造贷款2.2亿元。1997年，贷款支持桑塔纳轿车国产化配套国家"双加"项目。1998年，贷款支持桑塔纳轿车中高级零部件配套项目。

2007年，业务一部作为上海外高桥第三发电厂工程项目银团贷款参与行，向该项目提供1.5亿元贷款。2009年，作为银团项目参与行，为上海市重点建设LNG项目配套的上海临港燃气电厂一期工程提供6.6亿元综合授信额度。项目4台40万千瓦级燃气—蒸汽联合循环发电机组项目获"亚洲电力2012年度最佳燃气发电项目金奖""2012—2013年度国家优质工程金奖"，成为国内首次获此殊荣的燃机项目。2012年，为满足"西气东输"天然气进沪要求，向上海市天然气主干管网崇明岛管线工程项目提供7亿元授信额度。

2008—2014年，大客户一部(业务部)为申能股份有限公司发行短期债务融资券83亿元。2010—2014年，为申能(集团)有限公司发行125亿元短期融资券、私募债券9亿元、超短期融资券70亿元。

履行社会责任 1989年，信贷一部接受中国人民银行上海市分行"窗口"指导，支持地方政府为稳定大局、安定人民生活资金需要，发放政策性贷款9.8亿元，占上海分行当年贷款总额17%。上海医药工业公司因资金短缺，影响急救、常用药生产，经上海市府特批，中国人民银行上海市分行将此任务落实到上海分行。信贷一部接受任务之后，按原料采购、制剂生产和商业销售3个方面用途进行资金准备，保证药品生产，市场销售秩序渐趋正常。

1991年7月，上海市政府决定将全市抗洪救灾捐款账户设在上海分行。业务一部主动与上海市民政局取得联系，做好解缴款衔接工作。向生产橡皮艇、盖布、雨衣等救灾物资的上海橡皮制品四厂紧急投放150万元贷款，支持救灾工作。2003年5月14—22日，在抗击"非典"特殊时期，业务部克服困难，每天为上海市民政局办理大量的支票转账和汇款业务，保证业务零差错。

2008年5月12日，汶川发生大地震。上海分行作为全市民政系统唯一对外公布的捐款收款行，向抗震救灾捐款提供优先办理、免除汇款费用、上门收取现金捐款和延长营业时间等服务措施。6月，加班加点为上海市民政局补制个人捐款回单2 203笔。6月22日(周日)，为配合市领导次日凌晨携汇票赶赴都江堰、绵阳等受灾地区进行慰问工作，业务一部依据特事特办服务原则，紧急协调总、分行，破例于双休日开启对公账户系统，成功开具两张金额为5 000万元的赈灾汇票。

截至2014年年末，大客户一部人民币存款余额为157.61亿元，贷款余额为177亿元，经营利润为5.14亿元。

表11-2-67 1987—1992年交通银行上海分行第一业务部负责人任职情况表

信贷一部(1987年4月—1991年3月)					
经理		副经理		经理助理	
姓名	任职时间	姓名	任职时间	姓名	任职时间
吴国民	1989年2月—1991年3月	莫桂鸿	1987年4月—1987年6月	吴天健	1987年6月—1987年10月
—	—	吴国民	1987年6月—1989年2月	—	—

〔续表〕

信贷一部(1987年4月—1991年3月)					
经　理		副　经　理		经理助理	
姓　名	任职时间	姓　名	任职时间	姓　名	任职时间
—	—	高敏琦	1987年6月—1987年10月	—	—
—	—	陈海荣	1987年6月—1988年10月	—	—
—	—	徐　骏	1988年1月—1988年10月	—	—
—	—	郭惠华	1990年8月—1991年3月	—	—
第一业务部(1991年3月—1992年10月)					
经　理		副　经　理		经理助理	
姓　名	任职时间	姓　名	任职时间	姓　名	任职时间
吴国民	1991年3月—1992年7月	王若兰	1991年3月—1992年10月	—	—
—	—	郭惠华	1991年3月—1992年10月	—	—

表11-2-68　1987—1992年交通银行上海分行第二业务部负责人任职情况表

信贷三部(1988年10月—1991年3月)			
经　理		副　经　理	
姓　名	任职时间	姓　名	任职时间
陈海荣	1990年8月—1991年1月	陈海荣	1988年10月—1990年8月
—	—	徐　骏	1988年10月—1991年3月
第二业务部(1991年3月—1992年10月)			
经　理		副　经　理	
姓　名	任职时间	姓　名	任职时间
徐　骏	1992年7月—1992年10月	徐　骏	1991年3月—1992年7月
—	—	陈明垒	1991年3月—1992年10月

表11-2-69　1987—1993年交通银行上海分行外汇信贷部负责人任职情况表

经　理		副　经　理	
姓　名	任职时间	姓　名	任职时间
王士俊	1990年8月—1993年12月	施福林	1987年10月—1988年8月
—	—	陈富锦	1987年10月—1988年3月

〔续表〕

经理		副经理	
姓名	任职时间	姓名	任职时间
—	—	吴天健	1987年10月—1990年11月
—	—	刘国建	1988年1月—1989年12月
—	—	米安昌	1988年10月—1990年7月
—	—	王士俊	1988年11月—1990年8月
—	—	马会平	1990年1月—1990年11月
—	—	隋思民	1992年9月—1992年11月

表11-2-70　1992—1993年交通银行上海分行业务部主要负责人任职情况表

经理		副经理		经理助理	
姓名	任职时间	姓名	任职时间	姓名	任职时间
徐骏	1992年10月—1993年12月	王若兰	1992年10月—1993年7月	金明云	1992年10月—1993年12月
—	—	沈汉清	1992年10月—1993年12月	章关发	1992年10月—1993年10月

表11-2-71　1993—2014年交通银行上海(市)分行大客户一部负责人任职情况表

业务部(1993年12月—2007年6月)					
总经理(经理、高级经理)		副总经理(副经理、副高级经理)		总经理助理(经理助理、高级经理助理)	
姓名	任职时间	姓名	任职时间	姓名	任职时间
王士俊	1993年12月—1995年9月	沈汉清	1993年12月—2003年2月	黄海波	2005年4月—2005年12月
万家禄	1995年9月—2005年5月	朱世贤	1993年12月—1995年9月	袁翔	2005年12月—2006年9月
陈伟芳	2005年4月—2007年5月	金明云	1993年12月—1999年10月	乐自强	2005年12月—2006年9月
—	—	陈荷兰	1995年9月—2000年4月	—	—
—	—	乐晨科	2000年1月—2001年2月	—	—
—	—	陈伟芳	2001年1月—2005年4月	—	—
—	—	张爱光	2001年2月—2002年3月	—	—
—	—	陆斌	2003年1月—2005年5月	—	—

〔续表〕

业务部(1993年12月—2007年6月)					
总经理(经理、高级经理)		副总经理(副经理、副高级经理)		总经理助理(经理助理、高级经理助理)	
姓　名	任职时间	姓　名	任职时间	姓　名	任职时间
—	—	黄海波	2005年12月—2007年9月	—	—
—	—	袁　翔	2006年9月—2007年6月	—	—
—	—	乐自强	2006年9月—2007年6月	—	—
业务一部(2007年6月—2010年12月)					
总经理(高级经理)		副总经理(副高级经理)		总经理助理(高级经理助理)	
姓　名	任职时间	姓　名	任职时间	姓　名	任职时间
乐自强	2007年6月—2010年12月	施立群	2009年3月—2010年12月	施立群	2007年9月—2009年3月
—	—	—	—	陈勇刚	2009年3月—2010年12月
—	—	—	—	何自冬	2009年11月—2010年4月
大客户一部(2010年12月—　)					
总经理(高级经理)		副总经理(副高级经理)		总经理助理(高级经理助理)	
姓　名	任职时间	姓　名	任职时间	姓　名	任职时间
乐自强	2010年12月—	施立群	2010年12月—2011年1月	陈勇刚	2010年12月—2011年10月
—	—	应陵姿	2011年5月—	何自冬	2009年11月—2010年4月
—	—	陈勇刚	2011年10月—	朱　磊	2011年4月—2013年4月
—	—	朱　磊	2013年4月—2014年7月	梁晓丹	2014年9月—

表11－2－72　截至2005年年末交通银行上海分行业务部已转出营业网点一览表

网点名称	沿　　革
制造局路储蓄所	1989年9月26日,上海分行制造局路储蓄所在制造局路584号设立。1989年8月1日,隶属关系由信贷二部变更为储蓄业务部。1990年6月8日,迁至制造局路666号(甲)。7月27日,隶属关系由储蓄业务部变更为业务一部。1992年10月21日,隶属关系由业务一部变更为分行业务部。1994年12月18日,迁至制造局路584号,升格更名为市南办事处制造局路分理处,隶属关系由分行业务部变更为上海分行市南办事处
航运交易所支行	1996年9月6日,分行业务部航运交易所派出柜在东大名路485～495号306室设立。1998年9月2日,迁至杨树浦路88号,改建为上海分行上海航运交易所支行。2004年2月18日,更名为航运交易所支行。2005年5月26日,隶属关系由分行业务部变更为第一支行

〔续表〕

网点名称	沿　　革
房地大厦支行	1996年12月23日，上海市房地产交易中心派出柜在栖霞路58号设立。2001年9月21日，改建为上海分行房地大厦支行。2004年2月18日，更名为房地大厦支行。2005年5月26日，隶属关系由分行业务部变更为第一支行
南京东路支行	1998年5月7日，上海分行南京东路支行在南京东路80号设立。2004年2月18日，更名为南京东路支行。4月16日，暂停营业。5月28日，迁至局门路568号，更名为局门路支行，隶属关系由分行业务部变更为市南支行
北京西路支行	2005年3月18日，虬江路支行迁至北京西路93号，更名为北京西路支行，隶属关系由虹口支行变更为分行业务部。5月26日，隶属关系由分行业务部变更为第一支行

表11-2-73　1991—2013年交通银行上海(市)分行大客户一部获奖情况表

获奖单位	获奖称号(年度)	备　注
业务部会计科	全国“青年文明号”(1998年)	全国性
业务部会计科	全国“青年文明号”(1999年)	全国性
业务部会计科	全国“青年文明号”(2000年)	全国性
业务部会计科	全国“青年文明号”(2002年)	全国性
业务部会计科	全国“青年文明号”(2004年)	全国性
业务部会计科	全国“青年文明号”(2006年)	全国性
业务部第三团队	第十七次上海市新长征突击队(2006年)	省部级
业务一部储蓄科	交通银行系统先进集体(1991—1992年度)	交通银行系统级
业务部出纳科	交通银行“青年文明号”(2001年)	交通银行系统级
业务部出纳科	交通银行“青年文明号”(2002年)	交通银行系统级
业务部党总支部	交通银行先进基层党组织(2002年)	交通银行系统级
业务部信贷一科	交通银行“青年文明号”(2003年)	交通银行系统级
业务部信贷一科	交通银行“青年文明号”(2004年)	交通银行系统级
大客户一部	交通银行第五届文明单位(2013年)	交通银行系统级

第二十一节　大客户二部

一、机构沿革

2007年，为探索新的营销体制，加快各项业务发展，上海分行决定从6月1日起，撤销原业务部机构，设立业务二部等3个部门。业务二部有员工35人，其中总经理1人。

2010年12月20日，业务二部更名为大客户二部。

截至2014年年末，大客户二部有员工49人，其中正副总经理4人、总经理助理1名。

二、业务经营

2007年业务二部成立以来，不断满足大型国有企业、跨国公司在华总部及优质民营企业集团等金融服务需求，在市场竞争中壮大实力，提升服务能力和水平。

【公司业务】

支持企业发展　2007年9月，业务二部为上海华谊(集团)公司发行8亿元、期限10年的企业债券出具担保函，助力债券成功发行。是年，通过竞标成为该(集团)公司首发15亿元短期融资券主承销商。之后，又多次以主承销商身份，为该集团公司发行短期融资券、中期票据、超短券等债务融资工具，累计发行金额达390亿元。2010年4月，与华谊(集团)公司签署全面合作协议，向其提供人民币200亿元的授信支持，促进银企合作关系。2012年1月，大客户二部协助华谊(集团)公司筹建上海华谊集团财务有限责任公司(以下简称"华谊财务公司")，成为其三大结算平台之一。6月，通过银企直连成功与华谊财务公司结算平台实现对接，为争揽同业存款创造有利条件。2014年6月，为华谊(集团)公司以基金子公司资管计划对接委托贷款模式，发放20亿元类信贷。

2009年4月，国务院正式决定在上海和广州、深圳、珠海、东莞等城市开展跨境贸易人民币结算试点，迈开人民币走向国际化的关键一步。7月，业务二部受上海丝绸集团股份有限公司委托，成功为其办理首单人民币跨境贸易汇款结算服务，夺得全国首单。

2009年4月，业务二部成功为中化国际(控股)股份有限公司办理对外承兑信用证付款业务，总行通过境外银行资金为该公司代付融资业务。2013年2月，大客户二部根据该公司提出远期商业汇票保兑申请，为其办理了收款行为交通银行境外分行远期商业汇票的保票通业务，加深银企合作。

2010年11月，业务二部为上海交运(集团)股份有限公司辖属的上海交运日红国际物流公司(以下简称"日红公司")提供跨行资金平台服务，帮助其实现跨行查询、付款、资金归集等资金管理。借此产品优势，争取日红公司的7家子公司在上海市分行开户，整体资金归集量近4 000万元；成功营销上海交运(集团)股份有限公司使用交通银行跨行资金平台，吸收存款超1亿元。

2011年4月，大客户二部贯彻国家九部委关于金融支持文化产业要求，向上海有孚计算机网络有限公司提供人民币1 500万元固定资产贷款，是上海市分行系统内首笔发放的以公司拥有的11张计算机软件著作权证书作质押的贷款。6月，通过与香港交通银行联动，为汤臣高尔夫(上海)有限公司开立人民币2亿元融资性保函，成为总行系统内首笔跨境人民币融资性担保业务，改变以往以美元为结算币种融资性保函模式。10月，在总分行支持下，历时数月完成上海赛科石油化工有限责任公司基于SAP系统的电子票据系统开发，深化银企业务合作。

2013年12月，大客户二部牵线总行与欧尚(中国)投资有限公司签署全面合作协议，向其提供5.5亿元综合授信额度，搭建覆盖20余家门店的现金管理池。是月，作为牵头代理行，为总额18亿元的SOHO中国辖属子公司——上海绿城广场置业有限公司SOHO天山广场银团项目提供6亿元贷款份额，派生9个有效账户。2014年4月，成功参与总额20亿元的SOHO中国辖属子公司——上海长坤房地产开发有限公司古北SOHO广场银团贷款，争得贷款份额5亿元。

2014年5月28日，大客户二部与国核商业保理股份有限公司签订战略合作框架协议，向其提供8亿元授信额度。7月，通过自贸区人民币双向资金池为上海市分行自贸区客户——亚万钢国际贸易(上海)有限公司办理总行系统内首单境外资金向境内归集业务，为其境内外资金融通开创新渠道，提升公司对上海市分行依存度和上海市分行服务该类客户能力。10月，与光大幸福国际租赁有限公司签署战略合作框架协议，向其意向提供50亿元人民币授信支持。11月，分别向上海联恒异氰酸酯有限公司、上海亨斯迈聚氨酯有限公司提供23亿元、10.9亿元银团贷款额度，用于上海联合异氰酸酯二期扩建项目，支持上海化工区内企业发展。12月，作为牵头代理行，成功参与总额19.4亿元的香港瑞安集团旗下——上海骏兴房地产开发有限公司新天地翠湖天地4期银团贷款，取得贷款份额8亿元。

服务地方经济　业务二部参与上海市旧区改造和保障房建设工作。2009年8月，向上海地产(集团)有限公司辖属上海瀛程置业有限公司提供8.8亿元授信开发贷款(实际提款3.5亿元)，支持其建设华泾地块经济适用房项目，成为上海市第一个建成并投入运营的项目。

2010年7月，为配合上海市"十二五"期间最大"民生工程"——完成100万套保障性住房建设，业务二部参与融资总额达373.8亿元的上海市第二批大型居住社区银团贷款项目，作为其中3个子银团的牵头代理行，承担其中47.33亿元贷款份额。11月，支持旧区改造计划，向上海地产(集团)有限公司辖属凯峰房地产开发有限公司申报棚户区改造贷款融资方案，并提供4.6亿元贷款。2011年12月—2014年3月，大客户二部向上海地产(集团)有限公司辖属上海地产馨逸置业有限公司累计发放7.6亿元项目贷款，支持其开发建设铁路上海南站地区公共租赁房项目。开创上海市金融同业公共租赁房开发贷款的先河。

2013年12月，大客户二部通过受让信托受益权的直投业务模式，成功为上海地产(集团)有限公司普陀区老真北地块旧区改造项目融资25亿元。2014年12月，以投行类资产投资——非上市公司股权收益权融资模式，向上海地产集团发放5.25亿元类信贷用于其向辖属上海至尊衡山酒店投资有限公司增资。

截至2014年年末，大客户二部人民币存款余额104.80亿元，贷款余额151.27亿元，实现经营利润4.35亿元。

表11-2-74　2007—2014年交通银行上海(市)分行大客户二部负责人任职情况表

业务二部(2007年6月—2010年12月)					
总经理(高级经理)		副总经理(副高级经理)		总经理助理(高级经理助理)	
姓　名	任职时间	姓　名	任职时间	姓　名	任职时间
袁　翔	2007年6月—2010年12月	左　冰	2009年3月—2010年12月	左　冰	2007年9月—2009年3月
—	—	林　莉	2010年10月—2010年12月	许慧珺	2009年11月—2010年12月
大客户二部(2010年12月—　)					
总经理(高级经理)		副总经理(副高级经理)		总经理助理(高级经理助理)	
姓　名	任职时间	姓　名	任职时间	姓　名	任职时间
袁　翔	2010年12月—	左　冰	2010年12月—	许慧珺	2010年12月—2012年8月
—	—	林　莉	2010年12月—	胡昊庆	2011年4月—2014年6月
—	—	许慧珺	2012年8月—2013年4月	汪晓光	2013年4月—
—	—	胡昊庆	2014年6月—	—	—

第二十二节　大客户三部

一、机构沿革

2008年7月16日，上海分行整合所属浦东分行、新区支行对公营销团队客户经理和客户资源，在松涛路560号张江大厦裙房三楼设立业务三部。有员工29人，其中副高级经理1人、高级经理助理2人。

2010年12月20日，业务三部更名为大客户三部。2011年7月15日，迁至松涛路560号张江大厦15楼A座。

截至2014年年末，大客户三部有员工36人，其中正副总经理4人。

二、业务经营

【公司业务】

2009年1月，业务三部向上海惠生化工工程有限公司提供15亿元组合授信额度，支持其中石油80万吨乙烯装置扩建项目建设。2010年，与盛大集团开展全方位合作，带动盛大计算机（上海）有限公司、上海盛绩信息科技有限公司、上海益充电子商务有限公司等子公司开立结算账户。5月，成功营销道康宁公司开立美金资本金账户及基本户，争取到1 500万美元存款。

2012年，业务三部推进与惠普公司银企合作，双方在无追索银票贴现业务上进入实质性操作阶段。12月，组织由20余家跨国公司地区总部高级管理人员参加的外汇资金集中运营沙龙活动，成功促成惠生（中国）投资有限公司就外汇资金集中运营管理改革与总行签订合作意向书。2013年7月，成功争取永丰余集团在上海市分行开立人民币基本账户、资本金账户和资金托管账户，并通过延伸营销永丰余集团在中国最大造纸厂——永丰余造纸（扬州）有限公司在交通银行开立账户。

【个金业务】

2010年8月，业务三部发挥客户渠道的优势，联合新区支行成功营销道康宁、日月光等公司代发工资业务。通过“企业行”驻点方式，主动为客户量体裁衣，向企业员工提供网上银行、手机银行、个人理财等多方位的个人金融服务，增强银企合作黏合度。2011年，净增5 500余张有效代发卡。

截至2014年年末，大客户三部人民币存款余额62.97亿元，人民币贷款余额108.16亿元，实现经营利润2.47亿元。

表11-2-75　2008—2014年交通银行上海（市）分行大客户三部负责人任职情况表

业务三部（2008年7月—2010年12月）					
总经理（高级经理）		副总经理（副高级经理）		总经理助理（高级经理助理）	
姓　名	任职时间	姓　名	任职时间	姓　名	任职时间
李　卓	2010年2月—2010年12月	李　卓	2009年3月—2010年2月（主持工作）	朱　牧	2009年3月—2010年12月

〔续表〕

业务三部(2008年7月—2010年12月)					
总经理(高级经理)		副总经理(副高级经理)		总经理助理(高级经理助理)	
姓　名	任职时间	姓　名	任职时间	姓　名	任职时间
—	—	—	—	曹　沛	2009年3月—2010年12月
—	—	—	—	冯伟奇	2009年11月—2010年12月
大客户三部(2010年12月—　)					
总经理(高级经理)		副总经理(副高级经理)		总经理助理(高级经理助理)	
姓　名	任职时间	姓　名	任职时间	姓　名	任职时间
李　卓	2010年12月—	朱　牧	2011年10月—	朱　牧	2010年12月—2011年10月
—	—	曹　沛	2011年10月—	曹　沛	2010年12月—2011年10月
—	—	冯伟奇	2013年4月—	冯伟奇	2010年12月—2013年4月
—	—	—	—	王思明	2011年4月—2013年12月

第二十三节　大客户四部

一、机构沿革

2008年，上海分行为适应激烈市场竞争、探索新的公司金融业务营销体制和促进公司金融业务又好又快发展意图，对所属浦东分行、新区支行对公客户经理和客户资源进行整合，成立业务四部。7月16日，业务四部在商城路518号14楼设立。有员工34人，其中副高级经理1人，高级经理助理2人。

2010年12月20日，业务四部更名为大客户四部。2014年7月，迁至世纪大道1168号东方金融广场B座。

截至2014年年末，大客户四部有员工51人，其中正副总经理2人，总经理助理1人。

二、业务经营

【公司业务】

支持企业发展　2008年业务四部组建后，按照“优化客户结构，扩大市场份额，争取利润最大化”定位，积极开拓业务。2009年4月27日，牵线总行、交银金融租赁有限公司公司与中国商用飞机有限责任公司(以下简称“商飞公司”)签署总额为300亿元《金融战略合作框架协议》《租赁业务合作框架协议》。2010 年起，连续 4 期担任商飞公司 120 亿元中期票据主承销商，其中主承销的 30 亿元第一期中期票据，不仅拓宽了公司融资渠道，填补了公司在投行领域空白，而且降低了公司融资成本，被《上海证券时报》评为 2010 年度“最佳债券承销项目”。2010—2014 年，为商飞公司提供单一信托计划、理财、投行等金融业务，拓宽双方业务合作面。

2011 年 8 月，大客户四部成功为中国船舶工业集团（以下简称“中船集团”）下属沪东中华造船（集团）有限公司（以下简称“沪东中华造船集团”）办理近 1 亿美元境内外联动结构融资业务。帮助该集团规避人民币升值的风险。2012 年，为该集团操作 3 年期 1.5 亿美元出口发票融资。10 月，牵线总行与中船集团签订总额为 400 亿元的全面战略合作协议，竞标成为中船集团超短期融资券主承销团成员之一。2013 年 10 月，为中船集团发行 50 亿元超短期融资券。2014 年年末，助力中船集团顺利获批跨国公司外汇资金集中营运管理试点资格，为其探寻自贸区创新通道，试点资格项下集中 3.63 亿美元外债额度和 39 亿美元对外放款额度，实现境内外 38 家成员单位和境外 3 家成员单位之间资金互通功能。

2013 年 9 月，上海自由贸易试验区成立后，大客户四部以创新产品对接自贸区业务。2014 年，获批 FTE 授信额度 17 亿元，为中电投融和融资租赁有限公司办理首笔非同户名项下自贸区放款；为光大融资租赁（上海）有限公司和海尔融资租赁（中国）有限公司尝试操作资本金结汇。

服务区域经济　2008 年 7 月，业务四部牵线总行领导与上海浦东新区主要领导会晤，建立总行与上海浦东新区政府高层定期互访机制，推动双方在重大项目、金融创新等方面合作。2009 年，抢抓大浦东“十二五”规划发展机遇，参与起草和签署《浦东新区外商协会白皮书》，支持浦东“四个中心”核心功能区建设、浦东城市化和基础设施建设等。3 月，牵线上海市分行与浦东新区发改委、经委、上海浦东发展（集团）有限公司、上海外高桥（集团）有限公司签订总额为 130 亿元的银政企全面合作协议。

2008 年，业务四部担任上海世博会重点配套项目银团贷款共同牵头行，向上海浦东发展（集团）有限公司（以下简称“浦发集团”）发放 5 亿元银团贷款，支持中环线、机场北通道项目建设。2009 年 3 月，在上海市金融服务办公室组织“上海金融支持区县经济社会发展工作会议暨项目签约仪式”上，与浦发集团签订 300 亿元战略合作协议。2010 年，为浦发集团发行 15 亿元短期融资券。2012 年，作为浦发集团第一期中期票据主承销商，为其发行金额 10 亿元、期限 10 年的中期票据。2013 年 4 月，与浦发集团创新业务合作，成功为该集团办理上海市分行首单 37 亿元买入返售信托受益权业务。11 月，为浦发集团申报 19.8 亿元产业基金，共同探索金融创新发展。

交通银行作为 2010 年上海世博会战略合作银行，在世博会建设筹备期间，业务四部承担牵头协调营销部门职责，对接上海世博管理委员会，为世博相关机构、公司客户等提供金融服务。2008 年 10 月，向上海世博会事务协调局（以下简称“世博局”）提供 25 亿元授信额度，确保世博工作顺利开展。2009 年，上海世博会筹备工作进入关键时期，业务四部建立专司服务世博团队，为世博筹备和正式运营提供全方位金融服务。截至 3 月末，累计向世博局发放流动资金贷款 16.3 亿元、开立关税保函达 6 400 万元、发放定向委托贷款 16.4 亿元。在世博服务的推动下，争取世博局、上海世博会运营有限公司、上海世博会特许产品办公室等在交行开立外币结算账户 32 个。2011 年 7 月，争取上海世博发展（集团）有限公司及其辖属子公司等开户。2013 年，为上海世博会运营有限公司提供理财及结构性产品。

2014 年，大客户四部向浦东新区政府首批采购项目的 6 家供应商提供 6.5 亿元授信额度。与浦东新区政府合作研究国资国企改革、PPP（即政府和社会资本合作）、股权融资、海外基金等热点项目。

创新业务发展　2010 年，业务四部探索业务创新转型，加强对上海国际旅游度假区暨上海迪士尼项目营销。12 月，向上海申迪（集团）有限公司（以下简称“申迪公司”）提供总额人民币 712 亿元全额包销、有条件贷款承诺函；2011年作为牵头行之一，参与上海国际旅游度假区暨上海迪士尼乐园项目银团授信，支持项目开发，被上海市银行同业公会授予最佳项目奖。为进一步提升与申迪公司合作，2014年9月，向申迪集团提供股权收益权类型投行类资产投资非信贷业务额度20亿元，以创新形式支持其业务扩展。

2010年，业务四部通过上海市租赁协会，与综合性租赁企业开展合作，牵头为恒信租赁公司组建应收租金质押16亿元银团循环贷款，建立良好市场品牌形象。之后，试点租赁公司资产证券化、信托融资、ABN、租赁资产回购、租赁资产转让、境内外联动三方协议等金融创新服务；以租赁企业为渠道、结合无追索保理等产品，将业务切入华电通用轻型燃机设备有限公司等央企、大型国企，在业内树立良好口碑。2012年，大客户四部成为上海市租赁协会常务副会长单位，发展金融租赁、厂商租赁、内资试点、其他外资租赁、SPV单船租赁等27家租赁客户。2014年年末，租赁体系内贷款余额超54亿元。

2011年，大客户四部强化与新区政府合作渠道，突出投资银行、供应链金融和境内外联动三大板块业务，灵活运用总分支联动的方式，以业务创新为转型切入口，聚焦和突破重大项目，创造新的发展动能。2012年，大客户四部在债券承销、兼并收购、投行类理财、财务顾问及咨询服务等投资银行业务重点领域取得先发优势；积极把握合作机遇，有效对接能源并购、股权融资、债权融资、ABN(资产证券化)等项目。与交通银行海外分支机构建立互通关系，在内保外贷、四方协议、船舶预收款融资、出口风险参与、海外代付、DF及NDF配套产品、进口保理、人民币融资性保函等产品方面实现联动发展。以供应链和现金池产品为抓手，大力拓展客户资源，提升主体业务实质性发展。

2011年，大客户四部与衣恋时装(上海)有限公司(简称“衣恋公司”)进行SWIFT NET系统业务合作，助其对中国境内子公司资金进行统筹、调控、管理，衣恋公司将SWIFT NET系统作为其对外支付主要平台。截至2014年年末，为衣恋公司搭建蕴通账户现金池平台，通过其分布全国各地的辖属分、子公司在交通银行开立一般结算账户实现资金归集。是年，与香港交通银行等四方建立业务合作，为衣念时装(香港)有限公司提供2 000万美元贷款，实现衣恋公司对境内外公司资源整合，加深双方合作。

2011年，大客户四部为家乐福(中国)管理咨询服务有限公司辖属子公司上海联家超市有限公司搭建人民币现金池，进而提供蕴通账户服务。2014年，开展非信贷业务，向平安租赁、恒信租赁、申迪集团共投放33亿元额度。为上海浦东发展(集团)有限公司、金光纸业(中国)投资有限公司、中国商用飞机有限公司、中国船舶工业集团发行中期票据和超短期融资券达百亿元。发展供应链项目，推进企业实现归集式现金管理模式。加强与交通银行海外分支机业务合作，为跨国公司解决跨境融资需求、助力大型国企实现“走出去”战略。

截至2014年年末，大客户四部人民币存款达123.43亿元、贷款达139.16亿元，实现经营利润3.56亿元。

表11-2-76　2008—2014年交通银行上海(市)分行大客户四部负责人任职情况表

业务四部(2008年7月—2010年12月)					
总经理(高级经理)		副总经理(副高级经理)		总经理助理(高级经理助理)	
姓　名	任职时间	姓　名	任职时间	姓　名	任职时间
沈卫东	2010年2月—2010年12月	沈卫东	2009年3月—2010年2月(主持工作)	蔡　钺	2009年3月—2010年10月

〔续表〕

业务四部(2008年7月—2010年12月)					
总经理(高级经理)		副总经理(副高级经理)		总经理助理(高级经理助理)	
姓　名	任职时间	姓　名	任职时间	姓　名	任职时间
—	—	蔡　铖	2010年10月—2010年12月	严　肃	2009年3月—2010年10月
—	—	严　肃	2010年10月—2010年12月	崔翔鹏	2009年11月—2010年12月
大客户四部(2010年12月—　)					
总经理(高级经理)		副总经理(副高级经理)		总经理助理(高级经理助理)	
姓　名	任职时间	姓　名	任职时间	姓　名	任职时间
沈卫东	2010年12月—	蔡　铖	2010年12月—2012年4月	崔翔鹏	2010年12月—2013年4月
—	—	严　肃	2010年12月—2014年4月	魏砚君	2011年4月—2011年10月
—	—	魏砚君	2011年10月—	金　拓	2014年9月—

表11-2-77　2009—2010年上海市分行大客户四部获奖情况表

获奖单位	获奖称号(年度)	备　注
大客户四部	上海市文明单位(2009—2010年度)	省部级

第二十四节　自贸试验区分行(大客户五部)

一、机构沿革

1993年5月15日,浦东分行外高桥保税区支行在杨高北路3001号外高桥保税区商务楼104室开业。1994年8月,内设会计科、外汇科。1995年11月29日,迁至外高桥保税区D纬三路凯兴楼办公。

1999年1月,上海分行改革浦东分行经营体制,设立外高桥保税区支行等4家正处级营业机构。外高桥保税区支行内设办公室、人事保卫科、信贷科、贷款审查科、外汇科、会计科、储蓄科等7个科室。下辖营业大厅及高桥支行、高华分理处等3家营业网点。设副行长2人、行长助理2人。

2001年1月,为进一步加强营销和管理力度,充分利用各类资源,理顺业务关系,上海分行决定将外高桥保税区支行与金桥支行、川沙支行合署办公,由金桥支行承担中心支行职能。2013年9月,外高桥保税区支行升格更名为交通银行股份有限公司中国(上海)自由贸易试验区分行。办公地点在马吉路2号。设行长1人、副行长4人、行长助理1人。11月12日,更名为交通银行股份有限公司上海自贸试验区分行。12月17日,增设营业室。

2008年7月16日,上海分行组建业务五部,办公地点在新金桥路230号。有员工36人,其中副高级经理2人,高级经理助理1人。2010年12月20日,更名为大客户五部。2014年2月14日,

图 11-2-31　1993 年 5 月 15 日，交通银行上海浦东分行外高桥保税区支行在浦东杨高北路 3001 号外高桥保税区商务楼 104 室开业

图 11-2-32　2013 年 9 月 29 日，交通银行中国(上海)自由贸易试验区分行在浦东新区马吉路 2 号开业

自贸试验区分行与大客户五部合并。

截至2014年年末，自贸试验区分行（大客户五部）下辖营业室。有员工67人，其中行长1人，副行长4人（其中3人兼任大客户五部正副总经理），行长助理2人。

二、业务经营

【公司业务】

支持企业发展　2008年，业务五部成立初期，根据宏观经济环境、行业政策和大客户特点，确定外高桥保税区、金桥进出口加工区、上海浦东机场综合保税区、上海浦东川沙经济园区为业务拓展主要区域。

2009年，业务五部开拓中高端客户群，发展37户授信客户，其中提款客户17户。参与上海国际金融中心、国际航运中心及外高桥港、洋山港、浦东空港、外高桥保税区、洋山港保税区、浦东空港综合保税区的市场营销，向本特勒汽车系统（上海）有限公司、上海外联发高桥物流管理有限公司分别提供1.1亿元、1.25亿元贷款。

2010年，业务五部作为联合牵头行参与上海通用汽车有限公司（以下简称“通用汽车”）90亿元项目及外高桥保税区开发股份有限公司“森兰”45亿元项目银团贷款。参与远东国际租赁有限公司60亿元银团贷款。2014年，作为通用汽车年金资产唯一托管行，做好通用汽车产业链上下游客户营销工作，在经销商融资及车工坊项目等业务上开展合作。3月，成功营销创业板上市客户——上海康耐特光学股份有限公司唯一募集行地位，争取到募集资金。

2011年，大客户五部向远东国际租赁有限公司（以下简称“远东租赁公司”）提供贷款支持，贷款余额达29.3亿元。8月，作为远东租赁公司二期专项资产管理计划的托管行和资金监管行，成功为其办理上海证券交易所自2006年恢复资产证券化业务以来首单资产支持证券（ABS）业务。2014年年末，向远东租赁公司提供的贷款余额达30.71亿元，同时发展美元贷款配套远期结售汇、保理业务，拓宽中间业务收入来源。

2012年，大客户五部通过优化上海龙昂国际贸易有限公司票据池业务流程，实现跨境人民币结算1.34亿元。办理金龙精密铜管集团股份有限公司跨境人民币结算7.49亿元。争取小南国海之源餐饮管理有限公司增资款，新增跨境人民币结算1.4亿元。是年，大客户五部国际结算量达到27.73亿美元。

2013年9月，上海自贸试验区分行成立。作为交通银行在自贸区的窗口，其职责是加强与上海自贸区管理委员会（以下简称“管委会”）、税务等职能部门及中国人民银行上海市分行、国家外汇管理局上海市分局等监管部门沟通联系，提高对区域内相关政策的敏感度，把握新客户营销方向和信息。按照管委会“政府搭台、企业唱戏”模式，负责对接各类平台。联合管委会、中国人民银行及区域内的招商服务机构等举办自贸区金融政策宣讲会。参加兄弟行自贸区业务推荐会，宣传自贸区政策。联合总行、上海分行国际业务部、贵金属中心、离岸中心等开展大宗商品、黄金国际版等业务推荐会，开展对重点客户的联合营销。是年年末，自贸试验区分行以新开客户号统计的客户有132家，完成95家注册于自贸区内客户开户流程（部分客户为验资号，尚未生成新客户号）。12月，与香港交通银行联动，为上海外高桥（集团）有限公司办理1亿元跨境人民币境外流动资金贷款业务，实现自贸区金融机构的首单金融创新业务，树立交通银行良好的金融创新服务形象。争取启航融资租赁（上海）有限公司、中天科技集团上海国际贸易有限公司、上海东方网电子商务有限公司等客户实质性存款沉淀。

2014年2月自贸试验区分行与大客户五部合并后，举办多场客户沙龙活动，解读自贸区相关政策。对上海外高桥(集团)有限公司金融服务方案、浙江蚂蚁小微金融服务集团有限公司麾下境外企业API(Hong Kong)Investment Limited境外并购贷款业务、国家核电技术公司上海电站工程有限公司承接印度尼西亚业主方KEP公司联合循环电站扩建项目金融服务方案等进行创新，全面推进业务转型。同时为上海外高桥(集团)有限公司、上海金桥(集团)有限公司、香江汇发(上海)商业保理有限公司、博豪国际贸易有限公司等一批区内公司和个人客户提供分账核算单元下的FTN、FTI账户开立等首单金融创新业务。截至是年年末，新开客户数(不含分账核算单元)949户。

扶持中小企业 2010年，大客户五部按照“支持实体经济、促进区域发展”要求，大力支持中小企业发展，向浦东新区首批获得上海市科委小巨人(培育)企业——上海摩恩电气股份有限公司、上海康达化工新材料股份有限公司、上海康耐特光学股份有限公司提供综合金融服务，支持这些企业由小做大，达成“银企携手互惠共赢，小企业做成大文章”目标。是年，上海摩恩电气股份有限公司、上海康耐特光学股份有限公司2家公司成功完成IPO。2012年，上海康达化工新材料股份有限公司顺利完成IPO。3家公司上市后，均将上市募集的资金留存交通银行，并办理结构性存款等业务。

截至2014年年末，自贸试验区分行(大客户五部)人民币存款余额为88.08亿元、人民币贷款余额为94.08亿元，实现经营利润3.2亿元。

表11-2-78 1999—2014年交通银行上海自贸试验区分行负责人任职情况表

浦东分行外高桥保税区支行(1993年5月—1999年5月)					
行长(经理)		副行长(副经理)		行长助理(经理助理)	
姓名	任职时间	姓名	任职时间	姓名	任职时间
周子浩	1994年8月—1999年5月	朱克成	1993年5月—1994年8月	—	—
—	—	周长庚	1993年5月—1994年8月	—	—
—	—	刘玉芬	1997年6月—1999年5月	—	—
上海分行外高桥保税区支行(1999年5月—2001年1月)					
行长		副行长		行长助理	
姓名	任职时间	姓名	任职时间	姓名	任职时间
—	—	孟志芳	1999年5月—2001年2月(主持工作)	谌建中	1999年5月—2001年1月
—	—	郭奎生	1999年5月—2001年2月	陈永忠	1999年5月—2001年3月
交通银行上海自贸试验区分行(2013年9月—)					
行长		副行长		行长助理	
姓名	任职时间	姓名	任职时间	姓名	任职时间
陈荷兰	2013年11月—(兼)	钱国钦	2014年1月—	周玲	2014年1月—2014年12月

〔续表〕

交通银行上海自贸试验区分行(2013年9月—　)					
行　　长		副　行　长		行长助理	
姓　名	任职时间	姓　名	任职时间	姓　名	任职时间
—	—	欧阳琦	2014年1月— 2014年9月(兼)	於屺牥	2014年9月—
—	—	吕晓晖	2014年1月—	章　青	2014年12月—
—	—	王伊雯	2014年1月—	—	—
—	—	周　玲	2014年12月—	—	—

表11-2-79　2008—2014年交通银行上海(市)分行大客户五部负责人任职情况表

业务五部(2008年7月—2010年12月)					
总经理(高级经理)		副总经理(副高级经理)		总经理助理(高级经理助理)	
姓　名	任职时间	姓　名	任职时间	姓　名	任职时间
钱国钦	2010年2月— 2010年12月	钱国钦	2009年3月— 2010年2月 (主持工作)	黄健萍	2009年3月— 2010年12月
—	—	李　慧	2009年3月— 2010年12月	朱　翔	2009年11月— 2010年12月
大客户五部(2010年12月—　)					
总经理(高级经理)		副总经理(副高级经理)		总经理助理(高级经理助理)	
姓　名	任职时间	姓　名	任职时间	姓　名	任职时间
钱国钦	2010年12月— 2014年1月	李　慧	2010年12月— 2012年4月	黄健萍	2010年12月— 2012年10月
	2014年1月—　(兼)	朱　翔	2013年4月— 2014年1月	朱　翔	2010年12月— 2013年4月
—	—	吕晓晖	2013年10月— 2014年1月	吕晓晖	2011年4月— 2013年10月
—	—	周　玲	2014年1月—　(兼)	周　玲	2012年4月— 2014年1月
—	—		2014年12月— (兼)		2014年1月— 2014年12月(兼)

表11-2-80　2014年年末交通银行上海自贸试验区分行营业网点一览表

网点名称	地　址	沿　　革
自贸试验区分行	外高桥保税区马吉路2号	1993年4月13日,浦东分行外高桥保税区支行在杨高北路3001号外高桥保税区商务楼104室设立。5月15日,开业。1995年11月29日,迁至外高桥保税区D纬三路凯兴楼。1999年1月,更名为上海分行外高桥区支行。2001年1月,与金桥等支行合署办公。2013年9月29日,外高桥保税区支行升格、更名为交通银行股份有限公司中国(上海)自由贸易试验区分行。11月12日,更名为交通银行股份有限公司上海自贸试验区分行。2014年2月,与大客户五部合并

第十二篇

人　物

概　述

晚清及民国时期的交通银行上海分行，面对外资银行和旧式钱庄双重夹击，以及“两次停兑”风潮考验，全行助力实业发展，谱写了一部商业银行奋发图强创业史卷。

1949年5月上海解放后，上海分行干部员工响应国家号召，参与社会主义经济建设，认真完成国家交办的各项专项任务。

1986年上海分行重新开业后，全行干部员工勇敢地担负起交通银行赋予的金融改革“试验田”重任，发扬不畏艰难、敢为人先的艰苦创业精神，为交通银行探索综合性银行发展路径和实践现代商业银行经营管理体制机制积累了宝贵经验。

在百年历史进程中，上海(市)分行涌现出一大批优秀银行管理人员、先进模范人物及高级专业人士。

本篇设“人物传略”“人物简介”“人物表”等予以记载。其中“人物传略”遵循“生不立传”原则，为本志时限内身故的上海分行行级干部立传。

“人物简介”主要记载20世纪50年代初期，上海分行行级干部以及1987—2014年年末历任上海(市)分行行级干部。按正、副职任职时间先后排序，经历记载至上海(市)分行任职时间止。

“人物表”主要记载1986—2014年上海(市)分行获得全国级、省部级、全国金融系统级和交通银行系统级劳动模范、五一劳动奖章、三八红旗手、优秀党务工作者、优秀共产党员和新长征突击手等称号的干部员工，以及上海(市)分行离休干部、高级职称人员。

第一章　人物传略

李厚祐(1867—1935)　字云书,浙江镇海人。清光绪二十八年(1902年),投资天一垦务公司任代表,以现代经营方式从事东北农垦业。是年,当选上海商业会议公所议员。光绪三十一年(1905年),投资张謇集资建立的大达轮埠公司任会办,是私人资本在上海创建的第一家轮船公司。光绪三十二年(1906年),在镇海创办永裕垦牧公司。是年十月,当选上海商务总会第三任总理。光绪三十三年(1907年),任上海城厢内外总工程局总董,其间又任预备立宪公会董事。一度担任中华银行董事,投资信用、劝业、民新等银行,武汉既济水电公司、汉冶萍股份有限公司、中国化学工业社等企业及大达、宁绍、三北等轮船公司。辛亥革命前夕,参加同盟会,在财力上资助革命运动。上海光复后,担任沪上总兵站总监,为江浙联军进攻南京运送武器,保障军需。民国元年(1912年)5月,当选上海总商会议董,任期内辞职。民国13年(1924年)8月,被列为上海总商会特别会董。晚年,致力于佛教事业,创办觉林素菜馆,不问世事。

光绪三十四年(1908年)正月,经邮传部奏准派充交通银行上海分行总办。四月,被正式任命为上海分行第一任总办。

施肇曾(1867—1945)　字鹿珊,江苏吴江人。早年就读上海圣约翰书院。清光绪年间,历任湖北汉阳铁厂提调、沪宁铁路总办等。清宣统三年(1911年),调任京汉铁路南段会办等。民国元年(1912年),任陇海铁路局局长。民国6年(1917年),公举任中国银行董事,又创办北京新亨银行和上海永亨银行。民国8年(1919年),在震泽镇创办江丰农工银行,任董事长。民国10年(1921年),在无锡学宫旧址,捐款创办《无锡国学专修馆》,培养国学人才。民国11年(1922年),与南浔富绅庞莱臣合资,各捐款1万元,沿运河边筑成一条纤道。民国12年(1923年),与胞弟肇基捐资2万元,创办震泽镇初级中学,任董事长。后又在上海创办育英中学和附属育英小学,捐资修造圣约翰大学礼堂等。民国13年(1924年),创办上海闸北水电厂股份有限公司,任董事长,任久安实业股份公司董事。民国15年(1926年),在家乡创办震丰缫丝厂,与王一亭等发起成立上海佛教维持会。民国23年(1934年),与叶恭绰等联合发起成立中国动物保护会。曾长期从事外交事业,历任驻驻澳大利亚、印度尼西亚、新加坡、英国伦敦、马来西亚吉隆坡领事。

民国元年(1912年)8月,任交通银行上海分行经理。民国4年(1915年),经公举任交通银行董事长。

赵庆华(1872—1952)　字燧山,浙江兰溪人。曾任晚清邮传部主事。北洋政府时期,是交通系重要成员,历任津浦、沪杭甬、广九等铁路局局长。梁士诒任民国总理时,官至交通部次长。民国5年(1916年)2月,张思仁被袭身亡后,接任交通银行上海分行经理一职。5月12日,北京政府下达停兑命令。因赴任不久,对沪上商情不熟,且与中外商人没有往来,兼以上海分行的政府欠款过多,现金准备不足,奉令后只得遵照办理。民国6年(1917年)3月,多方筹划,准备开兑。4月30日,上海分行在停兑近一年后,重新开兑营业。民国6年(1917年)9月,任驻沪没收德奥小轮办事处处长。民国16年(1927年)5月1日,交通银行第十六届股东总会在天津开会,改选为第二届监事。

陶　湘(1871—1940)　字兰泉,号涉园,江苏武进人。清光绪二十八年(1902年),经铁路大臣盛宣怀奏请任京汉铁路北路养路处、机器处总办。光绪三十一年(1905年)秋,京汉铁路全线告成,经盛宣怀、袁世凯、张之洞合力保奏,被奖励二品衔。清宣统三年(1911年),盛宣怀升任邮传部大臣后,被调任邮传部京汉铁路全路副监督。历任上海三新纱厂总办、上海轮船招商局董事兼天津分局经理、天津中国银行经理,天津华新、裕元、北洋等纱厂经理等职。30岁前开始收藏书籍,几十年得书30万卷,是辛亥革命后刊印古籍最多的藏书家。民国4年(1915年),在北京创办修绠堂书店(现北京中国书店前身),经营古旧书40余年。民国11年(1921年),迁居天津,成为天津近代藏书家之一。民国18年(1929年),应聘故宫博物院专门委员。民国23年(1934年),由天津迁居上海,晚年居上海。

民国6年(1917年)9月,由天津中国银行监理官调任交通银行上海分行经理。民国8年(1919年)11月,上调交通银行总管理处。

钱永铭(1885—1958)　字新之。浙江吴兴(今湖州)人。清光绪二十八年(1902年),在天津北洋大学学习财经学。次年,赴日本神户高等商业学校留学。清宣统元年(1909年),回国在南京高等商业学校任教。辛亥革命后,在上海都督府财政部任事。民国元年(1912年),被派往北京参加接收农工商部,任会计课长。后回上海,与友人组织中华捷运公司,任经理。民国5年(1916年),任交通银行秘书。民国6年(1917年)9月,由张謇推荐担任交通银行上海分行副理,后任代经理、经理。民国9年(1920年),任上海银行公会会长。民国11年(1922年)6月,升任交通银行协理。民国14年(1925年)5月,离职交通银行。历任盐业、金城、中南、大陆四行储蓄会副主任及四行联合准备库主任。民国16年(1927年),南京国民政府成立后,历任财政部次长、浙江省政府委员兼财政厅长、中央银行首届理事、交通银行常务董事、中华职业教育社董事会主席。民国20年(1931年)—21年(1932年),被任命为驻法国公使。民国23年(1934年),出任上海地方维持会副会长。民国25年(1936年)8月—29年(1940年)5月,代理复旦大学校长。民国26年(1937年),抗战全面爆发,组织上海市各界抗敌后援会。民国27年(1938年),被国民政府聘为第一任参政员。是年8月,接任交通银行董事长。抗战期间,主要在大后方从事交通银行业务。民国36年(1947年),担任国民政府国大代表,被任命为美金公债劝募委员会主任委员。民国37年(1948年),任联合商业储蓄信托银行董事长。

盛炳纪(1860—1927) 字竹书。浙江镇海人。清光绪三十三年(1907年),赴汉口任宁波会馆总董,兴办宁波旅汉小学一所。光绪三十四年(1908年),任汉口商务总会议董、协理、总理。清宣统三年(1911年),任浙江兴业银行汉口分行总经理。民国元年(1912年),与宋炜臣等发起成立中华全国商会联合会,任湖北干事。民国4年(1915年)到上海后,历任浙江兴业银行常董,交通银行上海分行经理,上海银行公会第二、三、五届会长。其间,与张公权、宋汉章等金融界人士在沪创办《银行周报》。筹组上海造币厂借款银团、通泰盐垦借款银团。曾担任中国红十字会议长、中国济生会经济董事、四明公所董事、江湾妇女救济会会董。创建江浙渔业公会、镇海旅沪同乡会,并任会长。维持南通盐垦公司及大生纱厂,提供俭德会等。创办泰东面粉公司、汉丰面粉公司等。民国12年(1923年),为日本大地震组织日灾赈济会。是年,发起创办苏浙和平协会,任主要干事,促成江浙和平公约之公布。民国13年(1924年),江浙战争爆发,遂辞去上海银行公会会长一职。

民国11年(1922年)9月,经张謇推荐担任交通银行上海分行经理。

胡祖同(1888—1936) 字孟嘉,浙江鄞县(今宁波)人。毕业于英国伯明翰大学,获经济学硕士学位。民国元年(1912年),学成归国,被聘为浙江海关监督。辞职后在杭州政法学院、甲种商业学校指教。民国8年(1919年),受命担任浙江兴业银行上海分行副经理。民国10年(1921年),进入交通银行。5月,被调充为上海分行国外业务科副主任。12月,被调充为上海分行副理,兼理国外业务。民国16年(1927年)2月,接替去世的盛竹书任上海分行经理。民国17年(1928年)11月,交通银行迁沪进行改组,当选交通银行常务董事兼总经理。民国20年(1931年)2月,接替辞职的唐寿民兼任交通银行上海分行经理。7月,延聘上海钱业领袖秦润卿任交通银行上海分行经理。"九一八"事变后,顶住日商银行借故向交通银行索要款项之压力,不让其索得分毫。民国22年(1933年),交通银行再次改组,被迫离职,任中央银行成立国库局总理。民国24年(1935年),兼任中国实业银行总经理。曾历任中国企业银行发起人、董事,上海各银行联合准备会委员,上海银行公会主任委员,上海市银行理事,国华银行监察人,中国国货银行董事,全国公债委员会和银行币制委员会委员。同时兼任工部局华董、招商局监理、四明公所董事,以及交通大学、大夏大学、光华大学校董等职。

唐尔恒(1892—1974) 字寿民,江苏镇江人。清光绪三十一年(1905年),芜湖德泰钱庄学徒。清宣统元年(1909年),任南阳劝业会收支员。民国元年(1912年),出任江苏银行司库,后兼任总簿记。民国4年(1915年),参与陈光甫在宁波路创办上海商业储蓄银行,先后任总务、总行副总经理兼汉口分行经理等职。后当选汉口银行公会会长,曾协助北伐军筹措经费。民国16年(1927年),与邹敏初、邓瑞人等在北京路创立国华银行,担任副董事长兼总经理。是年,进入中央银行协助宋子文组建新的汉口中央银行。民国17年(1928年)2月,被宋子文正式任命为上海造币厂厂长,并将该厂改组为中央造币厂,开始向全国统一发行货币。民国18年(1929年)1月,再次被宋子文委以重任,转任交通银行上海分行经理。民国20年(1931年)2月,辞去交通银行上海分行经理,经国

府任命担任中央银行常务董事兼业务局总经理。民国22年(1933年)4月,任交通银行总经理,提出整旧营新、推广储蓄、发行独立及举办投资事业等经营理念。抗战爆发后,与时任交通银行董事长胡笔江等先后赴香港,主要负责交通银行总管理处在港事宜。民国27年(1938年)8月,继任交通银行董事长。

民国30年(1941年)12月太平洋战争爆发后,香港沦陷,在港被日军逮捕。次年4月,被押回上海,出任日伪控制的交通银行董事长兼总经理。民国34年(1945年)抗战胜利后,因曾供任伪职,被上海最高法院以汉奸罪判处有期徒刑8年。1949年10月1日后,又被管制2年。

秦祖泽(1877—1966) 字润卿,浙江宁波人。清光绪十七年(1891年),到上海协源钱庄当学徒。民国6年(1917年),上海钱业同业公会成立,任副会长。民国9年(1920年),任会长。其间,推动制定钱业公会章程,修订钱业业规,创办《钱业月报》;力主成立"上海钱业业务研究会",改善钱庄的社会形象。

民国8年(1919年)五四运动中,秦润卿支持钱业界罢市一周,参加抵制日货运动。民国20年(1931年)"九一八"事变后,发动上海各钱业断绝与日商往来。民国21年(1932年)"一·二八"淞沪战争中,组织钱业界捐募衣物钱币,支援十九路军。民国22年(1933年)3月10日,国民政府实行"废两改元""法币制"政策后,其发表《钱业公会为废两改元问题敬告国人书》,坦陈钱业界意见。民国26年(1937年)"八一三"事变后,积极支援困守四行仓库的谢晋元。

民国18年(1929年)3月,秦润卿与王伯元、李馥荪等接办天津中国垦业银行,将该行迁至上海,任董事长兼总经理。与董事会制定包括不做投机生意、高级职员不准向本行透支、设立充足准备金等持重的营业方针。垦业银行发生挤兑时,调拨钱庄与烟纸店资金,平息事态。民国26年(1937年),上海沦陷后,辞去各种社会职务,拒任伪职。民国36年(1947年),任全国钱业同业公会理事长。1949年10月1日后,任上海市政协委员及公私合营银行副董事长。

民国20年(1931年)7月,任交通银行上海分行经理。

李道南(1896—?) 江苏南京人。早年游美深造,毕业于伊利诺大学,获商学士学位,复入纽约大学,获硕士学位。归国后,历任南开大学、东南大学教授,民国11年(1922年)2月,被上海商科大学聘请教授会计学,后被选为上海商科大学行政委员、教务主任。民国15年(1926年),与林振斌等创办华商广告公司。民国21年(1932年),被选为中国太平洋国际学会会员。对国外汇兑研究有素,极负时望,堪称外汇权威。后入银行界服务,先后受聘国货银行、国华银行协理。民国23年(1934年),任交通银行香港分行经理。民国27年(1938年)春,受交通银行派遣前往马尼拉,为开设菲律宾分行作实地调查。民国28年(1939年)3月,中英平衡基金委员会在香港成立,出任交通银行代表。民国30年(1941年),经沈叔玉推

荐，担任菲律宾交通银行总经理。民国34年(1945年)8月16日，受交通银行董事长钱新之、总经理赵棣华指派，主持沪属行处接收事宜，并于9月25日担任上海分行经理，积极筹备开业事宜，11月1日，上海分行及本埠4个支行开业。任职期间，严格行员人事管理，发现有行员入舞场者，开除不贷。民国35年(1946年)4月后，兼任交通银行菲律宾分行董事和副总经理，经手中国和菲律宾交通银行侨汇业务。历任国华银行董事、上海商学院筹备委员会筹备委员。是年，投资8 000万元，在上海创办六联印刷厂，任董事长。民国37年(1948年)12月，太平洋保险公司改选，担任常务董事。

金国宝(1894—1963)　字侣琴，江苏吴江人。是中国最早把革命导师列宁著作译成中文之人。民国3年(1914年)，在上海复旦公学(复旦大学前身)深造。民国6年(1917年)，毕业后先后在吴江中学、苏州第一师范学校执教。民国11年(1922年)，在南洋兄弟烟草公司总经理简照南先生支助下赴美国哥伦比亚大学攻读统计学，获硕士学位。回国后，历任复旦大学、暨南大学、国立上海商学院、上海法学院教授。民国17年(1928年)4月，受中央研究院院长蔡元培先生之派，赴欧美考察，著成《统计学大纲》。是年起，致力于推行、建立承兑票据和贴现市场，提出建立票据市场解决工商业发展所需资金等观点。民国18年(1929年)5月，任南京特别市政府财政局局长兼建设委员会专门委员。民国19年(1930年)4月，赴日本考察地方财政。7月，转入上海金融界。历任交通银行上海分行襄理、副理等职。在上海分行工作期间，试办和推广承兑汇票及其贴现工作，制定了《办理押汇凭信及承兑贴现业务规则》，这是中国近代贴现市场史上第一个关于票据承兑的规章。民国36年(1947年)8月，曾以国家副代表身份出席在美国华盛顿举行的国际统计学会第二十五届年会及世界统计大会。民国38年(1949年)8月，任复旦大学商学院教授，兼统计专修科主任。院系调整后，任上海财经学院教授。1959年8月，调上海社会科学院经济研究所，著有《凯恩斯之经济学说》《工业统计学原理》《高级统计学》等书。

第二章 人物简介

第一节 正行级

葛一飞(1919年2月—) 女,汉族,浙江杭州人。民国27年(1938年),进入上海暨南大学。次年,转入上海交通大学继续学业,参加中共地下党领导的进步活动,是交大学运组织"学协"和"交大青年会"骨干。民国31年(1942年)10月,加入中国共产党。民国32年(1943年),进入交通银行工作,后任中共地下党交通银行上海分行支部组织委员。1949年5月27日后,参与接管交通银行,任中国人民解放军上海市军事管制委员会委员。1949年6月,任"上海交通银行职工协助接管委员会"主任委员。8月13日,任上海交通银行债权债务清理委员会委员。11月1日,上海分行重新开业后,任人事科副科长。1950年4月,任人事科科长。1951年11月,任交通银行华东分行营业部经理,1952年6月—1953年2月,任交通银行华东区行副经理兼营业部经理。1953年2月,任上海分行经理。1954年10月,任建设银行上海市分行行长兼交通银行上海分行经理。

潘其昌(1932年9月—) 汉族,浙江慈溪人,1952年12月,加入中国共产党,高级经济师。曾在浙江商业银行上海分行、南通分行,上海市税务局,上海市水产局,上海市海洋渔业公司,上海网具厂,上海渔轮厂,中共上海市财贸工作委员会工作。1987年2月,任交通银行副董事长、副总经理、党组成员。1987年5月—1990年8月,兼任交通银行上海分行党组书记、总经理。

刘育长(1942年7月—) 汉族,广东潮阳人,1985年11月,加入中国共产党,高级经济师。曾在中国建设银行上海市分行工作。1992年8月—1996年12月,任交通银行上海分行党组书记;1992年9月—1996年11月,任交通银行上海分行行长(总经理)。

许家生(1940 年 1 月—　)　汉族,江苏建湖人,1963 年 9 月,加入中国共产党,高级经济师。曾在南京军区第五局、第三局(部)工作。1986 年 4 月,进入交通银行工作。历任交通银行上海分行外汇业务部副经理,外汇进出口部副经理、经理,交通银行国外业务部副总经理,上海分行副总经理,伦敦代表处首席代表,伦敦代表处首席代表兼法兰克福代表处首席代表,国外业务部总经理兼伦敦代表处、法兰克福代表处首席代表。1996 年 11 月—2000 年 2 月,任交通银行上海分行行长;1996 年 12 月—2000 年 3 月,任交通银行上海分行党委(党组)书记。2002 年 4 月—2008 年 11 月,任上海分行第二届咨询委员会主任。

金大建(1953 年 6 月—　)　汉族,浙江绍兴人,1979 年 6 月,加入中国共产党,高级经济师。曾在虹口区综合贸易公司、虹口区百货公司、中共上海市委研究室工作。1987 年 4 月,进入交通银行工作。历任交通银行调查研究部副处长、总经理助理、副总经理,研究开发部副总经理、总经理,上海分行党组成员、副行长,南京分行党委(党组)书记、行长。2000 年 2 月—2005 年 7 月,任交通银行上海分行行长;2000 年 3 月—2005 年 7 月,任交通银行上海分行党委书记。

钱文挥(1962 年 1 月—　)　汉族,浙江鄞县人,1989 年 4 月,加入中国共产党,高级经济师。2004 年起,享受国务院特殊津贴。曾在中国(人民)建设银行上海市分行、中国建设银行工作。2004 年 10 月,任交通银行党委委员、副行长。2005 年 7 月—2006 年 11 月,兼任交通银行上海分行党委书记、行长。

康定选(1953 年 1 月—　)　汉族,河南巩义人,1973 年 3 月,加入中国共产党,高级经济师。曾在中国人民解放军 8183 部队、中国农业银行工作。1992 年 3 月,进入交通银行工作。历任交通银行郑州分行信贷部副主任、计划信贷处处长,郑州分行党组成员、副行长,南京分行党委(组)委员(成员)、副行长,南京分行党委书记、行长。2006 年 11 月—2010 年 3 月,任交通银行上海(市)分行党委书记、行长。

吕本献(1966年1月—) 汉族,河南商丘人,1994年6月,加入中国共产党,高级经济师。曾在中国农业银行、中国工商银行郑州市分行工作。1992年8月,进入交通银行工作。历任交通银行郑州分行办公室秘书、副主任,郑州分行铁道支行副行长,郑州分行党委办公室、分行办公室主任,洛阳分行党委书记、行长,哈尔滨分行党委副书记、副行长(主持工作)、党委书记、行长,武汉分行党委书记、行长,深圳分行党委书记、行长。2010年3月—2012年10月,任交通银行上海市分行党委书记;2010年3月—2012年12月,任交通银行上海市分行行长。

郑志扬(1961年6月—) 汉族,浙江宁波人,1990年10月,加入中国共产党,经济师。曾在中国人民银行浙江省吴兴县支行、湖州市支行工作。1994年10月,进入交通银行工作。历任交通银行湖州分行党委委员、副行长,常州分行党委书记、行长,海南分行党委书记、行长,交通银行党委组织部部长、人力资源部总经理。2012年10月—2018年8月,任交通银行上海市分行党委书记;2012年12月—2018年7月,任交通银行上海市分行行长(2018年4月—7月,兼任上海市银行同业公会会长)。

徐　斌(1966年3月—) 汉族,江苏张家港人,1993年11月,加入中国共产党,高级经济师。曾在电子工业部国营第734厂工作。1997年11月,进入交通银行工作。历任交通银行南京分行市场营销处副处长(主持工作),公司业务处副处长(主持工作),挂职总行公司业务部副处长,私人金融业务部副高级经理(主持工作)、高级经理,江苏省分行党委委员、副行长,贵州省分行党委书记、行长,安徽省分行党委书记、行长,江苏省分行党委书记、行长。2018年7月,任交通银行上海市分行行长(是月起,兼任上海市银行同业公会会长);2018年8月,任交通银行上海市分行党委书记。

第二节　副行级

严孝修(家陇)(1928年10月—) 汉族,江苏吴县人,民国36年(1947年)12月,加入中国共产党,高级经济师。曾在上海庆成钱庄、交通银行上海虹口支行、中国人民建设银行上海市分行工作。1987年5月—1990年8月,任交通银行上海分行副总经理。1987年5月—1990年8月,任交通银行上海分行党组成员。1987年5月—1995年6月,任交通银行上海分行管委会副主任。1993年10月1日起,享受国务院颁发的政府特殊津贴。1995年11月—2002年4月,任上海分行第一届咨询委员会主任。

诸　清(1944年1月—) 汉族,浙江绍兴人,1975年2月,加入中国共产党,高级经济师。曾在中国人民银行上海市杨浦区办事处吴淞分理处、工商银行上海市分行宝山区办事处工作。1986年8月,进入交通银行工作。1987年5月—1991年10月,任交通银行上海分行党组成员

(1987 年 12 月—1991 年 10 月,兼任上海分行党组纪检组组长)。1987 年 5 月—1993 年 12 月,任交通银行上海分行副总经理(1991 年 4 月,兼任中国太平洋保险公司副董事长、中国太平洋保险公司上海分公司总经理)。

方连奎(1941 年 4 月—　)　汉族,江苏南京人,1962 年 3 月,加入中国共产党,高级经济师。曾在中国人民解放军北京、昆明总参谋部、中国银行上海市分行工作。1987 年 5 月,任交通银行上海分行党组成员、总经理助理。1988 年 12 月—1991 年 11 月,任交通银行上海分行党组成员、副总经理。2002 年 4 月—2008 年 11 月,任上海分行第二届咨询委员会副主任。

陈宗俊(1931 年 10 月—　)　汉族,浙江杭州人,高级会计师。曾在交通银行华东分行人事科、交通银行上海分行会计科、中国人民建设银行上海市分行工作。1988 年 3 月,进入交通银行工作。历任交通银行上海分行会计出纳部副经理、副总会计师兼会计出纳部经理、财务会计处处长。1990 年 8 月—1993 年 7 月,任交通银行上海分行总会计师(副局级)兼财务会计处处长。1993 年 7—12 月,任交通银行上海分行总会计师。

李惠珍(1947 年 12 月—　)　女,汉族,江苏江阴人,1972 年 12 月,加入中国共产党,高级经济师。曾在中国人民银行上海市静安区办事处,中国工商银行上海市分行静安区办事处、分行组织处工作。1986 年 1 月,进入交通银行工作。历任交通银行上海分行人事教育处副处长,综合计划部副经理、经理。1990 年 8 月—1991 年 8 月,任交通银行上海分行党组成员、总经理助理;1991 年 8 月—1995 年 3 月,任交通银行上海分行党组成员、副行长(副总经理)(1991 年 10 月—1994 年 10 月,兼任上海分行党组纪检组组长)。

陈如奇(1945 年 6 月—　)　汉族,江苏阜宁人,1986 年 5 月,加入中国共产党,高级经济师。曾在中国农业银行工作。1990 年 12 月,进入交通银行工作。历任交通银行上海分行储蓄处副处长、综合计划处副处长。1992 年 7 月,任交通银行上海分行总经理助理兼综合计划处处长。1993 年 12 月—1998 年 1 月,任交通银行上海分行党组成员、副行长(副总经理)(1995 年 7 月—1996 年 12 月,兼任上海浦东分行行长。1995 年 8 月—1996 年 12 月,兼任上海浦东分行党组书记)。

钱龙宝(1944 年 2 月—　)　汉族,上海人,1974 年 8 月,加入中国共产党,高级经济师。曾在中国银行上海市分行、上海市财政局、上海麦加利银行、中国人民银行上海市分行工作。1986 年 9 月,进入交通银行工作。历任交通银行上海分行外汇业务部副经理,外汇存汇部副经理、经理,外汇业务管理处处长。1992 年 7 月,任交通银行上海分行总经理助理。1993 年 12 月—2002 年 3 月,任交通银行上海分行党委(党组)委员(成员)、副行长(副总经理)。2000 年 3 月—2002 年 3 月,兼任上海分行纪委书记。

杨煦春(1935 年 7 月—　)　汉族,浙江绍兴人,1957 年 2 月,加入中国共产党,高级经济师。曾在南京工程兵学校、中国人民解放军第 31 军、湖北省财政局、中国农业银行湖北省分行、中国人民银行湖北省分行工作。1991 年 7 月,进入交通银行工作,任交通银行财务会计部制度处处长。1991 年 12 月,任交通银行上海分行党组成员、上海浦东分行常务副总经理。1993 年 12 月—1995

年7月，任交通银行上海分行党组成员、副行长（副总经理）兼上海浦东分行行长（总经理）。1995年7月—1996年5月，任交通银行上海分行党组成员、副行长。1996年5月—2002年4月，任交通银行上海分行第一届咨询委员会副主任。

杨孟华（1944年3月— ） 汉族，江苏无锡人，1964年2月，加入中国共产党，高级政工师。曾在中国人民解放军高炮66师、南京军区炮兵政治部、上海警备区工作。1994年8月—2004年3月，任交通银行上海分行副行长；1994年10月—1998年12月，任交通银行上海分行党组成员、纪检组组长；1998年12月—2004年3月，任交通银行上海分行党委副书记。

王锡炯（1943年3月— ） 汉族，江苏张家港人，1964年5月，加入中国共产党，高级经济师。曾在中国人民银行淮南市支行、中国建设银行淮南市支行、淮南市经济委员会工作。1991年3月，进入交通银行工作。历任交通银行信贷部、信托部副总经理，信托部总经理兼长江经济联合发展股份有限公司副总经理。1996年10月—1999年12月，任交通银行上海分行副行长。1996年12月—1999年12月，任交通银行上海党委（党组）委员（成员）。1996年12月—1999年3月，兼任上海浦东分行党组书记、行长。

张贵荣（1941年8月— ） 汉族，江苏江都人，1981年7月，加入中国共产党，高级经济师。曾在甘肃省气象局、中国人民银行甘肃省分行工作。1991年3月，进入交通银行工作。历任交通银行信托部处长、副总经理，监察室副主任、主任，党组纪检组副组长。1997年7月—2000年3月，任交通银行上海分行副行长。1997年10月—2000年3月，任交通银行上海分行党委（党组）委员（成员）。1999年1月—2000年3月，兼任上海分行纪委书记。

姚金华（1945年6月— ） 女，汉族，河北唐山人，1983年4月，加入中国共产党，高级经济师。曾在中国人民银行贵州省六盘水市分行工作。1990年10月，进入交通银行工作。历任交通银行南京分行党组成员、党组纪检组组长、党组副书记、党组书记，总经理助理、副总经理（副行长）、行长。1997年12月—1999年7月，任交通银行上海分行副行长。1998年6月—1999年7月，任交通银行上海分行党委（党组）委员（成员）。

方建华（1953年2月— ） 女，汉族，江苏宝应人，1986年5月，加入中国共产党，高级经济师。曾在中国人民银行江西省分行工作。1988年3月，进入交通银行工作。历任交通银行上海分行综合计划处副处长，信贷处副处长、处长，信贷处处长兼风险资产管理处处长。1998年3月—2001年1月，任交通银行上海分行副行长。1998年8月—2001年1月，任交通银行上海分行党委（党组）委员（成员）。

孙小妹（1953年12月— ） 女，汉族，上海人，1972年9月，加入中国共产党，会计师。曾在云南省建设兵团、中国人民银行云南省分行、中国工商银行云南省分行工作。1991年7月，进入交通银行工作。历任交通银行上海分行储蓄处副处长、处长兼信用卡部经理，上海分行信用卡部经理，上海漕河泾支行行长，上海徐汇支行行长。1998年3月—2003年4月，任交通银行上海分行总稽核。2003年4月—2011年1月，任交通银行上海（市）分行党委委员、纪委书记。

孙根深(1953年8月—) 汉族,江苏阜宁人,1975年9月,加入中国共产党,高级经济师。曾在中国人民银行江西省分行、中国农业银行江西省分行工作。1992年1月,进入交通银行工作。历任交通银行综合计划部资金利率处处长、副总经理,深圳分行党组副书记、副行长,深圳分行党委(组)书记、行长。1999年11月—2001年1月,任交通银行上海分行副行长。2000年3月—2001年1月,任交通银行上海分行党委委员。

郑良玉(1952年2月—) 汉族,山东安丘人,1975年3月,加入中国共产党,高级经济师。曾在吉林省辽源市平岗公社、信用社,中国人民银行吉林省分行,中国工商银行吉林省分行工作。1991年7月,进入交通银行工作。历任长春分行党组成员、副总经理,长春分行党组书记、总经理,信贷部总经理,授信管理部总经理。2000年12月—2009年11月,任交通银行上海(市)分行副行长(2002年12月—2005年7月,任上海分行高级信贷执行官);2001年1月—2009年11月,任交通银行上海(市)分行党委委员。

阮 红(1964年7月—) 女,汉族,浙江嘉兴人,1985年12月,加入中国共产党,高级经济师。1988年7月起,进入交通银行工作。历任交通银行办公室宣传处副处长、综合处兼宣传处处长,海外机构管理部副总经理、总经理。2000年12月—2006年1月,任交通银行上海分行副行长。2001年1月—2006年2月,任交通银行上海分行党委委员。

陈荷兰(1960年7月—) 女,汉族,浙江绍兴人,1984年5月,加入中国共产党,经济师。曾在中国人民银行上海市分行、中国工商银行(人民银行)上海市分行工作。1986年8月,进入交通银行工作。历任上海分行业务部副经理、浦东分行行长。2002年11月—2009年11月,任交通银行上海(市)分行党委委员、副行长(2005年7月—2007年2月,任上海分行高级信贷执行官)。2009年11月—2015年6月,任交通银行上海市分行党委副书记、副行长(2012年10月,为分行正职级;2013年11月—2015年8月,兼任上海自贸试验区分行行长)。

周 晓(1953年8月—) 汉族,上海人,1985年6月,加入中国共产党,会计师。曾在云南生产建设兵团、云南农垦总局西双版纳分局、上海市培红中学、上海市新南中学、上海南市区教育局工作。1989年1月,进入交通银行工作。历任交通银行股权管理处副处长,财务会计处处长,财务会计部副总经理,宁波分行党委书记、行长,稽核部总经理。2004年9月—2006年9月,任交通银行上海分行党委副书记;2004年12月—2006年9月,任交通银行上海分行副行长。

林 骅(1968年5月—) 汉族,浙江镇海人,1988年6月,加入中国共产党,经济师。1988年7月,进入交通银行工作。历任交通银行上海分行信贷处处长助理,市场营销部经理助理,党委办公室、办公室副主任(主持工作),兼任保密委员会办公室主任,办公室主任,授信管理处处长,授信部高级经理。2006年8月—2016年2月,任交通银行上海(市)分行副行长[2007年2月,任上海(市)分行高级信贷执行官]。2006年8月—2016年2月,任上海(市)分行党委委员(2011年1月—2014年6月,兼任上海市分行纪委书记)。

乐晨科(1966年11月—) 汉族,浙江镇海人,1985年3月,加入中国共产党,助理经济师。

1989年7月，进入交通银行工作。历任交通银行上海长宁支行副行长、上海分行业务部副经理、上海松江支行行长、上海虹口支行行长。2007年10月—2010年3月，任交通银行上海(市)分行党委委员，行长助理。2010年3月—2014年4月，任交通银行上海市分行党委委员、副行长。

陈必钧(1969年12月—) 汉族，江苏阜宁人，2001年11月，加入中国共产党，经济师。1991年8月，进入交通银行工作。历任交通银行上海分行外汇进出口部副经理、上海金桥支行副行长、上海闸北支行行长。2007年10月—2010年3月，任交通银行上海(市)分行党委委员、行长助理。2010年3月—2014年5月，任交通银行上海市分行党委委员、副行长。

赵彩虹(1971年11月—) 女，汉族，上海川沙人，2000年1月，加入中国共产党，经济师。1994年7月，进入交通银行工作。历任交通银行上海分行综合计划处副处长，预算财务部副高级经理(主持工作)、高级经理。2007年10月—2010年3月，任交通银行上海(市)分行党委委员、行长助理。2010年3月起，任交通银行上海市分行党委委员、副行长。

陈伟芳(1968年3月—) 女，汉族，广东汕头人，2000年12月，加入中国共产党，经济师。1990年7月，进入交通银行工作。历任交通银行上海(市)分行业务部副总经理、总经理，业务部总经理兼上海第一支行行长，公司部高级经理。2011年11月—2013年5月，任交通银行上海市分行党委委员、行长助理。2013年5月起，任交通银行上海市分行党委委员、副行长。

陈　隃(1972年11月—) 汉族，江苏江都人，1997年6月，加入中国共产党，会计师。1997年7月，进入交通银行工作。历任交通银行财务会计部副高级经理、总经理助理，营运管理部(会计结算部)副总经理。2014年5月—2015年5月，任交通银行上海市分行党委委员、副行长。2014年6月—2015年5月，兼任上海市分行纪委书记。

樊　桑(1968年7月—) 汉族，上海崇明人，2000年7月，加入中国共产党，经济师。1990年7月，进入交通银行工作。历任交通银行上海闸北支行副行长，上海(市)分行资产保全部高级经理、资产负债管理部总经理。2014年8月—2016年3月，任交通银行上海市分行党委委员、行长助理。2016年3月—2018年12月，任交通银行上海市分行党委委员、副行长。

杜江龙(1970年7月—) 汉族，湖南岳阳人，1996年1月，加入中国共产党。曾在湖南省物资再生利用总公司、财政部商贸金融司、国债金融司、金融司工作。2009年9月，进入交通银行工作。历任交通银行董事会秘书。2010年3月，兼任董事会办公室主任。2015年3月—2016年3月，兼任交通银行上海市分行党委委员；2015年8月—2016年3月，兼任交通银行上海市分行副行长。

张　辉(1972年4月—) 汉族，陕西宁强人，1992年12月，加入中国共产党，经济师。1993年7月，进入交通银行工作。历任交通银行西安分行办公室副主任，西安分行高新技术产业开发区支行副行长，西安分行党委办公室、办公室主任，预算财务部高级经理，交通银行资产保全部总经理助理、副总经理、副总经理(主持工作)、总经理，风险管理部(资产保全部)副总经理(总行部门正职级)。2015 年 5 月—2016 年 4 月,任交通银行上海市分行党委委员、纪委书记。2015 年 8 月—2016 年 3 月,任交通银行上海市分行副行长。

张常胜(1960 年 11 月—　)　汉族,安徽萧县人,1985 年 5 月,加入中国共产党,高级经济师。曾在武汉市卫生局工作。1993 年 3 月,进入交通银行工作。历任交通银行武汉分行办公室副主任、主任,武汉分行党委委员、纪委书记、副行长、高级信贷执行官,交通银行江西省(南昌)分行党委书记、行长,交通银行电子银行部总经理(省直分行正职级),巡视组组长。2016 年 4 月—2017 年 3 月,任交通银行上海市分行党委委员、纪委书记;2016 年 7 月—2017 年 3 月,任交通银行上海市分行副行长(省分行正职级)。

秦新祥(1959 年 11 月—　)　汉族,甘肃秦安人,1988 年 5 月,加入中国共产党,高级经济师。曾在新疆伊犁地区六十八团场十一连、新疆医学院工作。1994 年 1 月,进入交通银行工作。历任交通银行乌鲁木齐分行国外业务部副经理,信贷管理处副处长,风险资产管理处处长兼法律合规部高级经理,交通银行山西省(太原)分行党委委员、行长助理、副行长、高级信贷执行官,交通银行投资银行业务中心(投资银行部)副总裁,授信管理部副总经理。2016 年 4 月—2019 年 5 月,任交通银行上海市分行党委委员;2016 年 7 月—2019 年 5 月,任交通银行上海市分行副行长、高级信贷执行官。

孙培基(1960 年 10 月—　)　汉族,浙江余姚人,1999 年 6 月,加入中国共产党,经济师。曾在上海无线电二厂工作。1991 年 3 月,进入交通银行工作。历任交通银行财会部股权管理处副处长,董事会办公室股权管理处副处长、处长,预算财务部数据管理(统计)高级经理,交通银行海南省(海南)分行党委委员、副行长,交通银行审计部、风险管理部副总经理,风险管理部(资产保全部)副总经理。2017 年 3 月—2019 年 3 月,任交通银行上海市分行党委委员、纪委书记。

李　利(1971 年 12 月—　)　汉族,江苏睢宁人,1993 年 12 月,加入中国共产党,经济师。曾在中国建设银行、上海复斯管理咨询有限公司工作。2006 年 2 月,进入交通银行工作。历任交通银行上海(市)分行人力资源部助理高级经理、副高级经理,嘉定支行行长,上海市分行个人金融业务部、资产负债管理部总经理,交通银行贵州省分行党委委员、行长助理、副行长。2017 年 12 月起,任交通银行上海市分行党委委员、副行长。

宋　滨(1974 年 1 月—　)　汉族,上海人,1999 年 9 月,加入中国共产党,经济师。1996 年 7 月,进入交通银行工作。历任交通银行上海杨浦支行行长助理、副行长,松江支行行长,交通银行河南省分行党委委员、行长助理、副行长。2017 年 12 月起,任交通银行上海市分行党委委员、副行长。

谭　红(1971 年 10 月—　)　女,汉族,湖南攸县人,2003 年 11 月,加入中国共产党,经济师。曾在武汉北美卡斯特高技术有限公司、上海美建钢结构有限公司工作。1999 年 5 月,进入交通银行工作。历任上海分行党委组织部副部长、人力资源部副高级经理,杨浦支行行长,上海市分行党委组织部部长、人力资源部高级经理、总经理,交通银行福建省分行党委委员、纪委书记。2019 年 3 月起,任交通银行上海市分行党委委员、纪委书记。

第三章 人物表

第一节 先进人物

本节收录1988—2014年交通银行上海(市)分行获得省部级以上荣誉称号先进人物70人。其中全国劳动模范1人、上海市劳动模范4人、全国金融劳动模范1人;全国五一劳动奖章获得者3人、上海市五一劳动奖章获得者1人、全国金融五一劳动奖章获得者8人;全国性其他奖项2人、上海市级其他奖项16人、全国金融系统级其他奖项1人、交通银行系统级其他奖项33人。先进人物在各自的工作岗位上为上海(市)分行创新发展作出了特殊的贡献。

一、劳动模范

表12-3-1 2010年上海市分行全国劳动模范一览表

姓 名	称 号	年 份
潘 康	全国劳动模范	2010年

表12-3-2 1991—2006年上海分行上海市劳动模范一览表

姓 名	称 号	年 份
沈展勤	上海市劳动模范	1991年
黄凌云	上海市劳动模范	1997年
万家禄	上海市劳动模范	1998—2000年度
潘 康	上海市劳动模范	2004—2006年度

表12-3-3 1999年上海分行全国金融劳动模范一览表

姓 名	称 号	年 份
王宗培	全国金融劳动模范	1999年

二、五一劳动奖章获得者

表12-3-4 1998—2003年上海分行全国五一劳动奖章获得者一览表

姓 名	称 号	年 份
黄凌云	全国五一劳动奖章获得者	1998年
余定发、万家禄	全国五一劳动奖章获得者	2003年

表 12-3-5　2010 年交通银行上海市分行上海市五一劳动奖章获得者一览表

姓　名	称　号	年　份
吴福生	上海市五一劳动奖章	2010 年

表 12-3-6　2000—2013 年交通银行上海(市)分行全国金融五一劳动奖章获得者一览表

姓　名	称　号	年　份
张步青	全国金融五一劳动奖章	2000 年
姜　炜	全国金融五一劳动奖章	2002 年
余定发	全国金融五一劳动奖章	2003 年
马　丽	全国金融五一劳动奖章	2006 年
李　樱	全国金融五一劳动奖章	2007 年
厉　静	全国金融五一劳动奖章	2008 年
孙小妹	全国金融五一劳动奖章	2009 年
宋　滨	全国金融五一劳动奖章	2013 年

三、其他

表 12-3-7　2008—2010 年交通银行上海(市)分行全国性其他奖项一览表

姓　名	称　号	年　份
茅晓佩	全国三八红旗手	2008 年
余伟杰	上海世博会先进个人	2010 年

表 12-3-8　1988—2010 年交通银行上海(市)分行省部级其他奖项一览表

姓　名	荣获称号	年　份
孟志芳	上海市新长征突击手	1988 年
茅晓佩	上海市新长征突击手	1992 年
陆爱芳	上海市新长征突击手	1994 年
唐　毅	上海市新长征突击手	1996 年
张　蓓	上海市新长征突击手	1996 年
安莹琦	上海市新长征突击手	1996 年
罗日军	上海市新长征突击手	1997—1998 年度
姜　炜	上海市新长征突击手	1997—1998 年度
彭悦箐	上海市新长征突击手	1997—1998 年度

〔续表〕

姓　　名	荣获称号	年　　份
乐春琼	上海市新长征突击手	2002年
刘　燕	上海市新长征突击手	2006年
张莉莉	上海市新长征突击手	2008年
万家禄	上海市优秀共产党员	2003年
赵　珊	上海市“三八红旗手”	2003—2004年度
茅晓佩	上海市“三八红旗手”	2007—2008年度
陆燕丽	上海市“三八红旗手”	2009—2010年度

表12-3-9　1999年交通银行上海分行全国金融系统级其他奖项一览表

姓　　名	称　　号	年　　份
陈　懿	全国金融系统优秀党务工作者	1999年

表12-3-10　1990年交通银行上海分行交通银行系统级其他奖项一览表

姓　　名	称　　号	年　　份
翟　勤	交通银行先进工作者	1990年
傅宝驹	交通银行先进工作者	1990年
沈关烜	交通银行先进工作者	1990年

表12-3-11　1991—1994年交通银行上海分行交通银行系统级其他奖项一览表

姓　　名	称　　号	年　　份
孟志芳	交通银行先进个人	1991—1992年
张建平	交通银行先进个人	1991—1992年
万家禄	交通银行先进个人	1991—1992年
刘华雄	交通银行先进个人	1991—1992年
朱羽兰	交通银行先进个人	1991—1992年
宋光星	交通银行先进个人	1991—1992年
徐　骏	交通银行先进个人	1991—1992年
水慧芬	交通银行先进个人	1991—1992年
吴光明	交通银行先进个人	1991—1992年
张连华	交通银行先进个人	1994年
金照林	交通银行先进个人	1994年

表 12－3－12　1994—1998 年交通银行上海分行交通银行系统级其他奖项一览表

姓　名	称　号	年　份
冯雅芬	交通银行“三八红旗手”	1994 年
冯雅芬	交通银行“三八红旗手”	1998 年

表 12－3－13　2001—2011 年交通银行上海(市)分行交通银行系统级其他奖项一览表

姓　名	称　号	年　份
韩娟芳	交通银行优秀党务工作者	2001 年
陈伟芳	交通银行优秀党务工作者	2009 年
王成宝	交通银行优秀党务工作者	2011 年

表 12－3－14　2001—2011 年交通银行上海(市)分行交通银行系统级其他奖项一览表

姓　名	称　号	年　份
张　蓓	交通银行优秀共产党员	2001 年
楼　忠	交通银行优秀共产党员	2003 年
潘　康	交通银行优秀共产党员	2006 年
施嘉捷	交通银行优秀共产党员	2009 年
李　利	交通银行优秀共产党员	2011 年
贺瑞康	交通银行优秀共产党员	2011 年

表 12－3－15　2007 年交通银行上海分行交通银行系统级其他奖项一览表

姓　名	称　号	年　份
李　樱	交通银行优秀员工	2007 年
缪惠芬	交通银行优秀员工	2007 年
钱陈慧	交通银行优秀员工	2007 年
邓建平	交通银行优秀员工	2007 年
徐　敏	交通银行优秀员工	2007 年
朱立佶	交通银行优秀员工	2007 年
虞海庆	交通银行优秀员工	2007 年
张懿君	交通银行优秀员工	2007 年

第二节　离 休 干 部

截至 2014 年年末，上海市分行共有 5 名健在的离休干部。其中，抗战时期参加革命工作的有 1

人，解放战争时期参加革命工作的有4人，他们在上海市分行改革发展进程中发挥了重要作用。

表12-3-16　1987—2014年交通银行上海(市)分行离休干部一览表

姓　名	出生年月	参加革命工作年月	入党年月	离休年月	离休前单位及职务
葛一飞(女)	1919年2月	1942年10月	1942年10月	1987年11月	分行经理
黄　科	1930年7月	1947年9月	1948年10月	1992年7月	机关党委书记
严孝修	1928年10月	1947年12月	1947年12月	1995年10月	分行副总经理
王伟鼎	1928年5月	1948年10月	1948年10月	1992年7月	房地产业务部经理
刘　惠	1934年9月	1949年3月	1975年12月	1991年9月	主任科员

第三节　国务院特殊津贴获得者

表12-3-17　1993—2004年交通银行上海分行国务院特殊津贴获得者一览表

姓　名	职　务	职　称	获特殊津贴年份
严孝修	副总经理	高级经济师	1993年
钱文挥	行长	高级经济师	2004年

第四节　高级职称人员

本节收录1987—2014年分行高级职称人员75人。其中高级会计师8人，高级经济师37人，高级工程师22人，高级政工师6人，其他高级职称2人。人物简介中高级职称人员未列入本节表格中。

一、高级经济师

表12-3-18　1988—2014年交通银行上海(市)分行高级经济师一览表

评定年份	姓　名
1988年	何桂甫、黄福国、施福林、王伟鼎
1989年	戴仲嘉
1990年	刘玉芬
1993年	贺瑞康
1994年	周子浩、沈潇、赵知秉、严祖健、周蓓蓓
1996年	冯雅芬、徐骏、罗晓
1997年	吴晓萍、吴光明

〔续表〕

评定年份	姓　　名
1998 年	牛珂荣、夏克平、吴福生、罗海娜、沈柯、尹家发
1999 年	陈汇绮、滕智力、赵一心、徐明、李伟诺
2001 年	景建国、赵珊
2002 年	蔡红
2004 年	陈丽伟、梁定云、马丽
2008 年	胡剑平
2012 年	王珏虹
2014 年	励敏捷

二、高级工程师

表 12－3－19　1987—2009 年交通银行上海(市)分行高级工程师一览表

评定年份	姓　　名
1987 年	巩开南
1988 年	陈嘉猷
1989 年	王佟滨
1991 年	丁仁中
1992 年	崔希俊、廖康乐
1996 年	邹滨津、张步青、张秋
1997 年	谢卫国、余慧娟、周吉岷、缪麒
1998 年	韩炳兴、张炘
2001 年	吴宇
2003 年	徐新、陆地、杨双林、刘佳钦
2009 年	卢意、李晨智

三、高级会计师

表 12－3－20　1991—2008 年交通银行上海分行高级会计师一览表

评定年份	姓　　名
1991 年	胡权裔
1992 年	刘永祥
1996 年	王若兰

〔续表〕

评 定 年 份	姓 名
1997 年	曹琪琪、郭奎生
1998 年	高萍
2006 年	戴建荣
2008 年	戴颉

四、高级政工师

表 12-3-21 1994—2013 年交通银行上海(市)分行高级政工师一览表

评 定 年 份	姓 名
1994 年	金红兵
1995 年	严晓幸
2010 年	葛庆喜
2011 年	何成钢
2013 年	王亚南、茅晓佩

五、主任记者

表 12-3-22 2004 年交通银行上海分行主任记者一览表

评 定 年 份	姓 名
2004 年	程 蔚

六、副研究员

表 12-3-23 2002 年交通银行上海分行副研究员一览表

评 定 年 份	姓 名
2002 年	杨 军

专 记

一、服务浦东开发大业

为进一步扩大中国的对外开放，以更加主动的姿态融入经济全球化大潮，1990 年 4 月 18 日，党中央、国务院作出开发开放上海浦东的战略决策，提出“开发浦东，振兴上海，服务全国，面向世界”方针。围绕这一重大战略决策和方针，交通银行上海分行在总管理处(以下简称“总处”)带领下，积极贯彻“浦东开发，金融先行”指导思想，不遗余力地为浦东开发开放、上海经济振兴、促进与各地的经济联合和发展提供高效、优质的金融服务。

(一) 设立上海浦东分行

浦东开发开放重大决策公布后，总处、上海分行立即着手研究交通银行参与浦东开发开放提供多功能金融服务方案，并于 1990 年 5 月 5 日成立由总分行联合组成的交通银行开发浦东工作调研小组。5 月 15、16 日连续两天，总分行领导专题研究交通银行支持开放浦东、开发浦东方案。5 月 17 日上午，冒雨拜会上海市浦东开发办公室负责人沙麟，提出了支持浦东开放、开发 8 项金融服务措施：1. 成立交通银行开发浦东工作调研小组，并计划在浦东地区成立浦东分行。2. 利用交通银行作为国家十大对外融资窗口之一和在香港设有分行的有利条件，积极筹措和引进外资和台资，投向浦东开发建设。3. 利用总处在沪的优势条件，有计划地调动全行资源，吸引外省市企业参与浦东开发，同时促进其所在地区经济发展。4. 发挥交通银行综合经营优势，开展银行、证券、房地产、保险、投资、租赁等各项业务，开办有关分公司，为开发浦东提供全方位金融服务。5. 上海分行筹建“台胞投资咨询服务部”，吸引台资，支持浦东开发建设。6. 发挥上海分行与中外金融机构合资设立的上海国际财务公司在浦东开发中作用。7. 上海分行在继续支持南浦大桥资金需求的同时，筹措 3 000 万元人民币贷款，支持杨浦大桥前期动迁工程。8. 加强同国际金融界、企业界的广泛联系，宣传浦东开发投资环境等，以吸引更多外资。八项金融服务举措得到了上海浦东开发办公室领导的高度肯定。7 月，上海分行正式组建浦东分行筹备班子，打破分工界限，采取特事特办等措施，在短时间里完成了浦东分行行址的选择、谈判及装修，人员调配及培训，办公设施配置、资本金筹集等筹备工作。是年 12 月 25 日，浦东分行在浦东南路 766 号对外营业，拉开了交通银行参与浦东开发、建设的序幕。

(二) 制定 10 项服务措施

为加强对浦东开发支持力度，总处高度关注创业阶段的浦东分行发展，并从资金、固定资产贷款规模、人才引进等方面对浦东分行实施倾斜政策。1991 年 2 月，向浦东分行提供 5 000 万元 1 年期优惠利率支持；同意是年下达给浦东分行的季度流动资金贷款规模可以上浮 20%；指示上海分行加强对浦东分行资金缺口支持，并享受利率优惠。

1992 年 3 月 26 日，浦东分行常务副总经理杨煦春就该行参与浦东基础性、功能性开发所取得进展及面临问题向交通银行总经理戴相龙作了专题汇报。戴相龙当即表示：“浦东分行是交通银行支持浦东开发开放的前哨阵地和桥头堡，总处一定要通过支持浦东分行，进而提升对浦东开发开放支持力度。”又说：“为使全体干部了解浦东，熟悉浦东，总处拟安排处以上干部到浦东分行现场办公，半天听汇报，半天去考察。”4 月 2 日上午，李祥瑞、戴相龙率总处各部 50 多位处以上干部分乘两辆大巴直抵浦东分行。在听取了杨煦春关于浦东分行开业以来的工作汇报及浦东开发开放情况介绍后，两位领导明确指出，建立浦东分行是交通银行贯彻党中央、国务院关于开发开放浦东决定的一项重要举措，交通银行要充分发挥总部在上海的优势，运用股份制、综合性银行特点，把浦东分行作为发挥新型银行功能，支持浦东开放开发的一个窗口。总处一行人马中午在浦东分行吃过盒饭之后，又马不停蹄地乘车赶赴陆家嘴金融贸易区、金桥出口加工区、外高桥保税区和港区进行实地考察。4 月 3 日上午，戴相龙召开行务会议，专题研究进一步支持浦东开发开放，办好浦东分行工作，并决定从 10 个方面来支持浦东的开发开放：1.“八五”期间，总处每年从全行统筹的资金中拿出 1 亿元资金，以优惠利率支持浦东分行，用于浦东基础设施更新、商业网点改造及大中型企业技改项目。2. 在浦东分行率先恢复信贷总规模比例控制办法，并以此计算规模，纳入全年计划，年末实行一次性考核，允许年度中间上浮 30%。3.“八五”期间，每年从总处新增的技改贷款规模中划出一块来支持浦东分行。4. 支持浦东分行参与国营大中型企业的重点项目贷款，将高桥石化总厂、上钢三厂、陆家嘴金融贸易公司列入总处重点支持的对象。5. 支持浦东分行开展外汇业务。尽快验收、批准浦东分行开办外汇业务；优先考虑该行外派实习生；由总处筹措融通外汇资金，以弥补浦东分行向“三资”企业发放外汇贷款造成的资金缺口。6. 支持浦东分行搞好网点建设。允许其按资本金的 20%形成固定资产，用于金桥开发区和外高桥保税区网点建设。7.“八五”期间，在现有分配体制不变情况下，统筹考虑浦东和浦西两行利润留成情况，允许浦东分行在常规核定的基础上上浮 30%。8. 支持浦东分行电子化建设，将其列为储蓄业务电子化第一批试点行；创造条件，实现浦东分行与上海分行中型机联网。9. 根据浦东分行人才需求的实际情况，在是年已核定上海分行 50 名增人指标基础上，由总处追加指标，实行单列，确保浦东分行人员需求；同时由总处人教部帮助浦东分行在市内外调配和招聘业务骨干；允许浦东分行动用 500 万元公积金，专项用于人才引进购置住房的费用。10. 由总处监察室负责，帮助浦东分行建立健全监督机构，完善内部管理制度。会后，总处将 10 个方面支持浦东开发开放举措，以《行务会议纪要》形式下发实施。该决定进一步提升了浦东分行干部员工的士气，全行上下精神面貌焕然一新，以更加昂扬的姿态，全面投入了浦东开发开放的进程。

（三）扶持实体经济发展

浦东分行成立后，按照国家产业政策，以及浦东新区外向型经济格局的发展趋势，大力组织存款，优化贷款结构，合理安排贷款投向和投量。对区内支柱型产业企业集团、大型骨干企业，以及一些有发展潜力、经济效益好、出口创汇型的国营大中型企业和“三资”企业实施信贷倾斜政策。相应增加技改贷款在整个贷款结构中的比重，推动浦东新区工业结构向高度化、现代化演进。1991—1993 年，对列为 1991 年上海市第一批工业企业技术改造贴息贷款项目——上钢三厂 3.3 米中厚板配套工程，以及高桥石化公司 250 万吨常碱压装置工程、上海信谊药业有限公司等一批重点工业项目提供数亿元信贷支持；向率先入驻浦东新区投资办实业的大型“三资”企业——杜邦农化有限公司“农得时”项目提供 2 480 万元技改贷款，并承担部分中方股本贷款及流动资金贷款；向纺织骨干企业——章华毛纺联合公司提供 3 144 万元贷款，支持其出口创汇；向全国最大宝丽板生产厂家——中外合资福海木业有限公司发放 1 645 万元流动资金贷款，支持其扩大生产规模；向中外合资联合毛纺织公司发放贷款 1 170 万元，提高其拳头产品产量；与上海纳铁福传动轴有限公司、巴斯夫化工联合公司等一批优质建立密切的业务联系，促进浦东地区实体经济发展。1994 年，加大信贷投入，发放 10 400 万元人民币及 900 万美元固定资产贷款、3 000 万元人民币流动资金贷款，支持上海高阳国际烟草有限公司发展。1996 年，贷款 5 000 万元人民币，支持上海高桥石化总公司环境保护工程——新火炬系统建设；贷款 2 941 万元人民币，支持日立上菱电化机器有限公司的基建项目；追加 1 900 万元人民币贷款，支持上海信谊药业有限公司"培菲康"生物药品扩大在生产。1997 年，先后向界龙彩印厂引进设备项目、裕安昌博有限公司电脑显示屏出口等项目提供 8 000 万元贷款；与摩托罗拉等一批机制新、管理好、效益佳企业建立信贷关系，贷款 1.8 亿元，支持企业发展；新增 1.7 亿元贷款，支持华源股份、汇众汽车等公司发展，助推浦东新区产业结构和运行机制与国际市场接轨。

（四）支持重点工程建设

为推进浦东新区的开发，营造浦东良好的投资环境，1991 年，浦东分行积极参与上海"八五"规划城市基础设施十大骨干工程之一的杨浦大桥建设，接受中国人民银行转贷款 6 000 万元和提供贷款 3 000 万元，与中国人民建设银行、中国工商银行上海浦东分行联合组成银团贷款，为跨越浦江两岸的杨浦大桥提供金融服务。1992 年，注资 1.76 亿元，重点支持陆家嘴金融贸易开发区、金桥出口加工区、外高桥保税区 3 个重点开发区建设，贷款投入量名列浦东新区各家银行之首。1994 年，联合总行向浦东轴线大道样板段工程提供 1.5 亿元人民币贷款，积极改善浦东新区投资环境；向上海证券大厦工程提供 4 000 万美元贷款，建设浦东地区标志性建筑。1995 年，先后向陆家嘴 3 座变电站工程、浦东中央公园一期工程、白莲泾河道改造工程项目提供 1.4 亿元人民币和 900 万美元贷款，支持浦东新区改善投资环境，加快基础设施建设。1996 年，贷款 2 600 万美元，支持上海时代广场（现称"华润时代广场"）项目建设，推动浦东商业发展。1997 年，贷款 6 000 万元，支持浦东大道拓宽改建工程，助其达成当年开工，当年竣工的目标；贷款 2 400 万美元，支持外高桥保税区仓储中心建设。1998 年，为改善浦东交通运行状况，向浦东巴士交通股份有限公司发放 2 000 万元项目贷款、2 000 万元流动资金，专项支持浦东新区的公交建设；分别向浦东世纪大道杨高路立交桥、花木段建设项目和东昌路拓宽工程提供 2 亿元和 1 亿元贷款，支持陆家嘴中心区域的交通建设和功能开发。

（五）创新金融服务工具

作为交通银行支持浦东开放开发的一个窗口，浦东分行加强与总分行联手，不断探索、创新金融服务功能和金融工具，重点选择一些有规模的优秀企业进行股权投资，推动产融结合和股份制企业的发展。1991 年，先后向上海金桥出口加工区联合开发公司、东方物产集团公司、长江经济联合发展股份有限公司、申能电力发展股份有限公司和远东重熔金属有限公司投资 5 050 万元，支持浦东开发实质性开发；投资 100 万元，与上海大众汽车出租公司、上海市煤气公司、上海申华电工联合股份公司共同合资创办上海浦东大众出租汽车股份有限公司，推动股份制企业的发展和跨地区、跨行业经济联合，改善浦东新区投资环境；出资 1 500 万元人民币和 100 万美元，参加由上海 40 余家金融机构组成的上海广播电视塔(后改称“东方明珠广播电视塔”)银团贷款,成功解决上海最大的文化工程巨额贷款问题,开创了上海大型项目筹措大宗建设资金新模式。1992 年,参与东方明珠广播电视塔第二期银团贷款,贷款 200 万美元、3 000 万元人民币,支持浦东新区地标性建筑建设。1993 年,向外商独资企业泰越房地产(上海)有限公司在浦东新区陆家嘴金融贸易区开发投资的泰星广场外汇商品房提供 50 万美元按揭贷款,活跃外销房市场。1994 年,与 4 家金融机构组成银团,向上海嘉里粮油工业有限公司提供 600 万美元贷款。

(六) 提供金融配套服务

为发挥综合经营优势,浦东分行在开展传统银行业务的同时,为浦东地区企业提供保险、房地产、租赁、咨询等全方位金融配套服务,建立综合功能领先的运行机制,开创良好的工作局面。在支持浦东地区企业发展的过程中,充分发挥保险业务的独特优势,不断拓展保险业务的覆盖面和保险品种,为浦东开发与开放创造良好的软环境;通过将保险与其他金融业务功能一体化,为企业提供配套服务;先后与陆家嘴贸易区开发公司、金桥出口加工区开发公司、浦东水厂、上海高桥加德士润滑有限公司、东昌大和衡器有限公司和上海东方储罐有限公司等有影响、有规模的企业签订一揽子保险合作协议,为企业安全生产提供了保障,同时扩大了交通银行综合经营的影响力。

(七) 为浦东开发开放献计

开放浦东、开发浦东对于提振上海经济,促进长江流域、沿海地区乃至全国经济健康发展具有十分重要的意义。1991 年 6 月 18 日,浦东分行与浦东开发办、计委经济研究所等单位联合召开“浦东金融研讨会”,并在会上提出“浦东开发要以经济实体为纽带,吸引长江流域的城市共同参与,带动长江流域各地的共同繁荣,形成长江三角洲经济圈和长江流域经济带”建议,受到与会人士的高度重视。9 月 13 日,在上海市协作办“建议集资在浦东建长江大厦”会议上,再次提出“筹建长江经济联合发展公司”设想,并在《新闻报》等报刊上发表《在浦东创建长江经济联合发展股份有限公司的建议——兼论其对浦东开发的战略意义》等论文,该论文经市委经济研究所进一步修改,以《创建长江经济联合发展股份有限公司的建议》为题,刊登在《上海市经济计划简报》上,引起市委市府领导重视。1992 年 1 月 29 日,市计委和浦东开发办专题讨论浦东分行“创建长江经济联合发展股份有限公司的建议”,并邀请交通银行为筹建该司牵头单位。

1992 年 4 月 15 日,上海代表团团长、副市长顾传训在长江沿岸中心城市经济协调会第六次会议上宣布,上海市委和市政府决定组建长江经济联合发展公司(以下简称“长发公司”),以浦东开发为龙头,与沿江各城市开展物资、商贸、信息、咨询等业务合作,并按照“前店后厂”思路,在沿江城市投资兴办实业,促进长江流域的共同繁荣。其后,长发公司在长江流域 4 个中心城市上海、南京、武汉、重庆政府和交通银行共同发起下,联合沿江 30 个城市政府及 386 家大中型企业,公开募集法人股 6.5 亿元,于 9 月 28 日在上海浦东开业,交通银行行长戴相龙兼任首任董事长。

长发公司成立后,致力于加强与沿江各中心城市政府的联合和协作,积极构建长江商贸走廊和基本框架,秉持“依托上海、立足长江、海纳百川、走向世界”经营理念,通过发挥区域投资的综合优势和市场化运作体制优势,不断加强国际战略合作,形成以投资和投资服务为中心,以房地产综合开发及综合服务型物流两大基础领域为依托的“三大板块”业务架构。

二、服务上海世博会

自2006年11月16日交通银行成功应征为2010年上海世博会商业银行全球合作伙伴起，上海市分行作为唯一为世博园区提供金融服务的窗口银行，围绕“精密筹备、精致服务、精心演绎”主题理念，举全行之力为世博筹办和运营提供全方位、高质量、高效率的金融服务，兑现“业务零差错、安全零事故、服务零投诉”承诺。

(一) 精密筹备世博

设立领导机构。为确保世博重大项目营销、世博网点建设及世博服务等各项工作按时间节点有序推进，2009年2月26日，上海市分行成立由分行行长任组长，副行长、纪委书记担任副组长，有关部门主要负责人为组员的世博工作领导小组。下设世博网点建设工作、世博重大项目营销、世博服务提升工作3个推进小组，专项推进落实相关工作。4月1日，设立世博服务办公室，在分行世博工作领导小组直接指挥下，负责落实全行世博专项工作推进，督促、协调3个推进小组以及各个条线世博专项工作。

服务办博营运。作为上海世博会主办地分行，上海市分行认真履行世博会合作伙伴的义务和责任，把世博建设营运和保障世博配套项目建设的资金需求列入贷款重点支持对象，为上海世博局、上海世博土地控股有限公司(以下简称“世博土控公司”)等度身定制专属金融服务方案，并建立总分行一体化营销服务团队，提供专业化、全方位的金融服务支持。2006年12月，向世博土控公司提供150亿元授信额度，并向上海世博会动拆迁、基础设施建设及配套设施建设等项目提供54亿元资金支持。2007年10月，成功争取到世博土控公司世博工程款专用账户唯一开户行资格。2008年12月，向上海世博会日常营运提供25亿元授信支持。在金融服务支持办博过程中，上海分行通过承诺同业受让方式，为世博土控等公司筹集100亿元的低成本建设资金，有效降低办博成本；通过成功营销各级承包商和开发商开户，提供上门收单服务，加快票据流转速度；通过开启“世博绿色通道”“一站式服务”为世博会组织者在短时间内分类设置和开立52个币种专项资金账户，解决世博会账户种类繁多、币种多样问题；通过现金管理平台对资金进行专项统计，帮助世博会组织者实时了解资金到位和执行情况；通过为世博招商企业设计各类个性化的应收账款保函业务，满足世博招商企业特殊需求，锁定世博组织者招商的资金风险，保证世博资金安全及时到账。截至2010年10月，世博土控公司、上海世博局在上海市分行日均贷款余额达到46.62亿元、2.88亿元。

建设服务网点。根据世博金融服务工作安排，2009年1月，上海市分行开始实施“网点美化工程”，对市中心68个营业网点的交通银行招牌灯箱进行改造，新建24处无障碍设施(残疾人通道)，更新自助机具操作指南外卡标识871个，安装外币兑换铭牌119个，更换各类灯箱标识画面331幅，调整监控报警设备1 082套，使营业网点“外在形象亮丽、营业环境舒适、标识引导清晰、便捷通道周全、安全设施到位”建设目标落到实处，全行营业网点面貌焕然一新。4月，在世博行政中心金融服务专区设立世博一支行，为世博参展者提供“一门式”账户开立、结算、管理金融服务。2010年3月，又相继在世博园浦东片区中心、上海世博会事务协调物流中心及世博村内设立世博二支行、世博四支行、世博支行，分别为世博组织者、参展者、商户提供本外币账户开立、资金往来划算、贷款投放、世博关税保函开立等金融服务；4月，在世博园区浦西片区中心设立世博三支行，除提供各类金融服务外，契合世博主题，创新设置展示区，向参观者展示百年交行传统民族文化积淀、中国现代金融改革成果，以及对构建美好城市生活中未来银行的畅想。同时，让参观者亲身体验理财服务、手机银行、个性制卡等项目。按照展馆、商户等密集区直线距离不超过200米，一般区域不超过500米要求，在世博园区内设立了23处自助银亭、12处自助机群、10处单机共109台ATM等自助机具、7处外币兑换点（浦东园区4处、浦西园区3处）。5月1日上海世博会开幕前夕，全部机具投入运营，满足各方客户金融服务需求。

（二）精致服务世博

提升服务质量。作为唯一为世博园区提供金融服务的窗口银行，上海市分行精心谋划并确定世博金融服务方案，分3个阶段实施。第一阶段为起步展开阶段（从迎世博1 000天开始），制定《提升服务质量工作三年规划》，明确提出“通过三年努力，把上海市分行打造成为上海银行业最佳服务品牌之一”工作目标。为此，在全行推行基本服务规范，向全体员工灌输规范服务理念；提升工作组织管理体制与机制，逐步构建一个适应并存进战略转型的现代银行服务体系；结合客户分流，将网点服务整合成“大堂综合服务”“机具自助服务”“柜面交易服务”“金融理财服务”“电话银行服务”五大窗口；完善服务质量评价体系，建立定期与随机、内部与外部相结合检测机制，导入客户投诉、“神秘人”暗访、专业公司市场调查等第三方独立评价机制；改进并优化业务流程和管理流程；建立世博专项工作服务团队，制定并落实服务规范。第二阶段为全面实施阶段（从迎世博600天开始），组织人员专程赴北京考察学习办奥金融服务经验，重点推进“服务环境美化、窗口服务优化、绿色通道建设、员工素质提高、安全保障完善、管理制度固化”六大工程建设；制定《2010年世博现场金融服务方案》，进一步把世博金融服务筹备工作分解为网点建设、营销拓展、人力调配、营运准备、系统安全、宣传推广等十大重点工作，明确各项工作时间节点和达标要求。第三阶段为全力冲刺阶段（从迎世博300天开始），制定《2010年世博现场金融服务方案》，把世博金融服务筹备工作分解为网点建设、营销拓展、营运准备、现场管理、接待工作、工单受理、系统安全、权益维护、主题演绎及服务提升等10个专项工作和34个子项目，明确相关部门职责及工作推进时间节点。同时，为确保世博园区金融服务营运万无一失，还制定专项应急预案，开展应急演练，提升现场应对能力，全面落实网点服务、支付环境、安全保障、后勤支持等12项重点工作压力测试，做好世博金融服务各项准备工作。

开展业务培训。为更好地服务世博，展示交行一流服务品牌，在上海世博会开园之前，上海市分行以远程网络和现场教学相结合方式，对全行1.4万人次进行包括世博知识、服务礼仪、危机公关、外语对话、手语服务、钞券反假、金融安全等课程培训，组织有关人员参加德、法、日等小语种强化训练以及英语口语提升培训，开展外币兑换、购汇旅行支票贴现、速汇等专业培训和操练，特邀专家进行“涉外服务礼仪”专题培训，举办业务操作技能比赛，进一步提高全行员工综合素质及服务世博意识，为提供优质世博金融服务打下扎实基础。

实施应急演练。上海市分行始终把“平安世博”放在世博金融服务首要位置，为应对世博期间特别是园区业务运营突发情况，先后制定园区网点金融服务突发事件、会计营运工作、国际业务处理系统、个金业务服务、个人外币兑换业务、银行卡收单业务、电子银行业务、园区内自助设备、零售信贷业务投诉、信息系统突发事件、世博会门票代销、媒体突发事件、工单投诉处理、世博信访突发事件处理、安全保卫等15个应急处置预案和流程，开展多场次现金支付、信息系统、后勤保障，以及应对指定日、节假日可能出现的游客高峰、极端气候“平安世博”实战演练；组织专门力量对技防设施、网点LOGO门牌、排水管道、IT系统管道等关键部位进行全面检查，落实各项安全防范措施。2010年3月15日，与中国人民银行上海市分行联合举行世博园区现金保障联合应急演练，进一步提高应对各类突发事件的反应和快速处置能力。

(三) 精心演绎世博

参与园区试运行。2010年4月20—26日，上海市分行积极参与由上海市世博会工作领导小组主运行指挥部组织的6场世博园区金融服务试运行，提前制定《世博金融服务试运行总体方案》；在中山南路99号14楼设立现场服务指挥中心，统一指挥、协调世博园区内外各项金融服务工作；将世博金融服务试运行按工作职责分为个人外汇业务模块、安全保障支撑模块、公共信息安全模块、个金业务处理模块、系统运维保障模块及运营支撑保障模块等六大指挥模块，由分行领导担任各模块指挥长，同时上海市分行领导分为两组，轮换赴园区现场检查指导金融服务工作，并巡查园区外网点；为全面检验金融服务水平，开展6场次试运行演练，重点检验12个方面内容：1. 分行应急指挥中心协调指挥能力；2. 园区网点服务及展示项目接待能力；3. 自助机具服务；4. POS收单服务；5. 会计结算、账务管理和风险防范工作；6. 现金保障供应服务及上门收款服务；7. 园内外币兑换点服务能力；8. 世博特许商品销售工作；9. 信息系统安全保障工作；10. 网点、现金押运安保工作；11. 后勤综合保障工作；12. 贵宾接待工作。通过演练检验，全面提升了上海市分行世博现场金融服务、指挥中心统筹协调、突发事件应急处置和综合保障“三项能力”，为成功做好世博金融服务各项工作，打下了坚实基础。

构建金融服务网。针对上海世博会会期长、金融服务任务重的特点，上海市分行着眼全局，划分以园区网点为核心，市区52家网点为重点，其他区域网点为支撑的“三个服务圈”，制定并细化“三个服务圈”网点服务和管理标准，推出客户分层、服务分类、业务分流的个性化服务举措，强化园区内外网点联动、园外网点支持园内网点工作力度，形成全行上下同心协力、全力以赴服务世博的新格局。世博会期间，上海市分行在世博园区外特别是园区周边的营业网点，均采取延长营业时间、双休日照常营业等措施，主动对接园内客户分流工作。同时，全行个金业务网点全面开通18种外币兑换、ATM受理外卡取现业务功能，积极为世博园区内网点分担业务压力。

创新世博服务。为全方位满足世博金融服务需求，上海市分行在总行及上海市金融监管机构的支持下，加强管理制度、业务产品、金融技术等服务创新，并且在会计业务、国际业务、电子银行、银行卡业务、信息技术、人力资源保障、综合保障服务等8个方面取得了41项创新成果(业务类创新10项、管理类创新16项、技术类创新15项)，其中运通旅行支票紧急挂失补偿业务、日元旅行支票兑付业务、简化个人结售汇业务操作流程、简化旅行支票兑付手续、ATM 8国语言服务、多媒体视频客户服务，以及间联商户清算、自动售货机银行卡小额支付、移动自助信息亭银联卡支付业务、世博会运营公司自助售票银联卡支付业务、POS银行卡交易间、直联混用技术等28项创新成果得到中国人民银行上海总部、国家外汇局上海市分局、中国银联及交通银行总行的肯定，全面支撑了世博会金融服务。

服务世博成果。在上海世博会试运行及开馆的184天中，上海市分行共选拔900余人，组建了14个专业服务团队，专司负责世博园区网点服务、接待引导、机具保障、收单服务、信息系统维护、安保和后勤保障等服务工作，全力保障世博金融服务。分行世博园区5家网点为227个国家和国际组织共开立本外币账户696个，其中人民币账户384个(基本户227个，专用账户157个)，外汇账户312个，共办理业务35万笔。网点柜面收取园区商户封包4万只，金额26亿元；上门收取封包3.2万只，金额10.2亿元(其中园区商户封包0.15万只，金额0.4亿元；世博局现场售票点封包3.05万只，金额9.8亿元)。向世博园区投放75亿元高质量清分钞券、零钞5.3亿元。7个外币兑换点办理外币兑换业务0.4万笔。签约小额免签商户40余户，交易量累计33.1万笔，金额0.5亿元。园区内现金类自助机具交易总量为69.32万笔，交易金额达6.12亿元人民币，其中跨行交易46.03万笔，交易金额达3.57亿元；累计处理应急情况668次，机具开通率为99.94%。园区银行卡交易量累计内卡330.768万笔，金额13.09亿元，外卡16.43万笔，交易金额0.92亿元。世博会期间，上海市分行强化安保，克服高温、暴雨、大客流等不利因素，出动638组次，检查网点、自助银行(区)和自助机具点达5 742次，全力保障"平安世博"；加强信息系统保障，24小时不间断监控全行网络系统，并通过升级扩容系统网络、健全系统健康检查、提升系统巡检频度等方式，确保核心系统和网络设备平稳运行。针对不断升温的"世博热"，全行做好世博会门票、贵金属等特许产品的销售，方便游客观博购票，满足游客对世博贵金属等特许商品收藏、理财的需求，共销售世博会门票464万张，世博贵金属4.67亿元。

收获世博荣誉。自2006年11月18日交通银行与上海世博会事务协调局签约，成为中国2010年上海世博会商业银行全球合作伙伴起，至2010年10月31日上海世博会落下帷幕止，历时1 442天，期间世博会184天，上海市分行以"业务零差错、服务零投诉、安全零事故"为目标，以"创新的金融服务，精彩的城市生活"为主线，全情投入，全心奉献，圆满完成世博主办城市窗口分行的各项世博金融服务工作，经受住管理、服务、产品等方面全方位的检验，获得上级单位、世博局、参展方、参观者、媒体及公众的一致好评。2009—2010年年末，上海市分行及其30多家集体受到"全国五一劳动奖状""上海世博工作优秀集体""上海世博会金融服务工作先进集体""世博金融服务先进集体突出贡献奖世博贡献奖"等表彰；共有200多人次分获"上海世博会先进个人""上海世博会金融服务工作先进个人""世博先锋一线行动优秀共产党员""世博服务工作先进个人""世博安保工作先进个人""世博服务明星奖"等称号。

附　录

一、重 要 批 文

关于上海分行发行股票的批复

(1) 中国人民银行《关于授权你行审批交通银行上海分行发行股票的通知》

中国人民银行文件

★

关于授权你行审批交通银行上海分行发行股票的通知

人民银行上海市分行：

你行沪银金管(87)5113号文《上报交通银行上海分行关于向企事业单位发行股票的请示》收悉，经研究，同意交通银行上海分行向企事业单位发行人民币壹亿元的股票，并授权你行代总行办理具体审批工作。现将交通银行上海分行申报发行股票的有关材料转给你们。

特此通知。

附件：一、人民银行上海分行《上报交通银行上海分行关于向企事业单位发行股票的请示》

二、交通银行《关于发行交通银行股票的请示》

三、交通银行《关于发行交通银行股票的补充请示》

四、《交通银行上海分行单位招股细则》

中国人民银行

一九八八年三月八日

－2－

中国人民银行

一九八八年三月十四日印发

(2) 交通银行《关于同意你行向企事业单位发行股票的批复》

交 通 银 行

关于同意你行向企事业单位发行股票的批复

交通银行上海分行：

你行沪交银信二(87)字第18号《请示》悉。经研究，同意你行在市内向企事业单位发行股票，股票发行总金额为人民币壹亿元。股息的确定，请按我行有关规定的实施细则办理。望你们抓紧准备，认真做好股票的发行工作。

特此批复

交通银行

一九八七年六月十八日

二、业 务 报 表

1. 民国元年(1912 年)—12 年(1923 年)业务报表

(1) 负债类

表附-2-1　民国元年(1912 年)上期—12 年(1923 年)下期交通银行上海分行负债总计表

年期＼科目	定期存款	活期存款	内部存款	总　计	货币种类
民国元年(1912 年)上期	—	20 439 605	2 250 200	22 689 805	库平
民国元年(1912 年)下期	—	28 422 089	103 474 564	131 897 553	库平
民国 2 年(1913 年)上期	719 847	102 790 202	113 255 125	216 765 174	库平
民国 2 年(1913 年)下期	6 917 363	198 078 456	154 069 791	359 065 610	库平
民国 3 年(1914 年)上期	5 685 000	227 412 348	92 542 948	325 640 296	库平
民国 3 年(1914 年)下期	15 014 047	233 913 783	275 569 604	524 497 734	库平
民国 4 年(1915 年)上期	45 168 258	342 072 031	237 053 220	624 293 609	库平
民国 4 年(1915 年)下期	49 548 192	403 622 443	465 077 572	918 238 207	库平
民国 5 年(1916 年)上期	29 133 930	287 898 928	153 394 486	470 427 344	库平
民国 5 年(1916 年)下期	9 859 996	272 705 555	138 508 377	421 073 928	库平
民国 6 年(1917 年)上期	5 096 056	92 318 220	460 878 331	598 292 607	银元
民国 6 年(1917 年)下期	34 334 384	81 157 345	351 744 680	467 236 409	银元
民国 7 年(1918 年)上期	44 706 440	293 618 849	357 513 701	695 838 990	银元
民国 7 年(1918 年)下期	117 192 299	429 752 486	312 362 208	859 306 993	银元
民国 8 年(1919 年)上期	64 364 871	588 167 216	358 213 656	1 010 745 743	银元
民国 8 年(1919 年)下期	137 363 640	526 347 772	516 892 552	1 180 603 964	银元
民国 9 年(1920 年)上期	468 451 718	920 945 185	—	1 389 396 903	银元
民国 9 年(1920 年)下期	180 856 267	665 348 660	308 946 963	1 155 151 890	银元
民国 10 年(1921 年)上期	225 684 491	960 701 490	303 616 405	1 490 002 386	银元
民国 10 年(1921 年)下期	22 671 123	570 604 277	54 670 554	851 986 052	银元
民国 11 年(1922 年)上期	257 074 231	800 480 266	—	1 057 554 497	银元
民国 11 年(1922 年)下期	264 110 234	1 112 322 967	—	1 376 433 101	银元
民国 12 年(1923 年)上期	236 524 630	789 360 328	—	1 025 884 958	银元
民国 12 年(1923 年)下期	244 599 294	897 514 818	—	1 142 114 112	银元

(2) 资产类

表附-2-2 民国元年(1912年)上期—12年(1923年)下期交通银行上海分行资产总计表

年期 \ 科目	各项放款	存放各同业	内部欠款	现 金	货币种类
民国元年(1912年)上期	8 440 454	1 429 950	10 074 331	1 748 506	库平
民国元年(1912年)下期	6 414 529	112 660 746	10 315 171	3 930 517	库平
民国2年(1913年)上期	11 049 977	135 094 957	58 351 457	12 383 121	库平
民国2年(1913年)下期	153 005 307	107 340 819	101 402 103	23 703 765	库平
民国3年(1914年)上期	150 429 423	85 747 709	48 286 403	46 521 232	库平
民国3年(1914年)下期	141 481 336	231 205 019	47 791 740	114 017 120	库平
民国4年(1915年)上期	378 411 722	79 356 774	90 688 965	82 626 508	库平
民国4年(1915年)下期	401 356 715	147 902 266	204 585 189	131 530 945	库平
民国5年(1916年)上期	321 588 147	17 302 306	80 321 918	30 604 521	库平
民国5年(1916年)下期	305 143 621	11 824 776	59 412 886	26 215 040	库平
民国6年(1917年)上期	338 296 640	31 584 025	110 121 760	14 676 689	银元
民国6年(1917年)下期	148 130 114	219 571 283	85 118 388	12 835 901	银元
民国7年(1918年)上期	286 077 517	210 138 121	41 841 792	1.667E+09	银元
民国7年(1918年)下期	416 809 349	350 594 727	37 649 107	61 037 272	银元
民国8年(1919年)上期	—	—	—	119 552 909	银元
民国8年(1919年)下期	696 416 409	358 822 476	—	71 367 547	银元
民国9年(1920年)上期	921 651 609	327 333 429	181 099 667	107 192 552	银元
民国9年(1920年)下期	533 066 093	326 761 169	72 651 694	136 537 561	银元
民国10年(1921年)上期	490 520 431	619 226 588	151 018 126	139 442 937	银元
民国10年(1921年)下期	441 717 674	112 317 764	156 671 249	36 968 440	银元
民国11年(1922年)上期	673 024 535	137 912 562	123 295 368	33 124 555	银元
民国11年(1922年)下期	708 383 169	421 611 021	64 661 809	66 643 788	银元
民国12年(1923年)上期	545 687 996	145 203 827	172 881 814	76 912 927	银元
民国12年(1923年)下期	526 651 674	236 277 245	280 775 434	30 401 770	银元

(3) 损益

表附-2-3 民国元年(1912年)上期—12年(1923年)下期交通银行上海分行损益(利益之部)总计表

年期 \ 科目	利 息	汇 水	手续费	有价证券买卖损益	兑换损益	杂损益	本期纯益	货币种类
民国元年(1912年)上期	171 730	—	—	—	9 491	1 208	—	库平
民国元年(1912年)下期	1 718 521	101 690	481 091	—	664 271	—	1 905 892	库平

〔续表〕

科目 年期	利　息	汇　水	手续费	有价证券买卖损益	兑换损益	杂损益	本期纯益	货币种类
民国 2 年(1913 年)上期	591 834	192 503	217 642	—	533 718	216 890	287 568	库平
民国 2 年(1913 年)下期	2 808 268	463 505	120 399	—	1941 869	—	3 492 896	库平
民国 3 年(1914 年)上期	3 276 340	610 097	784 025	—	1 543 003	37 171	4 532 819	库平
民国 3 年(1914 年)下期	4 225 357	430 003	125 949	—	2 501 393	15 360	4 532 819	库平
民国 4 年(1915 年)上期	5 926 300	525 030	350 955	—	1 002 297	8 156	5 944 832	库平
民国 4 年(1915 年)下期	10 423 221	883 859	32 337 919	—	737 465	—	7 939 737	库平
民国 5 年(1916 年)上期	13 128 564	326 395	852 375	—	10 184 347	626 573	24 658 689	库平
民国 5 年(1916 年)下期	11 231 217	9 302	157 513	—	15 994	—	2 202 994	库平
民国 6 年(1917 年)上期	9 033 533	30 485	64 921	—	—	—	2 926 148	银元
民国 6 年(1917 年)下期	1 619 502	146 068	11 788	—	2 202 716	2 431 627	1 191 023	银元
民国 7 年(1918 年)上期	8 343 343	539 336	345 989	—	6 895 538	615 665	11 655 728	银元
民国 7 年(1918 年)下期	8 649 203	534 821	1 607 273	—	3 932 732	144 906	9 091 865	银元
民国 8 年(1919 年)上期	14 526 259	860 621	155 818	—	3 683 000	13 928	11 481 946	银元
民国 8 年(1919 年)下期	21 536 334	789 963	—	—	10 766 488	—	23 974 491	银元
民国 9 年(1920 年)上期	18 714 014	1 274 308	401 072	1 915 181	3 851 793	1 777 736	20 194 626	银元
民国 9 年(1920 年)下期	17 322 919	880 150	995 768	1 306 335	7 527 318	1 190 481	21 052 421	银元
民国 10 年(1921 年)上期	19 892 559	569 265	3 868 471	4 984 575	—	504 862	16 507 994	银元
民国 10 年(1921 年)下期	27 725 809	485 788	701 172	—	—	999 688	991 308	银元
民国 11 年(1922 年)上期	18 772 584	167 211	486 899	—	5 825 070	259 113	7 978 007	银元
民国 11 年(1922 年)下期	13 670 763	166 509	185 799	10 353 234	—	1 102 540	—	银元
民国 12 年(1923 年)上期	12 551 524	311 721	1 082 501	2 137 979	12 776 667	2 790 649	22 674 764	银元
民国 12 年(1923 年)下期	35 672 851	379 758	282 593	—	8 432 444	5 972 737	38 574 585	银元

表附-2-4　民国元年(1912 年)上期—12 年(1923 年)下期交通银行上海分行损益(损失之部)总计表

科目 年期	有价证券买卖损益	兑换损益	摊提生财	摊提兑换券制造费	各项开支	运送费	杂损益	本期纯损	货币种类
民国元年(1912 年)上期	—	—	—	—	1 078 997	—	—	896 568	库平
民国元年(1912 年)下期	—	—	32 189	—	1 327 492	—	—	—	库平
民国 2 年(1913 年)上期	—	—	—	—	1 465 019	—	—	—	库平
民国 2 年(1913 年)下期	—	—	56 656	—	1 775 261	—	—	—	库平
民国 3 年(1914 年)上期	—	—	—	—	1 717 817	—	—	—	库平
民国 3 年(1914 年)下期	—	—	92 446	—	2 596 886	—	—	—	库平

〔续表〕

年期 \ 科目	有价证券买卖损益	兑换损益	摊提生财	摊提兑换券制造费	各项开支	运送费	杂损益	本期纯损	货币种类
民国 4 年(1915 年)上期	—	—	—	—	1 867 909	—	—	—	库平
民国 4 年(1915 年)下期	—	—	101 831	245 501	2 451 230	—	4 544 266	—	库平
民国 5 年(1916 年)上期	—	—	—	—	2 659 495	—	—	—	库平
民国 5 年(1916 年)下期	—	—	—	524 949	1951 220	—	6 734 863	—	库平
民国 6 年(1917 年)上期	—	266 232	105 191	219 178	5 103 016	—	27 136	—	银元
民国 6 年(1917 年)下期	—	—	514 683	175 342	4 530 653	—	—	—	银元
民国 7 年(1918 年)上期	—	—	440 827	140 274	4 413 036	—	—	—	银元
民国 7 年(1918 年)下期	—	—	368 220	113 119	5 254 939	—	—	—	银元
民国 8 年(1919 年)上期	—	—	1 423 485	89 775	6 244 420	—	—	—	银元
民国 8 年(1919 年)下期	346 458	—	1 277 415	71 820	7 196 584	—	120 938	—	银元
民国 9 年(1920 年)上期	—	—	1 137 646	57 456	6 544 376	—	—	—	银元
民国 9 年(1920 年)下期	—	—	1 293 920	45 965	6 830 665	—	—	—	银元
民国 10 年(1921 年)上期	—	5 865 164	1 327 534	36 772	6 082 268	—	—	—	银元
民国 10 年(1921 年)下期	9 513 545	2 623 298	1 329 957	29 418	6 424 923	—	—	—	银元
民国 11 年(1922 年)上期	9 054 507	—	1 273 234	6 723 534	6 076 536	205 059	—	—	银元
民国 11 年(1922 年)下期	—	2 993 699	1 226 300	1 217 667	6 788 235	332 977	—	9 486 602	银元
民国 12 年(1923 年)上期	—	—	1 267 231	1 474 584	5 417 630	816 833	—	—	银元
民国 12 年(1923 年)下期	1 641 878	—	13 173 449	1 291 647	7 130 942	604 062	—	—	银元

(4) 发行

表附-2-5 民国 2 年(1913 年)上期—12 年(1923 年)下期交通银行上海分行发行总计表

年期 \ 科目	流通数	本票准备	现金准备	货币种类
民国 2 年(1913 年)上期	51 637 000	—	—	库平
民国 2 年(1913 年)下期	56 636 500	—	—	库平
民国 3 年(1914 年)上期	60 829 500	—	—	库平
民国 3 年(1914 年)下期	123 829 500	—	—	库平
民国 4 年(1915 年)上期	162 027 500	—	—	库平
民国 4 年(1915 年)下期	258 022 000	—	—	库平
民国 5 年(1916 年)上期	190 019 400	—	—	库平
民国 5 年(1916 年)下期	204 989 400	—	—	库平
民国 6 年(1917 年)上期	—	—	—	元

〔续表〕

年期＼科目	流通数	本票准备	现金准备	货币种类
民国6年(1917年)下期	74 175 323	47 855 362	26 319 961	元
民国7年(1918年)上期	173 644 222	—	24 203 700	元
民国7年(1918年)下期	189 911 953	158 449 953	31 462 000	元
民国8年(1919年)上期	221 790 968	142 500 000	79 290 968	元
民国8年(1919年)下期	336 726 337	201 500 000	135 226 337	元
民国9年(1920年)上期	641 977 238	310 741 538	332 235 700	元
民国9年(1920年)下期	722 207 238	324 541 538	367 665 700	元
民国10年(1921年)上期	1 077 700 438	464 021 538	613 678 900	现金准备内有保证准备金530 000元
民国10年(1921年)下期	561 731 738	247 521 538	314 210 200	现款准备内有保证准备金282 400元
民国11年(1922年)上期	594 815 400	320 020 000	274 795 400	现款准备内有保证准备金222 500元
民国11年(1922年)下期	948 671 600	540 200 000	408 471 600	—
民国12年(1923年)上期	981 761 600	455 000 000	526 761 600	—
民国12年(1923年)下期	1 170 848 400	660 000 000	510 848 400	现款准备内有保证准备金877 970元

(5) 汇款

表附-2-6　民国10年(1921年)上期—12年(1923年)下期交通银行上海分行汇款总计表

年期＼科目	汇出汇款总数	收入汇水总数	货币种类
民国10年(1921年)上期	233 757 706	569 265	银元
民国10年(1921年)下期	191 227 294	485 780	银元
民国11年(1922年)上期	113 250 172	167 211	银元
民国11年(1922年)下期	81 765 466	166 509	银元
民国12年(1923年)上期	196 300 957	311 721	银元
民国12年(1923年)下期	75 351 047	379 758	银元

(6) 开支

表附-2-7　民国元年(1912年)上期—12年(1923年)下期交通银行上海分行开支总数总计数

年期＼科目	每期开支总数	每月平均总数	货币种类
民国元年(1912年)上期	1 078 997	179 833	库平
民国元年(1912年)下期	1 327 492	221 289	库平

〔续表〕

科目 年期	每期开支总数	每月平均总数	货币种类
民国2年(1913年)上期	1 465 029	244 171	库平
民国2年(1913年)下期	1 775 261	295 877	库平
民国3年(1914年)上期	1 717 817	286 303	库平
民国3年(1914年)下期	2 596 886	432 814	库平
民国4年(1915年)上期	1 867 906	311 320	库平
民国4年(1915年)下期	2 451 230	408 538	库平
民国5年(1916年)上期	2 659 495	443 249	库平
民国5年(1916年)下期	1 951 220	325 203	库平
民国6年(1917年)上期	5 103 016	850 503	银元
民国6年(1917年)下期	4 530 653	755 109	银元
民国7年(1918年)上期	4 413 036	735 506	银元
民国7年(1918年)下期	5 254 939	875 823	银元
民国8年(1919年)上期	6 244 420	1 040 737	银元
民国8年(1919年)下期	7 196 584	1 199 431	银元
民国9年(1920年)上期	6 544 376	1 090 729	银元
民国9年(1920年)下期	6 830 665	1 138 444	银元
民国10年(1921年)上期	6 082 268	1 013 711	银元
民国10年(1921年)下期	6 424 923	1 070 820	银元
民国11年(1922年)上期	6 076 536	1 012 756	银元
民国11年(1922年)下期	6 788 235	1 131 372	银元
民国12年(1923年)上期	5 817 630	902 938	银元
民国12年(1923年)下期	7 130 942	1 188 490	银元

(7) 呆账

表附-2-8 民国6年(1917年)上期—12年(1923年)下期交通银行上海分行所付呆账情况表

时 间	户 名	原 科 目	转付呆账金额
民国6年(1917年)6月25日	蔡伯记	甲种活期透支	482 038元
民国7年(1918年)2月15日	俞戟门	杂项欠款	50 000元
	江孔殷	杂项欠款	40 006元
民国7年(1918年)11月25日	卫记	催收款项	32 662元
民国7年(1918年)11月25日	沈淇泉	催收款项	9 430元

〔续表〕

时　间	户　名	原　科　目	转付呆账金额
民国10年(1921年)1月21日	大丰公司	催收款项	488 374元
	叶总长	催收款项	340 502元
	叶总长	催收款项	27 397元
	新记	催收款项	556 785元
	上海总商会	催收款项	1 255 693元
民国11年(1922年)4月23日	兴业烟草公司	甲种活存透支	737 818元
民国12年(1923年)6月5日	—	—	10 000 000元

表附-2-9　民国12年(1923年)交通银行上海分行债权亏耗情况表

时　间	户　名	原　科　目	转付1921年前债权亏耗
民国12年(1923年)12月31日	通成公司欠款	甲种透支	1 478 550元

(8) 生财

表附-2-10　民国元年(1912年)—12年(1923年)下期交通银行上海分行所用生财情况表

年　份	金　额	货币种类
民国元年(1912年)	214 624	库平
民国2年(1913年)	102 276	库平
民国3年(1914年)	229 306	库平
民国4年(1915年)	10 572	库平
民国5年(1916年)	—	库平
民国6年(1917年)上期	701 271	银元
民国6年(1917年)下期	1 977 335	银元
民国7年(1918年)上期	144 754	银元
民国7年(1918年)下期	66 491	银元
民国8年(1919年)上期	128 898 340	银元
民国8年(1919年)下期	743 847	银元
民国9年(1920年)上期	—	银元
民国9年(1920年)下期	1 076 495	银元
民国10年(1921年)上期	442 037	银元
民国10年(1921年)下期	329 892	银元
民国11年(1922年)上期	46 685	银元

〔续表〕

年　份	金　额	货币种类
民国 11 年(1922 年)下期	48 900	银元
民国 12 年(1923 年)上期	451 193	银元
民国 12 年(1923 年)下期	547 857	银元

2. 沪京津汉四行存款增长比较表

表附-2-11　民国元年(1912 年)—12 年(1923 年)交通银行沪京津汉四行存款增长比较表

单位：民国元年—5 年(1912 年—1916 年)为库平两
民国 6 年—12 年(1917 年—1923 年)为国币元

年　份	沪　行		京　行		津　行		汉　行	
	金额	百分比	金额	百分比	金额	百分比	金额	百分比
民国元年(1912 年)	284 220	—	—	—	633 107	—	212 170	—
民国 2 年(1913 年)	2 049 957	—	—	—	1 582 317	—	148 386	—
民国 3 年(1914 年)	2 489 277	6. 71	28 563 776	77. 05	3 668 904	9. 9	2 006 973	5. 41
民国 4 年(1915 年)	4 531 705	8. 49	38 132 386	71. 39	6 326 421	11. 85	3 314 138	6. 02
民国 5 年(1916 年)	2 825 654	7. 00	32 740 277	81. 09	2 701 528	6. 69	1 700 241	4. 21
民国 6 年(1917 年)	1 154 916	2. 09	43 218 269	78. 24	6 588 729	11. 93	1 985 528	3. 6
民国 7 年(1918 年)	5 469 446	8. 15	40 832 818	60. 85	13 786 681	20. 55	4 780 165	7. 12
民国 8 年(1919 年)	6 637 113	7. 85	48 543 127	57. 42	12 949 707	15. 32	3 626 650	4. 29
民国 9 年(1920 年)	8 462 048	11. 54	35 152 276	47. 95	9 971 130	13. 6	3 270 241	4. 46
民国 10 年(1921 年)	7 973 154	13. 1	22 933 018	37. 66	9 922 057	16. 3	3 807 411	6. 25
民国 11 年(1922 年)	13 764 332	30. 3	4 991 064	10. 89	7 189 621	15. 68	2 749 337	6
民国 12 年(1923 年)	11 421 141	25. 31	3 893 527	8. 63	7 298 749	16. 18	3 830 330	8. 49

3. 民国 13 年(1924 年)营业状况表

表附-2-12　民国 13 年(1924 年)4—7 月交通银行上海分行营业状况表　　单位：国币元

科目＼月份	4　月	5　月	6　月	7　月	总　计
负债类	—	—	—	—	—
股本总额	—	—	—	—	—
公积金	—	—	—	—	—
备抵呆账	—	—	—	—	—

〔续表〕

科目 \ 月份	4 月	5 月	6 月	7 月	总 计
未付股利	—	—	—	—	—
未付行员奖励金	—	—	—	—	—
行员储蓄金	—	—	—	—	—
定期存款	1 853 838	1 371 866	1 415 786	1 410 486	6 051 976
甲种活期存款	1 849 509	1 922 363	3 676 449	3 180 076	10 628 397
乙种活期存款	468 030	432 054	530 153	548 531	1 978 768
本票	7 059 890	8 656 001	4 650 000	5 962 000	26 327 891
汇出汇款	18 851	64 483	24 207	68 545	176 086
买卖货币应付款项	80 000	80 000	156 153	368 000	684 153
杂项存款	207 718	54 912	32 882	167 083	462 595
借入款	—	—	—	—	—
透支各同业	27 397	27 397	—	—	54 794
同业存款	1 595 032	211 310	309 269	213 273	2 328 884
外埠同业存款	19 595	9 148	13 940	10 318	53 001
国外同业存款	—	—	—	—	—
总分行往来	—	—	—	—	—
分支行往来	—	—	—	—	—
旧账往来	—	—	—	—	—
兑换	—	—	—	—	—
前期损益	—	—	—	191 261	191 261
管辖内前期总损益	—	—	—	17 916	17 916
前期全体总损益	—	—	—	—	—
去年全体总损益	—	—	—	—	—
合计	13 179 60	12 829 554	10 808 839	12 137 489	48 955 742
资产类	—	—	—	—	—
未缴股本	—	—	—	—	—
定期放款	250 729	280 729	281 452	20 079	1 013 389
定期抵押放款	1 071 543	487 502	490 502	645 502	2 695 049
甲种活期透支	580 615	2 051 808	616 319	737 792	3 986 534
贴现	91 448	21 858	6 365	555 589	675 260
押汇	23 380	23 380	23 380	23 380	93 520
购买外埠期票	—	—	—	—	—

〔续表〕

科目＼月份	4 月	5 月	6 月	7 月	总 计
委托分支行代收款项	—	—	—	—	—
买卖贷币应收款项	77 551	77 551	157 551	324 494	637 147
催收款项	367 275	367 275	359 976	359 976	1 454 502
没收押件	—	—	—	—	—
押租	1 197	1 197	1 197	1 197	4 788
杂项欠款	1 772 818	698 865	656 012	889 438	4 017 133
有价证券	1 115 476	1 005 893	1 016 564	1 013 723	4 151 656
生金	—	—	—	—	—
生财	1 013 052	1 013 052	1 000 656	1 000 731	4 027 491
兑换券制造费	51 962	51 962	41 569	41 569	187 062
开办费	—	—	—	—	—
存放各同业	3 069 316	2 261 609	—	2 233 935	7 564 860
同业存款透支	—	—	—	—	—
外埠同业欠款	72 781	14 242	11 499	10 730	109 252
国外同业欠款	6 383	13 480	25 970	98 353	144 186
总分行往来	1 569 293	2 596 363	2 546 965	2 709 163	9 421 784
分支行往来	190 906	815 789	898 296	750 587	2 655 578
旧账往来	—	—	—	—	—
兑换	51 766	38 689	—	72 913	163 368
前期损益	—	—	—	—	—
管辖内前期总损益	—	—	—	—	—
前期全体总损益	—	—	—	—	—
去年全体总损益	—	—	—	—	—
垫付公债本息	—	—	—	—	—
银行公会基金	—	—	—	—	—
政府欠债	—	—	—	—	—
现金	2 065 128	1 311 868	1 204 890	493 763	5 075 649
办事处库存	—	—	—	—	—
合计	13 442 610	1 311 112	11 000 094	12 163 224	37 917 040
损益	—	—	—	—	—
利息	173 975	134 116	145 963	37 001	491 055
汇水	1 807	2 297	2 956	1 509	8 569

〔续表〕

科目 \ 月份	4 月	5 月	6 月	7 月	总 计
手续费	1 209	290	1 946	175	3 620
有价证券买卖损益	107 051	200 092	99 492	8 351	414 986
生金买卖损益	—	—	—	—	—
兑换损益	—	—	11 497	492	11 989
摊提生财	—	—	12 497	422	12 919
摊提兑换券制造费	—	—	10 392	—	10 392
摊提开办费	—	—	—	—	—
各项开支	43 660	57 077	71 283	15 739	187 759
呆账	—	—	—	1 263	1 263
杂损益	25 279	25 176	25 766	2 443	78 664
汇送费	486	1 332	2 188	1 921	5 927
合计	262 757	303 562	191 260	25 740	783 319

三、员 工 名 册

（以姓氏笔画为序）

1. 民国 29 年(1940 年)1 月交通银行上海分行同仁录

经理室

王承祖　李恭楷　陆廷撰　陈　濬　武维瑜　周亚伯
周　恺　赵叔馨　俞仲葵　袁愈佺　潘启章　潘恒勤

文书股

马祖懋　王仁昭　王麟珩　尤锡麒　毛宗和　叶学源
白严纯　朱传绥　朱筠孙　杨蕴纯　吴鸿飞　余长椿
陆　沅　陈苏孙　林向荣　罗鼎年　周祖尧　项毋意
饶钝开　秦祖训　傅　澄　潘志漪　薛　广　魏蕴轩

会计股

王鼎铭　王毓钧　冯振玉　刘淳朴　严良稷　杨龙章
吴宝华　何平远　佘鸣冈　邹思聪　汪祥云　沈启源
张文瑞　张汝孝　张寿彭　张　鹏　林植慧　罗珏如
胡鑑裔　俞　谟　袁凤岗　钱克勤　徐子霖

存款股

石安吉　冯运良　任曾望　许忠海　沈启贤　沈福祥
沈嘉恒　张鸿基　陈扬英　赵霞熙　倪文沆　倪农祥
徐桂生　席伯华　唐国华　黄仲涵　彭　尧　韩经善

放款股

王守炽　王经源　王祥来　叶喻之　吕鼎智　吴兴祖
何家相　沈在昶　胡起翔　祖叔渊　袁　铨　徐积钘
徐　陶　潘毓经

内汇股

史源全　严忠垚　邹祖浏　陈光霁　陈鸿达　周济中
胡承瑗　俞　灏　姚载宁　唐增墀　黄桂初　蒋大诚
程沛时　潘恒勤

外汇股

吕文蔚　杨遵贤　吴承锡　汪子静　陈　炎　周启鋆
唐瑞华

储蓄股

朱仲玉　刘宗福　刘高崧　许政宽　沈懋祖　胡可型
胡可源　胡彪同　俞治源　秦锡民　袁　亚　徐烈康

徐福增	潘志云				

信托股

卢绳祖	李炳衡	李嘉震	沈松棠	沈家麟	张夑臣
郑夑章	宗成义	袁愈佺	高恩爵	焦凤濬	瞿德明

出纳股

卜学洪	王光裔	王爵瀛	王鑑堂	尤介伦	朱感孚
任阜民	刘祥弟	严昭长	杨泰嘉	吴在仁	吴尚临
吴嘉猷	冷复贤	陈克昌	武维瑜	郁元毅	金嗣焯
周邦杰	赵祖同	胡雨三	钱中选	钱崇礼	韩毓秋
焦九嘉	谢显庚	戴君恩			

雇　员

王祖荫	孔庆良	石桐庆	印佩六	华士济	刘应熊
李津生	邱湘舲	沈文钺	张丹忱	张书常	张荣桂
陆纪仁	陈仁昌	陈有根	竺芝瑞	庞宗良	郑宗涵
胡远声	柳基颖	施荣春	姚士芳	贺凤来	徐之英
殷子久	陶璧城	舒叔平	薛启新		

2. 民国35年(1946年)12月交通银行上海分行同仁录

经理室

王九成	王凤楼	王允元	任嘉泰	李钊哉	李道南
吴肖园	陆廷撰	周启鋆	赵叔馨	恽汝承	祝仰辰
唐增墀	潘启章				

文书股

王昌烈	王麟珩	方欣如	叶学源	白太冲	冯元吉
朱长椿	朱诒荪	朱曾蕃	刘葆明	孙有林	孙美佑
孙瀛铨	严　临	李寿楠	李希鹏	杨震海	吴叔豹
吴建德	吴继纲	吴葆真	沈吾鹏	沈宏九	沈秉臣
沈根生	沈韫莹	宋书元	张传恕	张励之	张叔豪
张鼎昌	张　照	陈苏孙	陈嘉生	林向荣	林汝华
林蔷英	罗经北	周国琳	郑延兴	项毋意	柳屺生
饶钝开	洪梦云	恽西平	祖叔渊	袁树功	袁洁怀
夏会沣	徐淑慧	曹起芬	蒋钟毓	储锦雯	谢自勋
薛　广	薛克弘	薛鹤琴			

会计股

王乃萃	王凤楼	王鼎铭	厉以荃	卢镇华	朱珊珊
朱保粹	庄中孚	许纯振	孙德镛	李永龄	李　华
吴光原	何平远	何培芝	余和龙	汪鸣谦	汪积圻
张翊平	张　鹏	张德惠	陆廷抡	陈晋蕃	陈维惠

林植慧　罗　平　金岱峰　金宝庆　周诵言　胡一龙
胡家麟　胡煜祥　袁凤岗　袁道生　徐义昌　席德鋐
唐康棵　蒋本储　臧煜宣

存款股

于振勋　卢善初　任曾望　许心广　吴承锡　应燕堂
沈启贤　郁元毅　罗珏如　金国治　周吉云　周　炽
赵同谟　赵鑑秋　洪道扬　姚载宁　黄桂初　彭　尧
鲍元受　瞿德明

放款股

王志寰　王宗瀚　王经源　王祖荫　王祥来　王毓钧
毛　豫　归炳其　印佩六　刘应熊　江宝钧　孙　球
孙裕堂　严士鑫　严伯瑛　严良稷　李津生　李莘民
李镜寰　杨龙章　吴寿采　吴建昌　汪祥霈　沙镛声
沈大定　宋楚材　张丹忱　张春树　张晏伯　张鸿勋
张韵花　陆纪仁　陆树勋　陈日暄　周瑾梅　庞宗良
郑宗涵　赵希瑄　赵祖同　胡觉晚　胡起翔　胡瑞芳
俞云鹏　施荣春　姚士芳　姚邦赞　殷璋豫　唐声达
唐揆一　陶顺甲　陶遵新　潘光祚

内汇股

马君毅　王璧如　史源全　朱树义　孙方钟　寿锡元
吴钟藻　张天林　张让之　张荣琦　陈光霁　陈孝选
邵筱峰　饶国琛　姚心发　载述汤　唐光涛　龚善良
鲍忠祐　魏雷孙

外汇股

王天驷　王思铭　王德兴　古学濂　叶贻珩　吕文蔚
朱世珪　朱衡石　邬信安　许叶铭　杨美芬　张智民
陈祥明　陈景禄　俞惟益　奚品璋　潘志漪

储蓄股

马毓铨　卢绳祖　刘宗福　胡可源

出纳股

王申禄　王欢禄　王翕如　王爵瀛　王鑑堂　支从新
尤介伦　吕翠珍　朱崧藩　朱感孚　任嘉谟　严昭长
李文泉　杨中兴　吴于藩　吴记昌　吴在仁　何国华
金辅唐　郑斐章　胡雨三　胡锡耆　祝祖康　费和生
顾子超　钱文敏　唐荣钰　葛一飞　程志民　焦九嘉
谢秉丰　潘光溥　戴君恩

信托股

王春鼎　王锡纶　韦志浩　朱奎阆　朱祥烨　朱焕祥
邬孝先　刘谦亨　江怀治　阮秀堃　孙克丹　纪渭川

李宝籙	李厚宁	李悌序	杨　毅	吴尚临	吴敬业
何云枫	何国樑	冷寅德	汪慎初	张文瑞	张志麟
张宜保	张新初	张燮臣	陈有根	金绍禹	周子和
周智琦	宗成义	洪汉勇	秦恒寿	夏道燕	顾乃兴
钱祖恩	徐元春	高恩爵	唐祝华	宫玉和	陶璧城
盛钟骏	屠思朴	葛量才	焦凤濬		

仓库

王荫康	王积惠	刘竞广	张继之	陆　沅	陈仁昌
俞　谟	锁　铿	程骏发	谢　端	裘慕棠	

电台

方祖尧	沈光裕	陈新藩	施金声	徐步云	梁杰生
谢维庭					

南京路支行

王寿龄	王钟琳	李天瑞	李肖弥	杨若曾	闵　梯
汪浩然	沈永钦	沈启源	张越石	张　谦	张巽昌
张毓凰	罗建人	顾国慈	徐桂生	徐福增	唐　钜
黄胜蓝	梁殿湘	游风起	蔡纯甫		

民国路支行

王爵位	王爵藩	支秉钧	朱筠荪	孙其铁	杨晓东
吴树功	张文福	张浩然	张瑞仲	周鸿杰	郑隆焜
倪慎勤	程敬源	童庆云			

静安寺支行

王福扬	包启昌	朱承安	李志疆	李诗棪	杨韵芬
杨　震	吴正权	何平一	余凯元	宋启鄂	张行仪
张鸿基	陈瑞宽	周大治	周道祥	俞文中	施宝善
徐子霖	唐蒲生	龚震欧	蒋传雷	戴辰穗	

曹家渡临时办事处

邹祖浏

林森路支行

卜学洪	王玉贤	包鸿祺	冯振玉	许荫藩	李绳祖
沈兆懿	沈松棠	张康洵	陈南杭	赵霞熙	顾礼元
钱如中	唐国华	黄金岭	程渭仁	储炳源	潘迪先
潘俊杰					

虹口支行

丁绍曾	王季青	王季煜	左锡麟	卢业纶	乐公硕
朱承桂	严家陇	李华林	李犹青	杨方咸	杨方履
张沈元仪	张昌德	季联芬	金问淦	郑学增	袁　亚
钱佐安	钱嘉巽	倪佩萸	席元勋	梁耀宗	储回雯
蔡敬安	戴荣峰	戴馥荪			

提篮桥临时办事处

杨壮元

3. 1987年6月交通银行上海分行员工名单

总经理室

方连奎　严孝修（严家陇）　诸　清　鲁家善　潘其昌

办公室

李伟诺　李坚平　吴康年　余小敏　余慧敏　张贤伯
陈汇绮　陈恩佳　陈谦发　邵　伟　范本生　俞霞青
顾凯妮　蒋美玲　程　震

人事教育处

王忠英　乔天虹　李齐宁　李惠珍　张邦国　陈炳昭
姚章榕　诸坤泉　章臣棋　鲍蓉蓉

保卫处

毛顺园　石永德　任　刚　刘克昶　许智荣　李富华
吴春龙　邹　明　邵增建　林　旭　呼奎茂　周敏华
赵庆生　姚金虎　浦汉章　傅军锋　詹文斌　潘正元

总务处

干玲敏　王达华　王志华　王泰谷　孔惠强　吕昶华
朱龙泉　朱　刚　朱许铭　朱勇峰　刘公仁　刘仲林
刘华雄　刘　惠　许祖强　杜静一　吴海颂　何有根
沈银凤　沈新根　张解民　陈南珍　陈智谋　范卫平
范　忠　周国富　周霞芬　郑明英　房有良　钟国镛
段民裕　袁信义　袁爱芬　倪肇明　徐建毅　徐　浩
徐琪福　凌富宝　高洪祥　黄婉英　彭希临　彭　波
蒋锡琦　廉若鑑　廖蓉蓉　潘红胜　薛根源

党群

史书元　周维堂　胡正修　洪谟业　黄秀英　黄　科

电脑中心

吕孜孜　朱建雄　吴正存　邹滨津　陆　奇　季国夏
金其佑　胡　运　洪蓓雯　徐俊英　谢卫国　蔡勤冰

会计出纳处

丁芝美　丁树清　丁慈蕴　于慧瑾　马秋华　王　军
王　宏　王若兰　水惠芬　成　伟　刘伟民　许幼华
孙以仁　孙旭初　杜端新　杜燕娟　李　菁　李　萍
时　虹　邱　新　沈　怡　沈　健　沈健民　张兰芳
张志伟　张丽珍　张学群　张　敏　张　强　张　露
陆荣妹　陆爱萍　陈国雄　陈　彦　金丽萍　金明云

周力刚	周美君	郑红华	居　里	孟志芳	赵　菁
胡权裔	胡　萍	是　军	施峥嵘	袁　敏	袁清叶
夏　枫	顾　平	徐　萍	唐晓雁	谈金妹	龚慧明
常　青	蒋有根				

外汇业务部

丁　波	王竹青	王　坚	王桂珍	吕光贤	朱金宝
朱　荣	朱硕明	刘新源	汤建达	许家生	许　群
严祖健	苏朝辉	李　冬	杨永亮	杨顺根	杨　雁
杨鲁敏	沈淑珍	沈智芳	宋　兵	张一心	张顺红
张樊花	陆志明	陆国兴	陆　敏	陈红军	陈辉年
陈智敏	林　惠	周长庚	周恩文	周　群	郑恩年
柏秀英	姚正财	钱龙宝	徐　敏	徐雅琴	高　萍
浦　瑾	黄学忠	黄静文	黄嘉慧	崔　勃	葛　雯
蒋心皓	傅京翔	谢碧云	鲍　俊	褚一冰	蔡　莉
潘　罡	戴俊明	戴蕴华	魏晓露		

房产业务部

丁金国	王伟鼎	王　琳	郑生寿	莫桂鸿

信贷一部

王恩荣	计文权	邓文奇	成鸿钧	华克毅	许德明
李月梅	杨伏虎	吴天健	吴秀琴	吴国民	何桂甫
沈嘉民	沈黎鸣	宋根发	张伟群	张静姚	陆　洋
陆　锋	陈卫明	陈海荣	陈跃民	陈辉利	范　敏
林霞军	周鸿美	赵　宇	赵　清	胡　工	胡伟军
姜国庆	祝开和	莫荷珍	夏小芷	钱志琴	徐小苓
徐蝶珍	翁继平	凌先泽	高敏琦	郭金根	黄　浩
黄福国	章关发	蒋皓昆	谢玲宝	颜鸿书	薛建明
魏炳连					

信贷二部

马仲煌	王成宝	田耕宇	任伶俐	刘师思	刘　彤
汤仁荣	李　翊	杨祖芳	吴本瑾	吴光明	吴晓萍
吴雪菁	陈　序	陈咏梅	陈荷兰	范申娟	茅晓珮
周　岚	周蓓蓓	郑天甡	俞凯祺	施福林	姚锡健
顾月符	钱冲之	徐　进	徐培鑫	徐德仁	高　岚
章贤伟	稽　钧	潘云霞	潘　朝	戴海融	

在外学习人员

陈富锦

4. 2014 年 12 月交通银行上海市分行行员名单

行长室

陈伟芳	陈荷兰	陈　隃	林　骅	郑志扬	赵彩虹
樊　燊					

办公室

于夏雯	王　菲	王　琳	邢　璐	许慧珺	孙　佳
李培明	李鹏飞	李嘉斌	杨元芳	何成钢	何承祥
沈瑞玉	张　立	张　婕	张　薇	张　霞	陈　燕
庞智敏	俞霞青	贺　平	钱继恩	徐　东	黄青蓝

人力资源部

丁明华	王　佳	毛嘉明	石　静	朱佳宁	朱建雄
朱　蓓	许丽婷	杨　茜	佘　瑨	应珮鸣	张　波
张懿君	陈煜明	苗俊华	竺　慧	金晓燕	周　彦
袁国敏	顾月符	顾　静	徐晓菁	徐锡君	康正斌
梁　敏	臧剑颖	谭　红			

预算财务部

王如斐	毛震宇	方　彦	卢　青	冯　怡	刘华雄
江　智	杜红海	李　敏	李　燕	何晓红	沈　良
张　立	张亚蓓	陆素娟	陆　斌	陈利华	陈　静
范丽娜	林焕波	罗茜雯	宗　华	段　琼	娄　琼
郭　晨	黄文青	惠　宁	谭衍岚		

资产负债管理部

王之远	朱玮洁	汤颖丽	苏　芳	张一佳	陆玫琳
陈宣霖	周达忠	钟任崇	夏正丰	钱冲之	徐　昕
奚　鸣	高　歌	曹泽仁	崔翔鹏	程晓玮	

公司业务部

尤永韵	叶微漪	孙　晔	严　肃	吴佳炜	吴　悦
汪　毅	张丰羽	张宏达	张徐李	张瑞龙	张　慧
陈毅君	金　延	胡新凤	娄贤达	姚颖璐	袁卫中
顾　飞	顾佑来	顾　辉	徐寒冰	徐　榕	唐　捷
陶晓雯	陶　毅	梁　晨	傅　佳	雍琥华	颜美杰
潘　蓓					

个人金融业务部

丁　婕	干晔敏	马雁冰	王　宇	王　坚	王雅琦
王　程	王　皓	卢　飞	史晓宇	白　宏	朱伟新
朱　敏	华立群	邬云洁	刘师思	刘钦国	刘晓枫
李　莹	李　菁	杨　芸	吴易成	邹利峰	应　音

汪亦珺	张 勤	张 磊	陈向阳	陈佳一	欧阳琦
金旭瑾	单雯静	赵 磊	闻南一	耿晓寒	贾卓明
顾 宇	顾晓虹	徐寅莹	诸 君	黄 栋	黄梦迪
曹佳颖	龚志标	龚 晖	章 劼	梁珍梅	蒋柱斌
蒋莉华	程 蔚	谢 勇	裘滇江	戴 威	

银行卡业务部

王振欣	王 瑾	尤丽莎	归 琼	史 峰	丛明伟
邢益行	朱华钰	许 煌	许 蔚	严 安	李明健
李 辉	杨 兵	杨晓妍	杨 蓓	吴兴东	吴国湘
何惠鑫	佘 琳	应 俊	张 励	张 敏	陆文磊
陆伟锋	陆初文	陈晓彦	周 菁	赵鸣蕾	胡 泊
施文军	施红颖	施维超	施 漾	姜 炜	胥盛杰
姚建忠	袁德华	倪幸佳	倪遥垚	徐建毅	徐春荣
徐 著	翁 尧	郭一民	唐宝骏	曹伟洁	曹 盛
蒋 丽	蒋骏骅	舒 军			

国际业务部

丁志敏	丁希晨	马立原	马克菲	马 丽	马莉娜
王晓锋	王 晖	王培林	王 敏	王漫绛	王 薇
牛 勤	仇鹏举	方 芳	方 玮	孔颖婕	叶耀庭
冯燕骅	毕洪林	朱奕华	朱晓平	朱 渊	朱 琳
朱 晶	华 瑛	邬 敏	刘旭栋	刘晓珅	汤晓丽
汤 清	许 群	孙自华	孙 雁	杜 黎	李 宁
李 涛	李 琪	杨秉嘉	杨栩翌	杨晓岚	连蔚文
吴 婷	邱 群	邹雪瑾	汪 瑾	沈卫星	沈美育
忻红斌	张士韵	张 峰	张 兢	陆文菁	陆 叶
陆宗佳	陆轶文	陈 洁	陈爱民	陈 程	陈瑞颖
林志豪	林 蕙	林 璐	季路千	金 蕾	周兆圆
周春媛	周晓文	周 铮	郑 璐	房韵薇	赵文杰
赵祥龙	赵 焱	胡 宇	冒 清	钮洁芳	须 超
施春光	洪承良	宣佳成	夏 阳	夏惠芳	夏 静
顾 丰	钱科耘	钱维奇	倪立炜	徐玉红	徐宇霞
徐沁惟	徐玮君	徐 波	徐 虹	徐雄彦	徐雯婷
徐 斌	翁丽佳	高晓萍	唐建弘	黄学忠	黄燕雯
梅海华	笪宏飚	符 伟	蒋欣佶	蒋绥华	蒋 韫
韩惠莉	程 震	童为韡	谢 玮	虞 路	蔡 怡
翟赏虹	翟森菁	缪费翡	燕 燕	薛 梦	戴国华
魏 伟	魏宇庆	魏晓露			

金融机构部

马 越	叶方奇	叶晨晖	田耕宇	朱龙云	刘 培

孙 奕	杨盈斌	吴 晋	沈 怡	宋欣宜	陆继良
林敏杰	郁 丰	金 放	周 倩	钟 进	闻 军
贺天天	秦 婧	顾忠民	黄宇迪		

资产托管部

马 列	王以理	王明明	王艳霞	王 晓	王 翔
尹雪芬	邓姗姗	丘亚卿	冯迪驰	朱秀英	庄从昂
刘晓君	汤 瑛	许 霞	阮剑芸	孙天天	李 杰
吴敏婕	吴蓓婷	吴毅颖	沈 雁	张立珉	张 丽
张萧文	陆嘉清	陈 青	陈 晏	陈 蓉	邵连珊
郁慧琦	金 巍	周丽亚	周雪萍	郑 萍	郑 逸
赵孝铭	胡 彧	俞晓晖	娄 焕	宫 婷	姚 望
姚 赟	袁伟珠	袁忻慰	夏 梅	钱 君	徐以勇
凌春晖	凌 涛	康 丽	蒋如殷	韩 庆	喻晚成
童人鹤	谢欣华	雷文辉	詹 瑾	蔡 奕	熊佳妍

零售信贷业务部

许经华	许真鸿	严 俊	余伟杰	宋 凌	范庆礼
林 怡	赵雷珏	黄 进			

资产保全部

左才平	朱维敏	齐 宁	李华亭	李 渊	杨 捷
张 成	张 辰	陈思檬	陈莉莉	范小明	胡明旻
施 玮	唐嘉靖	陶应荣	蔡 行	戴建荣	

资产管理部

厉广宁	吴 青	宋晓茜	张李卿	张 晨	张嵩松
陈 璐	邵 俊	郁 青	胡艳敏	胡喆纯	倪菊芳
楼文艳	薛 鹏	魏 星			

营运管理部

于 芳	飞 雪	王 壬	王 沁	王筱俊	尹 琦
卢灿星	付克婷	朱莹菁	乔娴文	仲少英	严 菁
李 樱	杨彧欢	杨 峰	杨海燕	肖 君	吴广宁
吴立超	吴 艳	何 媚	沈正刚	沈陈良	张 怡
张 洁	张 斌	陈洁文	范 瑛	林 平	侍保钢
金 花	赵新亚	钱智军	徐 莹	徐 鹏	高云飞
唐倩卉	曹福洋	董宪政	傅京翔	谢 璐	潘 韬

授信管理部

王 军	王 玥	王斐斐	印巧兰	边 际	苏海明
李济序	李盛达	吴艺敏	吴秋实	余 蕾	沈 丙
沈蔚娟	张若晨	陆蓓宏	陈建华	陈 洁	陈雯俊
陈颖俪	陈潇俊	郑亦斌	俞继玮	施 红	贺俊捷
殷 皓	高 原	高晶晶	唐本伟	屠金光	谢文军

潘如茵	魏　辛				

零售信贷管理部

丁　漪	刁雪珍	王旭峰	王爱华	王翌昀	王　麒
龙智颖	冯　煌	任一帆	任仕佳	刘　蔚	吴　烨
宋如意	迟　爽	张　蓓	陈　佶	邵军雷	范　华
周维洁	赵一楠	赵珉颢	胡　坚	姚　婜	顾建斌
翁继平	董文琦	曾赤锋	潘　弘	潘　晓	

风险管理部

王海芳	戈卫全	叶　飞	吉培文	朱国忠	朱霞岑
江　浩	祁　燕	孙元琮	孙　炜	孙　健	李相萍
李　莉	吴宇虹	余　静	沈彦峻	张　驰	张　明
张敏豪	张　静	陈亿卫	陈春华	陈超杰	范　欣
林蓉晖	周祝君	郑　敏	胡　俭	钟　丽	俞凌雁
贾　民	柴　煜	倪婷珺	殷　东	唐容之	谈　歆
黄　伟	黄海波	崔少声	崔　琳	崔雯芸	蒋安娜
韩　方	曾　旭	虞雅芬	路　妍	穆佳艳	

审计监督部

马　俊	王　寒	刘殿丽	刘　巍	李　宁	吴乐燕
余　倩	张　露	金　嫣	顾嫣频	高　静	诸　铭
董　琼	鲍一弘	戴莉敏			

法律合规部

孙颖彦	李　春	汪云芳	茅晓红	孟洁莹	俞　嵘
施蓟一	桂莉娜	钱　峻	徐　晨	黄朝曦	戴星荫

信息技术部

马　捷	王　涛	王筱琪	韦星宇	卢喆枫	卢　意
田　园	史　砥	冯　平	冯　哲	宁振宇	朱　伟
朱欣奕	朱泓宓	朱俊彦	乔　诚	刘文倬	汤文稷
许　铮	孙　双	孙江海	孙怀祖	李文东	李晨智
吴　宇	邹思维	邹滨津	沈元锋	沈文浩	沈豪靓
张　炘	张　祎	陆　地	陆　威	苑　浩	周申祥
周　刚	周震一	郇一峰	荆益洲	胡闻迪	段军英
俞晓春	姚金彪	袁文治	顾　佳	钱思奇	徐傅骏
徐　新	郭友铭	郭　鸣	唐舟渊	唐煜唯	诸红兵
黄海萍	黄毅筠	曹伟佳	葛曜诚	蒋旭敏	谢　凯
蔡　文	蔡荣麟	缪　麒	潘佳毅	戴冰波	

电子银行部

王　妍	王梦野	毛俊虎	方　芳	母春彤	朱　刚
朱硕明	朱瑞盛	朱颖莹	庄永婷	刘　方	刘佳钦
孙迪飞	孙维宁	孙皓旻	纪　羽	杜永明	李　莉

杨文越	杨 静	余慧娟	应 畅	汪丽娟	张 正
张 宇	张维佳	陈 丽	陈 明	陈 波	罗 橹
周勇明	封洁瑾	贲苏飞	胡海伦	施文君	施灵怡
姚 鑫	秦 臻	夏啸君	钱佳佳	倪 啸	凌冠峰
唐宵轩	黄 晨	曹 昱	章文泉	隋 雪	葛颂文
程 龚	鲁晓东	温咏青	潘 康	潘 朝	

监察室

王 昆	王珏虹	叶晓宏	冯 坚	李 榕	陆晓英
陈辉年	洪 蕾				

保卫部

邓 松	刘 军	刘克昶	许建国	李光宗	李光跃
李鹤峰	沈德中	陈志刚	林 旭	秦逸滨	高洪祥
黄梦轩	楼 忠				

工会办公室

王亚南	许智荣	严 毅	范培莉	舒 绮

行政部

丁悌军	丁惠祺	干玲敏	王丽霞	王建平	王顺才
王美俊	王海燕	王 梅	毛顺园	孔林兴	卢 柯
朱龙泉	朱 峰	朱颖颖	刘 军	刘志祥	刘灿楠
刘俊杰	刘耀庭	江卫平	许一青	许连元	孙礼彪
孙鹤仪	杜红兵	李伟清	杨春泉	沈 飞	沈青昱
张明江	张佳茹	陈南珍	陈智谋	林 文	罗志岗
周阿生	周国钧	周 旻	周 震	於胜利	赵 鸣
逄杰锋	姚海峰	贾舟安	顾曰勇	徐 浩	唐国良
黄 钢	曹宇峰	曹勇强	戚淳宇	屠 寅	韩伟星
程 晔	傅 康	潘步新	戴为民		

发展研究部

王 蓓	刘勤福	刘蜀曦	杨 军	孟志芳	柯 佳
崔亦赪	傅晓云				

培育中心

王湘静	刘 昉	李媛媛	吴微娜	宋必成	张 华
陈 丹	陈 玮	陈 昊	罗 晓	胡志洪	俞津波
姚 捷	顾亚君	童振中	戴耀明	瞿 林	

业务处理中心

王佳韵	王 琼	王 雯	王雯婷	王 蓉	孔 萍
包仕豪	戎琪珏	成昱瑛	朱小英	庄从彦	刘 忠
刘 珺	刘嘉巍	许 琪	李 玲	李 莉	杨修名
杨 敏	吴 晔	吴培龙	何乃隽	余文智	汪 瑶
沙文静	沈 佳	沈 钧	张丽丽	张 炜	张 姣

张　倩	张　浩	张　婷	张　静	张　燕	张　蕾
陈为民	陈　丽	陈彦怡	陈　滨	范　琳	周　祺
郑勇卫	郑　莉	项　玮	赵　婧	施　琪	施震威
娄晨吟	洪勇侃	顾晓萍	顾　頔	钱正元	钱　岑
钱嘉男	徐定婷	徐菊萍	徐　萍	徐　董	徐　蓉
徐　赟	殷　艺	戚良杰	龚燕萍	梁姗姗	蒋廉莹
韩小洁	韩　伟	喻　瑜	舒　静	童　华	靳贤良
虞松梅	鲍　炜	翟　勤	熊红喜	潘红良	薛　敏
穆永敏					

风险监督中心

丁　炜	于　晓	马玉敏	马昱倩	王　引	王　军
王英姿	王佳雯	王家芳	王　骋	王　婷	毛依韵
毛维萍	毛　骥	方　芳	尹志刚	朱　虹	朱锡麟
刘　艳	刘惠琼	汤　峰	孙以仁	苏嘉琦	李　伟
李　凯	李春红	吴祝华	何　颖	闵　喆	宋光星
张晓华	陈　鸣	陈郑文	陈　怡	陈奕君	陈　健
陈　翊	陈　婷	邵　波	邵　频	范　斐	郁　金
金　贤	周利华	郑宇弘	房　屏	赵　菁	胡　蓓
俞继红	姚静文	顾蓉蓉	徐剑玲	徐　恺	徐　群
奚　科	翁浩亮	郭　颖	龚海鹰	崔　诚	傅雯珏
谢　菁	阙海萍	潘　泓	潘　祥	薛　箴	戴振玉
鞠　蓉					

现金储运中心

丁　敏	于　征	马　钢	王扣贵	王　宏	王春沪
王洪生	王海涌	王　斌	毛善明	方正鸣	方　明
方朗秋	叶　伟	叶　璐	包芳雄	冯智杰	边丽华
朱国强	朱树俊	朱　钧	朱　璟	仲　伟	任　刚
华文婷	华依依	庄彩明	刘卫东	刘　军	刘　春
刘荣桂	刘　桦	刘　晟	刘满兴	安海云	孙一平
孙　建	孙　炯	孙觉新	孙爱玲	孙富强	纪伟男
麦　屹	严闽华	严嘉麟	杜　闻	李山石	李　云
李　文	李　农	李宝祥	李海荣	李　跃	杨　铭
杨鲁敏	吴云英	吴伦钰	吴国庭	吴炜斌	何　炜
何定华	何勇民	沈伟忠	沈关烜	沈坚勇	沈健民
沈跃明	沈渭江	沈　瀚	张玉屏	张守臣	张志巍
张丽珍	张学群	张联敏	张惠定	陆祖明	陈国雄
陈　旻	陈　佶	陈建明	陈晓隽	陈　峰	陈　翔
陈　婷	武海明	茆俊国	林卫民	林　红	林晓晖
呼奎茂	周大庆	周启鸣	周　杰	郑青海	郑　炜

赵世平	胡文灿	胡 岐	胡建时	胡建强	胡革风
胡 敏	俞 波	姜立生	姜金莲	姜秋芳	姜翠微
费 立	姚海杰	贺文良	秦怡林	贾晓明	夏 枫
顾继德	钱 荣	徐立敏	徐 君	徐 佳	徐朝晖
徐麟康	翁 青	凌 宏	郭 刚	唐旭佳	谈 政
陶 健	黄毛毛	黄延征	黄 坚	黄妙勇	黄 寅
黄晰俐	黄锡光	龚建辉	盛华民	常 琳	蒋学锋
韩修同	程 琦	詹伟青	解庭俊	蔡建文	潘建人

网点管理办公室

朱晓红	华政通	吴春龙	邹 明	张建平	张德明
陆 洁	胡剑平	贾骏浩	钱永亭	蒋云开	蒋爱莲

督察组

王成康	乌维舟	李伯超	励敏捷	吴福生	邱 奇
余定发	沈黎明	娄智杰	姚金虎	秦孝迪	夏乐群
殷文鹤	黄 曙	曹稚冈	章 哲	蔡幼华	薛建明

管培组

王显冰	王星宇	王愉光	卢 苇	邢必力	朱程伟
孙若麒	严 昊	李 越	杨义明	杨 帆	吴琪霏
邱慧轩	何天好	谷梦婕	张慧晶	陆莹洁	林胥婷
周志远	赵 轶	钟海雷	施 超	栗贝阳	徐晓鸣
唐 莹	梁 缘	蔡 惟			

内退组

王达联	王祖德	孔荣斌	邢晓聪	孙 群	吴小琨
沈傲荣	胡似宝				

派驻海外组

史 琦	杨 菲	何 涛	汪永庆

营业部(第一支行)

丁艳霞	刁明伟	于 晨	王以立	王宇清	王鸣峰
王 怡	王 珏	王 玲	王哲君	王晓青	王恩烨
王悦青	王敏敏	王赟菁	区顺华	方绍卿	尹 玲
艾佳雯	叶巧云	叶 春	吕 菁	朱伊唯	朱 俐
朱 敏	朱蓓蓓	乔汝宏	任轶娜	邬天鸿	刘伟民
刘宇博	刘 芳	刘佳妍	刘思源	刘晓蓉	刘维科
刘锦雯	安佳伟	许滟滟	许慧香	纪琪琦	严 悦
杜燕娟	巫 民	李义忠	李 红	李昌瑜	李晓辰
李 萍	李 斌	杨 琪	杨 燕	吴文奕	吴婉倩
吴 越	吴鑫阳	邱苏丹	邱 琴	何谊华	沈安琦
沈彦俐	沈智芳	沈 睿	宋晓白	张玉林	张红力
张 昊	张怡涵	张剑峰	张晨妤	张群珏	张潇潇

张澄澄	陆迎春	陆燕丽	陈冬栋	陈永华	陈圣超
陈　伟	陈　芳	陈　佳	陈珍女	陈　勇	陈　超
陈　辉	陈祺路	苗琰方	范　莉	杭林伟	金　艳
金　雯	周伟佳	周思怡	周梦吟	周　婷	周　燕
郑　琛	郑　媚	单一凡	赵　越	荣　嵘	钟柳潇
钟涵怡	施昌元	姜颖华	胥　巍	姚　斌	贺征烨
袁开平	聂利婷	夏　天	顾宇炯	顾阳杰	钱乐波
钱振曦	钱娴静	钱　曦	倪　倢	徐一新	徐正程
徐成宇	徐家璞	徐　晨	徐　敏	徐醒然	殷宏钧
奚　慧	郭　贞	郭丽萍	郭斯元	郭靖怡	席　巍
陶文倩	陶璇怡	黄　弘	黄伟刚	黄　谷	曹小雨
曹　峻	龚晓艳	崔剑文	章剑鋆	章隽隽	梁　东
梁　斌	蒋心皓	蒋润杰	韩乔旻	程再凡	程颖峤
傅志萍	傅　晓	曾　晔	谢　华	强天颖	詹文斌
蔡元恺	臧　诚	颜　捷			

闵行支行

丁　颖	丁慧莉	于　杰	于　跃	马　婕	马慧梅
王卫红	王卫清	王红美	王利智	王明理	王易澜
王春凤	王　虹	王悦滢	王静楠	王　慧	王　燕
毛玉兰	毛　伟	毛景婷	卞毓来	方　页	方继勇
孔繁茜	卢明杰	叶　晶	田　军	史　雯	乐　闻
兰　婷	成　静	朱正芳	朱呈菲	朱奕辰	朱　骅
朱晓华	朱慰忠	任　琪	华　潇	邬　媛	刘俊华
刘　锋	刘　翔	刘源海	刘　瑾	齐晓雯	关翘英
汤健菁	阮　洋	孙朗栋	孙寅威	孙雁燕	孙　慧
孙　橙	杜伟博	李　力	李月萍	李世杰	李志洋
李思维	李　娜	李哲伦	李　清	李琳钰	李惠花
李嘉义	杨中伦	杨永清	杨　芳	杨　倩	杨海涛
杨　琦	杨蓓蕾	杨　薇	连小菲	肖　伟	吴旭芳
吴　寅	吴　越	邱毅涵	何希为	何春浩	何晓红
余雯婷	沈　众	沈　洁	沈　洁	沈琦炯	沈雷晴
张冬强	张　弛	张　岚	张英杰	张　怡	张　祎
张孟晔	张哲赟	张　烨	张　婕	张喆迩	张惠明
张　静	陆　伟	陆玲玲	陆晓君	陆爱芳	陆　望
陈卫英	陈玮俊	陈昊雷	陈顺达	陈　勇	陈　艳
陈　诺	陈　菊	陈　晨	陈　琦	范诞莹	林佳佳
林珏雯	金　炜	金润杰	金　悦	金嘉凌	周　平
周先伟	周冰菁	周国华	周彦敏	周森鑫	周　颖
周毅骏	郑乙冬	郑　琳	郑　颖	赵子羽	赵晓叶

赵景云	赵　勤	郝卫卿	胡　净	胡敏珠	胡　蒙
胡震宇	查晓龙	俞　彤	施春东	姜柯婷	姜瑞源
姚　远	姚　远	姚李君	姚英子	秦扬扬	秦　熙
夏冬芳	顾伟峰	顾均怡	顾晓雯	顾效华	顾　寅
顾翔宇	顾　湘	钱　伟	钱逸清	倪金花	徐小韵
徐　南	徐莉莉	徐雄浩	徐麟寅	高　峻	高培明
郭　程	唐红慧	唐晓雁	益建耀	浦晨晟	诸　成
陶　成	黄月芬	黄　丽	黄岳卿	黄　蔚	黄　磊
梅　芳	曹　青	曹隆健	戚慧敏	龚圣斐	盛俊杰
盛　艳	麻卫星	彭　冬	彭　宏	董雨琤	董俊华
董慧杰	蒋中林	蒋佳良	蒋栋梁	蒋秋思	蒋群威
韩晓璐	傅　雯	储婷婷	舒　方	游伟元	谢文璐
谢　芳	谢　汶	谢明怡	谢薇妍	虞金琳	蔡玉梅
蔡晓成	蔡喆森	蔡翠凤	裴向玲	裴　培	滕昌元
潘瑞婷	薛　莉	薛维琦	戴　维	戴　静	魏　侃

宝山支行

卫　华	马佳懿	马惠芳	王元博	王屹华	王君坚
王君艳	王俊鸿	王奕钦	王冠杰	王艳昕	王莉萍
王莉敏	王晓晨	王海强	王敏君	王鼎辰	王程佳
王舒娇	王　勤	王　蔷	王　熠	王臻璐	毛　艳
毛鹤云	方文勇	尹　琦	左晓翔	卢叶敏	卢　燕
田　华	田安慧	田　隽	白　蕾	乐春琼	吉　明
吕　鸿	朱卫良	朱文杰	朱伟康	朱丽萍	朱尚麟
朱珍妮	朱晓兰	朱　峰	朱超逸	朱雯雯	朱遥遥
任知欣	任　政	邬晔琳	刘　一	刘礼洋	刘红梅
刘春霞	刘　俊	刘晓云	刘晓军	刘海珍	刘慧英
刘　翼	齐　斌	闫　璐	许倩雯	许琳琳	孙延红
孙佳明	孙　佶	孙　健	孙慧丽	严颖文	严蔺石
苏国斌	苏　炯	杜薇萍	李从云	李　阳	李　欢
李志坚	李　芳	李林甫	李春霞	李敏华	杨冬琴
杨　杰	杨诗韵	杨璐西	时海俊	吴国莹	吴　珈
吴　骏	吴琳燕	吴　颖	吴　燮	邱宇寒	何月霞
何　菁	汪　轶	沈丹凤	沈佳仁	沈骁昳	沈晓翔
沈雷平	沈赛凤	忻昊樑	宋　靖	张大镛	张卫荣
张伟俊	张冰夏	张秀华	张　苗	张佳林	张勇铭
张晓婷	张益华	张敏洁	张　绮	张绿莹	张　琼
张　燕	张　璐	陆广宇	陆云玲	陆欢骏	陆　洲
陆健雄	陆慧杰	陈文可	陈江瑛	陈　纯	陈凯延
陈建平	陈　玲	陈　俊	陈　艳	陈晓薇	陈海英

陈梦怡	陈　琦	陈　韬	陈　演	陈黎萍	陈燕鹂
邵　蓉	范玉瑾	范迪沁	林　菁	易秀峰	季　蓉
金玉婷	金伟豪	金志宏	金　来	金清健	金雯燕
金　慧	周文颖	周彦菲	周　洁	周　艳	周晓骏
郑朝晖	单　晔	宗秀琴	孟珂桢	赵干星	赵丽珉
赵希琳	赵　金	赵振坤	胡佳斌	胡凌琰	胡祺昱
胡慧俊	钟振源	侯奕铭	须雅恋	俞　快	俞炜潇
施红梅	施宋晶	施　艳	姜　昊	姜炜峻	姜　倩
姜　敏	娄雅慧	姚国斌	秦　华	秦　杰	秦　瑶
袁　琦	袁　程	桂晓青	夏晓莉	顾真荣	顾琴琴
顾霖霞	钱世立	徐文嫣	徐叶平	徐　华	徐玢倩
徐　林	徐学民	徐　珏	徐　柳	徐　骅	徐　桦
徐　婧	徐　辉	徐蓓丽	徐睿彦	徐慧超	徐　蕾
凌益天	高知情	郭珮珺	郭渊敏	唐丽玲	谈敏鹃
陶海平	桑文军	黄　勍	黄婉君	黄嘉升	曹思衡
曹　俊	曹　婷	龚秀芬	龚　燕	盛懿斐	符　葳
康乳福	章吟贤	章怡平	彭　郁	葛云海	葛晓红
董怡蓓	蒋望婧	蒋　晶	蒋皓敏	蒋　静	韩丽颖
韩秀英	程　理	程舒珊	谢慧丽	虞海庆	虞　超
鲍建良	雍　靓	蔡仁梁	蔡明明	蔡欣静	蔡　殷
蔡雪梅	谭颖赟	谭　燕	樊志强	潘达先	潘宇哲
潘晨旭	潘　瑾	薛竹君	戴　虹	戴洽睿	

市西支行

丁　宁	万子明	卫国琴	马騄骅	王力培	王文婷
王以立	王世宇	王　伟	王　芳	王辰晓	王佳伟
王　珍	王　茵	王　栋	王思腾	王亲东	王　隽
王　骏	王菁青	王　逸	王逸帆	王　瑜	王静雅
王蔚清	毛建崧	毛梅芳	仓雯培	卞晓蓉	方　园
方　衍	方　婳	尹修光	艾丽颖	石晓蕾	叶　萍
白家范	丛　岚	印　睿	包剑云	宁　怡	朱玫沁
朱佩娟	朱俊磊	朱　琦	朱琛珺	刘小梦	刘忠欣
刘　荪	刘思维	刘蓓蓓	齐　壬	江　丽	江秋涛
江润宇	许慧琴	孙　放	孙　骏	孙　彬	孙慧超
严晓菲	苏　航	李风颖	李可咏	李　岚	李含青
李昉晟	李佳益	李学哲	李　俊	李　涛	李　娟
李　乾	李　翔	李照宇	杨怡晴	杨　晔	杨　隽
杨海燕	杨　珺	肖　恬	吴文彬	吴　刚	吴复生
吴凌厉	吴雪彬	吴楚吟	吴嘉阳	邱一枫	邱敏虹
邱　霞	何吉琛	何江海	余晓鸣	余益汉	谷瑶琳

应铁伦	沈伟范	沈贵荣	沈莹琳	沈晓文	沈家瑜
沈展勤	沈培伟	沈 琰	沈湧欢	宋雪尘	张丹怡
张必维	张 帆	张宇德	张丽洁	张若安	张欧闻
张柏强	张思文	张晓青	张晓骊	张逸冬	张 琪
张勤伟	张嵩桓	张 韬	陆心一	陆 祎	陈 力
陈中炜	陈文彬	陈加迪	陈幼文	陈伟绩	陈 宇
陈 芳	陈 岚	陈 於	陈诗亮	陈玲玲	陈 星
陈思宇	陈艳珺	陈莉莉	陈 骊	陈 瑶	陈 霆
陈 燊	邵析衡	邵 珺	范玉冰	范思良	范 磊
范薇薇	林乐慧	林 俊	罗 炎	金旻华	金 勇
金 鑫	周光蓓	周 宇	周启迪	周佳莹	周俊家
周剑柯	周 隽	周 裕	周 颖	郑晓蕾	郑 嫣
赵 纯	赵 荔	赵 炯	胡天浩	胡建雄	胡晓靖
胡 煜	胡磊凯	胡燕莉	胡 霏	胡 衡	查 茵
柏 莹	钟子豪	钟雄伟	段华萍	侯晓燕	施国梁
施新宇	施 蕊	洪 流	姚世君	姚 捷	姚 黎
贺奕菁	贺瑞康	秦妍雯	秦 炜	秦 敏	秦楚皭
顾文洁	钱 方	钱丽娜	钱 瑛	钱锦辉	钱慧丽
倪 磊	徐之妤	徐立斌	徐孙诚	徐芸婷	徐辰昊
徐思聪	徐 炯	徐凌尧	徐 锦	徐 磊	翁伟明
凌愔瑾	高嘉诺	郭 颖	郭 毅	陶王胤	陶峥阳
黄方茜	黄亚楠	黄 姗	黄莲娜	黄惟蓉	黄 强
曹 雯	曹 璟	戚伟栋	龚 珺	盛华昶	盛 珅
崔敏艳	董晓琳	董 崎	蒋沁妤	蒋海璟	韩浩俊
韩路伟	韩璐燕	程振忠	程斌临	傅文斌	傅剑虹
鲁晓春	童文祺	童旭东	童玮珩	童 磊	曾海凌
曾 颖	蓝蓉荣	褚以清	褚颖春	蔡文彦	蔡文颖
蔡 红	缪琰婷	樊芳芳	黎集成	潘志刚	潘 羿
潘 晴	潘 嵘	薛盼汝	戴伟杰	戴争伟	戴晓捷
戴 颖	濮元哲				

杨浦支行

于 锋	万志赟	马世浩	马丽娜	马晓英	王亦军
王 军	王泽斌	王界云	王俊锦	王晓琴	王 勍
王梅娜	王琳琳	王雅琳	王 颖	王意力	毛轶玮
毛雅玲	毛嘉玮	仇 燕	方雅蓉	厉繁荣	石玲玲
卢晓颖	卢 喆	叶 文	叶 涛	叶淑婷	田 园
史 军	史雅婷	史璧音	白耀东	包文伟	冯宁宇
冯 健	冯媛媛	吉 瑾	西门维刚	毕慧妍	朱文俊
朱文琪	朱为玉	朱正灿	朱永健	朱 怡	朱 莉

朱晓红	朱敏祥	乔　菁	任　斌	华　卉	华　雁
全忠辉	庄玮茹	刘安琪	刘　芬	刘思懿	刘晓声
刘萦莹	刘　敏	刘　锐	刘璐桁	江　燕	汤义民
汤思燕	安　洁	孙正妍	孙永耀	孙佳奇	孙晓雯
孙　萍	孙雪瑶	苏锦龙	杜文怡	李　阳	李　青
李奇方	李　迪	李欣宏	李　炜	李怡娟	李健恺
李爱彬	李　烽	杨晓燕	吴咏恺	吴添龙	岑　殷
何乃坚	余　盛	汪　莹	沈　义	沈立峰	沈秀珍
沈　斌	宋志英	张旭凯	张丽莉	张　岚	张希淳
张明辉	张　虹	张保霞	张晓祺	张　彬	张　颐
张翠红	张露华	陆史惠	陆民发	陆佳丽	陈月莉
陈光懿	陈　伟	陈安琪	陈丽芸	陈丽娜	陈　杰
陈建豪	陈铁冰	陈　洁	陈珮琛	陈振杰	陈　莹
陈　晓	陈晓驰	陈婷婷	陈　颖	陈　德	陈　璐
茅丹群	茅文杰	林浩贤	林　巍	季　培	金元晨
金红乔	金昌敏	金　莹	金晓茹	金晓慷	周吉婷
周　蓉	房　珺	孟　林	赵文颖	赵君言	赵柏铭
赵　峪	赵　琼	赵榛妍	胡晓辰	钟宁佳	钟　颖
侯　玮	侯舒佳	须文清	俞文婧	俞世海	俞萍芝
施荣华	施　剑	施凌斌	施海虹	施　琦	施嘉捷
洪　晔	洪　磊	费　琛	姚志祥	姚倩榛	姚悠峰
姚逸舟	秦争新	秦秋炜	袁　超	袁景轩	夏佳蕾
夏毓莉	夏　燕	顾志鹏	顾　闻	顾　赟	钱　寅
倪旻蔚	倪　峻	倪翔云	徐　文	徐　未	徐旭雯
徐进生	徐　岭	徐闻皎	徐哲汇	徐晓颖	徐健雄
徐雪枫	徐　敏	奚锦荣	高　歌	郭伟勇	郭琳琳
郭　毅	唐　宁	唐　波	唐瑶婷	陶吉庆	陶冶倩
黄　薇	黄　璐	梅瀚涛	曹晓霞	曹　睿	龚　振
常　钊	崔　珏	崔　洁	梁淑怡	梁慎敏	梁　臻
葛　俊	董　杨	董育红	韩　林	韩　隽	景　璐
程　莉	程颖蕾	傅军华	温贤慧	谢　蓉	鲍　婧
蔡俊瑶	蔡　翊	蔡　臻	端木静文	缪　晋	颜　雯
潘祺昌	薛剑华	薛　莹	薛菲菲	戴　奕	

长宁支行

丁之亨	万鸣捷	马驰程	王文俊	王文瑛	王运来
王苏敏	王　岚	王宜静	王轶娜	王　萍	王梦玥
王舒婷	王　颖	王　瑾	王　鑫	尤弘杰	尤　利
尤学政	牛淳捷	卞方婕	方　艾	尹　悦	邓　蕾
甘振阳	石　艺	石啸峰	叶鸣燕	叶常青	史　奇

乐　瑢	包思颖	冯　佳	邢　一	达　洁	毕　磊
吕　骏	朱天颖	朱冬寅	朱光炜	朱　娅	庄莉琴
刘士欣	刘　扬	刘仲瑜	刘纪之	刘　青	刘　奕
刘彦雯	许多怡	许　毓	许懿杰	孙文峰	孙田怡
寿继跃	芦　捷	苏　悦	李　冉	李　忻	李建华
李　俊	李　娜	李海芳	李　悦	李梦伊	李　琼
李　锋	李　蓓	李蓓娜	李　颖	李　霖	杨子宜
杨　沛	杨侃晨	杨　琴	杨　冥	杨熠天	肖海燕
吴文涵	吴正钦	吴克元	吴灵丽	吴纯钢	吴玥呈
吴姗姗	吴　燕	吴燕敏	岑　祺	何沁阳	余君妃
余　晶	谷正凯	邹其文	汪　昊	沈成钢	沈丽莉
沈　吟	沈姗姗	沈　涵	宋天池	宋丹妍	宋婷雯
张引华	张玉慧	张　妍	张苗红	张卓弘	张　炜
张音敏	张　勇	张清啸	张清照	张　琪	张　琳
张静秋	张　磊	张　曦	陆一未	陆　瑾	陈子宇
陈天天	陈　立	陈良祺	陈学良	陈思谊	陈晟尧
陈晓锋	陈　倬	陈培德	陈　彬	陈梦钰	陈　琪
陈　蓝	陈　楠	陈静波	邵力成	邵　相	邵　彦
邵智雯	邵嘉慧	范　佳	林士钰	林　蔚	林　赟
罗佳炎	罗　健	罗　航	罗海舟	罗颖奕	季　青
金　忖	金　迪	金　晓	金　烨	金　娴	金　雯
金　晶	周乐璐	周志杰	周秀萍	周国芳	周金菁
周　珂	周　俊	周　雯	周　韵	周黎菊	周鹤宏
郑国强	居莉雯	孟凡森	项一鸣	赵安怡	赵坚东
赵健凯	赵娟娟	赵　骎	胡燕红	茹　吉	钟文才
侯天宇	须铭超	俞　岑	俞　佳	施　炜	施　磊
施　懿	姜原枫	姜婷妮	洪　磊	宣英姿	宫小凡
祝　为	费　凯	姚敏祺	姚　瑶	贺佳韵	贺蓉茹
秦云柯	秦晓岚	袁思昊	袁晓明	聂汝菁	贾振菁
夏　莹	夏毅祯	顾芝烨	顾苑洁	顾轶飞	顾敏敏
柴旹芳	柴晓浪	柴媛莉	钱昊梁	钱　炯	徐宇泓
徐玥蔚	徐铮镕	翁　伟	凌怡婧	凌瑞桦	高申燕
高晓雯	郭　骏	郭慧媛	唐　华	唐依雯	唐斌捷
唐　翼	诸　立	陶　冉	陶燕君	黄占非	黄丝拉
黄亦斌	黄　彦	梅海菁	戚慧康	崔丽雯	鹿海荣
梁　卿	彭代祥	董朱珺	蒋允雯	蒋悦瑾	蒋继豪
韩　莉	嵇庆庆	程　敏	傅文剑	傅琳娜	童宁武
谢佳芸	谢　晶	鲍一步	鲍　芸	翟伟斌	樊懿杰
潘晓艳	戴怡雯				

虹口支行

丁达伟	丁　晔	山　珊	卫　艳	马超群	王一敏
王　帅	王成宝	王　华	王志成	王杨晔	王君洁
王治安	王春麟	王珍珍	王　洁	王梦奇	王雪涛
王铭琦	王　琪	王　尊	王　强	王　靖	王　溶
王　静	王　蕾	王　蕾	毛嘉瑛	仇臻之	乌惟强
方　迪	方晓辉	厉　炜	东轶琪	叶雨蝶	付玉莉
冯世雄	成　铭	吕洁菲	朱云鹤	朱文韵	朱红岩
朱　劼	朱　林	朱郁海	朱思东	朱梦颖	朱　敏
朱　颖	庄哲玮	刘文梅	刘　芳	刘迪华	刘　佳
刘晓莺	刘绮敏	刘维佳	刘德龄	江　匀	汤亦一
许冰玺	孙立耘	孙　旭	孙　俊	孙　艳	孙晨迪
孙清雯	孙雯婕	寿　宸	杜怡青	李传安	李述然
李卓颖	李依婕	李彼得	李　峰	李　靓	李　静
李璎珞	杨可宁	杨沐恩	杨　旻	杨泓玥	杨　洁
杨　琪	杨　瑛	杨　赟	来小红	吴丽丽	吴昱峰
吴　昶	吴逸萍	邱云霞	邱晓明	何妍芳	何　琳
何蓓蓓	余　倩	应鑫杰	汪　洁	汪晓凤	汪媛媛
沈玉丽	沈　华	沈星云	沈晓颖	沈钰婷	沈雪蓉
沈富良	沈嫣婷	忻　妍	张天佑	张丹妮	张昕晔
张佳文	张　欣	张　弦	张莉英	张　晋	张　蓓
张　颖	张　雍	张蔚兰	张耀琪	陆　行	陆征宇
陆炜雯	陆怡雯	陆倩荷	陆慧莹	陈之琳	陈　庆
陈　江	陈　妍	陈雨楚	陈佳骏	陈　怡	陈柳菲
陈俊荣	陈晓冬	陈　瑛	陈　舒	陈　蓉	陈蕾颖
陈　曦	邵　奇	邵　蔚	武　刚	范屹辰	范　浩
范梦阳	茅晓峰	林　震	尚维维	昌梓敬	金　异
金丽敏	金　宏	金　迪	金　晶	周　华	周志颖
周昭艳	周美君	周洁琰	周　晨	周　敏	周　琳
郑　蕾	练　明	赵　英	赵炜文	赵　瓒	荣　洁
胡鸣飞	胡恒亮	胡骁瑛	胡　逍	柳　君	钟行健
俞　佳	俞榕昀	施　文	施虹燕	施　琪	姜基彬
姜　璐	宣　超	姚思源	姚　亮	姚　毓	贺　辰
秦　玫	袁　冰	袁晓雨	袁　敏	夏　辰	夏琪炜
夏琳艳	顾烨华	钱歆怡	倪邵杰	倪　炜	倪赛萍
徐　丹	徐沪嫣	徐纯婕	徐佳雯	徐秋月	徐晓昀
徐　彬	徐雪婷	徐　辉	徐　樑	栾佳麟	高　岚
高　烨	高　嵩	高　瑾	郭旻晓	郭佳影	郭　虹
陶　泓	黄　怿	黄　莺	黄　婧	梅　鄰	曹子仲

戚雯琳	龚天皓	龚方寅	龚佳宇	龚隽娣	盛佳妮
崔　丽	崔佳娴	梁诗韵	彭宇斐	葛丽佳	董　霖
韩　枫	程　颖	曾秀慧	谢文依	谢文澜	谢昳君
蒲春华	窦丰雷	蔡　炯	谭霞江	樊健翔	颜惠忠
潘璋盈	薛　晴	戴燮飞	瞿昊斐		

浦东分行

丁俊慧	丁窈萍	丁　盛	丁蕴颖	万　洁	万滢滢
马悠媛	马逸骏	马雯菁	马斐瑾	王　开	王立琦
王贞苗	王宇文	王宇威	王　芸	王　芳	王卓君
王佳璐	王建宝	王　茜	王　峥	王晓劼	王爱华
王　清	王　越	王　婷	王　颖	王嘉妍	王　瑾
王　燕	韦文渊	车禹桥	仇文珏	仇卓瑾	方　帆
方　轶	尹莎莎	石圣宇	叶剑妹	史力文	史宏崴
史骁俅	史益华	史锦芸	冉卓民	乐佳敏	冯　凤
冯　杰	冯靖然	宁　妮	戎　云	吕月玲	吕圣婴
吕佳颖	吕紫维	朱小文	朱文葳	朱　凯	朱佳敏
朱美祯	朱　莲	朱倞杰	朱　颖	朱静文	朱碧莹
朱嘉俊	仲旭炜	仲奇炎	华　玮	华　莎	邬晓蓉
庄元儒	刘兰亭	刘迎辉	刘际民	刘　俊	刘　洋
刘　晋	刘晶晶	刘　颖	江微逸	许文静	许舜胤
阮君睿	孙　欢	孙　瓯	孙　佳	孙金海	孙　洁
孙　琼	纪　雯	花珏恒	严长昌	严　艳	严海静
李　丹	李玉琴	李玉晶	李东骏	李　旦	李　欢
李丽娟	李昕颖	李轶伦	李星苇	李剑峰	李　菁
李　萍	李　舒	杨少华	杨亚辉	杨晓艳	杨海青
杨继华	杨雁南	杨　辉	杨颖菲	肖依雯	肖　卿
吴沈杨	吴　迪	吴　凯	吴　佳	吴思鑫	吴彦庄
吴　莹	吴晓妞	吴娴艺	吴　斌	吴瑞阳	吴　靖
邱旻青	邱莉闵	邱　爽	何锡樑	何静杨	邹华晨
汪思芫	汪维卿	沃雯君	沈小毅	沈元培	沈良麒
沈　玫	沈佳嵘	沈美玲	沈　骏	沈　婧	沈　维
沈嘉菁	宋梦瑶	宋　森	宋雯婕	宋韵轩	张　文
张文琴	张立巍	张舟鸣	张　旭	张　芸	张佳燕
张　怡	张　珏	张　轶	张　俊	张俊辉	张洁蕊
张莉莉	张逢源	张娉婷	张　梅	张　焕	张　琳
张　琰	张　晶	张　焰	张　静	张睿炯	张　震
张　蕾	张鑫磊	陆　艺	陆　江	陆利华	陆树森
陆思思	陆钧超	陆晓玲	陆晓昱	陆　颖	陈　伟
陈丽斐	陈时忠	陈凯楠	陈　佳	陈佳敏	陈怡菲

陈诗雨	陈　昱	陈奕彤	陈　健	陈　晨	陈　喆
邵　懿	范　华	范寿尧	范欣辰	范夏婷	茅善萍
林国武	林　婧	林蔚丰	林　豪	郁丽云	郁薇薇
罗　健	金少华	金志杰	金　园	金　科	金　辉
金骞敏	周卫民	周玄同	周怡成	周晔萍	周　菁
周　萍	周　斌	周婷婷	周　煜	周嘉懿	周　嫣
周毅臻	郑凯乐	郑浩明	郑皎琳	郑毅军	单寅杰
房幸汝	赵张彬	胡　千	胡月诗	胡　韵	胡嫣婷
柏徐樱	钟石敏	侯冬阳	施怡栋	施怡菁	施磊康
洪昀希	洪　莺	洪　峰	祖　祁	费银泉	姚正红
袁　贞	袁玢若	袁　嫣	顾宏丞	顾晓菁	顾晓燕
顾慧瑾	顾懿琛	柴之雄	钱　晨	倪星广	倪　倩
徐光耀	徐　明	徐　艳	徐骋纬	徐　菲	徐　敏
徐婷婷	徐锦翔	徐颖珊	徐　韬	徐慧敏	徐　燕
徐蕲蕾	徐　懿	殷振宇	凌怡文	高　青	高　琼
高嘉璐	郭永晟	唐若愚	唐宗蕾	唐　垠	唐晓露
唐　雍	容伟杰	陶轫婷	陶　毅	黄冬琼	黄亚铷
黄丽萍	黄　俊	黄凌云	黄峦颖	黄辉清	黄雷宇
黄筱泓	黄鹤鸣	梅　刚	曹伟励	龚　玮	龚岱鹰
盛　宏	盛佳华	崔　凝	章炜卿	章　钰	梁　芳
屠　沁	彭昊楠	彭悦箐	葛玲琳	董凯迪	董　波
董　盈	蒋大毅	蒋金福	韩静森	韩黎悦	韩璐西
景寒星	喻晓薇	程婉心	富　晔	谢希隽	谢健欣
谢雯方	谢蔚雯	裘振宁	裘晓婷	虞　隽	褚双熠
蔡　宁	蔡　沂	蔡敏霞	臧　婷	管　乐	熊洪潮
缪海峰	缪　捷	潘惠芳	薛诗怡	戴鹏程	魏佳妮
瞿永东					

徐汇支行

丁前俊	丁梓勤	上官正逸	马玥申	马雪扬	王文彬
王冰文	王丽君	王　咏	王桢琳	王浩男	王　琪
王　霄	王巍巍	毛　杰	方礼杰	方　红	方园明
计逢时	孔　威	邓开夏	邓波尔	甘雨涛	厉　俐
厉　静	卢　雯	叶振铎	田苏媛	田梦溪	田　蔷
史天泽	冯甲臣	冯　卓	冯　新	朱　宏	朱佳妮
朱娇妮	朱　娜	朱　莉	朱晓燕	朱　悦	朱　琎
任　英	任艳芝	刘志豪	刘利捷	刘国荣	刘凯韵
刘佳烨	刘　俊	刘冠辰	刘晓菁	刘晨辰	刘　晴
刘　磊	刘　燕	许君毅	许海红	阮伟超	孙亦沁
孙　哲	孙雅倩	孙　磊	严　洁	杜克胜	杜晨祥

李　轩	李其钊	李春捷	李亭春	李　莹	李夏锐
李晓翔	李曼青	李逸晶	李靓璐	李颖雯	李静雯
杨文婷	杨苏龙	杨英成	杨昱婷	杨　健	杨　逸
杨雅琴	肖　铭	吴心佳	吴伟德	吴　冰	吴骏骅
吴嗣纯	吴锦婷	邱小蓉	邱　炅	余　璐	谷　雨
邹匡正	邹红雯	应　悦	汪亚楠	汪欣悦	汪　洋
汪澜涛	沈士洋	沈　祁	沈　珏	沈晓松	沈　峻
沈高天	沈　浩	沈　萍	沈　银	沈晶凝	沈婷婷
宋会书	宋佳词	张开继	张云天	张　宁	张　极
张　宏	张佳珺	张俊磊	张莹琪	张晓芸	张海光
张　焕	张　婧	张　琪	张　琦	陆丹阳	陆莉萍
陆琅华	陆韬玉	陈子健	陈玮颖	陈易娟	陈　迪
陈　波	陈奕炜	陈彧馨	陈晓平	陈凌飞	陈　雯
陈霈然	邵　寒	范　吉	范宜琳	范靖怡	郁剑琳
卓文蕙	卓佳慧	岳家豪	金凯立	金钟鸣	金　磊
周子龙	周幼雪	周志云	周　松	周　寅	於　廷
郑炯洁	郑晓璐	郑韶雷	单乃嘉	经琐娜	赵青青
赵　茜	赵晓红	胡文斌	钟俊伟	侯　晨	郗泓亮
施立群	姜旭峰	袁　琼	夏　天	夏玮忆	顾丽佳
顾　玥	顾都都	钱文靓	钱　蕾	倪　纳	倪嘉伶
徐　珏	徐晓玲	徐　晨	徐　静	翁朝鸣	凌云翔
高　翔	高静文	郭旻星	郭晓峰	唐闻君	唐　喆
诸　莹	陶　然	黄成城	黄伟宗	黄江琳	黄　莉
黄　燕	曹乃一	曹孟懿	崔文伟	崔黎俊	符　怡
章　闵	章佳雯	章美斐	章慧健	屠祖颖	葛成杰
董诗佳	程伟青	程　颖	傅敏辉	焦文婧	鲁小明
曾令奕	谢诗旻	蒲东海	楼佳娴	虞　磊	蔡　昊
管熠翔	樊　静	滕颖君	颜　盈	潘健玲	潘雪华
潘智佳	薛晓亮	戴俊华	魏征华	魏雯赟	魏　魏

闸北支行

丁佥敏	丁怿暐	丁晓光	马文洁	王红娟	王　芸
王荣斌	王俊杰	王　剑	王根深	王晔华	王维聪
王　琪	王蓉蓉	王　慎	王嘉懿	方也曾	方　成
叶　超	冯　旻	冯振超	冯　微	司徒周侃	戎方渭
朱晨卉	乔　琪	伏智玮	全思聪	刘　天	刘　华
刘　秀	刘翠琳	汤其海	许　琦	许德明	孙　宁
孙志昊	孙俊杰	孙淑静	李文婷	李龙飞	李伟明
李　欢	李　杨	李玮璟	李　佳	李艳琳	李峰玮
李　卿	李寅广	李　琳	李靓吟	杨文渊	杨芷涵

杨丽倩	杨　浩	杨海若	杨　雯	束春华	肖　璐
吴　狄	吴忠先	吴珏晶	何　隽	何琦玮	余巳嘉
余　文	余伟栋	余赛璐	应　敏	汪小璐	沈培悦
沈　敏	沈　黎	沈　懿	忻蕙菁	宋世玮	张立刚
张旭华	张羽洁	张阜泉	张诗华	张俐俐	张　莉
张　超	张　嵘	张　蓉	张静玮	张　霆	张豪杰
陆一蕾	陆　俊	陈玉洁	陈芳芳	陈希斌	陈卓文
陈卓珺	陈　佳	陈佳名	陈珏华	陈　栋	陈　艳
陈晓亮	陈维娜	陈　雯	陈晶晶	陈　蓓	陈　默
陈　熚	陈耀邦	邵　瑾	招轲伟	范怡乐	林郁虹
林倩霞	郁福良	卓　珺	罗梁青	季冰洁	竺珊珊
金云婷	金中伟	金宁宁	金　咏	金岳明	金　毅
周丽萍	周　怡	周逸璐	周　琳	周　赢	郑文娟
郑汝皓	孟　凯	封毅珉	赵巳可	赵　庆	赵卿青
赵　菲	郝　敏	胡　易	胡凯申	胡佳丽	胡　艳
胡霞君	柏怡理	冒展菁	钞　岩	施　文	施宣辰
施　熠	费雯颖	姚　婕	袁　俊	袁　祺	夏　艺
夏　杰	夏　易	顾云龙	顾容萍	倪宏平	倪　磊
倪燕琳	徐冬皓	徐启阳	徐佩娇	徐夏蕾	奚梦佳
凌慧菁	高莹婷	高　翔	高靖韡	唐汤健	唐妍文
黄月华	黄雯绮	龚悦悦	梁　栋	梁洁心	彭　晨
葛　萍	董　辰	韩　洋	谢佳君	强　伟	强轶群
赖丽娟	虞海燕	蔡守根	裴蕴晨	管　青	管静玲
颜健民	潘仁超	潘　伟	潘卓珺	潘　蕾	薛　峰
薛偕乐	戴自强	魏　立	瞿新源		

黄浦支行

丁　亮	王之颎	王中宇	王文佳	王　伟	王守骄
王　妍	王咏梅	王佩璐	王　怡	王诚俊	王轶倩
王思辉	王骁元	王晓芸	王海峰	王　淳	王　靓
王毅炜	王燕丽	王　灏	卞晓静	方　理	尹　桢
孔惟康	古　晔	叶佳昊	史济强	白　鹭	印曹俊
乐　威	乐海蓉	乐嘉敏	冯　愉	司徒旻子	吉宏全
吉　馨	老佳艺	朱伟彬	朱延敏	朱亦琦	朱宇昊
朱　怡	朱炳清	朱冠祺	朱骏良	朱梦笔	朱晨禾
朱　笠	朱　敏	朱超越	朱　磊	朱毅伟	乔宇晶
任　鹏	庄文勤	刘屹音	刘如平	刘　青	刘　莹
安银怀	祁智震	许　平	阮志颋	孙　伟	孙亦冬
孙奕君	孙晔临	孙雅芬	孙　赟	李时韵	李　畅
李　珏	李晓丹	李晓峰	李　寅	杨　明	杨建华

杨晓凌	吴贝贝	吴佳琦	吴晓骅	吴　骏	吴涵民
岑玉麟	邱文杰	邱顺熙	邱艳雯	何　彬	余泓彬
汪亚璋	汪雯婧	汪　婷	沈冬莹	沈波涛	沈　怡
沈静武	沈鋆涛	宋力嘉	宋义云	张子峰	张　云
张同舟	张志伟	张　宏	张佩梦	张振元	张　垿
张　莉	张铭明	张　斌	张锦照	张颖颖	张璟辉
张融融	陆云华	陆　恺	陆　莺	陆彧祎	陆　晔
陆琦敏	陆超君	陆　森	陆　惠	陆　筠	陆嫣红
陈玉玮	陈正豪	陈东方	陈　甲	陈伟瑾	陈青青
陈桢怡	陈　凌	陈曹良	陈　婧	陈　蓉	陈　颖
陈慧隽	陈震雷	陈　璞	邵　芒	邵逸伦	范怡红
范倩倩	茅明星	林建良	林　蓉	林懿婧	郁菁菁
罗日军	罗　琳	罗　颖	季　忠	周　韧	周　诠
周晓岚	周　烨	周婧澄	周　颖	郑佳璐	郑　诚
赵　辰	胡子臻	胡文婷	胡佳恩	胡舒斐	茹　骏
钟迷娜	钮晓敏	俞徐麟	施一晨	施申杰	施　寅
姚佳晟	姚音艺	姚臻洪	骆　扬	秦文隽	秦锦龙
秦　瑾	袁谊芳	袁敏洁	袁静瑜	贾瑜新	夏　天
夏　颖	顾　怡	倪　佳	倪悦成	徐春春	徐　俊
徐　秦	徐黄杰	徐　鑫	翁　杰	凌云燕	凌　晨
高　青	高　楹	涂泽慧	诸　敏	陶晓颖	黄永亮
黄国茸	黄　奕	黄　婕	黄鑫荣	梅　虹	曹雅琴
戚家奇	龚佳虹	崔佳怡	章春艳	章　蕾	梁　艳
宿悦雯	屠佩玲	葛　琳	董玮倩	蒋晓琳	蒋　琳
傅雯雯	谢文骏	雷　蕾	蔡丛雨	蔡纯纯	蔡　嵘
廖　堃	谭　钧	颜　颖	潘云霞	潘　磊	薛宇胤
魏连平					

新区支行

丁　岷	于寅俊	万　雄	马文漪	马永杰	马莉萍
马慧玮	王冰莹	王玮婷	王　坤	王　佳	王佳琦
王欣源	王　珏	王项超	王冠华	王　超	王　磊
韦　佳	仇桑泊	凤晓峰	方　妍	尹晓燕	尹　笋
龙醒梦	叶梅华	叶雯溢	史文杰	朱　凤	朱志芳
朱　丽	朱　杰	朱雨婷	朱根权	朱　骏	朱　翔
朱　蔚	朱璟菁	朱巍巍	乔丹红	乔培瑾	任　恺
任琰琼	邬怡昀	庄社运	庄娟娣	刘文琴	刘帮钢
刘秋生	刘敏炜	刘　婕	刘婵娟	刘　喆	刘锦富
汤茂蓉	纪　伟	杜一鸣	杜　鸽	李宇飞	李志江
李坚玮	李　玥	李陶然	李鸿雁	李　瑛	李　斌

李瑞萍	杨正华	杨召其	杨鸣霞	杨佳晖	杨晓君
杨毅诚	杨耀昌	肖剑辉	吴文龙	吴　炜	吴家琪
吴培俊	吴蓉丹	吴　颖	吴燕凤	何洁莹	何婷婷
余　飞	邹　盛	沙冬贤	沈如意	沈建伟	沈　倩
沈逸蔚	忻　晔	宋志洋	张　一	张文鸣	张龙翔
张　伟	张志正	张秀兰	张启芳	张奇伟	张诗云
张春晖	张柏圣	张　俊	张美芳	张　烁	张　盈
张　婵	张婉琳	张　瑛	张　瑛	张琳玉	张琰敏
张　颖	张　毓	陆　君	陆晓俊	陆　萍	陆　维
陈秀华	陈　洁	陈洁云	陈晓峰	陈　晨	陈慧玲
陈璐瑛	武施彬	苑志华	范晓磊	茅奇虹	卓科磊
罗　宏	金　丽	金　晶	金燕华	周小娟	周志蔚
周圆圆	周雪军	周　斌	郑曙卿	孟　犁	赵丽敏
赵建平	赵黎明	胡雪君	胡　婉	侯晨琦	俞建华
俞　倩	施晓晖	施　峰	施　磊	姜明旭	费　峰
姚弘景	姚思怡	姚　奕	姚晓凤	姚静宇	秦文青
秦红英	秦曙光	夏　杨	夏鸿禧	夏　意	顾　岗
顾栋杰	顾　超	顾　雯	晏子昆	钱轶锋	钱雅君
倪　艳	倪　晓	徐汝颖	徐晓峰	徐晔恒	徐爱民
徐　捷	徐　敏	徐　婷	徐稚春	徐　震	殷佩琳
翁晨昊	凌　杰	高　乐	高　扬	高旻华	郭圣洁
郭红涛	郭　琪	郭　斌	唐冰瑶	唐　军	唐　敏
唐　毓	诸敏隽	陶　佳	陶　怡	陶　然	陶　燕
黄一伦	黄羽翔	黄宜彬	黄美华	黄冠楠	黄继浩
曹玉麟	盛洁莹	崔景行	崔　嵋	章　军	章　坤
彭　峰	彭　琼	葛效凡	董　晴	韩丽莉	嵇秋雯
傅佳晶	傅　勇	傅润华	曾毅筠	谢　玲	谢　燕
蔡纬娜	蔡明荣	蔡晓申	蔡　钺	蔡　敏	蔡　蓉
廖志明	缪萱影	樊　斌	潘时宏	潘怡雯	潘　翔
潘燕芬	戴启东				

松江支行

丁晓岚	万子安	山　磊	马晓俊	马晓莹	王　伟
王骁越	王素英	王　圆	王　娟	王　逸	王　博
王智辉	王巍智	毛嘉如	方爱丽	石　敏	石　群
叶丽莉	史文清	乐茂洲	吕军华	朱　琦	华琼飞
刘　岚	刘　玮	刘承孜	江丽娜	汤佳祺	许　添
阮　力	阮春香	孙　军	孙雯寅	孙　蓓	孙　燕
纪颖刚	苏盛兰	苏皓晨	李丁伟	李　云	李光杰
李　欢	李悦洲	李　萍	李　晶	李　燕	杨旭青

杨玲玲	杨 鉴	肖 蓁	时智远	吴云霞	吴冬辉
吴敏梅	吴 瑛	何 杰	沈亚峰	沈松岚	沈佳婕
沈 洁	沈 悦	沈 斌	宋晋嫣	宋 滨	张 伟
张丽琴	张佐坤	张逸超	张 琼	张 瑀	张新宇
张黎丽	陆 敏	陆嘉真	陆 璐	陈丹虹	陈 凤
陈 君	陈依沁	陈建荣	陈珊茹	陈 莹	陈晓英
陈 渊	陈 琦	陈嘉羽	邵亚申	茅正茂	林 颖
杭定爱	金丽梅	金 渊	周卫华	周 尧	周旭晟
周 骏	周 梁	郑仑伦	赵亚辉	赵 杨	荀宇豪
胡晓楚	须唐骏	俞佳文	俞佳冲	俞 莹	俞逸超
施卫强	施 菁	姜志刚	娄伟丽	娄星移	姚盛佳
夏元庆	夏 雯	夏婷婷	顾丹凤	顾丹凤	顾朱怡
顾丽娜	顾怡明	顾 静	钱 铮	钱嘉宇	倪 筝
徐谷峰	徐 纯	徐 杰	徐 莹	徐愔愔	徐 滟
徐 璐	殷争光	高贝敏	高 雅	高霄燕	席卫国
诸丽娜	黄 颖	曹 敏	龚春华	龚琳娜	龚 龑
康佳玮	章延红	彭晓磊	彭 菲	葛文渊	葛培雯
蒋希萍	蒋烨荭	程慧君	谢国栋	谢 怡	甄 理
褚奕蕾	蔡丹鹰	阚 俭	谭文君	熊 婷	潘 瑾
薛嘉麒	戴艳雯	戴 琼			

嘉定支行

丁 逸	万秉洁	王冬青	王 芳	王春艳	王晓燕
王锋吉	王颖娜	王嘉骏	毛翔婷	仇 斌	方 芳
石倪斌	卢轶凡	卢 静	归露燕	叶 舟	叶 蓉
印凤斐	朱呈峰	朱晓文	朱晓光	朱凌云	朱 静
朱嘉庆	朱 赟	刘小龙	刘弘毅	孙 佳	孙依雯
孙艳萍	孙 悦	孙家烨	孙 静	严翘玮	李云蕾
李文杰	李佳佳	李赵乘	李 莉	李 烨	李 瑾
杨 尧	杨 奕	杨晓冬	吴 丹	吴永强	吴俊杰
吴俊毅	吴 洁	吴寅菊	吴琰霏	吴 晴	闵幸吉
沈华西	沈诗娱	沈健敏	沈瑛姿	沈嵩佳	沈 嫣
沈璋坤	张正萍	张立天	张 轩	张利梅	张 希
张 奇	张卓霞	张宛娜	张剑忠	张 洁	张 峰
张 蓓	陆 平	陆怡雯	陆建平	陆 琪	陈 一
陈丽宁	陈沛成	陈雨佳	陈 怡	陈 洁	陈艳虹
陈 晨	陈 蓓	陈 静	陈慧萍	范 瑾	林 峻
林森彬	罗 栋	金小雯	金归华	金丽盈	金 洁
周 未	周伊宁	周佳敏	周毅钧	单智慧	赵韵芝
胡雪骥	查洪宇	钟宁涵	郜 佚	俞 岚	施依露

祝罗骁	姚　晔	秦文英	顾丽娜	顾青开	顾金金
顾绍波	顾　萍	钱佳佳	钱　铖	倪佳伟	徐陆蕾
徐　昺	徐　奕	徐　骅	徐　辉	徐　瑶	徐　燕
高呈笑	唐　代	诸雯斐	陶丽强	陶　茵	陶　萍
曹圣煜	曹　欢	曹筱峰	程思远	鲁　联	裘佳妍
解　岚	阙文君	裴　蓓	潘天锴	潘妍妮	

奉贤支行

丁　琳	于玲玲	卫　一	马以春	马章燕	王文卓
王　刚	王　阳	王运浩	王建耘	王秋兵	王　健
王晨兰	王　辉	方　杰	朱俊杰	刘　恺	刘　燕
江　楠	汤　平	孙　萍	严俊俊	严　琪	芦　娜
苏晓东	李书文	李　明	李晶晶	李韵婷	杨伟明
杨林锋	杨　琨	吴工泉	吴春华	吴　豪	何桂华
沈　丹	沈　珏	沈晓炜	沈晓燕	沈爱群	沈　斌
沈魁新	沈慧怡	张　云	张　弛	张晓蕾	张敏敏
陆丹军	陆李佳	陆易杭	陈　磊	林　芝	郁欢英
季雪玮	金卫莲	金丹嫣	郑明波	胡文婷	胡爱国
柳春燕	姜心倩	秦奉春	袁锋雷	夏雪风	顾扬恺
顾　问	顾　松	顾慧婷	柴春峰	钱凤娇	钱佼佼
倪　英	翁丹丹	翁艳婷	郭红丽	唐　华	唐军华
唐　颖	唐影瑶	黄冬梅	黄伟元	黄晓君	曹可宁
曹　磊	屠芬芬	葛　懿	董胜佳	蒋牡丹	蒋思佳
韩　阳	蔡顺舟	管珊珊	潘佳丽	潘燕萍	戴丹青
魏　铼	瞿　佳				

青浦支行

丁开君	丁　美	王　珏	王　雁	王　慧	冯　琪
朱闽妙	朱莎莎	刘逸华	汤　健	许秋慧	许　超
孙　伟	苏　莉	李　兰	李　蓓	杨近翌	吴　纲
吴　俊	何小龙	何谊艳	汪　琴	汪嘉欣	沈丹平
沈古月	沈　毅	宋　洁	张　华	张名臻	张　杨
张秋红	张　倩	张　蓓	张　煜	张嘉文	张　磊
陆英杰	陆玲玲	陆艳萍	陆夏辉	陆晓峰	陆　晴
陆锦瑶	陆蕴莹	陆薛佳	陈　文	陈伟清	陈　农
陈思维	陈祯华	陈　喆	陈　奭	陈　磊	陈　骥
邵　丹	金　一	周一钦	周芸芸	赵丹芳	赵雯君
俞跃芳	俞　嘉	姚　军	袁红霞	袁　斌	钱芳芳
钱振业	钱智慧	倪　雯	徐　凤	徐志宇	徐琰婷
徐雯艳	徐　锋	殷跃华	凌海强	高　敏	高　燕
黄丽锋	黄健萍	黄敏华	曹　祺	盛　骏	崔文佳

阎徐青	彭晓立	蒋　敏	韩佳芮	傅小华	薄伟强

临港新城支行

丁一川	王一清	王纯杰	王皓月	尤燕萍	毛连荣
方佩蓓	厉　佳	叶佳思	史晓婷	包　健	冯　亮
冯晓阳	朱春军	朱晓峰	朱　琳	刘　庆	池正勇
许　伟	许志芬	孙振华	李　丹	李　慧	杨　吉
杨远东	杨利燕	杨梦欢	吴丹妮	吴晓岚	汪碧峰
沈丹琼	沈奇浩	沈婷婷	张卉沁	张利育	张季青
张哲浩	张　琦	张　婷	张　楠	陆瑜华	陆燕君
陈　怡	陈　轶	陈　卿	陈骏飞	陈　雷	陈露红
陈　懿	邵　波	林　晨	周文美	周　建	周　倩
赵文菁	赵燕萍	胡佳凤	胡佳蓓	俞　欢	俞春兰
施磊霆	姜文文	宣艳黄培	姚　杰	夏　栋	顾丹凤
顾予菁	顾鸣曲	顾佳丽	顾俊浩	顾　颉	顾　晶
顾晶晶	钱　伟	钱婷华	倪檬娜	奚秀锋	奚　杰
高　卉	唐　艺	唐　剑	唐晓芬	陶春佳	黄　琳
康　婷	屠一峰	储蓓蓓	童伟毅	曾文伟	谢殿华
蔡丽琼	蔡浩权	颜丽丽	魏　洁		

金山支行

干　青	马　罡	王少杰	王　庄	方　蕾	史　殷
朱　玲	刘　魏	江　淳	汤梁英	芦新辉	杜　烨
杨　栋	吴丰伟	吴　双	吴秀青	何春权	宋梅英
宋　唯	张　英	张　晋	张　倩	张维忆	张媛享
陆丽萍	陆雯艳	林家培	周月萍	周　旻	周　磊
赵　慧	姜　渊	顾小花	顾　伟	顾伟萍	柴金华
徐小青	郭　文	姬景蓝	黄之江	黄　洁	黄燕青
曹三妹	葛秋婷	韩　忠	景沈江	程　华	富　宇
管仲婴					

崇明支行

尹粤裕	卢云海	叶清宇	朱　亮	朱　慧	苏　敏
杜宏华	吴铮铮	沈重渊	沈　萍	宋　燕	张凌畅
陆纪燕	陆　薇	金炎平	夏　伟	顾松燕	顾美华
倪　俊	倪　萍	徐　静	黄诚如	龚　欢	葛　攀
蔡安琪					

大客户一部

王　飞	王　轶	王　晨	韦文婕	叶炳顺	叶　晴
乐自强	吕硕锋	朱　萍	孙　立	孙　峻	孙　雁
李立昂	李　圆	杨易安	吴之彦	吴立峰	吴晓春
应陵姿	沈　雪	沈　瑶	张子奇	陈文钦	陈　玮

陈勇刚	陈　敏	陈涵雯	邵　敏	金　川	郑天明
经　纬	胡伊若	胡昱旻	夏雨熙	徐　凯	徐祐晟
高　俊	黄　健	曹旭晴	龚丽煜	盛　丽	梁晓丹
董恒昌	傅子峰	童　昱			

大客户二部

卫　青	王玉珏	王　凯	王秋华	王悦萍	王　琳
毛振飞	左　冰	卢　辛	田　峭	史　洁	代博文
朱春冈	朱婷婷	任宇杰	李妍琼	李佳妤	吴佳菁
吴　亮	余朱宏	余　杰	汪晓光	张　尧	张佳琪
张　征	张颖梅	陈　平	陈薇儒	林　莉	金逸成
金　斐	赵　艺	胡文冠	胡昊庆	俞　隽	俞益新
姜冬阳	袁铁群	袁　翔	倪骏豪	倪肇明	徐之然
徐思清	殷东明	黄文俊	黄晨辰	曹　帅	董明岚
韩佳君					

大客户三部

王怡婷	王惠丽	史　慧	冯伟奇	吕佳宸	朱　牧
纪金林	严俊杰	李　卓	李逸民	杨云昊	吴一飞
吴永吉	沈　纯	沈　琦	沈　煜	张家森	陈　光
陈海珂	竺栋华	周　臻	顾丹焱	顾定达	钱佳珉
钱　勇	唐海凝	曹　沛	章　文	梁　炎	程媛媛
童　晨	曾　野	曾　嵘	詹天蛟	蔡霞雯	潘江风

大客户四部

丁　雯	王玉倩	王国斌	王昌民	王　茵	王　洋
王　哲	王　磊	毛夤之	朱　珉	刘　燕	纪　雷
苏夏夏	李怡倩	李　琛	杨伟亮	杨庆瑜	杨晓辰
沈卫东	宋　斌	张子睿	张丽雯	张　洁	张梅凌
张　超	陆　阳	陈妍霖	邵俊元	范洁华	竺文君
金　拓	金新民	郑　俊	郑惟达	柏怡雯	祝佳宏
贺天琪	秦　娴	顾书嘉	徐佳庆	徐紫晨	徐嘉铭
浦震昊	渠晓卉	葛　勇	谢子昂	谢欣怡	潘海云
薛婷芳	霍　霆	魏砚君			

自贸试验区分行

马爱军	王伊雯	王彦卿	王嘉宁	韦　欣	卞　卡
方创滨	乐秀卿	吕晓晖	吕　峰	朱虹煜	刘　倩
江文卿	许博凡	孙晓芳	杨宇新	杨佳尉	杨　雯
杨　磊	吴天晨	吴阿赟	吴　斌	何雅萍	应猷威
沈　湧	宋丽娟	张冬烨	张旻杰	张巍巍	陈　可
陈蓓蕾	罗玉琪	金琼芳	周　迟	周　玲	於屺钫
宗　洁	赵　雪	宣　慧	胥玉娇	钱国钦	钱　巍

倪 俊	倪耿熙	徐 亿	徐佳莉	徐艳婷	徐 琼
高 洁	高 越	涂张赢	陶 末	陶 洁	黄春玲
黄德华	梅 钦	章 青	蒋逸莲	韩霄霄	傅继红
舒晓燕	温 婷	阙西奥	蔡漪明	廖云帆	熊汇昌
樊晓丰					

5. 截至 2014 年 12 月交通银行上海市分行离退休人员名册

丁仁中	丁芝美	丁金国	丁树清	丁星莲	丁资华
丁琍珺	丁舜英	丁慈蕴	于小瑛	于民霞	九佩佩
万家禄	卫益飞	卫肇荷	马国放	马秋华	马祖诒
马雯莲	马照生	王大柱	王万开	王子平	王云亮
王文荣	王玉兰	王玉珍	王永赓	王达华	王 刚
王 伟	王伟华	王伟鼎	王会芬	王志华	王志美
王丽华	王佟滨	王良凤	王若兰	王国慧	王明华
王忠英	王宗培	王建新	王 珏	王玲莉	王耑红
王泰谷	王秦安	王夏珠	王健康	王梦荣	王雪梅
王 敏	王彩霞	王惟中	王维舟	王惠新	王智建
王裕曙	王锡炯	王 静	王慧芬	水慧芬	毛凤雄
毛美珍	卞根娣	卞晓妹	方连奎	方建德	尹家发
孔惠强	邓建平	石永德	石向群	石建平	卢于明
叶云刚	叶洪馥	田彩萍	史兴祥	史进化	史翠红
史慧珠	印 峨	印海虹	乐 凯	冯 卫	冯汉珍
冯雅芬	戎志康	巩开南	成正邦	吕孜孜	吕润吉
吕家驹	朱士瑛	朱世平	朱兰英	朱羽蓝	朱克成
朱秀珠	朱秀霞	朱青青	朱国兴	朱金宝	朱定汶
朱勇峰	朱桂珍	朱家彬	朱继华	朱惟铨	朱惠英
乔天虹	乔沈华	伏筠心	任才华	任芍芳	任志敏
任敬伟	华爱芬	邬毓琴	庄绮薇	庄 璇	刘月冬
刘玉芬	刘龙良	刘永祥	刘仲林	刘庆珍	刘 坚
刘雪荣	刘淑贤	刘淑萍	刘 惠	刘 颖	刘福全
刘群娜	刘静娴	米安昌	江小萍	江云平	江云慧
江西文	江明慧	江宗兰	江振秀	安利康	许小明
许幼华	许佩琴	许建华	许玲娣	许祖强	许晓进
许家生	许培珍	许耀根	孙小妹	孙化宙	孙玄洁
孙汉君	孙利华	孙建伟	孙艳青	孙晓玲	孙恩祥
孙惠珠	孙兢芬	孙霞萍	纪民霆	芮关宝	花 蔚
严凤娟	严文建	严孝修	严祖健	严晓幸	严霞飞
杜文良	杜端信	李天彪	李文娟	李本良	李申庆

李再琴	李成章	李伟诺	李旭华	李志强	李　沙
李国光	李学平	李建国	李南征	李　柏	李洞天
李祥旦	李　萍	李常仁	李敏贤	李谋奇	李惠珠
李　雅	李舜莉	李瑞春	李　璐	杨凤新	杨秀英
杨松森	杨泽文	杨建设	杨建娟	杨孟华	杨祖芳
杨煦春	杨慧华	肖迈英	肖湄娜	吴一逸	吴中平
吴正存	吴永玲	吴光明	吴秀琴	吴启英	吴国宪
吴建中	吴晓萍	吴爱娣	吴梅珍	吴敏霞	吴淑贤
吴德富	邱小莺	何有根	何盛琪	何雅琴	何畹华
余晓明	应志方	汪仁珍	汪建平	汪晓梅	汪慧芬
沈中南	沈汉清	沈志瑞	沈宏瑛	沈珊云	沈　柯
沈　昱	沈　健	沈淑珍	沈　潇	沈麟凤	忻汉明
宋根发	宋继红	宋焕云	宋　斌	宋燕华	张一敏
张小华	张小莺	张也鲁	张公浩	张玉琪	张芝勤
张伟时	张伟群	张兆华	张丽明	张连华	张步青
张利成	张国娟	张明渭	张迪绮	张玲玲	张荆路
张星光	张昭慧	张贵荣	张　秋	张剑英	张柔丽
张晓琴	张恩慈	张爱光	张爱娣	张浪清	张娟娟
张绪培	张　绮	张琳琳	张喜宝	张锦飞	张新屏
张慧平	张慧能	张　毅	张燕民	陆卫娟	陆文娟
陆文耀	陆永琪	陆荣妹	陈一敏	陈卫明	陈云霞
陈文宝	陈汇绮	陈芝庠	陈向明	陈如奇	陈志德
陈丽萍	陈国芳	陈昌盛	陈明垒	陈忠良	陈金荣
陈肃莲	陈钟隆	陈钟麟	陈剑珠	陈炳昭	陈莉萍
陈　晓	陈爱民	陈海娣	陈祥云	陈　捷	陈鸿祥
陈雄珍	陈赪东	陈嘉猷	陈　燕	陈　懿	范本球
范申娟	范亚平	范兆先	范　敏	林小芬	林全元
林肖琴	林学兰	林春玉	林荣浩	林菊萍	林敏杰
林惠俊	罗海娜	季根娣	金玉龙	金红兵	金秀英
金松年	金明云	金宜扬	金淑茂	金照林	金　滢
周子浩	周公彤	周仙林	周金坤	周　怡	周宝峰
周　培	周逸韵	周维堂	周惠民	周蓓蓓	周霞芬
庞小梅	於雪萍	郑丹枫	郑良玉	郑　路	郑漫烽
郑毅东	房有良	居粉宝	屈建融	承纪福	项学勤
赵一心	赵立华	赵永久	赵知秉	赵宝妹	赵　珊
赵南平	赵盾月	赵颂玉	赵焕兴	赵　淇	胡一云
胡人达	胡云彪	胡正修	胡克昌	胡金荣	胡建平
胡美丽	胡家靖	胡跃华	柳建蓉	冒佛祥	钟云鹤
钟　先	段民裕	侯　萍	须　一	俞一明	俞志刚

俞春元	俞增昌	施宋涛	姜林珍	姜 蓉	姜福奎
姜嘉华	洪谟业	祝开和	祝维敏	胥瑞玲	秦 蕙
袁 平	袁廷旺	袁寿瑶	袁信义	袁爱芬	袁清叶
袁 锋	莫荷珍	桂莉莉	夏乐怡	夏克平	夏 杰
夏桂玲	顾弘定	顾丽薇	顾 坚	顾国琴	顾栋林
顾晓凤	顾海玲	顾蓓莉	顾德强	柴铁明	钱月香
钱龙宝	钱金发	钱金华	钱菊红	钱 萍	倪丽华
倪忠益	徐卜水	徐小苓	徐 云	徐世忠	徐秀娣
徐金秧	徐荣喜	徐 骏	徐淑清	徐隆生	徐琪福
徐惠莺	徐蔚天	徐慧珍	徐震康	徐蝶珍	徐 醒
殷介浩	奚来发	凌惠莉	凌富宝	高凤基	高坚和
高 萍	郭乐章	郭奎生	郭 莉	郭 蓓	席小辉
唐介慧	唐志翔	唐超美	唐 瑜	诸逸芬	谈金妹
陶培德	桑秀钰	黄 伦	黄关雄	黄丽娟	黄国兴
黄 科	黄海鸥	黄菊芳	黄婉瑛	黄维钧	黄 煦
黄福国	黄薇薇	黄露华	梅丽放	曹加兰	曹尧兴
曹安生	曹志为	曹学忠	曹玲妹	曹琪琪	曹震燕
龚龙妹	龚霞萍	常翠兰	崔希俊	崔慧琴	康定选
章书萍	章关发	章和清	章荣康	章秋玲	阎竹芳
阎连政	梁 洁	梁 朔	谌建中	彭淑贤	葛庆喜
葛秋华	葛维德	董月霞	董远舫	蒋宝娣	蒋玲美
蒋爱华	蒋雅谷	蒋锡琦	韩心怡	韩宝麟	韩炳兴
韩娟芳	惠玲玲	程 虹	傅剑影	舒秋云	舒敏苓
舒鸿迪	曾克林	曾忠学	谢玲宝	谢 敏	谢碧云
蓝 兰	蒲春萍	楼继红	詹月华	詹石明	鲍蓉蓉
廉若鉴	满家荣	蔡思炜	蔡振健	蔡勤冰	裴天蓉
廖蓉蓉	熊齐放	缪炯炎	缪惠芬	樊天勇	滕智力
潘兰芬	潘秀华	潘积璐	潘德刚	潘鑑根	薛洪强
戴仲嘉	戴丽凤	戴秀清	戴蕴华	魏炳连	魏 燕

索　　引

说明：

一、本索引采用主题词分析索引法，按主题词首字的汉语拼音字母顺序排列（同音字按声调）；首字相同，按第二字音序排列，以此类推。

二、索引主题词后面的数字表示词条所在页码。

三、表格索引按在正文出现顺序排列并置于本索引末尾。

主题词索引

"531"工程　349,435—437,496
e-HR系统　441,484,605
"e学交行"项目　491
FT账户　56,337,674
保荐制　77,448,453
不良贷款集中处置　225,383
财务监督　6,23,86,88,164,171—173,175,454
漕河泾模式　47,297,580,661
大额可转让定期存单　190,259,262
大额支付系统　350,352
大集中系统　238,271,349,359,430,433,436
贷款五级分类　375,378,405,413
党风廉政建设　132,520,524,525,531,535,539—541,543—545
得利宝　42,252,257,264—266,298,300—302,305,674
独立法人体制　64
锻炼制助理　469—471
法币　5,165,166,193,579,724
反腐倡廉　520,525,531,540—544,547
反洗钱　52,92,128,240,241,363,365,373,390,397—399,439,442,498
风险监察名单　370,379,380,410,411,415,417
个贷管理系统　416
公股清理　6,91,171,172
管理会计系统　99,342,343
管理培训生　471,472
管理委员会　7,8,12,25—33,42,49,58,59,66—69,71,89,92,93,155,215,296,304,314,328—330,335,370,373,385,390,393,457,460,497,512,579,607,711,715
华东分行　6,22,23,88,94,155,171,172,174,175,194,200,726,729
华东区行　6,22,23,88,94,96,155,172,174,175,726
黄金进口业务口岸仓库　366
会计工作示范行　360
会计营运工作示范行　360
基本建设拨款　6,22,86,155,164,174—176
稽核制度　328,422,424
挤兑　3,18,154,165,169,170,724
俭德会　4,568,569,584,723
减退加固　10,194,370,380,400,401,403
"交行杯"业务技能比赛　349,553,565
交银理财　249,250,252—254,257—259,264,270,273,274,278,284,304,305,654,675
竞聘制　465
可转让大面额存款证　186,615
快捷理财　249,254,258
离岗离沪报告制度　459,473
"两化一行"战略　86,180,182,251,308,580,602
绿色信贷　12,45,180,201,582,600,701
绿色营运　582,583
内部评级系统　406,411,412,416
聘任制　7,78,448,464—467,471
全面风险管理委员会　49,92,370,373,385,393
全员合同聘用制　475

全员绩效管理 97,179,441,484,551,605
人力资源管理改革项目 477,482
人力资源管理平台 441,458
任命制 77,78,464
“三定” 449,457,475
上海经济区资金市场 8,25,222
实物资产管理办法 510
停兑 3,4,17,153,168,169,720,722
同城交换号码 354
统一法人体制 7,8,32,58,59,63,64,68,71,72,86,89,338,457
外汇宝 8,9,36,37,41,236—239,251,252,315,318,320—322,437,438,440,496,497,602
网络安全管理 434,444
委派制 346,347,468
沃德财富 43,238,249,251—259,264,268,274,284,285,289,343,515,518,616,661
“希望杯”业务技能比赛 349,555
辖属机构 127,153,154,374,701
小额支付系统 321,350,352,353
小企业管理系统 416
薪酬管理体系 477,482
信贷管理系统 210,211,407,412,416,440
信贷资产 9,44,54,55,86,196,221,225,251,298,301,306,328,329,334,370,374,375,377—383,386,401,403,405,408,410,413—417,419,423,547,582,680
信用等级评估 155,405
行长办公会 78,340,341,545
行员等级工资制 475,476,480
“一折多币”外币储蓄品种 437
银两券 15,165
银团贷款 11,12,34,46,47,51,53—56,180,181,245,397,621,630,631,637,638,647,666,669,680,684,687,690,693,700—702,707,708,711,715,745,746
银元券 15,165
英才计划 348,489
逾期贷款 246,374,377,378,381,401,413,418
蕴通财富 45,180,182,183,185,221,298,302—306,442,625
灾难备份 249,433,444,445
展业通 11,123,180,292—294,296,406,580,636
张江企业易贷通 11,46,296,580
专业管理委员会 78,92
咨询委员会 7,33—35,39,41,45,58,68,80—83,89,642,660,727—730
资产风险管理系统 386,397,416
资产负债比例管理 8,234,328—331,579
资产管理池 50,52,117,298,299,304—307,309,384

人 名 索 引

鲍友德 25,27,62,66,67,69,81
巢凤冈 16,71,72
陈慕华 23—25,28,39,496
陈如奇 31—35,68,72,75,101,105,161,521,550,654,729,798
陈至立 33
储伟修 22,71
戴相龙 28—30,39,67,68,563,743,744,746
方连奎 25,27,28,30,39,66—70,72,75,81,83,521,729,771,797
葛一飞 6,22,23,75,97,530,536,726,738,769
龚浩成 25,27,62,66—69,81,82
顾 溶 72
顾树桢 25,27,66—69,80,642,660
胡祖同 19,20,73,110,723
黄 菊 24—26,29,799
江泽民 24,25,27
金大建 33,36—42,75,76,83,522,550,727
金国宝 73,74,111,725
康定选 43,44,46,47,76,522,727,799
李道南 21,71,74,724,768
李贵鲜 26,29,39
李祥瑞 25,30,32,62,66,72,563,570,642,744
李云书 15,71
刘鸿儒 24
刘靖基 24
刘明康 48
刘育长 31—34,68,72,75,82,521,726

卢鸿昶　16,71,72
鲁家善　25,28—32,66—69,72,75,521,654,771
吕本献　47,49,51,53,76,522,728
毛应樑　30,68,70
倪锡畴　72
潘其昌　25,28,30,62,66—69,72,75,521,660,726,771
钱文挥　42,43,75,522,727,738
钱新之　17,18,21,574,576,725
秦润卿　4,20,723,724
荣毅仁　24
阮崇武　24
芮杏文　24,25
盛竹书　4,18,19,569,584,723
施肇曾　16,73,721
史拉克　16,73
唐寿民　19,20,723
唐治尧　15,71,72
陶　湘　17,73,722
屠光绍　46,47,581
汪道涵　24
王承祖　20,72—74,767
王明权　32,35,651
王锡炯　34,36,37,76,82,83,161,521,522,654,730,797
吴邦国　27
谢丽娟　35
徐　斌　76,522,728,774
许家生　29,30,32,34—37,39,67—70,75,81,83,111,112,521,522,727,772,797
严孝修　25—28,32,33,66,67,69,72,75,80,82,83,100,521,536,537,728,738,771,797
杨孟华　33,36,41,76,161,521,522,524,529,550,730,798
杨修范　22,71,72,74
杨煦春　30,32—34,68,72,75,80,82,521,654,729,743,744,798
余　瑾　25,27,66,67,69,80
俞正声　11,48,296
张思仁　16,73,722
赵启正　30,32
赵庆华　17,73,721
郑良玉　38,40,42,47,76,77,143,522,529,731,798
郑志扬　53,55,56,72,76,92,93,521,522,528,728,773
周承裕　15,71,72
周有道　30,67,69
庄鹤年　20,74

表格索引

表1-1-1　1987—1993年交通银行上海分行资本金及股本结构情况表　60
表1-1-2　1987—1993年交通银行上海分行认股100万元以上股东情况表　60
表1-1-3　1987—1988年交通银行上海分行股利分配情况表　63
表1-1-4　1989—1993年交通银行上海分行股利分配情况表　64
表1-2-1　1987—1995年交通银行上海分行管理委员会成员任职情况表　69
表1-3-1　清光绪三十四年—清宣统三年(1908—1911年)交通银行上海分行总办任职情况表　72
表1-3-2　清宣统元年十二月(1911年11月)交通银行上海分行稽核任职情况表　72
表1-3-3　清光绪三十四年—民国22年(1908—1933年)交通银行上海分行经理、副理、襄理任职情况表　72
表1-3-4　民国26年(1937年)9月交通银行上海分行经副理、襄理任职情况表　74
表1-3-5　民国28年(1939年)10月交通银行上海分行经副理、襄理任职情况表　74
表1-3-6　民国34年(1945年)10月交通银行上海分行经副理、襄理任职情况表　74
表1-3-7　1949年11月交通银行上海分行经理、副理、襄理任职情况表　74
表1-3-8　1953年7月交通银行上海分行经理、副理任职情况表　75
表1-3-9　1987—1994年交通银行上海分行总经理、副总经理、总经理助理任职情况表　75
表1-3-10　1994—2018年交通银行上海(市)分行行

长、副行长、行长助理任职情况表　75
表1-3-11　1990—2003年交通银行上海分行总会计师、总稽核任职情况表　77
表1-3-12　2002—2018年交通银行上海分行高级信贷执行官任职情况表　77
表1-3-13　1987—2018年交通银行上海分行高级管理层人数变动情况表　78
表1-4-1　1995—2002年交通银行上海分行第一届咨询委员会委员表　80
表1-4-2　2002—2008年交通银行上海分行第二届咨询委员会委员表　81
表2-1-1　清光绪三十四年(1908年)—2014年交通银行上海(市)分行行址变动情况表　90
表2-2-1　2014年年末交通银行上海市分行主要管理委员会(领导小组)机构一览表　92
表2-2-2　民国27年(1938年)7月交通银行上海分行文书股负责人情况表　94
表2-2-3　民国35—37年(1936—1938年)交通银行上海分行文书股负责人情况表　94
表2-2-4　1949年11月交通银行上海分行文书课负责人情况表　94
表2-2-5　1953年2月交通银行上海分行办公室、秘书科负责人情况表　95
表2-2-6　1987—2014年交通银行上海(市)分行办公室负责人任职情况表　95
表2-2-7　1949年11月交通银行上海分行人事课负责人情况表　97
表2-2-8　1953年12月交通银行上海分行人事科负责人情况表　97
表2-2-9　1956年9月交通银行上海分行人事科负责人情况表　97
表2-2-10　1987—2014年交通银行上海(市)分行人力资源部负责人任职情况表　97
表2-2-11　2005—2014年交通银行上海(市)分行预算财务部负责人任职情况表　99
表2-2-12　1949年11月交通银行上海分行业务课负责人情况表　100
表2-2-13　1956年9月交通银行上海分行计划科负责人情况表　100
表2-2-14　1956年9月交通银行上海分行计划科负责人情况表　100
表2-2-15　1987—2005年交通银行上海分行综合计划处负责人任职情况表　101
表2-2-16　2007—2014年交通银行上海(市)分行资产负债管理部负责人任职情况表　101
表2-2-17　2012年度交通银行上海市分行资产负债管理部获奖情况一览表　102
表2-2-18　1997—2014年交通银行上海(市)分行公司业务部负责人任职情况表　102
表2-2-19　民国20年(1931年)7月交通银行沪区储蓄分部负责人情况表　104
表2-2-20　民国27年(1938年)交通银行上海分行储蓄股负责人情况表　104
表2-2-21　民国34年(1945年)交通银行上海分行储蓄股负责人情况表　104
表2-2-22　民国37年(1948年)交通银行上海分行储蓄股负责人情况表　105
表2-2-23　1987—2014年交通银行上海(市)分行个人金融业务部负责人情况表　105
表2-2-24　2001—2004年度交通银行上海分行私人金融业务部获奖情况一览表　107
表2-2-25　1993—2014年交通银行上海(市)分行银行卡业务部负责人任职情况表　108
表2-2-26　2010—2011年度交通银行上海市分行银行卡业务部获奖情况一览表　110
表2-2-27　民国10年(1911年)4月交通银行上海分行国外业务股负责人情况表　110
表2-2-28　民国16年(1927年)1月交通银行上海分行国外业务股负责人情况表　110
表2-2-29　民国20年(1931年)7月交通银行上海分行外务股负责人情况表　111
表2-2-30　民国22年(1933年)改组前交通银行上海分行外务股负责人情况表　111
表2-2-31　民国27年(1938年)交通银行上海分行外汇股负责人情况表　111
表2-2-32　民国35年(1946年)交通银行上海分行外汇股负责人情况表　111
表2-2-33　民国37年(1948年)交通银行上海分行外汇股负责人情况表　111
表2-2-34　1987—2014年交通银行上海(市)分行国际业务部负责人任职情况表　111
表2-2-35　2001—2014年交通银行上海(市)分行金融机构部负责人任职情况表　114
表2-2-36　2001—2014年交通银行上海(市)分行资

产托管部负责人任职情况表　115
表 2-2-37　2014 年交通银行上海市分行零售信贷业务部负责人任职情况表　116
表 2-2-38　2005—2014 年交通银行上海(市)分行资产保全部负责人任职情况表　116
表 2-2-39　2014 年交通银行上海市分行资产管理部负责人任职情况表　117
表 2-2-40　民国 20 年(1931 年)7 月交通银行上海分行会计股负责人情况表　118
表 2-2-41　民国 27 年(1938 年)交通银行上海分行会计股、内汇股、出纳股、钞券股负责人情况表　118
表 2-2-42　民国 34 年(1945 年)交通银行上海分行会计股、汇款股、出纳股负责人情况表　118
表 2-2-43　民国 35 年(1946 年)交通银行上海分行会计股、内汇股负责人情况表　119
表 2-2-44　民国 37 年(1948 年)交通银行上海分行会计股、内汇股、出纳股负责人情况表　119
表 2-2-45　1949 年 11 月交通银行上海分行会计课、出纳课负责人情况表　119
表 2-2-46　1953 年 2 月交通银行上海分行会计科负责人情况表　119
表 2-2-47　1956 年 9 月交通银行上海分行会计科负责人情况表　119
表 2-2-48　1987—2014 年交通银行上海(市)分行营运管理部负责人任职情况表　120
表 2-2-49　2012 年度交通银行上海市分行营运管理部获奖情况一览表　121
表 2-2-50　1990—2014 年交通银行上海(市)分行授信管理部负责人任职情况表　121
表 2-2-51　2007—2014 年交通银行上海(市)分行零售信贷管理部负责人任职情况表　123
表 2-2-52　1997—2014 年交通银行上海(市)分行风险管理部负责人任职情况表　124
表 2-2-53　1988—2014 年上海(市)分行审计监督部负责人任职情况表　126
表 2-2-54　1999—2014 年交通银行上海(市)分行法律合规部负责人任职情况表　128
表 2-2-55　1987—2014 年交通银行上海(市)分行信息技术部负责人任职情况表　129
表 2-2-56　2000—2014 年交通银行上海(市)分行电子银行部负责人任职情况表　130
表 2-2-57　2004—2006 年度交通银行上海分行电子银行部获奖情况一览表　131
表 2-2-58　1989—2014 年交通银行上海(市)分行监察室负责人情况表　131
表 2-2-59　1987—2014 年交通银行上海(市)分行保卫部负责人任职情况表　133
表 2-2-60　1992—2014 年交通银行上海(市)分行系统工会办公室负责人任职情况表　133
表 2-2-61　1949 年 11 月交通银行上海分行事务股负责人情况表　134
表 2-2-62　1987—2014 年交通银行上海分行行政部负责人任职情况表　134
表 2-2-63　1991—2014 年交通银行上海(市)分行发展研究部负责人任职情况表　136
表 2-2-64　1992—2014 年交通银行上海(市)分行员工培育发展管理中心负责人任职情况表　138
表 2-2-65　2000—2014 年交通银行上海(市)分行业务处理中心负责人任职情况表　140
表 2-2-66　2004—2014 年交通银行上海(市)分行风险监督中心负责人任职情况表　141
表 2-2-67　2006—2014 年交通银行上海(市)分行现金储运中心负责人任职情况表　142
表 2-2-68　2010 年度交通银行上海市分行现金储运中心获奖情况一览表　142
表 2-2-69　2008—2014 年交通银行上海(市)分行网点管理办公室负责人任职情况表　143
表 2-2-70　1987—2014 年交通银行上海(市)分行经营管理部门变更情况表　143
表 2-3-1　2014 年年末交通银行上海市分行营业机构情况表　149
表 2-3-2　民国 5 年(1916 年)交通银行上海分行辖属机构情况表　153
表 2-3-3　民国 37 年(1948 年)年末交通银行上海分行辖属机构(江苏省)情况表　154
表 2-3-4　1987—2004 年交通银行上海分行管辖机构情况表　157
表 3-1-1　民国 2 年(1913 年)上期—12 年(1923 年)下期交通银行上海分行发行情况统计表　166
表 3-1-2　民国 13—18 年(1924—1929 年)交通银行沪区发行分库筹备处一览表　166
表 3-4-1　民国元年—12 年(1912—1923 年)交通银行上海分行存款情况表　185
表 3-4-2　2000—2014 年交通银行上海(市)分行人

民币对公存款情况表 187
表 3-4-3 2008—2014 年交通银行上海(市)分行人民币单位活期存款情况表 188
表 3-4-4 2008—2014 年交通银行上海(市)分行单位通知存款情况表 189
表 3-4-5 2008—2014 年交通银行上海(市)分行单位协议存款情况表 190
表 3-4-6 2008—2014 年交通银行上海(市)分行保证金存款情况表 191
表 3-4-7 民国 38 年(1949 年)3 月末交通银行上海分行放款情况表 193
表 3-4-8 2000—2014 年交通银行上海(市)分行人民币对公贷款情况表 195
表 3-4-9 2008—2014 年交通银行上海(市)分行人民币流动资金贷款情况表 197
表 3-4-10 2008—2014 年交通银行上海(市)分行人民币贸易融资贷款情况表 198
表 3-4-11 2008—2014 年交通银行上海(市)分行人民币项目贷款情况表 201
表 3-4-12 2008—2014 年交通银行上海(市)分行人民币开发贷款情况表 202
表 3-4-13 2008—2014 年交通银行上海(市)分行委托贷款年末余额情况表 207
表 3-5-1 2001—2014 年交通银行上海(市)分行同业存款及市场排名情况表 213
表 3-7-1 2006—2014 年交通银行上海(市)分行外币存款情况表 227
表 3-7-2 2005—2014 年交通银行上海(市)分行信用证和托收结算业务量情况表 228
表 3-7-3 2009—2014 年交通银行上海市分行代理同业进口信用证业务量情况表 229
表 3-7-4 2008—2014 年交通银行上海(市)分行境外汇款业务情况表 230
表 3-7-5 2003—2014 年交通银行上海(市)分行外币票据业务金额情况表 231
表 3-7-6 2014 年交通银行上海市分行跨境人民币结算业务分类统计表 232
表 3-7-7 2009—2014 年交通银行上海市分行跨境人民币业务统计表 233
表 3-7-8 2009—2014 年交通银行上海市分行离岸业务主要数据情况表 235
表 3-7-9 2007—2014 年交通银行上海(市)分行个人结售汇业务情况表 236
表 3-7-10 2007—2014 年交通银行上海(市)分行个人外汇买卖成交量情况表 240
表 3-7-11 2005—2014 年交通银行上海(市)分行即期结售汇业务交易量情况表 242
表 3-7-12 2002—2014 年交通银行上海(市)分行对公外汇衍生产品交易量(不含远期结售汇)情况表 243
表 3-7-13 2006—2014 年交通银行上海(市)分行远期结售汇交易情况表 244
表 3-7-14 2007—2014 年交通银行上海(市)分行涉外担保业务发生额情况表 245
表 3-7-15 2006—2014 年交通银行上海(市)分行外汇贷款余额(不含贸易融资)情况表 247
表 3-7-16 2011—2014 年交通银行上海市分行国际贸易融资年末余额情况表 248
表 3-8-1 2009—2014 年交通银行上海市分行零售业务发展情况表 251
表 3-8-2 2014 年年末交通银行上海市分行各资产等级个人客户分布情况表 254
表 3-8-3 2009—2014 年交通银行上海市分行私人银行客户发展情况表 255
表 3-8-4 2006—2014 年交通银行上海(市)分行达标沃德财富客户发展情况表 256
表 3-8-5 2007—2014 年交通银行上海(市)分行达标交银理财客户发展情况表 258
表 3-8-6 1987—2014 年交通银行上海(市)分行历年储蓄业务数据表 259
表 3-8-7 2000—2014 年上海(市)分行个人贷款余额情况表 264
表 3-8-8 2006—2014 年交通银行上海(市)分行在册信用卡量情况表 274
表 3-8-9 2008—2014 年交通银行上海(市)分行线下银联卡收单业务情况表 278
表 3-8-10 2007—2014 年交通银行上海(市)分行线上收单业务情况表 278
表 3-8-11 2004—2014 年交通银行上海(市)分行对私代理保险业务销售情况表 280
表 3-8-12 1987—2014 年交通银行上海(市)分行凭证式国债发行情况表 281
表 3-8-13 2006—2014 年交通银行上海(市)分行储蓄国债(电子式)承销情况表 282

表 3 - 8 - 14　2004—2014 年交通银行上海(市)分行开放式基金代销情况表　284
表 3 - 8 - 15　2009—2014 年交通银行上海市分行实物金销售情况表　286
表 3 - 8 - 16　1948 年 4 月交通银行上海分行代收配售米油缴款业务点一览表　287
表 3 - 8 - 17　2005—2014 年交通银行上海(市)分行代发工资业务情况表　289
表 3 - 9 - 1　2007—2014 年交通银行上海(市)分行小企业贷款业务情况表　294
表 3 - 10 - 1　2007—2014 年交通银行上海(市)分行人民币“得利宝”销售情况表　298
表 3 - 10 - 2　2011—2014 年交通银行上海市分行公司条线理财产品余额表　300
表 3 - 11 - 1　2009—2014 年交通银行上海市分行基金券商类产品托管情况表　310
表 3 - 11 - 2　2011—2014 年交通银行上海市分行保险类产品托管情况表　311
表 3 - 11 - 3　2008—2014 年交通银行上海(市)分行信托类产品托管情况表　312
表 3 - 11 - 4　2009—2014 年交通银行上海市分行养老金类产品托管情况表　313
表 3 - 11 - 5　2010—2014 年交通银行上海市分行其他产品托管情况表　314
表 3 - 12 - 1　2007—2014 年交通银行上海(市)分行自助柜员机一览表　318
表 3 - 12 - 2　2007—2014 年交通银行上海(市)分行多媒体自助终端一览表　318
表 3 - 12 - 3　2007—2014 年交通银行上海(市)分行企业网银业务情况表　320
表 3 - 12 - 4　2007—2014 年交通银行上海(市)分行个人网银业务情况表　321
表 3 - 12 - 5　2009—2014 年交通银行上海市分行手机银行业务情况表　322
表 3 - 13 - 1　民国 36 年—37 年 3 月(1947 年—1948 年 3 月)交通银行上海分行电台收发文电统计表　324
表 3 - 13 - 2　2014 年年末交通银行上海市分行保管箱业务开办情况表　324
表 4 - 3 - 1　1990 年交通银行上海分行会计专业技术考核标准表　348
表 4 - 3 - 2　1990 年交通银行上海分行出纳专业技术考核标准表　348
表 4 - 3 - 3　2006—2014 年交通银行上海(市)分行国内信用证业务情况表　352
表 4 - 3 - 4　2014 年年末交通银行上海市分行参加同城交换网点情况表　354
表 4 - 3 - 5　2008—2014 年交通银行上海(市)分行运送条线各项数据统计表　368
表 5 - 1 - 1　2002 年交通银行上海分行授信业务审批权限一览表　372
表 5 - 1 - 2　2009—2014 年交通银行上海市分行风险经理实地查访和风险提示统计表　376
表 5 - 1 - 3　2005—2014 年交通银行上海(市)分行法律审查情况表　394
表 6 - 2 - 1　2014 年年末交通银行上海市分行信息化系统主要产品一览表　439
表 6 - 2 - 2　2001—2011 年交通银行上海(市)分行信息科技获奖和创新成果情况一览表　440
表 6 - 2 - 3　2014 年年末交通银行上海市分行经营分析类信息系统情况表　441
表 6 - 2 - 4　2014 年年末交通银行上海市分行内部管理类信息系统情况表　442
表 7 - 1 - 1　1949 年 11 月交通银行上海分行行员分布情况表　449
表 7 - 1 - 2　1950 年年末交通银行上海分行行员结构情况表　450
表 7 - 1 - 3　1956 年年末交通银行上海分行行员结构情况表　450
表 7 - 1 - 4　1987—2014 年交通银行上海(市)分行人员结构情况表　451
表 7 - 1 - 5　2006—2014 年交通银行上海(市)分行派遣员工变动情况表　453
表 7 - 1 - 6　1995—2004 年交通银行上海分行辖属系统因公出国(境)情况表　459
表 7 - 1 - 7　2005—2014 年交通银行上海(市)分行因公出国(境)情况表　460
表 7 - 1 - 8　1986—2014 年交通银行上海(市)分行离退休行员统计情况表　461
表 7 - 2 - 1　2000 年交通银行上海分行非领导职位关键重要岗位设置情况表　466
表 7 - 2 - 2　2007—2014 年交通银行上海(市)分行管理培训生招聘数量情况表　472
表 7 - 3 - 1　1995 年交通银行上海分行行员等级名称情况表　476

表 7－3－2　1995 年交通银行上海分行行员等级工资薪点情况表　477
表 7－3－3　2006 年交通银行上海分行双通道职位序列情况表　477
表 7－3－4　2006 年交通银行上海分行职位任职资格标准情况表　478
表 7－4－1　清光绪三十四年四月(1908 年 5 月)交通银行上海分行各类行员薪资情况表　479
表 7－4－2　1995 年交通银行上海分行特殊职位和津贴标准对应表　481
表 8－2－1　2011—2014 年交通银行上海市分行柜面成功堵截电信网络诈骗情况表　503
表 8－2－2　2011—2014 年交通银行上海市分行安保获奖情况表　504
表 8－3－1　2005—2014 年交通银行上海(市)分行纳入集中采购项目数和合同金额情况表　509
表 8－4－1　1986—2014 年交通银行上海(市)分行营业机构设立情况表　515
表 9－1－1　1987—1998 年交通银行上海分行党组成员任职情况表　521
表 9－1－2　1998—2019 年交通银行上海(市)分行党委成员任职情况表　522
表 9－1－3　1987—1999 年交通银行上海分行纪检组组长、副组长任职情况表　524
表 9－1－4　1999—2019 年交通银行上海(市)分行纪委书记、副书记任职情况表　525
表 9－1－5　1999—2014 年交通银行上海(市)分行党委办公室负责人任职情况表　526
表 9－1－6　1999—2014 年交通银行上海(市)分行党委组织部负责人情况表　526
表 9－1－7　1991—1999 年交通银行上海分行思想政治工作办公室负责人任职情况表　527
表 9－1－8　1999—2014 年交通银行上海(市)分行党委宣传部负责人任职情况表　527
表 9－1－9　1999—2001 年交通银行上海分行党委群众工作部负责人任职情况表　527
表 9－1－10　2014 年交通银行上海市分行党校负责人任职情况表　528
表 9－1－11　1988—2014 年交通银行上海(市)分行机关(直属)党委负责人任职情况表　529
表 9－1－12　1988—2014 年交通银行上海(市)分行基层党组织统计表　530
表 9－1－13　2014 年交通银行上海市分行党委中心组集中学习情况一览表　532
表 9－1－14　1949 年 5 月中共交通银行支部和行局工友支部交行部分党员情况表　536
表 9－1－15　1954 年 5 月交通银行上海分行党支部党员情况表　536
表 9－1－16　1988—2014 年交通银行上海(市)分行党员人数和发展人数情况表　537
表 9－1－17　2003—2014 年交通银行上海(市)分行党风廉政建设大会主题报告情况表　540
表 9－1－18　2009—2014 年交通银行上海市分行各类违纪违规违法不良资产责任认定情况表　547
表 9－2－1　1987—2014 年交通银行上海(市)分行工会负责人任职情况表　549
表 9－2－2　1992—2004 年交通银行上海分行系统工会负责人任职情况表　550
表 9－2－3　1999—2012 年交通银行上海(市)分行职代会审议通过议题情况表　551
表 9－2－4　1991—2014 年交通银行上海(市)分行“交行杯”技能比赛成绩情况表　553
表 9－2－5　1992—1998 年上海分行全辖系统“希望杯”技能比赛成绩情况表　555
表 9－2－6　2012—2014 年交通银行上海市分行参加“职工互助会”员工受助情况表　556
表 9－2－7　2012—2014 年交通银行上海市分行参加“在职职工住院补充医疗互助保障计划”员工受助情况表　557
表 9－3－1　1987—2014 年交通银行上海(市)分行团委负责人任职情况表　560
表 9－3－2　2000 年、2011 年交通银行上海(市)分行团委获奖情况表　561
表 10－3－1　2009—2013 年交通银行上海市分行获“中国银行业文明规范服务百佳示范单位”情况表　587
表 10－3－2　2010—2014 年交通银行上海市分行获“中国银行业文明规范服务千佳示范单位”情况表　587
表 10－3－3　2014 年交通银行上海市分行获“中国银行业文明规范服务五星级营业网点”情况表　588
表 10－3－4　1988—2014 年交通银行上海(市)分行优质服务劳动竞赛情况表　594
表 11－1－1　民国 20 年(1931 年)7 月交通银行上海分

行所辖市内营业网点情况表　611
表 11-1-2　民国 37 年(1948 年)上海分行所属行处主管人员情况表　612
表 11-2-1　1993—2009 年交通银行上海第一支行负责人任职情况表　617
表 11-2-2　2007—2009 年交通银行上海(市)分行营业部负责人任职情况表　618
表 11-2-3　2009—2014 年分行营业部(第一支行)负责人任职情况表　618
表 11-2-4　2014 年年末分行营业部(第一支行)营业网点一览表　619
表 11-2-5　截至 2014 年年末分行营业部(第一支行)已转出营业网点一览表　619
表 11-2-6　2005—2014 年交通银行上海(市)分行营业部获奖情况表　619
表 11-2-7　1988—2014 年交通银行上海闵行支行负责人任职情况表　622
表 11-2-8　2014 年年末交通银行上海闵行支行营业网点一览表　623
表 11-2-9　截至 2014 年年末交通银行上海闵行支行已转出营业网点一览表　623
表 11-2-10　1988—2014 年交通银行上海宝山支行负责人任职情况表　626
表 11-2-11　2014 年年末交通银行上海宝山支行营业网点一览表　627
表 11-2-12　截至 2014 年年末宝山支行已转出营业网点一览表　628
表 11-2-13　1990—2010 年交通银行上海宝山支行获奖情况表　629
表 11-2-14　1988—2014 年交通银行上海市西支行负责人任职情况表　632
表 11-2-15　2014 年年末交通银行上海市西支行营业网点一览表　633
表 11-2-16　截至 2014 年年末交通银行上海市西支行已转出营业网点一览表　634
表 11-2-17　2000—2011 年交通银行上海市西支行获奖情况表　634
表 11-2-18　1988—2014 年交通银行上海杨浦支行负责人任职情况表　638
表 11-2-19　2014 年年末交通银行上海杨浦支行营业网点一览表　639
表 11-2-20　截至 2014 年年末交通银行上海杨浦支行已转出营业网点一览表　639
表 11-2-21　1991—2011 年交通银行上海杨浦支行获奖情况表　639
表 11-2-22　1989—2014 年交通银行上海长宁支行负责人任职情况表　643
表 11-2-23　2014 年年末交通银行上海长宁支行营业网点一览表　644
表 11-2-24　截至 2014 年年末交通银行上海长宁支行已转出营业网点一览表　645
表 11-2-25　2001—2007 年交通银行上海长宁支行获奖情况表　645
表 11-2-26　1989—2014 年交通银行上海虹口支行历任负责人情况表　648
表 11-2-27　2014 年年末交通银行上海虹口支行营业网点一览表　650
表 11-2-28　截至 2014 年年末交通银行上海虹口支行已转出营业网点一览表　650
表 11-2-29　1991—1998 年交通银行上海浦东分行负责人任职情况表　654
表 11-2-30　1998 年年末交通银行上海浦东分行各部门负责人任职情况表　655
表 11-2-31　1998 年年末交通银行上海浦东分行各经营单位负责人任职情况表　655
表 11-2-32　1999—2014 年交通银行上海浦东分行负责人任职情况表　656
表 11-2-33　2014 年年末交通银行上海浦东分行营业网点一览表　657
表 11-2-34　截至 2014 年年末交通银行上海浦东分行已转出营业网点一览表　658
表 11-2-35　1994—2014 年交通银行上海浦东分行获奖情况表　658
表 11-2-36　1991—2014 年交通银行上海徐汇支行负责人任职情况表　661
表 11-2-37　2014 年年末交通银行上海徐汇支行营业网点一览表　663
表 11-2-38　截至 2014 年年末交通银行上海徐汇支行已转出营业网点一览表　664
表 11-2-39　2001—2014 年交通银行上海徐汇支行获奖情况表　664
表 11-2-40　1990—2014 年交通银行上海闸北支行负责人任职情况表　666
表 11-2-41　2014 年年末交通银行上海闸北支行营

业网点一览表　667
表 11-2-42　截至 2014 年年末交通银行上海闸北支行已转出营业网点一览表　668
表 11-2-43　1993—2014 年交通银行上海黄浦支行负责人任职情况表　670
表 11-2-44　2014 年年末交通银行上海黄浦支行营业网点一览表　671
表 11-2-45　截至 2014 年年末交通银行上海黄浦支行已终止营业及转出营业网点一览表　672
表 11-2-46　1994—2008 年交通银行上海黄浦支行获奖情况表　672
表 11-2-47　1993—2014 年交通银行上海新区支行负责人任职情况表　675
表 11-2-48　2014 年年末交通银行上海新区支行营业网点一览表　676
表 11-2-49　截至 2014 年年末交通银行上海新区支行已转出营业网点一览表　677
表 11-2-50　2001—2003 年新区支行获奖情况表　678
表 11-2-51　1994—2014 年交通银行上海松江支行负责人任职情况表　681
表 11-2-52　2014 年年末交通银行上海松江支行营业网点一览表　681
表 11-2-53　截至 2014 年年末交通银行上海松江支行已转出营业网点一览表　682
表 11-2-54　1995—2014 年交通银行上海嘉定支行负责人任职情况表　684
表 11-2-55　2014 年年末交通银行上海嘉定支行营业网点一览表　685
表 11-2-56　2003—2014 年交通银行上海奉贤支行负责人任职情况表　688
表 11-2-57　2014 年年末交通银行上海奉贤支行营业网点一览表　689
表 11-2-58　2002—2014 年交通银行上海青浦支行负责人任职情况表　691
表 11-2-59　2014 年年末交通银行上海青浦支行营业网点一览表　691
表 11-2-60　2003—2014 年交通银行上海临港新城支行负责人任职情况表　694
表 11-2-61　2014 年年末交通银行上海临港新城支行营业网点一览表　695
表 11-2-62　2014 年交通银行上海临港新城支行获奖情况表　695
表 11-2-63　2011—2014 年交通银行上海金山支行负责人任职情况表　696
表 11-2-64　2014 年年末交通银行上海金山支行营业网点一览表　696
表 11-2-65　2014 年交通银行上海崇明支行负责人任职情况表　698
表 11-2-66　2014 年年末交通银行上海崇明支行营业网点一览表　698
表 11-2-67　1987—1992 年交通银行上海分行第一业务部负责人任职情况表　702
表 11-2-68　1987—1992 年交通银行上海分行第二业务部负责人任职情况表　703
表 11-2-69　1987—1993 年交通银行上海分行外汇信贷部负责人任职情况表　703
表 11-2-70　1992—1993 年交通银行上海分行业务部主要负责人任职情况表　704
表 11-2-71　1993—2014 年交通银行上海(市)分行大客户一部负责人任职情况表　704
表 11-2-72　截至 2005 年年末交通银行上海分行业务部已转出营业网点一览表　705
表 11-2-73　1991—2013 年交通银行上海(市)分行大客户一部获奖情况表　706
表 11-2-74　2007—2014 年交通银行上海(市)分行大客户二部负责人任职情况表　708
表 11-2-75　2008—2014 年交通银行上海(市)分行大客户三部负责人任职情况表　709
表 11-2-76　2008—2014 年交通银行上海(市)分行大客户四部负责人任职情况表　712
表 11-2-77　2009—2010 年上海市分行大客户四部获奖情况表　713
表 11-2-78　1999—2014 年交通银行上海自贸试验区分行负责人任职情况表　716
表 11-2-79　2008—2014 年交通银行上海(市)分行大客户五部负责人任职情况表　717
表 11-2-80　2014 年年末交通银行上海自贸试验区分行营业网点一览表　717
表 12-3-1　2010 年上海市分行全国劳动模范一览表　734
表 12-3-2　1991—2006 年上海分行上海市劳动模范一览表　734
表 12-3-3　1999 年上海分行全国金融劳动模范一览

表 734
表 12-3-4 1998—2003 年上海分行全国五一劳动奖章获得者一览表 734
表 12-3-5 2010 年交通银行上海市分行上海市五一劳动奖章获得者一览表 735
表 12-3-6 2000—2013 年交通银行上海(市)分行全国金融五一劳动奖章获得者一览表 735
表 12-3-7 2008—2010 年交通银行上海(市)分行全国性其他奖项一览表 735
表 12-3-8 1988—2010 年交通银行上海(市)分行省部级其他奖项一览表 735
表 12-3-9 1999 年交通银行上海分行全国金融系统级其他奖项一览表 736
表 12-3-10 1990 年交通银行上海分行交通银行系统级其他奖项一览表 736
表 12-3-11 1991—1994 年交通银行上海分行交通银行系统级其他奖项一览表 736
表 12-3-12 1994—1998 年交通银行上海分行交通银行系统级其他奖项一览表 737
表 12-3-13 2001—2011 年交通银行上海(市)分行交通银行系统级其他奖项一览表 737
表 12-3-14 2001—2011 年交通银行上海(市)分行交通银行系统级其他奖项一览表 737
表 12-3-15 2007 年交通银行上海分行交通银行系统级其他奖项一览表 737
表 12-3-16 1987—2014 年交通银行上海(市)分行离休干部一览表 738
表 12-3-17 1993—2004 年交通银行上海分行国务院特殊津贴获得者一览表 738
表 12-3-18 1988—2014 年交通银行上海(市)分行高级经济师一览表 738
表 12-3-19 1987—2009 年交通银行上海(市)分行高级工程师一览表 739
表 12-3-20 1991—2008 年交通银行上海分行高级会计师一览表 739
表 12-3-21 1994—2013 年交通银行上海(市)分行高级政工师一览表 740
表 12-3-22 2004 年交通银行上海分行主任记者一览表 740
表 12-3-23 2002 年交通银行上海分行副研究员一览表 740
表附-2-1 民国元年(1912 年)上期—12 年(1923 年)下期交通银行上海分行负债总计表 756
表附-2-2 民国元年(1912 年)上期—12 年(1923 年)下期交通银行上海分行资产总计表 757
表附-2-3 民国元年(1912 年)上期—12 年(1923 年)下期交通银行上海分行损益(利益之部)总计表 757
表附-2-4 民国元年(1912 年)上期—12 年(1923 年)下期交通银行上海分行损益(损失之部)总计表 758
表附-2-5 民国 2 年(1913 年)上期—12 年(1923 年)下期交通银行上海分行发行总计表 759
表附-2-6 民国 10 年(1921 年)上期—12 年(1923 年)下期交通银行上海分行汇款总计表 760
表附-2-7 民国元年(1912 年)上期—12 年(1923 年)下期交通银行上海分行开支总数总计数 760
表附-2-8 民国 6 年(1917 年)上期—12 年(1923 年)下期交通银行上海分行所付呆账情况表 761
表附-2-9 民国 12 年(1923 年)交通银行上海分行债权亏耗情况表 762
表附-2-10 民国元年(1912 年)—12 年(1923 年)下期交通银行上海分行所用生财情况表 762
表附-2-11 民国元年(1912 年)—12 年(1923 年)交通银行沪京津汉四行存款增长比较表 763
表附-2-12 民国 13 年(1924 年)4—7 月交通银行上海分行营业状况表 763

编 后 记

为记载交通银行上海市分行悠久的历史，2014 年，中共上海市分行党委申请参加上海市第二轮修志工作，2016 年 3 月，上海市地方志编纂委员会正式将《上海市级专志·交通银行上海市分行志》列入上海市级专志序列。

2014 年 1 月 21 日，上海市分行成立《交通银行上海市分行志》编纂委员会，由分行党委书记、行长郑志扬任主编；2019 年 10 月起，改由新任分行党委书记、行长徐斌为主编。设立行志编纂办公室，由分行发展研究部总经理孟志芳任主任，负责对全志进行总纂。

《交通银行上海市分行志》是上海市分行重要历史文献，为准确把握分行各个历史阶段的发展脉络和细节，编纂团队成立之后，远赴兰州等地访谈 20 多位交通银行总分行老领导、金融界老前辈，召开交通银行重新组建时期老同志座谈会，请教民国史专家，广泛征集史料；深入上海市档案馆、上海图书馆、高等学府，查阅相关史料、出版物及报纸，考证史料；拟定《交通银行上海市分行志》篇目结构，组织行内外专家反复论证。

经过一年多紧张筹备，2015 年 7 月 28 日，《交通银行上海市分行志》编纂工作正式启动。编纂团队对全行 55 家承编单位的 100 多名联络员和执笔人开展了形式多样的培训工作，多次邀请上海市地方志办公室、上海市档案馆、复旦大学专家来行作专题报告，指导修志工作。

《交通银行上海市分行志》编纂过程中，各参编单位按照编纂工作要求，广泛收集梳理史料，采访老同志，认真纂写初稿，填补了上海市分行发展历史上部分记载空白，丰富了志稿内容。

2017 年 10 月，《交通银行上海市分行志》初稿形成后，编纂团队组织行内专家进行评议，对全志进行修改、补充和完善，并于 2018 年 8 月向上海市地方志办公室递交《交通银行上海市分行志》评议稿。在评议意见的基础上，进一步调整志书篇目结构、规范文字表述、考证史料内容。2019 年 10 月起，围绕专家团队审定意见，历经 300 多个日夜的笔耕不辍，进一步举要删芜，几易其稿，最终在 2020 年 7 月形成了《交通银行上海市分行志》验收稿。全志共分 12 篇 54 章，约 156 余万字，附图照 200 多幅，较为系统地记录了上海市分行从晚清创立以来的沧桑巨变，重点记录了 1986 年 10 月交通银行上海市分行重新开业以来的成长与蜕变。

在《交通银行上海市分行志》编纂过程中，郑志扬多次深入编纂团队进行慰问，殷切寄语“修志工作责任重大，使命光荣”，鼓励编纂人员一定要敬畏历史，刻苦钻研，耐住寂寞，守住清苦，努力编纂出一部具有“存史、育人、资政”价值的精品佳志。徐斌接手上海市分行工作后，要求编纂团队继续努力，完成好分行党委赋予的使命。上海市地方志办公室主任洪民荣、副主任王依群、专志处处长过文瀚，以及赵明明、肖春燕等多次到上海市分行给予指导和帮助。上海市文史馆馆员王孝俭、上海市档案局副局长邢建榕、上海财经大学教授杜恂诚等专家更是多次对行志编纂人员进行了面对面的辅导，并提出具体的修改建议。交通银行总行志编纂室、档案处，上海市档案局(馆)、上海图书馆、甘肃省委组织部信息管理中心为分行编纂团队查阅档案资料提供了诸多方便。王开照相馆高级摄影师周建民对修复分行早期照片作出了重要贡献。上海社会科学院出版社编辑团队的董汉玲、杨国、霍覃为本志审校和出版付出了辛勤劳动。特别是由复旦大学历史系教授吴景平领衔的研究团队，向本志提供了上海市分行 1908—1958 年珍贵史料，在此一并表示衷心感谢。

翻阅《交通银行上海市分行志》，一册在手，可以看到100多年前的上海市分行只是开设在上海后马路乾记弄的一个小铺子，历经沧海桑田，截至2014年年末，已发展成一家拥有5 123名行员、135家营业网点、资产总额达到5 163.29亿元的商业银行。夜幕降临，华灯初上，交银大厦顶上"交通银行"霓虹灯熠熠生辉，点亮了外滩金融街的繁华，昭示着上海市分行将进一步秉承交通银行艰苦创业、审慎经营、创新发展的基因，继往开来。

回顾8年修志历程，编纂团队上下求索，八方求证，潜心修志，负重前行，然以区区156余万字以及200多幅图片来承载上海市分行厚重的历史，编纂人员不免有些诚惶诚恐。鉴于志书内容涉及面广，时间跨度长，历史档案散佚在外，部分资料无法弥补，特别是编纂人员受修志经验、业务水平和认知能力所限，难免存在疏漏差误之处，敬请读者指正。

《上海市级专志·交通银行上海市分行志》编纂室

2021年2月

图书在版编目(CIP)数据

上海市级专志. 交通银行上海市分行志 / 上海市地方志编纂委员会编 .— 上海 ：上海社会科学院出版社，2021
ISBN 978-7-5520-3419-6

Ⅰ.①上… Ⅱ.①上… Ⅲ.①上海—地方志②交通银行—概况—上海 Ⅳ.①K295.1②F832.33

中国版本图书馆 CIP 数据核字(2021)第 144277 号

上海市级专志·交通银行上海市分行志

编　　者：上海市地方志编纂委员会
责任编辑：霍　覃
封面设计：严克勤
美术设计：霍　覃
出版发行：上海社会科学院出版社
上海顺昌路 622 号　邮编 200025
电话总机 021-63315947　销售热线 021-53063735
http://www.sassp.cn　E-mail:sassp@sassp.cn
排　　版：南京展望文化发展有限公司
印　　刷：上海雅昌艺术印刷有限公司
开　　本：889 毫米×1194 毫米　1/16
印　　张：53
插　　页：41
字　　数：1564 千
版　　次：2021 年 9 月第 1 版　2021 年 9 月第 1 次印刷

ISBN 978-7-5520-3419-6/K·621　定价：700.00 元